Das Konditorbuch

in Lernfeldern

von

Josef Loderbauer

5., überarbeitete und erweiterte Auflage

Dr. Felix Büchner

Handwerk und Technik · Hamburg

...ken wir herzlich:

ISBN 978-3-582-**40203**-5

Verlag Dr. Felix Büchner – Handwerk und Technik GmbH, Lademannbogen 135, 22339 Hamburg; Postfach 63 05 00, 22331 Hamburg – 2013
E-Mail: info@handwerk-technik.de – Internet: www.handwerk-technik.de

Umschlagfotos: Josef Loderbauer, 94496 Deggendorf
Illustrationen: Susanne Kleiber, 20251 Hamburg
Satz und Layout: tiff.any, 10999 Berlin
Druck: Himmer AG, 86167 Augsburg

Vorwort

Der Beruf des Konditors lebt und verändert sich mit der Zeit, er passt sich den Bedürfnissen und Wünschen der Verbraucher an. Dieses neu überarbeitete Fachbuch ist somit auf dem aktuellen Stand des Konditoreihandwerks.

„Das Konditorbuch" enthält alle Lernfelder des bundesweit gültigen Rahmenlehrplans für die Berufsausbildung zur Konditorin/zum Konditor.
Nach dem Lernfeldgedanken beginnt jedes Kapitel mit einer Situation aus dem beruflichen Alltag mit darauf abgestimmten Einstiegsfragen, die im Kapitel beantwortet werden. Um die Lerninhalte zu vertiefen, befinden sich am Ende jedes Kapitels Wiederholungsaufgaben und eine dunkelbraun hervorgehobene handlungsorientierte Aufgabe sowie Rechenaufgaben.
Zur kompletten Lernzielkontrolle enthält jedes Lernfeld zum Abschluss eine komplexe berufliche Handlung mit einer ganzen Seite lernfeldorientierter Aufgaben.

„Das Konditorbuch" ist das ideale Lehrbuch für
* die Berufsausbildung in der Berufsschule,
* die Berufsausbildung im Ausbildungsbetrieb,
* die gezielte Vorbereitung auf die Zwischen- und Gesellenprüfung,
* die berufliche Weiterbildung, z.B. in der Meisterschule,
* die Fachkräfte im Konditoreibetrieb als umfassendes Nachschlagewerk,
* die Vergewisserung, ob die gesetzlichen Bestimmungen und die Leitsätze im Konditoreibetrieb eingehalten werden.

„Das Konditorbuch" zeichnet sich durch seine übersichtliche Gliederung der Themenbereiche im Konditoreiberuf aus. Die Lerninhalte werden in den Kapitel ausführlich und leicht verständlich beschrieben und mit praxisgerechten Bildern veranschaulicht sowie mit übersichtlichen Tabellen dargestellt. Im gesamten Fachbuch werden neue Technologien und moderne Arbeitsweisen der Konditoreien in detaillierten Arbeitsschritten beschrieben.

Zu den Inhalten des Konditorbuchs gehören:
* Praxisgerechte Rezepturbeispiele der Konditoreierzeugnisse mit genauer Beschreibung und Bebilderung der handwerklichen Herstellungsweisen.
* Fehlerquellen der Konditoreierzeugnisse und deren Ursachen.
* Gesetzliche Bestimmungen und Leitsätze für die Zutaten und Konditoreierzeugnisse sowie die Kennzeichnungsvorschriften im Verkauf.
* Zutaten und Rezeptbeispiele sowie Herstellungsbeschreibungen für Snacks und kleine Gerichte im Konditorei-Café.
* Beschreibungen der Rohstoffe für die Erzeugnisse der Konditorei einschließlich ihrer Verwendung und Eigenschaften.
* Inhaltsstoffe der Lebensmittel und Grundlagen der gesunden Ernährung.
* Beschreibung der Verkaufsförderung durch Marketing.
* Verkaufsargumente für die Beratung der Kunden in Bezug auf die Qualitätsmerkmale, Frischhaltung und Lagerung sowie die besondere Eignung der Konditoreierzeugnisse.
* Aktionen zur Verkaufsförderung mit Ablaufplänen zur Orientierung und Planung bis zur Durchführung und der Auswertung.

Verschiedene Fachbegriffe, die ursprünglich aus dem Französischen stammen und in der Konditorei in der französischen Schreibweise zu finden sind, werden in diesem Fachbuch in der deutschen Schreibweise angegeben, z.B. Nugat (Nougat), Soße (Sauce), Kanapee (Canapé).

Wegen der besseren Lesbarkeit wird in diesem Fachbuch häufig vom Konditor gesprochen und nicht von der Konditorin/ dem Konditor.
Gerne nimmt der Autor Verbesserungsvorschläge an.

Der Autor und der Verlag wünschen viel Erfolg mit dem neuen, modernen Fachbuch der Konditorei.

Josef Loderbauer

Inhaltsverzeichnis

LF 1.1
Unterweisen
einer neuen Mitarbeiterin/
eines neuen Mitarbeiters

1

Konditorin/Konditor – ein Handwerksberuf

Situation

Ihre Konditorei plant eine Aktion, bei der den Kunden die Entwicklung der Konditorei von den Anfängen bis zur heutigen modernen Konditorei nähergebracht werden soll. Dafür sollen Sie eine Wandtafel mit folgenden Themenschwerpunkten zusammenstellen:
- Wie entstand und entwickelte sich der Konditorberuf?
- Welches Gebäck ist das Symbol der Konditorei und wie bekam es seinen Namen?
- Welchen Ursprung hatten die Gebäckformen, z. B. Zöpfe, Hörnchen und Stangen?
- Welche Erzeugnisse definieren das Berufsfeld der Konditorei?
- Wie ist die Ausbildung zur Konditorin/zum Konditor gesetzlich geregelt?

LF
1.1

1.1 Geschichte der Konditorei

Der heutige Beruf des Konditors ist gemessen an anderen Berufen, z. B. dem des Bäckers, relativ jung, hat aber dennoch durch seine Entwicklung über Jahrhunderte eine lange Tradition.

Entwicklung des Konditorberufs

Entwickelt hat sich der Konditorenberuf aus dem Beruf des Bäckers, die im 15. Jahrhundert, zum Ende des Mittelalters, die Kunst des Brotbackens beherrschten.

Einige Bäcker spezialisierten sich und stellten Feine Backwaren her, indem sie die Teige mit Honig, Trockenfrüchten und Gewürzen verfeinerten. Diese Spezialisten nannten sich Lebküchler, Lebküchner oder Lebzelter und befanden sich anfangs im Nürnberger Raum und später auch in verschiedenen anderen Regionen. 1643 gründeten die Lebküchner in Nürnberg eine Lebkuchenzunft.

Die Lebkuchenhersteller betrieben mit dem Wachs, dem Nebenprodukt des Honigs, ein weiteres Gewerbe: die Wachszieherei. Sie belieferten Kirchen und Haushalte mit kunstvollen Kerzen, Wachsfiguren und Wachsbildern. Sie

Lebküchnerei

schnitzten selbst hölzerne kunstvolle Modelle (Formen), in die sie das Wachs für die prachtvollen Wachsbilder gossen. Die anspruchsvolle künstlerische Tätigkeit der Wachszieherei wurde bis in die jüngste Vergangenheit von einigen Konditoreien betrieben.

Aus den Lebküchlern entwickelten sich später die Zuckerbäcker und dann die Konditoren.

Zucker und Gewürze

Ab dem 13. Jahrhundert wurde der wenig vorhandene Zucker in Apotheken verkauft. Die damals übel schmeckenden Arzneimittel wurden mit geschmolzenem Zucker überzogen. Später verkauften die Apotheker auch Zuckerkonfekt, mit Zucker überzogene Samen, Gewürze, Nüsse u. a. Für viele Krankheiten wurden Süßigkeiten als Arznei verordnet.

Zucker in einer kostbaren Schale

Mit dem Seehandel kamen Anfang des 17. Jahrhunderts größere Mengen Zucker und Gewürze in die berühmten Hafenstädte Genua und Venedig nach Europa. Nun fiel das Monopol der Apotheker auf den alleinigen Verkauf von Zucker, sodass die Zuckerbäcker die Verarbeitung des Zuckers von den Apothekern übernahmen. Wegen seiner Kostbarkeit war Zucker jedoch immer noch ein Luxusgut für die Reichen.

Später entstand in zahlreichen Klosterküchen durch großen Ideenreichtum eine Vielzahl von süßen Naschereien. Es wurden dort süße Varianten von Massen aus Mandeln, Eiern, Mehl und Zucker entwickelt.

LF 1.1

Marzipan

Marzipan wurde in kunstvoll geschnitzte Holzmodelle gedrückt

Die Venezianer brachten im 14. Jahrhundert Marzipan nach Mitteleuropa, ein Konfekt aus Mandeln, Zucker und Rosenwasser. Es war eine ideale Modelliermasse für prachtvolle Marzipanbilder, die mit selbst hergestellten Pflanzenfarben kunstvoll bemalt und nicht selten auch mit Blattgold verziert wurden.

Zuckerbäcker – Konditoren

Die Zuckerbäcker waren in feudalen fürstlichen Häusern beschäftigt. Mit den gehobenen Ansprüchen des im Prunk lebenden Adels entwickelten sie zusehends die Kunst, aus Zucker prachtvolle Schaustücke zu erstellen.

> **!**
>
> Die Zuckerbäcker bezeichneten sich als Künstler und gaben sich einen besonderen Berufsnamen: „Conditoren", das vom Lateinischen „condire" abgeleitet ist und soviel wie würzen und einmachen bedeutet.

Brunnentempel aus Zucker und Eiweißspritzglasur

Der Hofkonditor zählte im 17. Jahrhundert zu den wichtigsten Menschen bei den Festlichkeiten in fürstlichen Häusern. Die **„Conditereyen"** der höfischen Küchen fertigten als Tafelzier (Tischschmuck) barocke Kunstwerke an, deren Pracht man sich heute nicht mehr vorstellen kann. Angelehnt an die Architektur bildeten sie Bauwerke aus Zucker und Tragant (gummiartige Geleemasse) nach und formten aus Marzipan Figuren, Tiere und Früchte. Die figürlichen Spielereien entsprachen dem Geschmack des Rokokos.

Der Kreativität der Hofkonditoren waren keine finanziellen Grenzen gesetzt. Sie wurden sogar angehalten, den verschwenderischen Lebensstil und die ganze Pracht fürstlicher Hofhaltung in ihren Kunstwerken zum Ausdruck zu bringen. So entwickelten sich die Konditoren zu Meistern der Dekoration und Tafelarchitektur, die den Kunstwerken der Bildhauer, Goldschmiede und Architekten in nichts nachstanden. Mit Pflanzenfarben, z. B. gelbem Safran, verschönerten sie die exquisiten Genüsse. Vielfach stellte die Inszenierung der Tafeln einen Höhepunkt bei Empfängen, Bällen und Friedensabschlüssen dar, vor allem jedoch bei Hochzeiten und Taufen, aber auch bei Trauerfeiern. Es ging nicht vorrangig um die Sättigung der Gäste, sondern darum Macht, Eleganz und Wohlstand zu zeigen und die hoch gestellten Gäste in Erstaunen zu versetzen.

Die Wiener Konditoren standen damals an der Spitze der kaiserlichen Küchenhierarchie. Im Kaiserhof waren Süßigkeiten wichtiger als Fleisch, Fisch und Geflügel.

Hochzeitstafel mit Zuckerschaustücken

Zucker aus der Zuckerrübe

Schaustück aus Eis

1747 entdeckte Andreas Sigismund Marggraf, dass in der Runkelrübe der gleiche Zucker enthalten ist wie im Zuckerrohr. Sein Schüler und Nachfolger Franz Carl Achard errichtete 1801 in Deutschland die erste Rübenzuckerfabrik der Welt. So wurde in Europa aus dem Luxusgut Zucker ein erschwingliches Lebensmittel, das dem Konditorberuf zur enormen Verbreitung verhalf.

In dieser Zeit verbreiteten die Italiener das Speiseeis, sodass Gefrorenes in das Sortiment der Konditorei aufgenommen wurde.

1798, nach der Französischen Revolution, in der man den Adel stark bekämpft hatte, verloren viele Hofkonditoren ihre fürstlichen Arbeitgeber. Die meisten Konditoren machten sich daraufhin selbstständig und fertigten ihre Kunstwerke nun für die neue gehobene Bürgerschicht an.

Schokolade in der Konditorei

Um das Jahr 1800 kam die Schokolade als Getränk nach Deutschland, an die sich in Spanien, Italien und Frankreich die Damen der besseren Gesellschaften schon längst gewöhnt hatten.

Trinkschokolade in feinen Kreisen

Im Jahre 1828 gelang dem Holländer van Houten das Abpressen der Kakaomasse, woraus Kakaobutter und Kakaopulver entstanden. Aus diesen Rohstoffen wurde Schokolade hergestellt. Aus der entstandenen Schokolade wurden alle denkbaren Figuren gegossen. Die Kakaomalerei mit Kakaopulver wurde für Tortenverzierungen beliebt. Der Beruf des **„Chocolatiers"**, ein Spezialist unter den Konditoren, entstand.

In der Konditorei nahm die Schokolade nun einen bedeutenden Platz ein. Franz Sacher, ein Koch des Fürsten Metternichs, stellte 1832 in Wien die erste Schokoladentorte her, die heute noch berühmte Sachertorte → Seite 515.

Aufgaben

1. Wie hießen die ersten Vorgänger der Konditoren, die Teige mit Honig, Trockenfrüchten und Gewürzen verfeinerten, und welches Nebengewerbe betrieben sie zusätzlich?
2. Erklären Sie, wer ab dem 13. Jahrhundert bis Anfang des 17. Jahrhunderts das Recht hatte, Zucker zu verkaufen und zu verarbeiten?
3. Woher leitet sich der Begriff „Konditor" ab?
4. Beschreiben Sie die Tätigkeiten der Hofkonditoren im 17. Jahrhundert.
5. Wodurch wurde Zucker in Europa zu einem erschwinglichen Lebensmittel?
6. Erläutern Sie, warum ab 1828 Schokolade hergestellt werden konnte.
7. Wie hieß die erste Schokoladentorte und wo wurde sie hergestellt?
8. Erklären Sie, wie der Konditor ein Handwerksberuf wurde.
9. Beschreiben Sie, wie sich die Konditorei und das Café im 19. Jahrhundert entwickelte?
10. Erklären Sie, wie sich die Konditorei nach 1920 weiterhin verbessern konnte.
11. Ihre Konditorei plant eine Bilderausstellung zur Geschichte der Konditorei, um den Kunden die Entwicklung von den Lebkuchenherstellern zu den Zuckerbäckern bis zur heutigen modernen Konditorei zu veranschaulichen. Sammeln Sie Themen für die Ausstellung.

(Aufgaben 8–10 sind mithilfe der S. 10 zu beantworten)

LF 1.1

1.2 Konditor – ein Lehrberuf

Zur Gründungszeit des Deutschen Reichs kamen die Konditoren zu der Erkenntnis, dass man gemeinsam politisch mehr bewegen kann. So schlossen sich 1877 in Leipzig 95 Konditoren zum Verband selbstständiger Konditoren zusammen. Ansprechende Werbung pries das Erlernen des Konditorberufs an. Außerdem legte man einheitliche Ausbildungsstatuten fest, richtete eine Stellenvermittlung ein und gründete eine Verbandszeitschrift.

Gebäcke und Torten in der Konditorei

Durch den Zuckerreichtum aus der heimischen Zuckerrübe entwickelte sich im 19. Jahrhundert die Kultur der Backwaren.

Es waren hauptsächlich leichte Biskuitgebäcke, Mandelgebäcke, Gugelhupf und Rührkuchen, die zu den damals neumodischen Getränken Kaffee, Tee und Schokolade gereicht wurden.

Die Konditoren kochten reifes Obst mit Zucker zu Marmelade. Sie stellten Dickzuckerfrüchte her, indem sie Früchte in Zuckerlösungen steigender Konzentrationen legten. Diese dienten als bunte Belegfrüchte und als süßer Dekor.

Ab der Mitte des 19. Jahrhunderts begann eine ganz neue Epoche der Konditorei, in der die Buttercreme erfunden wurde und die bereits bekannte Schlagsahne beliebt wurde.
Es war die Zeit, in der die klassischen, bekannten Creme- und Sahnetorten kreiert wurden, z.B. 1895 die Prinzregententorte in München ➡ Seite 506.

Das Konditorei-Café

LF
1.1

Das Ende des 19. Jahrhunderts brachte große gesellschaftliche und industrielle Umbrüche. Zu dieser Zeit setzte sich auch die Gewerbefreiheit in Deutschland durch. Viele Konditoreibetriebe erwarben die Schanklizenz und führten nach Wiener Vorbild gemütliche Konditorei-Cafés. Sie befanden sich meistens in der Nähe von Theatern – Kultur und Konditorei-Café gehörten zusammen. Das Café umgab ein Hauch von Bildung und Luxus.

Wiener Kaffeehaus

Erst 1920, nach dem Ersten Weltkrieg, erlebten die Konditorei und das Café einen größeren Zulauf. Feine Kuchen und Torten gehörten aber auch zu dieser Zeit nicht in jeder Konditorei zum alltäglich Angebot, weil die Menschen sich diese Gebäcke nicht regelmäßig leisten konnten.
Nach dem Zweiten Weltkrieg, ab 1950, verbesserte sich allmählich der Lebensstandard der Menschen. Immer mehr Konditoreien entstanden und die Warenvielfalt

nahm zu. Je höher der Wohlstand der Menschen war, desto mehr geschäftlichen Erfolg hatten die Konditoreibetriebe.

1.3 Der Baumkuchen – das Symbol der Konditorei

Der Baumkuchen wird wegen seiner hohen Qualität und seines prächtigen sowie dekorativen Aussehens als der „König der Kuchen" bezeichnet. Er wird ausschließlich in der Konditorei hergestellt, nicht wie andere Kuchen und Torten auch in der Bäckerei. Deshalb ist der Baumkuchen das Symbol im Wappen des Deutschen Konditorenbunds.

Baumkuchen

Schon seit dem 18. Jahrhundert wird Baumkuchen nach heutigen Rezepten hergestellt, vor allem in Dresden, Cottbus und Salzwedel.
Den Namen bekam der Baumkuchen, weil durch das schichtweise Backen beim Anschneiden des Kuchens eine ringförmige Maserung, ähnlich den

Wappen des Deutschen Konditorenbunds

Jahresringen eines Baumstamms, zu erkennen ist. Außerdem lässt sich der aufgestellte Baumkuchen mit einem Baumstamm vergleichen.

Aufgaben

1. Welches Gebäck steht als Symbol für die Konditorei?
2. Erklären Sie, woraus Baumkuchen hergestellt und wie sie gebacken werden.
3. Wie kam der Baumkuchen zu seinem Namen?
4. Ein neuer Auszubildender möchte von Ihnen wissen, warum ausgerechnet der Baumkuchen das Symbol der Konditorei darstellt.

1.4 Entstehung der Gebäckformen

Die abwechslungsreichen Gebäckformen entstanden bereits im Altertum durch Religionen und die verschiedenen Kulturen. Häufig dienten die unterschiedlich geformten Gebäcke als

- Totengebäcke,
- Symbole für Fruchtbarkeit und Erotik,
- Geisterbeschwörung,
- Opfergaben für Götter und Göttinnen oder
- Ersatz für ursprüngliche Ernte-, Tier- und Menschenopfer.

Religiöse „Gebildebrote" waren Brauch bei allen Festlichkeiten. Man wollte damit die Götter versöhnlich stimmen und andererseits Wünsche ausdrücken.

Viele dieser Gebildegebäcke wurden früher den Toten als Grabeinlage auf den langen Weg ins Jenseits und für das ewige Leben mitgegeben, damit sie immer etwas zu essen hatten und es ihnen immer gut gehen möge. Manchmal galten die Gebäcke als Symbol für besonders wichtige Dinge im Leben der Toten.

Christliche Gebäckformen entstanden hauptsächlich in den Klöstern, die die Backkunst zur damaligen Zeit am besten beherrschten. Dabei wurden viele heidnische Motive in christliche umgedeutet.
Zur volkstümlichen Brauchtumspflege kennt man bis heute noch gebietstypische Gebäckformen, die ihren Sinn beibehalten haben.

Gebäcke in Zopfform

Allen verflochtenen Gebäckformen wurde in der heidnischen Frühzeit eine Glücksbedeutung zugeschrieben. Die Teigstränge bei den Zöpfen, die nach innen geflochten

Gebäcke in Zopfform

wurden, sollten das Glück fangen und festhalten, aber auch Hexen, Dämonen und alles andere Schlechte nicht hereinlassen, sondern es vertreiben.

Zöpfe als Totengebäcke

Überwiegend waren gebackene Zöpfe jedoch Totengebäcke. Sie dienten als Ersatz-Opfergabe für die Zöpfe aus Frauenhaaren.
Damit die Frauen ihren verstorbenen Ehegatten bis ins Jenseits verbunden blieben, schnitt man der Witwe und manchmal auch den Sklavinnen die Haarzöpfe ab und legte sie mit ins Grab, damit sie ihn symbolisch auf dem Weg ins Reich der Toten begleiteten.
Die Totengebäcke wurden früher häufig mit Mohn bestreut, da die Schlaf bringende Kraft des Mohns den Totenschlaf versinnbildlichen sollte.

Zöpfe für die Armen

Später gab man die Zopfgebäcke nicht mehr ins Grab, sondern verteilte sie bei der Beerdigung an die Armen. So entstanden dann die Seelenzöpfe, die an Allerheiligen im Totenmonat November gebietsweise bis heute noch Brauch sind. Diese Zöpfe wurden als Festtagsgebäcke auch den Patenkindern geschenkt. Die Qualität der Zöpfe zeigte den Wohlstand der Gegend auf.

Hörnchen

Hörnchen stellen das Symbol des Glück bringenden Hufeisens dar und waren früher ein Totengebäck der Bauern.
Das Pferd war von je her ständiger Begleiter der Menschen bei der landwirtschaftlichen Arbeit. Der Wohlstand des Bauerns und seines Anwesens

Hörnchen

wurde nach der Anzahl und der Pracht der Pferde gemessen. Starb der Bauer, nahm man von einem seiner besten Pferde ein Hufeisen ab und legte es in das Grab. Zumindest ein Teil seines Reichtums und Ansehens sollte ihn in die Ewigkeit begleiten.
Der Erbteil wurde jedoch für die Hinterbliebenen geschmälert, wenn das Pferd durch die Hufabnahme nicht mehr so leistungsfähig war. Deshalb backte man hufeisenförmige Gebäcke, die Hörnchen, und legte diese als Ersatz für die Hufeisen in die Grabstätte.

Gebäckringe

Laugenring

Auch die Laugenringe dienten als Totengebäcke. Verstarb eine wohlhabende Frau, so bekam sie ihren Schmuck mit ins Jenseits. Damit der wertvolle Familienschmuck erhalten blieb, legte man ein ringförmiges Gebäck als Symbol für Arm- oder Halsreifen bzw. Fingerschmuck in das Grab.

Brötchen in Stangenform und gedrückte Brötchen

Gedrückte Brötchen

Gebäckstangen

Sie wurden als Fruchtbarkeitsgebäcke verwendet. Viele Kinder waren die sicherste Altersversorgung der Eheleute. Deshalb wünschte man den Frischvermählten einen reichen Kindersegen und schenkte ihnen symbolisch Fruchtbarkeitsgebäcke, dem Mann eine Gebäckstange, der Frau das gedrückte Brötchen.

Schrippen

Schrippen

Diese länglichen Kleingebäcke mit dem kräftigen Ausbund (Rissbildung) in der Mitte sind das heidnische Symbol für Menschenopfer. Dieses in der gesamten Länge aufgerissene Gebäck sollte den entwürdigten Menschen versinnbildlichen.

Gebäckkränze

Gebäckkranz

Glück und Segen sollten Weizengebäcke in Kranzform spenden, z. B. zur Hochzeit, zur Hauseinweihung, als Geschenk für den Gastgeber. Kränze umschlossen um den Beschenkten herum das Glück.

Figurengebäcke

Figurengebäck

Figurengebäcke regten immer schon die Fantasie der Menschen an.
Gebäcke in Form von Männlein und Weiblein, Teufeln und Heiligen sowie Tieren und Früchten entstammen heidnischem, christlichem und volkstümlichem Kulturgut. Viele Figurengebäcke sind bis heute unverzichtbares Brauchtum.

Jede Zeitepoche unterliegt einer bestimmten Moderichtung. So entstehen speziell geformte Backwaren aus dem jeweiligen Zeitgeschmack heraus. Lud man sich früher z. B. einen Dichter oder Musiker ins Haus, ließ man beim Bäcker eine Lyra (altgriechisches Saiteninstrument) backen. Dank des Gestaltungsgeschicks der Bäcker und Konditoren können sie bis heute mit verschiedensten Motiven und Schriftbändern aus Weizenteig als Schaustücke jeden Anlass dekorieren.

Figuren zu Ostern

Figurengebäcke zu Ostern

Im Heidentum forderten die Götter Opfer. Man versuchte diese Götter zu versöhnen und sie milde zu stimmen, damit man vor Krankheit und Elend geschützt wurde. Der geeignete Zeitpunkt für solche Opferungen war das Frühlingsfest, die Zeit um Ostern.
Man formte als Scheinopfer Gebäcke zu Hasen, Hennen und Hähnen, die für Nachwuchs der Haus- und Hoftiere sorgen sollten und somit das Symbol der Fruchtbarkeit auch für den eigenen Kindersegen waren.

LF
1.1

Der Hase war das heilige Tier der Frühlingsgöttin „Ostara". Dieser Göttin verdankt das Osterfest seinen Namen. Als Opfergabe verlangte sie grundsätzlich Eier, am besten waren bemalte. Der Osterhase und die bemalten Eier sind das heidnische und christliche Symbol für Fruchtbarkeit und Auferstehung.

Figuren zu Weihnachten

In der Weihnachtszeit stellte man Weihnachtsmänner und Tannenbäume als Symbol für diese Zeit her und auch kunstvolle Backwaren, z. B. reliefartige Spekulatius (knusprige Mürbeteiggebäcke). Die Modelle (Formen) zum Herstellen dieser Backwaren wurden vor allem im 17. und 18. Jahrhundert kunstvoll aus Holz geschnitzt und aus Ton sowie Metall gegossen. Diese Modelle sind bis heute wertvolle Ausstellungsstücke der Backwarenbranche.

Weihnachtsgebäcke

Aufgaben

❶ Welche Zwecke erfüllten die verschiedenen Gebäckformen häufig?

❷ Wie wurden früher die Modelle hergestellt?

❸ Ihre Konditorei plant eine Aktion zu verschiedenen traditionellen Gebäcken. Sie sollen dafür auf Plakaten für eine Informationsreihe die Entstehung der Gebäckformen im Altertum beschreiben, z. B.
- Gebäcke in Zopfform,
- Hörnchen,
- Gebäckringe,
- Brötchen in Stangenform und gedrückte Brötchen,
- Schrippen,
- Figurengebäcke zu Ostern und Weihnachten.

1.5 Erzeugnisse der Konditorei und Bäckerei

Konditorei

Erzeugnisse, die speziell in der Konditorei hergestellt werden:
- Baumkuchen ➡ Seite 424
- Anschnitttorten, Festtagstorten ➡ Seite 497 ff.
- Desserts ➡ Seite 499
- Petits Fours ➡ Seite 499
- Marzipanartikel ➡ Seite 536 ff.
- Schokoladenartikel ➡ Seite 548 ff.
- Pralinen ➡ Seite 566 ff.
- Speiseeis ➡ Seite 576 ff.

Arbeiten in der Konditorei

Bäckerei

Erzeugnisse, die nur in der Bäckerei hergestellt werden:
- Weizenbrote
- roggenhaltige Brote
- Vollkornbrote
- Brötchen
- Laugenbrezeln, Laugengebäcke
- Snacks

Arbeiten in der Bäckerei

Feine Backwaren, die in der Konditorei wie auch in der Bäckerei hergestellt werden:

- Hefeteiggebäcke ➡ Seite 269
- Plunderteiggebäcke ➡ Seite 299
- Blätterteiggebäcke ➡ Seite 308
- Strudelteiggebäcke ➡ Seite 329
- Mürbeteiggebäcke ➡ Seite 334
- Lebkuchen und Früchtebrote ➡ Seite 349
- Obsttorten, Obstschnitten ➡ Seite 519
- Gebäcke aus Massen:
  - Biskuitgebäcke ➡ Seite 161
  - Baisererzeugnisse ➡ Seite 408
  - Tortenböden aus Wiener Masse ➡ Seite 412
  - Kuchen aus Sandmasse ➡ Seite 417
  - Brandmassegebäcke ➡ Seite 427
  - Röstmassegebäcke ➡ Seite 432
  - Makronengebäcke ➡ Seite 435
  - Hippengebäcke ➡ Seite 442
  - Oblatenlebkuchen aus Lebkuchenmasse ➡ Seite 445

LF 1.1

Konditoren und Bäcker sind berufsverwandt, beide Berufe werden dem backenden Gewerbe zugeordnet. Viele Gebäcke werden sowohl in der Konditorei als auch in der Bäckerei hergestellt. Beide Berufe sind jedoch in Deutschland eigenständige Handwerksberufe, wobei das Berufsbild von den hauptsächlich hergestellten Erzeugnissen bestimmt wird.

Das Café

Im ruhigen, gemütlichen Konditorei-Café findet der Gast das gesamte Warensortiment der Konditorei. Außerdem werden Eisbecher, Frühstücksgedecke, kleine Gerichte und Getränke aller Art angeboten.

Bei schönem Wetter werden gerne Cafés mit Garten- oder Terrassenbetrieb besucht.

Stehcafé

Für Gäste, die sich nicht so viel Zeit nehmen wollen oder die nur eine Kleinigkeit essen möchten, gibt es das **Stehcafé**, das im Verkaufsraum der Konditorei integriert ist. Kleine Stehtische mit hohen Hockern (Stehhilfen) befinden sich im erweiterten Kundenbereich des Ladens.

LF 1.1

1.6 Die Konditorei heute

Viele Konditoreibetriebe vergrößerten sich in den letzten Jahren, indem sie Filialen eröffneten. Konditoreiläden mit Cafés sind in Einkaufspassagen, Fußgängerzonen oder belebten Straßen im Trend.

Anforderungen an die Konditorin/den Konditor

An eine Konditorin/einen Konditor werden folgende Voraussetzungen gestellt, die bei der Berufswahl berücksichtigt werden sollen:
- Charaktereigenschaften: Ehrlichkeit, Zuverlässigkeit, Hilfsbereitschaft
- anerzogenes Hygienebewusstsein
- feinmotorisches, handwerkliches Geschick
- kreatives Denken und künstlerische Fähigkeiten, z. B. beim Erstellen von Festtagstorten, beim Modellieren von Marzipan, beim Garnieren
- geistige Gewandtheit, z. B. beim Umrechnen der Rezepturen
- Bereitschaft, mit modernen Maschinen und Technologien umzugehen und sich auf dem neuesten Stand zu halten
- Fähigkeit, selbstständig sowie im Team arbeiten zu können

Arbeitsbedingungen

Moderne Maschinen, Geräte und Backöfen erleichtern erheblich die Arbeiten in der Konditorei und verbessern die Qualität der Erzeugnisse. Der nicht zu frühe tägliche Arbeitsbeginn unterscheidet sich von den Bäckereien. Da die Arbeit hauptsächlich aus körperlich leichten Tätigkeiten besteht, die viel Gefühl erfordern, ist der Konditoreiberuf auch für Frauen gut geeignet, sodass der Anteil an weiblichen Beschäftigten in der Konditorei den männlichen Anteil überwiegt.

Kühlanlagen ermöglichen die Herstellung von Teiglingen zu einer für den Betrieb günstigen Zeit, sodass diese zu einem beliebigen Zeitpunkt gebacken werden können. Frosterräume ermöglichen ein rationelles Arbeiten, weil größere Mengen der Erzeugnisse an einem Tag hergestellt und tiefgefroren werden können. Die täglich benötigten Rationen werden dann aus dem Froster entnommen.

Reinigungsmaschinen wie Spül- und Blechputzmaschinen entlasten das Fachpersonal während der Produktion von zahlreichen Reinigungsarbeiten. Reinigungspersonal übernimmt weitgehend die Reinigungsarbeit nach der Produktion.

Aufgaben

1. Nennen Sie Waren, die nur in der Bäckerei hergestellt werden.
2. Geben Sie die Erzeugnisse an, die in der Konditorei hergestellt werden.
3. Nennen Sie Erzeugnisse, die von beiden Berufen sowohl in der Bäckerei als auch in der Konditorei hergestellt werden.
4. Beschreiben Sie die beiden Cafétypen.
5. Die Kunden Ihrer Konditorei sind mit Ihrem Angebot an Waren und deren Qualität sehr zufrieden. Viele Kunden machen jedoch keinen Unterschied zwischen Konditorei und Bäckerei und sie fragen sich, warum es im Gegensatz zur Bäckerei keine Brötchen und Brote gibt. Daher erläutern Sie die unterschiedlichen Berufsfelder und Erzeugnisse der Konditorei und Bäckerei.

Konditorin/Konditor im Verkauf

Der moderne Konditor/die moderne Konditorin wird immer mehr in den Verkauf eingebunden. Kunden wollen fachkundig beraten werden und vertrauen dabei vor allem der Fachkraft in der Produktion. Konditoren geben Verkaufsargumente aus erster Hand und beurteilen die Erzeugnisse aus der praktischen Tätigkeit.

Erwartungen der Kunden an eine gute Konditorei

- Kunden erwarten täglich ein abwechslungsreiches Warenangebot, das sich den Verbrauchererwünschen angepasst hat, z. B. lockere und möglichst nicht zu fett- sowie zuckerhaltige Erzeugnisse.
- Sie erwarten immer gleichbleibend gute Qualitätswaren.
- Sie erwarten frische Waren.
- Sie erwarten Waren, die mit frischen, einwandfreien Rohstoffen hergestellt werden.

Spezialgebiete der Konditorei

Konditoren, die sich in bestimmten Bereichen der Konditorei spezialisieren, übernehmen die französischen Berufsbezeichnungen.
- Konfiserie (Confiserie) ist der Konditoreibereich, in dem Schokoladenartikel und Pralinen hergestellt werden. Konfiseur (Confiseur) ist ein spezialisierter Schokoladenkonditor.
- Patisserie ist der Konditoreibereich in der Hotelküche, in dem Desserts und Süßspeisen wie Cremes und Mousses hergestellt werden. Patissier ist der Nachspeisenkonditor in der Hotelküche.

Französische Fachbegriffe

Aus der Zeit, als die Konditoren sich die Kollegen aus französischen Adelshäusern zum Vorbild nahmen, durchziehen heute noch französische Fachbegriffe den Konditoreibereich, z. B.
- Arbeitsschritte: Tourieren, Melieren, Dressieren, Glasieren
- Rohstoffe: Nougat, Fondant
- Zwischenerzeugnisse: Crème, Fond (Grundcreme), Couleur (Zuckercouleur), Ganache, Sauce
- Erzeugnisse: Baiser, Eclairs, Mousse (lockere Süßspeise), Desserts, Petits Fours, Canapés

Einige Begriffe wurden in der modernen deutschen Sprache eingedeutscht, z. B. Nugat, Kanapees, Soße.

Einsatz von Convenience-Produkten

Aus Zeitgründen und zum Teil mangels Fachkräften verwenden einige Konditoreibetriebe „Convenience-Produkte". Das können Fertigmischungen von der Backmittelindustrie und auch fertige Tiefkühlteiglinge sein. Dies führt zu einer Vereinheitlichung der Erzeugnisse in den Konditoreien und kann zu einer Verringerung der Qualität der Waren führen. Außerdem gehen viele individuelle Rezepturen und Geschmacksrichtungen verschiedener Erzeugnisse verloren.

Konditoreiware von hoher Qualität und ansprechendem Aussehen

Alle Konditoreierzeugnisse in diesem Fachbuch werden deshalb mit herkömmlichen Rezepturangaben und Herstellungsweisen beschrieben, die zwar ein großes Können der Fachkraft erfordern, aber auch hohe Qualität garantieren. Sie spiegeln zusätzlich die breite Palette der Tätigkeit in der Konditorei wider. Die Rezepturen entsprechen dem zunehmenden Verbraucheranspruch: „Weniger Zucker und Fett für lockere, bekömmliche Erzeugnisse".

Aufgaben

1. Welche Anforderungen werden an eine Konditorin/einen Konditor gestellt, die bei der Berufswahl berücksichtigt werden sollten?
2. Welche Erwartungen haben Kunden von einer guten Konditorei?
3. Erklären Sie die Spezialgebiete der Konditorei und nennen Sie die Berufsbezeichnungen dieser Konditoren:
   - Konfiserie • Patisserie
4. Informieren Sie sich im Internet über das Angebot an Convenience-Produkten. Diskutieren Sie mit anderen Auszubildenden das Pro und Kontra.

LF 1.1

1.7 Berufsausbildung, Fort- und Weiterbildung

Berufsausbildung

Der Beruf des Konditors zählt zu den Handwerksberufen. Jeder Handwerksbetrieb ist bei der **Handwerkskammer** eingetragen, die in ihrer Region für die Berufsausbildung zuständig ist. Die Berufsausbildung ist gesetzlich in der **„Verordnung über die Berufsausbildung zum Konditor/zur Konditorin"** festgelegt. Sie erfolgt im **„dualen Berufsausbildungssystem"**. Die Ausbildung ist somit zweigeteilt (dual). Die theoretische Ausbildung erfolgt hauptsächlich in der Berufsschule und die praktischen Fertigkeiten werden überwiegend im Betrieb erlernt.

Die Berufsausbildung zur Konditorgesellin/zum Konditorgesellen ist wie folgt geregelt:

- Drei Jahre Ausbildung als Auszubildende/Auszubildender (Lehrling) in einer Konditorei. Bei guten betrieblichen und schulischen Leistungen kann die Ausbildungszeit verkürzt werden.
- Der regelmäßige Berufsschulbesuch in Fachklassen unterstützt und ergänzt die betriebliche Ausbildung und ist während der dreijährigen Ausbildungszeit verpflichtend.
- Die Zwischenprüfung vor dem Ende des zweiten Ausbildungsjahrs ermittelt den derzeitigen Leistungsstand nach dem vorgegebenen Lehrplan in Theorie und Praxis. Sie ist Voraussetzung zur Zulassung zur Gesellenprüfung.
- Die Gesellenprüfung erfolgt am Ende des dritten Ausbildungsjahrs in der Praxis und in der Theorie, die die Lerninhalte der Technologie, Mathematik sowie Wirtschaft und Sozialkunde beinhaltet.
- Nach bestandener Prüfung bestätigt das Prüfungszeugnis und der Gesellenbrief die Gesellin/den Gesellen als Konditorin/Konditor.

Konditorinnen in der Berufsausbildung

Gesellenbrief

Konditormeister

In den Handwerksberufen, bei denen die Gesundheit der Menschen nur durch hygienischen und fachlich richtigen Umgang mit Lebensmitteln gewährleistet ist, ist zum Führen eines Handwerks- und Ausbildungbetriebs ein Meisterbrief Voraussetzung. Dazu zählen die Ernährungsberufe und somit auch der Beruf des Konditors. Der Nachweis des Prüfungszeugnisses als Konditormeister/-in zeigt den Kunden, dass sie sich in einem Fachgeschäft befinden, in dem sie stets einwandfreie Qualitätswaren erhalten.

Die Voraussetzungen und Anforderungen für die Meisterprüfung regeln die von den Handwerkskammern anerkannten Meisterschulen.

- Voraussetzung zur Anmeldung für die Meisterprüfung ist das Gesellenprüfungszeugnis als Konditor/-in.
- Die Meisterschulen bieten einen Meisterlehrgang vor den Prüfungen an, der gezielt auf die Prüfungsanforderungen vorbereitet.

Das Meisterprüfungszeugnis als Konditormeister/-in berechtigt,

- eine Meisterstelle in einer Konditorei anzunehmen und den Konditoreibetrieb zu leiten,
- einen Konditoreibetrieb zu eröffnen und zu führen,
- Auszubildende (Lehrlinge) im Konditorhandwerk auszubilden.

Fortbildung

Gut ausgebildete und vor allem vielseitige Konditorinnen/Konditoren werden immer benötigt. Wichtig ist, dass die Fachkräfte durch regelmäßige Fortbildungen auf dem neuesten Stand bleiben, z.B.:

LF 1.1

• Ausrichten des Warensortiments und der Qualität der Erzeugnisse an den Wünschen der Kunden,
• Aneignen modernster Technologien zur Warenherstellung,
• Handhabung computergesteuerter Maschinen, Kälteanlagen und Backöfen.

Auch mit dem Computer sollte der moderne Konditor vertraut sein. Bestellungen und Lagerhaltung erfolgen am Computer, die Listen der benötigten Warenmengen für die Produktion werden mit dem Computer geschrieben, Rezepturen abgerufen und Rezept- sowie Mengenumrechnungen vorgenommen.

> **!** Jede Konditorin/jeder Konditor sollte regelmäßig Fortbildungsveranstaltungen besuchen, um die immer vielseitiger werdenden Aufgaben erfüllen zu können. Zur beruflichen Fortbildung zählen auch das regelmäßige Zurhandnehmen von Fachbüchern und das Lesen der Fachzeitschriften.

Weiterbildung

Die Konditorgesellin/der Konditorgeselle hat verschiedene Möglichkeiten, sich schulisch weiterzubilden und den erlernten Beruf auszubauen. Dafür sind unterschiedliche schulische Voraussetzungen nötig, die nach der Abschlussprüfung erlangt werden können.
Die Berufe, die mit einer Weiterbildung eingeschlagen werden können, sind:

Weiterbildung durch den Erwerb eines höheren Schulabschlusses

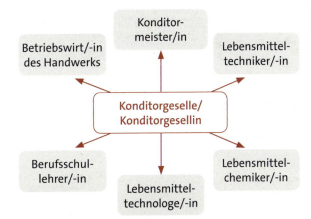

LF 1.1

2 Mitarbeit in Produktion und Verkauf

Situation

Eine Schulklasse hat sich zur Betriebsbesichtigung angekündigt. Sie sollen sich entsprechend darauf vorbereiten und die Schüler herumführen.

- Welche Produktions- und welche Verkaufsräume gibt es?
- Welche wichtigen Maschinen gehören zur Einrichtung Ihrer Konditorei?
- Mit welchen Geräten und Werkzeugen arbeiten Sie häufig?
- Welche Arbeitsabläufe werden in Ihrem Betrieb mit dem Computer gesteuert?
- Warum sind Teamwork und ein gutes Betriebsklima wichtig für den Erfolg eines Betriebs?
- Welche Anforderungen werden an die Konditoreierzeugnisse gestellt?

2.1 Produktions- und Verkaufsräume

Konditoreien haben in der Öffentlichkeit bei den Verbrauchern ein bestimmtes Image. Dazu gehört, dass der Konditoreibetrieb rundum einladend aussehen muss.

Kunden erwarten heutzutage:

- eine saubere, ansprechende Hausfassade
- eine moderne Ladeneinrichtung
- einen hell beleuchteten Laden
- übersichtlich präsentierte Waren

Betriebsräume

Um einen reibungslosen, rationellen Arbeitsablauf zu ermöglichen, wird in der Konditorei eine bestimmte Anzahl von Betriebsräumen mit festgelegten Funktionen benötigt. Die Wege des Personals bei der Arbeit, von den Maschinen zum Arbeitstisch und von Raum zu Raum, sollen so kurz wie möglich sein. Häufig führen Konditoreien auch ein Café.

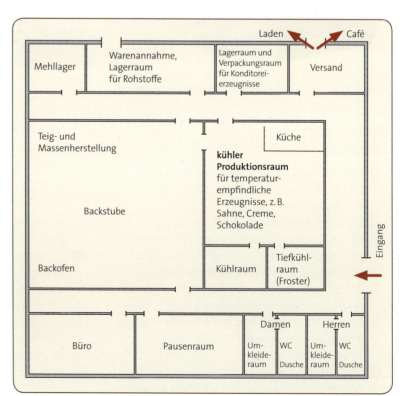

Grundriss der Produktionsräume

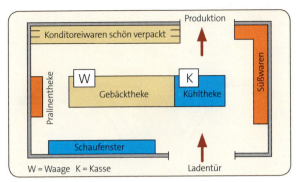

Produktion

Konditoreiwaren schön verpackt

W
Gebäcktheke

K
Kühltheke

Pralinentheke

Süßwaren

Schaufenster

W = Waage K = Kasse

Ladentür

Grundriss Verkaufsraum

Aufgaben

1. Skizzieren Sie den Grundriss der Betriebsräume in Ihrer Konditorei und vergleichen Sie diesen mit dem Beispiel im Buch.
2. Die Waren Ihrer Konditorei sollen verkaufsfördernd präsentiert werden. Informieren Sie sich darüber, welche Einrichtungsgegenstände es gibt und für welche Backwaren diese geeignet sind. Stellen Sie Ihre Ergebnisse in der Klasse zur Diskussion.

Rechenaufgaben

1. Der Boden der Backstube soll mit Kunststoffboden ausgelegt werden. Die Backstube hat folgende Maße: Länge 13,50 m; Breite 940 cm.
   a) Wie viel m² Kunststoffbelag werden benötigt?
   b) Am Rand des Bodens soll der Kunststoffbelag abgerundet etwas hochgezogen werden. Wie viel m sind dies, wenn eine Tür 14 dm und die andere 120 cm breit ist?
2. Eine Frosteranlage verbraucht in der Stunde 2,4 kW. Eine Kilowattstunde kostet 0,17 €. Berechnen Sie, welche Betriebskosten die Anlage jährlich verursacht.
3. Der Produktionsraum einer Konditorei misst 10,20 m × 7,80 m. Je Arbeitskraft ist mindestens 4 m² Arbeitsfläche vorgeschrieben. Wie viele Personen dürfen höchstens beschäftigt sein, wenn die Einrichtung insgesamt 17 m² beansprucht?
4. Eine Kühlanlage hat folgende Abmessungen: Länge 4 m, Tiefe 3 m und Höhe 2,40 m. Sie ist in 4 gleich große Kühlzellen für die Gärunterbrechung und Gärverzögerung eingeteilt. Berechnen Sie das Volumen einer Kühlzelle.

2.2 Maschinen, Geräte und Werkzeuge

Maschinen in der Konditorei

Körperlich schwere Handarbeit und zeitlich aufwendige Arbeiten werden in der Konditorei so weit wie möglich von Maschinen übernommen.
Ohne moderne Maschinen ist kein Konditoreibetrieb mehr konkurrenzfähig.

Die Vorteile der Maschinen
- Körperliche Arbeiten werden erleichtert.
- Erzeugnisse lassen sich in kürzerer Zeit herstellen.
- Gleichbleibende Qualität der Waren wird erzielt.
- Die Waren sehen gleichmäßig schön aus.
- Erhöhung der Produktionsmenge ist möglich.
- Durch die schnelle und sichere Arbeitsweise werden die Herstellungskosten der Waren verringert.

Um diese Vorteile optimal zu nutzen, informieren sich Fachkräfte ständig bei Ausstellungen und Messen über das vielfältige Maschinenangebot.

LF 1.1

Das vielfältige Maschinenangebot bezieht sich auf manuell zu bedienende Einzelmaschinen bis zu computergesteuerten Großanlagen. Jeder Konditoreibesitzer wird bei der Anschaffung die für seine Betriebsgröße passenden Maschinen auswählen, da große Maschinen und Anlagen viel Kapital erfordern. Ebenso wird die Konditorei auf einen geringen Energieverbrauch der Maschinen achten, um laufende Kosten zu senken und den Umweltschutz zu fördern.

Knetmaschinen

Spiralkneter

Für die Herstellung von Weizenteigen werden Knetmaschinen benötigt, die die Teige intensiv kneten. Am häufigsten werden in den Konditoreien Spiralkneter eingesetzt, die bei hoher Knetgeschwindigkeit eine optimale Teigentwicklung gewährleisten. Außerdem eignen sich Spiralkneter auch für Teige, die schonend geknetet werden müssen, indem man sie im Langsamgang knetet.

Spiralkneter

Hubkneter

Hubkneter

Hubkneter zeichnen sich durch die schonende Knetung der langsameren kreisförmig drehenden Bewegungen des Knetarms aus (Drehung des Knetarms von unten nach oben = Hub). Diese schonende Knetung ist erforderlich für roggenhaltige Teige, Mürbeteige und schwere, fettreiche Hefeteige. Auch die Zutaten für Marzipan werden bei langsamen Bewegungen des Knetarms zusammengemischt (angewirkt).

Teigteil- und Schleifmaschine (Wirkmaschine)

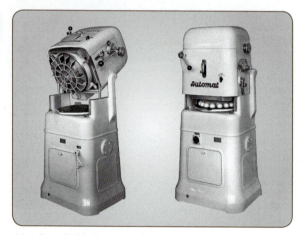

Teigteil- und Schleifmaschine (Wirkmaschine)

Der Teig wird zu Pressen, auch Ballen genannt, abgewogen, flach gedrückt, auf Schleifplatten (Wirkplatten) gelegt und in die Maschine gegeben. Aus einer Presse (einem Ballen) entstehen 30 Teiglinge bei folgender Bearbeitung:
• Beim Schleifen (Wirken) der Pressen (Ballen) entstehen runde Teiglinge.
• Beim Teilen der Pressen (Ballen) entstehen gleichgroße eckige Teigstücke.

Teigausrollmaschine

Alle Teigarten können bis auf den Viertelmillimeter genau zwischen zwei Rollwalzen exakt gleichmäßig dick ausgerollt werden. Beim Ausrollen wird der Abstand der Rollwalzen nach und nach verringert, wobei der Teig dünner gerollt und dabei auf Transportbändern durch die Walzen hin und her geführt wird.

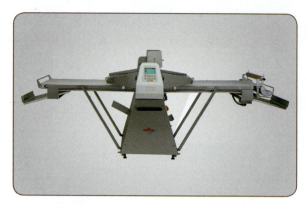

Teigausrollmaschine

Für Plunder- und Blätterteiggebäcke kann die Teigausrollmaschine mit Schneidewalzen ergänzt werden, die den ausgerollten Teig in gleichgroße Stücke schneidet.
Mit einem Aufsatz, der nach den Walzen der Teigausrollmaschine angebracht ist, können Teiglinge zu Strängen gerollt und zu Stangen bzw. Hörnchen gewickelt werden.

Rührmaschine

Die Rührmaschine, auch als Aufschlagmaschine bezeichnet, eignet sich zum Aufschlagen von Eiermassen und Schaumigschlagen von Cremes und Rührmassen (Sandmassen).

Rührmaschine

Mit dem **feindrahtigen Aufschlagbesen** wird bei hoher Rührgeschwindigkeit Luft in die Eier eingeschlagen, bis eine großvolumige stabile Eiermasse entsteht. Der **grobdrahtige Rührbesen** wird beim Schaumigschlagen von Fetten und fetthaltigen Massen verwendet.

Rührbesen, grobdrahtig und feindrahtig

Sahnebläser

In den gekühlten Edelstahlbehälter des Sahnebläsers wird flüssige Schlagsahne gegeben. Ein Kompressor an der Unterseite des Sahnebläsers bläst Luft durch die Schlitze in den Behälter. Die Luft wird in die Schlagsahne eingeblasen, während gleichzeitig ein sich drehendes

LF
1.1

Rührgitter für das gleichmäßige Aufblasen, das als Aufschlagen der Sahne bezeichnet wird, sorgt. Die Schlagsahne wird dadurch in kurzer Zeit aufgeschlagen (→ Seite 463).

Sahnebläser

Kuvertüretemperier- und Überziehmaschine

Kuvertüretemperier- und Überziehmaschine

Schokoladenkuvertüre wird in der Temperiermaschine in einer erwärmten Wanne aufgelöst und auf die exakte Verarbeitungstemperatur von 30 bis 32 °C temperiert. Durch ein Rührwerk werden die Zutaten der Schokoladenkuvertüre ständig intensiv vermischt. Pralinen und Backwaren, die auf einem fortlaufenden Gitterband liegen, werden aus einem darüber liegenden Behälter mit temperierter Kuvertüre überzogen. Die vom Gitter ablaufende Kuvertüre wird wieder in die Wanne mit Kuvertüre zurückgeführt.

Speiseeismaschine

Die Zutaten für Speiseeis werden zu einem Eismix verrührt. Der Eismix wird in einem Gefrierzylinder in der Eismaschine bei starker Kälte gefroren. Dabei hält ein Rührwerk den Eismix während des Gefrierens ständig in Bewegung, sodass sich kleine Eiskristalle bilden und das Speiseeis locker und cremig wird. Durch eine Öffnung läuft das fertig gefrorene Speiseeis in einen Edelstahlbehälter (Eisschale). Das Eis in der Eisschale wird sofort in die Eistheke gegeben und zum Verkauf angeboten.

Speiseeismaschine

Pürierstab (Mixstab)

Mit den scharfen Messern des Pürierstabs werden bei sehr hoher Geschwindigkeit z. B. Früchte fein püriert und Milchmixgetränke zu einer homogenen Flüssigkeit gemixt.

Pürierstab (Mixstab)

Verpackungsmaschine zum Einschweißen

Verpackungsmaschine

Backwaren werden in der Verpackungsmaschine in Folien versiegelt (verschlossen). Mittels eines Ventilators wird beim Einschweißen Hitze in eine Abdeckhaube gegeben, wobei die Folie schrumpft und sich direkt an der Ware anlegt. Die Backwaren sind so gut sichtbar und zur längeren Frischhaltung luftdicht verschlossen.

Mikrowellengerät

Im Mikrowellengerät können z. B. Fondant (Zuckerglasur), Kuvertüre, Fettglasur, Nugatmasse, Schokoladenspritzglasur oder Vanillesoße erwärmt werden. Speisen in der Caféküche oder z. B. Himbeeren zum Vanilleeis werden in kurzer Zeit erhitzt. Ebenso ist ein schnelles Auftauen von Backwaren und Speisen möglich.

Arbeitsgeräte und Werkzeuge

Geräte und Werkzeuge sind unentbehrliche Helfer in der Konditorei, damit die handwerklichen Tätigkeiten schneller und leichter sowie sauber ausgeführt werden können. Sie sind für ganz bestimmte Tätigkeiten geeignet.

Die gebräuchlichsten Geräte und Werkzeuge bei der täglichen Arbeit soll jede Konditorin/ jeder Konditor korrekt benennen können, obwohl diese auch manchmal regional unterschiedlich bezeichnet werden.

LF 1.1

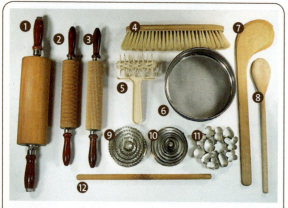

① Rollholz (mit Kugellager)
② Riefholz (für Marzipan) –
   mit Rillen
③ Riefholz (für Marzipan) –
   mit Karos
④ Tischbesen
⑤ Stipprolle
⑥ Handsieb
⑦ Melierspatel
   (Massenrührspatel)
⑧ Rührlöffel (Rührspatel)
⑨ Ausstecher – gerippt
   (gewellt)
⑩ Ausstecher – rund
⑪ Ausstecher – verschie-
   dene Formen
⑫ Rundholz

① Kastenform
② Rehrückenform
③ Kranzform
④ konische Form
⑤ Gugelhupfform
⑥ Kuppelform
⑦ Briocheform
⑧ Tortenringe

① Torteneinteiler
② Formen für Sahnerollen
③ Formen für Schaumrollen
④ rundes Überziehgitter
⑤ ausziehbarer Einteiler
⑥ rechteckiges Überzieh-
   gitter (Ablaufgitter)
⑦ Pastetenhülsen

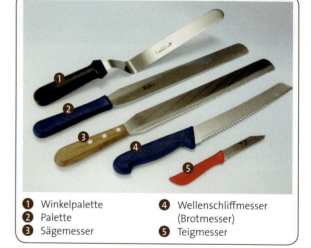

① Winkelpalette
② Palette
③ Sägemesser
④ Wellenschliffmesser
   (Brotmesser)
⑤ Teigmesser

① Papierabreißgerät mit
   Rollenpapier
② Edelstahlkessel
③ Kupferkessel

① Edelstahlschüssel
② Kupferkasserolle
③ Literbecher
④ Plastikschüssel
⑤ Pfanne
⑥ elektronisches Thermo-
   meter
⑦ Abwiegeschaufel

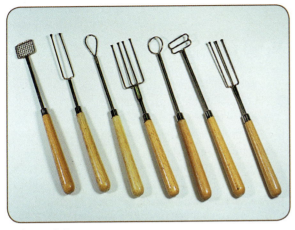

Pralinengabeln

Pralinenausstecher

Fülltrichter für Pralinen

Airbrushgerät zum Färben

*Walze für Schokoladen-
plättchen*

Schneidewalzen für Pralinen

*Marzipankneifer, Modellier-
stäbchen*

Pralinenschneidegerät

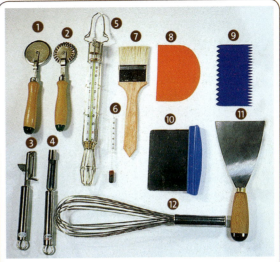

❶ Teigrädchen
– glatt
❷ Teigrädchen
– gewellt
❸ Apfelschäler
❹ Apfelentkerner
❺ Zucker-
thermometer
❻ Zuckerwaage
❼ Pinsel
❽ Schaber (aus
Kunststoff)
❾ Garnierkamm
❿ Spachtel
– rechteckig
⓫ Spachtel
– dreieckig
⓬ Rührbesen
(Handrühr-
besen)
⓭ Lochtüllen
⓮ Dressierbeutel
(Spritzbeutel)
⓯ Sterntüllen

Aufgaben

❶ Für welche Teige werden folgende Knetmaschinen verwendet? • Spiralkneter • Hubkneter
❷ Benennen Sie die Maschine mit der der Hefeteig
für Berliner rund geschliffen (gewirkt) wird.
❸ Beschreiben Sie die Teigausrollmaschine.
❹ In welcher Maschine werden Eiermassen aufgeschlagen und Cremes sowie Sandmassen
schaumig geschlagen? Nennen Sie auch die
Geräte zum Aufschlagen und Schaumigschlagen.
❺ Wie unterscheidet sich das Gefrieren von
Speiseeis in der Eismaschine gegenüber dem
Gefrieren im Tiefgefrierschrank?
❻ Nennen und beschreiben Sie die Funktion
weiterer Maschinen sowie Arbeitsgeräte und
Werkzeuge in der Konditorei.
❼ Sie sind für die Einarbeitung einer neuen
Praktikantin zuständig und erklären ihr deshalb
die wichtigsten Maschinen und zeigen ihr die
alltäglichen Arbeitsgeräte und Werkzeuge in der
Produktion der Konditorei.

LF
1.1

Rechenaufgaben

❶ Eine Rührmaschine kostet netto 9 400,00 €. Hinzu kommen noch 19 % Mehrwertsteuer.
a) Wie viel € muss die Konditorei für die Rührmaschine bezahlen?
b) Wie hoch ist die Mehrwertsteuer in €?

❷ Eine Kaffeemaschine für das Konditorei-Café kostet 9 225,00 €. Bei einer Fachmesse bekommt die Konditorei die gleiche Maschine zum Messepreis von 8 118,00 €.
a) Wie hoch ist die Preisersparnis in €?
b) Um wie viel % ist die Kaffeemaschine auf der Messe preisgünstiger?

❸ Eine Konditorei kauft folgende Geräte und Werkzeuge:

15	Teigmesser	je	2,40 €
8	Kuchenformen	je	23,20 €
5	Alu-Bleche	je	11,90 €
6	Paletten	je	19,50 €
2	Sägemesser	je	22,90 €
25	Tortenscheiben	je	2,80 €
4	Sätze Tüllen	je	8,60 €
8	Dressierbeutel	je	5,30 €

a) Berechnen Sie den Gesamtpreis.

b) Die Konditorei bekommt für diese Waren einen Ausstellungsrabatt von 15 %. Wie hoch ist der Nettoverkaufspreis?

❹ Ein Tortenring hat einen Durchmesser von 26 cm und eine Höhe von 5 cm. Wie viel Liter Biskuitmasse sind für 8 Ringe notwendig, wenn sie zu 3/4 gefüllt werden?

❺ Für eine Teigteil- und Schleifmaschine werden nach Abzug von 2,5 % Skonto 19 750,00 € bezahlt. Wie viel kostete die Maschine ursprünglich und wie hoch ist der Rabatt in €?

❻ Der Neupreis einer Knetmaschine beträgt 28 125 €. Für die gleiche Maschine in gebrauchtem Zustand wird einer Konditorei 9 562,50 € Rabatt gewährt.
a) Wie viel muss die Konditorei für die gebrauchte Knetmaschine bezahlen?
b) Berechnen Sie den Rabatt in %.

❼ Die Rechnung für eine Verpackungsmaschine über 15 280 € wird zu spät beglichen, sodass nun 15 639,08 € fällig werden. Wie viel € und % kostet diese Maschine jetzt mehr?

2.3 EDV im Konditoreibetrieb

EDV = **E**lektronische **D**aten**v**erarbeitung.

EDV in der Produktion

Computereinsatz in der Konditorei

- Computer in Maschinen, Kälteanlagen und Backöfen werden programmiert, sodass Arbeitsabläufe automatisch gesteuert und durchgeführt werden.

- Rezepturen werden im Computer gespeichert und können jederzeit abgerufen werden.
- Die Lagerbestände an Rohstoffen können im Computer eingesehen und Neubestellungen nach Bedarf vorgenommen werden.

EDV im Verkauf und in der Verwaltung (Büro)

- Die Waren und Warenmengen, die an jedem Tag hergestellt werden sollen, werden als „Backzettel" für die Produktion ausgedruckt.
- Besondere Bestellungen von Kunden werden an die Produktion weitergegeben.
- Der Lagerbestand des Verpackungsmaterials wird geregelt und Material neu bestellt.
- Werbeplakate und Preisschilder können mithilfe der EDV erstellt werden.
- Der Personaleinsatz in der Produktion und in den Filialen der Verkaufsstellen wird geregelt.
- Rechnungen und Lieferscheine können erstellt werden.
- Der gesamte Schriftverkehr wird erledigt.
- Tägliche Abrechnungen der vernetzten Kassen in den Filialen können verwaltet werden.

LF 1.1

Interneteinsatz in der Konditorei

Internet ist die Abkürzung für „**Inter**connected **net**work". In dem weltweiten Netzwerk des Internets sind Computer verbunden, die Informationen untereinander austauschen können.

Link ist die Kurzbezeichnung für „Hyper**link**". Ein Link ist eine Verbindung, Verknüpfung oder ein Verweis von einem Dokument einer Homepage.

Online-Shopping ist das Kaufen über das Internet. Beispielsweise bietet eine Konditorei ihre Waren auf einer Homepage an. Die Kunden können sich die gewünschten Waren aussuchen und per E-Mail die Waren bestellen. Die Bezahlung erfolgt meistens per Kreditkarte oder Abbuchung vom Konto.

Internetadresse

Die Internetadresse wird in folgender Form geschrieben: *www.konditoren.de.*

Die einzelnen Teile der Internetadresse stehen für:
- **www** = World Wide Web = Internet
- **Konditoren** = die Netzadresse des Homepage-Inhabers
- **de** = Deutschland

Ist die Internetadresse international, wird statt „de" häufig das Kürzel „com" angegeben.

Die Trennung der einzelnen Adressteile erfolgt durch Punkte oder Minuszeichen. Alle Eingaben werden in Kleinbuchstaben und ohne Leertaste geschrieben.

Um eine gewünschte Adresse oder Informationen über ein Thema zu finden, gibt man in einer „Suchmaschine", z. B. www.google.de, ein Schlagwort/Suchwort ein und erhält daraufhin eine Ergebnisliste der Interneteinträge.

Homepage einer Konditorei

Immer mehr Betriebe präsentieren sich ihren Kunden und einer breiten Öffentlichkeit im Internet. Dies geschieht auf einer sogenannten Homepage, die mehrere Unterseiten enthalten kann. Die Seiten werden mit Bildern, Grafiken und Texten gestaltet, die das Interesse für den Verbraucher wecken sollen.

Die Homepage einer Konditorei enthält z. B.:
- Startseite mit Firmenlogo und ansprechenden Bildern der Firmenfassade, des Ladens, des Caféraums, des Firmenautos, der Backstube oder eines Konditors bei einer typischen Tätigkeit
- das Warenangebot mit Bildern
- Spezialitäten der Konditorei mit Bildern
- saisonale Spezialitäten mit Angaben der Besonderheiten, z. B. Lebkuchen, Stollen, Osterbrot, Siedegebäcke
- Festtagstorten, z. B. Hochzeitstorten, Geburtstagstorten mit Bildern
- Aktionen und Angebote
- eine Bestellseite, auf der die Kunden Waren der Konditorei per E-Mail bestellen können
- Adresse, Telefonnummer und E-Mail-Adresse

Homepage

Die Internetadresse gehört auf alle Werbemittel der Konditorei, sodass sie ständig der Öffentlichkeit nahegebracht wird, z. B. Verpackungsmaterial, Geschäftsbriefkopf.

E-Mail

Ein Teil des Schriftverkehrs in der Konditorei wird per E-Mail erledigt. Dieser englische Begriff steht für „electronic mail" und bedeutet elektronische Post.
Das Kennzeichen der E-Mail-Adresse ist das @ (gesprochen: ett), z. B. *Frischback@t-online.de.*
Bei Konditoreien, die sich im Internet darstellen, können die Kunden Bestellungen per E-Mail aufgeben.

Die Vorteile der E-Mail gegenüber dem Postverkehr sind:
- Die Nachrichten sind sekundenschnell beim Empfänger.
- Bestellungen können auch außerhalb der Geschäftszeiten dem Empfänger zugeschickt werden und dieser kann sie jederzeit lesen.

LF
1.1

Aufgaben

1. Nennen Sie die Maschinen, Kälteanlagen und Öfen, bei denen die Arbeitsabläufe Computer programmiert und so automatisch durchgeführt werden.
2. Für welche Tätigkeiten wird der Computer im Verkauf und in der Verwaltung (Büro) eingesetzt?
3. Nennen Sie die Internetadresse Ihrer Konditorei oder eines bekannten Betriebs und erklären Sie die einzelnen Teile der Internetadresse.
4. Erläutern Sie den Begriff „Homepage".
5. Was sollte eine Konditoreihomepage enthalten?
6. Nennen Sie Ihre E-Mail-Adresse oder die Ihrer Konditorei.
7. Nennen Sie Beispiele für Geschäftsvorgänge der Konditorei, die per E-Mail getätigt werden können.
8. Nennen Sie Beispiele, welche Informationen sich eine Konditorei aus dem Internet holen kann.
9. Suchen Sie Internetadressen heraus, die für die Ausbildung in der Konditorei von Bedeutung sind.
10. Immer mehr Kunden möchten ihre Bestellung per Internet abwickeln. Erarbeiten Sie eine Checkliste für die Erstellung einer Homepage Ihrer Konditorei. Welche Inhalte sollen den Kunden über die Homepage angeboten werden?

2.4 Zusammenarbeit im Team

LF 1.1

Arbeitsbereiche und Arbeitsaufgaben in der Konditorei

Die Größe des Betriebs und das Warenangebot bestimmen weitgehend den Aufgabenbereich der Beschäftigten in der Konditorei.

Kleinere Konditoreien

Wenige Konditoren sind für die gesamten Arbeitsbereiche, für die Herstellung aller Waren zuständig. Dafür sind gute Fachkräfte erforderlich, die in abwechslungsreicher Arbeit die breite Palette der Konditoreierzeugnisse selbstständig herstellen. Die Waren haben einen kurzen Weg aus der Produktion zum Laden und die Verkäuferinnen haben einen guten und engen Kontakt zu den Kollegen in der Produktion.

Mittlere und große Konditoreien

Konditorin am Teigposten

In diesen Betrieben ist die Arbeit meist in bestimmte Arbeitsbereiche (Posten) aufgeteilt, sodass jeder Konditor für spezielle Arbeiten zuständig ist, z.B. im Bereich der Teigherstellung und Teigaufarbeitung, bei der Massenherstellung und den anderen Feinen Backwaren, als Ofenposten beim Backen, bei der Fertigung von Sahne- und Cremeerzeugnissen, bei der Speisenzubereitung.

Bei der Produktion großer Warenmengen oder bei einfachen Arbeiten unterstützen manchmal angelernte Kräfte die Arbeit der Konditoren. Auch Teilzeitkräfte vervollständigen das Personal nach Bedarf.

Zusammenarbeit: Produktion und Verkauf

Die Produktion und der Verkauf sollen sich durch Informationen wechselseitig ergänzen.

> **Konditoren geben fachliche Informationen über die Waren an die** → **Fachverkäuferinnen und Bedienungen für die Beratung der Kunden**

> **Fachverkäuferinnen und Bedienungen geben Negatives der Waren und Reklamationen der Kunden an die** → **Konditoren, damit Fehler künftig vermieden werden**

Teamwork bzw. Teamarbeit

Nur „zusammen" ergeben die Beschäftigten einen erfolgreichen Konditoreibetrieb. Deshalb ist Teamwork bzw. Teamarbeit das Schlagwort für gute Zusammenarbeit. Alle Beschäftigten sollen sich hilfsbereit ergänzen und so auch auftretende Schwierigkeiten ohne Probleme zusammen lösen. Teamgeist und somit gute Stimmung während der Arbeit sind nur in einem guten Betriebsklima vorhanden. Die Betriebsleitung und jeder Mitarbeiter selbst sind für ein angenehmes Miteinander verantwortlich.

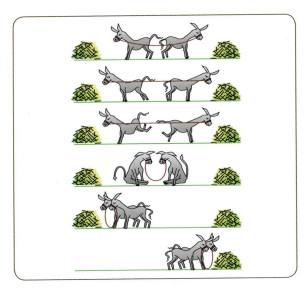

Erfolg durch Teamwork

Betriebsklima

> Der Ausspruch „Ein gutes Betriebs-
> klima erledigt die halbe Arbeit und
> ist Voraussetzung für den Betriebs-
> erfolg" ist eine Weisheit.
>
> *Freundliches Miteinander*

Bei einem guten Betriebsklima arbeiten alle Beschäftigten gerne miteinander und fühlen sich dem Betrieb zuge-
hörig. Dies erleichtert allen die Arbeit und erhöht so die
Leistungsfähigkeit.
Jeder zufriedene Mitarbeiter identifiziert sich mit dem
Betrieb und setzt sich deshalb für die Konditorei ein und
redet gut über die Firma.
Auch die Kunden erkennen gute Beziehungen innerhalb
eines Teams an freundlichen und leistungsbereiten Beschäftigten.

> Jeder Betrieb braucht seine Mitarbeiter, die Mitar-
> beiter brauchen ihren Betrieb. Geht es dem Betrieb
> gut, dann sind auch die Mitarbeiter zufrieden.

Einfluss der Mitarbeiter auf das Betriebsklima

Jeder einzelne Mitarbeiter kann und muss etwas zu einem guten Betriebsklima beitragen. Folgende Beispiele
fördern eine angenehme Zusammenarbeit:

- Den Tag im Betrieb pünktlich und ohne Hetze beginnen.
- Alle Mitarbeiter freundlich grüßen. Ein paar nette Wor-
  te wirken Wunder und kommen wie ein Echo zurück.
- Die gewöhnlichen Anstandsregeln beachten, also
  z. B. sich nicht in die Privatangelegenheiten anderer
  einmischen oder bei Intrigen oder Klatsch mitmachen.
- Fehler nicht immer bei anderen suchen; eigene Fehler
  einsehen und vermeiden.
- Grundsätzlich hilfsbereit sein, ohne sich dabei
  ausnutzen zu lassen.
- Berechtigte Kritik an Kollegen selbst ruhig vortragen,
  nicht hinter dem Rücken der Betroffenen nörgeln.
- Nicht in der Öffentlichkeit über die Firma herziehen, da
  dies Kunden abschreckt.

>
> Erfüllt ein Mitarbeiter aus eigener Schuld die
> gestellten Aufgaben über einen längeren Zeitraum
> nicht und fügt sich nicht in das Team ein, so ist das
> geschäftsschädigend und trübt das Betriebsklima.

LF 1.1

Einfluss der Betriebsleitung auf das Betriebsklima

Die Betriebsleitung trifft die ersten wichtigen Entschei-
dungen bei der Einstellung des Personals. Beim Vorstellungsgespräch haben freundliche, interessierte und
motivierte Bewerber/-innen die besten Chancen. Konditoren, denen das kreative Gestalten und das feinmotorische
Geschick bei den künstlerischen Aufgaben fehlt, sind auf
Dauer mit der Arbeit in der Konditorei unzufrieden und
passen nicht in ein leistungsstarkes Team.

Einsatzbereitschaft der Mitarbeiter steigern

Dieses Ziel kann die Betriebsleitung erreichen durch:
- leistungsgerechte Bezahlung
- korrekte Freizeitregelung wie Arbeitszeiten, freie Tage,
  Urlaub u. a.
- Eingehen auf Wünsche, z. B. bei der Urlaubszeit
- freundliche Behandlung des Personals ohne Verletzung der Würde
- Honorierung von besonderen Leistungen, z. B. Über-
  stunden bezahlen, Beförderungen durchführen

>
> Mitarbeitergespräche ermöglichen nicht nur den
> regelmäßigen Kontakt zum Mitarbeiter, sondern es
> können auch Probleme angesprochen und vor allem
> Unzufriedenheiten ausgeräumt werden.

Verantwortungsbewusstsein der Mitarbeiter steigern

Jeder Einzelne soll nach seinen Fähigkeiten in den Betriebsablauf eingebunden sein, d. h., er soll selbstständig Aufgaben erfüllen, für die er die Verantwortung trägt. So wird das Gefühl vermittelt, gebraucht zu werden und wichtig zu sein. Jeder Mitarbeiter wird gleichermaßen geschätzt.

Leistungsbereitschaft der Mitarbeiter steigern

Jeder Mensch braucht Lob. Deshalb sollen Mitarbeiter zur rechten Zeit gelobt werden, z. B. bei außergewöhnlichen Leistungen oder bei ständig guten Leistungen.
Echtes Lob motiviert, spornt an und stärkt gleichzeitig die Identifikation mit dem Betrieb.
Vergessenes Lob oder ständig fehlende Anerkennung demotivieren, die Leistungsbereitschaft lässt nach.

Kritik angemessen anbringen

- Berechtigte Kritik ist wichtig und hat den Sinn, es beim nächsten Mal besser zu machen.
- Dabei sollten jedoch vom Kritisierenden Verbesserungsvorschläge gemacht werden, z. B. den Arbeitsvorgang vormachen und praktizierbare Hilfen anbieten.
- Der kritisierte Mitarbeiter muss die Möglichkeit zur Stellungnahme haben.
- Vergleiche mit anderen Kollegen sollten unbedingt vermieden werden, z. B.: „Deine Kollegin hat beim Garnieren und Modellieren von Torten und Desserts viel mehr Geschick als du."
- Kritik darf nie beleidigend sein.
- Kritik möglichst nicht vor der Belegschaft anbringen und auf keinen Fall vor den Kunden.
- Der Kritisierte sollte sich nicht in Zeitnot befinden, damit er die Kritik genau aufnimmt.

> **!**
> Vorgesetzte, die den Faktor Mensch vernachlässigen, schaden deshalb letztlich der Firma. Nur zufriedene Mitarbeiter sind leistungsfähig und leistungsbereit.

1.1

Aufgaben

1. Beschreiben Sie die Größe Ihrer Konditorei. Wie ist Ihr Kontakt zur Produktion und zur Betriebsleitung?
2. Erklären Sie die wechselseitige Zusammenarbeit im Konditoreibetrieb:
   - Konditoren mit Verkäuferinnen
   - Verkäuferinnen mit Konditoren
3. Erklären Sie den Begriff „Teamwork" in der Konditorei.
4. Erläutern Sie den Begriff „gutes Betriebsklima".
5. Geben Sie Beispiele, wie jeder Mitarbeiter etwas zu einem guten Betriebsklima beitragen kann.
6. Nennen Sie Möglichkeiten, wie die Betriebsleitung bei folgenden Punkten die Mitarbeiter motivieren und so das Betriebsklima verbessern kann:
   - Einstellung des Personals
   - Steigern der Einsatzbereitschaft
   - Steigern des Verantwortungsbewusstseins
   - Steigern der Leistungsbereitschaft
   - Anbringen von Kritik
7. Schon seit Längerem reklamieren Kunden, dass die Plundergebäcke zu wenig Füllung enthalten würden. Trotzdem ändert Ihr Chef nichts. Beraten Sie sich mit Ihren Kolleginnen und Kollegen, wie Sie die Kommunikation verbessern können.
8. Überlegen Sie, wie Sie Ihre Mitarbeiterinnen und Mitarbeiter motivieren und ihnen gegenüber Kritik anbringen würden, wenn Sie die Chefin bzw. der Chef einer Konditorei wären.

Rechenaufgaben

1. Eine Konditorin hat einen Bruttolohn von 1950,00 €. Die gesetzlichen Abzüge belaufen sich auf 673,85 €. Für das Ansparen eines Bausparvertrages werden ihr monatlich 102,80 € abgezogen. Wie viel € bekommt sie ausbezahlt?
2. Ein Konditorgeselle möchte 1140,00 € netto verdienen. Er weiß, dass sie 40 % Abzüge hat. Wie viel € müsste er beim Vorstellungsgespräch als Bruttolohn verlangen?
3. Vom Bruttogehalt von 1 820,00 € werden einem ledigen Konditor 570,40 € Lohnsteuer abgezogen. Nach der Hochzeit zahlt ihm der Betrieb brutto 2 180,00 €, von denen er 27 % Steuern bezahlen muss.
   a) Wie viel verdient der ledige Konditor netto?
   b) Wie viel Prozent werden dem ledigen Konditor abgezogen?
   c) Wie viel € verdient er, wenn er verheiratet ist?

2.5 Anforderungen an Konditoreierzeugnisse

Frische Konditoreierzeugnisse bester Qualität

Die Kunden der Konditorei erwarten
- gesunde Lebensmittel,
- absolute Frische,
- besten Geschmack,
- appetitliches Aussehen,
- lange Frischhaltung.

Damit die Erwartungen der Kunden erfüllt werden, sollten kritische Qualitätsbeurteilungen in regelmäßigen Abständen durchgeführt werden. Dadurch können Schwachpunkte erkannt und beseitigt werden.

Beurteilungen der Erzeugnisse im Betrieb

- Die Konditoren und die Verkäuferinnen im Betrieb, die unmittelbaren Fachkräfte, sollten immer wieder selbst ihre Waren objektiv testen und beurteilen.
- Das Verkaufspersonal und die Bedienungen sollten den Konditoren Rückmeldungen der Kundeneindrücke über die Waren geben. Die Urteile der Kunden und deren Kaufverhalten geben wichtige Hinweise zur Verbesserung der Erzeugnisse.

Gebäckprüfung (Gebäckbeurteilung) durch Fachverbände

Fachorganisationen, z. B. die DLG (Deutsche Landwirtschafts-Gesellschaft) und der Deutsche Konditorenbund, führen Gebäckprüfungen durch, an denen sich Konditoreien freiwillig mit Backwaren beteiligen können. Die verschiedenen Gebäcke werden von fachkundigen Prüfern auf ihre Qualität und Mängel getestet, z. B. bei Stollenprüfungen und Sahnetorten- sowie Sahneschnittenprüfungen.

> **Die DLG-Prüfer bewerten die Gebäcke nach ihrem eigenen DLG-Schema.**
>
> Die Prüfmerkmale sind:
> 1. Form, Aussehen
> 2. Oberflächen-, Krusteneigenschaften
> 3. Lockerung, Krumenbild
> 4. Struktur, Elastizität
> 5. Geruch
> 6. Geschmack

Bewertung der geprüften Backwaren

Bei einer Gebäckprüfung, z. B. Berliner oder andere Feine Backwaren, kann eine Konditorei jedes Gebäck, das sie im Laden anbietet, auf deren Qualität testen lassen. Dabei wird jedes zu prüfende Gebäck mit einer Nummer versehen und anonym von den DLG-Prüfern bewertet, um Beeinflussungen der Prüfer auszuschalten.

Berliner

Bei dem zu prüfenden Gebäck wird jedes der sechs oben genannten Prüfmerkmale mit den Punkten von 5 bis 0 bewertet.

5-Punkte-Skala und Bewertungstabelle		
Punkte	**Qualitätsbeschreibung**	**Allgemeine Eigenschaften**
5	sehr gut	keine Abweichung von den Qualitätserwartungen
4	gut	geringfügige Abweichungen
3	zufriedenstellend	leichte Abweichungen
2	weniger zufriedenstellend	deutliche Abweichungen
1	nicht zufriedenstellend	starke Abweichungen
0	ungenügend	nicht bewertbar

Jedes Prüfmerkmal wird unterschiedlich gewichtet:

Prüfmerkmale	Gewichtungsfaktoren
Form, Aussehen	×2
Oberflächen-, Krusteneigenschaften	×2
Lockerung, Krumenbild	×3
Struktur, Elastizität	×4
Geruch	×3
Geschmack	×6
	Gewichtungsfaktoren 20

Die erreichten Punkte von jedem Prüfungsmerkmal werden mit dem entsprechenden Gewichtungsfaktor multipliziert. Die addierten Punkte werden durch die Gewichtungsfaktoren 20 dividiert. Das Ergebnis ergibt die erzielte Qualitätszahl.

Beispiel für ein Gebäck mit 92 erreichten Punkten:

$$\frac{92 \text{ (erreichte Punkte)}}{20 \text{ (Gewichtungsfaktoren)}} = 4{,}60 \text{ (erzielte Qualitätszahl)}$$

DLG-Preise

Einwandfrei geprüfte Backwaren werden mit folgenden DLG-Preisen prämiert:

DLG-Preise		Qualitätszahl für das geprüfte Gebäck
	Goldener DLG-Preis	5,00
	Silberner DLG-Preis	4,50 – 4,99
	Bronzener DLG-Preis	4,00 – 4,49

DLG-Urkunde

Für die prämierten Backwaren erhält die Konditorei auch eine DLG-Urkunde. Diese werbewirksame Urkunde mit dem DLG-Preis sollte an einer für die Kunden gut sichtbaren Stelle im Laden platziert werden. Ebenso kann die Fachverkäuferin im Verkaufsgespräch das prämierte Gebäck hervorheben.

Bedeutung der Gebäckprüfungen für eine Konditorei

- Die Mängel der Gebäcke werden bei der Beurteilung im Detail festgehalten und dem Betrieb schriftlich mitgeteilt.
- So kann jede Konditorei künftig die Fehler bei der Gebäckherstellung gezielt abstellen und somit Qualitätsverbesserungen der Gebäcke erreichen.

- Einwandfrei geprüfte Backwaren werden mit dem DLG-Preis prämiert. Die prämierten Gebäcke dürfen mit dem Gütesiegel versehen werden und sind somit gute Werbemittel.

DLG-Urkunde

Frische – ein wichtiges Qualitätsmerkmal

> **!**
> Konditoreierzeugnisse werden als frisch bezeichnet, solange sie ihre typischen Qualitätsmerkmale aufweisen.

Frische ist bei den Backwaren unterschiedlich.

Gebäckbeispiele	Frischeanforderung
Plundergebäcke, Croissants, Blätterteiggebäcke mit Füllungen	Gebäcke, die frisch gegessen werden sollen – je frischer, desto besser
Sahnetorten, Sahnedesserts, Bienenstich, Pflaumenkuchen, Berliner	Gebäcke, die am Tag der Herstellung verkauft und gegessen werden sollen
Hefezöpfe, pikante Blätterteiggebäcke ohne Füllung wie Käsestangen und Käsegebäcke	Gebäcke, die frisch am Tag der Herstellung verkauft werden sollen, die jedoch bei den Kunden noch einige Tage ihre Frischeeigenschaften behalten
Mürbeteiggebäcke, Kuchen aus Sandmasse (Rührkuchen), Käsekuchen, Lebkuchen, Stollen, Makronen, Pralinen	Dauerbackwaren und Schokoladenerzeugnisse, die längere Zeit ihre Frischeeigenschaften behalten

> **!**
> Die Kunden erhalten auf Fragen zur Gebäckfrische grundsätzlich ehrliche Antworten.

Die Frische der Backwaren ist sensorisch, d. h. mit den Sinnen feststellbar.

Sinne	Frische Backwaren	Ältere Backwaren
Augen	• appetitliche Farbe • gute Lockerung und schöner Stand sowie Form	• verblassen • werden runzlig und fallen etwas ein
Geruch	riechen intensiv, z. B. beim Ausbacken im Ladenbackofen	verlieren zunehmend die Aromastoffe
Geschmack	voller typischer Geschmack	schmecken zunehmend leerer
Tasten	weiche Krume	zunehmend trockenere Krume

Frische Konditoreierzeugnisse bester Qualität

Bio- oder Öko-Backwaren

Bio-Siegel

EU-Bio-Logo mit Kontrollstellencode

Immer mehr gesundheitsbewusste Menschen bevorzugen Backwaren, die mit Zutaten aus „kontrolliert ökologischem Anbau" hergestellt werden. Diese Bio- oder Öko-Backwaren werden mit dem Bio-Siegel und/oder mit dem EU-Bio-Logo auf dem Preisschild in der Konditorei gekennzeichnet. Das Preisschild sollte zudem den Kontrollstellencode enthalten oder es hängt die Öko-Bescheinigung im Laden aus. Für vorverpackte Bio-Lebensmittel ist das EU-Bio-Logo seit Sommer 2012 Pflicht.

Ökologische oder biologische Landwirtschaft

Grundlage für beide Kennzeichnungen (Bio-Siegel, EU-Bio-Logo) sind die EU-Rechtsvorschriften für den ökologischen Landbau, die genau definieren, wie landwirtschaftliche Erzeugnisse und Lebensmittel, die als Öko-Produkte gekennzeichnet sind, erzeugt und hergestellt werden müssen. Ökologische bzw. biologische Landwirtschaft verzichtet z. B. auf den Einsatz von chemischen Dünge- und Pflanzenschutzmitteln sowie auf Gentechnik.

Beim Wachstum der Lebensmittel steht der Naturkreislauf im Vordergrund. Dabei bleiben Natur und Umwelt weitgehend geschont.

Weitere Beispiele der ökologischen bzw. biologischen Landwirtschaft:

• Die Anbauflächen werden nur mit Gülle gedüngt. Auch extra angebaute Pflanzen werden zur Düngung in den Boden gepflügt.
• Vorbeugend zum Pflanzenschutz werden auf den Anbauflächen jährlich andere Pflanzen angebaut (wechselnde Fruchtfolge).
• Die Tierhaltung erfolgt artgerecht mit ausreichendem Auslauf.
• Die Futtermittel für die Tiere sind ökologisch, d. h. ohne chemische Mittel.

> **!** Bio- bzw. Öko-Konditoreien stellen überwiegend Vollkornbackwaren mit Getreide aus kontrolliert biologischem Anbau her, die weitgehend ohne chemische Schadstoffe sind.

Bio-Backwaren aus Vollkornmehl

Naturbelassene Lebensmittel

Für die gesunde Ernährung verarbeiten Bio- bzw. Öko-Konditoreien möglichst naturbelassene, unbehandelte Lebensmittel, damit alle gesunden Nährstoffe in den Backwaren erhalten bleiben.

Behandelte Lebensmittel werden zur Verfeinerung des Geschmacks und zur längeren Haltbarkeit verändert, z. B. durch Schälen der Getreidekörner und Behandlung mit Hitze. Dabei verlieren die Lebensmittel wichtige Vitamine, Mineralstoffe und Ballaststoffe.

Naturbelassene Lebensmittel	Behandelte Lebensmittel
Vollkornmehl	geschältes Getreide, z. B. Mehl der Type 405 und 550
frisches Obst und Gemüse	Obst- und Gemüsekonserven
tiefgefrorene Lebensmittel	Lebensmittel mit chemischen Konservierungsstoffen, Lebensmittel in Konserven

Frische Lebensmittel

Frische Lebensmittel schmecken gut und enthalten meist keine haltbar machenden chemischen Stoffe. Deshalb bevorzugen gesundheitsbewusste Kunden Lebensmittel, die durch kurze Transportwege frisch sind und die Umwelt schonen, z. B.
- saisonales Obst und Gemüse, das in der momentanen Jahreszeit geerntet wird,
- Lebensmittel aus der Region.

Frisches Gemüse

Aufgaben

1. Welche Erwartungen haben Verbraucher an die Erzeugnisse aus dem Fachbetrieb der Konditorei?
2. Welche Möglichkeiten hat die Konditorei selbst, ihre Erzeugnisse zu prüfen und zu beurteilen?
3. Nennen Sie die Fachorganisationen, die Gebäckprüfungen durchführen.
4. Mit welchen DLG-Preisen werden einwandfrei geprüfte Backwaren ausgezeichnet?
5. Erläutern Sie, was eine Konditorei mit einer DLG-Urkunde bewirken kann.
6. Erklären Sie die Bedeutung der Gebäckbeurteilungen für eine Konditorei.
7. Wie lange werden Konditoreierzeugnisse als frisch bezeichnet?
8. Nennen Sie die Sinne, mit denen die Frische der Backwaren feststellbar ist und geben Sie Beispiele, wie frische Backwaren und ältere Gebäcke sensorisch erkannt werden.
9. Erklären Sie, welche Backwaren Bio- bzw. Öko-Konditoreien überwiegend herstellen und welches Getreide sie dafür verwenden.
10. Beschreiben Sie das Aussehen des staatlichen Bio-Siegels und des EU-Bio-Logos.
11. Beschreiben Sie Merkmale der ökologischen bzw. biologischen Landwirtschaft in Bezug auf
    - Düngung der Anbauflächen,
    - vorbeugenden Pflanzenschutz,
    - Tierhaltung,
    - Futtermittel für die Tiere.
12. Nennen Sie Beispiele aus der Konditorei für naturbelassene Lebensmittel und stellen Sie diesen behandelte Rohstoffe gegenüber.
13. Nennen Sie Lebensmittel, die durch kurze Transportwege frisch erhältlich sind und die Umwelt schonen.
14. Ihr Chef legt immer großen Wert auf die betriebsinterne Gebäckbeurteilung, denn er möchte nur beste Qualitätswaren herstellen und verkaufen. Nun wurden die Butterstollen sogar mit dem goldenen DLG-Preis ausgezeichnet. Die Urkunde haben Sie in das Schaufenster gehängt, um die Auszeichnung für Werbezwecke zu nutzen. Erklären Sie den nachfragenden Kunden, warum die Butterstollen mit diesem Preis ausgezeichnet wurden und welche Kriterien bei der Gebäckprüfung eine Rolle spielen.

3 Arbeitssicherheit – Unfallverhütung

Situation

Sie beobachten, wie ein Mitarbeiter Ihres Betriebs beim Tragen eines Korbs mit tiefgefrorenen Teiglingen die Treppe hinabstürzt. Er hat eine Platzwunde am Kopf und klagt über heftige Schmerzen im Knie. Sie rufen sofort die Rettungsleitstelle an und beauftragen den Ersthelfer, Erste Hilfe zu leisten. Später sollen Sie mit Ihrem Kollegen eine detaillierte Unfallschilderung für die Berufsgenossenschaft erstellen und Möglichkeiten der Unfallvermeidung diskutieren.

- Welche Inhalte hat der Unfallbericht?
- Welche Aufgaben hat die Berufsgenossenschaft?
- Welche Arbeitskleidung ist in der Produktion der Konditorei vorgeschrieben?
- Welche Unfallverhütungsvorschriften sind zu beachten?
- Wie sind die Arbeitsschutzvorschriften für die Betriebsräume?
- Welche Erste-Hilfe-Maßnahmen sind im Falle eines Unfalls durchzuführen?

LF 1.1

Der Schutz vor Unfällen während der Arbeit und die Maßnahmen zur Unfallverhütung müssen bei Arbeitgebern und Arbeitnehmern gleichermaßen Grundvoraussetzungen für die Beschäftigung im Betrieb sein. Nicht beachtete Unfallverhütung hat für alle Beteiligten negative Folgen. Auswirkungen können sein:

Für den Betrieb:
- Arbeitsausfall des Verletzten ergibt Mehrarbeit für die Kollegen
- Kosten für anfallende Mehrarbeit der übrigen Beschäftigten im Betrieb und für Aushilfskräfte
- Gehaltsfortzahlung ohne Arbeitsleistung
- Strafe wegen Missachtung der Unfallverhütungsvorschriften

Für den Verletzten:
- Schmerzen
- Krankenhausaufenthalt und Arztbesuche
- Belastung für die Familie
- bleibende körperliche Schäden
- Berufsaufgabe

ARBEITSUNFALL

Für die Versicherung und die Allgemeinheit:
- Bezahlung des Verdienstausfalls bei längerer Krankheit
- Kosten für ärztliche Versorgung und Medikamente
- Rehabilitationskosten (Krankengymnastik, Kuraufenthalt u. a.)
- Bezahlung der Rente

3.1 Berufsgenossenschaft

Jeder Gewerbebetrieb muss Mitglied in der für den entsprechenden Berufszweig zuständigen Berufsgenossenschaft sein. Für das Lebensmittelgewerbe – und somit für Konditoreibetriebe – ist die **Berufsgenossenschaft Nahrungsmittel und Gastgewerbe (BGN)** zuständig, die ihren Hauptsitz in Mannheim hat.

Die BGN ist Träger der gesetzlichen Unfallversicherung. Laut Gesetz ist jeder Beschäftigte, auch Auszubildende und Aushilfen, gegen Arbeits- und Wegeunfälle bei der BGN versichert. Die Beiträge für diese Pflichtversicherung jedes Arbeitnehmers bezahlt zu 100 % der Arbeitgeber.

Arbeitsunfälle

> Arbeitsunfälle sind:
> * Unfälle am Arbeitsplatz bei betrieblicher Tätigkeit,
> * Wegeunfälle auf dem direkten Weg von und zur Arbeit.

Unfälle während der Arbeitspausen, bei denen keine betrieblichen Tätigkeiten ausgeführt werden, z. B. beim Essen in der Kantine, werden nicht von der Unfallversicherung übernommen, sondern von der Krankenkasse.
Unfälle auf dem Weg von und zur Berufsschule und in der Schule fallen nicht unter die Zuständigkeit der Berufsgenossenschaft, sondern werden von der schulischen Unfallkasse getragen.

Berufskrankheiten

Ist eine Krankheit als Folge der beruflichen Tätigkeit erwiesen, spricht man von einer Berufskrankheit. Als Berufskrankheit werden aber nur bestimmte Erkrankungen anerkannt, die entstehen, weil die Betroffen durch ihre Arbeit den gesundheitsschädigenden Einwirkungen in höherem Maß als die gesamte Bevölkerung ausgesetzt sind. Die von der Bundesregierung und vom Bundesrat erlassene Berufskrankheitenliste führt diese Erkrankungen auf. Die Berufsgenossenschaft wird in den meisten Fällen den Zusammenhang zwischen der Ausübung der Berufstätigkeit und der Erkrankung durch einen medizinischen Sachverständigen (Gutachter) prüfen lassen.

Anerkannte Berufskrankheiten:

* Mehlasthma, das Atembeschwerden verursacht und hauptsächlich durch Mehlstaub ausgelöst wird. Dieser kann auch weitere Allergien wie Hustenreiz, Augentränen, Fließschnupfen und Nieszwang nach sich ziehen.

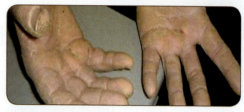

Ekzem (Hauterkrankung)

* Allergische Hauterkrankungen (Ekzeme), also Hautausschläge, Juckreiz, Rötung. Sie werden überwiegend hervorgerufen durch Feuchtarbeit, Mehlstaub, Teigsäuren und Backmittel.

* Skeletterkrankungen mit Schäden an der Wirbelsäule, die Rückenleiden hervorrufen. Sie entstehen durch Heben und Tragen schwerer Lasten oder durch langjährige Tätigkeiten mit ständig gebückter Oberkörperhaltung.

Kariesbildung durch überdurchschnittlichen Kontakt vor allem mit Zucker beim Abschmecken sowie stärkehaltigen Lebensmitteln und Säuren kann durch regelmäßige Mundpflege (Zähneputzen) vorgebeugt werden und zählt deshalb im Regelfall bei Bäckern, Konditoren und Verkäuferinnen nicht zu den anerkannten Berufskrankheiten.

Unfallanzeige

Anzeigepflichtig ist der Unternehmer.
* Nach einem Arbeitsunfall mit einer Arbeitsunfähigkeit von drei Tagen und mehr muss eine Unfallanzeige ausgefüllt und an die Berufsgenossenschaft geschickt werden. Die Anzeige muss innerhalb von drei Tagen erstattet werden, nachdem der Unternehmer von dem Unfall Kenntnis erhalten hat.
* Tödliche Unfälle und Unfälle mit schwerwiegenden Gesundheitsschäden müssen der BGN sofort, d. h. noch am selben Tag gemeldet werden.

Auf dem vorgedruckten Formular der Unfallanzeige müssen die berufliche Tätigkeit und der Unfallhergang genau beschrieben werden.

Leistungen der Unfallversicherung

Die Berufsgenossenschaft trägt die Kosten, die durch einen Arbeitsunfall oder durch Berufskrankheiten entstehen. Dies sind im Einzelnen:

Medizinische Rehabilitation, z.B.
- ambulante Heilbehandlung (Arztkosten, Krankengymnastik, Medikamente)
- stationärer Krankenhausaufenthalt

Leistungen zur Teilhabe am Arbeitsleben

Leistungen zur Pflegebedürftigkeit, z.B. Pflegedienst, Pflegeheim

Geldleistungen, z.B.
- Verletztengeld als Lohnersatz
- Rente
- Sterbegeld
- Hinterbliebenenrente

(Quelle: nach BGN)

Verantwortung für Sicherheit und Gesundheit im Betrieb

Die Sicherheit und Gesundheit im Betrieb ist gesetzlich geregelt, z.B. im Arbeitsschutzgesetz und durch die Unfallverhütungsvorschriften. Der Betriebsinhaber muss sich über die Gesetze und Vorschriften selbst informieren.

Grundsätzlich ist der Unternehmer für die Sicherheit und Gesundheit im Betrieb verantwortlich. Er hat deshalb folgende Verpflichtungen zu erfüllen:
- Er muss dafür sorgen, dass die Gesetze und Vorschriften eingehalten werden.
- Er ist verpflichtet, alle Mitarbeiter/-innen regelmäßig zu sicherem und gesundheitsförderndem Verhalten am Arbeitsplatz anzuhalten, zu unterweisen, zu informieren und als Vorbild mit gutem Beispiel voranzugehen.

Aber auch die Mitarbeiter sind verpflichtet alles zu tun, damit ein sicheres Arbeiten gewährleistet ist. Sie müssen sich an die Vorschriften halten, da dies sonst arbeitsrechtliche Folgen haben kann.

Aufgaben

1. Nennen Sie die Berufsgenossenschaft für das Lebensmittelgewerbe und somit für Konditoreien.
2. Nennen Sie den Träger der gesetzlichen Unfallversicherung, die eine Pflichtversicherung ist.
3. Wer bezahlt die Beiträge zur Unfallversicherung?
4. Die Berufsgenossenschaft erkennt zwei Arten von Arbeitsunfällen an. Nennen Sie diese.
5. Nennen Sie die drei anerkannten Berufskrankheiten bei Konditoren.
6. Beschreiben Sie, wann eine Unfallanzeige bei Arbeitsunfällen an die Berufsgenossenschaft geschickt werden muss.
7. Wer hat die Anzeigepflicht bei Arbeitsunfällen an die Berufsgenossenschaft?
8. Nennen Sie die vier Leistungen mit Beispielen, die die Berufsgenossenschaft bei Arbeitsunfällen erbringt.
9. Einer Ihrer Kollegen fürchtet um seinen Arbeitsplatz, weil er immer wieder Atembeschwerden in der Backstube bekommt. Er befürchtet, Mehlasthma zu haben. Informieren Sie sich, wodurch diese Krankheit ausgelöst wird und ob sie geheilt werden kann.

LF 1.1

3.2 Arbeitsstättenverordnung

Damit die Gesundheit der Beschäftigten in der Konditorei geschützt wird, müssen die Arbeitsräume den staatlichen Vorschriften und den Unfallverhütungsvorschriften der Berufsgenossenschaft entsprechen. Außerdem müssen die Betriebsräume den Beschäftigten ein gesundes, menschengerechtes Umfeld bei ihrer täglichen Arbeit bieten.

Arbeitsschutzvorschriften für Arbeitsräume

Arbeitsräume
- Sie müssen ausreichend beleuchtet sein.
- Gekennzeichnete Fluchtwege und Notausgänge sind erforderlich. Sie dürfen nicht eingeengt werden, sind immer freizuhalten und müssen allen Mitarbeitern bekannt gemacht werden.

Fußböden
- Sie dürfen keine Stolperstellen aufweisen. Als Stolperstellen gelten bereits Höhenunterschiede über 4 mm.
- Sie müssen wegen der Sturzgefahr rutschhemmend sein.
- Sie müssen wie die Wände leicht zu reinigen sein.

Schädigende Umgebungseinflüsse

Starker Lärm, ständiger Staub und Schmutz sowie ausstrahlende Gifte gefährden die Gesundheit der Beschäftigten und müssen deshalb vermieden werden.

Schädigende Umgebungseinflüsse

Vorrichtung zum Absaugen des Mehlstaubs

Schutz gegen Brandgefahr
- Es müssen geprüfte Feuerlöscher angebracht sein. Die Füllmenge und Anzahl der Feuerlöscher ergibt sich in Konditoreien nach der Flächengröße der Räume. Eine Funktionsüberprüfung muss alle zwei Jahre durch einen Fachbetrieb erfolgen.
- Die Beschäftigten sind in die richtige Handhabung der Feuerlöscher einzuweisen.
- Die Feuerlöscher müssen jedem Betriebsangehörigen leicht zugänglich sein.

Arbeitsschutzvorschriften für Sozialräume

Die Arbeitsstättenverordnung schreibt folgende Sozialräume im Konditoreibetrieb vor sowie deren zweckmäßige Einrichtungen:

Pausenräume

Bei mehr als zehn Beschäftigten, dazu zählen die Konditoren und Verkäuferinnen sowie das Bedienungspersonal, muss der Betrieb einen Pausenraum bereitstellen. Darin müssen Tische und Sitzgelegenheiten entsprechend der Anzahl der Beschäftigten stehen. Für schwangere Beschäftigte müssen Sitz- und Liegemöglichkeiten zum zwischenzeitlichen Ausruhen vorhanden sein.

Der Arbeitgeber muss geeignete Maßnahmen ergreifen, um Nichtraucher vor Belästigungen durch Tabakrauch zu schützen.

Umkleideräume

Da die Konditorinnen und Konditoren sowie die Verkäufer/-innen und Bedienungen Berufskleidung tragen müssen, sind Umkleideräume, getrennt nach Frauen und Männern, vorgeschrieben, die wie folgt ausgestattet sein müssen:
- ein abschließbarer Kleiderschrank für jeden Beschäftigten
- für je vier Schrankeinheiten im Umkleideraum mindestens eine Sitzgelegenheit
- Spiegel
- Abfallbehälter

Waschräume

Auch die Anforderungen an die Waschräume sind festgelegt:
- getrennte Waschräume für Frauen und Männer
- fließend warmes und kaltes Wasser in den Waschräumen
- Mittel zur hygienischen Reinigung müssen vorhanden sein; zulässig sind Seifenspender und zum Abtrocknen der Hände Einmalhandtücher
- in jedem Waschraum muss ein Abfallbehälter stehen
- Wasch- und Umkleideräume müssen voneinander getrennt sein, aber einen unmittelbaren Zugang zueinander haben

Toiletten

Die Toiletten müssen folgende Anforderungen erfüllen:
- bei mehr als fünf Beschäftigten müssen sie ausschließlich dem Personal zur Verfügung stehen

- getrennte Toilettenräume für Frauen und Männer bei mehr als fünf Beschäftigten verschiedenen Geschlechts im Betrieb
- Toilettenräume müssen in unmittelbarer Nähe von Pausen-, Umkleide- und Waschräumen sein. Sie dürfen höchstens eine Geschosshöhe vom Arbeitsplatz entfernt sein, wobei der Weg zu den Toiletten nicht durchs Freie führen soll.
- Handwaschbecken, Seifenspender und Einmalhandtücher müssen vorhanden sein.
- Toilettenräume müssen ausreichend belüftbar sein.

Hygienisches Reinigen der Hände

Aufgaben

1. Wie heißt die Berufsgenossenschaft für Ernährungsberufe?
2. Geben Sie an, wer im Betrieb in der Unfallversicherung der Berufsgenossenschaft versichert sein muss.
3. Wer ist für die Sicherheit und Gesundheit der Beschäftigten im Betrieb verantwortlich? Nennen Sie Verpflichtungen des Verantwortlichen.
4. Welche Verpflichtungen haben die Beschäftigten für ihre eigene Sicherheit und Gesundheit während der Arbeit?
5. Beschreiben Sie die wichtigsten Arbeitsschutzvorschriften nach der Arbeitsstättenverordnung
   - für die Arbeitsräume,
   - für die Fußböden,
   - gegen schädigende Umgebungseinflüsse,
   - für den Schutz gegen Brandgefahr.
6. Nennen Sie die nach der Arbeitsstättenverordnung vorgeschriebenen Sozialräume in Konditoreibetrieben und erklären Sie deren Einrichtungen.
7. Da Sie sich vor der Arbeit Ihre Berufskleidung anziehen müssen, hätten Sie gerne in Ihrem Betrieb einen abschließbaren Schrank, in dem Sie Ihre persönlichen Sachen unterbringen können. Ihr Chef meint aber, dass dafür kein Platz vorhanden sei. Schauen Sie in der Arbeitsstättenverordnung nach, ob auch etwas über Kleiderschränke in der Verordnung steht und welche Vorschriften der Betrieb noch beachten muss.

3.3 Unfallgefahren und Unfallverhütung

Bei Unfällen ist keine Erkenntnis zutreffender:

„Gefahr erkannt – Gefahr gebannt."

Unfälle im Betrieb werden meistens verursacht durch:
- Nichterkennen der Gefahrenquellen
- Leichtsinn
- Bequemlichkeit
- Nichtbeachtung der Unfallvorschriften, oft auch durch zu hastiges und unüberlegtes Arbeiten
- Übermüdung, z. B. durch fehlende Pausen

Um Unfälle im Betrieb zu vermeiden, sollen deshalb alle Beschäftigten regelmäßig auf die Gefahrenquellen im Betrieb aufmerksam gemacht werden. Besonders wichtig ist, dass vor allem neu in das Berufsleben eintretende Auszubildende und neue Anlernkräfte von den Ersthelfern im Betrieb und von erfahrenen Berufskollegen auf die Unfallgefahren hingewiesen werden. Diese Sicherheitsunterweisungen sollen möglichst praxisnah geschehen, d. h. an den entsprechenden Maschinen und Geräten sowie bei den gefährlichen Stoffen in der Konditorei.

Werden die Gefahrenquellen erkannt und sofort ausgeschaltet, können Arbeitsunfälle zur Ausnahme werden.

Gefahrenquellen	Vorbeugungsmaßnahmen
Zur Vermeidung von Stürzen	
Nasse Fußböden und Treppen	Verschüttete Flüssigkeiten umgehend aufwischen und gründlich trocknen.
Beschmutzte Fußböden und Treppen	Zu Boden Gefallenes wie Cremes, Früchte u. a. sofort entfernen und aufwischen.
Fettige Fußböden	Mit heißem Wasser, das ein fettlösendes Mittel enthält, sofort säubern.
Beschädigte Fußböden und Treppen	Schäden wie Stolperstellen müssen schnellstens behoben werden.
Ungesicherte Treppen	Zu jeder Treppe gehört ein Handlauf. Auf Treppen dürfen keine Gegenstände abgestellt werden. Treppen müssen gut beleuchtet sein.

LF 1.1

Gefahrenquellen	Vorbeugungsmaßnahmen
Zur Vermeidung von Stürzen	
Schlechte Beleuchtung in den Arbeitsräumen	Sämtliche Arbeitsbereiche im Betrieb müssen ausreichend beleuchtet sein.
Hindernisse im Arbeitsbereich, z. B. Körbe, Bleche, Eimer, Schachteln	Der Arbeitsplatz sowie die Arbeitswege müssen frei und aufgeräumt sein, um Stolperstellen zu vermeiden.
Stromkabel führen über Lauf- und Fahrwege	Sie dürfen nicht von den Maschinen über den Arbeitsweg zur Steckdose führen. Es sind Stolperstellen und die Kabel werden dabei beschädigt.
Leitern und Steighilfen	Vor dem Besteigen der Leiter muss deren sicherer Stand geprüft werden. Auf der obersten Stufe der Leiter bzw. Staffelei sich nicht zu weit hinausbeugen. Übereinandergestellte Hocker, Stühle, Kisten, Körbe u.a. sind keine Steighilfen, sondern selbst gebaute Fallen. *Selbst gebaute Falle*
Schlechtes Schuhwerk	Für die Arbeit eignen sich nur Schuhe mit festem Sitz am Fuß und Fersenhalt sowie rutschhemmenden Sohlen. *Vorschriftsmäßiges Schuhwerk*
Zur Vermeidung von Schnittverletzungen	
Messer im Spülwasser	Messer und scharfe Geräte in einen Behälter neben die Spüle stellen oder ordentlich in die Spülmaschine einräumen. Sie dürfen nicht im Spülwasser liegen, weil sie dort nicht sichtbar sind und somit eine zusätzliche Gefahrenquelle darstellen.

Gefahrenquellen	Vorbeugungsmaßnahmen
Abwaschen und Abtrocknen von Messern	Mit einem Spüllappen und dem Geschirrtuch nur über die stumpfe Seite des Messers fahren.
Herumliegende Messer	Die Messer nach dem Gebrauch sofort wieder in die dafür vorgesehenen Behälter legen.
Herabfallende Messer	Nicht versuchen, diese beim Herabfallen aufzufangen.
Öffnen von Dosen	Nur stabile, scharf schneidende Dosenöffner verwenden. Die Dosen vorsichtig öffnen, damit man sich nicht an dem scharfen Blech der geöffneten Dose schneidet.
Zur Vermeidung von Verletzungen an Maschinen	
Maschinen	• Grundsätzlich nie in eine laufende Maschine greifen. • Nicht bei laufenden Maschinen hinter die Schutzvorrichtung fassen. Bei leichtsinnigem Umgang können Quetschungen, Prellungen, Knochenbrüche, Schnittverletzungen u.a. die Folgen sein.
Zur Vermeidung von Verletzungen durch Strom	
Reinigen von Maschinen und Steckdosen	Vor dem Nassreinigen der Maschinen den Stecker herausziehen. Weder mit trockenen noch mit nassen Händen in die Strom führende Steckdose fassen.
Schadhafte Kabel, Stecker und Steckdosen	Beschädigte Strom führende Teile umgehend von Elektropersonal reparieren lassen. Den Stecker nicht am Kabel aus der Steckdose herausziehen, damit das Kabel nicht beschädigt wird. *Schadhafter Stecker*

1.1

Gefahrenquellen	Vorbeugungsmaßnahmen
Zur Vermeidung von Verbrennungen	
Backofen: Einschieben und Herausnehmen der Backbleche	Beim Einschieben der Backbleche in den Herd und beim Herausnehmen den Schieber verwenden und nicht mit dem Arm in den Herd greifen. Heiße Blechwagen für Stikkenöfen, Backbleche und Backformen mit Ofenhandschuhen anfassen.
Fettbackgerät: • mit heißem Siedefett • beim Fettbrand	Das Fettbackgerät muss standfest angebracht sein und darf nicht mit heißem Siedefett bewegt werden. Verbrennungen beim Ablassen von altem Fett vermeiden und heißes Fett nur sicher transportieren. Mit einem Feuerlöscher löschen bzw. den Deckel auf das Fettbackgerät legen, um die Flammen durch Luftabschluss zu ersticken. Nie mit Wasser löschen, da schon kleinste Mengen Wasser eine gefährliche Stichflamme erzeugen.
Zur Vermeidung von Verkühlungen	
Tiefkühlraum (Frosterraum)	Den Tiefkühlraum grundsätzlich nur mit kälteschützender Bekleidung betreten; ein Anorak und Handschuhe sollten deshalb vor dem Frosterraum für jeden erreichbar angebracht sein.
Zur Vermeidung von Verätzungen	
Brezellauge, Natronlauge *Ätzend* *Giftig*	Beim Umgang mit Brezellauge immer Schutzkleidung, z. B. Gummihandschuhe und Schutzbrille, tragen. Konzentriert arbeiten, damit die Lauge nicht in die Augen spritzt. Brezellauge und andere gefährliche Stoffe nur in gut gekennzeichnete Behältnisse abfüllen.

Die Unfallversicherung kommt zwar für Unfälle und deren Folgen auf, sie kann jedoch gesundheitliche Beeinträchtigungen und den Verlust der Lebensfreude durch keinen Geldbetrag ausgleichen. Es lohnt sich deshalb, über Unfallgefahren nachzudenken und vorbeugende Maßnahmen zu berücksichtigen.

Auch sollten bei der Arbeit die nötigen Pausen eingelegt werden, damit nicht durch Überbeanspruchung die Konzentration nachlässt und damit die Unfallgefahr steigt.

Gesetzliche Bestimmung beim Umgang mit Maschinen
Nach dem Jugendarbeitsschutzgesetz dürfen Jugendliche über 16 und unter 17 Jahren zu Ausbildungszwecken an Maschinen arbeiten, wenn sie über die Unfallgefahren belehrt worden sind und eine Aufsichtsperson anwesend ist.

!

Bei jeder Arbeit ist die Sicherheit vorrangig. Sicherheit geht auch vor Schnelligkeit. Nur wer konzentriert arbeitet, bleibt auf Dauer gesund und leistungsfähig.

LF 1.1

Aufgaben

1. Geben Sie betriebliche Gefahrenquellen an, die Stürze verursachen können, und beschreiben Sie dazu die vorbeugenden Maßnahmen.
2. Nennen Sie Beispiele, wodurch Schnittverletzungen durch Messer beim Abwaschen vermieden werden können.
3. Beschreiben Sie zwei Vorbeugemaßnahmen, damit Unfälle an Maschinen verhindert werden.
4. Geben Sie Gefahrenquellen durch Strom an und wie Verletzungen vermieden werden können.
5. Wie können Verbrennungen beim Arbeiten am Backofen und mit einem Fettbackgerät entstehen?
6. Erklären Sie, wie ein Fettbrand im Fettbackgerät gelöscht werden soll.
7. Erläutern Sie, was beim Betreten des Frosterraums beachtet werden soll, um Verkühlungen zu vermeiden.
8. a) Worin wird Natronlauge aufbewahrt?
   b) Wie kann man Verätzungen durch Natronbzw. Brezellauge in der Konditorei vorbeugen?
9. Beim Backen der Berliner war morgens Fett auf den Boden gespritzt und nicht sofort vom Fußboden aufgewischt worden. Ihre Chefin war sehr wütend darüber und nimmt dies zum Anlass, mit allen Beschäftigten eine Unterweisung über die Unfallgefahren durchzuführen. Sie werden von ihr aufgefordert, Gefahrenquellen in der Konditorei zu benennen.

3.4 Erste Hilfe

Erste Hilfe ist die sofortige Hilfe bei Unfällen oder plötzlich auftretenden (akuten) Erkrankungen bzw. Verletzungen. Sie ist eine sehr wirksame Hilfe, da sie
- den ersten Schmerz lindert,
- dem Verletzten die Angst nimmt und
- die Unfall- bzw. Krankheitsfolgen mildert.

Verletzte brauchen deshalb Erste Hilfe. Diese zu leisten, gehört zur selbstverständlichen Menschlichkeit.

>
> Erste Hilfe muss und kann jeder leisten! Alle Menschen sind im Notfall zur Ersten Hilfe verpflichtet. Unterlassene Hilfeleistung ist eine Straftat.

Telefonischer Notruf

Um telefonisch Hilfe anfordern zu können, müssen die Notrufnummern bekannt sein. Sie sollten möglichst am Telefon sichtbar vermerkt sein, damit der Anrufende trotz der ersten Aufregung die korrekte Nummer wählt.
Damit die Rettungsstellen schnellstmöglich Hilfe leisten können, müssen beim Telefonieren wichtige Angaben gemacht werden.

Notrufnummern:

112	= Rettungsleitstelle (Krankenwagen, Notarzt, Feuerwehr)
110	= allgemeiner Notruf (Polizei)

Angaben beim Notruf:

Wo	ist der Unfall bzw. die Erkrankung passiert?
	• genaue Ortsbeschreibung
Was	ist passiert?
	• kurze Beschreibung der Unfallsituation bzw. des Krankheitsverlaufs
Wie viele	Verletzte sind es?
	• evtl. wird ein weiterer Krankenwagen benötigt
Welche	Art der Verletzung ist es?
	• damit notwendige Hilfsmittel mitgebracht werden oder ein Notarzt mitkommt
Warten	auf Rückfragen (ggf. Name und Telefonnummer für Rückrufe angeben)

Beispiel:

Wo?	Konditorei Backherz, Rosengasse 12
Was?	Mein Kollege ist ausgerutscht und mit dem Kopf auf die Kante einer Maschine aufgeschlagen.
Wie viele?	Es ist ein Verletzter.
Welche?	Er hat eine Platzwunde am Kopf und ist bewusstlos.
Warten.	Mein Name ist Fritz Hurtig.

Ersthelfer

Anerkannter Ersthelfer ist, wer einen Erste-Hilfe-Lehrgang von mindestens acht Doppelstunden erfolgreich bei einer zur Ausbildung berechtigten Hilfsorganisation abgelegt hat. Der Lehrgang sollte regelmäßig, in nicht zu großen Abständen, wiederholt werden.

Jeder Arbeitgeber hat dafür zu sorgen, dass genügend Beschäftigte als Ersthelfer ausgebildet sind und diese jedem Mitarbeiter im Betrieb bekannt sind.

> **Gesetzliche Bestimmung über die Anzahl der Ersthelfer im Betrieb:**
> In Betrieben von zwei bis zu 20 anwesenden Beschäftigten ist mindestens ein ausgebildeter Ersthelfer bzw. eine Ersthelferin erforderlich.
> Bei mehr als 20 anwesenden Beschäftigten in der Konditorei müssen mindestens 10 % der Beschäftigten als Ersthelfer ausgebildet sein.

Erste-Hilfe-Material

- Das vorhandene Erste-Hilfe-Material muss der Betriebsgröße entsprechen.
- Der Verbandskasten muss gegen schädigende Einflüsse wie Hitze und Nässe geschützt sein.
- Für den vollständigen und einwandfreien Inhalt des Verbandskastens muss ein Mitarbeiter bzw. eine Mitarbeiterin verantwortlich sein.

Verbandskasten

Der Verbandskasten ist durch ein weißes Kreuz auf grünem Feld zu erkennen.

!

Beachten Sie beim Verbandskasten:
- Der Standort des Verbandskastens muss jedem bekannt und für jeden Betriebsangehörigen leicht erreichbar und zugänglich sein.
- Er muss stets aufgefüllt und übersichtlich eingeräumt sein.
- Erste-Hilfe-Material mit abgelaufenem Verfallsdatum und nicht mehr einwandfreies Material müssen erneuert werden.

So sollte es im Notfall nicht sein

!

Grundsätze bei der Ersten Hilfe
- Immer Ruhe bewahren, um effektiv arbeiten zu können und den Verletzten nicht zu beunruhigen.
- Den Verletzten möglichst nicht alleine lassen.
- Den Verletzten trösten.
- Wenn nötig, die Rettungsleitstelle benachrichtigen.

Ist dem Ersthelfer bzw. der Ersthelferin die Schwere der Verletzung unklar, sollte sofort die Rettungsleitstelle verständigt oder der Arzt aufgesucht werden.

Erste-Hilfe-Maßnahmen

Unfälle/Erkrankungen	Erste-Hilfe-Maßnahmen
Kleine Schnittverletzungen	Wundschnellverband (Heftpflaster) anlegen. Dabei das Mullkissen, das nicht berührt werden darf, auf die Wunde legen und das Pflaster auf die unverletzte Haut kleben. *Wundschnellverband anlegen*
Platzwunden und schwere Schnittverletzungen	Verbandspäckchen anlegen oder sterile Wundauflage (Kompresse) auflegen und mit einer Mullbinde umwickeln, dann sofort den Arzt aufsuchen, falls die Wunde genäht werden muss. Die Seite der Wundauflage nicht mit den Fingern berühren (Infektionsgefahr). Wenn möglich, sollte das verletzte Glied hochgehalten oder -gelagert werden, damit das Blut von der Wunde zurückfließen kann. sterile Wundauflage / Mullbinde *Verbandspäckchen*
Schwellungen, z. B. durch Quetschungen, Prellungen oder Verstauchungen	Sofort kühlendes Material auf die Schwellung geben, damit die Bildung des Blutergusses gehemmt wird und sich somit die Schwellung nicht verstärkt, z. B. Eiswürfel, Gefrierakku, Eisspray. Die Kältemittel nicht direkt auf die blanke Haut geben, um Hautschäden durch Erfrierungen zu vermeiden.

Unfälle/Erkrankungen	Erste-Hilfe-Maßnahmen
Verbrennungen	Die Brandwunde sofort in kaltes Wasser tauchen oder unter fließendes kaltes Wasser halten, bis die Schmerzen nachlassen. Großflächige Brandwunden, z. B. größer als eine Handfläche, mit einem Brandwundentuch abdecken und umgehend den Arzt aufsuchen. Durch Verbrennung angeklebte Kleider nicht wegreißen.
Schwindelgefühle	Bei dieser Kreislaufschwäche hinsetzen oder in Rückenlage entspannen, bis Besserung eintritt.
Bei Schockanzeichen wie Schwindel, Blässe, Schweiß auf der Stirn, Zittern und bei kurzer Ohnmacht	In Rückenlage Beine hochlagern, bis durch die bessere Blutversorgung des Herzens und somit der Organe erkennbare Besserung eintritt.

Schocklagerung

LF 1.1

Unfälle/Erkrankungen	Erste-Hilfe-Maßnahmen
Gehirnerschütterung	Den Verletzten vorsichtig hinlegen und sofort ohne Erschütterung zum Arzt bringen oder die Rettungsleitstelle verständigen. Merkmale: Übelkeit, Schwindel, Kopfschmerzen, Gedächtnislücken, Erinnerungslücken in Bezug auf den Unfallhergang
Verätzungen der Augen durch Spritzer von Natron- bzw. Brezellauge	Das betroffene Auge fortlaufend von der Nase her nach außen mit Wasser spülen, mindestens 20 Minuten, bis der Schmerz aufhört oder ein Arzt die Behandlung übernimmt. Ansonsten beide Augen verbinden und vom Augenarzt behandeln lassen.

Augenspülung

Blutende Verletzungen werden wegen der Infektionsgefahr grundsätzlich mit Einmalhandschuhen versorgt.

Aufgaben

1. Erklären Sie den Begriff „Erste Hilfe".
2. Nennen Sie die Telefonnummern und die Rettungsstellen zum Anfordern von Hilfe.
3. Nennen Sie die fünf Angaben, die beim telefonischen Notruf erforderlich sind.
4. Erklären Sie, wie man Ersthelfer in einem Betrieb werden kann.
5. Wie viele Beschäftigte müssen in der Konditorei als Ersthelfer ausgebildet sein
   - bei zwei bis 20 Beschäftigten im Betrieb,
   - bei über 20 Beschäftigten im Betrieb?
6. Welchen Anforderungen (Standort, Inhalt) muss der Verbandskasten im Betrieb entsprechen?
7. Nennen Sie die vier Grundsätze, die bei der Ersten Hilfe beachtet werden sollten.
8. Beschreiben Sie die Erste-Hilfe-Maßnahmen bei folgenden Arbeitsunfällen bzw. Erkrankungen:
   - Platzwunden und schwere Schnittverletzungen
   - Schwellungen durch Quetschungen, Prellungen oder Verstauchungen
   - Verbrennungen   • Schwindelgefühl
   - Gehirnerschütterung   • Schock und Ohnmacht
   - Verätzungen, z.B. durch Brezellauge
9. Sie sind in Ihrer Konditorei Ersthelfer/-in und sollen ein Merkblatt für die Sicherheit der Beschäftigten im Betrieb verfassen. Dies soll gut sichtbar im Pausenraum ausgehängt werden und mögliche Unfälle/Erkrankungen in der Konditorei sowie die entsprechenden Erste-Hilfe-Maßnahmen beinhalten.

3.5 Ergonomie

Ergonomie ist die Wissenschaft, die erklärt, wie der menschliche Körper bei bestimmten Arbeiten nicht zu stark belastet oder geschädigt wird.

Die tägliche Arbeit sollte so geleistet werden können, dass sie für den Körper wenig belastend ist. Nur so können die Leistungsfähigkeit erhalten und Langzeitschäden verhindert werden.

> **!**
>
> Die stärksten Beanspruchungen für den Körper sind eine ständig einseitige Belastung und eine schlechte Körperhaltung beim Arbeiten. Die Folgen davon sind Rückenschmerzen, Muskelverspannungen und Ermüdungserscheinungen.

Erkennt man die einseitigen bzw. falschen Belastungen für den Körper, können Gegenmaßnahmen ergriffen werden:

Falsche Körperhaltung

Richtige Körperhaltung

Falsche Sitzhaltung

Richtige Sitzhaltung

Ergonomisches Modellieren

Falsches Tragen

Richtiges Tragen

Falsches Hochheben

Richtiges Hochheben

LF 1.1

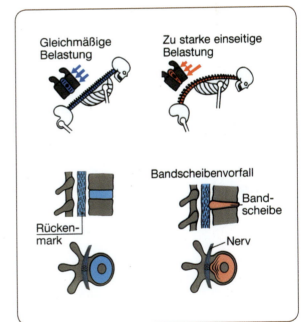

Auswirkungen von Hebetechniken

> **!**
>
> Nur durch ständig körpergerechtes Arbeiten bleibt der Körper leistungsfähig und können körperliche Langzeitschäden, z. B. Rückenschäden, verhindert werden. Bei Jugendlichen ist die körpergerechte Arbeit besonders wichtig, weil die Organe noch im Wachstum und somit nicht fertig ausgebildet sind.

Belastungen	Negative Auswirkungen auf den Körper	Abhilfen bei der Arbeit
Schlechte Beleuchtung	• Konzentrationsstörungen • Kopfschmerzen	Beim Arbeiten generell für gute Lichtverhältnisse sorgen, wie geeignete Beleuchtungsstärke und geringe Blendwirkung.
Zu enge Arbeitskleidung und unbequeme Arbeitsschuhe	• Beine und Füße schmerzen • Bewegungen werden beeinträchtigt	Keine beengende Kleidung und bequeme Schuhe tragen.
Langes Stehen, vor allem auf einer Stelle	• Ermüdungserscheinungen • schmerzende Beine	Bestimmte Arbeiten im Sitzen oder mit einer Stehhilfe verrichten, damit das Körpergewicht entlastet wird. In den Pausen sitzen und evtl. Füße hochlagern.
Falsches Sitzen über längere Zeit	Durch diese falschen Körperhaltungen ergeben sich: • Rückenschmerzen • Muskelverspannungen • Ermüdungserscheinungen	Beim Sitzen den Oberkörper aufrecht halten. Nach vorne geneigte Schultern vermeiden. Die Wirbelsäule durch die Stuhllehne stützen.
Langes Bücken und lang anhaltende gebückte Körperhaltung, z. B. durch zu niedrige Arbeitstische		Möglichst alle Arbeiten bei aufrechter Körperhaltung erledigen, z. B. durch • Anpassen der Arbeitstischhöhe an die Körpergröße oder • eine entsprechende Unterlage unter dem Arbeitsgerät.
Falsches Hochheben und Absetzen von schweren Gegenständen		In die Hocke gehen und Gegenstände mit aufrechtem Oberkörper hochheben und genauso wieder absetzen.
Falsches Tragen von schweren Gegenständen	*Falsche Körperhaltung* *Richtige Körperhaltung*	Die Last dicht vor dem Körper tragen oder beide Körperseiten gleichmäßig belasten. Dabei den Oberkörper aufrecht halten.

LF 1.1

Aufgaben

1 Erklären Sie den Begriff „Ergonomie".

2 Nennen Sie die zwei stärksten Beanspruchungen für den Körper beim Arbeiten.

3 Nennen Sie die drei Folgen der stärksten Beanspruchungen des Körpers beim Arbeiten.

4 Ständig anhaltende Belastungen wirken sich negativ auf den Körper aus. Nennen Sie die Auswirkungen bei folgenden Belastungen und beschreiben Sie, wie sie verhindert werden können:
- schlechte Beleuchtung
- zu enge Arbeitskleidung und unbequeme Arbeitsschuhe
- langes Stehen, vor allem auf einer Stelle
- falsches Sitzen über längere Zeit
- langes Bücken und lang anhaltende gebückte Körperhaltung, z. B. zu niedrige Arbeitstische
- falsches Hochheben und Absetzen von schweren Gegenständen
- falsches Tragen von schweren Gegenständen

5 Warum ist ergonomisches Arbeiten vor allem bei Jugendlichen besonders wichtig?

6 Warum ist langes Stehen auf einer Stelle während der Arbeit belastender als Stehen und zwischendurch häufiges Gehen?

7 Eine Ihrer Kolleginnen klagt über häufige Rückenschmerzen, vor allem beim Hochheben der Gebäckkörbe und beim längeren Arbeiten am Computer. Einer anderen Kollegin schmerzen oft die Füße und Beine während der Arbeit. Erklären Sie Ihren Kolleginnen die Ursachen hierfür und geben Sie ihnen Tipps, wie sie ihren Körper bei der Arbeit entlasten und schwere Gegenstände rückenschonend hochheben können.

4 Umweltschutz

Situation

Die neue Praktikantin legt großen Wert auf Ordnung und Sauberkeit. Deshalb stellt sie die Spülmaschine sofort an, nachdem sie einige Teile hineingestellt hat. Wenn sie Arbeitstische reinigt, nimmt sie übertrieben viel Spülmittel, sodass das Reinigungswasser überschäumt. Als sie das Fettbackgerät säubern soll, will sie das verbrauchte Fett in den Ausguss schütten.

Damit die Praktikantin bei ihren Tätigkeiten auch an den Umweltschutz denkt, bittet Ihr Chef Sie, die Praktikantin in Bezug auf die Wasserreinhaltung, Abfallentsorgung und Energieeinsparung in der Konditorei zu unterrichten.

LF 1.1

- Welche Bedeutung hat der Umweltschutz für die Konditorei?
- Durch welche Maßnahmen kann die Konditorei einen Beitrag zum Umweltschutz leisten?
- Durch welche Maßnahmen kann jeder Mitarbeiter persönlich die Umwelt entlasten?

Die großen Belastungen der Umwelt

Die Lebensweise der Menschen belastet die Luft, das Wasser und den Boden und gefährdet so die Umwelt. Die großen Belastungen sind:

- Große Mengen an Abfällen fallen an, die Schadstoffe bei der Entsorgung abgeben.
- Abgase von Kfz, Heizungen und Fabriken werden in die Luft ausgestoßen.
- Abwässer verunreinigen die Flüsse und das Grundwasser.
- Lärm belastet das Nervensystem und kann z. B. zu Kopfschmerzen, Nervosität und Schlafstörungen führen. Auch Schwerhörigkeit ist eine Folgeerscheinung.

Umweltschutz geht uns alle an!
Deshalb müssen Betriebe, Haushalte und jeder Einzelne zum Schutz der Umwelt beitragen.

Umweltbewusste Kunden

Diese Kunden kaufen gerne in einer Bio-Konditorei, weil sie dort Waren erhalten, die mit umweltschonend gewonnenen Lebensmitteln hergestellt werden. Umweltschonend sind:

- **Bio-Backwaren**
  Sie werden mit Mehl bzw. Vollkornmehl aus kontrolliert biologischem Anbau hergestellt. Das Getreide wird nicht mit chemischen Düngern und Pflanzenschutzmitteln behandelt. Wird Getreide mit Kunstdünger gedüngt, ist nich nur das Getreide chemisch belastet, sondern durch das Einsickern auch der Boden und das Grundwasser.
- **Lebensmittel aus der Region**
  In Bio-Konditoreien werden die Lebensmittel zum Verarbeiten der Backwaren aus der Umgebung gekauft, z. B. Obst, Gemüse, Milch und Milcherzeugnisse. Lange Transportwege für Lebensmittel kosten Energie und belasten die Umwelt durch Abgase und Lärm.

Der Werbeeffekt für Konditoreierzeugnisse mit diesen Lebensmitteln ist wegen des Umweltschutzes und des höheren Gesundheitswerts bei vielen Kunden sehr groß.

Umweltbelastende Faktoren in der Konditorei

... beim Lebensmittel- anbau und -transport

Unkrautvernichtungsmittel
Schädlingsbekämpfungsmittel

Emissionen
Energieverbrauch

Künstdünger

... durch Emission bei Lebensmittellagerung und -herstellung

Energieverbrauch

Umwelt- belastung ...

Fette, giftige Stoffe

Reinigungsmittel

Müllberge

Grundwasserverschmutzung

... durch Abwasserbelastung

... durch Abfallerzeugung

LF 1.1

4.1 Reinhaltung des Wassers

Wasser ist ein wertvolles Gut. Nicht überall auf der Welt steht den Menschen ausreichend sauberes und gesundheitlich unbedenkliches Wasser zur Verfügung. Damit das Trinkwasser weiterhin sauber bleibt, dürfen möglichst keine Verunreinigungen oder gar Giftstoffe in die Kanalisation eingeleitet werden, da sie teilweise nicht wieder aus dem Wasser herausgefiltert werden können. Das von Menschen verbrauchte Wasser fließt durch die Kanalisation und gelangt in die Kläranlagen. Dort wird es gereinigt, bevor es in die Flüsse geführt wird und in das Grundwasser gelangt.

Sauberes Wasser ist lebensnotwendig. Damit kein Notstand bei der Wasserversorgung eintritt, müssen die Menschen insbesondere in den niederschlagsarmen Jahreszeiten sparsam mit dem Trinkwasser umgehen.

Beispiele aus dem täglichen Leben, was wir für die Erhaltung und Qualität des Wassers tun können:

- **Trinkwasser** nicht verschwenden, z. B.
  - Wasserhahn nicht unnötig lange öffnen,
  - nur voll beladene Spülmaschinen einschalten.

- **Reinigungsmittel** sparsam verwenden, z. B. vorgeschriebene Dosierung für die Spülmaschine einhalten.

- **Verbrauchtes Siedefett**, das gesundheitsschädlich ist, nicht in den Ausguss oder Gully schütten. Es belastet die Kläranlagen und anschließend das Grundwasser. Deshalb wird es z. B. in den Fettabscheider gegeben und von dort gesondert entsorgt.

- **Giftige Stoffe,** z. B. Farben und Batterien mit ihren Säuren, gehören zum Sondermüll und dürfen nicht weggeschüttet oder in den Restmüll gegeben werden. Sie belasten das Grundwasser.

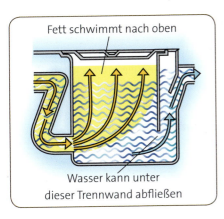

Fett schwimmt nach oben

Wasser kann unter dieser Trennwand abfließen

Fettabscheider

Aufgaben

① Nennen Sie die vier großen Belastungen der Umwelt durch den Menschen.

② Beschreiben Sie, warum auch Lärm zur Umweltbelastung zählt.

③ Welche Waren wünschen sich umweltbewusste Kunden von der Konditorei?

④ Erklären Sie, was mit dem Abwasser, das in die Kanalisation gelangt, geschieht.

⑤ Welche Möglichkeiten hat die Konditorei, zu verhindern, dass das Abwasser, das in die Kanalisation gelangt, verseucht wird?

⑥ Sie stellen fest, dass in Ihrer Konditorei manchmal Desinfektionsmittel benutzt werden und das Spülmittel ohne Messbecher in die Spülmaschine eingefüllt wird. Außerdem wird die Spülmaschine oft bereits eingeschaltet, obwohl sie erst halb beladen ist. Über diese Abwasserbelastung wollen Sie mit Ihrem Chef reden und sich auf das Gespräch mit ihm gut vorbereiten. Informieren Sie sich über das Angebot an Reinigungsmitteln auf dem Markt und stellen Sie eine Berechnung der Spülkosten auf. Sprechen Sie in der Diskussion mit Ihrem Chef auch den Einsatz von Desinfektionsmitteln an.

4.2 Abfallvermeidung und Abfallentsorgung

Die Müllberge wachsen. Auch Abfall aus dem Konditoreibetrieb trägt dazu bei. Die einzelnen Abfälle belasten in unterschiedlicher Weise die Umwelt, z. B. gelangen Giftstoffe über die Mülldeponien in das Grundwasser, Müllverbrennungsanlagen belasten die Luft usw.

Abfälle vermeiden

Die umweltschonendste Methode, den Müllberg zu verringern, besteht darin, keinen Abfall zu verursachen.

Auch in der Konditorei gibt es einige einfache Möglichkeiten der Abfallvermeidung, z. B.

- Mehrwegverpackungen statt Einwegverpackungen bevorzugen.
- Pfandflaschen anstelle von Einwegflaschen verwenden.
- Nachfüllprodukte verwenden, z. B. Kanister mit Aromen zum Nachfüllen in Tropfflaschen oder Handwaschmittel im Kanister.
- Sparsam mit Backpapier auf Blechen umgehen.
- Folien zum Verpacken und Einschweißen überlegt einsetzen.
- Verpackungspapier beim Verkauf nur so viel wie nötig verwenden.
- Keine Portionsverpackungen im Café anbieten.
- Papiertüten und Papierfalttaschen statt Plastiktaschen im Verkauf benutzen.

> Die Einsparungen bei Verpackungen für Lebensmittel und für Backwaren sowie für andere Konditoreierzeugnisse dürfen nicht auf Kosten der Hygiene gehen. Ebenso darf die Betriebshygiene nicht unter einem übertriebenen Umweltdenken leiden.

Abfälle trennen

Nicht jeder Abfall ist vermeidbar. Die anfallenden Abfallmengen können jedoch um ein Vielfaches verringert werden, indem man Müll sortiert und die getrennten Abfälle der Wiederverwertung (Recycling) zuführt.

Beispiel der Abfallsortierung in der Konditorei

LF 1.1

> **!** Recycling ist die Wiederverwertung bereits benutzter Rohstoffe.

In jedem Betrieb sollten deshalb Abfallbehälter für verschiedene Materialien aufgestellt werden, für Papier, Lebensmittelabfälle, Glas, Kunststoff, Konservendosen (Weißblech) und Restmüll. Die Trennungsmöglichkeiten für Abfälle sind gebietsweise unterschiedlich.

Durch Abfalltrennung werden Rohstoffvorräte geschont.
Da getrennte Abfälle beim Recyclingverfahren wieder für neue Produkte verwertet werden, werden keine neuen Rohstoffe benötigt, z. B.:
- Plastik (Kunststoff) wird eingeschmolzen und daraus wird wieder Kunststoff gegossen.
- Aus Altpapier wird wieder neues Papier hergestellt.
- Lebensmittelabfälle (Bioabfälle) werden kompostiert und z. B. landwirtschaftlichen Betrieben übergeben.
- Altes Siedefett aus dem Fettbackgerät wird zu Kraftstoff für Motoren verarbeitet.
- Aus Altglas (Konservengläsern, Glasflaschen von Spirituosen, Getränken u. a.) wird neues Glas hergestellt.
- Weißblech und Alu werden zu Konservendosen, Deckeln für Joghurt-, Quark- und Sahnebecher verarbeitet.

Durch Abfalltrennung werden der Boden, das Grundwasser und die Luft geschützt.
Zum Beispiel wird **Sondermüll** wie Medikamente, Batterien, Säuren, Laugen fachgerecht entsorgt, sodass keine giftigen Stoffe in den Boden versickern. Aus Müllverbrennungsanlagen und Mülldeponien gelangen wegen der geringeren Müllmenge weniger Schadstoffe in die Luft.

> **Aufgaben**
> 1. Nennen Sie einfache Möglichkeiten, wie man in der Konditorei Abfall vermeiden kann.
> 2. Geben Sie die Möglichkeiten der Abfalltrennung in der Konditorei an.
> 3. Erklären Sie den Begriff „Recycling".
> 4. Beschreiben Sie die zwei großen Vorteile der Abfalltrennung für die Umwelt.
> 5. Ihnen liegt viel daran, dass Ihre Konditorei mehr für die Umwelt tut. Sie überprüfen deshalb bei der nächsten Warenanlieferung bei jedem einzelnen Produkt, ob es keinen überflüssigen Abfall verursacht. Machen Sie sich dazu Notizen, um auch Ihre Kollegen darüber informieren zu können.

4.3 Energie sparen

Sorgsam mit Energie umzugehen, senkt Kosten und schont die Umwelt. Hauptenergieverbraucher im Betrieb sind Backöfen sowie Kühl- und Gefriereinrichtungen.

Möglichkeiten zum Energiesparen in der Konditorei

Für den Betriebsinhaber
- Brenner der Ölheizung regelmäßig einstellen lassen.
- Mit Sonnenkollektoren die Sonnenenergie nutzen.
- Durch Wärmerückgewinnung die Abwärme beim Backofen und in der Abluft der Kühlanlagen auffangen und wieder nutzen.
- Neue Maschinen sparen zum Teil mehr Energie als alte. Die Größe der Maschinen und der Backöfen sollte beim Neukauf den Betriebsanforderungen angepasst sein – unnötige Größe verbraucht nutzlose Energie.
- Die beheizten Backöfen sollen ständig beschickt werden, weil durch einen leeren Ofen unnötige Kosten entstehen.
- Lieber wenige Kühl- und Gefrierräume gut befüllen, als viele Räume nur mit wenigen Lebensmitteln, Teiglingen und Backwaren belegen.
- Türrahmendichtungen von Kühl- und Gefrierräumen regelmäßig überprüfen.

Für Beschäftigte in der Konditorei
- Räume nicht überheizen.
- Licht nicht unnötig brennen lassen.
- Türen von Kühl- und Göranlagen nur so kurz wie nötig öffnen.
- Backherde möglichst immer voll beschicken.
- Backöfen nicht unnötig lange heizen.
- Kühl- und Gefrieranlagen nicht kälter einstellen als nötig.

> **Aufgaben**
> 1. Nennen Sie Möglichkeiten des Energiesparens
>   - für den Betriebsinhaber,
>   - für jeden Beschäftigten in der Konditorei.
> 2. Ihre Konditorei hat die Strom- und Ölabrechnung erhalten. Schon wieder muss mehr bezahlt werden als im letzten Jahr, denn die Energie ist teurer geworden und noch dazu wurde mehr verbraucht. Überlegen Sie, was jeder Einzelne dazu beitragen kann, damit in Zukunft in der Konditorei und auch während der Freizeit Energie eingespart wird.

LF 1.1

5 Hygiene

LF 1.1

Situation

Ihr Chef plant eine Mitarbeiterschulung zur Lebensmittelhygiene für alle Beschäftigten. Sie sollen ihm behilflich sein und eine Zusammenfassung der wichtigsten Punkte erstellen.

- Welche Hygienemaßnahmen müssen in der Konditorei eingehalten werden?
- Wie werden die Hygienemaßnahmen kontrolliert und dokumentiert?
- Welche Mikroorganismen und tierischen Schädlinge können in der Konditorei auftreten?
- Welche Grundsätze sind beim Reinigen des Betriebs zu beachten?
- Welche Vorteile bietet ein Reinigungsplan?

Hygiene ist in Lebensmittelbetrieben das oberste Gebot und deshalb gesetzlich vorgeschrieben. Nur in hygienischen Betrieben fühlen sich Konditoren und Verkäuferinnen während der Arbeit wohl und in hygienischen Konditoreien sehen auch die Waren sauber und appetitlich aus. Hygiene ist deshalb allgemein eine wichtige Voraussetzung für den Verkaufserfolg und die beste Werbung für einen Betrieb.

Betriebs-hygiene	Produkthygiene	Personal-hygiene
Betriebsräume, Einrichtungs-gegenstände, Maschinen und Geräte	Umgang mit Lebensmitteln und Konditorei-erzeugnissen	für alle Beschäftigten im Betrieb

5.1 Hygiene in der Konditorei

Die Durchführung der Hygiene in Lebensmittelbetrieben basiert auf dem international anerkannten „HACCP-Konzept" (Hazard Analysis and Critical Control Points) und gilt für alle Beschäftigten in Lebensmittelbetrieben.

„HACCP" bedeutet:

H	= Hazard	= Gefahr, Risiko	
A	= Analysis	= Analyse (Untersuchung)	Gefahren-analyse kritischer Kontroll-punkte
C	= Critical	= kritisch	
C	= Control	= Kontroll-	
P	= Points	= Punkte	

Die Hygiene wird nach den europäischen Richtlinien (EG-Richtlinien) in drei Bereiche unterteilt, die sehr eng miteinander verbunden sind.

Betriebshygiene

Die Betriebshygiene umfasst die Hygiene in allen Betriebsräumen, in denen Lebensmittel und Konditoreiwaren hergestellt, gelagert und verkauft werden. Auch die Sozialräume und die Toiletten fallen unter die Betriebshygiene.

Rutschfester und leicht zu reinigender Fußboden

Anforderungen an die Betriebsräume

- Betriebsräume müssen in einem guten baulichen Zustand und leicht zu reinigen sein.
- Fensterbretter sind stets sauber zu halten und dürfen nicht als Abstellfläche benutzt werden.
- Spülbecken zum Reinigen von Geräten und zum Abwaschen der Lebensmittel müssen vom Handwaschbecken getrennt sein, z. B. eine Spüle mit zwei getrennten Becken.

Handwaschbecken

- In jeder Toilette müssen ein Handwaschbecken mit Warm- und Kaltwasserzufuhr sowie Mittel zum hygienischen Waschen und Trocknen der Hände vorhanden sein. Flüssigseife und Spender mit Einmalhandtüchern sind ideal.
- Die Türen der Toiletten dürfen nicht direkt in die Betriebsräume zu öffnen sein.

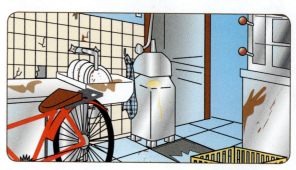
So darf es nicht sein

- Die Betriebsräume dürfen nicht für betriebsfremde Zwecke benutzt werden. Sie müssen frei von lebensmittelfremden Gerüchen sein.

Reinigungsplan

Damit der gesamte Betrieb regelmäßig gereinigt wird, ist ein Reinigungsplan hilfreich, den der Betriebsinhaber für die Produktions-, Lager- und Verpackungsräume sowie für Laden und Café aufstellt.
Der Reinigungsplan wird in Form einer Checkliste schriftlich festgehalten und für alle Beschäftigten ausgehängt.

LF 1.1

Reinigungsplan (Reinigungsbeispiele)	Täglich	Wöchentlich	Monatlich	Name, wer für die Reinigung zuständig ist
Arbeitstische zum Arbeitsende nass abwaschen und trocknen lassen.	X			Lisa
Knetkessel der Knetmaschine nach der letzten Teigherstellung auswaschen und austrocknen. Maschinenkörper abfegen und vom groben Schmutz befreien.	X			Christian
Gesamte Knetmaschine abwaschen und abtrocknen.		X		Christian
Fußboden zwischendurch fegen und zum Arbeitsende nass wischen.	X			Julia
Backofen: Herde bei Bedarf auskehren oder saugen. Fronten der Herde abfegen und abwischen.	X			Thomas
Rohstofflager: • Boden kehren, Ware einordnen, offene Behälter verschließen. • Boden nass wischen. • Regale nass auswaschen und grundreinigen.	X	X	X	Michael Putzhilfe: Frau Weber Putzhilfe: Frau Weber
Kühlraum: • Boden kehren, Türklinke nass abwaschen und abtrocknen. Regale aufräumen, verdorbene Waren entsorgen. • Regale nass auswaschen. • Wände nass abwaschen, Kühlaggregat reinigen, Türdichtungen reinigen.	X	X	X	Michael Putzhilfe: Frau Weber Putzhilfe: Frau Weber

Der Reinigungsplan beinhaltet:
- **Was** wird gereinigt?
- **Wann** und wie oft wird gereinigt?
- **Wie** wird gereinigt?
- **Womit** wird gereinigt?
- **Wer** ist für welche Reinigung verantwortlich?

Kontrollplan

Der Betriebsinhaber sollte einen Verantwortlichen bestimmen, der die Reinigungsmaßnahmen überwacht und für die Abschaffung der Mängel sorgt.

Das folgende Beispiel stellt nur ein Teil eines Kontrollplans dar, der beliebig fortgesetzt werden kann.

Kontrollplan der Hygiene in der Produktion	Anmerkungen
Fußböden und Wände	*Eine Wandfliese neben der Spülmaschine ist beschädigt und muss erneuert werden.*
Fenster und Türen	*Fensterbretter nicht als Abstellflächen benutzen.*
Spülbecken und Waschbecken	*in Ordnung*
Arbeitstische	*Die Rollhölzer im Mittelteil des Metalltisches nach jedem Gebrauch sauber abwischen.*
Maschinen und Anlagen	*Der Stecker der Teigausrollmaschine hat einen Sprung und muss umgehend vom Elektriker erneuert werden.*
Geräte	*in Ordnung*
Backofen	*in Ordnung*
Kontrolle durchgeführt am: 23.09. ...	Name/Unterschrift

Der Hygiene- oder Reinigungsplan ist nicht nur eine Anweisung, sondern vor allem eine Hilfestellung für das Personal. Auch die Lebensmittelkontrolleure können so leichter überprüfen, ob alle kritischen Punkte erfasst worden sind und zu welchem Zeitpunkt gereinigt wurde.

Wichtig ist, dass die Reinigungsmaßnahmen praktiziert werden. Allein das Anlegen und Ausfüllen von Checklisten garantiert noch lange nicht, dass alles sauber ist.

Produkthygiene

Die Produkthygiene ist die Hygiene an den Lebensmitteln selbst und den daraus hergestellten Konditoreierzeugnissen. Sie dürfen auch durch die Lagerung nicht beeinträchtigt werden.

Außerdem müssen Lebensmittel in der Konditorei vor schädigenden Umwelteinflüssen wie Straßenstaub, Autoabgasen, Zigarettenrauch u. a. geschützt werden. Ebenso sind Haustiere in den Betriebsräumen verboten.

Warenannahme und Warenüberprüfung

Die Lebensmittelhygiene erfordert eine korrekte Wareneingangskontrolle bei der Warenannahme einer Lieferung.

Lebensmittel, die nicht angenommen werden dürfen:
wenn sie z. B. durch tierische Schädlinge, Mikroorganismen oder Schmutz nicht mehr einwandfrei oder in einem gesundheitlich bedenklichen Zustand sind.

Kontrolle der verpackten Lebensmittel:
- Die Verpackungen auf Beschädigungen und Verschmutzungen kontrollieren.
- Sind die Verpackungen in einem nicht einwandfreien Zustand, werden die Lebensmittel selbst auf Verderb geprüft.
- Das Mindesthaltbarkeitsdatum der verpackten Lebensmittel prüfen. Ware mit abgelaufenem Mindesthaltbarkeitsdatum nicht annehmen.

Kontrolle der unverpackten Lebensmittel:
Sie werden stichprobenartig auf Verderb kontrolliert.

Anforderungen an kühlpflichtige Lebensmittel:
Sie müssen gekühlt angeliefert und sofort nach der Anlieferung und Prüfung kühl gelagert werden, z. B. Sahne, Milch, Butter, Käse, Eier.
Tiefkühlwaren müssen in gefrorenem Zustand bei −18 °C geliefert und sofort bei der Anlieferung in der Konditorei in den Froster gegeben werden, damit die Tiefkühltemperatur von −18 °C nicht unterbrochen wird.

Kühlpflichtige Lebensmittel

Lagerung der Rohstoffe

Fachgerechte Lagerung der Rohstoffe schützt vor Lebensmittelverderb und vermeidet Schädlingsbefall.

Rohstoffe in Behältern

Hauptsächlich ist bei der Lagerung zu beachten:
- Lebensmittel in einem kühlen und trockenen Lagerraum aufbewahren.
- Rohstoffvorräte sollten in verschließbaren oder abdeckbaren, lebensmittelgeeigneten Behältern aufbewahrt werden, z. B. in Plastikwannen.
- Neu gelieferte, frische Lebensmittel hinten im Regal einräumen und ältere Ware nach vorne stellen, damit sie zuerst verbraucht wird (FIFO – first in, first out).
- Lebensmittel mit abgelaufenem Mindesthaltbarkeitsdatum dürfen nicht mehr im Lagerraum sein.

Lagerung im Kühlschrank oder Kühlraum

Es ist vorgeschrieben, dass Lebensmittel und Konditoreierzeugnisse, die in kurzer Zeit leicht verderblich sind, gekühlt gelagert werden müssen, z. B. Erzeugnisse mit Sahne, Creme und nicht erhitzten Eiern sowie Füllungen wie Nuss- und Mohnfüllung.

Prüfung der Rohstoffe beim Verarbeiten nach der Lagerung

Vor der Verarbeitung sollten die Rohstoffe sensorisch (mit den Sinnen) geprüft werden, ob sie in einem einwandfreien Zustand sind, z. B. an den Eiern beim Aufschlagen riechen, ob sie frisch sind, Käse und Konfitüre anschauen, ob sich Schimmel darauf befindet, geriebene Nüsse probieren, ob sie einen ranzigen Beigeschmack haben.

Schädlingsbefall ist regelmäßig zu kontrollieren und gegebenenfalls fachgerecht zu bekämpfen. Dabei ist zu beachten, dass
- nur für den Lebensmittelbetrieb zugelassene Schädlingsbekämpfungsmittel verwendet werden,
- diese Mittel nur in Räumen angewendet werden, in denen keine offenen Lebensmittel lagern.

Gefährliche und ungenießbare Stoffe sind in gekennzeichneten Behältnissen, evtl. mit Gefahrensymbolen, aufzubewahren, z. B. Natronlauge, Reinigungsmittel. Bei der Lagerung darf keine Verwechslung mit Lebensmitteln möglich sein.

Kennzeichnung der Natronlauge für Brezellauge

Der Laderaum des Transportfahrzeugs für Konditoreierzeugnisse muss in einem hygienisch einwandfreien Zustand und frei von Fremdgerüchen sein. Auch beim Transport dürfen Lebensmittel nicht nachteilig beeinflusst werden.

Verkauf von Lebensmitteln

- Leicht verderbliche Waren im Laden in der Kühltheke anbieten.
- Nicht mehr frische oder verdorbene Waren sofort aus dem Laden entfernen.
- Unverpackte Konditoreierzeugnisse müssen im Laden hinter dem Glas der Verkaufstheke platziert werden, sodass sie nicht vom Kunden angehaucht oder angehustet werden können. Deshalb dürfen diese offenen Waren z. B. nicht auf die Verkaufstheke gestellt werden.
- Lebensmittel und Konditoreierzeugnisse zur Selbstbedienung müssen verpackt angeboten werden.
- Auch Kostproben dürfen nicht unabgedeckt auf der Verkaufstheke stehen.
- Schilder dürfen nicht in den Konditoreierzeugnissen stecken.
- Von den Kunden zurückgenommene unverpackte Konditoreierzeugnisse dürfen nicht wieder verkauft oder verarbeitet werden.

Lebensmittelabfälle und andere Abfälle dürfen nicht in Räumen gesammelt und gelagert werden, in denen Lebensmittel hergestellt, behandelt und verkauft werden, damit sie die Lebensmittel nicht nachteilig beeinflussen.

Die Abfalllager müssen sauber und frei von tierischen Schädlingen sein. Lebensmittelabfallbehälter sollen verschlossen sein.

Personalhygiene

> **!**
>
> Die Personalhygiene umfasst
> - die persönliche Sauberkeit der Beschäftigten,
> - saubere, vollständige Berufskleidung,
> - Gesundheit der Beschäftigten, damit keine gesundheitsschädigenden Mikroorganismen auf Lebensmittel übertragen werden.

„Der erste Eindruck ist der entscheidende." Dies gilt vor allem für Verkäuferinnen und Bedienungen sowie für Ausfahrer, die das Aushängeschild eines Konditoreibetriebs sind.

Auch wenn nur wenige Kunden die Konditoren in der Produktion sehen, wirken gepflegte Konditoren bei der Arbeit auf betriebsfremde Personen besonders positiv. Die Hygiene und Sauberkeit einer Konditorei ist nach außen sichtbar und gern Gesprächsthema zwischen Mitarbeitern und Bekannten sowie Kunden untereinander. Auch wenn Stammkunden die Mitarbeiter einer Konditorei in der Freizeit sehen, übertragen sie ihren Eindruck von der Person auf die Hygiene in der Konditorei.

Infektionsschutzgesetz

> **!**
>
> Jede Person, die mit Lebensmitteln umgeht, muss bei erstmaligem Arbeitsantritt eine maximal drei Monate alte Bescheinigung über die Belehrung des Infektionsschutzgesetzes vorlegen, dass sie über ansteckende Krankheiten und daraus folgende Tätigkeitsverbote unterrichtet wurde.
> Die Unterrichtung über das Infektionsschutzgesetz und die Bescheinigung darüber müssen vom Gesundheitsamt oder von einem vom Gesundheitsamt beauftragten Arzt erfolgen.

Die Belehrung über das Infektionsschutzgesetz muss bei der mindestens einmal jährlich stattfindenden Hygieneschulung wiederholt werden Seite 55.

Tätigkeitsverbot (Arbeitsverbot) nach dem Infektionsschutzgesetz verbietet die Arbeit von Personen bei
- ansteckenden Krankheiten, z. B. Salmonellose, Typhus, Cholera, Hepatitis A und E,
- infizierten Wunden oder Hautkrankheiten, bei denen die Möglichkeit besteht, dass deren Krankheitserreger auf Lebensmittel übertragen werden können. Zum Beispiel können Verletzungen an der Hand mit Staphylokokken (Eitererreger) infiziert sein, die zu den gesundheitsschädlichen Bakterien zählen.

Treten bei Beschäftigten Krankheiten auf, die zu einem Tätigkeitsverbot führen, müssen diese unverzüglich dem Arbeitgeber mitgeteilt werden, der sofort eine weitere Beschäftigung im Betrieb untersagt.

Personen, die an ansteckenden Krankheiten leiden, dürfen erst wieder beschäftigt werden, wenn sie durch ein Zeugnis des Gesundheitsamtes nachweisen, dass hiergegen keine Bedenken vorliegen.

Das Wissen der Beschäftigten über ansteckende Krankheiten und deren Tätigkeitsverbot hat folgenden Sinn:
- Vorbeugung übertragbarer Krankheiten durch Menschen
- Infektionen (Ansteckung durch Krankheiten) erkennen
- Verhinderung der Weiterverbreitung ansteckender Krankheiten

Übertragung von Keimen auf Lebensmittel

Beschäftigte in der Konditorei können gesundheitsschädliche Keime auf Lebensmittel übertragen, was zu einer Weiterverbreitung auf andere Personen führt. Dies geschieht durch:
- unsaubere Hände und Fingernägel
- Uhren und Schmuck wie Fingerringe und Armbänder, weil sich darunter gesundheitsschädliche Mikroorganismen verbreiten
- ungepflegte Haare, durch Absonderungen aus Haaren und Kopfhaut
- infizierte Wunden (Wunden mit Krankheitskeimen)
- Schnittwunden und andere offene Wunden an Händen und Armen; sie müssen mit einem wasserdichten Verband sauber und vollständig abgedeckt werden
- Husten und Niesen auf Lebensmittel
  Durch die beim Niesen und Husten entstehenden Tröpfchen gelangen krankheitsauslösende Erreger auf die Lebensmittel. Außerdem wirkt es sehr abstoßend. Deshalb muss man sich vorher von den Lebensmitteln abwenden.

Körperhygiene

Zur gründlichen persönlichen Körperhygiene eines Konditors/einer Konditorin gehören:

- tägliches Duschen und Haarewaschen
- täglich gründliche Mund- und Zahnpflege
- stets saubere Hände
- lange Haare hinten zusammen- oder hochbinden

Ein Hygienerisiko stellen nicht nur ausfallende Haare dar, sondern auch Fett- und Schuppenabsonderungen sowie aus den Haaren fallende Keime.

- Pflege der Fingernägel, die kurz geschnitten und frei von Schmutz unter den Fingernägeln sein müssen. Frauen verzichten auf Nagellack.

Hier ist einiges aus hygienischer Sicht nicht in Ordnung

Hygienische Konditorin

Sauberkeit der Hände

Zu einem bedeutenden Bereich der Personalhygiene zählt die Sauberkeit und Pflege der Hände. Für das Verkaufspersonal sollten deshalb saubere Hände bei der Arbeit eine Selbstverständlichkeit sein.

> **!**
>
> **Gründliches Händewaschen** erfolgt immer
> - unmittelbar vor Arbeitsbeginn,
> - nach jeder Arbeitsunterbrechung,
> - vor dem Umgang mit leicht zu infizierenden Lebensmitteln wie Eiern, Sahne, Cremes und Speiseeis,
> - nach Verschmutzungen der Hände während der Arbeit,
> - nach dem Aufschlagen von Eiern,
> - nach dem Naseputzen und nach dem Husten, wenn man die Hand vor den Mund hält,
> - nach jedem Toilettenbesuch,
> - nach dem Anfassen von schmutzigen Gegenständen und Abfällen,
> - nach Beendigung von Reinigungsarbeiten.

Berufskleidung

Im Produktionsbereich eines Lebensmittelbetriebs müssen die Beschäftigten eine entsprechende Berufskleidung tragen. Straßenkleidung und Straßenschuhe sind während der Arbeit nicht erlaubt. Auch ist das Aufbewahren der Straßenkleidung und Straßenschuhe im Produktionsbereich nicht gestattet. Sie sind in den Umkleideräumen unterzubringen.

Anforderungen an die Berufskleidung

- Sie muss ständig in einem sauberen und gebügelten Zustand sein und sollte unter Umständen täglich gewechselt werden.
- Arbeitskleidung für Konditoren ist kochfest. Straßenkleidung kann für den Konditoreibetrieb nicht ausreichend gereinigt werden.
- Ein weißes kurzärmeliges Hemd oder eine weiße Konditorjacke tragen. Ärmellose T-Shirts sind nicht geeignet, da sie den Achselschweiß nicht aufsaugen.
- Die weiße Arbeitsschürze muss grundsätzlich vor Arbeitsbeginn sauber sein. Sie wird am stärksten beansprucht. Wenn sie nach dem Waschen nicht mehr weiß wird, muss sie erneuert werden.
- Vor dem Toilettenbesuch wird die Arbeitsschürze abgenommen.
- Die Beschäftigten sollten in den Produktionsräumen die Haare mit einer geeigneten Kopfbedeckung bedecken, z. B. mit Mütze, Tuch oder Haarnetz.
- Die gepflegten und sauberen Arbeitsschuhe sollten regelmäßig gereinigt werden.

Konditor in korrekter Berufsbekleidung

> **!**
>
> **Bedeutung des Erscheinungsbilds der Mitarbeiter**
> - Ein gepflegtes Äußeres stärkt das Selbstbewusstsein und das Selbstwertgefühl jedes einzelnen Mitarbeiters; dies sind Voraussetzungen für den Betriebserfolg.
> - Gepflegtes Aussehen aller Mitarbeiter ist die beste Werbung für den Betrieb und wirkt auf Kunden kaufmotivierend.

Verbote in den Produktionsräumen

- Das Rauchen und Schnupfen ist in den Betriebsräumen verboten.
- Das Essen und Trinken in den Produktionsräumen ist verboten. Dafür sind Pausen da, die in den Pausenräumen gehalten werden.
- Es ist verboten, Glasflaschen in die Produktionsräume zu bringen (Gefahr durch Glassplitter).
- Das Tragen von Schmuckstücken, z. B. Fingerringen, Armbändern und Uhren, ist bei der Arbeit verboten. Darunter könnten sich Lebensmittelreste absetzen und gesundheitsschädliche Mikroorganismen vermehren.

Hygieneschulung

Damit die Maßnahmen der Hygiene im Betrieb ständig eingehalten werden, ist es für jede Konditorei gesetzlich Pflicht, dass alle Beschäftigten regelmäßig zur Lebensmittelhygiene geschult werden. Die Schulung soll die Notwendigkeit der Hygiene klarstellen und die Beschäftigten zum hygienischen Handeln motivieren. Dabei sollte geeignetes Schulungsmaterial zur Verfügung stehen, z. B. „Das Konditorbuch".

Eine Hygieneschulung muss mindestens einmal jährlich für alle Beschäftigten im Konditoreibetrieb durchgeführt werden.

Zum Arbeitsbeginn eines neuen Mitarbeiters, der bisher noch nicht mit Lebensmitteln gearbeitet hat, muss ebenso eine Hygieneschulung stattfinden.

Die Hygieneschulung kann z. B. ein Konditormeister des Betriebs durchführen. Der Betriebsinhaber sollte über die gehaltene Hygieneunterweisung einen Nachweisplan anlegen, auf dem die teilgenommenen Personen des Betriebs jeweils unterschreiben.

Themen bei einer Hygieneschulung sind vor allem:
- Arten der Mikroorganismen und deren Lebensbedingungen.
- Das Erkennen von eiweiß- und wasserreichen Lebensmitteln und Konditoreierzeugnissen, die durch Mikroorganismen leicht verderblich sind, z. B. Eier, Milcherzeugnisse, Füllungen, Cremes, Sahne, Speiseeis.

- Fachgerechte Lagerung der verschiedenen Rohstoffe und Konditoreierzeugnisse.
- Schimmelbefall und vorbeugende Maßnahmen.
- Vermeidung des Infizierens der Lebensmittel durch Salmonellen.
- Reinigungsmaßnahmen im Konditoreibetrieb.
- Körperhygiene und Sinn der sauberen und vollständigen Berufskleidung der Konditoren während der Arbeit.

Hygieneschulung der Mitarbeiter

Aufgaben

1. Die Hygiene in Lebensmittelbetrieben wird in drei Bereiche eingeteilt. Nennen Sie diese.
2. Erklären Sie den Begriff der Betriebshygiene.
3. Beschreiben Sie einige hygienische Anforderungen an die Betriebsräume.
4. Nennen Sie die fünf Fragen, die ein Reinigungsplan in der Konditorei beinhalten sollte (5-W-Fragen).
5. Erstellen Sie einen funktionsfähigen Reinigungsplan bezogen auf Ihre Konditorei oder auf den praktischen Unterricht in Ihrer Berufsschule.
6. Erläutern Sie, was man unter Produkthygiene versteht.
7. Beschreiben Sie die Grundsätze einer Warenannahme und Warenüberprüfung:
   - Lebensmittel, die nicht angenommen werden dürfen
   - Kontrolle der verpackten Lebensmittel
   - Kontrolle der unverpackten Lebensmittel
   - Anforderungen an kühlpflichtige Lebensmittel
8. Wie sollten leicht verderbliche Waren gelagert werden?

LF 1.1

9 Beschreiben Sie,
- wie der Lagerraum für Rohstoffe sein soll,
- worin die Rohstoffe gelagert werden sollen,
- wie neu gelieferte Rohstoffe eingeräumt werden sollen,
- wie festgestellt werden kann, dass sich keine alten Rohstoffe im Lagerraum befinden.

10 Wo müssen die während der Arbeit anfallenden Abfälle gelagert werden?

11 Erklären Sie die besondere Aufbewahrung von
- gefährlichen und
- ungenießbaren Stoffen
in der Konditorei.

12 Beschreiben Sie, wie offene Ware im Verkauf angeboten werden muss.

13 Wie müssen Waren zur Selbstbedienung angeboten werden?

14 Nennen Sie die drei Punkte, die die Personalhygiene umfasst.

15 Erklären Sie die Vorschrift nach dem Infektionsschutzgesetz für Personen, die mit Lebensmitteln umgehen, bei erstmaligem Arbeitsantritt in einem Lebensmittelbetrieb.

16 Nennen Sie Krankheiten, bei denen Tätigkeitsverbot in der Konditorei besteht.

17 Nennen Sie den Sinn der Vorschrift des Infektionsschutzgesetzes.

18 Geben Sie Beispiele an, wodurch Keime von den Beschäftigten der Konditorei auf Lebensmittel übertragen und verbreitet werden können.

19 Nennen Sie die fünf Grundsätze, die zur täglichen persönlichen Körperhygiene gehören.

20 Geben Sie Beispiele an, wann sich Konditoren bei der täglichen Arbeit gründlich die Hände waschen.

21 Beschreiben Sie die Anforderungen an die Berufskleidung für Konditoren.

22 Nennen Sie die hygienischen Vorschriften in den Produktionsräumen in Bezug auf
- Rauchen und Schnupfen,
- Essen und Trinken,
- Glasflaschen,
- Tragen von Fingerringen, Armbändern und Uhren bei der Arbeit.

23 Wann muss eine Hygieneschulung für die Mitarbeiter im Konditoreibetrieb erfolgen?

24 Geben Sie Beispiele an, welche Inhalte eine Hygieneschulung für die Beschäftigten in der Konditorei enthalten sollte.

25 Ihr Kollege ist der Meinung, dass Ihr Chef es mit dem Saubermachen und den Hygienevorschriften ganz schön übertreibt. Sogar hinter den Maschinen muss er wöchentlich saubermachen und auf den Fensterbänken darf er nicht einmal die Gewürze lagern. Erläutern Sie Ihrem Kollegen die verschiedenen Anforderungen an die Betriebsstätten, damit er den Sinn erkennt.

26 Sie beschweren sich, dass Sie die meisten Reinigungsarbeiten in der Konditorei erledigen müssen und dass einige Putzarbeiten im Betrieb vernachlässigt werden. Bei der Personalversammlung stellen Sie deshalb mit Ihren Kolleginnen und Kollegen sowie Ihrem Chef einen Reinigungsplan für die Betriebsräume in Ihrer Konditorei auf.

5.2 Mikroorganismen

Mikroorganismen werden auch als Keime oder Erreger bezeichnet. Sie verändern Lebensmittel. Mikroorganismen sind Kleinstlebewesen, die überall in der Natur vorkommen und nicht mit bloßem Auge, sondern nur unter dem Mikroskop zu erkennen sind. Die Bezeichnung „Mikroorganismen" ist aus dem Griechischen abgeleitet und bedeutet:

mikros = klein
organismen = Lebewesen

Kleinlebewesen

Arten der Mikroorganismen

Es werden unterschieden:
- Bakterien
- Schimmelpilze
- Hefen

„Sporen" nennt man die Überlebensformen der widerstandsfähigen Mikroorganismen. Sie überleben sogar Hitze und Kälte sowie oft monatelangen Nahrungs- und Feuchtigkeitsmangel. Sporen enthalten in winzigen stabilen Hüllen nur die Erbanlagen der Mikroorganismen. Bei günstigen Lebensbedingungen bilden sich aus den Sporen wieder wachstumsfähige Mikroorganismen.

Mikroorganismen befinden sich überall: in der Luft, im Boden, im Wasser, in Mensch und Tier. Außer auf den

Bakterien	Schimmelpilze	Hefen
nützlich: Milchsäurebakterien • im Sauerteig • in säuerlichen Milcherzeugnissen • im Sauerkraut	**nützlich:** • Edelschimmelpilze im Käse	**nützlich:** • Backhefe • Brauhefe • Weinhefe
schädlich: • Salmonellen • Eitererreger • Staphylokokken • Kolibakterien • Botulinusbakterien • Milchsäurebakterien machen Milch und Sahne sauer	**schädlich:** Schimmelpilze auf verschimmelten Lebensmitteln (z. B. Brot)	**schädlich:** Hefepilze aus der Luft vergären Konfitüren, Cremes, Fruchtsäfte

bevorzugten Lebensmitteln sind sie auch an Berufskleidung, Geräten, Maschinen und Einrichtungsgegenständen und vor allem an den Händen zu finden.

Unsauberkeit fördert das Wachstum der Mikroorganismen enorm. Nicht die Mikroorganismen selbst, sondern ihre Ausscheidungsprodukte verändern die Lebensmittel.

Lebensbedingungen der Mikroorganismen

Mikroorganismen finden in der Konditorei ideale Vermehrungsbedingungen. Je zahlreicher sie auftreten, desto gefährlicher sind sie. Manche der winzigen Kleinlebewesen werden mit bloßem Auge sichtbar, wenn sie sich in großen Mengen ausgebreitet haben. Hierbei spricht man von „Kolonien", z. B. Schimmelrasen, Backhefe im Paket.

Das Wachstum und die Vermehrung der Mikroorganismen sind abhängig von

- Nahrung,
- Temperatur,
- pH-Wert.
- Wassergehalt,
- Sauerstoff,

Nahrung

Als Nahrung dienen die Energie liefernden Nährstoffe wie Zucker, Eiweiß und Fett. Die meisten Mikroorganismen bevorzugen jedoch einen bestimmten Nährstoff, z. B. die Salmonellen das Eiweiß oder die Hefen den Zucker.

Wassergehalt

Mikroorganismen vermehren sich in Lebensmitteln nur, wenn genügend Wasser vorhanden ist. Sie benötigen das freie, ungebundene Wasser in Lebensmitteln, da sie Nährstoffe nur in Wasser gelöst aufnehmen können.

Nicht der Gesamtgehalt des Wassers in einem Lebensmittel ist entscheidend, sondern der Wasseranteil, der nicht im Lebensmittel von Salz, Zucker, Eiweiß u. a. gebunden wird und deswegen frei verfügbar ist.

Je feuchter ein Lebensmittel ist, desto mehr Wasser steht den Mikroorganismen zur Verfügung, umso besser vermehren sie sich.

a_w-Wert

Das freie, ungebundene Wasser in den Lebensmitteln bezeichnet man als **„aktives Wasser"**. Der **„a_w-Wert"** gibt die Wasseraktivität im Bereich von 1 bis 0 an. Der Lebensmittelverderb erfolgt bei einem Wert von 0,6 bis 1.

LF 1.1

Wasser hat den a_w-Wert 1 ⟶ 1 = reines Wasser

feuchte Lebensmittel →

Je höher der a_w-Wert, umso schneller vermehren sich die Mikroorganismen, z. B. bei Speiseeis, Obsttorten, weichen Füllungen wie Vanillecreme, gebundenen Sauerkirschen, Apfelfüllung.

schnelle Vermehrung der Mikroorganismen = schneller Verderb

Kaum verderblich sind Gebäcke mit einem geringen a_w-Wert, z. B. Mürbeteiggebäcke, Florentiner, Sandkuchen, Blätterteiggebäcke ohne Füllung.

geringer Wassergehalt = langsamer Verderb

0,6

Liegt der a_w-Wert unter 0,6, können die Mikroorganismen die trockenen Lebensmittel nicht mehr verderben, z. B. bei getrockneten Gewürzen, getrockneten Baisers, Trockenfrüchten, Nudeln, Semmelbröseln, Knäckebrot.

trockene Lebensmittel →

keine Vermehrung der Mikroorganismen möglich = kein Verderb

0 = wasserfreie Stoffe

Senken des a_w-Werts

Senkt man den a_w-Wert der Lebensmittel, wird deren Verderb gehemmt bzw. verhindert. Sie sind länger haltbar.

Salz oder Zucker
Salz und Zucker sind Wasser anziehend (hygroskopisch) und binden deshalb das freie Wasser der Lebensmittel, z. B. bei Konfitüren, Dickzuckerfrüchten, gepökeltem Fleisch, Salzheringen.

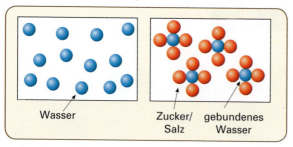

Zucker und Salz binden Wasser

Trocknen
Durch Trocknen wird den Lebensmitteln ein Großteil des Wassers entzogen, z. B. bei Trockenfrüchten, Zwieback, Trockenzwiebeln, Knäckebrot.

Tiefgefrieren
Das freie Wasser der Lebensmittel wird dabei zu Eis und ist somit für die Mikroorganismen nicht mehr verfügbar. Die Lebensmittel sind dadurch langfristig haltbar.

Temperatur

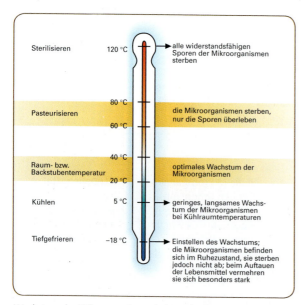

Wachstum der Mikroorganismen bei verschiedenen Temperaturen

Durch Temperaturveränderungen kann man das Wachstum der Mikroorganismen beeinflussen.

Sauerstoff

Die meisten Mikroorganismen benötigen zum Wachstum Sauerstoff. Auch das Ranzigwerden von Fetten wird ohne Sauerstoff verzögert. Bei Vakuumverpackungen nimmt man den sauerstoffabhängigen Mikroorganismen durch Sauerstoffentzug die Lebensgrundlage.

Sauerstoffabhängigkeit von Mikroorganismen

Sauerstoffabhängigkeit	Beispiele
Mikroorganismen, die zum Wachstum Sauerstoff benötigen (Aerobier)	Schimmelpilze, Hefen zum Wachstum
Mikroorganismen, die ohne Sauerstoff leben können (Anaerobier)	Botulinusbakterien, Hefen zum Gären
Mikroorganismen, die mit und ohne Sauerstoff leben können (fakultative Anaerobier)	Milchsäurebakterien, Fäulniserreger, Eitererreger

pH-Wert

Der pH-Wert ist eine Maßzahl für die Stärke der Säure oder der Lauge (Base) in einer wässrigen Lösung.

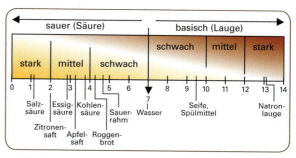

pH-Werte

Für die Entwicklung der Mikroorganismen ist der pH-Wert der Lebensmittel von großer Bedeutung. Auch sind die Mikroorganismen nur in einem bestimmten pH-Bereich lebensfähig.
- Um den pH-Wert 7 ist das Wachstum der meisten Mikroorganismen am günstigsten.
- Ab dem pH-Wert 4,2 und darunter können schädliche Mikroorganismen nicht mehr leben.
- Auch der stark laugige Bereich schadet den Mikroorganismen. Die meisten stellen ihre Aktivität bei einem pH-Wert von 10 ein.

Säuren und Laugen

Starke Laugen sind ähnlich giftig wie starke Säuren, z. B. Natronlauge und Salzsäure. In schwacher Form werden Laugen meist zur Reinigung verwendet (Seife, Waschlauge). Eine geringe Laugenkonzentration von ca. 3,5 % besitzt auch die Brezellauge.

> **!**
>
> Beim Umgang mit Lebensmitteln müssen den schädlichen und genussuntauglichen Mikroorganismen die günstigen Lebensbedingungen entzogen werden. Ist nur eine der Lebensbedingungen nicht gegeben, wird die Vermehrung und somit auch der Verderb der Lebensmittel gehemmt oder verhindert.

Vermehrungsgeschwindigkeit der Mikroorganismen

Je mehr Anfangskeime auf den Lebensmitteln vorhanden sind, umso schneller steigt die Zahl der Mikroorganismen an und umso schneller verderben die Lebensmittel. Deshalb ist besonders darauf zu achten, dass der Anfangskeimgehalt auf Lebensmitteln und Konditoreierzeugnissen möglichst niedrig gehalten wird.

Beispiele, in welcher Zeit sich die Mikroorganismen bei optimalen Bedingungen auf das Doppelte vermehren:

Salmonellen	20 Minuten
Kolibakterien	20 Minuten
Schimmelpilze	60 Minuten
Milchsäurebakterien	100 Minuten
Hefen (nicht Backhefe)	120 Minuten
Backhefe	240 Minuten

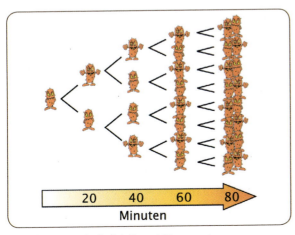

Vermehrungsgeschwindigkeit von Mikroorganismen

Geht man von Tausenden Anfangskeimen in Lebensmitteln aus, werden in wenigen Stunden daraus Millionen.

Aufgaben

1. Nennen Sie die drei wichtigen Arten der Mikroorganismen und geben Sie jeweils nützliche und schädliche Mikroorganismen an.
2. Erklären Sie den Begriff „Sporen".
3. Erläutern Sie den a_w-Wert.
4. Nennen Sie Beispiele für Konditoreierzeugnisse mit folgendem a_w-Wert und beschreiben Sie die Besonderheiten in den Bereichen:
   - a_w-Wert von 1 bis 0,6
   - a_w-Wert von 0,6 bis 0
5. Geben Sie Beispiele an, womit man den a_w-Wert von Lebensmitteln und Konditoreierzeugnissen senken kann.
6. Beschreiben Sie die Lebensweise der Mikroorganismen bei folgenden Temperaturen:
   - 120 °C (Sterilisieren)
   - 60 bis 80 °C (Pasteurisieren)
   - 20 bis 40 °C (Raum- und Backstubentemperatur)
   - 5 °C (Kühlung)
   - −18 °C (Tiefgefrieren)
7. Erklären Sie folgende pH-Werte von Lebensmitteln und Konditoreierzeugnissen:
   - pH-Wert = 7
   - pH-Wert über 7
   - pH-Wert unter 7
8. Ihre neue Kollegin hält die Hygienemaßnahmen in Ihrem Betrieb für übertrieben. Sie erklären ihr, warum es so wichtig ist, die Keimanzahl von Anfang an so gering wie möglich zu halten.

Rechenaufgaben

1. Auf einer Arbeitsschürze wurden je cm² 24 Mikroorganismen festgestellt.
   a) Berechnen Sie die Gesamtzahl der Mikroorganismen auf der Arbeitsschürze, die 60 cm breit und 1,10 m lang ist.
   b) Wie hoch wäre die Keimzahl nach 1 Minute, wenn sie sich alle 20 Sekunden verdoppeln?
2. Schimmelpilze verdoppeln sich bei idealen Verhältnissen alle 60 Minuten. Wie viele davon bilden sich aus 300 Erregern in 5 Stunden?

5.3 Schädliche Mikroorganismen

Krank machende Mikroorganismen bewirken Magen- und Darmerkrankungen mit Übelkeit, Erbrechen, Durchfall und Kopfschmerzen. Sie werden hauptsächlich durch Unsauberkeit auf Lebensmittel übertragen oder sie vermehren sich sehr stark durch falsche oder zu lange Lagerung der Lebensmittel.

Schimmelpilze

Vorkommen
Die Sporen der Schimmelpilze werden vom Luftzug getragen und gelangen so auf Lebensmittel.

Übertragung
Sie können durch menschlichen Kontakt, z.B. durch die Hände, Kleidung, Arbeitsgeräte und Einrichtungsgegenstände, auf die Lebensmittel übertragen werden.

Anfällige Lebensmittel
Schimmelpilze bevorzugen feuchte Lebensmittel, z.B. Konfitüren, Füllungen wie Nuss-, Mohn-, Kirsch-, Apfel-, Quarkfüllung, Vanillecreme und die Krume der Backwaren.

Verschimmelte Lebensmittel wegwerfen

Auf trockenen Lebensmitteln, z.B. auf Semmelbröseln, können sie nicht wachsen. Auch die trockene Kruste von Backwaren kann deshalb nicht schimmeln. Gelangen die Schimmelpilze jedoch in die feuchte Gebäckkrume, entsteht der Schimmel im Inneren der Gebäcke.

Schimmelpilze nehmen aber auch die Feuchtigkeit aus der Umgebungsluft zum Wachstum auf. So können auch trockene Lebensmittel und Konditoreierzeugnisse bei feuchter Lagerung außen schimmeln.

Infizierte Lebensmittel
Gesundheitsgefährdende Schimmelpilze, die sich zu einem Fadengeflecht (Myzel) und später zu einem Schimmelrasen vermehren, geben unsichtbare Pilzgifte ab, die sogenannten **Mykotoxine** (Toxine sind Giftstoffe), die tief in die Lebensmittel eindringen. Auch Kochen zerstört diese Gifte nicht. Mykotoxine schädigen die Leber und können Krebs, vor allem Leberkrebs, verursachen.

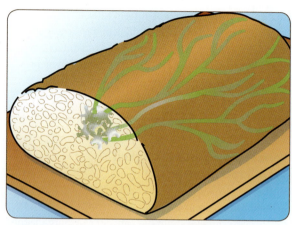

Giftstoffe (Mykotoxine) durchdringen das Lebensmittel

Weil nicht die Schimmelpilze, sondern deren Gifte die Gesundheit der Menschen schädigen, zählen sie zu den Lebensmittel vergiftenden Mikroorganismen.

Von Schimmel befallene Teigtücher sind gesundheitsschädlich und ekelerregend

> **!**
> Verschimmelte Lebensmittel müssen sofort weggeworfen und aus den Betriebsräumen entfernt werden. Sie dürfen nicht an Tiere verfüttert werden. Man soll die Lebensmittel auch nicht essen, nachdem der Schimmelrasen entfernt wurde, weil man nicht weiß, wie tief die Giftstoffe (Mykotoxine) in die Lebensmittel vorgedrungen sind.
> Nüsse mit braunen Stellen im Kern dürfen nicht mehr gegessen werden, sie enthalten besonders viele gesundheitsschädigende Schimmelpilzgifte (Aflatoxine).

Vorbeugende Maßnahmen gegen Schimmelbefall auf Lebensmitteln und Konditoreierzeugnissen

- Auf Betriebs-, Produkt- und Personalhygiene im gesamten Konditoreibetrieb achten.
- Säure hemmt die Vermehrung der Schimmelpilze, sodass auch Weizenbrote mit Weizensauerteig vor allem in den Sommermonaten nicht so schnell schimmeln.
- Teigtücher, z. B. in Kippkästen der Teiglinge für Berliner und anderer Siedegebäcke, die im Gärraum feucht werden, werden täglich nach Arbeitsschluss in einem gut belüfteten Raum getrocknet.
- Bei verpackten Lebensmitteln fehlt den Schimmelpilzen der lebensnotwendige Sauerstoff, z. B. verlängert sich die Frischhaltung der Konditoreierzeugnisse beim luftdichten Verpacken mit Folie und vakuumverpackte Lebensmittel können nicht schimmeln.
- Lebensmittel und Konditoreierzeugnisse entsprechend kühl und trocken lagern.

Salmonellen

Vorkommen

Salmonellen sind Bakterien, die sich im Magen- und Darmbereich von Mensch und Tier befinden.

Übertragung

Der Mensch infiziert (anstecken) sich jedoch meist über mit Salmonellen behaftete Lebensmittel.

Anfällige Lebensmittel

Gefährliche Salmonellenträger sind:

- Eier
- Geflügel
- Hackfleisch
- Fisch

Salmonellengefährdete Lebensmittel

In der Konditorei sind vor allem eihaltige Speisen mit rohen, unerhitzten Eiern gefährdet, z. B. Cremes, Tiramisudesserts und eihaltige Salate und Mayonnaise. Auch Fleisch, Wurst und Fisch.

Infizierte Lebensmittel

Salmonellenbehaftete Lebensmittel sind nicht erkennbar. Sie verändern weder das Aussehen noch sind sie durch einen unangenehmen Geruch oder Geschmack feststellbar. Gefährlich sind Salmonellen auch wegen der schnellen Vermehrung, besonders bei 20 bis 45 °C. Sie verdoppeln sich beispielsweise bei ca. 35 °C schon nach 20 Minuten, d. h., aus 1000 Anfangskeimen werden nach drei Stunden über eine Million Salmonellen.

Werden salmonelleninfizierte Lebensmittel verzehrt, führt dies meistens nach 12 bis 36 Stunden zu grippeähnlichen Krankheitserscheinungen wie Übelkeit, Kopfschmerzen, Bauchschmerzen, Erbrechen, Durchfall, Gliederschmerzen und Fieber. Bei schwerer Infizierung kann die Infektion tödlich verlaufen.

Salmonellenerkrankung

Stellt der Arzt z. B. bei einer Konditorin/einem Konditor Salmonellose (Salmonellenerkrankung) fest, so muss sie dies beim Gesundheitsamt melden (Meldepflicht). Sie/er darf so lange nicht mehr arbeiten, bis sie der Arzt beim Gesundheitsamt wieder gesund meldet.

Bekämpfung der Salmonellen

Salmonellen werden sicher durch Hitze zerstört:

- beim Kochen der Lebensmittel,
- beim Erhitzen der Lebensmittel auf 80 °C, 10 Minuten lang, z. B. beim Pasteurisieren der Eier.

Vorbeugende Maßnahmen gegen Salmonellen

- Gründliches Händewaschen nach dem Toilettenbesuch und nach dem Aufschlagen von Eiern vermeidet eine Salmonellenübertragung.
- Für nicht gekochte bzw. erhitzte Erzeugnisse:
  - nur frische Eier (bis ca. 1 Woche alt) oder
  - pasteurisierte Eier verwenden.
- Aufgetaute Eier: Gefriereier kühl lagern und am selben Tag verarbeiten.
- Aufgetaute eihaltige Speisen, die nicht erhitzt wurden, sofort verzehren.
- Leicht verderbliche Lebensmittel und Erzeugnisse aus Sahne, Milch, Eiern im Kühlschrank/Kühlraum (unter 10 °C) nicht zu lange aufbewahren.

LF 1.1

Staphylokokken (Eitererreger)

Vorkommen
Staphylokokken befinden sich hauptsächlich im Nasen- und Rachenraum der Menschen und auch in Wunden.

Übertragung
Sie werden durch Niesen und Husten auf Lebensmittel übertragen und häufig über offene Wunden an Händen und Armen.

Die Staphylokokken vermehren sich sehr schnell auf den Lebensmitteln und bilden schädliche Gifte, die plötzliches Erbrechen, Durchfall und Kreislaufstörungen verursachen.

Vorbeugung
Wunden müssen dicht abgedeckt werden.

Selbstverständlich wendet man sich beim Niesen und Husten von Lebensmitteln ab.

Die meisten Eitererreger werden bei über 80 °C abgetötet.

Anfällige Lebensmittel
Besonders anfällig sind eier- und eiweißreiche Lebensmittel, z. B. Milch, Milcherzeugnisse, Cremes, Speiseeis, Fisch und Fleisch.

Botulinusbakterien (Clostridium botulinum)

Die Sporen der Botulinusbakterien, die nur ohne Sauerstoff wachsen, vergiften Lebensmittel in Konservendosen, wenn diese nicht lange genug über 120 °C erhitzt wurden. Der durch die giftigen Gase gewölbte, aufgeblähte Dosendeckel wird als **„Bombage"** bezeichnet.

Einwandfreie Konservendose   Bombage

Kolibakterien (Coli-Bakterien)

Vorkommen
Kolibakterien befinden sich im Darm von Mensch und Tier und sind deshalb in Fäkalien enthalten.

Übertragung
- Kolibakterien können durch mangelnde Hygiene nach dem Toilettenbesuch in Lebensmittel kommen.
- Sie können in das Trinkwasser durch starke fäkale Verunreinigung (Verunreinigung mit Stuhl) gelangen.

Vorbeugen
Beim Kochen von Wasser sterben Kolibakterien.

Fäulniserreger

Fäulniserreger findet man in verfaultem Obst und Gemüse. Da diese unappetitlich aussehen sowie unangenehm riechen und schmecken, sind Vergiftungen selten.

Aufgaben

❶ Welche Lebensmittel sind besonders für Schimmelbefall gefährdet?

❷ Erklären Sie die Tätigkeit der Schimmelpilze auf und in Lebensmitteln und nennen Sie die gesundheitsgefährdende Wirkung.

❸ Was machen Sie mit verschimmelten Lebensmitteln und Konditoreierzeugnissen? Begründen Sie.

❹ Nennen Sie vorbeugende Maßnahmen, um einen Schimmelbefall zu vermeiden:
- während der Produktion, • bei der Lagerung.

❺ Zählen Sie Lebensmittel auf, die gefährliche Salmonellenträger sind.

❻ Nennen Sie die zwei Möglichkeiten, wie Salmonellen in Lebensmitteln abgetötet werden können.

❼ Geben Sie Vorbeugemaßnahmen gegen die Vermehrung von Salmonellen an.

❽ Wie können Staphylokokken (Eitererreger) auf Lebensmittel übertragen werden?

❾ Nennen Sie Vorbeugemaßnahmen, damit Staphylokokken nicht auf Lebensmittel übertragen werden in Bezug auf
- Wunden,
- Niesen und Husten.

❿ Woran kann man mit Botulinusbakterien infizierte Lebensmittel in Konservendosen äußerlich erkennen?

⓫ Wie heißen die Bakterien, die vor allem Obst und Gemüse verderben?

⓬ Ihr Chef beauftragt Sie, während der in der nächsten Woche stattfindenden Hygieneschulung einen Vortrag über schädliche Mikroorganismen und deren Lebensbedingungen zu halten.

5.4 Tierische Schädlinge

Die Betriebsräume in der Konditorei müssen unbedingt frei von Schädlingen gehalten werden.

Schädlinge wie Insekten und Nager
- verursachen Fressschäden,
- verursachen Verunreinigungen durch Ausscheidungen, die für unangenehmen Geruch und Geschmack sorgen,
- übertragen Mikroorganismen auf Lebensmittel,
- sind ekelerregend.

Mehlschädlinge

Sie sind deshalb so unangenehm, weil sie sich so schnell vermehren und dadurch das Mehl verunreinigen. Mehlschädlinge entwickeln sich dort im Mehl, wo es längere Zeit unbewegt liegt, z. B. Mehlstaub, der in Ecken, Rändern und Ritzen von Mehllager, Maschinen, Arbeitstischen, Schubladen liegt.

Die häufigsten Mehlschädlinge sind Mehlmotten und Mehlwürmer.

Mehlmotten

Mehlmotten sind graue Falter. Ein Mehlmottenweibchen legt im Laufe seines Lebens 200 bis 300 Eier in das Mehl ab. Aus den daraus entstehenden Raupen (Larven), die sich an geschützten Stellen wie Ritzen, Fugen, Ecken bei starker Fresslust vier- bis fünfmal häuten, entwickeln sich Puppen. Diese spinnen mit weißen klebrigen Fäden ein Gespinst um sich. Aus der Puppe schlüpft dann der fertige Falter.

Mehlmotte

Die Entwicklungsgeschwindigkeit hängt von der Temperatur ab.
Da Mehlmotten kälteempfindlich sind, bietet die warme Backstube ideale Bedingungen.

Larve der Mehlmotte

Mehlwürmer

Die gelblich-braunen zwei bis drei Zentimeter langen Mehlwürmer häuten sich mehrmals im Mehl und verunreinigen es. Sie sind unappetitlich und ekelerregend. In liegen gebliebenen Mehlresten und im Mehlstaub in Ecken von Räumen, Schubladen und Maschinen finden sie günstige Entwicklungsmöglichkeiten.

Mehlwurm

Mehl- und Brotkäfer

Sie sind mittlerweile in der modernen Konditorei unbekannt. Wegen der etwas längeren Entwicklungszeit können sie sich nur noch in grob unsauberen Betrieben vermehren.

Mehlkäfer

Brotkäfer

Mehlmilben

Die mit bloßem Auge nicht sichtbaren Mehlmilben, die das Mehl genussuntauglich machen und bei Menschen Allergien auslösen können, befinden sich nur in feuchten Mehlen und sind aufgrund der trockenen Mehllagerung nicht mehr anzutreffen.

Mehlmilbe

Schaben (Kakerlaken)

Sie haben eine braune bis schwarze Farbe und sind bis zu drei Zentimeter lang.

Schabe

Silberfischchen

Es sind kleine, sehr schmale, silbrig-graue Insekten. Sie werden kaum bemerkt, da sie beim Eintreten der Menschen in den Raum regungslos liegen bleiben. Silberfischchen fressen alles, sogar Verpackungsmaterial.

Silberfischchen

Schaben und Silberfischchen

- sind nachtaktiv,
- leben tagsüber versteckt in Ritzen und Fugen von Mauern und Fliesen,
- befinden sich an feuchten und warmen Orten, z. B. in der Nähe von Wasserleitungen und Schwadenrohren.

Schaben und Silberfischchen vermehren sich bei guten Bedingungen sehr stark, legen bei Dunkelheit weite Wege zurück und verunreinigen die Lebensmittel durch Keimübertragungen. Da diese Schädlinge sich bei Störungen durch Licht und Geräusche in ihre Schlupfwinkel zurückziehen und dadurch nicht sichtbar sind, werden sie nicht immer ausreichend bekämpft.

Fliegen

Ihre hauptsächlichen Brutstätten sind Abfall und Kot. Von dort übertragen sie krankheitserregende Mikroorganismen auf die Lebensmittel.

Fliege

Mäuse und Ratten

Diese Nagetiere hinterlassen deutliche Fressschäden und Verunreinigungen sowie üblen Geruch. Sie halten sich gerne im Müll auf und transportieren von dort über Fell und Pfoten schädigende Mikroorganismen auf die Lebensmittel. Auch enthält der Kot eine große Anzahl von Mikroorganismen, die an die Lebensmittel gelangen.

Maus

Mäuse kommen vor allem in der kalten Jahreszeit durch offene Türen und Kellerfenster.

Sind Ratten im Lebensmittelbetrieb, ist dies ein Zeichen von großer Unsauberkeit. Sie werden durch offene Abfallbehälter und Komposthaufen angelockt, wenn dort Küchenabfälle, besonders mit Fleischresten, entsorgt werden.

Vorbeugende Maßnahmen gegen Schädlinge

Mehlschädlinge
Regelmäßige Reinigung, damit Ecken und Fugen der Räume, Einrichtungsgegenstände und Maschinen mehlfrei sind. Das Mehl darf nicht so lange unbewegt liegen, bis sich die Schädlinge entwickelt haben.

Schaben und Silberfischchen
Ritzen und Spalten in Fliesen und Mauern verschließen, vor allem im Bereich von Wasserrohren, Wasserhähnen und Spülbecken, damit ihre Schlupfwinkel versperrt sind.

Fliegen
Abfallbehälter verschließen und regelmäßig reinigen.
Fliegengitter an den Fenstern anbringen.
Lebensmittel abdecken oder verpacken.

Mäuse
Türen möglichst schließen und Kellerfenster vergittern, damit sie nicht ins Haus gelangen. Sofort Fallen aufstellen, wo Fraß- und Kotspuren sind.

Schädlinge sofort bekämpfen,
- weil sie sich schnell vermehren,
- weil bereits bei einer geringen Anzahl von Schädlingen Gesundheitsgefahren für Menschen durch die Übertragung von Mikroorganismen bestehen,
- weil Schädlinge im Betrieb auf grobe Unsauberkeit hinweisen.

In Lebensmittelbetrieben darf kein Gift gestreut und giftige Schädlingsbekämpfungsmittel dürfen nicht gesprüht werden, da sie mit Lebensmitteln in Berührung kommen können.

LF 1.1

Aufgaben

1 Beschreiben Sie vier Faktoren, warum die Betriebsräume in der Konditorei frei von Schädlingen sein müssen.

2 An welchen Stellen können sich Mehlschädlinge besonders gut vermehren?

3 Nennen Sie die zwei am häufigsten vorkommenden Mehlschädlinge und beschreiben Sie diese.

4 Beschreiben Sie die Lebensweisen der Schaben und Silberfischchen und nennen Sie die Lebensräume.

5 Nennen Sie die zwei hauptsächlichen Brutstätten der Fliegen.

6 Erklären Sie, wie Fliegen Lebensmittel infizieren können.

7 Erläutern Sie, welche Schäden Mäuse und Ratten anrichten können, wenn sie an Lebensmittel gelangen.

8 Erklären Sie, warum Schädlinge sofort bekämpft werden müssen.

9 Beschreiben Sie die Vorbeugemaßnahmen gegen
- Mehlschädlinge,
- Schaben, Silberfischchen,
- Fliegen,
- Mäuse.

10 Sie erzählen Ihrer Chefin, dass Sie im Mehllager kleine graue Falter gesehen haben. Sie ist froh, dass Sie ihr das sofort berichten, da die Schädlinge umgehend bekämpft werden müssen. Stellen Sie eine Übersicht mit entsprechenden Abbildungen der tierischen Schädlinge zusammen, die zukünftig in einer Mappe in den Mitarbeiterräumen Ihres Konditoreibetriebs liegt, damit die Kollegen Schädlinge sofort erkennen und beseitigen können.

Rechenaufgabe

Für eine einmalige Generalreinigung des Betriebs als Vorbeugemaßnahmen gegen Schädlinge bezahlt eine Konditorei 465,00 € netto plus 19 % Mehrwertsteuer. Die Reinigungsfirma gewährt 8 % Rabatt. Wenn die Konditorei den Betrag innerhalb 10 Tagen bezahlt, gewährt die Reinigungsfirma 2 % Skonto.
a) Berechnen Sie die Reinigungskosten nach Abzug des Rabatts.
b) Wieviel muss die Konditorei zahlen, wenn sie den Betrag innerhalb von 10 Tagen überweist?

5.5 Reinigen des Betriebs

Das Reinigen der Betriebsräume, Einrichtungsgegenstände, Maschinen und Geräte gehört zur täglichen Arbeit.

Gründe für die regelmäßige Reinigung sind:
- Die Lebensmittel werden vor Verderb bewahrt.
- Die Gesundheit der Beschäftigten und der Verbraucher wird geschützt.
- Ein sauberer Betrieb hat ein werbewirksames Aussehen.
- Die Funktionsfähigkeit und Nutzungsdauer der Räume, Einrichtungsgegenstände, Maschinen und Geräte werden verlängert.

Die gründlichere Reinigung erfolgt durch die Nassreinigung.

Zum Nassreinigen benötigt man
- Wasser (nur Trinkwasser ist erlaubt),
- Reinigungsmittel,
- mechanische Mittel.

Einfluss des Wassers beim Reinigen

Die günstigste Wassertemperatur beim Spülen und Reinigen von Hand liegt bei ca. 50 bis 60 °C. Bei höheren Wassertemperaturen wird das Wasser für die Haut unverträglich. Kühleres Wasser erzielt nicht die wichtigen folgenden Wirkungen.

Wirkung des warmen Wassers
Speisereste und Schmutz lösen sich in warmem Wasser und werden somit von den verschmutzten Gegenständen weggespült, bis sie sauber sind.

Das Wassermolekül

Ein Wassermolekül besteht aus
- 1 Atom Sauerstoff und
- 2 Atomen Wasserstoff.

*Wasser-
molekül*

Die Randschichten der Moleküle ziehen sich zusammen, das führt zur Oberflächenspannung des Wassers. Deutlich sichtbar ist dies bei Wassertropfen, z. B. wenn der Wasserhahn tropft oder auch wenn sich das Wasser bei einem übervollen Wasserglas über den Glasrand wölbt.

Einfluss der Reinigungsmittel

Durch die Zugabe von Reinigungsmitteln wird die Oberflächenspannung des Wassers zerstört.

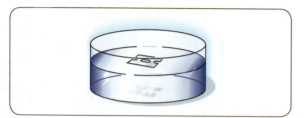

Wasser ohne Spülmittel

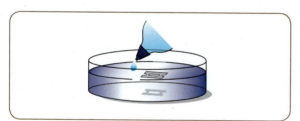

Zugabe von Spülmittel

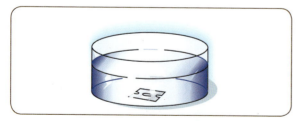

Wasser mit Spülmittel

Aufgrund der Oberflächenspannung schwimmt in dem Versuch die Rasierklinge auf dem Wasser. Durch die Zugabe von Reinigungsmittel wird das Wasser „entspannt". Die Rasierklinge fällt deshalb zu Boden.

Nach dem Reinigen mit klarem Wasser bleibt ein schmieriger Fettfilm auf den Gegenständen. Das Wasser kann wegen der Oberflächenspannung nur schlecht in den Schmutz eindringen.

„Entspanntes" Wasser kann sich leichter unter den Schmutz schieben, ihn abheben und wegspülen. Deshalb löst sich auch der Fettfilm durch Zugabe von Reinigungsmittel.

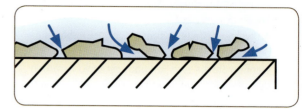

Entspanntes Wasser kann in den Schmutz eindringen

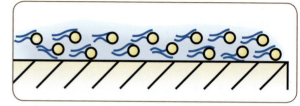

Fett wird durch das Reinigungsmittel im Wasser feinstverteilt und weggespült

Reinigungsmittel

Spülmittel eignen sich für den Abwasch leicht verschmutzter Gegenstände, z. B. Messer, Schaber, Schüsseln.
Für Spülmaschinen benötigt man besondere Spülmittel mit zusätzlichem Klarspüler. Außerdem wird Salz zur Enthärtung des Wassers zugegeben.

Spülmaschine

Reinigungsmittel für Oberflächen sind besonders schonende Mittel, die schnell reinigen sowie eine glanzbringende und schmutzabweisende Wirkung besitzen, z. B. für Glas (Fenster und Vitrinen), Edelstahl, Kunststoff.

Reinigungsmittel für Fußböden besitzen fett- und kalklösende Mittel mit stärkerer Reinigungswirkung.

Reinigungsmittel für hartnäckigen Schmutz besitzen aggressive chemische Zusätze. Sie werden z. B. verwendet für eingebrannte Bleche, eingebrannten Staub an den Glastüren der Backherde, festen Schmutz an Fliesen. Meist werden diese Mittel in Verbindung mit Schwämmen, Edelstahlreibern u. a. angewendet.

LF 1.1

Grundsätze beim Reinigen

- Grundsätzlich in warmes Wasser etwas Reinigungsmittel geben, da Gegenstände nur so schmutz- und fettfrei werden.
- Alle Reinigungsmittel belasten das Abwasser. Darum nicht zu viel Reinigungsmittel verwenden; nur so viel wie nötig.
- Angetrockneten Schmutz zuerst einweichen und dann entfernen.
- Nach dem Reinigen der Gegenstände werden Reinigungsmittelreste mit ausreichend klarem Wasser von den Gegenständen abgespült.

Mechanische Hilfsmittel zum Entfernen von Schmutz

- Weiche Putztücher und Schwämme helfen leichten Schmutz wegzuwischen. Auch empfindliche Oberflächen werden auf diese Weise schonend behandelt.
- Spülbürsten sorgen bei hartnäckigerem Schmutz für eine gründliche Reinigung.
- Scheuerschwämme und Edelstahlreiber sind bei fest sitzendem Schmutz am wirksamsten.
- Edelstahlreiber beseitigen auch eingebrannte Stellen in Edelstahlschüsseln und Schnittenblechen, ohne dass sie die Oberfläche beschädigen.

Putztücher, Schwämme und Bürsten müssen nach jedem Gebrauch unter fließend warmem Wasser ausgewaschen und häufig erneuert werden.
Wird mit unsauberen Tüchern, Schwämmen und Bürsten „gesäubert", ist dies eine Keimverbreitung und -vermehrung und keine Reinigung.

Mechanische Hilfsmittel für die Reinigung

Wasserdruck wird zum Reinigen in der Spülmaschine oder bei der Grobreinigung von Böden und Fliesen mit Hochdruckreinigern genutzt. Dabei wird das Wasser mit großem

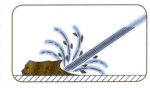

Hochdruckreiniger

Druck durch Düsen gepresst und hebt den Schmutz an der Stelle ab, die vom Wasserstrahl getroffen wird.

Aufgaben

1. Nennen Sie die günstigste Wassertemperatur beim Spülen und Reinigen.
2. Warum wird warmes Wasser zum Spülen und Reinigen benötigt?
3. Geben Sie die Zusammensetzung eines Wassermoleküls an und beschreiben Sie, wie es zur Oberflächenspannung des Wassers kommt.
4. Erklären Sie, warum Reinigungsmittel zum Reinigen in das Wasser gegeben wird.
5. Nennen Sie verschiedene Reinigungsmittel für bestimmte Anwendungen und beschreiben Sie diese.
6. Womit müssen Reinigungsmittelreste auf Gegenständen am Schluss des Reinigens entfernt werden?
7. Warum sollen Reinigungsmittel sparsam dosiert werden?
8. Nennen Sie mechanische Hilfsmittel zum Entfernen von Schmutz.
9. Erklären Sie, was geschieht, wenn mit unsauberen Tüchern, Schwämmen und Bürsten gereinigt wird, die nicht nach jedem Gebrauch sauber gemacht werden.
10. Beschreiben Sie, wie Gegenstände in der Spülmaschine gereinigt werden.
11. Die neue Auszubildende Ihres Betriebs ist diese Woche laut Reinigungsplan für das Saubermachen des Ladens, der Regale und Verkaufstheke sowie der Tabletts und Kleingeräte eingeteilt. Erklären Sie ihr, wie und mit welchen Reinigungsmitteln der unterschiedliche Schmutz am besten entfernt werden kann, insbesondere der Fettfilm auf Tabletts und der eingebrannte Schmutz auf den Backblechen. Erstellen Sie gemeinsam mit der Auszubildenden eine entsprechende Tabelle.

Berufliche Handlung

Eine neue Auszubildende beginnt in Ihrem Betrieb ihre Ausbildung zur Konditorin. Von Ihrem Chef werden Sie beauftragt, die neue Kollegin in den Betrieb einzuweisen und ihr die typischen Gebäcke zu erklären. Sie sind ihr auch bei den ersten Einträgen in das Berichtsheft behilflich, in das sie alles Wissenswerte über ihren Ausbildungsberuf schreiben soll.

LF 1.1

Konditorin/Konditor – Ein Handwerksberuf

1 Geben Sie an, welches Gebäck den Berufsstand der Konditorei symbolisiert.

2 Die neue Auszubildende soll in ihrem Berichtsheft kurz die Geschichte und die Entstehung der Konditorei beschreiben. Erläutern Sie wichtige Epochen. Benennen und erklären Sie das Gebäck, das den Beruf der Konditorei symbolisiert.

3 Schreiben Sie für die Auszubildende typische Gebäcke der Bäckerei und dann Erzeugnisse der Konditorei auf, sodass sie den Unterschied und die Verwandtschaft der Berufe anhand der Waren erkennen kann.

4 Bevor der erste Berufsschulbesuch beginnt, erzählen Sie der neuen Auszubildenden den Ablauf der Ausbildung im Konditoreibetrieb und in der Berufsschule und welche Prüfungen sie ablegen muss, bis sie Konditorgesellin ist.

5 Überlegen Sie zusammen mit Ihrer Kollegin, welche Möglichkeiten der Weiterbildung man als Konditorgeselle/in hat und welche Berufe dann eingeschlagen werden können.

Produktion und Verkauf in der Konditorei

6 Erläutern Sie der Auszubildenden bei der Betriebsbesichtigung die Produktions- und Sozialräume, die in jeder Konditorei erforderlich sind.

7 Benennen und erklären Sie die Verwendung der einzelnen Maschinen, Geräte und Werkzeuge in den Produktionsräumen.

Sicherheit am Arbeitsplatz

8 Weisen Sie die neue Auszubildende bei der Vorstellung der Maschinen eindeutig auf die Unfallgefahren hin. Zählen Sie außerdem weitere Gefahrenquellen im Konditoreibetrieb auf.

9 Erklären Sie der jungen Kollegin das ergonomische Arbeiten in der Konditorei, damit sie durch einseitige Arbeiten keine Rückenschmerzen und Muskelverspannungen bekommt sowie Ermüdungserscheinungen auftreten.

10 Zeigen Sie der neuen Auszubildenden, wo sich der Verbandskasten befindet, und erläutern Sie ihr zusammen mit dem Ersthelfer Ihrer Konditorei Erste-Hilfe-Maßnahmen bei möglichen Arbeitsunfällen, z. B. nach Stürzen, Schnittverletzungen, Quetschungen, Verbrennungen und Ätzungen durch Brezellauge.

Umweltschutz

11 Anfallende Abfälle müssen getrennt werden, damit diese dem Recycling zugeführt werden können und so die Abfallmenge verringert wird. Erläutern Sie, wie dies in Ihrer Konditorei gehandhabt wird.

12 Energieverschwendung belastet die Umwelt und kostet Geld. Zählen Sie deshalb der neuen Auszubildenden einige Möglichkeiten auf, in der Konditorei Energie zu sparen.

Hygiene

13 Erstellen Sie mit Ihrer neuen Kollegin ein Beispiel eines Reinigungsplans für Ihre Konditorei, in die sie miteinbezogen wird.

14 Nehmen Sie die eingetroffene Warenlieferung zusammen mit Ihrer neuen Kollegin an und erklären Sie ihr, wie die Waren kontrolliert werden. Weisen Sie auch auf die Besonderheiten bei Tiefkühlwaren und leicht verderblichen Waren hin.

15 Erläutern Sie die persönliche Hygiene in Bezug auf Berufskleidung und begründen Sie, warum das Tragen von Ringen und Armbändern während der Arbeit in der Produktion nicht erlaubt ist.

16 Unterstützen Sie die Auszubildende beim Eintrag in ihr Berichtsheft über Mikroorganismen und ihre Lebensbedingungen. Geben Sie außerdem Auskunft über Schimmelpilze und Salmonellen in der Konditorei und erklären Sie die Vorbeugemaßnahmen, damit diese Mikroorganismen gar nicht erst auftreten.

17 Beim Abspülen von Tabletts im Spülbecken wundert sich die neue Auszubildende, warum sie den Fettfilm auf den Tabletts nicht entfernen kann. Erläutern Sie das richtige Abwaschen.

6 Inhaltsstoffe der Lebensmittel

Situation

Ihre Konditorei möchte eine Kundenaktion zum Thema „Vollkornbackwaren"
durchführen. Mit Ihren Kolleginnen und Kollegen sollen Sie mögliche Inhalte für
einen Flyer sammeln.

- Welche energieliefernden und nicht energieliefernden Nährstoffe sind in diesen
  Backwaren enthalten?
- Welche Bedeutung haben die enthaltenen Nährstoffe für den menschlichen Körper?
- Welche Empfehlungen für eine gesunde Ernährung können Sie Ihren Kunden
  geben?
- Welche Vollkornbackwaren bietet Ihre Konditorei an bzw. könnten in der
  Konditorei hergestellt werden?

Alle Lebensmittel, die gegessen und getrunken werden,
bestehen aus verschiedenen Nährstoffen. Diese Nährstoffe werden in drei Gruppen eingeteilt.

Energie-liefernde Nährstoffe	Nicht energie-liefernde Nährstoffe = Wirkstoffe	Vom Körper nicht verwert-bare Nährstoffe
Sie geben dem Körper Wärme und Kraft.	Sie nehmen Einfluss auf Gesundheit und Wohlbefinden.	Sie fördern die Verdauung und werden dann ausgeschieden.
Kohlenhydrate Fette Eiweiße	Wasser Mineralstoffe Vitamine	Ballaststoffe

Jeder einzelne Nährstoff ist gleich wichtig für den menschlichen Körper. Nur die Gesamtheit ermöglicht ein gesundes Leben. Pflanzliche und tierische Lebensmittel ergänzen sich bei einer abwechslungsreichen Ernährung.

Pflanzliche Lebensmittel	Tierische Lebensmittel
Getreideerzeugnisse, Obst, Gemüse, Öle usw.	Milch, Milcherzeugnisse, Eier, Fleisch, Fisch usw.

6.1 Kohlenhydrate

Aufbau der Kohlenhydrate

Die Kohlenhydrate werden in den **Pflanzen** aufgebaut.

- Die Pflanze nimmt in den Blättern das **Wasser (H_2O)** des Bodens, das durch die Wurzeln in die Pflanze gelangt, und **Kohlenstoffdioxid (CO_2)** aus der Luft auf.
- Aus H_2O und CO_2 baut das **Chlorophyll (Blattgrün)** mithilfe der **Sonnenenergie** den **Zucker** auf.
- Die Pflanze gibt dabei **Sauerstoff (O_2)** an die Luft ab.

Diesen Vorgang des Zuckeraufbaus in den Pflanzen
nennt man **Fotosynthese**.

Begriffserklärungen

Da Licht die Energie für den Kohlenhydrataufbau liefert,
heißt der Vorgang **„Fotosynthese"**.
Foto steht für Licht, Synthese heißt Aufbau.
Kohlenhydrate heißen so, weil sie aus **Kohlenstoff** und
Wasser **(Hydro)** aufgebaut sind.

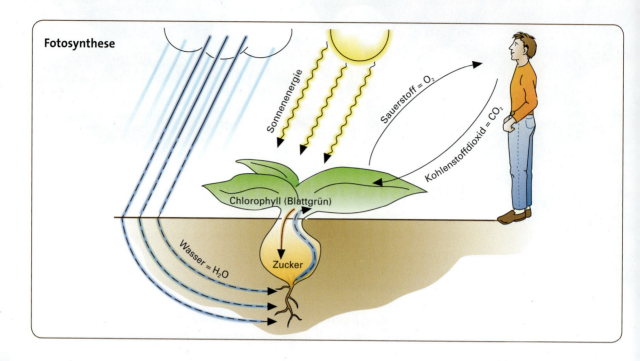

Fotosynthese

Sonnenenergie

Sauerstoff = O_2

Kohlenstoffdioxid = CO_2

Chlorophyll (Blattgrün)

Wasser = H_2O

Zucker

Einteilung der Kohlenhydrate

Die Kohlenhydrate werden in drei Gruppen unterteilt:
- Einfachzucker = Monosaccharide (mono = ein)
- Doppelzucker = Disaccharide (di = zwei)
- Vielfachzucker = Polysaccharide (poly = viel)

Saccharide = Zucker

Einfachzucker (Monosaccharide)

Die Einfachzucker sind die **kleinsten Bausteine der Kohlenhydrate**.

Haushaltszucker = Saccharose (Doppelzucker)

Doppelzucker (Disaccharide)

In den Pflanzen werden zwei Einfachzucker unterschiedlich kombiniert und zu Doppelzucker aufgebaut.

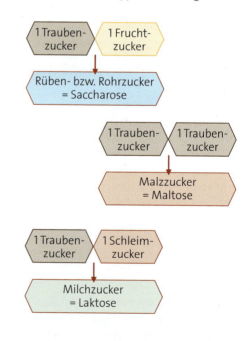

Wird Rüben- bzw. Rohrzucker durch Enzyme gespalten, so entsteht **Invertzucker**.

Invertzucker besteht aus Trauben- und Fruchtzucker und zählt zum Einfachzucker, weil der Doppelzucker gespalten ist. Honig besteht z. B. zu 70 % aus Invertzucker.

Vielfachzucker (Polysaccharide)

Zellulose = Ballaststoffe	Stärke	Dextrine
Die Traubenzuckermoleküle sind dicht zusammengepresst und deshalb nicht verdaulich, z. B. in den Schalen der Getreidekörner. Zellulose kann nicht gespalten werden, weil es in der Natur dafür keine Enzyme gibt.	Stärke ist aus vielen Traubenzuckern zusammengesetzt und gilt in der Natur als Zuckerreserve, die bei Bedarf schnell zu Traubenzucker abgebaut werden kann. Stärke ist besonders im Mehl aller Getreidearten und in Kartoffeln enthalten.	Durch Hitze ab ca. 120 °C oder durch Enzyme wird die Stärke zu Dextrinen gespalten. Dextrine enthalten deshalb weniger Traubenzucker als die Stärke. Dextrine sind braun, z. B. auf der Gebäckkruste.

Zellulose (Ballaststoffe), Stärke, Dextrine

Süßkraft der Kohlenhydrate

Die Süße der Kohlenhydrate ist unterschiedlich stark. Allgemein gilt: Je mehr Traubenzuckereinheiten die Kohlenhydrate haben, desto weniger süß schmecken sie. Allgemein wird Rüben- und Rohrzucker (Kristallzucker) zum Süßen verwendet. Fruchtzucker besitzt jedoch die stärkste Süßkraft, sodass deren Stärke der Süße mit 100 % angegeben wird.

Lebensmittel, die Kohlenhydrate enthalten

Kohlenhydratarten	Süßkraft
Fruchtzucker (100 %)	
Rüben- bzw. Rohrzucker (ca. 80 %)	
Traubenzucker (ca. 50 %)	
Malzzucker (ca. 40 %), intensiver Malzgeschmack	
Milch- und Schleimzucker (ca. 25 %)	
Dextrine	kaum süß schmeckend
Stärke	nicht süß schmeckend
Zellulose	nicht süß schmeckend

Beispiele für Kohlenhydratarten, die in bestimmten Lebensmitteln überwiegend vorkommen, und deren Süßkraft:

Kohlenhydrate	Lebensmittel	Süßkraft
Trauben- und Fruchtzucker	Obst, Honig	süß
Rohr- und Rübenzucker	Kristallzucker (Haushaltszucker) und Puderzucker sowie die damit gesüßten Lebensmittel	süß
Malzzucker	gekeimtes Getreide, Bier, Malzbonbons	leicht süß
Milchzucker	Milch und Milcherzeugnisse	kaum süß
Stärke	Getreide, Brote, Brötchen und alle Backwaren mit Mehl, Nudeln, Kartoffeln	nicht süß
Zellulose (Ballaststoffe)	Vollkornerzeugnisse	nicht süß

LF 1.2

Aufgaben

❶ Nennen Sie
  • drei energieliefernde Nährstoffe,
  • drei nicht energieliefernde Nährstoffe,
  • einen vom menschlichen Körper nicht verwertbaren Nährstoff.

❷ Geben Sie Beispiele für pflanzliche und tierische Lebensmittel.

❸ Erklären Sie den Aufbau des Zuckers in der Pflanze.

❹ Nennen Sie die drei Kohlenhydratgruppen und geben Sie jeweils drei Kohlenhydratarten an.

❺ Aus welchen Einfachzuckern bestehen
  • Rüben- und Rohrzucker,
  • Malzzucker,
  • Milchzucker?

❻ Beschreiben Sie, wie Dextrine entstehen und woraus sie zusammengesetzt sind.

❼ Erklären Sie, woraus sich Stärke zusammensetzt.

❽ Welche Kohlenhydratart hat die größte Süßkraft und welche liegt an zweiter Stelle, die hauptsächlich zum Süßen verwendet wird?

❾ Nennen Sie die Kohlenhydratarten, die in folgenden Lebensmitteln überwiegend vorkommen:
  • Obst, Honig
  • Kristallzucker und die damit gesüßten Lebensmittel
  • Milch und Milcherzeugnisse
  • Bier
  • Getreide, Backwaren, Nudeln, Kartoffeln
  • Vollkornerzeugnisse

❿ Sie haben gelesen, dass 55 % des täglichen Energiebedarfs durch Kohlenhydrate gedeckt werden sollen. Nun wundert es Sie nicht mehr, dass die Kunden oft nach kohlenhydratreichen Erzeugnissen fragen. Welche Erzeugnisse empfehlen Sie ihnen?

Rechenaufgabe

Ein Honig besteht aus 17 % Wasser, 8 % Malzzucker und 4 % Rübenzucker. Der Rest ist Invertzucker.
a) Wie viel % Invertzucker enthält dieser Honig?
b) Berechnen Sie den Gesamtzuckergehalt in kg von 12,500 kg Honig.
c) Wie viel g Doppelzucker sind in den 12,500 kg Honig enthalten?

6.2 Fette (Lipide)

Grundsätzlich werden pflanzliche und tierische Fette unterschieden.

Pflanzliche Fette	Tierische Fette
Der bei der Fotosynthese gebildete Zucker wird in den Samen und Früchten der Pflanzen zu Fett umgewandelt.	Tierische Fette entstehen durch die Umwandlung von Pflanzenfetten und Kohlenhydraten im Tierkörper.

Chemische Zusammensetzung der Fette

Ein Fettmolekül ist eine Verbindung von **einem Glyzerin** und **drei Fettsäuren**. Dies ist der kleinste Fettbaustein.

Glyzerin ist bei allen Fettmolekülen der gleiche Bestandteil. Die vom Glyzerin gebundenen Fettsäuren unterscheiden sich jedoch. Deshalb gibt es unterschiedliche Fette.

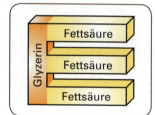

Fettsäuren

Fettsäuren bestehen aus einer Kette von C-Atomen (Kohlenstoffatomen), die H-Atome und O-Atome (Wasserstoff- und Sauerstoffatome) binden. Die chemische Struktur der unterschiedlichen Fettsäuren ist dafür ausschlaggebend, ob Fette fest, weich oder flüssig sind.

Die wichtigsten Fettsäuren sind:

Gesättigte Fettsäuren

• Stearinsäure
• Palmitinsäure

Alle Kohlenstoffatome (C-Atome) binden Wasserstoffatome (H-Atome) und sind somit mit Wasserstoffatomen gesättigt.

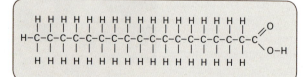

Stearinsäure (gesättigt)

Gesättigte Fettsäuren am Glyzerin ergeben feste Fette.

Ungesättigte Fettsäuren

Man unterscheidet:
- einfach ungesättigte Fettsäure = **Ölsäure**
- zweifach ungesättigte Fettsäure = **Linolsäure**
- dreifach ungesättigte Fettsäure = **Linolensäure**

Verbinden sich zwei C-Atome doppelt, können keine Wasserstoffatome mehr gebunden werden. So sind die C-Atome wegen der fehlenden H-Atome ungesättigt.

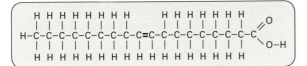

Ölsäure mit einer Doppelbindung der Kohlenstoffatome (einfach ungesättigt)

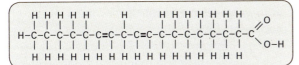

Linolsäure mit zwei Doppelbindungen (zweifach ungesättigt)

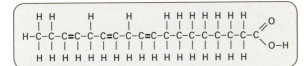

Linolensäure mit drei Doppelbindungen (dreifach ungesättigt)

Ungesättigte Fettsäuren, die an Glyzerin gebunden sind, ergeben **Öle**.

Zwei- und dreifach ungesättigte Fettsäuren kann der Körper nicht selbst bilden, sie müssen deshalb mit den Lebensmitteln bei der Ernährung aufgenommen werden. Sie befinden sich hauptsächlich in Pflanzenölen. Wegen ihrer Wichtigkeit für den Körper bezeichnet man sie als **essenzielle Fettsäuren** (lebensnotwendige Fettsäuren).

Bedeutung der ungesättigten Fettsäuren für die Ernährung

- Öle mit den ungesättigten Fettsäuren sind leichter verdaulich als gesättigte Fettsäuren.
- Nur in Fetten mit ungesättigten Fettsäuren, vor allem in Ölen, können sich die fettlöslichen Vitamine (A, D, E und K) lösen. Nur in gelöster Form können sie vom Dünndarm in die Blutbahn übergehen und dort ihre Aufgaben im Körper erfüllen. Bei zu fettarmer Ernährung besteht die Gefahr eines Vitaminmangels im Körper.

Tierische und pflanzliche Fette

Fette werden wie folgt unterschieden:

	Pflanzliche Fette	Tierische Fette
flüssig	Olivenöl Sonnenblumenöl Weizenkeimöl Sojaöl Rapsöl	Fischöle
fest	Palmkernfett Kakaobutter	Butter, Schweineschmalz, Gänseschmalz

Fetthaltige Lebensmittel, die in der Konditorei verarbeitet werden:

Pflanzliche Rohstoffe	Tierische Rohstoffe
Speiseöle, Margarine, Nüsse, Mandeln, Sesam, Mohn, Leinsamen, Sonnenblumenkerne, Kürbiskerne, Schokolade, Fettglasur	Butter, Schlagsahne, Käse, Eigelb

Fetthärtung

Generell gilt, dass Fette mit gesättigten Fettsäuren bei Raumtemperatur fest und Fette mit ungesättigten Fettsäuren flüssig sind. Deshalb werden Speiseöle zu weichen oder festen Fetten gehärtet, damit sie sich für spezielle Verwendungen eignen.

Beispiele:
Erdnussöl mit seinem niedrigen Rauchpunkt (→ Seite 74) wird zu Erdnussfett gehärtet und eignet sich somit als Siedefett zum Backen von Berlinern.

Pflanzliche Öle werden zu Margarinen gehärtet, sodass sich Creme- und Backmargarine schaumig schlagen lässt und Ziehmargarine beim Tourieren von Plunder- und Blätterteig ausrollfähig ist.

LF 1.2

Möglichkeiten der Fetthärtung:

Umesterung

Ungesättigte Fettsäuren werden vom Glyzerin getrennt und an ihre Stelle gesättigte Fettsäuren gegeben. So wird flüssiges Fett zu weichem oder festem Fett.

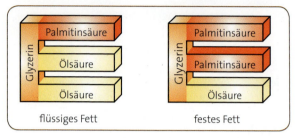

Beispiel für eine Umesterung

Hydrierung

Den ungesättigten Fettsäuren werden Wasserstoffatome zugesetzt, sodass sie zu gesättigten Fettsäuren umgewandelt werden (→ Seite 73), z. B.

$C_{17}H_{33}COOH$ = Ölsäure = ungesättigt
+ **2 H**-Atome
= $C_{17}H_{35}COOH$ = Stearinsäure = gesättigt

Bei der Fetthärtung durch Hydrierung enstehen **Transfettsäuren**, die den Cholesterinspiegel erhöhen können.

Eigenschaften der Fette

Die wichtigsten Eigenschaften der Fette sind:
- Schmelzbereich
- Rauchpunkt
- Löslichkeit
- Emulgierbarkeit

Schmelzbereich

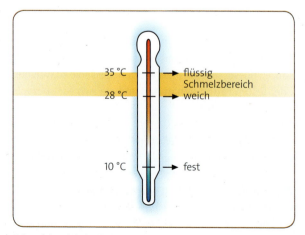

Schmelzbereich der Butter

> ! Den Temperaturbereich, in dem feste Fette durch Erwärmung **flüssig** werden, bezeichnet man als Schmelzbereich.

Je fester die Fette sind, desto höher liegt gewöhnlich der Schmelzbereich, z. B.
- Erdnussfett,
  Ziehmargarine   35 bis 40 °C
- Butter   28 bis 35 °C
- Kakaobutter   23 bis 35 °C
- Margarine   25 bis 35 °C
- Speiseöle   −10 bis 0 °C

Vorteile der Fette mit einem Schmelzbereich unterhalb der menschlichen Körpertemperatur von 37 °C:
- Sie schmelzen im Mund und werden somit geschmacklich als angenehmer empfunden, als die im Mund noch festen Fette.
- Je weiter der Schmelzbereich der Fette unterhalb der menschlichen Körpertemperatur liegt, desto leichter verdaulich sind sie, weil sie vom Körper besser aufgenommen werden als Fette mit höherem Schmelzpunkt. Speiseöle und Butter sind deshalb gut verdauliche Fette.

Rauchpunkt

> ! Der Rauch- oder Siedepunkt ist der Temperaturbereich, in dem das Fett sichtbar zu rauchen beginnt. Dabei zersetzt sich das Fett, indem sich Fettsäuren vom Glyzerin trennen. Das Fett ist dann gesundheitsschädlich.

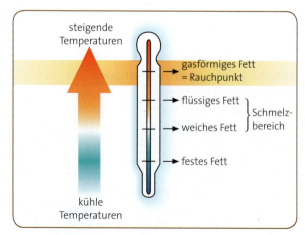

Rauchpunkt der Fette

Siedefette zum Backen von Berlinern und zum Frittieren müssen einen Rauchpunkt von über 200 °C besitzen, obwohl die Back- oder Frittiertemperatur bei 175 bis 180 °C liegt.

Zum Beispiel ist gehärtetes Erdnussfett mit einem Rauchpunkt von ca. 230 °C das ideale Siedefett. Butter, Margarine sowie Öle und Butterschmalz sind dazu nicht geeignet.

Der Rauchpunkt der Fette ist sehr unterschiedlich

Der Rauchpunkt des Siedefetts senkt sich durch die anhaltende Hitze bei jedem Gebrauch. Hat der Rauchpunkt nach ca. 20 Backstunden die Backtemperatur der Berliner von ca. 180 °C erreicht, muss das nun verbrauchte Siedefett vollständig erneuert werden.

Anzeichen, die auf den Rauchpunkt eines heißen Siedefetts bei 180 °C hinweisen:
- sehr dunkles bis schwarzes Fett
- Fett raucht
- beißender Geruch des Fettrauchs
- Fettgeruch und -geschmack haben sich nachteilig verändert

Durch die Geschmacksveränderung des Siedefetts bekommen auch die Berliner einen Geschmack von verdorbenem Fett, das außerdem für den Körper unverträglich und gesundheitsschädlich ist. Dieses Siedefett muss sofort völlig erneuert werden.

Dunkles, rauchendes Siedefett

Löslichkeit

Fette sind in Wasser nicht löslich, weil Fett und Wasser sich abstoßen.

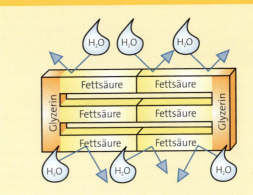

Deshalb eignet sich Fett als **Trennmittel,** z. B. beim Einfetten von Backblechen und Backformen, sodass die Gebäcke nicht ankleben, weil Fett das Wasser der Teige und Massen abstößt.

Gewicht der Fette

Fett ist leichter als Wasser.

Deshalb setzt sich der Rahm (Milchfett) auf der unbehandelten Milch vom Bauern oben ab. Ebenso schwimmen Fettaugen oben auf der Fleischbrühe.

Fett setzt sich an der Wasseroberfläche ab

Emulgierbarkeit von Fett und Wasser

Öle und andere Fette lassen sich mit Wasser auch durch starkes Rühren nicht mischen. Sie setzen sich an der Oberfläche ab.

- Um Fett und Wasser vermischen zu können, benötigt man einen **„Emulgator".**
- Werden Fett und Wasser durch einen Emulgator gleichmäßig und dauerhaft miteinander vermischt, spricht man von einer **„Emulsion".**
- Den Vorgang der Vermischung von Fett und Wasser nennt man **„Emulgieren".**

LF 1.2

Die Emulsionen werden unterteilt in:
- Fett-in-Wasser-Emulsion, z. B. Milch, Sahne
  Dabei wird flüssiges Fett so fein im Wasser verteilt, dass sich selbst bei längerem Stehenlassen kein Fett oben absetzt.
- Wasser-in-Fett-Emulsion, z. B. Butter, Margarine

Lezithin

Ein bedeutender Emulgator in der Konditorei ist das Lezithin im Eigelb. Werden Eier in Butter oder Margarine gerührt, z. B. bei der Herstellung von Kuchenmassen, Spritzmürbeteig und Cremes, emulgiert das Lezithin des Eigelbs den Wasseranteil der Eier mit dem Fett, sodass eine glatte Masse bzw. Creme entsteht.

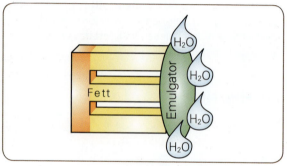

Der Emulgator bindet Fett und Wasser

Lezithin wird in der Lebensmittelindustrie auch künstlich hergestellt, z. B. für Backmittel sowie Fertigmehlmischungen und Fertigcremes der Convenience-Produkte. Bei der Herstellung im All-in-Verfahren werden somit Fett und Wasser in Teigen und Massen emulgiert.

Fette sind Geschmacksträger

Fette selbst geben den Lebensmitteln und Backwaren einen guten Geschmack. Außerdem binden Fette die Geruchs- und Geschmacksstoffe anderer Zutaten, z. B. die Gewürze und Aromen in fetthaltigen Massen oder die geschmackgebenden Zutaten in Buttercreme.

Verderb der Fette

Bei längerer und vor allem bei unsachgemäßer Lagerung verderben Fette und werden „ranzig".

Beim Fettverderb wird das Fett zersetzt, d. h., die Fettsäuren werden vom Glyzerin getrennt und liegen dann als freie Fettsäuren vor, die ranzig riechen. Zersetztes Fett ist gesundheitsschädlich.

> **Fette werden zersetzt und verderben durch:**
> - Mikroorganismen • Enzyme • Sauerstoff
>
> **Die Zersetzung von Fett wird bei der Lagerung beschleunigt durch:**
> - Feuchtigkeit • Licht • Wärme

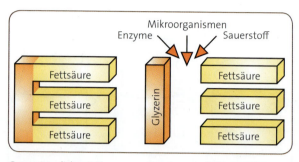

Genusstaugliches Fett   *Ranziges, verdorbenes Fett*

Zu beachten ist, dass Fette sofort Fremdgerüche annehmen, da sie Geruchsstoffe binden und dadurch einen negativen Beigeschmack bekommen. Fette binden nicht nur angenehme Geruchs- und Geschmacksstoffe, z. B. Aromapasten in Buttercreme, sondern auch unangenehme Fremdgerüche, wie stark riechende Lebensmittel bei der Lagerung in der Kühlung.

Lagerbedingungen für Fette

Bei der Aufbewahrung von Fetten müssen die Tätigkeit der Mikroorganismen und Enzyme gehemmt sowie die Einwirkung von Sauerstoff vermindert werden, damit die Fette nicht verderben. Dies bedeutet für die Lagerung der Fette:
- kühl
- trocken
- dunkel
- frei von Fremdgerüchen
- luftdicht in luftundurchlässigem Papier verpacken, Öle in Flaschen gut verschließen

Nur durch eine sachgemäße Lagerung bleiben Fette lange genusstauglich.
Feste Fette sind länger lagerfähig als Öle.

Fettähnliche Stoffe (Fettbegleitstoffe)

Fettähnliche Stoffe bestehen aus einem Glyzerin mit nur einer oder zwei Fettsäuren und anderen Säuren. Sie kommen immer gemeinsam mit Fetten vor und werden deshalb auch als Fettbegleitstoffe bezeichnet.

Eigelb, Gewürze und farbiges Gemüse mit einem hohen Anteil an fettähnlichen Stoffen

Zu den fettähnlichen Stoffen zählen Lezithin, Karotin, ätherische Öle und Cholesterin.

Lezithin befindet sich vor allem im Eigelb und in Sojabohnen. Bei der Herstellung von z. B. Feinen Backwaren, Cremes und Speiseeis dient es als Emulgator.

Ätherische Öle sind die Geruchs- und Geschmacksstoffe (Aromastoffe) in Gewürzen, Kaffee und Tee. Sie bewirken den feinen Geruch und Geschmack von Lebensmitteln.

Auch beim Kauen der Lebensmittel werden die ätherischen Öle sofort frei und geben den beliebten Geschmack. Aufgrund der Flüchtigkeit sind sie jedoch schlecht lagerfähig.

Karotin ist ein natürlicher Farbstoff, der sich im Eigelb sowie in allen farbigen Gemüsesorten befindet. Karotin ist die Vorstufe des Vitamin A, das erst im Körper seine gesunde Wirkung ausübt.

Cholesterin ist für den Stoffwechsel im menschlichen Körper wichtig, sodass der Körper selbst Cholesterin bildet. Ist der Cholesteringehalt durch eine Stoffwechselerkrankung im Blut zu hoch, führt dies zur Verengung der Blutgefäße im Körper. Dadurch steigt das Risiko für Arterienverkalkung, Durchblutungsstörung, Herzinfarkt und Gehirnschlag. Menschen mit einem zu hohen Cholesterinwert im Blut sollten möglichst wenig cholesterinhaltige Lebensmittel essen.
Cholesterin ist nur in tierischen Lebensmitteln enthalten, z. B. in Butter, Sahne, Käse, im Eigelb, fettem Fleisch, fetten Wurstwaren.

LF 1.2

Aufgaben

1. Nennen Sie die chemische Zusammensetzung der Fette.
2. Geben Sie bedeutende Fettsäuren an:
   - gesättigte Fettsäuren
   - ungesättigte Fettsäuren
3. Beschreiben Sie die Bedeutung der ungesättigten Fettsäuren für die Verdauung und für die Aufnahme der fettlöslichen Vitamine in die Blutbahn.
4. Nennen Sie fettreiche pflanzliche und tierische Lebensmittel, die in der Konditorei verwendet werden.
5. Beschreiben Sie die Fetthärtung bei der
   - Umesterung,   • Hydrierung.
6. Erklären Sie den
   - Schmelzbereich der Fette,
   - Rauchpunkt der Fette.
7. Nennen Sie die Anzeichen, wenn Siedefett den Rauchpunkt erreicht hat.
8. Welche Eigenschaft haben Fette wegen der Wasser abweisenden Wirkung der Fettsäuren?
9. Erklären Sie, warum der Rahm auf der Rohmilch schwimmt.
10. Erläutern Sie die Begriffe „Emulsion" und „Emulgator".
11. Erklären Sie, warum fetthaltige Lebensmittel sowie Backwaren geschmackvoller sind als fettarme.
12. a) Nennen Sie drei Faktoren, die Fette verderben.
    b) Durch welche drei Einflüsse wird der Fettverderb bei falscher Lagerung beschleunigt?
13. a) Erklären Sie, was beim Fettverderb geschieht.
    b) Wie nennt man verdorbenes Fett?
14. Beschreiben Sie die fachgerechte Lagerung von Fetten.
15. In welchen Lebensmitteln kommen folgende fettähnliche Stoffe vorwiegend vor und welche bedeutenden Eigenschaften haben sie:
    - Lezithin,
    - Karotin,
    - ätherische Öle,
    - Cholesterin?
16. Da Ihre Freundin schlanker werden möchte, geben Sie ihr den Tipp, fettarme Lebensmittel zu bevorzugen. Als Sie Ihre Freundin das nächste Mal treffen, beschwert sie sich, dass die fettarmen Lebensmittel nicht so gut schmecken wie die fettreichen. Erklären Sie ihr, woran das liegt.

6.3 Eiweiß (Protein)

Eiweiße werden in Pflanzen gebildet.
Das Tiereiweiß stammt von der pflanzlichen Nahrung, die die Tiere zu sich nehmen.

Aufbau von Eiweiß

Eiweiße sind wie die Kohlenhydrate und Fette aus den Grundelementen C, H und O aufgebaut, zusätzlich aber aus zwei weiteren Elementen: Stickstoff und Schwefel.

!

Elemente	Chemisches Symbol	
Kohlenstoff	C = Carbon	
Sauerstoff	O = Oxygen	**Aminosäure**
Wasserstoff	H = Hydrogen	(kleinster
Stickstoff	N = Nitrogen	Eiweißbaustein)
Schwefel	S = Schwefel	

LF 1.2

Eine Verknüpfung von mindestens 100 Aminosäuren wird als Eiweiß oder Protein bezeichnet. Statt Eiweiße kann man deshalb auch den Begriff „Proteine" verwenden, da beide Begriffe dieselbe Bedeutung haben.

Eiweiße des Weizenmehls

Der Kleber

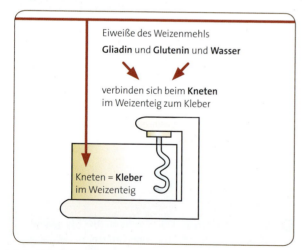

Entstehung des Klebers

Gliadin und **Glutenin,** die Eiweiße des Weizenmehls, verbinden sich beim Kneten während der Teigbereitung mit Wasser zum **„Kleber".** Gliadin und Glutenin werden deshalb auch als **Klebereiweiß** bezeichnet.

Eigenschaften des Klebers

- **quellfähig**
  Durch die Quellfähigkeit bindet der Kleber einen Großteil des Teigwassers, es entsteht ein Teig, der beim Anfassen kaum klebt.

- **elastisch**
  Durch die Elastizität des Klebers kann der Weizenteig ausgerollt und geformt werden, z. B. zu Strängen.

- **dehnbar**
  Durch die Dehnbarkeit kann der Kleber die Gärgase im Teig als Poren festhalten, indem sich der Kleber ballonartig ausdehnt, ohne zu platzen. Der Teig wird dadurch gelockert und die Gebäckkrume wird verdaulich und gut bekömmlich.

Die Klebereigenschaften können nachgewiesen werden durch **Auswaschen des Klebers** aus einem Weizenteig:

100 g Weizenmehl ⎫
 60 g Wasser ⎬ zu einem Weizenteig kneten
  2 g Salz ⎭

Dieser Weizenteig wird unter einem dünnen Wasserstrahl durch ständiges Kneten mit der Hand ausgewaschen. Er wird so lange geknetet, bis alle in Wasser löslichen Teile des Teigs herausgewaschen sind und dann nur noch klares Wasser abfließt.

Auswaschen des Klebers

Feuchtkleber

Übrig bleibt der wasserunlösliche Kleber, der als „Feuchtkleber" bezeichnet wird. Die kaugummiartige Struktur des Feuchtklebers ist elastisch und dehnbar.

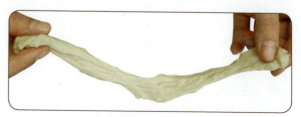

Dehnfähiger, elastischer Kleber

Trockenkleber

Der Feuchtkleber wird zu einer Kugel geformt und im Ofen bzw. im Mikrowellengerät erhitzt. Dabei verdunstet das Wasser und es entsteht der „Trockenkleber". Der durch die Hitze gebildete Wasserdampf wird vom Kleber zu vielen kleinen Poren festgehalten. Dabei dehnt er sich aus und bekommt ein großes Volumen.

Feuchtkleber   Trockenkleber

Trockenkleber im Anschnitt

Die Eigenschaften des Klebers sind mit einem Kaugummi vergleichbar. Bläst man in den Kaugummi vor dem Mund Luft hinein, wird diese zu einer großen Blase festgehalten.

> **!**
> In den Weizenteigen hält der Kleber das Kohlenstoffdioxid, das von der Hefe beim Gären gebildet wird, als Poren fest.
> Die Gase in den Poren dehnen sich zu Beginn des Backens weiter aus, werden aber immer noch vom Kleber festgehalten.

Getreidearten wie Hafer, Gerste, Mais, Hirse und Reis besitzen zwar Eiweiß, jedoch keine Klebereiweiße. Aus diesem Getreide können nur Fladen (flache Gebäcke) hergestellt werden, weil sie die Gärgase nicht festhalten können.
Bei der Herstellung von Brot und Brötchen werden sie deshalb dem Brotgetreide wie Weizen und Roggen zugegeben, weil sie alleine nicht „backfähig" sind.

Eiweiße des Roggenmehls

Die Eiweiße Gliadin und Glutenin des Roggenmehls sind von wassergierigen Schleimstoffen, den sogenannten **Pentosanen**, durchzogen. Pentosane sind Quellstoffe, die einen großen Anteil Wasser im Roggenteig binden können.

>
> **Roggenteige besitzen keinen Kleber**
> Bei der Teigknetung legen sich die Pentosane zwischen Gliadin und Glutenin des Roggenmehls und verhindern eine Kleberbildung.

Weitere Eiweiße

Albumine und **Globuline** sind Eiweiße von Milch und Eiern.

Kasein ist das Haupteiweiß der Milch, das durch Säure gerinnt und die saure Milch deshalb fest werden lässt.

Mucineiweiße befinden sich im Eiklar. Sie halten beim Aufschlagen des Eischnees die eingeschlagene Luft fest.

Aufgeschlagenes Eiklar = Eischnee

Kollagen wird aus Knochen und Häuten von Tieren gewonnen. Gelatine besteht aus Kollagen. Sie wird als Bindemittel, z. B. für Schlagsahne, verwendet. Kollagen ist wie alle Eiweiße quellfähig und bindet so größere Wassermengen und stabilisiert die Schlagsahne.

Gelatine

LF 1.2

Eigenschaften der Eiweiße

Denaturierung der Eiweiße

Denaturierte Eiweiße sind geronnene (fest gewordene) Eiweiße, die nicht mehr in ihre ursprüngliche (flüssige) Form gebracht werden können.

Denaturierte Eiweiße in unserer Nahrung sind leichter verdaulich als urspüngliche Eiweiße.

Folgende Vorgänge bewirken eine Denaturierung:

Hitze bei 60 bis 70 °C
- Die Eiweiße im Eigelb und Eiklar werden fest, z. B. beim Spiegelei und gekochten Ei oder in Teigen und Massen beim Backen.

Geronnenes Eiweiß

- Auf der erhitzten Milch bilden geronnene Albumine und Globuline die Haut auf der Milch (es ist kein Fett).
- Der feuchte Kleber im Teig gibt beim Gerinnen während des Backens Wasser ab, das von der aufquellenden und verkleisternden Stärke gebunden wird. Dadurch entsteht eine verdauliche Krume.

Säure
Beim Sauerwerden der Milch gerinnt das Kasein durch die sich bildende Milchsäure. Das Kasein flockt aus, es wird fest, so entstehen z. B. Dickmilch (Sauermilch), Joghurt, Sauermilchkäse wie Quark, Mozzarella.

Lab
Dies ist ein Enzym aus dem Rindermagen. Das Kasein der Milch gerinnt auch in Verbindung mit dem Enzym Lab, z. B. bei der Herstellung von Süßmilchkäse wie Camembert, Edamer, Gouda, Emmentaler u. a.

Quellfähigkeit der Eiweiße

Eiweiße quellen in Teigen, Massen und Schlagsahne auf und nehmen dabei einen großen Teil des Wassers auf und binden dieses. Diese quellfähige Eigenschaft nutzt man, indem man Eiweiße in Backmittel und in Fertigmehlmischungen gibt.

Biologische Wertigkeit von Eiweiß

Der Körper benötigt zum Aufbau und zur Erneuerung der Zellen Eiweiß. Zum Aufbau von Körpereiweiß wird jede der 20 verschiedenen Aminosäuren, die es gibt, benötigt.

- Zwölf Aminosäuren kann der Körper selbst mit ausreichend eiweißreichen Lebensmitteln bei der Ernährung bilden.
- Acht der Aminosäuren kann der Körper selbst nicht aufbauen. Diese Aminosäuren müssen mit den Lebensmitteln bei der Ernährung dem Körper zugeführt werden. Sie werden deshalb als essenzielle (unentbehrliche) Aminosäuren bezeichnet.

Die tägliche Zufuhr eiweißhaltiger Lebensmittel ist deshalb lebensnotwendig.

Die wichtigsten Eiweißlieferanten sind:
- Milch und Milcherzeugnisse
- Eier
- Fleisch
- Fisch
- Getreideerzeugnisse
- Erbsen, Linsen
- Nüsse
- Mandeln

Eiweißreiche Lebensmittel

Biologische Wertigkeit

Körpereiweiß enthält zu 100 % alle Aminosäuren, auch die essenziellen, und ist somit biologisch vollwertig. Schon das Fehlen einer einzigen essenziellen (unentbehrlichen) Aminosäure führt zur Abnahme der „biologischen Wertigkeit".

Die biologische Wertigkeit gibt an, wie viel Gramm Körpereiweiß aus 100 g Eiweiß, das ein Lebensmittel enthält, aufgebaut werden kann.

LF 1.2

Biologische Wertigkeit von Eiweißen folgender Lebensmittel:

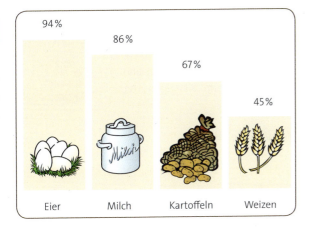

94 % Eier
86 % Milch
67 % Kartoffeln
45 % Weizen

Die Prozentzahlen in der Abbildung geben die biologische Wertigkeit der Eiweiße dieser Lebensmittel an, z. B. kann der Körper aus 100 g Milcheiweiß 86 g zum Zellaufbau verwenden, da es dem Körpereiweiß gleich ist.

Der Rest dieser Eiweiße wird im Körper verbrannt und zur Energiegewinnung verwendet. Enthält unsere Nahrung mehr Eiweiß, als unser Körper benötigt, wird auch dieses überschüssige Eiweiß verbrannt.

Unsere Ernährung sollte aus abwechslungsreichen und eiweißhaltigen Lebensmitteln bestehen. Fehlen einem Lebensmittel essenzielle Aminosäuren, können diese aus anderen Lebensmitteln ergänzt werden. Zusammen sind die Eiweiße der verschiedenen Lebensmittel unserer Nahrung biologisch höherwertiger. Pflanzliche und tierische Lebensmittel ergänzen sich sehr gut.

Beispielsweise wird bei einer Mahlzeit Brot gegessen und Milch getrunken. Die Eiweiße beider Lebensmittel besitzen unterschiedlich viele essenzielle Aminosäuren, die sich zu biologisch höherwertigem Eiweiß ergänzen.

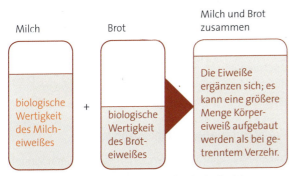

Milch – biologische Wertigkeit des Milcheiweißes + Brot – biologische Wertigkeit des Broteiweißes → Milch und Brot zusammen – Die Eiweiße ergänzen sich; es kann eine größere Menge Körpereiweiß aufgebaut werden als bei getrenntem Verzehr.

Erhöhung der biologischen Wertigkeit durch gleichzeitigen Verzehr von verschiedenen Lebensmitteln

Aufgaben

1. Wie heißt der kleinste Eiweißbaustein?
2. Erläutern Sie den Begriff „Protein" bzw. „Eiweiß".
3. Nennen Sie die Eiweiße des Weizenmehls, die den Kleber bilden.
4. Erklären Sie, wie sich der Kleber im Weizenteig bildet.
5. Beschreiben Sie die drei wichtigsten Eigenschaften des Klebers und seine Fähigkeiten bei der Teigbereitung und im Teig.
6. Erklären Sie, warum in Roggenteigen keine Kleberbildung möglich ist.
7. Erläutern Sie, warum z. B. aus Gerste, Hafer, Mais nur flache Fladen gebacken werden.
8. Beschreiben Sie die Eigenschaft der Mucineiweiße im Eiklar.
9. Aus welchem Eiweiß besteht Gelatine und woraus wird es gewonnen?
10. Erklären Sie, warum Gelatine z. B. in der Schlagsahne als Bindemittel verwendet werden kann.
11. Wird Milch auf 60 bis 70 °C erhitzt, entsteht an der Oberfläche der abgekühlten Milch eine Haut. Woraus besteht die Haut und wie entsteht sie?
12. Erläutern Sie, warum Milch, die zu Sauermilch und Joghurt verarbeitet wird, ausflockt, d. h. fest wird.
13. Welche Eigenschaften haben Eiweiße in Wasser, z. B. in Teigen, Massen und Schlagsahne?
14. Nennen Sie eiweißreiche Lebensmittel.
15. Erklären Sie den Begriff „essenzielle Aminosäuren".
16. Warum ist das Körpereiweiß zu 100 % biologisch vollwertig?
17. Erläutern Sie die biologische Wertigkeit der Eiweiße in Lebensmitteln.
18. Was besagt die biologische Wertigkeit der Milch von 86 %?
19. Beschreiben Sie, warum unsere Nahrung aus abwechslungsreichen und eiweißreichen Lebensmitteln bestehen soll.
20. Bei einer Fortbildungsveranstaltung sollen Sie folgende Aufgaben in Gruppenarbeit lösen:
    - Warum können Weizenteige ausgerollt und geformt werden und warum ist die Krume der Weizengebäcke so schön gelockert?
    - Warum lässt sich Eiklar zu einem lockeren, großvolumigen Eischnee aufschlagen?
    - Warum werden Eier, die in die Pfanne geschlagen oder gekocht werden, fest?

6.4 Vitamine

Vita (lateinisch) bedeutet Leben.
Vitamine sind essenzielle, d. h. unentbehrliche Stoffe, die der Körper selbst nicht oder nicht ausreichend bilden kann. Sie müssen deshalb mit den Lebensmitteln bei der Ernährung dem Körper zugeführt werden.

Obwohl die Vitamine nur in Milligramm in den Lebensmitteln enthalten sind, beeinflussen sie sehr stark die Gesundheit, das Wohlbefinden und die Leistungsfähigkeit des Körpers.
Weil die Vitamine so wichtig sind, sind sie ein zugkräftiges Werbeargument, z. B. bei Vollkornerzeugnissen sowie Frischobst und Gemüse.
Die internationale Bezeichnung der Vitamine wird manchmal statt der bekannten Großbuchstaben verwendet, z. B. Ascorbinsäure statt Vitamin C.

Vitaminhaltige Lebensmittel und Mangelerkrankungen

LF 1.2

Die einzelnen Lebensmittel enthalten meistens nur bestimmte Vitamine. Werden dem Körper zu wenig Vitamine zugeführt oder fehlen einzelne Vitamine, treten Mangelerscheinungen mit unterschiedlichen Anzeichen auf.

Vitamine werden nach ihrer Löslichkeit eingeteilt.

Wasserlösliche Vitamine

Bezeichnungen	Hauptsächliches Vorkommen	Mangelerkrankungen
Vitamin-B-Gruppe (B_1 = Thiamin, B_2 = Riboflavin, B_6 = Pyridoxin, B_{12} = Cobalamin) Folsäure Niacin Biotin Pantothensäure	Vollkornerzeugnisse, Hefe, Schweinefleisch, Fisch, Obst, Gemüse, Milch, Milcherzeugnisse	Hauterkrankungen, Hautveränderungen, Müdigkeit und Schwäche, Nervenstörungen
Vitamin C (Ascorbinsäure)	Obst, vor allem Beerenobst, Kiwis und Zitrusfrüchte, Gemüse, Kartoffeln	Zahnfleischerkrankungen (Skorbut), verzögerte Wundheilung, Anfälligkeit für Infektionen, Müdigkeit, Schwäche

Die Vitamine der B-Gruppe und Vitamin C der Lebensmittel lösen sich im Wasser bei der Ernährung und können so im Körper ihre Aufgaben erfüllen.
Diese Vitamine werden aber auch leicht aus Lebensmitteln herausgelöst, wenn diese längere Zeit beim Abwaschen im Wasser liegen und das Wasser dann weggeschüttet wird.

Fettlösliche Vitamine

Bezeichnungen	Hauptsächliches Vorkommen	Mangelerkrankungen
Vitamin A (Retinol)	alle roten, gelben und grünen Gemüse, z. B. Karotten, Milch und Milcherzeugnisse, Eigelb	Sehschwäche, Nachtblindheit, Infektionsanfälligkeit, Wachstumsstörungen, trockene Schleimhaut
Vitamin D (Calciferol)	Milch und Milcherzeugnisse, Eigelb, Leber, Pilze, Fisch	Rachitis (Knochenerweichung)
Vitamin E (Tocopherol)	Speiseöle, Ölsamen wie Nüsse, Sonnenblumenkerne, Vollkornprodukte, Eigelb, Fisch	kommen kaum vor, da es im Fettgewebe gespeichert werden kann und deshalb bei Bedarf vorhanden ist
Vitamin K (Chinon)	Grüngemüse, alle Kohlsorten, Sauerkraut	gestörte Blutgerinnung; kommt jedoch bei gesunden Menschen nicht vor

Die Vitamine A, D, E und K benötigen Fett, damit sie wirksam werden. Um ihre Aufgaben im Körper erfüllen zu können, müssen sie zuerst in den Lebensmitteln oder in den Verdauungsorganen in Fett gelöst werden, z. B. im Speiseöl in Rohkostsalaten.

Anzeichen von Mangelerkrankungen

Leichter Vitaminmangel einzelner oder mehrerer Vitamine macht sich anfangs häufig mit Müdigkeit und Unwohlsein bemerkbar.

Häufige Anzeichen von länger anhaltendem Vitaminmangel können sein:

- ständige Müdigkeit
- häufige Erkrankungen
- erhöhte Nervosität
- unreine Haut
- Konzentrationsschwäche

Aufgabe der Vitamine im Körper

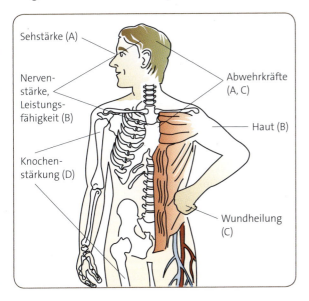

Vitaminbedarf

Der Vitaminbedarf ist nicht bei allen Menschen gleich. Einen erhöhten Vitaminbedarf haben:

- Kinder und Jugendliche im Wachstum
- ältere Menschen
- Schwangere und stillende Mütter
- kranke Menschen

Durch schädliche Lebens- und Essgewohnheiten benötigt der Körper ebenfalls eine erhöhte Vitaminmenge. Zu den sogenannten „Vitaminräubern" zählen:

- Stress
- hoher Zuckerverzehr
- Rauchen
- Medikamenteneinnahme
- hoher Alkoholkonsum

Vitaminträger in unserer Nahrung

> **!**
> Durch abwechslungs- und vitaminreiche Kost können wir unseren Körper vor Vitamin-Mangelerscheinungen schützen. Besonders empfehlenswert ist eine gemischte, ausgewogene Ernährung.

Zu einer ausgewogenen Ernährung gehören:

- Milch und Milcherzeugnisse – enthalten alle Vitamine
- viel frisches und rohes, auch tiefgefrorenes Obst und Gemüse – enthält vor allem Vitamin C
- Vollkornbrote und andere Vollkornerzeugnisse – enthalten vor allem Vitamine der B-Gruppe

Vitaminreiche Lebensmittel

> **!**
> ### Empfindlichkeit der Vitamine
> Vitamine sind empfindliche Inhaltsstoffe der Lebensmittel. Zerstört werden sie vorrangig durch:
>
> - **Hitze** – Eine kurzzeitige höhere Erhitzung der Lebensmittel ist weniger vitaminschädlich als ein längerfristiges Warmhalten.
>
> - **Licht** – Sonnenlicht zerstört Vitamine in den Lebensmitteln sehr schnell, z. B. Obst und Gemüse, das im Freien ausgestellt wird.
>
> - **Sauerstoff** – Bei längerer Lagerung gelangt Luft (Sauerstoff) an unverpackte Lebensmittel, deshalb vor allem frische Lebensmittel häufiger in kleinen Mengen einkaufen.

Erhaltung der Vitamine in den Lebensmitteln

Lebensmittel sollten möglichst frisch gegessen werden, weil die Vitamine bei zunehmender Lagerdauer zerstört werden.
Ideale Lagerung der Lebensmittel:

- kühl und dunkel
- verpackt bei längerer Lagerung

LF 1.2

Aufgaben

1. Erklären Sie den Begriff „essenzielle Vitamine".
2. Nennen Sie die zwei Gruppen der Vitamine, die nach ihrer Löslichkeit benannt werden, und geben Sie die dazugehörigen Vitamine an.
3. Nennen Sie die Anzeichen von Vitaminmangel:
   - bei leichtem Vitaminmangel einzelner oder mehrerer Vitamine,
   - bei länger anhaltendem, verstärktem Vitaminmangel.
4. Welche Aufgaben im Körper haben
   - Vitamin A,
   - Vitamin-B-Gruppe,
   - Vitamin C,
   - Vitamin D?
5. Wie können Sie sich vor Vitamin-Mangelerscheinungen schützen?
6. Nennen Sie die Lebensmittelgruppen, die einen hohen Anteil folgender Vitamine enthalten:
   - Vitamine der B-Gruppe
   - Vitamin C
7. Nennen Sie besonders vitaminreiche Lebensmittel, die in der Konditorei verarbeitet werden.
8. Nennen Sie Einflüsse, die Vitamine zerstören.
9. Wie sollten Lebensmittel gelagert werden, um die Vitamine darin zu erhalten?
10. Ihre Mitschülerin klagt über ständige Müdigkeit und Konzentrationsschwäche. Außerdem ist sie recht häufig krank. Sie fragen sie nach ihren Ernährungsgewohnheiten und erklären ihr, wie wichtig es ist, ausreichend Vitamine aufzunehmen. Stellen Sie gemeinsam mit Ihrer Mitschülerin eine Liste mit vitaminarmen und vitaminreichen Lebensmitteln zusammen.

LF 1.2

6.5 Mineralstoffe

Vorkommen

Die Mineralstoffe gelangen aus dem Boden in die Pflanzen. Tiere fressen die mineralstoffhaltigen Pflanzen. Somit befinden sich sowohl in pflanzlichen als auch in tierischen Lebensmitteln Mineralstoffe in ausreichender Menge.

Bedeutung für den Körper

Mineralstoffe sind ebenso wichtig wie die Vitamine und können ebenfalls vom Körper nicht selbst gebildet werden. Deshalb zählen Mineralstoffe auch zu den „essenziellen Nährstoffen".

Der Mensch benötigt Mineralstoffe als

Baustoffe	Wirkstoffe
zum Aufbau des Körpers als Bestandteile von z. B. Knochen, Zähnen und Blut.	da sie bei den Stoffwechselvorgängen mitwirken. Sie regeln z. B. den Wasserhaushalt im Körper und sorgen für die normale Erregbarkeit der Nerven und Muskeln.

Wege der Mineralstoffe in den menschlichen Körper

Bedarf an Mineralstoffen

Da der Mensch täglich Mineralstoffe ausscheidet, müssen diese dem Körper durch Lebensmittel bei der Ernährung wieder zugeführt werden.

Der Bedarf an Mineralstoffen erhöht sich durch
- starkes Schwitzen, z. B. bei schwerer Arbeit, Sport, warmem Klima,
- anhaltende Durchfälle und häufiges Erbrechen,
- Schwangerschaft und Stillzeit.

Mit Mineralwasser, bei Durchfall mit Tee, kann man Mineralstoffverlusten entgegenwirken.

Eigenschaften der Mineralstoffe

Im Gegensatz zu den Vitaminen sind Mineralstoffe unempfindliche Bestandteile unserer Nahrung, denen z.B. Hitze, Licht und Sauerstoff nichts anhaben können.
Da jedoch alle Mineralstoffe im Wasser löslich sind, werden sie im Wasser aus den Lebensmitteln ausgelaugt (= herausgezogen) und befinden sich dann im Wasser, z.B.

in Konservendosen oder beim Blanchieren (Weichwerden im Wasser) von Obst und Gemüse. Wird das Wasser dann weggeschüttet, gehen die Mineralstoffe verloren.

Mineralstoffe sind mineralisch. Werden Lebensmittel verbrannt, bleiben sie als Asche übrig, da sie nicht verbrennen → Seite 96.

Wichtige Mengenelemente

Mengenelemente sind Mineralstoffe, die über 50 mg je Kilogramm Körpergewicht im Körper enthalten sind.

Bezeichnungen	Vorkommen	Wichtigste Aufgaben	Mangelerscheinungen
Natrium (Na)	Bestandteil des Speisesalzes und dadurch in allen gesalzenen Lebensmitteln	bindet Wasser und regelt den Wasserhaushalt im Körper	treten nur bei starkem Wasserverlust durch starkes Schwitzen und Durchfall auf, wobei der Körper viel Kochsalz verliert; die Folgen: • Kreislaufstörungen • Übelkeit
Chlor (Cl)	Bestandteil des Speisesalzes und dadurch in allen gesalzenen Lebensmitteln	Bildung der Salzsäure im Magen; reguliert das Wasser in den Körperzellen und im Gewebe (zwischen den Körperzellen)	Schwierigkeiten bei der Eiweißverdauung im Magen; ein Chlormangel ist kaum möglich, weil in unserer Nahrung ausreichend Kochsalz vorhanden ist
Kalium (K)	Gemüse, Obst, Kartoffeln, Milch, Milcherzeugnisse, Vollkornerzeugnisse	wirkt auf die Funktionen der Nerven und Herzmuskeln; regelt den Wasserhaushalt im Körper	• Muskelschwäche • Störung der Herztätigkeit • Wasseransammlung im Gewebe (zwischen den Körperzellen)
Kalzium (Ca)	Milch, Milcherzeugnisse (der tägliche Bedarf ist ohne diese Lebensmittel nicht zu decken), grünes Gemüse, Mineralwässer	Baustoff für Knochen und Zähne; Blutgerinnung für die Bewegungen der Muskeln	• Knochenbrüchigkeit (Osteoporose), • Übererregbarkeit der Muskeln und Nerven Mangelerscheinungen treten häufig bei Kindern, Jugendlichen, Schwangeren und Stillenden wegen des verstärkten Knochenaufbaus auf
Phosphor (P)	Milch, Milcherzeugnisse, Fisch, Phosphatzusatz, z.B. bei Cola-Getränken, Wurst, Schmelzkäse	dient mit Kalzium zum Aufbau der Knochen und Zähne	kein Mangel, da es in allen Lebensmitteln ausreichend enthalten ist
Magnesium (Mg)	Vollkornerzeugnisse, Milch, Milcherzeugnisse, Nüsse, Fleisch, grüne Gemüsesorten	für die Bewegungen der Muskeln; aktiviert die Enzyme	Muskelkrämpfe

LF 1.2

Wichtige Spurenelemente

Spurenelemente sind Mineralstoffe, die unter 50 mg je Kilogramm Körpergewicht im Körper enthalten sind.

Bezeichnungen	Vorkommen	Wichtigste Aufgaben	Mangelerscheinungen
Eisen (Fe)	Fleisch, Vollkornerzeugnisse, Gemüse, Leber	Bestandteil des roten Blutfarb- stoffs; transportiert den Sauerstoff im Blut in die Körperzellen	Blutarmut Anzeichen von Eisenmangel sind: • Müdigkeit, Erschöpfung • Konzentrationsstörungen • Infektionsanfälligkeit
Jod (I)	Seefisch, Milch, jodiertes Speisesalz	Bestandteil des Schilddrüsen- hormons	Kropfbildung
Fluor (F)	schwarzer Tee, Mineralwässer	härtet den Zahnschmelz	erhöhte Kariesanfälligkeit
Zink (Zn)	Fleisch, Vollkornerzeugnisse, Milcherzeugnisse	Aufbau von Insulin; Bestandteil der Enzyme; stärkt die Abwehrkräfte	• Wachstumsstörung • erhöhte Krankheitsanfälligkeit

LF 1.2

Weitere wichtige Spurenelemente sind Mangan (Mn), Kupfer (Cu), Selen (Se), Chrom (Cr), Kobalt (Co), Molybdän (Mb).

Aufgabe der Mineralstoffe im Körper

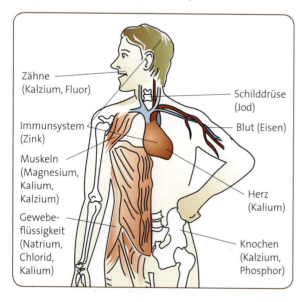

Zähne (Kalzium, Fluor)

Immunsystem (Zink)

Muskeln (Magnesium, Kalium, Kalzium)

Gewebe- flüssigkeit (Natrium, Chlorid, Kalium)

Schilddrüse (Jod)

Blut (Eisen)

Herz (Kalium)

Knochen (Kalzium, Phosphor)

Mineralstoffhaltige Lebensmittel

Unser Speiseplan sollte regelmäßig die hauptsächlichen Mineralstoffträger enthalten:

• Milch und Milcherzeugnisse
• Vollkornerzeugnisse
• Obst und Gemüse
• Fleisch
• Fisch
• Mineralwässer

Nur durch eine abwechslungsreiche Kost werden dem Körper alle Mineralstoffe in ausreichender Menge zuge- führt.

Mineralstoffhaltige Lebensmittel

1. Warum werden Mineralstoffe als essenzielle Nährstoffe bezeichnet?
2. Warum benötigt der Körper Mineralstoffe?
3. Erklären Sie, warum Lebensmittel nicht zu lange im Wasser liegen sollten.
4. Nennen Sie die zwei Arten der Mineralstoffe, die nach dem mengenmäßigen Bedarf im Körper unterschieden werden, und geben Sie jeweils einige Beispiele dazu an.
5. Beschreiben Sie die hauptsächlichen Mangelerkrankungen, wenn folgende Mineralstoffe dem Körper fehlen:

   - Natrium
   - Kalium
   - Jod
   - Chlor
   - Magnesium
   - Fluor
   - Kalzium
   - Eisen
   - Zink

6. Nennen Sie die Mineralstoffe mit Formelzeichen, die zur Gesunderhaltung wichtig sind für:

   - den Wasserhaushalt im Körper
   - den Baustoff der Knochen und Zähne
   - die Funktionen der Nerven, Muskeln und Herzmuskeln
   - die Bewegungen der Muskeln
   - die Blutbildung
   - das Schilddrüsenhormon
   - die Härtung des Zahnschmelzes
   - die Stärkung der Abwehrkräfte

7. Nennen Sie mineralstoffhaltige Lebensmittel.
8. Ein Kunde möchte von Ihnen wissen, warum alle Erzeugnisse Ihrer Konditorei mit Jodsalz hergestellt werden. Nachdem Sie ihm seine Frage beantwortet haben, sagt er erstaunt: „Ich wusste gar nicht, dass ein Mineralstoff so wichtig sein kann."
Welche Mineralstoffe, die der Körper unbedingt benötigt, können Sie ihm noch nennen?

6.6 Wasser

Der Mensch kann zwar einige Tage hungern, doch ohne Wasser kommt der Körper nicht lange aus. Sinkt der Wasserspiegel im Körper, verspürt man Durst.

Bestandteile des Wassers

Wasser besteht aus unzähligen Wassermolekülen.

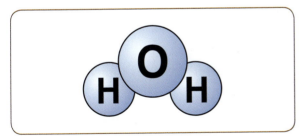

Wassermolekül

2 Atome Wasserstoff (H_2) und 1 Atom Sauerstoff (O) bilden ein Wassermolekül (H_2O).

- Leitungswasser enthält außer H_2O noch Mineralstoffe, die das Wasser aus den Erdschichten gelöst hat. Diese beeinflussen den Geschmack und die Klarheit des Wassers.
- Frisches Leitungswasser ist mit Sauerstoff angereichert und wirkt erfrischend.

Die Wasserhärte

Die Härte des Wassers wird von den Mineralstoffen im Wasser bestimmt, vor allem von Kalzium und Magnesium, die sich aus dem Quellboden im Wasser lösen.

Die Wasserwerke teilen das Wasser in folgende Härtebereiche ein: **weich – mittel – hart**.
Die Wasserhärte der jeweiligen Region wird von den Wasserversorgungsbetrieben bekannt gegeben.

Wassergeschmack
Die Menge der Mineralstoffe beeinflusst den Geschmack des Wassers und auch der Getränke, die mit Wasser hergestellt werden, z. B. Kaffee, Tee, Bier. Weiches bis mittelhartes Wasser schmeckt am besten.

Reinigungswirkung
Mineralstoffe im Wasser verringern die Reinigungswirkung der Reinigungsmittel. Je härter das Wasser, desto mehr Spül- und Reinigungsmittel werden benötigt.

Verkalkungen
Je höher der Härtebereich des Wassers ist, desto schneller verkalken Maschinen und Geräte. Wird Wasser erhitzt, bilden sich Kalkablagerungen an der Innenseite von Rohren und Gefäßen, z. B. Schwadenrohre des Gärraums und des Backofens. Diese Ablagerungen müssen regelmäßig mit Entkalkungsmitteln entfernt werden.

Anforderungen an das Trinkwasser

Wasser aus der Wasserleitung erfüllt nach der Trinkwasserverordnung höchste Anforderungen und ist deshalb von bester Qualität und Sauberkeit.

- Es darf keine krankheitserregenden Mikroorganismen enthalten.
- Es muss frei von giftigen Stoffen sein.
- Es muss klar und geruchlos sein.

Trinkwasser

Aggregatzustände des Wassers

Die Temperaturen beeinflussen die Beschaffenheit des bei Raumtemperatur flüssigen Wassers. Entzieht man dem Wasser Wärme, bis eine Temperatur von unter 0 °C entsteht, gefriert es zu Eis. Führt man Wärme zu, wird das Eis wieder flüssig, bei 100 °C verdampft Wasser.

LF 1.2

Gefrierpunkt	= die Temperatur, bei der Wasser zu Eis wird
Siedepunkt	= die Temperatur, bei der Wasser zu Dampf wird
Aggregatzustand	= die Zustandsform des Wassers: fest, flüssig oder gasförmig

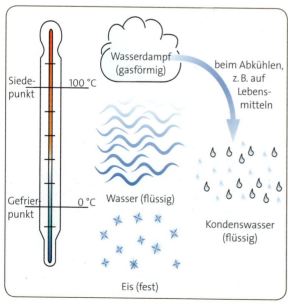

Aggregatzustände des Wassers bei normalem Luftdruck

Veränderter Siede- und Gefrierpunkt

Bei Normalluftdruck verdampft Wasser bei 100 °C. Im Vakuum verdampft es bereits bei wesentlich geringeren Temperaturen, da der Druck der Luft fehlt.

Auf einem Berg von ca. 3000 m Höhe kocht Wasser wegen des geringeren Luftdrucks bereits bei 89 °C.

Wird Zucker im Wasser gelöst, z. B. beim Läuterzucker, erhöht sich der Siedepunkt über 100 °C. Je mehr Zucker im Wasser gelöst ist, umso höher ist die Temperatur, bis Wasser kocht.

Zusätze im Wasser, wie Salz und Alkohol, setzen den Gefrierpunkt unter 0 °C herab.

Kondenswasser

- Beim Schwadengeben in den Gärraum und in den Backofen wird kochendes Wasser durch die Schwadenrohre geschickt und dringt als Wasserdampf in den Gärraum bzw. den Backherd ein.
- Der Wasserdampf kühlt an den Teiglingen ab, wird somit wieder flüssig und lagert sich als Kondenswasser auf der Oberfläche der Teiglinge ab.
- Die Oberflächen der Teiglinge bleiben also feucht und elastisch und können dem Gasdruck aus dem Teiginneren zur Lockerung und Volumenvergrößerung nachgeben.

Wirkung des Kondenswassers

Täglicher Wasserbedarf des Körpers

Damit die Körperfunktionen reibungslos ablaufen können, benötigt der Körper ständig Wasser. Deshalb sollte den ganzen Tag über ausreichend Wasser getrunken werden. Neben dem Wasser aus Getränken ergänzt auch das Wasser der Lebensmittel, die gegessen werden, den Wasserhaushalt des Körpers. Es gibt kaum ein Lebensmittel, das kein Wasser enthält.

Der Körper verliert ständig Wasser
- durch Schweiß über die Haut,
- durch Urin über die Nieren,
- durch Kot über den Darm,
- mit der Luft, die ausgeatmet wird.

> **!**
> Um den Wassergehalt des Körpers konstant zu halten, benötigen Erwachsene täglich bis zu drei Liter Wasser. Davon sollten ca. eineinhalb bis zwei Liter als Getränke getrunken werden, der Rest, ca. ein Liter, wird durch wasserhaltige Lebensmittel abgedeckt.

Wasser enthält keine energieliefernden Nährstoffe und somit keine Kalorien. Es kann daher in unbegrenzten Mengen getrunken werden.

Erhöhter Wasserbedarf
Der Wasserbedarf des Körpers und somit der Durst steigen erheblich bei
- körperlicher Anstrengung durch Arbeit und Sport,
- großer Hitze im Sommer oder in der Backstube,
- stark gesalzenen oder gesüßten Speisen,
- ballaststoffreicher Kost (Vollkornerzeugnisse), die sehr viel Wasser aufsaugt,
- Krankheiten wie Fieber oder Durchfall.

Unter diesen Umständen sollte man besonders viel Flüssigkeit (alkoholfrei) trinken, auch wenn der Durst manchmal nicht so groß ist. Somit beugt man Schwäche und weiteren Störungen im Körper vor.

Regelmäßig Wasser trinken

Aufgaben des Wassers im Körper

Baustoff

Der Körper besteht zu ca. 65 % aus Wasser. Wasser ist Bestandteil aller Körperzellen und -flüssigkeiten. Die Wasserverteilung im Körper:
- ca. 70 % als Zellflüssigkeit innerhalb der Zellen
- ca. 20 % als Gewebeflüssigkeit zwischen den Zellen = freies Wasser (a_w-Wert)
- ca. 10 % im Blut

Lösungsmittel

Das Wasser löst die Nahrung bei der Verdauung. Die gelösten Nährstoffe können vom Darm in die Blutgefäße des Körpers übergehen.

Transportmittel

- Durch das wasserhaltige Blut werden die Nährstoffe in den gesamten Körper transportiert.
- Unbrauchbare Stoffe werden durch das Wasser aus dem Körper befördert, z. B. mit Schweiß und Urin. Somit ist Wasser auch **Entgiftungsmittel.**

Wärmeregulation

Durch Hitze und größere Anstrengung wird es dem Körper „zu warm". Er reagiert mit Schweiß auf der Haut. Bei der Verdunstung des Schweißes wird dem Körper Wärme entzogen und er kühlt ab.

LF 1.2

Aufgaben

1. Geben Sie den chemischen Aufbau und die Formel eines Wassermoleküls an.
2. Welche zwei Bestandteile besitzt frisches Leitungswasser außer H_2O noch?
3. Wodurch wird die Härte des Wassers bestimmt?
4. Beschreiben Sie die Auswirkungen bei zunehmendem Härtebereich des Wassers
   - auf Maschinen und Schwadenrohre,
   - beim Verbrauch von Spül- und Reinigungsmitteln.
5. Nennen Sie die drei Anforderungen, die nach der Trinkwasserverordnung an das Trinkwasser gestellt werden.
6. Beschreiben Sie die Aggregatzustände des Wassers bei normalem Luftdruck mit den entsprechenden Temperaturgraden.
7. Womit kann der Siedepunkt erhöht und der Gefrierpunkt herabgesetzt werden?
8. Beschreiben Sie die Veränderungen des Wasserdampfes beim Schwadengeben auf den Teiglingen.
9. Wodurch verliert der Körper ständig Wasser?
10. Beschreiben Sie, wodurch der tägliche Wasserbedarf der Menschen gedeckt wird, und geben Sie in etwa die Menge an.
11. Nennen Sie Ursachen, die den täglichen Wasserbedarf des Körpers erhöhen.
12. Nennen und erklären Sie die vier Aufgaben des Wassers im Körper.
13. Schon wieder müssen Sie die Kaffeemaschine im Café entkalken. Erklären Sie, warum die Kaffeemaschine regelmäßig entkalkt werden muss.

6.7 Ballaststoffe und sekundäre Pflanzenstoffe

Ballaststoffe

Ballaststoffe sind nur in pflanzlichen Lebensmitteln enthalten. Sie zählen zu den Vielfachzuckern der Kohlenhydrate. Wichtige Ballaststoffe sind:
- Zellulose: in den Schalen der Getreidekörner,
- Pentosane: quellfähige, wassergierige Schleimstoffe des Getreides, vor allem im Roggen,
- Pektine: Bindemittel im Obst.

Täglich sollten 30–40 g Ballaststoffe aufgenommen werden. 1 Scheibe Vollkornbrot (50 g) enthält 3,3 g Ballaststoffe. 1 Weizenbrötchen (50 g) enthält 1,5 g Ballaststoffe.

Ballaststoffreiche Lebensmittel

Besonders ballaststoffreich sind:
- **Getreideerzeugnisse:** Die Schalen des Getreidekorns bestehen überwiegend aus Ballaststoffen und sind die hauptsächlichen Ballaststoffträger unserer Nahrung. Besonders ballaststoffreich sind deshalb
  - Vollkorn- und Schrotbrote bzw. -brötchen,
  - Vollkornbackwaren,
  - Vollkornhaferflocken.

  Einen hohen Ballaststoffanteil haben auch roggenhaltige Brote und Brötchen, die mit schalenreichen Mehlen (Mehle mit hoher Typenzahl) hergestellt werden.
- **Obst**, vor allem Nüsse, Mandeln und Trockenfrüchte
- **Gemüse**, besonders Hülsenfrüchte wie Bohnen, Erbsen und Linsen

Wirkung der Ballaststoffe im Körper

Ballaststoffe sind Inhaltsstoffe der Lebensmittel, die im Körper nicht verdaut (zerkleinert) werden können und somit nicht vom Körper verwertet werden. Sie gelangen vom Dünndarm in den Dickdarm und werden dann ausgeschieden. Deshalb liefern sie dem Körper auch keine Energie (Joule bzw. Kalorien). Aus diesem Grund nannte man sie irrtümlicherweise „Ballaststoffe", weil sie als Ballast (wertlos) empfunden wurden.

Ballaststoffe binden im Körper viel Wasser, quellen dabei auf und vergrößern sich. Wegen der starken Wasserbindung sollte ausreichend Wasser getrunken werden.

Ballaststoffe erfüllen wichtige Aufgaben im Körper:

Ballaststoffe regen die Verdauung an
- Im Dickdarm saugen die Ballaststoffe Wasser auf, quellen und vergrößern sich dabei.
- Die durch die Quellung vergrößerten Ballaststoffe reizen die Darmwand des Dickdarms. Dadurch wird die Darmtätigkeit zum schnellen Abtransport und Ausscheiden des Stuhls angeregt.
- Gleichzeitig wird durch die Wasseraufnahme bei der Verquellung der Ballaststoffe der Kot weich und kann so leicht aus dem Dickdarm befördert und ausgeschieden werden.

Bei Ballaststoffmangel bleibt der Kot zu lange im Dickdarm, weil die Darmwände nicht zum Abtransport aktiviert werden. Bei der langen Verweildauer im Dickdarm wird dem Kot zunehmend Wasser entzogen, der immer trockener und fester wird. Dies führt zu Verstopfung.

Ballaststoffreiche Lebensmittel

Ballaststoffmangel führt zu Verstopfung

LF 1.2

Ballaststoffe geben ein Sättigungsgefühl

Die Ballaststoffe quellen im Magen auf und füllen ihn. Sie bleiben recht lange im Magen und im Dünndarm. Die Folge ist ein schnelles und lange anhaltendes Sättigungsgefühl, ohne dem Körper Energie zuzuführen. Ballaststoffreiche Nahrung eignet sich daher zum Abnehmen. Bei einer ballaststoffreichen Ernährung ist auf eine erhöhte Getränkemenge zu achten.

Sekundäre Pflanzenstoffe

Sekundäre Pflanzenstoffe befinden sich in geringen Mengen in pflanzlichen Lebensmitteln, hauptsächlich in den Schalen und Randschichten von Obst und Gemüse, aber auch in Getreide und Ölsamen. Die Pflanzen produzieren diese Stoffe als Abwehrstoffe gegen Schädlinge und Krankheiten.

Ihren Namen haben die sekundären Pflanzenstoffe, weil sie keine Energie liefern. Deshalb wurden sie früher als sekundäre (zweitrangige) Nährstoffe bezeichnet

Sekundäre Pflanzenstoffe erfüllen gesundheitsfördernde Wirkungen im menschlichen Körper, z. B.
- Unterstützung der Verdauung,
- Beeinflussung der Stoffwechselvorgänge,
- Senkung des Cholesterinspiegels im Blut,
- Regulation des Blutzuckerspiegels im Blut,
- Stärkung des Immunsystems,
- Schutz vor Krebs.

Zu den sekundären Pflanzenstoffen gehören z. B. Carotinoide, Flavonoide, Sulfide, Phytosterine und Polyphenole.

Carotinoide sind in Obst und Gemüse für die gelbe und rote Färbung verantwortlich. Sie kommen hauptsächlich in Paprika, Tomate, Karotten, Apriksosen, Grünkohl und Spinat vor.

Flavonoide befinden sich vor allem in Grünkohl, Brokkoli, Endivien, Sellerie, Preiselbeeren und Kresse. Auch Kopfsalat, Tomaten, rote Paprika, Äpfel und Weintrauben haben einen relativ hohen Gehalt.

Sulfide, also schwefelhaltige Substanzen, kommen hauptsächlich in Knoblauch und Zwiebelgewächsen vor.

Phytosterine befinden sich insbesondere in Sonnenblumenkernen, Sojabohnen und Getreidekeimlingen.

Polyphenole kommen in den Randschichten von Gemüse, Obst und Getreide vor.

Da vor allem Obst und Gemüse reich an sekundären Pflanzenstoffen sind, sollten sie regelmäßig gegessen werden → Seite 140.

Das Fehlen von sekundären Pflanzenstoffen in der Ernährung führt nicht unmittelbar zu Mangelerscheinungen, begünstigt aber die Entstehung verschiedener Krankheiten.

Lebensmittel mit sekundären Pflanzenstoffen

LF 1.2

Aufgaben

1. Nennen Sie drei wichtige Ballaststoffe.
2. Nennen Sie ballaststoffreiche Lebensmittel.
3. Erklären Sie, wie es sich mit der Verdauung und dem Energiewert der Ballaststoffe im menschlichen Körper verhält.
4. Geben Sie die Eigenschaften der Ballaststoffe im Körper an.
5. Nennen und erklären Sie die zwei bedeutenden Aufgaben, die die Ballaststoffe im Körper erfüllen.
6. Welche gesundheitsfördernden Wirkungen haben sekundäre Pflanzenstoffe im menschlichen Körper?
7. Nennen Sie die zwei Lebensmittelgruppen, die besonders reich an sekundären Pflanzenstoffen sind.
8. Ihre Kollegin, die an Gesundheitsfragen sehr interessiert ist, fragt Sie: „Warum wird bei den Diätplänen, z. B. bei den Frühjahrskuren in den Zeitschriften, als Brot grundsätzlich Vollkornbrot empfohlen? Ist das am gesündesten?"
9. Informieren Sie sich in Nährwerttabellen, in wie vielen Scheiben Roggenbrot und Toastbrot jeweils 30 g Ballaststoffe enthalten sind.

6.8 Farbstoffe und Aromastoffe

Aroma ist der Geruch und/oder Geschmack der Lebensmittel. Farb- sowie Aromastoffe in den Lebensmitteln bestimmen maßgeblich den Genusswert der Lebensmittel sowie den der daraus hergestellten Konditoreierzeugnisse.

> **!**
>
> **Wirkungen von Farb- und Aromastoffen**
> Farbstoffe geben den Lebensmitteln ein schönes, ansprechendes Aussehen.
> Aromastoffe verbessern das Aroma der Lebensmittel. Dadurch regen sie die Produktion der Verdauungssäfte im Körper an. „Es läuft einem das Wasser im Munde zusammen."
> Dies wirkt **appetitanregend** und **verdauungsfördernd**.

LF 1.2

Farbstoffe

Jedes Lebensmittel hat von Natur aus eine typische Farbe, z. B. gelber Eidotter, rote Erdbeeren, Kirschen und Himbeeren, blaue bzw. rote Weintrauben, braune Schokolade usw.

Farbige Obstschnitten

Farbstoffe beleben das Aussehen unserer Lebensmittel sowie der Konditoreierzeugnisse und wirken deshalb verkaufsfördernd.

Färben durch Hitze

Lebensmittel erhalten durch Hitze eine ansprechende Braunfärbung und einen verbesserten Geschmack, z. B.
- braune Gebäckkruste beim Backen
- hellbraune gehobelte Mandeln nach dem Rösten
- Braunfärbung des Zuckers beim Karamellisieren
- Braunfärbung der Kakao- und Kaffeebohnen beim Rösten

Aromastoffe

> **!**
>
> Als Aromen werden die Geruchs- und/oder Geschmacksstoffe der Lebensmittel bzw. Backwaren bezeichnet. Riechen und Schmecken stehen häufig in engem Zusammenhang.

Wichtige Geruchs- und Geschmacksstoffe

Geruchs- und Geschmacksstoffe	Lebensmittelbeispiele
ätherische Öle = intensives Aroma	Kaffee, Tee, Gewürze, Orangen- und Zitronenschalen, Zwiebeln, Knoblauch
Bitterstoffe = bitter im Geschmack	Kakao, Grapefruit, Hopfen
Gerbstoffe = herb-bitterer Geschmack	Kaffee, Tee, Kakao, Rotwein, Quitten
Säuren = säuerlicher Geschmack	Fruchtsäuren wie Zitronen-, Wein-, Apfelsäure; Milch-, Essigsäure

Bei Lebensmitteln mit ätherischen Ölen geht das Aroma bei längerer Lagerung verloren.

Aufgaben

1. Welche Wirkungen üben Farb- und Aromastoffe in Lebensmitteln auf Mensch und Körper aus?
2. Nennen Sie Lebensmittel, die von Natur aus eine kräftige Farbe besitzen.
3. Geben Sie Lebensmittelbeispiele an, die bei Hitze eine ansprechende Braunfärbung erhalten.
4. Nennen Sie vier Geruchs- und Geschmacksstoffe und geben Sie jeweils Lebensmittelbeispiele an.
5. Erklären Sie, was man unter Aromen versteht.
6. Sie servieren einem Gast im Café eine Tasse Kaffee. Der Gast bedankt sich und sagt: „Der Kaffee riecht schon richtig gut und er schmeckt bei Ihnen ja sowieso immer hervorragend." Der Kunde möchte von Ihnen wissen, ob diese Tatsache an der Herstellung oder an den Inhaltsstoffen des Kaffees liegt.

Rohstoffe und Zutaten

Situation

Ihre Konditorei ist besonders stolz darauf, dass die Konditoreierzeugnisse weitgehend ohne Fertigmehle und Fertigmischungen hergestellt werden.
Deshalb werden in Ihrer Konditorei viele verschiedene Rohstoffe verarbeitet.
In dieser Woche sollen Sie die Rohstoffe bestellen und sofort nach der Annahme der Lieferung fachgerecht lagern.

• Welche Rohstoffe werden in der Konditorei hauptsächlich verarbeitet?
• Wie wirken sich die Rohstoffe auf die Teige bzw. auf die Gebäcke aus?
• Wie werden die Rohstoffe fachgerecht gelagert?
• Welche Convenience-Produkte gibt es in der Konditorei?

LF 1.2

Rohstoffe sind die Lebensmittel, die die Qualität und den Gesundheitswert der Konditoreierzeugnisse bestimmen.

Zutaten sind Lebensmittel und auch Lebensmittelzusatzstoffe ➡ Seite 231, die für die Herstellung der Konditoreierzeugnisse verwendet werden.
Das Wissen über die Zusammensetzung und Eigenschaften der Zutaten ist deshalb für jede Fachkraft wichtig.

7.1 Getreide und Mahlerzeugnisse

Als der Mensch sesshaft wurde, züchtete er aus den Wildgräsern die Getreidearten. Die Getreidekörner zerrieb und zerquetschte er zwischen Steinen und bereitete daraus mit Wasser einen Brei, den er auf erhitzten Steinen trocknete bzw. erhitzte.

Welche Grasarten während des langen Entwicklungsweges zu Getreidearten gezüchtet wurden, wurde durch Klima, Bodenbeschaffenheit, Ertragsreichtum und Geschmack des Getreides bestimmt. So wurden unabhängig voneinander in verschiedenen Kontinenten, Ländern und Gebieten Getreidearten gezüchtet, angebaut und kultiviert.

Hirse ist das älteste Getreide. Aus dem Dinkel wurde der ertragreiche Weizen gezüchtet. Über das römische Reich kam der Weizen in unsere Gegend. Erst viel später züchtete man in Gegenden mit rauem Klima und kargem Boden, wo der Weizen nicht gedieh, den anspruchslosen Roggen.

Als Amerika entdeckt wurde, erfuhren die Europäer der „alten Welt" vom Mais. Mais war schon immer das Getreide der Ureinwohner Amerikas.
Der Reis spielte in den asiatischen Ländern für die Ernährung eine bedeutende Rolle und wurde dort seit jeher kultiviert.

Getreide war und ist das wichtigste Grundnahrungsmittel und für die Ernährung der Weltbevölkerung von größter Bedeutung.

Getreidekörner: Roggen und Weizen

Getreidearten

Die Getreidearten werden allgemein als **„Korn"** bezeichnet und nach ihrer **Backfähigkeit** eingeteilt.

> **Bestimmungen der Leitsätze**
> Getreide wird unterteilt in:
> **Brotgetreide**
> Getreidearten, die allein backfähig sind, werden als Brotgetreide bezeichnet. Die Bestandteile der Mehle dieser Getreidearten können die Lockerungsgase der Teige und Massen zu Poren festhalten, woraus lockere, verdauliche Gebäcke werden.
> **Andere Getreidearten**
> Die „anderen Getreidearten" sind nicht alleine backfähig und können deshalb nur als Zugabe zum Brotgetreide verarbeitet werden.

Brotgetreide: backfähige Getreidearten	Andere Getreidearten	
Weizen	Gerste	Reis
Dinkel = Weizenart	Hafer	Hirse
Roggen	Mais	Buchweizen

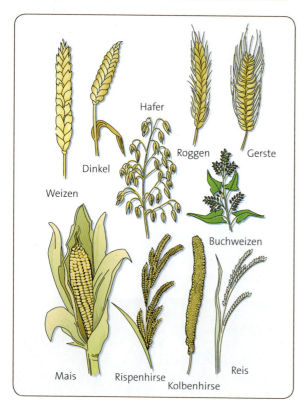

Getreidearten

Roggen und Weizen unterscheiden sich farblich. Roggenkörner sind grau-bläulich und Weizenkörner gelb-braun. Deshalb ist Weizenmehl hell und Roggenmehl dunkel.

Dinkel ist eine Weizenart, eine Urform des Weizens, jedoch nicht so ertragreich wie Weizen. Dinkel lässt sich wie Weizen verarbeiten.

Vorzüge des Dinkels gegenüber Weizen:
- Dinkel enthält einen besonders hohen Anteil an gesundem, biologisch wertvollem Eiweiß und
- Dinkel bindet bei der Teigbereitung das Wasser besser als Weizen, sodass die Gebäcke länger frisch bleiben.
- Obwohl Dinkel eine Weizenart ist, wird er von den meisten Menschen, die gegenüber Weizen allergisch reagieren, vertragen.

Grünkern ist unreifer Dinkel. Er wird in halbreifem Zustand geerntet, wobei die Getreidekörner noch grün sind. Beim Darren (Trocknen) nach der Ernte bekommt der Grünkern das herzhaft würzige Aroma.
Grünkern alleine ist jedoch nicht backfähig, weil sich aus diesem Mehl kein gashaltefähiger Kleber bilden kann. Deshalb eignet er sich besonders für Suppeneinlagen, Aufläufe u. a.

> **!**
>
> **Ölsamen** wie Sesam, Mohn, Leinsamen, Sonnenblumenkerne, Kürbiskerne sind besonders ölhaltige Samen verschiedener Pflanzen und zählen nicht zu den Getreidearten.

Aufbau des Getreidekorns

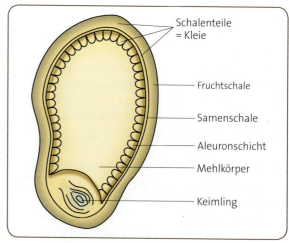

Aufbau des Getreidekorns

LF 1.2

Die Zusammensetzung eines Getreidekorns ist bei allen Getreidearten ähnlich.

Bestand-teil	Besonder-heit	Inhaltsstoffe
Frucht-schale	holzig, hart und unverdaulich	Diese Schalenteile bestehen vorwiegend aus Zellulose und sind der hauptsächliche Ballast-stofflieferant in der Ernährung. Sie enthalten sehr viele Mineralstoffe und Vitamine.
Samen-schale	dunkelbraun, macht das Mehl dunkel	
Aleuron-schicht	Diese waben-förmigen Zellen zählen auch zu den Schalen-teilen.	Sie enthält viel: • biologisch hochwertiges Eiweiß (Aleuroneiweiß) • Mineralstoffe • Vitamine • Enzyme
Keim-ling	Bei der Vermahlung wird der Keimling entfernt, ausgenom-men beim Vollkorn-schrot bzw. -mehl.	Aus dem Keimling wächst im Ackerboden eine neue Getreidepflanze. Deshalb ist er reich an: • Eiweiß • ungesättigten Fett-säuren • Vitaminen, vor allem B-Vitaminen • Mineralstoffen • Enzymen
Mehl-körper	Er hat einen Anteil von ca. 80 % am Getreide-korn.	Im Mehlkörper sind ca.: • 70 % Stärke • 13 % Eiweiß

Zu den Schalen des Getreidekorns zählen die Frucht- und Samenschale sowie die Aleuronschicht, die ca. 15 % des Getreidekorns ausmachen. Diese Schalenteile werden auch als „Kleie" bezeichnet. Kleie fällt bei der Vermahlung des Getreides an und wird teilweise für Spezialbrote, z. B. Weizenkleiebrot, verwendet.

Die Menge der jeweiligen Inhaltsstoffe in den Getreide-körnern ist abhängig von der Bodenbeschaffenheit und dem Klima. Infolge der unterschiedlichen Witterung ist die Qualität der Mehle von Jahr zu Jahr verschieden. Die Qualität des Weizens wird weitgehend vom Anteil des Klebereiweißes bestimmt.

Vermahlung des Getreides

Bei der Vermahlung des Getreides zu Mehl werden zuerst die Keimlinge von den Getreidekörnern getrennt. Dann werden die Getreidekörner zwischen zwei Mahlwalzen zerschnitten und zerkleinert.

Der Walzenstuhl

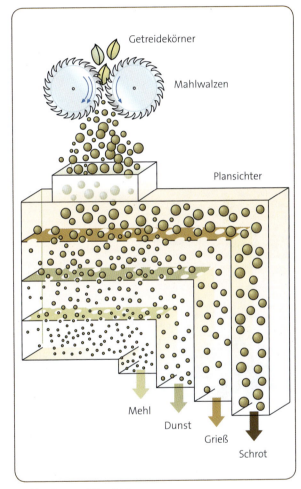

Mahlwalzen und Plansichter

Im Walzenstuhl befinden sich zwei geriffelte Mahlwalzen, die in engem Abstand zueinander laufen. Diese geriffel-ten Walzen zerschneiden die Getreidekörner in unter-schiedlich große Bestandteile.

Der Plansichter

Der Plansichter ist eine rüttelnde Siebmaschine mit un-terschiedlich großen Siebbespannungen (Maschen).
Die verschieden großen Bruchstücke der Getreidekörner, die beim Zerkleinern im Walzenstuhl entstehen, werden im Plansichter in vier Feinheitsgrade gesiebt.

Feinheitsgrade der Mahlerzeugnisse

Mehl enthält feine Schalenteile und wird sofort in Mehlsilos geleitet.

Dunst ist mit griffigen, kleinkörnigen Schalenteilen behaftetes Mehl. Der Feinheitsgrad liegt zwischen Mehl und Grieß. Dunst wird auch als „doppelgriffiges" Mehl bezeichnet. Wegen des Anteils an etwas gröberen Schalenteilen kann es mehr Flüssigkeit aufnehmen als Mehl.

Grieß ist mit gröberen Schalenteilen behaftetes Mehl und deshalb körnig. Die Beschaffenheit ist grobkörniger als bei Dunst.

Schrot sind die groben Schalenteile, an denen noch Mehl haftet. Schrot wird nochmals durch die Mahlwalzen gegeben, wo das Mehl von den Schalenteilen entfernt und im Plansichter in seine Feinheitsgrade gesiebt wird.

Weizenkörner   Weizenschrot

Mehltypen

Ermitteln der Mehltypen

Die Mineralstoffe befinden sich überwiegend an den Schalenteilen der Getreidekörner. Je mehr Schalenteile sich im Mehl befinden, desto mehr Mineralstoffe enthält das Mehl.
Die Mineralstoffe sind die einzigen Bestandteile des Mehls, die nicht verbrennen.

Schalenloses Mehl gibt es nicht, da die Schalenteile der Getreidekörner bei der Vermahlung nicht ganz vom Mehl getrennt werden können.
Um den Schalenanteil eines Mehls zu ermitteln, wird Mehl verbrannt.

(!)

In der Mühle wird wasserfreies Mehl bei 900 °C verbrannt. Dabei bleiben die unverbrennbaren Mineralstoffe in Form von Asche übrig. Der Aschegehalt (Mineralstoffgehalt) wird gewogen und so die Mehltype bestimmt.

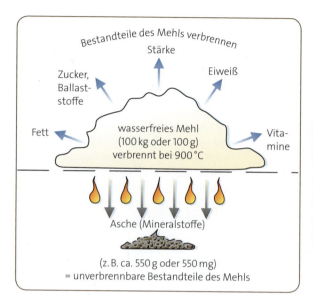

Beispiel:
Bleiben beim Verbrennen von 100 g (100 kg) wasserfreiem Mehl ca. 550 mg (550 g) Mineralstoffe als Asche übrig, so spricht man von der Mehltype 550.

Mehltypenermittlung durch Verbrennen von Mehl

Einteilung und Bedeutung der Mehltypen

> **!**
>
> Die Mehltype gibt an, wie viel g Mineralstoffe in 100 kg wasserfreiem Mehl enthalten sind.

> **!**
>
> Für Vollkornmehle und Vollkornschrote gibt es keine Mehltypen, da in diesen Mahlerzeugnissen sämtliche Getreidebestandteile mit Keimlingen und den gesamten Schalenteilen enthalten sind.

Nur Brotgetreide wird in Mehltypen eingeteilt. Bestimmte Mehltypen, vor allem die Weizenmehltypen, sind speziell für bestimmte Backwaren zu verwenden.

Weizenmehltypen	Verwendungsmöglichkeiten
405	Mürbeteige, Massen
550	Hefeteige, Blätterteige, aber auch für Mürbeteige und Massen verwendbar, Brötchen, Brezeln, Weizenbrote
812 1050 1600	Lebkuchenteige, roggenhaltige Kleingebäcke, Weizenmischbrote Roggenmischbrote, Roggenbrote
1700 = Weizenbackschrot	Schrotbrote, Schrotbrötchen
Roggenmehltypen	
815 997 1150 1370 1740	Lebkuchenteige Früchtebrote roggenhaltige Kleingebäcke Weizenmischbrote Roggenmischbrote, Roggenbrote
1800 = Roggenbackschrot	Schrotbrote, Schrotbrötchen
Dinkelmehltypen	
630 812 1050	für alle Backwaren, die aus Dinkel hergestellt werden, z. B. Dinkelbrötchen, Dinkelbrote

Weizenmehl Type 550, Weizenmehl Type 1050

Aussagewerte der Mehltypen in der Praxis

Von den Mehltypen kann man ableiten,
- ob es sich um Weizen- oder Roggenmehl bzw. Dinkelmehl handelt,
- ob es ein helles, schalenärmeres oder dunkles, schalenreicheres Mehl ist,
- für welche Backwaren sich das Mehl eignet,
- wie hoch der Gehalt an Ballaststoffen, Mineralstoffen und Vitaminen ist.

Farbe der Mehle

Die Schalen der Getreidekörner haben eine wesentlich dunklere Farbe als Mehl. Je mehr Schalenanteile im Mehl sind und je höher die Typenzahl ist, desto dunkler ist das Mehl. Je heller das Mehl ist, desto niedriger ist die Typenzahl.

An der Farbe kann man deshalb in etwa die Mehltypen erkennen. Besonders deutliche Farbunterschiede der Mehle sind durch das Einwirken von Wasser beim **„Pekarisieren"** zu erkennen. Dabei werden Mehle verschiedener Typen auf einem Brett nebeneinander glatt gedrückt und in Wasser gehalten.

Pekarisierte Mehle

Ausmahlungsgrad

> **!**
>
> Der Ausmahlungsgrad gibt die Mehlmenge an, die man aus 100 Teilen Getreide bei der Vermahlung erhält.
> Beispiel: Werden 100 kg Getreide vermahlen und erhält man daraus 65 kg Mehl, so beträgt der Ausmahlungsgrad 0–65 %. 35 kg sind Schalenteile und anhaftendes Mehl sowie Keimlinge.

LF 1.2

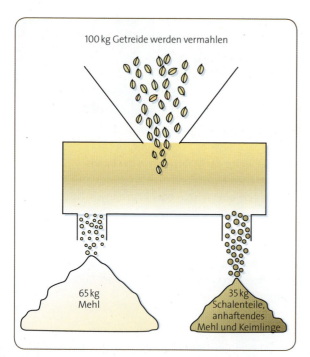

Ausmahlungsgrad 0 – 65 % = Mehltype 550

LF 1.2

Ganz können die Schalenteile des Getreidekorns nicht vom Mehl getrennt werden, da sie miteinander verwachsen sind. Schalenloses Mehl gibt es nicht.

Der Ausmahlungsgrad gibt die Prozentanteile an, die das Mehl von den Getreidekörnern von innen nach außen hin enthält.

Mahlerzeugnisse	Mehltypen	Ausmahlungsgrad
Weizenmehl:	Mehltype 405	0–40 %
Weizenmehl:	Mehltype 550	0–65 %
Roggenmehl:	Mehltype 997	0–75 %
Weizenmehl:	Mehltype 1050	0–80 %
Roggenmehl:	Mehltype 1150	0–80 %
Roggenbackschrot:	Mehltype 1800	0–95 %
Vollkornschrot, Vollkornmehl:	ohne Type	0–100 %

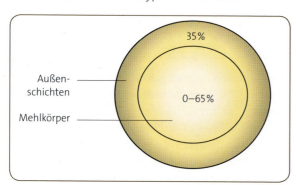

Anteile der Außenschichten und des Mehlkörpers am Getreidekorn

Aussage des Ausmahlungsgrads

Niedriger Ausmahlungsgrad	Hoher Ausmahlungsgrad
• niedrige Mehltypen • helle Mehle • schalenarme Mehle • Mehle mit geringem Anteil an Ballaststoffen, Mineralstoffen und Vitaminen	• hohe Mehltypen • dunkle Mehle • Mehle mit hohem Schalenanteil • Mehle mit hohem Anteil an Ballaststoffen, Mineralstoffen und Vitaminen

Verteilung von Stärke und Klebereiweiß im Mehlkörper des Weizenkorns

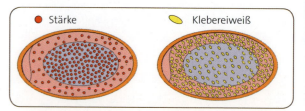

Innenbereich des Mehlkörpers im Weizenkorn	Außenbereich des Mehlkörpers im Weizenkorn zu den Schalen hin
• hoher Anteil an Stärke • weniger Klebereiweiß als außen	• weniger Stärke als innen • höherer Anteil an Klebereiweiß

Auszugsmehl oder Weißmehl

Das Mehl mit dem niedrigsten Ausmahlungsgrad, 0–40 %, ist das Weizenmehl der **Type 405**. Da hier das Mehl sozusagen aus dem Inneren des Getreidekorns herausgezogen wird, bezeichnet man das Weizenmehl 405 auch als „Auszugsmehl" oder „Weißmehl", weil es das hellste Mehl ist. Es ist das Mehl

• mit dem geringsten Anteil an Schalen und somit
• mit den wenigsten Ballaststoffen, Mineralstoffen und Vitaminen,
• mit der hellsten Farbe,
• mit dem höchsten Anteil an Stärke und einem hohen Gehalt an Klebereiweiß.

> **!** Das feine Mehl der Type 405 eignet sich ideal für Mürbeteige und Massen, da es den höchsten Stärkeanteil enthält und der Kleberanteil nicht ausschlaggebend ist.

Kleberstärkstes Mehl

Weizenmehl mit der **Type 550** ist das kleberstärkste Mehl. Es hat einen Ausmahlungsgrad von 0–65% und somit etwas mehr Schalenanteile als das Mehl der Type 405. Die Klebereiweiße im Mehlkörper des Getreidekorns liegen mehr zu den Schalen hin. Deshalb hat das Mehl der Type 550 mehr Klebereiweiß als das Mehl der Type 405, das jedoch mehr Stärke besitzt.

Das Weizenmehl der Type 550 ist wegen des hohen Klebergehalts das beste Mehl für Hefeteige, Blätterteige, Brötchen und Weizenbrot. Es ist aber trotzdem ein feines, helles, schalenarmes Mehl, sodass es für alle Feinen Backwaren verwendet werden kann.

Inhaltsstoffe eines Weizenmehls der Type 550

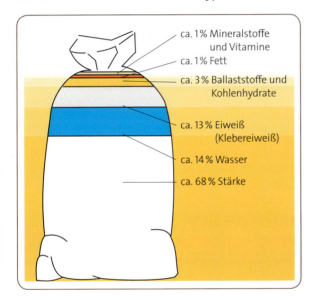

- ca. 1% Mineralstoffe und Vitamine
- ca. 1% Fett
- ca. 3% Ballaststoffe und Kohlenhydrate
- ca. 13% Eiweiß (Klebereiweiß)
- ca. 14% Wasser
- ca. 68% Stärke

Getreidemahlerzeugnisse sind

- Mehle der verschiedenen Mehltypen,
- Backschrot,
- Vollkornschrot und Vollkornmehl.

Vollkornmehl

Vollkornschrot, Vollkornmehl	Backschrot
Die „vollen", ganzen Getreidekörner werden in der Mühle in Bruchstücke zu **Vollkornschrot** zerkleinert (vermahlen). Beim **Vollkornmehl** werden die vollen, ganzen Getreidekörner winzig fein wie Mehl zerkleinert.	In der Mühle werden von den Getreidekörnern die Keimlinge entfernt. Die Getreidekörner ohne Keimling, jedoch mit den Schalenteilen werden dann in Bruchstücke zu **Backschrot** zerkleinert.
Vollkornschrot und Vollkornmehl enthalten alle Bestandteile der Getreidekörner. Sie haben wegen der Getreideschalen und der Keimlinge mit den ungesättigten Fettsäuren und hochwertigen Eiweißen einen hohen Gesundheitswert.	Backschrot ist gemahlenes (zerkleinertes) Getreide ohne Keimling, das aus Mehl und den Schalen der Getreidekörner besteht. Wegen der Getreideschalen ist Backschrot reich an Ballaststoffen, Mineralstoffen und Vitaminen.

LF 1.2

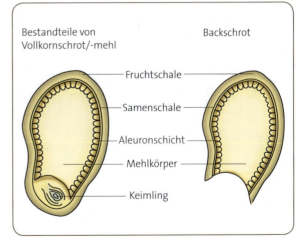

Bestandteile von Vollkornschrot/-mehl

Backschrot

- Fruchtschale
- Samenschale
- Aleuronschicht
- Mehlkörper
- Keimling

Verwendung von Vollkornmehl

Jeder Teig und jede Masse lässt sich mit Vollkornmehl zubereiten. Die ganzen (vollen) Getreidekörner werden so fein wie Mehl vermahlen.

Die Vollkornerzeugnisse gehören zur vollwertigen Ernährung (➜ Seite 189), da sie alle wichtigen Nahrungsinhaltsstoffe der Getreidekörner enthalten, die dem Körper Energie geben und zur Gesunderhaltung Ballaststoffe, Mineralstoffe und Vitamine besitzen.

Lagerung der Mahlerzeugnisse

Während der Lagerung verändern Enzyme und der Sauerstoff der Luft die Nährstoffe der Mehle.

Bei zu lange gelagerten Mehlen wird durch zu starken Nährstoffabbau die Backfähigkeit beeinträchtigt, z. B. Kleberschwächung durch Eiweißabbau, zu starker Stärkeabbau (Verzuckerung). Hat das Mehl einen unangenehmen Geruch oder Geschmack, gilt es als verdorben.

Weizen- und Roggenmehle sind bei idealer Lagerung einige Wochen ohne Qualitätsminderung lagerfähig. Roggenmehle sind wegen der höheren Enzymaktivität empfindlicher bei falscher Lagerung.

Vollkornschrote und Vollkornmehle sind wegen des hohen Ölgehalts und der Enzyme der Keimlinge nur kurz lagerfähig. Bei zu langer Lagerung wird das Öl ranzig. Viele Betriebe haben deshalb eigene Getreidemühlen. Sie vermahlen das Getreide und verarbeiten es frisch.

Vermahlen von Getreide

Mehllagerung

Die Mehle werden gewöhnlich in den Mühlen in Säcken abgefüllt, zu den Konditoreien geliefert und dort in geeigneten Lagerräumen gelagert.

Große Konditoreien lagern die Mehle in isolierten Silos. Jede Mehltype befindet sich in einer separaten Silokammer, wo das Mehl bei guten Lagerbedingungen aufbewahrt wird.

Das Mehl wird im Mehltankwagen geliefert und mithilfe von Luft aus dem Mehltankwagen in die Silos gefüllt. Mittels einer computergesteuerten Abwiegestation wird das Gewicht der benötigten Mehlmenge eingetippt, wobei das Mehl vom Silo in die Knetmaschine geleitet wird.

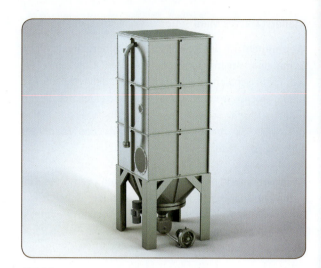

Mehlsilo

Vorteile der Mehlsilos gegenüber Mehl in Säcken:
- Der Einkauf ist preisgünstiger, weil das kostenaufwendige Abfüllen in Mehlsäcke und das zeitaufwendige Anliefern der Mehlsäcke entfällt.
- Das Mehl braucht nicht mehr abgewogen werden.
- Das Mehlsieben entfällt, weil beim Austritt aus dem Silo das Mehl durch ein Sieb geblasen wird.
- In den Silos ist optimale Hygiene gewährleistet, da es keine Ecken gibt, in denen Mehl liegen bleibt.
- Durch Luftdruck (pneumatisch) kann das Silo vollständig entleert und dann gereinigt werden.

Lagerbedingungen für Mehle

> Die Mehllagerräume müssen besonders sauber sein. Mehlreste in Ecken und Fugen sind Brutstätten für Mehlschädlinge.

Lagerbedingungen	Begründung
kühl, 15 bis 20 °C	geringe Enzymtätigkeit
trocken, bei normaler Luftfeuchtigkeit der Räume von 50 bis 60 %	Mehl nimmt Luftfeuchtigkeit auf, wobei sich Klumpen bilden, und die Tätigkeit der Enzyme wird beschleunigt.
in gut belüftetem Lagerraum oder in Mehlsilos mit Luftumwälzlüftung	Mehl muss belüftet werden, sonst entsteht ein geschmacklicher Nachteil, Mehl gibt auch etwas Feuchtigkeit ab.
frei von Fremdgerüchen	Mehl nimmt Fremdgerüche an.

Aufgaben

1. Erklären Sie, was man unter Rohstoffen und Zutaten für Konditoreierzeugnisse versteht.
2. Erläutern Sie „backfähiges Getreide" und geben Sie an, wie backfähiges Getreide nach den Leitsätzen benannt wird.
3. Geben Sie an, in welche zwei Gruppen Getreide unterteilt wird, und nennen Sie jeweils die Getreidearten.
4. Erklären Sie die Vorzüge des Dinkels gegenüber Weizen.
5. Beschreiben Sie den Getreidekornaufbau und geben Sie die Inhaltsstoffe der Bestandteile an.
6. Was versteht man unter „Kleie"?
7. Erläutern Sie, was bei der Vermahlung der Getreidekörner zu Mehl geschieht.
8. Erklären Sie die Vorgänge bei der Vermahlung im
   - Walzenstuhl,
   - Plansichter.
9. Nennen Sie die vier Mahlerzeugnisse, die man aus dem Plansichter erhält, und beschreiben Sie deren Feinheitsgrade.
10. Erläutern Sie, wie die Mehltypen in der Mühle ermittelt werden.
11. Was besagt die Mehltype?
12. Welche Getreidearten werden in Mehltypen eingeteilt und welche Mahlerzeugnisse bekommen keine Typenbezeichnung?
13. Nennen Sie die Mehltypen und geben Sie an, wozu sich diese Mehle besonders eignen:
    - Weizenmehltypen
    - Roggenmehltypen
    - Dinkelmehltypen
14. Welche praktischen Aussagewerte kann man von den Mehltypen ableiten?
15. Warum sind Mehle mit hoher Typenzahl dunkler als Mehle mit niedrigen Typenzahlen?
16. Erklären Sie den Ausmahlungsgrad.
17. Beschreiben Sie den Ausmahlungsgrad 0–65 % von Mehl der Type 550.
18. Welche Aussagen leiten Sie von Mehlen mit niedrigen und hohen Ausmahlungsgraden ab?
19. Beschreiben Sie Auszugsmehl bzw. Weißmehl und geben Sie an, für welche Backwaren es sich besonders eignet.
20. Begründen Sie, warum das Mehl der Type 405 den höchsten Anteil an Stärke und einen relativ hohen Anteil an Klebereiweiß besitzt.
21. Nennen Sie das kleberstärkste Mehl und erklären Sie, warum es den höchsten Gehalt an Klebereiweiß besitzt.
22. Geben Sie die hauptsächlichen Inhaltsstoffe der Mehle an, z. B. vom Mehl der Type 550.
23. Nennen Sie drei Getreidemahlerzeugnisse.
24. Beschreiben und unterscheiden Sie Vollkornschrot, Vollkornmehl und Backschrot.
25. Warum ist Vollkornschrot/Vollkornmehl nicht so lange lagerfähig wie andere Mehle?
26. Erklären Sie, warum Vollkornerzeugnisse zur vollwertigen Ernährung gehören.
27. Beschreiben Sie die idealen Lagerbedingungen für Mehle.
28. Geben Sie die Vorteile der Mehlsilos gegenüber Mehl in Säcken an.
29. Drücken Sie eine Handvoll Mehl fest zusammen. Wie sieht das Mehl aus, wenn Sie die Faust öffnen? Begründen Sie Ihre Feststellung. Wie würde das Mehl nach dem Zusammendrücken aussehen, wenn es kein Wasser enthielte?
30. Ihre neue Kollegin stellt die regelmäßige Lieferung an Feinen Backwaren für ein Krankenhaus zusammen und fragt Sie, warum vom Krankenhaus nicht so häufig Vollkornerzeugnisse bestellt werden.

LF 1.2

Rechenaufgaben

1. Ein Getreidekorn besteht aus 8 % Frucht- und Samenschale, 7 % Aleuronschicht, 5 % Keimling und der Rest ist der Mehlkörper. Wie viel kg kommen auf die einzelnen Bestandteile des Getreidekorns bei 50 kg Vollkornmehl?
2. Die Mahlausbeute von 750 kg Getreide beträgt 0–73 %. Berechnen Sie den Mehlanteil in kg.
3. Weizenmehl der Type 550 enthält 68 % Stärke und 13 % Klebereiweiß. Wie viel kg Stärke und wie viel kg Klebereiweiß befinden sind in 2100 kg Weizenmehl?

7.2 Backmittel

Schon immer suchte man nach Hilfsmitteln bei der Back-warenherstellung. Früher bezeichnete man diese Stoffe als „Backhilfsmittel".

Backmittel werden in Bäckereien überwiegend für Brötchen und Brote verwendet.

Fertigmehle und Fertigprodukte (Convenience-Produkte), → Seite 105, die in Konditoreien verwendet werden können, enthalten Backmittel.

> Backmittel sind Mischungen aus verschiedenen
> • Lebensmitteln und
> • Lebensmittelzusatzstoffen.

Lebensmittel	Lebensmittelzusatzstoffe
• Trauben- und Rübenzucker • Malzmehl, Malzextrakt • Quellmehle (verkleisterte Stärke) • Sojamehl (Sojaeiweiß) • getrockneter Vollsauer als Sauerteigersatz	• fettähnliche Stoffe als Emulgator • Aminosäuren als Teigstabilisator • Ascorbinsäure (Vitamin C) als Teigstabilisator • Säuren, z. B. Zitronen- und Milchsäure, in Teigsäuerungsmitteln • Bindemittel, z. B. Guarkernmehl, Johannisbrotkernmehl, zur Frischhaltung der Brote

Wirkungen der Backmittel
• Sie erleichtern die Verarbeitung der Teige.
• Sie verbessern die Gärstabilität der Teiglinge.
• Sie bewirken eine gleichbleibende Qualität der Backwaren.

Deklaration von Backmitteln

Backmittel müssen bei unverpackter Ware nicht deklariert (gekennzeichnet) werden, da die Lebensmittelzusatzstoffe nur in geringen Mengen enthalten sind. Backmittel werden in kleinen Mengen, ca. 3 % vom Mehlanteil, für Weizenteige verwendet.

Bei Backwaren in Fertigpackungen müssen Backmittel in der Zutatenliste aufgeführt werden. Es reicht die einfache Bezeichnung „Backmittel". Sie müssen nicht einzeln aufgeführt werden.

Verwendung und Zusammensetzung der Backmittel

Backmittel werden nach ihrer Verwendung eingeteilt in:
• Backmittel für Brötchen und andere Weizenkleingebäcke
• Backmittel für Weizenbrote und Toastbrote
• Backmittel als Teigsäuerungsmittel für roggenhaltige Brote und Kleingebäcke
• Backmittel für die längere Frischhaltung von Backwaren

Die Backmittel werden nach ihrem Verwendungszweck mit den entsprechenden Lebensmitteln und Lebensmittelzusatzstoffen in der Backmittelindustrie gemischt, die jeweils bestimmte Wirkungen in den Teigen und Backwaren erzielen.

Backmittel für verschiedene Backwaren

Bestandteile der Backmittel

Malzmehl

Malzmehl zählte zu den ersten Backmitteln in der Konditorei. Getreidekörner werden in Wasser gegeben. Nachdem sie bei der Quellung Wasser gebunden haben, keimen die Getreidekörner. Dabei bauen Enzyme (Amylasen) die Stärke zu Malzzucker ab. Um das Malz lagerfähig zu machen, wird es mittels Heißluft gedarrt, d. h. getrocknet. Das getrocknete Malz wird zu Malzmehl gemahlen.

Wird Malz bei heißen Temperaturen gedarrt (getrocknet), färbt es sich stark dunkel. Dunkles Malzmehl wird verwendet, wenn die Krume von roggenhaltigen Brötchen und Broten dunkel gefärbt werden soll. Auch dunkles Bier erhält die dunkle Farbe durch dunkel gedarrtes Malzmehl.

Malzmehl

Malzextrakt

Malzextrakt ist zähflüssiges oder pulverförmiges Malz aus überwiegend Malz- und Traubenzucker mit ausgeprägtem Malzgeschmack.

Wirkungen von Malzmehl und Malzextrakt

Sie dienen als Nahrung für die Hefe und beschleunigen so die Gärung. Sie verbessern somit das Gebäckvolumen, den Geschmack und die Krustenbräunung der Gebäcke.

Gekeimtes Getreide

Rübenzucker und Traubenzucker

Sie verbessern die Hefegärung, woraus lockere Gebäcke mit großem Volumen entstehen.
Die Zuckerstoffe ergeben eine schöne Krustenbräunung und eine rösche Kruste. Auch der Geschmack der Backwaren wird etwas verfeinert.

Quellmehl

Quellmehl besteht aus bereits verkleisterter Getreide- oder Kartoffelstärke. Es ist stark quellfähig und bindet somit viel Teigwasser. Dadurch erhöht sich die Teigausbeute und durch den höheren Wasseranteil bleiben die Brote länger frisch.
Quellmehl hat die gleiche Wirkung wie gebackenes Brot, das man in Wasser eingeweicht oder fein gerieben zum Brotteig gibt. Anstelle dieses fertig gebackenen Brots bietet die Backmittelindustrie Quellmehl an.

Emulgatoren

Emulgatoren sind fettähnliche Stoffe, z. B.
- Lezithin aus der Sojabohne,
- Mono- und Diglyzeride mit einem oder zwei Fettsäuren am Glyzerin.

Sie vermischen Fett mit Wasser zu einer homogenen Einheit. Dies führt zu einem guten Gashaltevermögen der Teige.

Aminosäuren

Die kleinsten Eiweißbausteine stärken den Kleber im Weizenteig und sorgen für geschmeidige, elastische Teige.

Ascorbinsäure

Ascorbinsäure ist von der Industrie erzeugtes Vitamin C zur Stärkung des Klebers als Stabilisator für Weizenteige. Dies ergibt gärstabile Teige und lockere Gebäcke mit guter schnitt- und bestreichfähiger Krume.

Sojamehl (Sojaeiweiß)

Es ist quellfähig, sodass die Teige besser zu verarbeiten sind und die Gebäcke ein schönes Volumen bekommen.

Enzyme

Hauptsächlich werden Amylasen für Weizenteige zum Abbau von Stärke in vergärbaren Zucker eingesetzt. Sie können nur im Teig wirken, da sie durch die Hitze beim Backen zerstört werden.

Verarbeitung von Backmitteln

Backmittel werden bei der Teigbereitung zum Mehl gegeben. Die zu verarbeitende Menge der Backmittel wird von den Backmittelherstellern genau angegeben. Sie bezieht sich auf die Mehlmenge im Teig.

Bestandteile und Wirkungen der Backmittel für Brötchen und Weizenbrote

Ob Bäckereien und Konditoreien Teigsäuerungsmittel als Backmittel für Sauerteig verwenden, muss jeder Betrieb selbst entscheiden. Für Brötchen und Weizenbrote verwenden die meisten Bäckereien Backmittel, da sie die Qualität und das Aussehen entscheidend beeinflussen.

Wirkungen der Backmittel

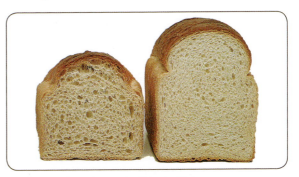

Kastenweizenbrot ohne und mit Backmittel

LF 1.2

Backwaren	Inhaltsstoffe der Backmittel	Wirkung
Weizenkleingebäcke wie z. B. Bröchen, Weizenbrote, Feine Backwaren	Malzmehl, Malzextrakt, Rübenzucker, Traubenzucker, Enzyme	Sie stehen der Hefe schnell zur Verfügung und bräunen beim Backen. Sie verbessern deshalb Gärung, Volumen, Rösche, Bräunung, Aroma.
Weizenkleingebäcke, Weizenbrote, Toastbrote, Feine Backwaren	Emulgatoren wie Lezithin, Mono- und Diglyzeride, Diacetylweinsäureester (DAWE)	Sie erhöhen die Gärstabilität. Sie bewirken eine gleichmäßige Porung der Gebäckkrume. Sie vergrößern das Gebäckvolumen.
Weizenteige für Brötchen, Weizenbrote, Hefeteiggebäcke	Genusssäuren (Zitronen-, Milchsäure), Salze, Ascorbinsäure, Emulgatoren	Sie stabilisieren den Kleber. Auswirkungen: • Gebäckkrume wird verfeinert. • Gebäckvolumen wird vergrößert. • Gebäckform wird verschönert.
Roggenhaltige Brote	Quellmehl, Guarkernmehl (Bindemittel)	Sie erhöhen die Teigausbeute, da sie quellen und dabei Teigwasser binden. Sie verbessern die Schnitt- und Bestreichfähigkeit der Gebäckkrume. Sie verlängern die Frischhaltung.
Roggenhaltige Teige für Brote und Kleingebäcke	Säuren wie Milch-, Essigsäure, saure Salze	Sie dienen als Teigsäuerungsmittel als Ersatz für den Sauerteig.
Bio-Backwaren	Bio-Backmittel aus biologischem Anbau, z. B. Bio-Zuckerstoffe, Bio-Sojalezithin, Bio-Trockensauer	Sie wirken wie die anderen Backmittel.

LF 1.2

Aufgaben

1. Erklären Sie den Begriff „Backmittel".
2. Nennen Sie die Wirkungen der Backmittel auf die Teige und Backwaren.
3. Beschreiben Sie die Einteilung der Backmittel nach ihrer Verwendung.
4. Erklären Sie folgende Bestandteile der Backmittel und deren Wirkungen auf Teig und Gebäck:
   - Malzmehl
   - Quellmehl
   - Emulgatoren
   - Aminosäuren
   - Ascorbinsäure
   - Sojamehl
   - Enzyme
5. Welche Bestandteile in den Backmitteln für Brötchen und Weizenbrote haben folgende Wirkungen auf Teige und Gebäcke:
   - verstärken die Hefegärung und bräunen beim Backen die Gebäckkruste,
   - quellen auf und binden Wasser im Teig,
   - stärken den Kleber im Weizenteig und machen ihn dehnbarer?
6. Wie werden pulverförmige Backmittel verarbeitet?
7. Ein gesundheitsbewusster Kunde hat in einer Zeitschrift gelesen, dass Bäcker und Konditoren von der Industrie hergestellte Backmittel in die Backwaren geben. Er fürchtet, dass es sich hierbei um chemische, künstliche Mittel handelt. Erläutern Sie ihm, woraus Backmittel bestehen und dass diese gesundheitsverträglich sind.

Rechenaufgaben

1. Ein Hefeteig wird mit 18,500 kg Weizenmehl hergestellt. Es werden 3 % Backmittel zugegeben. Ermitteln Sie die Backmittelmenge in g.
2. Für einen Weizenmischteig für Snacks mit 60 % Weizenmehl und 40 % Roggenmehl werden 4 % Teigsäuerungsmittel zugegeben. Dies sind 840 g. Berechnen Sie, wie viel kg Weizen- und Roggenmehl für den Teig verwendet werden.
3. Durch die Verwendung von Backmittel vergrößert sich Weizenbrot um 13 %, sodass es jetzt ein Volumen von 0,850 dm³ besitzt. Berechnen Sie das Volumen des Weizenbrots ohne Backmittel.

7.3 Convenience-Produkte

Der englische Begriff „Convenience" heißt übersetzt so viel wie „Bequemlichkeit". Convenience-Produkte erleichtern und verkürzen die Herstellung der Konditoreierzeugnisse.
Bei den Convenience-Produkten unterscheidet man drei Gruppen:
- Fertigmehle
- Fertigprodukte
- tiefgefrorene Fertigerzeugnisse

Fertigmehle (Backmischungen)

Fertigmehle, auch Backmischungen genannt, sind Mehle bzw. Vollkornschrote/Vollkornmehle oder Backschrote, in denen die Zutaten für die entsprechenden Teige in Pulverform enthalten sind.

Bei der Teigbereitung werden zu den Mehlmischungen nur noch die Flüssigkeit wie Wasser oder Milch und manchmal noch Hefe, Eier und Margarine zugegeben.

Fertigmehle gibt es z. B. für:
- Vollkorn- und Schrotbrote
- Vollkorn- und Schrotbrötchen
- Spezialbrote/Spezialbrötchen wie
  - Mehrkornbrote bzw. -brötchen, auch mit verschiedenen Ölsamen wie Sonnenblumenkernen, Leinsamen, Kürbiskernen,
  - Haferbrote, Kartoffelbrote, Sauermilchbrote, Buttermilchbrote
- Weizenteige für Pizzas, Baguettes, Ciabattas
- Hefeteig (Hefeteigmehl)
- Hefeteig für Berliner
- Mürbeteig
- Blätterteig
- Sandmasse für Kuchen (Rührkuchenmasse)
- Biskuitmasse und Wiener Masse für Tortenböden

Beispiel für die Inhaltsstoffe einer Fertigmehlmischung für Schrotbrote mit Ölsamen:
- Weizen- und Roggenbackschrot
- Sonnenblumenkerne, Leinsamen u. a.
- Teigsäuerungsmittel oder getrockneter Vollsauer
- Backmittel
- Salz
- Brotgewürz
Bei der Teigbereitung werden der Fertigmehlmischung nur noch Wasser und Hefe zugegeben.

Fertigprodukte

Massen, Sahneerzeugnisse, Cremes, Füllungen und Sauerteig werden auch in der Industrie hergestellt. Gebrauchsfertig werden sie im Großhandel den Konditoreien angeboten.

Pulverförmige Fertigprodukte
- Brandmassen für Windbeutel, Spritzkuchen (Strauben)
- Röstmassen für Bienenstichaufstrich, Florentiner
- Käsekuchen
- Kaltcreme, Mohn-, Nuss-, Quarkfüllung
- Sahneerzeugnisse wie Käsesahne, Joghurtsahne
Diese pulverförmigen Fertigprodukte werden in der Konditorei mit Wasser angerührt und sind so gebrauchsfertig.

Fertigprodukte für **Fettcremes** bestehen aus Margarine und Emulgatoren. Sie werden mit Crememargarine und Wasser glatt gerührt und sind so zum Einstreichen für Cremetorten und Cremedesserts fertig.

Dekormittel: Dekorpuder (süßer Schnee), Belegkirschen, Schokoladen-, Krokantstreusel

LF 1.2

Vorbehandlung einer Fertigmischung für Käsesahne

In der Industrie: Fond herstellen	Bearbeitung zu einer gebrauchsfertigen Fertigmischung	Käsesahneherstellung mit der vorbehandelten Fertigmischung im Betrieb
Milch, Zucker und Eigelb zu einem Fond auf ca. 85 °C erhitzen, dann Aromen, Bindemittel und Emulgatoren zugeben.	Diesen Fond gefriertrocknen und pulverisieren.	Das pulverförmige Convenience-Produkt mit Wasser anrühren, Quark dazugeben, aufgeschlagene Schlagsahne unterheben.

Tiefgefrorene Fertigerzeugnisse

Der Großhandel bietet den Konditoreien tiefgefrorene Fertigerzeugnisse an:
- als fertig aufgearbeitete Teiglinge
- in vorgebackenem Zustand
- als fertig gebackene Waren

Vorteilhaft sind diese tiefgefrorenen fertigen Erzeugnisse, wenn nur kleine Mengen benötigt werden und sich so die aufwendige Herstellung nicht lohnt. In der Konditorei wird die tägliche Ration nur noch aufgetaut und evtl. gebacken, z. B.:

- Blätterteigstückchen
- Plunderteigstückchen, Croissants
- Donuts, Muffins
- Berliner und andere Siedegebäcke
- Laugenbrezeln und Laugengebäcke
- Ciabattas, Bagels
- Pizzas und überbackene Snacks

Tiefgefrorene Fertigerzeugnisse

Lebensmittelzusatzstoffe in Convenience-Produkten

Damit die Convenience-Produkte die gewünschten Eigenschaften haben, enthalten sie zahlreiche Lebensmittelzusatzstoffe. Aus Gesundheitsgründen lehnen viele Kunden diese ab.

Beispiele für Inhaltsstoffe von Convenience-Produkten

Kaltcremepulver	Haselnussfüllung
modifizierte Stärke	Haselnüsse
Zucker	Zucker
Vollmilchpulver	Maisquellmehl
Dextrine	Weizengrieß
Molkepulver	gehärtetes Pflanzenöl
Milchzucker	Hühnereiweiß
Stärke	Sojamehl
Vanille	Weizenkleber
Salz	Salz
Emulgator: E 472 (Mono- und Diglyzerid-Ester)	Kakao
	Karamell
Verdickungsmittel:	Gewürze und Aromen
• E 401 (Na-Alginat)	Stabilisator E 263 (Ca-Alginat)
• E 339 (Na-Phosphat)	
• E 450 a (Diphosphat)	Verdickungsmittel E 401 (Na-Alginat)
• E 578 (Ca-Gluconat)	

Beurteilung von Convenience-Produkten

Viele Betriebe verwenden heutzutage Convenience-Produkte, vor allem wegen des geringen Arbeits- und Zeitaufwands bei der Herstellung der Konditoreierzeugnisse. Trotzdem sind die Nachteile schwerwiegend und überlegenswert.

Vorteile	Nachteile
• schnelle Herstellung • einfache Herstellung, z. B. durch stabile, maschinengerechte Teige, elastische, gut streichfähige Massen, Füllungen und Cremes • sichere Herstellung bei gleichbleibender Qualität • bessere Schnittfähigkeit der Erzeugnisse • bequeme Sortimentserweiterung • Bestimmungen der Leitsätze werden eingehalten	• im Geschmack und Aussehen einheitliche Produkte in den meisten Betrieben • betriebseigene Rezepturkenntnisse und Herstellungstechniken gehen verloren • Imageverlust des Konditorberufs, Nichtfachkräfte und Seiteneinsteiger stellen die gleichen Erzeugnisse her wie Konditoren • sehr hoher Einkaufspreis der Convenience-Produkte • in den Convenience-Produkten befinden sich Zusatzstoffe, die viele Kunden ablehnen

Wichtige Überlegungen für den Konditoreifachbetrieb bei der Verwendung von Convenience-Produkten

Wegen der Verwendung von Convenience-Produkten für Konditoreierzeugnisse beklagen viele Kunden die Einheitlichkeit und mittelmäßige Qualität der Waren. Sie fragen sich: „Warum soll ich in meiner Stammkonditorei einkaufen, wenn ich dieselbe Ware auch in den anderen Konditoreien und Verkaufsstellen bekomme?"

In vielen Cafés (ohne Konditorei) und Ausflugslokalen wird deshalb geworben mit: „Kuchen und Torten hausgemacht."

!

Seien Sie kritisch bei der Qualitätsbeurteilung Ihrer Konditoreierzeugnisse und beachten Sie dabei nicht nur die einfache Herstellungsweise.

Nehmen Sie auch besonders die Reklamationen der Kunden ernst und gehen Sie auf die Kundenwünsche ein.

LF 1.2

Convenience-Produkte zur Weiterverarbeitung

Bestimmte Produkte zur Weiterverarbeitung werden von allen Konditoreien vom Großhandel bezogen und nicht selbst hergestellt, z. B.:

• Marzipan- und Persipanrohmasse sowie Nugatmasse
• Ziehfett in Plattenform
• Dosenfrüchte
• Konfitüren, Gelees, Marmeladen
• Fondant

Diese verarbeitungsfertigen Produkte sind von hoher Qualität, die in der Konditorei wegen fehlender Herstellungsanlagen nicht eingehalten werden könnte. Außerdem würden die Herstellungskosten in der Konditorei bei Weitem höher liegen.

Da diese Produkte in speziellen Industriebetrieben hergestellt und von den Konditoreien so weiterverarbeitet werden, gehören sie auch zu den Convenience-Produkten. Bei diesen hochwertigen Produkten treffen die Nachteile der anderen Convenience-Produkte nicht zu.

Aufgaben

1 Erläutern Sie den Begriff „Convenience-Produkte".
2 Was versteht man unter „Fertigmehlen"?
3 Für welche Backwaren bietet die Backmittelindustrie Fertigmehle an?
4 Nennen Sie Beispiele für Fertigprodukte, die der Großhandel Konditoreien anbietet.
5 In welchem Zustand bietet der Großhandel tiefgefrorene Fertigerzeugnisse an?
6 Nennen Sie Beispiele für tiefgefrorene Fertigerzeugnisse in Konditoreien.
7 Beschreiben Sie die Vor- und Nachteile von Convenience-Produkten.
8 Nennen Sie Convenience-Produkte zur Weiterverarbeitung in der Konditorei.
9 Ihre Kollegin aus dem Verkaufsbereich kommt auf Sie zu und fragt Sie nach den Rohstoffen der Käsesahnetorte. Da Sie dafür ein Convenience-Produkt verwenden, versuchen Sie anhand der herkömmlichen Herstellung die genaue Zusammensetzung zu nennen. Die Fachverkäuferin möchte wissen, was Convenience-Produkte sind und welche Convenience-Produkte in der Konditorei verwendet werden.

7.4 Milch und Milcherzeugnisse

Nach dem Milchgesetz versteht man unter der einfachen Bezeichnung „Milch" ausschließlich Kuhmilch.
Die anderen Milchsorten müssen den Namen der Tiere führen, von denen sie gewonnen wurden, z. B.

• Ziegenmilch,
• Schafsmilch.

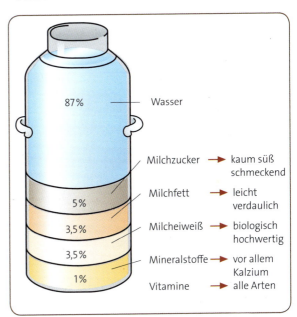

Zusammensetzung der Milch

Milch ist ein besonders wertvolles Lebensmittel und für die Ernährung unentbehrlich. Sie enthält insbesondere viel Kalzium für den Knochenaufbau und unentbehrliche Aminosäuren für den Aufbau der Körperzellen.

Einfluss der Milch auf die Teige

• Es kann mehr Milch als Wasser in den Teig gegeben werden, sodass dies eine höhere Teigausbeute ergibt.
• Durch die Milch entstehen wolligere, trockenere Teige gegenüber den Teigen, die mit Wasser hergestellt werden.

Einfluss der Milch auf die Gare

• Milchzucker ist von der Hefe im Teig nicht vergärbar, da weder das Mehl noch die Hefe das Milchzucker spaltende Enzym Laktase enthält.
• Milchfett und Milcheiweiß verbessern den Kleber, sodass durch das gute Gashaltevermögen die Gärstabilität (Teige vergären nicht so schnell) erhöht wird.
• Milchteige gären deshalb auch etwas langsamer.

Einfluss der Milch auf die Backwaren

Milch anstelle von Wasser verfeinert die Backwaren, wie z. B. Hefeteiggebäcke und Milchbrötchen.

Milchgebäcke besitzen im Vergleich zu Gebäcken, die mit Wasser hergestellt werden,
- eine stärker gebräunte Kruste,
- eine weiche Kruste (Gebäcke mit Wasser sind rösch),
- eine weichere, feinporige Krume,
- einen feinen Milchgeschmack,
- eine längere Frischhaltung.

Brötchen mit Wasser und Milchbrötchen

Begründung der Unterschiede von Milchgebäcken gegenüber mit Wasser hergestellten Backwaren

Unterschiede	Begründungen
• weichere, feinporige Krume, • weiche Kruste	Das Milchfett macht den Kleber elastischer, der die Gärgase besonders gut zu vielen gleichmäßigen Poren festhält. Durch das Milchfett wird die Krume weicher und auch die Kruste bleibt weich.
feiner Milchgeschmack	Die Nährstoffe Milchzucker, Milchfett und Milcheiweiß ergeben einen volleren Geschmack.
braunere Krustenfarbe	Der Milchzucker wird von der Hefe nicht vergoren. Er bildet beim Backen mit den Aminosäuren bräunende Stoffe (Melanoidine). Diese färben die Gebäckkruste so intensiv.
längere Frischhaltung	Das Fett und Lezithin in der Milch wirken emulgierend. Das Milcheiweiß quillt stark auf und bindet Wasser. Dadurch wird die Wasserverdunstung beim Altern der Backwaren verzögert.

Bestimmungen der Leitsätze

Für Milchbrötchen und Milchbrote müssen auf 100 kg Mehl mindestens 50 Liter Vollmilch verwendet werden.

Bearbeitung der Milch in der Molkerei

Haltbarmachung durch Wärmebehandlung

Milch hat eine kurze Lagerfähigkeit. Deshalb wird sie in der Molkerei mit Wärme behandelt ➜ Seite 170.

Pasteurisieren 72 bis 75 °C 15 bis 30 Sek.	Ultrahocherhitzen mindestens 135–150 °C 2 bis 3 Sek.	Sterilisieren 110–120 °C 15 bis 30 Min.
wenige Tage haltbar	mindestens 6 Wochen haltbar	mindestens 1 Jahr haltbar

Die Haltbarkeit bezieht sich auf verschlossene Milchpackungen.

Homogenisieren

Die großen Fettkügelchen der Rohmilch steigen nach oben, sie rahmen auf. Beim Homogenisieren werden diese Fettkügelchen durch feine Düsen gepresst und dabei sehr stark zerkleinert.

Dadurch werden sie in der Milch gleichmäßig verteilt, sie schweben und können nicht mehr aufrahmen (aufsteigen). Deshalb kann sich bei homogenisierter Milch an der Oberfläche keine Rahmschicht mehr bilden.

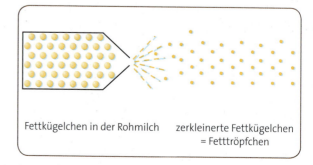

Fettkügelchen in der Rohmilch   zerkleinerte Fettkügelchen = Fetttröpfchen

LF 1.2

nicht homogenisierte Milch   homogenisierte Milch

große Fettkügelchen rahmen auf   kleine Fetttröpfchen bleiben fein verteilt

Kondensieren

Bei der Herstellung von Kondensmilch wird Milch eingedickt. Dabei verdampft im Vakuum bei 60 bis 70 °C ca. die Hälfte des Wassers der Milch.

Kondensmilch

Diese Milch wird in der Molkerei in drei Stufen bearbeitet: Sie wird
- kondensiert (eingedickt),
- homogenisiert (Fettverteilung) und
- sterilisiert (konserviert).

Verpackte Kondensmilch gibt es in Fettgehaltsstufen von 1 bis 15 %. Sie wird als Zugabe für Kaffee verwendet.

Kondensmilch in Dose, Flasche und Tetrapak

Trocknen

Sämtliche Milchsorten und Milcherzeugnisse gibt es getrocknet in Pulverform im Handel: Vollmilch-, Magermilch-, Buttermilch-, Sauermilch-, Sahne-, Joghurt- und Quarkpulver.

Trockenmilchpulver

Der Milch bzw. den Milcherzeugnissen wird durch Verdampfen fast das gesamte Wasser entzogen. Dabei bleiben die anderen Nährstoffe in Pulverform übrig. Trockenmilchpulver-Erzeugnisse dürfen höchstens noch 5 % Wasser enthalten und sind deshalb sehr lange lagerfähig.

Milchpulver wird überwiegend durch „Sprühtrocknung" gewonnen. Die durch feine Düsen gesprühte Milch wird mittels heißer Luft getrocknet → Seite 171.

Verarbeitung von Vollmilchpulver

Statt Vollmilch kann man auch Vollmilchpulver mit Wasser in der Konditorei verwenden.

> Damit man 1 l Vollmilch erhält, wiegt man 139 g (≈ 140 g) Vollmilchpulver ab und füllt mit 900 g Wasser zu einem Liter auf.

Bei der Verarbeitung wird Vollmilchpulver einfach unter die Zutaten gemischt und braucht nicht vorher mit Wasser aufgelöst zu werden.

Verwendung von Vollmilchpulver

Vollmilchpulver wirkt backtechnisch in Hefeteigen ebenso günstig wie flüssige Milch. Ist jedoch der Geschmack der Milch im Erzeugnis entscheidend, eignet sich Milchpulver wegen des geschmacklichen Nachteils nicht, z. B. für Cremes und Milchgetränke. Vollmilchpulver wird deshalb verwendet zur
- Teigherstellung und
- Zubereitung von Füllungen, da hier der nachteilige Geschmack wegen der anderen Zutaten nicht so auffällt.

Vollmilchpulver befindet sich auch in Convenience-Produkten, z. B. in Fertigmehlen für Hefeteige und im Kaltcremepulver.

Vorteile von Milchpulver	Nachteile von Milchpulver
• gute Lagerfähigkeit, weil es bei trockener Aufbewahrung nicht verdirbt • Milchpulver steht immer zur Verfügung • Milchpulver ist preisgünstiger als Milch	• geschmacklich nicht so gut wie Milch • zum direkten Verzehr nicht geeignet wegen der geschmacklichen Nachteile

LF 1.2

Milchsorten

Milchsorten, die nicht in der Molkerei hitzebehandelt und homogenisiert werden:

- **Rohmilch** ist unbehandelte Milch, die ständig gekühlt werden muss. Der Verkauf erfolgt direkt beim Bauern, „Milch ab Hof".
- **Vorzugsmilch** ist ebenfalls unbehandelte Milch, die bereits im Erzeugerbetrieb in Flaschen abgefüllt und angeboten wird. Diese Milch darf auch im Lebensmittelhandel verkauft werden.

Roh- und Vorzugsmilch sind nur kurze Zeit haltbar, ca. zwei Tage. In der Konditorei finden sie keine Verwendung.

Milchsorten, die in der Molkerei hitzebehandelt und homogenisiert werden:

- **Frischmilch** ist pasteurisierte Milch mit unterschiedlichem Fettgehalt.
- **H-Milch** ist durch Ultrahocherhitzen für längere Zeit haltbar gemachte Milch mit unterschiedlichem Fettgehalt.

Diese Sorten werden auch als „Trinkmilch" bezeichnet.

LF 1.2

H-Milch und Frischmilch

Fettgehalt der Milch aus der Molkerei

Vollmilch	fettarme Milch (teilentrahmte Milch)	entrahmte Milch (Magermilch)
mindestens 3,5 % Fett	1,5 bis 1,8 % Fett	höchstens 0,5 % Fett

Da die fast fettlose Magermilch, die geschmacklich nicht so gut ist, sich nicht gut zum Trinken eignet, wird hauptsächlich Magermilchpulver in der Molkerei hergestellt. Magermilchpulver besitzt einen hohen Eiweißanteil, der besonders quellfähig ist und somit viel Wasser bindet. Deshalb wird Magermilchpulver z. B. für die Speiseeisherstellung als Quellmittel verwendet.

Vollmilch und fettarme Milch

Säuern der Milch

Zum Säuern der noch nicht erhitzten Milch gibt man in der Molkerei Milchsäurebakterien zu.

Milch wird mit **Milchsäurebakterien** angereichert.

Diese **vergären** den **Milchzucker**.

Dabei entsteht **Milchsäure**.

Durch die Milchsäure **gerinnt das Milcheiweiß Kasein** feinflockig. Die saure Milch wird dick. Sie ist gut bekömmlich und fördert die Verdauung.

Statt mit Milchsäurebakterien kann Milch auch mit speziellen Säurebakterien gesäuert werden, die einen besonderen Geschmack ergeben:
Joghurt: Säuerung durch Joghurtkulturen
Kefir: Säuerung durch Kefirkulturen

Geronnene Sauermilch

Gesäuerte Milcherzeugnisse durch Milchsäure
- Sauermilch
- Sauerrahm
- Buttermilch

Speziell gesäuerte Milcherzeugnisse
- Joghurt (Joghurtbakterien, Joghurtsäure)
- Kefir (Kefirbakterien – Kefirsäure, etwas Kohlensäure)

Buttermilch ist ein Nebenprodukt der Butterherstellung. Sie ist ein fettarmes Erfrischungsgetränk (höchstens 1% Fett) mit den vielen wertvollen Nährstoffen der Milch. Sie schmeckt leicht säuerlich und ist deshalb besonders erfrischend.

Sahne (Rahm)

Sahne ist Milch, der in der Molkerei zusätzlich Milchfett zugegeben wird. Die Sahne wird nach dem vorgeschriebenen Milchfettanteil unterschieden.

Schlagsahne
Schlagsahne, auch Schlagrahm genannt, besteht aus Milch und enthält mindestens 30% Milchfett. Die Bezeichnung „Schlagsahne" wird sowohl für den flüssigen als auch den aufgeschlagenen Zustand verwendet.

Kaffeesahne
ist Sahne mit mindestens 10% Milchfettanteil.

Gesäuerte Sahne
Die Sahne wird mit Milchsäurebakterien angereichert und durch die entstehende Milchsäure leicht gesäuert. Man unterscheidet
- **saure Sahne** (Sauerrahm): mindestens 10% Milchfett
- **Schmand:** mindestens 20% Milchfett
- **Crème fraîche:** mindestens 30% Milchfett

Crème fraîche und Schmand

Lagerung von Milch und Milcherzeugnissen

Milch und Milcherzeugnisse sind leicht verderblich und werden deshalb im Kühlschrank bzw. Kühlraum aufbewahrt.

Käse

Mit dem Begriff „Käse" sind alle Käsesorten aus Kuhmilch gemeint.
Käse aus anderen Tiermilcharten müssen beim Verkauf entsprechend bezeichnet werden, z.B. Schafskäse und Ziegenkäse.

Käseherstellung

Zu Beginn der Käseherstellung wird das Kasein, die Eiweiße der Milch, zum Gerinnen gebracht. Dadurch wird die Milch dick, sodass man vom Dicklegen der Milch spricht.
Im nächsten Schritt wird das Wasser der geronnenen Milch, die Molke, abgelassen. Die Käsesorten werden unterschiedlich lange gelagert, wobei zunehmend Wasser verdunstet und der Käse fester wird.

Möglichkeiten der Milchgerinnung bei der Käseherstellung:

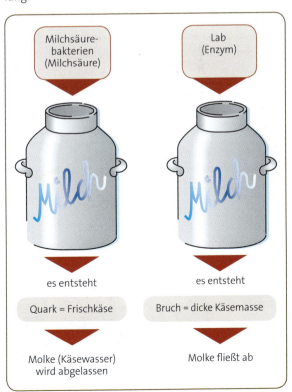

LF 1.2

Milchsäure für Sauermilchkäse	Lab für Süßmilchkäse
Milchsäurebakterien werden in die Milch gegeben und bilden darin Säure. Durch die Säure gerinnt das Eiweiß „Kasein". Beim Gerinnen quillt Kasein und bindet dabei Wasser. Die gequollenen Eiweißteilchen verkleben miteinander und die Milch wird dick. Mit der leicht gesäuerten Milch entsteht Sauer- milchkäse.	Lab sind Enzyme, die in die Milch gegeben werden und das Kasein spalten, sodass die Milch gerinnt. Die Milch wird so dickgelegt, ohne sauer zu werden, sodass daraus Süßmilchkäse entsteht. Dies sind ca. 80 % aller Käsesorten.

LF 1.2

Fettgehalt von Käse

Die Angabe des Fettgehalts von Käse auf der Verpackung ist vorgeschrieben. Entweder wird der Fettgehalt der Trockenmasse angegeben oder es wird die Fettgehalts- stufe des Käses benannt.

Fett in der Trockenmasse

Käse besteht aus Wasser und Trockenmasse, die sich aus Fett, Eiweiß, Mineralstoffen und Vitaminen zusammen- setzt. Es wird der Fettgehalt der Trockenmasse in Prozent angegeben. Während der langen Reifezeit verdunstet im Käse laufend Wasser, er verliert an Gewicht, die Trocken- masse dagegen bleibt gleich. Deshalb muss die Fettge- haltsangabe im Käse zunehmend vergrößert werden.

> **!**
>
> Angabe des Fettgehalts im Käse:
> **Prozent Fett in der Trockenmasse = % Fett i. Tr.**

Beispiel:
Auf der Käseverpackung steht: „**40 % Fett i. Tr.**".
Wie viel Gramm Fett enthalten 100 g von diesem Käse?
(→ Zeichnung rechts oben)

Verpackung mit Angabe des Fettgehalts

100 % Trockenmasse ≙ 53 g
 40 % davon ≙ x g

$$\frac{53\,g \times 40}{100} = 21{,}2, \text{ also rund } \textbf{21 g Fettgehalt}$$

100 g von diesem Schnittkäse enthalten 21 g Fett.

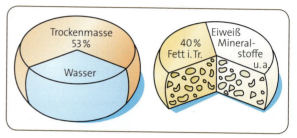

Zusammensetzung der Trockenmasse

Angabe des Fettgehalts in Fettgehaltsstufen

Fettgehaltsstufen	Fett i. Tr.
Doppelrahmkäse	mind. 60 %, höchstens 87 %
Rahmkäse	50 %
Vollfettkäse	45 %
Fettkäse	mindestens 40 %
Dreiviertelfettkäse	30 %
Halbfettkäse	20 %
Viertelfettkäse	10 %
Magerkäse	weniger als 10 %

Fettreicher Käse ist geschmackvoller als fettarmer, da Fett ein Geschmacksträger ist.
Für Feine Backwaren mit Quark sollte fettarmer Quark verwendet werden, z. B. 10 bis 20 % Fett i. Tr., da diese Back- waren in der Rezeptur geschmackgebende Fette enthal- ten.

Einteilung der Käsearten nach dem Wassergehalt

Je niedriger der Wassergehalt, desto höher ist der Anteil an Trockenmasse, umso fester ist der Käse.

Verschiedene Käsesorten

Käsegruppen, Wassergehalt	Beispiele von Käsesorten
Frischkäse mehr als 73 % Wasser	• Quark • Mascarpone • Mozzarella • Philadelphia
Weichkäse mehr als 67 % Wasser	• Camembert, außen mit Weißschimmel • Feta • Roquefort • Edelpilzkäse mit Blauschimmel, z. B. Bavaria Blue
halbfester Schnittkäse 61 bis 69 % Wasser	• Butterkäse • Edelpilzkäse mit Blauschimmel, z. B. Gorgonzola
Schnittkäse 54 bis 63 % Wasser	• Edamer • Gouda
Hartkäse 56 % und weniger Wasser	• Emmentaler • Parmesan • Bergkäse

Verwendung der Käsesorten in der Konditorei

Käsesorten	Erzeugnisse
Quark (Frischkäse)	Quarkfüllung für Plunder- und Blätterteiggebäcke, Käsesahnetorten, Käsetorten, Käsekuchen, Quarkeis (Speiseeis)
Mascarpone (italienischer Frischkäse)	Tiramisudesserts
Emmentaler Edamer Gouda Parmesan	Käsestangen aus Blätterteig, Käsegebäck aus Mürbeteig und Blätterteig, Pizzas, Zwiebelkuchen, Quiches, Salate, Käsebrötchen, Laugen-Käse-Stangen
Schafskäse Emmentaler Camembert Mozzarella	Salate, Snacks

Käsestreuselkuchen und Käsekuchen

Käse-Wurst-Snack

Kanapee mit Käse belegt

Überbackener Käse

Mit Käse überbackene Speisen schmecken heiß oder warm am besten, da zerlaufener Käse beim Auskühlen zäh wird.

Käse zum Verzehr

Käse am Stück, z. B. auf einer Käseplatte, schmeckt am besten, wenn er Zimmertemperatur hat, erst dann entwickelt er sein volles Aroma. Man sollte ihn deshalb ca. eine Stunde vor dem Verzehr aus der Kühlung nehmen.

Snack mit Käse überbacken

Käseplatte

Lagerung von Käse

- Käse gehört zu den leicht verderblichen Lebensmitteln und muss deshalb im Kühlschrank bzw. Kühlraum gelagert werden.
- Unverpackte Käsesorten trocknen schnell aus und verlieren an Aroma. Geriebenen Käse luftdicht in Folienbeuteln verschweißen und geöffnete Beutel möglichst schnell verarbeiten.
- Die Schnittstellen von Käsestücken sofort nach dem Schneiden mit selbstklebender Folie abdecken.

Aufgaben

1. Von welchem Tier ist Milch (mit dieser einfachen Bezeichnung) nach dem Milchgesetz?
2. Erklären Sie, warum Milch ein besonders wertvolles Lebensmittel ist.
3. Nennen Sie die Einflüsse der Milch auf
   • die Teige,   • die Gare.
4. Nennen Sie wegen der Einflüsse der Milch die Unterschiede von Milchgebäcken zu Gebäcken, die mit Wasser hergestellt werden.
5. Begründen Sie, warum Milchgebäcke folgende Qualitätsmerkmale aufweisen:
   • feinporige Krume, weiche Kruste
   • feiner Milchgeschmack
   • starke Krustenbräune
   • gute Frischhaltung
6. Erläutern Sie die Bestimmungen der Leitsätze für Milchbrötchen und Milchbrote.
7. Nennen und beschreiben Sie die drei Haltbarmachungsverfahren der Milch in der Molkerei durch Hitze und geben Sie jeweils die Haltbarkeit der behandelten Milch an.
8. Erklären Sie folgende Verfahren bei der Bearbeitung von Milch in der Molkerei:
   • Homogenisieren
   • Kondensieren
9. Beschreiben Sie die drei Stufen, wie Milch in der Molkerei zu Kondensmilch bearbeitet wird, und geben Sie die überwiegende Verwendung von Kondensmilch an.
10. Wie wird Milchpulver hergestellt?
11. Welche Menge Vollmilchpulver und Wasser sind zur Erzeugung von 1 Liter Vollmilch notwendig?
12. Nennen Sie die drei Milchsorten, die nach ihrem Fettgehalt unterschieden werden, und geben Sie den vorgeschriebenen Fettgehalt an.
13. Beschreiben Sie das Säuern der Milch.

14. Geben Sie gesäuerte Milcherzeugnisse an.
15. Erklären Sie Buttermilch und Joghurt.
16. Erläutern Sie, wie Sahne in der Molkerei hergestellt wird.
17. Was versteht man unter
    • Schlagsahne,   • Kaffeesahne?
18. Nennen und unterscheiden Sie drei gesäuerte Sahnesorten.
19. Wie müssen Milch und Milcherzeugnisse aufbewahrt werden?
20. Beschreiben Sie die Gerinnung der Milch für
    • Süßmilchkäse,   • Sauermilchkäse.
21. Erklären Sie folgende Angabe auf der Käseverpackung: 50 % Fett i. Tr.
22. Nennen Sie die Fettgehaltsstufen, die den Fettgehalt von Käse angeben.
23. Nennen Sie die fünf Käsegruppen und geben Sie jeweils Beispiele bekannter Käsesorten an.
24. Nennen Sie Käsesorten und ihre Verwendung in der Konditorei.
25. Was beachten Sie beim Verzehr von Käse, der vom Stück geschnitten wird?
26. Erklären Sie, wie Backwaren, die mit Käse überbacken sind, am besten schmecken.
27. Wie wird Käse gelagert?
28. Mit Ihrer neuen Kollegin sollen Sie die Bestellung für die Molkerei schreiben. Auf der Bestellkarte sind alle Molkereierzeugnisse aufgelistet.
    a) Erklären Sie der neuen Kollegin den Unterschied zwischen Frischmilch, H-Milch und Kondensmilch sowie Schlagsahne und Kaffeesahne.
    b) Müssen Sie für eine Käse- und Käsesahnetorte Käse oder Quark bestellen?
    c) Warum steht beim Quark wohl nicht homogenisiert dabei?

LF 1.2

Rechenaufgaben

1. Berechnen Sie den Fettgehalt folgender Käsesorten je 100 g Käse:
   Emmentaler: 45 % Fett i. Tr., Trockenmasse = 62 %
   Camembert: 50 % Fett i. Tr., Trockenmasse = 48,4 %
2. Zur Herstellung von Vollmilch werden Vollmilchpulver und Wasser im Verhältnis 1,5 : 8,5 gemischt.

   a) Wie viel Vollmilchpulver und Wasser werden für 3,2 l Vollmilch benötigt?
   b) Wie viel Liter Wasser müssen zu 900 g Vollmilchpulver zugegeben werden, um Vollmilch zu erhalten?

7.5 Speisefette

Butter

Butter wird aus Milchfett, dem Rahm der Milch von Kühen, gewonnen. Durch Zentrifugieren (Schleudern) ballen sich die Fettkügelchen des Rahms zu Fettklumpen zusammen. Die fettlose Buttermilch fließt dabei ab.

Butter wird in der Konditorei für Qualitätswaren verwendet. Geschmacklich übertrifft Butter die Margarine deutlich und hat daher bei den Kunden den höchsten Stellenwert. Diese Tatsache kann für Werbezwecke genutzt werden.

Mild gesäuerte Butter, Süßrahmbutter

> ! **Zusammensetzung der Butter**
> mindestens   82 % Milchfett
> höchstens   16 % Wasser
> höchstens   2 % Milcheiweiß, Milchzucker,
>   Mineralsloffe, fettlösliche
>   Vitamine A, D, E und K
> Butter enthält zur appetitlichen Gelbfärbung
> Beta-Karotin, einen natürlichen Farbstoff.

Handelsklassen

Butter, die in der Molkerei hergestellt wird, wird nach einer Qualitätsprüfung in zwei Handelsklassen eingeteilt.
• Deutsche Markenbutter: beste Qualität
• Deutsche Molkereibutter: etwas geringere Qualität
Butter mit der einfachen Bezeichnung „Markenbutter" ist Butter aus dem Ausland, die den Qualitätsanforderungen deutscher Markenbutter entspricht.

Geschmackssorten

Die Butterverordnung unterscheidet Deutsche Markenbutter und Molkereibutter nach drei Geschmackssorten:
• **Sauerrahmbutter**
  mit Milchsäure gesäuerter Rahm (pH-Wert nicht über 5,1)
• **Mild gesäuerte Butter**
  aus leicht mit Milchsäure gesäuertem Rahm (pH-Wert bis 6,3)
• **Süßrahmbutter**
  aus nicht gesäuertem Rahm (pH-Wert nicht unter 6,4)

Bei Sauerrahmbutter und mild gesäuerter Butter wird der Rahm mit Milchsäurebakterien angereichert. Es bildet sich darin Milchsäure.

Landbutter ist Butter, die nicht in der Molkerei, sondern im Milcherzeugerbetrieb (Bauernhof) hergestellt wird. Sie unterliegt keiner amtlichen Qualitätsprüfung und wird nicht in der Konditorei verarbeitet.

Verwendung von Butter in der Konditorei

„Alles in Butter", freut sich der Volksmund und meint, dass alles gut ist. Auch in der Konditorei sind Backwaren mit Butter für die Kunden ein Zeichen höchster Güte.
Beispiele für Erzeugnisse mit Butter:
• Buttertoastbrot
• Buttermürbeteige: Buttergebäcke (Plätzchen), Butterspekulatius
• Butterhefeteige: Butterhefezöpfe, Butterkuchen, Butterstollen
• Buttercroissants, Butterplundergebäcke
• Butterblätterteiggebäcke
• Buttercreme

Butterhefezopf, Butterkuchen und Buttertoastbrot

> § **Gesetzliche Bestimmungen**
> Für die Erzeugnisse, die das Wort „Butter" in der Verkehrsbezeichnung haben, darf bei der Herstellung außer Butter kein anderes Fett verwendet werden.

LF 1.2

Werbeaussagen für Butter:
- Butter gibt den Erzeugnissen den feinen Buttergeschmack.
- Außerdem ist Butter leicht verdaulich, d. h. gut bekömmlich, da sie einen niedrigen Schmelzpunkt wegen des hohen Anteils an Ölsäuren hat.

Butterfett

Der Butter wird das Wasser entzogen, evtl. noch Milchzucker und Milcheiweiß, sodass Butterfett einen besonders hohen Anteil an Milchfett besitzt.

Arten von Butterfett:
- **Butterreinfett**, häufig **Butterschmalz** genannt, enthält mindestens 99,8 % Milchfett ≈ 100 %.
- **Butterfett** enthält mindestens 96 % Milchfett.

Da bei der Herstellung von Butterreinfett und Butterfett ein Teil der Aromen verloren geht, sind sie geschmacklich nicht so gut wie Butter. Deshalb werden die preisgünstigen Butterfette nur für Teige verwendet.

Butterreinfett und Butterfett können für Backwaren anstelle von Butter verwendet werden. Diese Backwaren dürfen im Gebäcknamen das Wort Butter enthalten. Berechnung: 1 kg Butter wird ersetzt durch 820 g Butter bzw. 850 g Butterfett.

Fraktioniertes Butterfett enthält mindestens 99,8 % Milchfett. Durch Kristallisieren der Fettsäuren des Milchfetts wird der Schmelzpunkt der Butter wesentlich erhöht. So ist fraktionierte Butter leichter zu verarbeiten, z. B. zum Tourieren von Plunder- und Blätterteig.
Nachteil: Bei der Verwendung von fraktionierter Butter ist die Bezeichnung Butter im Namen der Gebäcke nicht zulässig.

Lagerung von Butterfett

In Folie verpackt ist Butterfett in der Kühlung bis zu 12 Monate haltbar.

Butterreinfett

Margarine

Margarine wurde als Butterersatz entwickelt und besteht zu mindestens 80 % aus Fett und ca. 18 % Wasser. Sie enthält noch Lezithin als Emulgator und Carotin zur leichten Gelbfärbung.

Ziehmargarine wird auch mit einem Anteil an Butter angeboten, um die Qualität geschmacklich zu verbessern.

Spezialmargarine

Spezialmargarinen besitzen maßgeschneiderte Eigenschaften für das Zubereiten bestimmter Konditoreierzeugnisse. Sie lassen sich durch spezielle Zusätze leichter verarbeiten als Butter.

Spezial-margarine	Spezielle Verwendung	Vorzüge
Back-margarine	Hefeteige, Mürbeteige und Sandmassen	Enthaltene Emulgatoren ermöglichen ein schnelles Vermischen des Fetts mit den anderen Zutaten. Sie eignet sich deshalb für Teige und Massen, die geknetet und gerührt werden.
Zieh-margarine	zum Tourieren von Blätter- und Plunderteigen	Ziehmargarine ist geschmeidig und beim Ausrollen schmiert und reißt sie nicht. So sind beim Tourieren hauchdünne Ziehfettschichten zwischen den Teigschichten möglich.
Creme-margarine	Fettcremes	Crememargarine ist weich und hat einen niedrigen Schmelzpunkt. Deshalb hat sie beim Schaumigschlagen ein gutes Luftaufnahmevermögen. Die dadurch lockeren, geschmeidigen und glatten Fettcremes lassen sich gut einstreichen und zum Garnieren für Torten und Desserts verwenden.

Back-, Creme- und Ziehmargarine

Siedefett

Siedefett wird zum Backen von Siedegebäcken (Berliner) im Fettbackgerät und für die Fritteuse verwendet. Für Siedefette eignen sich Erdnussöl sowie Palmkern- und Kokosfett. Diese Fette werden gehärtet, damit sie gut erhitzbar sind.

Anforderungen an Siedefette
- Siedefette sind geschmacksneutrale Fette.
- Sie besitzen einen hohen Rauchpunkt, damit sie durch die hohe Backhitze nicht geschädigt werden.

Backen im Siedefett

Die Voraussetzung für Siedefett ist der hohe Rauchpunkt von ca. 230 °C. Die Backtemperatur für Siedegebäcke beträgt 175 bis 180 °C. Obwohl sich der Rauchpunkt durch mehrfachen Gebrauch erniedrigt, ist dieses hitzebeständige Fett lange Zeit verwendbar → Seite 74.

Speiseöle

Speiseöle werden aus ölhaltigen Pflanzen gewonnen, z. B. Olivenöl, Sonnenblumenöl, Weizenkeimöl. Sie werden in der Konditorei verwendet
- für Kuchen aus Sandmasse (Rührkuchen), wobei statt Butter oder Backmargarine Speiseöl verwendet wird. Diese Kuchen sind etwas lockerer, weicher und saftiger;
- für Strudel-, Pizza-, Ciabatta und Fladenbrotteige;
- in der Küche, z. B. für Salate und zum Braten von Fleisch in der Pfanne.

Mit Öl und Essig angerichteter Salat

Lagerung von Speisefetten

- Fette in der Kühlung (Kühlschrank oder Kühlraum) lagern.
- Da Fette schnell Fremdgerüche annehmen, sollten sie nicht mit stark riechenden Lebensmitteln zusammen gelagert werden.
- Fett vor Sauerstoff schützen, da Sauerstoff den Fettverderb fördert.
  - Fette in luftundurchlässiges Material (Fettpapier) einwickeln.
  - Öle in verschlossenen Flaschen lagern.

Bei idealer Lagerung sind Fette längere Zeit lagerfähig. Nach der Butterverordnung sollte das Mindesthaltbarkeitsdatum beachtet werden, das sich auf den Hinweis „gekühlt" bezieht. Es wird von 10 °C Lagertemperatur in der Kühlung ausgegangen.

Wirkung von Fett auf den Teig

> **Geringe Mengen Fett, bis ca. 10 % auf das Mehl berechnet, bewirken:**
> - Der Kleber in Weizenteigen wird elastischer, sodass die Teige rollfähiger und formbarer sind, z. B. Strudelteige.
> - Der Kleber wird stabiler und dehnbarer und hält die Gärgase in Hefeteigen besser zu Poren fest. Dadurch wird die Gärstabilität verbessert → Seite 268.

Größere Mengen Fett im Hefeteig bewirken:

- Je mehr Fett im Hefeteig, desto weicher wird er. Deshalb muss die Milchmenge reduziert werden.
- Fettreiche Hefeteige benötigen einen Vorteig, in dem sich während der Stehzeit eine triebkräftige Hefe für den Teig entwickelt.

  Begründung: In fettreichen Hefeteigen ist die Milchmenge für die Hefe zu gering, sodass der Hefe zu wenig Wasser zur Bildung der Gärgase für die Lockerung zur Verfügung steht.

Wirkung von Fett auf das Gebäck

Eine geringe Menge Fett im Gebäck bewirkt	Je höher der Fettanteil im Gebäck, desto
• ein großes Gebäckvolumen • gleichmäßige Porung mit guter Lockerung • eine weiche, elastische Krume • einen feinen mild-aromatischen Geschmack • eine kurze Frischhaltung • ein gut verdauliches, bekömmliches Gebäck	• geringeres Gebäckvolumen • kleiner die Porung • mürber die Krume (mürbe = weich, zart, brüchig) • geschmackvoller das Gebäck • länger die Frischhaltung • schwerer für kranke Menschen verdaulich

LF 1.2

Aufgaben

1. Woraus wird Butter hergestellt?
2. Nennen Sie die Zusammensetzung von Butter mit ihren vorgeschriebenen Anteilen.
3. Nennen Sie die zwei Handelsklassen von Butter in Bezug auf die Qualität.
4. Geben Sie die drei Geschmackssorten von Butter an.
5. Geben Sie Beispiele für Konditoreierzeugnisse an, in denen das Wort Butter im Namen des Erzeugnisses enthalten ist.
6. Erläutern Sie die gesetzlichen Bestimmungen bei Erzeugnissen der Konditorei, die das Wort „Butter" in der Verkehrsbezeichnung haben.
7. Warum ist Butter in den Konditoreierzeugnissen so beliebt?

→

8. Welchen Mindestmilchfettanteil haben
   - Butterreinfett bzw. Butterschmalz,
   - Butterfett?
9. Welchen Nachteil hat fraktioniertes Butterfett gegenüber Butterreinfett und Butterfett?
10. Nennen Sie die drei Spezialmargarinesorten und deren Verwendung sowie ihre Vorzüge.
11. Welche Fette werden für Siedefette verwendet?
12. Nennen Sie die Anforderungen an Siedefette.
13. Woraus werden Speiseöle gewonnen?
14. Wofür wird Speiseöl verwendet?
15. Beschreiben Sie die Lagerung von Speisefetten.
16. Erklären Sie, wie sich eine geringe Menge Fett, bis zu 10 % auf das Mehl berechnet, auswirkt.
17. Erläutern Sie, wie sich größere Mengen Fett auf Hefeteige auswirken.
18. Warum benötigen fettreiche Hefeteige einen Vorteig?
19. Beschreiben Sie die Wirkungen einer geringen sowie einer großen Menge Fett auf das Gebäck in Bezug auf
    - Gebäckvolumen,
    - Gebäckgeschmack,
    - Porung, Lockerung,
    - Frischhaltung,
    - Krumenbeschaffenheit,
    - Verdaulichkeit.
20. Ihr Chef bat Sie, das Fett für den Hefeteig aus dem Kühlraum zu holen. Im Kühlraum waren Sie unschlüssig, welches Fett er gemeint haben könnte. Erstellen Sie eine Übersicht zu den Speisefetten, die Sie in der Konditorei verwenden, und geben Sie jeweils zwei Beispiele für deren Verwendung an.

Rechenaufgaben

1. Für einen Hefeteig aus 1 kg Weizenmehl benötigt man 150 g Butter. Statt Butter soll Butterschmalz (Butterreinfett) verwendet werden. Wie viel Butterschmalz muss eingewogen werden, um den gleichen Fettgehalt wie mit Butter zu bekommen? Butter besitzt 82 % Milchfett, bei Butterschmalz berechnet man 100 % Milchfett.
2. Ein leichter Hefeteig wird mit 400 g Milch und 120 g Fett auf 1 000 g Weizenmehl hergestellt. Bei einem schweren Hefeteig mit 450 g Fett muss die Milchmenge von 400 g um 40 % der Differenz der höheren Fettmenge verringert werden. Berechnen Sie die benötigte Milchmenge für einen schweren Hefeteig aus 8 kg Weizenmehl.

7.6 Zucker

Schon immer hatte der Mensch das Verlangen nach Süßigkeiten.

Indien gilt als die Heimat des Rohrzuckers. Später wurde das Zuckerrohr in allen tropischen und subtropischen Ländern der Erde angebaut, vor allem in Mittelamerika.

Der Zucker blieb in Europa lange Zeit ein Privileg der Herrschaftshäuser. Speisen mit Zucker galten als Statussymbol. An der Süße der Tafel konnte man den gesellschaftlichen Rang erkennen. Zucker wurde in kostbaren Silberdosen aufbewahrt und in Apotheken verkauft.

Seit der Züchtung der ertragreichen Zuckerrübe – um das Jahr 1900 – wurde der Rübenzucker für alle Volksschichten erschwinglich. In dieser Zeit gab es immer mehr „Zuckerbäcker", aus denen dann später die Konditoren entstanden.

Der Zuckerhut

Der erste gereinigte Zucker wurde in Kegelform gewonnen und als Zuckerhut benannt. Der Zuckerhut ist bis heute das Symbol des Zuckers. Zuckerrohrsirup wurde in kegelförmige Gefäße gegeben, die an der Kegelspitze ein kleines Loch hatten. Durch diese Öffnung konnte die Flüssigkeit mit den Nichtzu-

Herstellung eines Zuckerhuts

ckerstoffen ablaufen, während der Zucker kristallisierte. Die Form wurde dann umgedreht, sodass der Zuckerhut, der ein Gewicht von 11 bis 17 kg hatte, herausrutschte.

Zuckersorten

Zucker (international = Saccharose) wird aus Zuckerrohr und Zuckerrüben gewonnen; beide Sorten sind chemisch gleich. In Mitteleuropa hat Rübenzucker die größte Bedeutung.

Zuckerrübe und Zuckerrohr

Zuckergewinnung aus der Zuckerrübe

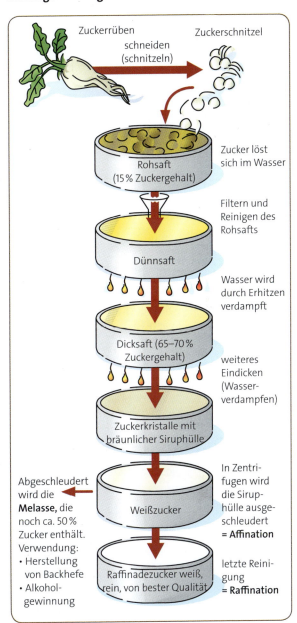

Zuckerrüben — schneiden (schnitzeln) — Zuckerschnitzel

Rohsaft (15 % Zuckergehalt) — Zucker löst sich im Wasser

Dünnsaft — Filtern und Reinigen des Rohsafts

Dicksaft (65–70 % Zuckergehalt) — Wasser wird durch Erhitzen verdampft

weiteres Eindicken (Wasserverdampfen)

Zuckerkristalle mit bräunlicher Siruphülle

Abgeschleudert wird die **Melasse,** die noch ca. 50 % Zucker enthält. Verwendung:
• Herstellung von Backhefe
• Alkoholgewinnung

Weißzucker — In Zentrifugen wird die Siruphülle ausgeschleudert = **Affination**

Raffinadezucker weiß, rein, von bester Qualität — letzte Reinigung = **Raffination**

Zuckerarten

In der Konditorei wird nur der **Raffinadezucker** verarbeitet. Es ist besonders reiner, weißer Zucker von höchster Qualität.

Zuckerarten: Kristallzucker, Puderzucker, Würfelzucker, brauner Zucker, weißer Kandis, brauner Kandis

Zuckerarten

Zuckerkristalle	Besonderheiten	Verwendung
Kristallzucker	feinkörniger Zucker (Raffinadezucker)	für fast alle Erzeugnisse der Konditorei
Puderzucker	besonders fein vermahlener Kristallzucker, bei dem die Kristallteilchen nicht mehr fühlbar sind	• zum Bestauben von Backwaren • zum Anwirken von Marzipan • für Eiweißglasur • für Puderzuckerglasur • zum Karamellisieren von Krokant
Dekorpuder (süßer Schnee)	mit Fett und Stärke behandelter Puderzucker; Dekorpuder schmilzt nicht auf warmen und kalten Backwaren.	als Puderzuckerersatz auf heiße und feuchte Gebäcke wie Berliner, Käsekuchen, Käsesahne, Stollen u. a.
Hagelzucker	grobkörniger, hagelähnlicher Zucker, bei dem mehrere Zuckerkristalle durch Anfeuchten aneinanderhaften; er schmilzt nicht beim Backen	als Dekor für Mürbeteige, Lebkuchenteige, Hefezöpfe
Würfelzucker	angefeuchteter Zucker, der zu Platten gepresst, getrocknet und in Würfel geschnitten wird	zum Süßen von z. B. Kaffee und Tee
Brauner Zucker (Farinzucker)	brauner Kristallzucker, der noch nicht vollständig gereinigt ist und an dessen Zuckerkristallen noch gelbbrauner Sirup haftet; deshalb der malzige Geschmack	Braune Lebkuchen; der besondere karamellartige Geschmack ist hier erwünscht
Weißer Kandis	große und harte Zuckerkristalle, die durch langsames Auskristallisieren einer Zuckerlösung entstehen	zum Süßen von Tee; der Kandis löst sich darin nur langsam auf; zerkleinert als Teigzugabe für Printen (Braune Lebkuchen)
Brauner Kandis	große braune Zuckerkristalle; die mit Karamell braun gefärbte Zuckerlösung lässt man langsam auskristallisieren	zum Süßen für heiße Teegetränke; zerkleinert als Teigzugabe für Printen

LF 1.2

Kristallzucker und brauner Zucker

Weißer und brauner Kandis

Gelöster Zucker	Besonderheiten	Verwendung
Flüssigzucker	in Wasser aufgelöster Zucker, mindestens 62 % Zuckergehalt	zum Süßen von Schlagsahne im Sahnebläser und im Sahneautomaten
Glukosesirup	klarer zäher Sirup von geringer Süßkraft aus mindestens 70 % Zucker (Traubenzucker und Dextrine) und Wasser. Die Zugabe von Glukosesirup verlängert die Frischhaltung der Erzeugnisse, da es das Auskristallisieren des Zuckers verhindert.	zur längeren Frischhaltung von Marzipan, Lebkuchen, Füllungen, Pralinen u. a. Glukosesirup ist stark hygroskopisch (Wasser anziehend), sodass die Erzeugnisse länger frisch bleiben.
Rübensirup (Rübensaft, Rübenkraut)	zähflüssiger Sirup aus eingedicktem Zuckerrübensaft mit 60 bis 70 % Zuckergehalt	Lebkuchen, Vollkornbrote; dadurch werden die Aromabildung sowie die Bräunung gefördert und die Backwaren bleiben lange weich.
Läuterzucker	Zucker und Wasser gekocht und abgekühlt. Der abgekühlte Läuterzucker wird mit Spirituosen, z. B. mit Rum, abgeschmeckt (Rumtränke). (Unreinheiten wurden früher beim Kochen des Zuckerwassers abgeschöpft = geläutert, daher der Name)	zum Tränken von Tortenböden

Fondant

Fondant (französisch: fondre = schmelzen) ist gekochter Zucker, der als Zuckerglasur zum Glasieren auf die Aprikotur, z. B. für Plunder- und Blätterteiggebäcke, Hefezöpfe und Berliner, verwendet wird.
Zucker wird mit ca. 10 % Glukosesirup auf 117 °C erhitzt (starker Flug). Der heiße Zucker wird in einem Rührwerk abgekühlt und dabei tabliert, d. h. ständig in Bewegung gehalten.
Dabei können sich nur winzige Zuckerkristalle bilden, die ein milchig weißes Aussehen ergeben. Durch die Bewegungen beim Tablieren entsteht eine geschmeidige Zuckermasse mit zartem Schmelz.

Fondant

LF 1.2

Zucker mit Zugaben	Besonderheiten	Verwendung
• **Zimtzucker** • **Vanillezucker**	• Kristallzucker mit etwas Zimt vermischt • Kristallzucker mit pulverförmiger, natürlicher Vanille	heiße Backwaren werden in Zucker gewälzt, sodass die Zuckerkristalle am Gebäck haften bleiben; • Zimtzucker, z. B. für Siedegebäck, Streusel-, Butterkuchen; • Vanillezucker, z. B. für Vanillekipferl, Stollen
Gelierzucker	Zucker mit Pektinen (Bindemittel, meist aus Äpfeln) und Zitronen- oder Weinsäure zur Geschmacksverbesserung	zum Süßen und Gelieren bei der Herstellung von Konfitüren, Marmeladen und Gelees
Bunter Streuzucker	Zucker wird mit 30 % Stärke vermischt, mit Lebensmittelfarben eingefärbt und zu kleinen Kügelchen geformt; bunter Streuzucker schmilzt nicht beim Backen.	als Dekor für Mürbeteiggebäcke und Lebkuchen

Eigenschaften des Zuckers

Zucker ist löslich

> **!**
>
> Zucker kann nur in Wasser gelöst werden. Je kleiner die Zuckerkristalle, desto schneller lösen sie sich im Wasser. Am schnellsten löst sich deshalb Puderzucker.

Für wasserarme Teige, die frisch verarbeitet werden, z.B. Spritzmürbeteige, verwendet man deshalb Puderzucker.

Zuckerlösungen

Wasser kann aber nur eine bestimmte Menge Zucker lösen. Kann der gesamte Zucker, den man in das Wasser gibt, vom Wasser aufgenommen werden, spricht man von einer **„ungesättigten Zuckerlösung"**.

Befindet sich jedoch in einer Zuckerlösung eine zu hohe Zuckermenge, die das Wasser nicht mehr aufnehmen kann, nennt man dies eine **„übersättigte Zuckerlösung"**.

 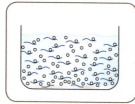

Ungesättigte Zuckerlösung   Übersättigte Zuckerlösung

Die Löslichkeit der Zuckermenge in Wasser ist auch von der Temperatur abhängig. Je wärmer das Wasser, desto mehr Zucker kann darin gelöst werden. Deshalb wird Läuterzucker gekocht, damit der Zucker darin nicht auskristallisiert.

In einem Liter Wasser mit 20 °C können ca. 2 kg Zucker gelöst werden und bei 90 °C ca. 4 kg. Beim Abkühlen kristallisiert der Zucker in der übersättigten Zuckerlösung wieder nach einiger Zeit.

Verhindern des Auskristallisierens

Der hohe Zuckeranteil im Wasser kristallisiert bei längerer Lagerung aus, z.B. beim Läuterzucker und Honig. Durch Anwärmen lösen sich die Zuckerkristalle wieder auf.

Glukosesirup in Konditoreierzeugnissen verhindert das Auskristallisieren des Zuckers. Schon eine geringe Menge Glukosesirup verzögert das Auskristallisieren, z.B. im Marzipan, in Füllungen, Lebkuchen, Pralinen. Dadurch wird die Frischhaltung dieser Erzeugnisse verlängert.

Der Grund hierfür liegt darin, dass Trauben- und Fruchtzucker eine größere Wasseranziehungskraft als Doppelzucker haben. Dadurch ist in den Konditoreierzeugnissen keine Kristallbildung des Zuckers möglich.

Glukosesirup

Zucker besitzt Dekorwirkung

Zucker in verschiedenen Formen verschönert die Backwaren und gibt ihnen ein appetitliches Aussehen, z.B. durch

- das Bestauben von Berlinern, Käsesahnetorten mit Puderzucker bzw. Dekorpuder (süßer Schnee),
- das Bestreuen von Lebkuchen, Hefezöpfen mit Hagelzucker,
- das Überziehen von Punschtorten, Desserts mit Fondant.

Puderzucker als Dekor

Zuckerglasur als Dekor

Zucker schmilzt beim Erhitzen und wird braun

Bei Raumtemperatur ist Zucker fest. Bei Temperaturen über 100 °C wird Zucker flüssig und bei steigenden Temperaturen wird er braun. Erhitzter flüssiger Zucker wird beim Abkühlen wieder hart.

Geschmolzener Zucker, Karamell, Zuckercouleur

Zucker bei verschiedenen Temperaturen

Über 100 °C	Ab 145 bis 180 °C	Bei ca. 200 °C
Zucker schmilzt = **geschmolzener Zucker**	Zucker ist braun = **Karamell**	Zucker ist dunkelbraun bis schwarz = **Zuckercouleur**
Beim Abkühlen wird der geschmolzene Zucker hart, z. B. bildet gekochte Aprikotur mit ihrem hohen Zuckergehalt nach dem Abkühlen eine feste, dünne Isolierschicht auf den Gebäcken. Zuckerreiche Gebäcke wie Mürbeteiggebäcke und Braune Lebkuchen sind nach dem Backen knusprig.	Das Bräunen des Zuckers beim Erhitzen nennt man **Karamellisieren**. Der abgekühlte Karamell wird hart. Bei 145 bis 150 °C ist der Zucker durchsichtig klar und wird gelblich. Der eigentliche Karamell, mit brauner Farbe und dem Karamellgeschmack, entsteht bei ca. 180 °C.	Zuckercouleur wird als Farbstoff verwendet, z. B. für Glasuren, Liköre, Cola, Soßen. Nicht mit Zuckercouleur gefärbt werden dürfen Lebensmittel, die mit Malz, Kakao, Schokolade, Kaffee und Tee hergestellt werden, um keine bessere Beschaffenheit vorzutäuschen.

Verwendung von karamellisiertem Zucker

- Für Krokant werden in karamellisierten Zucker gehobelte oder gehackte Mandeln bzw. Nüsse gerührt.
- Mandeln und Nüsse werden mit karamellisiertem Zucker überzogen, z. B. bei gebrannten Mandeln.
- Karamellisierter Zucker wird als Geschmacksstoff für Cremes und Speiseeis verwendet.

Krokant, hart und brüchig

Beispiele für Karamellisieren beim Backen von Gebäcken durch Backhitze

- Die Gebäckkruste bekommt ihre appetitliche Braunfärbung im Backofen.
- Bei gezuckerten Blätterteigstücken karamellisiert der Zucker an den Rändern der Gebäcke, z. B. Teeblätter, Schweinsohren.
- Zuckerreiche Gebäcke aus Röstmasse karamellisieren im Backofen, z. B. Bienenstichaufstrich und Florentiner.

Karamellisierter Zucker an den Gebäckrändern der Blätterteiggebäcke

LF 1.2

Zucker zieht Wasser an

Zucker ist in und auf Konditoreierzeugnissen Wasser anziehend (hygroskopisch), lässt man z.B. die Apfelfüllung mit Zucker stehen, entzieht der Zucker den Apfelspalten Wasser und die Apfelfüllung wird wässrig.

Zucker zieht auch bei der Lagerung Luftfeuchtigkeit an. Bilden sich während der Lagerung Klumpen im Kristallzucker und Puderzucker, ist dies kein Qualitätsnachteil. Die Klumpen lösen sich im Wasser sofort wieder auf.

Zucker sollte deshalb in einem trockenen Raum oder in einem verschlossenen Behälter gelagert werden. So ist Zucker fast unbegrenzt haltbar.

Zucker wirkt konservierend

Große Mengen Zucker in den Lebensmitteln binden durch die Wasser anziehende Wirkung das freie Wasser. Den Mikroorganismen fehlt somit das lebensnotwendige Wasser, sodass die Lebensmittel nicht so schnell verderben können. Je höher der Zuckeranteil in den Lebensmitteln ist, umso länger bleiben sie haltbar, z.B. Dickzuckerfrüchte, Konfitüren, getrocknete Baisererzeugnisse.

In Braunen Lebkuchen wird der hohe Zuckergehalt beim Backen flüssig und nach dem Abkühlen hart. Erst bei der Lagerung wird der Zucker wieder weich. Somit sind Braune Lebkuchen Dauerbackwaren, die in luftdicht verschlossenen Behältern lange weich bleiben.

Kirschen mit Zucker konserviert (Belegkirschen)

Zucker ist vergärbar

Gärfähige Mikroorganismen benötigen Zucker als Nahrung zur Gärung. In der Konditorei unterscheidet man zwei Gärungsarten:

Alkoholische Gärung	Milchsäuregärung
Die Hefe vergärt den Zucker zu Alkohol und Kohlenstoffdioxid in den Teigen, z.B. im Hefeteig.	Milchsäurebakterien vergären den Zucker zu Milchsäure, z.B. saure Milch und Sauerteig.

Zucker für die Hefegärung

- Traubenzucker (Einfachzucker) kann sofort von der Hefe aufgenommen und vergärt werden.
- Malz- und Rübenzucker (Doppelzucker) im Teig müssen erst von Enzymen zu Traubenzucker abgebaut werden.
- Milchzucker (Doppelzucker) kann von der Hefe nicht vergärt werden. Weder die Mehle noch die Hefe haben das Enzym, das den Milchzucker abbauen kann.

Lockere Gebäcke durch Hefegärung

Einfluss der Zuckermenge auf die Gärung der Hefeteige

Ein geringer Zuckerzusatz als Hefenahrung im Hefeteig fördert die Gare.

Je höher der Zuckeranteil im Hefeteig ist, desto mehr Wasser bindet der Zucker. Je weniger Wasser der Hefe zur Verfügung steht, desto langsamer ist die Gare.

Für alle Hefeteige gibt man 100 bis 120 g Zucker auf 1 kg Mehl (10 bis 12 %). Deshalb sind Gebäckfehler durch eine zu hohe Zuckermenge ausgeschlossen.

Teige und Massen mit einem hohen Zuckergehalt müssen durch Backpulver gelockert werden, um eine ausreichende Lockerung zu erzielen.

Zuckeranteil bezogen auf das Mehl	Einfluss auf das Gärverhalten
bis 2 %	schnellere Gare als bei Teigen ohne Zuckerzusatz wegen der Hefenahrung
ca. 10 %	etwas langsamere Gare als bei zuckerlosen Teigen; ergibt bei ausreichender Gärzeit eine gut gelockerte Krume und ein großes Gebäckvolumen
ab 20 %	schleppende Gare; trotz langer Gärzeit entsteht eine ungenügende Gebäcklockerung und ein kleines Volumen

Hefegebäcke mit 2 %, 10 %, 30 % Zuckeranteil

Wirkung von Zucker auf die Gebäcke

Zucker süßt !

Zucker soll die Waren geschmacklich verbessern und dabei den Genusswert erhöhen. In der Konditorei wird überwiegend Rübenzucker als Kristall- und Puderzucker verwendet.

Süßes Makronentörtchen

Zucker verstärkt die Gebäckbräunung

Je höher der Zuckeranteil im Gebäck, desto intensiver die Krustenbräunung. Braune Lebkuchen haben ihren Namen wegen der starken Bräunung der Backwaren durch den sehr hohen Zuckergehalt.

Vergisst man den Zucker bei der Herstellung von z. B. Mürbeteig, wartet man vergebens auf die Bräunung der Gebäcke im Ofen.
Erst kurz vor der Verbrennung werden die Mürbeteiggebäcke dunkelbraun und schmecken bitter.

Mürbeleiggebäck mit und ohne Zucker

LF
1.2

Aufgaben

1. Wie heißt der reinste Zucker von bester Qualität, der in der Konditorei verarbeitet wird?
2. Nennen Sie die zwei Zuckersorten, die aus den stark zuckerhaltigen Pflanzen gewonnen werden.
3. Beschreiben Sie folgende Zuckerarten und ihre Verwendungsmöglichkeiten in der Konditorei:
   - Kristallzucker
   - Puderzucker
   - Dekorpuder (süßer Schnee)
   - Hagelzucker
   - Würfelzucker
   - brauner Zucker
   - weißer Kandis
   - brauner Kandis
4. Beschreiben Sie folgende Zuckerarten, die in Wasser gelöst sind:
   - Flüssigzucker
   - Glukosesirup
   - Rübensirup
   - Läuterzucker
5. Erklären Sie Fondant.
6. Erläutern Sie folgende Zucker mit Zugaben:
   - Zimtzucker
   - Gelierzucker
   - Vanillezucker
7. Worin kann Zucker nur gelöst werden?
8. Beschreiben Sie eine
   - ungesättigte Zuckerlösung,
   - übersättigte Zuckerlösung.
9. Nennen Sie Konditoreierzeugnisse, in die Glukosesirup gegeben wird, und erklären Sie, warum Glukosesirup zugegeben wird.
10. Erklären Sie die Eigenschaft des Zuckers bei folgenden Temperaturen:
    - über 100 °C
    - 145 bis 180 °C
    - 200 °C
11. Nennen Sie Beispiele der Verwendung von karamellisiertem Zucker.
12. Geben Sie Beispiele des Karamellisierens durch die Backhitze bei Gebäcken.
13. Erklären Sie die konservierende Wirkung hoher Zuckermengen in Lebensmitteln.
14. Beschreiben Sie die zwei Gärungsarten in der Konditorei.
15. Welche Zuckerart kann sofort von der Hefe vergärt werden?
16. Warum kann Milchzucker nicht von der Hefe vergärt werden?
17. Nennen Sie die zwei hauptsächlichen Wirkungen von Zucker auf die Gebäcke.
18. Von Ihrem Lehrer in der Berufsschule erhalten Sie die Aufgabe, die Zuckerherstellung zu beschreiben und die verschiedenen Zuckerarten aufzulisten, die in Ihrem Betrieb als Zutat, als Dekormittel und im Café verwendet werden.

7.7 Honig

Bevor man in Europa den Zucker kannte, wurde Honig neben süßen Früchten zum Süßen von Speisen verwendet.

Honig wird von den Bienen aus süßen Säften der Natur erzeugt, indem sie ihn in Wachswaben speichern und zu einem süßen, sehr aromatischen Nahrungs- und Genussmittel reifen lassen. Honig ist ein aromatisches naturbelassenes Lebensmittel. Die Begriffe „Imkerhonig" oder „Bienenhonig" sind nicht aussagekräftig, da jeder Honig von einem Imker bearbeitet bzw. von Bienen erzeugt wird.

Waldhonig, der auch als Honigtau bezeichnet wird, wird von den Bienen aus dem süßen Sekret (Absonderungen) von Blatt- und Schildläusen erzeugt. Es wird von den Bienen zu einem dunkelfarbigen Honig verarbeitet

Es gibt auch hochwertigen Honig in kandiertem Zustand.

Blütenhonig, Waldhonig

Qualitätsangaben:
- **Speisehonig** ist beste Qualität
- **Backhonig** ist zweite Qualität, nur zur Verarbeitung für Backwaren, er ist deklarationspflichtig

Zusammensetzung von Honig

Honig besitzt einen hohen Anteil an Invertzucker. Dieser besteht aus Trauben- und Fruchtzucker, die bei der Verdauung direkt in die Blutbahn übergehen und dem Körper sofort Energie spenden.

Der Gehalt an Vitaminen und Mineralstoffen im Honig ist gering.

Der Honiggeschmack und der Geruch von Honiggebäcken sind besonders intensiv, da sich viele verschiedene Aromastoffe bei der Reifung des Honigs in den Waben bilden.

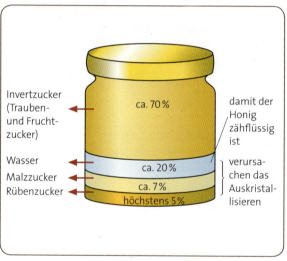

Zusammensetzung von Honig

Honig nach pflanzlicher Herkunft	Blütenhonig	Waldhonig = Honigtauhonig
Begriffserklärung	Blütenhonig besteht aus dem Nektar verschiedener Blüten.	Waldhonig wird erzeugt aus dem zuckerreichen Saft auf Nadeln, Blättern und Stängeln von Bäumen und Sträuchern.
Bei der Benennung einer Pflanzenart muss der Nektar überwiegend aus der entsprechenden Blüte bzw. aus Nadeln oder Blättern des Baums stammen, z. B.	• Akazienhonig • Heidehonig • Rapshonig • Kleehonig • Lindenhonig	• Tannenhonig • Fichtenhonig • Blatthonig
Farbe	hell, durchscheinend	dunkel
Geschmack	mildes Honigaroma	kräftig-würziges Honigaroma

Lagerung von Honig

Honig sollte wie folgt aufbewahrt werden:
- kühl, ideal bei 18 °C
- lichtgeschützt
- frei von Fremdgerüchen
- in gut verschließbaren Gläsern oder Eimern

Bei richtiger Lagerung ist Honig wegen des hohen Zuckergehalts nahezu unbegrenzt haltbar.

Der Zucker des Honigs kristallisiert grundsätzlich nach längerer Lagerzeit aus. Dabei wird der Honig körnig und trüb, er „kandiert". Dies ist jedoch kein Qualitätsverlust.

Kandierter, d. h. körniger und nicht mehr fließfähiger Honig, ist von einwandfreier Qualität. Bei langer Lagerung kristallisiert der gelöste Zucker im Honig zu körnigen Zuckerkristallen, die sich am Boden absetzen.

Im Wasserbad wird der Honig wieder kristallfrei. Dabei sollte er nicht über 40 °C (Bienenstocktemperatur) erwärmt werden, da sonst Aroma verloren geht.

Verwendung von Honig

In der Konditorei verwendet man Honig hauptsächlich für die Herstellung von
- Honigkuchen und Honiglebkuchen,
- Röstmassengebäcken wie Bienenstichaufstrich, Florentinern und Müsliriegeln.

Wirkung von Honig auf Backwaren

Honig in Backwaren
- bräunt die Gebäcke intensiv,

Gebäcke aus Röstmasse

- gibt nicht nur einen süßen, sondern auch einen aromatischen Honiggeschmack und -geruch.
- Honig und Honiglebkuchen trocknen nicht wie andere Gebäcke aus, weil sie mit Honig und deshalb ohne Wasser hergestellt werden. Sie bleiben lange weich, da der hohe Anteil an Invertzucker nicht kristallisiert. Deshalb zählen sie zu den „Dauerbackwaren".

Honig zum Frühstück im Café

Honig als Naturprodukt gehört beim Frühstück zum Angebot als Brotaufstrich. Um Verpackungsabfall zu vermeiden, wird er vom Glas heraus auf Schälchen oder in einer Spenderflasche serviert.

Honig in der Spenderflasche

Invertzuckercreme

> **!**
> Invertzuckercreme ist ein künstlich nachgemachter Honig, der früher als „**Kunsthonig**" bezeichnet wurde.

Dieser preisgünstige Honigersatz von geringer Qualität findet vorrangig für Braune Lebkuchen Verwendung.

Invertzuckercreme schmeckt im Gegensatz zu Honig nur süß, es fehlt das typische Honigaroma.

LF 1.2

Aufgaben

1. Nennen Sie die Honigarten, die sich nach der pflanzlichen Herkunft unterscheiden, sowie deren Farbe und Geschmack.
2. Aus welchem Zucker besteht Honig hauptsächlich?
3. Aus wie viel Prozent Zucker besteht Honig insgesamt?
4. Beschreiben Sie die optimale Lagerung von Honig.
5. Erklären Sie das Kandieren von Honig. Wie erhält man daraus wieder kristallfreien Honig?
6. Nennen Sie Verwendungsmöglichkeiten für Honig in der Konditorei.
7. Welche Wirkung hat Honig auf die Backwaren?
8. Erklären Sie den Begriff „Invertzuckercreme".
9. Ein Kunde möchte von Ihnen wissen, warum die Honiglebkuchen eine so intensive braune Färbung haben und warum sie so lange lagerfähig sind.

7.8 Speisesalz

Zusammensetzung von Speisesalz

Salz ist eine Verbindung aus den Mineralstoffen Natrium (Na) und Chlor (Cl) = Natriumchlorid mit der chemischen Formel NaCl.

In der Konditorei ist Speisesalz das wichtigste Würzmittel. In jeden Teig wird Salz eingewogen und Massen werden mit einer Prise Salz geschmacklich abgerundet.

Würzmittel, die nicht zu den Gewürzen zählen:

- Salz
- Zucker
- Säure
- Alkohol

Handelssorten und deren Gewinnung

Die Erde und die Meere bergen nahezu unerschöpfliche Mengen an Salz, die unterschiedlich gewonnen werden.

Steinsalz

Steinsalz wird aus unterirdischen versteinerten Salzlagerstätten im Salzbergwerk abgebaut. Die Salzablagerungen bildeten sich durch Verdunstung salzhaltiger Meere über diesem Land. In Millionen von Jahren entstand dieses Salzgestein.

Salzbergwerk

Siedesalz (Salinensalz)

Über eine Bohrung wird Wasser in das Salzbergwerk auf das Salzgestein gepumpt. Das Wasser löst das Steinsalz. Die dabei entstandene Salzlösung, die **Sole**, wird nach Übertage gefördert und in **Salinen** verdampft (gesiedet). Kristallisiertes Salz bleibt übrig.

Meersalz

Meerwasser, das durchschnittlich 3,5 % Speisesalz enthält, wird in flache, seichte Becken geleitet. In diesen sogenannten **Salzgärten** verdunstet das Wasser, das kristallisierte Salz bleibt übrig.

Meersalz enthält neben Natrium und Chlor noch weitere Mineralstoffe in sehr geringen Mengen, wie z. B. Magnesium, Jod und Fluor. Meersalz wird deshalb häufig für Bio-Backwaren verwendet.

Salzgarten

Behandeltes Speisesalz

Jodsalz (jodiertes Kochsalz)

Dem Speisesalz wird der Mineralstoff Jod zugesetzt. Jod beugt einem Jodmangel im menschlichen Körper vor und ist für das Funktionieren der Schilddrüse sehr wichtig. Bei Jodmangel vergrößert sich die Schilddrüse, was zur Kropfbildung führen kann.

Jod ist im Salz geschmacklich nicht erkennbar. Da Jod ein Lebensmittelzusatzstoff ist, muss es als „Jodsalz" bei Waren in Fertigpackungen gekennzeichnet werden.

Brezelsalz

Brezelsalz ist grobkörniges Salz, das auf Laugenbrezeln und Salzbrötchen gestreut wird.
Die feinen Salzkristalle des Speisesalzes werden unter hohem Druck zu großen hagelähnlichen Körnern gepresst. Diese verändern sich während des Backens nicht, auch nicht durch Wasserdampf im Backherd.

Eigenschaft von Salz

Speisesalz zieht Wasser stark an (hygroskopische Wirkung).

Lagerung von Salz

Wegen dieser Wasser anziehenden Eigenschaft sollte Salz in einem trockenen Raum, am besten in verschließbaren Plastikbehältern, gelagert werden. Salzklumpen lösen sich jedoch im Wasser wieder auf.

Speisesalz verdirbt nicht und ist bei trockener Lagerung unbegrenzt haltbar.

Salz nicht in Metallbehältern aufbewahren wegen der Rostbildung.

Die richtige Salzmenge

Teige	Die Prozent-zahlen beziehen sich auf das Mehl	Die Gramman-gaben beziehen sich auf 1 kg Mehl im Teig
Blätterteige	2 %	20 g
Hefeteige	1 %	10 g
Mürbeteige	0,5 %	5 g
Brötchen, Brote	2 %	20 g

Salz fördert den Geschmack der Backwaren

> **!**
>
> Grundsätzlich wird bei allen Massen und anderen süßen Erzeugnissen der Geschmack mit einer Prise Salz abgerundet (eine Prise entspricht ca. 2 g Salz auf 1 kg Mehl).

Die richtige Salzmenge gibt den Backwaren einen angenehmen Geschmack. Salz darf auf keinen Fall vorschmecken.

Zu wenig Salz = fader, leerer Geschmack der Backwaren

Zu viel Salz = übertönt den eigentlichen Geschmack der Gebäcke und macht sie ungenießbar

Wirkungen der richtigen Salzmenge auf Teige und Gebäcke

Salz stärkt den Kleber

Durch Salz wird der Kleber dehnbarer und stabiler. Dadurch wird das Gashaltevermögen des Klebers im Teig verbessert. Die Teiglinge erreichen somit einen schönen Stand.

Auswirkung auf die Backwaren

Durch den gestärkten, elastischen Kleber erhält das Gebäck

- eine gleichmäßige Porung und somit eine feine, elastische Krume,
- eine schöne Gebäckform,
- ein großes Gebäckvolumen.

Weizenbrot mit gleichmäßiger Porung und schöner Gebäckform

Unterschiedliche Salzmengen im Teig

Die Fachkraft erkennt, ob ein Teig aus Versehen zu wenig oder zu viel Salz enthält.

Erkennungs-merkmale	Ungesalzene Teige, zu wenig gesalzene Teige	Zu stark gesalzene Teige
Gärverlauf	Zu schnelle Gare der Teiglinge im Gärraum. Schnelle Tätigkeit der Enzyme, die für die Hefenahrung den Zuckerabbau beschleunigen.	Zu langsame, schwache Gare der Teiglinge. Salz hemmt die Aktivität der Hefeenzyme und der zuckerabbauenden Enzyme, was die Hefegärung bremst.
Stand der Teiglinge bei der Gare	Die Teiglinge laufen breit. Der zu schwache Kleber kann die Gase nicht gut festhalten.	Die Teiglinge bleiben trotz langer Gare klein. Durch die gehemmte Hefegärung können die wenigen Gärgase den zu stabilen Kleber nicht dehnen.
Widerstand der Teiglinge beim Abtasten im Gärraum	Sehr weiche und lockere Teiglinge, die zum Einfallen neigen.	Zu stabil und widerstandsfähige Teiglinge.
Gebäckform	Zu flache Gebäckform.	Zu kleine und runde Gebäckform.
Lockerung der Gebäcke	Grobe, unregelmäßige Porung.	Kleine Porung und ungenügend gelockerte Gebäcke.

Teig und Gebäcke ohne Salz, mit gewöhnlicher Menge Salz, mit doppelter Menge Salz

Aufgaben

1. Aus welchen Mineralstoffen setzt sich Salz zusammen und wie lautet die chemische Formel?
2. Welche Würzmittel gehören nicht zu den Gewürzen?
3. Erklären Sie Jodsalz und die Wirkung von Jod im Körper.
4. Welche Eigenschaft hat Salz?
5. Geben Sie die richtige Salzmenge auf 1 kg Mehl im Teig für folgende Gebäcke an: Brötchen, Brote, Blätterteige, Hefeteige, Mürbeteige.
6. Was bedeutet eine Prise Salz?
7. Erklären Sie die Auswirkungen der richtigen Salzmenge auf die Teige und Gebäcke.
8. Beschreiben Sie die folgenden Erkennungsmerkmale von Teigen mit zu wenig oder keinem Salz und von Teigen mit zu viel Salz:
   - Gärverlauf
   - Stand der Teiglinge bei der Gare
   - Widerstand der Teiglinge beim Abtasten im Gärraum
   - Gebäckform
   - Lockerung der Gebäcke
9. Gestern haben Sie aus Versehen zu wenig Salz in den Hefeteig für Hefezöpfe eingewogen. Trotz der kurzen Gärzeit, die die Teiglinge benötigen, waren die Gebäcke zu flach und hatten eine unregelmäßige Porung. Begründen Sie dies.

7.9 Gewürze – Aromen – Ölsamen

Gewürze

Als die ersten Gewürze aus dem Fernen Osten – in erster Linie aus China und Indien – nach Europa gebracht wurden, galten sie als Geschenke für Könige.

Die Gewürze wurden aufbewahrt wie Gold und Edelsteine und wurden außerdem als Zahlungsmittel verwendet. Daher kommt der Ausdruck „gepfefferte Preise". Dies verdeutlicht den hohen Stellenwert der Gewürze seit jeher.

Anbaugebiete

Gewürze stammen vorrangig aus tropischen und subtropischen Gebieten.

Was sind Gewürze?

> **!**
>
> Gewürze sind getrocknete Teile bestimmter Pflanzen, die besonders viele Geruchs- und Geschmacksstoffe enthalten.

Pflanzenteile – Gewürze

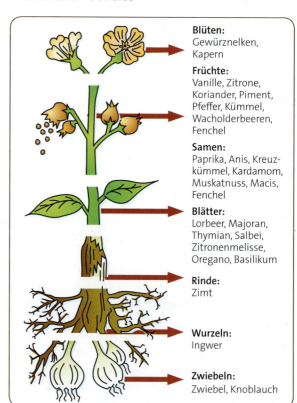

Blüten:
Gewürznelken, Kapern

Früchte:
Vanille, Zitrone, Koriander, Piment, Pfeffer, Kümmel, Wacholderbeeren, Fenchel

Samen:
Paprika, Anis, Kreuzkümmel, Kardamom, Muskatnuss, Macis, Fenchel

Blätter:
Lorbeer, Majoran, Thymian, Salbei, Zitronenmelisse, Oregano, Basilikum

Rinde:
Zimt

Wurzeln:
Ingwer

Zwiebeln:
Zwiebel, Knoblauch

Herkunft der Gewürze

Gewürznelken

Koriander

Pfeffer

Vanilleschoten

Anis

Macis

Kardamom

Zimtstangen

Ingwer

Knoblauch

Geschmack- und geruchgebende Bestandteile der Gewürze

- **Ätherische Öle** sind die hauptsächlichen Geschmack- und Geruchgeber.
- **Gerbstoffe** schmecken bitter.
- **Harze** schmecken scharf.

Eigenschaften der ätherischen Öle

- Sie sind **fettlöslich** und werden deshalb in den Fetten gebunden. Dadurch schmecken fetthaltige Lebensmittel aromatischer als fettarme.
- Es sind **flüchtige Öle,** d. h., sie „verduften" in der Luft.

  Vorteil: Man kann Gewürze in den Lebensmitteln riechen und beim Kauen im Mund schmecken, weil die ätherischen Öle frei werden.

  Nachteil: Die Gewürze verlieren nach einiger Zeit der Lagerung ihr Aroma.

Hauptsächliche Wirkung der Gewürze

- Sie verbessern den Geruch und Geschmack der Lebensmittel und erhöhen somit den Genusswert.
- Sie regen den Appetit an.
- Sie fördern die Verdauung und verbessern die Bekömmlichkeit der Speisen.

Verwendung der Gewürze

In der Konditorei werden meistens gemahlene Gewürze verarbeitet. Für Gewürzbrote und roggenhaltige Kleingebäcke werden aber auch ganze, unzerkleinerte Gewürze verwendet.

LF
1.2

Richtiges Würzen

Am Würzen erkennt man die Fachkraft. Nur die richtige Menge der Gewürze bringt die gewünschte Verbesserung der Konditoreierzeugnisse.

- Nur hochwertige Gewürze verwenden.
- Gewürze sollen den Geschmack der Erzeugnisse abrunden und so verbessern. Nur die richtige Gewürzmenge hat diesen Erfolg. Deshalb die Gewürze genau abwiegen bzw. dosieren.

  Das Würzen erfordert viel Gefühl und Erfahrung.

  – Zu wenig Gewürze bewirken einen leeren, faden Geschmack der Waren.

  – Zu viel Gewürze übertönen den Eigengeschmack der Konditoreierzeugnisse und machen die Waren sogar ungenießbar.

- Einzelne Gewürze dürfen beim Verzehr der Waren grundsätzlich nicht vorschmecken. Verschiedene Gewürze zusammen sollen ein abgestimmtes, feinwürziges Aroma ergeben.
- Ein einzelnes Gewürz darf nur dann geschmacklich dominieren, wenn es im Namen der Backwaren enthalten ist, z. B. Anisplätzchen, Zimtsterne, Zitronenkuchen, Vanillekipferl.

Lagerung der Gewürze

Lagerung von Gewürzen	Begründung
luftdicht, in gut schließenden Behältern	So bleiben die ätherischen Öle in den Gewürzen und können sich nicht verflüchtigen.
trocken	Gewürze sind trocken und deshalb Wasser anziehend.
kühl	Ätherische Öle entweichen bei Wärme schneller.
lichtgeschützt (dunkel)	Sonnenlicht verändert die Farbe und den Geschmack der Gewürze.

Grundsätzlich sollen Gewürze in kleinen Mengen eingekauft werden, weil sie bei längerer Lagerung ihr Aroma verlieren. Gemahlene Gewürze sind nicht so lagerfähig wie ganze Gewürze.

Backwaren und Füllungen mit Gewürzen

Backwaren	Gewürze
Gebäcke mit Nüssen und Mandeln	Zimt
Nussfüllung, gebundene Sauerkirschen	Zimt
Käsegebäcke aus Mürbeteig und Blätterteig, Zwiebelkuchen, Quiches	süßer Paprika (Edelpaprika) und Pfeffer
Pizzas	Paprika, Pfeffer, Oregano
roggenhaltige Brote	Kümmel, Fenchel, Koriander, Anis = Brotgewürze
Gewürzbrote	Brotgewürze in gemahlener und ganzer Form
Zwiebelbrote	Röstzwiebeln
roggenhaltige Kleingebäcke	gemahlener Kümmel, evtl. Kümmelkörner

Gewürzmischungen

> **!**
> Für bestimmte Backwaren werden von der Gewürzindustrie passende Gewürze mengenmäßig abgestimmt und gemischt angeboten.

Die Gewürzmischungen werden nach ihrem Verwendungszweck benannt, z. B. Lebkuchengewürz, Stollengewürz, Brotgewürz.

Die Kennzeichnung der einzelnen Gewürze auf der Verpackung der Gewürzmischung bzw. auf den Backwaren ist nicht erforderlich. Es reicht der Name der Gewürzmischung, z. B. Spekulatiusgewürz.

Backwaren	Gewürzmischungen
Lebkuchen Printen Stollen Spekulatius	Die Gewürze werden den Backwaren entsprechend gemischt. Typische Gewürze dafür sind: • Vanille • Anis • Zimt • Koriander • Nelken • Kardamom • Piment • Muskatnuss • Ingwer • Macis
roggenhaltige Brote	Brotgewürze aus Kümmel, Fenchel, Koriander und Anis

Lebkuchengewürzmischung

Gemahlene Brotgewürze, Kümmel, Koriander, Fenchel, Anis

Vorteile der Gewürzmischungen
- Die Backwaren sind immer gleichbleibend gut gewürzt.
- Das zeitaufwendige Abwiegen der einzelnen Gewürze entfällt.
- Der Einkauf vieler verschiedener Gewürze sowie die platzaufwendige Lagerung erübrigen sich.

Aromen

Aromen werden Lebensmitteln zugesetzt, um ihnen einen besonderen Geruch und/oder Geschmack zu geben. Sie sind konzentrierte Geschmacks- und Geruchsstoffe, die nicht zum direkten Verzehr bestimmt sind.

§

Nach der Aromenverordnung wird unterschieden zwischen:

- „Natürlichen Aromen" oder „natürlichen Aromastoffen", die natürlichen Ursprungs sind.
- „Aromastoffen", die künstliche Aromen sind und chemisch hergestellt werden.

Natürliche Aromen, oben, als Paste und flüssig; unten, Vanillepulver und Vanilleschote

Natürliche und künstliche Aromastoffe müssen gesundheitlich unbedenklich sein. Deshalb muss jeder Aromastoff von der Europäischen Behörde für Lebensmittelsicherheit zugelassen und anschließend im Aromastoff-Verzeichnis aufgeführt werden. Nur zugelassene Aromastoffe, die im Aromastoff-Verzeichnis stehen, dürfen verwendet werden.

Begriffserklärungen bei der Deklaration von Aromen gemäß der Aromenverordnung

Aromen in verpackten Waren müssen im Zutatenverzeichnis der Fertigpackung stehen. Aromen in losen, unverpackten Waren müssen nicht deklariert werden.

Natürliche Aromen müssen natürlichen Ursprungs sein. Sie werden aus pflanzlichen und tierischen Stoffen gewonnen. Ist ein Aroma im Namen einer Ware enthalten, dann dürfen in diesem Erzeugnis nur natürliche Aromen verwendet werden, z. B. bei Zitronenkuchen, Eierlikörkuchen, Vanilleeis.

Name des Aromas mit dem Begriff „natürlich"

Beispiel: „natürliches Erdbeeraroma"
Das Aroma muss mindestens aus 95 % Erdbeeren stammen, bis 5 % andere natürliche Aromastoffe, die nicht aus Erdbeeren stammen, sind erlaubt. Weitere Beispiele: „natürliches Vanillearoma", „natürliches Zitronenaroma".

„Natürliches Aroma mit anderen Aromen"

Beispiel: „natürliches Erdbeeraroma mit anderen Aromen"
Der überwiegende Teil (über 50 %) der Aromen muss aus Erdbeeren stammen und mindestens 5 % müssen aus anderen natürlichen Aromen sein, z. B. Apfelaroma. Der Geschmack der Erdbeeren muss in diesem Aroma erkennbar sein.

„Natürliches Aroma"

Der Name eines Aromas wird nicht genannt. Dieses Aroma besteht aus einem Gemisch natürlicher Aromen, z. B. Apfel und Vanille. Die enthaltenen natürlichen Aromen werden jedoch nicht genannt.

Aromen

Künstliche Aromen werden chemisch hergestellt und werden wie folgt deklariert: „Aroma" oder z. B. „Erdbeeraroma".

Qualitätsbewusste Kunden erwarten in der Konditorei die Verwendung von natürlichen Aromen.

Aromapasten

Aromapasten sind pastenförmige „Compounds" (Aromapasten) aus hochwertigen, natürlichen Aromen, sie verbessern Sahne-, Creme- und Speiseeiserzeugnisse.

Aromapasten

Flüssige Aromen

Flüssige Aromen werden für Teige und Massen von Feinen Backwaren sowie für Füllungen, z. B. Nuss-, Mohnfüllung, Vanillecreme, verwendet.

Da Aromen konzentrierte Geschmacks- und Geruchsstoffe sind, werden sie nur in kleinen Mengen verarbeitet. Deshalb befinden sich flüssige Aromen in Tropfflaschen, damit sie tropfenweise in dosierter Menge verwendet werden können. Eine zu große Aromazugabe verdirbt den Geschmack der Gebäcke.

Flüssige Aromen in Tropfflaschen sowie Compounds

Wie bei den Gewürzen erfordert die Dosierung der Aromen viel Erfahrung und Gefühl.

> ❗ Vanille- und Zitronenaroma sind Standardaromen in der Konditorei, sie werden für fast alle Teige und Massen der Feinen Backwaren verwendet.

Ölsamen

> ❗ Ölsamen sind die fetthaltigen Samen verschiedener Pflanzen. Sie besitzen einen hohen Anteil an ungesättigten Fettsäuren. Ölsamen zählen nicht zu den Getreidearten und nicht zu den Gewürzen.

Sonnenblumenkerne, Kürbiskerne, Mohn und Sesam besitzen 40 bis 50 % Fett, wobei ein Großteil davon ungesättigte Fettsäuren sind. Außerdem enthalten sie noch 10 bis 15 % Ballaststoffe.

Leinsamen besitzen zwar nur 30 bis 35 % ungesättigte Fettsäuren, enthalten jedoch ca. 40 % Ballaststoffe, an denen Mineralstoffe und Vitamine gebunden sind.

Mohnsamen in Mohnfrüchten

Verwendung von Ölsamen in der Konditorei

Mohn

- Teiglinge von Käsemürbeteig und Käseblätterteig können zur optischen Verschönerung mit Mohn bestreut werden.
- Gemahlenen Mohn für Mohnfüllung: Mohnkuchen, Mohnschnecken, Mohnstollen u. a.
- Teiglinge für Mohnbrötchen werden mit Wasser bestrichen und in ungemahlenen Mohn getaucht.

Mohnfüllung

Das Aroma der Mohnsamen wird erst durch Vermahlen freigesetzt. In der Mohnmühle werden die Mohnsamen durch geriffelte Metallwalzen zerquetscht, sodass der hohe Anteil an ungesättigten Fettsäuren und die Aromastoffe frei werden.

Bei der Herstellung der Mohnfüllung wird der gemahlene Mohn mit kochender Milch abgebrüht, damit Geschmacksstoffe besser zur Geltung kommen (Mohnfüllung → Seite 326).

Sesam

Die Sesamsamen sind in geröstetem Zustand geschmackvoller. Da Sesam meistens auf der Gebäckoberfläche liegt, wird er beim Backen automatisch geröstet.

Verwendung:
- Die Oberfläche von Käsemürbeteig und Käseblätterteig kann mit Sesam bestreut werden.
- Die mit Wasser bestrichenen Teiglinge für Sesambrötchen werden in Sesam getaucht.
- Für Sesambrot wird der Sesam geröstet und in den Brotteig gemischt. Die Oberfläche der Brote wird in ungerösteten Sesam getaucht.

Sesam

Mohn

Sonnenblumenkerne, Kürbiskerne, Leinsamen

- Im Sonnenblumen-, Kürbiskern- und Leinsamenbrot bzw. -brötchen müssen mindestens 8 % der entsprechenden Ölsamen (vom Mehl berechnet) enthalten sein.
- Die Ölsamen sind oft Zugabe in Mehrkornbroten und -brötchen.

Vor der Verarbeitung lässt man Leinsamen und Sonnenblumenkerne häufig im Wasser mindestens zwei Stunden quellen.

Auch **Mandeln** und **Nüsse** gehören zu den Ölsamen. Da sie aber auch als Schalenobst bezeichnet werden, werden sie im Kapitel „Obst" beschrieben → Seite 144.

Leinsamen *Kürbiskerne* *Sonnenblumenkerne*

Aufgaben

1. Erklären Sie den Begriff „Gewürze".
2. Geben Sie die Pflanzenteile an, die als Gewürze dienen, und nennen Sie jeweils Gewürzbeispiele.
3. Nennen Sie die drei geschmack- und geruchgebenden Stoffe der Gewürze und deren Geschmack.
4. Beschreiben Sie die zwei Eigenschaften der ätherischen Öle.
5. Geben Sie die drei hauptsächlichen Wirkungen der Gewürze an.
6. Wie werden Gewürze richtig gelagert?
7. Erklären Sie das richtige Würzen.
8. Nennen Sie die vier wichtigsten Brotgewürze.
9. Nennen Sie die Gewürze, die in folgende Gebäcke und Füllungen gegeben werden:
   - Gebäcke mit Nüssen und Mandeln
   - Nussfüllung und gebundene Sauerkirschen
   - Käsegebäcke, Zwiebelkuchen, Quiches
   - Pizzas
10. Erläutern Sie „Gewürzmischungen".
11. Zählen Sie geeignete Gewürze auf, die für Lebkuchen- und Stollengewürz gemischt werden.
12. Nennen Sie drei Vorteile der Gewürzmischungen.
13. Erklären Sie, was man unter Aromen versteht.
14. Wie werden Aromen nach der Aromaverordnung unterschieden?
15. Beschreiben Sie folgende Deklaration der Aromen im Zutatenverzeichnis auf Fertigpackungen:
    - natürliches Vanillearoma
    - natürliches Apfelaroma mit anderen natürlichen Aromen
    - natürliches Aroma
    - Aroma oder Zitronenaroma
16. Erklären Sie Aromapasten und flüssige Aromen.
17. Auf welchen Konditoreierzeugnissen müssen natürliche und künstliche Aromen deklariert werden?
18. Welche Aromen müssen in Konditoreierzeugnissen enthalten sein, bei denen im Warennamen ein Aroma enthalten ist, z. B. Vanillehörnchen, Zitronenkuchen?
19. Nennen Sie die Standardaromen, die in fast alle Teige und Massen für Feine Backwaren gegeben werden.
20. Erläutern Sie den Begriff „Ölsamen".
21. Nennen Sie Ölsamen und deren Verwendung in der Konditorei.
22. Beschreiben Sie, wie bei der Herstellung einer Mohnfüllung das Mohnaroma frei wird.
23. Wie wird Sesam vor der Teigzugabe für Sesambrot behandelt, damit er geschmacklich besser wird?
24. „Weißt du, woran man eine Fachkraft erkennt?", fragt Sie der Chef und fährt fort: „Am richtigen Würzen, denn Gewürze und Aromen stehen häufig ohne Gewichtsangaben in Rezepten für Feine Backwaren und Speisen, sind aber entscheidend für deren Qualität." Wiegen Sie bei der Herstellung von Feinen Backwaren für verschiedene Gebäcke einige Male die Aromen und Gewürze ab und probieren Sie dann die Gebäcke, ob sie ausgewogen schmecken. So können Sie die richtige Menge der Gewürze und Aromen feststellen, damit Sie in Zukunft mit Fingerspitzengefühl nicht zu viel und nicht zu wenig würzen.

LF
1.2

7.10 Eier

Nach den gesetzlichen Bestimmungen dürfen als Eier nur **Hühnereier** dem Verbraucher im Geschäft angeboten und in Lebensmittelbetrieben verarbeitet werden.
Bei Eiern anderer Tiere ist die Gefahr der Infektion durch Salmonellen besonders groß, vor allem bei Enteneiern.

Aufbau des Eies

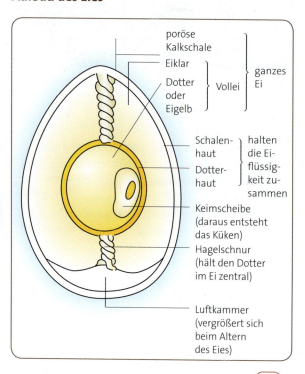

> **!**
> - Unter dem Begriff **„Ei"** versteht man das ganze Ei mit Schale.
> - Das **Vollei** ist das Eiklar und Eigelb ohne Schale. In den Rezepturen wird das Gewicht vom Vollei angegeben
>
>   1 Vollei   ≈ 50 g
>   1 Eiklar   ≈ 30 g (32 g)
>   1 Eigelb   ≈ 20 g (18 g)
>
> Diese Gewichtseinheiten berechnet man in der Praxis in etwa für Eier mittlerer Größe.

Zusammensetzung der Eier

Eier enthalten sehr viele wichtige Nährstoffe für den Körper. Die Nährstoffe im Ei sind jedoch nicht gleichmäßig verteilt.

Nährstoffe	Vollei	Eigelb	Eiklar
Wasser	74 %	50 %	87 %
Eiweiß	13 %	16 %	12 %
Fett	11 %	32 %	–
Kohlenhydrate	1 %	–	1 %
Mineralstoffe/ Vitamine	1 %	2 %	–

Fettähnliche Stoffe, die sich im Eigelb befinden:
- Lezithin (Emulgator),
- Karotin (natürlicher Farbstoff) und
- Cholesterin (beeinflusst den Fettgehalt im Blut).

Einteilung der Eier nach Güteklassen

Güteklassen	Bedingungen
Klasse A auch in Verbindung mit dem Wort **„frisch"** erlaubt	Es sind **frische Eier**, die nicht haltbar gemacht und nicht unter +5 °C gelagert wurden. • Die Schalen müssen sauber und unverletzt sein. • Sie dürfen nicht gewaschen werden, weil das Wasser durch die poröse Schale die innere Schalenhaut beschädigt, die ein Schutz gegen das Eindringen der Mikroorganismen von außen ist. • Sie müssen frei von Fremdgerüchen sein. Im Lebensmittelgeschäft dürfen nur Eier der Klasse A angeboten werden.
Klasse B darf auch als „2. Qualität" oder „haltbar gemacht" bezeichnet werden	Diese Eier dürfen nur zur gewerblichen Verarbeitung verwendet werden. Wie bei den Eiern der Klasse A müssen • die Schalen unverletzt und • die Eier frei von Fremdgerüchen sein. • Klasse-B-Eier sind meist haltbar gemachte Eier, z. B. durch Lagerung in einem Gasgemisch oder in der Kühlung unter +5 °C. Diese Eier dürfen auch gereinigt worden sein.

Einteilung der Eier nach Gewichtsklassen

Gewichtsklasse Eier der Klasse A	Größe	Gewicht
XL	sehr groß	73 g und mehr
L	groß	63 bis unter 73 g
M	mittel	53 bis unter 63 g
S	klein	unter 53 g

Angaben auf der Eierverpackung der Klasse-A-Eier:
- Güteklasse
- Gewichtsklasse
- Mindesthaltbarkeitsdatum
- Verbraucherhinweis:
  „bei 5 bis 8 °C kühlen" und „nach Ablauf des Mindesthaltbarkeitsdatums durcherhitzen"

Technologische Eigenschaften der Eier

Der Hauptrohstoff der meisten Massen sind die Eier. Auch Hefeteige für Berliner sind besonders eireich. Die Zugabe von Eiern hebt allgemein die Qualität der Backwaren. Die Vorteile der Eier für Gebäcke ergeben sich aus den unterschiedlichen Bestandteilen und Eigenschaften von Eiklar und Eigelb.

Eier werden in der Konditorei auch getrennt als Eiklar und Eigelb verarbeitet und wirken unterschiedlich auf die Backwaren.

Eigelbe und Eiklar

Eiklar

Das Eiweiß im Eiklar kann beim Aufschlagen die eingeschlagene Luft festhalten. Dadurch entsteht ein lockerer und stabiler Eischnee.

!

Auswirkungen von Eischnee auf die Gebäcke:
- Die Gebäcke werden lockerer.
- Die Gebäcke bekommen ein größeres Volumen.
- Die Gebäcke trocknen wegen der großporigen Krume etwas schneller aus.

Aufgeschlagener Eischnee

Eigelb

Technologische Eigenschaften von Eigelb:
- Der hohe Fettanteil im Eigelb gibt eine elastische, zarte Gebäckkrume
- Das Lezithin im Eigelb ist ein guter Emulgator, der Fett und Wasser in Teigen und Massen vermischt und so auch die anderen Zutaten zu einer Einheit bindet.
- Eigelb bräunt durch den Farbstoff Karotin die Gebäckkrume und die Gebäckkruste beim Backen.

!

Auswirkungen von Eigelb auf die Gebäcke
- Der hohe Fettgehalt des Eigelbs verfeinert den Gebäckgeschmack.
- Die Farbe des Eigelbs ergibt eine appetitlich gelbe Gebäckkrume.
- Durch das Bestreichen der Teiglinge mit Eistreiche entsteht beim Backen eine schöne Bräunung der Gebäckkruste.
- Das Lezithin und der hohe Fettanteil im Eigelb ergeben eine feinporige und weiche Krume.
- Durch den hohen Fettanteil des Eigelbs bleiben die Gebäcke etwas länger frisch.

Hefezopf – ohne und mit Eistreiche

Aufschlagen von Eiern bei der Verarbeitung

Eier stets in einem separaten Gefäß, z. B. Literbecher, aufschlagen. Hineingefallene Eierschalen sind daraus leicht zu entfernen. Auch können beim Trennen der Eier Eigelbreste mit einem Löffel aus dem Eiklar entnommen werden.

Hygieneregeln beim Aufschlagen von Eiern

Eier enthalten an der Schale Salmonellen. Um eine Salmonellenvermehrung und -verschleppung innerhalb des Betriebs zu vermeiden bzw. zu vermindern, sind folgende Hygienemaßnahmen zu befolgen:

Eierschalen nicht mit den Fingern ausschaben

Eierschalen sofort nach dem Aufschlagen in den Bioabfall entsorgen

Arbeitstisch sofort abwaschen

Hände sofort gründlich waschen

Lagerung der Eier

Eier sollten nur kurzfristig im Kühlschrank oder Kühlraum bei 5 bis 8 °C gelagert werden.

Nach Ablauf des Mindesthaltbarkeitsdatums sollen Eier wegen der erhöhten Salmonellengefahr nur erhitzt verzehrt werden.

Veränderungen in den Eiern während der Lagerung

- Das Aroma wird zunehmend geringer. Durch die poröse Kalkschale verdunsten Wasser und auch Aromastoffe.
- Die Luftkammer vergrößert sich.
- Die Salmonellengefahr erhöht sich mit zunehmendem Alter der Eier.
- Bakterien und Enzyme verändern den Eiinhalt, bis er bei alten Eiern übel riecht und faul ist.
- Eigelb läuft in das Eiklar über, da sich die Dotterhaut auflöst und das zähflüssige Eiklar immer flüssiger wird. Dies ist vor allem beim Trennen der Eier gut sichtbar.

Verarbeiten der aufgeschlagenen Eier

Aufgeschlagene Eier müssen wegen der Salmonellengefahr sofort verarbeitet werden oder sie werden in die Kühlung gegeben und noch am selben Tag verarbeitet.
Am besten ist es, die Eier erst unmittelbar vor dem Verarbeiten aufzuschlagen, um eine Vermehrung der Salmonellen während der Stehzeit auszuschließen.

Frischeprüfung der Eier

Schüttelprobe

Hierbei wird das Ei kräftig am Ohr geschüttelt. Beim alten Ei ertönt ein Schwappen, beim frischen Ei ist kein Geräusch hörbar.

Geruchsprobe

Frische Eier haben beim Aufschlagen einen angenehmen frischen Geruch und weisen keinen Nebengeruch auf.

Eier trennen

Bei frischen Eiern lassen sich Dotter und Eiklar sauber trennen. Fließt der Dotter in das Eiklar, ist das ein Zeichen für ältere Eier.

Eier aufschlagen

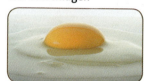

Frisches Ei:
stabiler, gewölbter Dotter,
zäh fließendes Eiklar

Altes Ei:
breit laufender Dotter,
wässriges Eiklar

Schwimmprobe

Legt man ein rohes Ei in ein mit Salzwasser gefülltes Glas, so ist je nach Frischezustand des Eis Folgendes zu beobachten:

Frisches Ei:
bleibt am Boden liegen

Altes Ei:
das dicke Ende richtet sich nach oben auf

Verdorbenes Ei:
schwimmt an der Oberfläche mit der Luftkammer nach oben

LF 1.2

Haltbar gemachte Eier in der Konditorei

Die gebräuchlichsten Eikonserven sind:

Vollei-, Eigelb- und Eiweißpulver

Mit diesen Eikonserven stehen zu jeder Zeit gesundheitlich und technologisch einwandfreie Eier zur Verfügung. Außerdem sind sie meist preisgünstiger als Frischeier. Hauptsächlich wird Eiweißpulver verwendet, z.B. für Baisererzeugnisse, Makronenmassen, Lebkuchenmassen (Oblatenlebkuchen). Eiweißpulver ist bei trockener Aufbewahrung fast unbegrenzt haltbar.

Sind pulverförmige Eiprodukte mit Wasser angerührt, sollten sie umgehend verbraucht werden, spätestens am Ende des Herstellungstages nach Aufbewahrung in der Kühlung.

Gefriereier

Sie werden bei −18 °C gelagert. Beim Auftauen der Eier vermehren sich die Salmonellen wieder.

Die Eier sollen deshalb nach dem Auftauen sofort verbraucht werden. Daher soll nur die dem Bedarf entsprechende Menge aufgetaut werden.
Aufgetaute Eier dürfen auf keinen Fall wieder tiefgefroren werden.

Pasteurisierte Volleier, Eigelbe und Eiklar

Um der Salmonellengefahr vorzubeugen, vor allem bei Erzeugnissen mit unerhitzten Eiern, werden pasteurisierte Eier aus dem Tetrapak verarbeitet.

Eikonserven

Aufgaben

1. Welche Eier dürfen den Verbrauchern im Geschäft angeboten oder in Lebensmittelbetrieben nur verarbeitet werden?
2. Benennen Sie die Bestandteile des Eies.
3. Was versteht man unter „Vollei"?
4. In welchem Teil des Eies befinden sich die Fette, Mineralstoffe und Vitamine?
5. Nennen Sie die drei fettähnlichen Stoffe, die sich im Fett des Eigelbs befinden.
6. Beschreiben Sie die zwei Güteklassen der Eier.
7. Nennen Sie die vier Gewichtsklassen der Eier.
8. Nennen Sie die Auswirkungen von Eischnee auf die Gebäcke.
9. Nennen Sie die Auswirkungen von Eigelb auf die Gebäcke.
10. Wohin sollten Eier beim Aufschlagen gegeben werden? Begründen Sie dies.
11. Beschreiben Sie die Hygieneregeln beim Aufschlagen von Eiern.
12. Wann sollten aufgeschlagene Eier verarbeitet werden?
13. Geben Sie drei gebräuchliche Eikonserven an.
14. Der Chef bittet Sie, die Eierlieferung anzunehmen.
    a) Sie sollen zunächst eine Stichprobe für die Frischeprüfung nehmen. Wie gehen Sie vor?
    b) Die Lieferung ist in Ordnung. Ihr Chef bittet Sie, die Eier sofort fachgerecht zu lagern.
    c) Welche Auswirkungen hätte eine lange Lagerdauer auf die Eier und auf die technologischen Eigenschaften von Eigelb und Eiklar?

Rechenaufgaben

1. Eiklar hat nach dem Aufschlagen ein Volumen von 9,6 l. Dies ist eine Volumenzunahme von 400 %.
   a) Wie viel l Eiklar wurden aufgeschlagen?
   b) Von wie vielen Eiern wurde das Eiklar verwendet, wenn 1 Eiklar 30 ml entspricht?
2. Eiweißpulver wird aus Eiklar hergestellt, das aus 87 % Wasser, 12 % Eiweiß und 1 % Kohlenhydraten besteht. Wie viel kg Eiklar wird für 2 500 g Eiweißpulver benötigt, das neben den Trockenbestandteilen noch 3 % Wasser enthält?

7.11 Obst (Früchte)

Obst ist in der Konditorei ganzjährig ein beliebter Rohstoff. Die Gründe dafür sind
- die Vielfalt der Früchte mit den unterschiedlichen Geschmacksrichtungen,
- die ansprechenden Farben der verschiedenen Obstsorten verschönern die Waren,
- der hohe Saftanteil gibt den Backwaren eine besondere Frische,
- die leichte Verdaulichkeit,
- der geringe Energiegehalt von Frischobst,
- der hohe Anteil an Vitaminen, Mineralstoffen und Ballaststoffen.

Obst ist der Sammelname für essbare Früchte und Samen von mehrjährigen Pflanzen.

Einteilung der Früchte

Obstgruppen	Begriffs-erklärungen	Obstsorten
Kernobst	Obstsorten, deren Samen Kerne sind	Äpfel, Birnen, Quitten
Steinobst	Obstsorten, deren Samen Steine sind	Kirschen, Pflaumen, Zwetschgen, Aprikosen, Pfirsiche
Beerenobst	Obstsorten, deren Samen sich im Fruchtfleisch der Früchte befinden	Erd-, Him-, Johannis-, Heidel-, Stachel-, Preiselbeeren, Weintrauben (Weinbeeren)
Schalenobst	essbare Samen der Früchte mit harter Schale	Mandeln, Hasel-, Wal-, Erd-, Kokosnüsse, Pistazien
Südfrüchte	Obstsorten, die nur in warmen südlichen Gebieten wachsen	Ananas, Bananen, Zitrusfrüchte, Feigen, Datteln, exotische Früchte

Verschiedene Obstsorten

Frischobst

> **!** Als Frischobst bezeichnet man saftreiche Früchte wie Kern-, Stein-, Beerenobst und Südfrüchte.

Kernobst

Äpfel

Nur frisch geschälte und geschnittene Äpfel ergeben die beste Qualität der Apfelgebäcke. Es müssen backfähige Äpfel mit leicht säuerlichem Apfelgeschmack verwendet werden. Backfähige Äpfel besitzen ein festes Fruchtfleisch und haben nach dem Backen noch einen weichen Biss und den vollen Apfelgeschmack.

Backfähige Apfelsorten sind z. B. Boskop, Cox Orange, Grafensteiner, Jonagold, Elstar.

Apfelfüllungen finden Verwendung in:
- Apfelkuchen,
- Apfelstrudel,
- Plundergebäcken,
- Blätterteiggebäcken.

Im Handel werden haltbar gemachte Apfelsorten angeboten, die schon geschält und sofort verarbeitungsfähig sind, jedoch nicht die Qualität der frischen Äpfel erreichen:
- Dunstäpfel in Dosen
- Trockenäpfel in Ringen, Spalten und Würfeln
- Frischäpfel, vakuumverpackt, in Scheiben, Spalten und Würfeln

Backfähige Äpfel

Birnen

Birnen sind säurearme Früchte mit süßlichem Geschmack. Am besten schmecken frische und reife Birnen. Sie sind bedingt backfähig.

Birnen finden Verwendung in:

• Obsttorten und Obstschnitten,
• Birnensahnetorten und -desserts,
• Eisbechern,
• Obstsalat.

Birnen

Quitten

Quitten sind gelbliche birnen- oder apfelförmige Früchte. Wegen ihres festen Fruchtfleisches und des herb-bitteren Geschmacks sind sie roh nicht genießbar.

Quitten werden mit Zucker zu Quittengelee oder Quittenkonfitüre gekocht. Der herb-bittere Geschmack zusammen mit dem Zucker ergeben den besonderen Geschmack.

Apfelquitte   Birnenquitte

Steinobst

Pflaumen

Pflaumen sind saftreiche, süß-aromatische Früchte. Sie sind nicht backfähig. Das Fruchtfleisch löst sich schlecht vom Stein.

Zur Familie der Pflaumen gehören

• Renekloden (Reneclauden) – grün- und gelbschalige – und
• Mirabellen – gelbe Schalen.

Pflaumen werden verwendet für Pflaumenmus und Obstsalate.

Renekloden, Mirabellen, Pflaumen

Zwetschgen

Zur Gattung der Pflaumen gehören auch die Zwetschgen. Sie besitzen im Gegensatz zu den übrigen Pflaumen ein festes Fruchtfleisch, das sich leicht entsteinen lässt, und haben einen geringeren Wassergehalt. Deshalb sind Zwetschgen gut backfähig und werden für Zwetschgenkuchen verwendet, der häufig als Pflaumenkuchen bezeichnet wird.

Kirschen

Vom Geschmack her unterscheidet man Süßkirschen und Sauerkirschen.

Nur in der Erntezeit sind die Kirschen als Frischfrüchte erhältlich, da sie nicht lagerfähig sind. Ansonsten werden sie das ganze Jahr über als Dosenfrüchte angeboten.

Kirschen

Süßkirschen werden verwendet
- zum Belegen von Obsttorten und Obstschnitten,
- als Dekor auf Schwarzwälder Kirschsahnetorten,
- für Obstsalate.

Süßkirschen in Dosen sind oft mit Lebensmittelfarbe hellrot eingefärbt und haben durch das Konservieren einen geminderten Kirschgeschmack.

Sauerkirschen werden fast nur als Dosenfrüchte in der Konditorei verarbeitet.

Sauerkirschen werden verwendet
- in Kirschkuchen: Sauerkirschen in die Kuchenmasse gerührt, ergeben einen erfrischenden, säuerlichen Geschmack im Kuchen.
- als gebundene Sauerkirschen als Füllung: Der Saft aus der Sauerkirschdose wird mit Stärke gebunden und anschließend werden die Sauerkirschen eingerührt.

Sauerkirschen, Sauerkirschsaft, gebundene Sauerkirschen

Pfirsiche und Aprikosen

Pfirsiche und Aprikosen werden in der Konditorei meistens als Dosenfrüchte verarbeitet.

Sie werden verwendet
- zum Belegen für Obsttorten und Obstschnitten,
- als Beilage für Sahnetorten bzw. -desserts, z. B. Käsesahnetorte,
- für Obstsalat.

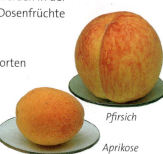
Pfirsich

Aprikose

Beerenobst

Beerenobst ist sehr reich an Vitamin C, ebenso wie Orangen und Zitronen; Johannisbeeren weisen sogar einen wesentlich höheren Vitamin-C-Gehalt auf.

Beerenobst ist das ganze Jahr über als Tiefkühlobst erhältlich, das von bester Qualität ist.

Wegen des hohen Wasseranteils ist Beerenobst als Frischobst schlecht lagerfähig und fault schnell. Zum Beerenobst gehören z. B. Stachelbeeren, Himbeeren, Erdbeeren, Johannisbeeren.

Beerenobst wird in der Konditorei meistens für Obsttorten und Obstschnitten verwendet.

Stachelbeeren

Himbeeren

Erdbeeren

Rote Johannisbeeren

Südfrüchte

Bananen

Bananen haben nur in reifem Zustand ihr volles, süßes Aroma, unreife Bananen sind stärkehaltig und haben kaum Geschmackswerte.

Reife Bananen sind erkennbar an den kräftig gelben Schalen, auf denen sich hellbraune sommersprossenartige Tupfen befinden.

Es sollten wegen des vollen Geschmacks nur reife Bananen verarbeitet werden.

Damit geschälte und geschnittene Bananen nicht braun werden, bestreicht man sie mit Säure, z. B. mit Zitronensaft.

Bananen werden verwendet
- zum Belegen von Obsttorten und Obstschnitten,
- auf den Tortenböden in den Schokoladen-Bananen-Sahnetorten,
- für Schokoladen-Bananen-Schnitten,
- für Obstsalat.

Reife Bananen

Ananas

Nur die frische Ananas besitzt das süßsäuerliche typische Ananasaroma und verfügt über verdauungsfördernde Enzyme. Dosenfrüchte haben den Vorteil der schnelleren und sauberen Verarbeitung. Die gewünschte volle Reife hat die Ananas, wenn sich die inneren Rosettenblätter leicht herauszupfen lassen. Beim Riechen außen an der Ananasschale kann man an der reifen Frucht das volle, intensive Ananasaroma als Geruch wahrnehmen.

Frische Ananas und Dosenananas

Zubereitung einer frischen Ananas:

• Die Ananasfrucht in Scheiben schneiden.
• Die Schale mit den holzigen Augen entfernen. Dabei entsteht viel Verschnitt.
• Den inneren holzigen Kern (Strunk) herausschneiden.

Die ganze oder halbierte Ananasfrucht mit den Rosettenblättern wirkt als Blickfang auf einem kalten Büfett sehr dekorativ.

Schneiden von Ananas

Ananas wird verwendet
• zum Belegen von Obsttorten und Obstschnitten,
• für Ananas-Sahnetorten,
• für Ananastörtchen,
• für Obstsalat.

Zitrusfrüchte

• Zitronen
• Orangen (Apfelsinen)
• Mandarinen (Sammelbegriff für verschiedene Sorten, z. B. Clementinen)
• Grapefruits

Zitrone, Mandarine, Orange, Grapefruit

Besonderheiten der Zitrusfrüchte

• Zitrusfrüchte sind reich an Vitamin C.
• Wegen des hohen Anteils an Fruchtsäuren besitzen sie einen erfrischenden Geschmack.
• Zitronen und Orangen, bei denen die Schalen als Gewürze abgerieben werden, müssen ungespritzt und unbehandelt sein. Auch Früchte, die als Fruchtscheiben für Eisbecher und Getränke verwendet werden, müssen unbehandelt sein.

Verwendung der Zitrusfrüchte:

• Mandarinen für Obsttorten und Obstschnitten
• Mandarinen und Orangen für Sahnetorten und Sahneschnitten
• Mandarinen und Orangen für Obstsalat
• Zitronensaft für Zitroneneis
• Orangen für Orangensaft
• Zitronen- und Orangenscheiben für Eisbecher und Getränke

Exotische Früchte

Als „Exoten" werden Früchte aus tropischen und subtropischen Gebieten ferner Länder bezeichnet. Es werden einige Sorten im Süden Europas angebaut.

Als exotische Frischfrüchte werden in der Konditorei hauptsächlich Kiwis zum Belegen von Obsttorten und Obstschnitten verarbeitet. Der Vitamin-C-Gehalt von Kiwis ist sehr hoch.

Aber auch andere exotische Früchte, z. B. Maracuja (Passionsfrucht), Kaki, Granatapfel, Mango und Karambole (Sternfrucht) werden als Geschmacksgeber für Sahnetorten, Sahnedesserts und Speiseeis verwendet.

Einige exotische Früchte eignen sich als Dekor und Zusatz für Sahnetorten, Sahnedesserts, Eisbecher und Obstsalate, z. B. Kiwis, Physalis und Karambolen.

LF 1.2

Physalis

Kiwis

Maracujas (Passionsfrucht)

Granatäpfel

Kakis

Karambolen

Grundsätze beim Verarbeiten von Frischobst

- Die schönsten Früchte müssen nicht am besten schmecken und am gesündesten sein.
- Als Dekor nur die schönsten Früchte verwenden.
- Wird Obst geschält, ist nur der Geschmack der Früchte wichtig und nicht das Aussehen der Schale.
- Nur frisches Obst kaufen, da bei der Lagerung und durch Sonnenbestrahlung Vitamine und manchmal Aromastoffe verloren gehen.

> **!**
>
> Nur reifes Frischobst verwenden. Es besitzt
> - die gewünschte Süße,
> - das volle typische Fruchtaroma,
> - die gewünschte Festigkeit des Fruchtfleisches.

Lagerung von Frischobst

- je kühler der Raum, desto besser, ideal sind ca. 3 °C
- hohe Luftfeuchtigkeit, ideal sind 85 bis 90 %
- luftig
- lichtgeschützt
- vor Druck schützen, nicht übereinanderstapeln

Schalenobst

Schalenfrüchte sind von einer harten, nicht essbaren Schale umgeben. Wegen des hohen Fettanteils werden die Samen dieser Früchte **Ölsamen** genannt.
Mandeln und Nüsse besitzen sehr viele B-Vitamine und Mineralstoffe und werden deshalb als „Nervennahrung" bezeichnet.

Mandeln in der Schale (Krachmandeln) und Mandeln mit der braunen Pergamenthaut sowie geschälte Mandeln

Mandeln
Mandeln sind die süßen Mandeln, die in verschiedenen Formen verarbeitet werden.

Geschälte Mandeln – halbiert, gestiftelt, gehobelt, gerieben

Formen der Mandeln	Verwendung
halbierte Mandeln	zur Dekoration von Lebkuchen, Früchtebrot, Mürbeteiggebäck
gestiftelte Mandeln	Aufstreuen auf Hefezöpfe, in den Stollenteig, Mandel-splitterpralinen
gehobelte Mandeln	Aufstreuen auf Hefezöpfe, Bienenstichaufstrich, Florentiner, Butterkuchen
geriebene Mandeln	Mandelmürbeteiggebäck, Mandelkuchen

LF 1.2

Bittermandeln sehen wie süße Mandeln aus und unterscheiden sich durch ihren intensiv bitteren Geschmack, sodass sie nicht genießbar sind. Bittere Mandeln enthalten Amygdalin, das im Körper zur giftigen Blausäure umgewandelt wird. Deshalb werden sie nicht in der Konditorei verwendet.

Bittermandelaroma ist chemisch hergestelltes Aroma, das z. B. für Hefeteiggebäcke wie Gugelhupf (Napfkuchen) verwendet wird.

Nüsse

Hasel- und Walnüsse

Bestimmungen der Leitsätze

Unter dem Begriff „Nüsse" versteht man nur Hasel- und Walnüsse. Nur **Hasel-** und **Walnüsse** dürfen deshalb für Erzeugnisse verwendet werden, die das Wort „Nuss" im Namen enthalten, z. B. Nussfüllung, Nusskuchen, Nussspritzgebäck, Nussmakronen, Nusslebkuchen, Nusseis.

Haselnüsse mit Pergamentschale und geschält

Walnüsse in der Schale und halbiert

Alle anderen Nusssorten wie **Erd-** und **Kokosnüsse** gelten als Nussersatz und dürfen für die genannten Nusserzeugnisse sowie für nusshaltige Qualitätswaren wie Elisenlebkuchen, Krokant u. a. nicht verwendet werden. Erdnüsse werden in der Konditorei gewöhnlich nicht verarbeitet.

Erdnüsse

Kokosraspeln (Kokosflocken)

sind das geraspelte und getrocknete weiße Fruchtfleisch der Kokosnüsse. Verwendet werden sie z. B. für die Kokosmakronenmasse.

Kokosnüsse und -raspeln

Pistazien

Pistazien sind hellgrüne ovale Kerne mit einem mandelähnlichen Geschmack. Verwendet werden sie als Geschmacksstoff z. B. für Pistazieneis und Pistazienmarzipan, für Pralinen sowie als färbender Dekor auf Torten und Desserts.

Pistazien

Lagerung von Schalenobst

In einem kühlen Lagerraum und frei von Fremdgerüchen. Am besten werden Schalenfrüchte verpackt in Folie oder geschlossenen Behältern gelagert.
Bei zu langer oder falscher Lagerung werden Mandeln und Nüsse ranzig.
Nüsse, die braune Stellen im Kern aufweisen, dürfen keinesfalls mehr gegessen werden, da sie krebserregende Schimmelpilze (Aflatoxine) enthalten.

Zusammensetzung von Frischobst und Schalenobst

Frischobst sind wasserreiche, energiearme sowie wegen der Fruchtsäure erfrischende Früchte.
Schalenobst bildet aufgrund der Zusammensetzung eine große Ausnahme unter den Früchten. Es sind sehr energiereiche und wasserarme Früchte.

Frischobst	Schalenobst
80 bis 90 % Wasser 5 bis 20 % Kohlenhydrate ca. 1 % Eiweiß ca. 1 % Fett reich an Vitaminen, Mineralstoffen und Pektinen (Ballaststoffe); unterschiedlich hoher Anteil an Fruchtsäure	40 bis 65 % Fett 10 bis 20 % Kohlenhydrate 10 bis 20 % Eiweiß 5 bis 10 % Wasser 2 bis 5 % Ballaststoffe ca. 2 % Mineralstoffe, Vitamine

LF
1.2

Haltbar gemachtes Obst

Trockenobst

Da Frischobst nur kurzzeitig haltbar ist, entzieht man den Früchten einen Großteil der Feuchtigkeit durch Verdunsten in Trockenanlagen oder in südlichen Ländern durch Sonnentrocknung. Durch den geringen Wasseranteil erhöht sich der Gesamtzuckeranteil der Trockenfrüchte bis auf 75 %.

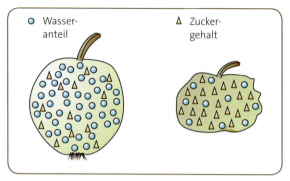

○ Wasseranteil Δ Zuckergehalt

Frischobst   *Getrocknetes Obst*

Getrocknete Weintrauben
Man unterscheidet drei Weintraubensorten:

Weintraubensorten	Besonderheiten	Geschmack
Rosinen	kernreich, dunkelbraun	süß
Sultaninen	kernlos, hellbraun	süßlicher Traubengeschmack
Korinthen	kernlos, blauschwarz	herbsüß

Sultaninen und Korinthen

Der Begriff „Rosinen" ist für **Rosinen** sowie auch für **Sultaninen** gebräuchlich. In der Konditorei werden wegen der vorteilhaften Eigenschaften nur noch Sultaninen verwendet.

Korinthen werden kaum in der Konditorei verarbeitet. Manchmal gibt man sie in kleinen Mengen zur Geschmacksabrundung in die Früchtemischung der Stollenteige. Den Namen haben Korinthen, weil sie vorwiegend aus der Gegend um Korinth in Griechenland stammten.

Behandlung der Sultaninen vor der Verarbeitung
Sultaninen und Korinthen kurz in kaltem Wasser **waschen** und sofort absieben, damit sich der Zucker mit den Geschmacksstoffen nicht im Wasser löst.

Sultaninen werden z. B. für Stollen, Früchtebrot, Osterbrot (Osterfladen), Gugelhupf (Napfkuchen) mindestens einen Tag vor der Verarbeitung abgewaschen und **mit Rum vermischt.** Die Sultaninen nehmen in den vielen Stunden das Rumaroma auf. Sie werden dabei in einem temperierten Raum aufbewahrt und in warmem Zustand in den Hefeteig gegeben.

Datteln
Datteln sind glänzende, dunkelbraune, süße Früchte, die im Inneren einen Stein besitzen. Sie werden für Früchtebrot und Pralinen verarbeitet.

Datteln

Feigen
Feigen sind kernreiche, graubraune, süße Trockenfrüchte. In der Konditorei werden sie hauptsächlich für Früchtebrot verwendet.

Feigen, frisch und getrocknet

Getrocknete Früchte	Behandlung vor der Verarbeitung	Verwendung
Trockenäpfel, Trockenbirnen (Kletzen), Trockenpflaumen (Zwetschgen), Trockenaprikosen, Trockenpfirsiche	Den Trockenfrüchten in Stücken oder Scheiben gibt man Wasser hinzu und lässt sie quellen.	Füllungen
	Die Trockenfrüchte in kühlem Wasser weichen lassen oder in heißem Wasser bei ca. 90 °C weich ziehen lassen. Aus den weichen Äpfeln und Birnen wird anschließend das Kerngehäuse herausgeschnitten.	Früchtebrot

Lagerung von Trockenobst

Trockenobst wird in einem kühlen Lagerraum in geschlossenen Behältern gelagert.

Trockenobst: Bananen, Aprikosen, Pflaumen, Äpfel

Dosenobst

Das Obst wird in Dosen in Zuckerlösung (Zuckerwasser) gegeben, luftdicht verschlossen und sterilisiert. Dosenobst sind deshalb süße Kompottfrüchte, die mindestens ein Jahr haltbar sind.

Dosenfrüchte

Nachteile von Dosenobst gegenüber Frischobst

- Die Früchte verlieren zum Teil ihren typischen Geschmack und die erfrischende Fruchtsäure.
- Den aufgeweichten Früchten fehlt der natürliche Biss, der Frischobst auszeichnet.
- Den Früchten fehlen die Vitamine und zum Teil auch Mineralstoffe.

Gefrierobst

Durch das Tiefgefrieren von frischen Früchten kann die Konditorei ihren Kunden das ganze Jahr über, auch während der Wintermonate, ein großes Früchteangebot bieten.

Zum Tiefgefrieren eignen sich nur
- Beerenobst wie Erd-, Heidel-, Him-, Stachel- und Johannisbeeren,
- Steinobst wie Sauerkirschen,
- Kiwis, in Scheiben geschnitten.

Die anderen Früchte würden beim Auftauen matschig werden und wären somit unansehnlich und nicht mehr verarbeitungsfähig.

Fachlich richtiges Tiefgefrieren von Obst

- Das Obst einzeln auf Bleche locker verteilen, damit sie beim Gefrieren nicht zusammenkleben.
- Die Früchte bei ca. −35 °C schockfrosten.
- Danach das tiefgefrorene Obst portionsweise in Folientüten verpacken und bei −18 °C im Froster lagern. Die Früchte können so nach Bedarf in kleinen Portionen aus dem Froster genommen werden.

Werden bei der Verarbeitung zu große Mengen aus dem Froster entnommen, beginnt der Auftauprozess. Wird dieses Obst wieder in die Tiefkühlanlage gegeben, vereist es darin mit großen Eiskristallen. Beim Auftauen wird es wässrig und matschig.

Gefrorene Johannisbeeren, auf dem Blech gefroren und portioniert

Vorteile von tiefgefrorenem Obst gegenüber Dosenobst

- Der Geschmack der frischen Früchte bleibt erhalten.
- Die Vitamine bleiben weitgehend erhalten.
- Die natürliche Farbe der Früchte verändert sich nicht.

LF 1.2

Verarbeiten der tiefgefrorenen Früchte

- **für Obsttorten und Obstschnitten:**
  Auf die Tortenböden in Tortenringe bzw. auf die Kapseln in den Schnittenblechen wird das Obst in gefrorenem Zustand gegeben und sofort mit Geleeguss geliert, bis es vollständig bedeckt ist.
- **zum Pürieren zu Fruchtmark:**
  Das gefrorene Obst im Kühlschrank bzw. Kühlraum oder in einem kühlen Raum auftauen und dann bald im Mixer oder mit dem Pürierstab zu Fruchtmark pürieren, da es sonst matschig wird.

Früchte, in Alkohol gelegt

Dieses Konservierungsverfahren wird überwiegend bei **Pralinen** mit Früchten in Alkohol, z.B. Weinbrandkirsch-Pralinen, und beim **„Rumtopf"** angewendet.
Die Früchte werden dabei von hochprozentigem Rum, mindestens 54 % voL., umspült. Der Alkohol entzieht den Früchten das freie Wasser, sodass diese nicht verderben können.
Rumtopf kann für Eisbecher verwendet werden.

Dickzuckerfrüchte (kandierte Früchte)

Dickzuckerfrüchte sind mit Zucker konservierte Früchte, Fruchtstücke oder bestimmte Pflanzenteile. In Zuckerlösungen reichern sich die Zellen der Früchte durch und durch mit Zucker an.
Dickzuckerfrüchte schmecken deshalb sehr süß und besitzen nur noch einen geringen Eigengeschmack.
Sie werden auch als „kandierte Früchte" bezeichnet.

Obwohl Wurzeln und Schilfgewächse nicht zu den Früchten gehören, werden Ingwer und Angelika trotzdem zu den Dickzuckerfrüchten gezählt.

Angelika

Wegen der kräftigen Farben werden Dickzuckerfrüchte vor allem als Dekormittel verwendet.

Orangeat und Zitronat

Die dicken Schalen der Zitrusfrüchte werden in Zuckerlösungen gelegt, woraus Dickzuckerfrüchte entstehen. Die Dickzuckerfrüchte werden meist in kleine Würfel von 3 mm geschnitten, da nicht der Biss, sondern der Geschmack von Orangeat und Zitronat in den Backwaren erwünscht ist.

Orangeat	Zitronat
aus Pomeranzen (Bitterorangen)	aus Zedrat-Zitronen (Sukkade-Zitrone)

Orangeat, Zitronat

Verwendungsbeispiele für Orangeat und Zitronat:
Stollen, Osterfladen (Osterbrote), Gugelhupf (Napfkuchen), Englische Kuchen, Lebkuchensorten

In Zucker gelegt werden	Dickzuckerfrüchte	Verwendungsbeispiele
ganze Früchte	Belegkirschen	Englische Kuchen, Florentiner, Dekor für Braune Lebkuchen, Früchtebrote, Punschtorten, Desserts
Fruchtschalen	Zitronat, Orangeat	Stollen, Lebkuchen, Gugelhupf (Napfkuchen), Osterbrot (Osterfladen), Englische Kuchen
Fruchtstücke, Fruchtscheiben	Ananasstückchen, Orangen- und Zitronenscheiben	als Pralinen mit zartbitterer Schokoladenkuvertüre überzogen
Wurzeln (Gewürzwurzel)	Ingwer	Ingwerpralinen
Stängel der Engelwurz	Angelika	als Dekor für Torten, Desserts

LF 1.2

Herstellung von Dickzuckerfrüchten

Die Früchte lässt man in ca. 90 °C heißem Wasser weich ziehen, bis die mit einer Gabel aufgespießte Frucht von alleine von der Gabel rutscht. Die weichen Früchte werden sechs Tage lang in eine Zuckerlösung gelegt. Die Zuckerkonzentration der Lösung wird täglich erhöht.

1. Tag: 825 g Zucker und 1 l Wasser kochen (12 °Bé) und die Zuckerlösung kochend über die Früchte gießen. Die Früchte 24 Stunden in der Zuckerlösung belassen. In dieser Zeit beginnt die gewünschte Osmose, der Austausch von Zellsaft und Zucker.

Täglich eine erneute Zuckerlösung mit jeweils erhöhter Zuckerdichte kochen und abgekühlt über die Früchte gießen.

2. Tag: 1 100 g Zucker und 1 l Wasser (16 °Bé)
3. Tag: 1 375 g Zucker und 1 l Wasser (20 °Bé)
4. Tag: 1 650 g Zucker und 1 l Wasser (24 °Bé)
5. Tag: 1 925 g Zucker und 1 l Wasser (28 °Bé)
6. Tag: 2 200 g Zucker und 1 l Wasser (32 °Bé)

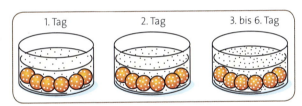

Täglich erhöhte Zuckerkonzentration der Lösung

Nach sechs Tagen haben sich die Früchte in den Zuckerlösungen durch und durch mit Zucker angereichert. Man lässt sie gut abtropfen und gibt sie in ein verschließbares Gefäß.

Zuckerwaage

Der Zuckergehalt und somit die Konzentration der Zuckerlösung wird mit einer Zuckerwaage, die wie ein Thermometer aussieht, festgestellt. Auf der Skala der Zuckerwaage werden 0° bis 50° Baumé (Bé) angegeben.

In reinem Wasser steht die Zuckerwaage auf 0 °Bé. Mit steigendem Zuckergehalt im Wasser nimmt die Dichte bzw. die Konzentration der Zuckerlösung zu, sodass die Zuckerwaage weniger tief eintaucht und nach oben steigt.

1 cm³ Wasser wiegt 1 g
1 cm³ Zucker wiegt 1,61 g

Zuckerwaage in einer Zuckerlösung

Lagerung der Dickzuckerfrüchte

• In einem kühlen Raum lagern.
• In Folie verpackt trocknen sie bei der Lagerung nicht aus.

Dickzuckerfrüchte sind sehr lange lagerfähig und können nicht verderben. Durch den hohen Zuckeranteil in den Früchten steht den Mikroorganismen kein freies Wasser zur Verfügung.

Aufgaben

1. Nennen Sie die fünf Obstgruppen und geben Sie jeweils Früchte dazu an.
2. Erläutern Sie den Begriff „Frischobst".
3. Beschreiben Sie die Eigenschaft von backfähigen Äpfeln und nennen Sie einige Apfelsorten.
4. Für welche Backwaren werden Apfelfüllungen verwendet?
5. Erklären Sie die Eigenschaften der Birnen und geben Sie Verwendungsbeispiele an.
6. Beschreiben Sie Quitten und geben Sie an, wofür sie verwendet werden.
7. Beschreiben Sie Pflaumen und nennen Sie Pflaumenarten.
8. Nennen Sie die backfähige Pflaumenart und beschreiben Sie deren Unterschied zu anderen Pflaumensorten.
9. Nennen Sie die zwei Kirscharten, die sich geschmacklich unterscheiden, und geben Sie jeweils Verwendungsbeispiele an.
10. Wie erkennt man den vollen Reifezustand von
    • Bananen,
    • Ananas?
11. Nennen Sie die Zitrusfrüchte und geben Sie an, welche Besonderheiten sie haben.
12. Nennen Sie exotische Früchte und geben Sie Verwendungsbeispiele an. →

LF
1.2

13 Beschreiben Sie die Grundsätze beim Verarbeiten von Frischobst.

14 Erklären Sie, warum man nur reifes Frischobst in der Konditorei verwenden sollte.

15 Wie sollte Frischobst gelagert werden?

16 Warum wird Schalenobst als solches bezeichnet?

17 Nennen Sie Schalenfrüchte, die in der Konditorei verwendet werden.

18 In welchen Formen werden Mandeln in der Konditorei verarbeitet?

19 Warum sind Bittermandeln ungenießbar?

20 Welche zwei Nusssorten dürfen nach den Bestimmungen der Leitsätze als Nüsse bezeichnet werden? Geben Sie auch Beispiele für Nusserzeugnisse in der Konditorei.

21 Wie sollte Obst gelagert werden?
- Frischobst
- Schalenobst

22 Warum sollen Nüsse mit braunen Stellen im Kern nicht gegessen werden?

23 Nennen Sie die Inhaltsstoffe von
- Frischobst,
- Schalenobst.

24 Erklären Sie Trockenobst.

25 Nennen Sie die drei getrockneten Weintraubensorten und beschreiben Sie jeweils deren Besonderheiten und den Geschmack.

26 Erläutern Sie, wie Sultaninen und Korinthen vor der Verarbeitung gewaschen werden.

27 Wie werden Sultaninen für Stollen, Früchtebrot u. a. vorbehandelt?

28 Beschreiben Sie, wie Trockenobst vor der Verarbeitung weich gemacht wird:
- für Füllungen
- für Früchtebrot

29 Erläutern Sie die Herstellung von Dosenobst.

30 Nennen Sie die Nachteile von Dosenobst gegenüber Frischobst.

31 Nennen Sie die Obstsorten, die sich zum Tiefgefrieren eignen.

32 Erklären Sie, wie Obst tiefgefroren wird.

33 Beschreiben Sie, wie tiefgefrorene Beerenfrüchte für Obsttorten und Obstschnitten verarbeitet werden.

34 Nennen Sie die drei Vorteile von tiefgefrorenen Früchten gegenüber Dosenfrüchten.

35 Erklären Sie, wie Früchte in Alkohol gelegt werden und wie die Haltbarkeit von Früchten in Alkohol ist.

36 Nennen Sie Dickzuckerfrüchte und geben Sie jeweils Verwendungsbeispiele an.

37 Aus welchen Früchten und welchen Fruchtteilen werden Orangeat und Zitronat gewonnen?

38 Beschreiben Sie die Herstellung von Dickzuckerfrüchten.

39 Wie sollten Dickzuckerfrüchte gelagert werden und warum verderben sie nicht?

40 Die Sommersaison hat begonnen und die Nachfrage nach Obsttorten und Obstschnitten steigt. Um den Kunden einen Überblick über die in der Konditorei verarbeiteten Früchte zu geben, sollen Sie mit zwei anderen Mitschülern eine Infotafel erstellen, die im Verkaufsraum aufgehängt werden soll.

a) Fertigen Sie zunächst eine Mind-Map an, in der Sie die drei Hauptäste mit „Frischobst", „Schalenobst" und „haltbar gemachtem Obst" beschriften. Ergänzen Sie dann in einem Brainstorming alle anderen Zweige der Mind-Map.

b) Überlegen Sie sich eine Gestaltung für die Infotafel.

c) Geben Sie zu jedem Obst ein Verwendungsbeispiel an.

d) Präsentieren Sie Ihre Infotafel vor der Klasse.

Rechenaufgaben

1 3,500 kg Orangen werden gepresst. Dies ergibt 1900 g (ml) Orangensaft.
a) Berechnen Sie den Verlust in Gramm und in Prozent.
b) Welchen Wert in € haben 200 g (ml) Orangensaft, wenn die 3 1/2 kg Orangen 4,90 € gekostet haben?

2 Bei Erdbeeren ist mit einem durchschnittlichen Verlust durch Verderb von 12 % zu rechnen.
a) Wie viel kg Erdbeeren müssen eingekauft werden, damit 7,400 kg zur Verfügung stehen?
b) Die Erdbeeren sind in 250-g-Schalen abgepackt. Wie viele Schalen müssen eingekauft werden?

8

Feine Backwaren aus Hefeteig – Grundlagen

Situation

Sie sollen einen Hefeteig für Rohrnudeln und Rosinenbrötchen herstellen.

- Was versteht man unter einem Hefeteig im Vergleich zu Brötchen- und Brotteigen?
- Was besagt der Begriff Feine Backwaren?
- Welche Zutaten werden für einen Hefeteig benötigt?
- Wie werden die einzelnen Zutaten fachgerecht verarbeitet?
- Was ist hinsichtlich der Teigtemperatur, Knetzeit und Teigruhe zu beachten?

LF
1.2

Begriff: Hefeteig

Hefeteige sind Weizenteige, die mit Hefe gelockert und mit feinen Zutaten wie Fett und Zucker zu „Feinen Backwaren" verarbeitet werden. Deshalb werden sie auch als „Hefefeinteige" bezeichnet.

Hefefeinteige unterscheiden sich deutlich von den ebenfalls mit Hefe gelockerten Teigen für Brötchen und Brote, die kein oder wenig Fett und Zucker enthalten.

Allgemein werden Hefefeinteige als „Hefeteige" bezeichnet.

Begriff: Feine Backwaren

Feine Backwaren aus Hefeteig

Grundzutaten für alle Hefeteige

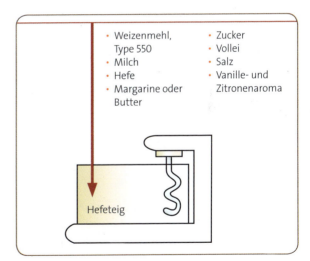

- Weizenmehl, Type 550
- Milch
- Hefe
- Margarine oder Butter
- Zucker
- Vollei
- Salz
- Vanille- und Zitronenaroma

Hefeteig

Für verschiedene Gebäcke gibt man in den Hefeteig zusätzlich Früchte, z. B. Sultaninen für Hefezöpfe sowie Zitronat, Orangeat und Mandeln für Stollen und Osterfladen.

Bestimmungen der Leitsätze

Feine Backwaren enthalten nach den Leitsätzen auf 90 Teile Mehl mindestens 10 Teile Fett und/oder Zucker.

Enthalten Backwaren weniger als 10 Teile Fett und/oder Zucker auf 90 Teile Mehl, werden sie als Kleingebäcke, z. B. Brötchen, oder Brote bezeichnet.

Rezeptbeispiel: Hefeteig	
1000 g Weizenmehl, Type 550	**Teigtemperatur:** 26 °C
400 g Milch	
60 g Hefe	**Knetzeit im Spiralkneter:**
120 g Zucker	• 2 bis 4 Minuten im Langsamgang mischen
120 g Butter oder Margarine	• 7 Minuten im Schnellgang kneten
100 g Eier (2 Stück)	
10 g Salz	**Teigruhe:**
5 g Zitronenaroma	ca. 15 Minuten, den Teig mit Folie abdecken
5 g Vanillearoma	
1820 g Hefeteiggewicht	

Herrichten der Zutaten

Zutaten für die Hefeteigherstellung

Alle Zutaten abwiegen und wie folgt in den Knetkessel der Knetmaschine geben:

Weizenmehl

Das Weizenmehl grundsätzlich sieben und in die Knetmaschine geben. Mehl aus dem Mehlsilo wird beim Austritt nach der Absperrklappe automatisch durch ein Sieb befördert. Gesiebtes Weizenmehl ist aufgelockert und kann somit mehr Wasser beim Kneten im Teig aufnehmen.

Milch

Milch wird mit 16 bis 20 °C in den Knetkessel geschüttet. Mit der Milchtemperatur wird die gewünschte Teigtemperatur von ca. 26 °C erreicht.

Hefe

Die abgewogene Hefe auf das Weizenmehl in den Knetkessel bröckeln.

Fett: Butter oder Backmargarine

Das Fett aus der Kühlung nehmen und etwas temperiert in die Knetmaschine geben.

• Zu kaltes Fett direkt aus der Kühlung ist zu fest, sodass es sich beim Kneten nicht mit den anderen Zutaten vermischt und im fertigen Hefeteig Fettbröckchen übrig bleiben.

• Ist das Fett zu warm oder wird Öl verwendet, muss es erst nach der Mischphase im Langsamgang beim Kneten zugegeben werden, damit es die Kleberbildung nicht behindert.

Eier

Für 1 Ei mittlerer Größe rechnet man in der Rezeptur ca. 50 g. Die Eier zuerst in ein Gefäß, z. B. Literbecher, aufschlagen und dann in die Knetmaschine geben. Hineingefallene Eierschalen können so leicht entfernt werden.

Zucker und Salz

Zucker und Salz getrennt hintereinander abwiegen und in die Knetmaschine geben. Wird Salz auf den Zucker gewogen, kann der überschüssige Anteil nur schwer herausgenommen werden.

Aromen

Zitronen- und Vanillearoma werden bei kleineren Hefeteigen nicht gewogen, sondern gefühlsmäßig aus der Tropfflasche in kleinen Mengen zugegeben.

Eine ausführliche Beschreibung der Hefeteige erfolgt im Kapitel „Feine Backwaren aus Hefeteig" → Seite 261.

Aufgaben

1. Erklären Sie die Bestimmungen der Leitsätze für Feine Backwaren.
2. Wie werden die Backwaren bezeichnet, die nicht die Bestimmungen für Feine Backwaren erfüllen?
3. Geben Sie ein Grundrezept für Hefeteig an und beschreiben Sie die Teigherstellung.
4. Nennen Sie die Grundzutaten der Hefeteige und beschreiben Sie, wie die einzelnen Zutaten zur Teigbereitung in die Knetmaschine gegeben werden.
5. Um sich einen Überblick über die Hefeteiggebäcke zu machen, zählen Sie und Ihre Mitschüler die Hefeteiggebäcke auf, die in den Konditoreien angeboten werden.

LF 1.2

9

Feine Backwaren aus ausrollfähigem Mürbeteig

Situation

Sie sollen einer neuen Kollegin die Herstellung eines ausrollfähigen Mürbeteigs erklären.

- Mit welchen Zutaten werden Mürbeteige hergestellt?
- Was versteht man unter 1-2-3-Mürbeteig?
- Wie wird ausrollfähiger Mürbeteig hergestellt und gelagert?
- Was ist bei der Verwendung der drei Grundzutaten zu beachten?
- Warum wird für Mürbeteige kein Triebmittel benötigt?
- Wie binden sich die Zutaten im Mürbeteig und was ist bei der Lagerung von ausrollfähigem Mürbeteig zu beachten?

LF 1.2

Die Bezeichnung „Mürbeteig" stammt von der charakteristischen mürben Beschaffenheit der Mürbeteiggebäcke.

Arten der Mürbeteige

- ausrollfähiger Mürbeteig → Seite 335
- spritzfähiger Mürbeteig → Seite 345
- Streusel → Seite 348

Zutaten für die Mürbeteigherstellung

Zutaten der Mürbeteige

Alle Mürbeteigarten werden aus drei Grundzutaten und häufig gebäckverbessernden Zutaten hergestellt.

Grundzutaten:

Weizenmehl Type 405 oder 550	Fett (Butter oder Backmargarine)	Zucker

Gebäckverbessernde Zutaten:

Eier	Salz	Zitronen- und Vanillearoma

Mürbeteige sind die einzigen Teige, die ohne Flüssigkeit wie Milch oder Wasser hergestellt werden.

> **!**
>
> **mürbe = zart, leicht brüchig**
> Das Gegenteil von mürbe ist knusprig.
> Durch den hohen Fettanteil erhalten die Gebäcke die mürbe Beschaffenheit.

Bestimmungen der Leitsätze

Für Buttergebäcke (Buttermürbeteiggebäcke) darf außer Butter kein anderes Fett verwendet werden. Es müssen mindestens 10 Teile Butter auf 100 Teile Weizenmehl enthalten sein.

Ausrollfähiger Mürbeteig

Den Namen hat dieser Mürbeteig, weil er bei der Verarbeitung ausgerollt wird.

1-2-3-Mürbeteig

1-2-3-Mürbeteig bezeichnet das Mengenverhältnis der Grundzutaten.

Mengenangabe der Grundzutaten:

Grundrezept 1-2-3-Mürbeteig:		
1	Teil Zucker	1000 g
2	Teile Fett	2000 g
3	Teile Weizenmehl, Type 405 oder 550	3000 g
	Vollei verbessern die Bindung der Zutaten und den Gebäckgeschmack	200 g
	Salz (5 g auf 1 kg Weizenmehl)	15 g
	Zitronen- und Vanillearoma	ca. 20 g
	Mürbeteiggewicht	**6235 g**

Ausrollfähiger Mürbeteig

Mürbeteigherstellung

Zucker, Fett, Salz, Eier, Eigelbe und Aromen in der Knetmaschine glatt arbeiten.

↓

Das gesiebte Weizenmehl zum Schluss nur kurz unterarbeiten, bis das Mehl im Mürbeteig nicht mehr sichtbar ist.

↓

• Den Mürbeteig in einen Behälter, z. B. eine Plastikwanne, geben und verschließen.
• Bei kühler Lagerung kann der Mürbeteig einige Tage auf Vorrat hergestellt werden.

Weizenmehl in die glatt gearbeiteten Zutaten kneten

Bindung der Zutaten im Mürbeteig

Bei der Mürbeteigherstellung umschließt das Fett die Mehlteilchen, sodass ein glatter Teig entsteht. Das Weizenmehl ist somit im Fett gleichmäßig verteilt und vermischt.

Mürbeteig lagern

Den Mürbeteig mindestens einen Tag vor der Verarbeitung herstellen und im Kühlschrank oder Kühlraum lagern. In dieser Zeit löst sich der Zucker völlig auf und die Zutaten verbinden sich zu einem glatten, gut ausrollfähigen Mürbeteig.

Grundzutaten der Mürbeteige

Weizenmehl

Für Mürbeteige werden feine, schalenarme Weizenmehle der Type 405 oder 550 verwendet. Besonders gut eignet sich das kleberschwächere Weizenmehl der Type 405, da im Mürbeteig keine Kleberbildung möglich ist.

Fett bindet den Mürbeteig

Das Fett muss für die Verarbeitung zum Mürbeteig eine kühle Raumtemperatur aufweisen. Das geschmeidige Fett kann die Mehlteilchen umschließen.

Fett direkt aus der Kühlung ist zu hart und lässt sich schlecht vermischen, es bleiben Fettbrocken im Mürbeteig.

Zu warmes Fett wird ölig und kann das Weizenmehl nicht binden.

Zucker im Mürbeteig

Bei der Verarbeitung des Mürbeteigs muss der Zucker im Teig gelöst sein. Bei nicht gelöstem Kristallzucker im Mürbeteig laufen die Gebäcke leicht breit, da die Zuckerkristalle im Ofen schmelzen.

Da sich Zucker nur im Wasser löst und nicht im Fett, lässt man den Mürbeteig vor der Verarbeitung über Nacht stehen, bis sich der Zucker gelöst hat.

Wird der Mürbeteig frisch verarbeitet, verwendet man Puderzucker statt Kristallzucker, da sich dieser schnell im Mürbeteig auflöst.

1-2-3-Mürbeteig ohne Triebmittel

1-2-3-Mürbeteig benötigt kein Triebmittel und wird ohne Backpulver hergestellt.

Da der Mürbeteig ohne Wasser bzw. Milch hergestellt und das Wasser der Eier vom Zucker gebunden wird, kann sich im Teig kein Kleber bilden. Der Mürbeteig hat somit kein Gashaltevermögen, das Lockerungsgase zu Poren festhalten kann, sodass bei der Herstellung kein Backpulver zugegeben wird.

1-2-3-Mürbeteig

Die genaue Beschreibung der Mürbeteige erfolgt im Kapitel „Feine Backwaren aus Mürbeteig" ➔ Seite 334.

Aufgaben

1. Was versteht man unter einem „mürben Gebäck" wie Mürbeteiggebäck?
2. Nennen Sie die drei Grundzutaten, aus denen die Mürbeteige bestehen. Geben Sie auch die drei gebäckverbessernden Zutaten an, die mit den Grundzutaten verarbeitet werden.
3. Erläutern Sie die Bestimmungen der Leitsätze für Buttergebäcke.
4. Erklären Sie den Begriff „1-2-3-Mürbeteig" und geben Sie ein Grundrezept an.
5. Beschreiben Sie die Herstellung von ausrollfähigem Mürbeteig.
6. Was sollte bei der Verarbeitung folgender Zutaten für Mürbeteig beachtet werden?
   - Weizenmehl
   - Fett
   - Zucker
7. Erklären Sie, warum 1-2-3-Mürbeteig ohne Backpulver hergestellt wird.
8. Zusammen mit Ihren Mitschülern überlegen Sie, welche Mürbeteiggebäcke in den Konditoreien angeboten werden.

LF 1.2

Rechenaufgaben

1. Pfauenaugen werden aus Mürbeteig mit folgendem Rezept hergestellt: 2,400 kg Weizenmehl, 1600 g Butter, 0,800 kg Zucker, 200 g Eier, 17 g Salz, 20 g Aromen. Wie viel Pfauenaugen erhält man, wenn ein Pfauenauge 73 g wiegt?
2. Es wird ein 1-2-3-Mürbeteig mit 5,400 kg Weizenmehl hergestellt. Berechnen Sie die Materialkosten der Grundzutaten dieses Mürbeteigs bei folgenden Preisen:
   Butter: 4,50 €/kg
   Weizenmehl: 40 €/dt
   Zucker: 0,90 €/kg
3. Die Materialkosten für 90 Pfauenaugen betragen 22,50 €, die Betriebskosten 220 %. Risiko und Gewinn werden mit 31 % angesetzt und die Mehrwertsteuer beträgt 7 %. Berechnen Sie den Verkaufspreis für ein Pfauenauge.
4. 10,500 kg 1-2-3-Mürbeteig wurde mit den drei Hauptzutaten hergestellt. Berechnen Sie, wie viel g der einzelnen Zutaten für diesen Mürbeteig verwendet wurden.

155

10

Feine Backwaren aus Massen – Grundlagen

Situation

Ein Kollege hat eine Biskuitmasse für Löffelbiskuits aufgeschlagen, die viel zu weich ist und einen schlechten Stand hat, sodass sie schon beim Aufdressieren breit läuft. Sie sollen ihm das richtige Aufschlagen von Eischnee und Eigelb zeigen.

- Was geschieht beim Aufschlagen von Eiklar zu Eischnee?
- Woran ist optimal aufgeschlagener Eischnee zu erkennen?
- Welche Merkmale hat schaumig gerührtes Eigelb?
- Wie wird Biskuitmasse als Zweikesselmasse hergestellt?
- Welche Qualitätsmerkmale zeichnen Biskuitgebäcke aus und wie ist die Frischhaltung?

LF 1.2

10.1 Aufschlagen von Eiklar und Eigelb

Für lockere und fettarme Gebäcke aus Massen werden grundsätzlich Eier aufgeschlagen. Besonders locker werden diese Massen und erhalten einen stabilen Stand, wenn Eier in Eiklar und Eigelb getrennt und diese separat aufgeschlagen werden.

Eiklar wird in der Praxis umgangssprachlich als Eiweiß bezeichnet. Dieser Ausdruck ist nicht korrekt, weil Eiklar nur zu 12% aus Eiweiß und zu 87% aus Wasser und 1% aus Kohlenhydraten besteht.

Eier, Eiklar und Eigelb werden mit einem feindrahtigen Rührbesen (Schlagbesen) bei voller Umdrehungszahl der Rührmaschine aufgeschlagen. Dabei werden unzählige Luftbläschen eingeschlagen und festgehalten. Die Eiermasse wird dabei großvolumig und stabil. Die zahlreichen luftgefüllten Bläschen ergeben eine gleichmäßige Porung im Gebäck und sorgen für besonders lockere und zarte Gebäcke.

Feindrahtiger Rührbesen

Aufschlagen von Eiklar zu Eischnee

Eiklar ist gut aufschlagfähig, d. h., es bekommt beim Aufschlagen zu Eischnee ein großes Volumen und einen stabilen Stand.

Beim Aufschlagen von Eiklar wird mithilfe des Rührbesens Luft eingeschlagen. Diese wird vom Eiweiß des Eiklars festgehalten. Dabei entstehen viele kleine Luftbläschen, die von dünnen Eiweißhüllen umschlossen sind.

Aufschlagen von Eiklar zu Eischnee

Zeitliche Dauer des Aufschlagens von Eischnee

Nur bei der richtigen Aufschlagzeit erhält man einen standfesten Eischnee mit großem Volumen, der für die Qualität und das Aussehen der Gebäcke entscheidend ist. In zu kurz aufgeschlagenem Eischnee ist noch zu wenig Luft eingeschlagen worden.

Der häufigste Fehler ist zu lang aufgeschlagener Eischnee. Durch das fortwährende Einschlagen von Luft entstehen große Luftbläschen. Die dünnen Eiweißhüllen, die die Luftbläschen umschließen, werden überdehnt und reißen leicht. Beim Melieren halten die großen Poren des Eischnees dem Druck schlecht stand und die Masse fällt zusammen, z. B. beim Melieren von Eischnee in das Eigelb und von Weizenmehl und Weizenpuder in die Eiermasse.

Aufschlagzeit	Merkmale
Zu kurz aufgeschlagener Eischnee:	• weich, schmierig • schlechter Stand • geringes Volumen
Richtig aufgeschlagener Eischnee:	• stabiler Stand • großes Volumen • cremiges, glattes Aussehen • beim Herausnehmen des Rührbesens zieht der Eischnee Spitzen
Zu lange aufgeschlagener Eischnee:	• sehr großes Volumen • flockige Beschaffenheit • raue, grobe Oberfläche des Eischnees

Beschaffenheit und Aussehen von optimalem Eischnee

• Eischnee mit vielen kleinen Poren (Luftbläschen) hat den stabilsten Stand. Die kleinen Poren fallen nicht so schnell zusammen, weil sie dem Druck bei der Weiterverarbeitung gut standhalten können.

• Cremiger und glatter Eischnee lässt sich am besten mit den anderen Zutaten vermischen, sodass das Volumen erhalten bleibt.

Technologie beim Aufschlagen von Eischnee

Damit ein optimaler Eischnee aufgeschlagen werden kann, muss man die technologischen Eigenschaften des Eiklars kennen.

• Frisch aufgeschlagenes Eiklar verwenden, da nur dieses gut aufschlagfähig ist. Bei der Alterung des Eiklars wird das Eiweiß zersetzt. Somit kann die eingeschlagene Luft nur noch schlecht festgehalten werden. Der Eischnee hat dann ein kleines Volumen und einen schlechten Stand. Außerdem ist er zu weich und schmierig.

• Eiklar grundsätzlich mit Zucker und einer Prise Salz aufschlagen. Salz und auch Zucker stabilisieren das Eiweiß, das dann die Luftbläschen besser festhalten kann.
Begründung:
Zucker bindet einen Teil des Wassers vom Eiklar und stabilisiert somit den Eischnee.
Salz macht die Eiweiße elastischer.

Einflüsse, die die Schaumbildung von Eischnee verhindern

Schon eine geringe Menge Fett und Spülmittelreste verhindern die Entstehung des Eischnees beim Aufschlagen. Fett und Spülmittel zerstören die Eiweißhäute, die die Luftbläschen nur noch schwach umschließen können. Dadurch entsteht ein schmieriger, nicht standhafter Eischnee mit geringem Volumen.
Häufige Ursachen sind:

• Eigelb im Eiklar, das beim Trennen der Eier in das Eiklar gelangt.

• Kessel und Rührbesen sind entweder unsauber und fettig oder enthalten Spülmittelreste.

Bevor das Eiklar in den Kessel gegeben wird, immer prüfen, ob der Kessel und der Rührbesen fett- und spülmittelfrei sind.

LF 1.2

Veränderungen des Eischnees nach dem Aufschlagen

Lässt man aufgeschlagenen Eischnee einige Zeit im Kessel stehen, setzt sich Flüssigkeit ab. Das Eiweiß bildet sich langsam wieder in den flüssigen Zustand zurück. Die Stabilität geht somit verloren, das Volumen wird geringer. Eischnee sollte deshalb sofort nach dem Aufschlagen verarbeitet werden.

Zuckerzugabe beim Aufschlagen von Eischnee

Zeitpunkt der Zuckerzugabe beim Aufschlagen

500 g Eiklar werden jeweils, wie in der folgenden Tabelle beschrieben, mit 500 g Zucker aufgeschlagen, bis es Eischnee ist, wobei der Zucker zu verschiedenen Zeitpunkten zugegeben wird.

Zeitpunkt	Ergebnis
Der gesamte Zucker wird sofort zu Anfang zugegeben.	Dies ist ein stabiler und feinporiger cremiger Eischnee, der glatt aussieht. Mit den vielen kleinen, gleichmäßigen Poren hat er einen guten Stand. Er lässt sich bei der Weiterverarbeitung am besten mit den anderen Zutaten vermischen.
Der Zucker wird während des Aufschlagens nach der Hälfte bis ca. drei Viertel der Aufschlagzeit nach und nach zugegeben.	Es ist ein stabiler, mit großen Poren sehr lockerer Eischnee. Er ist gut verarbeitungsfähig.
Der Zucker wird zum Schluss in den fertigen Eischnee gegeben.	Der Eischnee ist großporig und hat eine raue Oberfläche. Er neigt zum Flockigwerden und lässt sich nicht so gut mit den anderen Zutaten mischen.

!

Fazit für den Zeitpunkt der Zuckerzugabe:
Beim Aufschlagen des Eischnees sollte der Zucker sofort zu Anfang zugegeben werden.
Dies ergibt einen feinporigen Eischnee, der seinen stabilen Stand behält und sich am besten weiterverarbeiten lässt.
Daraus entstehen auch feinporige Gebäcke, die nicht so schnell austrocknen.

Zuckermenge im Eiklar

Die Zuckermenge beeinflusst die Porengröße und somit die Stabilität des Eischnees. Die folgende Tabelle zeigt die Ergebnisse beim Aufschlagen mit verschiedenen Zuckermengen. Der Zucker wird sofort in das Eiklar gegeben.

Zuckermenge	Ergebnis
500 g Eiklar ohne Zucker	ergeben das größte Eischneevolumen. Durch die großen Poren ist er jedoch sehr unstabil
500 g Eiklar mit 250 g Zucker	ergeben jeweils einen kleinporigen, aber großvolumigen Eischnee, der stabil ist
500 g Eiklar mit 500 g Zucker	
500 g Eiklar mit 1000 g Zucker	ergeben einen schmierigen Eischnee mit kleinem Volumen und schlechtem Stand

!

Fazit für die Zuckermenge:
- Den besten Eischnee erhält man, wenn Eiklar mit Zucker aufgeschlagen wird, da Zucker Wasser bindet. Die Zuckermenge darf die Gewichtsmenge des Eiklars nicht übersteigen.
- Eiklar nicht ohne Zucker aufschlagen.
- Das Gewicht des Zuckers sollte nicht höher als das des Eiklars sein, sonst ergibt dies einen unbefriedigenden Eischnee.

Eischneefehler

Fehler	Ursachen
Eischnee lässt sich schlecht mit dem schaumig geschlagenen Eigelb vermischen und muss zu lange gerührt werden. Dabei fällt der flockige Eischnee und somit die Masse zusammen. Nicht vermischte, flockige Eischneestücke bleiben im Gebäck als „Schneenester" sichtbar.	• zu lange geschlagener, flockiger Eischnee (häufigste Ursache) • der Zucker wurde beim Aufschlagen zu spät in das Eiklar gegeben

LF 1.2

Fehler	Ursachen
Der Eischnee lässt sich nicht gut aufschlagen. Er bleibt schmierig, hat einen schlechten Stand und ein geringes Volumen.	• fettiger, unsauberer/ mit Spülmittel behafteter Rührkessel/Rührbesen • Eigelbreste im Eiklar • der Eischnee wird mit einem höheren Zuckergehalt, als das Eiklargewicht beträgt, aufgeschlagen
Gebäcke mit Eischnee haben eine breit gelaufene Gebäckform und ein zu kleines Volumen.	• zu kurz geschlagener Eischnee • zu lange geschlagener Eischnee (häufigste Ursache)

Schaumigschlagen von Eigelb

Eigelb wird grundsätzlich mit etwas Zucker schaumig geschlagen. Die Eigelbmasse wird dadurch stabiler, weil Zucker die Feuchtigkeit etwas bindet.

Eigelb hat einen Fettgehalt von ca. 32 %. Das Fett schädigt die Dehnbarkeit des Eiweißes im Eigelb, weshalb die Luft beim Aufschlagen schlecht festgehalten werden kann. Beim Schaumigschlagen des Eigelbs erhöht sich das Volumen dadurch nur leicht.

> **!**
>
> **Merkmale von schaumig geschlagenem Eigelb**
> • Schaumig geschlagenes Eigelb ist kompakt und zäh fließend.
> • Die Rillen des Rührbesens im schaumigen Eigelb sind deutlich sichtbar.
> • Schaumiges Eigelb hat eine helle Farbe.

Nur eine kompakte Eigelbmasse bindet sich gut mit dem Eischnee, sodass die Lockerung und das Volumen des Eischnees in der Masse erhalten bleiben.

Schaumiges, kompaktes Eigelb

Melieren

Unter Melieren versteht man das vorsichtige Unterheben von Zutaten in die aufgeschlagenen Massen, bis die Zutaten vollständig vermischt sind. Dabei darf die eingeschlagene Luft nicht aus der Masse herausgeschlagen werden.

Beispiele des Melierens:
• Eischnee in das schaumige Eigelb, z. B. bei der Biskuitmasse, melieren.
• Gesiebtes Weizenmehl und Weizenpuder in die aufgeschlagene Eiermasse bei der Biskuit- und Wiener Masse melieren.
• Flüssiges Fett in die aufgeschlagene Eiermasse bei der Wiener Masse melieren.
• Puderzucker in den Eischnee bei der Baisermasse melieren.

Melieren von Mehl und Kakaopulver bei der Schokoladen-Wiener-Masse

Richtiges Melieren von Eischnee in das schaumige Eigelb

Damit die Poren des Eischnees erhalten bleiben und nicht zerdrückt werden, wird grundsätzlich der Eischnee in die schaumige Eigelbmasse meliert.
• Zuerst einen kleinen Teil des Eischnees melieren, da die Eigelbmasse nicht zu viel Eischnee auf einmal aufnehmen kann.
• Den restlichen Eischnee nach und nach flott unterheben, bis er nicht mehr sichtbar ist.

Melieren des Eischnees in das schaumige Eigelb

LF 1.2

Aufgaben

1 Beschreiben Sie, was beim Aufschlagen von Eischnee geschieht.

2 Beschreiben Sie die Merkmale von
- zu kurz aufgeschlagenem Eischnee,
- richtig aufgeschlagenem Eischnee,
- zu lange aufgeschlagenem Eischnee.

3 Wie sind die Beschaffenheit und das Aussehen von optimal aufgeschlagenem Eischnee?

4 Welche Einflüsse verhindern die Schaumbildung von Eischnee? Geben Sie häufige Ursachen an.

5 Begründen Sie folgende Technologie beim Aufschlagen von Eischnee:
- Warum werden nur frische Eier verwendet?
- Warum wird Eiklar mit Zucker und Salz zu Eischnee aufgeschlagen?

6 Warum sollte Eischnee sofort nach dem Aufschlagen verarbeitet werden?

7 Erklären Sie, zu welchem Zeitpunkt der Zucker in das Eiklar gegeben wird, damit ein optimaler Eischnee entsteht. Begründen Sie die Maßnahme.

8 Erläutern Sie, welche Zuckermenge im Eiklar den besten Eischnee ergibt und ab welcher Zuckermenge der Eischnee ein unbefriedigendes Ergebnis aufweist.

9 Nennen Sie die Ursachen folgender Eischneefehler:

- Der Eischnee ist flockig und lässt sich mit den anderen Zutaten schlecht vermischen.
- Der Eischnee lässt sich nicht gut aufschlagen. Er bleibt schmierig, hat einen schlechten Stand und ein geringes Volumen.
- Gebäcke mit Eischnee haben eine breitgelaufene Gebäckform und ein geringes Volumen.

10 Mit welchem Rohstoff wird Eigelb grundsätzlich schaumig gerührt und warum?

11 Erklären Sie, warum sich beim Schaumigschlagen von Eigelb das Volumen des Eigelbs nur leicht vergrößert.

12 Woran erkennt man, ob Eigelb beim Aufschlagen schaumig ist?

13 Beschreiben Sie, was man unter dem Fachausdruck „Melieren" versteht.

14 Nennen Sie Beispiele des Melierens bei Massen.

15 Erklären Sie, wie Eischnee und schaumig gerührtes Eigelb fachgerecht meliert werden.

16 Die richtige Aufschlagzeit von Eischnee ist eine wichtige Voraussetzung für beste Gebäckqualität. Um den richtigen Zeitpunkt zu erkennen, schlagen Sie Eiweiß so auf, wie es in der Tabelle auf → Seite 157 abgebildet ist und achten dabei auf die Merkmale.

Rechenaufgaben

1 Eiklar besteht aus 12 % Eiweiß, 87 % Wasser und 1 % Kohlenhydrate. Ermitteln Sie die Anteile der jeweiligen Nährstoffe von 1,800 kg Eiklar in g.

2 Es werden 850 ml Eiklar zu Eischnee aufgeschlagen. Das Volumen des Eischnees beträgt 4,590 l. Um wie viel % hat sich das Volumen vergrößert?

3 675 g Eigelb und Zucker wurden im Verhältnis von 2:1 zu einer Eigelbmasse schaumig geschlagen. Das Eigelb besitzt 32 % Fettanteil.
a) Wie viel g Eigelb und wie viel g Zucker befinden sich in der Eigelbmasse?
b) Wie viel g Fett enthält das Eigelb?

4 780 ml Eiklar hat beim Aufschlagen zu Eischnee eine Volumenzunahme von 560 %.
Wie viel ml, l und dm³ hat das Volumen des Eischnees?

5 Bei der Herstellung einer Biskuitmasse hat der Eischnee 3,200 l und die Eigelbmasse 600 ml Volumen. Nach dem Melieren des Eischnees in die Eigelbmasse und des Weizenmehls in die Eiermasse verringert sich das Volumen um 18 %. Berechnen Sie das Volumen in l und ml der Biskuitmasse.

6 Die Materialkosten für 45 Sahneomeletts betragen 19,25 €, die Betriebskosten 220 %. Risiko und Gewinn werden mit 31 % angesetzt. Berechnen Sie den Ladenpreis für ein Sahneomelett.

7 Drei Konditorinnen benötigen für die Herstellung von verschiedenen Biskuitgebäcken 3 Stunden und 45 Minuten. Wie viele Stunden und Minuten benötigen zwei Konditorinnen für die gleiche Arbeit?

LF 1.2

10.2 Biskuitmasse

Im Gegensatz zu den Teigen sind die Hauptrohstoffe der Massen häufig Eier und Zucker, die zur Lockerung aufgeschlagen werden. Beispielhaft für die verschiedenen Massen, die im hinteren Teil des Buchs beschrieben werden, wird hier die Biskuitmasse aufgeführt.

Biskuitmasse ist eine eireiche Masse ohne Fettzugabe in der Rezeptur. Deshalb sind Biskuitgebäcke besonders locker und gut bekömmlich.

- Die Lockerung der Biskuitgebäcke erfolgt nur durch die eingeschlagene Luft beim Aufschlagen der Eier.
- Weizenstärke wird in der Praxis wegen der pulvrigen Beschaffenheit als Weizenpuder bezeichnet. Weizenmehl und Weizenpuder werden im Verhältnis 1:1 gemischt. Durch den Weizenpuder werden die Biskuitgebäcke lockerer.

Grundrezept:

⬤⬤⬤⬤	4	Teile Vollei
⬤⬤	2	Teile Zucker
⬤⬤	2	Teile Weizenmehl/ Weizenpuder
	1	Prise Salz (ca. 2 g)
		Zitronen- und Vanillearoma

Gebräuchlichste Herstellung als „Zweikesselmasse"

- 1. Kessel: Eigelb mit ca. ⅓ des Zuckers und den Aromen schaumig schlagen.
- 2. Kessel: Eiklar mit ca. ⅔ des Zuckers und Salz zu Eischnee aufschlagen.
- Den Eischnee in das schaumige Eigelb melieren.
- Das Gemisch aus Weizenmehl und Weizenpuder unterheben.

Biskuitgebäcke

Löffelbiskuits

!

Löffelbiskuits werden aus einer eigelbreichen Biskuitmasse hergestellt. Die Gebäcke sind deshalb etwas weicher und nicht so trocken. Typisch für Löffelbiskuits ist die Zuckerkruste.

Rezeptbeispiel: Löffelbiskuitmasse

240 g	Eigelb (12 Stück)	schaumig rühren
100 g	Zucker	
	Vanillearoma	
270 g	Eiklar (9 Stück)	zu Eischnee aufschlagen; den Eischnee in die Eigelbmasse melieren
150 g	Zucker	
1	Prise Salz (ca. 2 g)	
125 g	Weizenmehl, Type 405 oder 550	sieben und zum Schluss in die Eiermasse melieren
125 g	Weizenpuder	
1010 g	**Masse**	

Aufdressieren:
Die Masse mit einer Lochtülle von 13 oder 15 mm ca. 10 cm lang aufdressieren.

!

Der Fachausdruck „Aufdressieren" bezeichnet das Aufspritzen von Massen, Schlagsahne und Buttercreme zu verschiedenen Formen. Dabei wird die Masse bzw. Schlagsahne oder Creme in einen Dressierbeutel, auch Spritzbeutel genannt, gefüllt und aufgespritzt.
In den Dressierbeutel wird ein Einsatz gegeben, meist eine Loch- oder Sterntülle, um exakte Formen aufspritzen zu können.

Zuckerkruste:
Die Löffelbiskuits kräftig mit Zucker bestreuen oder in Zucker tauchen, damit nach dem Backen eine Zuckerkruste entsteht.

Backen: 180 °C, bei offenem Zug
Backzeit: ca. 20 Minuten
Die Löffelbiskuits gut ausbacken, da sie sonst bei der Lagerung zu weich werden.

Löffelbiskuits

LF 1.2

Mohrenköpfe

Die Biskuitmasse für Mohrenkopfschalen, auch Othelloschalen genannt, wird mit viel Eischnee und weniger Eigelb hergestellt. Deshalb sind die Gebäcke besonders locker, aber auch etwas trocken.

Rezeptbeispiel: Mohrenkopfschalen (Othelloschalen)	
200 g Eigelb (10 Stück) 20 g Wasser 70 g Zucker Zitronen- und Vanillearoma	Eigelb mit Wasser entzähen und dann mit Zucker und Aromen schaumig schlagen
360 g Eiklar (12 Stück) 130 g Zucker 1 Prise Salz (ca. 2 g)	zu Eischnee aufschlagen und in das schaumige Eigelb melieren
110 g Weizenmehl, Type 405 oder 550 110 g Weizenpuder	sieben und in die Masse melieren
1000 g Masse	

Aufdressieren:

Die Biskuitmasse mit einer 15-mm-Lochtülle halbkugelförmig aufdressieren – ideal sind Knopfbleche, die gefettet und bemehlt werden – oder auf mit Backpapier belegte Backbleche dressieren.
Die aufdressierten Schalen mit Weizenpuder bestauben, damit sie eine glatte, stabile Oberfläche erhalten.

Aufdressieren der Mohrenkopfschalen

Backen: 180 °C, bei offenem Zug
Backzeit: ca. 20 Minuten
Nach dem Backen die Mohrenkopfschalen sofort vom Blech bzw. Papier lösen.

Überziehen:

Je zwei Schalen ergeben einen Mohrenkopf. Die jeweils untere der zwei zusammengehörenden Schalen an der Rundung gerade schneiden, damit sie gut stehen kann.

Mohrenkopf mit Schlagsahne gefüllt

Die Schalen mit Schokoladenkuvertüre oder Fettglasur überziehen oder in Aprikotur tauchen und mit Schokoladenfondant überziehen.

Füllungen: Schlagsahne oder Vanillecreme

Biskuitböden, Biskuitkapseln, Sahneomeletts

Rezeptbeispiel: Biskuitböden, Biskuitkapseln und Omeletts
1000 g Vollei (20 Stück) 500 g Zucker 250 g Weizenmehl, Type 405 oder 550 250 g Weizenpuder 1 Prise Salz (ca. 2 g) Zitronen- und Vanillearoma
2000 g Masse

Herstellung der Biskuitgebäcke:
Die Eier trennen, den Zucker aufteilen und die Biskuitmasse in der Zweikesselmasse wie beschrieben herstellen.

Biskuitböden

Die Masse in Ringe einfüllen.
Backen: 200 °C
Backzeit: ca. 30 Minuten

Die Böden sofort nach dem Backen auf mit Tüchern belegte oder mit Mehl bestaubte Bretter stürzen, damit die Oberfläche der Biskuitböden glatt wird und der Boden von unten her ausdampfen kann.

Biskuitrouladen

Die Masse gleichmäßig auf ein mit Backpapier belegtes Backblech zu Kapseln streichen.

Aufgestrichene Biskuitkapsel

Backen: 220 °C, bei geschlossenem Zug hellbraun ausbacken.
Bei dieser hohen Backhitze backen die Kapseln schnell aus und bleiben weich und biegsam.

Füllungen: • Schlagsahne, evtl. mit Früchten
• Buttercreme, Fettcreme
• Konfitüre

Sahnerouladen

Sahneomeletts

Die Masse mit einer Lochtülle von 11 mm spiralförmig auf ein mit Backpapier belegtes Backblech dressieren oder mit einer Schablone aufstreichen. Der Durchmesser der Omeletts beträgt 12 bis 13 cm.

Sahneomeletts

Backen: 220 °C, bei geschlossenem Zug hellbraun ausbacken, sodass die Omeletts geschmeidig sind.

Füllung:
Schlagsahne abschmecken, z. B. mit Vanille oder Eierlikör. Eine Hälfte der Omeletts spiralförmig mit der Schlagsahne füllen.
Die andere Hälfte nach oben klappen und auf der Schlagsahne andrücken. Den Biskuit leicht mit Puderzucker bestauben. Mit Früchten ausgarnieren.

Anisplätzchen

Die Biskuitmasse, mit Anis geschmacklich dominant gewürzt, wird tupfenförmig auf Backbleche dressiert und bei 180 °C mit offenem Zug gebacken.

Anisplätzchen

Herstellung mit Convenience-Produkten

Convenience-Produkte für Biskuitmassen sind Fertigmehle oder Aufschlagmittel mit Emulgatoren und Backpulver als Lockerungsmittel. Sie werden im **„All-in-Verfahren"** glatt gerührt und verarbeitet. Beim All-in-Verfahren werden alle Zutaten in den Kessel gegeben und einige Minuten zu einer glatten Masse zusammengerührt.

LF 1.2

Fehler der Biskuitgebäcke

Gebäckfehler	Ursachen
Biskuitgebäcke haben ein geringes Volumen oder sie sind etwas breit gelaufen.	• Eischnee wurde entweder zu kurz oder zu lange aufgeschlagen. • Eigelb wurde nicht ausreichend schaumig geschlagen, sodass es beim Melieren mit dem Eischnee noch flüssig war. • Beim Melieren wurde zu unvorsichtig und zu lange gerührt, sodass dabei die eingeschlagene Luft wieder entweicht.
Gebäcke sind leicht eingefallen und haben eine runzelige Gebäckoberfläche.	Gebäcke wurden zu kurz gebacken, sodass das Gebäckgerüst noch zu weich war.
Kapseln brechen beim Rollen für Rouladen.	• Kapseln wurden zu lange gebacken, sodass sie hart und nicht mehr biegsam sind. • Bei zu geringer Backhitze wurden die Kapseln trocken.

Verkaufsargumente

Qualitätsmerkmale für die Kundenberatung
- Biskuitgebäcke sind sehr eireiche Gebäcke, die kein Fett enthalten.
- Deshalb sind diese Gebäcke sehr locker und gut bekömmlich.
- Füllungen wie Schlagsahne sowie Früchte bei Obsttorten bzw. Obstschnitten bestimmen den Geschmack der Erzeugnisse.

Frischhaltung und Lagerung der Biskuitgebäcke
Biskuitgebäcke ohne Füllung sind frisch, so lange sie innen weich und zart sind.
- **Löffelbiskuits und Anisplätzchen** sind verpackt längere Zeit bei Raumtemperatur lagerfähig. In Gebäcktütchen oder in Gebäckschalen verpackt, trocknen sie nicht so schnell aus.
- **Biskuittortenböden** bleiben einige Tage in einem kühlen Raum oder in der Kühlung frisch. Ziehen sie sich zusammen und lösen sich so etwas vom Tortenring, trocknen sie aus.
- **Kapseln** für Rouladen und **Omeletts** für Sahneomeletts sind nur in frischem Zustand besonders weich und somit gut rollfähig, ohne zu brechen.
- Die Frischhaltung der einzelnen Biskuitgebäcke ist abhängig von der Füllung bzw. dem Obstbelag.

Tiefgefrieren der ungefüllten Biskuitgebäcke
Die frisch zu verarbeitenden Kapseln, Omeletts und Mohrenkopfschalen eignen sich gut zum Tiefgefrieren. Nach dem Backen werden sie in noch warmem Zustand in den Froster gegeben. Nach dem Auftauen bei Raumtemperatur sollten die Biskuitgebäcke bald verarbeitet werden.
Biskuitböden, Löffelbiskuits und Anisplätzchen werden gewöhnlich nicht tiefgefroren, weil sie längere Zeit lagerfähig sind.

Besondere Eignung der Biskuitgebäcke
- Alle Erzeugnisse aus Biskuitmasse sind vorzügliche Gebäcke zum Kaffee und Tee.
- Löffelbiskuits sind gelegentlich für Kleinkinder und Säuglinge geeignet, da sie kein Fett enthalten. Deshalb sind sie besonders leicht kaubar und gut verdaulich.
- Biskuitgebäcke ohne Sahnefüllung sind für Menschen, die kein Fett vertragen, besonders geeignet, da diese Gebäcke kein Fett enthalten und somit gut verdaulich sind.
- Anisplätzchen sind besonders in der Vorweihnachtszeit beliebt und passen gut zu Gebäckmischungen.

LF 1.2

Aufgaben

1. Aus welchen Zutaten und in welchem Verhältnis zueinander wird Biskuitmasse hergestellt?
2. Beschreiben Sie das gebräuchlichste Herstellungsverfahren von Biskuitmassen als Zweikesselmasse.
3. Nennen Sie Gebäcke aus Biskuitmasse und geben Sie an, womit sie gefüllt werden.
4. Beschreiben Sie, wie Löffelbiskuits aufdressiert werden und wie die Oberfläche der Löffelbiskuits behandelt wird.
5. Erklären Sie das Backen von Löffelbiskuits, Biskuitböden und Biskuitkapseln.
6. Stellen Sie mit dem Rezept von → Seite 162 Biskuitböden, Biskuitkapseln und Sahneomeletts mit der Zweikesselmasse her. Geben Sie die Eigelb- und Eiklarmenge mit dem Zuckeranteil zum Aufschlagen an.
7. Geben Sie die Ursachen folgender Fehler der Biskuitgebäcke an:
   - Biskuitgebäcke haben ein geringes Volumen oder sie sind etwas breit gelaufen
   - Gebäcke sind leicht eingefallen und haben eine runzelige Gebäckoberfläche
   - Kapseln brechen beim Rollen für Rouladen
8. Wie lange werden Biskuitgebäcke als frisch bezeichnet?
9. Beschreiben Sie die Frischhaltung und Lagerfähigkeit von
   - Löffelbiskuits,
   - Biskuitböden, ungefüllt,
   - Kapseln für Rouladen und Omeletts für Sahneomeletts.
10. Geben Sie Auskunft über das Tiefgefrieren von Kapseln, Omeletts und Mohrenkopfschalen.
11. Zu welchen Gelegenheiten können Biskuitgebäcke empfohlen werden?
12. Für welche Gruppen von Menschen sind Biskuitgebäcke ohne Sahnefüllung besonders zu empfehlen?
13. Ein Kunde kann sich nicht entscheiden, ob er Löffelbiskuits oder Mohrenköpfe kaufen soll. Bei der Beratung erläutern Sie ihm die Qualitätsmerkmale der Biskuitgebäcke.

11

Haltbarmachen und Lagern der Lebensmittel

Situation

In Ihrer Konditorei werden sowohl haltbar gemachte Lebensmittel verwendet als auch Konditoreierzeugnisse haltbar gemacht. Um die Lebensmittel haltbar zu machen, stehen verschiedene Verfahren zur Verfügung. Die meisten Backwaren werden jedoch frisch verkauft. Damit sie von bester Qualität sind, müssen bestimmte Lagerbedingungen eingehalten werden. Einer Kundin erläutern Sie die speziellen Merkmale von eingeschweißten und frischen Hefezöpfen.

- Welche Haltbarmachungsmethoden sind in der Konditorei üblich?
- Wie wirken sich die verschiedenen Haltbarmachungsmethoden auf die Lagerdauer aus?
- Was geschieht beim Altwerden der Gebäcke?
- Welche Anforderungen werden an einen Lagerraum für Backwaren gestellt?
- Welche Vorteile bieten die Gärverzögerung und die Gärunterbrechung?

LF 1.2

Die Haltbarmachung der Lebensmittel wird allgemein als **Konservierung** bezeichnet.

Vorgänge beim Haltbarmachen (Konservieren)

Bei der Haltbarmachung der Lebensmittel, Teiglinge sowie der Konditoreierzeugnisse werden den Mikroorganismen die Lebensbedingungen wie Feuchtigkeit, Wärme und Sauerstoff entzogen, sodass sie sich nur noch gering oder gar nicht vermehren können.

Auch die Tätigkeit der Enzyme, die die Lebensmittel und Waren bei der Lagerung nachteilig verändern, wird beim Konservieren gehemmt oder eingestellt.

Ziele der Haltbarmachung (Konservierung)

- Lebensmittel sowie Konditoreierzeugnisse werden vor dem Verderb geschützt.
- Lebensmittel sowie Konditoreierzeugnisse sollen bei der Lagerung ihre natürlichen Eigenschaften behalten wie
  – den Gesundheitswert,   – den Genusswert,
  – das Aussehen.

11.1 Haltbarmachen durch Kälte

Bei der Konservierung durch Kälte unterscheidet man
- Kühlen,
- Tiefgefrieren (Frosten),
- Gärverzögerung,
- Gärunterbrechung.

Kühlen

In der Kühlung, d. h. im Kühlschrank oder Kühlraum, herrschen **Temperaturen von 2 bis 10 °C.** Bei diesen kühlen Temperaturen sind die Lebensmittel einige Tage länger haltbar als bei Raumtemperatur.

Auch im **Sahneklimaschrank** sind Kühlschranktemperaturen mit hoher **relativer Luftfeuchtigkeit zwischen 80 % und 96 %.** Damit werden Hautbildungen und das Austrocknen der Oberflächen von Sahneerzeugnissen verhindert.

Tiefgefrieren (Frosten)

Durch das Tiefgefrieren, auch Frosten genannt, werden Lebensmittel und Konditoreierzeugnisse langfristig haltbar gemacht. Die Mikroorganismen und Enzyme stellen ihre Tätigkeit völlig ein, weil das lebensnotwendige freie Wasser der Lebensmittel zu Eis gefroren ist. Beim Auftauen vermehren sich die Mikroorganismen wieder und werden wie die Enzyme wieder aktiv.

Während des Tiefgefrierens verdunstet etwas Wasser. Deshalb werden Lebensmittel und Konditoreiwaren immer in Folien verpackt tiefgefroren.

Das fachgerechte Tiefgefrieren erfolgt gewöhnlich in zwei Abschnitten:

**LF
1.2**

> ### Schockfrosten
> Bei ca. −35 °C werden die Lebensmittel schnell, d.h. schockartig gefroren, bis sie im Inneren −7 °C erreicht haben.

> ### Lagerung im Froster
> Nach dem Schockfrosten wird die Ware bei −18 °C im Frosterschrank bzw. Frosterraum gelagert.
>
> Die Lagertemperatur im Froster muss immer gleichbleibend um −18 °C sein, damit kein Auftauprozess beginnt und die Lebensmittel keine Qualitätseinbußen erleiden.

Die Kerntemperatur von −7 °C haben Teiglinge und Gebäcke beim Schockfrosten nach ca. 30 Minuten erreicht und können dann im Froster gelagert werden.

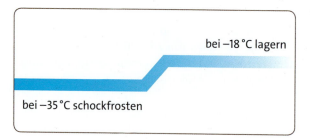

Der Tiefkühlschrank bzw. Tiefkühlraum muss mit einem Thermometer ausgestattet sein. Die Lagertemperatur im Froster sollte täglich kontrolliert werden und am besten als Beleg für die Lebensmittelkontrolle protokolliert werden.

Das richtige Tiefgefrieren

- Teiglinge und Backwaren werden mit einer Folie eng abgedeckt, damit sie nicht austrocknen. Beim Langzeitfrosten sollten sie dicht an dicht in Tiefgefrierbeutel gegeben werden.
- Es sollten nur frische Konditoreierzeugnisse gefrostet werden.
- Backwaren sollten im warmen Zustand bei ca. 60 bis 70 °C schockgefrostet werden.

Tiefgefrorene Teiglinge in Folie

Rezepturmäßige Voraussetzungen der Waren zum Frosten
- Waren aus Teigen und Massen mit Fett und/oder Zuckeranteil
- Waren aus Teigen mit Roggenmehl und Vollkorn

Je mehr Fett und/oder Zucker sowie Roggenmehl und Vollkorn in den Waren enthalten ist, desto besser eignen sie sich zum Tiefgefrieren und desto länger können sie im Froster gelagert werden.

Roggenmehl und die Schalen des Vollkorns binden Wasser stärker als Weizenmehl. Teige und Massen mit Fett und Zucker besitzen wenig freies Wasser.

Eiskristallbildung in Lebensmitteln und Backwaren beim Tiefgefrieren

Beim schnellen Tiefgefrieren, ca. −35 °C, beim Schockfrosten:	Bei zu langsamer Kälteeinwirkung bei Frostertemperatur von −18 °C:

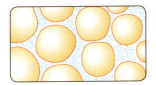 

Die starke Kälte durchdringt sehr schnell die Lebensmittel, Teiglinge und Gebäcke bis ins Innere. Das Wasser in den Zellzwischenräumen der Lebensmittel bildet sich zu kleinen Eiskristallen. Diese können die Zellen nicht beschädigen.	Bei geringer Kälte bilden sich aus dem Wasser in den Zellzwischenräumen große Eiskristalle mit scharfen Kanten. Die großen Eiskristalle beschädigen die Zellwände der Lebensmittel.

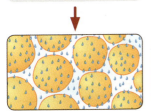 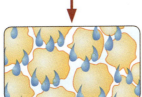

Beim Auftauen bleibt das Wasser in den unbeschädigten Zellen erhalten. Die Lebensmittel und Backwaren trocknen nicht aus.	Beim Auftauen läuft das Wasser aus den beschädigten Zellen, sodass die Lebensmittel und Backwaren trockener werden.

Backwaren, die sich zum Tiefgefrieren eignen

Geeignete Waren zum Frosten	Begründungen
• Gebäcke aus Hefeteigen • Siedegebäcke, z. B. Berliner • Plunder- und Blätterteigstücke als Teiglinge • ungefüllte Gebäcke aus Massen, z. B. Windbeutel • eingesetzte Torten und Rouladen aus Sahnecreme • gebackene und ungebackene, fertig belegte Pizzas • Zwiebelkuchen und Quiches gebacken • Brezeln, als Teiglinge, aber auch als Gebäcke • roggenhaltige Kleingebäcke und Brote • Vollkornbrötchen und Vollkornbrote • Weizenbrote, Baguettes, Ciabattas, Toastbrote	• Ein geringer Fettanteil im Teig macht die Krume geschmeidig und weich, sodass sie nach dem Auftauen nicht spröde ist. • Hefeteige enthalten durch den Fettanteil wenig Milch. Das Wasser der Milch wird vom Zucker gebunden. • Feste Teige, z. B. Brezelteig, besitzen einen geringen Wasseranteil, der von den Mehlbestandteilen gebunden wird. • Die schalenreichen Roggenmehle und die Schalen der Getreidekörner von Vollkornschrot sind quellfähig und binden viel Wasser.

Auswirkungen bei zu langer Lagerung von Backwaren im Froster:

• Die Gebäcke trocknen aus.
• Die Gebäcke verlieren an Geschmack.
• Durch die Wasserverdunstung löst sich die Kruste von der Krume.

Backwaren, die sich nicht zum Tiefgefrieren eignen

Nicht geeignete Waren	Negative Auswirkungen durch das Frosten
Backwaren mit Obst	Nach dem Auftauen gibt das Obst viel Flüssigkeit ab und wird matschig.
mit Fondant glasierte und mit Schokoladenkuvertüre oder Fettglasur überzogene Waren	Fondant, Schokoladenkuvertüre und Fettglasur sehen nach dem Auftauen nicht mehr schön aus.
gebackene Plunder- und Blätterteigstücke	Nach dem Auftauen blättern beim Glasieren die oberen Gebäckschichten stark ab, die Gebäcke werden unansehnlich.
Fertig gebackene Brötchen sollen im Fachgeschäft nicht gefrostet werden. Auch beim Kunden sollen sie möglichst frisch und nicht länger als ca. zwei Tage tiefgefroren werden.	Aufgebackene Brötchen weisen folgende Fehler auf: • Beim Schneiden der Brötchen bröselt die Kruste und löst sich etwas von der Krume. • Die Krume ist trockener als bei frischen Brötchen. • Die Brötchen sind leer im Geschmack.

LF 1.2

Auftauen und Backen von TK-Teiglingen

Tiefkühlteiglinge werden bei Raumtemperatur vollständig aufgetaut. Teiglinge mit Hefe werden anschließend in den Gärraum gegeben und danach gebacken.

Die Auftauphase soll nicht zu schnell bei zu hohen Temperaturen erfolgen, da der Teig ein schlechter Wärmeleiter ist und sich von außen nach innen verschiedene Reifeschichten ergeben, was eine schlechtere Gebäckqualität zur Folge hat.

Backen von TK-Brezelteiglingen

Tiefgefrorene Brezelteiglinge können in gefrorenem Zustand, leicht angetaut in Brezellauge getaucht und gebacken werden.

Auch belaugte, tiefgefrorene Brezelteiglinge können gefroren in den Backofen geschoben und gebacken werden.

Aufbacken von Backwaren direkt vor dem Verzehr

Vor dem Aufbacken von z.B. Hefeteiggebäcken, Brezeln, roggenhaltigen Kleingebäcken und Vollkornbrötchen werden diese bei Raumtemperatur aufgetaut.

Möglichkeiten zum Aufbacken sind:
- Gebäcke ca. drei Minuten bei hoher Backhitze, ca. 230 °C, mit Schwaden in den Ofen schieben.
- Kunden können im Haushalt die Gebäcke auf den Aufsatz des Toastgeräts oder auf eine andere starke Wärmequelle legen.

Nach dem Aufbacken sollen die Gebäcke möglichst schnell verzehrt werden, da sie sonst trocken und spröde werden.

Auftauen von Sahneerzeugnissen

Sahnecremetorten, -rouladen und -desserts werden in der Kühlung langsam aufgetaut, am besten im Sahneklimaschrank bei hoher Luftfeuchtigkeit. Dadurch wird vor allem eine Hautbildung vermieden. Bei Sahnetorten dauert das Auftauen vier bis fünf Stunden.

Aufgetaute Lebensmittel und Konditoreierzeugnisse
- Sie dürfen nicht wieder tiefgefroren werden, da sie dann trockener werden.
- Bei feuchten Lebensmitteln würden sich bei jedem Auftauen die Mikroorganismen vermehren, die dann gesundheitsschädlich sind.

Fehler beim Frosten
- Eine vereiste Oberfläche bei tiefgefrorenen Lebensmitteln bzw. Waren deutet auf einen bereits erfolgten Auftauprozess bei Temperaturen über (wärmer) −18 °C hin. Beim Antauen bilden sich große Eiskristalle.
- Werden Lebensmittel oder Backwaren vor dem Frosten nicht mit Folie abgedeckt oder ist die Folie beschädigt, trocknen diese Waren an den Randschichten der unbedeckten Stellen aus. Diese deutlich helleren Stellen an der Oberfläche der Waren bezeichnet man als „Gefrierbrand".

Maßnahmen gegen fehlerhaftes Frosten
- Das Thermometer, das sich im Tiefkühlraum bzw. -schrank befindet, muss kontrolliert werden. Die exakte Temperatur im Froster sollte täglich in einer Liste notiert werden. Diese Dokumentation wird den Lebensmittelkontrolleuren vorgelegt.
- Das Verpacken der Lebensmittel und Konditoreierzeugnisse in Folie vor dem Tiefgefrieren muss sorgfältig erfolgen, damit keine freien, unbedeckten Stellen entstehen, die einen Gefrierbrand verursachen.

Vereiste Himbeeren

Gärverzögerung und Gärunterbrechung

Diese Haltbarmachungsmethoden in Kühlzellen, die bei Teigen mit Hefe angewendet werden, gehören zum Standard der Konditorei. Durch Kälte wird die Hefegärung verlangsamt oder eingestellt und die Enzyme können bei diesen kühlen Temperaturen die Nährstoffe nicht mehr abbauen.

Kühlzellen für die Gärverzögerung und Gärunterbrechung

LF 1.2

Zeitpunkt der Kühlung

Nachdem die Teiglinge geformt sind, werden sie entweder sofort oder spätestens bei halber Gare in die Kühlzellen geschoben. Eine besonders hohe Luftfeuchtigkeit von 90 bis 95 % verhindert das Austrocknen der Oberfläche der Teiglinge.

Restgare der Teiglinge bis zum Backen

Die computergesteuerten Zellen (Räume), die gärverzögern und gärunterbrechen können, werden mittels Zeitschaltuhren zu Gärräumen. Zur eingestellten Zeit geht die Kälte in den Kühlzellen in Wärme wie im Gärraum über. Bei ca. 32 °C und 70 % relativer Luftfeuchtigkeit erfolgt die restliche Gare bis zur endgültigen Gärreife, bei der dann die Teiglinge in den Backofen geschoben werden.

Vorteile der Gärverzögerung und Gärunterbrechung

- Die Herstellung von Croissants, Plunderteiglingen, Brötchen, Baguettes, Brezeln u. a. kann in der Konditorei zu beliebigen Betriebszeiten erfolgen. So können auch Wochenenden und Feiertage problemlos überbrückt werden.
- In gekühltem Zustand können die Teiglinge in die Filialen gebracht und dort mehrmals täglich frisch gebacken werden.
- Es sind immer Teiglinge vorhanden, die entsprechend dem Bedarf gebacken werden können. Die Waren können so im Laden nicht ausgehen und den Kunden können jederzeit frische Backwaren angeboten werden.

	Gärverzögerung	Gärunterbrechung
Lagertemperatur	ca. +5 bis −5 °C	bei einer Lagerzeit bis zu einem Tag: −10 °C bei ein bis drei Tagen Lagerzeit: −18 °C
relative Luftfeuchtigkeit	90 bis 95 %	90 bis 95 %
Lagerzeit	bis 24 Stunden	bis 72 Stunden (3 Tage)
Tätigkeit der Hefe und Enzyme	Die Hefetätigkeit wird je nach Lagertemperatur stark gebremst. Die Enzyme arbeiten sehr langsam.	Die Hefe und Enzyme stellen ihre Tätigkeit völlig ein.

LF 1.2

Aufgaben

1. Erklären Sie, was bei der Haltbarmachung von Lebensmitteln, Teiglingen sowie Konditoreierzeugnissen geschieht.
2. Nennen Sie die zwei Ziele der Konservierung von Lebensmitteln sowie Konditoreierzeugnissen.
3. Geben Sie die vier physikalischen Konservierungsverfahren durch Kälte an.
4. Bei welchen Temperaturen werden Lebensmittel im Kühlschrank und Kühlraum gekühlt?
5. Nennen Sie die zwei Abschnitte des Tiefgefrierens und geben Sie jeweils die benötigten Temperaturen an.
6. Erläutern Sie das richtige Tiefgefrieren
   - bei Teiglingen und Backwaren,
   - für Konditoreierzeugnisse.
7. Erklären Sie die Vorgänge der Eiskristallbildung in Lebensmitteln und Backwaren sowie die Auswirkungen beim Auftauen
   - beim Schockfrosten,
   - bei zu langsamer Kälteeinwirkung bei Frostertemperatur von −18 °C.
8. Welche Nachteile entstehen bei zu langer Lagerung der Backwaren im Froster?
9. Geben Sie die rezepturmäßigen Voraussetzungen an, damit sich Backwaren besonders gut zum Frosten eignen.
10. Nennen Sie Backwaren, die sich zum Tiefgefrieren eignen, und begründen Sie die Eignung.
11. Nennen Sie Backwaren, die sich nicht zum Tiefgefrieren eignen, und geben Sie jeweils die negativen Auswirkungen durch das Frosten an.
12. Beschreiben Sie das richtige Auftauen und Backen von Tiefkühlteiglingen.
13. Erläutern Sie das Backen von TK-Brezelteiglingen.
14. Erklären Sie das Aufbacken von Backwaren kurz vor dem Verzehr.
15. Wie sollten Sahneerzeugnisse aufgetaut werden?
16. Warum dürfen aufgetaute Lebensmittel nicht wieder tiefgefroren werden? →

⑰ Was bedeutet eine vereiste Oberfläche auf tiefgefrorenen Lebensmitteln?

⑱ Was versteht man unter einem „Gefrierbrand"?

⑲ Erklären Sie, wie man einen Gefrierbrand auf Lebensmitteln und Konditoreierzeugnissen vermeiden kann.

⑳ Beschreiben Sie die Daten der Gärverzögerung und Gärunterbrechung:
- Lagertemperatur
- relative Luftfeuchtigkeit
- Lagerzeit
- Tätigkeit der Hefe und Enzyme

㉑ Erklären Sie die Vorteile der Gärverzögerung und der Gärunterbrechung.

㉒ Die Konditorei, in der Sie arbeiten, hat auch am Sonntag den Laden geöffnet. Da am Samstag und Sonntag weniger Konditoren in der Produktion arbeiten, muss an den Tagen zuvor so viel wie möglich vorbereitet werden. Aber nicht alle Erzeugnisse eignen sich dafür, denn die Qualität muss auf jeden Fall gewährleistet bleiben. Stellen Sie deshalb eine Liste zusammen, welche Erzeugnisse von den Kunden gewünscht werden und welche sich davon vorbereiten lassen. Dabei unterscheiden Sie auch, wann die Teiglinge bzw. Waren hergestellt werden können und wie sie bis zum Samstag bzw. Sonntag zu lagern sind.

11.2 Haltbarmachen durch Hitze

Das Ziel der Konservierung durch Hitze ist das Abtöten der Mikroorganismen und die Vernichtung der Enzyme in den zuvor verpackten Lebensmitteln.

Je höher und länger die Erhitzung der Lebensmittel, desto größer sind die Nachteile:
- Vitamine werden zerstört.
- Eiweiße gerinnen (denaturieren).
- Die natürlichen Farben verblassen, z. B. bei Früchten.

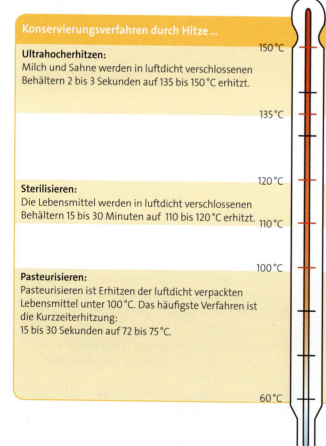

Konservierungsverfahren durch Hitze ...	... und deren Auswirkungen
Ultrahocherhitzen: Milch und Sahne werden in luftdicht verschlossenen Behältern 2 bis 3 Sekunden auf 135 bis 150 °C erhitzt.	Mikroorganismen und Enzyme werden abgetötet. Dieses Verfahren wird hauptsächlich bei der H-Milch und der H-Sahne (haltbar gemachte Milch und Sahne) angewendet, die in verschlossenen Packungen ungekühlt mindestens sechs Wochen lagerfähig sind. Durch dieses sehr kurze Erhitzen sind die Vitaminverluste und die Eiweißgerinnung nicht allzu hoch.
Sterilisieren: Die Lebensmittel werden in luftdicht verschlossenen Behältern 15 bis 30 Minuten auf 110 bis 120 °C erhitzt.	Enzyme und Mikroorganismen sowie deren hartnäckige Sporen sterben ab. Die Erzeugnisse sind deshalb keimfrei und als verschlossene Konserve mindestens ein Jahr haltbar. Unerwünschte Auswirkungen: • Vitaminverluste • Aromaveränderungen • Eiweißgerinnung • Farbverblassung beim Obst
Pasteurisieren: Pasteurisieren ist Erhitzen der luftdicht verpackten Lebensmittel unter 100 °C. Das häufigste Verfahren ist die Kurzzeiterhitzung: 15 bis 30 Sekunden auf 72 bis 75 °C.	Die meisten Mikroorganismen und alle Enzyme sterben ab. Die Haltbarkeitsdauer dieser verpackten Lebensmittel ist trotz kühler Lagerung begrenzt, z. B. • Milch und Sahne: ein paar Tage lagerfähig • Fruchtsäfte und Bier: einige Monate lagerfähig Vitaminverlust und Eiweißgerinnung sind minimal.

150 °C
135 °C
120 °C
110 °C
100 °C
60 °C

Aufgaben

1. Erklären Sie den Zweck der Haltbarmachung durch Hitze und geben Sie mögliche Nachteile der Lebensmittel durch diese Konservierung an.
2. Beschreiben Sie folgende Haltbarmachungsverfahren durch Hitze mit den erforderlichen Temperaturen. Geben Sie jeweils die Auswirkungen der Konservierung auf die Lebensmittel an:
   • Pasteurisieren
   • Sterilisieren
   • Ultrahocherhitzen
3. Jedes Jahr im Herbst entsaften Sie zu Hause frische Äpfel, um daraus Apfelsaft herzustellen. Der Saft muss jedoch recht bald getrunken werden, da er sonst gärig wird. Sie fragen Ihre Chefin, warum die Säfte, die Sie im Café ausschenken, viel länger haltbar sind.
4. Ihre Kollegin möchte von der Chefin wissen, ob sie bei der Molkerei Frischmilch oder H-Milch für das Café bestellen soll. Überlegen Sie, ob es überhaupt einen Unterschied zwischen diesen beiden Milchsorten gibt und warum man die Milch im Café nicht einfach mit dem Milchpulver herstellt, das manchmal auch in der Backstube verwendet wird.

11.3 Haltbarmachen durch Wasserentzug

Lebensmittel verderben, wenn Mikroorganismen und Enzyme ausreichend freies Wasser in den Lebensmitteln zur Verfügung haben.

Je weniger Wasser den Mikroorganismen und Enzymen zur Verfügung steht, desto geringer ist ihre Aktivität. Deswegen wird den Lebensmitteln durch Wärme Wasser entzogen, dabei werden sie getrocknet.

Lufttrocknung von Obst

Diese **Verdunstungstrocknung bei 80 bis 100 °C** wird bei Trockenfrüchten wie Weinbeeren (Rosinen, Sultaninen, Korinthen), Feigen, Äpfeln, Birnen, Aprikosen, Zwetschgen u. a. angewandt. Getrocknetes Obst wird jedoch durch die Lufteinwirkung zunehmend dunkler. Um die natürliche helle Farbe zu erhalten, werden Trockenfrüchte leicht geschwefelt ➜ Seite 174.

Trockenobst

Sprüh- und Walzentrocknung

Diese **Verdampfungstrocknung bei über 100 °C heißer Luft bzw. heißen Walzen** erfolgt bei flüssigen Lebensmitteln wie

• Milch und Milcherzeugnissen (Milch-, Sauermilch-, Buttermilcherzeugnisse, Sahne-, Joghurterzeugnisse, Quarkpulver),
• Eiern (Vollei-, Eiweiß- und Eigelbpulver),
• Kaffee (Kaffeepulver = Extraktkaffee).

Milchpulver, Eiweißpulver, Kaffeepulver

Bei der **Sprühtrocknung** werden die flüssigen Lebensmittel durch Düsen in kleinste Tröpfchen zerstäubt. Im heißen Luftstrom wird das Wasser entzogen.

Bei der **Walzentrocknung** werden die flüssigen Lebensmittel in dünner Schicht auf beheizte Walzen aufgetragen. Die Lebensmittel trocknen dabei und können mit einem Schaber von den Walzen geschabt werden.

Nachteile der Sprüh- und Walzentrocknung:
• Der Geschmack der Lebensmittel wird nachteilig verändert.
• Vitamine werden zum großen Teil zerstört.

LF 1.2

Gefriertrocknen

Dies ist das schonendste Trocknungsverfahren. Die Lebensmittel werden zunächst auf −20 bis −30 °C tiefgefroren. Das Gefriertrocknen findet dann bei −20 bis −30 °C unter Vakuum statt. Dabei wird Eis durch zugefügte Wärmestrahlung aus den Lebensmitteln verdampft, ohne vorher zu schmelzen. Die gefriergetrockneten Erzeugnisse werden vakuumverpackt.

Bei der Gefriertrocknung behalten die Lebensmittel weitgehend ihr natürliches Aroma und es finden keine Farbveränderungen statt. Es entsteht fast kein Vitaminverlust. Deshalb wird diese Konservierungsmethode immer häufiger angewandt, vor allem bei den Convenience-Produkten wie

- Sahnecreme (z. B. Käsesahne-, Joghurtsahnepulver),
- Röstmassen (z. B. Bienenstichaufstrich und Florentiner),
- löslicher Kaffee,
- Fruchtextrakten (Fruchtsaftpulver),
- gefriergetrockneter Sauerteig.

Gefriergetrocknete Produkte: Sauerteig, Convenience-Produkt für Erdbeersahne, Kaffee

Aufgaben

1. Erklären Sie den Sinn der Haltbarmachung von Lebensmitteln durch Wasserentzug.
2. Beschreiben Sie folgende Haltbarmachungsmethoden und geben Sie Beispiele für
   - das Lufttrocknen von Obst,
   - die Sprüh- und Walzentrocknung,
   - das Gefriertrocknen.
3. Nennen Sie die Vorteile des Gefriertrocknens gegenüber den anderen Haltbarmachungsmethoden durch Trocknen.
4. Informieren Sie sich über das Angebot an gefriergetrockneten Convenience-Produkten und überlegen Sie, ob deren Einsatz sinnvoll ist.

11.4 Haltbarmachen durch Verpacken in Folien

Das Verpacken in Folien ist eine häufige Verpackungsart für Konditoreierzeugnisse, da in den Folien die Waren gut sichtbar sind.

Vorteile der Waren, die in Folien verpackt sind

- In Folien verpackte Konditoreierzeugnisse halten länger frisch, weil die Waren von der Luft abgeschirmt sind und so nicht so schnell austrocknen.
- Die Folien bilden eine hygienische Schutzhülle, die die Waren vor äußeren Einflüssen schützt, z. B. Staub, Mikroorganismen.
- In Folien verpackte Waren dürfen zur Selbstbedienung angeboten werden.
- Die Kunden können die in Folien verpackten Waren problemlos nach Hause transportieren.

Folien sind nicht nur eine Schutzhülle der Waren, sondern werden mit Aufkleber des Firmenlogos besonders gute Werbeträger.

Verpacken der Waren in Folien und Folientüten

Die Konditoreierzeugnisse werden dabei einfach in Folien verpackt, sodass die Luft nicht mehr an die Waren gelangen kann, z. B.:

- Beim Einschlagen der Waren mit selbstklebenden Folien haften die Enden der Folien aneinander und verschließen somit die Waren.
- Waren werden in Folientütchen oder Folienbeutel gegeben, die mit Clips oder Ringelbändern verschlossen werden, z. B. Gebäcktütchen.
- Stollen werden in Schläuche aus Folie gegeben und an den beiden Enden mit Clips oder Ringelbändern verschlossen.

Folientütchen

Stollen im Folienschlauch

Einschweißen

Darunter versteht man das luftdichte Verschließen der Waren mit Folien in einer Verpackungsmaschine.

- Die Ware in eine Halbschlauchfolie, die an zwei Seiten geschlossen ist, legen und die Folie durch das Schließen einer durchsichtigen Haube wie ein Rechteck an allen vier Seiten mit heißen Schweißdrähten verschweißen (versiegeln, verschließen).
- Sofort wird in den durch eine Haube abgeschlossenen Raum, in dem die verschweißte Ware liegt, Hitze eingebracht.
- Dabei schrumpft die Folie, die sich dabei zusammenzieht und sich direkt an die Ware anlegt.
- Die eingeschweißte Ware ist klar und deutlich sichtbar und die Folie zieht sich straff über die Ware.

Während bei den kompakten Maschinen das Verschweißen der Folie und das Schrumpfen in einem Arbeitsgang erfolgen, werden in großen Verpackungsmaschinen die eingeschweißten Waren durch einen heißen Schrumpftunnel gegeben, in dem sich die Folien um die Waren zusammenziehen.

Einschweißen in Folie

In Folie eingeschweißte Ware

Vakuumverpacken (Vakuumieren)

Die meisten Mikroorganismen benötigen Sauerstoff. Im Vakuumiergerät wird die Luft aus der Verpackung herausgesaugt und die Öffnung der Folie sofort verschlossen, sodass die Verpackung innen frei von Sauerstoff ist. Dabei zieht sich die Folie zusammen und umschließt die Waren ganz eng.

In dieser sauerstofffreien Verpackung wird der Verderb der Lebensmittel durch Schimmelpilze, Hefen, Eitererreger u. a. stark gehemmt und auch das Ranzigwerden von Fetten verzögert. Außerdem werden flüchtige Aromastoffe im Vakuum gut erhalten.

Vakuumierte Nüsse

LF 1.2

Aufgaben

1. Nennen Sie die Vorteile der Waren, die in Folien verpackt sind.
2. Geben Sie Möglichkeiten an, bei denen Waren in der Konditorei einfach in Folien und Folientütchen bzw. Folienbeuteln verpackt werden.
3. Erklären Sie das Vakuumverpacken.
4. Beschreiben Sie das Einschweißen von Waren.
5. Eine Kundin möchte von Ihnen wissen, warum die in Folientüten verpackten und die eingepackten Gebäcke länger frisch bleiben als die Gebäcke, die in Papiertüten verpackt sind.

Rechenaufgabe

Teegebäcke werden in Folientütchen verpackt und mit Ringelbändern verschlossen. Ein Gebäcktütchen kostet im Verkauf 4,70 €. Für das Verpackungsmaterial werden 4,2 % berechnet. Wie viel kostet das Verpackungsmaterial für 80 Gebäcktütchen?

11.5 Haltbarmachen durch chemische Konservierungsstoffe

Chemische Konservierungsstoffe zählen nach dem Lebensmittel- und Futtermittelgesetzbuch (LFGB) zu den Lebensmittelzusatzstoffen. Gründe für ihren Einsatz bei der Lebensmittelverarbeitung sind:

- die Verlängerung der Frischhaltung und der Haltbarkeit der Lebensmittel,
- Erhaltung des schönen Aussehens der Lebensmittel während der Lagerung.

Chemische Konservierungsstoffe

Säuren

Chemisch (künstlich) hergestellte Säuren für Lebensmittel sind z. B.

- Sorbinsäure = E 200
- Benzoesäure = E 210
- PHB-Ester   = E 214 bis 219
- Propionsäure = E 280

> **!**
> Säuren verzögern die Schimmelbildung in Lebensmitteln.

Mit chemischen Säuren werden vorwiegend Schnittbrote, Fruchtsaftgetränke, Limonaden, Mayonnaisen, Salate und Fruchtjoghurts konserviert.

Schwefeldioxid

Geschwefelt werden können:

- Trockenfrüchte wie Sultaninen, Trockenäpfel, Feigen u. a.,
- Zitronat, Orangeat,
- Dickzuckerfrüchte,
- Konfitüre, Gelee und Marmeladen.

Ungeschwefelte und geschwefelte Aprikosen

> **!**
> Schwefeldioxid wird auf Früchte und in Fruchtzubereitungen gegeben, damit sie ihre helle, appetitliche Farbe behalten und nicht nachdunkeln.

Der Zusatz von Schwefel ist deklarationspflichtig. Auch bei lose verkaufter Ware muss die Angabe „geschwefelt" gut sichtbar neben der Ware stehen. Die Verwendung von Schwefeldioxid wird auf Fertigpackungen auch mit den Nummern E 220 bis 224, E 226 bis 228 angegeben.

Die Deklaration kann entfallen, wenn die geschwefelten Lebensmittel keine konservierende Wirkung auf das Gebäck haben, z. B. geschwefelte Trockenfrüchte in den Backwaren.

Oberflächenbehandlungsmittel

> **!**
> Oberflächenbehandlungsmittel werden auf die Schalen der Zitrusfrüchte und Bananen gegeben, damit diese keine Flecken und braune Stellen bekommen bzw. faulen.

Zu den Oberflächenbehandlungsmitteln zählen:

- Orthophenylphenol   = E 231
- Natriumorthophenylphenol = E 232
- Thiabendazol (Pflanzenschutzmittel ohne E-Nummer)

Früchte, die mit Oberflächenbehandlungsmitteln konserviert wurden, sind gekennzeichnet, mit Ausnahme der Verwendung von Thiabendazol für Bananen. Deshalb müssen nach dem Schälen von Bananen die Hände gewaschen werden.
Wenn die Schalen von Zitronen und Orangen als Gewürz verwendet werden oder mit anderen Lebensmitteln in Berührung kommen, dürfen nur unbehandelte Früchte verwendet werden. Dies gilt z. B. für:

- Zitronen- oder Orangenschalen, die als Gewürze abgerieben werden
- Zitronenscheiben in Getränken und Orangenscheiben als Dekor für Getränke und Eisbecher
- Zitronen- und Orangenschalen, die in den Punsch (Getränk aus Wein mit Rum) gelegt werden
- ganze oder geteilte Zitronen und Orangen als Dekor für kalte Büfetts und Eisbüfetts

Unbehandelte Zitrusfrüchte als Dekor für Getränke

Antioxidantien

> **!** Antioxidantien hemmen die Reaktion von Sauerstoff mit Lebensmitteln und verhindern dadurch den Verderb.

Antioxidantien können u.a. in Marzipanrohmasse, Nugatmasse, Knabbergebäcke, Kaugummi und auf Walnusskerne gegeben werden. Sie werden mit den E-Nummern E 320 und E 321 gekennzeichnet → Seite 242.

Deklaration für chemische Konservierungsstoffe

Viele Menschen reagieren allergisch auf bestimmte Lebensmittelzusatzstoffe. Dies kann sich beispielsweise in Unwohlsein und Hautausschlägen äußern. Deshalb müssen chemische Konservierungsstoffe als Information für die Verbraucher deklariert werden. Sie werden mit ihrem chemischen Namen oder mit E-Nummern gekennzeichnet, die in allen Ländern der Europäischen Union gleich sind. Außerdem muss die Klassenzugehörigkeit angegeben werden, also z. B. Konservierungsstoff oder Antioxidationsmittel. Die Deklaration der verwendeten chemischen Konservierungsstoffe erfolgt
- bei Fertigpackungen in der Zutatenliste auf der Verpackung,
- bei unverpackten Backwaren auf einem Schild neben der Ware,
- bei Speisen im Café in der Speise- oder Getränkekarte, z. B. mit Sternchen als Fußnote.

Werbewirksame Hinweise im Verkauf

Immer mehr Kunden bevorzugen Lebensmittel ohne chemische Konservierungsstoffe. Deshalb sollte in der Konditorei auf Waren ohne chemische Konservierungsstoffe hingewiesen werden, z. B.:
- Ein deutlich lesbarer Zusatz auf der Fertigpackung von Schnittbrot: „ohne chemische Konservierungsstoffe".
- Beim Verkaufsgespräch weist die Fachverkäuferin auf die natürlichen Backwaren ohne chemische Konservierungsstoffe hin, z. B.
„In unseren Backwaren befinden sich keine chemischen Konservierungsmittel, da wir grundsätzlich nur frische Lebensmittel verarbeiten und nur frische Ware anbieten."
Oder im Café: „Wir verwenden selbstverständlich nur Zitronen (Orangen) mit unbehandelten Schalen für die Getränke bzw. Eisbecher."

Werbeplakat

Wir bieten nur frische Waren an – ohne Konservierungsstoffe

Aufgaben

1. Beschreiben Sie die zwei Gründe für den Einsatz von chemischen Konservierungsstoffen in Lebensmitteln.
2. Erläutern Sie die Wirkung von Säuren als chemische Konservierungsmittel in Lebensmitteln.
3. Nennen Sie Säuren, die als Konservierungsstoffe eingesetzt werden, und geben Sie Verwendungsbeispiele an.
4. Geben Sie Beispiele für Rohstoffe aus der Konditorei an, die manchmal im Handel geschwefelt angeboten werden.
5. Warum werden Lebensmittel geschwefelt?
6. Welche Früchte werden mit Oberflächenbehandlungsmitteln haltbar gemacht?
7. Nennen Sie Beispiele, für die nur unbehandelte Zitronen und Orangen verwendet werden dürfen.
8. Wie heißen die chemischen Konservierungsstoffe, die den Verderb der Lebensmittel durch Sauerstoff verhindern?
9. Erklären Sie, wie Backwaren und Speisen mit chemischen Konservierungsstoffen in der Konditorei und im Café deklariert werden müssen.
10. Vergleichen Sie im Lebensmittelgeschäft die Zutatenverzeichnisse der Fertigpackungen folgender Lebensmittel:
    - verpacktes Schnittbrot
    - Trockenfrüchte
    - Zitrusfrüchte und Bananen
    - Feinkostsalat

    Stellen Sie eine Liste der verwendeten chemischen Konservierungsstoffe zusammen.

LF 1.2

11.6 Alterung der Backwaren

Backwaren behalten nur eine bestimmte Zeit ihre Frische, weil schon nach dem Backen der Alterungsprozess der Gebäcke beginnt.

Die Krume wird zunehmend trockener und später hart.

Bei der Lagerung der Backwaren kommt es zur Entquellung der Stärke, der sogenannten „Retrogradation" (lateinisch – Rückbildung). Dabei gibt die Stärke das im Ofen bei der Verkleisterung gebundene Wasser langsam wieder ab. Dieses frei werdende Wasser wandert zur Kruste. Die Krume verliert ihre Elastizität, wird trockener und später hart. Alte Gebäcke haben sogar Risse in der Krume.

Die Kruste wird zunehmend weicher und zäh.

Die trockene Kruste nimmt das freie Wasser der feuchten Krume und das entstehende Wasser der entquellenden Stärke auf. Die Kruste wird weicher und zäh. Vor allem die Rösche von Brötchen, Brezeln und Broten geht dadurch verloren. Später verdunstet das Wasser auf der Kruste, die dann hart wird.

Die Backwaren verlieren an Aroma (Geruch und Geschmack).

Die Geschmacks- und Geruchsstoffe der Krume wandern mit dem Wasser nach und nach von der Krume zur Kruste und gehen dort in die Luft über. Deshalb schmecken alternde Gebäcke nicht mehr so gut, und werden zunehmend leerer im Geschmack.

Die Backwaren verlieren an Gewicht

Durch die Wasserverdunstung verlieren die Backwaren bei der Alterung zunehmend an Gewicht.

Gewichts- und Aromaverlust bei der Alterung

Altes, ausgetrocknetes Weizenbrot

Maßnahmen zur Verlangsamung des Alterungsprozesses

Das Altwerden der Gebäcke kann nicht verhindert, sondern nur verzögert werden.

Teigführung

Bei Teigen, die durch eine lange Teigruhe und Gare lange quellen, wird das Altern der Gebäcke verzögert. Beim Quellen binden das Eiweiß, die Stärke und die Schalenteile des Mehls intensiv das Wasser der Teige.

Eine lange Quellzeit ist bei folgenden Teigführungen gegeben:

- Vorteig herstellen
- möglichst weiche Teige herstellen
- kühle Wasser- bzw. Milchtemperatur bei der Teigherstellung einhalten
- geringe Hefemenge verwenden
- ausreichend lange Teigruhe nach dem Kneten geben

Brösel in Füllungen

Mohn- und Nussfüllungen werden mit süßen Bröseln hergestellt. Die bereits verkleisterte Stärke der Brösel nimmt viel Wasser auf, sodass die Füllungen mit hohem Wasseranteil hergestellt werden können. Die Hefeteiggebäcke bleiben somit länger frisch, weil die Mohn- und Nussfüllung durch das in den Bröseln gebundene Wasser länger feucht bleibt. Die Füllungen geben außerdem nach und nach Feuchtigkeit an die Gebäcke ab.

Rohstoffe in Teigen und Massen

Roggenmehl und Vollkornschrot bzw. Vollkornmehl
Backwaren mit Roggenmehl und Vollkorn halten länger frisch, da sie besonders viele wasserbindende Pentosanen und einen hohen Anteil an Schalenteilen der Getreidekörner enthalten. Diese quellen und binden einen hohen Wasseranteil.

Je mehr Roggenmehl und Vollkorn in den Teigen enthalten sind, desto mehr Wasser kann bei der Teigherstellung zugegeben und gebunden werden.

Milch, Eier und wenig Fett

Das Fett und die Eiweiße der Milch und Eier sowie die Zugabe einer geringen Menge Fett halten die Krume der Gebäcke etwas länger weich. Außerdem macht das Fett den Kleber in den Weizenteigen geschmeidiger und dehnfähiger, sodass eine feinporigere Krume entsteht.

Größere Fettmenge in Teigen und Massen

!

Je mehr Fett in den Gebäcken ist, desto länger bleiben diese frisch. Fett macht Teige und Massen weich. Somit benötigen diese bei der Herstellung wenig Wasser. Die Stärke kann beim Backen also nur wenig Wasser verkleistern. Dadurch kann bei der Lagerung der Gebäcke die Stärke kaum Wasser abgeben, das aus den Gebäcken in Luft übergeht. Durch den hohen Fettanteil bleiben die Gebäcke trotzdem längere Zeit weich und mürbe.

Krustenstärke der Brote

Brote werden z.B. bei 250°C in den Ofen geschoben und dann bei reduzierter Backhitze von 200°C ausgebacken. Eine hohe Anfangshitze beim Backen von Broten ergibt eine kräftige Krustenbildung, die das Austrocknen der Brotkrume bei der Lagerung verzögert. Je kräftiger die Kruste ist, desto länger ist die Frischhaltung. Vorteilhaft ist auch eine glatte, nicht gerissene Brotkruste.

Kräftige Brotkruste

Einflüsse auf die Alterung der Backwaren

Die Alterung der Gebäcke ist abhängig von
- der Lagertemperatur,
- der Größe der Gebäcke,
- den Getreidemahlerzeugnissen und
- der Verpackung.

Lagertemperatur der Backwaren

Am schnellsten altern Backwaren im Kühlschrank bzw. Kühlraum, da bei diesen kühlen Temperaturen die Stärke das gebundene Wasser am schlechtesten halten kann und so die schnellste Entquellung der Stärke erfolgt. Deshalb sollte z.B. Kuchen oder Schnittbrot nicht in die Kühlung gestellt werden.

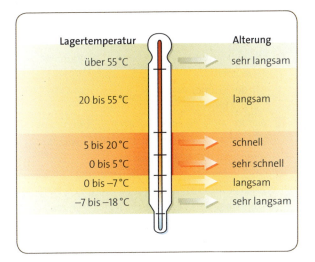

Lagertemperatur	Alterung
über 55°C	sehr langsam
20 bis 55°C	langsam
5 bis 20°C	schnell
0 bis 5°C	sehr schnell
0 bis −7°C	langsam
−7 bis −18°C	sehr langsam

Größe der Gebäcke

Kleine Gebäcke, z.B. Brötchen, Brezeln, Stangenweißbrote, altern schneller als große Gebäcke wie Brote. Bei kleinen Gebäcken mit geringem Volumen ist der Weg des Wassers von der Krume zur Kruste kurz und durch die relativ große Oberfläche der kleinen Gebäcke verdunstet es an der Kruste schnell.

Getreidemahlerzeugnisse in den Backwaren

- Weizengebäcke altern schneller als roggenhaltige Gebäcke.
- Gebäcke aus hellen Mehlen altern schneller als Gebäcke mit Mehlen hoher Typenzahlen oder gar mit Vollkornschrot bzw. Vollkornmehl.

Unverpackte und verpackte Gebäcke

Verpackte Gebäcke bleiben länger frisch als unverpackte, da sie durch den Luftabschluss der Verpackung nicht so schnell austrocknen können.

Eingeschweißte Hefegebäcke

LF 1.2

Aufgaben

❶ Erklären Sie die Vorgänge beim Altwerden von Backwaren
- in der Krume,
- in der Kruste.

❷ Warum verlieren ältere Backwaren zunehmend an Aroma und warum entsteht ein Gewichtsverlust der Gebäcke?

❸ Beschreiben Sie, wie das Altwerden der Gebäcke durch bestimmte Teigführungen verzögert werden kann. Geben Sie Beispiele für Teigführungen an.

❹ Erklären Sie, warum süße Brösel in Mohn- und Nussfüllung die Frischhaltung der Füllungen und Hefeteiggebäcke verlängern.

❺ Erläutern Sie die verlängerte Frischhaltung der Backwaren durch folgende Zutaten in die Teige:
- Roggenmehl und Vollkornschrot bzw. Vollkornmehl
- Milch, Eier, eine kleine Menge Fett

❻ Erklären Sie die Aussage: „Je mehr Fett in den Backwaren, desto länger sind sie frisch."

❼ Beschreiben Sie, wie eine stabile Kruste bei Broten erreicht wird und warum die Krustenstärke die Frischhaltung der Brote beeinflusst.

❽ Geben Sie an, wie langsam bzw. schnell Gebäcke bei folgenden Lagertemperaturen altern:
- 20 bis 55 °C
- 5 bis 20 °C
- 0 bis 5 °C
- 0 bis −7 °C
- −7 bis −18 °C

❾ Erklären Sie, wie die Größe der Gebäcke das Altwerden der Gebäcke beeinflusst.

❿ Welche Getreidemahlerzeugnisse in den Gebäcken gewährleisten eine kürzere und welche eine längere Alterung?

⓫ Warum altern verpackte Konditoreierzeugnisse nicht so schnell wie unverpackte?

⓬ Die weiche Krume und die dünne rösche Kruste der Laugenbrezeln werden schon nach einigen Stunden trocken und die Kruste weich. Erklären Sie den Vorgang der Alterung.

⓭ Insbesondere vor Feiertagen fragen Kunden oft nach Backwaren, die besonders lange ihre Frischeigenschaften behalten. Welche Backwaren empfehlen Sie diesen Kunden und was raten Sie den Kunden für die anschließende Lagerung?

11.7 Lagerung der Backwaren in der Konditorei

Backwaren werden als „frisch" bezeichnet, solange sie alle typischen „Frischeeigenschaften" aufweisen. Beim Altwerden der Backwaren entstehen Qualitätsverluste in Bezug auf
- Feuchtigkeitsgehalt,
- Rösche der Kruste,
- Geruch und Geschmack (Aroma),
- Aussehen.

Die richtige Lagerung kann die Frischhaltung der Backwaren verlängern.

Gebäck mit allen Frischeeigenschaften

Behandlung ofenheißer Backwaren

> **!**
>
> Ofenheiße Backwaren müssen sofort nach dem Backen von jeder Seite ausdampfen und auskühlen können, damit der Wasserdampf entweichen kann.

Können ofenheiße Gebäcke nicht ausdampfen, wird die Kruste durch entstehendes Kondenswasser feucht und bei Brötchen und Broten geht die Rösche verloren.

Bei Backwaren mit größerem Volumen wie Kuchen kann sogar ein Wasserstreifen in der Krume entstehen, da die Feuchtigkeit nicht aus dem Inneren der Gebäcke entweichen kann.

Beispiele für das fachgerechte Ausdampfen ofenheißer Gebäcke:
- Brötchen und andere Kleingebäcke auf den Lochblechen ausdampfen lassen und nicht zu hoch übereinander in Körbe schütten.
- Kapseln aus Biskuit- bzw. Wiener Masse sofort nach dem Backen vom Backblech schieben, am besten auf Bretter.

- Kuchen aus den Formen nehmen und auf ein Gitter setzen.
- Blechkuchen nach dem Ausbacken auf Gitter schieben, damit sie auch von unten ausdampfen können.
- Tortenböden sofort nach dem Ausbacken vom Backblech nehmen, umdrehen und auf bemehlte Bretter legen.

Frische Brötchen und Kleingebäcke in kalter Luft

Werden frische Backwaren in die kalte Luft gestellt, z. B. vom Frühstücksservice bei der Anlieferung, entsteht durch den großen Temperaturunterschied zwischen Kruste und Luft auf der Gebäckkruste Kondenswasser, wobei die Rösche der Brötchen und anderer Kleingebäcke verloren geht.

Kuchen aus den Formen nehmen und auf einem Gitter auskühlen lassen

Rohrnudeln zum Auskühlen aus der Rein stürzen

Anforderungen an den Lagerraum für Backwaren

Dieser Raum dient der kurzzeitigen Aufbewahrung verkaufsfertiger Backwaren.
- 15 bis 20 °C Raumtemperatur sind ideal.
- Der Raum sollte normale Luftfeuchtigkeit aufweisen, ca. 60 %.
  Enthält der Lagerraum zu wenig Luftfeuchtigkeit, so trocknen die Backwaren schnell aus. Bei zu hoher Luftfeuchtigkeit wird die Kruste schnell weich.

- Im Lagerraum dürfen ausschließlich Lebensmittel aufbewahrt werden, sodass der Raum frei von Fremdgerüchen ist.
- Der Raum muss durch ein Fenster gut belüftbar sein.
- Es muss ein lichtgeschützter Raum sein. Durch Sonneneinstrahlung werden Fettverderb, Vitaminverluste und Farbveränderungen in Lebensmitteln gefördert.
- Selbstverständlich muss der Lagerraum stets sauber gehalten werden.

Aufgaben

1. Wie lange werden Backwaren als „frisch" bezeichnet?
2. Erklären Sie, warum Gebäcke nach dem Backen ausdampfen und auskühlen sollen.
3. Beschreiben Sie, wie Gebäcke sofort nach dem Ausbacken behandelt werden, damit sie auskühlen können:
   - Kuchen in Formen
   - Blechkuchen
   - Tortenböden
   - Kapseln aus Biskuit- oder Wiener Masse
   - Brötchen und andere Kleingebäcke
4. Beschreiben Sie die Anforderungen an einen Lagerraum für Backwaren.
5. Eine Bäckerei liefert für das Café Ihrer Konditorei frühmorgens Brötchen und Laugenbrezeln. Bevor Ihre Konditorei öffnet, stellt der Lieferservice der Bäckerei den Korb mit den noch warmen Gebäcken in einen kalten, unbeheizten Raum Ihres Betriebs. Vor allem an kalten und feuchten Tagen beschweren sich die Gäste im Café über die Brötchen und Laugenbrezeln, weil sie weich und ohne Rösche sind. Lösen Sie das Problem.

Rechenaufgaben

1. 12 Tortenböden wiegen sofort nach dem Ausbacken 9,840 kg. Nach 2 Tagen werden sie verarbeitet und wiegen dann 2,75 % weniger.
   a) Wie viel g Lagerverlust haben die Tortenböden nach 2 Tagen?
   b) Berechnen Sie das Gewicht von einem Tortenboden nach 2 Tagen in g.
2. Der Lagerverlust von Muffins beträgt nach 2 Tagen 1,8 %. Ein Muffin wiegt dann nach 2 Tagen 138 g. Berechnen Sie das Gewicht des Muffins im frischen Zustand.

LF 1.2

Berufliche Handlung

Sie sind in Ihrer Konditorei zusammen mit einem Kollegen für den Einkauf der Rohstoffe zuständig. Deshalb sollen Sie eine betriebsinterne Fortbildungsreihe mit folgenden Themen vorbereiten:

- in der Konditorei verwendete Rohstoffe
- Inhaltsstoffe der in der Konditorei verarbeiteten Rohstoffe
- Verarbeiten der Rohstoffe zu Standardgebäcken aus Hefeteig, Mürbeteig und Biskuitmasse
- Haltbarmachen und Lagern der Lebensmittel

Rohstoffe

1. Erläutern Sie, warum in der Konditorei überwiegend die Mehle zweier verschiedener Getreidearten eingekauft und verarbeitet werden.

2. Begründen Sie, warum für Hefeteige und Blätterteige das Mehl der Type 550 verwendet wird.

3. Erklären Sie, warum Backwaren mit Vollkornmehl besonders gesund sind.

4. Backmittelhersteller bieten Backmittel für Weizengebäcke und Säuerungsmittel für roggenhaltige Backwaren an. Außerdem haben sie verschiedene Fertigmehle und Fertigprodukte, z. B. für Hefeteige und Tortenböden sowie für Brandmasse, Käsesahne und Füllungen im Verkaufsprogramm. Informieren Sie sich über die Zusammensetzung der Backmittel, Fertigmehle sowie Fertigprodukte und diskutieren Sie, ob deren Verwendung vorteilhaft ist.

5. Die Warenlieferung enthält Spezialmargarinesorten wie Back-, Zieh- und Crememargarine sowie Siedefette. Geben Sie Beispiele für deren Verwendungsmöglichkeiten an und begründen Sie, warum sie sich für diese Waren besonders eignen.

6. Stellen Sie eine Tabelle mit den in der Konditorei verwendeten Gewürzen zusammen und geben Sie an, aus welchen Pflanzenteilen sie gewonnen werden. Beschreiben Sie auch die Verwendung dieser Gewürze.

Inhaltsstoffe der Lebensmittel

7. Kneten Sie aus Weizenmehl, Wasser und etwas Salz einen Teig und waschen Sie dann den Kleber aus. Erklären Sie dabei, wie aus dem Eiweiß des Weizenmehls der Kleber entsteht und welche drei Eigenschaften der Kleber im Weizenteig hat.

8. Stellen Sie eine Liste mit vitaminreichen Lebensmitteln zusammen und finden Sie Beispiele für Mangelerkrankungen, die bei lang anhaltendem Vitaminmangel auftreten können.

9. Neben den Vitaminen gehören die Mineralstoffe zu den unentbehrlichen Nährstoffen. Nennen Sie wichtige Mineralstoffe und beschreiben Sie deren Aufgaben im Körper.

10. Diskutieren Sie, welche Aufgaben die Ballaststoffe im Körper haben.

Feine Backwaren aus Hefeteig

11. Erklären Sie die Begriffe
    - Hefeteig und
    - Feine Backwaren.

12. Geben Sie die Grundzutaten für einen Hefeteig an und erstellen Sie ein Grundrezept einschließlich einer Beschreibung der fachgerechten Verarbeitung der einzelnen Zutaten zu einem Hefeteig.

Feine Backwaren aus ausrollfähigem Mürbeteig

13. Zählen Sie die drei Grundzutaten und die drei gebäckverbessernden Zutaten der Mürbeteige auf.

14. Beschreiben Sie die Rezeptzusammensetzung, Herstellung und Lagerung des 1-2-3-Mürbeteigs.

Feine Backwaren aus Massen

15. Erarbeiten Sie ein Grundrezept einer Biskuitmasse in der gebräuchlichsten Herstellung als Zweikesselmasse.

16. Erläutern Sie für die Herstellung einer Biskuitmasse die technologischen Eigenschaften von Eigelb und Eiklar mithilfe folgender Arbeitsschritte:
    - Schaumig schlagen von Eigelben
    - Eischnee aufschlagen
    - Melieren

Haltbarmachen und Lagern der Lebensmittel

17. Zeigen Sie anhand verschiedener Lebensmittel, Teiglinge sowie Konditoreierzeugnisse, wie sie fachgerecht tiefgefroren und anschließend wieder aufgetaut werden.

18. Definieren Sie die Verfahren der in Konditoreien üblichen Gärverzögerung und Gärunterbrechung.

12 Ernährung

Situation

In Ihrer Konditorei läuft eine Aktion zum Thema „Gesund ernähren". Auf diese Aktion haben Sie sich intensiv vorbereitet, indem Sie Informationen über die vollwertige Ernährung, ernährungsbedingte Krankheiten und verschiedene Allergien gesammelt haben. Die Kunden nehmen die Aktion gut an und stellen viele Fragen:

- Wie errechnet sich der Gesamtumsatz?
- Mit welchen Maßeinheiten wird der Energiegehalt der Lebensmittel angegeben und welchen Energiegehalt besitzen die einzelnen Nährstoffe?
- Welche Aufgaben erfüllen die einzelnen Nährstoffe im Körper?
- Was versteht man unter einer „ausgewogenen Ernährung"?
- Warum sind täglich mehrere kleine Mahlzeiten gesünder als wenige große?
- Wie entstehen Über- und Untergewicht und wie können diese ernährungsbedingten Störungen vermieden werden?
- Wie entsteht Diabetes mellitus und welche Ernährungsregeln sollten Diabetiker beachten?
- Welche Lebensmittelbestandteile lösen häufig Allergien aus und welche Lebensmittelintoleranzen kommen vor?

Essen und Trinken sollte grundsätzlich etwas Angenehmes sein. Nur „gut schmeckende" Lebensmittel sind auch gesund. Werden diese in der angemessenen Menge und zur richtigen Zeit eingenommen, kann der Körper die einzelnen Inhaltsstoffe der Lebensmittel optimal verwerten. Der Mensch fühlt sich somit wohl und ist dadurch auch leistungsfähig.

12.1 Enzyme

Alle Stoffwechselvorgänge im menschlichen und tierischen Körper sowie in den Pflanzen werden von Enzymen gesteuert. Auch in Lebensmitteln und Teigen wirken Enzyme. Enzyme werden auch künstlich hergestellt, z. B. das Labenzym für die Käseherstellung und Enzyme für Backmittel.

Tätigkeit der Enzyme

Enzyme bestehen hauptsächlich aus Eiweißen. Sie bauen Nährstoffe auf und ab, d. h., kleine Bausteine der Nährstoffe werden zu größeren Nährstoffen aufgebaut (zusammengesetzt) und größer aufgebaute Nährstoffe werden zu kleineren Nährstoffen abgebaut.

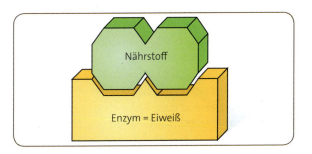

Aufbauende Enzyme

In der Pflanze werden kleine Bausteine der Nährstoffe zusammengebaut, z. B. baut ein Enzym aus zwei Einfachzuckern einen Doppelzucker auf.

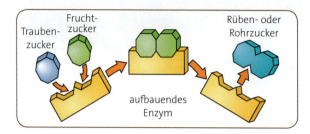

Abbauende Enzyme

Größere, zusammengesetzte Nährstoffe werden in kleinere Bausteine der Nährstoffe gespalten (abgebaut), z. B. baut ein Enzym bei der Verdauung einen Doppelzucker in zwei Einfachzucker ab.

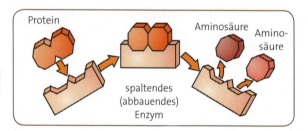

Bedeutend für die Ernährung und für die Technologie der Konditorei sind die abbauenden Enzyme, die jeden Nährstoff in seinen kleinsten Baustein zerlegen.

Auch in der Natur erfolgt ständig der Abbau größerer Nährstoffe, wie z. B. in der Banane. Unreife Bananen mit grüner Schale schmecken wegen des hohen Stärkeanteils kaum süß. Während der Reifung der Bananen zerlegen Enzyme einen Großteil der Stärke zu Malz- und Traubenzucker. Reife Bananen schmecken somit süß-aromatisch.

Enzyme sind Spezialisten

> **!**
> Enzyme wirken nach dem „Schlüssel-Schloss-Prinzip", d. h., jedes Enzym kann nur einen bestimmten Nährstoff auf- bzw. abbauen. Für jeden einzelnen Nährstoff ist ein anderes Enzym zuständig.

Deswegen werden die Enzyme nach dem internationalen Namen des Nährstoffs, den sie verändern, benannt. Diesem Nährstoffnamen fügt man die Endung „ase" an, z. B.:

Nährstoffnamen	Namen der Enzyme
• Lipide (Fette)	• Lipase
• Proteine (Eiweiße)	• Protease
• Amylose (Stärke)	• Amylase
• Maltose (Malzzucker)	• Maltase
• Laktose (Milchzucker)	• Laktase
• Saccharose (Rohr- und Rübenzucker)	• Saccharase

Es werden drei Enzymgruppen unterschieden:

Kohlenhydratspaltende Enzyme

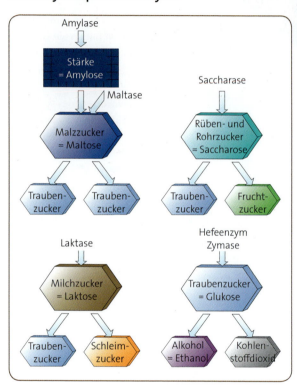

Auch die Hefe besitzt ein Enzym, die Zymase, das den Traubenzucker des Teigs in Alkohol und Kohlendioxid spaltet.

Eiweißspaltende Enzyme

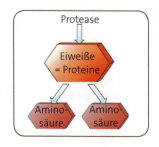

Fettspaltende Enzyme

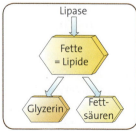

LF 1.3

Bedingungen für die Enzymaktivität

Wärme

Die Temperaturen der Lebensmittel oder Teige bestimmen die Enzymtätigkeit.

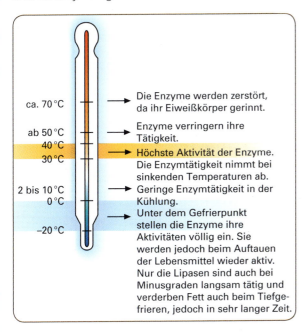

ca. 70 °C → Die Enzyme werden zerstört, da ihr Eiweißkörper gerinnt.

ab 50 °C → Enzyme verringern ihre Tätigkeit.

40 °C
30 °C → Höchste Aktivität der Enzyme. Die Enzymtätigkeit nimmt bei sinkenden Temperaturen ab.

2 bis 10 °C → Geringe Enzymtätigkeit in der Kühlung.

0 °C

−20 °C → Unter dem Gefrierpunkt stellen die Enzyme ihre Aktivitäten völlig ein. Sie werden jedoch beim Auftauen der Lebensmittel wieder aktiv. Nur die Lipasen sind auch bei Minusgraden langsam tätig und verderben Fett auch beim Tiefgefrieren, jedoch in sehr langer Zeit.

Wasser

Je höher der Wassergehalt in Lebensmitteln, desto schneller läuft die Enzymtätigkeit ab. In trockenen Lebensmitteln stellen die Enzyme ihre Tätigkeit ein a_W-Wert, → Seite 57.

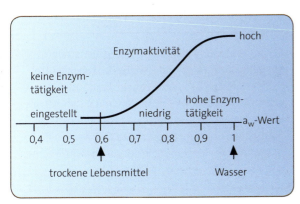

Enzymtätigkeit in Abhängigkeit vom Wassergehalt

pH-Wert

Eine verstärkte Enzymtätigkeit erfolgt bei einem neutralen pH-Wert von 7 bis zu einem sauren pH-Wert von 4. Bei einem pH-Wert unter 4 werden die Enzyme durch die starke Säure zerstört. Auch im laugigen Bereich von Seife und Waschmittel können Enzyme nicht tätig sein.

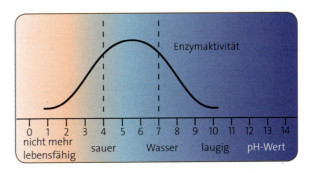

Enzymtätigkeit

Die Tätigkeit der Enzyme in Lebensmitteln kann wie folgt verhindert werden:

Die Enzyme stellen ihre Tätigkeit ein, sie werden jedoch nicht zerstört:	Die Enzyme werden zerstört:
• in getrockneten Lebensmitteln • in tiefgefrorenen Lebensmitteln	• durch Säure, z. B. Zitronensaft • durch Erhitzen von Lebensmitteln auf ca. 70 °C • durch hohen Salz- und Alkoholgehalt, z. B. in gepökeltem Fleisch und in Spirituosen

Erwünschte Enzymtätigkeit	Unerwünschte Enzymtätigkeit
• Bei der Hefegärung in Teigen und für die Herstellung alkoholischer Getränke spalten Enzyme den Traubenzucker in Kohlenstoffdioxid und Alkohol. • Beim Reifen von Obst wird die geschmacklose Stärke der unreifen Früchte zu Zucker abgebaut, sodass das Obst den süßlichen und vollen Fruchtgeschmack erhält. • Bei der Verdauung bauen Enzyme Kohlenhydrate, Fette und Eiweiße in ihre kleinsten Bestandteile ab, die somit in die Blutbahn übergeführt werden können.	• Geschälte und geschnittene Äpfel und Bananen werden durch Enzyme in Verbindung mit Sauerstoff braun. • Reifes Obst fault durch fortlaufenden Enzymabbau. • Bei der Lagerung von Fett trennen Enzyme die Fettsäuren vom Glyzerin, sodass Fette ranzig werden.

LF 1.3

Aufgaben

1. Woraus bestehen Enzyme hauptsächlich?
2. Erklären Sie die Tätigkeit der Enzyme.
3. Enzyme sind Spezialisten. Erläutern Sie dies.
4. Nach welchen Namen werden die Enzyme benannt und welche Endung fügt man an die Enzymnamen?
5. Beschreiben Sie den enzymatischen Abbau der Stärke im Teig bis zum kleinsten Baustein der Kohlenhydrate und der Hefegärung.
6. Beschreiben Sie den enzymatischen Abbau von
   - Fett,
   - Eiweiß.
7. Wie verläuft die Enzymtätigkeit bei folgenden Temperaturen?
   - ca. 70 °C
   - 2 bis 10 °C
   - ab 50 °C
   - 0 bis −20 °C
   - 30 bis 40 °C
8. Welche Enzyme verursachen sogar bei Minustemperaturen den langsamen Verderb des Nährstoffs?
9. Beschreiben Sie den Einfluss auf die Enzymtätigkeit in Bezug auf
   - den Wassergehalt und
   - den pH-Wert in Lebensmitteln und Teigen.
10. Nennen Sie erwünschte und unerwünschte Enzymtätigkeiten in Lebensmitteln.
11. Nennen Sie Möglichkeiten, wie die Tätigkeit der Enzyme in Lebensmitteln eingestellt bzw. gehemmt werden kann.
12. Ihr Kollege hat einen Obstsalat hergestellt. Nach kurzer Zeit ist das Obst jedoch braun und der Salat ist unansehnlich und kann nicht mehr serviert werden. Sie erläutern Ihrem Kollegen, wie es zum Braunwerden des Obstes kommt und wie er es hätte verhindern können.

Rechenaufgaben

1. Nach dem Herstellen eines Vorteigs für einen Hefeteig hat der Vorteig ein Volumen von 4 360 ml. Durch den enzymatischen Abbau bei der Gärung besitzt der reife Vorteig 7,194 l Volumen. Um wie viel % vergrößerte sich das Volumen des Vorteigs?
2. Eine Konditorei kauft 37,500 kg Bananen, von denen 1 kg 1,85 € kostet. Durch enzymatischen Abbau verfaulten 8 % der Bananen. Wie viel € beträgt der Verlust?

12.2 Stoffwechsel

Beim Stoffwechsel werden die zusammengesetzten Nährstoffe der Lebensmittel im Körper zerkleinert und in Wasser gelöst, sodass sie im Körper ihre Aufgaben erfüllen können. Die für den Körper nicht verwertbaren Bestandteile der Lebensmittel werden ausgeschieden.

Der Stoffwechsel vollzieht sich über fünf Stufen.

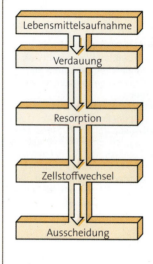

Lebensmittelaufnahme	= Aufnahme der Lebensmittel beim Essen
Verdauung	= Die energieliefernden Nährstoffe werden in ihre kleinsten Bausteine zerlegt.
Resorption	= Die in den Verdauungssäften gelösten Nährstoffe gehen in die Blutbahnen über.
Zellstoffwechsel	= Die Nährstoffe werden zum Aufbau der Körperzellen und zur Energiegewinnung genutzt.
Ausscheidung	= Die nicht verwertbaren Bestandteile der Lebensmittel und des Zellstoffwechsels werden vom Körper ausgeschieden.

Verdauung

> **!**
>
> Bei der Verdauung werden die energieliefernden Kohlenhydrate, Fette und Eiweiße der Lebensmittel in ihre kleinsten Bausteine zerlegt (verdaut). Diese lösen sich mit den Mineralstoffen und Vitaminen im Wasser der Verdauungssäfte und können so in die Blutbahnen überführt werden. Zuletzt werden die unverdaulichen Bestandteile der Lebensmittel vom Körper ausgeschieden.

Die Verdauungsorgane

Die Speisen durchlaufen die Verdauungsorgane, in die die Verdauungssäfte einfließen. Die Verdauung beginnt bereits durch Kauen der Lebensmittel im Mund und endet beim Ausscheiden der für den Körper unbrauchbaren Bestandteile der Lebensmittel aus dem Dickdarm.

Jedes Verdauungsorgan erfüllt bestimmte Aufgaben. Die Verdauungssäfte enthalten die Enzyme, die die energieliefernden Nährstoffe in den Verdauungsorganen stufenweise in ihre kleinsten Bestandteile zerkleinern.

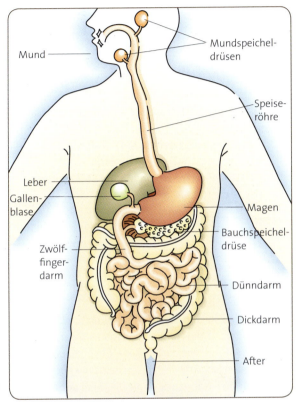

Weg der Nahrung durch die Verdauungsorgane

Abgebaut werden
- Kohlenhydrate zu Einfachzucker,
- Fett zu Glyzerin und Fettsäuren,
- Eiweiße zu Aminosäuren.

Mineralstoffe und Vitamine werden nicht abgebaut, da sie direkt vom Körper aufgenommen werden können. Die vollständig abgebauten energieliefernden Nährstoffe sowie die Mineralstoffe und Vitamine werden in den Verdauungssäften gelöst. Der Verdauungsvorgang ist beendet, wenn die unverdaulichen Bestandteile der Lebensmittel ausgeschieden werden.

Förderung der Verdauung

Schönes Aussehen sowie die Geruchs- und Geschmacksstoffe der Lebensmittel regen beim Essen den Appetit an. Dadurch bilden sich ausreichend Verdauungssäfte, die viele Enzyme enthalten und somit die Nährstoffe schnell abbauen.

Schön aussehendes und aromatisches Essen fördert somit die Verdauung. Dies besagen auch schon die bekannten Sprichwörter:

„Das Auge isst mit."

„Es läuft einem das Wasser im Munde zusammen."

Resorption

Die Verdauung ist beendet, wenn alle Nährstoffe in ihre kleinsten Bestandteile abgebaut und in den Verdauungssäften gelöst sind.

> **!**
> Die Resorption ist der nach der Verdauung stattfindende Übergang der im Wasser gelösten Nährstoffe vom Darm in die Blutbahnen.

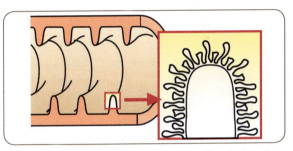

Die in den Verdauungssäften gelösten Nährstoffe gehen durch die Darmzotten der Dünndarmwand in die Blutbahnen über

Mithilfe der unverdaulichen Ballaststoffe wird der Dünndarm in Bewegung versetzt. Nur durch die Bewegung können die Darmzotten an der Darmwand die Nährstoffe aufnehmen und in die Blutbahnen überführen. Ballaststoffreiche Lebensmittel fördern somit den Übergang der Nährstoffe in die Blutbahnen. Eine ballaststoffarme Ernährung führt deshalb zu Darmträgheit und somit zu Verstopfung.

Ballaststoffärmere und ballaststoffreiche Backwaren

LF 1.3

Zellstoffwechsel

Beim Zellstoffwechsel erfüllen die Nährstoffe im Körper ihre Aufgaben.
Bei den Vorgängen in den Körperzellen werden die Stoffe (Nährstoffe) umgewandelt, z. B. wird aus Fetten, Kohlenhydraten und Eiweiß Energie gewonnen.

Aufgaben der Nährstoffe im Körper

Energie-lieferanten	Baustoffe	Wirkstoffe
Kohlenhydrate, Fette, Eiweiße	Eiweiße, Mineralstoffe, Wasser	Mineralstoffe, Vitamine, sekundäre Pflanzenstoffe
Sie liefern Energie und erhalten somit die Körperwärme und ermöglichen Leistungen durch Muskelbewegungen.	• Eiweiß ermöglicht den Aufbau und die Erneuerung der Körperzellen. • Mineralstoffe sind Bestandteile der Knochen, der Zähne und des Blutes. • Im Wasser sind alle Nährstoffe gelöst und alle Stoffwechselvorgänge können nur mit Wasser ablaufen.	• Mineralstoffe und Vitamine werden bei allen Stoffwechselvorgängen für einen reibungslosen Ablauf benötigt und regeln so die Gesundheit des Körpers. • Sekundäre Pflanzenstoffe haben viele verschiedene gesundheitsfördernde und krebshemmende Wirkungen.

Körperfett

Werden zu viele Lebensmittel gegessen, erhält der Körper mehr Nährstoffe als er benötigt. Das Zuviel an Kohlenhydraten, Fett und Eiweiß wird im Körper als Reserve zu Körperfett umgewandelt. Eine ständig erhöhte Lebensmittelzufuhr führt deshalb zu Übergewicht, das den Körper belastet.

Die Energie, die der Körper zwischen den Mahlzeiten benötigt, wird von der Reserve des Körperfetts entnommen. Deshalb kann der Körper eine bestimmte Zeit ohne Nahrung auskommen.

Der Körperfettanteil sollte bei Frauen möglichst unter 25 % und bei Männern unter 20 % liegen. Mit zunehmendem Alter steigt der Anteil.

Etwas Körperfett ist für den Körper notwendig:
• Benötigt der Körper zwischen den Mahlzeiten Energie, wird Körperfett zur Energiegewinnung abgebaut und verwendet.
• Körperfett dient als Wärmeschutz. Schlanke Menschen frieren eher.
• Körperfett schützt innere Organe vor Stößen und Druck, z. B. die Nieren.

Aufgaben

❶ Der Stoffwechsel vollzieht sich über fünf Stufen. Nennen Sie diese.
❷ Erklären Sie den Begriff „Verdauung".
❸ Nennen Sie die Verdauungsorgane in der Reihenfolge, wie die Speisen sie durchlaufen.
❹ Nennen Sie die kleinsten Bausteine der energieliefernden Nährstoffe, in die diese bei der Verdauung abgebaut werden:
  • Kohlenhydrate   • Fette
  • Eiweiße
❺ Nennen Sie die zwei Nährstoffe, die bei der Verdauung nicht abgebaut werden, weil sie direkt vom Körper aufgenommen werden können.
❻ Wie kann beim Essen der Appetit angeregt und somit die Verdauung gefördert werden?
❼ Erklären Sie den Begriff „Resorption".
❽ Erklären Sie den Begriff „Zellstoffwechsel".
❾ Welche Aufgaben erfüllen folgende Gruppen der Nährstoffe beim Zellstoffwechsel?
  • Kohlenhydrate, Fette, Eiweiße
  • Eiweiße, Mineralstoffe, Wasser
  • Mineralstoffe, Vitamine, sekundäre Pflanzenstoffe
❿ Erläutern Sie, wie Körperfett entsteht.
⓫ Wenn der Mensch zu viel gegessen hat, fühlt er sich unwohl. Das Unwohlsein bessert sich nach einiger Zeit. Begründen Sie dies mit dem Vorgang der Verdauung.

LF 1.3

12.3 Nährstoffbedarf

Damit dem Menschen ausreichend Energie zur Aufrechterhaltung der Körperwärme und zum Aufbau der Muskeln zur Verfügung steht, benötigt er Kohlenhydrate und Fette. Reichen diese nicht aus, wird Eiweiß für die Energiegewinnung umgewandelt.

Maßeinheiten zur Angabe des Energiegehalts

> **!**
> Der Energiegehalt der Lebensmittel wird häufig in zwei Maßeinheiten angegeben:
> mit der internationalen Maßeinheit **Kilojoule**
> mit der allgemein geläufigen Maßeinheit **Kilokalorie**
> Die Abkürzungen für diese Maßeinheiten sind:
> * Kilojoule = kJ
> * Kilokalorie = kcal
> Die Umrechnungsgrundlagen für diese Maßeinheiten sind:
> * 1 kJ entspricht 0,24 kcal
> * 1 kcal entspricht 4,2 kJ

Energiegehalt der energieliefernden Nährstoffe

| 1 g Fett | ≙ 37 kJ oder 9 kcal |

| 1 g Kohlenhydrate | ≙ 17 kJ oder 4 kcal |

| 1 g Eiweiß | ≙ 17 kJ oder 4 kcal |

Auch Alkohol liefert Energie.
1 g Alkohol ≙ 29 kJ oder 7 kcal.

Fett-, kohlenhydrat- und proteinreiche Lebensmittel

Beispiele für den Energiegehalt von jeweils 50 g folgender Lebensmittel:
* 1 Brötchen: 27 g KH, 4 g Eiweiß, 0,7 g Fett

1 Scheibe
* Roggenmischbrot: 22 g KH, 3 g Eiweiß, 0,5 g Fett
* Vollkornbrot: 19 g KH, 3,2 g Eiweiß, 0,5 g Fett

Energiebedarf des Körpers

Der Körper benötigt zu jeder Zeit Energie, ob in Ruhe oder wenn er Leistung bringt.

Grundumsatz

> **!**
> Der Grundumsatz ist die Energiemenge, die der Körper bei völliger Ruhe und Entspannung benötigt (umsetzt), um lebenswichtige Funktionen aufrechtzuerhalten.

Beim Grundumsatz wird Energie für folgende Funktionen verbraucht:
* zur Erhaltung der Körpertemperatur
* für Herzschlag und Kreislauf
* zur Atmung
* für Stoffwechselvorgänge
* für die Gehirntätigkeit

Eine genaue Bestimmung der benötigten Energiemenge für den Grundumsatz ist schwierig. Er ist bei allen Menschen unterschiedlich und vorwiegend von folgenden Faktoren abhängig:
* **vom Alter**
  Je älter der Mensch ist, desto geringer wird der Grundumsatz, da sich die Stoffwechselvorgänge, wie z. B. Atmung und Puls, im Alter verlangsamen. Die Energiezufuhr sollte im Alter verringert werden.
* **vom Geschlecht**
  Bei Frauen ist der Grundumsatz um ca. 10 % geringer als bei Männern, da Männer bei gleichem Gewicht mehr Muskelmasse besitzen. Frauen benötigen deswegen weniger Lebensmittel.
* **von der Körpergröße**
  Mit zunehmender Körpergröße erhöht sich der Grundumsatz. Aufgrund des höheren Blutanteils, des größeren Kreislaufs und erhöhten Wärmeverlustes durch die große Körperoberfläche werden mehr Nährstoffe benötigt.

LF 1.3

Leistungsumsatz

> Der Leistungsumsatz ist die Energie-
> menge, die der Körper bei geistiger
> und vor allem körperlicher Tätigkeit
> benötigt (umsetzt). **!**

Je schwerer die körperli-
che Arbeit und je stärker
die sportliche Belastung
ist, desto höher ist der
Leistungsumsatz. In unse-
rer Gesellschaft werden
schwere körperliche Ar-
beiten jedoch immer sel-
tener.

*Beim Sport steigt der Leistungs-
umsatz*

Gesamtumsatz

> Der Energiebedarf, den der Körper täglich benötigt,
> wird als Gesamtumsatz bezeichnet. Er setzt
> sich zusammen aus dem Grundumsatz und dem
> Leistungsumsatz. **!**

Leistungsumsatz

Grundumsatz

Gesamtumsatz

Da der Grundumsatz den Hauptanteil des Gesamtum-
satzes ausmacht, neigen Menschen mit geringem Grundumsatz zu Übergewicht.

Die Nahrungsmenge muss insgesamt dem täglichen
Energiebedarf entsprechen – auf Dauer darf es nicht zu
viel und nicht zu wenig sein.

LF 1.3

Aufgaben

❶ Mit welchen Maßeinheiten wird der Energiegehalt
der Nährstoffe gemessen? Geben Sie auch die
Abkürzungen dieser Maßeinheiten an:
  • internationale Maßeinheit
  • allgemein geläufige Maßeinheit
❷ Nennen Sie den Energiegehalt von
  • 1 g Fett,
  • 1 g Kohlenhydrate,
  • 1 g Eiweiß,
  • 1 g Alkohol.
❸ Erklären Sie den Begriff „Grundumsatz".

❹ Nennen Sie Funktionen, für die der Körper bei
völliger Ruhe (Grundumsatz) ständig Energie benötigt.
❺ Nennen Sie Faktoren, die den Grundumsatz
beeinflussen können.
❻ Was versteht man unter „Leistungsumsatz"?
❼ Erläutern Sie den Begriff „Gesamtumsatz".
❽ Informieren Sie sich im Internet über den durchschnittlichen Energiebedarf von Jugendlichen und
vergleichen Sie die dort zugrunde gelegte körperliche Aktivität mit ihrer eigenen körperlichen Aktivität.

Rechenaufgaben

❶ Ein Konditor treibt regelmäßig Sport und hat daher
einen erhöhten Energiebedarf von täglich 14 000 kJ.
Der Energiebedarf sollte durch Eiweiße, Fette und
Kohlenhydrate im Verhältnis 1:2:5 gedeckt werden.
Wie viel g der einzelnen Nährstoffe sollte der
Konditor täglich zu sich nehmen?
❷ Der Nährstoffgehalt von 100 g Sandkuchen beläuft
sich auf 59 g Kohlenhydrate, 22 g Fett und 12 g
Eiweiß.

Berechnen Sie den Energiegehalt eines Sandkuchens, der 350 g wiegt. (Energiewerte für
Kohlenhydrate, Fette und Eiweiß ➡ Seite 187.)
❸ Eine Konditorin isst bei einer Party 125 g Haselnüsse. Berechnen Sie den Energiegehalt der
Nüsse in kJ und kcal. Die Nüsse enthalten 18 %
Eiweiß, 14 % Kohlenhydrate und 56 % Fett. 1 kcal
entspricht 4,2 kJ.

12.4 Ernährungsgrundsätze

Hungergefühl entsteht, wenn der Blutzuckerspiegel sinkt oder der Magen leer ist.

Durst stellt sich ein, wenn ca. 0,5 % des Körpergewichts an Wasser verloren gehen.

Appetit tritt auf, wenn man schöne Speisen sieht und bei Speisen, die gut riechen. Oft genügt schon die Vorstellung von leckeren Speisen oder Getränken, um Appetit auszulösen. Appetit kann man auch bekommen, wenn man satt ist.

Ausgewogene Ernährung

Ernährung ist nur gesund, wenn sie ausgewogen ist.

> **!**
>
> Ausgewogene Ernährung bedeutet, dass das regelmäßige Essen alle Nährstoffe in den richtigen Mengen enthält. Schon das Fehlen eines einzigen Nährstoffs kann zu gesundheitlichen Beeinträchtigungen und Krankheiten führen.

© Deutsche Gesellschaft für Ernährung e. V., Bonn

Der Ernährungskreis der DGE veranschaulicht die verschiedenen Lebensmittelgruppen und verdeutlicht durch die unterschiedlich großen Segmente des Kreises die jeweiligen Mengenrelationen, die zu einer vollwertigen Ernährung gehören.

DGE-Ernährungskreis®

Die empfohlene tägliche Aufnahme der energieliefernden Nährstoffe bei einer vollwertigen Ernährung beträgt:

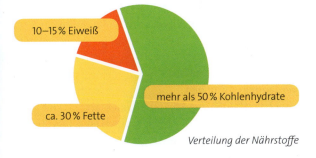

10–15 % Eiweiß

ca. 30 % Fette

mehr als 50 % Kohlenhydrate

Verteilung der Nährstoffe

Regeln für die gesunde Ernährung

- Abwechslungsreiche Lebensmittel essen, damit der Körper alle Nährstoffe erhält.
- Täglich Gemüse und Obst wegen der vielen Vitamine und Mineralstoffe essen.
- Täglich Milch und Milcherzeugnisse verzehren, da diese alle Nährstoffe enthalten und vor allem Eiweiß und Kalzium.
- Regelmäßig Vollkornerzeugnisse essen, z. B. Vollkornbrot und Getreideerzeugnisse im Müsli, vor allem wegen der vielen Ballaststoffe.
- Reichlich Flüssigkeit trinken.
- Die Speisen, die wir essen, sollen überwiegend stärkehaltige Lebensmittel enthalten, z. B. Brot, Vollkornerzeugnisse, Kartoffeln, Nudeln und Reis. Begründung: Stärke wird bei der Verdauung langsam zu Traubenzucker abgebaut. Dadurch erfolgt bei der Resorption ein langsamer und schrittweiser Übergang vom Dünndarm in die Blutbahnen. Durch die längere Verweildauer im Darm fühlt sich der Körper satt und wegen der langsamen Resorption wird der Körper über eine längere Zeit gleichmäßig mit Energie versorgt.
- Wenig Fett und fettreiche Lebensmittel essen.
- Zucker und salzhaltige Lebensmittel in Maßen verzehren.

LF 1.3

Häufig fehlen bei einer falschen Ernährung Lebensmittel mit einem hohen Gehalt an Vitaminen, Mineralstoffen und Ballaststoffen. Mangelerkrankungen und Verdauungsstörungen sind die Folge.

Lebensmittel für eine ausgewogene Ernährung

Immer mehr Konditoreien bieten neben den Vollkornerzeugnissen auch Bio- und Ökobackwaren an, um den Trend nach einer gesundheits- und umweltbewussten Ernährung zu befriedigen → Seite 31.

Verteilung der Mahlzeiten

Gewohnheitsmäßig sind täglich drei große Mahlzeiten üblich. Mehrere kleine Mahlzeiten sind eindeutig gesünder und die Leistungsschwankungen im Tagesverlauf werden verringert.

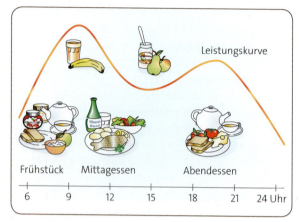

Verteilung der Mahlzeiten

Auswirkungen unterschiedlicher Anzahl an Mahlzeiten

Drei große Mahlzeiten täglich	Mehrere kleine Mahlzeiten täglich
Durch die große Lebensmittelmenge in einem Schub hat der Körper viel Stoffwechselarbeit zu verrichten. **Man wird müde und träge.**	Die Lebensmittel werden in kleinen Mengen aufgenommen, sodass die geringe Stoffwechselarbeit den Körper nicht belastet. **Man fühlt sich wohl.**
In den langen Pausen zwischen den Mahlzeiten sinkt der Blutzuckerspiegel und somit die benötigte Energiemenge für den Körper. **Der Körper fällt in ein Leistungstief.**	Die Zufuhr der Nährstoffe erfolgt zeitlich in kurzen Abständen. Dadurch bleibt der Blutzuckerspiegel auch zwischen den Mahlzeiten gleich. **Ein Leistungsabfall während des Tages wird verhindert.**

Idealgewicht

Das ideale Gewicht hat jeder, der sich wohl fühlt und bei seinen Tätigkeiten während der Arbeit und in der Freizeit nicht beeinträchtigt ist. Übergewicht kann durch richtige Ernährung und ausreichend Bewegung vermieden werden.

! Essen und Trinken bereiten Lebensfreude!

Die Voraussetzungen dafür sind:

- Das Essen muss gut schmecken. Es wäre falsch, mit Widerwillen zu essen, nur weil es gesund ist.
- Das Essen und die Getränke sollten appetitlich hergerichtet werden. „Das Auge isst und trinkt mit."
- Möglichst nicht alleine essen. In Gesellschaft schmeckt es besser.
- Zeit lassen zum Essen. So schmeckt es besser und wird leichter verdaut.

Freizeitverhalten

Richtige Freizeitbeschäftigungen beeinflussen das körperliche Wohlbefinden. Beispiele:

- Körperliche Fitness durch ausreichend Bewegung oder regelmäßiges Sporttreiben.
- Geistige Fitness, die für geistige Abwechslung sorgt.

Die Freizeitbeschäftigungen sollen Spaß machen, manchmal auch in angenehmer Gesellschaft.

Ernährungsbedingte Gesundheitsstörungen

Durch eine falsche Ernährungsweise und zu wenig Bewegung können sich schwerwiegende Folgen ergeben wie Leistungsabfall, Krankheit, Übergewicht und Untergewicht.

Leistungsabfall und Krankheit

Mangelerscheinungen

Bei falsch zusammengesetzter Ernährung über einen längeren Zeitraum, vor allem bei fehlenden Vitaminen und Mineralstoffen, kommt es zu **Mangelerscheinungen**. Folgen können beispielsweise häufige Erkrankungen, ständige Müdigkeit, Kreislaufstörungen und unreine Haut sein.

Verdauungsstörungen

Eine ballaststoffarme Ernährung über längere Zeit führt zu **Verstopfung.** Sie entsteht z. B. durch einseitige Ernährung, ständige Konservenkost oder Fast Food.

LF 1.3

Übergewicht

Isst man langfristig ständig zu viel, bei gleichzeitiger Bewegungsarmut, entsteht Übergewicht. Der Körper bekommt dabei mehr Energie als er verbraucht. Die nicht benötigten energieliefernden Nährstoffe wandelt er in Körperfett um. Ignoriert man Übergewicht, kann es zur Fettsucht kommen.

Vermeidung von Übergewicht

- Wenige energiereiche Lebensmittel und Getränke essen und trinken, d. h. fett-, zucker- und alkoholarm.
- Vermehrt Vollkornerzeugnisse essen, da Ballaststoffe zu einem lang anhaltenden Sättigungsgefühl führen.
- Kleinere Zwischenmahlzeiten einnehmen, damit Heißhunger verhindert wird.
- Den Leistungsumsatz durch regelmäßige Bewegung und Sport steigern.

Schnelle **„Abmagerungskuren"** haben meist nicht den gewünschten Erfolg. Abnehmen ist mühsam und dauert genauso lange wie das Erreichen des Übergewichts, das sich auch nicht von heute auf morgen einstellt. Nur eine langfristig bedarfsgerechte Ernährung führt zum Abbau von Körperfett und damit oft zu seelischer Ausgeglichenheit.

Übergewicht fördert Krankheiten

- Rücken- und Gelenkbeschwerden
- Herz- und Kreislaufbeschwerden
- Stoffwechselstörungen (Zuckerkrankheit, Gicht, erhöhter Cholesterinspiegel)
- Bluthochdruck
- seelische Störungen

Untergewicht

Der stete Drang, das Idealgewicht zu erreichen, kann zu physischen und psychischen Störungen führen.
Bei längerfristig zu geringer Nahrungsaufnahme entsteht Untergewicht oder sogar Magersucht durch Nahrungsverweigerung oder Bulimie (Ess-Brech-Sucht).
Schmackhaftes, schön hergerichtetes Essen fördert den Appetit und in Gesellschaft ist die Bereitschaft zum Essen höher. So kann die Aufnahme der vom Körper benötigten Nahrungsmenge wieder erreicht werden.

> **!**
> Alle Ernährungsfehler verursachen anfangs Leistungsabfall und später Krankheiten.

Body-Mass-Index (BMI)

Das Körpergewicht wird mithilfe des Body-Mass-Index beurteilt. Die Formel für die Berechnung lautet:

$$BMI = \frac{\text{Körpergewicht in kg}}{(\text{Körpergröße in m})^2}$$

Untergewicht: BMI kleiner als 18,5
Normalgewicht: BMI = 18,5 bis unter 25
Übergewicht: BMI = 25 bis unter 30
Fettsucht: BMI größer als 30

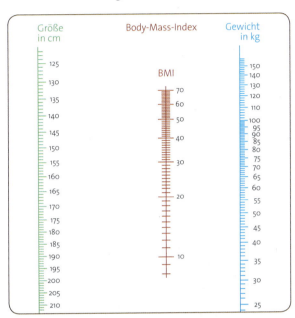

Body-Mass-Index: Durch das Ziehen einer Linie zwischen der Körpergröße und dem Körpergewicht lässt sich auf der mittleren Skala der BMI ablesen

Aufgaben

1. Erklären Sie den Begriff „ausgewogene Ernährung".
2. Welche Lebensmittel sollten bei einer gesunden Ernährung regelmäßig gegessen werden?
3. Erläutern Sie, warum überwiegend stärkehaltige Lebensmittel gegessen werden sollen.
4. Beschreiben Sie, warum mehrere kleine Mahlzeiten gesünder sind als wenige große.
5. Welche Voraussetzungen müssen gegeben sein, damit Essen und Trinken Lebensfreude bereitet?
6. Nennen Sie körperliche Mangelerscheinungen und erläutern Sie, wie es dazu kommt.
7. Wie kann es bei falscher Ernährung zu Verdauungsstörungen kommen?
8. Erklären Sie, wie es zu Übergewicht kommt.

LF 1.3

9 Nennen Sie Möglichkeiten, wie Übergewicht vermieden werden kann.

10 Welche Krankheiten kann Übergewicht fördern?

11 Erläutern Sie, wie es zu Untergewicht kommt.

12 Berechnen Sie Ihren persönlichen BMI anhand des Body-Mass-Index auf Seite 191 rechnerisch und durch Ablesen in der Tabelle.

13 Ihr Mitschüler hat schon oft Diäten gemacht und jedes Mal einige Kilogramm abgenommen. Allerdings hat er meistens nach kurzer Zeit wieder zugenommen. Sie geben ihm Tipps, wie er am besten schlank werden und schlank bleiben kann.

Rechenaufgaben

1 Ein Konditor wiegt 70 kg und ist 1,80 m groß. Berechnen Sie den BMI und beurteilen Sie sein Gewicht.

2 Eine Mitschülerin ist 169 cm groß und wiegt 82 kg. Wie viel kg muss sie abnehmen, um Normalgewicht zu erreichen?

LF 1.3

12.5 Diabetes mellitus (Zuckerkrankheit)

Bei der Zuckerkrankheit liegt eine Störung des Zuckerstoffwechsels vor. Hauptursachen für die Zuckerkrankheit sind Erbfaktoren, Übergewicht und Bewegungsarmut. Ca. 90 % der Diabetiker sind übergewichtig. Es gibt zwei Formen der Zuckerkrankheit: Typ-1-Diabetes und Typ-2-Diabetes.

Der Blutzuckerspiegel

!

Die Körperzellen und das Gehirn benötigen ständig Zucker, der sie mit Energie versorgt. Deshalb befindet sich im Blut stets etwas Zucker, der sogenannte „Blutzucker".

Der Anteil des Zuckers im Blut wird als Blutzuckerspiegel bezeichnet. Der Blutzuckerspiegel soll immer möglichst gleich (konstant) sein, 80 bis 120 mg in 100 ml Blut ≙ ca. 1 g Zucker in 1 l Blut.

Kohlenhydratstoffwechsel bei gesunden Menschen

• Kohlenhydrate werden bei der Verdauung überwiegend zu Traubenzucker abgebaut.

• Der Traubenzucker geht bei der Resorption sofort in das Blut über. Dabei steigt der Blutzuckerspiegel.

• Bei steigendem Zuckeranteil im Blut (steigendem Blutzuckerspiegel) wird das Hormon Insulin vermehrt in der Bauchspeicheldrüse erzeugt.

• Ist ausreichend Zucker im Blut, transportiert das Insulin den überschüssigen Traubenzucker in die Leber und Muskulatur und speichert ihn dort als Zuckerreserve.

• Es wird ständig Zucker im Blut zur Energiegewinnung verbraucht. Sobald der Blutzuckerspiegel sinkt, z. B. zwischen den Mahlzeiten oder durch körperliche Anstrengung, wird der gespeicherte Zucker abgegeben, sodass der Blutzuckerspiegel immer konstant (gleich) bleibt.

Ursache der Zuckerkrankheit (Diabetes mellitus)

Bei zuckerkranken Menschen erzeugt die Bauchspeicheldrüse zu wenig oder kein Insulin oder das Insulin wirkt nicht. Deshalb ist Diabetes eine Zuckerstoffwechselkrankheit, weil der überschüssige Zucker im Körper nicht als Zuckerreserve gespeichert werden kann.

Überzucker

Bei der Kohlenhydrataufnahme, vor allem beim Verzehr von Zucker, steigt der Blutzuckerspiegel beim Diabetiker zu hoch an. Es entsteht Überzucker, weil der Zucker durch Insulinmangel in der Leber und Muskulatur nicht gespeichert werden kann und so im Blut verbleibt.

Auswirkungen des zu hohen Blutzuckerspiegels

• Der zu hohe Zuckeranteil im Blut entzieht den Körperzellen Wasser und auch Kalium. Dies führt zu verstärktem Durstgefühl und auch zu Wadenkrämpfen.

• Da bei ständigem Durstgefühl viel Wasser getrunken wird, kann der zu hohe Zuckergehalt über die Nieren mit dem Urin ausgeschieden werden. Dies erklärt das häufige Wasserlassen der Diabetiker.

Unterzucker

Wenn der Zucker im Blut durch die ständige Energiegewinnung aufgebraucht ist, sind keine Zuckerreserven in Leber und Muskulatur vorhanden. Dadurch sinkt der Blutzuckerspiegel, es entsteht Unterzucker. Der Diabetiker bekommt schnell einen Schwächeanfall und muss sich hinlegen. Er muss sofort Süßigkeiten oder süße Säfte bekommen, sonst fällt er in eine Bewusstlosigkeit, in das sogenannte Zuckerkoma.

Mögliche Anzeichen für die Zuckerkrankheit

- anhaltende Müdigkeit
- anhaltendes Durstgefühl
- sehr häufige Harnflut
- Sehstörungen
- Gewichtsabnahme trotz normaler Ernährung

Ernährungsregeln für Diabetiker

- Eine ausgewogene Ernährung und regelmäßige körperliche Bewegung sind die Grundregeln.
- Vollkornerzeugnisse wie Vollkornbrote bevorzugen. Die Ballaststoffe verzögern stark die Resorption von Traubenzucker, der somit langsam und schrittweise in die Blutbahnen übergeht.
- Stärkehaltige Lebensmittel wie Brote, Brötchen, Kartoffeln und Reis sind erlaubt, da die Stärke bei der Verdauung langsam abgebaut wird und somit nach und nach resorbiert wird (in das Blut übergeht).
- Zuckerhaltige Lebensmittel und Getränke stark einschränken, da der Zucker sofort in das Blut übergeht und der Blutzuckerspiegel sofort hoch ansteigt.
- Täglich ausreichend vitamin- und mineralstoffreiches Gemüse und Obst essen.
- Die Kohlenhydratzufuhr sollte auf mehrere Mahlzeiten (bis zu sechs) verteilt werden.

Empfehlenswerte Lebensmittel für Diabetiker

Süßungsmittel

Diabetikererzeugnisse, z. B. Diabetiker-Spritzgebäck, Diabetiker-Pralinen, wurden früher in der Konditorei angeboten. Die Diabetikerwaren wurden statt mit Zucker mit natürlichen **Zuckeraustauschstoffen** hergestellt. Diese haben etwa 40 % weniger Kalorien als Zucker und können vom Körper beim Stoffwechsel genutzt werden. Die Diabetikererzeugnisse brachten jedoch für Zuckerkranke keine Vorteile. Sie verursachten sogar beim Verzehr größerer Mengen Magen- und Darmbeschwerden. Außerdem waren Diabetikerwaren sehr teuer.

Süßstoffe sind chemisch hergestellte Süßungsmittel, z. B. Saccharin, Cyclamat, Aspartam und Acesulfam. Sie besitzen eine hohe Süßungskraft und haben keinen Energiegehalt (keine Kalorien). Statt Zucker werden Süßstoffe zum Süßen von zuckerarmen und zuckerlosen Getränken sowie industriell hergestellten Süßwaren und Süßspeisen verwendet, z. B. für Light-Getränke und zuckerlose Kaugummis. Süßstoffe eignen sich auch als Zuckerersatz, um Übergewicht zu vermeiden, z. B. in Tablettenform für Heißgetränke.

Berechnung der Kohlenhydrate für Diabetiker

Diabetiker, die Insulin zuführen, müssen die Kohlenhydrate, die sie essen, berechnen, um ein unkontrolliertes Ansteigen oder Absinken des Blutzuckerspiegels zu vermeiden und um die Insulinzufuhr zu berechnen.

> Die verdaulichen Kohlenhydrate in Lebensmitteln werden umgerechnet und bezeichnet als
> - **Broteinheiten (BE)** oder
> - **Kohlenhydrateinheiten (KE** bzw. **KHE).**
>
> **1 Broteinheit (BE)** ≙ **12 g** und
> **1 Kohlenhydrateinheit (KE)** ≙ **10 g**
> verdauliche Kohlenhydrate (ohne Ballaststoffe)

1 BE entspricht z. B.
  21 g Toastbrot
150 g Erdbeeren
250 g Milch

1 KE entspricht z. B.
  18 g Toastbrot
130 g Erdbeeren
210 g Milch

Aufgaben

1. Erläutern Sie den Begriff „Blutzuckerspiegel".
2. Erklären Sie den Kohlenhydratstoffwechsel bei gesunden Menschen.
3. Beschreiben Sie die Ursachen der Zuckerkrankheit.
4. Erklären Sie, wie es zum veränderten Blutzuckerspiegel kommt:
   - bei Überzucker
   - bei Unterzucker
5. Süßen Sie jeweils eine Tasse Kaffee oder Tee mit Zucker und mit Süßstoff. Beurteilen Sie den Geschmack der Getränke und diskutieren Sie mit Kolleginnen und Kollegen über Vor- und Nachteile von Zucker und Süßstoff.

12.6 Lebensmittelallergien und Lebensmittelunverträglichkeiten

Allergien

> **!**
> Bei einer Allergie verträgt der Körper Stoffe in Lebensmitteln oder aus der Umwelt nicht. Diese unverträglichen Stoffe lösen eine Krankheit, eine Allergie, aus.

Mehlstaub kann eine Allergie auslösen

Die unverträglichen Stoffe werden als Allergene bezeichnet, z. B. Blütenpollen, Medikamente, Tierhaare, Chemikalien. Auch Umgebungseinflüsse, vor allem Staub, können allergische Reaktionen im Körper auslösen, z. B. der Mehlstaub. Verursacht Mehlstaub bei Konditoren eine Allergie, zählt diese als anerkannte Berufskrankheit.

Eine Allergie kann plötzlich und in jedem Alter auftreten und verschieden stark wirken. Allergische Erkrankungen sind nicht ansteckend.
Allergien können erblich bedingt sein, aber auch die belastete Umwelt ist ein auslösender Faktor. In den Industrieländern nehmen Allergien alarmierend zu.

Lebensmittelallergien

Bei einer Lebensmittelallergie verträgt der Körper bestimmte Stoffe in Lebensmitteln nicht, und zwar bereits in kleinsten Mengen.
Dies können bestimmte Früchte wie Äpfel, Kiwis oder rohes Gemüse wie Zwiebeln, Karotten sein.

Bestimmte Lebensmittel, auf die viele Menschen allergisch reagieren, müssen nach der Lebensmittel-Kennzeichnungsverordnung auf Fertigpackungen in der Zutatenliste deklariert werden → Seite 239. Ab Dezember 2014 ist die Allergiekennzeichnung auch für unverpackte,

lose verkaufte Waren verpflichtend, gemäß der neuen Lebensmittelinformations-Verordnung → Seite 241.

Einige allergene Lebensmittel

Symptome, die auf eine Allergie hinweisen

- Hautausschläge (Hautekzeme), juckende Haut
- Asthma (Atemnot)
- Schnupfen, Fließschnupfen, Nieszwang
- ständiger Hustenreiz
- tränende Augen

Auch allgemeines Unwohlsein, Migräne und ständige Müdigkeit können auf Allergien hindeuten.

Eine Allergie, z. B. gegen Milch, kann bei einem Allergiker Hautekzeme und bei einem anderen Asthma bewirken. Es können aber auch mehrere Symptome gleichzeitig auftreten.
Bei häufigem Kontakt mit dem unverträglichen Lebensmittel wird die Allergie chronisch (anhaltend, dauernd).

Lebensmittelunverträglichkeiten (Lebensmittelintoleranzen)

> **!**
> Eine Lebensmittelunverträglichkeit, im Fachausdruck Lebensmittelintoleranz genannt, ist eine chronische (dauernde), von Geburt an bestehende Krankheit, die beim Verzehr eines unverträglichen Lebensmittels ausgelöst wird.

Laktoseintoleranz (Milchzuckerunverträglichkeit)

Laktose ist der Doppelzucker der Milch, der bei der Verdauung gesunder Menschen in Einfachzucker gespalten und in den Blutkreislauf aufgenommen wird.
Besitzt der Körper zu wenige oder keine Enzyme, die die Laktose abbauen, kann der Milchzucker nicht in den Blutkreislauf gelangen und wird von den Darmbakterien vergoren. Dies führt vorwiegend zu Blähungen, Bauchschmerzen und Durchfall.

Die Betroffenen müssen auf Milch und Milcherzeugnisse ganz oder teilweise verzichten, manchmal auch auf Gebäcke, die mit Milch hergestellt sind, z. B. Milchbrötchen und Hefeteiggebäcke. Da Laktoseintoleranz weit verbreitet ist, wird im Handel u. a. laktosefreie Milch angeboten.

Fruktoseintoleranz (Fruchtzuckerunverträglichkeit)

Der Fruchtzucker in Lebensmitteln kann bei diesen Menschen nur schlecht vom Dünndarm in die Blutbahnen resorbiert werden. Dies führt bei einer Fruktoseintoleranz zu Übelkeit und Bauchschmerzen sowie zu Blähungen und Durchfall.

Die betroffenen Menschen müssen vor allem Obst und Obstsäfte meiden sowie zuckerhaltige Lebensmittel reduzieren, weil Rübenzucker aus je einem Molekül Fruchtzucker und Traubenzucker besteht.

Zöliakie

Zöliakie ist eine lebenslange chronische Krankheit, die erblich bedingt ist und bereits im Kindesalter durch glutenhaltige Speisen ausgelöst wird.

Ursache hierfür ist glutenhaltiges Eiweiß der Getreidearten Weizen, Dinkel, Roggen, Gerste und Hafer. Andere Getreidearten wie Mais, Reis und Hirse sind für diese Menschen verträglich, da ihr Eiweiß kein Gluten enthält.

Durch das Gluten werden die Darmzotten, die für die Resorption (den Übergang) der Nährstoffe vom Dünndarm in die Blutbahnen zuständig sind, geschädigt und zerstört.

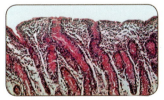

Normale Dünndarmschleimhaut mit Darmzotten

Geschädigte flache Dünndarmschleimhaut

Ernährung bei Zöliakie

Alle Erzeugnisse, z. B. Backwaren und Teigwaren aus Weizen, Dinkel, Roggen, Gerste und Hafer, sind lebenslang zu meiden. Mehle aus diesen Getreidearten müssen durch Stärke, die kein Eiweiß enthält, und Mehle aus Mais, Reis, Hirse und auch Buchweizen ersetzt werden.

Gluten- und laktosefreies Brot

Backwaren für Zöliakiekranke werden mit glutenfreien Mehlen gebacken. Zöliakiekranke vergewissern sich bei Fertigpackungen grundsätzlich auf der Zutatenliste, dass keine unverträglichen Getreideerzeugnisse enthalten sind.

Maßnahmen gegen Allergien und Intoleranzen

- Die wirksamste Methode ist das Herausfinden der Allergene und unverträglichen Lebensmittel, damit der Kontakt mit diesen Stoffen gemieden wird.
- Medikamente, die der Arzt verschreibt.
- Die Stärkung des Immunsystems verringert die Anfälligkeit, z. B. durch
  – ausgewogene Ernährung,
  – ausreichend Bewegung und Sport,
  – schadstoffarme Wohn- und Arbeitsumgebung.

LF 1.3

Aufgaben

1. Erklären Sie den Begriff „Allergie".
2. Nennen Sie Lebensmittel, die häufig Allergien auslösen.
3. Nennen Sie Symptome, die auf eine Allergie hinweisen.
4. Erläutern Sie eine Lebensmittelintoleranz.
5. Beschreiben Sie die
   • Laktoseintoleranz,
   • Fruktoseintoleranz.
6. Beschreiben Sie Zöliakie:
   • Ursache (Auslöser)
   • Lebensmittel, in denen der auslösende Stoff enthalten ist
   • geschädigtes Organ im Körper
7. Nennen Sie Maßnahmen, die gegen Allergien und Intoleranzen getroffen werden können.
8. Sie beobachten, dass Ihre Freundin immer nach dem Genuss von Nusskuchen und Marzipanpralinen husten muss. Ihre Freundin meint, es sei eine verschleppte Erkältung. Sie befürchten jedoch, dass es eine Allergie sein könnte, und geben ihr Ratschläge für eine Ernährungsumstellung.

13

Verkaufsförderung durch Marketing

Situation

Der Umsatz Ihrer Konditorei stagniert. Im Team mit dem Betriebsleiter suchen Sie ein passendes Marketingkonzept, um den Umsatz zu steigern. Dabei diskutieren Sie sowohl Maßnahmen, die die Produktion betreffen als auch Maßnahmen, die das Personal betreffen.

- Nach welchen Gesichtspunkten ermittelt eine Konditorei einen Standort für eine neue Filiale?
- Wie kann eine Konditorei das Marketingziel erreichen?
- Wie können die Waren in den Verkaufsläden optimal präsentiert werden?
- Ist die Einrichtung der Konditorei modern und freundlich?
- Ist der Service des Verkaufspersonals verbesserungsfähig?
- Welche Werbemittel können eingesetzt werden?
- Wie werden Plakate und Preisschilder geschrieben, damit sie als Werbemittel bei den Kunden ankommen?

13.1 Marketing

Klagen über schlechte Geschäfte und starken Wettbewerb sind oft ein Mangel an Einfällen und Aktivitäten.

Marketing kommt vom englischen Wort „market", der Markt, und weist auf marktorientierte Maßnahmen im Betrieb hin.

> **!**
>
> **Begriffserklärung: Marketing**
> Marketing bedeutet, Maßnahmen im Betrieb zu ergreifen, damit viele Waren gewinnbringend verkauft werden und sich so der Betrieb auf längere Sicht auf dem Markt behauptet.

Marketing ist z. B. bei der Eröffnung eines Geschäfts, bei der Einführung neuer Waren und zur Erreichung eines verstärkten Absatzes bestimmter Waren erforderlich.

Marketingziel

Das Marketingziel eines Betriebs ist es, möglichst viele Waren gewinnbringend zu verkaufen. Die Grundsätze dabei sind:

- Den bestehenden Kundenstamm erhalten.
- Neue Kunden dazugewinnen.
- Neue Verkaufsmöglichkeiten finden.

Marketingkonzepte

Um das Marketingziel zu erreichen, müssen die Konzepte eines Betriebs festgelegt werden:

- Den richtigen Standort des Betriebs bzw. der Filiale finden.
- Die Größe des Betriebs sowie die Anzahl der Filialen festlegen.
- Ein einheitliches Erscheinungsbild für den gesamten Betrieb festlegen (CI-Linie = Corporate Identity).
- Den Laden und das Café modern einrichten und gestalten.

- Das Angebot, die Qualität und das Preisniveau der Waren bestimmen.
- Das Personal für die Produktion und den Verkauf nach gewünschter fachlicher und sozialer Kompetenz einstellen.

Marketingmaßnahmen

Wenn die grundsätzlichen Konzepte eines Betriebs feststehen, müssen Maßnahmen ergriffen werden, z. B.:

- Wünsche und Bedürfnisse der Verbraucher ermitteln, damit sich das Angebot der Konditorei danach ausrichtet. So bleiben bestehende Kunden dem Betrieb erhalten und neue Kunden können gewonnen werden.
- Die Möglichkeit schaffen, dass in den Verkaufsläden den ganzen Tag über frische Konditoreiwaren angeboten werden können.
- Die Waren beim Verkauf so präsentieren, dass sie zum Kauf anregen.
- Möglichkeiten der Werbung und Öffentlichkeitsarbeit (Public Relations) nutzen, damit die Verbraucher über die Konditorei informiert sind.

Möglichkeiten der Marketingkonzepte

Jede Konditorei legt sich auf ein für den Betrieb passendes Marketingkonzept fest, mit dem das Marketingziel erreicht werden soll, z. B.:

- Eine große Konditorei sieht große Absatzziele, wenn in einem weiten Umkreis Großabnehmer, viele Wiederverkäufer und Filialen beliefert werden können.
- Ein kleinerer Konditoreibetrieb ist für den Betriebsinhaber überschaubar. Mit wenig Personal kann sich die Konditorei auf ein geringeres Warenangebot beschränken und auf mehrere Filialen und große Lieferungen verzichten. Das Warenangebot bezieht sich direkt auf die Bedürfnisse der Kunden in der engeren Umgebung.
- Eine Konditorei setzt auf gesundheitsbewusste Kunden und bietet verstärkt Bio- und Vollkornerzeugnisse an. Der Betrieb baut sich ein unverwechselbares Image auf.
- Eine Konditorei mit Café hebt sich mit hochwertigen Qualitätswaren und einem besonderen Service im Café von anderen Betrieben ab. Der Betrieb baut auf qualitätsbewusste Kunden und nicht zu sehr auf „Billigeinkäufer".
- Eine Konditorei versucht mit einem erweiterten Snackbereich oder mit einem anderen Spezialbereich einen verstärkten Absatz zu erzielen. Der Betrieb unterscheidet sich durch die Spezialisierung von den Mitbewerbern.

Franchisebetriebe

Franchisefiliale

> **!**
>
> Ein Franchisebetrieb ist ein gepachteter Betrieb, der zu einem Großbetrieb gehört. Der Pächter des Franchisebetriebs ist ein selbstständiger Unternehmer, der den Betrieb wie eine Art Filiale mit den Waren des Großbetriebs führt.

Franchisegeber

Großbetriebe führen ihre Filialen nicht selbst. Sie verpachten diese und sind somit Franchisegeber.
Die Vorreiter des sogenannten **Franchising** sind bekannte Unternehmen wie Burger King, Mc Donald's, Nordsee u. a.

Franchisenehmer

Die Pächter der Filialen sind Franchisenehmer, die sich gegenüber dem Franchisegeber wie folgt verpflichten:

- Die Filialen werden mit dem Firmennamen und Firmenlogo des Großbetriebs geführt.
- Die Filialen werden mit den Waren des Franchisegebers beliefert.
- Die Waren werden unter den gemeinsamen Warenbezeichnungen angeboten und verkauft.

Der Franchisegeber bietet dem Franchisenehmer geschäftlichen Beistand, Beratung, Schulung, Werbung und Verkaufsförderung. In welchem Umfang dies geschieht, wird vertraglich festgelegt.

Vorteile für den Franchisegeber

- Er kann ein großes Vertriebsnetz mit seinem marktbewährten Firmen- und Warenzeichen aufbauen, ohne die Kosten der Filialen zu tragen.
- Er erspart sich den Aufwand, geeignetes Verkaufspersonal zu suchen und dieses zu führen.
- Er nutzt die Motivation des Franchisenehmers als freier Unternehmer.

LF 1.3

Vorteile für den Franchisenehmer

- Er ist selbstständiger Unternehmer.
- Er profitiert vom Bekanntheitsgrad des Großbetriebs.
- Er spart die Investitionskosten für die Gründung eines eigenen Geschäfts.
- Er benötigt nur geringe geschäftliche Erfahrungen aufgrund der Hilfe des Franchisegebers.
- Er nutzt die Erfahrung und das Know-how des Franchisegebers, um sich am Markt zu etablieren.

Konditorei an einer belebten Straße

Standortbestimmung einer Konditorei

Etablierte Konditoreien innerhalb von Ortschaften können oft aus Platzmangel wenig an ihrem Standort ändern. Wollen sie sich vergrößern, verlagern sie deshalb häufig die Produktion an den Stadtrand, in Industriegebiete oder auf das Land.

Die Chance der Umsatzsteigerung sehen viele Konditoreien mit der Eröffnung von Filialen und Verkaufsstellen in Einkaufszentren bzw. Einkaufspassagen. Die Produktion und die Verkaufsstätten sind somit getrennt.

LF 1.3

Ermittlungen zur Standortbestimmung

Die Standortbestimmung einer Konditorei bzw. Filiale und eines Cafés erfolgt weitgehend nach folgenden Gesichtspunkten:

- Die Anzahl der Menschen im Umfeld des Standorts, die täglich als Kunden bzw. Gäste für ein Café infrage kommen: „Verkaufen kann man nur, wo Kunden sind."
- Für manche Standorte sind ausreichend Parkplätze wichtig.
- Manchmal ist eine gute Anbindung an öffentliche Verkehrsmittel von Bedeutung.
- Die Konkurrenzsituation am Standort ist zu beachten.
  - Anzahl der Mitbewerber in dem Einkaufsgebiet erfassen.
  - Sind das Angebot und die Leistungsfähigkeit der Mitbewerber gleich oder unterscheiden sie sich vom eigenen?

Begehrte Standorte für Filialen

- Innenstadt, Stadtkern
- Fußgängerzone
- Einkaufspassage, Einkaufszentrum
- Nähe menschenreicher Betriebe, z. B. Bank, Post, Ämter, Ärztehaus, Büros
- Nähe von Schule, Krankenhaus, Bahnhof, Bushaltestelle
- Nähe von Sportanlage, Kurviertel, Urlaubszentrum
- Wohngebiet

Aufgaben

1. Erklären Sie den Begriff „Marketing".
2. Erläutern Sie das Marketingziel.
3. Nennen Sie Marketingkonzepte, die eine Konditorei festlegt, um das Marketingziel zu erreichen.
4. Beschreiben Sie Marketingmaßnahmen, die ein Konditoreibetrieb ergreifen kann.
5. Auf welche Möglichkeiten der Marketingkonzepte können sich Konditoreibetriebe festlegen?
6. Was versteht man unter einem Franchisebetrieb?
7. Erklären Sie folgende Begriffe:
   - Franchisegeber
   - Franchisenehmer
8. Nennen Sie einige Vorteile der Franchisebetriebe
   - für den Franchisegeber,
   - für den Franchisenehmer.
9. Welche Ermittlungen müssen zur Standortbestimmung einer Konditorei bzw. Filiale und eines Cafés durchgeführt werden?
10. Nennen Sie begehrte Standorte einer Konditorei für eine Filiale evtl. mit Café.
11. Überlegen Sie, welche Gründe für die Standortwahl Ihrer Konditorei ausschlaggebend gewesen sein könnten. Gibt es in der Umgebung weitere Standorte, die Sie für geeignet halten? Führen Sie entsprechende Standortanalysen durch.

Rechenaufgabe

Eine Filiale einer Konditorei erzielte täglich durchschnittlich 2 400,00 €, 6 Tage wöchentlich. Nach dem Umbau und einer Neugestaltung sowie einem erweiterten Warenangebot erhöhte sich der tägliche durchschnittliche Umsatz auf 3 720,00 €.

Um wie viel % erhöhte sich der Umsatz und wie viel € nimmt die Konditorei jetzt wöchentlich ein?

13.2 Marketing als Mittel der Verkaufsförderung

Da sich der Markt und die Kundenbedürfnisse in einem ständigen Wandel befinden, muss der Konditoreibetrieb möglichst schnell mit entsprechenden Marketingstrategien reagieren. Hilfreich können Marketingprognosen sein, die den Trend des Konsumverhaltens erforschen.

Gute Konditoreien sorgen dafür, dass die Mitarbeiter in Produktion und Verkauf regelmäßig Fortbildungen besuchen, um aktuell informiert zu sein.

Erfolgreiche Konditoreien erfüllen die Erwartungen der Kunden mit folgenden Grundsätzen der Verkaufsförderung.

Produktion

- Ein modern eingerichteter Produktionsbetrieb erleichtert die Arbeit der Konditoren und ermöglicht die Herstellung schön aussehender Qualitätswaren.
- Das Bestreben der Konditoren soll es sein, Waren mit besten Rohstoffen und von hoher und gleichbleibender Qualität herzustellen und appetitlich aussehend in den Verkauf zu bringen.
- Nur gut ausgebildete Konditoren können kontinuierlich gute Qualitätswaren herstellen.

Frische Backwaren von hoher Qualität

Verkauf

- Kunden und Gäste fühlen sich in hellen, modern eingerichteten Verkaufsläden und Cafés wohl.
- Backwaren, die nur in besonders frischem Zustand von bester Qualität sind und gut schmecken, z. B. Plunder- und Blätterteiggebäcke, grundsätzlich frisch anbieten. Die Frage: „Sind die Waren frisch?" brauchen Stammkunden nicht zu stellen.

- Gute Konditoreien zeichnen sich durch sauber gekleidete Fachverkäuferinnen aus, die ihren Beruf gerne ausüben und somit freundlich bedienen. Die Kunden honorieren dies als treue Stammkunden, bei denen die Verkäuferinnen persönliche Wünsche wie selbstverständlich berücksichtigen.
- Qualitätsware kostet ihren Preis. Das Preis-Leistungs-Verhältnis sollte angemessen sein. Die Kunden sollen das Gefühl haben, dass der Preis für die Waren gerecht ist. Qualitätsbewusste Kunden wissen, dass ein Fachbetrieb nicht mit den ständigen Niedrigpreisen der Discounter mithalten kann.

Freundliche Fachbedienung mit frischer Qualitätsware

Möglichkeiten, den Kunden die Frische der Waren zu zeigen

- Im Ladenbackofen wird mehrmals täglich frisch gebacken. Die sichtbare Frische und die Duftwirkung beeindrucken alle Kunden.
- Die Fachverkäuferin belegt Snacks vor den Augen der Kunden. Die Kunden sehen, dass nur frische Gebäcke und Zutaten verwendet werden.
- Ständiger lebendiger Kundenbesuch im Laden und Café lässt wegen des dauernden Absatzes auf frische Ware schließen.

> **!**
>
> Ein Konditoreifachbetrieb sollte grundsätzlich die Erwartungen der Kunden erfüllen und sich möglichst von den Mitbewerbern etwas abheben. Voraussetzungen für einen guten Verkaufserfolg eines Konditoreibetriebs sind allgemein
> - das Anbieten von Qualitätswaren,
> - freundliche Verkäuferinnen und Bedienungen und
> - ein angemessenes Preis-Leistungs-Verhältnis.

LF 1.3

Snacks frisch belegen

Aufgaben

❶ Beschreiben Sie, wie erfolgreiche Konditoreien die Erwartungen der Kunden erfüllen in Bezug auf
   • Produktion und   • Verkauf.
❷ Welche Möglichkeiten haben Konditoreien, im Verkauf den Kunden die Frische der Waren zu zeigen?
❸ Ihre Konditorei soll grundlegend modernisiert werden. Vom Betriebsleiter erhalten Sie die Aufgabe, sich über moderne und energiesparende Ladenbacköfen zu informieren, sowie Vorschläge für eine einheitliche Kleidung des Verkaufspersonals zu machen. Außerdem soll der Verkaufsraum einladender gestaltet werden.

13.3 Marktbeobachtung und Bedarfsermittlung

Kundenwünsche und Bedürfnisse

Grundsätzlich sollen die Kunden und ihre Wünsche bei der Marketingplanung im Mittelpunkt stehen. Die Konditorei muss die Waren herstellen, die von den Kunden gewünscht werden, und nicht die, die der Konditor oder die Fachverkäuferin für richtig halten.

Die Verbraucher können in einem freien Markt wählen, in welcher Konditorei sie einkaufen wollen. Sind die Kunden mit dem Konditoreibetrieb zufrieden, kaufen sie weiterhin dort ein und das Marketingziel ist erreicht.

Möglichkeiten, die Wünsche und Bedürfnisse der Kunden zu ermitteln

• Fachverkäuferinnen und Bedienungen hören die Kundenwünsche und Kundenanregungen und geben diese an den Betrieb weiter.
• Die Kunden befragen, mit welchem Angebot sie zufrieden sind und welche Waren sie zusätzlich wünschen.
• Konditoreiwaren, die sich gut verkaufen, sind bei den Kunden beliebt.
• Bei sinkendem Absatz einiger Waren nach Gründen fragen: Sind die Waren eventuell „out", weil z. B. die Rezepturen zu fett- und zuckerreich sind?
• Lesen von Fachzeitschriften und modernen Fachbüchern, um sich über die Trends zu informieren.
• Das Beste von guten Konditoreibetrieben, aber auch von Betrieben anderer Branchen abschauen und nachmachen.

Neue Verkaufsformen (Absatzmöglichkeiten)

Neben den Kundenwünschen sollte der Konditoreibetrieb auch über neue, moderne Verkaufsformen nachdenken, die wirtschaftlich rentabel sind, z. B.:
• Das Angebot der Konditoreierzeugnisse im Café mit kleinen Speisen ergänzen.
• Ein Filialcafé als Bistro-Café für junge Gäste einrichten oder als Café für eine spezielle Zielgruppe.
• Einen Partyservice anbieten, z. B. Lieferung von Kanapees zum Stehempfang einer Feier.
• Waren für ein Kuchen- und Tortenbüfett zur Hochzeit oder zur Familienfeier liefern und dort eine feierliche Tafel herrichten und dekorieren.

Bistro-Café mit Snacks

Die Chancen des Markts nutzen

Die Marktchancen sind besonders groß, wenn sich der Betrieb Wettbewerbsvorteile gegenüber anderen Mitbewerbern schafft. Die Überlegungen des Konditoreibetriebs sind:

- Was können wir besonders gut?
- Was können die Mitbewerber nicht so gut wie wir?
- Welche Möglichkeiten der Verbesserung bieten sich in der Lage unseres Betriebs an, z. B. Ladenöffnung zur Straße hin, Café mit Wintergarten oder Garten- bzw. Terrassenbetrieb mit besonderem Ambiente?
- Welche Öffnungszeiten für Laden und Café kommen den Menschen im Umkreis am besten entgegen?
- Wie können wir unsere Waren einem breiteren Kundenkreis zukommen lassen? Ist es z. B. sinnvoll, die Waren im Internet zu präsentieren und dort Spezialitäten der Konditorei anzubieten?

Spezialitäten der Konditorei anbieten

- Wie können wir durch geschenkmäßiges Verpacken der Konditoreierzeugnisse das Können des Fachgeschäfts zeigen und dadurch anspruchsvolle Kunden gewinnen?
- Welche Jahreszeit können wir für den Verkauf besonderer Erzeugnisse nutzen, z. B. im Sommer verschiedene Salatspezialitäten im Café und Terrassenbetrieb anbieten?

Café mit Terrasse

- Welche Aktionstage oder -wochen können wir für außergewöhnliche Angebote nutzen?
- Außerdem sollen die aktuellen Trends bei der Zusammenstellung des Angebots berücksichtigt werden.
- Da der Außer-Haus-Verzehr einen immer größeren Stellenwert einnimmt und da Konditoreierzeugnisse immer häufiger als Ersatz für eine Mittagsmahlzeit dienen, sollte ein vielseitiges Angebot an warmen und kalten Speisen im Café vorhanden sein.
- Da immer mehr Kunden aus Gesundheits- bzw. Allergiegründen auf eine vollwertige Ernährung achten, besteht eine große Nachfrage nach gesunden, nicht so fetthaltigen Backwaren, Vollkorn- oder Bioerzeugnissen sowie nach Erzeugnissen mit bestimmten Rohstoffen, z. B. Dinkel, oder Erzeugnisse ohne Rohstoffe, auf die Kunden allergisch reagieren.
- Je nach Standort der Konditorei sollten internationale Spezialitäten im Laden und als Speisen im Café zum Standardsortiment gehören.

Marketingmaßnahmen im Team erfüllen

Die Marketingmaßnahmen können nur dann erfolgreich umgesetzt werden, wenn möglichst alle Beschäftigten im Konditoreibetrieb in die Aufgaben eingebunden werden. So können die Meinungen der Kunden und anderer Verbraucher im Betrieb zusammengefasst und in die Marketingplanungen mit einbezogen werden. Außerdem haben viele Mitarbeiter aufgrund ihrer Erfahrung und Beobachtungen eigene Ideen für Verbesserungen, die die Betriebsleitung kritisch prüfen sollte.

Marketinganalyse

Nachdem die Wünsche und die Bedürfnisse der Kunden und die Trends erforscht sind, kann der Konditoreibetrieb diese analysieren. Dabei werden die für die Konditorei möglichen Verbesserungen zusammengefasst und beurteilt. So entsteht eine eigene Betriebsphilosophie, die speziell für den Konditoreibetrieb passt.

LF 1.3

Aufgaben

1. Warum sollen in Konditoreien grundsätzlich die Wünsche und Bedürfnisse der Kunden im Mittelpunkt der Marketingplanung stehen?
2. Nennen Sie Möglichkeiten, die Wünsche und Bedürfnisse der Kunden im Konditoreibetrieb zu ermitteln.
3. Beschreiben Sie Möglichkeiten neuer Verkaufsformen für Konditoreibetriebe. →

④ Welche Überlegungen sollte ein Konditoreibetrieb anstellen, um die Chancen des Markts zu nutzen?

⑤ Warum sollten Marketingmaßnahmen des Konditoreibetriebs im Team mit den Beschäftigten erfolgen?

⑥ Erklären Sie die Wichtigkeit der Marketinganalyse für eine Konditorei.

⑦ Nur zufriedene Kunden sorgen für einen guten Umsatz. Dafür müssen die Wünsche der Kunden ermittelt werden. Diskutieren Sie mit Ihren Kollegen und Kolleginnen, welche Waren die Kunden in Ihrem Betrieb besonders wünschen und welche Waren Sie vielleicht neu in Ihr Sortiment aufnehmen sollten. Dies bezieht sich auf das Angebot an Feinen Backwaren, Torten, Desserts, Pralinen und Speiseeis.

LF 1.3

Rechenaufgaben

① Für die Pacht eines Konditorei-Cafés bezahlte der Betrieb bisher jährlich 33 960,00 €. Der Pachtzins wird um 6,5 % erhöht. Berechnen Sie die neue monatliche Pacht für die Filiale.

② Eine Kantine bezahlt für gelieferte Backwaren an die Konditorei 2 660,08 €. Die Konditorei gewährte 18 % Rabatt. Wie hoch ist der ursprüngliche Preis der Backwaren?

③ Die Filialen einer Konditorei erzielen durchschnittlich folgende Umsätze:

Filiale A: 980,50 €
Filiale B: 1 440,10 €
Filiale C: 240,70 €
Filiale D: 1 185,80 €

a) Wie viel € Umsatz machen die 4 Filialen?
b) Nachdem die Filiale C wegen schlechter Rendite geschlossen wurde, erzielen die drei Filialen einen Gewinn von 23 %, die Mehrwertsteuer beträgt 7 %.

Berechnen Sie den Gewinn der drei noch existierenden Filialen in €.

④ Nachdem das Snackangebot in der Konditorei erweitert wurde, erhöhte sich der Snackumsatz um 507,40 €, das sind 21,5 %.
Wie viel € betrug der Snackumsatz vorher?

13.4 Warenpräsentation

Sinn einer fachgerechten Warenpräsentation

Nur Konditoreierzeugnisse, die den Kunden beim Verkauf appetitlich und übersichtlich präsentiert werden, regen die Kauflust an. So wird das Gefühl der Kunden angesprochen und es werden häufig ungeplante Käufe getätigt. „Die Augen müssen stehen bleiben, damit die Füße nicht vorbeigehen."

„Der Kunde isst zuerst mit den Augen." Deshalb ist neben der ansprechenden Präsentation der Waren eine herausragende Hygiene im gesamten Betrieb eine Voraussetzung für den Verkaufserfolg.

Regale

In Regalen im Laden, die gut sichtbar sind, werden Konditoreierzeugnisse in Fertigpackungen ausgestellt, z. B. in Folien verpackte Marzipanartikel oder Schokoladenwaren, Gebäcktütchen oder eingeschweißte Gebäckteller. Auch Erzeugnisse als Geschenk verpackt, werden in Regalen platziert, z. B. Pralinenverpackungen oder Baumkuchen. Eine schöne Verpackung und Platzierung im Regal regt zum Kauf an.

Verpackte Waren in Regalen

Eistheke

Die Speiseeissorten werden in Eisschalen aus Edelstahl in der Eistheke bei −14 bis −16 °C übersichtlich und ansprechend in Zweierreihen nebeneinander präsentiert. Die einzelnen Eissorten werden farblich abwechselnd ausgestellt, damit ein lebhafter Farbkontrast entsteht.

Präsentation von Speiseeis in der Eistheke

Verkaufstheke

Die Verkaufstheke, die in die Gebäcktheke und Kühltheke unterteilt ist, ist der zentrale Arbeitsbereich des Verkaufspersonals. Die ausgestellten Waren werden in der Verkaufstheke vom warmen Licht der Leuchtröhren hell und in schönen Farben ausgeleuchtet.

Die Gebäcktheke

In der Gebäcktheke werden Feine Backwaren ausgestellt, die bei Raumtemperatur verkauft werden. Deshalb ist die Gebäcktheke ungekühlt.
Auf nebeneinander liegenden Thekenblechen bzw. Tabletts werden die Waren nach Gebäckgruppen übersichtlich angeordnet. Jedes Thekenblech bzw. Tablett enthält eine Gebäckart, z. B. Plunder-, Blätterteig-, Hefeteig- und Mürbeteiggebäcke, Blechkuchen und Kuchen aus Sandmasse.

Gebäcktheke

Die Kühltheke

In die Kühltheke werden leicht verderbliche Konditoreierzeugnisse gestellt, z. B. Torten und Desserts mit Sahne, Cremes sowie Käsetorten und Obsttorten.

Diese Waren werden gruppenweise ausgestellt, damit die Kunden sie gut erkennen können, z. B. in einem Bereich die Sahneerzeugnisse im anderen die Cremeerzeugnisse usw.

Warenpräsentation in der Kühltheke

Bewegliche Verkaufsvitrinen
Sie bieten ein erweitertes Ausstellungsfeld, vor allem für spezielle Konditoreierzeugnisse, z. B. Snacks oder Pralinen.

Grundregeln der Warenpräsentation

- In Regalen und in der Verkaufstheke werden zusammengehörende Warengruppen den Kunden präsentiert. Somit wird die Vielfalt der Konditoreierzeugnisse für die Kunden und auch für das Verkaufspersonal übersichtlich. Dies erleichtert den Kunden die Kaufentscheidung und fördert einen reibungslosen Verkaufsablauf.
- Das gesamte Warenangebot muss für die Kunden gut sichtbar sein. Versteckte oder verdeckte Ware wird nicht verkauft.
- Nur volle Thekenbleche, Tabletts und Tortenplatten regen die Kauflust an. Sind sie halbvoll, werden sie möglichst schnell wieder aufgefüllt oder passende Waren zusammengeben. Dies muss auch bei Kundenandrang erfolgen.
- Den Anschnitt von Torten, Desserts und Kuchen grundsätzlich zur Kundenseite richten. Dadurch erübrigen sich häufig Fragen über die Waren.
- Die Preisangabe für alle Waren ist nicht nur Pflicht, sondern auch ein Service für die Kunden zur Orientierung und zum Vergleich.
- Von Kunden besonders begehrte Waren oder Waren, die die Konditorei bevorzugt anbieten möchte, sollen im zentralen Kundenbereich platziert werden, damit sie nicht zu übersehen sind.

LF 1.3

Eine volle Verkaufstheke regt zum Kauf an

Tortenanschnitte zeigen zur Kundenseite

LF 1.3

Präsentieren der Waren auf Blechen und Tabletts

Thekenbleche, Schnittbleche, Tabletts, Tortenplatten

Thekenblech, Schnittblech, Edelstahltablett, Kunststofftablett, Silbertablett, Tortenplatte

- Thekenbleche für die Verkaufstheke von 60 × 40 cm Größe sind meist aus Aluminium oder auch golden verzinkt.
- Tabletts für den gewöhnlichen Verkauf sind kleinere, rechteckige Platten aus Kunststoff, meistens in weißer oder schwarzer Farbe.
- Edelstahl- und Silbertabletts werden mit hochwertigen Waren, z. B. Pralinen, belegt. Sie steigern optisch den Wert der Konditoreierzeugnisse.
- Tortenplatten sind aus Kunststoff oder Edelstahl mit einem „Fuß", damit die Torten etwas höher gestellt besser zur Geltung kommen und von den Verkäuferinnen leicht aus der Theke genommen und zurückgestellt werden können.
- Schnittbleche sind aus Aluminium mit einem seitlichen Rahmen von 5 cm Höhe. Die Größen sind 60 × 40 cm, 60 × 20 cm und 60 × 10 cm. In den Schnittblechen werden Blechkuchen gebacken und darin in Stücke geschnitten. Auch Obst- und Sahneschnitten werden in diesen Rahmenblechen hergestellt. Die Schnitten werden im Blech in der Verkaufstheke ausgestellt und beim Verkauf daraus entnommen.

Erdbeerschnitten im Rahmenblech (Schnittblech)

Anforderungen an die Warenunterlagen

Nur unbeschädigte und saubere Platten wirken in der Verkaufstheke werbewirksam.

- Thekenbleche, Tabletts und Tortenplatten müssen vor dem Belegen äußerst sauber gereinigt und ohne Fingerabdrücke sein.
- Sie dürfen nicht verbogen sein und keine abgestoßenen Ecken haben.
- Die glatten Tabletts dürfen nicht zerkratzt sein und keinen Sprung aufweisen.

Belegen von Thekenblechen und Tabletts

Die Waren müssen so auf Thekenbleche und Tabletts gelegt werden, dass sie gut sichtbar sind und schön aussehen. Insgesamt sollen die Tabletts platzsparend belegt werden, dass möglichst viele Waren daraufpassen. Beim Belegen dürfen die Waren nicht beschädigt werden.

Gebäcke in Reihen, nebeneinander belegen

Lockere, druckempfindliche Waren sowie Erzeugnisse mit Füllungen oder Obst auf der Oberfläche, werden nebeneinander aufgelegt, damit sie nicht beschädigt werden, z.B. Berliner, Bienenstich, Blätterteig- und Plundergebäcke sowie Desserts. Die Gebäcke werden in geraden Reihen direkt nebeneinander gelegt.

Gefüllte Blätterteigstückchen nebeneinander gelegt

Erdbeer-Plundergebäcke nebeneinander gelegt

Gebäcke in Reihen fächerartig aneinanderlegen

Stabile Gebäcke, z.B. Plunderhörnchen, Croissants, Plunderschnecken, Florentiner, Nussbeugel, werden fächerartig, d.h. leicht schräg aneinander in Reihen aufgelegt, sodass jedes Gebäckstück sichtbar ist. Diese Methode ist platzsparend und die Gebäcke kommen gut zur Geltung.

Zu beachten ist dabei:

- Die verschiedenen Gebäcke liegen in geraden Reihen direkt nebeneinander.
- Die Gebäcke einer Reihe schräg aneinanderlehnen, sodass die einzelnen Gebäcke immer noch gut sichtbar sind. Die Gebäcke dabei nicht zu schräg stellen, da sie sonst zu sehr verdeckt sind.
- Die Abstände der einzelnen Gebäcke sind dabei wie bei einem Fächer exakt gleich. Nur so wirkt die Belegung gleichmäßig und nicht abgehackt oder unterbrochen.

Fächerartig gelegte Plundergebäcke

Belegen von Gebäcken in Hörnchenform

Gebäcke in Hörnchenform, z.B. Nussbeugel und Schokoladenbögen aus Spritzmürbeteig, werden fächerartig gelegt. Dabei können die Enden nach oben oder nach unten aufgelegt werden oder abwechselnd eine Reihe mit den Enden nach oben und eine Reihe mit den Enden nach unten, sodass ein Formenkontrast entsteht.

Fächerartig gelegte Gebäcke in Hörnchenform

Schäden, die beim Stapeln entstehen

Nur stabile Waren dürfen übereinandergelegt werden. Zerdrückte Backwaren und beschädigte Gebäckoberflächen sowie Garnierungen dürfen im Fachgeschäft nicht vorkommen. Beispiele für Schäden, die beim Stapeln entstehen:

LF 1.3

- Druckstellen und puderzuckerfreie Stellen an Berlinern
- blinde Stellen bei mit Schokoladenkuvertüre bzw. Fettglasur überzogenen Gebäcken
- beschädigte Fondantstellen von glasierten Backwaren
- zusammengeklebte Gebäcke mit Füllungen und Obst an der Oberfläche kleben zusammen

Farbkontrast

Bei farblich unterschiedlichen Gebäcken, wie z. B. bei Teegebäcken und Florentinern, sowie bei Pralinen ergeben die verschiedenen Farben der Erzeugnisse ein abwechslungsreiches Gesamtbild.

Bei den Gebäcken und Pralinen wird eine helle und eine dunkle Reihe im Wechsel gelegt, sodass ein lebhafter Farbkontrast entsteht. Auch bei Gebäcken, die zwei deutlich unterscheidbare Farben besitzen, kann beim Belegen ein schöner Farbkontrast erzielt werden.

Beispiele:

- Teegebäcke, die halb mit Schokolade überzogen sind. Die Gebäckreihen werden so gelegt, dass bei den Teegebäcken links die helle und rechts die Schokoladenseite liegt. So entstehen helle und dunkle Gebäckstreifen.
- Bei Florentinern wird abwechselnd eine Reihe mit der goldbraunen Mandeloberfläche und die nächste Reihe mit der dunklen Schokoladenseite nach oben gelegt.

Farbkontrast bei Florentinern

Pralinen auf Tabletts belegen

Pralinen auf einer Spiegelplatte

Stabile Pralinen werden auf einem Tablett pyramidenförmig aufgelegt und gestapelt. Dabei wird jede Pralinensorte auf ein eigenes Tablett gelegt. Möglichst volle Tabletts werden in einer speziellen Pralinetheke bei 15 bis 18 °C und geringer Luftfeuchtigkeit nebeneinander nach Sorten angeordnet.

Zur besonderen Präsentation können Pralinen auch nebeneinander auf Silbertabletts oder Spiegelplatten gelegt werden.

Formenkontrast

Gebäcke und Pralinen mit unterschiedlichen Formen werden reihenweise abwechselnd in unterschiedlichen Formen aufgelegt, sodass der Formenkontrast Abwechslung bringt.

Nur gleich große Gebäcke auf einem Tablett ergeben eine homogene Einheit.

Pralinen in einer Pralinenvitrine

Teegebäck mit Formenkontrast

Dekorationstische gestalten

Dekorationstisch

Beim Dekorieren von Tischen gibt es keine allgemein gültigen Patentrezepte. Mit Kreativität und Fantasie entstehen abwechslungsreiche und interessante Gestaltungen.

Grundaufbau

Die Waren auf eine Ebene zu stellen, wirkt öde und laienhaft. Ein Unterbau für Absätze und Stufen unter dem Dekorationstuch bringt Abwechslung und belebt, die einzelnen Waren werden gleichzeitig übersichtlicher dargestellt. Der Unterbau soll hinten etwas höher aufgebaut werden.

Dekorationstuch

Es wird über den Unterbau gelegt und muss genügend groß sein, damit es gerafft werden kann. Straffe, glatte Tuchstellen zwischen den Absätzen wirken unschön. Das Dekorationstuch ist farblich mit dem Ausstellungsmotiv und der Ware abzustimmen.

Dekorationstuch auf dem Unterbau

Dekorationstipps

- Größere Waren hinten aufstellen, kleine und flache vorne, damit die Ausstellungsstücke nicht verdeckt werden.
- Tabletts und Platten können zur besseren Draufsicht leicht schräg gestellt werden.

- Die richtige Warenmenge ausstellen. Zu viel Ware wirkt erdrückend und unübersichtlich, zu wenig Ware wirkt leer und nicht ansprechend.
- Zusammengehörende Waren in separaten Gruppen ausstellen.
- Nur einwandfreie und schöne Ware ausstellen.
- Beim Dekorieren darauf achten, dass die Waren sicher stehen und nicht rutschen oder umfallen.

Zum Schluss die Dekoration kritisch betrachten, um Fehler korrigieren zu können.

Licht und Farben in der Konditorei

Beleuchtung des Ladens und Cafés

Die Konditorei rückt sich durch ausreichende Beleuchtung in das rechte Licht, damit der Betrieb beachtet wird. Dass Licht Aufmerksamkeit erzeugt und verkaufsfördernd wirkt, besagt schon das altbekannte Sprichwort: „Licht lockt Leute an."

Wirkungen der Beleuchtung

- Einen hell beleuchteten Verkaufsraum betreten die Kunden gerne, da sie sich dort wohlfühlen und sofort alles überblicken.
- Die richtige Beleuchtung bewirkt im Café eine angenehme Atmosphäre.
- Gut ausgeleuchtete Waren sind deutlich zu erkennen und erscheinen in schönen warmen Farben, sodass die Waren sogar hochwertiger wirken.
- Mit einem Lichtstrahl auf einen bestimmten Punkt kann man auf etwas Besonderes hinweisen, z. B. Spotleuchten auf eine Ware oder ein Plakat richten.

LF 1.3

Hell beleuchtete Verkaufstheke

Die **Außenbeleuchtung** macht vor allem in den Abendstunden auf den Betrieb aufmerksam. Beleuchtete Firmenzeichen und auch Lichtreklame an der Fassade sowie beleuchtete Schaufenster strahlen hell nach außen und sind gut erkennbar.

Farben wirken auf die Sinne der Menschen

Wenn Licht auf Gegenstände trifft, sehen wir Farben. Bei absoluter Dunkelheit sind alle Gegenstände farblos. Die verschiedenen Wellenlängen des Lichts empfinden wir als unterschiedliche Farben. Absorbiert (aufnehmen, schlucken) ein Gegenstand alle Lichtstrahlen, ist er schwarz, reflektiert (zurückwerfen) er alle Strahlen, sehen wir ihn weiß.

Die Farbgestaltung spielt im Konditoreibetrieb eine bedeutende Rolle. Obsttorten werden mit verschiedenfarbigen Früchten belegt, damit ein schöner Farbkontrast entsteht, Eisbecher werden farblich abwechslungsreich zubereitet, Marzipanfiguren und -früchte werden mit Lebensmittelfarbe geschminkt, die Farbe des Dekorationstuchs entscheidet über die Wirkung des dekorierten Schaufensters usw.

Farben beleben

Farben wirken auf Kunden im Verkauf

Farben beleben, Farbloses wirkt langweilig.
- Die verschiedenen Farben der Erzeugnisse zusammen mit den Farben der Einrichtung des Ladens und der Dekoration wirken auf die Kunden harmonisch.
- Mit einer einheitlichen Berufskleidung in schönen Farben haben die Fachverkäuferinnen und Bedienungen im Café eine einladende Wirkung auf die Kunden.
- Die Farben des Verpackungsmaterials, der Papiertüten und des Rollenpapiers werten die Waren auf.
- Beim Verpacken nutzt die Fachverkäuferin das Farbenspiel der Verpackungsmaterialien.

Farben sind auch der Mode unterworfen, vor allem bei der Berufskleidung und der Einrichtung des Ladens und Cafés.

Wenn Farben jedoch nicht zusammenpassen, können sie sich auch „beißen" und haben eine negative Wirkung.

Farben wirken auf das Gemüt

Beruhigende Farben			
Grün	Braun	Beige	Dunkelgelb

Lebhafte, anregende Farben	
Rot	Orange

Farben verändern Maße

Helle und dunkle Farben der Wände, Böden und Decken der Räume wirken optisch auf die Raum- bzw. Schaufenstergröße und auf Gegenstände sowie Personen.

Räume
- Bei hellen Farben wirken Räume und Schaufenster größer.
- Bei dunklen Farben werden Räume und Schaufenster optisch verkleinert.
- Dunkle Decken drücken den Raum, der somit niedriger wirkt.

Gegenstände und Personen
- Helle Gegenstände wirken entfernter.
- Dunkle Gegenstände wirken näher.
- Helle Farben und farbliche Querstreifen lassen die Körperstatur dicker erscheinen.
- Dunkle Farben, vor allem Schwarz, und längs gestreifte Farben wirken bei Körpern schlanker.

LF 1.3

Farben dienen als Symbole

Farben	Symbole
Rot	Liebe, Signal für Auffallendes
Schwarz	Trauer, Eleganz
Weiß	Feierlichkeit, Festlichkeit, Sauberkeit, Beginn (Geburt, Hochzeit)
Grün	Hoffnung, Natur, Jugend, Erholung
Braun	Ruhe, Ausgeglichenheit, Geborgenheit
Gelb	Freundlichkeit, Lebendigkeit
Blau	Treue, Freundschaft, Freiheit
Orange	Freude, Reife

Die Symbole der Farben werden in der Konditorei genutzt, z. B.:
- weiße Hochzeitstorte
- rote Marzipanrosen auf Torten zur Hochzeit, zum Geburtstag, zum Muttertag
- grüne Dekoration zu Ostern

Die Sprache bedient sich der Farben

Farben in Sprichwörtern besitzen eine bestimmte Aussagekraft, z. B.
- Es ist der blaue Montag. Sie macht blau. Er ist blau.
- Ich sehe schwarz. Er ist ein Schwarzfahrer. Ein rabenschwarzer Tag.
- Sie sieht alles durch die rosarote Brille.
- Er ist ein grüner Junge. Er ist noch grün hinter den Ohren.
- Ich habe eine weiße Weste.
- Es ist der graue Alltag.
- Sie ist gelb vor Neid.

Die Wirkung der Farben beim Dekorieren

Farben prägen die Caféeinrichtung

Dekorationsart	Farben
Farben, die den Backwaren eine gesunde, natürliche Wirkung geben	Braun, Beige und Hellgelb
Farben, die bei Tischtüchern, Dekorationstüchern, Tabletts und Dekorationsmaterial eine festliche, feierliche Stimmung hervorrufen	Weiß, Silber, Gold, Rosa, Hellgelb, Hellblau
Auffallende Signalfarben, die auf etwas Besonderes hinweisen sollen, z. B. Plakat- oder Schriftfarben	Rot und kräftiges Orange

LF 1.3

Aufgaben

1. Welchen Sinn hat eine fachgerechte Warenpräsentation im Verkauf?
2. Erklären Sie, was im Konditoreiladen in Regalen dekorativ für Kunden gut sichtbar ausgestellt werden kann.
3. Beschreiben Sie, wie Speiseeis im Konditoreiverkauf angeboten wird.
4. Beschreiben Sie, welche Waren in die Verkaufstheke gegeben und wie sie ausgestellt werden:
   - in der Gebäcktheke
   - in der Kühltheke
5. Beschreiben Sie die Grundregeln der Warenpräsentation in Bezug auf
   - Übersichtlichkeit und Sichtbarkeit der Waren für die Kunden,
   - Warenmengen auf Thekenblechen, Tabletts und auf Tortenplatten,
   - Anschnitt von Torten, Desserts und Kuchen,
   - die Preisangabe.

6 Erläutern Sie, wo Waren, die von den Kunden besonders begehrt sind und Waren, die der Betrieb bevorzugt anbieten möchte, im Laden platziert werden.

7 Beschreiben Sie Thekenbleche, Schnittenbleche, Tabletts und Tortenplatten im Verkauf.

8 Erläutern Sie, welche Anforderungen die Unterlagen der Waren im Laden erfüllen müssen.

9 Erklären Sie das richtige Belegen mit Konditoreierzeugnissen und geben Sie die entsprechenden Waren an:
- Gebäcke nebeneinanderlegen
- Gebäcke fächerartig legen
- Legen der Gebäcke in Hörnchenform

10 Welche Schäden können beim Stapeln verschiedener empfindlicher Waren entstehen?

11 Wie werden Pralinen für die Pralinentheke gelegt?

12 Beschreiben Sie, wie beim Belegen mit verschiedenfarbigen Konditoreierzeugnissen ein schöner Farbkontrast entsteht.

13 Erläutern Sie den Formenkontrast beim Belegen mit Konditoreierzeugnissen.

14 Beschreiben Sie das Gestalten von Dekorationstischen:
- Grundaufbau
- Dekorationstuch
- Dekorationstipps

15 Welche Wirkungen hat die Beleuchtung im Verkaufsraum?

16 Nennen Sie Beispiele, wie Farben auf Kunden im Verkauf wirken.

17 Was symbolisieren folgende Farben:
- Rot
- Schwarz
- Weiß
- Grün
- Braun
- Gelb

18 Farben verändern das Empfinden für Größen. Wie wirken
- helle Räume und dunkle Räume,
- dunkle Decken,
- Entfernung dunkler und heller Gegenstände,
- helle und dunkle Farben auf die Körperstatur,
- quer gestreift und längs gestreift auf die Körperstatur?

19 Nennen Sie verkaufswirksame Farben beim Dekorieren,
- die den Backwaren eine gesunde, natürliche Wirkung geben,
- die eine festliche, feierliche Stimmung hervorrufen,
- die als Signalfarben auf etwas Besonderes hinweisen sollen.

20 Ihre Konditorei will ein Bistro eröffnen, das insbesondere junge Leute ansprechen soll. Ihr Chef bittet Sie, Vorschläge für die Einrichtung und die farbliche Gestaltung zu machen.

Rechenaufgaben

1 An einer 8,40 m langen Ladenwand einer Konditorei soll ein Regal mit 2,20 m Höhe errichtet werden. In der Höhe sollen drei Einlagebretter angebracht werden.
a) Berechnen Sie die Fläche der Rückwand des Regals.
b) Errechnen Sie, wie viele Einlegebretter benötigt werden.

2 Auf fünf Thekenblechen von je 60 × 40 cm haben 160 Plunderhörnchen Platz, wenn sie nebeneinandergelegt werden. Werden die Plunderhörnchen jedoch fächerartig gelegt, haben 38 % mehr Platz. Berechnen Sie die Anzahl der Plunderhörnchen auf einem Thekenblech, wenn sie fächerartig aufgelegt werden.

3 Eine Gebäcktheke ist 60 cm tief und wird auf zwei Ebenen mit Blechen belegt. Ein Rahmenblech misst 60 × 20 cm und ein Thekenblech 60 × 40 cm. Die Gebäcktheke ist 380 cm lang und voll mit Blechen belegt. In der oberen Ebene der Gebäcktheke befinden sich neben den Thekenblechen 5 Rahmenbleche. In der unteren Ebene befinden sich 4 Thekenbleche und der Rest sind Rahmenbleche.
a) Wie viel Rahmenbleche und wie viel Thekenbleche befinden sich in der voll belegten Gebäcktheke?
b) Berechnen Sie, wie viel m² alle Bleche in den zwei Ebenen der Gebäcktheke besitzen.

4 Ein Dekorationstuch ist 3,40 m lang und 225 cm breit. Ein kleineres Dekorationstuch zur Verschönerung besitzt ⅔ der Fläche des Dekorationstuchs. Ermitteln Sie die Fläche des kleineren Tuchs.

13.5 Werbemittel

„Tue Gutes und rede darüber."

Bei der Werbung stellt die Konditorei ihre Erzeugnisse und den Betrieb selbst in den Mittelpunkt. Vielleicht fällt erst durch die Werbung vielen Verbrauchern auf, welche Vorzüge die Konditorei hat.
Regelmäßige Werbung ist auch wichtig, um bei den Kunden immer interessant und in Erinnerung zu bleiben.

Sinn der Werbung

- Der Konditoreibetrieb wird den Verbrauchern in Erinnerung gebracht.
- Die Waren werden den Verbrauchern vorgestellt oder gezielte Informationen werden vermittelt.
- Der Wunsch zum Kauf in der Konditorei soll erzeugt werden.

Mund-zu-Mund-Werbung

Qualitätswaren und freundliche Verkäuferinnen sind die besten Werbemittel für eine Konditorei. Der gute Ruf (das Image) wird dann durch zufriedene Kunden und Gäste weiterverbreitet. Die Mund-zu-Mund-Werbung ist die billigste Werbung mit der größten Wirkung.

Mund-zu-Mund-Werbung unter Kunden

Werbemittel für den Konditoreibetrieb

Beschriftetes Verpackungsmaterial

Trotz der Mund-zu-Mund-Werbung kann die Konditorei auf weitere Werbemöglichkeiten nicht verzichten, um die Aufmerksamkeit eines größeren Kundenbereichs auf den Betrieb zu lenken.

Werbemittel für den Konditoreibetrieb sind:
- originelle und aktuelle Schaufenstergestaltung
- Werbeplakate als Blickfang für den Laden und das Schaufenster
- leicht lesbare, saubere Preisschilder
- beschriftetes Verpackungsmaterial, z. B. Papiertüten, Rollenpapier, Papierfalttaschen und Stofftaschen mit Firmenaufdruck
- Speisekarte oder Broschüre auf jedem Tisch im Café, evtl. mit kleinen Geschichten oder Anekdoten über den Betrieb oder über bekannte Backwaren des Betriebs
- einladend gestaltete Werbetafeln vor dem Laden als Außenaufsteller
- Lieferfahrzeuge als fahrende Werbeträger
- Aufdrucke der Konditorei in oder an öffentlichen Verkehrsmitteln
- Artikel oder Inserate in Zeitungen, Zeitschriften, Katalogen, Tourismusbroschüren
- Flyer (Handzettel)
- Präsentation im Internet ➡ Seite 25
- regionale, lokale Rundfunk- und Fernsehwerbung

LF 1.3

Werbeaussagen in der Werbung

Werbung soll bei den Kunden ankommen und möglichst lange in Erinnerung bleiben.
- Werbeaussagen sollen Informationen enthalten, die den Verstand ansprechen.
- Wenn Werbeaussagen auch die Gefühle der Verbraucher ansprechen, kommen sie besonders gut an. Manchmal werden sogar lustige, originelle Werbesprüche im Alltag von den Menschen übernommen.

Werbung soll Appetit machen

Inhaltliche Voraussetzungen für eine Werbung

- einprägsame Werbeaussagen
- überzeugendes Werbeangebot
- aktuelle Werbung
- ehrliche Werbung

Was die Konditorei anbietet, muss die Verbraucher überzeugen. Die Werbeaussagen müssen sich bei den Verbrauchern einprägen.

Werbung muss sich lohnen. Unwirksame Werbung verursacht unnötig Kosten. Die Werbemaßnahmen der Konditorei müssen ständig überprüft werden.
Der Werbeerfolg ist jedoch nicht direkt ablesbar. Manchmal stellt er sich erst langfristig ein.

Erfolgreicher Werbetext

> **!**
>
> Der Text der Werbung soll
> - kurz,
> - leicht zu erfassen und
> - originell sein.
>
> So werden die Werbeaussagen als sympathisch empfunden und treffen das Gefühl der Kunden.

LF 1.3

Werbemaßnahmen im Laden

- Kostproben bestimmter Erzeugnisse an Probiertagen
- Werbegeschenke
- Angebotswoche mit preisgünstigen Erzeugnissen
- Durchführung von Aktionen, z. B. „Erfrischendes aus Obst", „Erdbeerwoche", „Tag der pikanten Leckereien", „Zeit der süßen Verführungen"

Öffentlichkeitsarbeit (Public Relations)

Durch Public Relations die Aufmerksamkeit wecken

Die Öffentlichkeit sollte mit guten, sympathischen Nachrichten von der Konditorei versorgt und dabei auf den Betrieb aufmerksam gemacht werden.

Möglichkeiten für Public Relations sind:

- Imagewerbung durch den Deutschen Konditorenbund und durch die Landesverbände der Konditoren. Diese Fachverbände stellen das Konditorenhandwerk sympathisch dar und versuchen, das Ansehen zu verbessern.
- Spende an einen Sportverein oder an eine gemeinnützige Einrichtung.
- Teilnahme an Festen, an denen viele Kunden und andere Menschen, die Kunden werden könnten, teilnehmen.
- Artikel in Zeitungen und Zeitschriften sowie Beiträge in regionalen Rundfunk- und Fernsehsendern.

Verbotene Werbung

Werbung muss „rechtmäßig" sein, damit die Verbraucher und Mitbewerber der Werbung nicht schutzlos ausgesetzt sind.
Nach dem Gesetz des „unlauteren Wettbewerbs (UWG)" muss die Werbung ehrlich und fair ablaufen.

Verboten sind bei vergleichender Werbung geschäftsschädigende Äußerungen über Mitbewerber, z. B.:

- vergleichende Werbung, die nicht nachprüfbar ist, z. B. „Unsere Waren schmecken von allen Konditoren in der Gegend am besten".
- Werbung, bei der Mitbewerber bzw. ihre Erzeugnisse herabgesetzt werden, z. B. „Bei uns im Café erfüllen wir Ihnen jeden Wunsch, sodass Sie sich wohlfühlen. Im Café nebenan werden Sie gar nicht beachtet. Wollen Sie diesen schlechten Service?"

Verboten ist irreführende Werbung, z. B.:

- „In unserer Aktionswoche erhalten Sie alle Backwaren zu einem reduzierten Preis von 20 %."
  Tatsächlich bezieht sich das Angebot jedoch nur auf Hefezöpfe.
- „Unser Angebot: Sachertorte zum halben Preis."
  Tatsächlich erhalten Kunden in dieser Zeit keine Sachertorten, da die Konditorei diese Ware gar nicht im Laden anbietet. Die Kunden sollen mit dieser Werbeaussage in den Laden gelockt werden.
- „Unsere Kuchen werden mit reiner Butter hergestellt."
  Tatsächlich wird für die Kuchen nur Margarine verwendet.

Verboten ist krankheits- und gesundheitsbezogene Werbung, z. B.:

- Unsere leichten Joghurttörtchen sind Schlankmacher.
- Unsere vitamin- und mineralstoffreichen Vollkorngebäcke stabilisieren Herz und Kreislauf und fördern somit das Wohlbefinden.
- Unser frischer Zwiebelkuchen sollte Ihre tägliche Zwischenmahlzeit sein, da er Allergien verringert.

Aufgaben

1. Nennen Sie den Sinn der Werbung.
2. Mund-zu-Mund-Werbung ist die beste und billigste Werbung. Was versteht man darunter?
3. Nennen Sie mögliche Werbemittel für den Konditoreibetrieb.
4. Was sollen Werbeaussagen beinhalten und wie kommen sie bei den Verbrauchern besonders gut an?
5. Welche inhaltliche Voraussetzung soll eine Werbung enthalten?
6. Wie soll ein erfolgreicher Werbetext gestaltet sein?
7. Nennen Sie mögliche Werbemaßnahmen im Laden der Konditorei.
8. Mit welchen Möglichkeiten der Öffentlichkeitsarbeit (Public Relations) kann der Konditoreibetrieb auf sich aufmerksam machen?
9. Nennen Sie Beispiele für verbotene Werbung:
   - vergleichende Werbung
   - irreführende Werbung
   - krankheits- und gesundheitsbezogene Werbung
10. Nach der Renovierung soll Ihre Konditorei in zwei Wochen wieder eröffnet werden. Um die Kunden darüber zu informieren, schreiben Sie einen Artikel für die Lokalzeitung und entwerfen eine Anzeige.

Rechenaufgabe

Die Werbungskosten einer Konditorei belaufen sich auf 240,50 €. Davon werden 45,80 € zum Schreiben von Plakaten verwendet und 62,30 € für den Verband als Abgabe zur Imagewerbung.

a) Wie viel € der Werbungskosten werden für andere Werbemittel eingesetzt?

b) Ermitteln Sie, wie viel % der Werbungskosen zum Plakatschreiben und wie viel % für die Imagewerbung ausgegeben werden.

13.6 Plakate als Werbemittel

Plakatschreiben

Selbst entwickelte und geschriebene Werbeplakate wirken auf die Kunden persönlicher als industriell bedruckte. Sie unterstützen auch die Werbung für handwerkliche Erzeugnisse der Konditorei.

Häufig werden in der Konditorei Plakate mit dem Computer geschrieben, da die Schriften und die Platzeinteilung leichter gestaltet werden können.

Plakate dienen als

- Hinweise auf Besonderheiten, z. B.
  - Anbieten von Konditoreierzeugnissen,
  - Aktionen,
  - Veranstaltungen,
- Wareninformation mit Preisangabe,
- Preistafel.

LF 1.3

Plakat als Warenangebot

Material zum handschriftlichen Plakatschreiben

Material zum Plakatschreiben

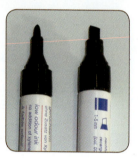

- Plakatkarton, in vielen Farben im Handel erhältlich
- schwarzer und roter Filzschreiber, evtl. noch eine andere Farbe. Es eignen sich Stifte mit schräger Keilspitze und dicker Rundspitze.
- Hilfsmittel: Schere, Lineal, weicher Bleistift und weicher Radiergummi

Schreibstifte mit Rundspitze und Keilspitze

Plakatformen

Die meisten Plakate sind rechteckig. Plakate, in verschiedene Formen geschnitten, bieten Abwechslung und sind besonders werbewirksam. Die Form lässt häufig bereits auf den Anlass schließen, z. B. Herz-, Stern-, Ei- oder Blattform.

Herzförmiges Plakat

Sternschnuppenförmiges Plakat

Gestaltung der Schrift

Beim Plakatschreiben gibt es keine Normschrift. Jeder kann mit seiner eigenen Handschrift und mit persönlichem Augenmaß individuelle Plakate entwickeln.

- Nur in Druckbuchstaben schreiben, damit die Schrift gut lesbar ist. Lateinische Schreibweise sieht oberflächlich aus.
- Die Buchstaben und Zahlen werden entweder gerade geschrieben oder leicht nach rechts im Winkel von ca. 15° geneigt.
  Alle Buchstaben stehen einheitlich in dieselbe Richtung und tanzen nicht aus der Reihe.
  Linksgerichtete Schrift sieht ungelenk aus und soll deshalb vermieden werden.

Ergonomisches Schreiben

Damit beim längeren Plakatschreiben der Körper nicht zu sehr beansprucht wird, ist beim Schreiben auf eine gute Sitzhaltung zu achten:

- Füße flach auf den Boden aufsetzen.
- Unterarme bequem auf die Tischfläche auflegen.
- Oberkörper aufrecht und nur leicht nach vorne geneigt halten. Der Abstand zwischen Augen und Schreibgerät beträgt ca. 30 cm.

Sitzhaltung beim Plakatschreiben

LF
1.3

Grundsätze zum Erstellen von Plakaten

> **!**
> Ein Plakat ist ein Werbemittel,
> • wenn es ein Blickfang ist, der sofort auffällt und
> • dessen Information sofort erfasst werden kann.

Wareninformation mit einer Abbildung

Die folgenden Grundsätze gelten sowohl für handschriftlich erstellte Plakate als auch für Plakate, die mit dem Computer erstellt werden.

Text und Zeichnungen bzw. Bilder
• Den Text möglichst kurz fassen.
• Nicht übertrieben viele Zeichnungen und Bilder einbringen.
Zu viel Text und zu viele Zeichnungen bzw. Bilder wirken überladen, sodass der Betrachter nicht schnell genug das Wesentliche erfassen kann.

Wichtige Textteile und Schriftgröße
• Das Wichtigste im Text hervorheben, z. B.
  – durch Schrift in auffallender Farbe,
  – größere und breitere Buchstaben,
  – Großbuchstaben im gesamten Wort,
  – durch Schrägschreiben des Worts, diagonal im Plakat,
  – Buchstaben mit Schatten, z. B. rote Buchstaben mit schwarzen Schattenlinien.
• Das Wesentliche im Text größer und die zusätzlichen Informationen kleiner schreiben. Wird der gesamte Text gleich groß geschrieben, wirkt er auf dem Plakat unübersichtlich und langweilig.

Platzeinteilung
• Erst die richtige Platzeinteilung auf dem Plakat ergibt ein harmonisches Gesamtbild. Größere Leerflächen oder dicht gedrängte Textstellen auf dem Plakat wirken unschön.
• Deshalb vor dem Anfertigen eines handschriftlichen Plakats einen Entwurf auf einem separaten Blatt gestalten, in dem die Gesamtwirkung des Plakats ersichtlich ist.

• Es kann auf dem Plakat auch ein Rand gezogen werden, damit es besser auffällt oder freier Platz ausgefüllt wird. Die Randstärke oder die Farbe muss individuell gewählt werden. Es besteht die Möglichkeit für einen einfachen oder doppelten Rand sowie einen Rand, der sich nur an den Ecken befindet.

• **Sauberkeit**
• Bei handschriftlichen Plakaten dürfen Bleistiftstriche nicht mehr auf dem fertigen Plakat sichtbar sein. Ebenso sehen verschmierte Radiergummispuren unsauber aus.
• Nur saubere Plakate mit schöner Schrift werden im Fachgeschäft ausgestellt. Verschmierte Schrift, Flecken und Fingerabdrücke müssen vermieden werden.

Sauber geschriebenes Plakat

Korrekter Text auf dem Plakat
• Das Plakat darf keine Rechtschreibfehler enthalten.
• Das Plakat enthält nur ehrliche Informationen.
• Preisplakate müssen den korrekten Preis enthalten. Nur diesen Betrag muss der Kunde bezahlen.
• Der Text muss fachlich richtig gewählt werden. So passt z. B.
  – „feinwürzig" zu Lebkuchen, aber nicht zu Hefezöpfen;
  – „frisch" zu Croissants und Berlinern, jedoch nicht zu Stollen und Dauerbackwaren.

Der Text muss fachlich stimmen

Das Plakat als reines Werbeplakat

Aussagen eines Werbeplakats:
• Es informiert über eine Aktion oder Veranstaltung.
• Es dient als Wareninformation ohne Preis.

> **!**
> Eine positive Wirkung erzielen originelle Texte, auch mit Humor oder Reim, da sie gerne gelesen werden.

LF 1.3

Wareninformations-plakat ohne Preis

Das Plakat als Wareninformation mit Preis

Im Mittelpunkt steht die angebotene Ware. Deshalb wird die Verkehrsbezeichnung der Ware größer und mit einer hervorhebenden Farbe geschrieben, z. B. mit einem Rotstift und schwarzem Schatten.

Wareninformatiosplakat mit Preisangabe

Einteilung und Schriftgrößen eines Plakats mit Preis

Plakat als Wareninformation mit Preisangabe

> **!**
> Die Warenbezeichnung und der Preis sind bedeutende Informationen für die Kunden und werden deshalb hervorgehoben.

- Der Warenname soll möglichst auf einer Zeile stehen und nicht getrennt werden.
- Den Warennamen und den Euro-Betrag etwas größer schreiben als die anderen Informationen.
- Nach dem Euro-Betrag ein deutliches Komma auf die Grundlinie setzen.
- Die Preisangabe wirkt übersichtlicher, wenn der Euro-Betrag und der Cent-Betrag nicht gleich groß geschrieben werden. Den Cent-Betrag etwas kleiner, ca. ⅔ Höhe, auf der Grundlinie oder nach oben versetzt schreiben, damit der Gesamtpreis leichter erkennbar ist.

- Das €-Zeichen gehört zum Preis. Es kann vor oder hinter dem Preis stehen.
- Zur kompletten Angabe gehört die Gewichts- bzw. Stückangabe. Diese etwa in gleicher Höhe des Cent-Betrags schreiben.
- Zwischen den Wörtern und Zahlen einen entsprechenden Leerraum lassen, z. B. 1 Stück, 100 g. Beim Schreiben mit dem Computer setzt man eine Leertaste dazwischen. Auch vor und nach dem €-Zeichen ist ein Abstand.
- Das Wort „Stück" wird ausgeschrieben oder mit „St." abgekürzt.

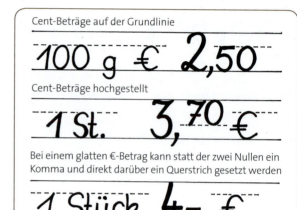

Preisschilder

Sämtliche Waren, die den Kunden im Verkauf angeboten werden, müssen mit dem Preis ausgezeichnet sein. Hauptsächlich werden dafür Preisschilder, meist in Kärtchenform, angefertigt.

Arten der Preisschilder
- Standfeste Kärtchen neben die Waren stellen oder die unbeschriebenen Hälften der Kärtchen unter die Tabletts schieben, sodass das Beschriebene gut sichtbar ist.
- Preisschilder in der Verkaufstheke in eine Schiene für Preisschilder schieben.
- Preisschilder auf kleinen Ständern befestigen.

Preisschild als Kärtchen

Informationen auf Preisschildern
- der Name der Ware (Verkehrsbezeichnung)
- die Gewichts-, Stück- bzw. Mengenangabe
- das €-Zeichen
- der Preis
- evtl. der Grundpreis von 1 kg oder 100 g der Ware

Preisschild ohne
Grundpreisangabe

Preisschild mit Grundpreisangabe

Grundsätze beim Schreiben von Preisschildern

Ein Preisschild ist ein reines Informationsschild und muss deshalb leicht lesbar sein.

Schrift
- Das Preisschild mit einem schwarzen Schreibstift auf einem hellen Schild schreiben. Es wird meistens mit einem Filzstift mit einer nicht zu dünnen Rundspitze geschrieben.
- In Druckschrift ohne Schnörkel schreiben, somit ist die Schrift sofort lesbar.

Platzeinteilung
- Das Preisschild ohne Grundpreisangabe auf zwei Zeilen (Reihen) schreiben.
- Ein Preisschild mit Grundpreisangabe erfordert drei Zeilen und somit ein größeres Format.

Schriftgrößen
Die Größenverhältnisse der Schrift sind wie beim Preisplakat.
- Warenname und Euro-Betrag größer schreiben als die anderen Informationen.
- Den Warennamen auf der Zeile zentrieren und nicht trennen.
- Mengen- bzw. Stückangabe sowie das €-Zeichen etwas kleiner schreiben, ca. ⅔ der Gesamthöhe des Eurobetrags.
- Die dritte Zeile mit der Grundpreisangabe etwas kleiner schreiben als die zweite Zeile mit der Mengenangabe und dem tatsächlichen Preis. Somit sticht der zu zahlende Preis etwas hervor.

Preisschild schreiben
- Die zwei bzw. drei Grundzeilen mit einem weichen Bleistift leicht auf das Kärtchen ziehen und den Text darauf skizzieren.
- Ist die Platzeinteilung in Ordnung und sind die Schriftgrößen passend, wird das Preisschild mit einem schwarzen Filzschreiber sauber geschrieben.
- Nach dem Antrocknen der Stiftfarbe die Bleistiftstriche ausradieren, bis sie nicht mehr sichtbar sind.

Flyer (Handzettel)

Begriffserklärung
Flyer enthalten mehr Informationen als Plakate. Sie werden an möglichst viele Kunden verteilt, damit sie viele Menschen ansprechen.

Flyer werden mit dem Computer erstellt und anschließend entweder selbst ausgedruckt oder von einer Druckerei gedruckt. Ein- oder zweiseitige Flyer werden meist im A4-Format oder A5-Format gestaltet. Eine A4-Seite lässt sich auch zu einem Flyer falten, und zwar durch eine einfache oder zweifache Faltung. Mehrblättrige Flyer sind sehr kostenaufwendig und werden daher nicht so häufig angefertigt.

Die Konditorei informiert mit Flyern über
- Aktionen des Betriebs,
- Veranstaltungen,
- die Besonderheiten oder Einführung neuer Konditoreierzeugnisse,
- Bekanntgaben der Innungen.

Grundregeln beim Erstellen von Flyern
- Übersichtliche Darstellung und Einteilung des Textes.
- Wichtiges muss auffallen.
- Informationen für alle Menschen klar und deutlich formulieren.
- Das Beschriebene mit Bildern veranschaulichen und auflockern.
- Ort und Zeitangabe müssen schnell zu finden sein.
- Die Kunden zum Besuch auffordern.
- Nicht zu viele Farben und Schriftgrößen verwenden.

Die Flyer werden frühzeitig im Laden ausgelegt oder verteilt, damit möglichst viele Kunden erreicht werden.

LF 1.3

Frische Berliner zum Karneval

Schaubacken

am
Freitag, den 17. Februar
Samstag, den 18. Februar
von 10.00 bis 17.00 Uhr

Kommen Sie vorbei und schauen Sie uns beim Backen zu.

Sie erhalten Berliner frisch aus dem Siedefett.

Probieren Sie unsere Berliner
• fettarm, eireich, locker und gut bekömmlich
• gebacken in frischem Siedefett
• mit verschiedenen Füllungen

Füllungen für jeden Geschmack
• Johannisbeerkonfitüre
• Hiffenmark (Hagebuttenmark)
• Vanillecreme
• Eierlikörcreme

Besuchen Sie uns!

**Ihre Bäckerei/Konditorei - Café Fröhlich
Berliner Straße 17, 47872 Siededorf**

Flyer

Rechenaufgaben

① Ein Preisschild ist 28 cm lang und 14 cm breit. Es wird zu einem Kärtchen gefaltet und somit nur auf einer Hälfte beschrieben.
a) Wie viel cm² werden für das Preisschild beschrieben?
b) Die Konditorei hat 1,60 m² Plakatkarton, aus dem die Kärtchen für die Preisschilder geschnitten werden. Berechnen Sie, wie viel Kärtchen daraus geschnitten werden können.

② Aus vier Plakatkartons mit je 68 cm × 47 cm sollen acht Formplakate geschnitten werden. Es entsteht ein Verschnitt von 17,5 %. Berechnen Sie die Fläche eines Formplakats.

③ Für Plakate und Preisschilder sowie ein Plakatschreibset bezahlt eine Konditorei 195,00 € als Messepreis. Der Messerabatt beträgt 15 %. Berechnen Sie den ursprünglichen Preis.

Aufgaben

① Wofür dienen Plakate in der Konditorei?

② Nennen Sie das Material, das zum handschriftlichen Plakatschreiben benötigt wird.

③ Geben Sie Beispiele für Formplakate an und Gelegenheiten, zu denen sie für den Verkauf beschrieben werden.

④ Wie soll die Schrift der Plakate gestaltet werden?

⑤ Beschreiben Sie die Sitzhaltung beim ergonomischen Plakatschreiben, damit der Körper nicht zu sehr beansprucht wird.

⑥ Wann ist ein Plakat ein Werbemittel, das auf Kunden wirkt?

⑦ Beschreiben Sie die Grundsätze beim Plakatschreiben:
• Text und Zeichnungen bzw. Bilder
• wichtige Textteile und Schriftgröße
• Platzeinteilung   • Sauberkeit

⑧ Erklären Sie
• das Plakat als reines Werbeplakat,
• das Plakat als Wareninformation mit Preis.

⑨ Beschreiben Sie die Einteilung und Schriftgrößen eines Plakats mit Preis:
• Warenname
• Gewichts-, Stück- bzw. Mengenangabe
• €-Zeichen
• Preis

⑩ Welche Informationen müssen Preisschilder enthalten?

⑪ Erklären Sie die Grundsätze beim Schreiben von Preisschildern:
• Schrift
• Platzeinteilung
• Schriftgrößen
• Preisschild schreiben
• Technik des Schreibens

⑫ Erläutern Sie den Begriff „Flyer".

⑬ Nennen Sie die Grundregeln beim Erstellen eines Flyers.

⑭ In Ihrer Konditorei werden die Preisschilder in regelmäßigen Abständen gegen neue Preisschilder ausgetauscht, damit sie völlig sauber sind. Da Sie keine gute Handschrift haben, schreiben Sie die Preisschilder auf dem Computer. Zuvor wählen Sie gut lesbare Schriftarten aus und prüfen durch Probedrucke, welche Schriftgröße erforderlich ist, damit die Preisschilder gut zu lesen sind.

14

Das Verkaufen

Situation

Im Rahmen Ihrer Ausbildung sollen Sie auch im Verkauf Erfahrungen sammeln.
Dafür erhalten Sie die passende Kleidung und anschließend üben Sie in einem
Rollenspiel den komplexen Verkaufsvorgang. Dabei ist Ihre Chefin die Kundin.
Der Verkaufsvorgang beginnt mit der Begrüßung der Kundin über die Beratung und
Verpackung der Waren bis hin zum Kassieren und der Verabschiedung.

- Worauf ist bei der verbalen und nonverbalen Ausdrucksweise beim Verkaufs-
  vorgang zu achten?
- Womit beginnt der Verkaufsvorgang und welche Ähnlichkeit hat die Verabschie-
  dung mit dem Beginn?
- Wie wird der Kaufwunsch erfragt?
- Welche Erwartungen stellen die Kunden an die Beratung beim Verkauf?
- Wie erfolgt das richtige Kassieren?
- Wie werden Feine Backwaren sowie Torten und Desserts verpackt?

LF 1.3

Der Betriebsinhaber kann die Gehälter für das Personal nur bezahlen, wenn er vorher von den Kunden genügend Geld eingenommen hat. Der Betriebserfolg ergibt sich deshalb auch über den Verkauf. Leider ist es einfacher, zehn Torten herzustellen als eine zu verkaufen.

Kaufmotive

Damit die Kunden etwas kaufen, müssen Kaufmotive vorhanden sein.

Bei verstandesmäßigen Motiven geht der Kunde in das Konditoreigeschäft und weiß genau, was er kaufen möchte.

Die meisten Kaufmotive werden jedoch vom Gefühl geleitet. Ein gepflegtes Konditoreigeschäft spricht von außen das Gefühl der Menschen an. Freundliches Verkaufspersonal und Qualitätswaren tragen weiterhin zur gefühlsmäßigen Kaufmotivation bei, denn Sympathie und Qualität gehören zu den wichtigsten Motiven. Aber auch die Neugierde auf neue Waren, der Preis und gesundheitsbezogene Aspekte spielen eine große Rolle.

Gepflegtes Konditoreigeschäft

Menschen gehen nur dann gerne in den Laden der Konditorei, wenn der Betrieb von außen gepflegt aussieht.
Ein Konditoreigeschäft wirkt einladend durch

- eine saubere Hausfassade,
- Sauberkeit auf dem Gehweg vor dem Betrieb,
- eine von außen sichtbare moderne Ladeneinrichtung,
- einen positiven hygienischen Gesamteindruck.

Positiver Gesamteindruck einer Außenfassade

14.1 Das Verkaufspersonal

Eigenschaften der Fachverkäuferinnen

Kunden lassen sich gerne von netten Verkäuferinnen bedienen. Deshalb sollte eine Verkäuferin
- eine natürliche, freundliche Ausstrahlung haben,
- kontaktfreudig sein, d. h. gerne mit Menschen umgehen und reden,
- eine positive Grundeinstellung zur Arbeit im Verkauf haben und mit dem Geschäft zufrieden sein.
- Auch schlechte Laune durch Stress oder privaten Ärger darf die Fachverkäuferin sich nicht anmerken lassen, die Kunden können nichts dafür.

Personen, denen diese Eigenschaften fehlen, sind nicht zum Verkauf geeignet.

Freundliche Verkäuferin

Körpersprache (nonverbale Ausdrucksweise)

Sofort die Sympathie gewinnen

Sofort beim Eintritt in den Laden und bei der Begrüßung kann die Verkäuferin die Sympathie der Kunden gewinnen. Die positive Einstellung zum Einkauf kann wie folgt durch die Körpersprache erreicht werden:
- Eine gepflegte Verkäuferin mit sauberer Berufskleidung sehen alle Kunden gerne. So ergibt sich eine gewisse Zuwendung.
- Eine aufrechte Körperhaltung strahlt Einsatzbereitschaft aus und sagt aus, dass die Verkäuferin für die Kunden da ist.
- Ein Lächeln der Verkäuferin gewinnt immer die Sympathie der Kunden.

Nonverbale Ausdrucksweisen beim Kundengespräch
- Die Verkäuferin schaut den Kunden an, wenn sie mit ihm spricht. Dies gehört zur Höflichkeit und zeigt dem Kunden, dass sie sich nur auf ihn konzentriert.
- Mimik (Gesichtsausdruck) und Gestik (Hand- und Armbewegung) der Verkäuferin unterstützen positiv das Gesprochene, z. B. mit der offenen Hand auf die Ware hindeuten oder das Brot in die Hand nehmen bzw. die Tortenplatte mit der Torte hochheben, um sie dem Kunden zu zeigen.
An der Mimik der Kunden kann auch die Verkäuferin die Zustimmung und Abneigung erkennen.

So gewinnt die Verkäuferin die Sympathie der Kunden

Wirkt die Verkäuferin auf die Kunden sympathisch, fühlen sie sofort eine Zuneigung zum Konditoreibetrieb. Erfahrungsgemäß verzeihen sie dann auch kleine Fehler, die sich manchmal beim Verkaufsvorgang ergeben können.

Die Sprache (verbale Ausdrucksweise)

Die Sprache der Fachverkäuferin soll von den Kunden verstanden werden und für die Kunden sympathisch wirken:
- Verständlich sprechen; verständliches Deutsch mit nicht zu starkem Dialekt bei Kunden aus anderen Gegenden sprechen.
- Laut sprechen, aber mit angenehmer Lautstärke.
- Richtiges Sprachtempo – nicht zu schnell und nicht zu langsam sprechen.
- Ein freundlicher Tonfall ergibt sich ganz von selbst bei innerer Zufriedenheit und beim Lächeln der Verkäuferin.

> **!**
> Die Körpersprache und das Gesprochene sollen sich gegenseitig ergänzen. Nur gemeinsam ergeben sie eine erfolgreiche Kommunikation im Verkauf.

LF 1.3

Die volle Aufmerksamkeit gehört dem Kunden.

• Beim Kundeneintritt in den Laden bricht die Verkäuferin andere Arbeiten ab und wendet sich sofort dem Kunden zu.

• Gespräche mit Kolleginnen und Kollegen werden sofort beendet und auch während des Verkaufens nicht weitergeführt. Dies wäre unhöflich und die Kunden spüren, dass sie nebenbei abserviert werden und man für sie keine Zeit hat.

Die Aufmerksamkeit soll dem Kunden und nicht der Kollegin gehören

Aufgaben

❶ Welche Eigenschaften sollte eine Fachverkäuferin besitzen, um erfolgreich verkaufen zu können?

❷ Beschreiben Sie, wie eine Verkäuferin mit der Körpersprache (nonverbale Ausdrucksweise) sofort beim Eintritt in den Laden die Sympathie der Kunden gewinnen kann.

❸ Erläutern Sie, durch welche nonverbalen Ausdrucksweisen sich die Verkäuferin beim Gespräch mit dem Kunden auszeichnen kann.

❹ Erklären Sie, wie die Sprache der Verkäuferin sein soll, damit sie vom Kunden verstanden wird und sympathisch wirkt.

❺ Wie zeigt eine Fachverkäuferin dem Kunden schon beim Eintritt in den Laden, dass die ganze Aufmerksamkeit ihm gehört?

❻ Sie nehmen gerade eine Kundenbestellung am Telefon auf, als ein Kunde die Konditorei betritt. Wie verhalten Sie sich beiden Kunden gegenüber?

14.2 Der Verkaufsvorgang

Der Verkaufsvorgang unterteilt sich in:

Begrüßen

↓

Erfragen des Kaufwunsches

↓

Empfehlen und Beraten, wenn der Kunde Fragen hat

↓

Herrichten und Verpacken der gewünschten Waren

↓

Kassieren

↓

Verabschieden

Begrüßung

• Den Kunden mit einem Lächeln anschauen.

• Freundlich mit passender Grußformel grüßen – Freundlichkeit steckt an.

• Begleitpersonen gleichermaßen grüßen.

• Bekannte Kunden mit Namen begrüßen, Kinder mit dem Vornamen. Dies bezeugt die Wertschätzung der Kunden.

Erfragen des Kaufwunsches

Häufig schließt sich an den Gruß die Frage nach dem Kaufwunsch an, z. B. „Guten Tag, Frau Schöne. Was wünschen Sie bitte?"

Begrüßung und Erfragung des Kaufwunsches

LF 1.3

Möglichkeiten der Fragestellung:
• Was darf es sein?
• Was kann ich für Sie tun?
• Was hätten Sie gerne?
• Welchen Wunsch haben Sie?
• Was darf ich Ihnen geben?
• Womit kann ich Ihnen helfen?

> **!**
> Nicht immer die gleiche Frage stellen – dies wirkt gedankenlos und niveauarm.
> Mechanische Fragen wirken unpersönlich, z. B. „Bitte schön?".

In jedem Fall verkaufshemmend ist das Hochhalten des Kopfs und den Kunden dabei fragend anzusehen.

Beginn der häufigsten Form des Verkaufs

Meistens äußern die Kunden sofort nach dem Erfragen durch die Verkäuferin ihren Kaufwunsch genau, z. B. „Ich hätte gerne zwei Stück Apfelkuchen."

Die Verkäuferin richtet daraufhin die gewünschten Waren her und verpackt sie. Dies ist die einfachste und häufigste Form des Verkaufens, da die verlangte Ware nur übergeben wird. Die Kunden benötigen dabei nicht den Rat der Fachverkäuferin.

Bedienen einer Kundin

Komplexer wird der Verkauf, wenn Kunden Fragen stellen und die Verkäuferin zufriedenstellende Erklärungen gibt, indem sie Waren empfiehlt oder den Kunden berät.

Waren empfehlen

Kunden benötigen den Rat der Verkäuferin,
• wenn sie das Warenangebot der Konditorei nicht kennen, oder
• wenn sie nicht wissen, welche Waren sich für einen bestimmten Anlass eignen.
Die Fachverkäuferin empfiehlt dann passende Waren.

Beispiel:
Kunde: „Ich hätte gerne lockere Hefeteiggebäcke. Welche haben Sie?"
Verkäuferin: „Da kann ich Ihnen die frischen Hefezöpfe oder die feinen Rosinenbrötchen, aber auch die Berliner mit Vanillecreme gefüllt, empfehlen."

Beispiel:
Kunde: „Haben Sie Blätterteiggebäcke zum Kaffee?"
Verkäuferin: „Zum Kaffee schmecken die frischen Blätterteigstücke, die mit Quark, Sauerkirschen oder Äpfeln gefüllt sind, besonders gut. Außerdem kann ich Ihnen die ungefüllten zart-splittrigen Schweinsohren mit karamellisiertem Zucker empfehlen."

Kunden beraten

Manchmal wollen Kunden Auskünfte über bestimmte Waren haben und erwarten eine Beratung, z. B. über
• bestimmte Zutaten in den Waren,
• den Gesundheitswert verschiedener Zutaten in den Waren,
• spezielle Qualitätsmerkmale der Waren,
• die Frische und Lagerung der Waren.

Die **Verkaufsargumente** und **Qualitätsmerkmale** für Konditoreierzeugnisse werden in diesem Buch jeweils detailliert bei der Beschreibung der einzelnen Erzeugnisse genannt.

Bei der Beratung gibt die Fachverkäuferin genaue Antworten auf alle Fragen. Die Mimik der Kunden ist bei der Beratung für die Verkäuferin hilfreich, denn sie zeigt, ob die Kunden mit den Auskünften zufrieden sind.
Nach der Beratung können sich die Kunden leichter entscheiden, was sie kaufen sollen. Da sie nun über die Waren Bescheid wissen, haben sie auch das gute Gefühl, die richtige Ware eingekauft zu haben.
Die Kundenberatung setzt jedoch ein gutes Fachwissen voraus.

Beispiel:
Kunde:
„Woraus besteht eine Sachertorte?"
Verkäuferin:
„Der Sacherboden ist ein Tortenboden, der mit einem hohen Schokoladenanteil und nur mit Butter als Fett hergestellt wird. Der schokoladenhaltige Tortenboden wird mit Aprikosenkonfitüre extra gefüllt, die einen hohen Aprikosenanteil enthält. Überzogen ist diese Schokoladentorte mit Schokoladenkuvertüre."

1.3

Beispiel:

Kunde:

„Worin unterscheiden sich Plundergebäcke von Blätterteiggebäcken?"

Verkäuferin:

„Plundergebäcke werden aus einem Hefeteig hergestellt, in den schichtweise Fett eingerollt wird, sodass der Plunderteig abwechselnd aus dünnen Schichten Hefeteig und Fett besteht. Das Einrollen von Fett nennt man Tourieren. Blätterteig ist ein Weizenteig, der hauptsächlich aus Weizenmehl und Wasser besteht, in den jedoch ein wesentlich höherer Fettanteil schichtweise eingerollt (touriert) wird. Deshalb sind Blätterteiggebäcke splittriger im Biss als Plundergebäcke.

Gefüllte Plunder- und Blätterteiggebäcke enthalten häufig die gleichen Füllungen, z.B. Quark-, Kirsch-, Apfelfüllung oder Vanillecreme."

> **!**
>
> Beim Empfehlen und Beraten zeigt die Fachverkäuferin mit einer Handbewegung auf die Ware, die sie gerade nennt.

Beim Empfehlen und Beraten die Ware zeigen

Kassieren

Das Kassieren muss klar und ohne Missverständnisse erfolgen. Folgende Reihenfolge sollte beim Kassieren eingehalten werden:

- Deutlich den zu bezahlenden Betrag nennen.
- Den Geldbetrag vom Kunden nehmen und sich dafür bedanken.
- Den Geldbetrag sichtbar neben der Kasse ablegen.
- Dem Kunden in übersichtlicher Weise das herauszugebende Geld vorzählen, damit der Kunde mitzählen kann.

Beispiel:

Die Waren kosten 8,60 €, der Kunde bezahlt mit einem 20-€-Schein.

– Es kostet 8,60 €,

– und 1,40 € sind 10,00 €,

– und 10,00 € sind 20,00 €.

- Hat der Kunde das erhaltene Geld akzeptiert, das Geld in die Kasse legen.
- Auf Wunsch erhält der Kunde einen Kassenzettel.
- Zum Schluss sich nochmals bedanken.

Kassieren

LF 1.3

Verabschieden

Bei der Verabschiedung wird der gute Gesamteindruck, den der Kunde hat, abgerundet.

- Den Kunden mit Blickkontakt und einem passenden Gruß verabschieden und sich dabei nochmals bedanken.
- Bekannte Kunden mit Namen ansprechen und Kinder mit Vornamen.
- Begleitpersonen ebenfalls verabschieden.
- Vielfach bieten sich zum Schluss noch persönliche Wünsche an, z. B. „Schönes Wochenende" oder „Einen schönen Tag noch".

Zusätzliche Verabschiedung

Es ist unhöflich, wenn sich die Verkäuferin schon während der Verabschiedung einem neuen Kunden oder einer neuen Tätigkeit zuwendet bzw. sich mit den Kolleginnen unterhält.

Reklamation

Grundsätzlich muss bei einer Reklamation mit viel Fingerspitzengefühl vorgegangen werden. Jede Reklamation muss ernst genommen und freundlich entgegengenommen werden. Ehrliche Reklamationen sind sogar hilfreich für den Betrieb.

Bei berechtigten Reklamationen und bei nicht ganz eindeutigen Reklamationen sollte großzügig verfahren werden. Der Kunde erhält eine Ersatzware und möglichst noch eine kleine Zugabe, um ihn wieder freundlich zu stimmen. Außerdem entschuldigt man sich für den Fehler. Statt der Ersatzware kann auf Wunsch des Kunden auch das Geld zurückgegeben werden.

Bei einer unberechtigten Reklamation wird dem Kunden freundlich eine fachlich fundierte Erklärung gegeben. Trotzdem sollte möglichst großzügig gehandelt werden.

Aufgaben

1. Nennen Sie die einzelnen Abschnitte, in die sich der Verkaufsvorgang unterteilt.
2. Beschreiben Sie, wie Kunden begrüßt werden.
3. Nennen Sie Möglichkeiten der Fragestellung beim Erfragen des Kaufwunsches.
4. Empfehlen Sie Waren, z. B.:
   - Ein Kunde möchte pikante Blätterteiggebäcke für eine Feier.
   - Ein Kunde wünscht Mürbeteiggebäcke.
5. Wann erwarten Kunden eine Beratung und wie erfüllt die Fachverkäuferin die Wünsche dabei?
6. Ein Kunde möchte von Ihnen beraten werden, z. B.
   - „Könnten Sie mir erklären, woraus Streuselkuchen besteht?"
   - „Wie lange sind Mürbeteiggebäcke frisch und wie sollte ich sie am besten zu Hause aufbewahren?"
7. Beschreiben Sie den Vorgang des Kassierens. Die Ware kostet 13,50 €. Der Kunde bezahlt mit einem 50-€-Schein.
8. Erklären Sie die Verabschiedung von Kunden.
9. Erläutern Sie, wie Sie mit berechtigten und unberechtigten Reklamationen umgehen.
10. In Ihre Konditorei kommen immer wieder ausländische Kunden zum Einkaufen. Damit Sie auch diese Kunden zufriedenstellend bedienen können, stellen Sie für das Verkaufspersonal einen Merkzettel zusammen, der die wichtigsten Begrüßungs- und Verabschiedungsformeln eines Verkaufsgesprächs auf Englisch enthält.

LF 1.3

14.3 Fachgerechtes Verpacken von Konditoreiwaren

Die beim Verkaufsvorgang gewünschten Konditoreiwaren werden den Kunden grundsätzlich verpackt überreicht.

In diesem Kapitel wird das Verpacken der Standardwaren der Konditorei beschrieben, das im Laden zu den gängigen Aufgaben bei jedem Verkaufsvorgang gehört.

Sinn des Verpackens

- Die Kunden können die Waren unbeschädigt nach Hause bringen.
- Verpackte Ware kann hygienisch übergeben werden und ist vor unangenehmen äußeren Einflüssen geschützt.
- Werbewirksam sind bedrucktes Verpackungsmaterial und Aufkleber auf der Verpackung.

Verpackungsmaterial als Werbeträger

Richtige Größe des Verpackungsmaterials

Mit geschultem Auge verwendet die Fachverkäuferin stets die passende Größe des Verpackungsmaterials. Zu knapp und zu groß bemessene Tüten, Rollenpapier und Pappteller sind für den Betrieb unwirtschaftlich und verärgern umweltbewusste Kunden.

Zu knapp bemessenes Verpackungsmaterial	Zu groß bemessenes Verpackungsmaterial
• Zu kleine Tüten können nicht geschlossen werden und reißen leicht ein. • Zu kleines Rollenpapier zerdrückt Tortenstücke und Desserts. Die Hohlpakete können schlecht geschlossen werden und sind seitlich offen, sodass sie leicht aufgehen.	• Zu viel Verpackungsmaterial kostet den Betrieb unnötig Geld. • Die unschöne, faltenreiche Verpackung mit zu großem Papier sieht laienhaft aus. • Die Kunden lehnen diese Verschwendung aus Umweltgründen ab.

Das Verpackungsmaterial soll umweltverträglich sein, aus Papier und Pappe. Auch Stofftaschen sind oft verwendbar. Für ofenfrische Backwaren auf Plastiktaschen verzichten.

Bei richtiger Größe der Tüte kann die Ware fachgerecht verschlossen werden

Verpackungsmaterial für die Erzeugnisse

Material	Eigenschaften und Verwendung
Papiertüten	Sie sind luftdurchlässig.
Beschichtete Papiertüten	Sie sind fettabweisend und weichen deshalb nicht durch. Für Gebäcke mit fettiger Oberfläche, z. B. Siedegebäcke wie Berliner.
Rollenpapier auf einer Abreißrolle	Abreißbares luftdurchlässiges Verpackungspapier für Hohlpakete, z. B. für Torten und Desserts.
Pappteller	Es sind rechteckige Tabletts (Teller) aus stabiler Pappe, die in verschiedenen Größen im Handel sind. Darauf werden Torten, Desserts und druckempfindliche Feine Backwaren gelegt.
Pergaminpapier	Es ist wasser- und fettundurchlässiges Papier zur Trennung zwischen Tortenstücken und Desserts. Diese durchscheinenden Papiere sind praktischerweise schon in der Größe für Tortenstücke geschnitten.
Papierfalttaschen	Es sind Papiertragetaschen aus stabilem weißen Papier mit verstärktem Henkel.
Tortenschachteln	Es sind faltbare Kartons in Tortengröße. →

Verpackungskartons	Kartons verschiedener Größen, in die eine größere Anzahl druckempfindlicher Waren verpackt werden, z. B. Berliner, Sahne- und Cremedesserts sowie Tortenstücke. So können die Kunden die Waren unversehrt nach Hause transportieren.

Papiertüte, Papierfalttasche, beschichtete Papiertüte

Abreißen eines Rollenpapiers

Anfassen der Waren beim Verpacken

Aus hygienischer Sicht können allgemein Backwaren mit trockener, fester Kruste wie Kleingebäcke und Brote mit bloßen Händen angefasst werden. Die Hände einer Verkäuferin sind stets sauber und werden den gesamten Arbeitstag über häufig gewaschen.

Dünne, eng anliegende Plastikhandschuhe sollten nicht über Stunden getragen werden. Die Hände schwitzen und die Haut weicht auf, sodass es zu Hautschädigungen kommen kann.

Für Feine Backwaren, z. B. Gebäckstückchen und Schnitten auf Blechen, sowie Torten und Desserts werden immer Gebäckzange, Gebäckheber (Winkelpalette) bzw. Tortenmesser verwendet.

Diese Konditoreierzeugnisse werden grundsätzlich nicht mit den Fingern berührt.

LF 1.3

Brote

Brote können vom Brotregal angefasst werden mit

- bloßer Hand,
- dünnem Plastikhandschuh oder
- Serviette.

Brötchen und Kleingebäcke

Brötchen, Brezeln und andere Kleingebäcke können angefasst werden mit

- bloßen Händen,
- Plastikhandschuhen oder
- Gebäckzange.

Feine Backwaren

- Feine Backwaren als Gebäckstückchen, z. B. Plunder- und Blätterteigstückchen, Berliner und Mürbeteiggebäcke, grundsätzlich mit der Gebäckzange anfassen und in Papiertüten oder auf Pappteller geben.
- Feine Backwaren als Schnitten von den Blechen mit einem Gebäckheber (kurze Winkelpalette) nehmen und zum Verpacken auf Pappteller legen.

Feine Backwaren mit einer Gebäckzange anfassen

Tortenstücke und Desserts

Tortenstücke und Desserts mit einem Tortenmesser oder Tortenheber von der Tortenplatte bzw. dem Thekenblech nehmen und auf Pappteller legen.

Verpacken von Broten

Verpackungspapiere für Brote sind:

- Rollenpapier
- Papiertüten in Brotgröße
- in Bögen geschnittenes Seidenpapier (Bäckerseide)

Die Brote sollen ganz verpackt sein und nicht aus der Verpackung hinausragen, egal mit welcher Methode die Brote verpackt werden. So können die Kunden die Brote hygienisch nach Hause bringen.

Das Verpackungspapier dient nicht zur längeren Frischhaltung der Brote, weil es luftdurchlässig ist.

Stabil verpacktes Brot mit seitlich eingedrehten Stirnseiten

Verpacken in Papiertüten

In Papiertüten verschiedener Größen werden verpackt:

- Kleingebäcke: Brötchen, Vollkorn- und Mehrkornbrötchen, Brezeln, roggenhaltige Kleingebäcke
- Feine Backwaren, z. B. Hefeteig-, Plunder-, Blätterteig-, Mürbeteiggebäcke
- Lange, schmale Papiertüten, Baguettetüten genannt, sind speziell für Stangenweißbrote und Baguettes geeignet.
- Papiertüten, die an der Innenseite mit einem fettabweisenden Material beschichtet sind, werden für Siedegebäcke wie Berliner verwendet, damit die fetthaltige Oberfläche das Papier nicht durchweicht.

Die Papiertüten werden nach dem Verpacken gut verschlossen und dürfen, wenn die Kunden sie in Empfang nehmen, nicht aufgehen.

Die Papiertüte wird mit der von der Verkäuferin verschlossenen Seite dem Kunden überreicht, damit er diese am Verschluss problemlos greifen kann.

Ofenheiße Brötchen und andere Kleingebäcke dürfen in Papiertüten verpackt und verschlossen werden, weil die Tüten luftdurchlässig sind und so die Feuchtigkeit entweichen kann.

Konditoreiwaren in Papiertüte verpacken

Hohlpakete

> **!**
>
> **Begriffserklärung: Hohlpaket**
> In einem Hohlpaket ist zwischen der Oberfläche der verpackten Ware und dem Verpackungspapier etwas Hohlraum. Somit wird die Warenoberfläche nicht beschädigt und klebt nicht am Verpackungspapier.

Tortenstücke und Desserts, die mit Schlagsahne oder Cremes gefüllt oder mit Obst belegt sind, sind druckempfindlich und werden deshalb in Hohlpakete verpackt.
Im Hohlpaket werden die Waren nicht vom Verpackungspapier beschädigt, kleben nicht an und das Papier weicht so nicht durch. Die Waren sehen somit nach dem Auspacken nach wie vor schön aus.

Hohlraum im Hohlpaket

Herstellen eines Hohlpakets

Das Verpackungspapier für ein Hohlpaket je nach Papptellergröße von einer 30, 40 oder 50 cm breiten Papierrolle in zwei- bis zweieinhalbfacher Papptellerlänge abreißen. Den Pappteller mit der Ware in die Mitte des Verpackungspapiers stellen.

Tortenstücke auf dem Verpackungspapier

Die zwei gegenüberliegenden Seiten des Verpackungspapiers übereinanderschlagen und das Papier in der Mitte hochziehen, sodass ein Hohlraum entsteht.

Überschlagen des Verpackungspapiers

Beim seitlichen Verschließen des Hohlpakets das Papier von unten nach oben ziehen und dann die Ecken einschlagen, bis die Seite stabil verschlossen ist.
Durch das Hochziehen entsteht der Druck des Verpackungspapiers unten auf den Pappteller.

Merkmale eines korrekten Hohlpakets

- Das Verpackungspapier ist glatt und nicht zerknittert.
- Der Papieranfang liegt gerade in der Mitte oder seitlich oben an einer Kante.
- Das Hohlpaket ist rechteckig und läuft nicht spitz zu, damit die Ware seitlich nicht beschädigt wird.
- Das Hohlpaket muss stabil sein, damit es der Kunde in die Hand nehmen kann und sich dabei die Verpackung nicht öffnet.
- Die Seiten sind geschlossen und weisen keine Öffnungen auf.

LF 1.3

Korrektes Hohlpaket

Papierfalttaschen

Kauft ein Kunde mehrere Tortenstücke oder Desserts, entsteht ein großes Hohlpaket, oder mehrere kleine Hohlpakete. Diese sind für den Kunden unhandlich und schlecht zu tragen. In einer Falttasche aus stabilem Papier mit verstärkten Henkeln lassen sie sich leicht und schadlos transportieren.

Eine Papierfalttasche ist ein Service der Konditorei zum Tragen mehrerer verpackter Feiner Backwaren.

Falttasche für einen bequemen Transport

Tortenkartons

Ganze Torten sowie größere Mengen Desserts und Feine Backwaren werden in Tortenkartons verpackt. Am besten bleibt dabei eine Seite des Kartons offen um die Torte bzw. Desserts dort hineinzuschieben. Beim Einheben in den Karton könnten die Waren beschädigt werden.

Ganze Torte in einen Tortenkarton verpacken

Abschneiden von Torten

Torten mit dem Sägemesser, das zuvor in heißes Wasser getaucht wurde, gerade und senkrecht abschneiden. Durch das warme, feuchte Messer entsteht eine glatte Schnittfläche.

- Der Messerbehälter ist in der Verkaufstheke integriert. Es fließt immer wieder Frischwasser dazu, damit es stets sauber bleibt. Das Wasser wird mit Heizschlangen heiß gehalten.

Messerbehälter

- Das Tortenmesser im gummierten Schlitz des Messerbehälters nach oben ziehen, damit Tortenreste und Wassertropfen abgestreift werden. Das Tortenmesser nach jedem Schneidevorgang in das Wasser des Messerbehälters tauchen und abstreifen.

- Beim Schneiden der Torten schaut die Messerspitze schräg nach unten. Dabei mit dem Sägemesser den Tortenboden mit etwas Druck leicht durchsägen, nicht nur drücken.

- Beim Anschneiden einer ganzen Torte die Messerspitze beim ersten Schnitt über dem Mittelpunkt ansetzen und schneiden, damit beim Herausnehmen nicht das dünne Innenteil des ersten Tortenstücks in der Torte hängen bleibt.

Anschneiden einer Torte

- Das abgeschnittene Tortenstück mit dem Tortenmesser hochheben und auf ein Trennpapier (Pergaminpapier) legen. Anschließend das Tortenstück von unten nach oben einschlagen.
  Das beschichtete, wasserundurchlässige Pergaminpapier verhindert das Durchweichen des Verpackungspapiers. Außerdem kleben die Torten- und Dessertstücke im Hohlpaket nicht zusammen.

- Bei zwei und mehr Tortenstücken werden die Tortenstücke versetzt zueinander gestellt. So werden sie platzsparend aufgelegt und stehen stabil aneinander.

- Wird nur ein Tortenstück gewünscht, wird es auf einen Pappteller gelegt, da sonst das Tortenstück umfallen würde.
- Die Tortenstücke werden dann in ein Hohlpaket verpackt.

Tortenstücke in Pergaminpapier einschlagen

Einzelnes Tortenstück, gelegt

Verpacken von Konditoreierzeugnissen in Folie und Einschweißen dieser Erzeugnisse ➔ Seite 172.

Aufgaben

1. Erklären Sie, warum Konditoreierzeugnisse den Kunden grundsätzlich verpackt überreicht werden.
2. Nennen Sie die Nachteile von
   - zu klein bemessenem Verpackungsmaterial,
   - zu groß bemessenem Verpackungsmaterial.
3. Nennen Sie die Verpackungsmaterialien im Verkauf und geben Sie jeweils deren Eigenschaften an. ➔

4. Beschreiben Sie, wie folgende Backwaren beim Verpacken angefasst werden:
   - Feine Backwaren als Gebäckstückchen
   - Feine Backwaren als Schnitten auf Blechen
   - Torten und Desserts
   - Brote
   - Brötchen und andere Kleingebäcke
5. Geben Sie Backwaren an, die in Papiertüten verpackt werden.
6. Wie werden die in Papiertütchen verpackten Waren den Kunden überreicht?
7. In welche Tüten werden Siedegebäcke wie Krapfen am besten verpackt?
8. Erklären Sie, was ein Hohlpaket ist.
9. Nennen Sie die Merkmale, wie ein korrekt verpacktes Hohlpaket aussieht.
10. Beschreiben Sie das Abschneiden von Torten:
    - benötigte Geräte
    - Messerhaltung und Technik beim Abschneiden von Tortenstücken
11. Erläutern Sie, wie eine ganze Torte angeschnitten wird, damit das dünne Innenteil des ersten Tortenstücks nicht in der Torte hängen bleibt.
12. Verpackungsmaterial dient nicht nur der Verpackung, sondern kann auch für Werbezwecke genutzt werden. Machen Sie Vorschläge, wie es für eine Konditorei bedruckt werden könnte.

LF 1.3

Rechenaufgaben

1. Eine Konditorei bestellt Verpackungsmaterial für 892,70 €. Wie hoch ist die im Bruttorechnungsbetrag enthaltene Mehrwertsteuer von 19 % in €?
2. 50 Tortenschachteln kosten 41,60 € zuzüglich 19 % Mehrwertsteuer. Wie viel muss der Betrieb beim Verkauf von vier Torten für vier Tortenschachteln kalkulieren?
3. Papiertüten kosten 278,30 € ohne Mehrwertsteuer. Möchte die Konditorei einen speziellen Werbedruck auf den Tüten, kosten sie 343,70 €.
   a) Um wie viel % sind die Papiertüten mit speziellem Aufdruck teurer?
   b) Bei der Abnahme der 5-fachen Menge der Papiertüten mit Werbedruck bekommt die Konditorei 12 % Rabatt. Berechnen Sie den Betrag für die Tüten der 5-fachen Menge, den die Konditorei inklusive 19 % Mehrwertsteuer bezahlen muss.

**Lebensmittel-
recht**

Textsammlung

LMLBrot   6610

6610. Leitsätze für Brot und Kleingebäck[1]

Vom 24. März 1994
Bek. v. 31. 1. 1994 (GMBl S. 346, ber. S. 877)
zuletzt geänd. durch AndBek v. 19. 9. 2005 (BAnz. S. 14405)

...en für Brot und Kleingebäck, für die zu ihrer Herstellung
...en Erzeugnisse oder Teige sowie für die zur Abgabe
...ommten Backmischungen.

...Beurteilungsmerkmale

LMLFeinBackw

6630. Leitsätze für Feine Backware...

Vom 17./18. September 1991
Bek. v. 6. 2. 1992 (GMBl S. 325)
zuletzt geänd. durch AndBek v. 8. 1. 2010 (BAnz...

Der Begriff „Feine Backwaren" schließt...
backwaren ein.

1.[1] Allgemeine Beurteilungsmer...

1. Begriffsbestimmungen
    Feine Backwaren werde...
    Trocknen, Kochext...
    oder Massen, wi...
    deerzeugni...
    unters-t...
    Fe...

15

Rechtliche Vorschriften

Situation

Der Betriebsinhaber erwartet, dass bald die Lebensmittelkontrolleure zu einer Überprüfung Ihrer Konditorei kommen werden. Er bittet daher alle Mitarbeiter in der Produktion und im Verkauf zu kontrollieren, ob in ihren jeweiligen Bereichen alle Vorschriften des Lebensmittel- und Futtermittelgesetzbuches, der Leitsätze und der Kennzeichnungsverordnungen umgesetzt werden.

- Ist die Berufskleidung sauber und vorschriftsmäßig?
- Sind alle Einrichtungsgegenstände, Maschinen und Geräte hygienisch einwandfrei?
- Erfolgt die Lagerung der Lebensmittel ordnungsgemäß?
- Sind die Bezeichnungen für die Konditoreierzeugnisse eindeutig und zugelassen?
- Befinden sich auf den Fertigpackungen vollständige Zutatenlisten?
- Werden die Zusatzstoffe unverpackter Waren angegeben?
- Sind alle Waren mit Preisangaben versehen?
- Gibt es Preisverzeichnisse vor und im Café?

Lebensmittelrechtliche Bestimmungen

Schon immer wurden Bestimmungen für Lebensmittel zum Schutz der Menschen festgeschrieben. Auf Brunnenvergiften und Weinpanschen stand früher die Todesstrafe. Im Mittelalter wurden Betrüger, die die Qualitätsanforderungen von Brot und Feinbackwaren nicht einhielten, an den Pranger gestellt oder von den Zunftmitgliedern mit Berufsverbot belegt.

Das aus dem Jahre 1516 stammende Reinheitsgebot für die Bierherstellung gilt als das erste deutsche Lebensmittelgesetz. Der Bayernherzog Wilhelm IV. legte dabei fest, dass Bier nur mit Wasser, Hopfen, Malz und Hefe hergestellt werden darf.

Lebensmittelrecht

Das Lebensmittelrecht enthält Gesetze und Verordnungen des Lebensmittel- und Futtermittelgesetzbuchs.
Gesetze, z. B.:
- Milch- und Margarinegesetz
- Weingesetz
- Gaststättengesetz
- Gesetz zum Schutz vor gefährlichen Stoffen

Verordnungen, z. B.:
- Lebensmittelhygiene-Verordnung
- Lebensmittel-Kennzeichnungsverordnung
- Trinkwasserverordnung
- Verordnung über die Zulassung für Lebensmittelzusatzstoffe (Zusatzstoff-Zulassungsverordnung)

Leitsätze: Das Lebensmittelrecht enthält auch die Leitsätze, die die Begriffe von Waren (Verkehrsbezeichnungen) und deren Mindestanforderung für die Qualität bestimmen, z. B.: Feine Backwaren, Obsterzeugnisse.

15.1 Lebensmittel- und Futtermittelgesetzbuch (LFGB)

Brezellauge

Inhalt des LFGB

Das Lebensmittel- und Futtermittelgesetzbuch enthält Gesetze und Verordnungen, die von allen Lebensmittelbetrieben eingehalten werden müssen, damit die Verbraucher gesunde Lebensmittel erhalten.

Begriffsbestimmungen, die im LFGB festgelegt sind:

Lebensmittel
sind Speisen und Getränke, die von Menschen zur Ernährung oder zum Genuss verzehrt werden, z. B. Backwaren, Süßigkeiten, Obst, Gemüse, Milch, Wasser, Getränke aller Art, Fleisch, Wurstwaren, Fische. Nicht zu den Lebensmitteln zählen Arzneimittel und Tabakwaren.

Lebensmittelfarben

Bedarfsgegenstände
sind Gegenstände, die bei der Herstellung, dem Verkauf sowie beim Verzehr von Lebensmitteln verwendet werden und dabei mit Lebensmitteln in Berührung kommen, z. B. Knetmaschine, Arbeitstisch, Messer, Verpackungsmaterial.

Lebensmitttel

Verbraucher
Verbraucher ist derjenige, an den beispielsweise Lebensmittel zum Verbrauchen gegeben werden, z. B. sind die Kunden der Konditorei Verbraucher. Zu den Verbrauchern zählen auch Gaststätten und Kantinen, die die Lebensmittel innerhalb ihres Betriebs verbrauchen.

Lebensmittelzusatzstoffe
sind Stoffe, die Lebensmitteln zugesetzt werden, um bestimmte Eigenschaften zu erzielen.
Es dürfen nur „zugelassene Lebensmittelzusatzstoffe" verwendet werden, die gesundheitlich unbedenklich sind. Diese sind einzeln mit Namen im LFGB aufgelistet, z. B.:
- künstliche Farb- und Aromastoffe
- chemische Konservierungsstoffe
- chemische Lockerungsmittel, z. B. Backpulver
- Brezellauge
- Emulgatoren
- Süßstoffe
- Mineralstoffe, außer Speisesalz
- Vitamine

Das LFGB schützt die Verbraucher

Das Lebensmittel- und Futtermittelgesetzbuch schützt die Verbraucher in zweierlei Hinsicht.

Schutz der Gesundheit

Es dürfen nur gesundheitlich einwandfreie Lebensmittel verarbeitet und in den Verkauf gebracht werden. Auch ist der hygienische Umgang mit Lebensmitteln gesetzlich geregelt, damit insgesamt die Gesundheit der Verbraucher gewährleistet ist.

Schutz vor Täuschung

Durch wahrheitsgetreue Deklaration (Kennzeichnung) muss die Qualität der Erzeugnisse für die Verbraucher erkennbar sein. Auch höherwertige Rohstoffe dürfen nicht vorgetäuscht werden. Dadurch wird verhindert, dass die Verbraucher getäuscht und irregeführt werden, z. B.

- Irreführende Auszeichnungen sind verboten, z. B.
  - Buttergebäck, das mit Margarine hergestellt wurde,
  - Vanilleeis, das mit Vanillin, einem chemischen Aromastoff, hergestellt wurde,
  - Marzipanartikel, die mit Persipanrohmasse hergestellt wurden,
  - Nürnberger Lebkuchen, die nicht in Nürnberg hergestellt wurden.
- Es darf keine gelbe Lebensmittelfarbe in Massen und Teige gegeben werden, um einen hohen Eieranteil im Gebäck vorzutäuschen.
- Geringwertigere Lebensmittel müssen deklariert (gekennzeichnet) werden, um nicht mit hochwertigen Qualitätswaren verwechselt zu werden, z. B. könnte Fettglasur mit Schokoladenkuvertüre verwechselt werden.

Leitsätze

Die Leitsätze stehen im Deutschen Lebensmittelbuch, das im LFGB im Lebensmittelrecht aufgeführt ist.

LMLSpeiseeis 6770

6770. Leitsätze für Speiseeis und Speiseeishalberzeugnisse

Vom 19. Oktober 1993
Bek. v. 27. 4. 1995 (GMBl. S. 362)
zuletzt geänd. durch Leitsatz-Änd. v. 27. 11. 2002 (Bek. v. 23. 1. 2003 (GMBl. S. 150)

I.¹⁾ Allgemeine Beurteilungsmerkmale

A. Begriffsbestimmungen und Herstellungsanforderungen

1. Speiseeis ist eine durch einen Gefrierprozeß bei der Herstellung in einen festen oder pastenartigen Zustand, z.B. Softeis, gebrachte Zubereitung, die gefroren in den Verkehr gebracht wird und dazu bestimmt ist, in diesem Zustand verzehrt zu werden; im aufgetauten Zustand verliert Speiseeis seine Form und verändert sein bisheriges Gefüge.
Speiseeis wird insbesondere hergestellt unter Verwendung von Milch, Milcherzeugnissen, Ei, Zuckerarten, Honig, Trinkwasser, Früchten, But-

Leitsätze aus dem Lebensmittelrecht

> **Begriff: Leitsätze**
> Die Leitsätze legen einheitliche Begriffe der Rohstoffe und bekannter Konditoreierzeugnisse fest und bestimmen deren Qualitätsanforderungen.
>
> **Rechtliche Grundlagen der Leitsätze**
> Die Leitsätze müssen zur Qualitätsorientierung für Verbraucher eingehalten werden. Sie dienen als objektive Grundlage bei der Lebensmittelkontrolle. Leitsätze sind jedoch keine Gesetze und Verordnungen.

Beispiele für Leitsätze

Begriffe	Bestimmungen
Feine Backwaren	Sie enthalten auf 90 Teile Mehl mehr als 10 Teile Fett und/oder Zucker.
Erzeugnisse, die im Namen das Wort Butter enthalten, z. B. Buttergebäck, Butterkuchen, Buttercreme	Sie dürfen nur mit Butter hergestellt werden, die Verwendung anderer Fette wie Margarine ist nicht erlaubt.
Erzeugnisse, die das Wort „Schokolade" oder „Schoko" als Abkürzung enthalten, z. B. Schokoladenboden, Schokoladenspritzgebäck, Schokoeis	Sie müssen Schokoladenkuvertüre oder Kakaopulver enthalten. Die Kakaoerzeugnisse müssen im Erzeugnis geschmacklich deutlich wahrnehmbar sein.
Milcheis	Milcheis enthält mindestens 70 % Milch.
Marzipanfüllungen	Sie enthalten mindestens 20 % Marzipanrohmasse; andere Rohmassen und Ölsamen sind nicht erlaubt.
Marmorkuchen	Sie werden aus heller Sandmasse und mindestens 1/3 Schokoladensandmasse hergestellt.
Die Bezeichnung „Nüsse", z. B. für Nusskuchen, Nussfüllung, Nusssahnetorte, Nusseis	Unter „Nüssen" werden nur Haselnuss- und Walnusskerne verstanden; andere Nüsse wie Erdnüsse, Kokosnüsse u. a. dürfen nicht verwendet werden.

Schokoladenboden enthält Kakaopulver, Schokoladensahne enthält Schokoladenkuvertüre

Herkunftsbezeichnungen

Herkunftsbezeichnungen sind geografische Bezeichnungen, die rechtlich geschützt sind.

> **!**
>
> Die Erzeugnisse müssen in dem genannten Gebiet hergestellt werden, z. B. Nürnberger Lebkuchen, Lübecker Marzipan, Dresdner Stollen.

Lübecker Marzipan – Herkunftsbezeichnung

Gattungsbezeichnungen

Gattungsbezeichnungen sind zwar geografische Bezeichnungen, die Erzeugnisse müssen jedoch nicht aus diesem Gebiet stammen.

> **!**
>
> Gattungsbezeichnungen geben eine besondere Zusammensetzung der Rohstoffe oder typische Herstellung der Erzeugnisse an.

Beispiele für Gattungsbezeichnungen:

Gattungs-bezeichnungen	Bestimmungen nach den Leitsätzen
Wiener Masse	Sie ist eine eireiche Masse für Tortenböden und Kapseln, die im Gegensatz zur Biskuitmasse mit etwas Butter oder Margarine hergestellt wird.
Dänischer oder Kopen-hagener Plunder	Es ist ein besonders fettreiches Plundergebäck, das mindestens 600 g Fett auf 1 kg Weizenmehl des Hefeteigs enthält. Der Mindestfett-gehalt bezieht sich auf das Fett im Hefeteig und auf das Ziehfett.
Schwarzwäl-der Kirsch-sahnetorte	Sie enthält helle und/oder Schoko-ladenböden aus Wiener Masse oder Biskuitmasse. Die Schlagsahne muss deutlich nach Kirschwasser schmecken und die Torte muss mit Schokoladenspänen garniert sein.
Leipziger Lerchen	Es sind Makronengebäcke, bei denen Förmchen mit Mürbeteig oder Blätterteig ausgelegt und mit Mandelmakronenmasse gefüllt werden.
Linzer Torte oder Linzer Schnitte	Sie bestehen aus nuss- oder mandel-haltigem Mürbeteig, der mit Johannisbeerkonfitüre gefüllt ist.

Gattungsbezeichnungen werden zu Herkunfts-bezeichnungen

Die Gattungsbezeichnungen werden zu Herkunfts-bezeichnungen, wenn die Wörter „original" oder „echt" davorstehen, z. B. „echter Salzwedeler Baumkuchen" oder „original Leipziger Lerchen".

Leipziger Lerchen – Gattungsbezeichnung

LF 1.3

Aufgaben

1 Was beinhaltet das Lebensmittel- und Futtermittelgesetzbuch (LFGB)?

2 Erläutern Sie folgende Begriffe des LFGB und geben Sie Beispiele an:
- Lebensmittel
- Lebensmittelzusatzstoffe
- Verbraucher

3 Das LFGB schützt die Verbraucher. Erklären Sie folgende Schutzfunktionen und nennen Sie Beispiele aus der Konditorei:
- Schutz der Gesundheit
- Schutz vor Täuschung

4 Erklären Sie den Begriff „Leitsätze".

5 Welche rechtlichen Grundlagen haben die Leitsätze?

6 Nennen Sie Beispiele für Leitsätze für Konditoreierzeugnisse.

7 Erklären Sie folgende Begriffe und nennen Sie jeweils Beispiele für Konditoreierzeugnisse:
- Herkunftsbezeichnungen
- Gattungsbezeichnungen

8 Was besagen die Angaben „echt" und „original" bei den Gattungsbezeichnungen, z. B. „original Münchner Prinzregententorte", „echter Frankfurter Kranz"?

9 Ein Kunde kauft in Ihrer Konditorei Berliner. Er fragt Sie nach dem Herstellungsort. Als er erfährt, dass die Berliner nicht in Berlin hergestellt wurden, meint er, dass hier eine Täuschung des Verbrauchers vorläge. Geben Sie Auskunft.

Rechenaufgaben

1 Eine Konditorei bezieht fertig gemischten Cocktail-Salat von der Industrie. In einem Karton befinden sich 40 abgepackte Portionen mit je 375 g. Dem Salat dürfen laut Gesetz höchstens 2 % Sorbinsäure als Lebensmittelzusatzstoff zur Konservierung zugegeben werden. In dem gesamten Salat des Kartons befinden sich tatsächlich 225 g Sorbinsäure.
a) Wie viel kg Salat befinden sich in einem Karton?
b) Wie viel % Sorbinsäure als Lebensmittelzusatzstoff wurden in den Cocktail-Salat gegeben?
c) Wie viel g Sorbinsäure hätten laut Gesetz noch zugegeben werden dürfen?

2 Nach den Leitsätzen muss Butterstollen mindestens 40 % Butter und 70 % Trockenfrüchte enthalten, bezogen auf das Mehl im Stollen. Eine Konditorei benötigt 40 Stollen à 825 g. Der Mehlanteil im Stollenteig beträgt 32 %. Es sollen 5 kg Butter und 7 500 g Trockenfrüchte verarbeitet werden.
a) Wie viel kg Stollenteig werden benötigt?
b) Wie viel % Butter und wie viel % Trockenfrüchte befinden sich in diesem Stollenteig?
c) Um wie viel % über- bzw. unterbieten diese Butterstollen die vorgeschriebenen Mindestangaben der Leitsätze?

3 Elisenlebkuchen müssen nach den Leitsätzen mindestens 25 % Mandeln und/oder Nüsse enthalten. Eine Masse für Elisenlebkuchen wird aus folgenden Rohstoffen hergestellt: 2 kg Eiklar, 3,600 kg Zucker, 600 g Orangeat, 600 g Zitronat, 500 g süße Brösel, 500 g Weizenmehl und 120 g Lebkuchengewürz. Wie viel kg Mandeln und/oder Nüsse müssen in die Masse gegeben werden, um die Mindestanforderung zu erfüllen?

4 Mittelschwerer Hefeteig in der Rezeptur einer Konditorei enthält 12,600 kg Butter. Das sind 20 % mehr als im leichten Hefeteig.
Wie viel kg Butter enthält der leichte Hefeteig?

5 Der Schokoladenanteil eines Konfekts in der Konditorei wurde um 5 % auf jetzt 12,600 kg erhöht, damit das Konfekt als Pralinen bezeichnet werden darf, denn Pralinen müssen mindestens 25 % Schokolade enthalten.
Wie viel kg Schokolade enthielt das Konfekt?

6 Dänischer Plunder enthält nach den Bestimmungen der Leitsätze (insgesamt einschließlich des Ziehfetts) mindestens 600 g Fett auf 1 kg Weizenmehl des Hefeteigs. Es werden 9,300 kg Hefeteig für Dänische Plunder hergestellt. Die Rezeptur des Hefeteigs für 1 kg Weizenmehl enthält 120 g Butter. Aus 1 kg Weizenmehl erhält man 1860 g Hefeteig.
a) Berechnen Sie den Butteranteil für die 9,300 kg Hefeteig.
b) Wie viel kg Ziehfett werden für die 9,300 kg Hefeteig benötigt, damit die Leitsätze für Dänischen Plunder erfüllt sind?

15.2 Lebensmittelüberwachung

Überwachungsbehörden
Vom örtlichen Gewerbeaufsichtsamt aus erfolgt die Lebensmittelüberwachung aller Lebensmittelbetriebe. Die Betriebskontrollen werden von fachlich ausgebildeten Lebensmittelkontrolleuren durchgeführt. Bestimmte Hygienekontrollen können auch vom Gesundheitsamt ausgehen.

Im Lebensmittelbetrieb werden kontrolliert:
- Hygiene im gesamten Lebensmittelbetrieb und in allen Räumen
- Einhaltung der Vorschriften für Sozialräume und deren Einrichtungen
- Einhaltung der Leitsätze und gesetzlichen Bestimmungen der Konditoreiwaren
- korrekte Kennzeichnung der Waren im Verkauf
  - Kennzeichnung der Fertigverpackungen
  - Deklaration kennzeichnungspflichtiger Zutaten, z. B. Fettglasur, Lebensmittelfarben
  - Einhaltung der angegebenen Gewichtsangaben, z. B. bei eingeschweißten Gebäckschalen und anderen Fertigpackungen
- Einhaltung der Preisangabenpflicht im Verkauf

Kontrolle der Hygiene im Lebensmittelbetrieb

Betriebshygiene
- Sämtliche Betriebsräume: Produktion, Lagerung, Kühlanlagen, Laden, Café
- Einrichtungsgegenstände in allen Betriebsräumen
- Arbeitstische
- Maschinen
- Geräte
- Lieferfahrzeuge

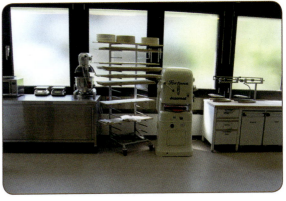

Vorbildlich gereinigte Backstube

Personalhygiene
- Vollständigkeit und Sauberkeit der Berufskleidung aller Beschäftigten im Konditoreibetrieb
- Kopfbedeckung in der Produktion und Zusammenbinden langer Haare bei allen Beschäftigten im gesamten Konditoreibetrieb
- Das hygienische Herstellen der Konditoreiwaren
- Der Betriebsinhaber muss die Bescheinigung über die Belehrung des Infektionsschutzgesetzes der Beschäftigten und das Protokoll über die jährliche Hygienebelehrung vorlegen.

Lebensmittelhygiene
- Der einwandfreie, gesundheitlich unbedenkliche Zustand der Rohstoffe und deren Lagerung im Betrieb
- Das Mindesthaltbarkeitsdatum der Rohstoffe bei der Lagerung
- Die Einhaltung der vorgeschriebenen Temperaturen in den Kühlanlagen
- Die Kontrolle des Einfrierdatums auf der Verpackung, ob die Tiefkühlzeiten der Lebensmittel bei längerer Lagerung im Froster in Ordnung sind
- Der gesundheitlich unbedenkliche Zustand der Konditoreierzeugnisse sowie deren hygienische Lagerung
- Der hygienische Transport der Konditoreierzeugnisse in den Lieferfahrzeugen

Probenentnahme der Lebensmittelkontrolleure

Die Lebensmittelkontrolleure sind berechtigt, Proben von Rohstoffen und Waren gegen Empfangsbescheinigung mitzunehmen und im Labor des Lebensmitteluntersuchungsamtes analysieren zu lassen. Auch Arbeitsgeräte (Bedarfsgegenstände) können auf ihre lebensmittelrechtliche Tauglichkeit untersucht werden, z. B. Arbeitsgeräte aus Plastik oder Edelstahl.

LF 1.3

Lebensmittelkontrolle im Labor

Probe zur Kontrolle – Gegenprobe als Beweis

Die Lebensmittelkontrolleure nehmen ein Stück eines Erzeugnisses der Konditorei als Probe zum Kontrollieren mit. Ein zweites Stück desselben Erzeugnisses versiegeln sie mit Datum und geben es dem Betriebsinhaber als amtliche Gegenprobe.

Versiegelte Proben und Gegenprobe

Der Betriebsinhaber kann die Gegenprobe von einem vereidigten anerkannten Sachverständigen überprüfen lassen und hat somit ein Beweismittel bei Anschuldigungen aufgrund des behördlichen Untersuchungsergebnisses.

Kühlpflichtige und tiefgefrorene Waren sowie Speiseeis werden sofort in die entsprechenden Kühlbehältnisse gegeben.

Zeitpunkt der Betriebskontrollen

Die Kontrollen der Lebensmittelüberwachung werden unangemeldet durchgeführt. Die Kontrolle erfolgt
• als Routinekontrolle in unregelmäßigen Abständen,
• bei einer Beschwerde eines Verbrauchers.

Haben Lebensmittelkontrolleure Beanstandungen oder nach Beschwerden der Verbraucher wird der Betrieb öfter kontrolliert.

Die unangemeldete Kontrolle beabsichtigt, dass keine Missstände beseitigt werden können, z.B. um eine einwandfreie Betriebshygiene oder Warendeklaration vorzutäuschen.

Pflichten des Lebensmittelbetriebs bei einer Kontrolle

Der Betriebsinhaber und alle Beschäftigten sind verpflichtet, die Maßnahmen der Lebensmittelkontrolleure zu dulden und sie sogar bei ihrer Arbeit zu unterstützen. Dazu gehört auch die Auskunftspflicht über die Herkunft der Rohstoffe und deren Herstellungsverfahren, die bei den Warenproben nicht zu beurteilen sind.

Pflichten der Lebensmittelkontrolleure

Die kontrollierenden Beamten der Lebensmittelüberwachung haben gewisse Regeln gegenüber dem Lebensmittelbetrieb einzuhalten:
• Die Betriebskontrolle darf nur während der üblichen Arbeits- und Geschäftszeiten erfolgen, außer es liegt ein dringender oder begründeter Fall vor.
• Die Beamten müssen auf Verlangen ihren Dienstausweis vorzeigen.
• Die Lebensmittelkontrolleure unterliegen der Schweigepflicht über die Besuche der Betriebe.
• Sie müssen unbestechlich sein.
• Die Kontrolleure müssen unauffällig, ohne Uniform und amtliches Dienstauto auftreten, sodass Kunden und Nachbarn die Überwachung nicht registrieren.

Ausweis einer Lebensmittelkontrolleurin

Verstöße gegen das Lebensmittelrecht

Haben die Lebensmittelkontrolleure etwas zu beanstanden, wird der Betrieb zuerst verwarnt und bekommt eine verhältnismäßige Geldstrafe, die sich im Wiederholungsfall erhöht.

Zeigen Geldstrafen keine Wirkung, droht eine vorübergehende Betriebsschließung. Stellen beispielsweise die Lebensmittelkontrolleure in dem Betrieb grob unhygienische Zustände fest, wird die Konditorei eine entsprechende Zeit für Säuberungsarbeiten geschlossen. Sind bei der anschließenden Kontrolle die beanstandeten Mängel beseitigt, darf die Konditorei wieder öffnen.

LF 1.3

Die letzte Konsequenz ist eine Gewerbeuntersagung. Wer die Gesundheit von Menschen gefährdet, kann sogar mit Freiheitsentzug bestraft werden, z. B. bei Salmonellenerkrankung der Kunden durch infiziertes Speiseeis oder infizierte Eier.

Aufgaben

1. Wer kommt vom Gewerbeaufsichtsamt zur Überprüfung der Lebensmittelbetriebe?
2. Beschreiben Sie, was die Überwachungsbehörden im Lebensmittelbetrieb überprüfen.
3. Erklären Sie, was von den Lebensmittelkontrolleuren in Bezug auf Hygiene in einem Lebensmittelbetrieb kontrolliert wird:
   - Betriebshygiene
   - Personalhygiene
   - Lebensmittelhygiene
4. Erläutern Sie, wie eine Probeentnahme durch die Lebensmittelkontrolleure abläuft. Beschreiben Sie die Maßnahmen einer Gegenprobe.
5. Zu welchem Zeitpunkt erfolgen die Betriebskontrollen?
6. Nennen Sie bei einer Betriebskontrolle
   - die Pflichten des Lebensmittelbetriebs,
   - die Pflichten der Lebensmittelkontrolleure.
7. Beschreiben Sie die Maßnahmen der Lebensmittelkontrolleure bei Beanstandungen und Verstößen gegen das Lebensmittelrecht.
8. Sie sind in Ihrem Betrieb für korrekte Lagerung der Rohstoffe und Konditoreierzeugnisse verantwortlich. Lebensmittelkontrolleure sollen nichts zu beanstanden haben. Damit alle Anforderungen erfüllt werden, erstellen Sie eine Liste mit den Punkten, die für die hygienische Warenlagerung von Bedeutung sind.

Rechenaufgaben

1. Die Lebensmittelkontrolleure beanstanden in einer Konditorei zum zweiten Mal einen Verstoß gegen das Lebensmittelrecht. Der Betriebsinhaber wird zu einer Geldbuße von 1 869,97 € verpflichtet. Die Strafe ist um 34 % höher als bei der ersten Beanstandung. Ermitteln Sie den Betrag, den die Konditorei beim ersten Mal bezahlen musste.
2. Im letzten Jahr ermittelten die Lebensmittelkontrolleure 84 Verstöße gegen das Lebensmittelrecht. Das sind 16 mehr als ein Jahr zuvor. Um wie viel % haben die Verstöße zugenommen?

15.3 Kennzeichnung von Lebensmitteln

Preisangabenverordnung

Preisangabenpflicht
Alle Erzeugnisse, die den Kunden angeboten werden, müssen mit Preisen ausgezeichnet sein.

Endpreise der Waren
Die Preise für Lebensmittel und Konditoreierzeugnisse beinhalten grundsätzlich die Mehrwertsteuer und sind somit Endpreise (Bruttoverkaufspreise).

Grundpreisangabe

Konditoreierzeugnisse, die nach Gewicht oder Volumen verkauft werden, müssen bei der Auszeichnung neben dem Endpreis auch den Grundpreis je kg oder Liter enthalten.
Bei einem Gewicht oder Volumen bis zu 250 g bzw. 250 ml kann auch der Grundpreis für 100 g oder 100 ml der Ware angegeben werden.

Die Verbraucher können somit die Preise bei Waren unterschiedlicher Mengen leichter vergleichen, z. B.:
- Eine Teegebäckmischung von 250 g kostet 4,75 €, 100 g kosten 1,90 €.
- 400 g Sandkuchen kosten 4,60 €, 1 kg kostet 11,50 €.
- 750 g Stollen kosten 12,30 €, 1 kg kostet 16,40 €.

Die Grundpreisangabe gilt für Fertigpackungen sowie für unverpackte, lose Ware und auch für die Werbung, z. B. Plakate, Flyer, Inserate.

Der Grundpreis auf dem Preisschild darf nicht gegenüber dem Endpreis hervorgehoben werden. Dies wäre eine Täuschung und Irreführung.

Sandkuchen
550 g € 7,15
1 kg 13,– €

Spritzgebäck
250 g € 5,50
100 g 2,20 €

Preisschilder mit Grundpreisangabe

Preisangabe ohne Grundpreis

Die Angabe des Grundpreises entfällt,
- wenn der Grundpreis mit dem Endpreis identisch ist: bei 1 kg Stollen oder 100 g Butterplätzchen.
- bei Stückangaben, z. B. Plunder- und Blätterteiggebäcke, Torten- und Dessertstückchen.

Preisschild eindeutig bei den Waren

Möglichkeiten der Preisangabe

- Preisschild
- Sammelpreisliste
- Preise in Preisschienen in Verkaufstheken
- Preisetikett auf der Fertigpackung

Bereiche der Preisangabe

Überall dort, wo Waren angeboten werden, besteht die Preisangabenpflicht, z. B.
- im Laden,
- beim Eisverkauf,
- in Verkaufstheken, Vitrinen und Schaukästen,
- im Schaufenster,
- im Café,
- bei Werbemaßnahmen, z. B. Inseraten, Prospekten.

> Die Preise müssen eindeutig und gut sichtbar bei den Waren stehen.

Preisauszeichnung vor dem Café

Am Eingang zum Café ist ein Preisverzeichnis anzubringen, aus dem die Preise für die wesentlichen Getränke und Speisen ersichtlich sind. So können sich die Menschen schon vor dem Betreten des Cafés über die Waren und Preise informieren und dann entscheiden, ob sie in das Café gehen möchten.

Speise- und Getränkekarte im Schaukasten vor dem Café

Preisauszeichnung im Café

Im Café müssen die Getränke- und Speisenkarte auf jedem Tisch ausliegen. Die Bedienung darf dem Gast diese Karten auch zum Tisch bringen und sie nach der Bestellung wieder einsammeln. Werden die Karten bei der Abrechnung nochmals verlangt, müssen sie dem Gast wieder vorgelegt werden.

Alle Preise müssen Endpreise sein, also inklusive Bedienung und Mehrwertsteuer.

Gast mit Getränke- und Speisekarte am Tisch im Café

Vorteile der Preisauszeichnung für die Kunden

- Die Kunden können Preisvergleiche anstellen.
- Da der Preis bekannt ist, können die Kunden sofort entscheiden, ob sie den Preis akzeptieren.
- Die meist unangenehmen Fragen nach dem Preis bleiben den Kunden erspart.

LF 1.3

Die Lebensmittel-Kennzeichnungsverordnung (LMKV)

Verkehrsbezeichnung

> **!**
> Die Verkehrsbezeichnungen sind die Namen von Konditoreierzeugnissen, unter denen die Verbraucher die Art und Zusammensetzung der Waren unmissverständlich erkennen.

Beispiele für Verkehrsbezeichnungen

- Stracciatellaeis ist Milch- oder Cremeeis mit Schokoladenstückchen.
- Marmorkuchen besteht aus Sandmasse, wobei ein Drittel mit Kakaopulver angerührte Schokoladenmasse ist.
- Biskuitgebäcke sind lockere, eireiche Gebäcke, die in der Rezeptur kein Fett enthalten.
- Prinzregententorte ist eine Torte mit Schokoladencreme gefüllt und mit Schokoladenkuvertüre oder Fettglasur überzogen.
- Marzipan ist ein Erzeugnis aus Mandeln und Zucker.

Prinzregententorte

Fertigpackungen

Die Lebensmittel-Kennzeichnungsverordnung gilt nur für die Kennzeichnung von Lebensmitteln in Fertigpackungen.

> **!**
> **Fertigpackungen** sind Waren in verschlossenen Verpackungen, an die man nur durch Öffnen der Verpackung gelangt. Das Verpacken und Verschließen der Waren erfolgt in Abwesenheit der Kunden.

Eingeschweißte Waren sind Fertigpackungen

Auch die in Folie eingeschweißten Konditoreierzeugnisse, z. B. Kuchen, Hefezöpfe, Stollen, Gebäckschalen und Marzipanerzeugnisse, gehören zu den Fertigpackungen.

Angaben auf Fertigpackungen

> **!**
> - **Verkehrsbezeichnung**
>   Name der Ware, der für die Verbraucher verständlich ist
>
> - **Name bzw. Firma und Anschrift des Herstellers**
>
> - **Verzeichnis der Zutaten**
>   vollständige Aufzählung der Zutaten in gewichtsmäßig absteigender Reihenfolge
>
> - **Angabe allergener Lebensmittel im Zutatenverzeichnis**
>
> - **Mindesthaltbarkeitsdatum**
>
> - **Mengenkennzeichnung**
>   Gewicht oder Volumen bei flüssigen Lebensmitteln

LF 1.3

Die sechs Angaben müssen nach der LMKV auf der Fertigpackung
- in deutscher Sprache,
- deutlich sichtbar,
- leicht lesbar und
- unverwischbar angegeben werden.

Der Preis muss aufgrund der Preisangabenpflicht zusätzlich auf der Fertigpackung stehen.

Angaben auf Fertigverpackungen

Angaben im Verzeichnis der Zutaten

Reihenfolge der Zutaten

Die Zutaten werden gewichtsmäßig in absteigender Reihenfolge genannt.

Kennzeichnung zusammengesetzter Zutaten

Zusammengesetzte Zutaten sind Erzeugnisse aus mehreren Zutaten, z.B. Marzipanrohmasse, Marzipan, Nugatmasse, Nugat, Krokant, Konfitüre, Gelee, Marmelade.

Sind 2% und mehr von diesen zusammengesetzten Zutaten in Backwaren in Fertigpackungen enthalten, müssen die einzelnen Zutaten in absteigender Reihenfolge ihres Gewichtsanteils angegeben werden.

Beispiele der Kennzeichnung zusammengesetzter Zutaten:
- Marzipan (Mandeln, Zucker)
- Nugatmasse (Haselnüsse, Zucker, Schokolade)
- Krokant (Zucker, Mandeln)
- Johannisbeerkonfitüre (Zucker, Johannisbeeren)

Kennzeichnung von allergenen Lebensmitteln

LF 1.3

Auf Fertigpackungen müssen Zutaten, die allergische oder andere unverträgliche Reaktionen auslösen, im Verzeichnis der Zutaten extra angegeben werden.
Die deklarationspflichtigen Zutaten, auf die viele Menschen allergisch reagieren, sind in der Lebensmittel-Kennzeichnungsverordnung aufgeführt:
- glutenhaltiges Getreide: Weizen, Roggen, Dinkel, Gerste, Hafer und die Erzeugnisse aus diesen glutenhaltigen Getreidearten
- Eier und Erzeugnisse mit Eiern
- Milch und Milcherzeugnisse (einschließlich Laktose)
- Schalenfrüchte: Mandeln, Haselnüsse, Walnüsse, Pistazien, Kaschunüsse, Paranüsse, Pecannüsse und Erzeugnisse daraus
- Erdnüsse und Erzeugnisse mit Erdnüssen
- Sesamsamen und Erzeugnisse mit Sesam
- Soja und Erzeugnisse mit Soja
- Sellerie und Erzeugnisse mit Sellerie
- Senf und Erzeugnisse mit Senf
- Fische und Erzeugnisse mit Fischen
- Krebstiere und Erzeugnisse mit Krebstieren
- Schwefeldioxid und Sulfite in einer Konzentration von mehr als 10 mg/kg oder 10 mg/l werden als SO_2 angegeben
- Lupinen und daraus gewonnene Erzeugnisse
- Weichtiere und daraus gewonnene Erzeugnisse

Versteckte allergene Lebensmittel

Wenn aus dem Namen der Zutat im Zutatenverzeichnis ein allergisch wirkendes Lebensmittel nicht erkennbar ist, muss genau deklariert werden, z.B.:
- Lezithin, das nicht allergen wirkt, muss deklariert werden, wenn es aus Soja hergestellt wurde. In der Zutatenliste muss deshalb „Sojalezithin" angegeben werden. Auch Speiseöl aus Soja wird als Sojaöl gekennzeichnet.
- Bei Paniermehl muss das glutenhaltige Getreide angegeben werden: Weizenpaniermehl oder Paniermehl (Weizen).
- Die Kennzeichnung „Nüsse" reicht nicht. Es muss die Nusssorte wie Haselnüsse oder Walnüsse angegeben werden.
- Bei der Verwendung von Rum muss genau angegeben werden, ob Rum oder Rum-Verschnitt (Rum mit anderem Alkohol gemischt) enthalten ist.

Einige allergene Lebensmittel

Ausnahmen der Angabenpflicht auf Fertigpackungen

In den Leitsätzen heißt es: „Die Angaben auf Fertigpackungen können weggelassen werden, wenn die Fertigpackungen in der Verkaufsstätte zur alsbaldigen Abgabe an die Verbraucher hergestellt und nicht zur Selbstbedienung angeboten werden."

Deshalb können die Angaben entfallen, z.B. bei Gebäcken und Pralinen in Zellophantütchen und Stollen im Stollenschlauch. Korrekterweise dürfen diese Verpackungen erst im Laden von der Verkäuferin mit Clips verschlossen werden, da sie sonst als Fertigpackungen gelten.

Clips an Pralinentütchen

Lebensmittelinformations-Verordnung

Ab Dezember 2014 ist die Lebensmittelinformations-Verordnung verbindlich gültig. Darin ist die Kennzeichnung der allergenen Lebensmittel auch bei unverpackten, lose verkauften Waren und Lebensmitteln Pflicht.

Auch tiefgefrorene Konditorei- und Bäckereierzeugnisse, die vor dem Verkauf schon tiefgefroren wurden und aufgetaut verkauft werden, müssen mit dem Hinweis „aufgetaut" versehen werden.

Mindesthaltbarkeitsdatum (MHD)

Aussagen des MHD
- Bis zum Zeitpunkt des Mindesthaltbarkeitsdatums behalten die Lebensmittel sowie Konditoreierzeugnisse in Fertigpackungen bei richtiger Aufbewahrung ihre Frischeeigenschaften.
- Das MHD ist kein Verfalldatum. Die Lebensmittel und Waren müssen nach Ablauf des Mindesthaltbarkeitsdatums nicht verdorben sein, die Frischeeigenschaften sind jedoch nicht mehr garantiert.
- Der Betriebsinhaber legt das Mindesthaltbarkeitsdatum fest.

Das MHD sollte nicht zu lange ausgedehnt werden, da die Frische in der Konditorei als stärkstes Werbemittel gilt. Kunden erwarten grundsätzlich frische Waren. Deshalb sollte auch das Mindesthaltbarkeitsdatum auf Fertigpackungen im Verkauf regelmäßig kontrolliert werden. Die Waren werden somit bereits vor dem Ablauf des Mindesthaltbarkeitsdatums aus dem Verkauf genommen.

Weniger als drei Monate haltbare Lebensmittel, also z. B. Konditoreierzeugnisse, müssen beim Mindesthaltbarkeitsdatum nur den Tag und Monat enthalten.

Wenn eine kühle Lagerung der Lebensmittel erforderlich ist, muss dies gekennzeichnet sein, z. B.: „bei 2 − 7 °C mindestens haltbar bis 30.06.…".

Ausnahmen ohne Angabe des Mindesthaltbarkeitsdatums

Die Angabe des Mindesthaltbarkeitsdatums auf Fertigpackungen ist nicht erforderlich bei
- Backwaren, die innerhalb von 24 Stunden die Frischeeigenschaften deutlich verlieren und in dieser Zeit gewöhnlich verzehrt werden, z. B. Brötchen,
- frischem Obst und Gemüse,
- alkoholischen Getränken mit mehr als 10 % vol Alkohol,
- Speisesalz,
- Zucker.

Kennzeichnung unverpackter Waren

In der Konditorei werden die meisten Waren unverpackt im Laden angeboten, z. B. Berliner, Bienenstich, Plunder- und Blätterteigstücke, Torten, Desserts. Die Bestimmungen der Lebensmittel-Kennzeichnungsverordnung gelten nur für Fertigpackungen.

Preisschild bei unverpackten Waren

Bei diesen losen, unverpackten Waren ist nur die Angabe des Preises Pflicht. Zur besseren Kundeninformation fertigt man in der Konditorei Preisschilder mit folgenden Angaben an:

Angaben auf einem Preisschild

Deklarationspflichtige (kennzeichnungspflichtige) Lebensmittelzusatzstoffe, z. B. künstliche Konservierungs- und Farbstoffe, müssen auch bei unverpackter Ware gekennzeichnet werden.

Standort eines Preisschilds

Die Preisangabe muss der Ware eindeutig zugeordnet sein. Aus hygienischen Gründen dürfen Preisschilder jedoch nicht auf Backwaren gestellt oder hineingesteckt, sondern müssen unmissverständlich neben der Ware angebracht werden.

Eine „Sammelpreisliste" eignet sich für Konditoreierzeugnisse mit demselben Preis, z. B. Kuchen oder Speiseeis, z. B. „1 Kugel Speiseeis kostet 1,00 €".

Sammelpreisliste

LF 1.3

Kennzeichnung von Farbstoffen

„Der Kunde kauft und isst mit den Augen."

Konditoreierzeugnisse mit ansprechender, appetitlicher Färbung lassen auf eine hohe Qualität und Frische schließen und sind deshalb verkaufsfördernd. Zum Beispiel unterstützt ein rötlicher Geleeguss auf Himbeerkuchen die natürliche und frische Farbe der Himbeeren.

Rötlich gefärbter Geleeguss

In der Konditorei unterscheidet man folgende färbende Stoffe:

Natürliche Farbstoffe	Künstliche Farbstoffe
• Eigelb • Fruchtsäfte und Gemüsesäfte • Kakaopulver • Schokoladenkuvertüre • Fettglasur • karamellisierter Zucker	Lebensmittelfarben (chemisch hergstellt)

Marmorkuchen, mit Kakaopulver gefärbte Sandmasse

Die Lebensmittelindustrie färbt bestimmte blasse Lebensmittel mit Farbstoffen, um ein appetitlicheres Aussehen zu erzeugen. Gelblich färbende, natürliche Farbstoffe wie Beta-Karotine (aus Karotten) oder Riboflavin (Vitamin B_2) dienen zum Färben für z. B. Vanilleeis, Butter, Margarine, Kaltcremepulver.

Erzeugnisse, die nicht künstlich gefärbt werden dürfen

Gesetzliche Bestimmungen §

Künstliche Farbstoffe dürfen nicht verwendet werden, wenn sie in Lebensmitteln sowie Konditoreierzeugnissen eine bessere Qualität vortäuschen.

Nicht mit künstlichen Lebensmittelfarben gefärbt werden dürfen:
• unbehandelte Lebensmittel
• Brote, Brötchen und ähnliche Erzeugnisse
• Erzeugnisse mit Eiern
• Nudeln

In der Zusatzstoff-Zulassungsverordnung im Lebensmittelrecht ist festgelegt, welche Lebensmittel mit künstlichen Farbstoffen eingefärbt werden dürfen. Dies sind in der Konditorei z. B.
• Marzipan,
• Fondant,
• Tortenguss
• Cremes,
• Dickzuckerfrüchte (außer Zitronat und Orangeat).

Gefärbte Marzipanrose

Deklaration künstlich gefärbter Lebensmittel

Gesetzliche Bestimmungen

Lebensmittel sowie Konditoreierzeugnisse, die mit künstlichen Farbstoffen gefärbt sind, müssen deklariert (gekennzeichnet) werden:
• bei Fertigpackungen auf der Verpackung in der Zutatenliste
• bei unverpackten Waren, auf einem nebenstehenden Schild, z. B. auf einem Preisschild
• im Café in Speise- und Getränkekarten

Deklaration mit dem Namen oder der E-Nummer

Alle zugelassenen Lebensmittelzusatzstoffe erhalten eine E-Nummer, die in ganz Europa gilt. E-Nummern, die mit der Zahl „1" beginnen, sind Farbstoffe.

LF 1.3

Für die Deklaration kann zusammen mit dem Begriff „Farbstoff" entweder der Name des Farbstoffs oder die E-Nummer angegeben werden:
- „mit Farbstoff Riboflavin" oder
- „mit Farbstoff E 101"

Die Deklaration kann sich auch nur auf einen Teil der Ware beziehen, z. B.:
- Verwendung von Belegkirschen mit Farbstoff: „Punschtorte mit gefärbten Kirschen (Farbstoff E 163)"
- Verwendung von gefärbten Glasuren: „Desserts: Fondant gefärbt"

Bei losen, unverpackten Waren oder auf einer Speisekarte reicht die Angabe „mit Farbstoff".

> **!**
>
> **Grundsätzliches für das Färben von Waren in der Konditorei**
> - Im Fachgeschäft sollten möglichst natürliche Farbstoffe zum Färben der Konditoreierzeugnisse verwendet werden. Sie erhöhen nicht nur die Qualität der Waren, sondern sind auch sehr werbewirksam, denn viele Verbraucher lehnen künstliche Lebensmittelzusatzstoffe ab.
> - Der Konditor vermeidet ein Überfärben der Ware mit künstlichen Farbstoffen, da es sehr unnatürlich und nicht gesund wirkt.

Aufgaben

1. Was besagt die Preisangabenverordnung in Bezug auf
   - die Preisangabenpflicht,
   - die Endpreise der Waren?
2. Erklären Sie die Grundpreisangabe.
3. In welchem Verhältnis muss die Größe des tatsächlichen Preises gegenüber der Grundpreisangabe stehen?
4. Beschreiben Sie die Preisangabe vor dem Café und im Café.
5. Nennen Sie die drei Vorteile der Preisauszeichnung für die Kunden.
6. Was versteht man unter der „Verkehrsbezeichnung"?
7. Erläutern Sie den Begriff „Fertigpackung".

8. Nennen Sie die sechs Angaben, die auf Fertigpackungen stehen müssen.
9. In welcher Reihenfolge werden die Zutaten im Verzeichnis der Zutaten genannt?
10. Erklären Sie die Kennzeichnung zusammengesetzter Zutaten im Verzeichnis der Zutaten der Fertigpackungen.
11. Ab wie viel Prozent in den Backwaren müssen die zusammengesetzten Zutaten angegeben werden?
12. Nennen Sie in der Konditorei verwendete allergene Zutaten, die im Zutatenverzeichnis der Fertigpackungen angegeben werden müssen.
13. Bei welchen Verpackungen können die Angaben der Fertigpackungen entfallen?
14. Erklären Sie, was das Mindesthaltbarkeitsdatum auf Fertigpackungen aussagt.
15. Welche Angaben stehen auf Preisschildern?
16. Wo müssen die Preisschilder für die Waren angebracht werden?
17. Zählen Sie natürliche und künstliche Farbstoffe für Erzeugnisse der Konditorei auf.
18. Nennen Sie die gesetzlichen Bestimmungen für Waren, die nicht künstlich gefärbt werden dürfen.
19. Beschreiben Sie die gesetzliche Bestimmung für die Deklaration bei künstlich gefärbten Erzeugnissen.
20. Beschreiben Sie, was grundsätzlich beim Färben von Waren beachtet werden soll.
21. Was besagen die E-Nummern auf Fertigpackungen, die mit einer „1" beginnen, wie z. B. „E 160"?
22. In Ihrer Konditorei sollen Marienkäfer aus Marzipan verkauft werden. Die Marzipanwaren sollen sowohl unverpackt als auch eingeschweißt verkauft werden. Deklarieren Sie die unverpackten Marienkäfer und die in Fertigpackungen.

LF 1.3

Rechenaufgaben

1. Ein Eierlikörkuchen von 420 g kostet 3,80 €. Errechnen Sie den Grundpreis für 100 g und für 1 kg des Eierlikörkuchens.
2. Gebäcke sollen wie folgt gemischt werden:

2,500 kg Eigelbmakronen	19,00 €/kg
4,700 kg Spritzgebäck	15,50 €/kg
3,250 kg Schwarz-Weiß-Gebäck	17,00 €/kg

   a) Wie viel kostet ¼ kg dieser Gebäckmischung?
   b) Berechnen Sie den Grundpreis für 100 g.

15.4 Vertragsrecht

Was ist ein Vertrag?

Bei einem Vertrag bestehen ein Angebot für eine Ware oder Dienstleistung und eine Nachfrage nach dieser Ware oder Dienstleistung. Voraussetzungen für das Zustandekommen eines Vertrags sind:

> Einer will verkaufen, der andere will kaufen.

Bestellung (Verkäufer) ⟷ Angebot (Käufer)

Wenn Kunden im Laden einkaufen, kommt es zum Kaufvertrag mit allen seinen rechtlichen Folgen. Rein rechtlich ist es bei einem Vertrag gleich, ob ein Stück Torte oder ein Computer bzw. Auto verkauft wird. In jedem Fall müssen die Vertragspartner ihre vereinbarten Leistungen und Gegenleistungen erbringen.

LF 1.3

Mündlicher Kaufvertrag

Ein Konditoreibetrieb ist sowohl Käufer, z. B. beim Einkauf von Rohstoffen und Maschinen, als auch Verkäufer der Konditoreierzeugnisse im Laden.

Mündlicher Kaufvertrag

Im Laden
Die Konditorei bietet Waren im Laden an. Die Kunden äußern den Kaufwunsch gegenüber der Verkäuferin. Die Verkäuferin verpackt die gewünschte Ware und der Kunde bezahlt. Bei diesem üblichen Verkaufsvorgang handelt es sich um einen mündlichen Vertrag.

Am Telefon
Als mündlicher Vertrag gilt auch eine telefonische Bestellung.

Abschluss eines mündlichen Vertrags im Café

Im Café
Das Angebot im Café wird in der Speise- und Getränkekarte bekannt gegeben. Der Gast bestellt Speisen und Getränke. Das Bestellte wird in einwandfreiem Zustand und in angemessener Zeit serviert. Vor dem Verlassen des Cafés bezahlt der Gast. Auch dieser „Bewirtungsvertrag" ist ein mündlicher Vertrag.

> **!** Ein mündlicher Kaufvertrag hat die gleiche Rechtswirkung wie ein schriftlicher Kaufvertrag

Schriftlicher Kaufvertrag

Bestellt eine Konditorei Rohstoffe, Geräte oder Maschinen, z. B. nach Katalogvorlage mit Preisangabe beim Großhandel oder entsprechend einem Angebot, geschieht dies meistens in schriftlicher Form, häufig per Fax oder E-Mail.

Die schriftliche Bestellung ist verpflichtend, da sich die Konditorei mit dem Angebot einverstanden erklärt. Der Kaufvertrag ist dadurch abgeschlossen, beide Vertragspartner müssen nun ihre Pflichten erfüllen.

Schriftlicher Kaufvertrag per E-Mail

Nimmt ein Vertreter einer Firma eine Bestellung im Betrieb auf und der Betrieb unterschreibt die Bestellung, ist auch hier ein schriftlicher Vertrag abgeschlossen worden.

Vertragsinhalt

Um Unstimmigkeiten zu vermeiden, sollten der Kaufvertrag und das Angebot möglichst genaue Angaben enthalten:
- Art der Ware und Qualität
- Menge
- Preis
- Lieferbedingungen
- Zahlungsbedingungen
- Erfüllungsort und Gerichtsstand

Pflichten der Vertragspartner

Verkäufer
- Die Angaben zu den Waren, z. B. über die Qualität, müssen stimmen.
- Die angegebenen Preise müssen eingehalten werden.
- Die angebotene Ware muss in einwandfreiem Zustand sein.
- Zusätzliche Vereinbarungen müssen eingehalten werden, z. B. Liefertermin.

Käufer
- Die bestellte Ware muss angenommen werden.
- Der Preis muss rechtzeitig bezahlt werden.

Annahme einer Warenlieferung

Anhand des Lieferscheins wird jede Ware sofort bei der Anlieferung in der Konditorei einzeln kontrolliert, ob
- alle im Lieferschein genannten Waren in der aufgeführten Menge geliefert wurden,
- die bestellte Ware in der vereinbarten Menge geliefert wurde (Belegvergleich mit der Bestellung),
- sich die Waren in einwandfreiem Zustand befinden.

Unterschreiben des Lieferscheins
Erst wenn die Bedingungen in Ordnung sind, wird der Lieferschein unterschrieben.
Wird eine Ware beanstandet, muss sie dem Verkäufer zurückgegeben werden. Mängel und Rückgaben werden auf dem Lieferschein schriftlich vermerkt.

Bis zur Übergabe haftet der Verkäufer für die Ware. Nach der Empfangsbestätigung ist der Käufer verantwortlich.

Überprüfung der Rechnung

Die Rechnung wird mit den gelieferten Rohstoffen und Waren auf dem Lieferschein verglichen.
Überprüft werden
- die in Rechnung gestellten Leistungen,
- die vereinbarten Preise und Preisnachlässe,
- die rechnerische Richtigkeit.

Rechtsansprüche bei vorhandenen Mängeln einer Lieferung

Nacherfüllung (Nachbesserung oder Ersatzlieferung)
Der Käufer hat zunächst nur Anspruch darauf, dass die fehlerhafte Ware ersetzt oder der Fehler behoben wird.

Nach Überschreitung einer angemessenen Frist oder zwei erfolglosen Versuchen der Fehlerbehebung gibt es folgende Möglichkeiten für den Käufer:
- **Minderung**
  Der Käufer bekommt einen Preisnachlass auf die beanstandete Ware. Diese Möglichkeit wird in Anspruch genommen, wenn die Ware trotz ihrer Wertminderung noch einen Nutzen für den Betrieb hat.
- **Rücktritt und Schadensersatz**
  Beim Rücktritt vom Vertrag werden die vom Käufer oder Verkäufer bereits empfangenen Leistungen zurückgegeben. Außerdem hat der Käufer Anspruch auf Schadensersatz.

Rechnungserstellung

Eine Rechnung enthält eine genaue Aufstellung über die ausgehändigten Waren, die Preise und die Zahlungsbedingungen. Dazu gehören folgende rechtlich vorgeschriebenen und kaufmännisch notwendigen Bestandteile:
- Rechnungsaussteller
- Rechnungsempfänger
- Rechnungsnummer
- Liefer- und Rechnungsdatum
- Kundennummer
- Einzelbeträge und Summe der Einzelbeträge
- Mehrwertsteuersatz und -betrag
- Rechnungsbetrag
- Zahlungsbedingungen
- Bankverbindung
- Steuernummer
- eventuell Rabatt und Skonto

Als Bestätigung für entgegengenommenes Geld kann eine vom Betrieb unterschriebene Quittung auf den Namen des Kunden ausgestellt werden.

LF 1.3

Aufgaben

1 Erklären Sie, was man unter einem Vertrag versteht.

2 Beschreiben Sie einen mündlichen Kaufvertrag im
  - Laden,
  - Café.

3 Erläutern Sie einen schriftlichen Kaufvertrag im Konditoreibetrieb.

4 Welche Pflichten haben die Vertragspartner?
  - der Verkäufer
  - der Käufer

5 Beschreiben Sie, was Sie bei der Annahme einer Lieferung beachten.

6 Wann kann man einen Lieferschein unterschreiben?

7 Beschreiben Sie, was Sie bei der Überprüfung einer Rechnung beachten.

8 Nennen Sie die Rechtsansprüche, die eine Konditorei bei Mängeln einer Lieferung hat.

9 Zählen Sie die Bestandteile einer Rechnung auf.

10 Sie liefern für eine Geburtstagsparty folgende Waren: 2 Obsttorten, 20 Berliner und 10 Prinzregentenschnitten. Erstellen Sie dafür eine Rechnung.

Rechenaufgaben

1 Für eine Einweihungsfeier bekommt eine Konditorei einen Großauftrag für 1 850 Petits Fours, die an drei Tagen geliefert werden sollen. Am ersten Tag werden 38 % davon benötigt, am nächsten Tag 620 Stück und am dritten Tag der Rest.
  a) Wie viele Petits Fours werden am ersten Tag benötigt?
  b) Berechnen Sie die Anzahl der Petits Fours, die am dritten Tag geliefert werden müssen.

2 Eine Konditorei kauft für 32 000,00 € einen Backofen. Wegen Zahlungsschwierigkeiten bezahlt die Konditorei erst acht Monate später, als im Kaufvertrag vereinbart wurde, und muss dafür 5,8 % Verzugszinsen bezahlen.
Berechnen Sie den Gesamtbetrag, den die Konditorei für den Backofen bezahlen muss.

3 Eine Firma liefert an eine Konditorei einen neuen Kaffeeautomaten für 11 275,00 €. Die Zubehörteile kosten zusätzlich 223,50 €. Die Chefin entdeckt Beschädigungen an der Oberfläche der Kaffeemaschine und bekommt 8 % Preisnachlass für den Mangel.
  a) Wie viel € Preisnachlass bekommt die Konditorei?
  b) Berechnen Sie den Betrag für den Kaffeeautomaten mit Zubehör, den die Konditorei bezahlen muss.

4 Eine Konditorei bestellt bei einer Firma eine Kühlanlage, die 32 500,00 € kostet. Nachdem die Firma wegen interner Schwierigkeiten 4 Monate später als vereinbart die Kühlanlage liefert, bezahlt die Konditorei 720,00 € weniger als vereinbart.
  a) Wie viel bezahlt die Konditorei für die Kühlanlage?
  b) Wie viel % zog die Konditorei der Firma wegen des Lieferverzugs ab?

LF 1.3

15.5 Rechtliche Bestimmungen für ein Café

Die Vorschriften zum Führen eines Cafés sind im Gaststättengesetz festgelegt.

Gaststättenkonzession

! Eine Gaststättenkonzession benötigt, wer alkoholische Getränke ausschenkt.

Café mit Alkoholausschank

Die Gaststättenkonzession ist die Erlaubnis zum Führen eines Cafés. Voraussetzungen sind geeignete Räumlichkeiten nach der Arbeitsstätten-Verordnung und das Wissen der Beschäftigten zum Führen eines Cafés. Mit dem erfolgreichen Abschluss in einem Lebensmittelberuf ist man somit berechtigt, ein Café zu führen.

Wird kein Alkohol ausgeschenkt, ist nur eine Gewerbeanmeldung erforderlich.

Alkoholausschank im Café

Die Gaststättenkonzession dient dem Schutz der Bevölkerung, insbesondere dem Schutz vor Alkoholmissbrauch.

Gesetzliche Bestimmungen der Alkohollizenz

- Bier und Wein dürfen nicht an Jugendliche unter 16 Jahren abgegeben werden.

- Spirituosen dürfen nicht an Jugendliche unter 18 Jahren abgegeben werden.

- An erkennbar Betrunkene dürfen keine alkoholischen Getränke mehr abgegeben werden.

Vorschriften für das Café

- Im Café besteht kein Trink- und Speisenzwang, d.h., Backwaren und andere Speisen können auch ohne Getränke bestellt und verzehrt oder Getränke können ohne Speisen bestellt werden.
- Neben den gesetzlichen Bestimmungen über den Alkoholausschank muss das Jugendschutzgesetz im Café eingehalten werden.
- Gemäß dem Eichgesetz muss das Volumen der Gläser deutlich mit dem Eichstrich und mit der Volumenangabe gekennzeichnet sein, wenn die Getränke ohne Flasche serviert werden, damit der Gast eine Kontrolle hat.

- Beschmutzt das Bedienungspersonal die Bekleidung eines Gastes, z. B. durch verschüttete Getränke oder Speisen, haftet der Cafébesitzer für den Schaden. Dies gilt nicht, wenn der Gast den Schaden selbst verursacht hat.
- Für den Verlust von z. B. Kleidung, Schmuck oder Taschen im Café haftet der Cafébesitzer nicht.

Aufgaben

1. Wann benötigt ein Café eine Gaststättenkonzession?
2. Erklären Sie den Begriff „Gaststättenkonzession" und welche Voraussetzungen ein Betrieb dafür erfüllen muss.
3. Ab welchem Alter darf man an Jugendliche Alkohol ausschenken?
   - Bier und Wein
   - Spirituosen
4. Im Café besteht kein Trink- und Speisenzwang. Erklären Sie dies.
5. Informieren Sie sich im Internet über das Jugendschutzgesetz und notieren Sie die Vorschriften, die im Café berücksichtigt werden müssen.

LF 1.3

Rechenaufgaben

1. Laut Gaststättengesetz ist mindestens ein alkoholfreies Getränk anzubieten, das nicht teurer ist als das preiswerteste alkoholische Getränk in gleicher Menge.
   In einem Café kosten 0,2 l Mineralwasser als preiswertestes alkoholfreies Getränk 1,80 € und als preiswertestes alkoholisches Getränk 0,33 l Bier 3,00 €.
   Ermitteln Sie, ob die gesetzliche Bestimmung eingehalten wird.
2. Die Weinbrandschwenker im Café enthalten die Eichstriche für einen einfachen und einen doppelten Weinbrand. Ein einfacher Weinbrand enthält 2 cl.
   Berechnen Sie, wie viel doppelte Weinbrand für Kaffee mit Schuss aus einer Weinbrandflasche von 0,75 l ausgeschenkt werden können, bei 4 % Schankverlust.

Berufliche Handlung

Immer mehr Menschen leiden an Übergewicht, Lebensmittelallergien sowie Lebensmittelunverträglichkeiten und an Diabetes mellitus. Ihre Konditorei plant eine Erweiterung der Speisen im Konditorei-Café für
diese Zielgruppen, um der steigenden Nachfrage gerecht zu werden und um neue Kunden zu gewinnen.

Ernährung

1. Stellen Sie die Grundlagen einer ausgewogenen und gesunden Ernährung zusammen.
2. Viele Menschen klagen über ernährungsbedingte Gesundheitsstörungen. Erklären Sie, wie Übergewicht und Untergewicht vermieden werden können.
3. Nennen und erläutern Sie die häufig vorkommende Lebensmittelunverträglichkeit, die durch die Aufnahme von Gluten ausgelöst wird.
4. Zählen Sie Lebensmittel auf, die oft Allergien auslösen.
5. Beschreiben Sie die Ursachen und Ernährungsgrundlagen bei Diabetes mellitus.

Auswahl der Konditoreierzeugnisse

6. Ergänzen Sie folgende Tabelle, nachdem Sie diese auf ein Blatt Papier übertragen haben.

Gesundheitsstörungen oder Krankheiten	Geeignete Speisen im Café
Übergewicht	
Lebensmittelallergien	
Zöliakie	

7. Machen Sie Vorschläge für Brote als Zugabe für Speisen und Frühstück und geeignete Speisen im Café, die für möglichst viele der Zielgruppen geeignet sind.

Marketing

8. Erläutern Sie allgemein, was Marketingziele sind.
9. Nennen Sie Marketingmaßnahmen, die eine Konditorei ergreifen muss, um die Marketingziele zu erreichen.

Verkaufsförderung

10. Erklären Sie, wie Konditoreierzeugnisse in den Regalen und in der Verkaufstheke optimal präsentiert werden können.
11. Die Sortimentserweiterung soll durch Werbemaßnahmen bekannt gemacht werden. Wählen Sie drei Maßnahmen aus und begründen Sie.

12. Formulieren Sie die Grundsätze beim Plakatschreiben sowie die Einteilung und die Schriftgrößen, die sowohl für die Gestaltung per Hand als auch für die Gestaltung per Computer gelten.
13. Entwerfen Sie ein Werbeplakat für den Laden, auf dem Sie die neuen Speisen vorstellen.

Das Verkaufen

14. Der Erfolg der Sortimentserweiterung hängt nicht nur von den neuen Produkten ab, sondern auch vom Verkaufspersonal. Nennen Sie die Eigenschaften, die eine Fachverkäuferin haben sollte.
15. Erklären Sie, wie eine Verkäuferin durch die nonverbale Ausdrucksweise und mit der Sprache die Sympathie der Kunden gewinnt.
16. Ein an Diabetes mellitus erkrankter Kunde wünscht zucker- und fettarme Gebäcke zum Nachmittagskaffee. Beschreiben Sie den Verkaufsvorgang von der Begrüßung, über das Empfehlen und Beraten, bis hin zum Kassieren und der Verabschiedung.
17. Wählen Sie für Feine Backwaren sowie für Torten und Desserts jeweils geeignete Verpackungsmaterialien aus.

Rechtliche Vorschriften

18. Für ein neues Gebäck schlägt eine Kollegin den Namen „echtes Hamburger Plundergebäck" vor. Diskutieren Sie, ob dies zulässig ist und nennen Sie die Bestimmungen der Leitsätze.
19. Alle im Laden und im Schaufenster angebotenen Konditoreierzeugnisse müssen mit dem Preis ausgezeichnet werden. Schreiben Sie zwei Preisschilder für 100 g Teegebäck und ein Stück Sachertorte, die den Bestimmungen der Preisangabenverordnung entsprechen.
20. Cognac-Trüffelpralinen bieten Sie in Fertigpackungen an. Zählen Sie auf, welche Angaben gemäß der bis Dezember 2014 gültigen Lebensmittel-Kennzeichnungsverordnung auf Fertigpackungen erfolgen müssen.

16 Lockerung

Situation

Ihre Kunden loben besonders häufig den lockeren Butterkuchen und Marmorkuchen. Ein Kunde, der auch selbst gerne backt, fragt Sie, ob er Marmorkuchen auch mit Hefe backen könne und Butterkuchen mit Backpulver. Sie erläutern ihm, wie die verschiedenen Lockerungsmittel wirken, welche Bedingungen sie benötigen und für welche Gebäcke sie geeignet sind.

- Was geschieht beim Vorgang der Lockerung?
- Welche Lockerungsmittel gibt es?
- Warum müssen Backwaren gelockert werden?
- Woraus besteht Hefe und wie lockert sie Teige?
- Was haben alle chemischen Lockerungsmittel gemeinsam?
- Welche chemischen Lockerungsmittel werden in Ihrer Konditorei verwendet und wie reagieren sie?
- Wieso gehören auch Milch, Sahne und Eier zu den Lockerungsmitteln?

Vorgang der Lockerung

> Bei der Lockerung der Teige und Massen bilden sich **Gase**.

> Der Kleber bzw. die verkleisterte Stärke in den Teigen und Massen hält die Gase als „Poren" fest.

> Die Backhitze und die Aromastoffe können erst jetzt durch die Poren den Teig/die Masse durchdringen.

Backhitze und Aromastoffe

durchdringen die Backwaren

Auswirkung der Lockerung auf die Backwaren

- großes Gebäckvolumen
- verdauliche, bekömmliche Gebäcke entstehen, weil die Hitze die Teige bzw. Massen durchdringt, d. h., sie werden gebacken
- die ausgebackene Krume wird schnitt- und bestreich-fähig
- das gewünschte gute Aroma entsteht, da die Aroma-stoffe durch die Poren in das Gebäck eindringen können

Ungelockerter und gelockerter Hefezopf

Die Qualität der meisten Backwaren erkennt der Konditor an der gleichmäßigen, feinporigen Krume.

16.1 Hefe – Backhefe (biologische Lockerung)

Aufbau der Hefezelle

Die Hefezelle ist ein ovaler einzelliger Pilz, der nicht ganz 1/100 mm groß ist. Jede Zelle dieser Mikroorganismen ist ein selbstständiges Lebewesen.

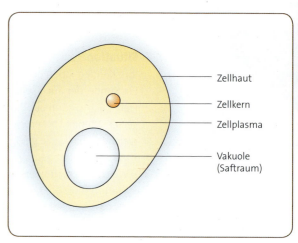

Hefezelle

Zellhaut
Zellkern
Zellplasma
Vakuole (Saftraum)

Zellhaut
Durch die poröse Zellhaut nimmt die Hefe die in Wasser gelösten Nährstoffe und den Sauerstoff auf.
Ebenso gibt sie über die Zellhaut wieder Gase ab, z. B. die Gärgase.

Zellkern
Er ist für die Vermehrung zuständig. Dabei spaltet sich der Zellkern in zwei Teile, wobei ein Teil des Zellkerns in die neu entstehende Hefezelle, die sogenannte Tochterzelle, übergeht.

Zellplasma
Es besteht hauptsächlich aus Wasser und Eiweiß. Außerdem enthält es sehr viele B-Vitamine.
Im Zellplasma finden alle Stoffwechselvorgänge der Hefezelle statt, z. B. die Gärung.

Vakuole (Saftraum)
Sie ist mit Flüssigkeit gefüllt und kann ihre Größe verändern. Ist das Zellplasma in der frischen Hefe gut genährt, zieht sich die Vakuole zusammen. Bei altem, schlecht ernährtem Zellplasma (alte Hefe) vergrößert sich die Vakuole. Die Hefe enthält daher weniger Zellplasma und ist somit triebschwächer.

Porung der Krume	Auswirkungen
	Gleichmäßig feine Porung: Bei dieser für die meisten Gebäcke idealen Porung befinden sich viele kleine, gleichmäßig große Poren aneinander. Gebäcke mit feinporiger Krume haben • den optimal guten Geschmack, • eine feine, zarte Krume, • eine schöne Form, • ein großes Volumen, • eine lange anhaltende Frische.
	Zu kleine Porung: Die Poren sind zu klein und liegen zu eng aneinander. Die Gebäcke haben • ein zu kleines Gebäckvolumen, • eine zu feste Krume, • eine ungenügende Lockerung.
	Zu grobe, ungleichmäßige Porung: Die Poren sind unregelmäßig groß und die zu großen Poren sind breitlaufend. Die Gebäcke sind deshalb • zu flach und zu breit, • zu trocken, • zu leer im Geschmack.

LF 1.4

Arten der Lockerung

Lockerungsart	Lockerungsmittel
Biologische Lockerung	• Hefe • Sauerteig
Chemische Lockerung	• Backpulver • Hirschhornsalz • Pottasche
Physikalische Lockerung	• Luft • Wasserdampf

Hefezellen (Mikroorganismen) kommen in der Natur sehr zahlreich vor. Diese wilden Hefen befinden sich in der Luft und siedeln sich dort an, wo sie ideale Lebensbedingungen vorfinden. So entstanden die ersten gelockerten Backwaren. Auch offene Fruchtsäfte beginnen zu gären. Die Backhefe wird in der Hefefabrik gezüchtet. Das Lebewesen Hefe lockert die Teige, deshalb spricht man von einer biologischen Lockerung.

Lebensbedingungen der Hefe

Wie alle Lebewesen benötigt auch die Hefe bestimmte Bedingungen zum Leben.
- **Nahrung:** Die Hefe benötigt hauptsächlich Traubenzucker. Diesen bekommt sie vom Mehl aus den Teigen.
- **Wasser:** Wasser löst den Traubenzucker, der nur in gelöster Form von der Hefe aufgenommen werden kann. In weichen Teigen erfolgt deshalb eine starke Hefetätigkeit, weil sich darin die Hefe besser ernähren kann.
- **Sauerstoff:** Sauerstoff benötigt die Hefe nur für die Vermehrung, um die Nahrung zu verbrennen. Hat die Hefe keinen Sauerstoff mehr, hört die Vermehrung auf und es beginnt sofort die Gärung. Die Gärung erfolgt somit in den sauerstoffarmen Teigen.
- **Temperaturen** beeinflussen die Tätigkeiten der Hefezellen.

Hefe bei verschiedenen Temperaturen

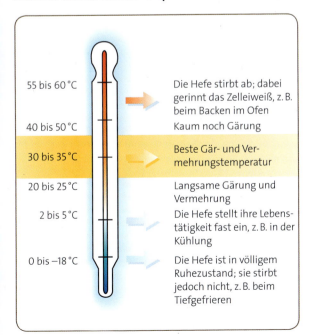

55 bis 60 °C	Die Hefe stirbt ab; dabei gerinnt das Zelleiweiß, z. B. beim Backen im Ofen
40 bis 50 °C	Kaum noch Gärung
30 bis 35 °C	Beste Gär- und Vermehrungstemperatur
20 bis 25 °C	Langsame Gärung und Vermehrung
2 bis 5 °C	Die Hefe stellt ihre Lebenstätigkeit fast ein, z. B. in der Kühlung
0 bis –18 °C	Die Hefe ist in völligem Ruhezustand; sie stirbt jedoch nicht, z. B. beim Tiefgefrieren

Hefetätigkeit bei verschiedenen Temperaturen

> **!**
> Bei 30 bis 35 °C erfolgt die schnellste Gärung und auch Vermehrung.
> - Bekommt die Hefe genügend Sauerstoff zum Atmen, vermehrt sie sich.
> - Erhält die Hefe keinen Sauerstoff, z. B. im Teig, so gärt sie.

Die Gärraumtemperatur sollte deshalb 30 bis 35 °C betragen, damit die Hefe im Teiginneren die ideale Temperatur zum Gären erhält.

Hefevermehrung

Bei der Hefevermehrung sind die günstigsten Lebensbedingungen erforderlich. Auch Sauerstoff wird benötigt.

Der Zellkern teilt sich an der Zellhaut. Es entsteht eine Auswölbung.

Die Auswölbung vergrößert sich schnell. Es entsteht die „Tochterzelle".

Die Tochterzelle schnürt sich von der Mutterzelle ab und bleibt an ihr hängen. Sie ist nun selbst lebens- und vermehrungsfähig.

Die Hefezellen bilden einen kettenähnlichen „Sprossverband", auch „Sprossung" genannt.

Hefesprossung

Eine Hefevermehrung ist bei den kurzen Vorteigführungen nicht möglich, da die Vermehrung erst ab ca. zwei Stunden Stehzeit beginnt.

LF 1.4

251

Hefegärung

Der in den Teigen vorhandene Sauerstoff ist von den Hefen schnell verbraucht. Dann schaltet die Hefe automatisch auf Gärung um.

> ⚠
> - Bei der Hefegärung nimmt die Hefe den im Wasser gelösten Traubenzucker als Nahrung auf.
> - Die Hefe **„vergärt"** nun den Traubenzucker, d. h., in der Hefe spaltet das Hefeenzym „Zymase" den Traubenzucker in **Alkohol (Ethanol)** und **Kohlenstoffdioxid (CO_2)** und gibt diese Spaltprodukte in den Teig ab.
> - Im Teig wird das Kohlenstoffdioxid zur Lockerung als Poren festgehalten. Der Alkohol verbessert den Geschmack der Backwaren.

Da bei der Hefegärung Alkohol erzeugt wird, spricht man auch von der **„alkoholischen Gärung"**.
Weil die Teige durch das „Lebewesen" Hefe gelockert werden, nennt man diese Lockerung auch **„biologische Lockerung"**.

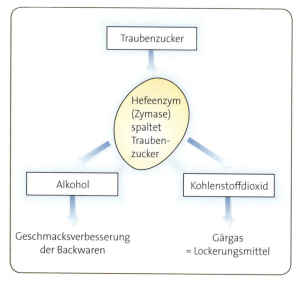

Hefegärung

Im Teig kann die Hefe den Traubenzucker, der im freien Wasser des Teigs gelöst ist, sofort vergären. Malz- und Rübenzucker müssen erst von den Hefeenzymen zu Traubenzucker abgebaut werden.
Damit genügend Hefenahrung vorhanden ist, bauen die mehleigenen Enzyme im Teig die Stärke des Mehls zu Malzzucker und dann zu Traubenzucker ab.

Auch der im Wasser gelöste Zucker der Hefeteige wird zum Teil von den Enzymen in Traubenzucker abgebaut und dient so als Hefenahrung, die die Gärung beschleunigt.

Milchzucker vergärt nicht, da weder in der Hefe noch im Mehl Enzyme zum Abbau für diesen Doppelzucker vorhanden sind. Der Milchzucker der Milch bleibt deshalb im Teig erhalten. Beim Backen bräunt er die Kruste der Hefeteiggebäcke intensiv.

Hefezugabe für Teige

Die Hefe wird für die Teigherstellung auf das Weizenmehl gebröckelt. Beim Kneten wird die Hefe im Teig gleichmäßig fein verteilt, sodass die Gärung und somit die Lockerung im gesamten Teig gleichmäßig erfolgt.

Hefe in das Mehl gebröckelt

Die stärkste und somit schnellste Hefegärung erfolgt in weichen Teigen, da darin genügend Wasser zur Verfügung steht und sich ausreichend Traubenzucker als Nahrung im Wasser löst. Weiche Teige sind leichte und mittelschwere Hefeteige, bei denen durch die geringe Fettmenge mehr Milch in den Teig gegeben wird.
Fettreiche Hefeteige enthalten wenig Wasser. Die Gärung ist darin gering, z. B. im Stollenteig. Deshalb benötigen schwere Hefeteige unbedingt einen Vorteig.

Hefezugabe auf 1 kg Mehl für

Pizzateige:	20 bis 30 g
leichte und mittelschwere Hefeteige:	60 bis 80 g
schwere Hefeteige (Stollen):	80 bis 100 g

LF 1.4

Bei der Verwendung einer zu großen Hefemenge altern Backwaren schneller

Bei normaler Hefemenge und somit langsamer Gare der Teiglinge haben die Mehlbestandteile ausreichend Zeit, zu quellen und das Teigwasser zu binden. Das gebundene Wasser wird bei der Lagerung der Gebäcke nur langsam abgegeben, sodass sich die Frischhaltung der Gebäcke verlängert. Bei zu großer Hefemenge und somit zu schneller Gare ist die Quellzeit zu gering.

Einfluss der Zutaten im Teig auf die Hefe

Salz

Kommen Salz und Hefe einige Zeit direkt zusammen, zieht das Salz das Wasser aus der Hefezelle, was zur Schwächung der Hefegärung führt. Daher beim Einwiegen der Zutaten zum Teig die Hefe und das Salz trennen.

Zucker

Eine geringe Menge Zucker im Teig, bis zu 2 % auf das Mehl berechnet, fördert die Hefegärung.
10 bis 12 % Zucker im Hefeteig verlangsamen die Gärung etwas, ohne dass dadurch Gebäckfehler auftreten.

Fett

Fett selbst beeinflusst die Hefe bei der Gärung in keiner Weise. Trotzdem erfolgt in fettreichen Teigen eine geringere Gärung.
Je höher der Fettanteil im Hefeteig, desto geringer ist die Milch- und somit die Wassermenge. Je weniger Wasser im Hefeteig enthalten ist, desto schwächer und langsamer ist die Hefegärung. Dies führt zu ungenügend gelockerten Hefeteiggebäcken.
Schwere, fettreiche Hefeteige benötigen deshalb einen Vorteil, der bei der Teigherstellung eine triebkräftige Hefe besitzt, sodass die Teige ausreichend gelockert werden.

Handelsformen der Hefe

Presshefe wiegt meistens 500 g. Sie wird in den meisten Konditoreien verarbeitet.
Für den Haushalt wird Presshefe in 42-g-Würfeln angeboten, eine für den Haushalt geeignete Menge.

Flüssighefe wird in Tanks – vorrangig für die Backwarenindustrie – geliefert. Sie ist wegen des hohen Wassergehalts nur ca. zwei Tage haltbar. Deshalb wird sie immer frisch angeliefert.

Trockenhefe ist gefriergetrocknete Backhefe, die als Pulver und Granulat angeboten wird.

Bei kühler und trockener Aufbewahrung ist Trockenhefe ein Jahr und länger lagerfähig. In unseren Konditoreien hat sie keine Bedeutung, sondern nur in Ländern mit sehr heißem Klima, wo die Presshefe schnell verderben würde.

Presshefe – Haushaltshefe 42 g und 500-g-Hefe für Backbetriebe

Lagerung der Presshefe

Die Hefe ist ca. zwei Wochen lagerfähig. Die ideale Hefelagerung erfolgt
• bei 2 bis 5 °C im Kühlschrank bzw. Kühlraum, da bei diesen kühlen Temperaturen die Hefe kaum aktiv ist,
• luftgeschützt, im luftundurchlässigen Originalverpackungspapier, damit die Oberfläche nicht so schnell austrocknet.

Tiefgefrorene Backhefe verliert deutlich an Triebkraft. Nach dem Auftauen muss die Hefe sofort verarbeitet werden, da sie schnell verdirbt.

Beurteilung der Frische

Nur frische Hefe ist triebkräftig und besitzt den typisch angenehmen Geruch und Geschmack sowie das appetitlich helle Aussehen.

Das Lebewesen Hefe bekommt von der Hefefabrik für die Zeit der Lagerung einen Nahrungsvorrat mit. Dieser reicht für die Ruhezeit bei der Lagerung aus. Bei zu langer bzw. falscher Lagerung ist der Nahrungsvorrat aufgebraucht, die Hefe verdaut sich dann selbst und stirbt dadurch ab. Diese Hefe ist für den Konditor unbrauchbar.
Die Frische der Hefe und somit die gute Gärfähigkeit ist optisch leicht feststellbar.

LF 1.4

Frischeprüfung der Presshefe

Erkennung	Frische Hefe	Alte Hefe	Verdorbene Hefe
Farbe	hellgrau, außen wie innen gleich	braune Oberfläche, vor allem an den Kanten	dunkelbraune, dicke äußere Schicht
Festigkeit	kompakt, etwas elastisch, glatte Oberfläche	rissige Oberfläche, die leicht bröckelt	zuerst ausgetrocknete, stark rissige und dann schmierige Oberfläche
Aufbrechen der Hefe	muschelartiger, kompakter Bruch (kreisförmige Ringe im Inneren), die Hefe bröckelt nicht	bröckelt sofort auseinander	zähe Konsistenz, innen klebrig
Geruch und Geschmack	angenehm frischer Hefegeruch und -geschmack	unangenehm bitter	faulig, ekelerregend

LF 1.4

Aufgaben

1. Nennen Sie die vier Auswirkungen der Lockerung auf die Backwaren.
2. Wie wirken sich bei fast allen Backwaren folgende Porungen in der Krume aus?
   - gleichmäßig feine Porung
   - zu kleine Porung
   - zu grobe ungleichmäßige Porung
3. Geben Sie die drei Lockerungsarten an und nennen Sie die in der Konditorei dafür üblichen Lockerungsmittel.
4. Beschreiben Sie den Aufbau der Hefezelle und erklären Sie deren Eigenschaften und Aufgaben.
5. Welche Lebensbedingungen benötigen die Hefezellen?
6. Beschreiben Sie die Hefetätigkeit bei folgenden Temperaturen:
   - 55 bis 60 °C
   - 40 bis 50 °C
   - 30 bis 35 °C
   - 20 bis 25 °C
   - 2 bis 5 °C
   - 0 bis −18 °C
7. Erklären Sie den Vorgang der Hefevermehrung.
8. Erklären Sie den Vorgang der Hefegärung.
9. Wie wird Hefe zur Teigherstellung in den Knetkessel gegeben?
10. Warum altern Backwaren schneller, wenn eine zu große Hefemenge in den Teig gegeben wurde?
11. Warum dürfen Salz und Hefe bei der Teigbereitung nicht zu lange zusammenkommen?
12. Beschreiben Sie, warum bei fettreichen Teigen die Gärung gering ist und wie man dies ausgleichen kann.
13. Nennen Sie die Handelsformen der Hefe.
14. Geben Sie die idealen Lagerbedingungen für Hefe an und begründen Sie die einzelnen Punkte.
15. Beschreiben Sie frische und alte Hefe in Bezug auf
    - Farbe,
    - Aufbrechen der Hefe,
    - Festigkeit,
    - Geruch und Geschmack.
16. Eine Kundin möchte von Ihnen wissen, ob sie den ganzen Hefewürfel bei der Zubereitung von Hefeteig mit 250 g Mehl verwenden könne, weil die restliche Hefe ja sowieso sehr schnell verderben würde.

16.2 Chemische Lockerung

Die drei in der Konditorei gebräuchlichen chemischen Lockerungsmittel sind

- **Backpulver**,
- **Hirschhornsalz (Ammonium)**,
- **Pottasche**.

Chemische Lockerungsmittel

Die Lockerung erfolgt durch eine chemische Reaktion, daher werden sie als chemische Lockerungsmittel bezeichnet. Bei der Reaktion aller chemischen Lockerungsmittel wird Kohlenstoffdioxid (CO_2) als Lockerungsgas in Massen und Teigen erzeugt.

Chemische Lockerungsmittel werden für Massen und Teige mit hohem Fett- und Zuckeranteil eingesetzt. Diese Massen und Teige enthalten für die Hefegärung zu wenig Wasser, das zu einer ungenügenden Lockerung führen würde.

Chemische Lockerungsmittel sind Lebensmittelzusatzstoffe, die bei unverpackten Backwaren nicht deklariert werden müssen, da sie durch die chemische Reaktion in den Massen und Teigen im fertigen Erzeugnis nicht mehr vorhanden sind.

Backpulver

Bestandteile	Wirkung
• Natron • Säure	Natron enthält das Lockerungsgas CO_2. Säure treibt das Kohlenstoffdioxid (CO_2) aus dem Natron, und zwar bei Feuchtigkeit und vor allem bei Hitze.
Stärke	Die Stärke nimmt die Luftfeuchtigkeit bei der Lagerung auf und hält so das Backpulver trocken. In trockenem Zustand reagieren Säure und Natron nicht.

Wirkung von Backpulver

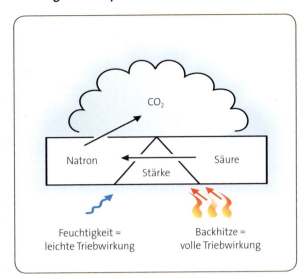

Triebwirkung von Backpulver

- Durch die Feuchtigkeit in der Masse bzw. im Teig findet darin eine leichte Kohlenstoffdioxidbildung statt.
- Die volle Triebwirkung setzt im Ofen ein. Durch Backhitze treibt die Säure das Kohlenstoffdioxid (CO_2) vollständig aus dem Natron. Das CO_2 dehnt sich durch die Backhitze in den Massen und Teigen weiter aus, dies bewirkt eine verstärkte Lockerung.

Gelockerter Sandkuchen

Versuche

a) Backpulver im Wasser auflösen, z. B. im Reagenzglas: ergibt leichtes Schäumen, bei dem nur etwas Kohlenstoffdioxid nach oben steigt.

b) Backpulverlösung erhitzen: ergibt starkes Schäumen und starke CO_2-Entwicklung. Stülpt man über das Reagenzglas einen Luftballon, so wird er durch das CO_2 aufgeblasen.

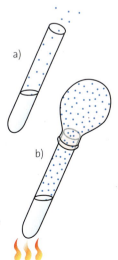

Verwendung von Backpulver

Backpulver wird für fett- und zuckerreiche Massen und Teige verwendet, z. B. Kuchen aus Sandmasse (Rührkuchen), Spekulatius, Donuts.

Die Mengenangabe auf der Rezeptur für Backpulver sollte genau eingehalten werden. Abweichende Zugaben führen zu Gebäckfehlern.

Verarbeitung von Backpulver
- Backpulver abmessen oder abwiegen, auf das Mehl geben und mit dem Mehl sieben. Das Mehl mit Backpulver bei der Herstellung in die Massen und Teige geben.
- Massen in Formen und aufgearbeitete Teige mit Backpulver sollen sofort in den Ofen geschoben werden. Das Backpulver setzt bereits in Verbindung mit der Feuchtigkeit der Massen und Teige etwas Kohlenstoffdioxid frei, das dann zur vollständigen Lockerung im Backofen fehlt.

LF 1.4

Zu viel Backpulver

Durch zu starke CO_2-Entwicklung werden die Massen zunächst sehr stark gehoben, dann kann der übergroße Gasdruck nicht mehr festgehalten werden und die Gebäcke fallen vor dem Ausbacken ein. Die Folgen sind ein unschönes, eingefallenes Gebäck und ein Wasserstreifen in der Krume.

Zu wenig Backpulver

Durch zu geringe Triebwirkung ergeben sich ein zu kleines Gebäckvolumen und eine ungenügende Lockerung der Backwaren.

Links: mangelhaft gelockertes Gebäck durch zu wenig Backpulver
Rechts: zusammengefallenes Gebäck mit Wasserstreifen durch zu viel Backpulver

Lagerung von Backpulver

Backpulver in einem gut verschlossenen Behälter in einem kühlen Raum aufbewahren.
Bei feuchter oder zu warmer Lagerung würde im Backpulver bereits während der Lagerung eine leichte Triebentwicklung entstehen. Das dabei entweichende Kohlenstoffdioxid fehlt dann bei der Lockerung der Backwaren.

Hirschhornsalz

Der Name Hirschhornsalz kommt daher, weil früher das Geweih (Horn) der Hirsche geraspelt und anschließend trocken erhitzt wurde.
Hirschhornsalz wird wegen der enthaltenen Ammoniumsalze auch kurz als Ammonium bezeichnet. Weitere Namen ergeben sich nach der chemischen Zusammensetzung AHC-Trieb (Ammoniumhydrogencarbonat) und von der veralteten Bezeichnung ABC-Trieb (Ammoniumbicarbonat).

Wirkung von Hirschhornsalz

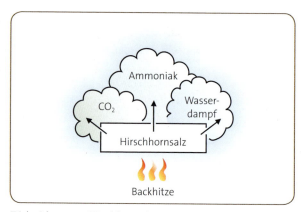

Triebwirkung von Hirschhornsalz

Hirschhornsalz zerfällt durch die Hitze im Backofen – ab ca. 60 °C – vollständig in drei Gase:
- Ammoniak: ergibt den stechenden Geruch und Geschmack
- Kohlenstoffdioxid: ist das hauptsächliche Lockerungsmittel
- Wasserdampf: entweicht

Hirschhornsalz lockert die Gebäcke großporig.

Gelockerte Amerikaner

Versuche

a) Hirschhornsalz im trockenen Zustand erhitzen, z. B. im Reagenzglas:
Es zersetzt sich und verflüchtigt sich ohne Rückstände. Dabei wird das hochsteigende Gas sichtbar und am Glasrand entsteht Kondenswasser. Das stark riechende Ammoniakgas wird frei.

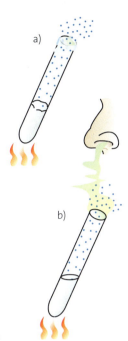

b) 5 g Hirschhornsalz und 50 g Wasser erhitzen:
Das CO_2 steigt nach oben und wird frei. Das Ammoniak hat sich im Wasser gelöst, es bleibt darin als giftiger Salmiakgeist zurück, der deutlich zu riechen ist.

Verwendung von Hirschhornsalz

Hirschhornsalz darf nur für **flache Gebäcke** verwendet werden, z. B. Lebkuchen und Kekse. Die Ausnahme sind Amerikaner, die aus einer milchhaltigen Masse bestehen. Aus den flachen Gebäcken kann das unangenehm stechend riechende und schmeckende Ammoniak beim Backen entweichen wie auch aus den großen Poren der Amerikaner.

In Backwaren mit größerem Volumen, mit feuchter Gebäckkrume kann das Ammoniak nicht entweichen und bildet mit der Gebäckfeuchtigkeit den gesundheitsschädlichen Salmiakgeist. Außerdem entsteht eine dunkle Gebäckkrume, die laugig schmeckt und übel riecht. Aus diesem Grund darf Hirschhornsalz nur für Flachgebäcke verwendet werden.

Braune Lebkuchen

Verarbeitung von Hirschhornsalz

Hirschhornsalz wird in genügend kalter Flüssigkeit wie Wasser oder Milch aufgelöst und dann im Teig bzw. in der Amerikanermasse gründlich verknetet bzw. verrührt, damit es gleichmäßig verteilt ist. Nicht aufgelöste Kristalle des Hirschhornsalzes bilden an der Gebäckoberfläche dunkle Punkte.

Hirschhornsalz hat eine sehr starke Triebwirkung. Es sollten deshalb die im Rezept stehenden Grammangaben mit einer genauen Waage sorgfältig abgewogen werden.

Lagerung von Hirschhornsalz

Da Hirschhornsalz sehr hygroskopisch (wasseranziehend) ist, muss es in gut verschließbaren Behältern gelagert werden.

Pottasche

Den Namen hat Pottasche, weil sie früher aus Holz- und Pflanzenteilen in großen Töpfen (engl. pots) hergestellt und aus Pflanzenasche ausgelaugt wurde.

Wirkung von Pottasche

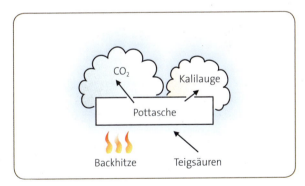

Triebwirkung von Pottasche

- Durch die Backhitze erfolgt eine leichte Kohlenstoffdioxidbildung im Teig.
- Durch die **Teigsäuren** setzt die volle Triebkraft ein.
- Zurück bleibt das Kaliumoxid, das mit der Feuchtigkeit des Teigs die schwache Kalilauge bildet.

Gelockerter Brauner Lebkuchen

Versuche

5 g Pottasche in 50 g Wasser auflösen:

a) Beim Erhitzen entsteht nur eine leichte CO_2-Bildung.

b) Gibt man Säure, z. B. Fruchtsäure oder Zitronensaft, dazu, entsteht sofort eine heftige CO_2-Bildung.

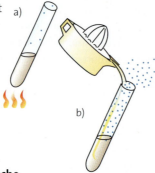

Breite Porung von Lebkuchen durch Pottasche

Verwendung von Pottasche

Pottasche wird für **Braune Lebkuchen** verwendet. Die Milchsäure, die bei der Lagerung der Lebkuchenteige entsteht, und die Säure des Honigs sind für die Reaktion der Triebwirkung verantwortlich.

Die bei der Lockerung durch Pottasche entstehende Kalilauge schwächt den Kleber des Lebkuchenteigs, sodass der Teig beim Backen leicht in die Breite treibt.
Durch die Kalilauge bleiben die Braunen Lebkuchen etwas länger weich und der Geschmack wird von der schwachen Lauge beeinflusst.

Pottasche wird für Braune Lebkuchen immer zusammen mit Hirschhornsalz verarbeitet.

Durch Pottasche entstehen breite, flache Poren. Hirschhornsalz lockert großporiger nach oben.

> **!**
>
> **Verarbeitung der Pottasche**
>
> Die körnchenförmige Pottasche wird bei der Verarbeitung in kalter Flüssigkeit wie Wasser oder Milch aufgelöst, damit sie sich gleichmäßig im Teig verteilt.
>
> Bei der Verwendung mit Hirschhornsalz werden Pottasche und Hirschhornsalz getrennt voneinander aufgelöst und auch einzeln nacheinander in den Lebkuchenteig gegeben. Beim Zusammentreffen der gelösten Triebmittel reagieren sie sofort und würden ihre Triebkraft im Lebkuchenteig verlieren.

LF 1.4

Aufgaben

1. Nennen Sie die drei in der Konditorei gebräuchlichen chemischen Lockerungsmittel.
2. Welches Lockerungsgas bilden alle chemischen Lockerungsmittel?
3. Nennen Sie die Bestandteile von Backpulver und erklären Sie, wie die Lockerung durch Backpulver zustande kommt.
4. Für welche Teige und Massen wird Backpulver verwendet? Geben Sie auch Gebäckbeispiele an.
5. Beschreiben Sie, wie Backpulver verarbeitet wird.
6. Erklären Sie, warum aufgearbeitete Teige und Massen in Formen mit Backpulver sofort in den Backofen geschoben werden sollten.
7. Beschreiben Sie die Folgen, wenn zu viel Backpulver in eine Masse gegeben wird.
8. Wie sollte Backpulver gelagert werden?
9. Erklären Sie die Wirkung von Hirschhornsalz bei der Lockerung.
10. Für welche Gebäcke darf Hirschhornsalz nur verwendet werden?
11. Wie wird Hirschhornsalz bei der Teigherstellung und für die Amerikanermasse verarbeitet?
12. Wie sollte Hirschhornsalz gelagert werden?
13. Erklären Sie die Wirkung von Pottasche bei der Lockerung.
14. Für welche Backwaren wird Pottasche verwendet?
15. Beschreiben Sie, wie Pottasche bei der Teigherstellung verarbeitet wird und wie Pottasche und Hirschhornsalz in den Teig gegeben werden.
16. Ein Kunde erzählt Ihnen, dass er einen Marmorkuchen gebacken habe der zuerst im Backofen sehr schön aufgegangen sei. Dann sei er jedoch plötzlich in der Mitte eingefallen. Sie erklären dem Kunden, woran dies gelegen haben könnte.

16.3 Physikalische Lockerung

Die physikalischen Lockerungsmittel sind:
• Luft
• Wasserdampf

Lockerung durch Luft

Durch Luft gelockerte Rohstoffe

Aufgeschlagen werden:	Aufgeblasen (aufgeschlagen) werden:	Schaumig geschlagen werden:
• **Eiklar**, z. B. für Eischnee • **Vollei (Eier)**, z. B. für – Wiener Masse – Biskuitmasse – Eiermasse der französischen Buttercreme	• **Schlagsahne**, z. B. für Sahnetorten, Sahnedesserts • **Milch**, z. B. für Kaffeegetränke wie Cappuccino und Latte Macchiato	• **Butter** • **Margarine**, z. B. für – Kuchen (Rührkuchen) aus Sandmasse – Fettcremes, Buttercremes – Spritzgebäck

Schlagsahne wird in der Konditorei fast nur noch aufgeblasen, z. B. im Sahnebläser. Trotzdem spricht man noch – nach der alten Herstellungsweise – von „aufgeschlagener Sahne".
Auch Milch wird im Kaffeeautomaten für Kaffeegetränke durch Aufblasen zu einem Milchschaum stabilisiert.

Cappuccino mit aufgeschäumter Milchhaube

Aufschlagen bzw. Aufblasen von Eiklar, Eiern, Schlagsahne und Milch

Das Eiweiß im Eiklar, in der Schlagsahne und in der Milch ist viskos, d. h., es ist zähfließend und dehnfähig. Es kann deshalb beim Aufschlagen bzw. Aufblasen die eingebrachte Luft gut festhalten.

Lockerer Eischnee

Bei Schlagsahne und Milch umschließt das elastische Fett außen die Luftbläschen und stabilisiert sie.

Schaumigschlagen von Butter und Margarine

Butter und Margarine werden schaumig geschlagen und nicht aufgeschlagen. Fett wird zwar durch Schumigschlagen gelockert, es kann jedoch nicht die eingeschlagene Luft festhalten. Somit vergrößert sich das Volumen von Fett nur gering.

Lockerung durch Wasserdampf

Mit Wasserdampf werden gelockert:
• **Blätterteig**
• **Gebäcke aus Brandmasse**

Blätterteig

Blätterteig besteht aus vielen dünnen Teig- und Fettschichten. Die Lockerung geschieht folgendermaßen:

• Das eingerollte, tourierte Ziehfett wird im Ofen durch die Backhitze flüssig.
• Das flüssige Ziehfett isoliert die einzelnen Teigschichten voneinander.
• Fett ist ein guter Wärmeleiter, sodass die Backhitze zwischen die Teigschichten gelangt und so im Teiginneren Temperaturen über 100 °C entstehen.
• Durch die hohe Backhitze verdampft das Teigwasser, sodass der Wasserdampf die vielen hauchdünnen Teigschichten einzeln wie Blätter nach oben drückt und dadurch die lockere Blätterung entsteht.
• Da die blättrigen Teigschichten locker übereinanderliegen und die Backhitze dazwischen über 100 °C beträgt, backen die inneren Schichten leicht rösch aus. Die Blätterteiggebäcke erhalten so die splittrige, rösche Beschaffenheit.

Blättrig gelockertes, splittriges Blätterteiggebäck

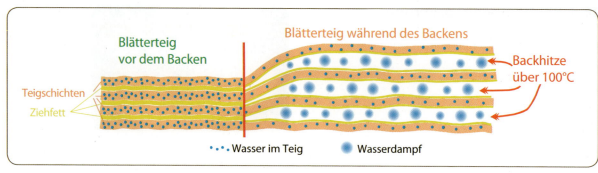

Lockerung von Blätterteig

Plunderteig

Der Plunderteig ist ein Hefeteig mit eingerolltem (touriertem) Ziehfett. Plunderteig wird gelockert durch zwei verschiedene Lockerungsarten:

- biologisch durch Hefe
- physikalisch durch Wasserdampf (wie beim Blätterteig)

Gelockertes Plundergebäck

Brandmasse

Brandmasse besitzt einen besonders hohen Anteil an Wasser. Bei der Herstellung wird die Masse abgeröstet, wobei die Stärke des Mehls bei der Verkleisterung Wasser bindet und der Kleber gerinnt, sodass eine zähe, dehnbare Masse entsteht.

- Das freie Wasser in den aufdressierten (aufgespritzten) Brandmassestücken verdampft während des Backens.
- Der starke Druck des Wasserdampfs drückt heftig nach oben und die zähe, elastische Brandmasse gibt nach und hält aber den Wasserdampf im Inneren des Stücks fest.
- Das Volumen des Brandmassestücks vergrößert sich dabei sehr stark und so lange, bis sich durch die Backhitze eine stabile Kruste gebildet hat.
- Durch die starke Ausdehnung des Wasserdampfs entstehen im Inneren der Brandmassegebäcke große Hohlräume, umgeben mit weichen Wänden.

Großes Volumen und große Hohlräume in den Brandmassegebäcken

Aufgaben

1. Nennen Sie die zwei physikalischen Lockerungsmittel.
2. Nennen Sie die Rohstoffe, die bei folgender Bearbeitung durch Luft gelockert werden, und geben Sie Beispiele von Erzeugnissen aus der Konditorei an:
   - schaumig schlagen
   - aufschlagen
   - aufblasen bzw. aufschlagen
3. Erklären Sie den Vorgang der Lockerung beim Aufschlagen bzw. Aufblasen von Eiklar, Eiern, Schlagsahne und Milch.
4. Was geschieht beim Schaumigschlagen von Butter und Margarine?
5. Nennen Sie die zwei Gebäcke, die ausschließlich mit Wasserdampf gelockert werden.
6. Beschreiben Sie die Lockerung der Blätterteiggebäcke und erklären Sie, wie es zu der splittrigen Beschaffenheit kommt.
7. Nennen Sie die zwei Lockerungsarten beim Plunderteig.
8. Erklären Sie die Lockerung der Gebäcke aus Brandmasse.
9. Schlagen Sie Schlagsahne in der Rührmaschine und im Sahnebläser auf. Vergleichen Sie die Lockerung und das Volumen der Schlagsahne.

17 Feine Backwaren aus Hefeteig

Situation

Seit einiger Zeit arbeiten Sie in der Hefeteigabteilung Ihrer Konditorei. Bevor Sie in eine andere Abteilung wechseln, sollen Sie für den nächsten Auszubildenden, der in der Hefeteigabteilung eingesetzt wird, ein Merkblatt über die Hefeteigherstellung und die Hefeteiggebäcke erstellen.

• Woraus besteht das Grundrezept für einen Hefeteig?
• Welche Hefeteigarten werden unterschieden?
• Wie wird Hefeteig hergestellt?
• Welche Vorgänge erfolgen im Hefeteig während der Teigruhe und warum ist die Teigruhe so wichtig?
• Worin unterscheiden sich die direkte und indirekte Teigführung?
• Welche Hefeteiggebäcke der verschiedenen Hefeteigarten werden angeboten?
• Wie wird Plunderteig hergestellt und zu Plundergebäcken weiterverarbeitet?

LF 1.4

Hefeteiggebäcke gehören zu den Feinen Backwaren, die nach den Bestimmungen der Leitsätze auf 90 Teile Mehl mindestens 10 Teile Fett und/oder Zucker enthalten, das ist ein Mindestanteil von ca. 11% auf das Mehl berechnet.

Da Hefeteiggebäcke im Gegensatz z. B. zu Brötchen und Broten Fett, Zucker, Eier und Aromen enthalten, werden sie manchmal als Gebäcke aus Hefefeinteig bezeichnet.

Allgemein sind in der Fachsprache und auch bei den Verbrauchern die einfachen Bezeichnungen wie Hefeteige und Hefeteiggebäcke üblich.

Einteilung der Hefeteige

Die Hefeteige werden nach dem Fettanteil im Teig eingeteilt.

Leichter Hefeteig	Mittelschwerer Hefeteig	Schwerer Hefeteig
fettarmer Hefeteig; enthält 100 bis 150 g Fett auf 1000 g Weizenmehl	Hefeteig mit mittlerer Fettmenge; enthält 150 bis 250 g Fett auf 1000 g Weizenmehl	fettreicher Hefeteig; enthält 250 g bis 500 g Fett auf 1000 g Weizenmehl
Gebäckbeispiele: • Rohrnudeln • Rosinenbrötchen • Kolatschen • Zwieback • Siedegebäcke, z. B. Berliner	**Gebäckbeispiele:** • Hefezöpfe • Rosinenstuten • Figuren aus Hefeteig • Blechkuchen, z. B. Bienenstich, Streuselkuchen, Pflaumenkuchen	**Gebäckbeispiele:** • Stollen – alle Stollenarten • Osterfladen (Osterbrote)

Die Begriffe „leichter" und „schwerer" Hefeteig sind von der Verdauung und somit Bekömmlichkeit der Hefeteiggebäcke abgeleitet.

Leichte Hefeteiggebäcke sind lockere, fettarme Gebäcke, die gut bekömmlich sind. Schwere Hefeteiggebäcke sind fettreiche Gebäcke, die etwas schwerer verdaulich sind.

Der Fettanteil von leichtem, mittelschwerem und schwerem Hefeteig ist in den Bestimmungen der Leitsätze nicht geregelt. Die Mengenangaben sind somit Erfahrungswerte aus der Praxis.

17.1 Teigherstellung der Hefeteige

Rezeptbeispiel: leichter Hefeteig
1000 g Weizenmehl, Type 550
400 g Milch
60 g Hefe
120 g Zucker
120 g Butter oder Backmargarine
150 g Eier (3 Stück)
10 g Salz
5 g Zitronenaroma
5 g Vanillearoma
1870 g Hefeteiggewicht

Teigtemperatur

Die ideale Teigtemperatur der Hefeteige sollte 24 bis 26 °C betragen. Diese Teigtemperatur wird bei einer Milchtemperatur von 14 bis 18 °C erreicht.

Bei der Verwendung von Butter sollte eine Teigtemperatur von 24 °C erzielt werden, bei der temperaturunempfindlicheren Backmargarine können es 26 °C sein.

Spiralkneter – ein Schnellkneter zur intensiven Knetung

Knetmaschine

Weizenteige, dazu gehören auch Hefeteige, benötigen Knetmaschinen mit hoher Knetgeschwindigkeit und somit intensiver, starker Knetung. Der Spiralkneter wird in den meisten Konditoreien verwendet. Zur Teigherstellung werden alle Zutaten direkt in die Knetmaschine eingewogen.

Das Kneten

Das Kneten der Hefeteige erfolgt in zwei Abschnitten, die sich durch die Knetgeschwindigkeit unterscheiden. Die angegebenen Knetzeiten beziehen sich auf einen Spiralkneter. Die Zeiten der einzelnen Knetphasen werden an den Uhren der Knetmaschine eingestellt.

Zeitschaltuhren und Einschaltknöpfe einer Knetmaschine

1. Abschnitt: Mischen der Zutaten

Zwei bis vier Minuten werden die Zutaten im Langsamgang vermischt. Nicht kürzer als zwei Minuten, länger als vier Minuten bringt keinen Vorteil.

Vorgänge beim Mischen im Langsamgang
- Die Zutaten des Hefeteigs werden sehr fein verteilt und vermischt.
- Die Mehlbestandteile und der Zucker quellen einen Großteil des Teigwassers, sodass ein Hefeteig mit grober Oberfläche entsteht.

Hefeteig nach dem Mischen

2. Abschnitt: Kneten des Hefeteigs

Im Schnellgang wird der gemischte, grobe Hefeteig kräftig geknetet. Die Knetzeiten richten sich nach dem Fettgehalt im Hefeteig:
- leichter und mittelschwerer Hefeteig: ca. sieben Minuten
  Das Fett im Hefeteig erschwert anfangs die Kleberbildung, sodass eine etwas längere Knetzeit nötig ist.
- schwerer Hefeteig: ca. vier Minuten (bei vier Minuten Mischen)

Bei einer längeren Knetzeit erwärmt sich der Hefeteig zu stark, sodass sich das weich werdende Fett schlecht mit dem Mehl bindet. Außerdem reicht die kurze Knetzeit aus, weil in den fettreichen Hefeteigen wegen des geringen Wasseranteils nur eine schwache Kleberbildung möglich ist.

Vorgänge während des Knetens im Schnellgang
- Alle Zutaten werden sehr stark zu einem einheitlichen Hefeteig zusammengemischt.
- Die Quellung der Mehlbestandteile setzt sich fort, sodass ein „wolliger", nicht klebender Hefeteig entsteht.
- Ein guter, elastischer Kleber entwickelt sich durch die starken Knetbewegungen. Dabei werden die Klebereiweiße zusammengepresst und „verkleben".

Fertig gekneteten Hefeteig erkennt man daran, dass er
- eine glatte Teigoberfläche hat,
- beim Anfassen mit bemehlten Händen kaum noch klebt.

Fertig gekneteter Hefeteig

Aufgaben
1. Unterscheiden Sie leichten, mittelschweren und schweren Hefeteig.
2. Erstellen Sie ein Rezept für einen leichten Hefeteig.
3. Welche Teigtemperatur sollen Hefeteige haben und wie wird diese erreicht?
4. Welche Knetmaschine wird für Hefeteige benötigt?
5. Nennen Sie die zwei Abschnitte beim Kneten des Hefeteigs und geben Sie jeweils die Zeiten an.
6. Beschreiben Sie die Vorgänge während des Knetens im ersten und zweiten Abschnitt.
7. Wie erkennt man einen fertig gekneteten Hefeteig?
8. Kneten Sie einen leichten Hefeteig zwei Minuten langsam und sieben Minuten schnell. Kneten Sie einen anderen leichten Hefeteig vier Minuten langsam und vier Minuten schnell. Stellen Sie daraus Hefezöpfe her. Beurteilen Sie die Gebäcke.

17.2 Teigführungsarten bei Hefeteigen

Bei der Herstellung von Hefeteigen unterscheidet man die direkte und indirekte Teigführung.

Direkte Teigführung

Bei der direkten Teigführung werden alle Zutaten in die Knetmaschine gewogen und **direkt** zu einem Hefeteig geknetet.

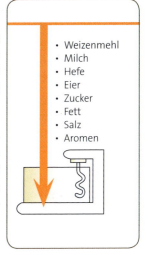

- Weizenmehl
- Milch
- Hefe
- Eier
- Zucker
- Fett
- Salz
- Aromen

Der Vorteil der direkten Teigführung ist die schnelle Herstellung eines Hefeteigs, bei dem alle Zutaten in einem Arbeitsschritt geknetet werden.

Direkte Teigführung

Indirekte Teigführung

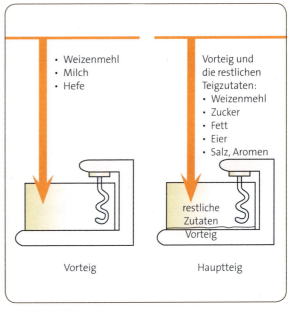

- Weizenmehl
- Milch
- Hefe

Vorteig und die restlichen Teigzutaten:
- Weizenmehl
- Zucker
- Fett
- Eier
- Salz, Aromen

restliche Zutaten
Vorteig

Vorteig

Hauptteig

Indirekte Teigführung

Bei der indirekten Teigführung wird der Hefeteig in zwei Etappen, also indirekt zubereitet.
- Zuerst wird ein Vorteig hergestellt.
- Dann wird der reife Vorteig mit den anderen Zutaten zum Hefeteig geknetet.

LF 1.4

Herstellung eines Vorteigs

Zutaten eines Vorteigs

Der Vorteig wird aus drei Rohstoffen hergestellt.
- Weizenmehl: 25 bis 40 % der Gesamtmehlmenge für den Vorteig.
- Milch: Bei leichten und mittelschweren Hefeteigen wird ¾ der Milch und bei schweren Hefeteigen die gesamte Milch in den Vorteig gegeben.
- Hefe: Die gesamte Hefemenge des Hefeteigs wird in den Vorteig gegeben.

Der Vorteig wird intensiv geknetet, bis er an der Oberfläche glatt ist. Es folgt die Stehzeit, in der der Vorteig reifen kann.

Teigausbeute: 175 bis 190
Stehzeit: 30 bis 45 Minuten

Rezeptbeispiel: mittelschwerer Hefeteig für Hefezöpfe	
Vorteig	**Hefeteig (Hauptteig)**
400 g Weizenmehl, Type 550	750 g reifer Vorteig
300 g Milch	600 g Weizenmehl, Type 550
50 g Hefe	100 g Milch
750 g Vorteig	120 g Zucker
	200 g Butter oder Backmargarine
Teigausbeute: 175	100 g Eier (2 Stück)
Teigtemperatur: 28 °C	10 g Salz
Stehzeit: 30 Minuten	Zitronen- und Vanillearoma
	1 880 g Teiggewicht

Vorteigreife

Nur ein reifer Vorteig verbessert die Gebäckeigenschaften. Die im Rezept angegebenen Stehzeiten sollen deshalb eingehalten werden. Zudem kann die Vorteigreife durch das Aussehen und vor allem durch das Abtasten des Vorteigs festgestellt werden.

Merkmale der Vorteigreife

Zu junger Vorteig	Reifer Vorteig	Zu alter (zu reifer) Vorteig
• gewölbte Teigoberfläche • zu kleines Volumen • zu starker Widerstand beim Abtasten	• ebene, grobe Teigoberfläche • großes Volumen • lockerer Vorteig, der beim Abtasten zum Einfallen neigt	• eingefallener Vorteig • kleines Volumen

Reifungsvorgänge im Vorteig während der Stehzeit
- Die Mehlbestandteile quellen und binden dabei das Wasser der Milch.
- Die Hefe wird besonders gut gärfähig, sodass in den Hefeteig eine triebkräftige Hefe geknetet wird.

Vorteile eines Vorteigs auf die Hefeteiggebäcke
- besonders lockere, weiche Gebäcke
- besserer Geschmack der Gebäcke
- längere Frischhaltung der Gebäcke

Reifer Vorteig

LF 1.4

Hefeteige mit Vorteig

Schwerer Hefeteig benötigt unbedingt einen Vorteig, damit die Gebäcke ausreichend gelockert werden, z.B. Hefeteige für Stollen, Osterfladen, Gugelhupf (Napfkuchen). Durch den hohen Fettanteil

Mit Vorteig gelockertes Gebäck aus schwerem Hefeteig

sind diese Hefeteige wasserarm, sodass die Hefe darin nur schlecht gären kann. Schwerer, fettreicher Hefeteig benötigt somit eine triebkräftige Hefe aus dem reifen Vorteig.

Auch bei leichtem und mittelschwerem Hefeteig ist ein Vorteig vorteilhaft, weil die Gebäcke dadurch eine zartere, feinporigere Krume und eine längere Frischhaltung erhalten.

Aufgaben

1. Erklären Sie die Begriffe
   - direkte Teigführung,
   - indirekte Teigführung.
2. Nennen Sie die drei Zutaten, aus denen der Vorteig hergestellt wird, und geben Sie die verwendeten Mengen an.
3. Beschreiben Sie die Führung eines Vorteigs:
   - Teigausbeute   - Stehzeit
4. Erstellen Sie ein Rezept für mittelschweren Hefeteig mit Vorteig.
5. Erklären Sie die Merkmale der Vorteigreife durch Aussehen und Abtasten von
   - zu jungem Vorteig,   - reifem Vorteig,
   - zu altem Vorteig.
6. Beschreiben Sie die Reifungsvorgänge im Vorteig während der Stehzeit.
7. Geben Sie die drei Vorteile der Vorteige für die Hefeteiggebäcke an.
8. Welche Hefeteige müssen mit Vorteig hergestellt werden, um eine ausreichende Lockerung der Gebäcke zu erzielen?
9. Stellen Sie einen leichten oder mittelschweren Hefeteig mit langsamer Vorteigführung her, wobei der Vorteig über Nacht geführt wird. Vergleichen Sie die Gebäcke mit denen, die mit kurzer und direkter Vorteigführung hergestellt wurden.

17.3 Teigruhe und Gare

Beim Kneten werden die Zutaten des Hefeteigs gleichmäßig verteilt und straff zusammengemischt. Deshalb besitzen die Hefeteige direkt nach dem Kneten eine enorme Spannung. Sie sind zäh, weil der Kleber sehr straff ist. In diesem Zustand sind die Weizenteige nicht gut zu verarbeiten. Möchte man einen Strang rollen, reißt er, weil der Teig zu kurz ist. Rollt man den Teig aus, zieht er sich immer wieder zusammen, „der Teig schnurrt". Vor dem Aufarbeiten benötigen Hefeteige deshalb eine Teigruhe.

Teigruhe

Die Teigruhe ist die Zeit nach dem Kneten eines Teigs, in der der Teig ruht, bis er weiterverarbeitet wird.

Teigruhe

Hefeteig kneten   *Hefeteig aufarbeiten*

LF 1.4

> **!**
>
> **Hefeteige benötigen eine Teigruhe von 15 bis 30 Minuten.**
> Während der Teigruhe müssen Hefeteige mit Folie abgedeckt werden, damit die Teigoberfläche nicht austrocknet und keine Haut bekommt. Die hautige, borkige Teigoberfläche würde sich nicht mehr auflösen und hart bleiben.

Vorgänge im Teig während der Teigruhe

Während der Teigruhe „reift" der Teig. Die Vorgänge während der Teigreifung wirken sich positiv auf die Verarbeitung der Hefeteige und die Qualität der Gebäcke aus.

Vorgänge im Teig während der Teigruhe	Auswirkungen
Die Mehlbestandteile quellen auf und binden das noch nicht gebundene Teigwasser.	Dadurch verlängert sich die Frischhaltung der Gebäcke, weil das gebundene Wasser nach dem Backen nur langsam von den Gebäcken abgegeben wird.
Der Kleber im Teig entspannt sich und wird wieder elastisch und dehnbar.	• Der Hefeteig mit dem elastischen Kleber lässt sich leicht verarbeiten. Beim Ausrollen reißt er nicht und der ausgerollte Hefeteig zieht sich nicht zusammen. • Dadurch haben die Hefeteiggebäcke eine glatte Oberfläche und die gewünschte Gebäckgröße.
Die Hefetätigkeit wird aktiviert und die Hefe gärt zunehmend gut.	• Der Hefeteig wird locker und lässt sich gut verarbeiten. Außerdem steht für die Teiglinge im Gärraum eine triebkräftige Hefe zur Verfügung. • Die Hefeteiggebäcke werden dadurch gut gelockert und erhalten ein schönes Volumen.

Teigreife nach der Teigruhe

Reifer Teig

Ein reifer Teig ist ein Hefeteig mit ausreichender Teigruhe. Er klebt nicht beim Anfassen mit etwas Mehl und er hat sich entspannt. So ist der lockere Teig gut aufzuarbeiten, er ist gut formbar und ausrollfähig, z. B.

- Teigstränge für Hefezöpfe sind gut formbar,
- Hefeteig für Blechkuchen ist gut ausrollfähig.

Zu junger Teig

Ein zu junger Teig ist ein zäher, straffer Hefeteig mit zu kurzer Teigruhe.

Zu alter oder überreifer Teig

Ein zu alter oder überreifer Teig ist ein Hefeteig mit zu langer Teigruhe. Dieser Teig ist an der Oberfläche ausgetrocknet.

Pressenruhe (Ballenruhe) bei Hefeteigen

In der handwerklichen Konditorei wird der Hefeteig z. B. für Hefezöpfe und Berliner zu Pressen, auch Ballen genannt, abgewogen, die meist zu 30 runden Teiglingen geschliffen (gewirkt) werden.

Der noch zu junge Hefeteig wird bei ca. halber Teigruhe zu Pressen (Ballen) abgewogen und rundgewirkt. Die straff gewirkten Teigstücke bekommen nun die restliche Teigruhe von fünf bis zehn Minuten. Dabei können sich die Teige nochmals entspannen.

Weil die Pressenruhe (Ballenruhe) hauptsächlich zur Entspannung, aber auch zur Quellung der Mehlbestandteile gegeben wird, ist der häufig verwendete Begriff Pressengare (Ballengare) fachlich nicht korrekt.

Die Gare

Zeitraum der Gare

Nach dem Aufarbeiten der Hefeteige erfolgt die Gare der fertigen Teiglinge.

- Die Gare beginnt, wenn die Teiglinge auf Backbleche gesetzt sind und in den Gärraum geschoben werden.
- Die Gärzeit ist beendet, wenn die Teiglinge genügend gelockert sind und in den Backofen geschoben werden.

Weil im Gärraum die einzelnen Teigstücke gären, wird die Gärzeit manchmal als **„Stückgare"** bezeichnet.

Wichtigster Vorgang während der Gare

Während der Gare gärt die Hefe in den Teiglingen und erzeugt dabei Lockerungsgase. Erst wenn die Teiglinge ausreichend gelockert sind und sie ein großes Volumen erreicht haben, werden sie in den Backofen geschoben.

Gärraumklima

Gärraumtemperatur: 30 bis 35 °C	Relative Luftfeuchtigkeit: 70 bis 75 %
Bei dieser Temperatur gärt die Hefe am besten.	Bei feuchter Luft bleibt die Oberfläche der Teiglinge feucht.

LF 1.4

Gärraumarmaturen: Hygrometer und Thermometer

Gärraumtemperatur

Bei 30 bis 35 °C im Teig gärt die Hefe am besten. Deshalb sollte im Gärraum diese Temperatur am Thermometer eingestellt werden.

Im Gärraum sollte jedoch die Temperatur nicht höher als 35 °C sein. Der Teig ist ein schlechter Wärmeleiter. Bei zu warmer Gärraumtemperatur gären die Teiglinge außen schneller als im Teiginneren. Die Teiglinge besitzen dann außen die ideale Gärreife, während sie innen noch zu jung sind. Die Krume bindet sich deshalb schlecht beim Backen, sodass die Gebäckkrume waagerecht reißt und abhebt.

Luftfeuchtigkeit im Gärraum

Bei modernen Gärräumen wird die gewünschte Luftfeuchtigkeit von 70 bis 75 % eingestellt und automatisch reguliert. An einem Hygrometer (Feuchtigkeitsmesser) kann die erreichte Luftfeuchtigkeit abgelesen werden.
Bei einem Gärraum ohne Hygrometer wird Schwaden (Wasserdampf) manuell nach Gefühl zur Luftbefeuchtung in den Gärraum gegeben.

Auswirkung der Luftfeuchtigkeit

Durch die hohe Luftfeuchtigkeit im Gärraum bleibt die Oberfläche der Teiglinge feucht. Nur eine feuchte Teigoberfläche ist elastisch und kann dem Druck der Gärgase von innen nachgeben. Dadurch entstehen eine gute Lockerung und ein großes Volumen der Teiglinge.

Bei zu geringer Luftfeuchtigkeit im Gärraum verhauten die Teiglinge. Sie können wegen der stabilen Teighaut dem Druck der Lockerungsgase von innen nicht nachgeben, die Haut reißt. Auch das Volumen der Teiglinge kann sich nicht vergrößern. Unbefriedigend gelockerte Gebäcke mit kleinem Volumen sind die Folge.
Die Luftfeuchtigkeit darf nicht zu hoch sein, weil sonst die Teigoberfläche zu feucht wird.

Es könnten sich Blasen an der Gebäckkruste bilden. Vor allem bei Hefezöpfen würden die Rillen der Flechtungen verkleben, sodass keine Rissbildung (Ausbund) entsteht.

Hohe Luftfeuchtigkeit im Gärraum ergibt lockere Teiglinge mit großem Volumen.

feuchte, elastische Teigoberfläche

Die elastische Teighaut kann dem Druck der Lockerungsgase im Teiginneren nachgeben.

Trockene Luft im Gärraum ergibt gering gelockerte Teiglinge mit kleinem Volumen.

stabile, dicke Teighaut

Die zu stabile Teigoberfläche kann dem Gasdruck im Teiginneren nicht nachgeben, die Teighaut reißt auf.

Gärreife

Die optimale Gärreife haben Teiglinge, wenn sie ausreichend durch die Gärgase gelockert wurden und die Gärgase vom Kleber zu Poren gut gehalten werden können. Der Zeitpunkt der optimalen Gärreife muss erkannt werden und zu diesem Zeitpunkt müssen die Teiglinge in den Backofen geschoben werden. Nur so entstehen lockere Hefeteiggebäcke mit großem Volumen und schönem Aussehen.

Gebäckfehler bei zu geringer und zu voller Gare

Zu geringe (zu kurze) Gare
- runde Gebäckform
- kleines Volumen der Gebäcke
- gering gelockerte Gebäcke mit dichter Porung

Zu volle (zu lange) Gare
- flache, breite Gebäckform
- schwacher, unschöner Ausbund
- grobe, ungleichmäßige Porung der Krume
- zu trockenes Gebäck mit wenig Geschmack

LF 1.4

Ermitteln der Gärreife

Die Gärreife bei der Gare wird durch Abtasten der Teiglinge mit den Fingern ermittelt. Eine ungefähre Beurteilungshilfe ist die Größe des Volumens der Teiglinge.

Zu geringe Gare
- noch zu starker Widerstand der Teiglinge beim Abtasten
- zu runde Form und zu kleines Volumen der Teiglinge

Richtige Gare = optimale Gärreife
- lockerer Teig mit leichtem Widerstand beim Abtasten
- der Teig ist beim Abtasten elastisch
- schöne Form und großes Volumen der Teiglinge

Zu volle Gare
- geringer Widerstand beim Abtasten, die Teiglinge neigen dabei fast zum Einfallen
- der Fingerabdruck bleibt beim Abtasten sichtbar
- zu flache Form der Teiglinge

Gärstabilität und Gärtoleranz der Teige

Gärstabile und gärtolerante Teige verbessern die Qualität der Gebäcke und gewährleisten ein großes Volumen sowie ein schönes Aussehen der Backwaren.

Ein Vorteig und eine ausreichend lange Teigruhe verbessern die Gärstabilität und Gärtoleranz der Hefeteige.

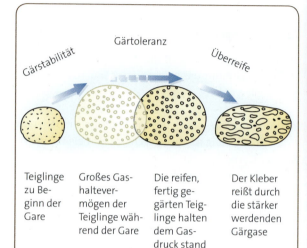

Gärstabilität	Gärtoleranz
Die Gärstabilität ist das Gashaltevermögen der Hefeteige bei der Gare. Gärstabile Hefeteige haben einen sehr dehnbaren, stabilen Kleber, der eine große Menge der Gärgase festhalten kann und nur wenige Gärgase gehen nach außen an die Luft verloren.	Die Gärtoleranz ist der Zeitraum, in dem die Teiglinge bei optimaler Gärreife dem Druck der Lockerungsgase standhalten (ihn erdulden, tolerieren) können und die Teiglinge nicht vergären. Die Gärtoleranz ist überschritten, wenn der Kleber um den meisten Poren reißt. Ein Großteil der Gärgase geht in Luft über und die Teiglinge fallen durch die Übergare zusammen.

Rohrnudeln vor der Gare

Gärreife Rohrnudeln

LF 1.4

17.4 Gebäcke aus leichtem und mittelschwerem Hefeteig

Leichter Hefeteig

Gebäcke aus leichtem Hefeteig sind fettarme Gebäcke. Sie sind
- leicht verdaulich und somit
- gut bekömmlich.

Rezeptbeispiel: leichter Hefeteig
1000 g Weizenmehl, Type 550
400 g Milch
60 g Hefe
120 g Zucker
120 g Butter oder Backmargarine
150 g Eier (3 Stück)
10 g Salz
5 g Zitronenaroma
5 g Vanillearoma
1 870 g Hefeteiggewicht

Teigtemperatur: 26 °C

Knetzeit im Spiralkneter:
2 Minuten Langsamgang,
7 Minuten Schnellgang

Teigruhe: ca. 15 Minuten

Backtemperatur: 200 °C

Gebäckbeispiele aus leichtem Hefeteig

Rohrnudeln mit Sultaninen

- In 1870 g Hefeteig (Rezeptbeispiel) 250 g Sultaninen in der Knetmaschine im Langsamgang unterarbeiten.
- Das Teigstück rundwirken und in der Schleifmaschine (Wirkmaschine) zu 30 runden Teiglingen schleifen (wirken).
- Die Teiglinge in eine gefettete Rein geben.
- Die Teiglinge bei voller Gare mit flüssiger Butter bestreichen und in den Backofen schieben.

Backen: 200 °C
Backzeit: ca. 18 Minuten

Die Rohrnudeln nach dem Backen aus der Rein bzw. aus der Form stürzen, sodass die Bodenseite oben liegt. Diese Bodenseite mit flüssiger Butter bestreichen und mit Vanillezucker bestreuen.

Aufgaben

1. Erklären Sie, wann die Teigruhe stattfindet.
2. Wie lange sollte die Teigruhe bei Hefeteigen eingehalten werden und wie wird eine Austrocknung der Oberfläche bei der Teigruhe verhindert?
3. Beschreiben Sie die Vorgänge im Hefeteig während der Teigruhe und erklären Sie die positiven Auswirkungen auf die Teigverarbeitung und die Qualität der Hefeteiggebäcke.
4. Erklären Sie folgende Stadien der Teigreife von Hefeteigen:
   - reifer Teig • zu junger Teig • zu alter Teig
5. Erläutern Sie die Pressenruhe (Ballenruhe) bei Hefeteigen, z. B. für Berliner.
6. Wann beginnt und endet die Gare?
7. Erklären Sie den wichtigsten Vorgang in den Teiglingen während der Gare.
8. Geben Sie das ideale Gärraumklima an:
   - Gärraumtemperatur
   - Luftfeuchtigkeit im Gärraum
9. Warum sollte die Gärraumtemperatur nicht höher als 35 °C sein?
10. Erklären Sie, warum Teiglinge im Gärraum eine ausreichend hohe Luftfeuchtigkeit benötigen.
11. Wann haben die Teiglinge die optimale Gärreife und was geschieht mit den Teiglingen zu diesem Zeitpunkt?
12. Wie wird die Gärreife der Teiglinge ermittelt?
13. Erklären Sie, wie man folgende Gärzustände der Teiglinge erkennt:
    - zu geringe Gare
    - richtige Gare = optimale Gärreife
    - zu volle Gare
14. Beschreiben Sie die Gebäckfehler bei
    - zu geringer Gare, • zu voller Gare.
15. Erklären Sie die Begriffe
    - Gärstabilität, • Gärtoleranz.
16. Wie können die Gärstabilität und Gärtoleranz verbessert werden?
17. Da für die Feststellung der richtigen Gärreife viel Erfahrung benötigt wird, stellen Sie in der Berufsschule 30 Teiglinge aus Hefeteig her, die Sie unterschiedlich lang im Gärraum belassen und dann backen. Sie notieren dabei den Zustand beim Abtasten der Teiglinge und beurteilen die Backergebnisse.

LF 1.4

Rohrnudeln mit Sultaninen

Rohrnudeln, gefüllt

- 1870 g Hefeteig (Rezeptbeispiel ➜ Seite 269) rundwirken und in der Schleifmaschine (Wirkmaschine) zu 30 runden Teiglingen schleifen (wirken).
- Nach ca. ⅓ Gare, wenn die Teiglinge locker sind, die Teiglinge flach drücken, entsteinte Kirschen, gebundene Sauerkirschen oder Zwetschgen einlegen.
- Den Teig über die Füllung schlagen und oben zusammendrücken.
- Die gefüllten Teiglinge mit dem Schluss nach unten in eine gefettete Rein oder in ein Schnittenblech (Alu-Rahmenblech) legen.

Rohrnudeln mit gebundenen Sauerkirschen gefüllt

Backen: 200 °C, mit Schwaden
Backzeit: ca. 18 Minuten
Die Rohrnudeln nach dem Backen aus der Rein stürzen, sodass die Bodenseite oben liegt. Diese Bodenseite mit flüssiger Butter bestreichen und evtl. mit Vanillezucker bestreuen.

Rosinenbrötchen

- In 1870 g Hefeteig (Rezeptbeispiel ➜ Seite 269) 250 g Sultaninen in der Knetmaschine im Langsamgang unterarbeiten.
- Das Teigstück rundwirken und in der Schleifmaschine (Wirkmaschine) zu 30 runden Teiglingen schleifen (wirken).
- Die runden Teiglinge auf ein mit Backpapier belegtes Blech setzen und in den Gärraum schieben.
- Die Teiglinge bei knapper Gare mit Eistreiche bestreichen und mit gehobelten Mandeln bestreuen.

Eistreiche:
Volleier mit einer großen Prise Salz verrühren.

Backen: 200 °C
Backzeit: ca. 15 Minuten

Kolatschen (Golatschen)

- 1870 g Hefeteig (Rezeptbeispiel) rundwirken und in der Schleifmaschine (Wirkmaschine) zu 30 runden Teiglingen schleifen (wirken).
- Die runden Teiglinge auf mit Backpapier belegte Backbleche setzen und in den Gärraum geben.
- Bei ca. halber Gare die Teiglinge flach drücken, sodass sie gleichmäßig dick sind.
- Auf die flachen, runden Teiglinge die Füllungen punktförmig aufspritzen:
    – Pflaumenmus in die Mitte
    – vier Punkte Mohnfüllung kreuzförmig
    – vier Punkte Quarkfüllung in die Zwischenräume
Füllung für 30 Teiglinge:
- 2 000 g Mohnfüllung ➜ Seite 326
- 1500 g Quarkfüllung ➜ Seite 326
Evtl. etwas Streusel in die Mitte aufstreuen ➜ Seite 348.
- Die Kolatschen bei knapper Gare backen.

Backen: 200 °C, Schwaden geben und nach ca. 1 Minute Zug öffnen
Backzeit: ca. 15 Minuten

Die gebackenen Kolatschen mit Fondant leicht überspritzen.

Rosinenbrötchen

Kolatschen (Golatschen)

Mittelschwerer Hefeteig

Gebäcke aus mittelschwerem Hefeteig enthalten mehr Fett im Teig als leichte Hefeteige. Deshalb sind diese Hefeteiggebäcke etwas mürber (weicher).

Rezeptbeispiel: mittelschwerer Hefeteig	
1000 g	Weizenmehl, Type 550
400 g	Milch
60 g	Hefe
120 g	Zucker
200 g	Butter oder Backmargarine
150 g	Eier (3 Stück)
10 g	Salz
5 g	Zitronenaroma
5 g	Vanillearoma
1950 g	**Hefeteiggewicht**

Teigtemperatur: 26 °C

Knetzeit im Spiralkneter:
2 Minuten Langsamgang,
7 Minuten Schnellgang

Teigruhe: ca. 15 Minuten

Hefeteiggebäcke
- Hefezöpfe
- Rosinenstuten
- Pinzas
- Figuren aus Hefeteig
- Blechkuchen, z. B. Bienenstich, Streuselkuchen, Pflaumenkuchen, Butterkuchen, Apfelkuchen, Mohnkuchen, Quarkkuchen, Eierschecken

Hefezöpfe

Für Rosinenhefezöpfe werden in den fertig gekneteten mittelschweren Hefeteig vom Rezeptbeispiel (➔ oben) noch 200 g gewaschene Sultaninen in der Knetmaschine im Langsamgang untergearbeitet.

Teigstücke zum Flechten
- Vom Hefeteig Teigstücke abwiegen, z. B. 100-g-Teigstücke für Dreistrangzöpfe.
- Für Vier-, Fünf- und Sechsstrangzöpfe Teigstücke von 2100 g bis 2400 g abwiegen und in der Schleifmaschine (Wirkmaschine) zu 30 runden Teiglingen schleifen (wirken). Die einzelnen Teigstücke können auch in Teigteilen mit beliebigen Gewichten abgewogen werden.

Geschliffene (gewirkte) Hefeteiglinge

Flechten zu Hefezöpfen
- Die Teiglinge mit etwas Mehl zu Strängen rollen.
- Durch das Rollen mit etwas Mehl erhalten die Stränge an der Oberfläche eine dünne Mehlschicht. So kleben die Flechtungen nicht zusammen, es entsteht ein schöner Ausbund.
- Die Stränge locker zu einem Zopf flechten, auf gefettete oder mit Backpapier belegte Backbleche setzen und in den Gärraum schieben.

Flechten von Hefezöpfen

Backen: 190 °C, Schwaden geben

> **!**
> Bei Hefezöpfen, die mit Eistreiche bestrichen sind, keinen Schwaden geben.

Backzeit: ca. 25 Minuten

Hefezöpfe werden entweder nach dem Backen glasiert oder die unglasierten Hefezöpfe werden vor dem Backen mit Eistreiche bestrichen.

Hefezöpfe mit Eistreiche bestreichen
Nach der Gare die Hefezöpfe mit Eistreiche bestreichen und mit gehobelten oder gestiftelten Mandeln bestreuen. Die mit Eistreiche bestrichenen Hefezöpfe in den Backofen ohne Schwaden schieben.

LF 1.4

Möglichkeiten der Herstellung von Eistreiche

- Vollei mit 1 Prise Salz verrühren
- 1 Eigelb und 20 g Milch verrühren
- 1 Vollei, 1 Eigelb, 20 g Milch und 1 Prise Salz verrühren

Durch das Salz werden die Dotterhaut und die Hagelschnur der Eier entzäht, sodass die Eistreiche gut streichfähig ist.

Glasieren der Hefezöpfe

- **Aprikotur**
  Die Hefezöpfe sofort nach dem Backen aprikotieren ➡ Seite 321.
- **Fondant**
  Auf die angetrocknete Aprikotur den temperierten Fondant glasieren ➡ Seite 322.

Sofort nach dem Bestreichen mit dem Fondant können auf die glasierten Hefezöpfe zur Verschönerung geröstete, gehobelte Mandeln gestreut werden.

Mit Eistreiche bestrichene Hefezöpfe

Glasierte Hefezöpfe

Flechtungen für Hefezöpfe

LF 1.4

Dreistrangzopf

Die Stränge an ihren oberen Enden zusammendrücken.

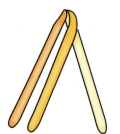

Den rechten Außenstrang nach links führen und als Mittelstrang ablegen.

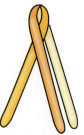

Den linken Außenstrang nach rechts führen und als Mittelstrang ablegen.

Nun abwechselnd den rechten und linken Außenstrang als Mittelstrang ablegen.

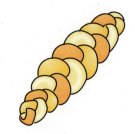

Der Dreistrangzopf mit konisch geformten Strängen.

Hoher Vierstrangzopf

linker Oberstrang   rechter Oberstrang

linker Unterstrang   rechter Unterstrang

Ausgangsstellung:
Vier Stränge zum Kreuz legen und in der Mitte zusammendrücken.

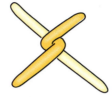

Den rechten Oberstrang mit der rechten Hand nach links unten und gleichzeitig den linken Unterstrang mit der linken Hand nach rechts oben ablegen. Dabei überkreuzen sich die Arme des Konditors nicht.

Den linken Oberstrang mit der linken Hand nach rechts unten und gleichzeitig den rechten Unterstrang nach links oben ablegen. Auch hier überkreuzen sich die Arme nicht.

Den rechten Oberstrang mit der rechten Hand nach links unten und gleichzeitig den linken Unterstrang mit der linken Hand nach rechts oben ablegen usw. Beim Flechten überkreuzen sich die Arme nicht.

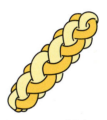

Die Strangenden zusammendrücken und unter den Zopf einbiegen.

Fünfstrangzopf – Spindelform

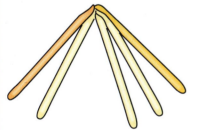

Ausgangsstellung: drei Stränge rechts und zwei Stränge links.

Mit der rechten Hand den rechten und mit der linken Hand den linken Außenstrang hochheben. Den rechten Außenstrang unter den linken nach links außen ablegen. Dann den linken Außenstrang darüber als linken Innenstrang ablegen.

Den linken Mittelstrang über den linken Innenstrang legen. Es liegt wieder die Ausgangsstellung mit drei rechten und zwei linken Strängen vor.

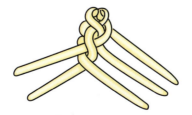

Die Flechtung wird bis zum Schluss so weitergeführt. Dabei sollte immer auf die wiederkehrende Ausgangsstellung geachtet werden.

Den fertig geflochtenen Zopf nach links drehen, sodass sich obenauf eine schöne Spindel zeigt und die Fenster unten liegen.

Sechsstrangzopf Wiener Art

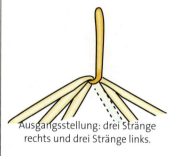

Ausgangsstellung: drei Stränge rechts und drei Stränge links.

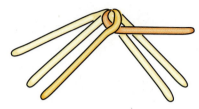

Die linke Hand hebt den linken Mittelstrang, die rechte Hand den rechten Außenstrang. Den linken Mittelstrang unter den Außenstrang nach rechts außen ablegen. Dann den rechten Außenstrang darüber als linken Innenstrang ablegen.

Das Ganze jetzt seitenverkehrt. Den rechten Mittelstrang (rechte Hand) unter den linken Außenstrang nach links außen ablegen. Dann den linken Außenstrang (linke Hand) darüber als rechten Innenstrang ablegen.

Nun führt man die Flechtung abwechselnd bis zum Schluss so weiter. Den Mittelstrang auf der anderen Seite außen ablegen. Den Außenstrang auf der anderen Seite als Innenstrang ablegen.

Der Wiener Sechsstrangzopf mit den typischen seitlichen „Fenstern".

Der Wiener Sechsstrang von oben gesehen.

Sechsstrangzopf Münchner Art

Ausgangsstellung: Der rechte Innenstrang wird als Oberstrang abgelegt. Zuerst erfasst die rechte Hand den linken Außenstrang, dann die linke Hand den Oberstrang.

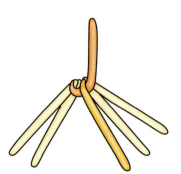

Den linken Außenstrang nach oben führen, er wird neuer Oberstrang. Den Oberstrang als rechten Innenstrang ablegen. Den neuen Oberstrang grundsätzlich in der Hand behalten und niemals auslassen.

Die linke Hand nimmt den rechten Außenstrang und führt ihn nach oben zum neuen Oberstrang (festhalten). Den Oberstrang als linken Innenstrang ablegen.

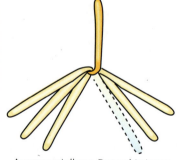

Den linken Außenstrang mit der rechten Hand nach oben führen usw. Die Flechtung bis zum Schluss so weiterführen: Der Außenstrang wird zum neuen Oberstrang. Der Oberstrang wird auf der anderen Seite Innenstrang.

Münchner Sechsstrang

LF 1.4

Rosinenstuten

In 1950 g Hefeteig des Rezeptbeispiels (→ Seite 271) 250 g Sultaninen im Langsamgang unterarbeiten.

- 550 g Hefeteig abwiegen und rundwirken.
- Die Teigstücke länglich formen und in gefettete Kastenformen legen, z. B. in Toastbrotformen.
- Die Hefestuten bei voller Gare mit der Schere mehrfach von der Mitte nach außen schräg einschneiden.

Backen: 190 °C, mit Schwaden

Rosinenstuten

Figuren aus Hefeteig, z. B. Osterhasen

- Von dem Hefeteig des Rezeptbeispiels (→ Seite 271) nach der Teigruhe jeweils ein Teigstück mit 1600 g, 1400 g und 1200 g abwiegen und die drei Teigstücke rundwirken.
- Ca. 5 Minuten Teigruhe.
- Die drei Teigstücke in der Schleifmaschine (Wirkmaschine) zu je 30 runden Teiglingen schleifen (wirken).

Osterhasen aus Hefeteig

- Auf ein mit Backpapier belegtes Backblech drei Teiglinge mit unterschiedlichem Gewicht zu Osterhasen in einer Reihe aneinandersetzen:
  – jeweils ein Teigling unten: 1600-g-Teigstück,
  – ein Teigling in der Mitte: 1400-g-Teigstück,
  – ein Teigling oben: 1200-g-Teigstück.
- Nach ca. halber Gare die Teiglinge mit Eistreiche bestreichen.
- Den unteren, größeren Teigling mit gestifteten Mandeln bestreuen.
  Den oberen, kleineren Teigling mit einer Schere teilen, sodass zwei Ohren entstehen.
- Die Osterhasen in den Ofen schieben.

Ohren der Osterhasen schneiden

Backen: 200 °C, ohne Schwaden

Ausgarnieren der Osterhasen

Die Augen und den Bart mit Eiweißspritzglasur (→ Seite 483) spritzen. Auf die Augen je eine Sultanine setzen.

Zur längeren Frischhaltung können die Osterhasen in Folienbeutel verpackt oder eingeschweißt werden.

Blechkuchen aus Hefeteig

Bekannte Blechkuchen aus Hefeteig sind:

- Streuselkuchen
- Pflaumenkuchen
- Mohnkuchen
- Eierschecken
- Butterkuchen
- Bienenstich
- Quarkkuchen

Hefeteiggewichte für übliche Blechgrößen	
Schnittenblech (Alu-Rahmenblech) von 60 × 40 cm	1300 g Hefeteig
Backblech von 78 × 58 cm = Normgröße eines Backblechs	2600 g Hefeteig

Hefeteig auf ein Blech legen

- Den Hefeteig abwiegen und rechteckig formen.
- Den Hefeteig auf Blechgröße ausrollen, ca. 3 mm dick, und in das Schnittenblech bzw. auf das Backblech gleichmäßig dick auslegen.
- Den Hefeteig auf dem Blech stippen. Durch die kleinen Öffnungen können die Gärblasen beim Backen entweichen, sonst würden starke Wölbungen entstehen.

Stippen eines Hefeteigs

Gärreife

Den Hefeteig nach knapper Gare mit Obst oder Füllungen belegen bzw. bestreichen und dann in den Backofen schieben.

Wird der Hefeteig bei knapper Gare gebacken, ergibt dies eine kleinporige Lockerung und der Hefeteig der Blechkuchen ist weich und geschmackvoll. Bei voller Gare wird der Hefeteig zu grobporig, trocknet schneller aus und verliert an Geschmack.

Belag auf den Hefeteig aufbringen

Den Belag, z.B. Zwetschgen, Äpfel, Mohn- oder Quarkfüllung und Streusel, bis zum Blechrand gleichmäßig belegen bzw. verstreichen.

- So erhalten alle Stücke die gleiche Menge an Belag.
- Nach dem Backen müssen nur schmale Ränder weggeschnitten werden, sodass wenig Verschnitt entsteht.

Backen: 210 °C
Backzeit: ca. 20 Minuten, ca. 25 Minuten bei dicken Füllungen wie beim Mohn- und Quarkkuchen

Entwickeln sich beim Backen Wölbungen auf dem Blechkuchen, sticht man während des Backens mit einem spitzen Messer ein, sodass die Gase entweichen können. Der Blechkuchen wird wieder gleichmäßig eben.

Der Blechkuchen ist fertig gebacken, wenn er an der Unterseite hellbraun ist.

Fertig gebackener Blechkuchen

Schneiden der Blechkuchen

- Die Ränder des Blechkuchens dünn wegschneiden, da der Kunde die Randstücke nicht wünscht.
- Den Blechkuchen in gleich große rechteckige Stücke schneiden, z.B. 9,5 × 6 cm.

Ränder des Blechkuchens dünn abschneiden

Streuselkuchen

1300 g Hefeteig für 1 Blech von 60 × 40 cm
875 g Streusel
evtl. 900 g Vanillecreme ➡ Seite 328

Rezeptbeispiel: Streusel
250 g Zucker 250 g Butter oder Backmargarine 375 g Weizenmehl 　　　große Prise Salz 　　　Zitronen- und Vanillearoma
875 g Streusel
• Weiche Butter, Zucker, Salz und Aromen glatt arbeiten. • Das Weizenmehl unterarbeiten, bis ein streuselfähiger Mürbeteig entsteht. • Streusel kühl stellen und dann durch ein grobmaschiges Sieb drücken, damit gleichmäßig große Streusel entstehen. • Streusel kühl stellen, damit die einzelnen, gleichmäßig großen Streusel fest bleiben und beim Bestreuen nicht kleben.

- Den Hefeteig auf dem Blech nach knapper Gare mit Wasser bestreichen.
- 875 g Streusel gleichmäßig verteilt aufstreuen.
- Auf den Streusel Zimtzucker und gehobelte Mandeln streuen.

LF 1.4

Streuselkuchen mit Vanillecreme

Als Alternative kann der Streuselkuchen auch mit Vanillecreme hergestellt werden, damit er nicht so trocken wirkt.

Auf den Hefeteig nach knapper Gare 900 g Vanillecreme (→ Seite 328) gleichmäßig verstreichen und darauf Streusel, Zimtzucker und gehobelte Mandeln streuen.

Backen: 210 °C
Backzeit: ca. 20 Minuten

Einspritzen von Butter in den Hefeteig

Streuselkuchen mit Vanillecreme

> **Bestimmungen der Leitsätze**
> - Bei „Butterstreuselkuchen" darf für den Hefeteig und für den Streusel als Fett nur Butter verwendet werden.
> - Der Gesamtbuttergehalt beträgt mindestens 30 %, bezogen auf das Mehl im Hefeteig.

Butterkuchen

1300 g Hefeteig für 1 Blech von 60 × 40 cm,
250 g Butter
- 250 g Butter schaumig rühren und in einen Dressierbeutel (Spritzbeutel) mit einer 11-mm-Lochtülle einfüllen.
- Nach knapper Gare Buttertupfen in kurzen Abständen, ca. 1,5 cm, in den Hefeteig einspritzen.
  Damit die Butter in den Hefeteig gelangt, können Vertiefungen, z. B. mit Zeige- und Mittelfinger, in den Hefeteig gedrückt werden.
- Obenauf mit Zimtzucker und gehobelten Mandeln bestreuen.

Backen: 210 °C
Backzeit: ca. 17 Minuten

Butterkuchen

> **Bestimmungen der Leitsätze**
> - Bei Butterkuchen darf als Fett nur Butter verwendet werden. Dies bezieht sich auf den Hefeteig und auf die eingespritzte Butter.
> - Der Gesamtbutteranteil beträgt mindestens 30 %, bezogen auf das Mehl im Hefeteig.

Bienenstich

Für 1 Blech von 60 × 40 cm:
1600 g Hefeteig
1000 g Röstmasse
1500 g leichte Vanillecreme

Rezeptbeispiel: Röstmasse für Bienenstichaufstrich	
250 g Zucker 100 g Honig 100 g Butter 250 g Sahne 50 g Glukosesirup	Die Zutaten im Kupferkessel auf 107 °C erhitzen.
250 g gehobelte, geröstete Mandeln	Mandeln in die kochende Masse einrühren und sofort auf den Hefeteig aufstreichen.
1000 g Röstmasse	

LF 1.4

<table>
<tr><td colspan="2">

Rezeptbeispiel: leichte Vanillecreme

</td></tr>
</table>

1000 g Milch 100 g Cremepulver 100 g Eigelb (5 Stück)	• Im Kupferkessel unter ständigem Rühren zu Vanillecreme kochen.
150 g Eiklar (5 Stück) 150 g Zucker 1 Prise Salz (ca. 2 g)	• Eischnee aufschlagen und unter die fertige, kochende Vanillecreme heben.
1500 g leichte Vanillecreme	• Die leichte Vanillecreme sofort in heißem Zustand auf den Hefeteigboden streichen.

Nach knapper Gare die heiße Röstmasse gleichmäßig dünn auf den Hefeteig verstreichen.

Backen: 210 °C
Backzeit: ca. 17 Minuten

- Den ausgekühlten Blechkuchen in Streifen schneiden, z. B. 9,5 cm breit.
- Den Hefeteigstreifen mit einem Sägemesser in der Mitte auseinanderschneiden.
- Die mit Röstmasse bedeckte Hälfte in verkaufsgroße Stücke schneiden, z. B. 6 cm breit.
- Die Füllung auf den Hefeteigboden streichen und die geschnittenen Deckel (Oberteile) darauflegen.
- Nach dem Anziehen (Festwerden) der Füllung die Stücke durchschneiden.

Möglichkeiten der Bienenstichfüllung
- Vanillecreme
- leichte Vanillecreme (Vanillecreme mit Eischnee)
- Vanillecreme mit Schlagsahne
  1000 g Vanillecreme und 700 g aufgeschlagene Schlagsahne, die mit Gelatine oder Sahnestandmittel gebunden ist.
- Oder: Bayerische Creme(➡ Seite 476)

Bienenstich

Apfelkuchen und Pflaumenkuchen (Zwetschgenkuchen)

1300 g Hefeteig für 1 Blech von 60 × 40 cm oder
1000 g Hefeteig mit 300 g Mürbeteig mischen
Durch die Zugabe von Mürbeteig wird der Blechkuchen mürber und weicht nicht so schnell durch.

Apfelkuchen

ca. 2000 g ungeschälte Äpfel = ca. 1500 g gespaltene Äpfel,
150 g Zimtzucker,
evtl. 50 g Sultaninen

450 g Streusel ➡ Seite 348

Apfelkuchen

- 1500 g in dicke Scheiben geschnittene Äpfel mit Zimtzucker und evtl. mit Sultaninen mischen.
- Nach knapper Gare die Äpfel gleichmäßig auf dem Hefeteig verteilen.
- 450 g Streusel aufstreuen.

Backen: 210 °C
Backzeit: ca. 20 Minuten

Pflaumenkuchen (Zwetschgenkuchen)

Zwetschgenkuchen

LF 1.4

Zwetschgenkuchen: ca. 4000 g Zwetschgen (mit Steinen)

- Zwetschgen entsteinen und auf den Hefeteig nach knapper Gare legen.
- Die Zwetschgen leicht schräg aneinander auf den Hefeteig legen, sodass er flächendeckend dicht belegt ist.
- Die Zwetschgen nach dem Backen mit etwas Zucker bestreuen und sofort aprikotieren → Seite 321. Durch das Aprikotieren trocknen die Früchte nicht aus und erhalten einen schönen Glanz.
- Evtl. 450 g Streusel (→ Seite 348) aufstreuen.

Mohn- und Quarkkuchen

Für 1 Blech von 60 × 40 cm:
1300 g Hefeteig
1850 g Mohnfüllung bzw.
1850 g Quarkfüllung
450 g Streusel → Seite 348

- Auf den Hefeteig nach knapper Gare die Mohn- bzw. Quarkfüllung gleichmäßig verstreichen.
- 450 g Streusel aufstreuen.

Backen: 210 °C
Backzeit: ca. 25 Minuten

Den abgekühlten Mohn- bzw. Quarkkuchen in Stücke schneiden und leicht mit Puderzucker bestauben.

Mohnkuchen

Quarkkuchen

Rezeptbeispiel: Quarkfüllung

1250 g	Quark, 10 oder 20 % i. Tr.	Alle Zutaten zusammen glatt rühren.
200 g	Zucker	
100 g	Weizenpuder	
150 g	Vollei	
150 g	Butter, flüssig	
	1 Prise Salz (ca. 2 g)	
	Zitronenaroma	

1850 g Quarkfüllung

Evtl. 80 g Sultaninen in die Quarkfüllung geben.

Rezeptbeispiel: Mohnfüllung

500 g	Milch	Milch, Zucker, Butter und Salz kochen.
300 g	Zucker	
150 g	Butter oder Margarine	
	1 Prise Salz (ca. 2 g)	
650 g	gemahlenen Mohn	Mohn, Eier, Brösel, Vanillearoma und Zimt in die kochende Flüssigkeit einrühren.
150 g	Vollei (3 Stück)	
100 g	süße Brösel Vanillearoma, Zimt	

1850 g Mohnfüllung

evtl. 80 g Sultaninen in die Mohnfüllung geben.

Eierschecken

- 1300 g Hefeteig ausrollen, in ein Schnittenblech legen und stippen.
- Nach knapper Gare 1600 g Quarkfüllung (→ Seite 326) auf den Hefeteig streichen.
- Auf die Quarkfüllung die Eierscheckenmasse streichen und gehobelte Mandeln darüberstreuen.
- Evtl. Streusel (→ Seite 348) auf die Eierscheckenmasse streuen.

Backen: 200 °C
Backzeit: 35 bis 40 Minuten

Rezeptbeispiel: Eierscheckenmasse

1250 g	Milch	• Milch, Eigelb und Cremepulver unter ständigem Rühren zu einer Creme kochen (wie Vanillecreme)
280 g	Eigelb (14 Stück)	
120 g	Cremepulver	
500 g	Butter	• Butter in die gekochte Creme rühren, bis sie sich aufgelöst hat, und sofort Weizenmehl unterrühren.
100 g	Weizenmehl	
		• Die Creme abkühlen lassen.
420 g	Eiklar (14 Stück)	• Eiklar, Zucker und Salz zu Eischnee aufschlagen und in die abgekühlte Creme melieren.
400 g	Zucker	
	1 Prise Salz (ca. 2 g)	

3070 g Eierscheckenmasse

LF 1.4

Eierschecken

Pinzas

Pinzas sind lockere Osterbrote, die aus Italien stammen. Sie werden aus mittelschwerem Hefeteig, der besonders eireich ist, hergestellt. Damit die Pinzas eine feinporige und zarte Krume bekommen, wird der Hefeteig mit Vorteig hergestellt.

Pinza

Rezeptbeispiel: Pinza (Rezept ergibt 6 Pinzas)

Vorteig:

400 g	Weizenmehl, Type 550
350 g	Milch
60 g	Hefe

810 g Vorteig

Teigtemperatur: 25 °C
intensiv kneten
Stehzeit: ca. 30 Minuten

Hefeteig (Hauptteig):

810 g	Vorteig
600 g	Weizenmehl, Type 550
150 g	Zucker
200 g	Butter
150 g	Vollei (3 Stück)
100 g	Eigelb (5 Stück)
10 g	Salz
	Zitronen- und Vanillearoma

2 020 g Teiggewicht

Knetzeit im Spiralkneter:
2 Minuten Langsamgang,
7 Minuten Schnellgang

Teigruhe: ca. 15 Minuten

Teiggewicht pro Pinza: 330 g

Aufarbeiten
- Die abgewogenen Teigstücke rundwirken, bis sie an der Oberfläche ganz glatt sind.
- Die runden Teiglinge auf mit Backpapier belegte Backbleche setzen und etwas flach drücken.

Bearbeitung nach der Gare
- Nach knapper Gare (ca. 15 Minuten) die Teiglinge mit Eistreiche bestreichen und etwas antrocknen lassen. Danach ein zweites Mal die Teiglinge mit Eistreiche bestreichen und antrocknen lassen.
- Nach dem Antrocknen der Eistreiche die Teiglinge mit einer in Öl getauchten Schere von der Mitte nach außen in drei gleich große Teile tief einschneiden. Dabei fallen die Teiglinge in der Mitte leicht zusammen.

Backen: 180 °C, bei offenem Zug
Backzeit: ca. 25 Minuten

Einschneiden der mit Eistreiche bestrichenen Pinzas

Vollkornhefezöpfe

Alle Teige und Massen, die mit Mehl hergestellt werden, können auch mit Vollkornmehl zubereitet werden. Wird für die Rezepte Honig statt Zucker verwendet, muss etwas mehr Vollkornmehl zugegeben werden, da Honig ca. 20 % Wasser enthält. Bei der Verwendung von Zucker statt Honig wird die Flüssigkeitsmenge entsprechend verringert.

Vollkornmürbeteiggebäcke → Seite 336

Diese Backwaren eignen sich besonders für Aktionstage oder -wochen. Außerdem sollen Diabetiker bevorzugt Vollkornerzeugnisse essen, weil die Ballaststoffe die Resorption verlangsamen und somit die Zuckeraufnahme ins Blut ebenfalls langsamer erfolgt.

Vermahlen der Getreidekörner
Weizen- oder Dinkelgetreidekörner so fein wie möglich zu Vollkornmehl mahlen – zu grobe Schalenteile verhindern eine optimale Volumenentwicklung und Lockerung.

Quellung von Vollkornmehlen

Vollkornhefeteige benötigen wegen der stark quellenden Ballaststoffe 150 bis 200 g mehr Milch auf 1 kg Vollkornmehl als andere Hefeteige → Seite 604.

Damit die Ballaststoffe der Getreideschalen Zeit zum Quellen der hohen Wassermenge haben, sind folgende Punkte bei der Teigherstellung zu beachten:
- Vollkornhefeteige mit Vorteig herstellen.
- Vollkornhefeteige benötigen bei der Teigherstellung eine lange Mischzeit (Langsamgang) von mindestens sechs Minuten.
- Eine Teigruhe von ca. 30 Minuten ist erforderlich.

Vollkornhefezopf

Rezeptbeispiel: Vollkornhefeteig für Hefezöpfe
Vorteig:
500 g Weizenvollkornmehl
500 g Milch
60 g Hefe
1 060 g Vorteig
Teigausbeute: 200
Teigtemperatur: 26 °C
Stehzeit: ca. 50 Minuten
Hauptteig:
1 060 g Vorteig
500 g Weizenvollkornmehl
100 g Milch
120 g Zucker oder Honig
150 g Butter
100 g Vollei (2 Stück)
10 g Salz
Zitronen- und Vanillearoma
200 g Sultaninen
2 240 g Teiggewicht
Knetzeit: 6 Minuten Langsamgang
6 Minuten Schnellgang
Teigruhe: ca. 30 Minuten

Die Verarbeitung zu Zöpfen erfolgt wie beim mittelschweren Hefeteig auf → Seite 272 ff. beschrieben.

LF 1.4

Fehler der Hefeteiggebäcke

Gebäckfehler	Ursachen
Hefeteiggebäcke haben ein zu kleines Volumen und eine kleinporige, geringe Lockerung	zu kurze Gärzeit
Hefeteiggebäcke sind zu flach und breitgelaufen	zu lange Gärzeit
Große Hefeteiggebäcke wie Hefezöpfe, Rosinenstuten und Pinzas haben in der Krume einen speckigen, ungelockerten Streifen	Die Gebäcke wurden zu kurz gebacken, sodass die noch zu weichen Poren zusammenfallen.
Hefeteiggebäcke der Blechkuchen sind zu grobporig und etwas trocken	zu lange Gärzeit der Hefeteige Der Hefeteig sollte bei knapper Gare belegt und gebacken werden.
Blechkuchen haben starke Wölbungen an der Oberfläche	• Der Hefeteig wurde auf dem Blech nicht gestippt. • In die Wölbungen wurde beim Backen nicht mit einem spitzen Messer eingestochen, damit die Gase entweichen können.

Prüfmerkmale der DLG für Feine Backwaren

Bei der Beurteilung süßer und pikanter Feiner Backwaren mit oder ohne Hefe durch die DLG werden u. a. folgende Kriterien herangezogen:

Form, Aussehen
- ungleichmäßige, flache, breite, nicht ausgefüllte Form
- eingefallene Oberfläche, unsaubere Seitenflächen
- nicht artgemäßer Ausbund
- ausgelaufene Füllung
- zu viel bestreut, zu ungleichmäßig bestreut
- unsauberer, faltiger, hohler, blasiger Boden
- weißer Rand zu klein (für Berliner)

Oberflächen-, Krusteneigenschaften
- zu ungleichmäßige, helle, dunkle Bräunung
- stumpfe Oberfläche, dunkle Kanten
- rissige, abgerissene, abgeblätterte, zu ungleichmäßige, dünne, dicke, verbrannte Kruste
- ungleichmäßiger, dicker, durchweichter, feuchter, grauer, harter, abblätternder stumpfer Überzug/Auflage
- Garnierung nicht sorgfältig

Lockerung, Krumenbild
- zu ungleichmäßige, geringe, übermäßige Lockerung
- dichte Porung in der Randzone
- ungleichmäßige Blätterung/Schichtung

- Hohlräume, Krumenrisse
- Krume/Füllung unausgewogene Menge
- Früchte ungleichmäßig verteilt, Früchte abgesunken

Struktur, Elastizität
- bruchanfällige Krume
- splittriger, weicher, harter Bruch
- trockene, raue, feste, strohige, zähe, schmierende, klebende Krume
- ungleichmäßige Konsistenz der Füllung
- wässrige, feste, weiche, leimige Füllung
- ölig, fettig, anhaftend
- grisselig (für Fettcremes)

Geruch
- wenig aromatisch, aromaarm
- überwürzt, einseitig gewürzt
- Nebengeruch, Fremdgeruch
- hefig, gärig
- dumpf/muffig

Geschmack
- aromaarm
- sauer, salzig, süß, bitter
- fettig
- einseitig gewürzt, überwürzt
- hefig, gärig
- Nebengeschmack, Fremdgeschmack

Verkaufsargumente

Qualitätsmerkmale für die Kundenberatung
- Gebäcke aus leichtem und mittelschwerem Hefeteig sind lockere und weiche Gebäcke.
- Es sind fettarme Gebäcke, die gut bekömmlich sind.
- Mittelschwerer Hefeteig enthält etwas mehr Fett als leichter Hefeteig, sodass die Gebäcke etwas weicher und zarter sind.
- Frische Gebäcke aus leichtem und mittelschwerem Hefeteig haben den typisch feinen, milden Hefeteiggeschmack.

Frischhaltung
- Je frischer, desto besser schmecken Gebäcke aus leichtem und mittelschwerem Hefeteig.
- Sie sind jedoch Tagesgebäcke und sollten am Tag der Herstellung gegessen werden. Nur an diesem Tag haben sie die gewünschten Qualitätsmerkmale; sie sind weich und haben den feinen Geschmack der Hefeteiggebäcke.

- Große Hefeteiggebäcke aus mittelschwerem Hefeteig wie Hefezöpfe, Rosinenstuten und Pinzas bleiben etwas länger frisch und sind auch am zweiten Tag noch weich und geschmackvoll.
- Bei in Folie luftdicht eingeschweißten Hefezöpfen, Rosinenstuten und Pinzas verlängert sich die Frischhaltung etwas.
- Verkauft werden sollten jedoch alle Gebäcke aus leichtem und mittelschwerem Hefeteig frisch am Tag der Herstellung.

Besondere Eignung der Hefeteiggebäcke
- Hefeteiggebäcke sind typische Kaffeegebäcke zum Nachmittagskaffee und als Zwischenmahlzeit.
- Hefezöpfe, Rosinenstuten und Pinzas eignen sich außerdem noch gut zum Frühstück.
- Diese großen Hefeteiggebäcke sind besonders zum Wochenende beliebt.

Aufgaben

1. Erstellen Sie ein Rezept aus leichtem Hefeteig und geben Sie folgende Angaben an:
   - die optimale Teigtemperatur
   - die Knetzeit im Spiralkneter
   - die Teigruhezeit
2. Nennen Sie bekannte Gebäcke aus leichtem Hefeteig und beschreiben Sie deren Herstellung, die Backtemperatur und die ungefähre Backzeit, z. B. Rohrnudeln, Rosinenbrötchen, Kolatschen.
3. Erstellen Sie ein Rezept aus mittelschwerem Hefeteig und geben Sie die Teigtemperatur, Knetzeit und Teigruhezeit an.
4. Nennen Sie Gebäcke aus mittelschwerem Hefeteig.
5. Beschreiben Sie eine Möglichkeit der Herstellung von Eistreiche.
6. Wann werden z. B. Hefezöpfe mit Eistreiche bestrichen und was muss beim Einschieben in den Backofen beachtet werden?
7. Erklären Sie das Glasieren der Hefezöpfe.
8. Welches Hefeteiggewicht wird in etwa für Blechkuchen bei Blechen von 60 × 40 cm benötigt?
9. Beschreiben Sie die Herstellung eines Blechkuchens aus Hefeteig in Bezug auf
   - Hefeteig auf Bleche legen,
   - Gärreife, bei der die Blechkuchen belegt und gebacken werden,
   - Belag auf den Hefeteig aufbringen,
   - Backtemperatur,
   - Schneiden der gebackenen Blechkuchen.
10. Wie stellt man fest, wann Blechkuchen aus Hefeteig fertig gebacken sind?
11. Beschreiben Sie die Herstellung von
    - Streuselkuchen,
    - Butterkuchen,
    - Bienenstich,
    - Pflaumen- und Apfelkuchen.
12. Erklären Sie die Herstellung von Pinzas:
    - Aufarbeitung
    - Bearbeitung nach der Gare
    - Backen
13. Geben Sie die Ursachen folgender Gebäckfehler der Hefeteiggebäcke an:
    - Hefeteiggebäcke haben ein zu kleines Volumen und eine kleinporige, geringe Lockerung.
    - Hefeteiggebäcke sind zu flach und breitgelaufen.
    - Große Hefeteiggebäcke wie Hefezöpfe, Rosinenstuten und Pinzas haben in der Krume einen speckigen, ungelockerten Streifen.
    - Hefeteiggebäcke der Blechkuchen sind zu grobporig und etwas trocken.
    - Blechkuchen haben starke Wölbungen an der Oberfläche.
14. In Ihrer Konditorei planen Sie eine Aktion mit dem Thema „Frisch vom Blech". Hierfür wählen Sie passende Blechkuchen aus Hefeteig aus und überlegen sich Verkaufsargumente für die verschiedenen Blechkuchen.

LF
1.4

Rechenaufgaben

1. Für die Herstellung von 30 Stück Butterkuchen werden 1400 g Hefeteig und Butter benötigt. $\frac{1}{7}$ dieses Gewichts ist Butter, die in den Hefeteig gespritzt wird.
   Wie viel kg Hefeteig und wie viel kg Butter werden für 265 Stück Butterkuchen benötigt?
2. Ein Stück Streuselkuchen kostet im Verkauf 1,20 €. Wie viel € kostet ein ganzes Blech mit 56 Stück netto bei einem Mehrwertsteuersatz von 7 %?
3. Es sollen 30 Hefezöpfe mit einem Teiggewicht von je 350 g hergestellt werden. Das Rezeptur für den Hefeteig lautet: 1 kg Weizenmehl, 400 g Milch, 80 g Hefe, 120 g Zucker, 180 g Butter, 150 g Vollei (3 Stück), 10 g Salz, 200 g Sultaninen.

   a) Berechnen Sie die Teigmenge der Rezeptur in kg.
   b) Errechnen Sie die Schlüsselzahl (auf 1 Stelle nach dem Komma) und die Zutatenmengen, die für die 30 Hefezöpfe benötigt werden.
4. Von einem Buttervorrat von 50 kg werden im Laufe einer Woche folgende Mengen entnommen: 13,560 kg; 3¾ kg; 5300 g; 6½ kg; 7440 g; 4¼ kg
   Wie viel kg bleiben übrig?
5. Eine Lieferung Mandeln hat ein Bruttogewicht von 25 kg und kostet insgesamt 146,40 €.
   Wie viel kostet 1 kg Mandeln tatsächlich, wenn die Tara mit 600 g zu berücksichtigen ist?

17.5 Siedegebäcke aus Hefeteig

Die Geschichte berichtet, dass vor Beginn der Fastenzeit nach altbäuerlichem Brauch ein Festessen bereitet wurde, dessen krönender Abschluss das „Schmalzgebackene" war.

Aus Bayern und Österreich kam der „Krapfen" nach Berlin. Wegen der Bevölkerungsexplosion im 18. Jahrhundert gab es in Berlin viele Straßenbäckereien. Dort waren diese Siedegebäcke besonders beliebt, weil die ballförmigen Teigstücke in großen Pfannen im schwimmenden Fett bei offenem Herdfeuer schnell gebacken werden konnten und man dafür keinen Backofen benötigte. Diese Kuchen aus der Pfanne nannte man sinnigerweise „Pfannkuchen" und weil sie in Berlin so bekannt waren, „Berliner Pfannkuchen"; später wurden sie einfach als „Berliner" bezeichnet.

Traditionsbedingt haben Siedegebäcke in der Karnevalszeit (Fasching) und zu Silvester Hochkonjunktur. Ansonsten sind diese Gebäcke das ganze Jahr über erhältlich und vor allem in der kühleren Jahreszeit beliebt.

Berliner, die klassischen Siedegebäcke

Begriff: Siedegebäcke
Unter Sieden versteht man das Erhitzen von hitzebeständigem Fett, dem Siedefett. Weil die Teiglinge schwimmend in heißem Siedefett gebacken werden, bezeichnet man sie als Siedegebäcke.

Besonderheiten des Hefeteigs für Siedegebäcke

Der Hefeteig für Siedegebäcke ist ein leichter, fettarmer Hefeteig mit hohem Eier- und Eigelbanteil.

Der hohe Eigelbanteil im Hefeteig ist wichtig für Siedegebäcke.

- Eigelbe haben einen Fettanteil von 32 % und enthalten den Emulgator Lezithin. Dadurch bekommen Siedegebäcke eine weiche, zarte Krume mit gleichmäßiger Porung.
- Durch die emulgierende Wirkung des Eigelbs verbessert sich die Oberflächenstruktur des Hefeteigs. So kann das Siedefett nicht in die Teiglinge eindringen. Das Gebäck nimmt beim Backen somit nur eine geringe Menge Siedefett in der dünnen Kruste auf. Bei zu geringem Eigelbanteil saugt das Gebäck mehr Siedefett auf.

Rezeptbeispiel: Hefeteig für Siedegebäcke

Die indirekte Teigführung ist zu bevorzugen.

Direkte Teigführung

1000 g	Weizenmehl, Type 550
400 g	Milch
60 g	Hefe
120 g	Butter oder Backmargarine
100 g	Zucker
100 g	Vollei (2 Stück)
100 g	Eigelb (5 Stück)
10 g	Salz
10 g	Zitronen- und Vanillearoma

1900 g Teiggewicht

Indirekte Teigführung
Vorteig:

400 g	Weizenmehl, Type 550
300 g	Vollmilch
60 g	Hefe

760 g Vorteig

Teigausbeute: 175
Teigtemperatur: 26 °C
Vorteig intensiv kneten
Stehzeit: 30 bis 40 Minuten

Hefeteig (Hauptteig):

760 g	Vorteig
600 g	Weizenmehl, Type 550
100 g	Milch
120 g	Butter oder Backmargarine
100 g	Zucker
100 g	Vollei (2 Stück)
100 g	Eigelb (5 Stück)
10 g	Salz
10 g	Zitronen- und Vanillearoma

1900 g Teiggewicht

Teigtemperatur: 26 °C

Knetzeit im Spiralkneter: 2 Minuten Langsamgang, 7 Minuten Schnellgang

Teigruhe: 2 × 15 Minuten
Nach 15 Minuten den Teig zusammenstoßen und weitere 15 Minuten Teigruhe geben.

Pressengewicht (Ballengewicht): 1400 g

Aufarbeiten: Die Pressen zu runden Teiglingen schleifen (wirken).
Die glatten Teiglinge mit dem Schluss nach unten auf bemehlte Tücher setzen, z. B. auf Kippdielen (mit Tüchern bespannte Holzrahmen).

Gare:
Gärraumtemperatur: 35 °C
relative Luftfeuchte: 75 %
Nach ca. ¾ Gare die Teig-

Runde, glatte Teiglinge zur Gare

linge aus dem Gärraum nehmen und in kühler Umgebung kurze Zeit absteifen lassen, bis die Teigoberfläche eine leichte Haut bekommt.

Siedefetttemperatur beim Backen: 175 bis 180 °C

Backen der Siedegebäcke

Zuerst die Oberseite der Siedegebäcke backen und dann die Unterseite.
Jede Seite der Gebäcke zweimal backen.

- **1. Backphase**, ca. 3 Minuten:
  Die Teiglinge mit dem Schluss nach oben in das Siedefett einlegen und sofort das Fettbackgerät mit dem Deckel abdecken.
  Durch das Abdecken während der ersten Backphase entsteht im Fettbackgerät Schwaden (Dampf). Die Teighaut der Teigseite über dem Fett bleibt geschmeidig, sodass sich das Volumen vergrößern kann.

- **2. Backphase**, ca. 3 Minuten:
  Wenn die erste Seite braun gebacken ist, werden die Teiglinge umgedreht, sodass die Unterseite der Siedegebäcke gebacken wird.

Der Deckel wird nun nicht mehr auf das Fettbackgerät gelegt, da sonst die Kruste der bereits gebackenen Seite aufweicht.
In dieser Backphase entsteht ein weißer Rand in der Mitte der Siedegebäcke, der sogenannte „Kragen".

- **3. und 4. Backphase**, jeweils ca. 2,5 Minuten:
  Die Ober- und Unterseite der Gebäcke zweimal backen. Durch das zweimalige Backen wird die dünne Kruste stabiler und die Gebäcke fallen beim Abkühlen nicht ein. Die Gebäcke behalten somit ihre Form und die glatte Kruste.

- Vor dem Herausnehmen empfiehlt es sich, die Gebäcke mit einem Gitter ca. 10 Sekunden in das Siedefett zu tauchen, damit der helle Rand stabiler und nicht faltig wird.
- Nach dem Backen das Gitter mit den Gebäcken auf das Abstellblech des Fettbackgeräts schräg stellen, damit das Siedefett ablaufen kann.

Entstehung des hellen Streifens der Siedegebäcke

Die Teiglinge sind gut gelockert. Deshalb taucht der mittlere Teil der Teiglinge beim Backen nicht in das Siedefett ein und bleibt hell. Ein breiter heller Streifen, der auch als Kragen der Gebäcke bezeichnet wird, ist ein Merkmal gut gelockerter Siedegebäcke.

Backen im Siedefett

Füllen der Berliner

Sofort nach dem Backen werden die Berliner gefüllt.
Mögliche Füllungen sind:
- Konfitüre, z. B.
  – Aprikosenkonfitüre, evtl. mit Rum abgeschmeckt
  – Mehrfruchtkonfitüre
  – Hagebuttenkonfitüre (Hiffenmark)
- Vanillecreme

- Eierlikörcreme (Vanille-
creme mit Eierlikör oder
Eierlikörpaste),
- Schokoladencreme
(Schokoladenpudding)

Ungefüllte Berliner können
auch in der Mitte auseinandergeschnitten werden und
mit Vanillecreme oder Schokoladencreme gefüllt werden.

Füllen der Berliner

Möglichkeiten zum Fertigstellen der Berliner

- **Berliner mit Puderzucker**
  Die Oberfläche der gefüllten Berliner sofort nach dem
  Backen in Zucker legen, damit die Zuckerkristalle haf-
  ten bleiben, und leicht mit Puderzucker bestauben.
  Durch die Zuckerkristalle auf der Oberfläche fällt der
  Puderzucker nicht von den Berlinern.
- **Berliner, glasiert**
  Die Berliner bis zum weißen Rand aprikotieren und in
  Fondant tauchen.

Berliner mit Puderzucker und glasierter Berliner

Äußere Merkmale von Berlinern mit hoher Qualität

- rundlich ovale Form mit großem Volumen, das die lockere Beschaffenheit erkennen lässt
- breiter heller Rand
- glatte Kruste

Berliner mit bester Qualität

Besonders große und runde Berliner mit sehr breitem
Rand sind zu großporig und deshalb etwas trocken mit
geringem Geschmack.

Bekannte Siedegebäcke aus Hefeteig

Siedegebäcke	Typische Besonderheit
Ausgezogene	dicker Rand und hauchdünnes Mittelteil, manchmal mit Sultaninen, in Zimtzucker gewälzt, mit Puderzucker bestaubt oder unbehandelt
Zimtnudeln	längliche, ungefüllte oder gefüllte Siedegebäcke, die nach dem Backen in Zimtzucker gewälzt werden
Apfelkrapfen	ausgerollter Teig, mit geschnittenen Äpfeln belegt und zusammengerollt; nach dem Backen in Zimtzucker gewälzt
Donut	ringförmige Siedegebäcke, die mit Backpulver, statt mit Hefe gelockert werden

Siedegebäcke in Eier tauchen

Einen besonders guten Geschmack und ein schönes,
fransiges Aussehen bekommen Ausgezogene und Zimtnudeln, wenn sie in Eier getaucht werden.
- Eier in einer Schüssel leicht verrühren.
- Jede Seite der Siedegebäcke einmal backen, aus dem
  Siedefett nehmen und leicht abkühlen lassen, damit
  sie angefasst werden können.
- Die Siedegebäcke in die Eier tauchen, sofort wieder in
  das Fettbackgerät geben und nur noch kurz backen, bis
  die Eier gerinnen.

LF
1.4

Beim Backen bleiben Rückstände der Eier im Siedefett, das deshalb durchgesicbt werden sollte, um die Verunreinigungen zu entfernen.

Zimtnudeln in Eier getaucht

Besonderheiten der Siedegebäcke

> **!**
>
> **Der Hefeteig**
> - Es ist ein leichter, fettarmer Hefeteig.
> - Der Hefeteig besitzt einen wesentlich höheren Eier- und Eigelbanteil als die Hefeteige für andere Gebäcke.
>
> **Das Backen**
> Siedegebäcke werden schwimmend in heißem Fett gebacken, wobei das frische Siedefett den Geschmack der Gebäcke positiv beeinflusst.
>
> **Fettgehalt der Siedegebäcke**
> Siedegebäcke sind relativ fettarme Gebäcke, da im Hefeteig wenig Fett enthalten ist und sie nur an der dünnen Kruste etwas Fett aufnehmen.

Siedegebäcke sind relativ fettarm

Gewicht eines Siedegebäcks = 45 g

Fettgehalt im Hefeteig = 3 g

Fett der Eigelbe im Teig = 1 g

Fettgehalt in der dünnen Gebäckkruste, der beim Backen aufgenommen wird = 3 g

Berechnung des Fettgehalts für ein Siedegebäck

Ein Siedegebäck von 45 g enthält ca. 7 g Fett ≙ ca. 16 %.

Zum Vergleich:
Kuchen aus Sandmasse enthalten ca. 30 % Fett (Fettgehalt und Fett der vielen Figelbe der Eier) und Mürbeteiggebäcke aus 1-2-3-Mürbeteig ca. 33 %.

Bedeutung des Fettgehalts in Siedegebäcken
- Der geringe Fettgehalt im Hefeteig ergibt die feinporige, zarte Krume der Siedegebäcke.
- Der aufgenommene Fettgehalt beim Backen an der dünnen Kruste fördert den Geschmack der Siedegebäcke.

Der Begriff **„Fettgebäcke"** bezieht sich nur auf das Backen im Siedefett, ist jedoch nicht werbewirksam, weil Verbraucher fälschlicherweise meinen, dass die Gebäcke fettreich sind.

Siedefett

Anforderungen an das Siedefett
Zum Backen von Siedegebäcken wird geschmacksneutrales Siedefett verwendet, dessen Rauchpunkt erheblich über der Backtemperatur von 180 °C liegt. Ideal ist Erdnussfett mit einem Rauchpunkt von ca. 230 °C.

Frisches Siedefett

Veränderung des Siedefetts beim Backen
Durch mehrmaliges Aufheizen und Backen sinkt der Rauchpunkt des Siedefetts zunehmend. Hat das Siedefett den Rauchpunkt der Backtemperatur von 180 °C erreicht, ist es verdorben und somit gesundheitsschädlich. Deshalb muss das Siedefett schon vorher erneuert und entsorgt werden.

LF 1.4

Wirkung des Siedefetts auf die Siedegebäcke

- Frisches Siedefett wirkt sich geschmacklich positiv auf die Siedegebäcke aus.
- Durch altes Siedefett bekommen die Gebäcke einen unangenehmen Geschmack und sind dadurch nicht mehr so bekömmlich.

Erkennungsmerkmale von verbrauchtem Siedefett

- Das Fett ist sehr dunkel bis schwarz.
- Das Fett schäumt ohne Teiglinge.
- Das Fett raucht und qualmt bei der Backtemperatur von 180 °C, was einen unangenehm stechenden Fettgeruch ergibt.

Reinigen des Fettbackgeräts

- Verbrauchtes Siedefett komplett aus dem Fettbackgerät entleeren und gesondert entsorgen. Gebrauchtes Siedefett lässt sich durch Auffüllen von frischem Fett nicht erneuern. Deshalb immer das gesamte Fett auswechseln.
- Fettbackgerät sauber mit Spülmittel auswaschen, mit klarem Wasser nachspülen, damit die Spülmittelreste entfernt werden, und trocken wischen. Das neue Fett würde sich in Verbindung mit Spülmittel sofort zersetzen.

Fehler bei Siedegebäcken aus Hefeteig

Auffüllen des Fettbackgeräts

Festes Siedefett auflösen und in das gereinigte Fettbackgerät gießen, bis die Heizschlangen umspült sind. Erst dann kann festes Siedefett aufgefüllt werden.

Würde man nur festes Siedefett in das Fettbackgerät geben, würden die frei liegenden Heizschlangen beim Aufheizen zu heiß werden und das frische Fett durch Übererhitzung schädigen.

Benutztes Siedefett sollte man regelmäßig durchsieben, da Rückstände vom Backen, z. B. Mehl der Teiglinge, die Haltbarkeit des Siedefetts wesentlich verkürzen.

Aufheizen des Siedefetts vor dem Backen

Das Siedefett bei ca. 100 °C auflösen und erst dann die Temperatur auf 175 bis 180 °C schalten.
Zu heißes Siedefett, über 180 °C, verdirbt schneller.
Nach dem Backen sollte das Fettbackgerät mit dem Deckel abgedeckt werden.

Zu flaches Siedegebäck, mit zu schmalem hellen Rand

Gebäckfehler	Mögliche Ursachen
• zu kleine Siedegebäcke • zu schmaler weißer Rand der Siedegebäcke • zu geringe Lockerung der Siedegebäcke	• zu kurze Gare und somit zu wenig Lockerungsgase • Backen in der ersten Backphase ohne Deckel
• zu flache Siedegebäcke • faltige Gebäckkruste • zu kleiner und eingefallener weißer Rand der Siedegebäcke • zu fettige Siedegebäcke	• zu lange Gare • zu geringe Siedefetttemperatur verschließt die Poren der Teiglinge nicht so schnell, sodass diese viel Fett aufnehmen
• faltige Gebäckkruste • zu schwach ausgebackene Gebäckkrume • eingefallener weißer Rand	• zu kurze Backzeit • zu hohe Siedefetttemperatur und somit zu kurze Backzeit • jede Seite der Siedegebäcke wurde nur einmal gebacken
• unangenehmer Geschmack der Siedegebäcke und schlechte Bekömmlichkeit der Gebäcke	• Siedegebäcke in verbrauchtem Siedefett gebacken
• unansehnliche Druckstellen der Berliner beim Verkauf	• die lockeren Berliner wurden beim Verkauf übereinandergestapelt

Verkaufsargumente

Qualitätsmerkmale für die Kundenberatung

- Siedegebäcke werden aus einem leichten, fettarmen Hefeteig mit einem hohen Anteil an Eiern und Eigelben hergestellt.
- Die relativ fettarmen Siedegebäcke sind gut bekömmlich, obwohl sie im Siedefett gebacken werden. Sie werden aus fettarmem Hefeteig hergestellt und nehmen nur beim Backen an der dünnen Kruste etwas Fett auf.
- Es sind lockere und weiche, zarte Gebäcke.
- Die Siedegebäcke haben einen aromatischen, frischen Hefeteiggeschmack mit geschmackvoller Füllung.

Frischhaltung

Je frischer die Siedegebäcke gegessen werden, desto wohlschmeckender sind sie. Sie sollten zumindest am Tag der Herstellung verzehrt werden.

Besondere Eignung der Siedegebäcke

- Siedegebäcke aus Hefeteig eignen sich besonders zu Kaffee und Tee.
- Die lockeren, gut bekömmlichen Siedegebäcke sind bei Kindern sehr beliebt, auch zum Kindergeburtstag.
- Traditionell sind sie im Karneval und zu Silvester begehrt.

Aufgaben

1. Erläutern Sie den Begriff „Siedegebäcke".
2. Nennen Sie die Besonderheiten des Hefeteigs für Siedegebäcke.
3. Begründen Sie, warum Hefeteig für Siedegebäcke sehr eigelbreich sein soll.
4. Erstellen Sie jeweils ein Rezept eines Hefeteigs für Siedegebäcke bei direkter und indirekter Führung.
5. Nennen Sie die Gärzeit der Teiglinge und beschreiben Sie die Behandlung nach der Gare.
6. Bei welcher Siedefetttemperatur werden Siedegebäcke gebacken?
7. Beschreiben Sie das Backen der Siedegebäcke.
8. Erklären Sie, wie der helle Streifen in der Mitte der Siedegebäcke entsteht.
9. Nennen Sie Füllungen, mit denen Berliner gefüllt werden können.
10. Erläutern Sie, wie Berliner nach dem Füllen fertiggestellt werden können.
11. Nennen Sie die äußeren Merkmale der Berliner mit hoher Qualität.
12. Zählen Sie verschiedene Siedegebäcke auf.
13. Ausgezogene und Zimtnudeln können zur Verbesserung und Verschönerung des Aussehens in Eier getaucht werden. Beschreiben Sie den Vorgang.
14. Erklären Sie die Bedeutung des geringen Fettanteils in Siedegebäcken.
15. Beschreiben Sie die Anforderungen an das Siedefett und erläutern Sie, wie es sich beim mehrmaligen Backen verändert, sodass verbrauchtes Fett erneuert werden muss.
16. Wie wirkt sich frisches und altes Siedefett auf die Siedegebäcke aus?
17. Nennen Sie drei Merkmale des verbrauchten Siedefetts.
18. Beschreiben Sie das Reinigen des Fettbackgeräts.
19. Erläutern Sie, wie ein Fettbackgerät mit frischem Siedefett aufgefüllt wird und wie das Siedefett jeweils vor dem Backen wieder aufgeheizt wird.
20. Nennen Sie die möglichen Ursachen folgender Fehler bei Siedegebäcken:
    - zu kleine Gebäcke, zu schmaler weißer Rand, zu geringe Lockerung
    - zu flache Gebäcke, faltige Kruste, zu kleiner und eingefallener weißer Rand, zu fettige Gebäcke
    - eingefallene, faltige Kruste, zu schwach ausgebackene Krume, eingefallener weißer Rand
    - unangenehmer Gebäckgeschmack und schlechte Bekömmlichkeit der Gebäcke
    - unansehnliche Druckstellen der Berliner beim Verkauf
21. Nennen Sie die Qualitätsmerkmale der Siedegebäcke bei der Kundenberatung.
22. Geben Sie Auskunft über die Frischhaltung der Siedegebäcke.
23. Erklären Sie, wofür sich Siedegebäcke besonders eignen.
24. Damit den Kunden viele verschiedene Berliner angeboten werden können, sollen Sie Vorschläge für mögliche Füllungen machen. Dabei sollen Sie nicht nur herkömmliche, sondern auch besondere Füllungen vorschlagen.

LF 1.4

17.6 Gebäcke aus schwerem Hefeteig

Schwere Hefeteige enthalten viel Fett im Teig. Deshalb sind diese Hefeteiggebäcke besonders mürbe sowie geschmackvoll und halten lange frisch.

Gebäcke	Besonderheiten
Stollen	Weihnachtsgebäcke mit verschiedenen Gewürzen und vielen Früchten wie Sultaninen, Zitronat, Orangeat, Mandeln
Osterfladen, Osterbrote	runde Ostergebäcke mit Früchten wie Sultaninen, Zitronat, Orangeat, Mandeln
Panettone	ein hoher Weihnachtskuchen aus Italien mit einem geringeren Früchteanteil als die Stollen
Nussbeugel	Hefeteighörnchen mit viel Nussfüllung
Brioches	eierreiche Hefeteiggebäcke in Formen gebacken

Stollen

Das ursprünglich roggenhaltige Früchtebrot verbesserte man mit hellem Weizenmehl, Schmalz und später Butter sowie verschiedenen Trockenfrüchten und Mandeln.

Im Mittelalter war die Herstellung der Stollen nicht ganz einfach, da die stille, besinnliche Vorweihnachtszeit als strenge Fastenzeit galt. Außerdem war in dieser ärmeren Zeit der Gebrauch von Butter für Backwaren verboten.

Verschiedene Stollenarten

Erst 1650 erwirkte der Kurfürst von Sachsen die Aufhebung des Butterverbots, sodass der schon längst beliebten Stollenherstellung nichts mehr im Wege stand. Die Dresdner Bäcker verfeinerten den Stollen in seiner Rezeptur und in der Fertigstellung. Deshalb gilt der Stollen als ein aus Sachsen stammendes Backwerk, das später in ganz Deutschland hergestellt wurde und auf der ganzen Welt bekannt und beliebt ist.

Die Qualität der verschiedenen Stollenarten ist in den Leitsätzen geregelt.

Bestimmungen der Leitsätze	
Stollen- arten	Die Prozentzahlen beziehen sich auf das Mehl im Hefeteig.
Stollen	mindestens 30 % Butter oder 30,8 % Margarine, mindestens 60 % Trockenfrüchte
Butter- stollen	mindestens 40 % Butter, kein anderes Fett darf verwendet werden, mindestens 70 % Trockenfrüchte
Mandel- stollen	mindestens 30 % Butter oder 30,8 % Margarine, mindestens 20 % Mandeln, eine Zugabe von Persipanrohmasse ist nicht üblich
Dresdner Stollen	mindestens 40 % Fett, davon mindestens die Hälfte Butter, mindestens 70 % Trockenfrüchte und mindestens 10 % Mandeln und/oder die entsprechende Menge Marzipanrohmasse, eine Zugabe von Persipanrohmasse ist nicht üblich
Quark- stollen	mindestens 20 % Butter oder 20,5 % Margarine, mindestens 40 % Quark
Mohn- stollen, Nuss- stollen	mindestens 30 % Butter oder 30,8 % Margarine, mindestens 20 % Mohn bzw. 20 % Nüsse, die jeweils zu einer Füllung angemacht werden
Marzipan- stollen, Persipan- stollen	mindestens 30 % Butter oder 30,8 % Margarine, mindestens 5 % Marzipan- bzw. Persipanrohmasse, bezogen auf das Stollengewicht, bei Marzipanstollen ist die Verwendung von Persipanrohmasse nicht erlaubt

Der Stollen ist ein typisches Gebäck für die Weihnachtszeit, deshalb wird er häufig als Christstollen oder Weihnachtsstollen bezeichnet.

Der Name Stollen kommt von Pfosten oder Stütze, im christlichen Glauben mit der tragenden Kraft des Jesuskinds gleichgesetzt.

Stollen

Besonderheiten der Stollenarten

- Mandel-, Mohn-, Nuss- und Quarkstollen sind Stollen ohne Sultaninen.
- Marzipanstollen enthalten in der Mitte eine Rolle Marzipanrohmasse.
- Quarkstollen werden meistens mit Backpulver gelockert, da durch den Quarkanteil zu wenig Wasser im Teig für die Hefegärung übrig wäre. Quarkstollen werden wie Stollen außen mit flüssiger Butter bestrichen und in Zucker gewälzt, gehören jedoch nicht zu den Hefeteiggebäcken.

Quarkstollen, gebacken

Fertiger Quarkstollen

Bestimmungen der Leitsätze

„Dresdner Stollen" ist eine Herkunftsbezeichnung. Sie dürfen nur in der Umgebung von Dresden hergestellt werden. Auch der Begriff „Stollen nach Dresdner Art" darf außerhalb dieses Schutzgebiets nicht verwendet werden.

Der Hefeteig für Stollen wird wegen des hohen Fettgehalts und somit geringen Wasseranteils grundsätzlich mit Vorteig hergestellt.

Rezeptbeispiel: Butterstollen

Vorteig:

250 g	Weizenmehl, Type 550
200 g	Milch
100 g	Hefe

550 g Vorteig

Teigtemperatur: 25 °C

Vorteig intensiv kneten

Stehzeit: ca. 45 Minuten

Hefeteig (Hauptteig):

550 g	Vorteig
750 g	Weizenmehl, Type 550
500 g	Butter
120 g	Zucker
50 g	Vollei (1 Stück)
20 g	Eigelb (1 Stück)
10 g	Salz
10 g	Stollengewürz
	Zitronen- und Vanillearoma

2 010 g Hefeteig

Teigtemperatur: 25 °C

Knetzeit im Spiralkneter:
4 Minuten Langsamgang,
4 Minuten Schnellgang

Bei längerem Kneten im Schnellgang würde sich die Butter zu stark erwärmen, sodass sich die ölige Butter nicht mehr mit dem Mehl bindet.

Teigruhe: ca. 30 Minuten

Früchte:

800 g	Sultaninen
100 g	Rum
200 g	gestiftelte Mandeln oder grob zerkleinerte Mandeln mit Biss
75 g	Orangeat
75 g	Zitronat

3 260 g Stollenteig

Die Früchte nach der Teigruhe im Langsamgang in den Hefeteig unterarbeiten, bis sie gleichmäßig vermischt sind.

LF 1.4

Herrichten der Früchte für den Hefeteig

- Die gewaschenen Sultaninen einen Tag vorher mit Rum vermischen, gut abdecken und bei warmer Raumtemperatur bis zur Verarbeitung stehen lassen. Die Sultaninen nehmen das Rumaroma auf.
- Mit den Sultaninen sollten auch die Mandeln sowie Zitronat und Orangeat gemischt werden, damit auch sie ebenso temperiert in den Teig kommen.
- Die Mandeln sollten so groß sein, dass sie im Stollen einen Biss aufweisen. Entweder gestiftelte Mandeln verwenden oder geschälte Mandeln zu größeren Mandelstückchen hacken.

Alle Früchte bei Raumtemperatur temperiert unter den Hefeteig mischen, damit der Teig nicht abkühlt.

Früchte in den Hefeteig unterarbeiten

Früchte gleichmäßig im Hefeteig verteilt

LF 1.4

Aufarbeiten der Stollen

Den Teig abwiegen, rundwirken und zu gleichmäßigen Teigrollen formen. Die Teigrollen etwas entspannen lassen.

Häufige Stollengewichte:
- 1050 g für 1000-g-Stollen
- 800 g für 750-g-Stollen
- 550 g für 500-g-Stollen

Rundgewirkte Teiglinge zu Rollen formen

Klassische, traditionelle Aufarbeitung

Flachrollen des Mittelstücks und Einkerben des größeren Teigwulstes

Stollen klassisch aufgearbeitet

Die Teigrollen in der Mitte mit dem Rundholz eindrücken und den Mittelteil flach rollen, sodass oben ein kleinerer und unten ein etwas größerer Teigwulst entsteht.

Auf dem größeren Teigwulst mit dem Rundholz eine Kerbe eindrücken.

Den kleinen Teigwulst auf die Kerbe des größeren legen.

Stollen in Stollenformen gebacken

Die Teigrollen in gefettete Stollenformen mit dem Schluss nach oben legen.

Die Kruste, der in Formen gebackenen Stollen, ist etwas weicher als die Kruste bei freigeschobenen Stollen.

Teigrollen in Stollenform

Marzipanstollen

Marzipanstollen enthalten in der Mitte eine Rolle Marzipanrohmasse.

Die Teigrollen kurz entspannen lassen und flach drücken. Jeweils eine Rolle aus Marzipanrohmasse auflegen und den Stollenteig über die Marzipanrohmasserolle schlagen, sodass sie sich in der Mitte der Stollen befindet. Die Teigrollen in Stollenformen einlegen.

Gare

Die Stollen nach kurzer Gare von ca. zehn Minuten in der Backstube (nicht im Gärraum) in den Backofen schieben. Stollenformen vor dem Einschieben in den Ofen mit Deckeln abdecken.

Stollen mit weniger Butter im Hefeteig benötigen eine längere Gare.

Backen: 200 °C
Backzeit: Bei 1000-g-Stollen:
ca. 55 Minuten bei freigeschobenen Stollen (ohne Formen)
ca. 60 Minuten bei Stollen in Formen

Fertig gebackene Stollen

Fertigstellen der Stollen

Buttern

Die noch warmen Stollen, ca. 50 °C, satt mit flüssiger Butter bzw. Butterreinfett bestreichen, auch am Boden, oder die Stollen kurz in flüssige Butter tauchen.

Stollen mit Butter bestreichen

- Die Butter schließt die Poren der Stollenkruste und verzögert somit das Austrocknen der Stollen.
- Die Butter weicht die trockene Stollenkruste etwas auf und macht sie mürbe.

Zuckern

Die gefetteten Stollen in Vanillezucker wälzen, sodass an der gesamten Oberfläche, auch am Boden, die Zuckerkristalle haften.

Stollen in Vanillezucker wälzen

Die anhaftenden Zuckerkristalle an der Stollenoberfläche ziehen bei der Lagerung Luftfeuchtigkeit an, sodass die Kruste mürbe bleibt und nicht hart wird.

Am nächsten Tag werden die abgekühlten Stollen leicht mit süßem Schnee (Dekorpuder) und dann mit Puderzucker bestaubt. Der süße Schnee schmilzt nicht und verhindert bei den verpackten Stollen puderzuckerfreie Stellen.

Verpackungsmöglichkeiten für Stollen

- Stollen in mit Weihnachtsmotiven bedruckten Stollenschlauch schieben. Die beiden Enden mit Klips oder mit Ringelband verschließen.
- Die Stollen in Schrumpffolie einschweißen.

Stollen im Stollenschlauch und eingeschweißter Stollen

Fehler bei Stollen

Stollenfehler	Ursachen
• zu dünne und zu helle Kruste • eingefallene Stollen	zu kurze Backzeit – ungenügend ausgebackene Stollen
zu dicke Kruste	zu lange Backzeit
zu dunkle Kruste	• zu hohe Backhitze • zu lange Backzeit
zu dunkler Boden der freigeschobenen Stollen ohne Formen	zu starke Unterhitze – auf Unterblechen backen oder 20 °C geringere Unterhitze als Oberhitze
• speckige Krume • Wasserstreifen im unteren Teil der Krume	• zu junger Teig – zu kurze Teigruhe • zu kurze Backzeit – Stollen sind ungenügend ausgebacken
ungleichmäßig verteilte Früchte in der Krume	Die Früchte wurden zu kurz untergearbeitet, sodass sie im Hefeteig nicht gleichmäßig vermischt waren.
verfärbte, dunklere Krume	Die Sultaninen wurden zu intensiv im Schnellgang in den Teig geknetet und dabei zerquetscht.

LF 1.4

Stollenfehler –
links: zu dicke Kruste;
rechts: zu helle Kruste und ungleichmäßig verteilte Früchte

Mohn- und Nussstollen

Rezeptbeispiel: Hefeteig für vier Mohn- oder Nussstollen

Vorteig:

400 g	Weizenmehl, Type 550
350 g	Milch
70 g	Hefe

820 g Vorteig

Vorteigtemperatur: 26 °C
Vorteig intensiv kneten
Stehzeit: ca. 30 Minuten

Hefeteig (Hauptteig):

820 g	Vorteig
600 g	Weizenmehl, Type 550
400 g	Butter
120 g	Zucker
100 g	Vollei (2 Stück)
10 g	Salz
10 g	Stollengewürz
	Zitronen- und Vanillearoma

2 060 g Hefeteig

Knetzeit im Spiralkneter:
4 Minuten Langsamgang,
4 Minuten Schnellgang
Bei längerem Kneten im Schnellgang würde sich die Butter erwärmen, sodass der Hefeteig brandig wird und reißt.

Teigruhe: ca. 30 Minuten

Früchte:

200 g	gestiftelte oder grob zerkleinerte Mandeln
100 g	Zitronat
100 g	Orangeat

2 460 g Stollenteig

Die Früchte nach der Teigruhe im Langsamgang in den Hefeteig unterarbeiten, bis sie gleichmäßig vermischt sind.

Rezeptbeispiel: Mohnfüllung für vier Stollen

300 g	Milch	Milch, Zucker und Butter kochen.
350 g	Zucker	
150 g	Butter	
600 g	gemahlener Mohn	Die Zutaten in die kochende Flüssigkeit einrühren.
100 g	Vollei (2 Stück)	
100 g	süße Brösel	
	1 Prise Salz (ca. 2 g)	
	Vanillearoma, Zimt	

1600 g Mohnfüllung

Rezeptbeispiel: Nussfüllung für vier Stollen

250 g	Milch	Milch, Zucker und Butter kochen.
300 g	Zucker	
150 g	Butter	
700 g	geröstete, geriebene Haselnüsse	Die Zutaten in die kochende Flüssigkeit einrühren.
100 g	süße Brösel	
100 g	Vollei (2 Stück)	
	1 Prise Salz (ca. 2 g)	
	Vanillearoma, Zimt	

1600 g Nussfüllung

Aufarbeiten der Mohn- bzw. Nussstollen

- Vier 600-g-Teigstücke abwiegen.
- Die Teigstücke 40 × 25 cm ausrollen.
- Mohn- bzw. Nussfüllung gleichmäßig bis zum Rand aufstreichen.
- Den Hefeteig von beiden Breitseiten gegeneinander einrollen und in die Kastenform legen.
- Die Formen einfetten. Ideal sind Toastbrotformen oder Kastenformen ähnlicher Größe.

Auch Stollenformen eignen sich für Mohn- und Nussstollen. Dabei wird jedoch der mit Füllung bestrichene Hefeteig von der Längsseite her rouladenförmig eingerollt und in die Stollenformen gegeben.

Einrollen des mit Füllung bestrichenen Teigs und Einlegen in die Kastenformen

Gare:	knappe Gare, ca. ¾ Gare
Backtemperatur:	190 °C
Backzeit:	45 bis 50 Minuten

LF
1.4

Mohn- und Nussstollen

Fertigstellen der Stollen

- Die noch warmen Mohn- bzw. Nussstollen, ca. 50 °C, mit flüssiger Butter oder Butterreinfett auf allen Seiten, auch am Boden, bestreichen.
- Die Mohn- bzw. Nussstollen in Vanillezucker wälzen.
- Die abgekühlten Stollen zuerst etwas mit Dekorpuder (süßem Schnee) und dann mit Puderzucker bestauben. Süßer Schnee schmilzt nicht, sodass die Stollen keine zuckerfreien Stellen bekommen.
- Die Mohn- und Nussstollen einschweißen. Auch halbe Stollen können eingeschweißt werden, damit die Schnittfläche sichtbar ist.

Osterfladen (Osterbrote)

Osterfladen, auch Osterbrot genannt, sind typische Ostergebäcke, die in Bezug auf die Zutaten mit Stollen vergleichbar sind. Sie enthalten jedoch etwas weniger Früchte und kein Stollengewürz.

Osterfladen (Osterbrote)

Rezeptbeispiel: Osterfladen (Osterbrote)

Vorteig:

300 g	Weizenmehl, Type 550
250 g	Milch
80 g	Hefe

630 g Vorteig

Teigtemperatur: 26 °C
Vorteig intensiv kneten
Stehzeit: ca. 30 Minuten

Hefeteig (Hauptteig):

630 g	Vorteig
700 g	Weizenmehl, Type 550
120 g	Zucker
400 g	Butter
200 g	Vollei (4 Stück)
10 g	Salz
	Zitronen- und Vanillearoma

2 060 g Hefeteig

Knetzeit im Spiralkneter:
4 Minuten Langsamgang,
4 Minuten Schnellgang

Teigruhe: 30 Minuten

Früchte:

400 g	Sultaninen
60 g	Rum
100 g	gestiftelte Mandeln oder grob zerkleinerte Mandeln
evtl. 50 g	Orangeat
evtl. 50 g	Zitronat

2 720 g Teiggewicht (mit Orangeat und Zitronat)

Die Früchte nach der Teigruhe im Langsamgang in den Hefeteig unterarbeiten, bis sie gleichmäßig vermischt sind.

Die Sultaninen einen Tag vorher mit Rum vermischen, zudecken und bei Raumtemperatur aufbewahren und temperiert in den Hefeteig unterarbeiten.

Teiggewicht je Osterfladen: 600 g
Aufarbeiten: Die abgewogenen Teigstücke rundwirken und mit dem Schluss nach unten auf Backbleche setzen. Die runden Teiglinge dabei etwas flach drücken.

Gare: Gärraumtemperatur: 35 °C
relative Luftfeuchte: 70 %

Nach ca. halber Gare die Teiglinge aus dem Gärraum nehmen und weiterverarbeiten.

LF
1.4

Fertigstellen zum Backen
- Bei halber Gare die Teiglinge mit Eistreiche bestreichen und die Eistreiche antrocknen lassen.
  Eistreiche: Vollei und eine große Prise Salz in einem Gefäß mit dem Pinsel verrühren.
- Nach dem Antrocknen der Eistreiche die Teiglinge mit einem scharfen Messer einschneiden – karoförmig oder kreuzweise.
  Karos am besten mit einem elektrischen Messer leicht einschneiden.

Backen: 200 °C, ohne Schwadengabe
Backzeit: ca. 35 Minuten

Glasieren
Häufig werden die Osterfladen (Osterbrote) nach dem Backen aprikotiert und mit Fondant glasiert sowie mit gerösteten, gehobelten Mandeln bestreut → Seite 321.

Unglasierte Osterfladen werden häufig eingeschweißt.

Osterfladen – karoförmig und kreuzförmig eingeschnitten

Nussbeugel

Der Name kommt von Beuge – biegen.
Nussbeugel sind Hörnchen, bei denen der schwere Hefeteig die Nussfüllung umhüllt.
Nach knapper Gare die Hörnchen zweimal mit Eistreiche bestreichen und antrocknen lassen. Beim Backen entstehen so die feinen Risse an der Gebäckoberfläche.

Nussbeugel

Brioches sind Hefeteiggebäcke mit hohem Butter- und Eieranteil, die in Formen gebacken werden.
Panettone ist ein zylinderförmiger hoher Weihnachtskuchen aus Italien, der dem Gugelhupf (Napfkuchen) ähnlich ist. Der weiche, fettreiche Hefeteig mit Sultaninen, Zitronat und Orangeat wird in der Rührmaschine gerührt.

Brioches   *Panettone*

LF
1.4

Aufgaben

1. Nennen Sie Gebäcke aus schwerem Hefeteig und geben Sie jeweils deren Besonderheiten an.
2. Nennen Sie einige Stollenarten.
3. Geben Sie die Bestimmungen der Leitsätze folgender Stollen an:
   - Butterstollen
   - Dresdner Stollen
4. Erstellen Sie ein Rezeptbeispiel für Butterstollen.
5. Warum werden schwere Hefeteige mit Vorteig hergestellt?
6. Erläutern Sie, warum schwere Hefeteige nicht zu lange im Schnellgang geknetet werden dürfen.
7. Erklären Sie, wie Sultaninen und die anderen Früchte für den Hefeteig hergerichtet werden und wie sie in den Hefeteig untergearbeitet werden.
8. Beschreiben Sie die Gare und das Backen der Stollen.
9. Erklären Sie das Buttern und Zuckern der Stollen und begründen Sie diese Arbeitsschritte.
10. Wie können Stollen für den Verkauf verpackt werden?
11. Geben Sie die möglichen Ursachen bei folgenden Gebäckfehlern bei Stollen an:
    - zu dünne und zu helle Kruste sowie eingefallene Stollen
    - zu dicke Kruste
    - zu dunkle Kruste
    - zu dunkler Boden der freigeschobenen Stollen
    - speckige Krume und Wasserstreifen im unteren Teil der Krume
    - ungleichmäßig verteilte Früchte in der Krume
    - verfärbte, dunkle Krume
12. Erklären Sie die Herstellung der Osterfladen (Osterbrote):
    - Aufarbeiten
    - Gare
    - Fertigstellen zum Backen
    - Backen
13. Erläutern Sie die Qualitätsmerkmale für die Kundenberatung:
    - allgemein alle Gebäcke aus schwerem Hefeteig
    - Mohn-, Nuss- und Quarkstollen
    - Stollen und Osterfladen
14. Geben Sie Auskunft über die Aufbewahrung und Frischhaltung der Gebäcke aus schwerem Hefeteig.
15. Wofür eignen sich die einzelnen Gebäcke aus schwerem Hefeteig besonders?
16. Zur Weihnachtszeit sollen in Ihrer Konditorei verschiedene Stollensorten angeboten werden. Hierfür wählen sie entsprechende Rezepte aus und stellen die Verkaufsargumente zusammen.

LF 1.4

17.7 Gerührte Hefeteige

Gebäcke aus gerührtem Hefeteig sind
- Gugelhupfe, auch Napfkuchen genannt, und
- Savarins.

Besonderheiten der gerührten Hefeteige
- Gerührte Hefeteige sind besonders weich durch den hohen Fettgehalt und vor allem wegen der vielen Eier und Eigelbe.
- Diese masseähnlichen Hefeteige können nicht geknetet werden, sondern werden in der Rührmaschine gerührt.
- Außerdem werden diese weichen Hefeteige in Formen gebacken.

Gugelhupf

Der Name Gugelhupf kommt vom altdeutschen „Gugel", der Hügel, wegen der hohen Form dieses Hefekuchens. Gebietsweise werden sie als „Napfkuchen" bezeichnet.

Die Gugelhupfform erinnert an die Zeit, als die Türken Wien belagerten (1683). Die Form wurde dem Turban nachgebildet.

Die ringförmige Gugelhupfform hat den backtechnischen Sinn, dass das hohe Hefeteiggebäck sicher durchgebacken werden kann.
In Gugelhupfformen werden häufig auch Marmorkuchen und andere Kuchen aus Sandmasse gebacken.

Gugelhupf

Rezeptbeispiel: Gugelhupf (ergibt vier Gugelhupfe, in Formen mit 20 cm Durchmesser)	
Vorteig:	
450 g Weizenmehl, Type 550	Teigtemperatur: 25 °C
450 g Milch	Vorteig intensiv kneten
70 g Hefe	Stehzeit: ca. 30 Minuten
970 g Vorteig	
Hefeteig (Rührteig):	
400 g Butter	Butter, Zucker, Salz und
200 g Zucker	Aromen mit einem grob-
15 g Salz	drahtigen Rührbesen in
Zitronen- und Vanillearoma	der Rührmaschine schaumig rühren.
300 g Vollei (6 Stück)	Eier und Eigelbe nach
100 g Eigelb (5 Stück)	und nach in die Butter- masse einrühren.
970 g Vorteig	Den Vorteig und das
550 g Weizenmehl, Type 550	Mehl gut unterrühren, bis der Teig glatt ist.
2 535 g Hefeteiggewicht	
Früchte:	
250 g Sultaninen	Die Früchte in den fertig
70 g Zitronat	gerührten Hefeteig ein-
130 g Mandeln, gestiftelt	rühren, bis sie gleich- mäßig vermischt sind.
2 985 g Teiggewicht	

Formen: Gugelhupfformen gut einfetten und bemehlen. Die Formen ca. ²/₃ mit Hefeteig füllen.

Gugelhupfteig in Formen gefüllt

Gare: Bei knapper Gare, ca. 15 Minuten, in den Backofen schieben.

Backen: 200 °C
Backzeit: ca. 45 Minuten

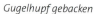

Gugelhupf gebacken

Gugelhupfe aus den Formen gestürzt

Die Gugelhupfe erst ca. fünf Minuten nach dem Backen aus den Formen stürzen.

Fertigstellen
- Die Gugelhupfe aprikotieren, mit Fondant glasieren (→ Seite 321) und evtl. mit gehobelten gerösteten Mandeln bestreuen. Oder:
- Die abgekühlten Gugelhupfe mit Puderzucker bestauben.

Glasierte Gugelhupfe

Savarins

Savarins sind eine französische Dessertspezialität, die aus einem gerührten Hefeteig hergestellt wird.
Der Hefeteig ist besonders eierreich und deshalb sehr weich, sodass er in der Rührmaschine gerührt wird.
Die Besonderheiten dieser ringförmigen Desserts sind:
- Die kleinen Hefeteigringe werden in Rumtränke getaucht, sodass sie sehr saftig sind.
- Sie werden aprikotiert und mit Fondant glasiert.
- Die Mitte der Hefeteigringe wird mit Schlagsahne oder Vanillecreme gefüllt.
- Auf die Füllung werden Früchte gelegt, die geliert werden.

Savarins

Qualitätsmerkmale für die Kundenberatung

- Gugelhupfe (Napfkuchen) sind ei- und fettreiche Hefeteiggebäcke mit Sultaninen und Mandeln. Sie sind mürbe und sehr geschmackvoll.
- Savarins sind besonders eierreiche Hefeteigringe, die in Rumtränke getaucht werden. Es sind somit saftige, nach Rum schmeckende Hefeteigdesserts, bei denen der Hefeteigring mit Schlagsahne oder Vanillecreme gefüllt und mit frischen Früchten garniert wird.

Aufbewahrung und Frischhaltung der Gebäcke

- Gugelhupfe sollen möglichst frisch verkauft werden. Sie sind bei den Kunden bei nicht zu warmer Raumtemperatur einige Tage frisch und somit lagerfähig, weil sie einige Zeit mürbe bleiben und den vollen Hefeteiggeschmack behalten.
- Savarins sollen wegen der Sahne- bzw. Vanillecreme und der frischen Früchte darauf am Tag der Herstellung gegessen werden.

Besondere Eignung

- Gugelhupfe sind Hefeteiggebäcke zum täglichen Kaffee und Tee.
- Savarins sind feine Hefeteigdesserts zum Kaffee und sind passend für die festliche Kaffeetafel.
- Die in Rum getränkten Savarins sind nicht für Kinder geeignet.

Aufgaben

1. Nennen Sie Gebäcke aus gerührtem Hefeteig.
2. Geben Sie die Besonderheiten der gerührten Hefeteige an.
3. Beschreiben Sie die Herstellung von Gugelhupf.
4. Erklären Sie die Fertigstellung der kleinen Hefeteigringe zu Savarins.
5. Nennen Sie die Qualitätsmerkmale von
   - Gugelhupfs und
   - Savarins.
6. Geben Sie Auskunft über die Frischhaltung der Gugelhupfe und Savarins.
7. Wofür eignen sich Gugelhupfs und Savarins?
8. Ihre Konditorei möchte in das Hefeteigsortiment die Savarins aufnehmen. Erstellen Sie ein Rezept für 60 Savarins mit 9 cm Durchmesser bei indirekter Teigführung. Auf 1 kg Weizenmehl kommen 300 g Butter sowie 600 g Eier und 240 g Eigelb. Kochen Sie für die Rumtränke 1 600 g Läuterzucker aus gleichen Teilen Wasser und Zucker und geben Sie 350 g Rum dazu.

17.8 Gebäcke aus Plunderteig

Begriff Plunderteig

Der Plunderteig ist ein leichter Hefeteig, in den schichtweise Ziehfett eingerollt wird. Dieses schichtweise Einrollen des Ziehfetts in den Hefeteig wird als „Tourieren" bezeichnet.

Der Name Plunder hat nichts mit minderwertigem Ramsch (Plunder) zu tun, sondern kommt von pludern, d. h. aufgehen, lockern.

Rezeptbeispiel: leichter Hefeteig für Plunderteig

1000 g	Weizenmehl, Type 550
400 g	Milch
60 g	Hefe
120 g	Zucker
100 g	Backmargarine oder Butter
150 g	Vollei (3 Stück)
10 g	Salz
	Zitronen- und Vanillearoma

1 840 g Teiggewicht

Teigtemperatur: 24 °C
Kühle Milch zugeben, damit das Ziehfett im Hefeteig nicht weich wird.

Knetzeit im Spiralkneter:
2 Minuten Langsamgang,
7 Minuten Schnellgang

Teigruhe: ca. 20 Minuten. Den Hefeteig in Folie einschlagen und in die Kühlung geben, damit die Teigtemperatur gesenkt wird.

LF 1.4

Ziehfett

Als Ziehfett eignet sich geschmeidiges und ausrollfähiges Fett. Deshalb werden folgende Ziehfette verwendet:

- **Ziehmargarine**
  Ziehmargarine wird aus der Kühlung genommen und in der Backstube bis zur idealen Verarbeitungstemperatur von ca. 20 °C liegen gelassen. Vorteilhaft ist das einfache Verarbeiten der Ziehmargarine in der warmen Backstube.

- **Butter (Tourierbutter)**
  Butter, auch Tourierbutter genannt, ist das geschmacklich beste Ziehfett, das zudem gut verdaulich ist. Die Butter hat gegenüber Ziehmargarine einen niedrigeren Schmelzbereich und einen höheren Wasseranteil und muss deshalb kühler, bei 15 bis 18 °C, verarbeitet werden.

Ziehbutter ist schwieriger zu verarbeiten. Zu kühle Butter ist schlecht ausrollfähig und zu warme und somit zu weiche Butter schmiert leicht beim Ausrollen im Hefeteig, sodass dann die Plundergebäcke nicht so schön blättern (lockern).

- **Ziehmargarine mit Butteranteil** und **fraktioniertes Butterfett**
  Diese Ziehfette vereinen die Vorteile der Ziehmargarine und der Ziehbutter. Die Gebäcke dürfen jedoch nicht als Butterplunder bezeichnet werden.

Ziehfettplatten werden hauptsächlich in den Bäckereien und Konditoreien verwendet. Die praktischen, verarbeitungsfertigen Ziehfettplatten werden einfach in den Hefeteig eingelegt.

Stangenziehmargarine wird meistens mit etwas Weizenmehl angewirkt, damit sie ausrollfähiger wird. Zum Tourieren wird sie zu einer Platte ausgerollt.

> **Bestimmungen der Leitsätze**
> Bei Butterplunder darf ausschließlich Butter verwendet werden. Dies gilt für den Hefeteig und das Ziehfett.

Plunderarten

In den Bestimmungen der Leitsätze werden zwei Plunderarten unterschieden, die sich wie folgt nach dem Mindestfettgehalt im Plunderteig unterscheiden:

Plunderarten nach den Leitsätzen

Plunder	Dänischer Plunder oder Kopenhagener Plunder
Plunder enthält mindestens 300 g Fett auf 1000 g Weizenmehl im Hefeteig.	Dänischer oder Kopenhagener Plunder enthält mindestens 600 g Fett auf 1000 g Weizenmehl im Hefeteig.

Der Mindestfettgehalt schließt den zugegebenen Fettgehalt des Teigs und die Ziehfettmenge mit ein.

> **!**
> Dänischer Plunder oder Kopenhagener Plunder sind besonders fettreiche Plundergebäcke. Sie enthalten mehr Ziehfett als einfache Plundergebäcke.

In Dänemark, dem Ursprungsland der Plundergebäcke, wird Plunderteig mit einem hohen Fettanteil hergestellt.

Dänischer Plunder

Eigenschaften von Hefeteig und Ziehfett zum Tourieren

- Der Hefeteig muss kühl sein, deutlich unter dem Schmelzpunkt des Ziehfetts. Die Teigruhe erfolgt deshalb in der Kühlung.
- Die Festigkeit des Ziehfetts sollte in etwa der Teigfestigkeit gleich sein, damit beim Tourieren gleichmäßige Hefeteig- und Ziehfettschichten entstehen. Das Ziehfett sollte deshalb nicht zu warm und nicht zu kalt sein.
- Der Arbeitsraum beim Tourieren und Aufarbeiten sollte nicht zu warm sein, vor allem beim Tourieren von Butter.

Einschlagen von Ziehfett in den Hefeteig

Den Hefeteig gut doppelt so groß wie das Ziehfett ausrollen.
Den Hefeteig über das Ziehfett schlagen und die Teigenden fest zusammendrücken, damit das Ziehfett beim Tourieren nicht herausgedrückt werden kann. Das Ziehfett kann entweder auf eine Hälfte oder in die Mitte des Hefeteigs gelegt werden, so wie es in den Abbildungen sichtbar ist.

Ziehfett in eine Hälfte des Hefeteigs legen

Ziehfett in die Mitte des Hefeteigs legen

Das Tourieren

Das Ausrollen des Hefeteigs mit dem eingeschlagenen Ziehfett und das anschließende Übereinanderlegen des Teigs wird als „Tourieren" bezeichnet. Dabei gelangt das Ziehfett schichtweise in den Hefeteig.

Man unterscheidet zwei verschiedene Touren:

Die einfache Tour

Den Teig ca. 8 mm dick ausrollen und dreifach übereinanderlegen. Zuerst ein Drittel des Teigs und dann das letzte Drittel darüberschlagen.

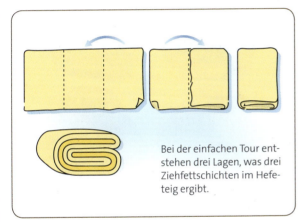

Einfache Tour

Die doppelte Tour

Den Teig nach der einfachen Tour ca. 8 mm dick ausrollen und vierfach übereinanderlegen. Beide Teigenden nach innen einschlagen und dann noch einmal übereinanderschlagen.

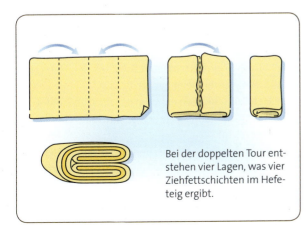

Doppelte Tour

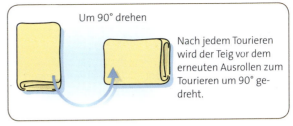

Um 90° drehen

Nach jedem Tourieren wird der Teig vor dem erneuten Ausrollen zum Tourieren um 90° gedreht.

Drehen bei der doppelten Tour

Grundsätzliches beim Tourieren

- Den Plunderteig in der Ausrollmaschine in geringen Millimeterabständen dünner ausrollen, damit die Teig- und Ziehfettschichten nicht zusammenkleben und die Ziehfettschichten nicht auseinanderreißen.
- Die Ausrollstärke beträgt ca. 8 mm. Wird der Teig wesentlich dicker oder dünner ausgerollt, führt dies zu Gebäckfehlern.
- Den Plunderteig möglichst rechteckig ausrollen, damit die Hefeteig- und Ziehfettschichten gleichmäßig übereinanderliegen und keine fettfreien Stellen entstehen.
- Vor dem Übereinanderlegen des Teigs beim Tourieren das Staubmehl gründlich abkehren. Staubmehl zwischen den Schichten isoliert die einzelnen Teigschichten voneinander und lässt das Gebäck strohig und trocken werden.

LF 1.4

Touren und Anzahl der Touren

Die Ziehfettschichten müssen in einer bestimmten Stärke im Plunderteig vorliegen. Es sollen dünne Ziehfettschichten sein, die eine Trennschicht zwischen den Hefeteigschichten bilden, damit diese nicht zusammenkleben.

- Sind die Ziehfettschichten zu dünn, haben sie keine isolierende Wirkung als Trennschichten, sodass die Hefeteigschichten verkleben. Diesen Plundergebäcken fehlt die lockere Blätterung.
- Sind die Ziehfettschichten zu dick, läuft das Ziehfett bei Hitze im Backofen aus dem Plunderteig. Dies ergibt trockene Gebäcke.

Je höher die Ziehfettmenge ist, die in den Hefeteig touriert wird, desto mehr Ziehfettschichten muss der Plunderteig enthalten, damit die Ziehfettschichten im Plunderteig nicht zu dick werden.

Um die Ziehfettschichten im Hefeteig zu ermitteln, werden die Ziehfettschichten der einzelnen Touren miteinander multipliziert.

Beispiel:

1 einfache Tour und 1 doppelte Tour ergeben 3 × 4 Ziehfettschichten = 12 Ziehfettschichten.

Die Anzahl der Touren bei folgenden Ziehfettmengen ergeben die ideale Stärke der Ziehfettschichten im Plunderteig:

Ziehfettmenge für 1 kg Hefeteig	Touren und Anzahl der Touren	Ziehfettschichten
150 bis 200 g	1 einfache und 1 doppelte Tour	12
250 bis 300 g	3 einfache Touren	27
350 bis 500 g	2 einfache und 1 doppelte Tour	36

Ruhepause nach dem Tourieren

Den Plunderteig nach dem Tourieren in eine Folie einschlagen und ca. 15 Minuten im Kühlschrank bzw. Kühlraum entspannen lassen.

Bei zu kurzer Ruhezeit „schnurrt" (zusammenziehen) der Teig beim Ausrollen und beim Schneiden zu Plunderstückchen.

LF 1.4

Gare

Gärraumtemperatur: ca. 30 °C
relative Luftfeuchte: 70 %
Bei höherer Gärraumtemperatur wird das Ziehfett zu weich oder gar flüssig.

Plunderteiglinge bei knapper Gare aus dem Gärraum nehmen und in den Backofen schieben.
Je mehr Ziehfett in den Plunder touriert wird, desto geringer ist die Gare. Bei hohem Ziehfettanteil ist die physikalische Lockerung durch den Wasserdampf stärker ➡ rechte Spalte.

Backen: 210 °C, mit Schwaden
Backzeit: ca. 10 Minuten

Glasieren

Die ofenheißen Gebäcke sofort nach dem Backen aprikotieren und mit Fondant glasieren ➡ Seite 321.

Plundergebäcke glasieren

Gelieren der Früchte auf Plundergebäcken

Auf die fertig gebackenen Plundergebäcke in Taschenform, die aprikotiert und mit Fondant glasiert sind, können frische Früchte gelegt werden. Auf einen Tupfen Vanillecreme werden verschiedene Früchte mit schönem Farbkontrast aufgelegt. Während der Erdbeersaison eignen sich diese Früchte besonders gut.
Damit die Früchte schön glänzen und nicht austrocknen, werden sie mit Geleeguss bestrichen (geliert).

Plundergebäck mit frischen Früchten

Lockerung der Plundergebäcke

Plundergebäcke werden mit Hefe und Wasserdampf gelockert.
Die Hefe erzeugt im Hefeteig Gärgase, die im Teig als Poren festgehalten werden und so den Hefeteig lockern.

Lockerung durch Wasserdampf beim Backen

- Die dünnen Ziehfettschichten zwischen den Hefeteigschichten werden beim Backen flüssig.
- Die Hefeteigschichten nehmen das flüssige Ziehfett auf, das so als Trennschicht zwischen den Hefeteigschichten liegt.
- Die Backhitze gelangt zwischen die einzelnen Hefeteigschichten, sodass ein Teil des Wassers im Hefeteig verdampft.
- Der Wasserdampf hebt die einzelnen Hefeteigschichten nach oben. Es entstehen die blättrige Lockerung und ein zart-splittriger Biss.

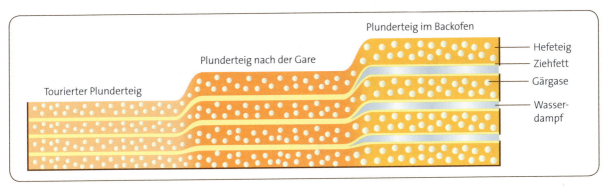

Plunderteig im Backofen

Plunderteig nach der Gare

Tourierter Plunderteig

Hefeteig
Ziehfett
Gärgase
Wasser-
dampf

Lockerung der Plundergebäcke

Fehler der Plundergebäcke	Ursachen
• Beim Backen läuft Fett aus den Plundergebäcken. • Die Plundergebäcke schmecken etwas trocken und besitzen eine schlechte Blätterung.	• Zu wenig Touren, die Ziehfettschichten waren somit zu dick. • Zu warme Gärraumtemperatur. Sie war höher als der Schmelzpunkt des Ziehfetts.
• Die Plundergebäcke sind zu flach. • Die Plundergebäcke sind ungenügend geblättert, sodass der feinsplittrige Biss fehlt.	• Die Festigkeit des Hefeteigs und des Ziehfetts war stark unterschiedlich. • Beim Ausrollen wurde der Plunderteig in zu großen Millimeterabständen dünner gerollt, sodass die Ziehfettschichten gerissen sind. • Der Plunderteig wurde beim Tourieren zu dünn, unter 8 mm, ausgerollt sodass die zu dünnen Ziehfettschichten in den Hefeteig eingerollt wurden und keine isolierende Wirkung zwischen den Teigschichten mehr hatten. • Der Plunderteig wurde in einem zu warmen Raum touriert und aufgearbeitet.
Die Plundergebäcke haben ein zu kleines Volumen und sind zu gering gelockert.	Die Plunderteiglinge wurden bei zu knapper Gare in den Ofen geschoben.
Die Plundergebäcke sind zu flach und breitgelaufen.	• Die Plunderteiglinge hatten zu viel Gare. • Die Backzeit war zu kurz, sodass die Gebäcke nach dem Backen einfallen.
Die oberen Schichten des Plundergebäcks blättern beim Glasieren ab.	Der Plunderteig hat zu wenige Touren und deshalb zu dicke Ziehfettschichten.

LF
1.4

Aufarbeitungsbeispiele für Plunderstückchen

Füllungen für Plundergebäcke

Nuss-, Mohn-, Quark-, Apfel-, Marzipanfüllung, gebundene Sauerkirschen, Vanillecreme ➡ Seite 325

Ausrollstärke: 3,5 oder 4 mm

Den Plunderteig in der Ausrollmaschine in geringen Millimeterabständen ausrollen, damit die dünnen Ziehfettschichten im Plunder nicht zerstört werden.

Den ausgerollten Plunderteig auf einem Arbeitstisch auslegen und mit einem scharfen Messer wie bei den folgenden Aufarbeitungsbeispielen schneiden.

Nusshörnchen

• Dreiecke schneiden, z. B. 25 × 12 cm.
• An der Breitseite der Dreiecke ca. 2 cm einschneiden, damit man die Enden beim Rollen der Nusshörnchen auseinanderziehen kann und die Gebäcke somit länger werden.
• Die Dreiecke leicht mit Wasser bestreichen und mit einem Spritzbeutel (Dressierbeutel) die Nussfüllung aufspritzen, zusammenrollen und zu Hörnchen formen. Die eingerollten Teiglinge werden manchmal auch gerade auf die Bleche gesetzt und nicht zu Hörnchen geformt.

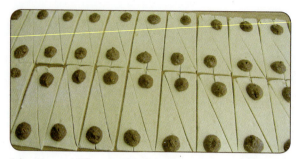

Schneiden und Füllen von Plunderhörnchen

Gerollte Plunderhörnchen

Taschen

- Den ausgerollten Plunderteig zu quadratischen Stücken schneiden, z. B. 12 × 12 cm.
- Die Schnittflächen leicht mit Wasser bestreichen und die Füllung auf jedes Stück aufspritzen.
- Die Ecken der Teiglinge zu Taschen zusammenkleben.
- Die Taschen mit Wasser bestreichen und die zusammengeklebten Teigenden mit einem dünnen ausgestochenen Teigstück abdecken.

Es kann die Füllung auch auf die zusammengelegten Teigtaschen gespritzt werden, sodass die Füllung auf den Gebäcken sichtbar liegt.

Die Füllung gibt den Taschen den Namen, z. B. Quark-, Kirsch-, Apfeltaschen, Vanillecreme-Kirschtaschen → Seite 326.

Aufarbeiten von Plundertaschen

Hahnenkämme

- Den ausgerollten Plunderteig zu rechteckigen Stücken schneiden, z. B. 14 × 10 cm.
- Die geschnittenen Teigstücke leicht mit Wasser bestreichen und auf die vordere Hälfte der Stücke die Füllung aufspritzen, z. B. Nussfüllung, Marzipanfüllung.
- Den Plunderteig über die Füllung schlagen und an der vorderen Seite mit einem scharfen Messer leicht einschneiden.
- Beim Aufsetzen auf die Backbleche die geschnittene Seite der Teiglinge kammförmig etwas auseinanderziehen.

Aufarbeiten von Hahnenkämmen

Hahnenkämme

Schnecken

- Auf den ausgerollten Plunderteig, z. B. 40 cm Breite, die Füllung dünn aufstreichen und den Plunderteig zu einer Rolle rollen.
- Von der Teigrolle ca. 3 cm breite Scheiben schneiden.
- Die Scheiben mit der Schnittfläche auf Backbleche legen. Oder:
  Die Scheiben mit einem dünnen Rundholz eindrücken, sodass seitlich Streifen des Plunderteigs und der Füllung sichtbar sind.

LF 1.4

Abgeschnittene Scheiben der Teigrolle zu Nussschnecken gedrückt

Nussschnecken gerollt und gedrückt

Vanillecremebrezeln

- Den ca. 40 cm breit ausgerollten Plunderteig in ca. 2,5 cm breite Streifen schneiden.
- Die Streifen spiralförmig drehen, zu Brezeln mit zwei Öffnungen formen und auf mit Backpapier belegte Backbleche legen.
- Die Brezelöffnungen mit Vanillecreme (→ Seite 328) füllen.

Vanillebrezel

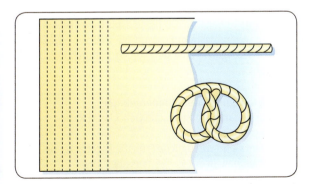

Aufarbeiten von Vanillebrezeln

Nusszöpfe

Es gibt verschiedene Arten von Nusszöpfen; hier ein Beispiel:

- Den Plunderteig 30 × 60 cm breit ausrollen und dünn mit Nussfüllung bestreichen.
- Den Plunderteig von der Längsseite zu einer Rolle von 60 cm Länge zusammenrollen.
- Die Teigrolle in der Mitte der Länge nach auseinanderschneiden.
- Die zwei Hälften mit der Schnittfläche nach oben spiralförmig zusammendrehen und auf ein Backblech setzen.

Zusammendrehen zu einem Zopf

Nusszopf

Croissants

Croissants sind ursprünglich französische Frühstückshörnchen ohne Füllung und ohne Glasur. Es sind sehr lockere und feinsplittrige Plundergebäcke.

Croissant

Lockeres, feinsplittriges Croissant

Als Kaffeegebäcke werden Croissants in den Konditoreien z. B. mit Schokolade gefüllt und mit Aprikotur und Fondant glasiert.

Croissants mit Schokolade gefüllt

Ziehfett: 300 g für 1750 g Hefeteig

Unterschiede der Croissants zu anderen Plundergebäcken:
- Sie werden aus zuckerarmem Hefeteig hergestellt.
- Nur eine geringe Menge Ziehfett wird touriert.

Rezeptbeispiel: Hefeteig für Croissants

1000 g	Weizenmehl, Type 550
450 g	Milch
60 g	Hefe
30 g	Zucker
100 g	Butter oder Backmargarine
100 g	Vollei (2 Stück)
10 g	Salz

1750 g Teiggewicht

Teigtemperatur: 24 °C

Knetzeit im Spiralkneter: 2 Minuten Langsamgang, 7 Minuten Schnellgang

Teigruhe: ca. 30 Minuten, Hefeteig mit Folie abdecken und in die Kühlung stellen.

Für **Laugencroissants** werden die Teiglinge vor dem Backen in Brezellauge getaucht. Bei **pikanten Croissants** werden die gebackenen Croissants in der Mitte auseinandergeschnitten und mit Schinken, Salami, Käse u. a. zu Snacks belegt.

Touren
1 einfache und 1 doppelte Tour
Den Plunderteig nach dem Tourieren in Folie wickeln, in den Kühlschrank bzw. Kühlraum stellen und mindestens 30 Minuten entspannen lassen.

Aufarbeiten
- Den Plunderteig 3,5 mm dick ausrollen.
- Dreiecke schneiden, z. B. 25 x 12 cm.
- Die Dreiecke locker aufrollen, zu Hörnchen formen und auf Backbleche setzen.

Gare
Nach ca. $^{3}/_{4}$ Gare die Hörnchen mit Eistreiche bestreichen und in den Backofen schieben.

Backen: 210 °C, ohne Schwaden
Backzeit: ca. 16 Minuten

Bestimmungen der Leitsätze
Buttercroissants und Butterplunder werden ausschließlich mit Butter hergestellt. Dies bezieht sich auf das Fett im Hefeteig und auf das Ziehfett.

Verkaufsargumente

Qualitätsmerkmale für die Kundenberatung
- Plundergebäcke sind lockere und feinsplittrige Gebäcke.
- Sie sind geschmackvolle Hefeteiggebäcke, die geschmacklich durch die jeweilige Füllung ergänzt werden.
- Die lockeren Plundergebäcke sind gut bekömmliche Gebäcke, trotz des Ziehfettanteils.
- Croissants sind besonders lockere und gut bekömmliche Hörnchen mit einem röschen, feinsplittrigen Biss.
- Buttercroissants und Butterplundergebäcke sind durch den Buttergehalt besonders wohlschmeckend und gut bekömmlich.
- Laugencroissants erhalten durch die Brezellauge auf der Gebäckoberfläche einen leicht pikanten Geschmack.

Frischhaltung der Plundergebäcke
- Plundergebäcke schmecken frisch am besten. Sie sollten zumindest am Tag der Herstellung gegessen werden.
- Croissants haben ihre rösche, feinsplittrige Beschaffenheit nur in frischem Zustand. Sie sollten deshalb mehrmals täglich gebacken und frisch angeboten werden.

Besondere Eignung der Plundergebäcke
- Plundergebäcke sind typische Gebäcke zu Kaffee und Tee.
- Croissants sind vorzügliche Frühstücksgebäcke, sie sind aber auch in der Kaffeepause beliebt.

LF 1.4

Aufgaben

1. Erklären Sie den Begriff „Plunderteig".
2. Warum sollte der Hefeteig für Plunder kühl geführt, also mit kühler Milch hergestellt werden?
3. Wie lange sollte die Teigruhe des Hefeteigs für Plunder betragen und wo sollte die Teigruhe erfolgen?
4. Nennen Sie die Ziehfettarten für Plunderteige und die jeweilige Verarbeitungstemperatur.
5. Welche Vor- und Nachteile haben die Ziehfettarten beim Tourieren bzw. beim Verzehr?
6. In welcher praktischen Form wird Ziehfett überwiegend in den Betrieben verarbeitet?
7. Nennen Sie die Plunderarten und beschreiben Sie die Bestimmungen nach den Leitsätzen.
8. Erläutern Sie den Dänischen Plunder.
9. Beschreiben Sie die Eigenschaften, die der Hefeteig und das Ziehfett zum Tourieren haben sollen:
   - Hefeteigtemperatur
   - Festigkeit von Hefeteig und Ziehfett
   - Raumtemperatur beim Tourieren
10. Erklären Sie den Begriff „Tourieren".
11. Beschreiben Sie das fachgerechte Tourieren:
    - beim Ausrollen bis zur endgültigen Ausrollstärke
    - die Ausrollstärke
    - damit keine ziehfettfreien Stellen im Plunderteig entstehen
    - vor dem Übereinanderlegen des Teiges beim Tourieren
12. Wie viel Teigschichten liegen nach dem Tourieren übereinander?
    - nach einer einfachen Tour
    - nach einer doppelten Tour
13. Errechnen Sie die Ziehfettschichten im Plunderteig nach
    - 1 einfachen und 1 doppelten Tour,
    - 3 einfachen Touren,
    - nach 2 einfachen Touren und 1 doppelten Tour.
14. Nennen Sie die Gärraumbedingungen beim Plunderteig.
    - Gärraumtemperatur
    - relative Luftfeuchtigkeit
15. Bei wie viel Grad C werden Plundergebäcke gebacken?
16. Beschreiben Sie die Faustregel beim Plunderteig mit geringerem Ziehfettanteil und beim dänischen Plunder bzw. Kopenhagener mit höherem Ziehfettanteil:
    - beim Tourieren
    - in Bezug auf die Gärreife bei der Gare
17. Nennen Sie die zwei Lockerungsmittel, die Plundergebäcke lockern.
18. Erklären Sie die Lockerung der Plundergebäcke durch Wasserdampf.
19. Geben Sie die Bestimmungen der Leitsätze für Butterplunder an.
20. Nennen Sie die möglichen Ursachen bei folgenden Fehlern der Plundergebäcke:
    - Beim Backen läuft Fett aus den Plundergebäcken aus. Die Plundergebäcke schmecken etwas trocken und besitzen eine schlechte Blätterung (zwei Ursachen).
    - Das Plundergebäck ist zu flach und ungenügend geblättert, sodass der feinsplittrige Biss fehlt (vier Ursachen).
    - Die Plundergebäcke haben ein zu kleines Volumen und sind zu gering gelockert (eine Ursache).
    - Die Plundergebäcke sind zu flach und breitgelaufen (zwei Ursachen).
    - Die oberen Schichten der Plundergebäcke blättern beim Glasieren ab (eine Ursache).
21. Nennen Sie Füllungen für Plundergebäcke.
22. Erklären Sie die Unterschiede der Croissants gegenüber anderen Plundergebäcken in Bezug auf
    - den Hefeteig,
    - die Ziehfettmenge.
23. Nennen Sie die Bestimmungen der Leitsätze für Buttercroissants.
24. Geben Sie die Qualitätsmerkmale der Plundergebäcke und Croissants für die Kundenberatung an (Gebäckbeschaffenheit, Geschmack, Bekömmlichkeit).
25. Geben Sie Auskunft über die Frischhaltung der Plundergebäcke und Croissants.
26. Wofür eignen sich Plundergebäcke und Croissants besonders gut?
27. Da der Duft frisch gebackener Gebäcke die Kunden anzieht, sollen einige Plundergebäcke im Ladenbackofen frisch gebacken werden. Sie sollen hierfür geeignete Gebäcke auswählen und für das Verkaufspersonal einen Merkzettel für das Backen im Ladenbackofen und die Fertigstellung der Gebäcke verfassen.

LF 1.4

18   Feine Backwaren aus Blätterteig

Situation

Ihre Konditorei plant eine Aktion „Kaffeegebäcke", bei der die Kunden die Herstellung der Gebäcke in einer dafür eingerichteten kleinen Schaubackstube beobachten können. Sie sind für Blätterteiggebäcke zuständig. Auf einer Schautafel steht das Grundrezept und die verschiedenen Ziehfette stellen Sie aus.

Den Kunden führen Sie die Herstellung der drei Blätterteigarten vor und zeigen das Tourieren. Sie fertigen süße und pikante Blätterteiggebäcke aus den jeweils dafür geeigneten Blätterteigarten.

- Wie viel Ziehfett wird für Blätterteig verwendet und welche Ziehfettarten eignen sich zum Tourieren von Blätterteig?
- Welche drei Blätterteigarten gibt es und wie unterscheiden sie sich voneinander?
- Wie wird Blätterteig touriert und wie viel Lagen enthält fertig tourierter Blätterteig?
- Wie werden Blätterteiggebäcke gelockert?
- In welche vier Gruppen werden Blätterteiggebäcke eingeteilt und welche Blätterteiggebäcke gehören jeweils dazu?

Diese lockeren, blättrigen Gebäcke entstanden durch Zufall. Ein Konditor versuchte seine Teigfladen rationeller zu backen. Er legte die dünnen Teigfladen übereinander. Damit sie jedoch nicht zusammenklebten, bestrich er die einzelnen Fladen mit Öl. Er backte die Teigfladen übereinander aus. Nach dem Backen stellte er fest, dass die Fladen sich voneinander abgehoben hatten. Zwischen den dünnen Fladen waren sogar Hohlräume entstanden. Der Konditor bemerkte auch, dass die Fladen im Gebäckinneren ebenso knusprig und großblättrig waren.

Nachweislich stellte man schon im frühchristlichen Rom in luxuriöser Gesellschaft Pasteten aus Blätterteig her.

18.1   Blätterteig

Den Namen hat der Blätterteig von der lockeren und blättrigen Beschaffenheit der Gebäcke.

Grundteig (Weizenteig) für Blätterteig

Grundteig		
Hauptzutaten	1 000 g	Weizenmehl, Type 405 oder 550
	500 g	Wasser
	20 g	Salz
Teigverbessernde Zutaten	80 g	Backmargarine oder Butter
	40 g	Eigelb (2 Stück)
	60 g	Zucker
Grundteig (Weizenteig)	1 700 g	
Ziehfett	1 000 g	
Blätterteiggewicht	2 700 g	

Teigtemperatur
22 bis 24 °C, kaltes Wasser oder Eiswasser verwenden

Knetzeit im Spiralkneter
2 Minuten Langsamgang, 7 Minuten Schnellgang.
Den Grundteig zu einem glattenTeig kneten.

Teigruhe
• Den Grundteig rundwirken.
• Den Grundteig in Folie einschlagen, damit sich keine Haut bildet.
• Den Grundteig im Kühlschrank bzw. Kühlraum ca. 30 Minuten ruhen lassen.
  Den Grundteig kann man auch über Nacht in der Kühlung entspannen lassen.

Tourieren: Ziehfett in den Grundteig einlegen und zwei einfache und zwei doppelte Touren im Wechsel geben.

Aufarbeiten: Den Blätterteig ausrollen, Stücke schneiden, Füllung daraufgeben und die Stücke fertigstellen.

Backen: 210 oder 220 °C, ohne Schwadengabe

Geeignete Mehltypen: 405 oder 550

Grundteig für Blätterteig benötigt keinen so starken Kleber, sodass Weizenmehl der Type 405 statt des kleberstarken Mehls der Type 550 verwendet werden kann. Mit diesem etwas kleberschwächeren Mehl entspannt sich der Blätterteig in den Ruhezeiten schneller.

Blätterteig mit dem kleberstarken Mehl der Type 550 sorgt wegen des guten Gashaltevermögens für die beste Lockerung. Der Blätterteig benötigt jedoch unbedingt ausreichende Ruhezeiten zur Kleberentspannung im Blätterteig.

Wirkung der teigverbessernden Zutaten im Grundteig

Zutaten	Wirkung
Backmargarine oder Butter	Durch etwas Fett wird der Grundteig elastischer und lässt sich dadurch besser ausrollen.
Eigelbe	Das Lezithin im Eigelb hat eine emulgierende Wirkung, sodass der Grundteig geschmeidiger wird.
Zucker	Die Gebäckkruste bräunt dadurch schöner und wird röscher (splittriger).

Ziehfett

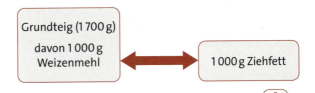

Grundteig (1 700 g) davon 1 000 g Weizenmehl ⟷ 1 000 g Ziehfett

! Es wird die gleiche Menge Ziehfett in den Grundteig touriert, wie der Grundteig Weizenmehl enthält.

Grundteig und Ziehfett für Blätterteig

Als Ziehfett eignet sich geschmeidiges, ausrollfähiges Fett. Es muss sich beim Ausrollen mit dem Grundteig gleichmäßig mitrollen. Dabei darf es nicht reißen oder schmieren.

Das Ziehfett sollte bei der Verarbeitung in etwa die gleiche Festigkeit wie der Grundteig besitzen. Nur so kann es beim Tourieren mit dem Teig gleichmäßig ausgerollt werden. Ist das Ziehfett zu fest, reißt es, ist es zu weich, schmiert es.

Hauptsächlich wird Ziehfett in den praktischen, verarbeitungsfertigen Platten verarbeitet.

Ziehfettarten	Verarbeitungstemperatur
Ziehmargarine	ca. 20 °C
Ziehmargarine mit Butteranteil	15 bis 18 °C
Butter (Tourierbutter)	10 bis 12 °C
fraktionierte Butter	10 bis 15 °C

Ziehmargarine und auch fraktionierte Butter lassen sich leichter verarbeiten als Butter, weil sie temperaturunempfindlicher sind und deshalb beim Ausrollen während des Tourierens nicht schmieren.

LF 1.4

Geschmacklich ist Butterblätterteig besser. Butterblätterteiggebäcke sind auch leichter verdaulich, da Butter einen niedrigeren Schmelzpunkt hat als Ziehmargarine und bei Bluttemperatur im Körper schmilzt.

Blätterteig mit fraktionierter Butter touriert, ist leichter zu tourieren als mit Butter, darf jedoch nicht als Butterblätterteig bezeichnet werden.

Bestimmungen der Leitsätze

Bei „Butterblätterteig" darf für den Grundteig und als Ziehfett ausschließlich Butter verarbeitet werden.

Erklärung: Blätterteig

- Blätterteig besteht aus einem Grundteig, einem Weizenteig, der hauptsächlich aus Weizenmehl, Wasser und Salz besteht.

- In den Grundteig wird ein hoher Anteil an Ziehfett touriert. Blätterteig enthält somit viel Ziehfett.

- Blätterteig wird nur beim Backen durch Wasserdampf gelockert. Er enthält kein zusätzliches Lockerungsmittel wie Hefe oder Backpulver.

Plunderteig wird aus leichtem Hefeteig hergestellt, in den weniger Ziehfett als in den Blätterteig touriert wird. Deshalb sind Plundergebäcke weicher im Biss und nicht so blättrig und splittrig.

Aufgaben

1. Erstellen Sie ein Grundteigrezept für Blätterteig mit den Hauptzutaten und den teigverbessernden Zutaten.
2. Wie sollte die Teigtemperatur des Grundteigs sein?
3. Beschreiben Sie die Teigruhe des Grundteigs.
4. Welche Mehltypen eignen sich für den Grundteig?
5. Erklären Sie die Wirkungen der teigverbessernden Zutaten.
6. Wie hoch ist die Ziehfettmenge, die in den Grundteig touriert wird?
7. Nennen Sie die Ziehfettarten, die in den Grundteig touriert werden können, und geben Sie die Verarbeitungstemperaturen an.

8. Wie sollte die Festigkeit des Grundteigs und des Ziehfetts beim Tourieren sein? Begründen Sie Ihre Antwort.
9. Geben Sie die Bestimmungen der Leitsätze für Butterblätterteig an.
10. Erklären Sie einen Blätterteig.
11. Wie unterscheiden sich Blätterteig und Plunderteig in Bezug auf
    - den Teig und
    - die Ziehfettmenge?
12. Stellen Sie Blätterteige mit den verschiedenen Ziehfettarten her und vergleichen Sie das Tourieren und die Aufarbeitung sowie die Lockerung und den Geschmack der Gebäcke.

LF 1.4

Rechenaufgaben

1. Für den Grundteig eines Blätterteigs wiegt der Konditor 80 g Butter als teigverbessernde Zutat auf 1 kg Weizenmehl ab. Wie viel kg Butter werden für 6,500 kg Weizenmehl benötigt?
2. Eine Konditorei stellt Blätterteig mit folgendem Rezept her:

8 000 g Weizenmehl	320 g Eigelb
4 000 g Wasser	400 g Zucker
160 g Salz	8 000 g Ziehfett
640 g Butter	

   Der Backverlust der Blätterteiggebäcke beträgt 17,5 %. Ein Blätterteiggebäck wiegt ausgebacken 68 g. Wie viel Gebäckstücke erhält die Konditorei?

3. Der Grundteig für Blätterteig wird aus 4,5 kg Weizenmehl und 2 250 g Wasser hergestellt. Die weiteren Rohstoffe wiegen 1 050 g und in den Grundteig wird 4½ kg Ziehfett touriert.
   a) Ermitteln Sie die Menge des Blätterteigs in kg (Grundteig und Ziehfett).
   b) Wie viel % Ziehfett enthält der Blätterteig?
   c) Aus diesem Blätterteig sollen 246 Blätterteigstückchen aufgearbeitet werden. Wie viel g wiegt der Teig eines Blätterteigstückchens?
   d) Berechnen Sie das Gewicht eines Blätterteigstückchens, bei dem die Füllung 34 % des Teiggewichts beträgt.

18.2 Blätterteigarten

Es gibt drei Blätterteigarten, die sich in der Herstellungsweise unterscheiden.

	Deutscher Blätterteig	Französischer Blätterteig	Holländischer Blätterteig
Unterschiede der Blätter- teigarten	Grundteig / Ziehfett	Ziehfett / Grundteig	Ziehfett- würfel — Teig
	Beim deutschen Blätterteig wird der Grundteig um das Ziehfett geschlagen. Der Grundteig befindet sich außen, das Ziehfett ist innen.	Beim französischen Blätter- teig wird das Ziehfett über den Grundteig geschlagen. Das Ziehfett befindet sich außen, der Grundteig ist innen. Das Ziehfett muss bei der Verarbeitung gut gekühlt sein.	Beim holländischen Blätter- teig liegt das Ziehfett würfel- förmig und verteilt im Teig.
Touren	• 1 einfache und • 1 doppelte Tour	• 1 einfache und • 1 doppelte Tour	• 1 einfache Tour • 1 doppelte Tour • 1 einfache Tour • 1 doppelte Tour
Ruhepause	Mindestens 30 Minuten Ruhepause. Der Blätterteig kann auch über Nacht stehen gelassen werden. Den tourierten Blätterteig in eine Folie einschlagen, damit der Teig keine Haut bildet, und im Kühlschrank bzw. Kühl- raum lagern.	Mindestens 30 Minuten im Kühlschrank bzw. Kühlraum stehen lassen. Der Blätterteig kann auch über Nacht stehen gelassen werden. Bei kurzer Ruhepause braucht der französische Blätterteig nicht in Folie eingeschlagen zu werden, da das Ziehfett außen liegt und somit eine Haut- bildung nicht möglich ist.	Die Touren können ohne Ruhepause hintereinander gegeben werden.
Touren	• 1 einfache Tour und • 1 doppelte Tour	• 1 einfache und • 1 doppelte Tour	
Ruhepause	Mindestens 30 Minuten im Kühlschrank bzw. Kühlraum stehen lassen. Der Blätterteig kann auch über Nacht stehen gelassen werden. Den fertig tourierten deut- schen Blätterteig in eine Folie einschlagen.	Mindestens 30 Minuten im Kühlschrank bzw. Kühlraum stehen lassen. Der Blätterteig kann auch über Nacht stehen gelassen werden.	Den fertig tourierten hollän- dischen Blätterteig in Folie einschlagen und vor dem Aufarbeiten mindestens 15 Minuten in der Kühlung entspannen lassen. Der Blätterteig kann auch über Nacht stehen gelassen werden.
Aufarbeiten des Blätterteigs	Der Blätterteig wird bis zur gewünschten Stärke ausgerollt und in Stücke geschnitten.		

LF 1.4

Verwendung der Blätterteigarten

Deutscher und französischer Blätterteig können für alle Blätterteiggebäcke verwendet werden. Beide Blätterteigarten haben eine starke Lockerung und ziehen gut hoch (blättern).

Holländischer Blätterteig kann nur für flache Gebäcke verwendet werden, z. B. für Böden der Holländer Kirschsahnetorte, Holländer Kirschsahneschnitten und Cremeschnitten sowie für Käsegebäck, Käsestangen, Teeblätter, Schweinsohren und Sahnerollen bzw. Schaumrollen. Holländischer Blätterteig enthält wegen der Ziehfettwürfel beim Tourieren unterbrochene Ziehfettschichten. Dadurch ziehen die Gebäcke im Backofen nicht so gut hoch, sie bleiben also flach.

Tourieren der Blätterteige

Alle drei Blätterteigarten erhalten zwei einfache und zwei doppelte Touren, die im Wechsel touriert werden – 1 einfache, 1 doppelte, 1 einfache und 1 doppelte Tour → Tourieren beim Plunderteig, Seite 300.

Die einfache Tour
Den Blätterteig in drei Lagen übereinanderlegen.

Zusammenlegen bei einer einfachen Tour

Enfache Tour, drei Schichten

Die doppelte Tour
Den Blätterteig in vier Lagen übereinanderlegen.

Zusammenlegen bei einer doppelten Tour

Doppelte Tour, vier Schichten

Der fertig tourierte deutsche Blätterteig enthält 144 Ziehfettschichten (145 Teigschichten). Dabei werden die Ziehfettschichten der einzelnen Touren multipliziert. Der französische Blätterteig enthält 145 Ziehfettschichten.

Tourierter Blätterteig

Grundsätzliches beim Tourieren

- Ausrollstärke: Den Blätterteig beim Tourieren ca. 8 mm dick und möglichst rechteckig ausrollen.
- Den Walzenabstand beim Ausrollen mit der Ausrollmaschine nur in kleinen Abständen verringern, damit die Teig-Ziehfett-Schichten nicht zusammengedrückt werden.
- Vor dem Zusammenlegen des Blätterteigs beim Tourieren das Staubmehl gründlich abkehren, damit das Gebäck nicht trocken wird.
- Den Blätterteig genau zusammenlegen, damit keine ziehfettfreien Stellen entstehen. Den Teig dabei nicht ziehen und drücken.
- Nach jeder Tour den Blätterteig um 90° drehen und die nächste Tour ausrollen. Somit kommen die Enden des Teigs beim Einschlagen der nächsten Tour nach innen.
- Ausreichend Ruhepausen im Kühlschrank bzw. Kühlraum einlegen, damit sich der Kleber im Blätterteig wieder entspannen kann. Durch das häufige Ausrollen wird der Kleber zäh und der Teig straff. Nur ein entspannter Blätterteig lässt sich leicht ausrollen. Ein zu straffer Teig bei zu kurzer Ruhepause reißt beim Rollen und „schnurrt" (zieht sich zusammen).

Tiefgefrieren von Blätterteig

Statt täglich kleine Mengen an Blätterteiggebäcken herzustellen, können fertig aufgearbeitete Blätterteigteiglinge tiefgefroren werden. Damit sie nicht austrocknen, werden sie in Folie eingeschlagen. Bei Bedarf können die Stückchen dann aufgetaut und gebacken werden.

Fertig gebackene Blätterteigstücke sollten nicht tiefgefroren werden, weil sie nach dem Auftauen an der Oberfläche stark abblättern, vor allem beim Glasieren, und so unansehnlich werden.

Holländischer Blätterteig

Rezeptbeispiel: Holländischer Blätterteig	
1 000 g Weizenmehl, Type 550 oder 405	Teigtemperatur: 22 bis 24 °C, kaltes Wasser oder Eiswasser verwenden
550 g Wasser (kalt)	
20 g Salz	
60 g Zucker	
1 000 g Ziehfett	
2 630 g Teiggewicht	

Herstellung des holländischen Blätterteigs

Die Zutaten werden mit den Ziehfettwürfeln zu einem groben Teig in einem langsam laufenden Hubkneter oder mit der Hand zusammengemischt (angewirkt). Dabei dürfen die Zutaten nur zusammengedrückt und nicht geknetet werden, damit die Fettstücke erhalten bleiben. Holländischer Blätterteig ist ein grober, schwach gebundener Teig.

Durch die Ziehfettstückchen entstehen beim Tourieren größere zusammenhängende Ziehfettschichten, die jedoch unterbrochen sind.

Die Herstellung des holländischen Blätterteigs erfolgt verhältnismäßig schnell. Auch die Touren können ohne Ruhepause gegeben werden. Deshalb nennt man den holländischen Blätterteig im Fachjargon auch „Blitzblätterteig".

Zutaten für die Herstellung von holländischem Blätterteig mit der Hand

Den Teig zu einem Block formen, in Folie einschlagen und ca. 30 Minuten im Kühlschrank bzw. Kühlraum entspannen lassen.

Ziehfettwürfel im Teig

Aufarbeiten von Blätterteig

Blätterteig ausrollen

Den fertig tourierten Blätterteig in zwei Richtungen ausrollen, damit sich der ausgerollte Blätterteig auf dem Arbeitstisch nicht zusammenzieht.

Zuerst den Blätterteig so lang wie die Bandbreite der Ausrollmaschine ist ausrollen. Den Teig drehen und ihn dann bis zur Ausrollstärke von 3 mm ausrollen.

Schneiden zu Blätterteigstücken

Den Blätterteig nur mit einem scharfen Messer oder einer scharfen Schneidewalze zu Teigstücken schneiden.

Ein stumpfes Messer oder ein stumpfer Ausstecher würde die Teig-Ziehfett-Schichten an den Schnittstellen zusammendrücken. Der Blätterteig würde somit beim Backen an den Schnittstellen nicht hochziehen können.

Füllen und Fertigstellen der Blätterteigstücke

Die Schnittstellen mit Wasser bestreichen und die Füllung auf die Teigstücke aufspritzen oder auflegen.

Den Blätterteig über die Füllung legen und die verschiedenen Blätterteigstücke fertigstellen.

Die fertig aufgearbeiteten Blätterteigstückchen auf ein Backblech setzen.

Aufarbeiten von Blätterteigstücken

Bestreichen mit Eistreiche

Die Blätterteigstückchen auf dem Backblech dünn mit Eistreiche bestreichen, damit die Gebäcke eine schöne Krustenfarbe bekommen.

Beispiel für eine Eistreiche: Vollei mit großer Prise Salz in einem Gefäß mit einem Pinsel verrühren.

Ruhepausen bei der Blätterteigherstellung

Ruhepausen sind nach jeder Beanspruchung des Teigs notwendig. Beim Kneten des Teigs und durch das Ausrollen beim Tourieren und Aufarbeiten wird der Kleber zäh und der Teig straff.

Bei den Ruhepausen kann sich der Kleber entspannen, sodass der Teig geschmeidiger und elastischer wird.

Sind die Ruhepausen zu kurz, „schnurrt" der Blätterteig beim Aufarbeiten und beim Backen, d. h., die Blätterteigstücke ziehen sich zusammen.

Entspannter und geschnurrter Blätterteig nach dem Schneiden

Backen

210 °C bei gefüllten Blätterteigstückchen,
220 °C bei flachen, ungefüllten Blätterteiggebäcken wie Schweinsohren, Teeblätter, Sahnerollen, Blätterteigböden

Blätterteig ohne Schwadengabe in den Backofen schieben, weil der heiße Dampf des Schwadens die Teig-Ziehfett-Schichten leicht verkleben lassen würde.

Lockerung der Blätterteiggebäcke

Die Lockerung des Blätterteigs erfolgt beim Backprozess durch Wasserdampf (physikalische Lockerung, → Seite 259).

- Durch die Backhitze schmilzt das Ziehfett, das die Teigschichten voneinander trennt.
- Das Ziehfett ist ein guter Wärmeleiter, sodass die Backhitze durch die Ziehfettschichten in das Teiginnere gelangt.
- Die Teigschichten werden dabei stabil, indem die Stärke im Teig verkleistert und der Kleber gerinnt.
- Durch das Eindringen der Backhitze zwischen die Teigschichten entsteht eine Temperatur über 100 °C, sodass ein Großteil des Teigwassers verdampft.
- Der entstehende Wasserdampf hebt die einzelnen stabilen Teigschichten leicht nach oben.
- Bis zum Ende des Backens werden die einzelnen Teigschichten durch die hohe Backhitze im Gebäckinneren leicht rösch.

So erhalten Blätterteiggebäcke eine blättrige, lockere Beschaffenheit und einen zart-splittrigen Biss.

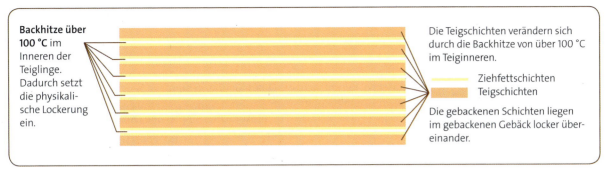

Backhitze über 100 °C im Inneren der Teiglinge. Dadurch setzt die physikalische Lockerung ein.

Die Teigschichten verändern sich durch die Backhitze von über 100 °C im Teiginneren.

Ziehfettschichten
Teigschichten

Die gebackenen Schichten liegen im gebackenen Gebäck locker übereinander.

Lockerung der Blätterteiggebäcke

Lockerung der Blätterteiggebäcke beim Backen

Aufgaben

1 Nennen Sie die drei Blätterteigarten und unterscheiden Sie diese in Bezug auf die Verarbeitung des Ziehfetts.

2 Nennen Sie die Touren und die Tourenfolge sowie die Ruhepausen bis zum Aufarbeiten bei
- deutschem Blätterteig,
- französischem Blätterteig,
- holländischem Blätterteig.

3 Beschreiben Sie, für welche Gebäcke die Blätterteigarten verwendet werden, und begründen Sie die Eignung der Blätterteige:
- deutscher und französischer Blätterteig
- holländischer Blätterteig

4 Beschreiben Sie die Grundsätze beim Tourieren von Blätterteig in Bezug auf
- Ausrollstärke,
- Walzenabstand beim Ausrollen in der Ausrollmaschine,
- Staubmehl,
- Zusammenlegen des Teigs, ➝

- Drehen nach jeder Tour,
- Ruhepausen.

5 Erklären Sie, wie sich Blätterteig zum Tiefgefrieren eignet.

6 Erstellen Sie ein Rezept für holländischen Blätterteig.

7 Beschreiben Sie die Herstellung von holländischem Blätterteig.

8 Beschreiben Sie das Aufarbeiten von Blätterteig:
- Blätterteig ausrollen
- schneiden zu Blätterteigstücken
- füllen und fertigstellen
- bestreichen mit Eistreiche

9 Erklären Sie, warum bei der Herstellung von Blätterteig nach jeder Beanspruchung des Teigs Ruhepausen notwendig sind.

10 Nennen Sie die Backtemperaturen für
- gefüllte Blätterteiggebäcke,
- für flache ungefüllte Blätterteiggebäcke.

11 Erklären Sie, wie Blätterteiggebäcke im Backofen gelockert werden.

12 Sie sollen in Ihrer Konditorei die Unterschiede zwischen deutschem und französischem Blätterteig feststellen. Notieren Sie die Vorteile beim Tourieren und Aufarbeiten der Blätterteige sowie die Lockerung und den Geschmack der Blätterteiggebäcke. Geben Sie Ihrem Chef eine Empfehlung, welcher Blätterteig in Ihrer Konditorei zukünftig hergestellt werden soll.

Rechenaufgabe

Deutscher Blätterteig wird mit einer einfachen, einer doppelten, einer einfachen und einer doppelten Tour touriert. Berechnen Sie die Zahl der Ziehfettschichten nach jeder Tour.

LF 1.4

18.3 Blätterteiggebäcke

Einteilung der Blätterteiggebäcke	Gebäckbeispiele
Süße Blätterteigstückchen mit Füllungen	• Quarktaschen, Kirschtaschen – Quarkfüllung, gebundene Sauerkirschen • Apfelrollen – Apfelfüllung • Apfel-, Quark-, Kirschstrudel, Früchtekörbchen – Apfel und Quarkfüllung, gebundene Sauerkirschen, Vanillecreme • Blätterteigbrezeln – Nussfüllung • Schaumrollen – Baisermasse • Sahnerollen – Schlagsahne Gefüllte Blätterteiggebäcke werden aprikotiert und mit Fondant glasiert.
Süße Blätterteigstückchen, in Zucker gerollt oder karamellisiert	• Schweinsohren • Teeblätter – auf der glatten Seite eine dünne Schicht Buttercreme (Fettcreme) und darauf Fettglasur oder Schokoladenkuvertüre
Blätterteigböden für Torten und Desserts	• Holländer Kirschsahnetorten und -schnitten: drei Blätterteigböden bzw. Blätterteigstreifen, gefüllt mit gebundenen Sauerkirschen und Vanillesahne – Schlagsahne mit Vanillearoma ➜ Seite 133 • Cremeschnitten: drei Blätterteigstreifen, gefüllt mit Vanillecreme oder leichter Vanillecreme
Pikante Blätterteiggebäcke	• Käsestangen – geriebener Emmentaler, Gouda oder Edamer • Käsegebäck – geriebener Emmentaler, Gouda oder Edamer • Pasteten: werden gefüllt mit Ragout fin (Kalbfleisch in weißer Soße) oder mit Gemüse bzw. Pilzen. Es sind kleine Speisen im Café.

LF 1.4

Gefüllte Blätterteigstückchen

Blätterteigbrezel

Cremeschnitte

Pastete

Apfelrollen

Aufarbeitungsbeispiele

Quarktaschen, Kirschtaschen

- Blätterteig 12 × 12 cm schneiden.
- Die Ränder der Quadrate mit Wasser bestreichen.
- Füllung aufspritzen, z. B. Quarkfüllung oder gebundene Sauerkirschen.
- Die Ecken zur Mitte hin legen und zusammendrücken, mit Eistreiche bestreichen und ein dünn ausgerolltes, mit rundem Ausstecher ausgestochenes Blätterteigstück daraufdrücken, damit die Taschen zusammenhalten.
- Die Taschen mit Eistreiche bestreichen.

Blätterteigtaschen – Aufarbeitung

Früchtekörbchen

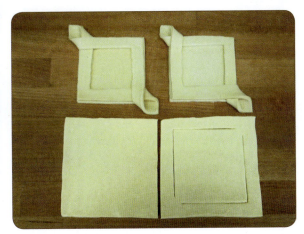

Schneiden der Früchtekörbchen

- Blätterteig 12 × 12 cm schneiden.
- Ca. 1,5 cm breite Ränder schneiden oder mit dem Früchtekörbchenausstecher eindrücken und mit Wasser bestreichen.
- Die Ränder diagonal zur anderen Seite überklappen.

- Vanillecreme einfüllen und darauf gebundene Sauerkirschen oder andere Früchte geben.

Gebundene Sauerkirschen auf die Vanillecreme geben

Sahnerollen, Schaumrollen

- 2,5 cm breite und 30 cm lange Blätterteigstreifen schneiden und mit Wasser bestreichen.
- Die Streifen spiralförmig auf Metallrollen wickeln, die Oberfläche der Rollen in Zucker tauchen und auf Backbleche setzen.

Schaumrolle

- Mindestens eine Stunde vor dem Backen entspannen lassen.
- Nach dem Abkühlen die Metallrollen aus den Blätterteigrollen herausziehen und die Gebäcke mit Schlagsahne bzw. Baisermasse füllen.

Apfelstrudel, Quarkstrudel, Kirschstrudel

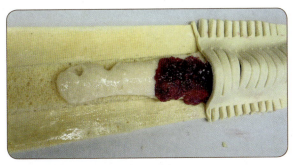

Aufarbeiten von Kirsch-Vanille-Strudel

- Zwei Blätterteigstreifen schneiden:
  – für den Boden 10 × 70 cm,
  – für den Deckel 13 × 70 cm,
  – die Ränder mit Wasser bestreichen.

- Den Blätterteigstreifen für den Boden auf ein Backblech legen und einen ca. 5 cm breiten Streifen einer Kapsel in die Mitte des Blätterteigstreifens legen.
- Die Apfelfüllung daraufgeben bzw. Quarkfüllung oder gebundene Sauerkirschen aufspritzen.
- In den Blätterteigstreifen für den Deckel in der Mitte mit einem Roller Streifen einschneiden und ihn auf den Boden mit der Füllung legen. Die Ränder der Streifen seitlich andrücken und die Oberfläche mit Eistreiche bestreichen.

Kirsch-Vanillecreme-Strudel

Schweinsohren

- Holländischen Blätterteig oder Restblätterteig 3 mm dick und 55 cm breit ausrollen.
- Den ausgerollten Blätterteig dick mit Zucker bestreuen.
- Den Teig in ca. 6 cm breiten Lagen zweimal locker nach innen einschlagen und zum Schluss zu einer sechsfachen Lage übereinanderlegen.

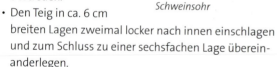

Schweinsohr

- Ca. 1,5 cm breite Stücke schneiden und mit der Schnittfläche auf gefettete oder mit Backpapier belegte Backbleche legen. Die runden Enden etwas auseinanderschieben.

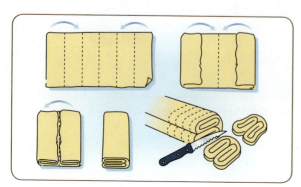

Aufarbeiten der Schweinsohren

- Nach ca. 60 Minuten Ruhepause bei 220 °C und geöffnetem Zug backen.
- Wenn die Seitenränder braun sind, die Schweinsohren umdrehen und die andere Seite backen, bis beide Seiten goldbraun karamellisiert sind.

Teeblätter

- Holländischen oder Restblätterteig 6 mm dick ausrollen.
- Mit einem gewellten Ausstecher Teigstücke von 8 cm Durchmesser ausstechen.

Teeblätter

- Die ausgestochenen Blätterteigstücke mit der Ausrollmaschine dünn zu ovalen Stücken ausrollen, mit Wasser bestreichen und beide Seiten in Zucker legen. Oder den ausgestochenen Blätterteig mit einem Rundholz oval auf Zucker ausrollen.
- Nach ca. 60 Minuten Ruhepause bei 220 °C und geöffnetem Zug backen.
- Die abgekühlten Teeblätter auf der glatten Seite mit Buttercreme bestreichen und die Creme in der Kühlung absteifen lassen.
- Die Teeblätter mit der Cremeseite in Schokoladenkuvertüre oder Fettglasur tauchen und mit einer Palette leicht abstreifen.

Käsestangen

- 600 g geriebenen Käse (Emmentaler, Edamer, Gouda) mit 20 g edelsüßem Paprika, etwas Salz und Pfeffer mischen.
- 2 000 g Blätterteig ca. 8 mm dick ausrollen und mit Wasser bestreichen.
- 300 g des Käses aufstreuen, eine einfache Tour geben und den Blätterteig kurz entspannen lassen.
- Den Blätterteig 25 cm breit und 3 mm dick ausrollen und auf einen Arbeitstisch legen.
- Den Blätterteig mit Wasser bestreichen und mit den restlichen 300 g des gewürzten Käses bestreuen.
- Den Blätterteig zusammenlegen, sodass er 12,5 cm breit ist.
- Die Teigoberfläche mit Wasser bestreichen und 200 g geriebenen Käse aufstreuen und etwas andrücken. Der Käse obenauf enthält keinen Paprika, weil dadurch der Käse beim Backen eine dunkle, unschöne Farbe bekommen würde.
- Ca. 2,5 cm breite Streifen schneiden, leicht spiralförmig drehen und auf Backbleche setzen.

- Käsestangen nach ca. 60 Minuten Ruhepause bei 220 °C und geöffnetem Zug backen.

Käsestangen

Käsegebäck aus Blätterteig

- 1 000 g holländischen Blätterteig oder Restblätterteig mit ca. 400 g geriebenem Käse, der mit edelsüßem Paprika, Pfeffer und Salz gewürzt ist, in der Knetmaschine im Langsamgang gut vermischen.

- Den Käseblätterteig 4 mm dick ausrollen, mit Eistreiche bestreichen und mit geriebenem Käse, Sesam, Mohn, Kümmel, gehobelten Mandeln und gestiftelten Mandeln bestreuen.
- Verschiedene Formen wie Quadrate, Rechtecke, Dreiecke, Rauten schneiden oder ausstechen, z. B. Blüten, Halbmonde, Ovale.
- Bei 220 °C backen.

Käsegebäck

Fehler bei Blätterteiggebäcken

Gebäckfehler	Ursachen
Blätterteiggebäcke „schnurren" beim Backen, d. h., sie ziehen sich etwas zusammen.	Die Ruhezeiten waren zu kurz • beim Tourieren und • vor dem Backen.
Die Blätterteiggebäcke sind zu flach und zeigen eine geringe Blätterung (Lockerung).	• Der Teig wurde beim Tourieren zu dünn ausgerollt. • Der Teig war beim Tourieren und Aufarbeiten zu warm, weil er während der Ruhezeiten nicht im Kühlschrank bzw. Kühlraum stand. • Grundteig und Ziehfett hatten nicht die gleiche Festigkeit. • Durch ungenaues Zusammenlegen beim Tourieren entstanden fettfreie Stellen. • Der Blätterteig wurde in zu großen Millimeterabständen ausgerollt, wobei die Ziehfettschichten zerstört wurden.
Die Blätterteiggebäcke backen „wild", d. h., die Gebäckstücke blättern ungleichmäßig hoch.	Die Ziehfettschichten im Blätterteig sind zu dick. • Die Ausrollstärke beim Tourieren war zu dick. • Es wurden zu wenig Touren gegeben.
Die Blätterteiggebäcke ziehen seitlich an den Schnittstellen ungleichmäßig hoch.	Der Blätterteig wurde mit einem stumpfen Messer geschnitten und dabei die Schnittstellen zerdrückt.
Die Gebäcke sind zu trocken.	• Das Staubmehl wurde beim Tourieren und Aufarbeiten nicht abgekehrt. • Wegen zu niedriger Backtemperatur lief beim Backen Fett aus dem Gebäck.
Im Gebäckinneren sind speckige Schichten.	Das Gebäck ist noch nicht ausgebacken. • Die Backzeit war zu kurz. • Wegen zu hoher Backtemperatur war die Backzeit zu kurz.

Verkaufsargumente

Qualitätsmerkmale für die Kundenberatung

- Blätterteiggebäcke sind lockere und zart-splittrige Gebäcke.
- Die verschiedenen Blätterteiggebäcke enthalten geschmackvolle und erfrischende Füllungen.
- Gebäcke aus Blätterteig enthalten viel Ziehfett, sind aber wegen der lockeren Beschaffenheit für gesunde Menschen gut bekömmlich.
- Butterblätterteig ist wegen des Buttergeschmacks geschmackvoller als Blätterteig mit Ziehmargarine. Wegen des niedrigeren Schmelzpunkts der Butter ist Butterblätterteig auch bekömmlicher als Blätterteig mit Ziehmargarine. Butter schmilzt bereits bei Bluttemperatur. Der Schmelzpunkt von Ziehmargarine liegt über der Körpertemperatur.

Frischhaltung der Blätterteiggebäcke

Blätterteiggebäcke sind trotz der hohen Ziehfettmenge nur kurze Zeit frisch, weil das Wasser der einzelnen Teigschichten weitgehend beim Backen verdampft.

Blätterteiggebäcke schmecken frisch am besten. Sie sind frisch, solange das Ziehfett weich ist und die Schichten splittrig im Biss sind und somit beim Verzehr splittrig bröckeln.

Verkaufsfähig sind gefüllte Blätterteiggebäcke nur am Tag der Herstellung.

Käsestangen und Käsegebäck sind einige Tage bei Raumtemperatur lagerfähig.

Am besten schmecken warme Blätterteiggebäcke. Empfehlenswert ist deshalb, wenn kalte Blätterteiggebäcke von den Kunden vor dem Verzehr kurz aufgebacken, dann aber sofort gegessen werden.

Besondere Eignung der Blätterteiggebäcke

- Süße Blätterteigstückchen passen gut zu Kaffee und Tee.
- Die pikanten Käsestangen und Käsegebäck aus Blätterteig sind Knabbergebäcke, die sich auch für Partys und zu alkoholischen Getränken eignen.

Aufgaben

LF 1.4

1. Nennen Sie Beispiele für Blätterteiggebäcke:
   - süße Blätterteigstückchen mit Füllungen
   - süße Blätterteigstückchen, in Zucker gerollt
   - Blätterteigböden für Torten und Desserts
   - pikante Blätterteiggebäcke
2. Nennen Sie die möglichen Ursachen folgender Fehler bei Blätterteiggebäcken:
   - Blätterteiggebäcke schnurren beim Backen.
   - Die Blätterteiggebäcke sind zu flach und zeigen eine geringe Lockerung.
   - Die Blätterteiggebäcke backen „wild".
   - Die Blätterteiggebäcke ziehen an den Seiten bei den Schnittstellen ungleichmäßig hoch.
   - Die Blätterteiggebäcke sind zu trocken.
   - Im Gebäckinneren sind speckige Schichten.
3. Erläutern Sie die Qualitätsmerkmale und Bekömmlichkeit der Blätterteiggebäcke für die Kundenberatung.
4. Welche zwei Vorteile hat Butterblätterteig gegenüber Blätterteig mit Ziehmargarine?
5. Erklären Sie die Frischhaltung der Blätterteiggebäcke und erläutern Sie, wann Blätterteiggebäcke am besten schmecken.
6. Wozu eignen sich folgende Blätterteiggebäcke:
   - süße Blätterteigstückchen
   - pikante Käsestangen und Käsegebäck
7. Ein Kunde im Café beschwert sich, dass die Schweinsohren beim Abbeißen so splittrig bröseln. Sie erläutern ihm diese Qualitätsmerkmale der Blätterteiggebäcke.

Rechenaufgabe

12,500 kg Äpfel werden geschält. Der Schälverlust beträgt 28 %. Zur Herstellung einer Apfelfüllung werden auf 1 kg geschälte Äpfel 120 g Zimtzucker gegeben. Für 1 Stück Blätterteig-Apfelrolle werden 40 g Apfelfüllung benötigt.

a) Wie viel kg Äpfel bleiben nach dem Schälen für die Apfelfüllung übrig?

b) Berechnen Sie, wie viel Zimtzucker für die Apfelfüllung benötigt wird und wie viel kg Apfelfüllung man erhält.

c) Ermitteln Sie, wie viel Blätterteig-Apfelrollen mit dieser Apfelfüllung hergestellt werden können.

19 Glasuren und Füllungen

Situation

Die Fachverkäuferinnen backen im Ladenbackofen gefüllte Plunder- und Blätterteiggebäcke aus. Um die Frische zu demonstrieren, werden die Gebäcke vor den Augen
der Kunden glasiert. Sie erläutern einer neuen Kollegin das fachgerechte Aprikotieren und Glasieren mit Fondant und erklären ihr die unterschiedlichen Füllungen,
damit sie die Kunden beraten kann.

- Was ist eine Aprikotur und warum wird sie auf Gebäcke gestrichen?
- Was versteht man unter dem „Temperieren des Fondants" und warum muss
  Fondant temperiert werden?
- Welche Vorteile haben die Glasuren auf den Gebäcken?
- Welche Fehler können beim Glasieren gemacht werden?
- Woraus besteht eine Puderzuckerglasur und wofür wird sie verwendet?
- Welche gefüllten Gebäcke werden in der Konditorei angeboten und woraus
  bestehen die Füllungen?

LF 1.4

19.1 Zuckerhaltige Glasuren

Die zwei am häufigsten in der Konditorei verwendeten
Glasuren sind Aprikotur und Fondant.

Mit Aprikotur und Fondant werden glasiert:

- Plundergebäcke ➡ Seite 299
- Hefeteiggebäcke wie Hefezöpfe,
  Gugelhupfe, Savarins, Oster-
  fladen u. a. ➡ Seite 271, 297,
  298 und 295
- Blätterteiggebäcke
  ➡ Seite 316
- oberer Blätterteigboden der
  Holländer Kirschsahnetorten und -schnitten sowie der
  Cremeschnitten
- Teegebäck aus 1-2-3-Mürbeteig ➡ Seite 337
- Mokkaeclairs und Punschdesserts ➡ Seite 428, 516
- Berliner und Spritzkuchen (Strauben) ➡ Seite 285

Glasierte Plundertasche

Aprikotur

Die Aprikotur bildet die erste Glasurschicht auf den Backwaren und ermöglicht erst das Glasieren mit Fondant.

Herstellen der Aprikotur
- Aprikosenkonfitüre glatt rühren und in ein Gefäß
  geben.
- Die Aprikosenkonfitüre mit etwas Wasser verdünnen und kochen.

*Gekochte Aprikotur
zum Aprikotieren*

Das Aprikotieren
- Die kochende Aprikotur mit einem Pinsel dünn auf die gesamte Oberfläche der ofenheißen Gebäcke aufstreichen. Das Bestreichen der Gebäcke mit Aprikotur nennt man „Aprikotieren".
- Nur kochend heiße Aprikotur kann dünn auf die Oberfläche der Gebäcke gestrichen werden. Kühlt die Aprikotur bei längerem Aprikotieren ab und wird somit dicker, muss sie erneut aufgekocht werden, evtl. mit etwas Wasser verdünnt, das beim Kochen verloren gegangen ist.

Aprikotur-Gelee

Große Konditoreien besprühen die Gebäcke mit Aprikotur-Gelee. Aprikotur-Gelee ist Aprikosenkonfitüre mit Pektinen als Bindemittel, die in einem beheizbaren Behälter auf 85 bis 90 °C erhitzt wird. Das dünnflüssige, heiße Aprikotur-Gelee wird mithilfe eines Kompressors mit Druck durch einen Schlauch mit einer Sprühpistole gleichmäßig dünn auf die Gebäcke gesprüht.

Fondant

Fondant ist eine milchig weiße Zuckerglasur der Zuckerindustrie, die gebrauchsfertig im Handel ist.

Fondant von der Zuckerindustrie

Bei der Fondantherstellung wird Zucker mit Wasser und etwas Glukosesirup auf 117 °C zum Flug erhitzt. Der erhitzte Zucker wird sofort abgekühlt und dabei in einem Rührwerk tabliert, d. h. ständig in Bewegung gehalten. Auf diese Weise können sich nur winzige Zuckerkristalle bilden, die lichtundurchlässig sind, das Licht reflektieren und somit eine milchig weiße Zuckermasse ergeben, die geschmeidig ist.

Herrichten des Fondants zum Temperieren
Es sind zwei Fondantarten im Handel:
- Schon mit Wasser verdünnter, streichfähiger Fondant: Er wird aus dem Eimer genommen und in ein Gefäß zum Glasieren gegeben.
- Fester Fondant, der bei Raumtemperatur geschmeidig ist. Dieser Fondant wird aus dem Eimer in ein Gefäß gegeben und mit Wasser streichfähig verdünnt.

Temperieren des Fondants zum Glasieren
- Der weiche, geschmeidige Fondant wird in einem Gefäß unter ständigem Rühren bei nicht zu starker Hitze auf ca. 37 °C erwärmt. Im Fachjargon spricht man vom „Temperieren des Fondants auf Blutwärme".
- Je nach Streichfähigkeit wird der temperierte Fondant noch mit etwas Wasser verdünnt und auf die aprikotierten Gebäcke gestrichen.

Temperierter, streichfähiger Fondant

Glasieren und Überziehen mit Fondant

Einige Minuten nach dem Aprikotieren kühlt die Aprikotur ab und bildet eine dünne, feste Schicht auf der Oberfläche der Gebäcke. Erst jetzt wird der temperierte Fondant auf die Konditoreierzeugnisse dünn glasiert oder überzogen.

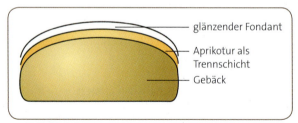

glänzender Fondant
Aprikotur als Trennschicht
Gebäck

Mit Aprikotur und Fondant glasiertes Gebäck

Wirkungen der Aprikotur in Bezug auf den Fondant

- Wenige Minuten nach dem Aprikotieren kühlt die Aprikotur ab und wird fest. Sie bildet eine dünne Trennschicht auf der Oberfläche der Gebäcke und eine glatte Unterlage für den Fondant. So kann der Fondant dünn und gleichmäßig verstrichen werden.
- Der flüssige Fondant kann wegen der Aprikotur, die wie eine Trennschicht wirkt, nicht in die Gebäcke einfließen und bleibt somit als sichtbare Glasur auf den Gebäcken.
- Auf der festen Aprikoturschicht sieht der Fondant leicht weißlich aus und glänzt.

LF 1.4

„Der Fondant ist abgestorben."

Wird der Fondant ohne Aprikotur auf die Gebäcke aufgetragen, entzieht die trockene Gebäckkruste dem Fondant Wasser. Der Fondant trocknet aus und „stirbt ab", d. h., er bekommt ein stumpfes weißes Aussehen und glänzt nicht.

Erkennung eines fachgerecht glasierten Fondants

- Der leicht weiße Fondant glänzt auf den Gebäcken.
- Der Fondant trocknet nach dem Glasieren schnell und klebt nicht beim Anfassen der Gebäcke.

Glasierte Nussschnecken

Geschmacklich und farblich veränderter Fondant

Geschmacklich kann der Fondant zum Glasieren bzw. Überziehen mit Zitrone, Rum, Kirschwasser, Schokoladenkuvertüre u. a. verbessert werden.

Für Teegebäck oder Petits Fours, die mit verschiedenfarbigem Fondant überzogen werden, wird Lebensmittelfarbe oder Kuvertüre in den Fondant gerührt.

Mit eingefärbtem Fondant überzogenes Teegebäck

Vorteile glasierter Gebäcke

- Schöneres Aussehen der Gebäcke durch den leicht weißen Fondant, der glänzt.
- Besserer Geschmack der Gebäcke.
  Durch den leicht fruchtigen Geschmack der Aprikotur und die angenehme Süße des Fondants erfolgt eine geschmackliche Abrundung der Gebäcke.
- Die Aprikotur schließt die Poren der Gebäcke, sodass diese nicht so schnell austrocknen und dadurch etwas länger frisch bleiben.

Aprikotur- und Fondantfehler

Nur mit fachgerecht hergestellten Glasuren und mit sorgfältigem Glasieren werden die Gebäcke verbessert und verschönert. Mit „Klecksen" erreicht man sogar bei einwandfrei hergestellten Gebäcken das Gegenteil. Beispielsweise wenn die Glasuren zu dick und ungleichmäßig aufgetragen werden oder unglasierte Stellen auf den Gebäcken entstehen. Die unschön aussehenden Gebäcke schmecken an den dicken Glasurstellen zu süß, sodass der Eigengeschmack übertönt wird.

LF
1.4

Geschmack- und farbgebende Zutaten zum Fondant	Fondantbezeichnung	Gebäcke, die mit diesem Fondant überzogen werden
flüssige Schokoladen-kuvertüre	**Schokoladenfondant (Schokofondant)**	• Mohrenkopfschalen aus Biskuitmasse • Sachertorten • Desserts (Schnitten und Dessertstücke) • Teegebäck aus 1-2-3-Mürbeteig (Plätzchen) • Petits Fours
Mokkapaste oder wasserlöslicher Kaffee, mit etwas Wasser angerührt	**Mokkafondant**	• Mokkaeclairs (Brandmasse) • Desserts (Schnitten) • Teegebäck aus 1-2-3-Mürbeteig (Plätzchen) • Petits Fours
Lebensmittelfarben wie Rot, Gelb, Grün	**eingefärbter Fondant**	• Teegebäck aus 1-2-3-Mürbeteig (Plätzchen) • oberer Blätterteigboden für Holländer Kirschsahnetorte • Desserts • Petits Fours

Fachgerecht glasierte Gebäcke

Schön glänzender Fondant, abgestorbener Fondant, zu dick aufgetragener Fondant

Aprikotur- und Fondantfehler	Ursachen
Der Fondant ist abgestorben, d. h., er ist auf den Gebäcken milchig weiß und glänzt nicht.	Gebäcke wurden mit zu warm temperiertem Fondant, über 40 °C, glasiert. Durch das zu starke Erwärmen entstehen aus den kleinen gelösten Zuckerkristallen beim Abkühlen große Zuckerkristalle, die weiß aussehen und stumpf sind.
• Beim Anfassen der Gebäcke klebt der Fondant, er wird nicht fest. • Der Fondant ist zu durchsichtig auf den Gebäcken. • Der Fondant „zieht Nasen", d. h., der Fondant läuft seitlich von den Gebäcken ab.	• Der Fondant war beim Glasieren zu kühl temperiert. • Der Fondant wurde zu stark mit Wasser verdünnt und war beim Glasieren zu flüssig.
Der Fondant ist zu dick auf die Gebäcke aufgetragen. Der zu dicke Fondant hat eine stumpfe weiße Farbe und macht die Gebäcke zu süß.	• Der Fondant wurde mit zu wenig Wasser verdünnt und ist somit zu dickflüssig und schlecht streichfähig. • Der Fondant war beim Glasieren zu kühl. • Durch unsauberes Glasieren wurde zu viel Fondant auf das Gebäck gestrichen.

Puderzuckerglasur

Herstellen der Puderzuckerglasur und das Glasieren
• Puderzucker in einem Gefäß mit warmem Wasser verrühren, bis die Glasur weich und streichfähig ist. Verhältnis: 5 Teile Puderzucker und ca. 2 Teile Wasser.
• Die Puderzuckerglasur etwas stehen lassen, bis sich der Puderzucker völlig aufgelöst hat. Sie kann auch über Nacht stehen gelassen werden.
• Vor dem Glasieren die Puderzuckerglasur mit Wasser streichfähig verdünnen.
• Die glatte Puderzuckerglasur mit einem Pinsel auf die gesamte Gebäckoberfläche der noch heißen Gebäcke streichen. Sind die Gebäcke noch heiß, stirbt die Puderzuckerglasur nach dem Glasieren nicht so schnell ab.
Die Gebäcke können vorher aprikotiert werden, meist wird jedoch darauf verzichtet.

Verwendung von Puderzuckerglasur
Puderzuckerglasur wird nur für Gebäcke verwendet, bei denen die Kunden eine süße, dicke Zuckerglasur wünschen, z. B. bei einfachen Hefeteiggebäcken.
Da die Puderzuckerglasur nicht so dünn und streichfähig wie Fondant ist, wird sie relativ dick aufgestrichen.

Puderzuckerglasur im Vergleich zu Fondant
• Die Glasur ist dicker, undurchsichtig weiß und glänzt nicht.
• Sie trocknet schnell auf den Gebäcken, reißt dann und platzt leicht vom Gebäck ab.

Zuckerhörnchen mit Puderzuckerglasur

19.2 Füllungen

Füllungen haben in verschiedenen Gebäcken eine erfrischende Wirkung und bestimmen weitgehend deren Geschmack.

Füllungen: gebundene Sauerkirschen, Nussfüllung, Vanillecreme, Apfelfüllung

Gebäckgruppen mit Füllungen
- Blechkuchen aus Hefeteig
- Plundergebäcke
- Blätterteiggebäcke
- gefüllte Stollen

Zur Nuss- und Mohnfüllung werden süße Brösel gegeben. Es sind geriebene Tortenböden und andere Feine Backwaren. Süße Brösel binden Wasser in den Füllungen, sodass die Nuss- und Mohnfüllung längere Zeit weich bleibt. Außerdem verbessern die Brösel den Geschmack.

Rezeptbeispiel: Nussfüllung	
500 g	Nüsse, geröstet und gerieben
300 g	süße Brösel
300 g	Zucker
500 g	Milch
	1 Prise Salz (ca. 2 g)
	Vanillearoma, Zimt
1600 g	**Nussfüllung**

Die Zutaten vermischen, bis eine streichfähige Nussfüllmasse entsteht.

Gebäckbeispiele
- Plundergebäcke: Nusshörnchen, Nussschnecken, Hahnenkämme, Nusszöpfe
- Blätterteignussbrezeln
- Nussstollen

LF 1.4

Nussfüllung in Plunderhörnchen

Rezeptbeispiel: Mohnfüllung

400 g	Milch	Milch, Zucker, Butter
300 g	Zucker	und Salz kochen.
100 g	Butter	
	1 Prise Salz (ca. 2 g)	
500 g	gemahlener Mohn	Mohn, Brösel, Eier und Gewürze in die kochende
100 g	süße Brösel	Milch einrühren, bis
150 g	Vollei (3 Stück)	die Zutaten gleichmäßig
	Zimt, Vanille-aroma	in der Mohnfüllung ver-rührt sind.
1550 g	**Mohnfüllung**	

Mohn mahlen

Abbrühen von Mohn mit kochender Milch

Gebäckbeispiele

- Plundergebäcke: Mohnschnecken
- Blechkuchen aus Hefeteig: Mohn-kuchen
- Mohnstollen

Mohnstollen

Rezeptbeispiel: Quarkfüllung

1000 g	Speisequark (Magerquark oder 20 % Fett i. Tr.)
200 g	Zucker
80 g	Weizenpuder oder Cremepulver
100 g	Vollei (2 Stück)
150 g	flüssige Butter oder Margarine
	1 Prise Salz (ca. 2 g)
	Zitronenaroma
1530 g	**Quarkfüllung**

Die Zutaten zu einer glatten Quarkfüllung verrühren.

Gebäckbeispiele

- Plundergebäcke: Quarktaschen
- Blätterteiggebäcke: Quarktaschen, Quarkstrudel
- Blechkuchen aus Hefeteig: Quarkkuchen
- Quarkstollen

Quarkfüllung auf einen Hefeteig streichen

Rezeptbeispiel: Marzipanfüllung

600 g	Marzipan-rohmasse	Marzipanrohmasse, Butter, Zucker, Salz und
300 g	Butter	Zitronenaroma in der
200 g	Zucker	Rührmaschine glatt
	1 Prise Salz (ca. 2 g)	rühren.
	Zitronenaroma	
500 g	Vollei (10 Stück)	Die Eier nach und nach in die Masse geben und schaumig rühren.
100 g	Weizenmehl	Das Weizenmehl zum Schluss kurz unterrühren.
1700 g	**Marzipan-füllung**	

Gebäckbeispiele

- Plundergebäcke: Marzipanhörnchen, Marzipan-schnecken, Hahnenkämme

Marzipanfüllung

Marzipanfüllung für Plundergebäcke

Rezeptbeispiel: Apfelfüllung

1 000 g	Äpfel, geschält und entkernt
100 g	Zucker
5 g	Zimt

1105 g Apfelfüllung

evtl. 70 g Mandeln, gestiftelt

Unbedingt backfeste und säuerliche Äpfel ver-wenden, z. B. Boskop, Cox Orange, Grafensteiner, Jonagold, Elstar.

Ca. 1300 g Äpfel schälen, entkernen und in dünne Scheiben schneiden.

Den Zucker mit Zimt vermischen.

Den Zimtzucker erst unmittelbar vor der Verarbei-tung unter die Äpfel mischen, da Zucker das Wasser der Äpfel entzieht und die Apfelfüllung wässrig wird.

Gebäckbeispiele

- Plundergebäcke: Apfeltaschen
- Apfelkrapfen (Apfelberliner)
- Blätterteiggebäck: Apfelstrudel, Apfelrollen
- Apfelstrudel aus Strudelteig
- Blechkuchen aus Hefeteig und Mürbeteig: Apfelkuchen

Apfelfüllung für Apfelstrudel und Apfelkuchen

Rezeptbeispiel: gebundene Sauerkirschen

700 g	Sauerkirschsaft (Saft einer 1/1-l-Dose)	Sauerkirschsaft und Zucker kochen. Bei frischen Sauerkir-schen Wasser mit Zucker kochen.
200 g	Zucker	
80 g	Weizenpuder oder Cremepulver Zimt	Weizenpuder oder Cremepulver mit etwas kaltem Sauerkirschsaft anrühren und mit dem kochenden Sauerkirsch-saft unter ständigem Rühren nochmals kräftig aufkochen lassen.
900 g	Sauerkirschen (Kirschen einer 1/1-l-Dose)	Die Sauerkirschen unter den gebundenen Sauerkirschsaft heben.
1880 g	**gebundene Sauerkirschen**	

So wie gebundene Sauerkirschen können auch andere Früchte, z. B. Aprikosen in kleine Würfel geschnitten, mit Saft bzw. Wasser mit Zucker gebunden werden.

Gebäckbeispiele

- Plundergebäcke: Kirschtaschen
- Blätterteiggebäcke: Kirschtaschen, Kirschstrudel
- Kirschstrudel aus Strudelteig
- Torten: Schwarzwälder Kirschsahnetorten, Holländer Kirschsahnetorten

Gebundene Sauerkirschen als Blätterteigfüllung

Plunder-Kirschtaschen mit gebundenen Sauerkirschen

Rezeptbeispiel: Vanillecreme		
900 g	Milch	Milch kochen
100 g 200 g 90 g 40 g	Milch Zucker Weizenpuder oder Cremepulver Eigelb (2 Stück) Vanillearoma 1 Prise Salz (ca. 2 g)	Zucker, Weizenpuder bzw. Cremepulver, Eigelbe, Vanillearoma und Salz mit der Milch klumpenfrei anrühren. Das Angerührte in die kochende Milch geben und unter ständigem Rühren kräftig auf-
1330 g	Vanillecreme	kochen lassen.

Gebäckbeispiele

- Für manche Plunder- und Blätterteiggebäcke wird halb Vanillecreme und halb eine andere Füllung zugegeben, z. B. gebundene Sauerkirschen oder Apfelfüllung.
- Plundergebäcke: Vanillecremebrezeln
- Bienenstichfüllung
- Desserts: Cremeschnitten (mit Blätterteigböden), Liebesknochen aus Brandmasse

Vanillecreme in einer Cremeschnitte

Die Backmittelindustrie bietet für alle Füllungen Convenience-Produkte gebrauchsfertig an. Sie erreichen jedoch nicht die Qualität der herkömmlich hergestellten Füllungen.

Aufgaben

1. Nennen Sie Gebäckgruppen mit Füllungen.
2. Warum werden in Nuss- und Mohnfüllung süße Brösel gegeben?
3. Was sind süße Brösel?
4. Erklären Sie eine Marzipanfüllung.
5. Nennen Sie Gebäckbeispiele, die mit folgenden Füllungen gefüllt werden:
   - Nussfüllung
   - Mohnfüllung
   - Quarkfüllung
   - Marzipanfüllung
   - Apfelfüllung
   - gebundene Sauerkirschen
   - Vanillecreme
6. Ein Kunde wünscht Gebäcke mit erfrischenden Füllungen für eine Gartenfeier. Sie empfehlen ihm die passenden Gebäcke.

Rechenaufgaben

1. Für einen Apfelstrudel werden 3 600 g geschälte und entkernte Äpfel benötigt. Dafür wurden 5 kg Äpfel verwendet. Berechnen Sie den Schälverlust in %.
2. Die Füllmenge einer Dose Sauerkirschen beträgt 1 600 g. In der Dose befinden sich 43 % Saft. Wie viel kg Sauerkirschen und wie viel kg Saft sind in 3 Dosen?
3. Nach den Leitsätzen muss eine Mohnfüllung mindestens 20 % Mohn enthalten. Ermitteln Sie den Mohngehalt im angegebenen Rezept in % und ob dieser den Bestimmungen entspricht. Runden Sie auf 2 Stellen nach dem Komma auf.

Feine Backwaren aus Strudelteig

Situation

In Ihrer Konditorei und im Café bieten Sie einen Apfelstrudel aus Blätterteig und einen Apfelstrudel aus Strudelteig an, der häufig als Wiener Apfelstrudel bezeichnet wird. Die Kunden fragen oft nach den genauen Unterschieden dieser beiden Strudel.

- Aus welchen Zutaten wird ein Strudelteig hergestellt?
- Welche Strudelarten werden in der Konditorei angeboten?
- Wie wird ein Apfelstrudel hergestellt?
- Wie wird Apfelstrudel zum Servieren im Café hergerichtet und mit welchen Zugaben wird Apfelstrudel im Café angeboten?

Strudel ist eine Mehlspeise, die zuerst nur mit Äpfeln gefüllt wurde und später mit verschiedenen erfrischenden Füllungen ergänzt wurde.

Der Begriff „Strudel" kommt ursprünglich vom kreisenden Wasserwirbel, der hier auf den gefüllten, rollenförmigen Teig übertragen wird.

Strudel werden nach ihrer Füllung benannt. Am bekanntesten sind
- Apfelstrudel,
- Quarkstrudel,
- Milchrahmstrudel (Sauerrahmstrudel).

Weitere Strudelarten sind z. B. Kirsch-, Zwetschgen- (Pflaumen-), Aprikosen-, Heidelbeer- und Rhabarberstrudel. Außerdem gibt es pikante Strudel.

Apfel-, Quark- und Milchrahmstrudel

Strudelteig

Strudelteig ist ein Weizenteig, der mit Öl hergestellt wird. Dadurch kann der Teig besonders dünn ausgerollt und dann hauchdünn ausgezogen werden.

LF 1.4

Rezeptbeispiel: Strudelteig
Rezept für
• 1 Schnittenblech (Alu-Rahmenblech) von 60 × 40 cm oder
• 2 Schnittenbleche von 60 × 20 cm oder
• Reinen (rechteckige Pfannen mit hohem Rand)

1000 g	Weizenmehl, Type 550
500 g	Wasser
100 g	Vollei (2 Stück)
100 g	Öl (= 120 ml)
10 g	Salz
1710 g	**Strudelteig**

Teigtemperatur: ca. 22 °C, kaltes Wasser, evtl. Eiswasser verwenden

Knetzeit im Spiralkneter:
- 2 Minuten Langsamgang,
- 6 Minuten Schnellgang

Abwiegen: Den Strudelteig zu 4 Teigstücken von je 400 g abwiegen.

Teigruhe: ca. 60 Minuten in Folie eingeschlagen
Der Strudelteig kann auch in Folie eingeschlagen einige Stunden entspannen oder über Nacht in den Kühlschrank bzw. Kühlraum gestellt werden.

Tiefgefrieren: Der Strudelteig kann auch sofort nach dem Kneten in Portionen abgewogen und in Folie verpackt tiefgefroren werden. Der Strudelteig ist sofort nach dem Auftauen ausrollfähig.

Apfelstrudel

Für Apfelstrudel eignen sich nur backfähige, feste Äpfel, die leicht säuerlich sind, z. B. Boskop, Cox Orange, Elstar, Jonagold, Grafensteiner, Berlepsch, Goldparmäne, Ingrid Marie.

Boskop

Rezeptbeispiel: Apfelfüllung für 4 × 400 g Strudelteig

für 1 Schnittenblech (Alu-Rahmenblech) von 60 × 40 cm oder 2 Schnittenbleche von 60 × 20 cm oder entsprechende Reinen

2400 g	geschälte und entkernte Äpfel
300 g	Zucker
5 g	Zimt
	etwas Zitronenaroma

2 705 g Apfelfüllung

passend sind zusätzlich 150 g Mandeln, gestiftet und leicht angeröstet

---

Ca. 3 000 g Äpfel schälen, entkernen und zu dünnen Apfelscheiben schneiden; ergibt ca. 2 400 g gebrauchsfertige Äpfel.

Die Äpfel mit dem Zucker, Zimt und Zitronenaroma unmittelbar vor dem Belegen des Strudelteigs vermischen. Zu früh zugegebener Zucker würde den Äpfeln den Saft entziehen und die Apfelfüllung wässrig machen.

---

300 g Butter zum Bestreichen des Strudels im Schnittenblech bzw. in der Rein.

Ausrollen und Ausziehen des Strudelteigs

- Den Strudelteig so dünn wie möglich ausrollen, ca. 1 mm, und auf einen Arbeitstisch bzw. auf ein Strudeltuch (Leinentuch) legen.
- Den Strudelteig von der Mitte aus hauchdünn ausziehen. Dabei mit beiden Händen bis zur Mitte unter den ausgerollten Teig fahren und diesen über die Handflächen oder die Handrücken vorsichtig und gleichmäßig ausziehen. Der Strudelteig darf dabei nicht reißen. Den Strudelteig so lange dehnen und ziehen, bis er durchsichtig ist.
Für ein Schnittenblech (Alu-Rahmenblech) sollte der Strudelteig ca. 60 × 40 cm ausgezogen sein.

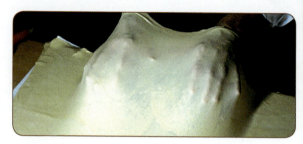

Ausziehen des ausgerollten Strudelteigs

Herstellung von Apfelstrudel

- Den ausgerollten und ausgezogenen Strudelteig mit flüssiger Butter bestreichen.
- Die bestrichene Teigfläche leicht mit süßen Bröseln bestreuen.
- Auf die Brösel die Apfelfüllung gleichmäßig verteilen.
- Den Teig straff zu einer Rolle zusammenrollen.
- Die Strudelrolle mit dem Schluss nach unten in ein gefettetes Schnittenblech (Alu-Rahmenblech) oder in eine Rein einlegen. Vier Strudel in ein Schnittenblech von 60 × 40 cm oder zwei Strudel in ein Schnittenblech von 60 × 20 cm einlegen.
- Den Strudel an der Oberfläche mit flüssiger Butter bestreichen und in den Backofen schieben.

Apfelfüllung auf dem Strudelteig

Apfelstrudel mit Butter bestreichen

Backen: 200 °C, ohne Schwaden

Backzeit: ca. 50 Minuten

Den Apfelstrudel nach ca. 30 Minuten Backzeit mit flüssiger Butter bestreichen oder mit Sahne bzw. Sauerrahm übergießen.

Apfelstrudel im Schnittenblech

Apfelstrudel in einer Rein

Fertigstellen des Apfelstrudels

Den Apfelstrudel nach dem Backen kurz abkühlen lassen und dann zum Verkauf in Stücke schneiden. Den Apfelstrudel leicht mit Puderzucker bestauben.

Apfelstrudel

Herrichten des Apfelstrudels zum Servieren im Café

Vor dem Servieren im Café sollte abgekühlter Apfelstrudel auf einen Teller gelegt und im Mikrowellengerät erwärmt werden. Danach leicht mit Puderzucker bestauben.

Ergänzungen zum Apfelstrudel im Café

- warme Vanillesoße
- Schlagsahne oder
- Vanilleeis

Apfelstrudel mit Vanillesoße

Strudel mit Früchtefüllung

Alle Strudel mit Früchten als Füllung werden wie der Apfelstrudel hergestellt, z. B. Kirsch-, Aprikosen-, Heidelbeerstrudel.

Kirschstrudel

1000 g Früchte werden mit 100 g Zucker vermischt und auf dem ausgezogenen Strudelteig, der mit Brösel leicht bestreut ist, gleichmäßig verteilt.

LF 1.4

Quarkstrudel

Quarkstrudel enthält eine Quarkfüllung mit hauptsächlich Quark und saurer Sahne. Ursprünglich kommt der Quarkstrudel aus Österreich, wo er als Topfenstrudel bezeichnet wird, weil Quark dort Topfen heißt.

Rezeptbeispiel: Quarkfüllung für 6 × 280 g Strudelteig

1 Schnittenblech (Alu-Rahmenblech) von 60 × 40 cm
– die 6 Quarkstrudel quer in das Rahmenblech legen

1600 g	Quark, 20 % i. Tr.
1200 g	Schmand
400 g	Butter, weich
500 g	Zucker
100 g	Eigelb (5 Stück)
200 g	Weizenmehl
4 g	Salz
	Zitronen- und Vanillearoma

4 004 g Quarkfüllung

evtl. noch 150 g Sultaninen zugeben

- Butter, Zucker, Salz und Aromen schaumig rühren.
- Eigelb nach und nach zugeben.
- Quark, Schmand und Weizenmehl einrühren bis die Quarkfüllung glatt ist.
- Evtl. Sultaninen einrühren.

Herstellung eines Quarkstrudels

- Den Strudelteig dünn ausrollen und ausziehen; Teigfläche für Schnittenbleche ca. 40 × 25 cm, für Reinen ca. 30 × 20 cm.
- Den ausgerollten Strudelteig mit flüssiger Butter bestreichen.
- Die Quarkfüllung auf ca. ¾ der Teigfläche verstreichen.
- Die Quarkstrudel aufrollen und die sechs Strudel quer in ein gefettetes Schnittenblech von 60 × 40 cm mit dem Schluss nach unten einlegen.

Quarkstrudel

Backen: 190 °C
Backzeit: ca. 50 Minuten
Den Quarkstrudel nach ca. 30 Minuten Backzeit mit flüssiger Butter bestreichen oder mit Sahne bzw. Sauerrahm übergießen.

Milchrahmstrudel

Milchrahmstrudel ist ein Quarkstrudel mit einer Milch-Eier-Masse obenauf, die auch als Royalsoße bezeichnet wird.

Rezeptbeispiel: Milch-Eier-Masse (Royal)

- für 1 Schnittenblech (Alu-Rahmenblech) von 60 × 40 cm oder
- für 4 Reinen von 30 × 20 cm

1200 g	Milch
500 g	Vollei (10 Stück)
150 g	Zucker
	1 Prise Salz (ca. 2 g)
	Vanillearoma

1850 g Royalsoße

- Milch auf ca. 80 °C erhitzen.
- Eier, Zucker, Salz und Vanillearoma verrühren und in die heiße Milch einrühren.

Herstellung eines Milchrahmstrudels

- Einen Quarkstrudel herstellen.
- Nach ca. 20 Minuten Backzeit die Milch-Eier-Masse gleichmäßig über den Quarkstrudel verteilen und weitere 30 Minuten backen lassen.

Backen: 180 °C
Backzeit: ca. 50 Minuten

Milchrahmstrudel

LF
1.4

Fehler bei Strudeln

Gebäckfehler	Ursachen
zu weiche Äpfel wie Mus im Apfelstrudel	Es wurden Äpfel mit weichem Fruchtfleisch verwendet, die nicht backfähig sind.
zu geschmacklose Äpfel im Apfelstrudel	Es wurden zu süße Äpfel mit zu geringer Säure verwendet.
zu harte Kruste an der Oberfläche des Strudels	• Der Strudelteig wurde während des Backens nicht mit Fett bestrichen bzw. nicht mit Sahne übergossen. • Die Backhitze war zu gering.
Der Strudelteig im Strudelinneren ist beim Essen klebrig.	• Strudelteig wurde zu dick ausgerollt und zu wenig gezogen. • Zu kurze Backzeit.

Verkaufsargumente

Qualitätsmerkmale für die Kundenberatung
- Strudel sind weiche Gebäcke.
  Die dünnen Teigschichten zwischen der Füllung halten die Feuchtigkeit der Füllungen innen fest.
- Strudel enthalten einen hohen Anteil an erfrischenden Füllungen. Deshalb bestimmt die Füllung weitgehend ihren Geschmack.

Frischhaltung
- Am besten schmecken Strudel, wenn sie warm gegessen werden. Empfehlenswert ist es deshalb, die Strudel unmittelbar vor dem Verzehr aufzuwärmen, z. B. im Mikrowellengerät.
- Strudel können aber auch kalt gegessen werden, jedoch niemals aus dem Kühlschrank.
- Strudel sollten wegen der wasserreichen Füllungen nur am Tag der Herstellung verkauft werden.

Apfel-, Quark- und Milchrahmstrudel eignen sich in Folie verpackt zum Tiefgefrieren.

Besondere Eignung
- Süße Strudel sind geeignete Kaffeegebäcke.
- Als Zwischenmahlzeit sind Strudel ein erfrischender Energieschub.

Aufgaben

1. Nennen Sie bekannte Strudel.
2. Erstellen Sie ein Grundrezept für einen Strudelteig.
3. Nennen Sie Apfelsorten, die sich für Apfelstrudel eignen.
4. Welche Zutaten werden für eine Apfelfüllung verwendet?
5. Beschreiben Sie das Ausrollen und Ausziehen des Strudelteigs.
6. Erklären Sie die Herstellung von Apfelstrudel.
7. Erläutern Sie, wie Apfelstrudel gebacken wird und wie er nach dem Backen verbessert werden kann.
8. Wie wird Apfelstrudel zum Servieren im Café hergerichtet?
9. Welche Ergänzungen werden im Café zum Apfelstrudel angeboten?
10. Erklären Sie, wie sich Quarkstrudel vom Milchrahmstrudel unterscheidet.
11. Nennen Sie die Qualitätsmerkmale der Strudel für die Kundenberatung.
12. Geben Sie Auskunft über die Frischhaltung der Strudel.
13. Wozu eignen sich Strudel besonders gut?
14. Ihre Konditorei möchte verschiedene Strudel mit süßen Füllungen anbieten. Deshalb informieren Sie sich über mögliche Füllungen und stellen entsprechende Rezepte zusammen.

LF 1.4

Rechenaufgaben

1. Mit folgendem Rezept wird Strudelteig hergestellt:

1000 g Weizenmehl	90 g Öl
500 g Wasser	10 g Salz
100 g Vollei	

   Berechnen Sie die Zutatenmengen für 28 Strudel, wenn dafür 11,900 kg Strudelteig benötigt wird.

2. Für einen Quarkstrudel im Schnittenblech werden 6 Teile Strudelteige mit je 280 g benötigt. Die Quarkfüllung für diesen Strudel enthält 1,600 kg Quark, 1,200 kg Schmand, 400 g Butter, 500 g Zucker, 100 g Eigelb, 200 g Weizenmehl. Es werden 5 % Backverlust gerechnet. Aus dem Schnittenblech erhält man 36 Quarkstrudel. Berechnen Sie das Gewicht eines Quarkstrudels.

21 Feine Backwaren aus Mürbeteig

Situation

Ihr Chef zeigt Ihnen im Laden die verschiedenen Gebäcke, die aus Mürbeteig hergestellt sind oder die Mürbeteig enthalten, und erläutert Ihnen, dass es verschiedene Mürbeteige gibt, die sich in ihrer Zusammensetzung und Verarbeitung unterscheiden. Deshalb ist die Gebäckvielfalt so groß.

- Wie wird 1-2-3-Mürbeteig hergestellt?
- Was versteht man unter einem brandigen Mürbeteig?
- Wie wird ausgestochenes Teegebäck hergestellt, belegt, gefüllt und überzogen?
- Wie unterscheiden sich Nuss- und Mandelmürbeteig, der Mürbeteig für Spekulatius sowie Käsemürbeteig von 1-2-3-Mürbeteig?
- Welche Besonderheiten hat der Spritzmürbeteig und welche Spritzgebäcke werden daraus hergestellt?
- Warum gehört Streusel zum Mürbeteig und wie wird Streusel hergestellt?

LF
1.4

Alle Mürbeteige bestehen aus drei Grundrohstoffen:
- Weizenmehl
- Fett (Butter oder Backmargarine)
- Zucker

Eier, Eigelb, Salz und Aromen und manchmal Gewürze verbessern die Gebäcke.

> **!**
>
> **Namenserklärung: Mürbeteiggebäcke**
> Mürbeteiggebäcke haben eine mürbe Beschaffenheit, d. h., es sind zarte Gebäcke, die beim Essen im Mund leicht in viele kleine Stücke brechen. Im Gegensatz hierzu gibt es knusprige Gebäcke, die hart im Biss sind und in große Stücke brechen.
> Mürbe sind die Gebäcke durch den hohen Fettanteil der Mürbeteige. Mürbe ist das Gegenteil von knusprig.

Mürbeteigarten
- Ausrollfähiger (gerollter) Mürbeteig ➡ Seite 154
- Spritzmürbeteig ➡ Seite 345
- Streusel ➡ Seite 348

Mürbeteige sind Dauerbackwaren

Mürbeteige sind die einzigen Teige ohne Zugabe von Wasser oder Milch. Außerdem enthalten sie besonders viel Fett. Deshalb zählen Mürbeteiggebäcke zu den Dauerbackwaren. Dies hat folgende Gründe:

- Bei der Lagerung der Mürbeteiggebäcke verdunstet kein Wasser wie bei anderen Backwaren, das die Gebäcke trocken werden und auch die Geschmacksstoffe verloren gehen lässt.
- Das Fett, das die Gebäcke weich hält, bleibt erhalten. So bewahren die Gebäcke längere Zeit ihre mürbe Beschaffenheit.

Dauerbackwaren, so auch Mürbeteiggebäcke, sind längere Zeit ohne Qualitätsverluste bei kühler Raumtemperatur lagerfähig.

Mürbeteiggebäcke

21.1 Ausrollfähiger Mürbeteig

Den Namen hat der Mürbeteig, weil er bei der Verarbeitung ausgerollt wird.

Allgemein ist ausrollfähiger Mürbeteig 1-2-3-Mürbeteig, dessen Zutaten, Rezept und Herstellung auf → Seite 153 beschrieben ist.

Ausgerollter Mürbeteig

Rezeptbeispiel: 1-2-3-Mürbeteig	
3 000 g	Weizenmehl, Type 405 oder 550
2 000 g	Butter oder Backmargarine
1 000 g	Zucker
200 g	Vollei (4 Stück)
15 g	Salz
20 g	Zitronen- und Vanillearoma
6 235 g	**Mürbeteig**

- Fett, Zucker, Eier, Salz und Aromen in der Knetmaschine glatt arbeiten.
- Das gesiebte Weizenmehl kurz unterarbeiten, bis es nicht mehr sichtbar ist und der Mürbeteig glatt ist.

1-2-3-Mürbeteig benötigt kein Backpulver. Da der Mürbeteig kein Wasser enthält, kann sich kein Kleber bilden, der die Lockerungsgase festhalten kann. Deshalb ist der Mürbeteig nicht wie z. B. der Hefeteig elastisch und zieht sich nach dem Ausrollen auch nicht zusammen. Die Zutaten haben im Mürbeteig einen losen, porösen Zusammenhalt, sodass sie durchgebacken werden können.

Mürbeteig lagern

Den Mürbeteig nach der Herstellung in eine Wanne geben und mindestens einen Tag bis zur Verarbeitung im Kühlschrank oder Kühlraum lagern. Der sich lösende Zucker bindet sich in dieser Zeit mit dem Mehl und dem Fett zu einem gut formbaren und ausrollfähigen Mürbeteig. Er kann für einige Tage auf Vorrat hergestellt werden.

Verarbeitung von Mürbeteig

Mürbeteig wird grundsätzlich gekühlt verarbeitet. Vor dem Ausrollen wird er kurz mit der Hand durchgeknetet, damit er geschmeidig und ausrollfähig wird.

Geschmeidiger Mürbeteig

Backen aller Mürbeteiggebäcke

Backen: 180 bis 190 °C, offener Zug
Backzeit: ca. 10 Minuten

Mürbeteiggebäcke sind richtig ausgebacken, wenn der Gebäckrand und der Gebäckboden hellbraun sind.
Zu dunkel gebackene Mürbeteiggebäcke schmecken bitter und dürfen nicht verkauft werden.

Richtig ausgebackene Mürbeteiggebäcke

Brandiger Mürbeteig

Brandiger Mürbeteig entsteht durch einen Fehler bei der Teigherstellung.
Die Auswirkungen von brandigem Mürbeteig sind:
- Der Mürbeteig reißt beim Ausrollen.
- Die Gebäcke sind hart statt mürbe.

Leicht brandigem Mürbeteig kann etwas Eiklar untergearbeitet werden, damit er wieder ausrollfähig wird. Die Qualität bleibt jedoch schlechter.

Der Mürbeteig wird brandig, wenn er zu lange geknetet wird. Durch die Reibungswärme beim Kneten erwärmt sich das Fett, das schmilzt und ölig wird. Die Fett- und Mehlteilchen, die vorher vermischt waren, trennen sich, sodass die Bindigkeit des Teigs verloren geht. Deshalb sollte auch nicht zu warmes Fett verarbeitet werden.

LF 1.4

Mürbeteig mit Butter wird leichter brandig als mit Backmargarine hergestellter Mürbeteig, weil Butter einen geringeren Schmelzpunkt hat und somit eher flüssig wird. Butter muss deshalb kühl verarbeitet werden und der Mürbeteig darf nur kurz geknetet werden.

Brandiger Mürbeteig

Vollkornmürbeteig

Alle Mürbeteige, die mit Mehl hergestellt werden, können auch mit Vollkornmehl hergestellt werden. Häufig wird statt Zucker Honig verwendet → Seite 126.

Rezeptbeispiel: ausrollfähiger Vollkornmürbeteig	
350 g	Honig oder Zucker
650 g	Butter
1000 g	Weizenvollkornmehl
200 g	Vollei (4 Stück)
40 g	Eigelb (2 Stück)
20 g	Backpulver
5 g	Salz
	Zitronen- und Vanillearoma
2 265 g	**Vollkornmürbeteig**

Wegen der Flüssigkeit des Honigs und der Eier kommt es beim Anwirken des Teigs zu einer leichten Kleberbildung, die zu einer festen Teigbindung führt. Deshalb wird für Vollkornmürbeteige Backpulver als Lockerungsmittel benötigt. Ungelockerte Gebäcke aus Vollkornmürbeteig würden zu hart sein.

Nach der Herstellung ist der Vollkornmürbeteig erst nach ausreichender Kühlung ausrollfähig. Er muss mindestens drei Stunden, am besten über Nacht, in der Kühlung lagern. Dabei quellen die Bestandteile des Vollkornmehls die Flüssigkeit auf, sodass der Vollkornmürbeteig kompakt und somit ausrollfähig wird.

Pfauenaugen, Spitzbuben

- Den Mürbeteig 3 oder 3,5 mm dick ausrollen.
- Mit einem gewellten Ausstecher runde Mürbeteigstücke von 8 cm Durchmesser ausstechen und auf gefettete oder mit Backpapier belegte Backbleche setzen und backen.

- Ein Blech für die Unterteile backen.
- Auf einem weiteren Blech die Mürbeteigstücke für die Oberteile ausstechen
  - für Spitzbuben: mit einer 15-mm-Lochtülle drei Löcher ausstechen,
  - für Pfauenaugen: mit einem kleinen Ausstecher von ca. 3,5 cm Durchmesser eine Öffnung ausstechen.

Oberteile und Unterteile für Spitzbuben und Pfauenaugen

- Die gebackenen Mürbeteigstücke für die Unterteile mit Johannisbeerkonfitüre bestreichen.
- Die Gebäckoberteile mit Puderzucker bestauben oder in Schokoladenkuvertüre bzw. Fettglasur tauchen und auf die gefüllten Unterteile legen.
- Die Öffnungen mit gekochter Johannisbeerkonfitüre füllen, am besten mit einem Fülltrichter.
- **Pfauenaugen** haben in der Mitte eine Öffnung, **Spitzbuben** enthalten drei kleinere Löcher.

Spitzbuben und Pfauenaugen

Ausgestochenes Teegebäck (Plätzchen)

> **!**
> Als Teegebäck werden alle kleinen Gebäcke, die sich für eine Gebäckmischung eignen, bezeichnet. Sie werden in Gebäckschalen oder Gebäcktütchen verpackt. Dazu zählen z. B. Plätzchen, kleine Spritzgebäcke und Makronen.

Teegebäcke

- Den Mürbeteig 3 mm dick ausrollen.
- Mit verschiedenen kleinen Formen, ca. 3,5 cm Durchmesser, Mürbeteigstückchen ausstechen und auf gefettete oder mit Backpapier belegte Bleche setzen. Ausstechmatten ermöglichen ein schnelles Ausstechen und ein exaktes, platzsparendes Aufsetzen.

Ausstechmatte für Mürbeteig

Belegte Teegebäcke

Die Mürbeteigstückchen mit Eistreiche bestreichen und bestreuen bzw. belegen mit:

- gehobelten Mandeln
- gestiftelten Mandeln
- halbierten Mandeln
- halbierten Haselnüssen
- geviertelten Walnüssen

Füllungen für Teegebäcke

- Johannisbeerkonfitüre
- Nugatmasse, Nugatcreme
- Marzipanrohmasse, mit Spirituosen weich gearbeitet, z. B. Kirschwasser, Weinbrand, Rum

Füllen von Teegebäcken

Überspritzen der Teegebäcke

Schokoladenkuvertüre oder Fettglasur in ein Spritztütchen geben und die gefüllten Teegebäcke mit feinen Schokoladenfäden überspritzen.

Überziehen der Teegebäcke

- Gefüllte Teegebäcke ganz oder zur Hälfte mit Schokoladenkuvertüre oder Fettglasur überziehen.
- Teegebäcke können auch ganz mit Aprikotur und dann mit Fondant überzogen werden.

Überspritzte und überzogene Teegebäcke

Mit Fondant überzogene Teegebäcke

LF
1.4

Mürbeteigböden als Unterlage für Torten oder Schnitten

Dünne Mürbeteigböden werden dünn mit Aprikosenkonfitüre bestrichen und dienen als Unterlage für Obsttorten und Sahnetorten sowie Obst- und Sahneschnitten. Sie sind eine stabile Unterlage und verhindern ein Durchweichen der Torten und Schnitten.

Dafür wird der Mürbeteig ca. 3 mm dünn ausgerollt, mit einem Tortenring ausgestochen, auf ein Backblech gelegt, gestippt und gebacken.

Große Mürbeteigflächen werden auf dem Blech gestippt. Durch das Einstechen vieler kleiner Löcher wird beim Backen eine Blasenbildung (Wölbung) vermieden.

Mürbeteigboden

LF 1.4

Mürbeteig als Gebäckbestandteil

Mürbeteig dient bei verschiedenen Gebäcken nicht nur als Unterlage, sondern ist ein Bestandteil der Gebäcke, z. B.:

- Apfel- und Pflaumenkuchen aus Mürbeteig
- Käsetorte
- Torteletts mit Obst oder Sahne
- Nussecken
- Makronentörtchen und Makronenschnitten
- Nugatringe

Mit Mürbeteig gedeckter Apfelkuchen

Tortelett aus Mürbeteig mit Obstbelag

Nussecken

Nugatringe

Fehler bei Mürbeteiggebäck

Gebäckfehler	Ursachen
Gebäcke aus ausrollfähigem Mürbeteig sind zu dunkel und schmecken bitter.	Die Backzeit war zu lange.
Gebäcke aus ausrollfähigem Mürbeteig sind ungleichmäßig gebacken – einige sind zu dunkel und einige zu hell.	Die Ausrollstärke des Mürbeteigs war ungleichmäßig.
Gebäcke aus 1-2-3-Mürbeteig sind nicht mürbe, sondern etwas hart.	Es wurde brandiger Mürbeteig verarbeitet.

Verkaufsargumente

Qualitätsmerkmale für die Kundenberatung

- Wegen des hohen Fettanteils sind Mürbeteiggebäcke mürbe, d. h. zart und leicht brüchig beim Essen.
- Die Füllungen der Mürbeteiggebäcke wie Johannisbeerkonfitüre und Nugatmasse sollen den Kunden genannt werden, da diese mit den Überzügen wie Schokolade und Fondant den Geschmack der Gebäcke verbessern. →

Verkaufsargumente

- Mürbeteig gibt verschiedenen Gebäcken eine stabile Unterlage, die den Geschmack der Gebäcke verbessert, z. B. Apfelkuchen, Nussecken, Nugatringe, Obsttorten, Obsttorteletts.

Frischhaltung der Mürbeteiggebäcke
Mürbeteiggebäcke sind bei nicht zu warmer Raumtemperatur mindestens eine Woche lagerfähig und zählen deshalb zu den Dauerbackwaren. Bei verpackten Waren verlängert sich die Frischhaltung.

Besondere Eignung der Mürbeteiggebäcke
- Mürbeteiggebäcke mit ihren verschiedenen Füllungen und Überzügen sind geschmacklich abwechslungsreiche Gebäcke zum Kaffee.
- Teegebäcke sind begehrte Weihnachtsplätzchen.
- Teegebäcke sind auch wohlschmeckende Kleinigkeiten zwischendurch für gemütliche Stunden.
- Wegen der langen Lagerfähigkeit sind Mürbeteiggebäcke für Reisen geeignet.

Aufgaben

1. Aus welchen drei Grundrohstoffen werden alle Mürbeteigarten hergestellt?
2. Erklären Sie, wie der Name Mürbeteig entstand.
3. Nennen Sie die drei Mürbeteigarten.
4. Erstellen Sie ein Grundrezept eines 1-2-3-Mürbeteigs und beschreiben Sie die Herstellung.
5. Warum benötigt 1-2-3-Mürbeteig kein Backpulver?
6. Erläutern Sie, warum Mürbeteig nach der Herstellung bis zur Verarbeitung kühl gelagert wird.
7. Beschreiben Sie, wie Mürbeteiggebäcke gebacken werden, und nennen Sie die ungefähre Backzeit.
8. Wie erkennt man, wann Mürbeteiggebäcke ausgebacken sind und welchen Nachteil haben zu dunkel gebackene Mürbeteiggebäcke?
9. Nennen Sie die Auswirkungen von brandigem Mürbeteig
   - auf das Ausrollen des Mürbeteigs,
   - auf die Beschaffenheit der Mürbeteiggebäcke.
10. Erklären Sie, wie brandiger Mürbeteig entsteht.
11. Nennen Sie Füllungen für Mürbeteiggebäcke.
12. Beschreiben Sie die Herstellung von Teegebäcken bis zum Verkauf.
13. Nennen Sie Gebäcke, bei denen Mürbeteig die Gebäckunterlage ist.
14. Beschreiben Sie die Ursachen folgender Fehler der Mürbeteiggebäcke aus ausrollfähigem Mürbeteig:
    - Gebäcke sind zu dunkel und schmecken bitter.
    - Gebäcke sind ungleichmäßig gebacken – einige sind zu dunkel und einige zu hell.
15. Erklären Sie die Qualitätsmerkmale der Gebäcke aus 1-2-3-Mürbeteig für die Kundenberatung.
16. Warum gehören Mürbeteiggebäcke zu den Dauerbackwaren?
17. Nennen Sie die besondere Eignung der Gebäcke aus 1-2-3-Mürbeteig.
18. Um die Auswirkungen eines brandigen Mürbeteigs kennenzulernen, stellen Sie etwas brandigen Mürbeteig her, arbeiten ihn zu Teegebäck auf und vergleichen sowohl die Herstellung als auch die Gebäcke mit einwandfreiem Mürbeteig.

LF 1.4

Rechenaufgaben

1. Zur Herstellung von Buttergebäck werden Zucker, Butter und Weizenmehl zu einem 1-2-3-Mürbeteig geknetet. Wie viel kg der einzelnen Zutaten benötigt der Konditor für 19,200 kg Mürbeteig?
2. Für Erdbeertörtchen bietet der Händler Erdbeeren für 4,28 €/kg bfn (brutto für netto) an. Eine 500-g-Schale, Erdbeeren und Schale, kostet 2,16 €. Die leere Schale wiegt 50 g. Berechnen Sie den tatsächlichen Preis für 1 kg Erdbeeren.
3. Berechnen Sie die Materialkosten für folgendes Mürbeteigrezept:

7 200 g Weizenmehl	42,50 €/100 kg
4 800 g Butter	46,00 €/10 kg
2 400 g Puderzucker	1,05 €/kg
15 Eier	0,22 €/Stück
15 Eigelbe	0,13 €/Stück
35 g Salz	0,02 €
Zitronen- und Vanillearoma	0,10 €

21.2 Spezielle ausrollfähige Mürbeteige

Schwarz-Weiß-Gebäck

1-2-3-Mürbeteig wird mit Kakaopulver dunkel eingefärbt. Für den Schokoladenmürbeteig werden in 1000 g 1-2-3-Mürbeteig ca. 50 g Kakaopulver untergearbeitet.

Schwarz-Weiß-Gebäck – verschiedene Muster

Heller und Schokoladenmürbeteig werden im Wechsel aneinandergefügt, sodass der gewünschte Farbkontrast von Hell und Dunkel entsteht. Dabei ergeben sich verschiedene Muster wie Spiralen, Ringe, Streifen, Schachbrett u. a.

Spiralenmuster

Einen hellen und einen Schokoladenmürbeteig jeweils ca. 2 mm dick ausrollen.

- Den ausgerollten hellen Mürbeteig mit Wasser bestreichen, den Schokoladenmürbeteig darauflegen und ebenfalls mit Wasser bestreichen.
- Den zusammengeklebten hellen Mürbeteig und Schokoladenmürbeteig zu einer Fläche von 22 cm Breite schneiden und zu einer Rolle zusammenrollen. Die Rolle hat dann einen Durchmesser von ca. 3,5 cm.
- Die Mürbeteigrollen gut durchkühlen lassen, ca. 4 mm dicke Scheiben schneiden und diese auf Backbleche legen.

Schneiden der gekühlten Mürbeteigstangen

Streifenmuster

Einen hellen und einen Schokoladenmürbeteig jeweils ca. 2 mm dick ausrollen.

- Den hellen Mürbeteig mit Wasser bestreichen und den Schokoladenmürbeteig darauflegen.

- Die zusammengesetzten Mürbeteige in 3 cm breite Streifen schneiden und drei Streifen übereinandersetzen. So liegen drei helle und drei Schokoladenstreifen übereinander, mit einer Höhe von ca. 3 cm.
- Einen hellen Mürbeteig 2 mm dick ausrollen, mit Wasser bestreichen und die Mürbeteigstangen damit ummanteln.
- Die Mürbeteigstangen gut durchkühlen lassen, ca. 4 mm dicke Scheiben schneiden und auf Backbleche setzen.

Backen: 190 °C, offener Zug
Backzeit: ca. 10 Minuten

Spiralen- und Streifenmuster

Gebäcke aus Nuss- und Mandelmürbeteig

Nuss- und Mandelmürbeteig ist Mürbeteig mit geriebenen Mandeln bzw. Nüssen. Gebäcke aus diesem Mürbeteig, die mit Johannisbeerkonfitüre gefüllt sind, werden als Linzer Gebäcke bezeichnet.

Rezeptbeispiel: Nussmürbeteig	
600 g	Weizenmehl, Type 405 oder 550
300 g	Haselnüsse, geröstet, gerieben
600 g	Butter oder Backmargarine
300 g	Zucker
60 g	Eigelb (3 Stück)
5 g	Salz
	Zitronen und Vanillearoma, Zimt
1865 g	**Teiggewicht**

- Fett, Zucker, Eigelbe, Salz, Aromen und Gewürze in der Knetmaschine kurz glatt arbeiten.
- Weizenmehl sieben und die geriebenen Nüsse zum Mehl geben.
- Das Mehl und die Nüsse zu den anderen Zutaten geben und kurz zu einem glatten Mürbeteig kneten.
- Den Mürbeteig kühl stellen.

Nussmürbeteig und 1-2-3-Mürbeteig

Für Mandelmürbeteig werden die Nüsse durch geriebene Mandeln ersetzt.

Nuss- und Mandelmürbeteig ist wie 1-2-3-Mürbeteig. Der Anteil an Nüssen bzw. Mandeln wird vom Mehlgehalt abgezogen, sodass Weizenmehl und Nüsse bzw. Mandeln drei Teile ergeben.

Vanillekipferl

Aufarbeitungsbeispiel:
- Nussmürbeteig 10 mm dick ausrollen. Nur selten werden sie aus Mandelmürbeteig hergestellt.
- Den ausgerollten Mürbeteig mit einem runden Ausstecher von 3 cm Durchmesser ausstechen.
- Die ausgestochenen Mürbeteigstückchen etwas lang rollen (nicht zu dünn), Hörnchen formen und auf ein gefettetes oder mit Backpapier belegtes Blech legen.

Backen: 190 °C, offener Zug
Backzeit: ca. 10 Minuten

Die Vanillekipferl sofort nach dem Backen ofenheiß in Vanillezucker wälzen.
Vanillezucker: Zucker mit natürlicher pulverförmiger Vanille mischen.

Vanillekipferl

Spitzbuben

- Den Nussmürbeteig 3 mm dick ausrollen.
- Mit rundem, gewelltem Ausstecher Teigstücke von ca. 4 cm Durchmesser ausstechen und auf gefettete oder mit Backpapier belegte Backbleche setzen, z. B. mit Ausstechmatten.
- Ein Blech der Mürbeteigstücke für die Unterteile der Spitzbuben backen.
  Bei den Mürbeteigstücken auf dem anderen Blech ein Loch mit einer 15-mm-Lochtülle ausstechen.

Backen: 190 °C, offener Zug
Backzeit: ca. 10 Minuten

Füllen

Die Unterteile umdrehen und darauf mit einem Fülltrichter große Tupfen gekochter Johannisbeerkonfitüre aufspritzen.
Durch das Kochen glänzt die Konfitüre und wird an der Oberfläche fest, sodass die Gebäcke in der Gebäckmischung nicht zusammenkleben.

Bestauben

Die in der Mitte ausgestochenen Oberteile mit Puderzucker bestauben und auf die gefüllten Unterteile auflegen. Der Puderzucker und die Johannisbeerkonfitüre bilden den gewünschten Farbkontrast.
Die Spitzbuben sorgfältig auf Tabletts oder in Gebäckschalen legen, damit der Puderzucker der Gebäcke nicht verwischt wird und die Konfitüre nicht an den anderen Gebäcken anklebt.

Fertigstellen von Spitzbuben

Spitzbuben

LF 1.4

Spekulatius

Besonderheiten von Spekulatius

- Spekulatius sind flache weihnachtliche Figurengebäcke.
- Sie werden aus einem zuckerreichen und fettärmeren Mürbeteig hergestellt. Der Zucker und das Fett werden mengenmäßig getauscht: 1,5 Teile Fett, 2 Teile Zucker und 3 Teile Weizenmehl.
- Aufgrund des hohen Zucker- und geringeren Fettanteils sind Spekulatius sehr knusprige Gebäcke. Der beim Backen geschmolzene Zucker ergibt nach dem Erkalten die knusprige Beschaffenheit.

Rezeptbeispiel: Spekulatius-Mürbeteig

1 000 g	Weizenmehl, Type 405 oder 550
600 g	Zucker
400 g	Butter
100 g	Vollei (2 Stück)
100 g	Milch
30 g	Spekulatiusgewürz
5 g	Hirschhornsalz
5 g	Salz
2 240 g	**Teiggewicht**

- Zucker, Butter, Spekulatiusgewürz, in Wasser aufgelöstes Hirschhornsalz und Salz in der Knetmaschine glatt arbeiten.
- Eier, Milch und Weizenmehl dazugeben und kurz zu einem glatten Mürbeteig kneten.
- Den Spekulatiusteig zugedeckt mindestens 1 Tag bis zur Verarbeitung kühl stellen.

Der Spekulatiusteig wird in eine Gebäckformmaschine mit Spekulatiuswalzen gegeben. Die flachen Spekulatius mit den barocken Motiven fallen auf gefettete Bleche und werden dann gebacken.

Gebäckformmaschine mit Spekulatiuswalzen

Der Name Spekulatius ist vom lateinischen Begriff „speculum" abgeleitet, was so viel wie Spiegelbild bedeutet. Früher wurde der Spekulatius-Mürbeteig ausgerollt und in geschnitzte Holzmodeln (Holzformen) gedrückt. Die herausgenommenen Spekulatius waren das Spiegelbild zu den Modeln. Heute verwendet man dafür Gebäckformmaschinen.

Backen: 200 °C, offener Zug
Backzeit: ca. 8 Minuten

Spekulatius verpacken

Die ausgekühlten Spekulatius werden luftdicht verpackt, z. B. im Schrumpftunnel eingeschweißt oder in Folienbeuteln verschweißt.
Nach dem Öffnen der luftdichten Verpackung werden die knusprigen Spekulatius zunehmend weicher, da der hohe Zuckeranteil die Luftfeuchtigkeit aufnimmt.

Spezielle Spekulatiusarten

Butterspekulatius
Sie dürfen als Fett ausschließlich Butter enthalten.

Mandelspekulatius
Der Mürbeteig wird mit geriebenen Mandeln hergestellt.

Gewürzspekulatius
Sie werden mit einem hohen Anteil an Spekulatiusgewürz hergestellt. Geschmacklich dominieren die Gewürze in diesen Gebäcken.

Mutzenmandeln und Mutzen

Mutzenmandeln und Mutzen werden aus einem fettarmen, aber eireichen Mürbeteig hergestellt, der in Siedefett gebacken wird.

Mutzenmandeln
Der Mürbeteig für Mutzenmandeln wird 1 cm dick ausgerollt, mit tropfenförmigem Ausstecher ausgestochen und schwimmend im Siedefett gebacken. Sofort nach dem Backen werden die Mutzenmandeln in Zimtzucker gewälzt.

Mutzenmandeln

LF
1.4

Mutzen

Für Mutzen wird der Mürbeteig dünn ausgerollt, rautenförmig mit einer Seitenlänge von ca. 7 cm geschnitten und schwimmend im Siedefett gebacken. Die etwas abgekühlten Mutzen werden leicht mit Puderzucker bestaubt.

Mutzen

Käsegebäcke aus Mürbeteig

Käsemürbeteig ist ein Mürbeteig ohne Zucker, jedoch mit hohem Käseanteil. Als Käse eignen sich geriebener Emmentaler, Edamer, Gouda und Parmesan. Es können auch verschiedene Käsesorten gemischt werden.

Rezeptbeispiel: Käsemürbeteig	
1000 g	Weizenmehl, Type 405 oder 550
700 g	Butter
700 g	Käse, gerieben
200 g	Schlagsahne
150 g	Vollei (3 Stück)
30 g	Paprika, edelsüß
20 g	Salz
10 g	Backpulver
2810 g	**Teiggewicht**

- Butter, Käse, Sahne, Eier, Paprika und Salz in der Knetmaschine glatt arbeiten.
- Gesiebtes Weizenmehl und Backpulver zugeben und kurz zu einem glatten Teig kneten.
- Den Käsemürbeteig bis zur Verarbeitung gut durchkühlen lassen.

- Den gekühlten Käsemürbeteig 5 mm dick ausrollen.
- Den Käsemürbeteig mit Eistreiche bestreichen und verschiedenartig bestreuen, z. B. mit geriebenem Käse, Kümmel, Mohn, Sesam, gehobelten Mandeln, Kümmel.
- Verschiedene Formen ausstechen oder schneiden, z. B. Rechtecke, Rauten, Kreise, Halbmonde, Blüten.

Backen: 200 °C
Backzeit: ca. 12 Minuten

Gebäckfehler ➡ Seite 338.

Käsegebäcke aus Mürbeteig

Qualitätsmerkmale für die Kundenberatung

- Schwarz-Weiß-Gebäck besteht aus hellem Mürbeteig und Schokoladenmürbeteig, in den Kakaopulver geknetet wurde. Der Wechsel von hellem und Schokoladenmürbeteig ergibt den schönen Farbkontrast der Gebäcke.
- Vanillekipferl sind kleine Hörnchen aus Nussmürbeteig, die außen mit Vanillezucker behaftet sind.
- Spitzbuben sind Gebäcke aus Nussmürbeteig, die mit Johannisbeerkonfitüre gefüllt und mit Puderzucker bestaubt werden.
- Spekulatius sind knusprige, feinwürzige, flache weihnachtliche Figurengebäcke. Sie werden aus zuckerreichem und etwas fettärmerem Mürbeteig hergestellt, was zu der knusprigen Gebäckbeschaffenheit führt. Den feinen würzigen Geschmack erhalten die Gebäcke von den verschiedenen Gewürzen der Spekulatiusgewürzmischung.
- Mutzenmandeln und Mutzen sind Mürbeteiggebäcke, die schwimmend in heißem Siedefett gebacken werden. Sie werden aus einem fettarmen, aber eireichen Mürbeteig hergestellt. Mutzenmandeln sind weiche Mürbeteiggebäcke und die flachen Mutzen sind leicht rösch.
- Käsegebäck aus Mürbeteig ist pikantes Mürbeteiggebäck ohne Zucker, jedoch mit hohem Käseanteil.

Frischhaltung der Mürbeteiggebäcke

Wie alle Mürbeteiggebäcke gehören auch die speziellen Mürbeteiggebäcke zu den Dauerbackwaren, die einige Tage ohne Kühlung die Qualitätsmerkmale behalten. Bei verpackten Mürbeteiggebäcken verlängert sich die Frischhaltung.

Besondere Eignung der Mürbeteiggebäcke

- Schwarz-Weiß-Gebäcke, Vanillekipferl, Spitzbuben und Spekulatius sind begehrte Weihnachtsgebäcke.
- Mutzenmandeln und Mutzen sind Kaffeegebäcke, vor allem in der kühleren Jahreszeit.
- Die pikanten Käsegebäcke sind kleine Knabbergebäcke, auch passend für Partys und zu alkoholhaltigen Getränken.

LF 1.4

Aufgaben

1 Erklären Sie allgemein die Herstellung von Schwarz-Weiß-Gebäck.

2 Beschreiben Sie den Unterschied zwischen 1-2-3-Mürbeteig und Nuss- bzw. Mandelmürbeteig.

3 Nennen Sie Gebäcke aus Nuss- bzw. Mandelmürbeteig.

4 Wie werden Vanillekipferl nach dem Backen fertiggestellt?

5 Beschreiben Sie die Herstellung von Spitzbuben.

6 Erläutern Sie die Besonderheiten von Spekulatius.
- Aussehen der Gebäcke
- Mengenanteile der Zutaten des Mürbeteigs
- Beschaffenheit der Gebäcke

7 Warum sind Spekulatius im Gegensatz zu den anderen Mürbeteiggebäcken knusprige Gebäcke?

8 Warum werden Spekulatius grundsätzlich im Verkauf verpackt angeboten?

9 Nennen Sie drei spezielle Spekulatiusarten.

10 Beschreiben Sie die Besonderheiten der Mutzenmandeln und Mutzen in Bezug auf
- den Mürbeteig,
- das Backen.

11 Erklären Sie kurz die Herstellung von
- Mutzenmandeln,
- Mutzen.

12 Erläutern Sie den Mürbeteig für Käsegebäcke.

13 Für welche Gelegenheiten eignen sich folgende Mürbeteiggebäcke besonders?
- Schwarz-Weiß-Gebäcke, Vanillekipferl, Spitzbuben und Spekulatius
- Mutzenmandeln und Mutzen
- Käsegebäcke aus Mürbeteig

14 Bei einer Aktion backen Sie im Laden frische Mutzenmandeln und Mutzen im Siedefett. Für die Kunden gibt es kleine Kostproben. Viele Kunden sind erstaunt, dass die Mutzenmandeln und Mutzen ganz anders als Berliner schmecken. Sie erklären ihnen diesen Unterschied.

Rechenaufgaben

1 Für Spekulatius werden 3 Teile Weizenmehl, 2 Teile Zucker und 1 Teil Butter verarbeitet. Wie viel Zucker und Fett werden bei 5,400 kg Weizenmehl benötigt?

2 Es sollen 19,800 kg Nussmürbeteig aus 1-2-3-Mürbeteig hergestellt werden. Ein Drittel des Weizenmehls wird durch geriebene Haselnüsse ersetzt. Berechnen Sie das Gewicht von Zucker, Butter, Weizenmehl und Haselnüssen.

3 Schwarz-Weiß-Gebäcke werden in der Konditorei in 200-g-Schalen als Fertigpackungen verpackt. Das angegebene Füllgewicht darf höchstens das Zweifache von 4,5 % nach unten abweichen. Berechnen Sie die erlaubte Minusabweichung in g je Gebäckschale.

4 Aus 7,200 kg Weizenmehl soll 1-2-3-Mürbeteig hergestellt werden. Dieser Mürbeteig wird je kg Weizenmehl mit 100 g Vollei, 40 g Eigelb und 5 g Salz verbessert.
- a) Berechnen Sie die Zutatenmengen für Zucker und Butter sowie Eier, Eigelb und Salz. Ermitteln Sie dann das Gesamtgewicht dieses Mürbeteigs.
- b) ⅓ dieses Mürbeteigs wird mit Kakaopulver für Schwarz-Weiß-Gebäck angewirkt. Wie viel kg Mürbeteig werden zu Schokoladenmürbeteig angewirkt?
- c) 1 kg Mürbeteig wird mit 50 g Kakaopulver zu Schokoladenmürbeteig angewirkt. Wie viel g Kakaopulver werden benötigt?

5 Eine Teegebäckmischung von 250 g soll 5,40 € kosten. Zur Verfügung stehen das Teegebäck A, von dem 250 g 4,80 € kosten, und das Teegebäck B, von dem 250 g 6,20 € kosten.
- a) Berechnen Sie das Mischungsverhältnis.
- b) Vom Teegebäck A ergibt sich ein Rest von 5,600 kg. Wie viel kg werden vom Teegebäck B benötigt, damit die Teegebäckmischung stimmt?

6 Es sollen 3 Sorten Mürbeteiggebäcke zu einer Gebäckmischung von 4,500 kg gemischt werden, die 108,00 € kosten soll. Der jeweilige Kilogrammpreis der Sorte A beträgt 29,00 €, der Sorte B 26,00 € und der Sorte C 20,00 €.
- a) In welchem Verhältnis müssen die 3 Mürbeteigsorten gemischt werden?
- b) Wie viel kg werden von den einzelnen Sorten benötigt?
- c) Berechnen Sie, wie viel ein 200-g-Gebäcktütchen der Gebäckmischung kostet.

21.3 Spritzmürbeteig

> ⚠ **Spritzmürbeteig**
> - Spritzmürbeteig ist ein weicher, massenähnlicher Mürbeteig, der in der Rührmaschine gerührt wird.
> - Spritzfähig wird dieser Mürbeteig durch den hohen Fett- und Eieranteil.
>
> Spritzmürbeteig unterscheidet sich also vom ausrollfähigen 1-2-3-Mürbeteig darin, dass er noch mehr Fett und Eier enthält.

Rezeptbeispiel: 1-2-3-Mürbeteig

900 g	Weizenmehl
600 g	Fett (Butter oder Backmargarine)
300 g	Zucker
50 g	Vollei (1 Stück)
5 g	Salz
	Zitronen- und Vanillearoma

1855 g Teiggewicht

Rezeptbeispiel: Spritzmürbeteig

900 g	Weizenmehl
750 g	Fett (Butter oder Backmargarine)
300 g	Puderzucker
200 g	Vollei (4 Stück)
5 g	Salz
	Zitronen- und Vanillearoma

2155 g Teiggewicht

Rezeptbeispiel: Spritzgebäck (helles Spritzgebäck)

900 g	Weizenmehl
750 g	Butter oder Backmargarine
300 g	Puderzucker
200 g	Vollei (4 Stück)
5 g	Salz
	Zitronen- und Vanillearoma

2155 g Teiggewicht

Rezeptbeispiel: Schokoladenspritzgebäck (Schokospritzgebäck)

825 g	Weizenmehl
75 g	Kakaopulver
750 g	Butter oder Backmargarine
300 g	Puderzucker
250 g	Vollei (5 Stück)
5 g	Salz
	Zitronen- und Vanillearoma

2205 g Teiggewicht

Rezeptbeispiel: Nussspritzgebäck, Mandelspritzgebäck

600 g	Weizenmehl
300 g	Nüsse bzw. Mandeln, geröstet und gerieben
600 g	Butter oder Backmargarine
300 g	Puderzucker
200 g	Vollei (4 Stück)
5 g	Salz
	Vanillearoma, Zimt

2005 g Teiggewicht

Rezeptbeispiel: Sandgebäck

900 g	Weizenmehl
750 g	Butter oder Backmargarine
550 g	Puderzucker
250 g	Vollei (5 Stück)
5 g	Salz
	Zitronen- und Vanillearoma

2455 g Teiggewicht

Die Qualität der Spritzgebäcke kann mit Marzipanrohmasse verbessert werden.

Geschmackgebende Zutaten im Spritzmürbeteig sind im Gebäcknamen enthalten.

Schokoladenspritzgebäck: mit Kakaopulver
Nussspritzgebäck: mit geriebenen Nüssen
Mandelspritzgebäck: mit geriebenen Mandeln

Sandgebäcke

Erhöht man den Zuckeranteil des Spritzmürbeteigs, z. B. 550 g Zucker statt 300 g wie im zuvor stehenden Spritzmürbeteigrezept, so besitzen diese Gebäcke eine sandige Beschaffenheit. Man bezeichnet sie deshalb als „Sandgebäcke".

Spritzgebäcke – Teegebäcke

Für Spritzmürbeteige wird Puderzucker statt Kristallzucker verwendet, da sich dieser in dem wasserarmen Mürbeteig schneller auflöst.

Herstellung

- Temperiertes Fett verarbeiten: Butter: ca. 20 °C, Backmargarine: 22 bis 24 °C
- Fett, Puderzucker, Salz und Aromen in der Rührmaschine leicht schaumig rühren.
- Eier nach und nach unterrühren.
- Das gesiebte Mehl, evtl. mit Kakaopulver oder geriebenen Nüssen bzw. Mandeln, nur kurz unterrühren, bis das Mehl nicht mehr sichtbar ist und so ein glatter weicher Teig entsteht.
- Den Spritzmürbeteig sofort auf gefettete, bemehlte oder mit Backpapier belegte Backbleche dressieren (spritzen). Durch längeres Stehen verfestigt sich der Teig durch Verquellung. Dann kann er nur noch schlecht aufdressiert werden.

LF 1.4

Aufdressierter Spritzmürbeteig für Teegebäcke

Backen: 180 °C, offener Zug
Backzeit: ca. 22 Minuten

Teegebäcke

Meistens werden für Teegebäcke mit einer Sterntülle von 9 mm verschiedene kleine Formen aufdressiert, z. B. Bärentatzen, Zungen, Halbmonde, Rosetten, S-Formen.

Sandgebäcke werden mit einer Lochtülle, 9 mm, aufdressiert, z. B. länglich oder punktförmig.

Große Spritzgebäcke

Diese Spritzgebäcke werden stückweise verkauft.
• Flammende Herzen: mit Sterntülle, 8 mm, aufdressieren.
• Ringe, ⎤
• Bögen, ⎬ mit Sterntülle von 12 mm aufdressieren.
• Zungen ⎦

Füllungen für Spritzgebäcke
• Johannisbeerkonfitüre
• Nugatmasse, Nugatcreme
• Marzipanfüllung, mit Spirituosen wie Rum, Kirschwasser, Weinbrand, Grand Marnier u. a. weich gearbeitet

Überzug
Ein Teil der Spritzgebäcke wird in Schokoladenkuvertüre oder Fettglasur getaucht.

Teegebäcke werden manchmal mit der Spritztüte überspritzt.

Linzer Torte, Linzer Schnitten

Linzer Torte und Linzer Schnitten werden aus einem fein gewürzten Mürbeteig mit Nüssen hergestellt. Gefüllt sind sie mit Johannisbeerkonfitüre.

Linzer Torte

Rezeptbeispiel: Spritzmürbeteig für Linzer Torte

Das Rezept ergibt 1 Linzer Torte von 26 oder 28 cm Durchmesser.

300 g	Haselnüsse, gerieben
300 g	süße Brösel
50 g	Weizenmehl
320 g	Butter
150 g	Puderzucker
100 g	Vollei (2 Stück)
20 g	Eigelb (1 Stück)
40 g	Rum
5 g	Zimt
3 g	Nelken
2 g	Salz (große Prise Salz)
	Zitronen- und Vanillearoma

1290 g Linzer Teig

100 g Johannisbeerkonfitüre

Herstellung
• Einen Tortenring einfetten und auf ein gefettetes oder mit Backpapier belegtes Backblech legen.
• Butter, Puderzucker, Rum, Gewürze, Salz und Aromen leicht schaumig rühren.
• Eier und Eigelb nach und nach zugeben und glatt rühren.
• Gesiebtes Mehl, Nüsse und Brösel vermischen und kurz einrühren, bis alle Zutaten gut verrührt sind.
• Ca. die Hälfte des Linzer Teigs in den Tortenring einfüllen und gleichmäßig verstreichen.
• Johannisbeerkonfitüre aufstreichen – nicht ganz bis zum Ring streichen, sonst klebt die Konfitüre am Ring.
• Den restlichen Teig mit einer 10-mm-Sterntülle gitterförmig aufdressieren, mit ca. 1 cm Abstand zum Rand des Tortenrings. Den Rand am Ring entlang aufdressieren.
• Evtl. obenauf gehobelte Mandeln streuen.

Backen: 160 °C
Backzeit: ca. 60 Minuten

Linzer Schnitten – Aufdressieren des Gitters

Fehler bei Spritzmürbeteiggebäcken

Gebäckfehler	Ursachen
Spritzgebäcke laufen breit und verlieren die Konturen.	• Es wurde zu warmes und somit zu weiches Fett verarbeitet. • Die Gebäcke wurden bei geschlossenem Zug bei feuchter Backhitze gebacken.
Spritzgebäcke brechen leicht beim Anfassen.	Das Fett wurde zu schaumig gerührt.
Der Spritzmürbeteig ist zäh und lässt sich schlecht aufdressieren (aufspritzen).	Der Spritzmürbeteig wurde mit dem Mehl zu lange gerührt.

Verkaufsargumente

Qualitätsmerkmale für die Kundenberatung
- Spritzgebäcke sind wegen des hohen Fettgehalts besonders mürbe und brechen beim Verzehr leicht sandig auseinander.
- Es sind geschmackvolle Gebäcke, die durch die verschiedenen Füllungen und den Schokoladenüberzug verbessert werden.
- Linzer Torten und Linzer Schnitten werden aus einem nusshaltigen Spritzmürbeteig mit feinen Gewürzen hergestellt. Sie sind mit Johannisbeerkonfitüre gefüllt.

Frischhaltung der Spritzgebäcke
Wegen des hohen Fettanteils und des niedrigen Feuchtigkeitsgehalts sind Spritzgebäcke Dauerbackwaren. Sie sind so lange frisch und somit lagerfähig, wie sie mürbe sowie geschmackvoll und die Füllungen weich sind.
Werden die Teegebäcke in Tütchen verpackt, verlängert dies die Frischhaltung der Spritzgebäcke. Trockene Spritzgebäcke mit ausgetrockneten Füllungen dürfen nicht mehr im Verkauf sein. ➡

Spritzgebäcke werden bei nicht zu warmer Raumtemperatur gelagert. Große Spritzgebäcke, die stückweise verkauft werden, sollen nach Ladenschluss mit Folie vor dem Austrocknen geschützt werden.

Besondere Eignung der Spritzgebäcke
- Spritzgebäcke eignen sich besonders zu Kaffee und Tee.
- Teegebäcke passen zu Weihnachten und in jede Gebäckmischung.
- Wegen der langen Lagerfähigkeit sind Spritzgebäcke auch auf Reisen und als Gebäckreserve zu empfehlen.

Aufgaben

1. Erklären Sie Besonderheiten des Spritzmürbeteigs.
2. Wie unterscheidet sich Spritzmürbeteig vom 1-2-3-Mürbeteig in Bezug auf die Rezeptur?
3. Nennen Sie Spritzgebäcke mit geschmackgebenden Zutaten, die sich vom hellen Spritzgebäck unterscheiden.
4. Beschreiben Sie die Herstellung von Spritzmürbeteig.
5. Bei wie viel °C wird Spritzmürbeteig gebacken und wie werden die Gebäcke gebacken, damit sie nicht breit laufen?
6. Nennen Sie große Spritzgebäcke, die stückweise verkauft werden.
7. Nennen Sie Füllungen für Spritzgebäcke.
8. Erklären Sie die Besonderheiten der Linzer Torten und Linzer Schnitten aus Spritzmürbeteig.
9. Beschreiben Sie die Herstellung einer Linzer Torte.
10. Nennen Sie die Ursachen folgender Fehler bei Spritzgebäcken:
    - Spritzgebäcke laufen breit und verlieren die Konturen.
    - Spritzgebäcke brechen leicht beim Anfassen.
    - Der Spritzmürbeteig ist zäh und lässt sich schlecht aufdressieren.
11. Erklären Sie die Qualitätsmerkmale der Spritzgebäcke für die Kundenberatung.
12. Geben Sie Auskunft über die Frischhaltung der Spritzgebäcke und erläutern Sie die Lagerung.
13. Wofür eignen sich Spritzgebäcke besonders gut?
14. Während der Sommermonate wollen Sie Gebäcktütchen mit Spritzgebäcken als Reiseproviant anbieten. Sie machen Vorschläge für verschiedene Gebäcke und Füllungen dieser Gebäckmischungen.

LF 1.4

21.4 Streusel

Streusel ist bröseliger, streufähiger Mürbeteig. Er ist durch den höheren Zuckeranteil ein 2-2-3-Mürbeteig.

Rezeptbeispiel: Streusel	
1000 g	Zucker
1000 g	Butter oder Margarine
1500 g	Weizenmehl, Type 405 oder 550
5 g	Salz
	Zitronen- und Vanillearoma
3 505 g	Streusel

Zutaten für Streusel

Herstellung

- Weiches oder leicht geschmolzenes Fett mit Zucker und Aromen glatt arbeiten.
- Weizenmehl unterarbeiten, bis eine lockere Bindung des Mürbeteigs mit kleinen Stückchen entsteht. Wird Streusel in der Knetmaschine hergestellt, so darf das Weizenmehl nur kurz eingearbeitet werden.
- Den Streusel mit den ungleichen Stückchen gut durchkühlen und dann durch ein grobmaschiges Sieb drücken. So entstehen gleichmäßig große Streusel.

Gekühlten Streusel durch ein grobmaschiges Sieb drücken

Gleichmäßig große Streusel

Verwendung von Streusel

Streusel dient als Auflage für Gebäcke, überwiegend wird er auf Blechkuchen gestreut. Beispiele für Blechkuchen mit Streusel sind Blechkuchen aus

- Hefeteig: Streusel-, Mohn-, Quark-, Apfelkuchen
- Mürbeteig: Apfel-, Pflaumenkuchen (Zwetschgen-kuchen)
- Sandmasse: Aprikosen-, Kirsch-, Apfel-, Rhabarber-kuchen

Der mürbe Streusel ist eine geschmackliche Ergänzung auf den verschiedenen Backwaren.

Streusel als Auflage für Blechkuchen

Beim Aufstreuen der Streusel auf die Blechkuchen immer zuerst den Rand bestreuen und dann zur Mitte hin, damit die gesamte Oberfläche gleichmäßig mit Streusel bestreut ist und die Ränder nicht streuselfrei sind.

Streuselkuchen

Aufgaben

1. Erstellen Sie ein Rezeptbeispiel für Streusel und geben Sie die Mengenverhältnisse der Zutaten an.
2. Beschreiben Sie die Herstellung von Streusel.
3. Geben Sie Verwendungsbeispiele für Streusel an.
4. Der neue Auszubildende sucht ein Rezept für Streusel. Sie geben ihm den Tipp, unter Mürbeteigen zu suchen, und erläutern ihm, warum Streusel zu den Mürbeteigen gehört.

LF 1.4

22

Braune Lebkuchen und Früchtebrote

Situation

Während der Weihnachtszeit ist die Nachfrage nach Lebkuchen und Früchtebrot groß. Dieses Jahr hat Ihre Konditorei das Lebkuchensortiment noch erweitert und an Firmen Angebote für passende Lebkuchen und Früchtebrote für die Weihnachtsfeier oder zum Verschenken an die Mitarbeiter und Kunden verschickt. Sie stellen diese Gebäcke zusammen mit Ihrem Praktikanten her. Er möchte nicht nur wissen, warum der Grundteig für die Honiglebkuchen bereits im Sommer hergestellt wurde, sondern auch alles über die verschiedenen Teige und Gebäcke.

- Aus welchen Zutaten wird ein Lebkuchenteig hergestellt?
- Welche Gewürze sind im Lebkuchengewürz enthalten?
- Was ist ein Lagerteig?
- Wie unterscheiden sich Braune Lebkuchen von Honiglebkuchen?
- Womit werden die Braunen Lebkuchen nach dem Backen abgeglänzt?
- Was besagen die Gattungs- und Herkunftsbezeichnungen der Lebkuchen?
- Welcher Teig wird für Früchtebrot hergestellt und welche Früchte werden verwendet?

LF 1.4

Viele Jahrtausende war Honig neben süßen Früchten bei uns das wichtigste Mittel zum Süßen. Bereits vor mehr als 4 000 Jahren süßten die Ägypter die Brotteige mit Honig. Die Germanen aßen Honigkuchen zur Wintersonnenwende und überließen die Reste den Toten, damit die armen Seelen den Raunächten trotzten. Da man Honigkuchen in den Wintermonaten backte, wurde er ein immer beliebteres Weihnachtsgebäck.

Im 12. Jahrhundert mischten Mönche in den Klöstern des deutschsprachigen Raums Kräuter und Gewürze in den Honigteig. So begann in den Klöstern der Anfang der Lebküchner-Kunst.

Der Name „Lebkuchen" stammt aus der lateinischen Klostersprache. Vom lateinischen „Libum", das so viel wie Fladen, Kuchen oder Opferbrot bedeutet, leitete man den Begriff „Lebkuchen" ab, der dann später auch als „Lebenskuchen" bezeichnet wurde.

In den Klöstern wurden auch Oblaten – „hostia oblata" – für das geweihte Messopfer hergestellt. So konnten später die feinen, weichen Lebkuchenmassen auf Oblaten gestrichen werden, auf denen sie den nötigen Halt fanden und nicht am Backblech anklebten.

Im Mittelalter (1395) nahmen sich Nürnberger Bäcker mit Begeisterung der Lebkuchenherstellung an. Sie nannten sich „Lebzelter", „Lebküchler" oder „Lebküchner". Die Stadt Nürnberg genehmigte 1643 die Gründung einer Lebküchnerzunft.

Dank der verkehrsgünstigen Lage gelangten die Nürnberger Lebküchner zu Weltruf. Denn zahlreiche Salz- und Handelsstraßen fanden ihren Schnittpunkt in Nürnberg. Der Gewürzhandel hatte sein Zentrum in der Stadt, wobei „Pfeffersäcke" aus Venedig und Genua als ständiger Gewürznachschub für die Backstuben der Lebküchner ankamen.

Nürnberger Lebküchner in alten Zeiten

Da der Lebkuchen früher ausschließlich mit Honig gesüßt wurde, hielten sich die Lebkuchenhersteller eigene Bienenvölker, woraus sich das Nebenprodukt Wachs ergab. Deshalb waren die Lebküchner und später die Konditoren auch „Wachszieher", die Kerzen und Wachsbilder herstellten.

Lebkuchen werden unterteilt in:
- Braune Lebkuchen
- Oblatenlebkuchen

22.1 Braune Lebkuchen

Begriff: Braune Lebkuchen

Braune Lebkuchen werden aus „Lebkuchenteig" hergestellt, bei dem das Mehl mit flüssigem Honig oder mit in Wasser gelösten Zuckerarten zu einem Teig geknetet wird. Wegen des hohen Zuckeranteils sind diese Lebkuchen nach dem Backen besonders braun; daher der Name Braune Lebkuchen.

Die Zutaten für einen Lebkuchenteig

- Weizenmehl
- Roggenmehl
- Honig und/oder Zuckerarten wie Invertzuckercreme, Farinzucker (brauner Zucker), Glukosesirup, Zuckersirup (Zucker mit ca. 20 % Wasser)
- Lebkuchengewürz
- Lockerungsmittel: Hirschhornsalz und Pottasche

Neben Weizenmehl wird auch Roggenmehl verarbeitet, weil dadurch die Braunen Lebkuchen weicher werden und kräftiger schmecken.

Die Qualität eines Lebkuchenteigs wird durch die Menge der Honigzugabe bestimmt. Bei geringeren Qualitäten wird der Honig teilweise oder ganz durch Zuckerarten ersetzt.

Invertzuckercreme ist Honigersatz, der umgangssprachlich als Kunsthonig bezeichnet wird. Invertzucker ist Trauben- und Fruchtzucker, der durch den Abbau von Rübenzucker gewonnen wird. Diese Einfachzucker binden besonders viel Wasser und kristallisieren nicht aus, sodass die Gebäcke lange frisch bleiben.

Honig und Zuckerarten für den Lebkuchenteig: Farinzucker, Invertzuckercreme, Honig (oben); Glukosesirup, Zucker (unten)

Lebkuchengewürz
Das Lebkuchengewürz ist eine abgestimmte, geschmacklich harmonierende Gewürzmischung. Lebkuchengewürz enthält Zimt, Nelken, Piment, Macis, Muskat, Ingwer, Anis, Fenchel, Kardamom, Koriander, Vanille, Zitrone.

Lebkuchengewürz

Lockerungsmittel
- Hirschhornsalz und
- Pottasche

Wirkung der Pottasche
Bei der Lockerung durch Pottasche wird Kohlenstoffdioxid und etwas Kalilauge frei. Kalilauge schwächt den Kleber, sodass breite, flache Poren entstehen und so der Lebkuchenteig in die Breite treibt.

Honig erhitzen

Bestimmungen der Leitsätze

- **Braune Lebkuchen** müssen auf 100 Teile Mehl mindestens 50 Teile Zuckerarten enthalten.
- **Honiglebkuchen** sind Braune Lebkuchen, bei denen mindestens die Hälfte der Zuckerarten Honig sein muss.

Rezeptbeispiele: Honiglebkuchenteig

Grundteige:

750 g Weizenmehl, Type 812 oder 1050	750 g Weizenmehl, Type 812 oder 1050
250 g Roggenmehl, Type 997 oder 1150	250 g Roggenmehl, Type 997 oder 1150
1 000 g Honig	500 g Honig
	400 g Farinzucker (brauner Zucker)
	100 g Wasser
2 000 g Grundteig	**2 000 g Grundteig**

Lebkuchenteig:

2 000 g	Grundteig
40 g	Lebkuchengewürz
10 g	Hirschhornsalz (1 % der Mehlmenge)
5 g	Pottasche (0,5 % der Mehlmenge)
2 055 g	**Lebkuchenteig**

Abgekühlten Honig mit dem Mehl verkneten

Fertig gekneteter Grundteig

Herstellung eines Grundteigs

- Den Honig auf ca. 70 °C erhitzen, damit sich die Zuckerkristalle lösen. Den Honig nicht zu stark erhitzen, da bei über 80 °C die Aromastoffe verloren gehen.
- Den Honig auf ca. 35 °C abkühlen lassen. Der Honig darf nicht wärmer als mit 40 °C verarbeitet werden, da sonst die Eiweiße des Mehls geschädigt werden.
- Das Mehl mit dem Honig intensiv zu einem Teig kneten, im Spiralkneter 4 Minuten im Langsamgang und 3 Minuten im Schnellgang.

Wird ein Teil des Honigs durch Zuckerarten ersetzt, werden die Zuckerarten im Wasser gelöst und mit dem Honig erhitzt.

Werden nur Zuckerarten ohne Honig verwendet, dann werden die Zuckerarten im Wasser gelöst und in flüssiger Form verarbeitet. Der Teig ist sehr wasserarm, sodass sich die Zuckerkristalle ohne Wasser nicht lösen könnten.

Lagern des Grundteigs

Den Grundteig in einem kühlen Raum lagern. Dabei wird er in einen gut verschließbaren Behälter gegeben, damit der Teig nicht austrocknet.

Die Stehzeit des Grundteigs ist erforderlich, weil sich dabei das Mehl und der Honig bzw. die Zuckerarten intensiv binden und so ein glatter Teig entsteht.

Je nach Stehzeit werden zwei Grundteigarten unterschieden:

- **Lagerteig:** Der Grundteig wird in etwa ein bis vier Monate gelagert.
- **Frischteig:** Der Grundteig wird ein bis drei Tage gelagert. In dieser Zeit erhält der Grundteig die nötige Bindung, damit er ausrollfähig wird.

Der Lebkuchenteig kann wegen des hohen Zuckeranteils während der Lagerung nicht verderben. Das Verhältnis von Mehl zu Honig bzw. Zucker ist in etwa 1 : 1. Empfehlenswert ist die Herstellung eines Lagerteigs.

LF 1.4

Die Vorteile eines Lagerteigs

- Der Honig bzw. die im Wasser gelösten Zuckerarten binden sich an das Mehl, sodass der Lebkuchenteig glatt ist und nicht so stark klebt.
- Während der Lagerzeit bauen die Milchsäurebakterien etwas Zucker zu Milchsäure ab. Dies bewirkt eine leichte Geschmacksverbesserung der Lebkuchen und eine verstärkte Triebleistung der Pottasche, die zur Lockerung Säure benötigt wird.

Herstellung eines Lebkuchenteigs

- Den Grundteig vor dem Verkneten der Zutaten zum Lebkuchenteig warm stellen, z. B. im Gärraum, weil er sonst zu hart zum Kneten ist.
- Hirschhornsalz und Pottasche getrennt voneinander mit kaltem Wasser oder kalter Milch auflösen, sonst reagieren sie sofort.
- Den Grundteig, Lagerteig oder Frischteig sowie das Lebkuchengewürz, aufgelöstes Hirschhornsalz und die Pottasche in die Knetmaschine geben und verkneten, bis die Zutaten gleichmäßig im Lebkuchenteig vermischt sind.

Bei geringer Säurebildung im Grundteig können 10 g Sauerteig auf 1 kg Grundteig oder einige Tropfen Fruchtsäure zugegeben werden, damit die Pottasche ausreichend reagiert und CO_2 erzeugt.

Das Lebkuchengewürz sowie Hirschhornsalz und Pottasche werden erst vor der Verarbeitung des Lebkuchenteigs in den Grundteig geknetet. Sonst würden die Gewürze ausrauchen und die Lockerungsmittel bereits während der Lagerung wirken.

Lebkuchenteig zum Aufarbeiten

Backen des Lebkuchenteigs

180 bis 190 °C, bei offenem Zug
Die Lebkuchen nach dem Backen sofort vom Backblech schieben, damit sie nicht nachdunkeln und kleben bleiben.

Abglänzen der Lebkuchen

Die Braunen Lebkuchen sofort nach dem Backen mit einem Pinsel dünn mit Dextringlasur bestreichen und somit abglänzen.

Herstellen einer Dextringlasur

100 g Dextrine mit 800 bis 1000 g Wasser in einem Gefäß verrühren und unter ständigem Rühren aufkochen. Damit die Dextringlasur streichfähig ist, gibt man bei Bedarf beim Kochen etwas Wasser dazu.

Herstellen von Dextrinen

Weizenstärke (Weizenpuder) in einer dünnen Schicht auf einem Backblech gleichmäßig verteilen und im Ofen bei ca. 200 °C mittelbraun zu Dextrinen rösten. Die Dextrine zu einem lockeren Pulver sieben.
Durch die Backhitze wird die weiße Weizenstärke zu braunen Dextrinen abgebaut.

Gebäcke aus Lebkuchenteig

Honigkuchen

Honigkuchen sind dickere Lebkuchenstücke, die aus Honigkuchenteig hergestellt werden.
- Den Lebkuchenteig 8 mm dick ausrollen und wie Blechkuchen auf ein gefettetes Backblech legen.
- Den Lebkuchenteig mit Milch bestreichen und stippen.
- Auf der Oberfläche des Lebkuchenteigs die Stücke einteilen, damit die Stückgröße sichtbar ist.
- Jedes Stück mit einer halben Belegkirsche und halbierten Mandeln dekorieren.

Backen: 180 °C, bei offenem Zug
Backzeit: ca. 20 Minuten

Honigkuchen

Weihnachtsfiguren und Lebkuchenherzen

- Den Lebkuchenteig 4 mm dick ausrollen.
- Verschiedene Figuren und Formen ausstechen und auf ein gefettetes oder mit Backpapier belegtes Backblech setzen, z. B.
  - Weihnachtsmänner (Nikoläuse), Schaukelpferde, Tannenbäume, Sterne, Herzen, Halbmonde,
  - Hexenhaus,
  - große Lebkuchenherzen für Volksfeste.
- Den ausgestochenen Lebkuchenteig mit Milch bestreichen, Dekorteile darauflegen und etwas andrücken, z. B. halbierte und gestiftelte Mandeln und Belegkirschen.

Backen: 180 °C, bei offenem Zug
Backzeit: ca. 18 Minuten

Die gebackenen Lebkuchen mit Dextringlasur abglänzen und mit Eiweißspritzglasur ausgarnieren.

Lebkuchenfiguren

St. Gallener Biberle

St. Gallener Biberle sind kleine Lebkuchenstücke mit Marzipanfüllung.

Rezeptbeispiel: St. Gallener Biberle
1 000 g Lebkuchenteig
900 g Marzipan

Marzipan:

700 g Marzipanrohmasse	
170 g Puderzucker	Zutaten zu Marzipan anwirken.
30 g Glukosesirup	
Zitronenaroma	
900 g Marzipan	

Herstellung

- Den Lebkuchenteig 3 mm dick und 48 × 40 cm groß ausrollen.
- 8 cm breite Streifen schneiden – ergibt 6 Teigstreifen von je 40 × 8 cm.
- Die Teigstreifen mit Wasser bestreichen.
- Das Marzipan in 6 × 150-g-Teile abwiegen und jedes Stück zu einem 40 cm langen Strang rollen.
- Die 6 Marzipanrollen auf die Teigstreifen legen und den Honigkuchenteig um die Marzipanrollen schlagen.
- Jeden Strang auf 50 cm nachrollen.
- Die Lebkuchenrollen gut durchkühlen lassen, mit Milch bestreichen und in stumpfe Dreiecke (Trapeze) schneiden.
- Die Stücke auf Backbleche setzen.

Backen: 190 °C, bei offenem Zug
Backzeit: ca. 18 Minuten
Die ofenheißen Gebäcke mit Dextringlasur abglänzen.

St. Gallener Biberle

Baseler Leckerli

Baseler Leckerli sind rechteckige oder quadratische flache Lebkuchen, die mit Fadenzuckerglasur bestrichen sind.

Rezeptbeispiel: Baseler Leckerli
1000 g Lebkuchenteig
300 g Mandeln, grob gehackt oder gestiftelt
100 g Orangeat
50 g Zitronat
40 g Kirschwasser
1490 g Baseler Leckerliteig

Die Zutaten in den Lebkuchenteig gleichmäßig verteilt unterkneten.

Herstellung

Den Teig 6 mm dick und 56 × 32 cm groß ausrollen, auf ein gefettetes oder mit Backpapier belegtes Backblech legen und mit Milch bestreichen.

Backen: 180 °C, bei offenem Zug
Backzeit: ca. 20 Minuten

- Fadenzuckerglasur (➔ Seite 356) mit einem Pinsel auf die heißen Gebäcke streichen, sodass die Glasur nach dem Erkalten weiß wird.
- Die Gebäckplatte in rechteckige Stücke schneiden, z. B. 9 × 6 cm – ergibt 30 Stück.

Baseler Leckerli

Spitzkuchen

Spitzkuchen sind Lebkuchen mit Sultaninen, Nüssen oder Mandeln sowie Zitronat und Orangeat. Die trapezförmigen Lebkuchenstücke sind mit Schokoladenkuvertüre überzogen; Fettglasur ist nicht erlaubt.

Rezeptbeispiel: Spitzkuchen	
1 000 g	Lebkuchenteig
200 g	Sultaninen
100 g	Haselnüsse oder Mandeln, grob gehackt
75 g	Orangeat
50 g	Zitronat
50 g	Rum
1 475 g	**Spitzkuchenteig**

Die Zutaten in den Lebkuchenteig gleichmäßig vermischt unterkneten.

Herstellung

300-g-Teigstücke abwiegen, zu 70 cm langen Strängen rollen und auf Backbleche setzen.

Backen: 180 °C, bei offenem Zug
Backzeit: ca. 20 Minuten

Fertigstellen

- Die gebackenen Stränge am besten in einem Klimaschrank bei hoher Luftfeuchtigkeit über Nacht lagern, bis sie weich sind.
- Die Lebkuchenstränge in Trapeze (stumpfe Dreiecke) schneiden und die Stücke ganz mit Schokoladenkuvertüre überziehen.

Spitzkuchen

Dominosteine

Dominosteine sind kleine mit Schokoladenkuvertüre oder Fettglasur überzogene Würfel aus Schichten von Lebkuchen, Gelee und Marzipan, auch Persipan ist erlaubt. Bei der Bezeichnung „Feinste Dominosteine" ist die Verwendung von Persipan und Fettglasur nicht erlaubt.

Herstellung

- 1 000 g Lebkuchenteig 2,5 mm dick und 78 × 58 cm groß ausrollen.
- Den ausgerollten Teig auf ein gefettetes oder mit Backpapier belegtes Backblech legen und stippen.

Backen: 180 °C, bei offenem Zug
Backzeit: ca. 20 Minuten

Fertigstellen

- Die Lebkuchenplatte gut abkühlen lassen. Heißes Gelee aufstreichen und bis zum Erstarren abkühlen lassen.
- Marzipan 5 mm dick ausrollen und auf die Geleeschicht legen. Bis zum nächsten Tag kühl stellen.
- Die Lebkuchenplatte mit Gelee und Marzipan in 3 × 3 cm große Quadrate schneiden.
- Die Würfel mit Schokoladenkuvertüre oder Fettglasur überziehen.

<table>
<tr><td colspan="2">Rezeptbeispiel: Geleefüllung</td></tr>
</table>

450 g	Himbeermark	Alle Zutaten gut
450 g	Gelierzucker	aufkochen lassen.
20 g	Zitronensaft	
920 g	**Geleefüllung**	

Dominosteine

Printen

Printen sind kleine rechteckige Lebkuchen, die fein gestoßenen Kandis enthalten.

- In den Lebkuchenteig feine Kandisstückchen unterkneten.
- Den Printenteig 4 mm dick ausrollen und z. B. in 7 × 3 cm große Rechtecke schneiden.

Backen: 180 °C, bei offenem Zug
Backzeit: ca. 15 Minuten

Fertigstellen der Printen nach dem Backen
- Sofort nach dem Backen mit Dextringlasur abglänzen.
- Nach dem Abkühlen die Printen überziehen mit
  – Schokoladenkuvertüre,
  – Milchschokoladenkuvertüre.

Printen

Pfeffernüsse (Pfefferkuchen)

Pfeffernüsse werden aus einem eihaltigen, stark gewürzten Lebkuchenteig hergestellt. Die runden Lebkuchen werden dick mit Fadenzuckerglasur überzogen.

Schon im Mittelalter wurden diese Lebkuchen stark gewürzt. Die Gewürze waren namentlich weitgehend unbekannt, sodass man das Gewürz Piment einfach als Pfeffer bezeichnete, weil es ähnlich scharf ist. Daher haben diese Lebkuchen ihren Namen, obwohl kein Pfeffer enthalten ist. Heute bezieht sich der Begriff Pfeffer auf die kräftige Würzung der Lebkuchen. Der zweite Teil des Namens entspricht der runden, nussähnlichen Gebäckform.

<table>
<tr><td colspan="2">Rezeptbeispiel: Pfeffernüsse</td></tr>
</table>

1 000 g	Weizenmehl, Type 812 oder 1050
850 g	Zucker
350 g	Vollei (7 Eier)
150 g	Orangeat
40 g	Lebkuchengewürz
5 g	Hirschhornsalz
2 395 g	**Pfeffernussteig**

Herstellung
- Vollei und Zucker schaumig rühren und mit den restlichen Zutaten in der Knetmaschine zu einem Teig kneten.
- Den Lebkuchenteig 9 mm dick ausrollen, mit einem Ausstecher von 2,5 cm Durchmesser runde Stücke ausstechen und auf ein Backblech setzen.

Backen: 180 °C, bei offenem Zug
Backzeit: ca. 20 Minuten

Die gebackenen Lebkuchen dick mit Fadenzuckerglasur überziehen. Nach dem Erkalten wird die Glasur weiß.

Pfeffernüsse

LF 1.4

Fehler bei Braunen Lebkuchen

Gebäckfehler	Ursachen
Die Lebkuchen haben auf der Oberfläche kleine Risse.	Die Lebkuchen wurden bei feuchter Backhitze, bei geschlossenem Zug gebacken.
An der gesamten Oberfläche der Lebkuchen befinden sich kleine schwarze Punkte.	Hirschhornsalz und Pottasche wurden mit zu wenig Wasser oder Milch aufgelöst, sodass die ungelösten Kristalle dunkle Punkte ergeben.
Die Lebkuchen sind zu flach.	• Es wurden zu wenig Lockerungsmittel zugegeben. • Der Lebkuchenteig hatte zu wenig Säure vom Honig bzw. von den Milchsäurebakterien für die Reaktion der Pottasche, sodass etwas Sauerteig oder Fruchtsäure hätte zugegeben werden müssen.
Lebkuchen, die im Verkauf angeboten werden, sind nicht weich.	Sie sind noch zu frisch und müssen noch in Dosen oder Folienbeuteln gelagert werden.
Die Lebkuchen glänzen nach dem Bestreichen mit Dextringlasur nicht.	Die Dextringlasur war zu dünn, d. h., die Dextrine wurden mit zu viel Wasser aufgekocht.

Kleine schwarze Punkte auf den Lebkuchen

Fadenzuckerglasur

Herstellen einer Fadenzuckerglasur
• 5 Teile Zucker und 2 Teile Wasser in einem Kupfergefäß auf 107 bis 109 °C zum Faden kochen.
• Den Fadenzucker sofort mit einem Pinsel auf die Gebäcke streichen. Der Fadenzucker stirbt ab, d. h., er wird milchig weiß.

Verwendungsbeispiele
• Baseler Leckerli
• Pfeffernüsse
• Elisenlebkuchen

Elisenlebkuchen mit Fadenzuckerglasur

Gattungsbezeichnungen

Manche Lebkuchen werden mit einem Ortsnamen benannt, z. B. St. Gallener Biberle, Baseler Leckerli und Liegnitzer Bomben. Der Ortsname benennt die Gebäckart (die Gattung) und deren typische Besonderheit, z. B. St. Gallener Biberle sind kleine trapezförmige Lebkuchen mit Marzipanfüllung.

Da die Ortsnamen in der Bezeichnung der Lebkuchen nur die Gebäckart bekannt geben, dürfen diese Gebäcke überall hergestellt werden.
Die Begriffe „echt" oder „original" machen die Lebkuchen zu Herkunftsbezeichnungen.

Herkunftsbezeichnungen

Einige Ortsnamen in Lebkuchenbezeichnungen geben die Herkunft der Lebkuchen an und nicht die Besonderheit der Gebäcke. Die Herkunft dieser Lebkuchen ist geschützt. Die Lebkuchen müssen in den benannten Gebieten hergestellt werden, z. B. Nürnberger Lebkuchen, Aachener Printen und Thorner Pfefferkuchen.
Auch Bezeichnungen wie „Lebkuchen nach Nürnberger Art" oder „Lebkuchen nach Aachener Printen-Rezept" sind nicht erlaubt, da sie für die Verbraucher irreführend sind.

Verkaufsargumente

Qualitätsmerkmale für die Kundenberatung
- Braune Lebkuchen sind sehr weiche und feinwürzige Gebäcke durch die vielen verschiedenen Gewürze.
- Honiglebkuchen sind feinwürzige Gebäcke mit feinem Honiggeschmack.

Lagerung der Braunen Lebkuchen
Lebkuchen sind nach dem Backen in frischem Zustand hart und haben ein geringes Aroma. Der hohe Zucker-anteil der Lebkuchen wird beim Backen flüssig und nach dem Abkühlen sehr hart. Bei der Lagerung wird der Zucker in den Lebkuchen zunehmend weicher und somit auch die Lebkuchen. Auch das Aroma wird intensiver, weil die Aromastoffe der Gewürze die Lebkuchen durchziehen.

Damit die Kunden sofort beim Kauf Braune Lebkuchen mit weicher Beschaffenheit erhalten, werden die Lebkuchen vor dem Überziehen mit Schokoladen-kuvertüre bzw. vor dem Verpacken in einem Klima-schrank bei hoher Luftfeuchtigkeit gelagert. Die Lebkuchen nehmen die Luftfeuchtigkeit auf, wobei sich der Zucker schnell wieder erweicht.

Frischhaltung der Braunen Lebkuchen
Braune Lebkuchen, in Dosen oder Folienbeuteln verpackt, bleiben monatelang weich und zählen zu den besonders lagerfähigen Dauerbackwaren.

Besondere Eignung der Braunen Lebkuchen
- Braune Lebkuchen sind typische Gebäcke zur Weihnachtszeit, die zu Kaffee und Tee sowie zu Glühwein und Punsch begehrt sind.
- Die schön ausgarnierten Lebkuchenfiguren, z.B. Weihnachtsmann (Nikolaus), Schaukelpferd, Tannenbaum, sind bei Kindern sehr beliebt.
- Kleinere Lebkuchenfiguren, z.B. Sterne, Herzen, Halbmonde, eignen sich als Behang für den Weih-nachtsbaum (Christbaum).
- Kleinere Lebkuchenfiguren wirken als Schmuck auf der Weihnachtsverpackung besonders dekorativ und geben als Tischdekoration bei Weihnachtsfeiern eine festliche Note.

Weihnachtsschmuck aus Honiglebkuchen

LF 1.4

Aufgaben

1. Erläutern Sie kurz die Geschichte der Lebkuchen.
2. Erklären Sie den Begriff „Braune Lebkuchen".
3. Nennen Sie die Zutaten für einen Lebkuchenteig:
   - Mehle
   - Zutaten zum Süßen
   - Aromaverbesserung
   - Lockerungsmittel
4. Nennen Sie Gewürze, die in der Lebkuchengewürz-mischung enthalten sind.
5. Geben Sie die Bestimmungen der Leitsätze an:
   - Braune Lebkuchen
   - Honiglebkuchen
6. Erstellen Sie ein Rezeptbeispiel für einen Grund-teig und einen Lebkuchenteig.
7. Unterscheiden Sie einen Grundteig in Lagerteig und Frischteig.
8. Wie sollte der Grundteig gelagert werden?
9. Beschreiben Sie die Herstellung eines
   - Grundteigs und
   - Lebkuchenteigs.
10. Warum werden das Lebkuchengewürz sowie das Hirschhornsalz und die Pottasche nicht schon in den Grundteig gegeben?
11. Beschreiben Sie das Backen der Lebkuchenteige.
12. Erklären Sie
    - das Herstellen von Dextrinen,
    - die Herstellung einer Dextringlasur,
    - das Abglänzen der Lebkuchen.
13. Beschreiben Sie das Herstellen einer Faden-zuckerglasur und geben Sie Verwendungsbei-spiele an.

→

⑭ Nennen Sie die Besonderheiten folgender Lebkuchen:

- Honigkuchen
- Weihnachtsfiguren
- St. Gallener Biberle
- Baseler Leckerli
- Dominosteine
- Printen
- Pfeffernüsse

⑮ Erläutern Sie die Gattungsbezeichnungen bei Lebkuchen und geben Sie Beispiele an.

⑯ Was besagen die Bezeichnungen „Nürnberger Lebkuchen", „Aachener Printen" und „Thorner Pfefferkuchen"?

⑰ Geben Sie die Ursachen folgender Fehler bei Lebkuchen an:

- Die Lebkuchen haben auf der Oberfläche kleine Risse.
- An der gesamten Oberfläche der Lebkuchen befinden sich kleine schwarze Punkte.
- Die Lebkuchen sind zu flach.

- Lebkuchen, die im Verkauf angeboten werden, sind nicht weich.

⑱ Nennen Sie die Qualitätsmerkmale der Braunen Lebkuchen und der Honiglebkuchen für die Kundenberatung.

⑲ Beschreiben Sie die Beschaffenheit frischer Brauner Lebkuchen und wie sich diese bei der Lagerung verändern.

⑳ Geben Sie die Frischhaltung Brauner Lebkuchen an.

㉑ Wofür eignen sich Braune Lebkuchen besonders?

㉒ Das Schaufenster Ihrer Konditorei soll in der Weihnachtszeit mit einem Hexenhaus dekoriert werden. Dafür sollen Sie ein Hexenhaus entwerfen und zusammenstellen, welche Zutaten Sie für den Braunen Lebkuchenteig und für die Garnierungen des Hauses benötigen, damit es zu einem Blickfang wird.

Rechenaufgaben

① Eine Konditorei benötigt einen Honigkuchenteig für folgende Lebkuchengebäcke:

Lebkuchenfiguren	7,500 kg
Dominosteine	3 ¼ kg
Spitzkuchen	4 900 g
St. Gallener Biberle	3 ⁴/₅ kg
Baseler Leckerli	8 ³/₈ kg
Pfefferkuchen	6,175 kg

Berechnen Sie die Zutatenmenge des herzustellenden Honigkuchens mit folgendem Rezept (runden Sie auf):

750 g	Weizenmehl	40 g	Lebkuchengewürz
250 g	Roggenmehl	20 g	Hirschhornsalz und
1 000 g	Honig		Pottasche

② Ein Lebkuchenteig wird aus 12,600 kg Weizenmehl hergestellt. Das sind ¾ des Gesamtmehlanteils.

a) Berechnen Sie den Roggenmehlanteil des Lebkuchenteigs in g.

b) Wie viel kg Zuckerarten müssen nach den Leitsätzen für Braune Lebkuchen mindestens zugegeben werden?

c) Der Lebkuchenteig für Braune Lebkuchen wird mit 60 % Zuckerarten, bezogen auf das Gesamtmehl, hergestellt. Wie viel kg Honig müssen mindestens für Honiglebkuchen zugegeben werden?

③ Fadenzuckerglasur wird im Verhältnis 5:1,8 von Zucker zu Wasser hergestellt. Für 125 Baseler Leckerli benötigt der Konditor 2,5 kg Fadenzuckerglasur.

a) Wie viel Zucker und Wasser muss der Konditor, bei einem Kochverlust von 16,69 % abwiegen?

b) Wie viel Gramm Fadenzuckerglasur werden auf einen Baseler Leckerli glasiert?

④ Braune Lebkuchen werden mit 80 Teilen Zuckerarten auf 100 Teile Mehl hergestellt. Der Lebkuchenteig wird mit 5,250 kg Weizenmehl und 1 750 g Roggenmehl hergestellt. Die verwendeten Zuckerarten bestehen zu 60 % aus Invertzuckercreme, 35 % Farinzucker und 5 % Sirup. Für den Lebkuchenteig werden noch 2 % Lebkuchengewürz und 0,75 % Lockerungsmittel, berechnet vom Grundteig aus Mehl und Zuckerarten, verwendet.

a) Wie viel kg Zuckerarten werden insgesamt für den Lebkuchenteig verarbeitet?

b) Berechnen Sie, wie viel g von den einzelnen Zuckerarten verwendet werden.

c) Ermitteln Sie, wie viel Lebkuchengewürz und Lockerungsmittel verwendet werden.

d) Wie viel kg Lebkuchenteig erhält man insgesamt?

22.2 Früchtebrote

Wer in früherer Zeit nicht zu den Allerärmsten gehörte, gönnte sich an den Festtagen zu Weihnachten Brote, die mit getrockneten Birnen verfeinert wurden. Getrocknete Birnen nannte man in Bayern „Kletzen" und im Schwarzwald „Hutzel". So entstanden in diesen Gegenden die geschmackvollen „Kletzenbrote" und „Hutzelbrote". Später verbesserte man die Brote zusätzlich mit vielen verschiedenen getrockneten Früchten wie Pflaumen, Rosinen, Aprikosen sowie mit Nüssen zu „Früchtebroten". In besseren Zeiten kamen noch getrocknete Südfrüchte wie Datteln, Feigen sowie Zitronat und Orangeat hinzu.

Früchtebrote

Rezeptbeispiel: Früchtebrot

Teig

500 g	Roggenmehl, Type 997 oder 1150
500 g	Weizenmehl, Type 550
670 g	Birnen- bzw. Zwetschgenwasser oder Milch
50 g	Hefe
20 g	Salz
20 g	Lebkuchengewürz

1 760 g Teiggewicht

Teigtemperatur: 27 °C

Knetzeit im Spiralkneter:
3 Minuten Langsamgang,
4 Minuten Schnellgang

Teigruhe: ca. 20 Minuten

Das Birnen- bzw. Pflaumenwasser wird als Teigflüssigkeit verwendet, da es gelösten Zucker der Früchte enthält.
Bei einer fertig gekauften Früchtemischung nimmt man Milch als Zuguss.

Rezeptbeispiel: Früchtemischung

Früchte

900 g	getrocknete Birnen (Kletzen) ohne Kerngehäuse
900 g	Dörrpflaumen
1 150 g	Feigen
1 000 g	Sultaninen
300 g	Datteln
150 g	Zitronat
150 g	Orangeat
200 g	sehr grob gehackte Haselnüsse
200 g	sehr grob gehackte Mandeln
50 g	Kirschwasser

5 000 g Früchtemischung

- Sultaninen mit Kirschwasser vermischen und zudecken.
- Alle Früchte über Nacht warm stellen.
- Die temperierten Früchte (27 bis 30 °C) nach der Teigruhe im Langsamgang in den Teig unterkneten, bis sie gleichmäßig verteilt sind.

Gewicht des Teigs mit Früchten = **6 760 g**

Herrichten der Trockenfrüchte zum Verarbeiten

Teig und Früchte für Früchtebrote

- Die harten getrockneten Birnen in 90 °C heißem Wasser weich ziehen lassen. Das Kerngehäuse ausschneiden und die weichen Birnen in große Stücke schneiden.
- Die Dörrpflaumen in Wasser einweichen, über Nacht weich ziehen lassen und in große Stücke schneiden (vierteln).
- Die Feigen vierteln.
- Die Datteln entsteinen und halbieren.

LF 1.4

Trockenfrüchte

Aufarbeiten

- 550-g-Teigstücke abwiegen und zu runden oder ovalen Broten formen. Die Waagschale, den Arbeitstisch und die Hände mit Wasser anfeuchten, damit der klebrige Früchtebrotteig gut bearbeitet werden kann.
- Die geformten Teigstücke auf ein mit Backpapier belegtes Backblech setzen und leicht flach drücken.
- Die Brotteiglinge mit Milch bestreichen und mit halbierten Belegkirschen sowie halbierten Mandeln bzw. Walnüssen belegen.

Länglich geformte Früchtebrote

Runde Früchtebrote, mit Milch bestrichen und mit Mandeln und Belegkirschen belegt

Früchtebrote belegt mit Mandeln und Belegkirschen

Manchmal werden die Brotteiglinge in dünn ausgerollten Hefeteig eingeschlagen. Dadurch wird das Verbrennen der äußeren Früchte verhindert. Allerdings geht dabei auch das rustikale Aussehen verloren.

Gare: ca. 20 Minuten
Gärraumtemperatur: 35 °C
relative Luftfeuchtigkeit: 70 %

Backen: 190 °C, bei offenem Zug, bei 20 °C geringerer Unterhitze oder mit Unterblech backen
Backzeit: 40 bis 45 Minuten

Abglänzen: Die ofenheißen Früchtebrote mit Dextringlasur bestreichen, damit sie glänzen.
Dextringlasur: 100 g Dextrine mit ca. 800 g Wasser kochen → Seite 352

Stärke, Dextrine, Dextringlasur, abgeglänztes Früchtebrot

Gebäckfehler	Ursachen
Die Früchtebrote sind leicht breit gelaufen und haben an der Oberfläche kleine Risse.	Die Früchtebrote wurden bei feuchter Backhitze, bei geschlossenem Zug gebacken.
Die Unterseite der Früchtebrote ist zu dunkel.	Die Früchtebrote wurden bei gleicher Unterhitze wie Oberhitze gebacken. Die Unterhitze sollte ca. 20 °C geringer sein.
Die einzelnen Früchte haben keinen Biss	Die Trockenfrüchte wurden zu klein geschnitten.

LF 1.4

Verkaufsargumente

Qualitätsmerkmale für die Kundenberatung

Früchtebrote sind saftige, fruchtige Gebäcke wegen der vielen verschiedenen Früchte, die mit Lebkuchengewürz fein gewürzt sind.

Informationen für die Kunden

- Beim Verzehr in dünnen Scheiben breitet sich der Geschmack der Früchte und Gewürze am besten aus.
- Eine besonders dekorative Wirkung hat das Früchtebrot, wenn die dünnen Scheiben fächerartig schräg aneinandergelegt auf ein Tablett gelegt werden.

Frischhaltung

Durch die vielen Früchte bleibt das Früchtebrot lange feucht und geschmackvoll. In Folie verschweißt und bei kühler Raumtemperatur ist es lange lagerfähig.

Besondere Eignung

Früchtebrot ist ein typisches Weihnachtsgebäck, das überwiegend zu heißen Getränken wie Glühwein und Punsch sowie zu Kaffee und Tee gegessen wird. Früchtebrot wird gerne bei Weihnachtsfeiern serviert.

Aufgaben

1. Benennen Sie die Teigzutaten für Früchtebrot und geben Sie die Früchte an, die in den Teig eingearbeitet werden.
2. Erklären Sie, wie die Trockenfrüchte zum Verarbeiten in den Teig hergerichtet werden:
   - getrocknete Birnen
   - Feigen
   - Dörrpflaumen
   - Datteln
3. Beschreiben Sie das Aufarbeiten der Früchtebrote.
4. Erläutern Sie bei Früchtebroten
   - das Backen,
   - die Backzeit,
   - das Abglänzen.
5. Beschreiben Sie die Ursachen folgender Fehler bei Früchtebroten:
   - Die Früchtebrote sind leicht breit gelaufen und haben an der Oberfläche kleine Risse.
   - Die Unterseite der Früchtebrote ist zu dunkel.
   - Die einzelnen Früchte haben keinen Biss.
6. Nennen Sie Qualitätsmerkmale der Früchtebrote.
7. Informieren Sie die Kunden, wie Früchtebrot geschnitten am besten schmeckt und wie die Scheiben auf einem Tablett dekorativ wirken.
8. Geben Sie Auskunft über die Frischhaltung von Früchtebrot.
9. Wofür eignet sich Früchtebrot besonders?
10. Ein Kunde veranstaltet am Nikolaustag eine Weihnachtsfeier für seine Mitarbeiter. Jedem der Mitarbeiter möchte er ein eingeschweißtes Früchtebrot, das die Fachverkäuferinnen festlich verpacken sollen, schenken. Zur Information bei der Feier möchte der Kunde von Ihnen wissen, welche Zutaten in den Früchtebroten sind und ob die Früchtebrote bis Weihnachten frisch bleiben.

LF
1.4

Rechenaufgaben

1. Früchtebrote werden aus 23,660 kg Früchtebrotteig, der aus 6160 g Teig und der Rest aus Früchtemischung besteht, hergestellt.
   a) Aus wie viel % Teig und wie viel % Früchtemischung besteht der Früchtebrotteig? Rechnen Sie mit ganzen Prozentzahlen.
   b) Für ein Früchtebrot wird 550 g Früchtebrotteig abgewogen. Wie viel Früchtebrote erhält man aus den 23,660 kg Früchtebrotteig?
   c) Berechnen Sie den Backverlust in %, wenn das fertig gebackene Früchtebrot 515 g wiegt. Runden Sie auf eine Stelle nach dem Komma.

2. 13,750 kg Früchtemischung enthält 18 % Birnen.
   a) Wie viel g Birnen befinden sich in der Früchtemischung für Früchtebrote?
   b) Durch Herausschneiden des Kerngehäuses aus den im Wasser weich gezogenen Birnen entstand ein Verlust von 14 %. Berechnen Sie die Menge der Birnen, die für diese Früchtebrotmischung benötigt wurde.
   c) Die Früchtemischung besteht aus 18 Teilen Birnen, 19 Teilen Dörrpflaumen, 20 Teilen Sultaninen und 21 Teilen andere Früchte. Der Rest sind Feigen. Wie viel g Feigen befinden sich in der Früchtemischung?

Berufliche Handlung

Eine Firma hat in Ihrer Konditorei für die bevorstehende Weihnachtsfeier Stollen sowie Braune Lebkuchen bestellt. Außerdem erhielten Sie eine Bestellung für ein Gebäckbüfett zum Nachmittagskaffee mit Gebäcken aus Plunder- und Blätterteig sowie Mürbeteig.

Feine Backwaren aus Hefeteig

1. Erstellen Sie ein Rezept aus schwerem Hefeteig für die bestellten Stollen.
2. Vergleichen Sie das Rezept des schweren Hefeteigs für die Stollen mit den Rezepten für einen leichten und mittelschweren Hefeteig.
3. Erklären Sie die direkte und indirekte Teigführung und beschreiben Sie die Qualitätsverbesserung der Gebäcke durch die indirekte Teigführung.
4. Erläutern Sie, warum der schwere Hefeteig für die Stollen mit indirekter Teigführung hergestellt wird.
5. Begründen Sie, warum die Zeiten beim Kneten im Langsamgang und im Schnellgang genau eingehalten werden sollen.
6. Stellen Sie für Hefeteige die richtige Gärraumtemperatur und relative Luftfeuchtigkeit ein und begründen Sie die Einstellungen.
7. Geben Sie Auskunft über die Hefegärung sowie die Lebensbedingungen der Hefe beim Gärvorgang.
8. Erklären Sie den Begriff „Plunderteig" und was man unter „Tourieren" versteht.
9. Nennen Sie Füllungen für Plundergebäcke und beschreiben Sie deren Herstellung.
10. Geben Sie an, wie die Plunderteilchen gebacken werden.
11. Erklären Sie, wie die Aprikotur und der Fondant zum anschließenden Glasieren hergestellt werden und wie das Glasieren erfolgt.
12. Stellen Sie eine Auswahl an geeigneten Plundergebäcken für das Gebäckbüfett zusammen.

Feine Backwaren aus Blätterteig

13. Unterscheiden Sie die drei Blätterteigarten und geben Sie Blätterteiggebäcke an, für die sich die Blätterteigarten eignen.
14. Erstellen Sie ein Blätterteigrezept, stellen den Blätterteig her und tourieren ihn. Geben Sie die nötigen Teigruhezeiten an und begründen Sie diese.
15. Erläutern Sie die physikalische Lockerung der Blätterteiggebäcke durch Wasserdampf.

16. Beschreiben Sie das Glasieren der Blätterteigstückchen nach dem Backen.
17. Stellen Sie eine Auswahl an geeigneten Blätterteiggebäcken für das Gebäckbüfett zusammen.

Feine Backwaren aus Mürbeteig

18. Für das Gebäckbüfett wurden Teegebäcke und Spritzgebäcke gewünscht. Stellen Sie für die Teegebäcke einen 1-2-3-Mürbeteig her und erklären Sie, womit Teegebäcke gefüllt und überzogen werden.
19. Erstellen Sie ein Rezept für den Spritzmürbeteig und beschreiben Sie die Herstellung. Geben Sie die Unterschiede zum 1-2-3-Mürbeteig an.
20. Beschreiben Sie die Ursache für brandigen Mürbeteig.
21. Erläutern Sie die speziellen Mürbeteiggebäcke wie Schwarz-Weiß-Gebäck, Nussmürbeteiggebäcke, Spekulatius, Mutzenmandeln und Käsemürbeteiggebäcke.

Braune Lebkuchen

22. Für die Herstellung der Braunen Lebkuchen benötigen Sie einen Lebkuchenteig. Beschreiben und erklären Sie in diesem Zusammenhang folgende Punkte:
    - Rezept eines Honiglebkuchens mit Grundteig und dessen Weiterverarbeitung zum Lebkuchenteig
    - Zugabe von Hirschhornsalz und Pottasche in den Lebkuchenteig und die Wirkung dieser chemischen Lockerungsmittel
    - Lagerung des Grundteigs als Frischteig und Lagerteig
    - Gebäckbeispiele für Braune Lebkuchen sowie die Herstellung und das Backen der Lebkuchen
    - Qualitätsmerkmale und Frischhaltung der Honiglebkuchen
23. Geben Sie an, wie die Dextringlasur zum Abglänzen der Lebkuchen hergestellt wird.
24. Beschreiben Sie, wie die Fadenzuckerglasur sowie die Eiweißspritzglasur zum Ausgarnieren hergestellt werden.

LF 2.1
Herstellen von
kleinen Gerichten

23 Kleine Gerichte

Situation

Im Terrassencafé Ihrer Konditorei werden den ganzen Tag über kleine Gerichte serviert, angefangen beim Frühstück über frische Salate und verschiedene Nudelgerichte bis hin zu pikanten und süßen Eierspeisen. Besonders beliebt sind auch die Toastvariationen und Suppen.

- Aus welchen Bestandteilen besteht ein Frühstück?
- Welche Suppen eignen sich für das Café?
- Welche Zutaten werden für Salate und Obstsalate benötigt und wie werden sie hergerichtet?
- Woraus bestehen Nudelgerichte?
- Was sind Aufläufe und Gratins?
- Wie werden gekochte Eier, Rühreier und Spiegeleier hergestellt?
- Was versteht man unter Omeletts, Pfannkuchen, Palatschinken, Crêpes und Kaiserschmarrn?
- Wie wird Toast Hawaii zubereitet?

23.1 Frühstück

Das gemütliche Frühstück im Konditorei-Café zählt für viele Gäste zu den angenehmen Gewohnheiten. Vor allem am Wochenende und an arbeitsfreien Tagen ersetzt das erweiterte Frühstück zum Teil das Mittagessen.
In der Speisekarte wird das Frühstück in verschiedenen Varianten angeboten. Zusätzlich können spezielle Wünsche berücksichtigt werden.

Standardfrühstück

- **Getränke:**
  Kaffee, Tee, Früchte- oder Kräutertee, Kakaogetränk, Trinkschokolade (heiße Schokolade) oder Milch
- **Backwaren:**
  Brötchen, Brote, getoastete Toastbrotscheiben
- **Aufstrich und Auflagen:**
  Butter, Konfitüre, Honig, Nugatcreme, Schinken, Wurst, Käse

Auf Wunsch können Vollkornbrötchen oder Vollkornbrot, Mehrkornbrötchen oder Mehrkornbrot sowie Milchbrötchen bestellt werden.

Zugaben für ein erweitertes Frühstück

- weich gekochtes Ei oder Rührei
- Schinken mit Ei
- Croissant, Hefezopf
- Müsli:
  Joghurt, Quark oder Milch mit
  – Cornflakes, Haferflocken,
  – Trockenobst, in Stückchen geschnittenes Frischobst
- Joghurt natur oder Fruchtjoghurt
- Fruchtsäfte, Gemüsesäfte
- Frischobst
- ein Glas Sekt, evtl. mit Orangensaft gemischt

Das erweiterte Frühstück bietet sich bei besonderen Anlässen und auch zum Brunch (spätes, ausgedehntes Frühstück) an.

Das Frühstücksei

Die meisten Gäste wünschen ein weich gekochtes Frühstücksei. Der Gast sollte jedoch nach seinen Vorlieben wählen können.
Kochzeiten eines mittelgroßen Eies:
4 Minuten: sehr weich, 6 Minuten: weich, 8 Minuten: fest.

LF 2.1

Aufgaben

1 Was kann der Gast zum Standardfrühstück wählen?
- Getränke   • Backwaren   • Aufstrich

2 Nennen Sie die Zutaten für ein erweitertes Frühstück.

3 Geben Sie die Zutaten für ein Müsli an.

4 Sonntags bieten Sie in Ihrem Konditorei-Café einen Brunch an. Überlegen Sie, welche Zugaben angeboten werden können und wie die Zugaben auf dem Tisch angeordnet werden können.

23.2 Suppen

Die Grundlagen der Suppen sind Brühen, die meist mit Gemüse und Fleisch gekocht werden.

Suppen werden in klare und gebundene Suppen unterteilt:

- Die aromareichen **klaren Suppen** sind appetitanregend für die nachfolgenden Speisen, z. B. Rinder-, Geflügel-, Fischbrühe (Bouillon = Brühe aus Fleisch und Knochen).
- **Gebundene Suppen** sind sättigende Suppen, je nach verwendeten Rohstoffen, z. B. Cremesuppen, Tomatenrahmsuppen, gebundene Gemüsesuppen, Gemüseeintöpfe.

Klare Suppe

Gebundene Suppe

Rezeptbeispiel: klare Suppe – Rindfleischbrühe

1500 g	Rinderknochen
750 g	Rinderkochfleisch (Querrippe oder Tafelspitz)
3500 g	Wasser
200 g	Gemüsebündel: Karotten, Lauch, Sellerie, Zwiebeln
	Kräutersträußchen: Petersilie, Liebstöckel u. a.
	Salz und Gewürze: Pfefferkörner, Thymian, Lorbeer, Wacholderbeeren →

Rezeptbeispiel: klare Suppe – Rindfleischbrühe

- Klein gehackte Rinderknochen blanchieren, bis das Fleisch weich ist.
- Fleisch kalt abspülen und mit kaltem Wasser langsam aufkochen lassen, dabei den auftretenden . Schaum ab und zu mit der Schöpfkelle abschöpfen.
- Rinderkochfleisch dazugeben und langsam kochen lassen, 2 bis 3 Stunden, bis das Fleisch gar ist – nicht wallend kochen, sonst wird die Brühe trübe.
- Ca. 1 Stunde vor dem Abseihen Salz, Gewürze und Kräuter dazugeben.
- Das Fleisch herausnehmen, wenn es weich ist, und in kleine Würfel schneiden.
- Die Brühe abseihen.

Zum **Servieren** die Fleischwürfel in vorgewärmte Suppentassen oder Suppenteller geben, mit Brühe auffüllen und mit gehackter Petersilie bestreuen.

Rezeptbeispiel: Zwiebelsuppe – gratiniert (überbacken)

1800 g	Zwiebeln
200 g	Butter
2500 g	Kraftbrühe
300 g	Weißwein
250 g	Weißbrot (Weizenbrot)
100 g	Parmesan
	Pfeffer, Muskat, evtl. Knoblauch

- Zwiebeln in Streifen schneiden und in einem Topf in der Butter glasig dünsten.
- Brühe und Weißwein einfüllen und ca. 15 Minuten leicht am Siedepunkt haltend kochen lassen.
- Getoastete Weißbrotscheiben auf die Suppe legen, mit Käse bestreuen und gratinieren (überbacken).

Zwiebelsuppe

Rezeptbeispiel: Gulaschsuppe

1000 g	Rinderschmorfleisch
300 g	Öl (360 ml)
500 g	Zwiebeln, gewürfelt
3 000 g	Fleischbrühe oder Wasser
150 g	Paprika, edelsüß
500 g	Kartoffeln, gewürfelt
500 g	Gemüsepaprika, rot und grün, gewürfelt
300 g	Tomaten, gewürfelt
	Salz, Pfeffer, Kümmel, Knoblauch, Majoran

- Rindfleisch in ca. 2 × 2 cm große Würfel schneiden.
- In genügend großem Topf das Öl erhitzen und gewürfeltes Rindfleisch und Zwiebeln dünsten.
- Edelsüßen Paprika darüberstreuen sowie Salz und die Gewürze hinzufügen.
- Fleischbrühe oder Wasser in den Topf gießen.
- Auf kleiner Hitze garen und nach ca. 1 Stunde Kartoffeln, Gemüsepaprika und Tomaten zugeben Die Kartoffeln sollen während des Garprozesses leicht zerfallen und die Suppe binden.
- Wenn das Fleisch gar ist, die Suppe mit Salz und Gewürzen abschmecken, kurz ziehen lassen und servieren.

Zur rationellen Herstellung kann Gulaschsuppe portionsweise tiefgefroren werden.

Suppenteller

Suppentasse

Verkaufsargumente

Qualitätsmerkmale bei der Beratung
- Suppen sind gesunde und gut bekömmliche Speisen.
- Klare Suppen sind appetitanregend und deshalb gut geeignet als Vorspeisen.

Informationen bei der Beratung
- Gulaschsuppe ist eine würzige Suppe mit Rindfleisch, Kartoffeln und Gemüse.
- Zwiebelsuppe ist eine schmackhafte Suppe mit getoasteter Weizenbrotscheibe mit Käse bestreut.

Besondere Eignung der Suppen
- Im Konditorei-Café werden allgemein Suppen als Zwischenmahlzeit oder kleine Mahlzeit gegessen.
- Gebundene Suppen, z. B. Gulaschsuppe, Serbische Bohnensuppe, dienen mit Brot oder Brötchen serviert als kleine Mahlzeit.

LF 2.1

Gulaschsuppe

Anrichten von Suppen
- Suppen in Suppentassen mit Untertassen oder Suppenteller von 0,2 oder 0,25 l geben.
- Das Geschirr vorwärmen.
- Garnieren der Suppen mit Kräutern, saurer oder süßer Sahne, Currypulver oder Paprikapulver.
- Mit einem Esslöffel servieren.
- Als Zugabe werden Brotscheiben oder Brötchen serviert.

Aufgaben
1. Nennen Sie Suppen, die im Konditorei-Café angeboten werden.
2. Nennen Sie Qualitätsmerkmale der Suppen bei der Beratung.
3. Geben Sie Informationen über
   - Gulaschsuppe,
   - Zwiebelsuppe.
4. Beschreiben Sie das Anrichten der Suppen zum Servieren.
5. Wofür eignen sich Suppen besonders gut?
6. Während eines Straßenfestes möchte Ihr Konditorei-Café eine vegetarische Gemüsesuppe und Serbische Bohnensuppe anbieten. Informieren Sie sich über entsprechende Rezepte, z. B. im Internet, und beschreiben Sie die Herstellung.

Rechenaufgaben

1 Eine zubereitete Gulaschsuppe wiegt 5,850 kg. Dafür wurden verschiedene Gemüse verarbeitet wie 500 g Zwiebeln, 550 g Kartoffeln, 450 g Gemüsepaprika und 300 g Tomaten.
a) Wie viel kg Gemüse müssen insgesamt eingekauft werden, wenn 150 g Putzverlust entstehen?
b) Ermitteln Sie den Putzverlust in %.
c) Der Gewichtsverlust beim Zubereiten der Gulaschsuppe durch Erhitzen betrug 500 g. Berechnen Sie den Gewichtsverlust in %.

2 Eine Zwiebelsuppe für 10 Portionen wird mit folgendem Rezept hergestellt:

800 g	Zwiebeln	0,87 €/kg
200 g	Butter	4,17 €/kg
2 500 g	Kraftbrühe	1,95 €/kg
300 g	Weißwein	6,13 €/kg
250 g	Weißbrot	1,99 €/kg
100 g	Parmesan	12,78 €/kg
	Würzmittel	0,60 €/10 Portionen

a) Berechnen Sie das Rezeptgewicht und die Materialkosten für 25 Portionen.
b) Errechnen Sie die Betriebskosten, die 260 % betragen.
c) Wie hoch sind die Selbstkosten für die 25 Portionen?

3 Die Materialkosten für 15 Portionen einer Gulaschsuppe nach dem betriebseigenen Rezept betragen 4,80 €. Es wird der Konditorei Gulaschsuppe für 150 Portionen als Convenience-Produkt zu einem Preis von 60,00 € angeboten.
a) Berechnen Sie die Materialkosten für 1 Portion der Gulaschsuppe nach dem betriebseigenen Rezept und des Convenience-Produkts.
b) Welche Gulaschsuppe ist teurer und um wie viel Cent ist eine Portion teurer?
c) Um wie viel % ist eine der Gulaschsuppen teurer?

4 Die Materialkosten für 8 Portionen Suppen betragen 2,87 €. Der Rohaufschlag liegt bei 820 %.
a) Berechnen Sie den Bruttoverkaufspreis im Café für 1 Portion der Suppe.
b) Ermitteln Sie den Nettoaufschlag in %.

5 Die Materialkosten für 25 Portionen Tomatenrahmsuppe betragen 8,75 €. Mit welchem Bruttoaufschlag wurde gerechnet, wenn 1 Suppe für 3,40 € im Café verkauft wird? Runden Sie auf ganze Prozentzahlen ohne Komma.

LF 2.1

23.3 Salate

Salate liegen voll im Trend gesunder und leichter Ernährung. Im Gegensatz zu vielen anderen Speisen sind Salate energiearm, gut bekömmlich und erfrischend.

Salatteller

Zutaten für Salate

Blattsalate	
• Kopfsalat	• Chicorée (Schikoree)
• Feldsalat	• Chinakohl
• Eisbergsalat	• Lollo bionda
• Endiviensalat	• Lollo rosso
• Radicchio	• Rucola

Gemüse	
rohes Gemüse:	gegartes Gemüse (in gesalzenem Wasser vorsichtig kochen, sodass es noch etwas „Biss" hat):
• Tomaten	
• Gurken	
• Radieschen	
• Rettich	• Blumenkohl
• Karotten	• Spargel
• Paprika (grün, gelb, rot)	• Bohnen
• Kohlrabi	• Erbsen
• Oliven	• Sellerie
	• Weißkohl

Geschmackgebende Zutaten	
• gekochte Eier	• Pilze, z. B. Champignons
• Schinken	• Käse: Emmentaler,
• Puten- und Hühnerfleisch, in Streifen geschnitten	Edamer, Gouda, Parmesan, Schafskäse, Mozzarella
• Krabben, Thunfisch, Sardellen, Meeresfrüchte	• Zwiebeln
	• milde Peperoni

Würzstoffe	
• Salz	• Kräuter, z. B. Schnittlauch, Petersilie, Dill, Estragon, Borretsch, Zitronenmelisse, Kerbel
• Gewürze, z. B. Pfeffer, Oregano, Thymian	
	• Zitronensaft

Nur frische Zutaten für Salate

Salatteller mit Dressing

Grundsätzlich werden nur frische Zutaten für Salate verwendet. Nur frische Zutaten haben

- den beliebten Biss,
- die frische, natürliche Farbe,
- den erfrischenden Geschmack und
- einen geringen Vitaminverlust.

Nur so viel Salate und Gemüse einkaufen, wie kurzfristig verwendet werden – je frischer, desto besser.

Die kurzzeitige Lagerung erfolgt am besten im Kühlschrank bzw. Kühlraum bei 1 bis 4 °C.

Wenn möglich, sollte Gemüse der Saison verwendet werden. Es schmeckt besser und ist preiswerter.

Waschen und Putzen von Salaten und rohem Gemüse

- Salate und Gemüse gründlich waschen, am besten in einer Schüssel in viel kaltem Wasser, aber nicht im Wasser liegen lassen, damit die wasserlöslichen Vitamine nicht auslaugen.
- Bei Blattsalaten alle äußeren ungenießbaren und welken Blätter entfernen.
- Die Salatblätter nach dem Waschen gründlich abtropfen lassen, damit die Salatsoße beim Anmachen des Salats nicht zu wässrig wird.

Herrichten von rohen Salaten

- Gemüse schneiden oder reiben, z. B.
  - Gurken in Scheiben,
  - Tomaten in Stücke oder Scheiben,
  - Zwiebeln in dünne Scheiben oder Würfel,
  - Radieschen halbieren oder vierteln,
  - Karotten reiben.
- Salate in mundgerechte Stücke zerpflücken.

Salatsoßen (Salatsaucen)

Salatsoßen

Essig-Öl-Salatsoße – Vinaigrette

Die Essig-Öl-Salatsoße eignet sich für alle Salate. Sie wird in der Fachsprache Vinaigrette (sprich: Vinägret) genannt. Zutaten der Essig-Öl-Salatsoße:

- 100 ml Essig
- 200 ml Salatöl
- ca. 3 g Salz
- mit Pfeffer, Salatkräutern und etwas Zucker abschmecken

Salate marinieren

Kurz vor dem Servieren werden die Salate mit Salatsoße „angemacht". Dies heißt in der Fachsprache die Salate werden „mariniert".

Beim Marinieren werden alle Salatzutaten in eine ausreichend große Schüssel gegeben und die Salatsoße darüber. Den Salat behutsam, aber gründlich wenden, damit die Salatsoße alle Zutaten umfließen kann und die Salatzutaten dabei nicht beschädigt werden. Marinierter Salat sollte saftig sein, jedoch nicht in der Salatsoße schwimmen.

Bei marinierten (angemachten) Salaten sind alle Salatzutaten von der Salatsoße umgeben und werden somit geschmacklich verbessert.

Dressings

Dressings sind Salatsoßen mit Öl, auch Essig, Salz und Salatkräutern, mit einer geschmackgebenden Hauptzutat, die geschmacklich dominiert, z. B. Joghurt, Crème fraîche, Quark, Mayonnaise, Senf. Dressings sind wegen der Hauptzutaten etwas dick fließende Salatsoßen.

LF 2.1

Rezeptbeispiel: Joghurtdressing (Sauerrahmdressing)

200 g	Joghurt oder Crème fraîche
40 g	Orangensaft
20 g	Zitronensaft
40 g	Öl
2 bis 3 g	Salz,
	mit Pfeffer, Salatkräutern, etwas Zucker abschmecken

Anrichten und Servieren von Salaten

- Den marinierten, gut gekühlten Salat in angemessenen Portionsgrößen auf Teller geben.
- Auf eine harmonische Farbgestaltung mit Farbkontrast der Salatzutaten achten.
- Frische Küchenkräuter aufstreuen, damit die Salate pikant und würzig schmecken sowie gesund aussehen.
- Dressings unmittelbar vor dem Servieren auf den Salat geben oder getrennt dazureichen.
- Salatteller mit Scheiben von Weißbrot, Fladenbrot, Ciabatta oder Brötchen im Körbchen servieren.
- Als Besteck werden Messer und Gabel z. B. mit einer Serviette umwickelt.

Salat mit Dressing

Salatteller

Salate können aus einem Gemüse, nach dem die Salate benannt werden, zubereitet sein, z. B. Tomatensalat, Gurkensalat, Weißkrautsalat oder Blattsalat.

Rohkostsalat wird aus rohem und gegartem Gemüse zusammengestellt.

Gemischte Salate lassen sich aus beliebigen Salatzutaten zusammenstellen sowie mit Salatsoßen oder Dressings anrichten und verfeinern.

Salate mit einer speziellen Hauptzutat sind z. B. Kartoffelsalat, Nudelsalat, Reissalat, Wurstsalat.

Rohkostsalat

Gemischter Salat

Rezeptbeispiel: Griechischer Bauernsalat

400 g	Tomaten	Die Tomaten in Scheiben oder Stücke schneiden,
250 g	Gurken	in Scheiben schneiden und diese halbieren,
150 g	Paprika	in Streifen oder Würfel schneiden,
100 g	Eisbergsalat	in Streifen schneiden,
150 g	Zwiebeln	in Ringe schneiden,
150 g	Oliven und einige milde Peperoni dazugeben.	

Die Zutaten mit Vinaigrette (Essig-Öl-Salatsoße) marinieren (vermischen) und auf Tellern anrichten.

250 g gewürfelten Schafkäse auf dem Salat verteilen. Als Dekor Salatkräuter über den Salat streuen.

Griechischer Bauernsalat

Obstsalate

Zutaten für Obstsalate

Für Obstsalate eignet sich jedes Frischobst. Nur reife Früchte besitzen das typische Fruchtaroma, den gewünschten Biss und die natürlichen frischen Farben. Dosenfrüchte sollten nur dann verwendet werden, wenn kein Frischobst angeboten wird.

Obstsalat in verschiedenen Gläsern

Frisches, reifes Obst

Herrichten von Obstsalat

- Verschiedene Früchte herrichten, die einen farbenprächtigen und geschmacklich abwechslungsreichen Obstsalat ergeben.
- Früchte waschen, entkernen, entsteinen oder schälen.
- Größere Früchte in kleine, mundgerechte Stücke schneiden.
- Bananen, Birnen, Äpfel, Mangos und frische Ananas müssen gleich nach dem Schneiden mit Zitronensaft gemischt werden, weil sie sonst unansehnlich braun werden.
- Die hergerichteten Früchte in eine genügend große Schüssel geben, durchmischen und gekühlten Fruchtsaft, z. B. Orangensaft, nach Belieben zugeben.
- Den Obstsalat eventuell noch mit Spirituosen abschmecken, z. B. mit Grand Marnier, Amaretto, Kirschwasser, Rum.
- Der Obstsalat sollte vor dem Verzehr ca. eine Stunde im Kühlschrank/Kühlraum kühlen.

Anrichten von Obstsalat

Den gut gekühlten Obstsalat in Schalen oder tiefe Teller portionieren und mit kleinen Löffeln servieren.
Auf den Obstsalat kann noch eine Kugel Speiseeis gegeben werden.

Rezeptbeispiel: Obstsalat

200 g	blaue Weintrauben
200 g	Bananen
200 g	Kiwi
200 g	Birnen (auch aus Konserven)
100 g	Mandarinenspalten (auch aus Konserven)
200 g	Pfirsiche
200 g	Ananas
100 g	Orangensaft
50 g	Zitronensaft (1 Zitrone)
evtl. 50 g	Grand Marnier, Rum oder eine andere Spirituose

1500 g Obstsalat

Verkaufsargumente

Qualitätsmerkmale bei der Beratung
Salate gehören zur gesunden Ernährung. Sie sind energiearm, dafür aber reich an Vitaminen und Mineralstoffen sowie Ballaststoffen.
Salate und Obstsalate sind zu jeder Gelegenheit gut bekömmlich und erfrischend.
Salate und Obstsalate sind mit ihren verschiedenen Zutaten bzw. Früchten geschmacklich ein abwechslungsreicher Genuss.

Frischhaltung
Je frischer die Salatzutaten sind, desto besser sind der Geschmack und der Biss und umso schöner ist das Aussehen. Salatzutaten deshalb nicht zu lange auf Vorrat kaufen.
Hergerichtete Salatzutaten müssen innerhalb eines Tages zu Salaten angemacht werden.

Besondere Eignung
- Salatteller mit ihrer geschmacklichen Vielfalt eignen sich sowohl als Zwischenmahlzeit oder als Hauptgericht, aber auch als Beilage zu Speisen.
- Obstsalate sind als gut bekömmliche Nachspeisen oder als erfrischender Obstgenuss für zwischendurch geeignet.
- Bekömmliche, erfrischende Salate und Obstsalate sind vor allem in den Sommermonaten sehr begehrt.

LF
2.1

LF
2.1

Aufgaben

1 Nennen Sie die Hauptzutaten für Salate:
- Blattsalate
- geschmackgebende Zutaten
- Gemüse
- Würzstoffe

2 Beschreiben Sie, wie Salate und Gemüse gewaschen und wie Blattsalate geputzt werden.

3 Womit wird die Salatsoße Vinaigrette hergestellt?

4 Erklären Sie das Marinieren der Salate.

5 Erläutern Sie, woraus Dressings bestehen.

6 Beschreiben Sie das Anrichten und Servieren der Salate.

7 Nennen Sie verschiedene Salate.

8 Beschreiben Sie das Herrichten von Obstsalat.

9 Wie wird Obstsalat zum Servieren angerichtet?

10 Nennen Sie die Qualitätsmerkmale von Salaten und Obstsalat bei der Beratung.

11 Geben Sie Auskunft über die Frischhaltung der Salatzutaten.

12 Wofür eignen sich Salate und Obstsalate besonders gut?

13 Da in den Sommermonaten Obstsalate sehr gefragt sind, sollen Sie verschiedene Früchte so kombinieren, dass sie geschmacklich gut harmonieren und dass zwei verschiedene dekorative Obstsalate entstehen.

Rechenaufgaben

1 Es werden für einen Obstsalat verarbeitungsfertige Früchte ohne Schalen benötigt: 2750 g Bananen, 2400 g Orangen und 2¼ Ananas. Der Schalenanteil der Bananen beträgt 8,4 %, der Orangen 7 % und der Verschnitt der Ananas 800 g. Berechnen Sie, wie viel kg Bananen, Orangen und Ananas benötigt werden und wie viel % Verschnitt bei der Ananas entsteht.

2 Für einen Obstsalat werden 2,300 kg Ananas aus Dosen benötigt. Eine Dose wiegt samt Inhalt 850 g. Die Tara beträgt 3,53 %, Saft sind 360 ml (g) enthalten. Wie viele Ananasdosen müssen geöffnet werden?

3 Zum Anrichten von Salat werden 6,500 kg Gemüse benötigt. Der Putzverlust beträgt 7 %.
a) Wie viel kg Gemüse müssen eingekauft werden?
b) Durchschnittlich kostet 1 kg Gemüse 2,90 €. Wie viel € kostet das Gemüse im Einkauf?
c) Wie viel € beträgt der Putzverlust?

23.4 Teigwaren, Nudelgerichte, Strudel

Teigwaren sind Nudeln in den verschiedenen Formen, z. B. Spaghetti, Bandnudeln, Makkaroni, Penne, Rigatoni.

Spaghetti, Bandnudeln, Makkaroni, Penne, Rigatoni

Zutaten für Nudeln

Nudeln werden aus Hartweizengrieß mit hohem Eieranteil sowie Öl und Salz zu einem Weizenteig verarbeitet. Deshalb werden Nudeln als Teigwaren bezeichnet.

Hartweizengrieß ist gegenüber Weizenmehl vorteilhaft, weil dadurch die Nudeln nach dem Kochen bissfester bleiben. Hartweizengrieß ist mit den körnigen, griffigen Schalenteilen der Getreidekörner behaftet. Weizenmehl der Type 550 wird feiner vermahlen, sodass die körnigen Schalenteile kaum spürbar sind.

Rezeptbeispiel: Weizenteig für Nudeln
1000 g Hartweizengrieß
500 g Vollei (ca. 10 Stück)
80 g Öl (100 ml)
10 g Salz
1590 g Teig

Manchmal wird auf Öl verzichtet.

- Die Zutaten zu einem glatten Teig kneten, ca. 6 Minuten im Spiralkneter.
- Teigruhe mindestens 60 Minuten, dabei den Teig in Folie einschlagen.
- Nudelteig aufarbeiten, z. B. dünn ausrollen und schneiden.
  Nudelmaschinen erleichtern das Aufarbeiten und ergeben bekannte Nudelformen.
- Die Nudeln auf einem Blech ausbreiten und mindestens über Nacht trocknen lassen.

Nudeln werden auch mit färbenden Lebensmitteln hergestellt, z. B. Spinat, Karottenpüree, Tomatenmark.

Meistens werden industriell hergestellte, getrocknete, kochfertige Nudeln verwendet. Sie können aber auch ganz einfach in der Konditorei hergestellt werden.

Gefüllte Teigwaren
- Ravioli und Tortellini: gefüllt mit Fleisch, Käse oder Gemüse
- Maultaschen: gefüllt mit Spinat und Hackfleisch
- Lasagne und Cannelloni werden in einer Auflaufform mit Hackfleisch, Gemüse, Tomaten- und Béchamelsoße (besteht überwiegend aus Milch und Kalbsbrühe) gefüllt und mit Käse überbacken.

Gefüllte Teigwaren und Teigwaren zum Füllen

Nudeln kochen
- In einem großen Topf ausreichend Wasser kochen und Salz dazugeben. Auf 1 kg Nudeln rechnet man ca. 5 l Wasser und auf 1 l Wasser ca. 10 g Salz.
- Nudeln in das sprudelnd kochende Salzwasser geben. Wenn das Wasser wieder aufkocht, werden die Nudeln umgerührt, damit sie nicht zusammenkleben.
- Je nach Dicke der Nudeln 5 bis 14 Minuten bei geöffnetem Deckel fertig kochen, bis sie bissfest sind. Dabei sollte zwischendurch eine Nudel herausgenommen und der Biss probiert werden.
- Nach dem Kochen in ein Sieb schütten und das Wasser gut abtropfen lassen.

> **!**
>
> Nudeln werden unbedingt „al dente" gekocht. Das heißt, die Nudeln sind nicht mehr hart, aber noch etwas fest im Biss.

Einen volleren Geschmack erhalten die Nudeln, wenn sie nach dem Absieben in zerlassener Butter in der Pfanne erhitzt werden – die Nudeln dabei nicht anrösten.

Nudeln können auf Vorrat gekocht werden

Auf Vorrat gekochte Nudeln werden nach dem Kochen mit kaltem Wasser abgebraust, mit Folie oder in einem Behälter abgedeckt und kühl gelagert. So wird das Austrocknen der Nudeln verhindert. Bei Gebrauch werden die Nudeln in kochendem Wasser erwärmt, in der Pfanne mit Butter geschwenkt und angerichtet.

Nudelgerichte

Nudelgerichte lassen sich mit verschiedensten Soßen abwechslungsreich zubereiten. Tomatensoße und Sauce bolognese zählen zu den klassischen (traditionellen) Soßen.

Spaghetti bolognese

Rezeptbeispiel: Sauce bolognese
Rezept für 3 bis 4 Portionen

200 g	Zwiebel, gehackt (1 große Zwiebel)
40 g	Speiseöl (50 ml)
80 g	durchwachsener Schinken, fein gehackt
400 g	mageres Rinderhackfleisch
500 g	Tomatensoße
40 g	Rotweinessig, z. B. Balsamico
50 g	Zucker
1	Teelöffel Oregano

1310 g Sauce bolognese

500 g Spaghetti
frisch geriebener Parmesan zum Servieren

- Öl in einer Pfanne erhitzen, gehackte Zwiebeln darin dünsten und den fein gehackten Schinken darin leicht anbräunen.
- Das Rinderhackfleisch zugeben und unter Rühren gut bräunen.
- Mit Tomatensoße und Rotweinessig aufgießen sowie Zucker und Oregano zugeben.
- Aufkochen lassen und dann bei niedriger Hitze 15 Minuten köcheln lassen. Dabei ständig rühren, damit die Soße nicht anbrennt.
- Spaghetti al dente kochen, abtropfen lassen und in einer Pfanne mit Butter etwas erhitzen.

LF 2.1

Spaghetti bolognese

Anrichten und Servieren von Spaghetti bolognese

- Spaghetti auf einen Teller geben.
- Die Sauce bolognese in der Mitte darübergeben.
- Frisch geriebenen Parmesan darüberstreuen.
- Evtl. mit Basilikumblättern dekorieren.
- Mit einem Löffel und einer Gabel servieren.

Schinkennudeln

Schinkennudeln ist eine schnell zubereitete, kleine Speise. Nudeln, z. B. Bandnudeln oder Penne, werden mit Stücken von gekochtem Schinken vermischt. Manchmal werden sie in der Pfanne noch mit Eiern erhitzt und dann sofort serviert. Zu Schinkennudeln passt gemischter Salat.

Käsespätzle

Zu den Teigwaren zählen auch Spätzle, bei denen vor allem Käsespätzle als kleines Gericht angeboten werden.

Käsespätzle

Rezeptbeispiel: Käsespätzle	
Teig:	
1000 g	Weizenmehl, Type 550
500 g	Eier
400 g	Wasser
10 g	Salz
1910 g	**Teig**

- Die Zutaten zu einem glatten Weizenteig kneten.
- Den Teig durch einen Spätzlehobel in kochendes Salzwasser schaben.
- Die Spätzle so lange kochen, bis sie an der Wasseroberfläche schwimmen.
- Die Spätzle in ein Sieb geben und das Wasser abtropfen lassen. →

Zutaten zum Anrichten:	
500 g	Emmentaler
150 g	Butter
400 g	Zwiebeln
1050 g	**Zutaten zum Verfeinern**

Etwas Spätzle in eine Schüssel geben, geriebenen Käse aufstreuen und den Käse schichtweise mit den Spätzle vermischen.

- Die heißen Käsespätzle auf einem angewärmten Teller anrichten.
- Zwiebeln in Butter anbräunen und auf der Oberfläche der Spätzle verteilen. Auch Röstzwiebeln können verwendet werden.
- Käsespätzle grundsätzlich heiß servieren.

Pikante Strudel

Pikante Strudel enthalten im Gegensatz zu den süßen Strudeln, z. B. Apfel- und Quarkstrudel → Seite 330, 332, pikante Füllungen. Der Strudelteig ist der gleiche. Füllungen für pikante Strudel sind z. B. Spinat, Käse und Fleisch, Weißkraut, Spargel mit Sauce hollandaise, Pilze.

Rezeptbeispiel: Strudelteig	
Rezept für	
• 1 Schnittenblech (Alu-Rahmenblech) von 60 × 40 cm oder	
• 2 Schnittenbleche von 60 × 20 cm oder	
• Reinen (rechteckige Pfanne mit hohem Rand)	
1000 g	Weizenmehl, Type 550
500 g	Wasser
100 g	Vollei (2 Stück)
100 g	Öl (= 120 ml)
10 g	Salz
1710 g	**Strudelteig**

Teigtemperatur: ca. 22 °C, kaltes Wasser, evtl. Eiswasser verwenden

Knetzeit im Spiralkneter:
- 2 Minuten Langsamgang,
- 6 Minuten Schnellgang

Abwiegen: Den Strudelteig zu 4 Teigstücken von je 400 g abwiegen.

Teigruhe: ca. 60 Minuten, in Folie eingeschlagen
Der Strudelteig kann auch in Folie eingeschlagen einige Stunden entspannen oder über Nacht in den Kühlschrank bzw. Kühlraum gestellt werden.

LF
2.1

Tiefgefrieren: Der Strudelteig kann auch sofort nach dem Kneten in Portionen abgewogen und in Folie verpackt tiefgefroren werden. Der Strudelteig ist sofort nach dem Auftauen ausrollfähig.

Spinatstrudel

Rezeptbeispiel: Füllung mit Lachs und Blattspinat

Rezept der Füllung für 400 g Strudelteig

50 g	Öl (60 ml)
200 g	Zwiebeln (1 große Zwiebel, gehackt)
600 g	frisch zubereiteter oder aufgetauter Blattspinat
evtl.	1 Knoblauchzehe
300 g	Lachsfilet
200 g	Käse, Gouda
75 g	Semmelbrösel
5 g	Salz, Pfeffer, Muskat
	Saft einer halben Zitrone
80 g	Schlagsahne

1510 g Füllung

Butter zum Bestreichen

- Die gehackten Zwiebeln in heißem Öl in einer Pfanne glasig dünsten.
- Abgetropften Spinat und gepressten Knoblauch zu den Zwiebeln geben und durchmischen.
- Abgetrocknetes Lachsfilet in größere Würfel schneiden.
- Den Käse in längliche Streifen schneiden.

Herstellung

- Den Strudelteig ca. 60 × 40 cm ausrollen und mit Semmelbrösel bestreuen.
- Auf zwei Drittel der Teigfläche den Blattspinat verteilen, die Lachs- und Käsestücke abwechselnd auflegen.
- Salz, Pfeffer, Muskat und Zitrone darübergeben und mit Schlagsahne beträufeln.
- Den Strudel einrollen, in eine gefettete Form geben.
- Die Oberfläche des Strudels mit Butter bestreichen.

Backen: 200 °C
Backzeit: ca. 55 Minuten

Statt Lachsfilet können auch Heilbutt oder Schellfisch verwendet werden.

Den Strudel heiß auf vorgewärmtem Teller mit Messer und Gabel servieren.
Passend dazu ist eine pikante Sauce hollandaise.

Aufgaben

1. Nennen Sie die Zutaten für Nudeln und beschreiben Sie die Herstellung.
2. Welches Mahlerzeugnis ist für Nudeln vorteilhaft und warum?
3. Nennen Sie gefüllte Teigwaren.
4. Beschreiben Sie das Kochen von Nudeln.
5. Erläutern Sie das Anrichten und Servieren von Spaghetti bolognese.
6. Erklären Sie Schinkennudeln.
7. Nennen Sie die Zutaten von Käsespätzle und beschreiben Sie die Herstellung.
8. Nennen Sie Füllungen von pikanten Strudeln.
9. Machen Sie Vorschläge für einfach zuzubereitende Nudelgerichte.

LF 2.1

Rechenaufgabe

Käsespätzle für 3 Portionen werden aus folgendem Rezept hergestellt:

Teig:

500 g Hartweizengrieß	0,45 €/kg
250 g Eier (5 Stück)	0,13 €/Stück
200 g Wasser und Salz	0,05 €/pauschal

Käse zum Schmelzen in den Spätzlen:

250 g Emmentaler	8,90 €/kg
200 g Zwiebeln	0,80 €/kg
80 g Butter	3,20 €/kg

Berechnen Sie den Preis einer Portion Käsespätzle im Café bei folgender Kalkulation:

Betriebskosten:	370 %
Gewinn und Risiko:	34 %
Caféaufschlag:	25 %
MwSt.:	19 %

23.5 Eierspeisen

Gekochte Eier

Gekochte Eier gehören zum Frühstück, sind Bestandteil von gemischtem Salat und werden in belegte Snacks gegeben.

- Die Eier am stumpfen Ende mit einem Eierpieker einstechen. So kann beim Kochen der Eier die sich ausdehnende Luft entweichen. Dadurch platzen die Eierschalen beim Kochen nicht auf.
- Die Eier vorsichtig mithilfe eines Löffels oder Schaumlöffels in kochendes Wasser legen.
- Die Eier bei siedendem (kochendem) Wasser einige Minuten kochen lassen. Bei steigender Temperatur in den Eiern gerinnt das Eiweiß, sodass der Eiinhalt fester wird.
- Die Eier nach dem Kochen in kaltem Wasser abschrecken, damit sie nicht nachgaren. Außerdem lösen sich dadurch die Schalen leicht beim Abschälen, weil sich der Eiinhalt durch das kalte Wasser etwas zusammenzieht und sich so von der Schale trennt.

Die Kochzeiten der Eier richten sich nach der gewünschten Festigkeit, die die Eier haben sollen, und nach der Größe der Eier:

- weiche Frühstückseier: 4 bis 6 Minuten
- hart gekochte Eier für Salate: 8 bis 10 Minuten
- schnittfeste Eier für belegte Snacks: 12 Minuten

Die Eier mit einer Nadel pieken

Hart gekochte Eier geschnitten und geviertelt

Spiegeleier

- Fett in einer Pfanne erhitzen und zerlaufen lassen.
- Eier aufschlagen und vorsichtig nebeneinander in die Pfanne geben.
- Nur das Eiklar leicht salzen.
- Die Eier so lange stocken lassen, dass das Eigelb noch weich bleibt.

Die Spiegeleier auf einen vorgewärmten Teller geben und mit Brotscheiben oder Brötchen servieren.
Spiegeleier werden beim Strammen Max auf ein Salamibrot gegeben und serviert.

Schinken und Eier (Ham and eggs)

Durchwachsenen Schinken in einer Pfanne mit Fett anbraten und dann die Eier daraufgeben und stocken lassen. Sofort heiß servieren.

Spiegeleier

Rühreier

Eigelb und Eiklar sind bei Rühreiern völlig vermischt.

- Eier in eine Schüssel einschlagen und mit etwas Salz und Pfeffer würzen.
- In einer Pfanne etwas Fett erhitzen und die verrührten Eier in die Pfanne gießen.
- Bei geringer Hitze die Eier unter ständigem Bewegen mit einem Pfannenwender zu einer weichen, saftigen Eiermasse stocken lassen.

Die Rühreier können noch mit weiteren Zutaten ergänzt werden, z. B. mit Schinken, Spargel, Champignons, Pilzen, Krabben. Dabei werden die Zutaten in einer Pfanne mit etwas Fett angebraten und die verrührten Eier dazugegeben. Rühreier werden auf einem vorgewärmten Teller heiß serviert.

Rühreier

Omeletts

> **!**
>
> **Qualitätsmerkmale**
> Omeletts sind weiche, saftige Eierspeisen.
>
> **Zutaten**
> Sie werden nur aus Eiern und etwas Salz hergestellt.

Da Omeletts nur aus Eiern bestehen, ohne Zucker und Mehl, werden sie auch als Eier-Omeletts oder Eierkuchen bezeichnet.
Omeletts dürfen nicht mit den Sahneomeletts aus Biskuitmasse verwechselt werden ➔ Seite 163.

Bei der Herstellung von Omeletts werden pro Portion drei Eier gerechnet, die zur Geschmacksabrundung etwas gesalzen werden.

Herstellen von Omeletts

- Eier und etwas Salz mit einem Handrührbesen oder Rührgerät kräftig durchrühren.
- Etwas Butter in einer Pfanne erhitzen und die verrührten Eier hineingießen.
- Die Eier mit einem Bratenwender bewegen, damit sich frische und leicht gestockte (geronnene) Eiermasse gleichmäßig vermischen. Das fertige Omelett ist leicht gestockt, aber innen weich.

Eier in die Pfanne gießen

Omeletts auf einen Teller geben

- Durch Schräghalten der Pfanne mit dem Bratenwender die hintere Hälfte des Omeletts nach vorne überschlagen, sodass zwei Hälften übereinander liegen.
- Die Pfanne schräg halten und das Omelett auf einen vorgewärmten Teller gleiten lassen und sofort heiß servieren.

Omelett zur Hälfte überschlagen

Füllungen

Omeletts werden häufig mit Schinken, Spargel, Speck, Pilzen und Käse gefüllt. Die Füllung wird auf das fertige Omelett gegeben, das dann zusammengelegt wird. Es können aber auch Schinken, Käse, Kräuter u. a. mit den Eiern in der Pfanne mitgebacken werden.

Spargelomelett

> **Rezeptbeispiel: Pilzfüllung für Omeletts**
>
> | | |
> |---|---|
> | 100 g | Butter |
> | 100 g | Zwiebeln, fein gehackt |
> | 250 g | Champignons, Austernpilze oder Pfifferlinge |
> | 100 g | durchwachsener Schinken, gewürfelt |
> | 50 g | Weißwein |
> | | Petersilie, fein gehackt |
> | | Salz |
> | | Pfeffer, frisch gemahlen |
>
> **600 g Füllung**
>
> - Zwiebeln in Butter glasig dünsten und mit dem Speck anbraten.
> - Pilze dazugeben und bei kräftiger Hitze heiß rühren.
> - Weißwein und Petersilie zugeben, leicht salzen und pfeffern.
> - Füllung auf das Omelett geben und das Omelett überschlagen.

Süße Omeletts werden gefüllt mit

- Konfitüre,
- Apfelmus.

Pfannkuchen (Eierkuchen)

> **!**
>
> Pfannkuchen werden aus einer Eiermasse hergestellt, die aus Eiern, Milch und Weizenmehl besteht. Die Eiermasse wird dünn in eine Pfanne gegossen und goldbraun gebacken.

Pfannkuchen werden meist mit Konfitüre oder Obst gefüllt und mit Puderzucker bestaubt. Zu Pfannenkuchen kann aber auch Apfelmus serviert werden.

Für einen Schinken-Pfannkuchen wird die Eiermasse dünn in die Pfanne gegossen und dann Stücke von gekochtem Schinken darauf verteilt.

Besondere Eignung

Pfannenkuchen eignen sich als feine warme Zwischenmahlzeit oder als Dessert. Sie werden sofort nach der Herstellung warm serviert.

Gefüllte Pfannkuchen

Rezeptbeispiel: Pfannkuchen

250 g	Milch
100 g	Weizenmehl, Type 405 oder 550
20 g	Zucker
	1 Prise Salz (ca. 2 g)
150 g	Vollei (3 Stück)

520 g Masse

- Milch, gesiebtes Weizenmehl, Zucker und Salz gut verrühren.
- Eier einrühren und zu einer glatten Masse rühren.
- Fett in einer Pfanne erhitzen und die Masse in die Pfanne gießen, sodass der Boden gleichmäßig bedeckt ist.
- Pfannkuchen mit einem Bratenwender umdrehen, wenn er hellbraun ist, und die andere Seite goldbraun backen.

Palatschinken

Palatschinken sind kleine gefüllte Pfannkuchen, z. B. mit Quark-, Sahne-, Früchte-, Schokoladenfüllung oder Konfitüre.

Crêpes

Crêpes sind besonders dünne Pfannkuchen, die nach dem Backen mit verschiedenen Füllungen verfeinert werden, z. B. mit Nugatfüllung, Schokolade, Konfitüren, Fruchtsoßen, Likören.

Crêpe mit Fruchtsoße

Nach dem Füllen wird der Crêpe zusammengerollt oder zusammengelegt und sofort serviert.

Kaiserschmarrn

Kaiserschmarrn ist ein lockerer fingerdicker Pfannkuchen, der in mundgerechten Stücken serviert wird.

Kaiserschmarrn mit Apfelmus

LF 2.1

Rezeptbeispiel: Kaiserschmarrn

250 g	Milch
150 g	Weizenmehl, Type 405 oder 550
80 g	Eigelb (4 Stück)
120 g	Eiklar (4 Stück)
20 g	Zucker
	1 Prise Salz (ca. 2 g)

520 g Masse

In die Pfannkuchenmasse können noch Sultaninen gegeben werden.

- Milch, gesiebtes Weizenmehl und Eigelb mit einem Rührgerät gut verrühren.
- Eiklar, Zucker und Salz zu einem Eischnee schlagen.
- Den Eischnee unter die Milchmasse heben.
- Fett in einer Pfanne erhitzen und die Masse etwas dicker in die Pfanne gießen.
- Den fingerdicken Pfannkuchen auf beiden Seiten goldbraun backen.
- In der Pfanne zu mundgerechten Stücken teilen, etwas Butter zugeben und noch kurz backen.

Nach dem Backen wird der Kaiserschmarrn mit Puderzucker bestaubt und sofort serviert.

Als Beilage zum Kaiserschmarrn wird Apfelmus serviert.

Apfelküchle

- Äpfel schälen, mit einem Apfelentkerner die Kerngehäuse ausstechen und die Äpfel in dicke Ringe schneiden.
- Die Apfelringe in eine Eiermasse für Pfannkuchen tauchen und in einer Pfanne in viel Öl an beiden Seiten backen.
- Die Apfelküchle sofort nach dem Backen in Zimtzucker wälzen oder mit Puderzucker bestauben – heiß servieren.

Aufgaben

1. Erklären Sie die Herstellung von gekochten Eiern und geben Sie die Kochzeiten für weiche, hart gekochte und schnittfeste Eier an.
2. Beschreiben Sie die Herstellung von Spiegeleiern.
3. Beschreiben Sie die Herstellung von Rühreiern.
4. Nennen Sie die Qualitätsmerkmale und die Zutaten, aus denen Omeletts hergestellt werden.
5. Beschreiben Sie die Herstellung von Omeletts und wie sie auf die Teller gegeben werden.
6. Nennen Sie Füllungen, mit denen Omeletts gefüllt werden können.

7. Erklären Sie, aus welchen Zutaten Pfannkuchen hergestellt werden.
8. Beschreiben Sie die Herstellung von Pfannkuchen.
9. Womit werden Pfannkuchen gefüllt und wie werden sie serviert?
10. Wofür eignen sich Pfannkuchen besonders?
11. Erklären Sie
    - Palatschinken,
    - Crêpes.
12. Nennen Sie die Zutaten für Kaiserschmarrn und beschreiben Sie die Herstellung.
13. Im Café soll das Angebot an gefüllten Omeletts erweitert werden. Stellen Sie Rezepte für mögliche Füllungen zusammen.

LF 2.1

Rechenaufgaben

1. Für 15 Omeletts mit Pilzfüllung wurden 17,85 € Materialkosten und 42,84 € Betriebskosten ermittelt.
   a) Mit welchem Betriebskostensatz hat der Konditoreibetrieb kalkuliert?
   b) Wie hoch sind die Selbstkosten in € für 1 Omelett?

2. 4 Portionen Kaiserschmarrn werden mit folgendem Rezept hergestellt:

200 ml Milch	80 g Zucker
200 ml Schlagsahne	60 g Butter
400 g Eier (8 Stück)	150 g Sultaninen
350 g Weizenmehl	
Puderzucker zum Bestauben	

   Berechnen Sie den Materialpreis für 1 Portion Kaiserschmarrn bei folgenden Einkaufspreisen:

Milch:	0,68 €/l
Schlagsahne:	1,95 €/l
Eier:	0,12 €/Stück
Weizenmehl:	0,43 €/kg
Zucker:	0,90 €/kg
Butter:	3,70 €/kg
Sultaninen:	4,75 €/kg
Puderzucker:	0,15 €/pauschal

3. Die Rezeptur in der zweiten Rechenaufgabe ergibt vier Portionen Kaiserschmarrn.
   a) Ermitteln Sie das Gewicht einer Kaiserschmarrnportion. (1 ml Milch bzw. Sahne entspricht 1 g.)
   b) Das Gewicht des Apfelmuses als Beilage zum Kaiserschmarrn beträgt 35 % des Kaiserschmarrngewichts. Wie viel kg Apfelmus werden für 18 Portionen benötigt?

23.6 Toasts

>
>
> Toasts sind getoastete (geröstete) Toastbrotscheiben, die mit verschiedenen Zutaten wie Schinken, Salami, gegartem Fleisch oder Fisch belegt und mit Käse überbacken werden.

Toastbrote

Toastbrote werden aus einem Weizenbrotteig mit Butter oder Margarine und Milch sowie etwas Zucker hergestellt und in Kastenformen gebacken. Toastbrote haben deshalb

- eine dünne Kruste und
- eine weiche, zarte Krume.

Toasten der Toastbrotscheiben

Unter Toasten versteht man das leichte Anrösten der Oberfläche der Toastbrotscheiben. Dafür wird Toastbrot in 1 cm dicke Scheiben geschnitten. Die Toastbrotscheiben werden in einem Toaster von den Heizschlangen an der Oberfläche leicht geröstet (getoastet).

>
>
> Die getoasteten Toastbrotscheiben sind außen leicht knusprig und innen weich.

Getoastete Toastbrotscheiben

Herstellen von Toasts

- Die getoasteten Toastbrotscheiben etwas abkühlen lassen und dann mit Butter bestreichen.
- Die bestrichenen Toastbrotscheiben mit Schinken, Salami, gegartem Fleisch oder Fisch belegen.
- Darauf Gemüse legen, z. B. Tomaten, Gurken, Spargel. Auf manche Toastarten werden Pilze oder Ananas gelegt.

- Scheibenkäse (Schmelzkäse) obenauf legen.
- Im Ofen bei hoher Hitze überbacken, bis der Käse zerlaufen ist. Statt im Ofen können die Toasts auch im „Salamander" überbacken werden, in dem durch Heizschlangen nur Oberhitze entsteht.
- Den Toast auf einen vorgewärmten Teller legen und sofort servieren.

Überbacken der Toasts im Salamander

Spargeltoast

Toast Hawaii

Dieser klassische Toast ist mit gekochtem Schinken und einer Scheibe Ananas belegt sowie mit Käse überbacken.
- Abgekühltes getoastetes Toastbrot mit Butter bestreichen.
- 2 Scheiben gekochten Schinken auflegen und darauf 1 Scheibe Ananas legen.
- 1 Scheibe Käse auflegen.
- Im Ofen oder Salamander den Käse überbacken.

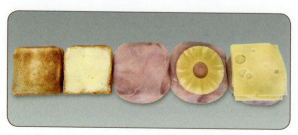

Herstellung Toast Hawaii

Toast Hawaii

Toasts eignen sich als Zwischenmahlzeit, aber auch als Hauptmahlzeit.

Aufgaben

1. Erklären Sie Toasts.
2. Woraus werden Toastbrote hergestellt und welche Eigenschaften haben sie?
3. Erklären Sie das Toasten der Toastbrotscheiben und wie dann die Toastbrotscheiben beschaffen sind.
4. Beschreiben Sie allgemein die Herstellung von Toasts.
5. Beschreiben Sie die Herstellung von Toast Hawaii.
6. Wofür eignen sich Toasts besonders gut?
7. Überlegen Sie sich Toasts mit verschiedenen Belägen, die bei einer Aktion mit dem Thema „Toasts – lecker und vielseitig" hergestellt werden können und schreiben diese auf.

Rechenaufgaben

1. 1 Spargeltoast mit Salat kostet jetzt nach der Preiserhöhung im Café 6,80 €. Berechnen Sie, wie viel der Spargeltoast vorher kostete, wenn der Preis um 5,5 % erhöht wurde.
2. Im Café kosten 2 Toasts Hawaii 6,40 €. Berechnen Sie die Materialkosten, wenn mit 28 % Gewinn und Risiko und mit 290 % Betriebskosten gerechnet wird. Berücksichtigen Sie auch die gesetzliche Mehrwertsteuer.
3. Die Materialkosten für Salami-Eier-Toast betragen 5,44 €. Die Betriebskosten ergeben sich aus dem Stundenkostensatz von 56,80 € und der Arbeitszeit von einer ³/₄ Stunde. Für Gewinn und Risiko werden 24 % angesetzt. Berechnen Sie den Café-preis für die Salami-Eier-Toasts bei einem Mehrwertsteuersatz von 19 %.

23.7 Aufläufe und Gratins

Aufläufe und Gratins sind in Formen (Auflaufformen) gebackene Zutaten, wie z. B. Kartoffeln, Nudeln, Gemüse, Schinken, Käse.

Die runden oder ovalen hitzebeständigen Formen aus Porzellan, Glas, Edelstahl oder Aluminium eignen sich zum Zubereiten und Servieren.

Rezeptbeispiel: Nudelauflauf – pikant
für eine Form von 500 cm³

600 g	Nudeln (grüne Bandnudeln, Röhrennudeln, Makkaroni u. a.)
400 g	Hackfleisch
50 g	Zwiebeln, gehackt
20 g	Öl
150 g	Schafskäse, geviertelt
100 g	Peperoni, mild
300 g	Tomatensoße
100 g	Käse, gerieben

1720 g Nudelauflauf

- Nudeln bissfest kochen (al dente), abgießen und abtropfen lassen.
- Hackfleisch mit Zwiebeln und Öl etwas anbraten.
- Ca. ⅔ der Nudeln in die Form geben.
- Hackfleisch, Schafskäse, Peperoni darauf verteilen und mit den restlichen Nudeln bedecken.
- Tomatensoße übergießen.
- Käse darüberstreuen.

Tomatensoße:

200 ml	Tomaten, geschält, frisch oder aus der Dose
70 g	saure Sahne
30 g	Tomatenmark
	Salz
	Pfeffer, Paprika, Oregano

300 g Tomatensoße

Alle Zutaten glatt rühren.

Backen: 180 °C
Backzeit: ca. 30 Minuten

Das **Gratin** ist, wie der französische Name besagt, ein überbackenes Gericht, wobei beim Gratinieren an der Oberfläche eine goldbraune Kruste entsteht. Diese Kruste entsteht durch die Röststoffe, die aus Eiweiß und Einfachzucker entstehen → Mailland-Reaktion, Seite 452.

LF 2.1

Nudelauflauf

Kartoffel-Lauch-Gratin	400 g Lauch in 3 cm breite Ringe schneiden.
Kartoffel-Karotten-Lauch-Gratin	200 g Karotten in dünne Scheiben schneiden, 200 g Lauch in 3 cm breite Ringe schneiden.
Kartoffel-Zucchini-Gratin	400 g ungeschälte Zucchini in 3 mm breite Scheiben schneiden.
Kartoffel-Pilz-Lauch-Gratin	200 g Wild- oder Zuchtpilze beliebiger Art vierteln oder in dicke Scheiben schneiden, 200 g Lauch in 3 cm breite Ringe schneiden.

Rezeptbeispiel: Kartoffelgratin – Grundrezept

600 g	rohe Kartoffeln
250 g	Bouillon oder Milch
125 g	Sahne
100 g	Vollei (2 Stück)
100 g	Käse, gerieben (Parmesan oder Emmentaler)
	Salz und Pfeffer
	evtl. 1 Knoblauchzehe, gepresst
20 g	Butterflöckchen

1195 g Kartoffelgratin

- Eine Auflaufform mit Fett ausstreichen.
- Kartoffeln schälen, in ca. 3 mm dicke Scheiben schneiden und dachziegelartig (fächerartig) in die Form einlegen.
- Wird Gemüse verwendet, dieses gleichmäßig zwischen den Kartoffeln verteilen.
- Salz und Pfeffer darüberstreuen.
- Bouillon bzw. Milch, Sahne, Eier und gepresste Knoblauchzehe verrühren und den geriebenen Käse einrühren.
- Den Guss zuerst den Rand entlang, dann über die Oberfläche gießen.
- Butterflöckchen darauf verteilen.

Backen: 210 °C goldbraun backen
Backzeit: ca. 30 Minuten

Gemüsegratins

Das Grundrezept des Kartoffelgratins lässt sich mit Gemüse ergänzen, das beim Einlegen in die Form zwischen den Kartoffeln verteilt wird.

Servieren

Aufläufe und Gratins werden in der Auflaufform heiß serviert.

Aufgaben

1. Worin werden Aufläufe und Gratins gebacken?
2. Erklären Sie den Begriff „Gratin".
3. Nennen Sie bekannte Aufläufe und Gratins.
4. Wie werden Aufläufe und Gratins serviert?
5. In der Caféküche sollen Sie einen mit Käse überbackenen Auflauf aus Rigatoni und Sauce bolognese herstellen. Beschreiben Sie die Herstellung und das Servieren.

23.8 Erwärmen im Mikrowellengerät

Funktion der Mikrowellen

Mikrowellen sind wie Radio- und Fernsehwellen elektromagnetische Wellen, die sich mit ca. 2,5 Milliarden Schwingungen in der Sekunde im Mikrowellengerät bewegen.

> **!**
> Die Mikrowellen bringen die Wassermoleküle der Lebensmittel in sehr schnelle Bewegungen, wobei sie sich gegenseitig reiben und dadurch Wärme erzeugen, die die Lebensmittel erhitzt.

Während bei der herkömmlichen Erwärmungsart im Ofen die Hitze langsam von außen in die Lebensmittel eindringt, erhitzen die Mikrowellen die Lebensmittel direkt im Inneren.

Bei der ausschließlichen Erwärmung durch Mikrowellen erhalten die Lebensmittel jedoch keine Bräunung und keine Kruste. Diese erwünschten Eigenschaften werden nur in **Kombinationsgeräten** mit integrierter Heißluft oder mit Grill erzielt.

Vorteile der Erwärmung durch Mikrowellen

- sehr schnelles Erwärmen bzw. Erhitzen der Lebensmittel
- geringer Energieverbrauch
- möglich Speisen im Serviergeschirr zu erhitzen

Mikrowellengerät

Eigenschaften der Mikrowellen

Nichtmetallische Gegenstände lassen Mikrowellen durch, z. B. Schüsseln oder Teller aus Glas, Porzellan, Kunststoff, Keramik, Holz und Papier. Diese Materialien sind für die Mikrowellen durchlässig. Weil der erhitzte Inhalt auch die Behälter erwärmt, sollten ausschließlich hitzebeständiges Glas und Kunststoff verwendet werden.

Mikrowellen durchdringen Glas, Porzellan, Kunststoff, Keramik, Holz und Papier.

Metalle reflektieren (zurückstrahlen) die Mikrowellen. Metallgeschirr und Metallbesteck dürfen deshalb nicht in das Mikrowellengerät gegeben werden. Auch Metallränder oder Metalldekor an den Gefäßen ist ungeeignet, z. B. Goldränder an Tellern und Gläsern.

Alufolie kann jedoch gezielt zum Abdecken empfindlicher Lebensmittelteile als Schutz vor dem schnellen Eindringen der Wellen auf deren Oberfläche verwendet werden, z. B. über Fisch.

Metalle reflektieren (zurückstrahlen) die Mikrowellen.

Lebensmittel und Wasser absorbieren (aufnehmen) die Mikrowellen. Deshalb werden Lebensmittel von innen erwärmt.

Lebensmittel absorbieren (aufnehmen) die Mikrowellen.

Verwendungsbeispiele in der Konditorei

- Auflösen von Schokoladenkuvertüre, Fettglasur, Schokoladenspritzglasur
- Erwärmen und Schmelzen von Butter und Margarine
- Erwärmen von Fondant
- Weichmachen von Nugatmassen
- Auftauen von Backwaren und Speisen
- Erhitzen von Snacks und Speisen

LF 2.1

Aufgaben

1. Erklären Sie, wie Mikrowellen Lebensmittel erhitzen.
2. Nennen Sie Vorteile durch die Erwärmung mit Mikrowellen.
3. Was passiert beim Auftreffen von Mikrowellen auf
   - Glas, Porzellan, Kunststoff, Keramik, Holz und Papier,
   - Metalle,
   - Lebensmittel und Wasser?
4. Warum werden im Mikrowellengerät nur Lebensmittel und Wasser erwärmt und nicht die Gefäße, in denen sie sich befinden?
5. Nennen Sie Verwendungsmöglichkeiten des Mikrowellengeräts in der Konditorei und im Café.
6. Informieren Sie sich über die verschiedenen Leistungsstufen (Wattstufen) der Mikrowellengeräte und wofür sie jeweils geeignet sind. Stellen Sie Ihre Ergebnisse in einer Tabelle zusammen.

24

Getränke

Situation

Sie helfen im Café am Büfett mit und richten für die Bedienungen die Getränke her.

- Welche Kaffeegetränke werden im Konditorei-Café angeboten?
- Was ist Tee und wie wirken die Inhaltsstoffe des Tees nach dem Ziehen?
- Wie werden Trinkschokolade und Eisschokolade hergestellt und was sind Milchmixgetränke und Milchshakes?
- Wie unterscheiden sich Erfrischungsgetränke?
- Welche Biere werden im Café angeboten und wie unterscheiden sie sich?
- Wie unterscheiden sich Weine nach den Rebsorten und nach den Qualitätsstufen?
- Was versteht man unter Sekt?
- Was sind Spirituosen und wie werden sie eingeteilt?

24.1 Kaffee und Kaffeegetränke

Kaffee ist das meistgetrunkene und beliebteste Getränk in Deutschland. Es ist wegen der anregenden Wirkung ein ideales Frühstücksgetränk und das hervorragende Aroma passt besonders gut zu Erzeugnissen der Konditorei. Deshalb spricht man bei Feinen Backwaren und Torten von Kaffeegebäcken, obwohl sie auch zu anderen Getränken gegessen werden.

Kaffee

Sorten der Kaffeebohnen

- **Kaffee Arabica** sind Kaffeebohnen bester Qualität. Sie besitzen ein besonders feines und starkes Kaffeearoma. Die feine Säure ergibt einen abgerundeten Kaffeegeschmack.
- **Kaffee Robusta** sind Kaffeebohnen von geringerer Qualität. Sie haben weniger Kaffeearoma, jedoch einen kräftigen Geschmack wegen des höheren Säuregehalts.

Anbaugebiete

Die Anbaugebiete des Kaffees liegen in den tropischen Zonen des Äquators von Süd- und Mittelamerika über Afrika bis nach Asien.

Kaffeebohnen Arabica

Inhaltsstoffe des Kaffees

Die Aromastoffe sind beim Kaffee besonders intensiv und regen zum Trinken an. Auch die anregende Wirkung auf den Körper tritt bald nach dem Trinken ein.

Inhaltsstoffe	Wirkungen im Körper
Koffein Kaffee enthält 1,5 bis 2 % Koffein	• Koffein ist geruchlos und schmeckt etwas bitter. • Es regt die Herztätigkeit an und fördert somit die Durchblutung, sodass der Blutdruck steigt. • Auch das zentrale Nervensystem wird angeregt. Der Körper und das Gehirn werden deshalb leistungsfähiger. Beim Trinken von Kaffee wirkt das Koffein in kürzester Zeit, die Wirkung lässt jedoch schnell wieder nach.
Gerbsäuren Kaffee enthält ca. 3,5 % Gerbsäuren	Sie regen die Bildung der Verdauungssäfte an und fördern somit die Verdauung. Dabei wird mehr Salzsäure im Magen gebildet, was bei empfindlichen Menschen zu Magenbeschwerden führt.
Ätherische Öle Kaffee enthält ca. 12,5 % ätherische Öle	Ätherische Öle sind die hauptsächlichen Aromageber des Kaffees. Sie verflüchtigen sich im Kaffee und sorgen so für einen intensiven Geruch und Geschmack.

Brühmethoden

Kaffeeautomat

In den Kaffeeautomaten werden alle Kaffeegetränke auf Knopfdruck frisch aufgebrüht und bei gleichbleibend hochwertiger Qualität hergestellt. Kaffeegetränke können mit zwei verschiedenen Brühmethoden zubereitet werden.

Überbrühen

Im Kaffeeautomat wird frisches kaltes Wasser auf ca. 90 °C erhitzt (bei 100 °C gehen Aromastoffe verloren) und auf das Kaffeepulver gegossen. Während das heiße Wasser durch das Kaffeepulver läuft, lösen sich die Inhaltsstoffe, sodass aromatischer, heißer Kaffee in die Tasse läuft.

Wasserdampfdruck (Espressomethode)

Frisches kaltes Wasser wird gekocht. Der entstehende Wasserdampf wird unter starkem Druck durch das Kaffeepulver gepresst. Die Inhaltsstoffe des Kaffeepulvers lösen sich im Wasserdampf, der abkühlt und als Kaffee in die Tasse läuft.

Durch den kurzen Kontakt beim Durchpressen des Wasserdampfs durch das Kaffeepulver lösen sich nicht so viel Gerbsäuren und Bitterstoffe im Wasser, sodass Espresso gut bekömmlich ist.

Espressobohnen

• Die Kaffeebohnen für Espresso werden stärker geröstet. Dadurch erhalten sie einen kräftigeren, leicht bitteren Geschmack.
• Espressobohnen eignen sich für beide Brühmethoden.
• Espressobohnen zum Überbrühen mit Wasserdampfdruck werden sehr fein gemahlen. Der Wasserdampf kann somit leicht die Inhaltsstoffe lösen.

Löslicher Kaffee

Löslicher Kaffee, auch als Instantkaffee oder Kaffeeextrakt bezeichnet, ist pulverförmig oder gekörnter Kaffee, der sich im heißen Wasser sofort auflöst. Er wird hauptsächlich als Automatenkaffee verwendet.

Löslicher Kaffee

Mokkaaroma

Wird löslicher Kaffee mit nur etwas Wasser aufgelöst, kann dieser besonders starke Kaffee als Mokkaaroma anstatt einer Mokkapaste für Cremes und Schlagsahne verwendet werden.

Entkoffeinierter Kaffee

Der Koffeingehalt darf höchstens 0,1 % betragen, sodass die anregende Wirkung des Kaffees fehlt. Auch entkoffeinierter Kaffee besitzt noch das volle Aroma. Er eignet sich vor allem für Herzkranke und Menschen mit Bluthochdruck.

LF 2.1

Kaffeepulvermenge für Kaffeegetränke

Je mehr Kaffeepulver für eine Tasse des Kaffeegetränks verwendet wird, desto „stärker" ist der Kaffee, d. h. desto koffeinhaltiger ist der Kaffee und kräftiger ist der Geschmack.

Gute Kaffeequalitäten werden mit folgenden Kaffeepulvermengen erzielt:
- 1 Tasse Kaffee: 150 ml = 7 bis 8 g Kaffeepulver
- 1 Tasse Espresso: 40 ml = 6 bis 7 g Espressopulver
- Espresso für Cappuccino und Latte macchiato: 150 ml = 7 bis 8 g Espressopulver

Tasse Kaffee

Kaffeegetränke

Name des Kaffees	Besonderheit
Tasse Kaffee, Portion Kaffee	• Kaffeetasse mit 150 ml • große Kaffeetasse mit 200 ml • Portion Kaffee mit 300 ml für zwei Tassen • Kaffee mit Zucker und Kaffeesahne bzw. Schlagsahne servieren.
Cappuccino (wörtlich: Kapuze aus Milchschaum)	• Cappuccinotasse mit 200 ml • Espresso mit Milchschaum (aufgeschäumte Milch) obenauf • Auf den Milchschaum etwas Kakaopulver streuen.
Milchkaffee oder Melange (sprich: Melasch)	• große Kaffeetasse mit 200 ml • halb heißer Kaffee und halb heiße Milch

Latte macchiato	• Kaffeeglas mit 200 ml
	• unten: heiße Milch
	  Mitte: Espresso
	  oben: aufgeschäumte Milch

Espresso	starker Espresso in einer Espressotasse mit 40 ml
Eiskaffee	• hohes vorgekühltes Glas (Eiskaffeeglas) • zwei Kugeln Vanilleeis • das Glas mit kaltem Kaffee füllen • obenauf eine Schlagsahnehaube • Sahne mit Schokostreusel bestreuen

Tasse Espresso

Cappuccino

Latte macchiato

Eiskaffee

LF 2.1

Aufgaben

1 Nennen Sie die zwei Qualitäten der Kaffeebohnen und beschreiben sie die Qualitäten.

2 Zählen Sie die drei hauptsächlichen Inhaltsstoffe des Kaffees auf und erläutern Sie deren Wirkungen im Körper.

3 Erklären Sie die Brühmethoden:
- Überbrühen
- Wasserdampfdruck (Espressomethode)

4 Wodurch unterscheiden sich Espressobohnen von Kaffeebohnen?

5 Wie kann mit Kaffee Mokkaaroma für Cremes und Schlagsahne hergestellt werden?

6 Nennen Sie die Menge Kaffeepulver für
- 1 Tasse Kaffee mit 150 ml,
- 1 Tasse Espresso mit 40 ml,
- 150 ml Espresso für Cappuccino und Latte macchiato.

7 Beschreiben Sie folgende Kaffeegetränke:
- Tasse Kaffee
- Portion Kaffee
- Cappuccino
- Latte macchiato
- Milchkaffee (Melange)
- Espresso
- Eiskaffee

8 Kaffeegetränke werden oft mit einem kleinen Gebäckstück serviert. Überlegen Sie, welche Gebäcke sich dafür eignen.

Rechenaufgaben

1 Berechnen Sie den Kaffeeverbrauch in kg und den Wasserverbrauch in l, wenn im Café 72 Tassen mit je 8 g Kaffeepulver und $\frac{1}{8}$ l Wasser hergestellt werden.

2 In der Getränkekarte ist eine Portion Kaffee (2 Tassen) für 3,80 € angegeben, die aus folgenden Zutaten hergestellt wird:

16 g Kaffeepulver   9,90 €/kg
20 g verpackter Zucker   2,00 €/kg
30 g Kaffeesahne   4,35 €/kg

a) Berechnen Sie die Materialkosten für eine Portion Kaffee.

b) Ermitteln Sie den Kalkulationsfaktor (runden Sie auf ganze Prozent ab).

c) Berechnen Sie mit dem ermittelten Kalkulationsfaktor den Verkaufspreis einer Tasse Espresso in €, bei der der Materialpreis 11 Cent beträgt.

24.2 Tee

> Unter dem Begriff „Tee" versteht man nur das Getränk aus den jüngsten und feinsten Blättern des Teestrauchs aus tropischen und subtropischen Gebieten.

Hauptsächliche Teeanbauländer sind
- Indien: Assam Tee und Darjeeling Tee,
- Sri Lanka: Ceylon-Tee,
- China: hauptsächlich grüner Tee,
- Indonesien und Afrika.

Teeblätter

Teesorten

Schwarzer Tee

Die Teeblätter werden nach der Ernte fermentiert. Bei der Fermentation oxidiert der Zellsaft der Teeblätter mit dem Sauerstoff der Luft und Enzyme bauen den Zellsaft ab und verändern ihn. Dabei entwickeln sich ätherische Öle und die grünen Blätter verfärben sich dunkel bis schwarz.

Grüner Tee

Beim grünen Tee werden die Teeblätter getrocknet, jedoch nicht fermentiert. Die getrockneten Blätter sind dunkelgrün, was einen hellen Aufguss von grünem Tee ergibt.

Grüner Tee enthält etwas mehr Gerbstoffe und Koffein als schwarzer Tee und schmeckt deshalb herber und ist anregender.

Schwarzer Tee und grüner Tee

LF 2.1

Aromatisierter schwarzer Tee

Schwarzer Tee wird mit natürlichen Früchten, Gewürzen oder ätherischen Ölen aromatisiert. Die Geschmacksrichtung wird gekennzeichnet, z. B. „aromatisierter Tee – Wildkirsche". Bei guten Qualitäten sollte das Aroma den typischen Teegeschmack nicht ganz überdecken.

Aromatisierter schwarzer Tee

Inhaltsstoffe	Wirkungen im Körper
Mineralstoffe Tee enthält 4 bis 6 % Mineralstoffe	Viele Mineralstoffe, z. B. Kalium, Mangan, Kalzium, Magnesium, Fluor, tragen zur Gesunderhaltung bei.
Ätherische Öle Tee enthält ca. 1% ätherische Öle	Ätherische Öle sind die hauptsächlichen Geruchs- und Geschmacksstoffe (Aromastoffe).

Formen der Teeblätter

Die Teeblätter sind in verschiedenen Formen im Handel:
- Blatttee: ganze oder grob gebrochene Blätter
- Fannings und Dust: feinst zerkleinerte Blätter im Teebeutel

Fannings links im Teebeutel und rechts Blatttee

Inhaltsstoffe des Tees und ihre Wirkungen

Tee belebt und beruhigt. Diese scheinbar widersprüchliche Wirkungsweise verdankt der Tee zwei einander ergänzenden Inhaltsstoffen: dem Koffein und den Gerbstoffen.

Inhaltsstoffe	Wirkungen im Körper
Koffein Tee enthält 2 bis 4 % Koffein	Koffein steigert die Durchblutung des Gehirns und stimuliert leicht das Nervensystem. Da das Koffein an die Gerbstoffe gebunden ist, geht es verzögert in das Blut über und wirkt deshalb nur leicht.
Gerbstoffe (Tannine) Tee enthält 5 bis 12 % Gerbstoffe	• Gerbstoffe geben dem Tee einen herben Geschmack. • Sie beruhigen den Magen und die Därme. Deshalb wirkt Tee bei Unwohlsein und Erkrankungen.

Kräuter- und Früchtetees

Von links oben: Kamillentee, Pfefferminztee, Rooibostee, Kräutertee, Früchtetee

Kräuter- und Früchtetees sind heimische Tees, die aus getrockneten Pflanzenteilen oder aus Kräutern und Gewürzen gewonnen werden. Sie werden als **„teeähnliche Erzeugnisse"** bezeichnet.

Pflanzenteile	Beispiele für Kräuter- und Früchtetees
Blätter	Pfefferminztee, Brennnesseltee, Melissentee
Blüten	Kamillentee, Lindenblütentee, Hibiskustee
Früchte	Hagebuttentee, Apfeltee, Malventee, Früchtetee
Kräuter, Gewürze	Kräutertee

Im Gegensatz zum Tee enthalten Früchte- und Kräutertees kein Koffein und keine Gerbstoffe. Sie enthalten aber ebenso wie Tee Mineralstoffe und ätherische Öle.

Früchte- und Kräutertees
- haben wegen der verschiedenen Pflanzenteile einen abwechslungsreichen Geschmack,
- liefern keine Energie und
- sind ideale Durstlöscher.

Lagerung von Tee sowie Kräuter- und Früchtetees
Sie sind trocken gelagert, in gut verschließbaren Behältern, fast unbegrenzt haltbar.

Teezubereitung

Tee aus hochwertigem Tee im Teebeutel zubereitet, hat keine geringere Qualität als der aus losen Blättern aufgebrühte Tee. Teebeutel sind eine bequeme Art, Tee herzustellen. Es fehlt jedoch das traditionelle Ritual der Zubereitung, das die Teekenner lieben.

- Teeglas oder dünnwandige Porzellantasse bzw. Porzellankännchen vorwärmen. So kühlt das Teegetränk nicht so schnell ab.
- Für ein Teeglas oder eine Teetasse von 200 ml werden ca. 2 g Teeblätter, das entspricht einem gehäuften Teelöffel, oder ein Teebeutel gerechnet.
- Den Tee mit frischem, sprudelnd kochendem Wasser übergießen. Mit weichem Wasser schmeckt er am besten, höchstens mittelhartes Wasser verwenden.
- Den Tee sofort nach dem Aufgießen servieren. Der Gast lässt den Tee dann nach Belieben im Wasser ziehen. Den Tee ziehen lassen heißt, dass die Teeblätter im Wasser schwimmen und in dieser Zeit die Inhaltsstoffe der Teesorten herausgelöst werden.
- Der Gast nimmt die Teeblätter oder den Teebeutel nach der Ziehzeit aus dem Tee.

Ziehzeit von Tee

Ziehzeit des schwarzen Tees
Die Ziehzeit beeinflusst die Wirkung des Tees auf den Körper sowie die Farbe und den Geschmack des Tees.

Tee nach drei Minuten und nach fünf Minuten Ziehzeit

1 Minute	
2 Minuten	Bei einer Ziehzeit von zwei Minuten hat sich das Koffein im Wasser gelöst, aber nur wenige Gerbstoffe sind gelöst. So kann das Koffein im Körper wirken. Die Geschmacks- und Farbstoffe haben sich erst teilweise gelöst.
3 Minuten	• Der Tee wirkt anregend. • Der Geschmack ist mild. • Der Tee hat eine helle Farbe.
4 Minuten	Bei vier bis fünf Minuten Ziehzeit haben sich viele Gerbstoffe gelöst, die das Koffein binden. So kann das Koffein nur schwach im Körper wirken. Die Geschmacks- und Farbstoffe haben sich im Wasser gelöst.
5 Minuten	• Der Tee wirkt beruhigend. • Der Geschmack ist kräftiger. • Die Teefarbe ist dunkler.
über fünf Minuten	Bei einer Ziehzeit über fünf Minuten wird schwarzer Tee zunehmend bitterer, da sich immer mehr Gerbstoffe im Tee lösen.

Ziehzeit der Kräuter- und Früchtetees
Kräuter- und Früchtetees sollen sechs bis zehn Minuten ziehen, damit sie das volle Aroma erreichen.

Ziehzeit und Zubereitung von grünem Tee
- Frisches Wasser kochen und auf ca. 70 °C abkühlen.
- Das abgekühlte Wasser über den grünen Tee gießen und ca. drei Minuten ziehen lassen.

Da grüner Tee mehr Gerbstoffe enthält, ist die Ziehzeit kürzer. Der grüne Tee würde bei längerer Ziehzeit unangenehm bitter schmecken.

Grüner Tee hat wegen der grünen Teeblätter und der kurzen Ziehzeit einen hellen Aufguss.

Beilagen zum Tee

Tee wird gewöhnlich mit Zucker serviert, nach Wunsch mit Kandiszucker oder Honig.
Der Gast kann zum Tee bestimmte Beilagen wählen, die den Geschmack des Tees beeinflussen, z. B. Zitrone und Milch.
Niemals in den Tee Milch und Zitrone zusammen hineingeben, weil Milcheiweiß durch die Zitronensäure gerinnt und im Tee dann die ausgeflockten Teilchen zu sehen sind.

LF 2.1

Tee mit Rum

Bei Tee mit Rum wird der Tee mit einer kleinen Portions-
flasche Rum serviert. Der Rum sollte Raumtemperatur
haben.

Tee mit Fruchtsaft

Fruchtsaftextrakt (Fruchtsaft, dem Wasser entzogen
wurde) aus Trauben-, Orangen-, Zitronen- oder Grapefruit-
saft wird in ein Glas gegeben und mit kaltem schwarzen
Tee verrührt und serviert. Tee mit Fruchtsaft wird hauptsächlich in den wärmeren Zeiten als Durstlöscher im Café
gewünscht.

Teegedeck

Aufgaben

1. Was versteht man unter dem Begriff „Tee"?
2. Geben Sie die hauptsächlichen Anbaugebiete von Tee an.
3. Nennen Sie die zwei Teesorten und unterscheiden sie diese.
4. Nennen Sie die zwei Blattgrade der Teeblätter, wie sie im Handel angeboten werden.
5. Nennen Sie die Inhaltsstoffe des Tees und beschreiben Sie deren Wirkungen im Körper.
6. Erklären Sie Kräuter- und Früchtetees und geben Sie Bespiele für Teesorten aus folgenden Pflanzenteilen:
   • Blätter
   • Blüten
   • Früchte
   • Kräuter und Gewürze
7. Geben Sie Auskunft über die Lagerfähigkeit von Tee sowie Kräuter- und Früchtetees.
8. Beschreiben Sie die Teezubereitung in Bezug auf
   • Material des Teegeschirrs,
   • Teemenge,
   • Wasser.
9. Erklären Sie die Auswirkungen folgender Ziehzeiten beim schwarzen Tee:
   • zwei bis drei Minuten
   • vier bis fünf Minuten
   • über fünf Minuten
10. Wie lange sollten Kräuter- und Früchtetees ziehen?
11. Erklären Sie die Zubereitung von grünem Tee.
12. Nennen Sie Beilagen, die zum Tee serviert werden.
13. Sie sollen eine informative Teekarte erstellen. Dafür beschreiben Sie die Unterschiede der zwei Teesorten und deren Zubereitung sowie den Geschmack und die Wirkung des Tees. Stellen Sie auch ein Angebot an Kräuter- und Früchtetees zusammen.

LF 2.1

Rechenaufgaben

1. 3 kg eines Tees zu 14,10 €/kg werden mit einem anderen Tee zu 7,60 €/kg gemischt. Die Mischung soll 10 €/kg kosten.
   a) Ermitteln Sie das Mischungsverhältnis.
   b) Berechnen Sie, wie viel kg der geringeren Qualität verwendet werden müssen.
2. Drei Teesorten werden zu einer Mischung zusammengestellt. Teesorte 1 kostet 2,32 €/100 g, Teesorte 2 kostet 2,16 €/100 g und Teesorte 3 kostet 1,24 €/100 g. Wie viel g Tee zu welchem Preis müssen von jeder Sorte verwendet werden, damit 250 g der Teemischung zum Preis von 5,10 € angeboten werden können?
3. Eine Portion Tee kostet im Café 3,10 €. Errechnen Sie die Materialkosten, wenn der Gesamtzuschlag 650 % beträgt.
4. 1 kg Zitronen kosten 2,80 €. Die Konditorei kauft für das Café 5 kg unbehandelte Zitronen als Beilage für den Tee zu einem Preis von 20,30 €.
   a) Um wie viel € sind 5 kg der unbehandelten Zitronen teurer als behandelte Zitronen?
   b) Berechnen Sie, um wie viel % die unbehandelten Zitronen teurer sind.

24.3 Milchgetränke

Trinkschokolade (heiße Schokolade)

Trinkschokolade

Für Trinkschokolade, auch heiße Schokolade genannt, wird Milch erhitzt und darin Schokolade verrührt, sodass der Schokoladengeschmack dominiert.

Herstellung

- Eine große Tasse für 200 ml anwärmen.
- 200 ml heiße Milch mit ca. 15 g löslichem Schokoladenpulver verrühren. Statt Schokoladenpulver kann auch 30 g Bitterschokolade verwendet werden.
- Auf die Trinkschokolade eine Schlagsahnehaube spritzen und darauf Schokoladenspäne streuen. Die Tasse heiße Schokolade auf einer Untertasse mit kleinem Löffel und Zucker servieren.

Eisschokolade

Eisschokolade

Eisschokolade ist Trinkschokolade mit Vanilleeis.

- Ein hohes Glas kühlen.
- In das gekühlte Glas zwei Kugeln Vanilleeis geben.
- Das Glas mit kalter Trinkschokolade füllen.
- Eine Schlagsahnehaube aufspritzen und diese mit Schokoladenspänen oder Kakaopulver bestreuen bzw. mit Schokoladensoße überspritzen.
- Eisschokolade auf einem Unterteller mit Trinkhalm und langstieligem Eislöffel servieren.

Milchmixgetränke

Milchmixgetränke sind Milcherzeugnisse, die mit Früchten gemixt werden. Als Milcherzeugnisse werden verwendet:

- Milch (Vollmilch)
- Buttermilch
- Sauermilch
- Joghurt

Rezeptbeispiel: Bananenmilch (Erdbeermilch)

200 ml Milch
160 g Bananen (Erdbeeren)
1 Spritzer Zitronensaft

- Bananen (Erdbeeren) in kleine Stücke schneiden und mit dem Zitronensaft mit einem Pürierstab oder Mixgerät fein zu Mus pürieren.
- Die Milch auf die Bananen (Erdbeeren) gießen und mit dem Pürierstab bzw. im Mixgerät fein mixen.

Zutaten für Erdbeermilch   *Erdbeermilch*

Rezeptbeispiel: Aprikosen-Buttermilch

200 ml Buttermilch
160 g Aprikosen, entsteint
15 g Zitronensaft
Zucker als Beilage

- Die Aprikosen zerkleinern und mit Zitronensaft sowie etwas Buttermilch mit dem Pürierstab oder Mixgerät fein pürieren.
- Die restliche Buttermilch dazugeben und nochmals mixen.

Milchshakes

Milchshakes sind Milchmixgetränke mit zusätzlich Speiseeis. Das Speiseeis sollte zu den Früchten geschmacklich und farblich passen.

Rezeptbeispiel: Erdbeermilchshake

200 ml Milch
150 g Erdbeeren
100 g Erdbeereis

- Erdbeeren pürieren.
- Milch, pürierte Erdbeeren und Erdbeereis mit einem Pürierstab oder im Mixgerät mixen.

LF 2.1

Grundsätze bei der Herstellung und beim Servieren

Bei der Herstellung und beim Servieren von Milchmix-getränken und Milchshakes gelten folgende Regeln:

- Nur frische und reife Früchte verwenden. Nur reife Früchte haben den vollen Geschmack.
- Gut gekühlte Milch verwenden und die Getränke gut gekühlt servieren.
- Milchmixgetränke und Milchshakes in schöne Fruchtsaftgläser oder Stielgläser geben.
- Die Getränke mit einem Trinkhalm und langstieligem Löffel servieren.

Aufgaben

1. Beschreiben Sie die Herstellung von
   - Trinkschokolade (heiße Schokolade),
   - Eisschokolade.
2. Welche Milcherzeugnisse können für Milchmix-getränke verwendet werden?
3. Geben Sie die Rezeptur und die Herstellung eines Milchmixgetränks an, z. B. von Bananenmilch.
4. Erklären Sie Milchshakes.
5. Nennen Sie ein Rezept eines Milchshakes und beschreiben Sie die Herstellung, z. B. Erdbeer-milchshake.
6. Beschreiben Sie die Grundsätze bei der Herstellung und beim Servieren von Milchmix-getränken und Milchshakes.
7. Stellen Sie ein Kakaogetränk mit 200 ml erhitzter Milch und 12 g Kakaopulver her. Vergleichen Sie das Kakaogetränk geschmack-lich mit der Trinkschokolade und erklären Sie dann, warum im Café hauptsächlich Trink-schokolade statt Kakaogetränk bestellt wird.

Rechenaufgaben

1. Ein Glas Aprikosenbuttermilch wird aus 125 ml Buttermilch, 70 g entsteinten Aprikosen und 5 g Zitronensaft hergestellt. Wie viel g werden von jeder Zutat benötigt, wenn insgesamt 3,2 l von die-sem Getränk hergestellt werden sollen (1 ml ≙ 1 g)?
2. 1 Glas Bananenmilchshake enthält 200 ml Milch. Die Milch wird mit 80 % Bananen und mit 50 ml Bananeneis, von der Milch berechnet, gemixt. Berechnen Sie, wie viel l Milch und Bananeneis sowie wie viel kg Bananen für 28 Gläser benötigt werden (1 ml ≙ 1 g).

24.4 Erfrischungsgetränke

Alkoholfreie Erfrischungsgetränke dienen nicht nur als Durstlöscher oder Getränke zu Speisen, sie sind auch we-gen des vielseitigen und guten Geschmacks beliebt.

> **Bestimmungen der Leitsätze**
> Erfrischungsgetränke sind Getränke ohne Alkohol.

Verschiedene Fruchtsäfte

Fruchtgetränke

Fruchtsaftgehalt verschiedener Getränke

Fruchtsäfte
Fruchtsäfte bestehen zu 100 % aus Früchten, z. B. Apfel-, Orangen-, Traubensaft.

Gemüsesäfte bestehen zu 100 % aus reinem Saft von Ge-müsesorten, z. B. Tomaten- und Karottensaft.

Fruchtschorle
Fruchtschorle ist eine Mischung aus Fruchtsaft und Mine-ralwasser, auch Trinkwasser ist erlaubt, z. B. Apfelsaft-schorle, Kirschsaftschorle.

Fruchtnektare
Fruchtnektar enthält 25 bis 50 % Fruchtsaft oder Frucht-mark, der Rest ist Wasser und Zucker (höchstens 20 % Zu-cker im Fruchtnektar).

Der vorgeschriebene Fruchtanteil in den Fruchtnektaren ist wegen des unterschiedlichen Säuregehalts verschieden. Der Fruchtgehalt muss auf dem Etikett in Prozent angegeben werden.

Fruchtsaftgetränke

Fruchtsaftgetränke enthalten 6 bis 30 % Fruchtsaft, der Rest ist Wasser und Zucker. Die verwendeten Früchte bestimmen den Mindestfruchtsaftgehalt:

- Kernobst: 30 %
- Zitrusfrüchte: 6 %
- alle anderen Früchte: 10 %

Um den Fruchtgehalt geschmacklich zu verstärken, enthalten Fruchtsaftgetränke auch Aromaextrakte und/oder natürliche Aromen der Früchte.

Limonaden

Limonaden sind süße, gezuckerte und kohlensäurehaltige Getränke mit geringem Fruchtsaftanteil. Sie bestehen aus natürlichen Stoffen:

- Wasser mit Kohlensäure
- Zucker, mindestens 7 % vom Gewicht der Limonade
- 3 bis 15 % Fruchtsaft (die Hälfte der Fruchtsaftgetränke)
- Aromaextrakte und/oder natürliche Aromastoffe
- Zitronensäure

Cola ist eine koffeinhaltige Limonade, die durch die Zugabe von Zuckercouleur die dunkle Farbe erhält.
Spezi ist eine Mischung aus halb Orangenlimonade und halb Cola.

Kalorienreduzierte Fruchtgetränke

Es sind Erfrischungsgetränke, die statt Zucker Süßstoff enthalten, z. B. Light-Getränke.

Natürliches Mineralwasser

Mineralwasser ist Wasser mit vielen verschiedenen Mineralstoffen.

Gewinnung von Mineralwasser

Wasser, das aus der Quelle kommt, ist mit Mineralstoffen aus dem Boden angereichert. Dieses reine Mineralwasser wird direkt am Quellort in Flaschen abgefüllt.
Mineralwässern dürfen keine Stoffe zugegeben oder entnommen werden, außer Kohlensäure. Deshalb unterscheidet man:

- **kohlensäurehaltiges Mineralwasser**, das eine erfrischende Wirkung hat,
- **kohlensäureloses Mineralwasser**, das magenverträglicher ist.

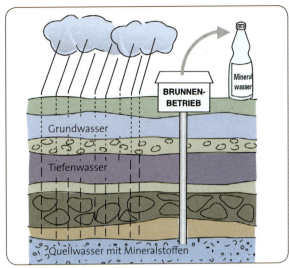

Entstehung des Mineralwassers

Eignung von Mineralwasser

- Das kalorienlose (joulelose) Mineralwasser ist der ideale Durstlöscher, da kein Zucker enthalten ist.
- Wegen der vielen gesunden Mineralstoffe ist Mineralwasser ein fester Bestandteil der gesunden Ernährung sowie bei einer Diät und beim Sport.
- Mineralwasser wird auch zum Verdünnen von Getränken verwendet, z. B. für Apfelsaft- und Weinschorle.

Servieren von Mineralwasser

Bei Mineralwasser ist es gesetzlich vorgeschrieben, das Glas mit der Originalflasche auf einem Tablett zu servieren, damit der Gast sicher ist, kein Tafelwasser oder Leitungswasser zu erhalten. Die Flasche wird erst am Tisch des Gastes geöffnet.

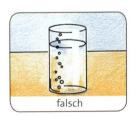

falsch   richtig

Mineralwasser muss mit der Flasche serviert werden

Getränketemperatur aller Erfrischungsgetränke beim Servieren

Grundsätzlich werden alkoholfreie Erfrischungsgetränke aus dem Kühlschrank heraus kühl serviert, mit 7 bis 10 °C. Eiswürfel können an heißen Tagen für Erfrischungsgetränke angeboten werden. Sie werden nur auf Wunsch des Gastes in die Getränke gegeben, da sie diese etwas verwässern.

LF
2.1

Aufgaben

❶ Was versteht man nach den Bestimmungen der Leitsätze unter Erfrischungsgetränken?

❷ Erklären Sie folgende Fruchtgetränke:
- Fruchtsäfte
- Gemüsesäfte
- Fruchtschorle, z.B. Apfelsaftschorle
- kalorienreduzierte Fruchtgetränke
- Fruchtnektare
- Limonaden
- Colas

❸ Erklären Sie Mineralwasser und deren Gewinnung.

❹ Wofür eignet sich Mineralwasser besonders gut?

❺ Wie müssen Mineralwässer serviert werden?

❻ Nennen Sie die Servier- und Trinktemperatur aller Erfrischungsgetränke.

❼ Ihre Konditorei will ein Café eröffnen. Sie sollen für die Getränkekarte die Erfrischungsgetränke zusammenstellen. Es sollen vier Fruchtsäfte, zwei Gemüsesäfte, zwei Fruchtsaftschorlen, vier Limonaden und drei Mineralwässer mit unterschiedlichem Kohlensäuregehalt angeboten werden.

Rechenaufgaben

❶ Orangensaft wird im Café frisch gepresst angeboten. Die Konditorei kauft die Orangen für 2,10 € je kg ein. Beim Pressen der Orangen entsteht ein Verlust von 40 %. Berechnen Sie den Materialpreis für ein Glas mit 0,2 l Orangensaft (1 l entsprecht 1 000 g).

❷ Der Lieferant bietet Tomatensaft in 0,7-l-Flaschen zu 0,65 € und 1-Liter-Packungen zu 0,90 € an. Welches ist das günstigere Angebot?

❸ In der Getränkeindustrie werden 1¼ hl Orangenlimonade hergestellt. Die Limonade setzt sich wie folgt zusammen: 7 % Zucker, 3 % Orangensaft, 0,5 % Aromastoffe und Zitronensäure. Der Rest ist Wasser.
   a) Wie viel hl Wasser werden für die Orangenlimonade verarbeitet?
   b) Berechnen Sie den Zuckergehalt in kg.
   c) Ermitteln Sie, wie viel l Orangensaft zugegeben werden.
   d) Wie viel g Aromastoffe und Zitronensäure sind in der Orangenlimonade?

24.5 Biere

Bierrohstoffe

Bier – ein natürliches Getränk

Obwohl das Reinheitsgebot von 1516 nicht mehr rechtskräftig ist, wird in Deutschland das Bier noch häufig nach dem ältesten Lebensmittelgesetz gebraut, das nur die vier genannten Zutaten für Bier erlaubt: Malz, Hopfen, Hefe und Wasser.

Malz = gekeimtes Getreide, wobei durch den Stärkeabbau Malzzucker entsteht	Gibt dem Bier einen malzigen Geschmack (leicht süß schmeckend). Für Bier wird Malz aus Gerste verwendet, für Weißbier (Weizenbier) Gerste und Weizen.	
Hopfen	Wirkungen von Hopfen im Bier: • gibt den feinen bitteren Biergeschmack • festigt den Bierschaum • hat eine beruhigende, ermüdende Wirkung nach dem Trinken	
Hefe	Vergärt den Zucker des Malzes in Alkohol und Kohlenstoffdioxid (daraus entsteht im Bier Kohlensäure).	
Wasser	Die Wasserqualität ist entscheidend für die Bierqualität.	

Biergeschmack

- Von einem „malzigen Bier" spricht man, wenn der Malzgeschmack zur Geltung kommt. Malzige Biere sind leicht süß schmeckend.
- Bei „hopfigen Bieren" überwiegt der Hopfengeschmack. Das Bier hat einen feinen, leicht bitteren Geschmack.

Biersorten

In Deutschland gibt es eine große Biervielfalt. Zu den üblichen Biersorten gibt es noch regional weitere Bierspezialitäten, z. B. Altbier, Kölsch, Rauchbier.

Ein „Radler" oder „Alsterwasser" ist halb helles Bier und halb weiße Limonade.

Biersorten	Typisches
• Helles Bier • Export	neutraler Biergeschmack, nicht zu malzig, nicht zu hopfig
Dunkles Bier	malziger Biergeschmack
Pils	feinbitterer Hopfengeschmack mit stabilem Bierschaum
Weißbiere (Weizenbiere) • Hefeweißbier • Kristall-weizenbier • Dunkles Weißbier • Berliner Weiße	Weißbiere haben einen hohen Kohlensäureanteil; • mit leichtem Hefearoma • klares hefefreies Weizenbier mit Zitronenscheibe im Glas • leicht malzig, mit leichtem Hefearoma • leichtes, alkoholarmes Weißbier mit Himbeer- oder Waldmeister-sirup
Starkbier oder Bockbier genannt, Doppel-bockbiere	dunkle, malzhaltige Biere mit kräftigem Malzgeschmack und hohem Alkoholgehalt

Biersorten nach dem Alkoholgehalt	Alkoholgehalt
Helles Bier, dunkles Bier, Pils, Export, Weißbiere (Weizenbiere)	ca. 5 % vol
Leichtes Bier	ca. 2,5 % vol
Alkoholfreies Bier	höchstens 0,5 % vol
Starkbier, Bockbier, Doppelbock (erkennbar an der Namensendung „ator")	über 6 % vol

Biergläser

Nur im richtigen Bierglas kann sich der Biergeschmack entfalten und die appetitliche Schaumkrone bilden. Im schmalen Tulpenglas mit Stiel für Pils stabilisiert sich der Schaum. Im Weißbierglas (Weizenbierglas) soll die erfrischende Kohlensäure des Weißbiers, die auch den Schaum aufrecht hält, lange erhalten bleiben. In dem hohen Weißbierglas hat die Kohlensäure, wie beim Sekt, einen weiten Weg, bis sie entweichen kann. Fein wirken kleine Stielgläser, die mit Bierflaschen mit 0,33 l Inhalt serviert werden. So kann der Gast selbst nach Belieben nachschenken.

Typische Biergläser

> **!** Biergläser müssen vollkommen fett- und spülmittelfrei gespült sein, da sonst der Schaum zusammenfällt und die Biere unappetitlich aussehen.

Biertemperatur

Biere werden dunkel und kühl im Kühlschrank/Kühlraum bei 6 bis 10 °C gelagert.

Unmittelbar vor dem Servieren wird Bier aus dem Kühlschrank genommen, da die ideale Trinktemperatur 8 bis 10 °C beträgt.

Zu kaltes Bier	Zu warmes Bier
• verliert an Aroma • schäumt nicht richtig	• schmeckt schal • erfrischt nicht, da die Kohlensäure sofort entweicht • schäumt stark beim Einschenken, wobei sich der Schaum nicht lange hält

LF 2.1

Servieren von Bier

- Gläser mit Fuß, z. B. Stielgläser, werden mit einer Papiermanschette versehen, um ablaufende Flüssigkeit aufzufangen.
- Bei Bier in Flaschen, z. B. Pils, wird die Bierflasche mit dem Glas serviert und etwas Bier als Servicegeste in das Glas eingeschenkt.
- Die Bierflasche steht grundsätzlich mit dem Etikett zum Gast. Ist ein Brauereiaufdruck auf dem Bierglas, so ist auch dieser dem Gast zugewandt.

Aufgaben

1. Nennen Sie die vier Rohstoffe von Bier.
2. Erklären Sie, was man unter „Malz", das für die Bierherstellung verwendet wird, versteht.
3. Welches Malz wird für Bier und welches für Weißbier (Weizenbier) verwendet?
4. Welchen geschmacklichen Einfluss hat Malz auf das Bier?
5. Nennen Sie die drei Wirkungen von Hopfen im Bier.
6. Welche Aufgabe erfüllt die Hefe bei der Bierherstellung?
7. Beschreiben Sie den Biergeschmack von malzigen und hopfigen Bieren.
8. Nennen Sie bekannte Biersorten und geben Sie die typischen Merkmale an.
9. Was versteht man unter „leichtem Bier" und „alkoholfreiem Bier"?
10. Beschreiben Sie, warum Biergläser besonders fett- und spülmittelfrei gespült werden müssen.
11. Erklären Sie, wo Biere gelagert werden und bei welcher Temperatur sie am besten schmecken.
12. Beschreiben Sie der neuen Auszubildenden, wie Biere im Glas und Biere in Flaschen serviert werden.

Rechenaufgaben

1. Ein Café schenkt Bier aus einem 50-Liter-Fass aus. Es werden 110 Biergläser mit 0,3 l und 60 Gläser mit 0,25 l gezapft. Berechnen Sie den Schankverlust des Biers in %.
2. Ein Café bietet Pils vom Fass an und hat 4 Fässer mit je 30 l ausgeschenkt. Ermitteln Sie, wie viele Biergläser von 0,3 l ausgeschenkt wurden, bei einem Verlust beim Einschenken von 4,5 %.

3. Eine Flasche Pils wird im Café für 2,80 € angeboten. Der Konditoreibetrieb rechnet mit 230 % Betriebskosten, 55 % Gewinn und der gesetzlichen Mehrwertsteuer von 19 %.
   Wie hoch sind die Materialkosten für einen Kasten Pils mit 20 Flaschen?
4. Eine Brauerei beliefert ein Konditorei-Café mit 3 Fässern Bier mit insgesamt 90 l für 118,80 €.
   a) Wie hoch ist der Einkaufspreis für 1 hl Bier?
   b) Ermitteln Sie, wie viele Biergläser von 0,3 l bei einem Ausschankverlust von 3,5 % aus den 3 Fässern ausgeschenkt werden können (runden Sie auf ganze Gläser ab).
   c) Berechnen Sie den Umsatz, wenn ein Glas Bier 2,40 € kostet.
   d) Mit welchem Gesamtzuschlag auf den Materialpreis rechnet der Konditoreibetrieb?
5. Das Pils, das im Konditorei-Café ausgeschenkt wird, besitzt 5,1 % vol Alkohol. Berechnen Sie den Volumenalkoholgehalt in ml von einer Flasche Pils mit 0,33 l Volumen.

24.6 Weine und Schaumweine

Weine

Das Getränk aus dem vergorenen Saft der Weintrauben wird als Wein bezeichnet.

Weine haben Charakter, behaupten Weinkenner. Die vielen Rebsorten und die unterschiedlichsten Anbaugebiete in Deutschland und im Ausland ergeben Weine mit den verschiedensten Geschmacksrichtungen und Qualitäten. Der Umgang mit Weinen erfordert daher zumindest ein fundiertes Grundwissen der Konditoren, vor allem im Café und bei der Verarbeitung z. B. für Weinsahne und -creme.

Weinarten

Der Most der Weintrauben, das ist der Saft der Weintrauben, wird zu Wein vergoren. Dabei vergärt die Hefe den Zucker des Traubensafts zu Kohlenstoffdioxid und vor allem zu Alkohol.

- **Weißwein:** aus Weißweintrauben (helle Weintrauben)
- **Rotwein:** aus Rotweintrauben (rote/blaue Weintrauben)
- **Roséwein:** aus Rotweintrauben
- **Rotling:** aus einem Verschnitt von Weiß- und Rotweintrauben

LF 2.1

Helle Trauben

Rote bzw. blaue Trauben

Rotwein, Roséwein, Weißwein

Beim Rotwein werden die Farbstoffe aus den Schalen der roten und blauen Weintrauben gelöst, sodass aus dem hellen Traubensaft ein roter Wein entsteht.

Beim Roséwein werden die Schalen der roten und blauen Weintrauben vor der Gärung entnommen, damit nur eine leicht rötliche Farbe entsteht.

Rebsorten

Weintrauben wachsen an Weinstöcken, auch Rebstöcke genannt. Die Weintraubensorten werden als Rebsorten bezeichnet.

Rebsorten für Weißwein helle Weintrauben	Rebsorten für Rotwein und Roséwein rote bzw. blaue Weintrauben
• Müller-Thurgau	• Spätburgunder
• Riesling	• Blauer Portugieser
• Silvaner	• Trollinger
• Kerner	• Lemberger
• Scheurebe	• Schwarzriesling
• Bacchus	

Qualitätsstufen deutscher Weine

- **Tafelwein** ist einfacher Wein ohne Qualitätsprüfung. **Landwein** gehört zum Tafelwein, ist jedoch von gehobener Qualität, bei dem die geografische Herkunft auf dem Etikett stehen muss.
- **Qualitätswein bestimmter Anbaugebiete** (Qualitätswein b. A.)
- **Qualitätswein mit Prädikat** ist Wein mit hohen Anforderungen bei der Qualitätsprüfung.

Die Güteklassen ausländischer Weine werden ähnlich in die drei deutschen Kategorien eingeteilt, jedoch in der entsprechenden Landessprache gekennzeichnet, z. B. für Qualitätsweine
- in Frankreich: AOC (Appellation d´Origine Contrôlée),
- in Italien: DOCG (Denominazione di Origine Controllata e Garantita).

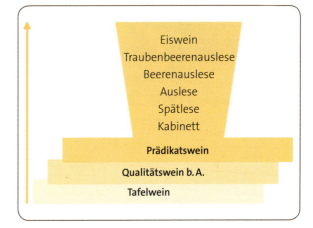

Eiswein
Traubenbeerenauslese
Beerenauslese
Auslese
Spätlese
Kabinett

Prädikatswein

Qualitätswein b. A.

Tafelwein

Qualitätsstufen deutscher Weine

Qualitätsweine und Qualitätsweine mit Prädikat müssen aus einem der 13 anerkannten Weinanbaugebiete stammen. Diese Weine unterliegen einer amtlichen Qualitätsprüfung und erhalten dann eine amtliche Prüfnummer, die auf dem Flaschenetikett angegeben ist.

Je höher das Prädikat der Qualitätsweine, desto höher ist der vorgeschriebene Zuckergehalt der Weintrauben. Die Trauben hängen deshalb länger an den Reben und desto später ist die Lesezeit (Erntezeit).

Durch die lange Reifezeit an den Reben erhalten die Weintrauben einen höheren Zuckergehalt, der als Mostgewicht bezeichnet wird. Durch den hohen Zuckergehalt kann die Hefe bei der Gärung viel Alkohol bilden und es bleibt anschließend noch ein hoher Restzuckergehalt übrig. Je höher das Prädikat der Weine, desto alkoholhaltiger und süß schmeckender sind die Weine.

Eiswein

Beim Eiswein müssen die Weintrauen bei der Lese und dem Keltern (Auspressen der Weintrauben) gefroren sein. Eiswein ist Prädikatswein der Beerenauslese oder Trockenbeerenauslese.

LF 2.1

Anerkannte deutsche Weinanbaugebiete

Sie befinden sich am Rhein und dessen Nebenflüssen sowie im Osten Deutschlands an der Elbe und deren Nebenflüssen Saale und Unstrut.

Sonnige Weinhänge entlang der Mosel

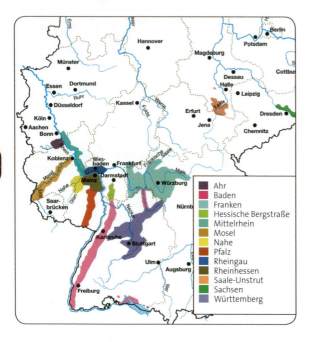

Ahr
Baden
Franken
Hessische Bergstraße
Mittelrhein
Mosel
Nahe
Pfalz
Rheingau
Rheinhessen
Saale-Unstrut
Sachsen
Württemberg

Deutschland ist das nördlichste Weinanbaugebiet der Welt, das jedoch ausgezeichnete und wegen der unterschiedlichsten Boden- und Klimabedingungen geschmacklich vielfältige Weine hervorbringt.

Geschmacksangaben nach dem Zuckergehalt der Weine

Zucker des Traubensafts wird von der Hefe in Alkohol und Kohlenstoffdioxid vergoren. Ein Teil bleibt als Restzucker übrig, der den Geschmack der Weine beeinflusst. Je höher jedoch der Anteil der Säure in den Weinen, desto geringer ist das süßliche Empfinden.

Der Restzuckergehalt in den Weinen ist bei den einzelnen Geschmacksangaben festgelegt:

Geschmacksangaben	Restzuckergehalt in Gramm je Liter Wein
trocken	bis 9 g/l nicht süß schmeckend
halbtrocken	bis 18 g/l gering süßlich schmeckend
lieblich	bis 45 g/l süßlich schmeckend
süß	mehr als 45 g/l süß schmeckend

Das Weinetikett

Das Etikett an der Weinflasche ist der Pass des Weins. Es enthält wichtige Angaben über den Wein.

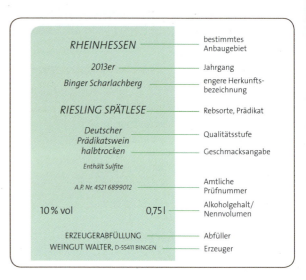

Lagerung der Weine

Die ideale Lagertemperatur ist gleichzeitig die ideale Trinktemperatur.

Weine sollten dunkel bei möglichst gleichbleibender Temperatur gelagert werden.

• Weißweine und Roséweine: 8 bis 13 °C
• Rotweine: 13 bis 18 °C

Die Regel besagt:

• Weißweine und Roséweine kühler trinken, Rotweine wärmer, temperierter trinken.
• Je gehaltvoller und schwerer (alkoholhaltiger) der Wein, desto höher die Trinktemperatur.

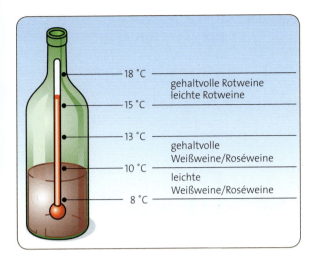

Weine mit Korken verschlossen, liegend lagern, damit der Korken umspült wird und somit dicht bleibt. Trockene Weinkorken ziehen sich zusammen, sodass luftdurchlässige Poren entstehen.

Weinflaschen mit Schraubverschluss oder Kronkorken können stehend gelagert werden.

Ist der Korken einmal aus der Flasche gezogen, muss der Wein bald getrunken werden, da sich durch das Eindringen von Sauerstoff geschmackliche und farbliche Veränderungen ergeben.

Weingläser

Weingläser haben einen leicht geschlossenen Kelch.
Rotweingläser sind etwas größer und bauchiger als Weißweingläser.

Schlankes Weißweinglas, bauchiges Rotweinglas

Servieren von Wein

Im Konditorei-Café werden gewöhnlich offene Weine mit 0,25 l (Viertel) oder mit 0,2 l bestellt.

Sie können folgendermaßen serviert werden:
• Den Wein am Büfett einschenken und im Weißwein- bzw. Rotweinglas servieren.
• Den Wein in einer kleinen Karaffe (bauchiger Krug) mit einem kleinen Weinglas (Achtel-Glas = $^1/_8$ l) servieren und beim Gast das Glas ca. halb voll schenken.

Likörweine

Likörweine bestehen aus
• Wein,
• zusätzlich Alkohol von destilliertem Wein und
• konzentriertem Traubensaft mit hohem Zuckeranteil, da ein Großteil des Wassers den Trauben entzogen wurde.

Likörweine sind süß schmeckend, besonders geschmackvoll und alkoholhaltiger als Weine. Der Alkoholgehalt beträgt mindestens 15 % vol und höchstens 22 % vol.

Likörweine werden wegen des süßen und vollaromatischen Geschmacks auch als Dessertweine bezeichnet.

Bekannte Likörweine und deren Ursprungsländer:
• Samos: Griechenland
• Sherry, Malaga: Spanien
• Tokajer: Ungarn
• Marsala: Italien
• Portwein, Madeira: Portugal

Servieren von Likörweinen

Likörweine werden zu jeder Gelegenheit wegen des ausgeprägten Geschmacks gerne getrunken. Trockene (weniger süße) Likörweine eignen sich besonders als Aperitif (geschmacksanregend vor dem Essen) und süßere Likörweine als Digestif (verdauungsfördernd nach dem Essen).

Likörweine werden in typischen Likörweingläsern getrunken. Dies sind Stielgläser, in die 5 cl bis 7 cl Likörwein eingeschenkt werden.

Die Serviertemperatur ist auch die Trinktemperatur und ist abhängig vom Süßegrad:
• trockene Likörweine: 10 bis 12 °C
• süße, alkoholreichere Likörweine: 14 bis 18 °C

LF
2.1

Likörwein

Schaumwein (Sekt)

Schaumwein ist ein kohlensäurehaltiges Getränk aus verschiedenen Weinen.

Herstellung

- Verschiedene Weine werden zu einer „Cuvée" (sprich: Küweh) gemischt. Die Qualität der Weine bestimmt das Sektergebnis.
- Dem „verschnittenen" (gemischten) Wein werden Hefe und Zucker zugegeben.
- Es erfolgt eine zweite Gärung, in der die Hefe den zugegebenen Zucker in Alkohol und Kohlenstoffdioxid vergärt, das zu Kohlensäure wird.

Sekt

Nur Qualitätsschaumweine dürfen als Sekt bezeichnet werden. Sie werden aus Qualitätsweinen hergestellt und sind wegen des hohen Kohlensäureanteils ein prickelndes, erfrischendes Getränk. Anhaltendes feines Perlen ist ein Zeichen von hoher Sektqualität.

Als **Champagner** darf nur die berühmte Sektqualität aus Frankreich bezeichnet werden, die aus den Weinen der „Champagne" (östlich von Paris) verarbeitet wird.

Prosecco Spumante ist Sekt aus Italien.
Prosecco Frizzante ist dagegen preiswerter Perlwein. **Perlwein** ist Wein mit einem im Vergleich zum Sekt geringen natürlichen Gehalt an Kohlensäure. Es gibt aber auch Perlwein mit zugegebener Kohlensäure, die dann auch mit „zugegebener Kohlensäure" deklariert werden muss.

Schaumweine nach dem Zuckergehalt

Der Zuckergehalt beeinflusst den Geschmack der Schaumweine. Deshalb muss er auf dem Etikett der Flasche angegeben sein. Die wichtigsten Bezeichnungen sind:

Deutsch	Französisch	Englisch	Zuckergehalt in g pro Liter
herb	brut	brut	unter 15 g/l
trocken	sec	dry	17 bis 35 g/l
halb-trocken	demi-sec	medium dry	33 bis 50 g/l
mild	doux	sweet	über 50 g/l

Sektgläser

Für Sekt eignen sich hohe Gläser, damit die Kohlensäure und somit die Spritzigkeit möglichst lange erhalten bleibt. Die Sektschale sollte nicht verwendet werden, da durch die große Oberfläche die Kohlensäure und auch Geschmacksstoffe schnell entweichen können.

Sektflöte, Sektspitz oder Sektkelch, Sektschale

Servieren von Sekt

Gewöhnlich wünschen die Gäste im Konditorei-Café entweder ein Glas Sekt von 0,1 l oder eine kleine Flasche mit 0,2 l Inhalt (Piccolo), aus der zwei Gläser gefüllt werden können.
Die kleinen Sektflaschen sind wegen des Schraubverschlusses problemlos zu öffnen.

Eine Flasche Sekt wird mit einem Sektglas serviert und nach dem Öffnen der Flasche das Glas eingeschenkt. Da Sekt stark moussiert (schäumt), wird das Glas angehoben und beim Einschenken schräg gehalten oder das auf dem Tisch stehende Glas wird mit einer Unterbrechung eingegossen, um ein Überschäumen zu verhindern. Das Glas wird bis zu drei Viertel gefüllt.

Sekt wird aus der Kühlung bei 5 bis 8 °C serviert und auch so kühl getrunken.

Einschenken eines Glases Sekt

Aufgaben

1. Nennen Sie die drei Weinarten und die Farbe der Trauben, aus denen sie hergestellt werden.
2. Erklären Sie, wie Rotwein die rote Farbe bekommt, obwohl der Saft der Trauben hell ist.
3. Nennen Sie bekannte Rebsorten für
   - Weißwein,   - Rotwein und Roséwein.
4. Wie heißen die anerkannten deutschen Weinanbaugebiete?
5. Nennen Sie die Güteklassen deutscher Weine, beginnend mit den einfachsten Weinen. Geben Sie auch die Prädikatsstufen an.
6. Nennen und erklären Sie die Geschmacksrichtungen der Weine.
7. Welche Angaben stehen auf dem Etikett auf der Weinflasche?
8. Beschreiben Sie, bei welchen Temperaturen die Weine gelagert und getrunken werden sollten:
   - leichte Weißweine und Roséweine
   - gehaltvolle Weißweine und Roséweine
   - leichte Rotweine
   - gehaltvolle Rotweine
9. Erklären und begründen Sie, wie Weine mit Korken gelagert werden.
10. Beschreiben Sie, wie Weingläser beschaffen sein sollen und wie sich Weißweingläser von Rotweingläsern unterscheiden.
11. Beschreiben Sie die zwei Möglichkeiten, wie ein Viertel Liter Wein dem Gast im Café serviert wird.
12. Erklären Sie, woraus Likörwein besteht.
13. Nennen Sie je einen Likörwein aus
    - Griechenland,
    - Italien,
    - Spanien,
    - Portugal,
    - Ungarn.
14. Beschreiben Sie das Servieren von Likörweinen:
    - Gläser und Menge der Likörweine je Glas
    - Servier- und Trinktemperatur von trockenen Likörweinen und süßen, alkoholreichen Likörweinen.
15. Erklären Sie, was man unter „Schaumwein" versteht.
16. Beschreiben Sie die Herstellung von Sekt.
17. Erklären Sie folgende Schaumweine:
    - Sekt
    - Champagner
18. Welche Gläser eignen sich für Sekt? →
19. Notieren Sie die ideale Trinktemperatur von z. B. Erfrischungsgetränken, Bier, Wein, Schaumwein und Spirituosen und probieren Sie anschließend die Getränke bei verschiedenen Temperaturen. Stellen Sie die Unterschiede heraus.

Rechenaufgaben

1. Qualitätswein wird in 6er-Kartons mit 0,75-l-Flaschen gekauft. Es werden 12 Kartons für 417,60 € geliefert. Im Café wird der Wein in Gläsern zu 0,2 l ausgeschenkt. Der Schankverlust beträgt 3 %.
   Berechnen Sie den Materialwert je Glas.
2. Der Konditoreibetrieb bezahlt für einen Karton Wein mit 12 Flaschen von je 0,75 l 31,20 €. Es werden 180 % Betriebskosten, 75 % Gewinn, 5 % Umsatzbeteiligung der Bedienung und die gesetzliche Mehrwertsteuer gerechnet. Wie viel kostet ein Glas Wein mit 0,25 l im Café?

24.7 Spirituosen

Spirituosen werden in der Produktion der Konditorei z. B. für Cremes, Schlagsahne, Süßspeisen (Mousse, Bayerische Creme), Glasuren und Pralinen verwendet. Im Café werden hochwertige Schnäpse und Liköre zum Genuss und zum Wohlbefinden der Gäste angeboten.

> Spirituosen sind Getränke mit einem hohen Alkoholgehalt von mindestens 15 % vol.
> Der Alkoholgehalt wird bei allen alkoholischen Getränken in „% vol" (Volumenprozent) angegeben.

Destillieren (Brennen)

Alkohol wird aus alkoholischen Flüssigkeiten destilliert (gebrannt), z. B. aus Wein, Obstwein, Zuckerrohrsaft und Getreidemaische. Getreidemaische sind gemahlene (zerquetschte) Getreidekörner mit Wasser, bei der die zu Zucker abgebaute Stärke vergoren wird.
Beim Destillieren der alkoholhaltigen Flüssigkeit verdampfen der Alkohol bei 78,3 °C und die Aromastoffe bei 78,5 °C. Der Alkoholdampf mit den Aromastoffen wird abgekühlt und somit flüssig. Nach mehrfachem Destillieren erhält man reinen Alkohol (Ethanol) von ca. 90 % vol.

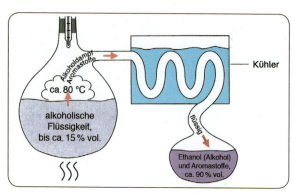

Destillieren

Spirituosenherstellung

Für **Weinbrand** wird der destillierte Alkohol aus Wein (Weingeist) mit ca. 90 % vol in Wein gegeben, bis der Weinbrand die vorgeschriebenen 36 % vol erreicht hat.

Beim **Himbeergeist** werden Himbeeren in destillierten, ca. 90 %igen Alkohol gegeben, bis dieser den Himbeergeschmack angenommen hat. Der konzentrierte Alkohol wird mit Wasser auf den vorgeschriebenen Alkoholgehalt von 37,5 % vol gebracht.

Braunfärbung der Spirituosen

Nach dem Destillieren haben Spirituosen grundsätzlich ein klares Aussehen. Die goldbraune Farbe entsteht bei Weinbrand und Whisky während der Lagerung in Eichenfässern. Je länger die Lagerzeit in den Eichenfässern andauert, desto harmonischer wird der Geschmack dieser Getränke. Brauner Rum erhält die Farbe durch Zugabe von Zuckercouleur.

Bedeutende Spirituosen in der Konditorei und im Café

Die Einteilung der hochprozentigen Spirituosen erfolgt nach den alkoholischen Flüssigkeiten, aus denen sie gebrannt (destilliert) werden.

Weinbrand aus Wein destilliert, wird international als Brandy bezeichnet.

Cognac ist ein französischer Weinbrand, der aus der Region der Stadt Cognac in Frankreich stammen muss (Herkunftsbezeichnung).

Grappa wird aus Weintrester gewonnen, der aus Italien stammen muss (Herkunftsbezeichnung). Trester sind die Rückstände ausgepresster Weintrauben, in denen der noch übrig gebliebene Traubensaft vergoren wird.

Obstbrand

Obstbrände aus einer Frucht sind z. B.:
- Kirschwasser
- Zwetschgenwasser
- Williams: nur aus Birnen der Sorte Williams
- Calvados: aus französischem Apfelwein (Cidre), stammt aus Frankreich (Herkunftsbezeichnung)
- Himbeergeist

- Obstler: aus Äpfeln und Birnen (zwei Obstsorten)

Getreidespirituosen

- Whisky, Whiskey: – Scotch Whisky (aus Schottland)
  – Irish-Whiskey (aus Irland)
  – Bourbon Whiskey (aus USA)
- Korn, Doppelkorn
- Wodka: meist aus Getreide, aber auch mit Kartoffeln

Spirituosen aus Zuckerrohr

- Rum: brauner Rum enthält zusätzlich Zuckercouleur
- Rum-Verschnitt: mindestens 5 % echter Rum, der restliche Alkohol ist Neutralalkohol von unbestimmten alkoholischen Flüssigkeiten destilliert
- Arrak: besteht aus Reis und Zuckerrohr

Liköre

Besonderheiten der Liköre
- Sie sind süß durch den zugegebenen Zucker.
- Sie sind besonders geschmackvoll, wobei die Zugabe eines Geschmacksstoffs dominiert.
- Sie haben oft einen geringeren Alkoholgehalt, mindestens 15 % vol, außer Eierlikör mit mindestens 14 % vol.

Emulsionsliköre
- Eierlikör: mindestens 240 g Eigelb auf 1 l Eierlikör
- Amaretto: Mandeln (aus Italien)
- Vanille-, Schokoladen-, Kaffee-, Kakao-, Nusslikör u. a. enthalten die namengebenden Geschmacksstoffe

Fruchtsaftliköre (enthalten mindestens 20 % Fruchtsaft)
- Maraschino: Sauerkirschen (Maraskakirsche)
- Cassis: schwarze Johannisbeeren
- Kirschlikör: Sauerkirschsaft

Fruchtaromaliköre
- Cointreau: Schalen von grünen Bitterorangen und Schalen süßer Orangen und Kräuter (aus Frankreich)
- Grand Marnier: in Cognac eingeweichte Bitterorangen (aus Frankreich)
- Curaçao: grüne Schalen der Curaçaoorangen

Kräuter- und Bitterliköre
z. B. Jägermeister, Fernet Branca, Campari (aus Italien)

Servieren von Spirituosen

Spirituosen werden in 2 cl oder 4 cl serviert. In speziellen Gläsern kann sich das Aroma besser entfalten. Auch die richtige Temperatur ist entscheidend, damit der volle Geschmack der Spirituosen zur Geltung kommt. Je mehr Eigengeschmack, desto temperierter sollten die Spirituosen getrunken werden. Kälte unterdrückt den Geschmack, das Aroma kann sich nicht entfalten.

Spirituosengläser (drei Likörgläser, Schnapsglas, Weinbrandschwenker)

Nach dem Einschenken der Spirituosen werden die Flaschen sofort wieder verschlossen. Spirituosen verlieren beim Aufbewahren nicht an Qualität und verderben wegen des hohen Alkoholgehalts auch nicht.

Grundsätzlich werden Spirituosen auf einem Tablett zum Gast getragen. Das Glas mit der Spirituose beim Servieren nicht oben am Trinkrand anfassen.

Lager- und Trinktemperatur	Spirituosen
16 bis 20 °C	Liköre, Weinbrand, Cognac, Calvados, Rum, Whisk(e)y
12 bis 16 °C	Kirschwasser, Zwetschgenwasser, Williamsbirne, Grappa, Himbeergeist, Obstler
1 bis 3 °C	Wodka, Korn (Spirituosen mit wenig Eigengeschmack)

Aperitifs
sind Getränke, die appetitanregend sind und deshalb vor dem Essen serviert werden. Sie sollten nicht zu süß sein und nicht zu viel Alkohol besitzen. Es sind keine Durstlöscher.
Als Aperitif eignen sich z. B.:
- weinhaltige Aperitifs: Martini, Cinzano, Campari
- Likörweine: trockener Sherry, trockener Portwein
- trockener Sekt

Digestifs
sind Getränke, die verdauungsfördernd sind und deshalb nach dem Essen serviert werden. Sie beseitigen ein Völlegefühl und beugen einer Ermüdung vor.
Als Digestifs eignen sich z. B. :
- hochprozentige Spirituosen: Weinbrand, Grappa, Williams, Obstler, Kirschwasser, Calvados
- Liköre und Bitterliköre

LF 2.1

Digestifs

Aufgaben
1. Erklären Sie den Begriff „Spirituosen".
2. Beschreiben Sie das Destillieren (Brennen) von Spirituosen.
3. Erklären Sie, woher Weinbrand und Whiskey sowie Rum die braune Farbe erhalten. →

④ Wie heißt der bekannte
  • französischer Weinbrand,
  • italienische Tresterbrand?

⑤ Nennen Sie bekannte
  • Obstbrände,   • Getreidespirituosen.

⑥ Woraus werden Rum und Arrak hergestellt?

⑦ Nennen Sie die Besonderheiten der Liköre.

⑧ Nennen Sie die Zutaten, aus denen Liköre hergestellt werden.

⑨ Nennen Sie die Geschmacksrichtungen folgender Liköre: • Amaretto   • Maraschino
  • Cassis   • Cointreau
  • Grand Marnier   • Curaçao

⑩ In welche Volumeneinheit werden Spirituosen in Gläsern serviert?

⑪ Nennen Sie die idealen Trinktemperaturen für:
  • Wodka, Korn
  • Kirschwasser, Williams, Grappa, Himbeergeist
  • Liköre, Weinbrand, Calvados, Rum, Whiskey

⑫ Erklären Sie einem Gast den Unterschied zwischen Aperitif und Digestif und geben Sie Getränkebeispiele an.

⑬ Sie sollen mit Spirituosen flambieren, sodass sie beim Anzünden brennen. Testen Sie bei Raumtemperatur z. B. Eierlikör mit 24 % vol, Weinbrand mit 40 % vol und Rum mit 54 % vol. Diskutieren Sie die Ergebnisse.

LF 2.1

Rechenaufgaben

① Das Gewicht des Alkohols in alkoholischen Getränken beträgt $4/5$ des Volumens. Berechnen Sie das tatsächliche Alkoholgewicht einer 0,75-l-Flasche Kirschwasser mit 40 % Alkoholgehalt (1 l entspricht 1000 g).

② Aus einer Grappaflasche mit 0,7 l Inhalt sind bereits 17 Gläser von 2 cl ausgeschenkt worden.
  a) Wie viel ml sind noch in der Flasche?
  b) Wie viel 4-cl-Gläser für Kaffee mit Schuss sind noch enthalten?

③ 32 Cognacschwenker Weinbrand werden aus einer 0,7-l- Flasche ausgeschenkt zu je 2,50 €. Berechnen Sie die Materialkosten für diese Flasche, wenn mit 180 % Betriebskosten, 65 % Gewinn, 22 % Caféaufschlag gegenüber dem Ladenpreis und der gesetzlichen Mehrwertsteuer gerechnet wird.

④ Eine Flasche Likörwein mit 0,75 l hat einen Alkoholgehalt von 15 % vol.
  a) Wie viel ml Alkohol sind in der Flasche Likörwein enthalten?
  b) Wie viel Volumenprozent Alkohol nimmt man beim Trinken eines Glases Likörwein mit 50 ml auf?

24.8 Servieren von Getränken und Speisen

Damit ein Café einladend aussieht, sollten die Tische ansprechend dekoriert werden, z. B. mit farbigen Decken, Kerzen, kleinen Blumen oder jahreszeitlicher Dekoration.

Die Tische und die Stühle im Café müssen grundsätzlich sauber sein. Deshalb muss sofort, wenn ein Gast den Tisch verlässt, abgeräumt und sauber gemacht werden.

Die Speisen- und Getränkekarte sowie die Karte für Speiseeis müssen aufgeräumt auf dem Tisch liegen.

Das Begrüßen und Bedienen erfolgt bis zum Verabschieden nach den Regeln des Verkaufsvorgangs. Das Servieren erfolgt zügig, aber ohne Hektik. Heiße Getränke und Speisen müssen sofort nach der Herstellung serviert werden, damit sie nicht zu sehr abkühlen.

Nach dem Servieren eines alkoholischen Getränks wünscht man dem Gast, dass es ihm angenehm ist, z. B. „zum Wohle". Nach dem Servieren einer Speise wünscht man „guten Appetit". Beim Abräumen kann gefragt werden, ob es dem Gast geschmeckt hat und ob er weitere Wünsche hat.

Servieren von Kaffee und Kuchen

Eine häufige Bestellung der Gäste im Café ist ein Kaffeegetränk und ein Stück Torte. Die Bedienung setzt von rechts ein und stellt zuerst den Teller mit der Torte direkt vor dem Gast ab und danach die Kaffeetasse rechts daneben.

Stellung des Tortenstücks auf dem Teller

Die Tortenspitze steht zum Gast leicht schräg nach links gerichtet und die Kuchengabel liegt rechts neben der Torte auf dem Teller. Der Gast kann somit bequem mit dem Essen beginnen.

Stellung einer Kaffeetasse bzw. anderen Tassen

Der Henkel der Tasse steht rechts vom Gast leicht schräg zu ihm gerichtet in der Vier-Uhr-Stellung. Der Kaffeelöffel hinter dem Henkel liegt parallel zum Henkel. Die Tasse und der Löffel stehen somit griffbereit zum Gast.

Kaffee- und Tortengedeck

Servieren von Getränken

Herrichten von Gläsern und Tassen

- Gläser, Tassen und Kännchen vor der Verwendung auf Sauberkeit und Unversehrtheit prüfen.
- Für warme Getränke angewärmte Tassen, Gläser und Kännchen verwenden.
- Die Gläser und Tassen nicht am Trinkrand anfassen oder gar hineinfassen.

Getränke zum Gast bringen und auf den Tisch stellen

- Getränkeflaschen und Gläser sowie Kännchen und Tassen auf einem Tablett zum Gast bringen.
- Die Getränke wenn möglich rechts vom Gast einsetzen, d. h., von der rechten Seite des Gastes auf den Tisch stellen.
- Das Glas bzw. die Tasse oder ein Gedeck (kleines Tablett) in der Mitte vor dem Gast abstellen.
- Der Henkel von Tassen und auch Gläsern steht rechts vom Gast und griffbereit leicht schräg zu ihm ausgerichtet (in der Vier-Uhr-Stellung).

Einsetzen eines Weinglases

Getränke eingießen (einschenken)

- Werden Getränke in Flaschen oder Wein in Karaffen serviert, gießt die Bedienung symbolisch als Geste des guten Services etwas Getränk in das Glas, höchstens halb füllen.
- Das Einschenken erfolgt ebenfalls möglichst von der rechten Seite des Gastes.
- Beim Eingießen wird die Flasche bzw. Karaffe knapp über dem Glas, ca. 1 cm, geführt. Die Flasche oder Karaffe darf das Glas nicht berühren. Auch ein zu hohes Einschenken ist nicht fachgerecht. Dabei können außerdem Spritzer verursacht werden.
- Die Flasche bzw. Karaffe darf nach dem Einschenken nicht tropfen. Wenn man die Flasche zum Schluss etwas dreht, kann das Tropfen vermieden werden.

Abstellen der Flasche bzw. Karaffe nach dem Eingießen

- Das Glas steht in der Mitte vor dem Gast und die Flasche bzw. Karaffe wird seitlich rechts oberhalb des Glases abgestellt.
- Die Flasche wird so abgestellt, dass das Etikett der Flasche zum Gast gerichtet ist.

Abräumen der leeren Gläser bzw. Tassen

- Auch wenn das Glas oder die Tasse leer ist, bleiben sie solange auf dem Tisch, bis der Gast eine neue Bestellung aufgibt oder bezahlt hat und das Café verlässt. Somit wird der Gast nicht genötigt oder gehetzt, sich etwas Neues zu bestellen oder das Café zu verlassen.
- Bestellt der Gast ein neues Getränk, das leere Glas bzw. die Tasse möglichst wieder von rechts des Gastes wegnehmen.
- Nachdem der Gast den Tisch verlassen hat, wird sofort abgeräumt und der Tisch sauber gemacht, damit er sofort wieder für neue Gäste bereitsteht.

Servieren von Speisen

Geschirr und Besteck herrichten
- Das Geschirr und Besteck vor Gebrauch auf Sauberkeit und Unversehrtheit prüfen.
- Teller und Suppentassen für warme Speisen vorher anwärmen.

LF 2.1

Platzieren eines Gedecks für Speisen

- Messer rechts vom Teller, Schneideseite nach innen
- Löffel rechts vom Messer
- Gabel links vom Teller
- Dessertlöffel oberhalb des Tellers, mit dem Griff rechts; oder Dessertlöffel und Kuchengabel oberhalb des Tellers, mit dem Griff des Dessertlöffels rechts und dem Griff der Kuchengabel links
- Getränk etwas oberhalb der Messerspitze
- Serviette in der Mitte

Grundregel für das Platzieren des Bestecks

Die mit der rechten Hand benutzten Bestecke liegen rechts vom Teller und entsprechend liegen die Bestecke links vom Teller, die mit der linken Hand benutzt werden. Die beim Essen zuerst gebrauchten Bestecke liegen außen vom Teller, z. B. rechts vom Teller innen das Messer, der Suppenlöffel außen.

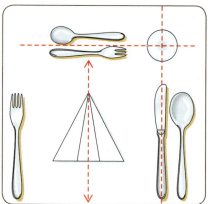

Grundgedeck

Servieren der Speisen

- Die Speisen auf einem Tablett oder frei in der Hand getragen zum Gast bringen.
- Die Speisen möglichst von rechts einsetzen.
- Das Besteck mit einer Serviette ebenfalls möglichst rechts vom Gast auf den Tisch legen.
- Niemals in die Teller oder Suppentassen fassen.
- Die Bestecke immer am Griff anfassen und nicht an den vorderen Teilen.
- Das Geschirr darf beim Servieren nicht mit der Kleidung in Berührung kommen.

Tragetechnik beim Servieren

Gebäcke und kleine Speisen mit dem passenden Besteck und immer mit einer Serviette servieren, z. B.:
- Wiener Apfelstrudel mit einer Kuchengabel,
- Wiener Apfelstrudel mit Vanillesoße mit einer Kuchengabel und einem kleinen Löffel
- Obstsalat in tiefen Gläsern mit langstieligem Dessertlöffel
- Pizzas mit scharfem, gut schneidendem Messer

Abräumen

Nachdem der Gast fertig gespeist hat, werden Teller und Besteck abgeräumt, möglichst von rechts des Gastes.

Aufgaben

1 Beschreiben Sie die Servierregeln für Getränke in Bezug auf
- Herrichten von Gläsern und Tassen,
- Getränke zum Gast bringen und auf den Tisch stellen,
- Getränke eingießen,
- Abstellen einer Flasche nach dem Eingießen,
- Abräumen der leeren Gläser und Tassen.

2 Erklären Sie die Servierregeln für Speisen in Bezug auf
- Geschirr und Besteck herrichten,
- Servieren der Speisen,
- Abräumen.

3 Beschreiben Sie das Platzieren der Bestecke für Speisen auf dem Tisch: Messer, Gabel, Löffel, Dessertlöffel, Getränk, Serviette.

4 Nennen Sie die Grundregeln beim Platzieren der Bestecke für Speisen.

5 Erklären Sie, wie eine Tasse Kaffee und ein Stück Torte im Café beim Gast am Tisch abgestellt werden.

6 Ein Gast bestellt im Café ein Frühstück. Zeichnen Sie auf, wie Sie folgende Bestandteile auf dem Tisch des Gastes platzieren: Teller und Serviette, Messer und Gabel, Kaffeetasse und Kaffeekännchen, Zucker und Kaffeesahne, Butter, Wurst, Käse und Konfitüre, Eierbecher sowie Salz und Pfeffer, Brötchen im Körbchen.

LF 2.1

Berufliche Handlung

Ihre Konditorei gibt Ihnen die Möglichkeit Ihre Ausbildung in der Caféküche und im Café zu erweitern. Mithilfe einer erfahrenen Kollegin stellen Sie kleine Gerichte her, die im Café üblich sind. Beim Bedienen servieren Sie die Gerichte fachgerecht. Sie empfehlen, erklären und servieren den Gästen auch die verschiedenen Getränke, die im Café angeboten werden.

Kleine Gerichte

1. Im Café wird ein Standardfrühstück und ein Schlemmerfrühstück (gehobenes, erweitertes Frühstück) bestellt. Richten Sie die Zugaben für diese Frühstücke her.

2. Ein großer gemischter Salatteller ist bestellt. Welche Zutaten eignen sich dafür?

3. Den Salat für den Salatteller sollen Sie mit Vinaigrette marinieren und mit Dressing servieren. Erklären Sie diese Salatsoßen und beschreiben Sie das Marinieren.

4. In ihrer Konditorei werden die Nudeln selbst hergestellt. Erstellen Sie ein Rezept für einen Nudelteig. Zählen Sie außerdem gefüllte Teigwaren mit den jeweiligen Füllungen auf und nennen Sie bekannte Nudelgerichte.

5. Frühstückseier werden meistens weich gekocht gewünscht. Für Salatteller sollen die Eier hart gekocht und für belegte Snacks sollen sie schnittfest sein. Beschreiben Sie das Eierkochen und geben Sie die verschiedenen Kochzeiten an.

6. Sie sollen Toasts mit verschiedenen Belägen herstellen. Beschreiben Sie deren Herstellung – vor allem von Toast Hawaii.

Getränke

7. Für die neue Getränkekarte sollen Sie Wissenswertes über Kaffee beschreiben. Informieren Sie die Gäste über die Inhaltsstoffe des Kaffees und deren Wirkungen im Körper. Erklären Sie auch das Besondere der Espressobohnen und die verschiedenen Brühmethoden für Espresso und Kaffee.

8. Bieten Sie den Gästen zu Gebäcken, Torten und Desserts verschiedene Kaffeegetränke an.

9. Benennen Sie die Inhaltsstoffe des Tees und geben Sie deren Wirkungen im Körper an. Erläutern Sie auch, warum die stimulierende Wirkung des Tees nicht so stark wie beim Kaffee ist.

10. Bereiten Sie schwarzen und grünen Tee zu. Beachten Sie die Ziehzeiten und erklären Sie die Veränderungen des Tees während der Ziehzeit.

11. Beschreiben Sie folgende Getränke, die Sie am Büfett herrichten sollen: eine Tasse Trinkschokolade, je ein Glas Erdbeermilch und Eisschokolade.

12. In der Getränkekarte Ihres Cafés werden verschiedene alkoholfreie Erfrischungsgetränke angeboten. Ein Gast möchte die Unterschiede von Fruchtsaft, Fruchtnektar, Limonade und Cola wissen. Empfehlen und erklären Sie ihm auch die Fruchtschorle, z. B. Orangensaftschorle.

13. Sie richten das bestellte Bier her und achten dabei auf die Biergläser, damit auf dem Bier der Schaum erhalten bleibt. Benennen Sie die richtige Biertemperatur und erklären Sie die Fehler bei zu kaltem und zu warmem Bier.

14. Sie sollen das Wichtigste über Wein aufschreiben, damit sie die Gäste fachgerecht beraten und bedienen können. Notieren Sie die
    • Rebsorten für Weißweine und Rotweine,
    • Qualitätsstufen deutscher Weine,
    • Geschmacksangaben der Weine,
    • richtige Lagerung der Weine,
    • Weingläser für Weißweine und Rotweine.

15. Erklären Sie die Herstellung von Sekt und nennen Sie einen Qualitätssekt aus Frankreich und Italien.

16. Ein Gast wünscht einen Schnaps. Empfehlen Sie bekannte Spirituosen:
    • Weinbrand aus Frankreich und Italien (Weintrester)
    • Getreidespirituosen
    • Obstbrände
    • Spirituosen aus Zuckerrohr

17. Erläutern Sie, warum Weinbrände und Whiskys sowie Rum eine hellbraune Farbe besitzen.

Servieren von Getränken und Speisen

18. Ein Gast bestellt eine Tasse Kaffee und ein Stück Obsttorte. Stellen Sie das Bestellte fachgerecht beim Gast auf den Tisch.

19. Beschreiben Sie das Servieren von Fruchtsaft in der Originalflasche.

20. Erklären Sie der neuen Kollegin, wie Mineralwasser nach den gesetzlichen Bestimmungen serviert werden muss.

LF 2.1

25

Feine Backwaren aus Massen

Situation

Der Verkauf von Kuchen und anderen Erzeugnissen aus Massen ist in Ihrer Konditorei zurückgegangen, weil die Kunden dieselben Waren in den Konditoreien und Bäckereien der großen Verbrauchermärkte preisgünstiger bekommen. Um sich mit individueller Qualität von den Mitbewerbern abzusetzen, wird Ihre Konditorei in Zukunft auf Convenience-Produkte verzichten und die Massen in herkömmlicher Weise herstellen.

- Worin unterscheiden sich Teige und Massen?
- Wie wird eine Baisermasse hergestellt?
- Was versteht man unter Warm- und Kaltschlagen der Wiener Masse?
- Wie wird eine Sandmasse als Einkesselmasse hergestellt?
- Wie erfolgt die Herstellung einer Brandmasse, damit die Gebäcke entsprechend gelockert werden?
- Wie werden Zutaten für eine Röstmasse als Bienenstichauflage verarbeitet?
- Wie wird eine Makronenmasse abgeröstet und weiterverarbeitet?
- Wie ist die Herstellung von Elisenlebkuchen?

Unterscheidung: Teige und Massen

Die Unterschiede zwischen Teigen und Massen für Feine Backwaren lassen sich an verschiedenen Merkmalen erkennen.

Unterscheidungs-merkmale	Teige	Massen	
Arten	• Hefeteige • Plunderteige • Blätterteige • Mürbeteige • Lebkuchenteige	• Biskuitmasse • Wiener Masse • Sandmasse • Baisermasse • Brandmasse	• Makronenmasse • Lebkuchenmasse • Röstmasse • Hippenmasse
Hauptrohstoffe	• Mehl • Wasser oder Milch	Eier, Zucker, auch Weizenmehl, Weizenpuder (Weizenstärke) und Fett	
Herstellung	Kneten (Ausnahmen: gerührter Hefeteig und Spritzmürbeteig)	Aufschlagen oder Abrösten	
Beschaffenheit (Konsistenz)	formbar, rollfähig; geformte Teiglinge behalten ihre Form auch bei der Gare und beim Backen	weich, schaumig; Massen werden aufdressiert (gespritzt) oder in Formen gefüllt und sofort gebacken, da sie gering standfähig sind	
Lockerungsmittel	überwiegend Hefe; Ausnahmen: Hirschhornsalz und Pottasche für Lebkuchenteige, Wasserdampf für Blätterteige und Plunderteige	Backpulver, Luft und Wasserdampf	

Die Herstellung von Feinen Backwaren aus Massen in herkömmlicher Art erfordert Fachkenntnis und Erfahrung. Die Qualität dieser Erzeugnisse mit den individuellen Rezepturen ist jedoch unübertroffen. So wird eine Konditorei von den Kunden als Fachgeschäft anerkannt und kann sich von den Mitbewerbern und der Backindustrie, die meistens mit Convenience-Produkten arbeiten, abheben.

Prüfmerkmale der DLG für alle Feinen Backwaren aus Massen → Prüfmerkmale der DLG für Feine Backwaren, Seite 282.

Stabiler, cremiger Eischnee

25.1 Baisermasse (Schaummasse)

Wegen der lockeren, schaumigen Beschaffenheit wird Baisermasse auch als **„Schaummasse"** bezeichnet.

Grundzutaten für Eischnee:

1000 g Eiklar

bis zu 1000 g Zucker

ca. 2 g Salz (1 Prise Salz)

Grundzutaten für Baisermassen:

1000 g Eiklar

1500 bis 2000 g Zucker

ca. 2 g Salz (1 Prise Salz)

Baisermasse besitzt das 1,5- bis 2-Fache an Zucker, bezogen auf den Eiklaranteil, also einen wesentlich höheren Zuckergehalt als Eischnee.
Durch den hohen Zuckergehalt in der Baisermasse wird das Wasser des Eiklars gebunden, was eine bleibende Schaumstabilität für lange Zeit gewährleistet.

> **!**
> Bei Baisermassen, die nicht im Backofen getrocknet werden, muss wegen der Salmonellengefahr Eiklar von frischen Eiern oder am besten Trockeneiweiß verwendet werden.

Kalte Baisermasse

Die Voraussetzung für eine stabile, lockere Baisermasse ist ein optimal aufgeschlagener Eischnee → Seite 157.

Die gleiche Menge Zucker wie Eiklar von Anfang an zu einem Eischnee schlagen, z.B.:

Eiklar, Zucker und Salz

Eiklar wird mit Zucker und Salz zu Eischnee aufgeschlagen. Der Eischnee wird sofort weiterverarbeitet, z.B. zu Biskuitmasse.

Eischnee gibt wegen des geringen Zuckeranteils bei der Stehzeit allmählich wieder Wasser ab. Er verliert dabei den stabilen Stand und das große Volumen. Deshalb kann Eischnee nicht für Baisererzeugnisse verwendet werden, da diese den ganzen Tag in der Verkaufstheke stehen.

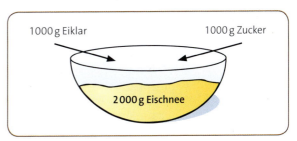

Zutaten für einen Eischnee

LF 2.2

Den restlichen Zucker, 500 bis 1 000 g, in Form von Puderzucker in den fertigen Eischnee melieren, d. h. vorsichtig unterheben.

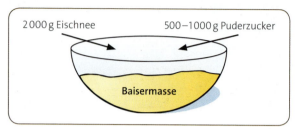

2 000 g Eischnee   500 – 1 000 g Puderzucker

Baisermasse

Zutaten für eine Baisermasse

Für bestimmte Baisererzeugnisse werden weitere Zutaten in die fertige Schaummasse meliert:
- für Schokoladenbaiser: Kakaopulver
- für Mokkabaiser: Mokkapaste
- für Japonaise-Masse (sprich Schapone): geriebene Haselnüsse oder Mandeln
  Aus Japonaise-Masse werden getrocknete Baiserböden für Sarah-Bernard-Torten hergestellt.

Warme Baisermasse

Bei der warmen Baisermasse wird das Eiklar mit der gesamten Zuckermenge in einen Kessel gegeben, zuerst auf ca. 70 °C erhitzt und dann zu einer stabilen Baisermasse aufgeschlagen, die dabei wieder abkühlt.

Italienische Baisermasse (warme Baisermasse)

Die Herstellung erfolgt in drei Schritten:

Rezeptbeispiel: italienische Baisermasse	
1000 g Eiklar 1000 g Zucker 1 Prise Salz (ca. 2 g)	• Eiklar mit der gleichen Menge Zucker und dem Salz nur zu einem schwach standhaften Eischnee aufschlagen.
1000 g Zucker 400 g Wasser	• Zucker und Wasser auf 117 °C zum Flug kochen.
3 400 g Baisermasse	• Den Flugzucker in dünnem Strahl bei laufender Rührmaschine in den Eischnee rühren, bis der Eischnee stabil ist.

Die italienische Baisermasse ist eine besonders cremige und standfeste Schaummasse und eignet sich deshalb sehr gut für Obstbaisertorten, bei denen die Baisermasse nur abgeflämmt wird und innen unverändert weich bleibt.

Baisererzeugnisse

Schaumrollen

Blätterteigrollen (→ Seite 317) werden innen mit frisch aufgeschlagener Baisermasse mithilfe eines Dressierbeutels (Spritzbeutels) gefüllt.

Schaumrollen

Mohrenköpfe (Schokoküsse)

Auf Waffeln als Unterlage werden hohe Tupfen Baisermasse gespritzt und mit Fettglasur überzogen. Mohrenköpfe werden hauptsächlich industriell hergestellt.

Getrocknete Baisererzeugnisse

Die Baisermasse wird mit einem Dressierbeutel (Spritzbeutel) mit einer Stern- oder Lochtülle zu verschiedenen Formen auf ein mit Backpapier belegtes Blech aufdressiert (aufgespritzt).

Meringen

Spiralen mit 15-mm-Sterntülle aufdressieren. Manchmal wird ca. ein Viertel der Meringen an einem Ende in Schokoladenkuvertüre oder Fettglasur getaucht.

Meringe

Baiserschalen

In der Mitte mit einer 15-mm-Sterntülle einen flachen Boden spritzen und um dessen Rand hohe Tupfen aufdressieren, damit eine Schale entsteht. Die Baiserschalen werden mit ca. zwei Speiseeiskugeln und/oder mit Schlagsahne und Früchten gefüllt.

Baiserschale

Baiserfiguren

Mit kleiner Loch- oder Sterntülle Figuren oder sonstige Dekorteile aufdressieren. Sie werden als Dekor, z. B. für Eisbecher oder zum Kindergeburtstag, verwendet.

Baiserfigur

Baiserböden

Mit einer 8-mm-Lochtülle einen tortengroßen Baiserboden spiralförmig aufdressieren.

Baiserboden

- Die dünnen Baiserböden werden mit Buttercreme zu einer Mokka-Baisertorte oder Japonaisetorte (Baisermasse mit Mandeln oder Nüssen) gefüllt.
- Ein einzelner Baiserboden dient als Unterlage, z. B. für Eistorten.

Durch die nebeneinanderliegenden Spiralen brechen die Torten beim Schneiden kaum. Baiserböden, die mit einem Aufstreichring aufgestrichen werden, brechen beim Schneiden jedoch besonders leicht.

Trocknen der Baisererzeugnisse

Die aufdressierten Baisererzeugnisse in einem Backofen bei ca. 80 °C und geöffnetem Zug durch und durch trocknen lassen. Je nach Größe der Erzeugnisse dauert es ca. 5 Stunden, bis das Eiweiß des Eiklars geronnen ist und so die Baisererzeugnisse fest und trocken sind.

Um Energie zu sparen und den Backofen während der Arbeitszeit nicht so lange zu blockieren, schiebt man die Baisererzeugnisse bei ca. 100 °C und offenem Zug in den ausgeschalteten Ofen und lässt sie bei sinkender Temperatur über Nacht trocknen.

> Die getrockneten Baisererzeugnisse bleiben weiß und sind durch und durch trocken.

Abgeflämmte Baisererzeugnisse

> Bei abgeflämmten Obstbaisertorten und Obstbaiserschnitten wird die Oberfläche der Baisermasse bei hoher Hitze abgeflämmt, d. h. gebräunt.

Herstellung einer Obsttorte für eine Obstbaisertorte

- Einen dünnen Mürbeteigboden mit etwas Johannisbeerkonfitüre bestreichen und einen halben Biskuitboden oder Wiener Boden auflegen.
- Den Wiener Boden dünn mit Johannisbeerkonfitüre bestreichen, einen Tortenring umlegen.

- Ca. 600 g säuerliche Früchte auflegen, z. B. Johannisbeeren, Sauerkirschen, Stachelbeeren oder Rhabarber. Eine gute Haftung auf dem Tortenboden haben gebundene Früchte, z. B. gebundene Johannisbeeren. Beispiel für gebundene Johannisbeeren: 250 g Wasser, 80 g Zucker und 30 g Weizenpuder durch Kochen binden und dann die Johannisbeeren einrühren.

Herstellung der Obstbaisertorte

- Den Rand und die Oberfläche der Obsttorte dick mit Baisermasse einstreichen.
- Auf die Obsttorte einen Einteiler, z. B. 14 Stück, legen.
- Mit einem Dressierbeutel und Sterntülle Rosetten oder Spiralen garnieren.
- Den Rand mit gehobelten, gerösteten Mandeln absetzen.
- Die Oberfläche der Baisermasse „abflämmen", d. h. bräunen, am besten mit der offenen Flamme eines Bunsenbrenners oder in einem ca. 230 °C heißen Ofen. Innen bleibt die abgeflämmte Baisermasse unverändert weich.

Die Herstellung von Obstbaiserschnitten erfolgt genauso, jedoch im Schnittenblech.

Stachelbeerbaiserschnitten

Abgeflämmte Kirschbaisertorte

Fehler bei Baisererzeugnissen

Fehler	Ursachen
Baisererzeugnisse haben ein zu kleines Volumen, sie sind etwas breit gelaufen und die Konturen der Sterntülle sind verschwommen.	Der Eischnee war zu weich, er wurde zu kurz aufgeschlagen.
Getrocknete Baisererzeugnisse sind an der Oberfläche braun und aufgerissen.	Zu hohe Ofentemperatur beim Trocknen, sodass der Zucker bräunt.
Rissige Oberfläche der getrockneten Baisererzeugnisse	Der Zug war beim Trocknen nicht geöffnet, sodass Schwaden im Ofen war. Durch den Wasserdampf im Ofen konnte sich keine stabile Oberfläche bilden, sodass die sich ausweitenden Poren die Risse verursachten.
Getrocknete Baisererzeugnisse sind innen nicht ganz trocken und somit etwas zäh.	Die Baisererzeugnisse wurden zu kurz im Ofen getrocknet.

Verkaufsargumente

Qualitätsmerkmale für die Kundenberatung
- Allgemein sind Baisererzeugnisse schaumig und locker und schmecken wegen des hohen Zuckergehalts süß.
- Die säuerlichen Früchte auf Obsttorten und Obstschnitten passen gut zum süßen und weichen Baiser der abgeflämmten Obstbaisertorten und Obstbaiserschnitten.
- Schaumrollen sind Blätterteigrollen, die mit süßer und schaumiger Baisermasse gefüllt sind.
- Die weißen getrockneten Baisererzeugnisse schmecken süß und sind durch und durch trocken sowie beim Aufbrechen bröselig.

Frischhaltung
- Schaumrollen sollten am Tag der Herstellung gegessen werden, da der weiche Eischnee die röschen Blätterteigrollen aufweicht.

- Obstbaisertorten und Obstbaiserschnitten sollten am Tag der Herstellung gegessen werden. Bei längerer Lagerung verliert die Baisermasse zunehmend die Lockerung und wird etwas zäh.
- Getrocknete Baisererzeugnisse sind in einem gut verschlossenen Behälter einige Wochen lagerfähig. Bei offener Lagerung nehmen die Baisererzeugnisse durch den hohen Zuckergehalt Luftfeuchtigkeit auf, sodass sie zäh und klebrig werden.

Besondere Eignung der Baisererzeugnisse
- Baisererzeugnisse werden von Kunden bevorzugt, die Süßes mögen.
- Mit Speiseeis, Schlagsahne und Früchten gefüllte Baiserschalen eignen sich als Eisdesserts.
- Figuren aus getrocknetem Baiser sind ein schöner Dekor für Eisbecher und zum Kindergeburtstag.
- Getrocknete Baiserböden eignen sich für Cremetorten, weil Buttercreme bzw. Fettcreme keine Feuchtigkeit abgibt.

LF 2.2

Aufgaben

1. Geben Sie Teige sowie Massen für Feine Backwaren an.
2. Nennen Sie die hauptsächlichen Unterscheidungsmerkmale der Teige und Massen in Bezug auf
   - Hauptrohstoffe,
   - Herstellung,
   - Beschaffenheit (Konsistenz),
   - Lockerungsmittel.
3. Nennen Sie die Grundzutaten für Eischnee und für Baisermasse.
4. Erklären Sie den Unterschied zwischen Eischnee und Baisermasse in Bezug auf die Rezeptur. →

⑤ Erklären Sie, warum sich Eischnee nicht für Baisererzeugnisse eignet.

⑥ Beschreiben Sie die Herstellung einer
  • kalten Baisermasse,
  • warmen Baisermasse,
  • italienischen Baisermasse.

⑦ Erläutern Sie Schaumrollen.

⑧ Nennen Sie getrocknete Baisererzeugnisse und beschreiben Sie, wie die Baisererzeugnisse getrocknet werden.

⑨ Erklären Sie den Begriff „abgeflämmte Baisererzeugnisse" und geben Sie einige Erzeugnisse an.

⑩ Beschreiben Sie die Herstellung einer Obsttorte und einer Obstbaisertorte, die daraus entsteht.

⑪ Nennen Sie die Ursachen folgender Fehler bei Baisererzeugnissen:
  • Baisererzeugnisse haben ein zu kleines Volumen, sie sind etwas breitgelaufen und die Konturen der Sterntülle sind verschwommen.
  • Getrocknete Baisererzeugnisse sind an der Oberfläche braun und aufgerissen.
  • Getrockneten Baisererzeugnisse haben eine rissige Oberfläche.
  • Getrocknete Baisererzeugnisse sind innen nicht ganz trocken und somit etwas zäh.

⑫ Nennen Sie die Qualitätsmerkmale bei der Kundenberatung:
  • allgemein für alle Baisererzeugnisse
  • Obstbaisertorten und Obstbaiserschnitten
  • Schaumrollen
  • getrocknete Baisererzeugnisse

⑬ Geben Sie Auskunft über die Frischhaltung folgender Baisererzeugnisse:
  • Schaumrollen
  • abgeflämmte Baisererzeugnisse
  • getrocknete Baisererzeugnisse

⑭ Nennen Sie Beispiele, wozu sich Baisererzeugnisse besonders gut eignen.

⑮ Stellen Sie getrocknete Baisererzeugnisse und Obstbaisertorten mit kalter und warmer Baisermasse her. Vergleichen Sie die Erzeugnisse und versuchen Sie Vor- und Nachteile festzustellen.

Rechenaufgabe

Aus einer Baisermasse mit 750 g Eiklar und 1 500 g Zucker werden 80 Meringen aufdressiert. Beim Trocknen verdunstet das Wasser des Eiklars, also 82 % des Eiklars.

a) Wie schwer war eine aufdressierte Meringe vor dem Trocknen? (Runden Sie auf ganze Gramm.)

b) Wie viel g Wasser des Eiklars ist beim Trocknen verdunstet?

c) Berechnen Sie das Gewicht einer Meringe nach dem Trocknen beim Verkauf. (Runden Sie auf ganze Gramm.)

LF 2.2

25.2 Wiener Masse

Die Herstellung der Biskuitmasse, die der Wiener Masse ähnlich ist, wird beschrieben auf → Seite 161.

Aufgeschlagene Wiener Masse

!

Die Wiener Masse ist wie die Biskuitmasse eine eireiche Masse. Der einzige Unterschied ist:
• Wiener Masse wird mit einem geringen Anteil Fett hergestellt.
• Biskuitmasse enthält in der Rezeptur kein Fett → Seite 161.

Wiener Masse	Biskuitmasse
• 4 Teile Eier	• 4 Teile Eier
• 2 Teile Zucker	• 2 Teile Zucker
• 1 Teil Weizenmehl	• 1 Teil Weizenmehl
• 1 Teil Weizenpuder	• 1 Teil Weizenpuder
• 1 Teil Butter oder Margarine	

Bestimmungen der Leitsätze

Backwaren aus Wiener Masse enthalten auf 100 Teile Mehl und Weizenstärke (Weizenpuder) mindestens 66,7 % Vollei und mindestens 6 % Fett, entweder Butter, Margarine oder Speiseöl.

Erzeugnisse aus Wiener Masse

- Wiener Böden = helle Tortenböden
- Schokoladen Wiener Böden (Schokoböden) – mit Kakaopulver
- Nuss-Wiener Böden (Nussböden) – mit geriebenen Nüssen
- einzeln gebackene Wiener Böden
- Kapseln = Wiener Masse, auf Backbleche gestrichen
- Osterlämmer

Die Erzeugnisse aus Wiener Masse können auch mit Biskuitmasse hergestellt werden.

Heller Wiener Boden, Schokoladenboden, Nussboden

Vergleich der Tortenböden

Die Unterschiede der Tortenböden aus Biskuitmasse und Wiener Masse ergeben sich durch den Fettanteil in der Wiener Masse. Wegen der Vorteile werden überwiegend Wiener Böden hergestellt.

Biskuitböden	Wiener Böden
• lockere, großporige Tortenböden • weicher, aber etwas trockenere Tortenböden • kurze Frischhaltung, da die Tortenböden schnell trocken werden	• lockere, feinporige Tortenböden • etwas weichere und elastischere Tortenböden • etwas längere Frischhaltung, da die Tortenböden nicht so schnell trocknen

Rezeptbeispiel: Wiener Masse für Tortenböden und Kapseln

Dieses Rezept ergibt einen Tortenboden von 26 cm Durchmesser und 6 cm Höhe oder von 28 cm Durchmesser und 5 cm Höhe.
Die Herstellung erfolgt nach dem traditionellen Warm- und Kaltaufschlagen.

350 g	Vollei (7 Stück)	Die Eiermasse warm,
200 g	Zucker	ca. 45 °C, und dann kalt
	1 Prise Salz	aufschlagen.
	(ca. 2 g)	
	Zitronen- und	
	Vanillearoma	
120 g	Weizenmehl,	Mehl und Weizenpuder
	Type 405	miteinander sieben und
	oder 550	in die Eiermasse melieren.
100 g	Weizenpuder	
100 g	Butter	Zum Schluss die flüssige
870 g	**Wiener Masse**	Butter, ca. 40 °C, in die Masse heben (melieren).

Schokoladenböden, Schokoladenkapseln
70 g Weizenpuder und 30 g Kakaopulver statt 100 g Weizenpuder.

Nussböden, Mandelböden:
100 g geröstete, geriebene Haselnüsse bzw. Mandeln und 50 g Weizenpuder, statt 100 g Weizenpuder.

! Die Lockerung der Wiener Masse erfolgt ausschließlich durch die eingeschlagene Luft.
Die Wiener Masse enthält kein Backpulver.

Warm- und Kaltschlagen der Eiermasse

Gasflamme unter dem Kessel zum Warmschlagen der Eiermasse

LF 2.2

- Die Eier, Zucker, Salz und Aromen zuerst auf ca. 45 °C erwärmen. Die Temperatur können erfahrene Konditoren gefühlsmäßig feststellen, indem sie mit dem Finger in die Masse fassen.
  Das Erwärmen erfolgt bei kleinen Massen auf dem Gasherd und bei größeren Massen mit einer Gasflamme am Heizring unter dem Kessel in der Rührmaschine. Die Eiermasse muss beim Erwärmen ständig gerührt werden, damit sie nicht anbrennt.
- Die warme Eiermasse wird nun bei hoher Geschwindigkeit so lange aufgeschlagen, bis sie auf 20 bis 25 °C abgekühlt ist.

Durch das Erwärmen wird das Eiweiß viskoser, d. h. dehnfähiger, und kann somit die eingeschlagene Luft besser zu Poren festhalten.

Wird die Eiermasse zu hoch erwärmt, über 50 °C, gerinnen die Eiweiße und verlieren ihre dehnbare Eigenschaft. Sie verkleben miteinander und können keine Luftbläschen mehr festhalten.

Das Warm- und Kaltschlagen dauert mindestens 25 Minuten. Die fertig aufgeschlagene Eiermasse ist stabil und hat ein großes Volumen. Der Fettanteil des Eigelbs beeinträchtigt das Gashaltevermögen des Eiweißes. Deshalb wird diese lange Aufschlagzeit benötigt, die eingeschlagene Luft festzuhalten und stabile Poren zu bilden.

Um zu prüfen, ob die Eiermasse fertig aufgeschlagen ist, nimmt man mit einem Schaber etwas Masse heraus. Zieht sich eine „Nase", die nicht abtropft, ist die Masse fertig.

Probe einer stabil aufgeschlagenen Eiermasse

Melieren von Mehlgemisch und Fett

Beim Melieren schüttet ein Konditor das Gemisch aus Weizenmehl und Weizenpuder vom Papier zügig nach und nach in die Masse, die ein weiterer Konditor mit wenigen Rührbewegungen unter die Eiermasse hebt. Anschließend wird die flüssige Butter in dünnem Strahl in die Masse gegossen und meliert, bis sie vollständig vermischt ist.

Die Butter sollte bei ca. 40 °C meliert werden. Bei zu heißem Fett gerinnen die Eiweiße des Weizenmehls. Dabei werden die Luftbläschen zerstört und die Wiener Masse fällt zusammen.

Statt Butter kann Margarine oder Speiseöl verwendet werden.

Erzeugnisse aus Wiener Masse

Tortenböden

Die Wiener Masse sofort nach dem Melieren in Tortenringe füllen, ca. 1 cm unter den Rand des Rings, und in den Backofen schieben.

Einfüllen der Wiener Masse in Tortenringe

Backen von Wiener Böden: 200 °C, bei geschlossenem Zug
Backzeit: ca. 30 Minuten

Fertig ausgebackene Wiener Böden geben beim Abtasten in der Mitte des Bodens dem Fingerdruck nach und gehen elastisch wieder zurück.

LF 2.2

Abtasten eines Tortenbodens

Die Wiener Böden sofort nach dem Backen auf mit Tüchern belegte Bretter oder auf Backpapier stürzen, damit die Oberflächen der Böden glatt werden und sie besser ausdampfen können.

Kapseln

Die Wiener Masse auf ein mit Backpapier belegtes Backblech geben und mit einer Winkelpalette oder einem Aufstreichgerät 1 bis 1,5 cm gleichmäßig dick aufstreichen.

Aufstreichen der Wiener Masse für Kapseln

Backen von Kapseln:

220 °C, bei geschlossenem Zug hellbraun aber stabil backen.

Die flachen Kapseln werden bei hoher Backhitze flott gebacken, damit sie weich und für Rouladen rollfähig bleiben.

Backzeit: ca. 10 Minuten

Kapseln und einzeln gebackene Böden sofort nach dem Backen vom Blech schieben, damit sie nicht austrocknen.

Einzeln gebackene Böden

Einen Schaber voll Wiener Masse auf gefettete oder mit Backpapier belegte Backbleche geben und mit einer Winkelpalette mithilfe eines Streichrings ca. 5 mm dicke Böden aufstreichen.

Aufstreichen der Wiener Masse für einzeln gebackene Böden

Backen von einzeln gebackenen Böden:

210 °C, hellbraun backen

Backzeit: ca. 8 Minuten

Die Böden nach dem Backen sofort vom Blech nehmen, damit sie nicht austrocknen.

Unterschiede zwischen einzelnen und in Ringen gebackenen Böden

Wiener Böden, in Ringen gebacken, sind lockerer und weicher als einzeln gebackene Böden. Einzeln gebackene Wiener Böden sind kompakter und haben eine dünne, weiche Kruste. Deshalb sind sie geschmackvoller. Einzeln gebackene Wiener Böden werden z. B. für Prinzregenten-, Dobos- und Herrentorten verwendet ➝ Seite 506 und 516.

Einzeln und im Ring gebackene Wiener Böden

Wiener Masse als Zweikesselmasse

Bei der Zweikesselmasse werden die Eier der Wiener Masse getrennt. Eiklar und Eigelb werden in jeweils einem Kessel separat aufgeschlagen.

Rezeptbeispiel: einzeln gebackene Wiener Böden	
Dieses Rezept ergibt 6 Böden für eine Torte.	

180 g Eigelb (9 Stück)
50 g Zucker
     Zitronen- und
     Vanillearoma
	Die Eigelbmasse schaumig schlagen.

270 g Eiklar (9 Stück)
100 g Zucker
     1 Prise Salz
     (ca. 2 g)
	Eischnee aufschlagen und in die schaumige Eigelbmasse melieren.

80 g Weizenmehl,
     Type 405
     oder 550
80 g Weizenpuder
100 g Butter
	Weizenmehl und Weizenpuder miteinander sieben und in die Eiermasse melieren.

860 g Wiener Masse	Zum Schluss die flüssige Butter, ca. 40 °C, in die Masse melieren.

Spezielle Wiener Böden, z. B. Spanische Vanilletorte mit Marzipanrohmasse und Kuvertürestückchen sowie Sacherböden mit hohem Schokoladenanteil, werden häufig mit der Zweikesselmasse hergestellt.

LF 2.2

Sachermasse

Rezeptbeispiel: Sachermasse

Dieses Rezept ergibt 1 Tortenring von 26 cm Durchmesser.

140 g	Butter	Die Buttermasse
120 g	Eigelb (6 Stück)	schaumig schlagen.
60 g	Puderzucker	
	Zitronen- und	
	Vanillearoma	
150 g	Schokoladen-	Die flüssige Kuvertüre
	kuvertüre	in die schaumige
		Buttermasse rühren.
180 g	Eiklar (6 Stück)	Eischnee aufschlagen
120 g	Zucker	und in die schaumige
	1 Prise Salz	Buttermasse melieren.
	(ca. 2 g)	
100 g	Mandeln,	Das Mehl-/Mandel-
	gehackt	gemisch zum Schluss
120 g	Weizenmehl,	in die Masse melieren.
	Type 405	
	oder 550	
990 g	**Sachermasse**	

Die Sachermasse in einen Tortenring füllen und in den Backofen schieben.

Backen: 190 °C, bei geschlossenem Zug

Backzeit: ca. 40 Minuten

Sachermasse gehört zur Wiener Masse, da der Buttergehalt weniger als 20 % der Masse beträgt. Sandmasse muss mindestens 20 % Fett enthalten.

Sacherböden

Litergewicht der Massen

> ! Das Litergewicht gibt das Gewicht von 1 Liter Volumen einer Masse an, bei der Eier aufgeschlagen werden.

Werden Eier, Eigelb und Eiklar einer Masse aufgeschlagen, vergrößert sich durch Einschlagen von Luft das Volumen. Anschließend werden in die Eiermasse noch Weizenmehl und Weizenpuder und bei der Wiener Masse flüssiges Fett meliert. Beim Melieren werden einige Luftbläschen zerstört und das Volumen verringert sich etwas.

Die fertig aufgeschlagene Masse wird in einen 1-Liter-becher gefüllt. Je weniger die Masse in dem Literbecher wiegt, desto lockerer ist sie, z. B.:

> **1 Liter Biskuitmasse wiegt ca. 350 g**

> **1 Liter Wiener Masse wiegt ca. 450 g**

Die Biskuitmasse enthält mehr Luftbläschen und ist somit lockerer als die Wiener Masse. Die Eiermasse der Wiener Masse verliert gegenüber der Biskuitmasse etwas an Volumen, weil mehr Weizenmehl und Weizenpuder meliert und zusätzlich noch flüssiges Fett untergehoben wird.

Besonders aufschlussreich ist das Litergewicht, um festzustellen, welche Aufschlagmethode einer Masse für den Betrieb die beste ist, z. B. bei der Wiener Masse:
- Eiermasse warm und kalt aufschlagen
- Eiermasse kalt aufschlagen
- Eier getrennt zu Eischnee und schaumigem Eigelb aufschlagen

Je lockerer eine Masse, desto mehr Volumen hat die Masse, was somit eine höhere Anzahl an Gebäcken ergibt. Deshalb ist auch der Energiegehalt der einzelnen Gebäcke geringer.

> ! Mit dem Litergewicht kann die Lockerung der aufgeschlagenen Massen überprüft werden, die ohne Backpulver hergestellt werden.

Das Backpulver in Massen reagiert erst durch Hitze und lockert die Massen erst beim Backen, sodass das Litergewicht der Backpulvermassen keine Aussage über die Lockerung der Gebäcke ergibt.

LF 2.2

Fehler bei Gebäcken aus Wiener Masse

Fehler	Ursachen
• zu niedrige Tortenböden • zu geringe Lockerung der Tortenböden	• Die Masse wurde zu wenig lange aufgeschlagen. • Der Kessel bzw. Rührbesen war fetthaltig.
eingefallene Tortenböden mit Wasserstreifen (ungelockerter, klebriger Streifen in den Tortenböden)	zu kurze Backzeit der Tortenböden
Die Kapsel bricht beim Rollen zu Rouladen.	• zu lange Backzeit • zu geringe Backhitze • die Kapsel wurde ungleichmäßig aufgestrichen und hatte dünne Stellen

Aufgaben

❶ Erklären Sie die Wiener Masse und geben Sie den Unterschied zur Biskuitmasse an.

❷ Nennen Sie Erzeugnisse aus Wiener Masse.

❸ Geben Sie die Unterschiede der Tortenböden aus Wiener Masse und Biskuitmasse an:
  • Porung der Böden   • Krumenbeschaffenheit
  • Frischhaltung

❹ Nennen Sie die Zutaten für eine Wiener Masse und beschreiben Sie das Warm- und Kaltaufschlagen einer Wiener Masse.

❺ Wodurch erfolgt ausschließlich die Lockerung der Wiener Masse?

❻ Erklären Sie das Aufschlagen einer Wiener Masse als Zweikesselmasse.

❼ Beschreiben Sie das Backen von
  • Kapseln,   • Wiener Böden in Tortenringen,
  • einzeln gebackenen Wiener Böden.

❽ Wie erkennt man fertig ausgebackene Wiener Böden?

❾ Nennen Sie den Unterschied der einzeln gebackenen Wiener Böden zu den Wiener Böden in Tortenringen.

❿ Für welche Torten werden einzeln gebackene Wiener Böden verwendet?

⓫ Nennen Sie die Bestimmungen der Leitsätze für Sachermasse.

⓬ Geben Sie die Ursachen für folgende Fehler bei Gebäcken aus Wiener Masse an:
  • zu niedrige Tortenböden und zu geringe Lockerung der Tortenböden
  • eingefallene Tortenböden mit Wasserstreifen
  • Kapsel bricht beim Rollen zu Rouladen

⓭ Erklären Sie das Litergewicht der Massen und was es aussagt.

⓮ Während der Erdbeerzeit wünschen die Kunden häufig Tortenböden zum Belegen. Welche Tortenböden empfehlen Sie den Kunden mit welchen Verkaufsargumenten?

LF 2.2

Rechenaufgaben

❶ Eine Wiener Masse für 8 Tortenböden wird mit folgendem Rezept hergestellt:

2800 g Vollei	800 g Weizenpuder
1600 g Zucker	800 g Butter
960 g Weizenmehl	
40 g Salz, Zitronen- und Vanillearoma für die ganze Masse	

Das Rezeptgewicht beträgt ²/₅ vom Litergewicht der Wiener Masse, die in den Tortenring gefüllt wird. Berechnen Sie das Litergewicht der Wiener Masse.

❷ Die Sachermasse für 8 Tortenböden wird mit folgendem Rezept hergestellt:

1120 g Butter	1200 g Schokoladenkuvertüre
960 g Eigelb	1440 g Eiklar
480 g Puderzucker	960 g Zucker
80 g Zitronen- und Vanillearoma	800 g Mandeln
	960 g Weizenmehl

a) Errechnen Sie das Massengewicht in kg.

b) Wie viel % Butter enthält die Sachermasse?

25.3 Sandmasse

Sandmassen sind eireiche Massen mit den gleichen Zutaten wie bei der Wiener Masse, jedoch mit einem höheren Fettanteil sowie mehr Zucker und Weizenmehl/Weizenpuder.

Weil bei allen Sandmassen die Butter oder Margarine schaumig gerührt und die anderen Zutaten hineingerührt werden, bezeichnet man sie manchmal als **„Rührmassen"** und die Kuchen daraus als **„Rührkuchen"**.

> **Bestimmungen der Leitsätze**
> Sandmasse enthält mindestens 20 % Fett, entweder Butter, Margarine oder Speiseöl sowie mindestens 20 % Vollei, berechnet vom gesamten Massengewicht.

Gebäcke aus Sandmasse

Kuchen	Blechkuchen mit Früchten	Kuchen aus kleinen Förmchen
• Sandkuchen • Marmorkuchen • Nusskuchen • Eierlikörkuchen • Rotweinkuchen • Englischer Kuchen • Baumkuchen	• Donauwellen mit Sauerkirschen • Schnitten mit Stachelbeeren, Aprikosen, Sauerkirschen	Muffins mit Früchten oder Schokoladenstückchen; kleine, runde Kuchen in Papiermanschetten und in kleinen Förmchen gebacken

Auch Baumkuchen, das Symbol der Konditorei, werden aus einer Sandmasse hergestellt. Sie werden in einem speziellen Baumkuchenofen gebacken und werden deshalb nur in Konditoreien hergestellt.

Blechkuchen aus Sandmasse

Grundrezept für eine Sandmasse

Das Grundrezept einer Sandmasse ergibt eine „Gleichschwermasse", da alle Hauptzutaten in der Rezeptur die gleiche Menge aufweisen.

Grundrezept für eine Sandmasse

500 g Vollei

500 g Zucker

500 g Butter oder Margarine

500 g Weizenmehl/Weizenpuder (250 g/250 g)

15 g Backpulver
1 Prise Salz (ca. 2 g)
Zitronen- und Vanillearoma

Die Lockerung der Sandmasse erfolgt mit Backpulver, da beim Aufschlagen der Masse zu wenig Luft eingeschlagen wird.

Ohne Backpulver oder mit zu wenig Backpulver bekommen Kuchen aus Sandmasse ein kleines Volumen und sind ungenügend gelockert. Es entstehen im Inneren der Kuchen ungelockerte, speckige Streifen.

Bedeutung der Weizenstärke für die Gebäcke

Sandmasse wird mit Weizenmehl und Weizenstärke zu gleichen Gewichtsanteilen hergestellt. Dadurch wird eine lockere, weiche Struktur der Kuchen erzielt.

Wird für die Sandmasse nur Weizenmehl ohne Weizenpuder verwendet, werden die Kuchen kleinporig und zu kompakt, mit zu festem Biss. Das Gebäckvolumen ist zu klein.

Begründung: Der hohe Weizenmehlanteil bildet mit dem Wasser der Eier einen zähen Kleber, sodass eine zu stabile Masse entsteht.

Durch den Weizenpuder (Weizenstärke) werden Kuchen aus Sandmasse lockerer und „sandig".

Begründung: Beim Backen verkleistert die Weizenstärke bei 60 bis 90 °C und kann dabei das 10-Fache des Eigengewichts an Wasser binden. So wird der geringe Wasseranteil der Eier in der Sandmasse völlig gebunden, sodass die Kuchen trocken werden und sandig wirken.

Verwendet man nur Weizenstärke, ist die Krume der Kuchen zu locker und zu sandig sowie etwas trocken.

Formen für Kuchen

- rechteckige Kastenformen
- Gugelhupfformen (gerippte Ringformen)
- glatte Ringformen
- Rehrückenformen

*Ringform,
Kastenform,
Rehrückenform,
Gugelhupfform*

Lockere Sandkuchen

Bestimmungen der Leitsätze

- **Sandkuchen:**
  Sie werden aus Sandmasse hergestellt, die mindestens 20 % Fett, entweder Butter, Margarine oder Speiseöl und mindestens 20 % Vollei enthält.
- **Marmorkuchen:**
  Sie werden aus heller und zu mindestens einem Drittel aus kakaohaltiger Sandmasse hergestellt.
- **Englische Kuchen:**
  Sie werden aus Sandmasse hergestellt, der auf 100 kg Sandmasse mindestens 30 kg Sultaninen, Korinthen und kandierte Früchte, wie z. B. Zitronat, Orangeat und Belegkirschen, zugegeben werden.

Englischer Kuchen

Herstellung der Sandmassen als Einkesselmasse

Sandmassen werden häufig als Einkesselmasse hergestellt. Es ist die schnellste Herstellungsart.

Rezeptbeispiel: Sandkuchen	
1000 g Butter 1000 g Zucker 1 Prise Salz (ca. 2 g) Zitronen- und Vanillearoma	Butter, Zucker, Salz und Aromen leicht schaumig schlagen.
1000 g Vollei (ca. 20 Stück)	Eier nach und nach zugeben, sodass die Masse immer glatt gerührt ist.
500 g Weizenmehl, Type 405 oder 550 500 g Weizenpuder 30 g Backpulver	Weizenmehl, Weizenpuder und Backpulver miteinander sieben und zum Schluss kurz in die Masse rühren, um eine Kleberbildung zu vermeiden.
4030 g Masse	

Bei **Eierlikörkuchen** wird zu der Butter- und Zuckermasse noch 150 bis 200 g Eierlikörpaste zugegeben.
Bei **Zitronenkuchen** wird der Sandmasse so viel Zitronenaroma zugegeben, dass der Zitronengeschmack im Kuchen dominiert.

Temperatur des Fetts bei der Verarbeitung

Das Fett sollte bei der Verarbeitung nicht zu kalt und nicht zu warm sein, damit es beim Aufschlagen geschmeidig ist und sich mit den anderen Zutaten gut vermischen lässt; Butter ca. 20 °C und Margarine ca. 23 °C.

Zu kaltes Fett lässt sich nicht gut schaumig schlagen und es verbindet sich schlecht mit dem Wasser der Eier, sodass die Masse grießig wird. Die Kuchen sind dann meist ungenügend gelockert und im unteren Teil bildet sich ein speckiger, ungelockerter Streifen.

Bei zu weichem Fett entsteht beim Aufschlagen schnell eine zu schaumige Sandmasse. Diese kann die Lockerungsgase beim Backen schlecht festhalten, sodass die Kuchen oben flach auseinanderlaufen oder gar leicht zusammenfallen.
Beim Aufschlagen muss die Reibungswärme berücksichtigt werden, damit das Fett bei zu schnellem oder zu langem Aufschlagen nicht zu weich und somit die Sandmasse schaumig wird.

Auch die **Eier** sollten bei der Verarbeitung etwas temperiert und nicht zu kalt sein. So kann das Wasser der Eier besser mit dem Fett emulgiert werden, weil das Lezithin im Eigelb sofort wirkt und die Sandmasse bindiger macht.

Einfüllen der Sandmasse in die Kuchenformen

Die Kuchenformen werden gefettet und bemehlt, damit die Kuchen nach dem Backen nicht an den Formen hängen bleiben.

Sofort nach der Herstellung der Sandmasse die Kuchenformen ca. ¾ vollfüllen. Beim Einfüllen darf die gefettete Innenseite der Form nicht beschmiert werden, da diese Masse am Rand beim Backen sofort hart wird. In rechteckige Formen kann die Sandmasse mit einem Schaber in die Formen gefüllt werden. Ein leichtes und sauberes Einfüllen, vor allem in Ringformen, ist mit einem Dressierbeutel ohne Tülle möglich.

Damit die Masse eine ebene Oberfläche erhält, werden die Kuchenformen auf den Arbeitstisch geklopft.

Backen der Sandkuchen mit Ausbund

- Die Sandmasse für Kuchen mit Ausbund wird in rechteckigen Kastenformen gebacken.
- Die Sandmasse bei 220 °C und geschlossenem Zug anbacken.
- Nach 12 bis 15 Minuten die leicht gebräunte, feste Haut an der Oberfläche mit einem in Wasser oder Öl getauchten Messer der Länge nach einschneiden.
- Die Kuchen wieder in den Backofen schieben und bei 180 °C bei offenem Zug ausbacken.

Der Ausbund entsteht, wenn das Backpulver im Ofen Lockerungsgase (CO_2) entwickelt. Die Masse hebt sich dann nach oben, wodurch die Schnittstelle aufreißt.

Sandkuchen einschneiden

Die Kuchenformen für das Einschneiden vorsichtig aus dem Ofen herausnehmen und nach dem Einschneiden wieder einschieben, damit die noch nicht stabilen Poren in der Sandmasse durch die Erschütterung nicht einfallen.

Eine weitere Möglichkeit, einen schönen Ausbund der Kuchen zu erzielen, ist, wenn nach dem Einfüllen der Masse in die Formen ein Schaber in flüssiges Fett oder Öl getaucht wird und dieser im oberen Teil der Masse eingestochen wird. Das Fett trennt die Masse, sodass die Kuchen beim Backen bei 200 °C und geöffnetem Zug an dieser Stelle aufreißen.

Backzeit

Die Backzeit hängt von der Größe und dem Gewicht des Kuchens ab.

Kuchen aus Sandmasse werden hell mit einer dünnen, aber stabilen Kruste gebacken.

Ein 500 g schwerer Sandkuchen benötigt ca. 40 Minuten. Größere Kuchen backen ca. 45 bis 50 Minuten.

Kuchen aus Sandmasse sind fertig gebacken, wenn beim Abtasten mit den Fingern der Fingerabdruck in der Mitte des Kuchens elastisch wieder zurückgeht.

Fertigstellen der Sandkuchen

Die abgekühlten Sandkuchen mit Puderzucker bestauben oder mit Schokoladenkuvertüre bzw. Fettglasur überziehen.

Sandkuchen mit schönem Ausbund

Blechkuchen aus Sandmasse mit Früchten

Werden der Sandmasse für Blechkuchen Früchte zugegeben, wird die Masse ohne Weizenpuder hergestellt, weil sie nur mit Mehl kompakter ist und so die Früchte nicht nach unten sinken.

- Die Sandmasse in gefetteten Schnittenblechen (Alu-Rahmenblechen) gleichmäßig verstreichen.
- Früchte wie Sauerkirschen, Stachelbeeren, Aprikosen, Äpfel u. a. auflegen und backen.

LF
2.2

Rezeptbeispiel: Kirschkuchen

Die Rezeptur ergibt ein Schnittenblech von 60 × 40 cm.

500 g	Butter	Butter, Zucker, Salz und Aromen leicht schaumig schlagen.
600 g	Zucker	
	1 Prise Salz (ca. 2 g)	
	Zitronen- und Vanillearoma	
800 g	Vollei (ca. 16 Stück)	Die Eier nach und nach in die Masse einrühren. Bevor die Masse grießig wird, das Mehlgemisch im Wechsel mit den Eiern einrühren, damit eine glatte Masse entsteht.
500 g	Weizenmehl, Type 405 oder 550	Weizenmehl, Backpulver und Kakaopulver miteinander sieben. Die geriebenen Nüsse und die süßen Brösel auf das Mehl geben. Das restliche Mehlgemisch kurz in die Masse einrühren.
20 g	Backpulver	
70 g	Kakaopulver	
300 g	Nüsse, geröstet und gerieben	
200 g	süße Brösel	
2990 g	**Masse**	
1400 g	Sauerkirschen	Die abgetropften Sauerkirschen in die Masse heben.

Ein Schnittenblech (Alu-Rahmenblech) von 60 × 40 cm einfetten und die Masse gleichmäßig darin verstreichen.

Backen: 200 °C, bei geschlossenem Zug
Backzeit: ca. 35 Minuten

geschnittener Kirschkuchen nach dem Backen

Die Ränder dünn abschneiden und den Kirschkuchen in Stücke schneiden, z. B. 9,5 cm × 6 cm, ergibt 40 Stück.

Die geschnittenen Kirschkuchen leicht mit Puderzucker bestauben.

Kirschkuchen

Herstellung der Sandmassen als Zweikesselmasse

Die Herstellung erfolgt in zwei Kesseln:
- In einem Kessel Butter, Zucker, Eigelb und Aromen schaumig schlagen.
- Im zweiten Kessel Eiklar, Zucker und Salz zu Eischnee aufschlagen.
- Eischnee in die Buttermasse melieren und dann Mehl mit Backpulver unterheben.

Beim fachgerechten Aufschlagen der Zweikesselmasse kann auf Backpulver verzichtet werden. Zur Sicherheit wird jedoch meistens etwas Backpulver zugegeben.

Jedes Rezept für Sandmasse kann als Einkessel- und Zweikesselmasse hergestellt werden.

Rezeptbeispiel: Marmorkuchen

1000 g	Butter	Butter, Zucker und Aromen schaumig schlagen und das Eigelb nach und nach einrühren.
400 g	Eigelb (ca. 20 Stück)	
400 g	Zucker	
	Zitronen- und Vanillearoma	
600 g	Eiklar (ca. 20 Stück)	Eiklar, Zucker und Salz zu Eischnee aufschlagen und den Eischnee unter die Buttermasse heben.
600 g	Zucker	
	1 Prise Salz (ca. 2 g)	
600 g	Weizenmehl, Type 405 oder 550	Weizenmehl, Weizenpuder und Backpulver miteinander sieben und in die Masse melieren.
400 g	Weizenpuder	
20 g	Backpulver	
70 g	Kakaopulver	Kakaopulver mit Eiern oder Milch in einem Kessel anrühren und sofort ca. ⅓ der Masse einrühren, sodass eine Schokoladenmasse entsteht.
150 g	Vollei (3 Stück) oder 100 g Milch	
4240 g	**Masse**	

Eine weitere Methode der Herstellung als Zweikessel-masse ist folgende:
- Butter, Weizenpuder und Aromen leicht schaumig schlagen.
- Vollei, Zucker und Salz zu einer stabilen Eiermasse aufschlagen.
- Die Eiermasse unter die Buttermasse heben.
- Zum Schluss das Weizenmehl mit Backpulver melieren.

Einfüllen der Sandmasse in Kuchenformen
- Kuchenformen einfetten und bemehlen.
- Die helle Sandmasse in die Formen einfüllen.
- Die Schokoladenmasse auf die helle Masse geben.
- Mit einer Gabel mit wenigen Drehungen spiralförmig kreisen, damit die Schokoladenmasse zwischen der hellen Masse ein marmoriertes Muster im Kuchen ergibt.

Marmoriertes Muster im Marmorkuchen

Backen: 200 °C, bei geschlossenem Zug
Backzeit: 45 bis 50 Minuten, je nach Größe der Kuchen
Überziehen: Die abgekühlten Marmorkuchen mit Kuvertüre oder Fettglasur überziehen.

Überzogene Marmorkuchen

Sandmasse mit Speiseöl

Anstelle von Butter bzw. Backmargarine kann für Sand-massen Speiseöl verwendet werden. Diese Kuchen sind etwas zarter und weicher.
Die Herstellung der Sandmasse mit Öl erfolgt im einfachen und schnellen „All-in-Verfahren".

Rezeptbeispiel: Eierlikörkuchen
1000 g Vollei (ca. 20 Stück)
1000 g Puderzucker
1000 g Speiseöl (= 1140 ml)
500 g Weizenmehl, Type 405 oder 550
500 g Weizenpuder
40 g Backpulver
200 g Eierlikörpaste
1 Prise Salz (ca. 2 g)
Vanille- und Zitronenaroma
4 240 g Masse

- Alle Zutaten zusammen in einem Kessel im All-in-Verfahren ca. 10 Minuten lang nicht zu schnell rühren.
- Die weiche Sandmasse mit einem Schöpflöffel in die gefetteten und bemehlten Kuchenformen füllen.

Backen: bei 190 °C und geschlossenem Zug backen
Bei Eierlikörkuchen mit Ausbund:
bei 220 °C ca. 15 Minuten anbacken,
die leicht gebräunte Haut einschneiden,
bei 180 °C ausbacken

Backzeit: 50 bis 60 Minuten, je nach Größe der Kuchen

Die abgekühlten Eierlikörkuchen mit Puderzucker bestauben oder mit Kuvertüre bzw. Fettglasur überziehen.

Amerikaner

Amerikaner

Amerikaner werden aus einer weichen Masse hergestellt, die jedoch einen hohen Mehl- und Milchanteil, aber wenig Eier enthält. Da bei dieser Masse eine Kleberbildung entsteht, wird als Lockerungsmittel Hirschhornsalz zugegeben, das stark und großporig lockert.
Wegen der teigähnlichen Rezeptur können Amerikaner keiner Gruppe der Massen zugeordnet werden.

LF 2.2

Fehler bei Kuchen aus Sandmasse

Gebäckfehler	Ursachen
• zu kleines Volumen der Kuchen • gering gelockerte Kuchen	• Die Sandmasse wurde zu wenig schaumig geschlagen. • Durch zu kaltes Fett wurde die Sandmasse nicht genügend schaumig geschlagen. • Durch zu schnell zugegebene Eier konnten sich diese nicht mit dem Fett vermischen, sodass eine grießige Masse entstand. • zu wenig Backpulver in der Sandmasse
• zusammengefallene Kuchen • speckige Kuchen • Wasserstreifen im unteren Drittel des Kuchens	• zu viel Backpulver in der Sandmasse • zu kurze Backzeit • Erschütterung der Masse in der Kuchenform während der Anfangszeit beim Backen, z. B. durch Anstoßen. Die noch nicht stabilen Poren sind zusammengefallen.
breit gelaufene, flache Oberfläche der Kuchen ohne Ausbund	• Es wurde zu warmes und somit zu weiches Fett verarbeitet, sodass die Sandmasse zu schaumig wurde. • Die Sandmasse wurde zu schaumig geschlagen.
• zu dunkle Kruste • zu dicke Kruste • zu trockene Kuchen	• zu lange Backzeit • zu kühle Backtemperatur
ungenügender Ausbund der Kuchen	• Die Masse wurde zu früh oder zu spät eingeschnitten. • Die Masse wurde zu schaumig geschlagen. *Zu schaumig geschlagener Sandkuchen*
• Bei Blechkuchen mit Früchten sind die Früchte beim Backen nach unten gesunken. • Bei Marmorkuchen und Donauwellen ist die Schokomasse nach unten gesunken.	• Die Sandmasse enthält zu viel Weizenpuder, sodass die schweren Früchte und die Schokoladenmasse in der lockeren Sandmasse nach unten gesunken sind. Mit Mehl statt Weizenpuder ist die Masse kompakter. • Die Sandmasse wurde zu schaumig geschlagen, sodass die schweren Bestandteile in der weichen Massen nach unten gesunken sind.

LF 2.2

Verkaufsargumente

Qualitätsmerkmale für die Kundenberatung
• Kuchen aus Sandmasse sind ei- und fettreiche Gebäcke.
• Es sind lockere und weiche Kuchen mit aromatischem Kuchengeschmack.

Frischhaltung
Rührkuchen aus Sandmasse werden bei kühler Raumtemperatur aufbewahrt. Sie sind einige Tage frisch, vor allem eingeschweißte Kuchen.

Nach Ladenschluss sollten nicht eingeschweißte Kuchen im Konditoreigeschäft über Nacht mit Folie abgedeckt werden, um das Austrocknen zu verzögern. Diese Empfehlung sollte auch den Kunden gegeben werden.

Unverpackte Kuchen sollten möglichst frisch verkauft werden, weil frische Kuchen die vollen Qualitätsmerkmale besitzen. Sie sind besonders weich und haben den gewünschten vollen Kuchengeschmack. Kaufen Kunden frische Kuchen, können sie bei den Kunden noch gelagert werden.

Besondere Eignung der Gebäcke
• Kuchen aus Sandmasse sind in ihrer Vielfalt auf jedem Kaffeetisch beliebt.
• Wegen der längeren Frischhaltung eignen sie sich auch als Vorratsgebäck.
• Wegen der problemlosen Lagerung werden Kuchen aus Sandmasse gerne auf Reisen mitgenommen.

Aufgaben

1. Unterscheiden Sie die Wiener Masse und Sandmasse in Bezug auf die Zutaten der Rezeptur.
2. Nennen Sie die Bestimmungen der Leitsätze für Sandmasse.
3. Geben Sie Gebäcke aus Sandmasse an:
   - Kuchen
   - Blechkuchen
   - kleine Kuchen, in Förmchen gebacken
   - Symbol der Konditorei
4. Erstellen Sie ein Grundrezept einer Sandmasse als Gleichschwermasse.
5. Womit werden Gebäcke aus Sandmasse überwiegend gelockert?
6. Nennen Sie die Bestimmungen der Leitsätze für
   - Sandkuchen,
   - Englische Kuchen,
   - Marmorkuchen.
7. Beschreiben Sie die Herstellung einer Sandmasse als Einkesselmasse.
8. Wodurch unterscheiden sich Zitronen- und Eierlikörkuchen in der Rezeptur und im Geschmack vom Sandkuchen?
9. Erklären Sie, warum das Fett zur Verarbeitung der Sandmasse nicht zu kalt und nicht zu warm sein darf.
10. Beschreiben Sie das fachgerechte Einfüllen der Sandmasse in die Kuchenformen.
11. Wie werden Sandkuchen bearbeitet und gebacken, damit ein schöner Ausbund entsteht?
12. Beschreiben Sie die Herstellung einer Sandmasse als Zweikesselmasse.
13. Wie wird die Sandmasse für Marmorkuchen in die Formen gefüllt?
14. Beschreiben Sie die Herstellung einer Sandmasse mit Speiseöl.
15. Erklären Sie die besondere Masse der Amerikaner.
16. Nennen Sie die Ursachen für folgende Fehler bei Kuchen aus Sandmasse:
    - zu kleines Volumen der Kuchen, zu gering gelockerte Kuchen
    - zusammengefallene und speckige Kuchen, Wasserstreifen im Kuchen
    - breitgelaufene, flache Oberfläche der Kuchen
    - zu dunkle Kruste, zu dicke Kruste, zu trockene Kuchen
    - ungenügender Ausbund der Kuchen
    - Früchte sind bei Blechkuchen und die Schokoladenmasse ist bei Marmorkuchen abgesunken
17. Erklären Sie die Qualitätsmerkmale der Kuchen aus Sandmasse bei der Kundenberatung.
18. Geben Sie Auskunft über die Aufbewahrung und Frischhaltung der Kuchen aus Sandmasse.
19. Stellen Sie in Ihrer Konditorei eine Sandmasse für Kuchen als Einkesselmasse und eine mit dem gleichen Rezept als Zweikesselmasse her. Vergleichen Sie die Wirtschaftlichkeit bei der Herstellung und beurteilen Sie die Qualität der Kuchen.

LF 2.2

Rechenaufgaben

1. Die Materialkosten für 20 Nusskuchen betragen 16,80 €. Die Betriebskosten je Stunde belaufen sich auf 78,20 €. Für die Nusskuchen benötigte der Konditor 90 Minuten. Für Gewinn und Risiko werden 28 % und für Mehrwertsteuer 7 % berechnet. Berechnen Sie den Bruttoverkaufspreis für einen Nusskuchen.
2. Ein ganzer Sandkuchen wiegt im Verkauf 350 g. Die Materialkosten für 22 Sandkuchen werden mit 15,90 € ermittelt. In einer Stunde werden in der Konditorei 20 Sandkuchen zum Verkauf fertig gestellt. Der Stundensatz beträgt 68,40 €. Berechnen Sie den Verkaufspreis eines Sandkuchens bei einem Zuschlag für Gewinn und Risiko von 32 % und dem üblichen Mehrwertsteuersatz.
3. Eine Konditorei möchte einen Marmorkuchen für 4,50 € verkaufen. Die Materialkosten werden mit 0,70 € berechnet. Die Betriebskosten setzt die Konditorei mit 180 % an und die Mehrwertsteuer beträgt 7 %. Berechnen Sie, wie viel % Gewinn und Risiko die Konditorei berechnet. Runden Sie die Prozentzahl auf eine Stelle nach dem Komma.
4. Ein Eierlikörkuchen kostet im Laden 6,90 €. Für Gewinn und Risiko wurden 2,85 € veranschlagt, die Betriebskosten werden mit 240 % verrechnet. Berechnen Sie die Materialkosten in € bei einem Mehrwertsteuersatz von 7 %.

25.4 Baumkuchenmasse

Schon im vorchristlichen Griechenland formte man Teigstränge, wickelte diese um hölzerne Stangen und backte sie am offenen Feuer. Diese Methode war Jahrhunderte lang auf der ganzen Welt begehrt.

Bereits im 15 Jahrhundert verfeinerten herrschaftliche Küchenmeister Weizenteige mit Eiern, Butter, Sahne und Gewürzen. Der kostbare Zucker wurde nur zum Würzen verwendet. Diese Kuchenmasse wurde auf eine rotierende Walze aufgebracht und über offenem Feuer gebacken. Diese ersten Baumkuchen wurden als Spießkuchen oder Stangenkuchen bezeichnet.

Im 18. Jahrhundert, als Zucker in wohlhabenden Kreisen schon leichter erhältlich war, wurden Eier, Zucker, Butter und Gewürze schaumig gerührt und mit Weizenmehl zu einer Masse zubereitet.

In zeitaufwendiger Herstellung wurde diese Baumkuchenmasse Lage für Lage auf eine heiße Holzrolle gegossen und jede dieser Schichten unter Drehen über dem offenen Feuer gebacken. Dadurch erfolgte die bekannte Schichtung wie bei den Jahresringen eines Baums.

Später überzog man den Baumkuchen mit Schokolade und anderenorts bestrich man ihn mit heißer Aprikosenkonfitüre.

*Baumkuchen –
Symbol der Konditorei*

In der Konditorei werden Baumkuchen in einem elektrisch beheizten Baumkuchenofen gebacken. Die Walze mit der Masse wird bei gleichbleibender Geschwindigkeit von einem Motor gedreht. Durch die Hitze von Heizschlangen werden die einzelnen Masseschichten gleichmäßig gebräunt.

*Die einzeln gebackenen
Schichten des Baumkuchens*

Wegen der hervorragenden Qualität durch beste Zutaten und der besonderen Herstellungsweise wird der Baumkuchen als König der Kuchen bezeichnet. Deshalb gilt der Baumkuchen als das Symbol des Konditorhandwerks.

Den Namen erhielt der Baumkuchen wegen der einzeln gebackenen Schichten, die wie die Jahresringe eines Baums aussehen. Ein ganzer Baumkuchen ähnelt zu dem einem Baumstamm.

Besonderheit der Baumkuchenmasse

Die Masse für Baumkuchen ist eine sehr eierreiche Sandmasse, bei der nur Butter als Fett verwendet werden darf.

Bestimmungen der Leitsätze

- Die Baumkuchenmasse enthält auf 100 kg Weizenmehl und Weizenstärke mindestens 100 kg Butter und mindestens 200 kg Vollei.
- Es werden auch Mandeln, Marzipanrohmasse, Nüsse und/oder Nugatmasse zugesetzt.
- Backpulver wird nicht verwendet.
- Die Baumkuchenmasse wird in dünnen Schichten gebacken.
- Baumkuchenerzeugnisse werden entweder mit Schokoladenkuvertüre oder mit Zuckerglasur (Aprikotur und Fondant) überzogen bzw. glasiert. Die Verwendung von Fettglasur ist nicht erlaubt.

Rezeptbeispiel: Baumkuchenmasse (Zweikesselmasse)

1000 g Butter 900 g Eigelb (45 Stück) 1200 g Eiklar (80 Stück) 1000 g Zucker 500 g Weizenpudere 500 g Weizenmehl, Type 405 oder 550 300 g Marzipanrohmasse 100 g Rum (36 % vol) 5 g Salz Zitronen- und Vanillearoma	• Butter mit der Hälfte des Weizenpuders und Zitronen- und Vanillearoma schaumig schlagen. • Marzipanrohmasse mit dem Rum glatt arbeiten und in die schaumige Buttermasse rühren. • Eigelb in die Buttermasse nach und nach einrühren. • Eiklar, Zucker, Salz und den restlichen Weizenpuder zusammen in einem Kessel zu Eischnee schlagen. • Zuerst Eischnee und dann das gesiebte Weizenmehl unter die schaumige Buttermasse melieren.
5505 g Masse	

Alle Zutaten sollten temperiert bei Raumtemperatur von ca. 20 °C verarbeitet werden.

Den Eischnee nicht überschlagen, weil sonst der Eischnee in der Masse zusammenfällt und sich so die Lockerung verringert.

Das ideale Litergewicht der Baumkuchenmasse ist ca. 550 g, d. h., ein Liter Volumen der Masse wiegt ca. 550 g.

Baumkuchenofen (Baumkuchenmaschine)

Herstellen eines Baumkuchens

Der Baumkuchenofen, auch Baumkuchenmaschine genannt, ist wie ein Grill mit Heizschlangen an der Rückwand, die Hitze abstrahlen. Im unteren Teil des Baumkuchens befindet sich eine Wanne aus Edelstahl, in die die Baumkuchenmasse gegeben wird. Eine höhenverstellbare Holzwalze wird in die Baumkuchenmasse getaucht, sodass eine Schicht Masse an der Walze haften bleibt. Die Walze wird vor den Heizschlangen eingehängt und dreht sich langsam, wobei die Masseschicht hellbraun gebacken wird.

Herstellung der Baumkuchen

- Als Form für einen Baumkuchen wird eine konische Walze aus Holz verwendet. Diese gibt es, je nach Größe der Baumkuchen, in verschiedenen Durchmessern.
- Die Holzwalze wird mit Alufolie umwickelt. Die Alufolie kann, nach dem Backen und anschließendem Herausnehmen der Holzwalze, im Inneren des Baumkuchens belassen werden, denn sie schützt vor dem Austrocknen. Die Alufolie wird erst beim Verkauf des Baumkuchens entfernt.
- Die Walze wird in die Baumkuchenmasse in der Wanne getaucht, dann hochgehoben und die Masse durch ständiges Drehen vor den Heizschlangen gebacken.

- Ist diese dünne Schicht der Masse goldbraun gebacken, wird die Walze wiederum in die Baumkuchenmasse getaucht, herausgenommen und gebacken.
- Dieser Vorgang wird öfters wiederholt, je nach gewünschter Dicke des Baumkuchens. Eine bewährte Stärke ergeben ca. 12 glatte Schichten.
- Auf die glatten Baumkuchenschichten werden Ringe aufgetragen und gebacken. Dafür wird die Walze wieder in die Baumkuchenmasse gesenkt. Nach dem Hochheben der Walze wird beim Drehen vor den Heizschlangen mit den Zähnen eines Rechens die Masse vor der letzten Schicht abgeschabt. Dieser Vorgang wird mehrmals wiederholt, bis deutliche Ringe entstehen. Vier bis sechs Schichten Masse, die zu Ringen abgezogen werden, sind auf 12 glatten Schichten ausreichend.

Die Backzeit beträgt bei 8 bis 10 cm Dicke des Baumkuchens 35 bis 45 Minuten.

Formen der Ringe mit einem Rechen

Nach den Leitsätzen dürfen Baumkuchen nur mit Kuvertüre überzogen oder mit Zuckerglasur glasiert werden.

Zuckerglasur

Sofort nach dem Backen den heißen Baumkuchen bei ausgeschalteten Heizschlangen, aber drehender Walze, mit kochender Aprikotur bestreichen. Dann mit temperiertem Fondant, meist mit Rum aromatisiert, glasieren.

Schokoladenkuvertüre

Die völlig ausgekühlten Baumkuchen werden bei drehender Walze mit temperierter Schokoladenkuvertüre bestrichen.

Vorteile der Zuckerglasur und der Schokoladenkuvertüre

- schöneres Aussehen der Baumkuchen
- verbessern den Geschmack der Baumkuchen
- verzögern das Austrocknen der Baumkuchen

LF 2.2

Erzeugnisse aus Baumkuchen

Baumkuchen, Baumkuchenring, Baumkuchenhalbring, Baumkuchenspitzen

Baumkuchen wird verschiedenartig verkauft:

Baumkuchenring

Ein ganzer Ring wird von einem Baumkuchen geschnitten und mit Kuvertüre überzogen.

Halber Baumkuchenring

Ein Baumkuchenring wird halbiert und mit Kuvertüre überzogen.

Baumkuchenspitzen

Ein Baumkuchenring wird in kleine trapezförmige Stücke geschnitten, die mit Kuvertüre überzogen werden.

Ganzer Baumkuchen

Ein ganzer Baumkuchen hat mehrere Ringe. Meistens wird der Baumkuchen als Geschenk benötigt und daher in Klarsichtfolie verpackt und oben mit einer Schleife verschönert.

Baumkuchen

Baumkuchentorte

Die Baumkuchenmasse wird in einen Tortenring oder in eine konische Form gegeben. Schicht für Schicht wird sie bei starker Oberhitze im Ofen gebacken, bis die Tortenhöhe erreicht ist.

Baumkuchentorte

Diese ungefüllte Baumkuchentorte wird mit Schokoladenkuvertüre überzogen.

Bei einer gefüllten Baumkuchentorte wird die Baumkuchenmasse als einzelne Böden auf Backbleche aufgestrichen und gebacken. Die einzelnen Tortenböden werden mit Buttercreme oder Weincreme gefüllt.

Baumkuchendesserts

Die Baumkuchenmasse wird auf ein Backblech zu einer Kapsel aufgestrichen und gebacken. Die Kapsel wird meistens mit Buttercreme gefüllt.

Fehler bei Baumkuchenerzeugnissen

Fehler	Ursachen
zu kompakter Baumkuchen bei zu geringer Lockerung	• Die Butter war beim Schaumigschlagen zu kalt und somit zu fest. • Der Eischnee wurde zu lange aufgeschlagen, sodass der flockige Eischnee in der Baumkuchenmasse zusammengefallen ist.
zu trockener Baumkuchen	Zu lange Backzeit des Baumkuchens.

Verkaufsargumente

Qualitätsmerkmale für die Kundenberatung
Baumkuchenerzeugnisse sind sehr hochwertig. Sie werden hergestellt
• mit einem hohen Anteil an Eiern,
• mit Butter, kein anderes Fett wird verwendet,
• mit Marzipanrohmasse.
Überzogen werden Baumkuchenerzeugnisse nur mit Schokoladenkuvertüre, nicht mit Fettglasur, oder sie werden mit Aprikotur und Fondant glasiert.

Frischhaltung und Aufbewahrung
Baumkuchenerzeugnisse sind solange frisch, solange sie weich sind und aromatisch schmecken. Sie werden bei kühler Raumtemperatur aufbewahrt und bleiben so einige Tage frisch. Um das Austrocknen durch Luft zu verzögern, wird der Anschnitt der Baumkuchen mit Folie abgedeckt und die Baumkuchenspitzen werden in Gebäcktütchen aus Folie verpackt.

Besondere Eignung
Baumkuchenerzeugnisse sind besonders feine Gebäcke zu Kaffee und Tee. Sie eignen sich auch als Geschenk.

Aufgaben

1 Beschreiben Sie die Leitsätze der Baumkuchenmasse in Bezug auf
- Fett, Eier und der besonderen Zutaten,
- Backen der Masse,
- Überziehen bzw. Glasieren der Baumkuchenerzeugnisse.

2 Erklären Sie einen Baumkuchenofen.

3 Beschreiben Sie die Herstellung eines Baumkuchens.

4 Benennen Sie Erzeugnisse aus Baumkuchen und erläutern Sie diese.

5 Nennen Sie die Ursachen folgender Baumkuchenfehler:
- zu geringe Lockerung des Baumkuchens
- zu trockene Baumkuchenerzeugnisse

6 Erklären Sie die Qualitätsmerkmale der Baumkuchenerzeugnisse.

7 Beschreiben Sie die Frischhaltung und Aufbewahrung von Baumkuchenerzeugnissen.

8 Wofür eignen sich Baumkuchenerzeugnisse besonders gut?

9 Manchmal möchten Kunden Baumkuchen 100-g-weise kaufen. Dafür schneiden Sie von einem ganzen Baumkuchen einmal dünne Scheiben und dann ein dickes Stück von ca. 100 g ab. Beurteilen Sie, wie die verschieden geschnittenen Baumkuchen schmecken und entscheiden Sie sich für eine Art beim Verkauf.

25.5 Brandmasse

Den Namen hat die Brandmasse, weil sie bei der Herstellung abgeröstet (abgebrannt) wird.

Typisch bei den Gebäcken aus Brandmasse sind die großen Hohlräume mit den zarten, dünnen Porenwänden im Gebäckinneren.

Brandmassegebäck im Anschnitt

Zutaten und Mengenverhältnis der Brandmasse

 400 g Milch und Wasser (200 g Milch und 200 g Wasser)

 250 g Vollei

 200 g Weizenmehl

100 g Fett

ca. 10 g Zucker
1 Prise Salz (ca. 2 g)
Zitronen- und Vanillearoma

Wirkungen der Zutaten

- Milch und Wasser werden zu gleichen Teilen gemischt. Der Milchzucker bräunt die Gebäckkruste. Nur Wasser als Flüssigkeit ergibt zu blasse Gebäcke, wird nur Milch verwendet, wird die Gebäckkruste wegen des Milchfetts zu weich.
- Mit der Eiermenge wird die Festigkeit der Brandmasse reguliert.
- Durch etwas Zucker werden die Bräunung und Rösche der Gebäckkruste verstärkt.

Gebäcke aus Brandmasse

Die Brandmassegebäcke werden mit einem Sägemesser in der Mitte waagerecht auseinandergeschnitten und halbiert. Auf das Unterteil der Gebäcke wird die Füllung aufgetragen, das Oberteil, der sogenannte Deckel, wird mit Puderzucker bestaubt oder mit Kuvertüre bzw. Fettglasur sowie mit Fondant überzogen.

Rezeptbeispiel: Brandmasse	
1000 g	Milch
1000 g	Wasser
500 g	Fett (Erdnussfett, Butter oder Margarine)
50 g	Zucker
10 g	Salz
	Zitronen- und Vanillearoma
1000 g	Weizenmehl, Type 405 oder 550
1250 g	Vollei (ca. 25 Stück)
4810 g	**Brandmasse**

LF 2.2

Gebäcke aus Brandmasse	Füllung	Dekor bzw. Überzug
Windbeutel	Schlagsahne, evtl. auf den Gebäckboden Früchte legen	Das Oberteil (Deckel) mit Puderzucker bzw. süßem Schnee (Dekorpuder) bestauben.
Sahnekirschringe (Lucca-Augen)	Auf das Unterteil der Brandmasseringe gebundene Sauerkirschen füllen und mit Kirschwassersahne aufdressieren.	Den Deckel aprikotieren und in Fondant tauchen.
Eclairs (Liebesknochen)	Vanillecreme	Den Deckel mit Kuvertüre oder Fettglasur überziehen.
Mokkaeclairs	Mokkasahne	Den Deckel mit Mokkafondant überziehen.
Spritzkuchen (Strauben)	ohne Füllung	Die obere Hälfte der Gebäcke nach dem Backen in Fondant tauchen oder die Gebäcke sofort nach dem Backen in Zimtzucker wälzen.

Herstellung

Die Brandmasse ist eine Masse mit einem besonders hohen Flüssigkeitsanteil, der durch Erhitzen der Masse gebunden wird.

- Milch, Wasser, Fett, Zucker und Salz kochen, am besten in einem Kupferkessel.
  Die Masse wird im Kupferkessel abgeröstet, weil Kupfer ein guter Wärmeleiter ist und somit auch das Anbrennen weitgehend vermieden wird.
- Das gesiebte Weizenmehl in einem Schub in die kochende Flüssigkeit schütten und mit einem Rührlöffel verrühren.
- Die Masse unter ständigem Rühren abrösten, bis sie sich zu einem Ballen bindet, sich von der Kesselwand löst und glatt ist.
  Dabei verkleistert (bindet) die Stärke des Mehls die Flüssigkeit der Masse vollständig. Ein weißer Belag am Boden des Kessels ist ein Zeichen, dass die Brandmasse fertig abgeröstet ist.

Abgeröstete Brandmasse

- Die abgeröstete Masse auf ca. 40 °C abkühlen.
  Wird die Brandmasse in einem Kupferkessel abgeröstet, muss sie nach dem Abrösten sofort in einen Edelstahlkessel umgefüllt werden. Nach einiger Zeit bildet sich beim Abkühlen der Masse am Kupferkessel durch Oxidation eine dünne Schicht giftiger Grünspan.

- Zitronen- und Vanillearoma der abgekühlten Masse zugeben.
- In der Rührmaschine die Eier nach und nach in die Masse einrühren, bis sie glatt und geschmeidig ist. Das Rühren erfolgt mit einem grobdrahtigen Rührbesen in der langsam laufenden Maschine.

Glatte Brandmasse nach dem Einrühren der Eier

Beim Einrühren der Eier darf die Masse nicht schaumig gerührt werden, die glatte Brandmasse wird dann grobporig.

Durch das Schaumigschlagen trennen sich die Zutaten in der Brandmasse etwas und das Gashaltevermögen verringert sich.

Die Eier dürfen erst nach dem Abkühlen der Masse auf ca. 40 °C eingerührt werden. In der heißen Masse würde das Eiweiß der Eier gerinnen. Nach dem Auskühlen der Brandmasse lassen sich die Eier außerdem besser in der Masse verrühren. Dadurch wird das Gashaltevermögen beim Backen erhöht.

Aufdressieren der Brandmasse für verschiedene Gebäcke

Die Brandmasse wird mit verschieden großen Sterntüllen auf gefettete oder mit Backpapier belegte Backbleche dressiert.

Windbeutel
Mit 13-mm-Sterntülle Rosetten aufdressieren (25 bis 30 g je Stück).

Sahnekirschringe (Lucca-Augen)
Mit 13-mm-Sterntülle Ringe aufdressieren.

Eclairs
Mit 13-mm-Sterntülle ca. 10 cm lange Streifen aufdressieren.

Spritzkuchen (Strauben)
Mit 11-mm-Sterntülle zwei Ringe übereinander auf Spritzkuchenbleche aufdressieren, mit einem Durchmesser von ca. 5 cm.

Die Innenseite der Ringe mit einem in Wasser angefeuchteten Rundholz glatt streichen, um eine schöne runde Form zu erhalten.

Schneller und gleichmäßiger werden die Ringe mit einem Spritzkuchengerät aufdressiert.

Aufdressierte Windbeutel, Eclairs, Ringe

Böden der Flockensahnetorte
Die Brandmasse wird mit einem Streichring auf Backbleche gestrichen. Für eine Torte werden drei Brandmasseböden benötigt, wobei der obere Boden nach dem Aufstreichen mit Streusel bestreut wird.

Aufstreichen der Brandmasseböden

Backen der Brandmassegebäcke

Backtemperatur: 210 °C
Beim Einschieben in den Ofen viel Schwaden geben. Nach der Volumenentwicklung der Gebäcke den Zug ziehen, damit sich eine kräftige Kruste bilden kann.
Backzeit: 20 bis 25 Minuten

Viel Schwaden ist notwendig, damit die Oberfläche der Brandmassestücke nach dem Einschieben in den Ofen möglichst lange feucht bleibt und so eine schnelle Krustenbildung verhindert wird. So kann die elastische Kruste lange Zeit dem Wasserdruck von innen nachgeben, ein großes Gebäckvolumen ist möglich.

Brandmassegebäcke müssen kräftig ausgebacken werden und eine stabile Kruste besitzen, damit die Gebäcke nicht einfallen. Deshalb werden die Brandmassestücke, wenn sie ihr endgültiges Volumen erreicht haben, bei offenem Zug und somit bei trockener Hitze fertig gebacken.

Aufdressierte und gebackene Brandmasse

Backen der Spritzkuchen (Strauben) im Fettbackgerät

Die Ringe aus Brandmasse in 175 bis 180 °C heißem Siedefett backen. Bei der ersten Backphase den Deckel auf das Fettbackgerät geben, damit der frei werdende Dampf die obere Seite feucht hält und somit keine Risse entstehen. Jede Seite der Spritzkuchen wie bei Berlinern zweimal backen, damit die Gebäcke nach dem Backen die Form behalten und nicht in sich zusammenfallen.

Spritzkuchen (Strauben) im Fettbackgerät

Waffeln

Für Waffeln wird die Brandmasse im Waffeleisen bei hoher Hitze gebacken und anschließend mit Puderzucker bestaubt oder in Zimtzucker gewälzt.

Waffeln im Waffeleisen

Ornamente

Die Brandmasse wird zu feinen Schmuckstücken garniert und bei hoher Hitze gebacken. Die Ornamente dienen wegen ihrer goldbraunen Backfarbe als Dekorteile für Torten, Desserts, Eisbomben u. a. Die Garniervorlage wird unter eine gewachste hitzebeständige Glasplatte gelegt. Mit der Garniertüte können so die Linien der Vorlage leicht gespritzt werden. Die Ornamente werden bei hoher Backhitze, vor allem Oberhitze, gebacken. Besonders gut lassen sich bestimmte Teile der Ornamente, z. B. Schlaufen, mit Eierhippenmasse ausfüllen.

Schmuckstück aus Brandmasse

Käsefours aus Brandmasse

Kleine Windbeutel oder Eclairs werden für Käsefours in der Mitte aufgeschnitten und mit pikanter Käsecreme gefüllt. Käsefours aus Brandmasse sind nicht nur hervorragende kleine Speisen bei Festlichkeiten, sondern auch begehrte Dekorstücke bei festlichen Tafeln.

Käsefours aus Brandmasse

Lockerung der Brandmassegebäcke

Die starke Lockerung der Gebäcke erfolgt ausschließlich durch Wasserdampf (physikalische Lockerung).
- Die Brandmasse besitzt einen besonders hohen Wasseranteil. Dieser verdampft beim Backen.
- Der Wasserdampf dehnt sich stark aus und wird von der Kruste festgehalten.
- Die elastische Kruste gibt dem starken Wasserdampfdruck von innen nach und dehnt sich aus.
  Die Brandmassegebäcke bekommen so ein großes Volumen.
  Im Gebäckinneren entstehen große Hohlräume, die von dünnen Zwischenräumen umgeben sind.

Entstehung der großen Hohlräume in den Gebäcken

Beim Abrösten der Masse verkleistert die Stärke des Mehls und das Klebereiweiß gerinnt. Die fest gewordene Stärke und das Klebereiweiß können den entstehenden Wasserdampf in den Brandmassestücken beim Backen nicht festhalten. Deshalb entstehen große Hohlräume mit dünnen Zwischenwänden und eine Krumenbildung ist nicht möglich.

Brandmassegebäcke, ganz und im Anschnitt

Gebäckfehler

Gebäckfehler	Ursachen
Gebäcke sind zu klein	• zu feste Masse durch zu wenig Eier in der Masse • zu wenig Schwaden im Ofen
Gebäcke laufen breit und sind zu flach	• zu weiche Masse durch zu viele Eier in der Masse • zu kurz abgeröstete Masse, sodass die Stärke nicht vollständig verkleistert ist • zu schaumig gerührte Masse beim Einrühren der Eier
Gebäcke fallen nach dem Backen ein	zu kurze Backzeit, sodass die Kruste noch nicht stabil war

Verkaufsargumente

Qualitätsmerkmale für die Kundenberatung
Wegen der großen Hohlräume sind es besonders lockere Gebäcke, innen weich und mit einer röschen Kruste. Füllung und Überzug bestimmen den Geschmack.

Frischhaltung
Gebäcke aus Brandmasse schmecken frisch am besten, da sie wegen der feuchten Füllungen weich werden.

Ungefüllte Brandmassegebäcke eignen sich in Folie verpackt gut zum Tiefgefrieren, sodass täglich die benötigte Anzahl an Gebäcken aus dem Froster entnommen, aufgetaut und gefüllt werden kann.

Besondere Eignung
Erzeugnisse aus Brandmasse mit den verschiedenen Füllungen sind vorzügliche Desserts zu Kaffee und Tee.

LF 2.2

Aufgaben

1. Nennen Sie Gebäcke aus Brandmasse mit deren Füllungen und Überzügen bzw. Dekor.
2. Nennen Sie die Zutaten, aus denen Brandmasse hergestellt wird.
3. Warum wird Milch mit Wasser bei der Herstellung der Brandmasse zu gleichen Teilen verwendet?
4. Beschreiben Sie die Herstellung einer Brandmasse.
5. Woran erkennt man, dass die Brandmasse bei der Herstellung ausreichend abgeröstet wurde?
6. Erklären Sie, warum man die Eier nicht schon nach dem Abrösten, sondern erst nach dem Abkühlen auf ca. 40 °C in die Brandmasse einrührt.
7. Was muss beim Einrühren der Eier in die Brandmasse beachtet werden?
8. Erklären Sie das Backen der Brandmassegebäcke.
9. Wie werden Spritzkuchen gebacken?
10. Erläutern Sie den Vorgang der Lockerung der Brandmassegebäcke.
11. Geben Sie die Ursachen folgender Fehler bei Brandmassegebäcken an:
    - Gebäcke sind zu klein
    - Gebäcke laufen breit und sind zu flach
    - Gebäcke fallen nach dem Backen ein
12. Nennen Sie die Qualitätsmerkmale der Gebäcke aus Brandmasse bei der Kundenberatung.
13. Geben Sie Auskunft über die Frischhaltung der Erzeugnisse aus Brandmasse.
14. Wofür eignen sich die Erzeugnisse aus Brandmasse besonders gut?
15. Zur Karnevalszeit backen Sie frische Berliner und Spritzkuchen im Laden. Bei der Beratung erläutern Sie den Kunden die Unterschiede dieser beiden Siedegebäcke.

25.6 Röstmasse

Der Name „Röstmasse" bezieht sich auf die Herstellungsweise dieser Masse, bei der die Grundzutaten stark erhitzt (abgeröstet) werden, damit die Masse ihre Bindigkeit erhält.

Die Röstmasse ist die einzige Masse, die ohne Eier hergestellt und nicht gelockert wird.

Gebäcke aus Röstmasse

- **Bienenstichauflage**, dünne Röstmasse mit gehobelten Mandeln auf dem Hefeteig
- **Florentiner** mit gehobelten Mandeln, Orangeat und Belegkirschen
- **Nussknacker** mit ganzen Nüssen und einem Mürbeteigboden als Unterlage
- **Mandelschnitten** mit einem Mürbeteigboden als Unterlage

Mandelschnitten

LF 2.2

Grundzutaten und Herstellung der Röstmasse

Grundzutaten:
- Honig, Zucker und Glukosesirup
- Butter
- Sahne

In die kochende Masse werden eingerührt:
- gehobelte Mandeln
- gestiftelte Mandeln
- ganze geschälte Nüsse (Nussknacker)
- Orangeat
- Belegkirschen

Abrösten der Grundzutaten auf 112 °C

Die Grundzutaten werden in einem Kupferkessel auf 112 °C erhitzt. Es entsteht eine zähflüssige Masse, weil bei 100 °C das Wasser verdampft. Anschließend werden die Mandeln bzw. Nüsse eingerührt.

Die Temperatur der erhitzten Grundzutaten kann mit dem Zuckerthermometer festgestellt werden.

Bei zu niedriger Temperatur ist die Masse zu dünn und läuft beim Backen auseinander, die Gebäcke werden zäh, statt knusprig. Wird die Masse zu stark erhitzt, ist sie zu dickfließend und die Gebäcke bekommen keinen Glanz, weil der Zucker wieder kristallisiert.

Der Zucker der Röstmasse karamellisiert beim Backen. Röstmassegebäcke haben deshalb den Karamellgeschmack und die knusprige Beschaffenheit, da der Zucker nach dem Erkalten fest wird.

Florentiner

Rezeptbeispiel: Florentiner

Das Rezept ergibt 50 Florentiner bei einem Massengewicht von ca. 33 g je Florentiner.

200 g	Honig	Die Zutaten der Grundmasse im Kupferkessel auf 112 °C erhitzen.
300 g	Zucker	
100 g	Glukosesirup	
200 g	Butter	
300 g	Schlagsahne	
1100 g	**Grundmasse**	Beim Erhitzen reduziert sich das Gewicht der Grundmasse durch Verdampfen von Wasser auf 1000 g.
ergibt nach dem Abrösten		
1000 g	**Grundmasse**	
600 g	Mandeln, gehobelt	Mandeln und Orangeat kurz in die erhitzte Grundmasse rühren.
100 g	Orangeat, fein gehackt	
1700 g	**Florentinermasse**	

Herstellung

Die Formen für Florentiner haben einen Durchmesser von 8 cm.

Die Röstmasse in teflonbeschichtete Florentinerformen mit leichten Vertiefungen portionieren, z. B. mit einem Eisportionierer, und flach auseinanderdrücken.

In die Mitte der Florentiner eine halbe Belegkirsche auflegen.

Statt in Teflonformen kann die Masse auch in gefettete Ringe gegeben werden, die man auf mit Backpapier belegte Backbleche legt. Die Florentinermasse flach auseinanderdrücken, backen und noch warm aus den Ringen schneiden, die Florentiner kleben am Ring.

Kleine Florentiner haben einen Durchmesser von ca. 4 cm. Sie werden ohne Belegkirschen hergestellt. Sie werden auch als Mandelflanges (sprich: Mandelflansch) bezeichnet.

Backen: 200 °C, goldbraun backen

Überziehen

Die kalten Florentiner an der Unterseite mit temperierter Schokoladenkuvertüre bestreichen und mit einem Kammschaber (gezackter Schaber) wellenförmig kämmen.

Florentiner

Florentinerauflage für Florentinertorte

Florentinertorte

Die Röstmasse für Florentiner wird mit dem gleichen Rezept auch als Auflage für Florentinertorten verwendet.

Einen Tortenring auf ein mit Backpapier belegtes Blech legen. Die Röstmasse im Tortenring flächendeckend flach drücken. Nach dem Backen den Tortenring entfernen und die noch warme und somit geschmeidige Röstmasse in 16 Tortenstücke einteilen.

Florentinertorte

Für die Florentinertorte einen hellen Wiener Boden mit Buttercreme, die mit Karamellpaste abgeschmeckt ist, einstreichen. Auf jedes Stück der eingeteilten Cremetorte einen Streifen Buttercreme spritzen und die in Stücke geteilte Röstmasse auflegen. Auf den Cremestreifen liegen die Florentinerstücke etwas erhöht und sehen somit schöner aus.

Nussknacker

Rezeptbeispiel: Nussknacker	
Das Rezept ergibt 40 Nussknacker bei einem Massengewicht von ca. 50 g je Nussknacker.	
200 g Honig 300 g Zucker 100 g Glukosesirup 200 g Butter 350 g Schlagsahne	Die Zutaten der Grundmasse im Kupferkessel auf 112 °C erhitzen.
1150 g Grundmasse	Beim Erhitzen reduziert sich das Gewicht der Grundmasse durch Verdampfen von Wasser auf ca. 1050 g.
ergibt nach dem Abrösten ca. **1050 g Grundmasse**	
1000 g ganze weiße, geschälte Nüsse	Nüsse in die erhitzte Grundmasse rühren.
2050 g Nussknackermasse	

- Mürbeteig ca. 3 mm dick ausrollen, mit einem Ring Kreise von 8 cm Durchmesser ausstechen und vorbacken bis kurz vor der Bräunung.
- Über die vorgebackenen Mürbeteiggebäcke Ringe geben, die Röstmasse einfüllen und auseinanderdrücken.

Backen: 200 °C

Überziehen:
Den Mürbeteig der kalten Nussknacker mit Schokoladenkuvertüre bestreichen.

Nussknacker

LF 2.2

Bestimmungen der Leitsätze
Florentiner und Nussknacker dürfen an der Unterseite nur mit Schokoladenkuvertüre überzogen werden. Fettglasur ist nicht erlaubt.

Bienenstichauflage

Bienenstich

Rezeptbeispiel: Bienenstichauflage

250 g	Zucker	Zutaten auf 107 °C erhitzen.
100 g	Honig	(Bei 112 °C würde die
100 g	Butter	Masse zu dick und somit
250 g	Sahne	schlecht streichbar sein.)
50 g	Glukosesirup	
250 g	Mandeln, gehobelt	Mandeln in die Masse einrühren.
1000 g	**Aufstreichmasse**	

Blechgröße: 60 × 40 cm
Hefeteig: 1600 g
Backen: 210 °C
Backzeit: ca. 17 Minuten

Die Röstmasse sofort nach der Herstellung mit einer Winkelpalette dünn auf dem ungelockerten, evtl. gekühlten und somit stabilen Hefeteig verstreichen.
Den Bienenstich nach knapper Gare backen.

Gebäckfehler

Gebäckfehler	Ursachen
Florentiner, Nussknacker und Mandelschnitten sind zäh, statt knusprig.	• Die Masse wurde zu wenig stark erhitzt, unter 112 °C. • Die Backzeit war zu kurz.
Die Gebäcke sehen stumpf aus und glänzen nicht.	• Die Masse war zu fest. • Die Masse wurde zu stark erhitzt, über 112 °C.

Verkaufsargumente

Qualitätsmerkmale für die Kundenberatung
• Gebäcke aus Röstmasse sind Gebäcke mit vielen Mandeln bzw. Nüssen mit süßlichem Karamellgeschmack der Masse aus Honig, Sahne und Butter.
• Florentiner sind knusprige Gebäcke, die an der Unterseite mit Schokoladenkuvertüre bestrichen sind.
• Nussknacker und Mandelschnitten bestehen aus einer knusprigen Röstmasse auf einem Mürbeteigboden. Nussknacker müssen mit Schokoladenkuvertüre bestrichen sein.
• Bienenstich enthält eine dünne Schicht knusprige Röstmasse auf dem Hefeteig.

Frischhaltung und Aufbewahrung
Gebäcke aus Röstmasse sind Dauerbackwaren, die mehrere Tage lagerfähig sind.

Bienenstich sollte wegen des Hefeteigs und der Füllung am Tag der Herstellung gegessen werden.

Die Röstmassegebäcke bei kühler Raumtemperatur aufbewahren. Die Gebäcke nicht in den Kühlschrank/Kühlraum geben, da der Zucker die hohe Luftfeuchtigkeit in der Kühlung aufnimmt und die Gebäcke ihre knusprige Beschaffenheit verlieren und zäh werden.

Besondere Eignung
Gebäcke aus Röstmasse eignen sich
• zu Kaffee und Tee,
• als kleine Nascherei während des gesamten Tages,
• wegen der problemlosen Aufbewahrung als Gebäck für Reisen (außer Bienenstich).

LF 2.2

Aufgaben

❶ Nennen Sie Gebäcke aus Röstmasse.
❷ Nennen Sie die Grundzutaten der Röstmasse.
❸ Beschreiben Sie die Herstellung von
  • Florentinern, • Mandelschnitten,
  • Nussknackern, • Bienenstichauflage.
❹ Womit dürfen Florentiner und Nussknacker nach den Bestimmungen der Leitsätze nur überzogen werden?
❺ Geben Sie die Ursachen der Fehler bei Röstmassegebäcken an:
  • Florentiner, Nussknacker und Mandelschnitten sind zäh statt knusprig.
  • Die Gebäcke sehen stumpf aus und glänzen nicht.

❻ Nennen Sie die Qualitätsmerkmale der Gebäcke aus Röstmasse bei der Kundenberatung.
❼ Geben Sie Auskunft über die Frischhaltung und Lagerung der Gebäcke aus Röstmasse.
❽ Erklären Sie, warum Gebäcke aus Röstmasse, außer Bienenstich, so lange lagerfähig sind.
❾ Wofür eignen sich Gebäcke aus Röstmasse besonders gut?
❿ Eine Kundin beschwert sich, dass die Florentiner, die sie gestern gekauft hat, heute gar nicht mehr knusprig sind. Dabei hatte sie die Gebäcke extra in den Kühlschrank gestellt. Sie gehen auf ihre Reklamation ein.

25.7 Makronenmasse

Makronenmassen bestehen aus drei Grundzutaten:

- Eiklar
- Zucker
- Schalenfrüchte
  - Mandeln oder Marzipanrohmasse: Mandelmakronen
  - Haselnüsse: Nussmakronen oder Haselnussmakronen
  - Walnüsse: Walnussmakronen
  - Kokosraspeln: Kokosmakronen

Mandelmakronen werden häufig statt mit Mandeln mit Marzipanrohmasse hergestellt. Marzipanrohmasse besteht zu ⅔ aus Mandeln und ⅓ aus Zucker.

300 g Marzipanrohmasse setzen sich zusammen aus 200 g Mandeln und 100 g Zucker. Deshalb muss in der Rezeptur der Zuckeranteil verringert werden.

Die Makronengebäcke werden nach den verwendeten Schalenfrüchten benannt.

Mandel-, Nuss-, Kokosmakronen

Bestimmungen der Leitsätze

- Die alleinige Bezeichnung „Makronen" ist nur bei Mandel- oder Marzipanmakronen erlaubt.
- Alle anderen Makronengebäcke müssen im Gebäcknamen die verwendete Schalenfrucht enthalten wie Nussmakronen und Kokosmakronen.
- Nussmakronen dürfen nur mit Hasel- oder Walnüssen hergestellt werden. Erdnüsse dürfen nicht verwendet werden und Kokosnüsse dürfen nicht mit dem alleinigen Begriff Nüsse bezeichnet werden.
- Mandel- und Nussmakronen müssen mindestens 22 % Mandeln bzw. Nüsse enthalten.
- Mandel-, Haselnuss- und Walnussmakronen sowie Eigelbmakronen dürfen nur mit Schokoladenkuvertüre überzogen werden, Fettglasur ist nicht erlaubt.
- Die Verwendung von Mehl und/oder Stärke ist bei allen Makronen nicht erlaubt, mit Ausnahme von Kokosmakronen, bei denen höchstens 3 % auf die Masse bezogen zur besseren Bindung zulässig sind.

Herstellung der Makronenmassen

- Die Makronenmassen mit geriebenen Mandeln, Nüssen und Kokosraspeln bei der Herstellung auf ca. 70 °C abrösten, damit die Masse nach dem Abkühlen eine gute Bindung erhält.
- Die Makronenmasse auf 20 bis 30 °C abkühlen lassen und dann aufdressieren.
- Die weichen Mandel- und Nussmakronen nach dem Aufdressieren einige Zeit stehen lassen, bis sie an der Oberfläche eine stabile Haut bekommen und so beim Backen nicht breit laufen.

Wird die Mandelmakronenmasse mit Marzipanrohmasse hergestellt, kann auf das Abrösten verzichtet werden, weil die Rohmasse bei der Herstellung schon abgeröstet wurde und daher fein und bindig ist.

Backen

> Makronen bei geringer Hitze von 170 bis 180 °C bei offenem Zug backen.

Die Makronen dürfen beim Backen nicht breit laufen und zu stark bräunen, deshalb werden sie bei geringer Backhitze und mit geöffnetem Zug gebacken.

- Durch den geöffneten Zug bekommen die Makronen durch die trockene Hitze möglichst schnell eine Kruste, sodass die Makronen ihre Form behalten und nicht breit laufen.
- Der Zucker in den Makronen löst sich erst, wenn die Makronen schon eine Kruste gebildet haben. Bei höherer Backhitze löst er sich sehr schnell und wird flüssig, die Makronen laufen breit.
- Bei zu hoher Backhitze karamellisiert der Zucker zu schnell, sodass die Makronen zu dunkel bräunen.

> Makronen sind fertig gebacken, wenn sie eine dünne und hellbraune Kruste haben und innen weich sind.

Gebäcke aus Mandelmakronenmasse

Das folgende Rezeptbeispiel kann für alle Gebäcke aus Mandelmakronenmasse verwendet werden.

Weil die Masse mit Marzipanrohmasse hergestellt wird, kann bei der Herstellung auf das Abrösten verzichtet werden. Oder: Die Masse auf ca. 70 °C abrösten.

Rezeptbeispiel: Mandelmakronenmasse

1000 g	Marzipanrohmasse
700 g	Zucker
300 g	Eiklar
	1 Prise Salz (ca. 2 g)
	Zitronenaroma

2000 g Makronenmasse

- Alle Zutaten in der Rührmaschine zu einer glatten Masse verrühren.
- Die Masse sofort aufdressieren.
- Für Schokoladenmakronen 50 g Kakaopulver dazugeben.

Eigelbmakronen

- Es sind Mandelmakronen, die mit Eigelb, statt mit Eiklar hergestellt werden.
- Der Zuckeranteil dieser Makronen ist geringer, sodass diese Makronen nicht so süß schmecken.
- Der Boden der Eigelbmakronen wird in Schokoladenkuvertüre getaucht.

Die kleinen Gebäcke werden auch als „Konfekt" bezeichnet.

Rezeptbeispiel: Eigelbmakronen

1000 g	Marzipanrohmasse
160 g	Puderucker
260 g	Eigelb (13 Stück)
	1 Prise Salz (ca. 2 g)
	Zitronen- und Vanillearoma

1420 g Eigelbmakronenmasse

Eigelbmakronen

Schokoladenmakronen

Es sind Makronen, die mit Mandeln und/oder Nüssen sowie mit Kakaopulver hergestellt werden.

Schokoladenmakronen

Mandelmakronen

Die Mandelmakronenmasse mit einer Lochtülle von 9 mm punktförmig aufdressieren.

- Für ungefüllte Mandelmakronen: Die Masse auf ein mit Oblaten belegtes Blech aufdressieren.
- Für gefüllte Mandelmakronen: Die Masse auf ein Blech mit Backpapier aufdressieren.

Aufdressierte Mandelmakronen

Backen: 180 °C, bei offenem Zug
Backzeit: ca. 25 Minuten
Schöne Mandelmakronen sind an der Oberfläche leicht gerissen und glänzen.

Gefüllte Mandelmakronen
Jeweils zwei Makronen mit Johannisbeerkonfitüre füllen und zusammensetzen.

Mandelmakronen

LF 2.2

Makronentörtchen (Ochsenaugen)

- Mürbeteig 3 mm dick ausrollen und mit einem gewellten Ausstecher von ca. 8 cm Durchmesser ausstechen.
- Die Mandelmakronenmasse ringförmig am Rand des Mürbeteigs mit einer 13-mm-Sterntülle aufdressieren und in die Mitte etwas Johannisbeer- oder Himbeerkonfitüre füllen.
  Die Konfitüre glänzt auf dem Gebäck und klebt nicht an der Oberfläche, wenn man sie aufkocht und dann mit einem Fülltrichter in die Mitte der Makronentörtchen füllt.

Backen der Makronentörtchen: 180 °C, bei geöffnetem Zug
Backzeit: ca. 18 Minuten

Die Makronentörtchen können dünn mit Aprikotur glasiert werden, damit sie einen schönen Glanz bekommen. Das Überspritzen mit Fondant verschönert zudem die Gebäcke.

Makronentörtchen

Makronenschnitten

- Den auf 3 mm ausgerollten Mürbeteig in Streifen von 10 × 75 cm (Blechlänge) schneiden und auf ein gefettetes oder mit Backpapier belegtes Backblech legen.
- Die Mandelmakronenmasse mit einer Sterntülle von 13 mm streifenweise auf den Mürbeteig aufdressieren, einen Streifen jeweils seitlich am Rand und einen in der Mitte.
- Zwischen die Makronenstreifen Johannisbeer- oder Himbeerkonfitüre füllen, am besten gekochte Konfitüre.

Makronenschnitten

Backen: 190 °C, bei geöffnetem Zug
Backzeit: ca. 15 Minuten

Die Makronenschnitten können mit Aprikotur abgeglänzt werden.
Die Streifen werden zu Schnitten geschnitten.

Mandelhörnchen

Rezeptbeispiel: Mandelhörnchen	
1000 g	Marzipanrohmasse
500 g	Puderzucker
100 g	Eiklar (3 Stück)
1	Prise Salz (ca. 2 g)
	Zitronenaroma
1600 g	**Makronenmasse**

- Die Zutaten mit der Hand glatt arbeiten.
- Diese Mandelmakronenmasse ist etwas fester, da die Mandelhörnchen beim Backen nicht breit laufen.

Herstellung

- Die Masse in 400-g-Teile abwiegen und diese in gehobelten Mandeln zu 40 cm langen Strängen rollen.
- Die Stränge in 4 cm breite Stücke schneiden.
- Die Stücke in gehobelten Mandeln rollen, zu Hörnchen formen und diese auf mit Backpapier belegte Backbleche setzen.

Makronenmasse für Mandelhörnchen in Stücke schneiden

Mandelhörnchen auf dem Backblech

LF 2.2

Backen:	180 °C, bei ca. 20 °C geringerer Unterhitze oder mit Unterblech backen
Backzeit:	ca. 20 Minuten
Abglänzen:	Die ofenheißen Mandelhörnchen aprikotieren oder mit Gummiarabikum (glänzendes Geliermittel) bestreichen.
Überzug:	Die Enden der abgekühlten Mandelhörnchen mit Kuvertüre überziehen.

Mandelhörnchen

Leipziger Lerchen

Gewellte Förmchen mit Mürbeteig auslegen und mit Mandelmakronenmasse füllen. Mürbeteigstreifen kreuzweise über die Törtchen legen.

Leipziger Lerche

Nussmakronen

<table>
<tr><td colspan="2">**Rezeptbeispiel: Nussmakronen**</td></tr>
<tr><td>1000 g</td><td>Haselnüsse, geröstet und gerieben</td></tr>
<tr><td>1300 g</td><td>Zucker</td></tr>
<tr><td>500 g</td><td>Eiklar</td></tr>
<tr><td></td><td>1 Prise Salz (ca. 2 g)</td></tr>
<tr><td></td><td>Vanillearoma, Zimt</td></tr>
<tr><td>**2800 g**</td><td>**Masse**</td></tr>
</table>

- Die Zutaten in einem Kupferkessel unter ständigem Rühren auf ca. 70 °C abrösten.
- Die Masse wegen der Grünspanbildung aus dem Kupferkessel in ein anderes Gefäß umfüllen und auf ca. 25 °C abkühlen lassen.

Herstellung

- Die abgekühlte Nussmakronenmasse mit einer 11-mm-Lochtülle punktförmig auf Oblaten dressieren.
- Auf jede Nussmakrone eine geschälte Haselnuss auflegen.
- Die Nussmakronen vor dem Backen gut antrocknen lassen.

Backen: 170 °C, bei offenem Zug
Backzeit: ca. 25 Minuten

Nussmakronen aufdressiert

Nussmakronen

Kokosmakronen

<table>
<tr><td colspan="2">**Rezeptbeispiel: Kokosmakronen**</td></tr>
<tr><td>1000 g</td><td>Kokosraspeln</td></tr>
<tr><td>1300 g</td><td>Zucker</td></tr>
<tr><td>800 g</td><td>Eiklar</td></tr>
<tr><td></td><td>1 Prise Salz (ca. 2 g)</td></tr>
<tr><td></td><td>Zitronenaroma</td></tr>
<tr><td>**3100 g**</td><td>**Masse**</td></tr>
</table>

- Die Zutaten in einem Kupferkessel unter ständigem Rühren auf ca. 70 °C abrösten.
- Die Kokosmakronenmasse sofort mit einer 15-mm-Sterntülle punktförmig auf Oblaten dressieren.

Backen der Kokosmakronen:

> 190 °C, bei offenem Zug und ca. 20 °C geringerer Unterhitze oder mit Unterblech backen

Backzeit: ca. 20 Minuten

Kokosmakronen

Makronenähnliche Gebäcke

Auch bei diesen Gebäcken sind die Hauptzutaten wie bei den Makronengebäcken Mandeln oder Nüsse sowie Zucker und Eiklar.

Nussecken

Rezeptbeispiel: Nussmasse für Nussecken
Rezept für ein Blech von 60 × 40 cm
600 g Nüsse, geröstet und gerieben 300 g Nüsse oder Mandeln, gehobelt und geröstet 950 g Zucker 600 g Eiklar 　　1 Prise Salz (ca. 2 g) 　　Vanille- und Zitronenaroma, Zimt
2 450 g Nussmasse
Die Zutaten in einem Kupferkessel unter ständigem Rühren auf ca. 70 °C abrösten.

Herstellung

- Blech von 60 × 40 cm einfetten.
- Mürbeteig ca. 5 mm dick ausrollen, auf das Backblech legen und stippen.
- Den Mürbeteig dünn mit Johannisbeerkonfitüre bestreichen, damit die Nussmasse darauf bindet.
- Die Nussmasse sofort nach dem Abrösten gleichmäßig auf den Mürbeteig verstreichen.
- Am offenen Ende des Backblechs eine Schiene anbringen.

Backen: 190 °C
Backzeit: ca. 40 Minuten

Fertigstellen

- Den Blechkuchen nach dem Backen vom Blech schieben.
- Nach dem Abkühlen 10 cm breite Streifen schneiden und diese in 10 cm lange Stücke schneiden.
- Die quadratischen 10 × 10 cm großen Stücke diagonal zu Dreiecken schneiden.
- Die Seiten der Nussecken in Schokoladenkuvertüre oder Fettglasur tauchen.

Für Kokosecken oder Kokosschnitten wird statt der Nussmasse eine Kokosmakronenmasse auf den Mürbeteig gestrichen.

Nussecken

Zimtsterne

Rezeptbeispiel: Zimtsterne	
1000 g geriebene Mandeln 1300 g Zucker 400 g Eiklar 40 g Zimt 　　1 Prise Salz (ca. 2 g)	Die Zutaten mit der Hand glatt arbeiten und die Masse in der Kühlung gut durchkühlen lassen, am besten bis zum anderen Tag, damit sie gut bindig und ausrollfähig ist.
2 740 g Masse	
Eiweißglasur: 150 g Eiklar 900 g Puderzucker	Wenn die Zimtsternmasse ausrollfähig ist, werden Eiklar und Zucker schaumig gerührt.

Herstellung

- Die Masse zwischen zwei Schienen mit einem Rollholz 10 mm dick ausrollen. Damit die Masse beim Ausrollen nicht anklebt, geriebene Mandeln auf den Tisch streuen.
- Die Eiweißglasur dünn, aber deckend mit einer Winkelpalette aufstreichen.
- Mit einem Zimtsternausstecher (Klappausstecher), der vor jedem Gebrauch in ein Gefäß mit Wasser getaucht wird, Sterne ausstechen.
- Die Zimtsterne auf ein gefettetes oder mit Backpapier belegtes Backblech setzen.

LF 2.2

Backen: 170 °C, bei offenem Zug
Ideal ist das Backen bei 150 °C Oberhitze und
170 °C Unterhitze.
Backzeit: ca. 10 Minuten

Ausrollen der Zimtsternmasse zwischen zwei Schienen

Aufstreichen der Eiweißglasur mit der Winkelpalette

Ausstechen mit dem Klappausstecher

Zimtsterne

Gebäckfehler	Ursachen
• Die Makronengebäcke sind zu klein. • Die Makronengebäcke haben keinen Glanz. • Die Makronen sind an der Oberfläche zu wenig, aber grob gerissen.	Die Masse war zu fest.
• Die Makronengebäcke sind zu dunkel. • Die Makronengebäcke haben eine zu dicke Kruste.	• Die Backhitze war zu hoch. • Die Backzeit war zu lang.

Einwandfreie und fehlerhafte Makronen: zu feste – richtige – zu weiche Masse

Fehler bei Makronengebäcken

Gebäckfehler	Ursachen
Die Makronengebäcke sind breit gelaufen, zu flach und eingefallen.	• Die Masse war zu weich. • Die Masse wurde nicht ausreichend abgeröstet. • Die abgeröstete Masse wurde vor dem Aufdressieren nicht genügend abgekühlt. • Die Makronen wurden vor dem Backen nicht stehen gelassen, bis sie eine Haut bekommen.
• Die Makronen sind am Boden hohl gewölbt. • Die Makronengebäcke sind breit gelaufen und zu flach.	Es wurde mit geschlossenem Zug bei feuchter Backhitze gebacken.

LF 2.2

Qualitätsmerkmale für die Kundenberatung
• Makronengebäcke sind süß schmeckende Gebäcke aus Mandeln oder Nüssen bzw. Kokosraspeln.
• Frische Makronengebäcke sind innen sehr weich.
• Eigelbmakronen sind wegen des geringeren Zuckeranteils nur leicht süß. Sie werden am Boden mit zartbitterer Schokoladenkuvertüre abgesetzt.

Frischhaltung und Aufbewahrung
Solange Makronegebäcke weich sind, haben sie den vollen geschmacklichen Genusswert und werden somit als frisch bezeichnet.
Makronengebäcke trocknen wegen des hohen Eiklaranteils nach einiger Zeit aus, da das Eiklar die Feuchtigkeit nicht binden kann und deshalb abgibt.
• Kleine Makronengebäcke werden deshalb möglichst bald nach der Herstellung in Klarsichtbeuteln oder in eingeschweißten

Verkaufsargumente

Gebäckschalen verpackt. Durch die luftdichte Verpackung sind sie bei kühler Raumtemperatur längere Zeit lagerfähig und gehören zu den Dauerbackwaren.

- Die größeren Makronengebäcke, die stückweise verkauft werden, werden unverpackt im Laden angeboten. Über Nacht sollten sie mit einer Folie abgedeckt oder in einen Klimaschrank mit hoher Luftfeuchtigkeit gelegt werden.

Besondere Eignung

- Die kleinen Mandel-, Nuss-, Kokos-, Schokoladen- und Eigelbmakronen sowie Zimtsterne eignen sich hervorragend für die Weihnachtsgebäckmischung.
- Die feinen Stückgebäcke, z. B. Mandelhörnchen, Makronentörtchen, Nussecken, sind begehrte Kaffeegebäcke.
- Die Makronengebäcke sind wegen der etwas längeren Lagerfähigkeit beliebte Gebäcke auf Reisen.

Aufgaben

1. Nennen Sie die drei Grundzutaten der Mandelmakronen.
2. Welcher Rohstoff wird bei Mandelmakronen häufig statt Mandeln verwendet?
3. Geben Sie folgende Bestimmungen der Leitsätze für Makronengebäcke an:
   - die alleinige Bezeichnung „Makronen"
   - Mandel- bzw. Nussgehalt der Mandel- und Nussmakronen
   - Schokoladenüberzug von Mandel- und Nussmakronen
   - Mehlanteil der Makronen allgemein und der Kokosmakronen
4. Beschreiben Sie die Herstellung einer Makronenmasse.
5. Erklären Sie das Backen der Makronengebäcke.
6. Wann sind Makronengebäcke fertig gebacken?
7. Erklären Sie
   - Eigelbmakronen,
   - Schokoladenmakronen.
8. Beschreiben Sie die Herstellung und das Backen der Mandelmakronen.
9. Beschreiben Sie die Herstellung von
   - Makronentörtchen,
   - Makronenschnitten,
   - Mandelhörnchen.
10. Beschreiben Sie die Herstellung von
    - Nussecken,
    - Zimtsternen.
11. Erklären Sie die Herstellung von Nussmakronen.
12. Geben Sie die Ursachen der Fehler bei Makronengebäcken an:
    - Die Makronengebäcke sind breit gelaufen, zu flach und eingefallen.
    - Die Makronen sind am Boden hohl gewölbt und die Makronengebäcke sind breit gelaufen und zu flach.
    - Die Makronengebäcke sind zu klein. Sie haben keinen Glanz und sind an der Oberfläche zu wenig, aber grob gerissen.
    - Die Makronengebäcke sind zu dunkel und haben eine zu dicke Kruste.
13. Nennen Sie die Qualitätsmerkmale der Makronengebäcke bei der Kundenberatung in Bezug auf
    - Geschmack,
    - Beschaffenheit.
14. Erläutern Sie die Qualitätsmerkmale von Eigelbmakronen.
15. Beschreiben Sie die Frischhaltung und Aufbewahrung der Makronengebäcke.
16. Wofür eignen sich Makronengebäcke besonders gut?
17. Stellen Sie für Mandel- und Nussmakronen eine Mandel- und Nussmakronenmasse jeweils einmal ohne und einmal mit Abrösten her. Vergleichen Sie das Aussehen und die Qualität der unterschiedlich hergestellten Gebäcke.

LF 2.2

Rechenaufgabe

Aus 2400 kg Mandelmakronenmasse sollen 60 Mandelhörnchen hergestellt werden.
Wie viel g wiegt ein Mandelhörnchen, wenn beim Herstellen auf jedem Hörnchen 20 % gehobelte Mandeln – bezogen auf die Mandelmakronenmasse – an der Masse hängen bleiben und zum Überziehen der 60 Mandelhörnchen 540 g Schokoladenkuvertüre verwendet werden?

25.8 Hippenmasse

Die Hippenmasse ist der Mandelmakronenmasse ähnlich.

Zutaten der Mandel-makronenmasse	Zusätzliche Zutaten
• Marzipanrohmasse • Zucker • Eiklar	• Milch oder Sahne • Weizenmehl

Zutaten und Mengenverhältnis der Hippenmasse

900 g	Marzipanrohmasse
600 g	Zucker
300 g	Eiklar
300 g	Weizenmehl
300 g	Milch und/oder Sahne 1 Prise Salz (ca. 2 g) Vanille- und Zitronenarom

2400 g Hippenmasse

Für Schokoladenhippenmasse statt 300 g Weizenmehl: 220 g Weizenmehl und 80 g Kakaopulver.

Herstellung

- Die Marzipanrohmasse mit dem Eiklar in einem Kessel mit grobdratigem Rührbesen glatt arbeiten.
- Zucker, Weizenmehl, Salz und Aromen dazugeben und verrühren.
- Milch und/oder Sahne nach und nach einrühren, bis die Masse weich und glatt ist.

Die Masse auf keinen Fall schaumig schlagen, damit sich beim Backen in den flachen Hippengebäcken keine Blasen durch die eingeschlagene Luft bilden.

Verarbeitung

- Backbleche fetten und mit Mehl bestreuen oder mit Backpapier belegen.
- Eine ca. 5 mm hohe Silikonmatte als Schablone, die es in verschiedenen Formen gibt, auf ein Blech legen.
- Die Hippenmasse mit einer Winkelpalette in die Formen der Schablone streichen.

Backen: 180 °C, offener Zug
Backzeit: ca. 12 Minuten

Die gebackenen, dünnen Hippengebäcke sollen eine durchgehend gleichmäßig hellbraune Farbe haben.

Formgebung der Hippengebäcke

Hippengebäcke lassen sich nur im heißen Zustand sofort nach dem Backen biegen und formen, z. B. Hippenrollen und Eistüten.

Kühlen Hippengebäcke während des Formens aus und sind dann starr und nicht mehr rollfähig, werden sie nochmals in den Ofen gegeben, bis sie wieder geschmeidig sind.

Hippengebäcke

Schlotfeger

- Die Hippenmasse mit einer Winkelpalette auf gefettete oder mit Backpapier belegte Bleche dünn aufstreichen.
  Die Masse kann auch mithilfe einer Schablonenmatte auf Bleche gestrichen werden.
- Die Masse bei 180 °C und geöffnetem Zug backen.
- Die Hippengebäcke sofort nach dem Backen auf dem Blech zu rechteckigen Stücken, z. B. 12 × 10 cm, schneiden.
- Die noch ofenheißen rechteckigen Gebäckstücke über ein Rundholz legen, dabei die beiden Enden mit dem Rundholz zusammendrücken, sodass sie aneinander kleben und dabei Hippenrollen von ca. 3 cm Durchmesser entstehen.
- Die Hippenrollen nach dem Auskühlen außen und evtl. auch innen mit Schokoladenkuvertüre überziehen.
- Beim Verkauf oder kurz vor dem Verzehr werden die Hippenrollen mit Schlagsahne gefüllt. Befindet sich die Schlagsahne zu lange in den Schlotfegern, werden die Hippenrollen weich und verlieren ihre knusprige Beschaffenheit.

Schlotfeger

LF 2.2

Hippenrollen

Hippenrollen werden wie Schlotfeger sofort nach dem Backen in lange rechteckige Stücke geschnitten. Die ofenheißen Gebäckstücke über ein dünnes Rundholz legen und die Enden zusammendrücken, sodass dünne Rollen entstehen.

Hippenrollen

Die dünnen langen Hippenrollen werden zu Eisbechern und Eisgetränken gereicht.

Eistüten

Die dünnen ofenheißen Gebäckstücke werden über ein kegelförmiges Holz gelegt. So bekommen sie die Tütenform, in die Speiseeis im Straßenverkauf gegeben wird.

Eistüten

Eiswaffeln (Eisgebäcke)

Die Hippenmasse wird mittels Schablonenmatten verschiedener Formen aufgestrichen und gebacken, z. B. dreieckig, rechteckig, herz-, fächer- und blütenförmig.

Eiswaffeln

Dekorgebäcke (Schmuckauflage)

Die Hippenmasse auf Schablonenmatten mit verschiedenen Formen, z. B. Blüten, Schmetterlinge, streichen. Diese Hippengebäcke dienen als Dekor für Torten, Desserts, Eisbecher und Eisbomben.

Hippenblüte auf einer Eisbombe

Hippengebäck als Dekor auf einem Eisbecher

Duchesse

Duchesse (sprich: Düschess) sind feine Teegebäcke, die der Hippenmasse ähnlich sind. Diese Masse enthält geriebene Nüsse statt Marzipanrohmasse und keine Milch bzw. Sahne.

Rezeptbeispiel: Duchessemasse	

500 g Eiklar
600 g Zucker
           1 Prise Salz (ca. 2 g)
400 g Haselnüsse,
           gerieben
100 g Weizenmehl
           Vanille- und
           Zitronenaroma, Zimt
	• Eiklar, Zucker und Salz zu einem Eischnee schlagen.
	• Die restlichen Zutaten in den Eischnee melieren.

1600 g Duchessemasse	

Die Masse mit einer Lochtülle von 8 mm tupfenförmig auf gefettete oder mit Backpapier belegte Bleche aufdressieren. Oder die Masse auf eine Schablonenmatte mit runden Öffnungen von ca. 4 cm Durchmesser mit einer Winkelpalette auf Bleche streichen.

Backen

- 210 °C, zweimal backen
- Zuerst die Masse anbacken und kurz vor dem Bräunen, wenn sie nicht mehr glänzt, aus dem Ofen nehmen.
- Die Gebäcke kurz auskühlen lassen, 5 bis 10 Minuten, und dann wieder in den Ofen geben und fertig backen.
- Die Duchesse sind fertig backen, wenn sie einen hellbraunen Rand haben.

Füllungen

Jeweils zwei Duchesse füllen mit
- Nugatmasse,
- Marzipanrohmasse, mit einer Spirituose weich gemacht.

Duchesse

LF 2.2

Hippengebäcke von der Industrie

Vielfach werden Hippengebäcke von der Industrie bezogen, da diese wegen der guten Lagerfähigkeit als Massenware preisgünstiger angeboten werden.

Ornamente aus Hippenmasse

Ornamente aus Hippenmasse

Ornamente werden als Schmuckauflage für Festtagstorten und festliche Desserts häufig aus Eierhippenmasse, auch „falsche Hippenmasse" genannt, garniert.

Rezeptbeispiel: Eierhippenmasse	
500 g Vollei 500 g Puderzucker 500 g Weizenmehl 1 Prise Salz (ca. 2 g) Vanillearoma **1500 g Masse**	Alle Zutaten zusammen zu einer glatten, garnierfähigen Masse rühren. Die Masse dabei nicht schaumig schlagen, damit keine Luftblasen entstehen.

Verkaufsargumente

Qualitätsmerkmale für die Kundenberatung

- Hippengebäcke sind dünne Gebäcke von splittriger und knuspriger Beschaffenheit.
- Sie haben einen feinen Marzipangeschmack durch den Hauptrohstoff Marzipanrohmasse.

Dünne, zart-splittrige, knusprige Hippengebäcke

Frischhaltung und Aufbewahrung

- Solange die Hippengebäcke ihre knusprige, splittrige Beschaffenheit und den feinen Geschmack haben, sind sie frisch.

- Hippengebäcke sind besonders lange lagerfähige Dauerbackwaren.
- Sie müssen bei der Lagerung luftdicht verpackt werden, z. B. in Folien oder Dosen.
  Werden Hippengebäcke unverpackt aufbewahrt, ziehen die trockenen Gebäcke und dessen hoher Zuckergehalt die Luftfeuchtigkeit an und lassen sie weich und zäh werden.
- Bei Schlotfegern die Schlagsahne nicht allzu lange vor dem Verzehr in die Hippenrollen füllen, da sie weich werden und daher die gewünschte knusprige Beschaffenheit verloren geht.

Besondere Eignung

- Schlotfeger sind Sahnedesserts zum Kaffee und als Nachspeise.
- Hippenrollen und Eisgebäcke sind eine geschmackliche Ergänzung zu Speiseeis und wirken zudem sehr dekorativ in Eisbechern und Eisgetränken.

LF 2.2

Aufgaben

1. Nennen Sie den Hauptrohstoff und die Zutaten, aus denen eine Hippenmasse hergestellt wird.
2. Beschreiben Sie die Herstellung einer Hippenmasse.
3. Geben Sie an, wie die Hippenmasse auf Belche gestrichen und wie die Hippenmasse gebacken wird.
4. Erklären Sie die Herstellung von Schlotfegern von der Hippenmasse bis zum fertigen Dessert. →

5 Benennen und erläutern Sie verschiedene Hippengebäcke und geben Sie deren Verwendung an.

6 Nennen Sie die Zutaten der Duchesse und beschreiben Sie deren Herstellung sowie das Backen und Füllen.

7 Geben Sie die Qualitätsmerkmale der Hippengebäcke bei der Kundenberatung in Bezug auf die Beschaffenheit und den Geschmack an.

8 Beschreiben Sie die Frischhaltung und Aufbewahrung der Hippengebäcke.

9 Erklären Sie, wofür sich die verschiedenen Hippengebäcke besonders eignen.

10 Stellen Sie Schlotfeger her und vergleichen Sie diese mit industriell hergestellten Schlotfegern in Bezug auf Aussehen, Geschmack und Beschaffenheit sowie Wirtschaftlichkeit.

Rechenaufgaben

1 3,200 kg Hippenmasse wird aus 3 Teilen Marzipanrohmasse, 2 Teilen Zucker, 1 Teil Eiklar, 1 Teil Weizenmehl, 0,5 Teile Milch und 0,5 Teile Sahne hergestellt. Ermitteln Sie das Gewicht der einzelnen Rohstoffe in g.

2 Von 7,200 kg Duchesse beträgt die Füllung aus Ganachecreme $\frac{1}{3}$. Die Ganachecreme besteht zu $\frac{3}{8}$ aus Schlagsahne, $\frac{2}{5}$ aus Schokoladenkuvertüre, $\frac{1}{6}$ aus Milchschokoladenkuvertüre und der Rest aus Weinbrand.
Berechnen Sie die einzelnen Anteile in kg.

25.9 Lebkuchenmasse

Es werden zwei Lebkuchenarten unterschieden:
- die Braunen Lebkuchen aus Lebkuchenteigen
  → Seite 350
- die Oblatenlebkuchen aus Lebkuchenmassen

Die Lebkuchenteige und Lebkuchenmassen haben von der Zusammensetzung der Zutaten außer den Lebkuchengewürzen keine Gemeinsamkeit.

Oblatenlebkuchen

Die weichen Lebkuchenmassen werden auf Oblaten als Unterlage gestrichen, da sie sonst nicht gebacken werden können. Deshalb werden die Lebkuchen aus Lebkuchenmasse als „Oblatenlebkuchen" bezeichnet.

Zutaten der Oblatenlebkuchen
- Mandeln und/oder Hasel- bzw. Walnüsse
- Zucker
- Eiklar
- Zitronat, Orangeat
- Lebkuchengewürze
- evtl. Hirschhornsalz → Seite 256

In einer Lebkuchengewürzmischung befinden sich Zimt, Nelken, Muskatnuss, Macis, Anis, Piment, Fenchel, Kardamom, Koriander, Ingwer.

Bestimmungen der Leitsätze

- **Feine Oblatenlebkuchen** enthalten in der Masse mindestens 12,5 % Mandeln und/oder Nüsse.
- **Feinste Oblatenlebkuchen**, dazu gehören **Elisenlebkuchen**, weisen auf höchste Qualität hin. Die Masse enthält mindestens 25 % Mandeln und/oder Hasel- bzw. Walnüsse. Die Verwendung anderer Ölsamen, z. B. Erd- und Kokosnüsse, ist nicht erlaubt. **Feinste Oblatenlebkuchen**, dazu gehören auch **Mandel-, Marzipan- und Makronenlebkuchen,** enthalten ebenfalls mindestens 25 % Mandeln und Nüsse, wobei der Mandel- gegenüber dem Nussanteil überwiegt.
- **Nusslebkuchen oder Haselnuss- bzw. Walnusslebkuchen** enthalten in der Masse mindestens 20 % Hasel- und/oder Walnüsse. Der namengebende Nussanteil überwiegt — bei Haselnusslebkuchen die Haselnüsse, bei Walnusslebkuchen die Walnüsse. Die Verwendung anderer Nussarten ist nicht zulässig.
- **Schokoladenüberzug:** Für die Oblatenlebkuchen ist nur Schokoladenkuvertüre erlaubt, keine Fettglasur.

Bei „weißen Lebkuchen" ist kein Mandel- und Nussanteil vorgeschrieben. Sie werden auf rechteckige Oblaten gestrichen und sind nicht glasiert. Diese geringen Qualitäten werden im Fachgeschäft der Konditorei nicht geführt.

LF 2.2

Oblaten

Oblaten sind dünne, weiße Blätter. Sie werden aus Weizenstärke und Wasser hergestellt, die zu einer flüssigen Masse verrührt und zwischen erhitzten Platten getrocknet wird.

Eigenschaften der Oblaten

- Sie haben keinen Eigengeschmack.
- Sie sind besonders lange haltbar.
- Sie bleiben auch unter der Masse trocken, weil sie keine Feuchtigkeit anziehen.
- Sie schützen die Oblatenlebkuchen an der Unterseite vor dem Austrocknen.

Im Fachgeschäft der Konditorei werden nur hochwertige Oblatenlebkuchen hergestellt, deren Mindestanforderungen an die Qualität in den Leitsätzen geregelt sind. Ein hoher Mandel- und/oder Nussanteil ist Voraussetzung für einen guten Geschmack der Oblatenlebkuchen.

> **!**
>
> Nürnberger Lebkuchen ist eine Herkunftsbezeichnung. Sie müssen im Raum Nürnberg hergestellt werden.

Elisenlebkuchen

Elisenlebkuchen gehören zu den besten Qualitäten der Oblatenlebkuchen. Deshalb wurden diese hochwertigen Lebkuchen nach der heiligen Elisabeth, der Schutzpatronin der Lebküchner, benannt.

LF 2.2

Aufarbeiten der Masse zu Elisenlebkuchen

- Auf Oblaten mit 9 cm Durchmesser 60 g Masse wiegen, z. B. die Oblaten auf eine Waage legen und mit einem $^1/_{20}$-Eisportionierer abwiegen.
- Die Oblate mit der Masse auf einen Lebkuchenstreicher, einen Drehteller, legen. Mit einem Streichdeckel die Masse kuppelförmig aufstreichen.
- Die Oblatenlebkuchen auf ein mit Backpapier belegtes Backblech setzen.
- Für unglasierte und mit Fadenzuckerglasur bestrichene Elisenlebkuchen auf die Lebkuchen drei oder vier halbierte Mandeln legen und auf der Masse leicht andrücken.
- Die aufgestrichenen Lebkuchen mindestens 12 Stunden bei Raumtemperatur trocknen lassen, am besten über Nacht, und am anderen Tag backen.

In Großbetrieben wird die Masse in einer Lebkuchenstreichmaschine automatisch abgewogen und auf Oblaten gestrichen.

Rezeptbeispiel: Elisenlebkuchen

500 g	Eiklar
900 g	Zucker
8 g	Hirschhornsalz
500 g	Marzipanrohmasse
150 g	Orangeat
150 g	Zitronat
500 g	Mandeln, gerieben
150 g	Mandeln gehobelt und geröstet
125 g	süße Brösel
125 g	Weizenmehl, Type 405 oder 550
40 g	Lebkuchengewürz

3 148 g Lebkuchenmasse

- Marzipanrohmasse mit einem Teil des Eiklars weich arbeiten.
- Eiklar, Zucker und Hirschhornsalz zu einem schmierigen Eischnee schlagen.
- Marzipanrohmasse in den Eischnee geben und glatt rühren.
- Orangeat und Zitronat in einer Metallschnecke, ähnlich dem Fleischwolf, fein durchdrehen.
- Orangeat, Zitronat, Mandeln, Brösel, Weizenmehl und Lebkuchengewürz in den Eischnee einrühren, bis sie gleichmäßig in der Masse vermischt sind.

Portionieren der Lebkuchenmasse auf Oblaten

Aufstreichen der Masse mit dem Lebkuchenstreicher

Elisenlebkuchen mit Mandeln belegen

Backen: 180 °C, bei offenem Zug
ca. 20 °C geringere Unterhitze oder
mit Unterblech backen
Backzeit: ca. 25 Minuten

Fertigstellen der Elisenlebkuchen zum Verkauf

Elisenlebkuchen werden verschiedenartig angeboten:
- mit Schokoladenkuvertüre (➡ Seite 535) überzogen
- mit Fadenzuckerglasur (➡ Seite 356) glasiert
- unglasiert, mit halbierten Mandeln belegt

Elisenlebkuchen überzogen, glasiert, unglasiert

Schokoladenlebkuchen werden nach demselben Rezept wie die Elisenlebkuchen hergestellt. Jedoch wird, statt den 150 g gehobelten Mandeln, 120 g Kakaopulver verwendet. Die Schokoladenlebkuchen werden mit Kuvertüre überzogen.

Kokoslebkuchen werden aus Kokosmakronenmasse, die auf Oblaten gestrichen wird, hergestellt. Die Kokoslebkuchen werden an zwei Seiten mit Kuvertüre überzogen.

Nusslebkuchen

Nusslebkuchen können wie Makronenmassen abgeröstet werden.

Rezeptbeispiel: Nusslebkuchen
600 g Eiklar
1200 g Zucker
600 g Haselnüsse, gerieben, geröstet
600 g Haselnüsse, gehobelt, geröstet
200 g Orangeat, fein gerieben (Metallschnecke, wie Fleischwolf)
100 g Weizenmehl, Type 405 oder 550
40 g Lebkuchengewürz
Zimt

3340 g Lebkuchenmasse

Alle Zutaten in einem Kupferkessel auf ca. 70 °C abrösten und die Masse dann sofort auf Oblaten streichen.

Aufarbeiten der Masse zu Nusslebkuchen

- Auf Oblaten mit 9 cm Durchmesser 60 g Masse wiegen.
- Die Masse mit einem Lebkuchenstreicher aufstreichen.
- Bei Nusslebkuchen, die nicht überzogen werden, in der Mitte eine geschälte Haselnuss auflegen, bei Walnusslebkuchen eine geviertelte Walnuss.
- Die Nusslebkuchen vor dem Backen kurz antrocknen lassen.

Backen: 180 °C, bei offenem Zug
ca. 20 °C geringere Unterhitze oder
mit Unterblech backen
Backzeit: ca. 25 Minuten

Die Nusslebkuchen können mit Milchschokoladenkuvertüre überzogen werden. Bei den nicht überzogenen Nusslebkuchen ist die Nuss in der Mitte gut sichtbar.

LF 2.2

Nusslebkuchen

Fehler bei Oblatenlebkuchen

Gebäckfehler	Ursachen
Elisenlebkuchen laufen beim Backen über die Oblaten und reißen seitlich auf.	Die Zeit des Abtrocknens der Lebkuchenmasse nach dem Aufstreichen war zu kurz.
• Die Oblatenlebkuchen sind zu weich und klebrig. • Die Oblatenlebkuchen sind unter der Kruste oben hohl.	Backhitze war zu hoch.
Die Oblatenlebkuchen sind zu trocken.	• Backhitze war zu niedrig. • Backzeit war zu lang.

Verkaufsargumente

Qualitätsmerkmale für die Kundenberatung
• Elisen- und Nusslebkuchen sind feinwürzige Mandel- bzw. Nussgebäcke. Sie enthalten einen hohen Anteil an Mandeln bzw. Nüssen sowie viele verschiedene Lebkuchengewürze.
• Oblatenlebkuchen sind besonders weiche Gebäcke.
• Überzogen werden Oblatenlebkuchen nur mit hochwertiger Schokoladenkuvertüre, Fettglasur ist nicht erlaubt.

Frischhaltung und Aufbewahrung
• Oblatenlebkuchen sind frisch, solange sie weich sind und den vollen Geschmack besitzen.
• Sie trocknen bei Raumtemperatur nach einiger Zeit aus, da der Wasseranteil des Eiklars nicht gebunden ist und zunehmend in Luft übergeht. Mit dem Feuchtigkeitsverlust verlieren die Oblatenlebkuchen auch den feinen, aber vollen Geschmack.
• Mit Schokoladenkuvertüre überzogene Oblatenlebkuchen bleiben länger frisch, da die Kuvertüre oben und die Oblaten unten für Luftabschluss sorgen.
• Oblatenlebkuchen sollten möglichst bald in Dosen oder in Tüten luftdicht verschlossen werden, damit sie lange frisch bleiben. Sie zählen zu den Dauerbackwaren.

Besondere Eignung
Oblatenlebkuchen sind Weihnachtsgebäcke, die jedoch schon in der Herbstzeit beliebt sind.
Hübsch verpackt sind Oblatenlebkuchen ein begehrtes kleines Geschenk.

LF 2.2

Aufgaben

1. Nennen Sie die Zutaten der Oblatenlebkuchen.
2. Erklären Sie, woraus Oblaten hergestellt werden.
3. Welche Eigenschaften besitzen Oblaten unter der Lebkuchenmasse?
4. Nennen Sie die Bestimmungen der Leitsätze für folgende Oblatenlebkuchen in Bezug auf den Mandel- bzw. Nussgehalt:
   • feine Oblatenlebkuchen
   • feinste Oblatenlebkuchen wie
     − Elisenlebkuchen
     − Mandel-, Marzipan- und Makronenlebkuchen
   • Nusslebkuchen
5. Womit dürfen Oblatenlebkuchen nur überzogen werden, welcher Überzug ist nicht erlaubt?
6. Was besagt der Begriff „Nürnberger Lebkuchen"?
7. Beschreiben Sie die Herstellung einer Masse für Elisenlebkuchen.
8. Beschreiben Sie das Aufarbeiten einer Masse zu Elisenlebkuchen.
9. Wie werden Elisenlebkuchen zum Verkauf fertiggestellt?
10. Beschreiben Sie die Herstellung der Masse für Nusslebkuchen und erklären Sie das Aufarbeiten der Masse zu Nusslebkuchen.
11. Geben Sie die Ursachen folgender Fehler bei Oblatenlebkuchen an:
    • Elisenlebkuchen laufen beim Backen über die Oblaten und reißen seitlich auf.
    • Die Oblatenlebkuchen sind zu weich und klebrig und unter der Kruste oben hohl.
    • Die Oblatenlebkuchen sind zu trocken.
12. Nennen Sie die Qualitätsmerkmale von Elisen- und Nusslebkuchen im Bezug auf
    • Geschmack,
    • Beschaffenheit,
    • Überzug.
13. Geben Sie Auskunft über die Frischhaltung und Aufbewahrung der Oblatenlebkuchen.
14. Wofür eignen sich Oblatenlebkuchen gut?
15. Ihre Konditorei möchte in der Weihnachtszeit Oblatenlebkuchen als kleine Geschenke verpackt anbieten. Sie sollen dafür verschiedene Oblatenlebkuchen, die unbehandelt, glasiert und überzogen sind, auswählen. Machen Sie auch Vorschläge für Geschenkverpackungen.

26 Backen

Situation

Die Verkäuferinnen der Filialen Ihres Konditoreibetriebs besichtigen bei einer betriebsinternen Fortbildung die Backstube Ihrer Konditorei. Jede Konditorin und jeder Konditor aus der Produktion bekommt vom Chef den Auftrag, einen Teil der Betriebsbesichtigung zu leiten. Sie sollen die Backöfen und das Backen der unterschiedlichen Backöfen erklären.

- Worin unterscheiden sich der Etagenofen und der Stikkenofen und welche Vorteile haben diese Backöfen?
- Welche Backwaren werden hauptsächlich im Etagenofen und welche im Stikkenofen gebacken?
- Welche Vorteile hat der Ladenbackofen?
- Was geschieht beim Ofentrieb in den Teiglingen?
- Wie bilden sich die Krume und die Kruste bei steigenden Temperaturen während des Backprozesses?
- Welche Wirkungen hat der Schwaden beim Backen und was geschieht, wenn der Zug im Ofen geöffnet wird?

LF 2.2

26.1 Backöfen

Etagenofen

Der Etagenofen eignet sich zum Backen aller Backwaren.

Etagenofen aus Stahl

Besonderheiten eines Etagenofens
- Es sind mehrere Backöfen übereinander angeordnet.
- Die Größe der Backflächen richtet sich nach den genormten Backblechen von 58 x 78 cm. Sie sind 60 cm breit und 80 cm tief oder 120 cm breit und 160 cm tief.

Vorteile eines Etagenofens
- Jeder einzelne Backofen kann separat eingeschaltet werden, damit zur Energieeinsparung nur so viel Backfläche wie nötig beheizt wird.
- In jedem Backofen kann die Temperatur einzeln gesteuert werden, sodass in jedem Ofen eine unterschiedliche Backhitze eingestellt werden kann.
- In jedem Backofen kann auch die Ober- und Unterhitze unterschiedlich geregelt werden.
- In jeden Backofen kann einzeln Schwaden gegeben werden.

Stikkenofen

Größere Konditoreien besitzen neben dem Etagenofen auch einen Stikkenofen.

Besonderheiten eines Stikkenofens

Stikkenofen mit Stikkenwagen

- Der gesamte Backraum ist ein schrankartiger Raum. Daher benötigt der Stikkenofen wenig Platz.
- Der Backraum wird mit einem fahrbaren „Stikken" (Schragen oder Blechwagen) beschickt, der sich meist im Ofen dreht.
- 18 bis 22 Backbleche mit Teiglingen haben in einem Blechwagen Platz und können somit auf einmal gebacken werden.
- Es können nur gleichartige Teige und Massen von gleicher Größe, bei gleicher Backhitze und Backzeit gebacken werden, z. B. nur Plundergebäcke oder Mürbeteiggebäcke.

Vorteile eines Stikkenofens

- Durch die gleichmäßige Hitzeverteilung der beheizten Luft und den sich drehenden Stikken (Blechwagen) entsteht ein gleichmäßiges Backergebnis aller Gebäcke.
- Das Beschicken und Ausbacken mit dem fahrbaren Stikken geht bei keinem Backofen so schnell und einfach wie beim Stikkenofen.

Ladenbackofen

Besonderheit eines Ladenbackofens

Ein Ladenbackofen ist ein kleiner computergesteuerter Backofen, in dem je nach Größe mehrere kleine Backbleche Platz haben. Die Fachverkäuferinnen können im Laden kleine Gebäckstücke, die frisch am besten schmecken, backen, z. B. Plunder- und Blätterteiggebäcke. Die Gebäcke können so mehrmals täglich frisch angeboten werden.

Backen mit einem Ladenbackofen

Wie beim Stikkenofen kann nur eine Art von Teiglingen in einem Ladenbackofen gebacken werden. Beim Einschieben der Teiglinge wird nur das entsprechende Warensymbol angetippt und das computergesteuerte Backprogramm läuft dann automatisch ab. Die Backtemperatur und die Backzeit sind für die verschiedenen Backwaren programmiert und am Ende der Backzeit ertönt ein Signalton und die Bleche mit den Gebäcken werden aus dem Ofen genommen.

Ladenbackofen

Vorteile eines Ladenbackofens

- Durch das Ausbacken im Laden sehen die Kunden, dass die Ware frisch ist.
- Der Geruch der ofenfrischen Gebäcke macht Appetit und animiert die Kunden zum Kauf.
- Backwaren, die frisch am besten schmecken, werden mehrmals am Tag gebacken und können den Kunden frisch verkauft werden, z. B. Plunder- und Blätterteiggebäcke, Brötchen, Brezeln, Baguettes, Ciabattas.
- Es können kleine Mengen an Gebäcken gebacken werden, sodass ein Backen nach Bedarf möglich ist.

Aufgaben

1. Welche positiven Eigenschaften bekommen Gebäcke durch das Backen?
2. Beschreiben Sie die Besonderheiten eines Etagenofens in Bezug auf den Aufbau der Backöfen und die Größe der Backflächen.
3. Erklären Sie die Vorteile eines Etagenofens in Bezug auf Temperatursteuerung und Schwaden.
4. Nennen Sie die Besonderheiten eines Stikkenofens in Bezug auf Backraum, Stikken (Backblechwagen), einheitliches Backprogramm.
5. Erläutern Sie die Vorteile eines Stikkenofens.
6. Nennen Sie die Besonderheiten eines Ladenbackofens.
7. Beschreiben Sie das Backen mit einem Ladenbackofen und erklären Sie die Vorteile eines Ladenbackofens für die Kunden.
8. Liefern Sie tiefgefrorene Plunderteiglinge in Ihre Filiale, tauen sie dort auf und backen diese im Ladenbackofen. Vergleichen Sie diese Plundergebäcke mit den Plundergebäcken, die in Ihrer Konditorei im Etagenofen oder im Stikkenofen gebacken werden.

LF 2.2

26.2 Vorgänge beim Backen (Backprozess)

Voraussetzung zum Backen der Teiglinge und Massen ist eine ausreichende Lockerung. Die Backhitze kann so gut durch die Poren dringen und die Gebäcke bis ins Innerste ausbacken. Ungelockerte Teiglinge und Massen bräunen nur an der Oberfläche und bleiben im Inneren klebrig, weil die Backhitze nicht nach innen gelangen kann.

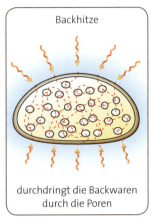

Backhitze

durchdringt die Backwaren durch die Poren

Backen der Teiglinge zu Gebäcken

Gebäckeigenschaften durch das Backen

- Beim Backen werden aus Teigen und Massen gut verdauliche und bekömmliche Gebäcke.
- Es entstehen schnitt- und bestreichfähige Backwaren.
- Die Gebäcke erhalten durch die Backhitze zahlreiche Geruchs- und Geschmacksstoffe, vor allem an der Kruste.
- Die Kruste bekommt eine appetitliche braune Farbe.

Der **Backprozess** wird in drei Abschnitte unterteilt:
- Ofentrieb
- Krumenbildung
- Krustenbildung

Ofentrieb

!

Beim Ofentrieb vergrößert sich das Volumen der Teiglinge sofort nach dem Einschieben in den Backofen. Bei ca. 60 °C im Inneren der Teige und Massen ist das endgültige Gebäckvolumen und die Größe der Porung erreicht; der Ofentrieb ist beendet.

Die Teiglinge haben nach der Gare eine Temperatur von ca. 30 °C. Durch die Backhitze erhöht sich die Temperatur in den Teiglingen zunehmend. Dabei entsteht eine
- starke Hefegärung und
- durch die Wärme dehnen sich die Gärgase in den Poren aus.
- Dadurch kommt es zu einer deutlichen Volumenvergrößerung der Teiglinge.

Die Teighaut muss dabei feucht und somit elastisch bleiben, damit sie dem Gasdruck nachgeben kann.

55 bis 60 °C:
Die Hefe stirbt ab, ebenso die Milchsäurebakterien

35 bis 60 °C: starke Ausdehnung der Gärgase in den Poren durch die Wärme

30 bis 45 °C: starke Hefegärung

Auswirkungen beim Ofentrieb

Krumenbildung

!

Bei der Krumenbildung wird durch die Backhitze aus dem weichen, klebrigen Inneren der Teige und Massen eine schnitt- und bestreichfähige sowie verdauliche Krume mit gutem Geruch und Geschmack.

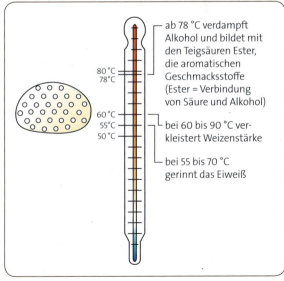

ab 78 °C verdampft Alkohol und bildet mit den Teigsäuren Ester, die aromatischen Geschmacksstoffe (Ester = Verbindung von Säure und Alkohol)

bei 60 bis 90 °C verkleistert Weizenstärke

bei 55 bis 70 °C gerinnt das Eiweiß

Entstehung der Krume

Bei ca. 60 °C ist der Ofentrieb abgeschlossen, weil sich die Teigstruktur verfestig hat und deshalb eine Volumenvergrößerung der Teiglinge nicht mehr möglich ist.

LF 2.2

Die Krumenbildung beginnt, indem die Eiweiße gerinnen und die Stärke verkleistert.

Beim Gerinnen geben die Eiweiße das gebundene Teigwasser wieder ab, das gleichzeitig von der Stärke bei der Verkleisterung gebunden wird. So entsteht eine elastische Krume.

In der Krume steigt die Temperatur beim Backen auf ca. 95 °C, sodass die Krume im gebackenen Gebäck weich bleibt.

Krustenbildung

> **!**
>
> Die Krustenbildung beginnt, wenn die Oberfläche der Teige und Massen durch die Wasserverdampfung zu einer stabilen und trockenen Randschicht wird. Wenn die Kruste schön gebräunt ist und sie viele Geruchs- und Geschmacksstoffe enthält, ist die Krustenbildung abgeschlossen.

Wenn die Oberfläche der Teige und Massen 100 °C erreicht hat, verdampft das Wasser an der Randschicht der Teiglinge, die zur Kruste wird.

Bei steigender Temperatur der Kruste
• wird die Kruste dicker,
• färbt sich die Kruste dunkler,
• werden die Geruchs- und Geschmacksstoffe intensiver.

Hefezöpfe mit schöner Krustenbräunung und weicher elastischer Kruste

200 °C — Es entsteht Zuckercouleur, das die Kruste schwarz färbt und Röstbitterstoffe verbrennen, die einen bitteren Geschmack der Gebäcke ergeben. Die Kruste darf 200 °C nicht erreichen.

180 °C

— Bei 150 bis 180 °C entstehen dunkle geruchs- und geschmacksintensive Röstbitterstoffe.

150 °C — Ab 150 °C entsteht Karamell aus dem Zucker an der Kruste, der bei zunehmender Temperatur dunkelbrauner wird

140 °C

120 °C — Bei 120 bis 140 °C werden aus der Stärke zunächst hellbraune, dann braune Dextrine gebildet

100 °C — Wasser verdampft bei 100 °C an der Oberfläche, die austrocknet und somit fester wird. Ab 100 °C entstehen an der Kruste Melanoidine. Es sind Aromastoffe aus Aminosäuren (Eiweiß) und Zucker, die bei der Maillard-Reaktion gebildet werden.

Entstehung der Kruste

LF 2.2

Aufgaben

1 Erklären Sie folgende Begriffe:
- Ofentrieb
- Krustenbildung
- Krumenbildung

2 Beschreiben Sie die Vorgänge beim Ofentrieb:
- 30 bis 45 °C
- 55 bis 60 °C
- 35 bis 60 °C

3 Erläutern Sie die Vorgänge bei der Krumenbildung:
- 50 bis 70 °C
- 60 bis 90 °C
- ab 78 °C

4 Erklären Sie, wie durch die Eiweißgerinnung und Stärkeverkleisterung eine elastische Krume entsteht.

5 Warum bleibt die Krume weich und wird nicht so fest wie die Kruste?

6 Beschreiben Sie die Vorgänge bei der Krustenbildung ab 100 °C:
- Verfestigung der Kruste
- Maillard-Reaktion

7 Erklären Sie die Vorgänge bei der Krustenbildung:
- 120 bis 140 °C
- 150 bis 180 °C
- ab 150 °C

8 Begründen Sie, warum die Kruste der Gebäcke nicht 200 °C erreichen darf.

9 Eine Kundin erzählt, dass sie besonders hellgebackene Backwaren bevorzugt, diese jedoch manchmal eine etwas pappige Krume besitzen. Gebäcke mit starker Krustenbräunung schmecken ihr zu bitter. Geben Sie Auskunft.

26.3 Schwaden

> **!**
> - Unter Schwadengeben wird das Einführen von Wasserdampf in den Gärraum und Backofen verstanden.
> - Durch den Schwaden (Wasserdampf) entsteht eine hohe Luftfeuchtigkeit, die die Oberfläche der Teiglinge feucht hält.

Wirkung von Schwaden beim Ofentrieb

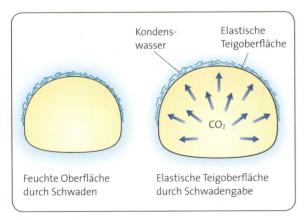

Kondenswasser

Elastische Teigoberfläche

 CO_2

Feuchte Oberfläche durch Schwaden

Elastische Teigoberfläche durch Schwadengabe

Wirkung von Schwaden

Beim Einschieben der gelockerten Hefeteiglinge nach der Gare in den Ofen wird Schwaden in den Ofen gegeben.
- Der 100 °C heiße Schwaden (Wasserdampf) kühlt auf der ca. 30 °C warmen Teigoberfläche ab und bildet darauf Kondenswasser.

- Die Teigoberfläche bleibt somit feucht und elastisch und kann so dem Druck der sich ausbreitenden Lockerungsgase beim Ofentrieb nachgeben.

> **!**
> Durch den Schwaden kann sich das Volumen der Teiglinge beim Ofentrieb vergrößern und sie werden dadurch ausreichend gelockert.

Wirkung des Schwadens auf die Gebäckkruste

Beim Backen bilden sich auf der Gebäckkruste aus Stärke braune Dextrine. Die Dextrine glänzen nur in Verbindung mit heißem Wasser. Deshalb ist das Kondenswasser des Schwadens erforderlich, um eine glänzende Kruste zu erzielen. Beim Backen ohne oder mit zu wenig Schwaden entsteht eine matte, glanzlose Gebäckkruste.

> **!**
> Der Schwaden bewirkt den Glanz der Gebäckkruste, weil Dextrine nur mit Wasser glänzen.

Hefeteiggebäcke mit und ohne Schwaden gebacken

LF 2.2

Backergebnis bei fehlender Schwadengabe

Werden Teiglinge mit Hefe ohne Schwaden oder mit zu wenig Schwaden in den Ofen geschoben, entsteht aus der trockenen Teigoberfläche sehr schnell eine stabile Kruste. Diese kann den sich ausbreitenden Lockerungsgasen nicht nachgeben und reißt.

Auch bleiben die sich bildenden Dextrine an der Gebäckoberfläche ohne Wasserdampf stumpf in der Farbe.

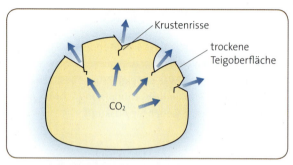

Krustenrisse bei fehlender Schwadengabe

!

Gebäckfehler durch fehlenden Schwaden sind:
- geringe Lockerung der Gebäcke
- kleines Gebäckvolumen
- rissige Gebäckkruste
- matte, glanzlose Gebäckkruste

Teiglinge, die ohne Schwaden gebacken werden

Teiglinge, deren Oberfläche beim Einschieben in den Backofen bereits feucht und somit elastisch ist, werden ohne Schwaden gebacken.

Hefeteiglinge, die mit Eistreiche bestrichen sind, werden deshalb ohne Schwaden gebacken, weil die Teigoberfläche durch die Eistreiche feucht ist. Der Schwaden würde die Eistreiche verwässern, sodass sich Blasen auf der Gebäckoberfläche bilden.

Der „Zug" im Backofen

Jeder Backofen enthält eine kleine Öffnung, die durch einen Kanal nach außen führt. Durch diesen Abzugskanal kann der Wasserdampf aus dem Ofen abziehen. Die Öffnung zum Abzugskanal wird als „Zug" bezeichnet, der geschlossen und geöffnet werden kann.

Backen bei geschlossenem Zug

Bei geschlossenem Zug ist die Öffnung am Abzugskanal mit einer Klappe verschlossen, sodass der Schwaden im Ofen bleibt. Die Gebäcke werden mit feuchter Backhitze gebacken.

Vor dem Schwadengeben beim Einschießen von Teiglingen wird grundsätzlich der Zug geschlossen. So bleibt der Wasserdampf im Herd und die Oberfläche der Teiglinge bleibt lange feucht und elastisch.

Backen

Durch Öffnen des Zugs wird die Klappe des Abzugskanal geöffnet, durch den der Wasserdampf abzieht. Es entsteht eine trockene Backhitze. Dadurch bildet sich auf Teiglingen und aufdressierten Massen schnell eine leichte Kruste. Die Gebäcke behalten dadurch ihre Form und laufen nicht breit, z. B. beim Backen von Spritzgebäck, Makronen und Löffelbiskuits.

Aufgaben

1. Erklären Sie den Schwaden im Ofen und das Schwadengeben.
2. Erläutern Sie die Wirkung von Schwaden beim Ofentrieb.
3. Geben Sie die Wirkung des Schwadens auf die Gebäckkruste an.
4. Nennen Sie die Gebäckfehler in Bezug auf Gebäckvolumen und Kruste, die entstehen, wenn Teiglinge mit Hefe ohne Schwaden bzw. mit zu wenig Schwaden in den Ofen geschoben werden.
5. Welche Teiglinge mit Hefe werden ohne Schwaden gebacken?
6. Erläutern Sie den Begriff „Zug" im Backofen.
7. Was bewirkt im Backofen
   - ein geschlossener Zug,
   - ein offener Zug?
8. Warum muss vor dem Schwadengeben der Zug geschlossen werden?
9. Eine Kundin hat vom Schwaden beim Backen von Hefeteiggebäcken gehört. Sie möchte von Ihnen wissen, wie sie in ihrem Haushaltsofen Schwaden erzeugen kann und welche Nachteile das Backen der Hefegebäcke ohne Schwaden hat.

LF
2.2

Berufliche Handlung

Der Laden und das Café Ihrer Konditorei werden nach der Renovierung neu eröffnet. Zur Eröffnung startet eine Aktionswoche mit dem Thema „Feine Gebäcke zum Kaffee". Dafür stellen Sie die verschiedensten Gebäcke aus Massen mit individuellen betriebseigenen Rezepten und in herkömmlicher Weise her.

Baisermassen

1 Für Gäste, die eine Vorliebe für Süßes haben, stellen Sie getrocknete Baisererzeugnisse her. Nennen Sie einige getrocknete Baisererzeugnisse und erläutern Sie die Herstellung einer Baisermasse.

2 Beschreiben Sie die Herstellung einer Johannisbeerbaisertorte bzw. von Johannisbeerbaiserschnitten.

Eierhaltige, aufgeschlagene Massen

3 Erklären Sie das Warm- und Kaltaufschlagen einer Wiener Masse und das Backen von Tortenböden und Kapseln.

4 Nennen Sie das Besondere der Sachermasse für Sacherböden. Geben Sie auch die Bestimmungen der Leitsätze für eine Sachermasse an, die zur Wiener Masse zählt.

5 Zu den Kaffeegebäcken gehören auch Kuchen aus Sandmasse. Stellen Sie Kuchen und Blechkuchen sowie Kuchen in kleinen Förmchen aus Sandmasse zusammen, die sich für die Aktion eignen.

6 Schreiben Sie ein Rezept einer Gleichschwermasse aus Sandmasse auf.

7 Erläutern Sie die Qualitätsmerkmale und die Frischhaltung der Kuchen aus Sandmasse.

8 Der Blickfang der Aktion soll ein Baumkuchen sein, um den Sie verschiedene Baumkuchenerzeugnisse gruppieren. Sie erstellen ein Informationsplakat, auf dem Sie die Zutaten der Baumkuchen benennen und das Backen beschreiben. Den Namen der Baumkuchenerzeugnisse schreiben Sie jeweils auf Kärtchen, die Sie zu den Waren stellen.

Abgeröstete Massen

9 Gebäcke aus Brandmasse mit verschiedenen Füllungen sind Desserts zum Kaffee. Schreiben Sie für die Aktion einige Brandmassegebäcke zusammen und geben Sie die Füllungen an sowie den Dekor bzw. den Überzug, mit dem die Gebäcke überzogen werden.

10 Erstellen Sie ein Grundrezept einer Brandmasse und beschreiben Sie die Herstellung.

11 Zählen Sie Gebäcke aus Röstmasse auf.

12 Richten Sie die Zutaten einer Röstmasse für Florentiner her und beschreiben Sie deren Herstellung.

13 Erläutern Sie die Qualitätsmerkmale der Gebäcke aus Röstmasse bei der Kundenberatung und geben Sie Auskunft über die Frischhaltung der Gebäcke.

Makronenmassen

14 Sie sollen eine Mandelmakronenmasse herstellen. Geben Sie an, welche Zutaten Sie dafür verwenden und wie Sie die Masse herstellen und backen.

15 Nennen Sie Gebäcke aus Mandelmakronenmasse und beschreiben Sie jeweils die Herstellung der Gebäcke.

16 Erklären Sie Eigelbmakronen und Schokoladenmakronen. Geben Sie auch Auskunft darüber, womit Eigelbmakronen, Mandelmakronen und Nussmakronen nach den Leitsätzen nur überzogen werden dürfen.

17 Auch Zimtsterne bestehen aus einer Mandelmakronenmasse. Beschreiben Sie die Herstellung der Zimtsterne.

Hippenmassen

18 Erstellen Sie für die Aktionswoche eine Bildtafel mit verschiedenen Gebäcken aus Hippenmasse und beschreiben Sie deren Verwendung.

19 Erstellen Sie ein Rezept einer Hippenmasse und beschreiben Sie die Herstellung sowie das Backen.

Lebkuchenmassen

20 Nennen Sie zwei hochwertige Oblatenlebkuchen und geben Sie an, wie viel Prozent Mandeln bzw. Nüsse die Lebkuchen nach den Leitsätzen mindesten enthalten müssen.

21 Zählen Sie die Zutaten für Elisenlebkuchen auf und beschreiben Sie die Herstellung sowie das Backen.

Backen

22 Erklären Sie einem neuen Kollegen die Bedeutung von Schwaden beim Backen von Hefeteiggebäcken und was beim Backen von Makronen und Löffelbiskuit beachtet werden muss, damit Sie die Form behalten und nicht breit laufen.

LF 2.2

27

Füllungen, Cremes, Schlagsahne und Süßspeisen

Situation

Zum täglichen Angebot in Ihrer Konditorei und im Café gehören verschiedene Torten und Desserts. Dafür stellen Sie die entsprechenden Füllungen her. Für die gehobenen Kundenwünsche bietet Ihre Konditorei im Café Süßspeisen als Desserts und Nachspeisen an, die mit süßen Soßen geschmacklich verbessert und farblich verschönert werden.

- Worin unterscheiden sich Konfitüren, Gelees und Marmeladen nach der Konfitürenverordnung?
- Welche Buttercremearten werden unterschieden?
- Woraus werden pikante Käsebuttercremes und Käsecremes hergestellt und wofür werden sie verwendet?
- Wie wird Schlagsahne aufgeschlagen?
- Was versteht man unter Sahnecreme und wie wird sie hergestellt?
- Woraus besteht Ganache und Sahnetrüffelmasse?
- Welche gekochten Cremes werden in der Konditorei hergestellt?
- Welche Süßspeisen werden in der Konditorei hergestellt und wie werden sie im Café fertiggestellt?
- Welche süße Soßen verbessern Süßspeisen und Eisbecher?

27.1 Konfitüren, Gelees, Marmeladen

Konfitüren, Gelees, Marmeladen

Bei der Herstellung von Konfitüren, Gelees und Marmeladen werden Früchte bzw. Fruchtsaft mit einem hohen Anteil an Gelierzucker aufgekocht.

>
> - **Konfitüren** bestehen aus Früchten und Zucker.
> - **Gelees** bestehen aus Fruchtsaft und Zucker.
> - **Marmeladen** bestehen aus Zitrusfrüchten und Zucker. Für Marmeladen dürfen nur Zitrusfrüchte verwendet werden, z. B. Orangen.

Gelierzucker

Gelierzucker ist Zucker mit Pektinen und etwas Zitronensäure.

Zitronensäure gibt den süß schmeckenden Konfitüren, Gelees und Marmeladen einen leicht säuerlichen Geschmack, der auch den Fruchtgeschmack etwas hervorhebt.

> **Pektine**
> Pektine sind Bindemittel, die das Wasser der Früchte in Konfitüren, Gelees und Marmeladen binden und diese somit streichfähig werden.
> Pektine werden aus dem Saft und den Schalen saurer Früchte gewonnen. Besonders pektinreich sind Quitten, Äpfel und Zitrusfrüchte.

Konfitürenverordnung

Die Konfitürenverordnung regelt, wie viel Gramm Früchte bzw. Fruchtsaft für die Herstellung von 1 000 g Konfitüre, Gelee und Marmelade verwendet werden müssen. Der Früchteanteil bezieht sich somit auf den Fruchtgehalt vor dem Kochen.

Gesetzliche Bestimmungen

Für 1 000 g Konfitüre, Gelee und Marmelade wird bei der Herstellung ein Mindestanteil an Früchten verwendet, der Rest ist Zucker.

Bezeichnungen	Mindestfruchtanteil
Konfitüre extra	450 g Früchte (45 %)
Konfitüre	350 g Früchte (35 %)
Gelee extra	450 g Fruchtsaft (45 %)
Gelee	350 g Fruchtsaft (35 %)
Marmelade	200 g Früchte oder Fruchtsaft von Zitrusfrüchten (20 %)

Ausnahmen:
- Johannisbeerkonfitüre extra und Johannisbeergelee extra werden mit mindestens 350 g Johannisbeeren für 1 000 g der fertigen Konfitüre bzw. des Gelees extra hergestellt.
- Johannisbeerkonfitüre und Johannisbeergelee werden mit mindesten 250 g Johannisbeeren für 1 000 g der fertigen Konfitüre bzw. des Gelees hergestellt.

Für Konfitüre extra und Gelee extra dürfen keine Äpfel, Birnen, nicht steinlösende Pflaumen, Melonen und Trauben verwendet werden.

Herstellung

Früchte bzw. Fruchtsaft und Gelierzucker werden unter ständigem Rühren ca. vier Minuten aufgekocht.
- Bei ca. 105 °C binden die Pektine einen Teil des Wassers der Früchte.
- Das andere Wasser wird von der hohen Zuckermenge gebunden.

Beim Abkühlen sind deshalb Konfitüren, Gelees und Marmeladen streichfähig.

Zutaten für Aprikosenkonfitüre und Aprikosenkonfitüre (rechts)

Fruchtaufstrich

Der qualitativ hochwertige Fruchtaufstrich hat einen höheren Fruchtgehalt und somit geringeren Zuckeranteil. Der im Handel erhältliche Fruchtaufstrich fällt nicht unter die Konfitürenverordnung.

Fruchtaufstrich

Der Fruchtgehalt von 1000 g Fruchtaufstrich beträgt 500 bis 700 g. Er wird vorwiegend als Aufstrich zum Frühstück verwendet.

Deklaration

Gesetzliche Bestimmungen der Deklaration
- Die verwendete Fruchtart muss auf dem Behältnis für Konfitüre, Gelee und Marmelade angegeben werden, z. B. Aprikosenkonfitüre, Himbeergelee, Bitterorangenmarmelade.
- Bei Konfitüren und Gelees, die mit mehreren Früchten hergestellt werden, müssen die einzelnen Früchte in absteigender Reihenfolge des Gewichtanteils gekennzeichnet werden.
  Es kann auch die Bezeichnung „Mehrfruchtkonfitüre" oder „Mehrfruchtgelee" angegeben werden.

Backfähigkeit

Konfitüren können in den Gebäcken gut gebacken werden. Gelees werden durch die Backhitze wieder flüssig. Gelees werden deshalb nur auf gebackene Erzeugnisse als Füllung gegeben.

Beachtung nach der Entnahme von Konfitüren, Gelees und Marmeladen aus Eimern

- Die Ränder der Eimer sauber abschaben, damit der Inhalt nicht an den Rändern austrocknet. So ergibt es auch ein sauberes Gesamtbild.
- Die Eimer sofort nach der Entnahme schließen.
- Konfitüren, Gelees und Marmeladen im Kühlschrank bzw. Kühlraum lagern, da sie in warmen Räumen gärig werden.

Fruchtmark

Die Früchte werden durch Mixen zu einem feinen Fruchtbrei püriert. Befinden sich darin störende Teile wie Samenkörnchen oder Schalen, z. B. bei Himbeeren oder Johannisbeeren, wird das Fruchtmark durch ein Sieb passiert.

LF 2.3

Verwendung von Fruchtmark

- Sahnetorten und Sahnedesserts
- Speiseeis
- Fruchtsoßen

Mixen von Früchten zu Fruchtmark

Füllungen

Häufig verwendete Füllungen in der Konditorei sind Nuss-, Mohn-, Quark-, Marzipan- und Apfelfüllung, gebundene Sauerkirschen und Vanillecreme. Es sind überwiegend Füllungen für Hefeteiggebäcke sowie Plunder- und Blätterteiggebäcke (→ Seite 325).

Aufgaben

1. Erklären Sie, woraus folgende Erzeugnisse bestehen:
   - Konfitüren
   - Gelees
   - Marmeladen
2. Erläutern Sie Gelierzucker.
3. Was versteht man unter Pektinen?
4. Beschreiben Sie die Herstellung der Konfitüren, Gelees und Marmeladen.
5. Nennen Sie den Mindestfruchtanteil, der bei der Herstellung für 1 000 g Konfitüre, Gelee und Marmelade nach der Konfitürenverordnung verwendet werden muss:
   - Konfitüre extra
   - Konfitüre
   - Gelee extra
   - Gelee
   - Marmelade
6. Erklären Sie den Qualitätsunterschied zwischen Konfitüre extra und Konfitüre.
7. Welche Früchte dürfen nur für Marmelade verwendet werden?
8. Erläutern Sie Fruchtaufstrich.
9. Nennen Sie die gesetzlichen Bestimmungen der Deklaration für Konfitüren, Gelees und Marmeladen bei der Verwendung
   - einer Fruchtart,
   - mehrerer Fruchtarten.
10. Geben Sie Auskunft über die Backfähigkeit von Konfitüren und von Gelees.
11. Was beachten Sie nach der Entnahme der Konfitüren, Gelees bzw. Marmeladen aus dem Eimer?
12. Wie wird Fruchtmark hergestellt und wofür wird es verwendet?
13. In Ihrem Konditorei-Café sollen den Gästen zum Frühstück fünf süße Brotaufstriche mit eingekochten Früchten angeboten werden. Stellen Sie hierfür eine Auswahl zusammen und erklären Sie diese den Gästen.

LF 2.3

27.2 Buttercremes, Fettcremes

Bestimmungen der Leitsätze

- Für **Buttercreme** darf als Fett ausschließlich Butter verwendet werden. Der Butteranteil in der Buttercreme muss mindestens 20 % betragen.

- Wird die Butter ganz oder teilweise durch Margarine ersetzt, wird sie als **Fettcreme** bezeichnet. Auch Cremes aus Convenience-Produkten sind Fettcremes, da sie aus Margarine bestehen.

Buttercremes

Es werden drei Buttercremearten unterschieden. Jede enthält neben dem Hauptrohstoff Butter jeweils weitere typische Zutaten.

> **!**
> Bei allen Buttercremearten wird die Butter schaumig geschlagen.
> Die beste Auflockerung erfolgt bei einer Buttertemperatur von ca. 20 °C. Butter sollte also nicht zu warm verarbeitet werden, aber auch nicht in zu festem, kaltem Zustand.

Buttercreme-arten	Deutsche Buttercreme	Französische Buttercreme	Italienische Buttercreme

Zutaten-verhältnis	1 Teil Butter
	1,5 bis 2 Teile Vanillecreme
		1 Teil Butter
		1 Teil Eiermasse
		  = 0,5 Teile Vollei
		  + 0,5 Teile Zucker
			1 Teil Butter
			1 Teil Baisermasse
			  = 0,4 Teile Eiklar
			  + 0,6 Teile Zucker

Zusammen-setzung	1000 g Butter 1500 bis 2000 g Vanillecreme **2500 bis 3000 g Buttercreme**	1000 g Butter 1000 g Eiermasse **2000 g Buttercreme**	1000 g Butter 1000 g Baisermasse **2000 g Buttercreme**
Rezept-beispiele für die Zugaben zur Butter	1500 g Vollmilch 300 g Zucker 130 g Cremepulver 120 g Eigelb (6 Stück) 1 Prise Salz (ca. 2 g) **2050 g Vanillecreme**	500 g Vollei (10 Stück) 500 g Zucker 1 Prise Salz (ca. 2 g) **1000 g Eiermasse**	400 g Eiklar (ca. 13 Stück) 200 g Zucker 1 Prise Salz (ca. 2 g) 400 g Zucker 150 g Wasser **1000 g Baisermasse** (Das Wasser verdampft beim Kochen zu Flugzucker.)
Herstellung	• Vanillecreme kochen und auskühlen lassen. • Butter schaumig schlagen. • Glatte Vanillecreme in die schaumige Butter rühren.	• Butter schaumig schlagen. • Vollei, Zucker und Salz warm (ca. 45 °C) und dann kalt aufschlagen. • Die schaumige Eiermasse in die schaumige Butter rühren, bis eine glatte Creme entsteht.	• Butter schaumig schlagen. • Eiklar, Zucker und Salz zu einem schwach standhaften Eischnee schlagen. • Zucker und Wasser auf 117 °C zum Flug kochen. • Den Flugzucker in dünnem Strahl bei laufender Rührmaschine in den Eischnee rühren, bis der Eischnee der Baisermasse stabil und kühl ist. • Die Baisermasse in die schaumige Butter rühren.
Vorteile	Gut bekömmliche Creme wegen des hohen Vanille-cremeanteils und des geringen Buttergehalts.	Es ist die Creme mit dem intensivsten Geschmack. Die Creme enthält einen hohen Butteranteil, der sehr gut die zugegebenen Geschmacksstoffe bindet, z. B. Aromapasten (Nuss, Mokka, Schokolade).	Großvolumige und lockere sowie gut bekömmliche Creme wegen der lockeren Baisermasse.
bevorzugte Verwendung	Wegen der guten Be-kömmlichkeit ist sie die ideale Füllcreme, die in Torten und Desserts auch dicker eingestrichen werden kann.	Sehr glatte und geschmeidi-ge Creme wegen des hohen Butteranteils. Sie eignet sich deshalb besonders zum Ein-streichen und Garnieren von Torten und Desserts. In Torten und Desserts nur dünn einstreichen, da sie sonst zu üppig wird.	Diese süßliche Creme wird vorwiegend zum Füllen ver-wendet, vor allem in Verbin-dung mit Obsterzeugnissen. Wegen der aufwendigen Herstellungsweise wird sie nur selten hergestellt.

LF 2.3

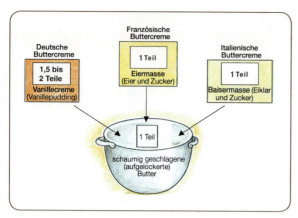

Buttercremearten mit den dazugehörenden Zutaten

Wegen des Butteranteils sind Buttercremes geschmacklich deutlich besser als Fettcremes. Der Begriff Buttercremetorten oder Buttercremedesserts ist deshalb besonders werbewirksam.

Buttercremes sind etwas grobporig und nicht so glatt wie Fettcremes, die sich somit besser einstreichen und garnieren lassen.

Fettcremes

Für Fettcremes wird Crememargarine verwendet. Sie hält wegen des niedrigen Schmelzpunkts und der enthaltenen Emulgatoren die Luft beim Schaumigschlagen gut fest. Die schaumige Crememargarine ist geschmeidig und glatt und lässt sich deshalb gut für Torten und Desserts zum Einstreichen und Garnieren verwenden. Die ideale Aufschlagtemperatur der Crememargarine liegt bei ca. 23 °C, also etwas wärmer als bei Butter.

Fertigcremes aus Convenience-Produkten sind besonders gut zu verarbeitende glatte Cremes, die aus Margarine mit Emulgatoren bestehen.
Auch nach der Zugabe von Butter zur Crememargarine und zu Convenience-Cremes bleiben sie Fettcremes und dürfen nicht als Buttercremes bezeichnet werden.

In der Praxis wird Fettcreme einfach als „Creme" bezeichnet, da dieser Begriff werbewirksamer ist, z. B. Schokoladencreme, Nusscreme.

Geschmackgebende Stoffe

In Buttercreme und Fettcreme wird bei der Verarbeitung zu Torten und Desserts ein Geschmacksstoff eingerührt, der meistens den Namen der Torte bestimmt, z. B.:

- Aromapasten: Schokoladen-, Nuss-, Mokka-, Eierlikör-, Champagner-, Fruchtpasten (Ananas, Mandarine)
- gut erwärmte Schokoladenkuvertüre, wasserlöslicher Kaffee mit etwas Wasser = Mokka
- Spirituosen: Kirschwasser, Weinbrand, Rum, Eierlikör

Die richtige Dosierung der Geschmacksstoffe ist für eine gute Qualität der Cremes Voraussetzung.

Käsebuttercreme, Käsecreme

Käsebuttercreme und Käsecreme sind pikante Cremes, die meistens zum Füllen von Käsefours (→ Seite 500), aber auch zum Bestreichen von Brötchen und Broten als Vorspeise verwendet werden.

Käsebuttercreme

> **Zutaten und Mengenverhältnis der Käsebuttercreme**
>
> 1 Teil Butter
>
> 1 Teil gebundene Milchcreme (ähnlich Vanillecreme, jedoch ohne Zucker)
>
> 1,5 Teile Käse
> Salz und Gewürze

Käsebuttercreme ist vergleichbar mit deutscher Buttercreme mit hohem Käseanteil. Durch die Milchcreme ist die Käsebuttercreme nicht so fetthaltig und somit besser bekömmlich.

Rezeptbeispiel: Käsebuttercreme	
500 g Milch 100 g Vollei (2 Stück) 40 g Weizenpuder	• Milch, Eier und Weizenpuder unter ständigem Rühren zu einer Creme kochen.
250 g Gouda (oder Edamer bzw. Emmentaler) 300 g Frischkäse, z. B. Quark 200 g Schmelzkäse 500 g Butter 30 g Zitronensaft Salz süßer Paprika Pfeffer	• Fein geriebenen Käse in die heiße Milchcreme einrühren und die Creme abkühlen lassen. • Butter schaumig schlagen und Frischkäse, Schmelzkäse, Zitronensaft, Salz, Paprika und Pfeffer in der Butter verrühren. • Die abgekühlte Milchcreme zugeben und zu einer glatten Käsebuttercreme schlagen.
1920 g **Käsebuttercreme**	

Die Käsebuttercreme lässt sich geschmacklich variieren, z. B. mit Senf, Tomatenmark oder fein geriebenem Meerrettich.

Käsecreme

Käsecreme wird ohne Butter hergestellt und ist deshalb wesentlich bekömmlicher.

Es eignen sich weiche Käsesorten, die sich mit den anderen Zutaten gut zu einer glatten Creme verrühren lassen:

• Weichkäse, z. B. Camembert, Brie, Feta,
• Frischkäse oder Kräuterfrischkäse.

Rezeptbeispiel: Käsecreme

1000 g	Weichkäse oder Frischkäse	Alle Zutaten in der Rührmaschine schlagen oder mit dem Mixstab pürieren, bis eine glatte Käsecreme entsteht.
80 g	Schlagsahne, flüssig	
30 g	Dill	
10 g	Kümmel, gemahlen	
	Salz	
	süßer Paprika	
	etwas Kräuter	
1120 g	**Käsecreme**	

Käsefours: Brandmasse und Käsecreme

Fehler bei Buttercremes und Fettcremes

Fehler	Ursachen
Die Creme ist zu kompakt und nicht ausreichend gelockert.	• Die Butter bzw. Crememargarine wurde zu wenig schaumig geschlagen. • Die Butter bzw. Crememargarine war beim Schaumigschlagen zu kalt.
Die Creme ist etwas grießig und zu weich.	• Die Butter bzw. Crememargarine war beim Schaumigschlagen zu warm. • Die Butter- bzw. Fettcreme ist zu warm gelagert. • Bei französischer Buttercreme wurde die Eiermasse zu wenig aufgeschlagen, sodass sie noch nicht stabil war.
Deutsche Buttercreme ist nicht glatt und enthält kleine Bröckchen.	Die Vanillecreme war beim Einrühren in die Butter nicht glatt. Sie war nach dem Abkühlen noch bröckelig.
Die Creme schmeckt kaum nach dem Geschmacksstoff, nach dem die Creme benannt ist, z. B. Nusscreme, Eierlikörcreme.	In die Creme wurde zu wenig Geschmacksstoff eingerührt.
Die Käsebuttercreme ist zu fest im Biss.	• Die Butter war beim Schaumigschlagen zu kalt, sodass sie zu wenig locker war. • Die Rezeptur enthält zu viel Hartkäse (Emmentaler) bzw. Schnittkäse (Gouda, Edamer).

LF 2.3

Aufgaben

1 Nennen Sie die Bestimmungen der Leitsätze für Buttercreme und Fettcreme.
2 Mit welchen Fetten werden Fettcremes hergestellt?
3 Bei welchen Temperaturen lassen sich Butter und Margarine am besten schaumigschlagen?
4 Nennen Sie die drei Buttercremearten und geben Sie an, woraus sie hergestellt werden.
5 In welchem Mengenverhältnis stehen die bestimmten Zugaben zur Butter bei den jeweiligen Buttercremearten?
6 Beschreiben Sie die Herstellung der drei Buttercremearten.
7 Geben Sie jeweils die Vorteile der drei Buttercremearten an.

⑧ Nennen Sie die bevorzugte Verwendung jeder Buttercremeart.

⑨ Nennen Sie geschmackgebende Stoffe, die in die Buttercreme für Torten und Desserts gegeben werden.

⑩ Wofür werden Käsebuttercreme und Käsecreme verwendet?

⑪ Nennen Sie die Zutaten von Käsebuttercreme und deren ungefähres Mengenverhältnis zueinander.

⑫ Beschreiben Sie die Herstellung von Käsebuttercreme.

⑬ Erklären Sie Käsecreme, indem Sie die Zutaten benennen und beschreiben Sie die Herstellung.

⑭ Nennen Sie die Ursachen folgender Fehler bei Cremetorten und Cremedesserts:
- Die Creme ist zu kompakt und nicht ausreichend gelockert.

- Die Creme ist etwas grießig und zu weich.
- Deutsche Buttercreme ist nicht glatt und enthält kleine Bröckchen.
- Die Creme schmeckt kaum nach dem Geschmacksstoff, nach dem die Creme benannt ist, z. B. Nusscreme, Eierlikörcreme.
- Die Käsebuttercreme ist zu fest im Biss.

⑮ Ihre Konditorei möchte die Verbraucherwünsche in Bezug auf die verschiedenen Buttercremearten in Buttercremetorten und Buttercremedesserts ermitteln. Dafür stellen Sie mundgerechte Stücke mit den einzelnen Buttercremearten und Käsebuttercreme sowie Käsecreme als Kostproben her. Das Verkaufspersonal soll die Meinungen der Kunden ermitteln und notieren.

Rechenaufgaben

① Die drei Buttercremearten haben nach dem Aufschlagen folgendes Litergewicht:
- deutsche Buttercreme: 744 g
- französische Buttercreme: 576 g
- italienische Buttercreme: 480 g

a) Wie viel kg Creme wurde jeweils hergestellt, wenn die drei Buttercremearten nach dem Aufschlagen jeweils 2,400 l Volumen haben?

b) Ermitteln Sie die Zutatenmengen der berechneten Cremes bei folgender Zusammensetzung:
- deutsche Buttercreme:
  1 Teil Butter, 1,5 Teile Vanillecreme
- französische Buttercreme:
  1 Teil Butter, 0,8 Teile Eiermasse
  Die Eiermasse besteht je zur Hälfte aus Eiern und Zucker.
- italienische Buttercreme:
  1 Teil Butter, 0,9 Teile Baisermasse
  Die Baisermasse besteht zu $3/8$ aus Eiklar und zu $5/8$ aus Zucker.

c) Ermitteln Sie den Buttergehalt jeder Creme in %.

② Für eine fünfstöckige Hochzeitstorte werden 5,350 kg Buttercreme benötigt. Es wird deutsche Buttercreme im Verhältnis 1 Teil Butter und 1,75 Teile Vanillecreme hergestellt. Berechnen Sie, wie viel g Butter und wie viel g Vanillecreme für die Buttercreme benötigt werden.

③ 12 Muttertagsherzen werden mit französischer Buttercreme hergestellt. Für ein Muttertagsherz werden 450 g Butter benötigt. Die französische Buttercreme wird mit 1 Teil Butter und 0,9 Teile Eiermasse hergestellt. Die Eiermasse besteht je zur Hälfte aus Eiern und Zucker. Berechnen Sie, wie viel kg Buttercreme für die 12 Muttertagsherzen benötigt werden und ermitteln Sie den Anteil an Butter, Eier und Zucker in kg.

④ Käsebuttercreme wird mit folgendem Rezept hergestellt:

1000 g	Vollmilch	1000 g	Butter
200 g	Vollei	80 g	Zitronensaft
80 g	Weizenpuder	10 g	Salz,
500 g	Emmentaler		süßer Paprika,
1000 g	Frischkäse		Pfeffer

a) Wie viel kg Käsebuttercreme erhält man?
b) Wie viel % Käse enthält die Käsebuttercreme?

⑤ Die Rezeptur einer Convenience-Creme ergibt 3,500 kg Fettcreme. Für eine kleine Cremetorte werden 290 g Fettcreme benötigt. Ermitteln Sie, wie viel kleine Cremetorten hergestellt werden können.

27.3 Schlagsahne und Sahnecreme

Schlagsahne wird in der Molkerei aus Milch mit zugegebenem Milchfett hergestellt.

> **Gesetzliche Bestimmung**
> Schlagsahne, auch Schlagrahm genannt, enthält mindestens 30 % Milchfett.

Schlagsahne wird bei der Verarbeitung aufgeschlagen, z. B. in der Konditorei für Sahnetorten und Sahnedesserts, im Café für Erdbeertorten, Eisbecher und Kaffeegetränke.

Aufschlagmöglichkeiten

Rührmaschine

In der Rührmaschine wird bei hoher Rührgeschwindigkeit mit einem feindrahtigen Rührbesen Luft in die Schlagsahne eingeschlagen. Dies ergibt eine kompakte Schlagsahne mit relativ geringer Lockerung und kleinem Volumen.
Diese Aufschlagmethode wird nur noch in Konditoreien mit geringem Sahneverbrauch angewendet.
- Richtig aufgeschlagene Sahne ist locker und standfest.
- Zu kurz aufgeschlagene Sahne hat ein kleines Volumen und ist weich mit schlechtem Stand.
- Bei zu langem Aufschlagen verringert sich das Sahnevolumen zunehmend. Das immer weicher werdende Milchfett ballt sich zusammen, wobei aus der Schlagsahne Butter wird und sich Flüssigkeit ähnlich der Buttermilch absetzt.

Sahneaufschlagen in der Rührmaschine

Sahnebläser

Bei einem Sahnebläser bläst ein Kompressor an der Unterseite des Sahnebläsers Luft durch die Schlitze in den Kessel. Die Luft wird in die Schlagsahne eingeblasen, während gleichzeitig das sich drehende Rührgitter für das gleichmäßige Aufblasen sorgt.

Vorteile des Sahnebläsers:
- Innerhalb kurzer Zeit kann eine große Menge (bis 5 l flüssige Sahne) aufgeschlagen werden.
- Im Sahnebläser erhält man das größte Sahnevolumen von allen Aufschlagmethoden. 1 l flüssige Schlagsahne ergibt 3,6 l Sahnevolumen.
- Es entsteht eine besonders lockere und standfeste Schlagsahne.

Sahnebläser

Sahneautomat

Sahneautomat

Flüssige Schlagsahne befindet sich in einem gekühlten Behälter im Sahneautomaten. Von dort wird die Sahne über ein Röhrchen angesaugt und Luft eingeblasen.
Sofort nach dem Einschalten des Sahneautomaten kommt lockere Schlagsahne in der gewünschten Festigkeit aus der Tülle. Das Volumen ist wesentlich größer als bei aufgeschlagener Sahne aus der Rührmaschine und etwas geringer als bei Schlagsahne aus dem Sahnebläser.

Der Sahneautomat ist ideal für den Einsatz im Laden und im Café. Es steht zu jeder Zeit frisch aufgeschlagene Sahne zur Verfügung. Außerdem bleibt kein aufgeschlagener Sahnerest übrig.

LF 2.3

Das Litergewicht

Die Lockerung und somit das Volumen der Schlagsahne bei den verschiedenen Aufschlagmöglichkeiten werden mit dem Litergewicht der aufgeschlagenen Sahne nachgewiesen.

Die aufgeschlagene Sahne mit den drei Aufschlagmöglichkeiten wird in ein Gefäß von einem Liter gegeben und gewogen.

Das Litergewicht der aufgeschlagenen Sahne		
Rührmaschine ca. 430 g	Sahneautomat ca. 370 g	Sahnebläser ca. 330 g

Je niedriger das Litergewicht, desto lockerer ist die Sahne und höher das Sahnevolumen.

Die lockerste Schlagsahne mit dem größten Volumen entsteht im Sahnebläser.

!

Vorgänge beim Aufschlagen bzw. Aufblasen von Schlagsahne

- Beim Aufschlagen in der Rührmaschine und beim Aufblasen im Sahnebläser wird Luft in die Schlagsahne eingeschlagen bzw. eingeblasen.
- Die Eiweiße der Schlagsahne halten die Luft zu vielen kleinen Luftbläschen fest, sodass eine lockere Sahne mit großem Volumen entsteht.
- Das kalte Milchfett der Sahne bildet um die Luftbläschen herum miteinander verklebende Schichten, sodass die Luftbläschen stabil bleiben und nicht zusammenfallen. Je höher der Fettanteil der Schlagsahne ist, z. B. 32 %, desto stabiler wird die aufgeschlagene Sahne.

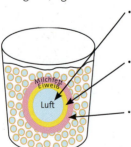

- Luft wird in die Schlagsahne eingeschlagen bzw. eingeblasen.
- Die Eiweiße halten die Luft in vielen kleinen Luftbläschen fest.
- Das Milchfett lagert sich außen um die Luftbläschen an, sodass diese nicht zusammenfallen.

Optimal aufgeschlagene Sahne ist deshalb
- standfest und
- locker.

Sahnereifung

Frische Schlagsahne lässt sich nicht gut aufschlagen. Sie muss ca. zwei Tage in der Kühlung reifen, damit die Eiweiße elastischer und dehnfähiger werden. „Zu junge Schlagsahne" hat nach dem Aufschlagen einen ungenügenden Stand und ein geringes Volumen. Die Molkerei liefert bereits reife Schlagsahne, die sofort aufschlagfähig ist.

Aufschlagen der Schlagsahne

Obwohl in der modernen Konditorei die Schlagsahne nicht mehr aufgeschlagen, sondern aufgeblasen wird, spricht man nach wie vor vom „Aufschlagen der Sahne".

Nur optimal aufgeschlagene Sahne garantiert beste Qualität. Voraussetzung für eine lockere, standfeste und großvolumige Schlagsahne ist die richtige Sahnetemperatur.

Sahnetemperatur beim Aufschlagen

Flüssige Schlagsahne wird bei kühler Temperatur unter 10 °C geliefert und in der Konditorei sofort bei der Annahme der Lieferung in den Kühlschrank bzw. Kühlraum gegeben.

!

- Die ideale Sahnetemperatur beim Aufschlagen ist ca. 4 °C. Bei dieser Temperatur ist das Milchfett fest und beeinträchtigt die Eiweiße beim Festhalten der Luftbläschen nicht. Vorteilhaft ist, wenn Schlagsahne vor dem Aufschlagen kurz in den Froster gegeben wird.
- Die Aufschlaggeräte wie Sahnebläser bzw. Kessel und Rührbesen vorkühlen, damit sie die Schlagsahne nicht erwärmen.
- Das Aufschlagen der Sahne sollte in einem kühlen Raum erfolgen, ideal sind ca. 20 °C.

Zu warme Sahne wird beim Aufschlagen nicht fest und die Sahne sieht etwas gelblich aus. Das zu weiche Milchfett klebt an den Eiweißen und verschmiert miteinander. Deshalb kann das Eiweiß die eingeschlagene Luft nur schlecht festhalten.

Bei richtiger Temperatur aufgeschlagene Sahne

LF 2.3

Tiefgefrorene Schlagsahne ist nicht aufschlagfähig. Durch die Eiskristalle werden die Strukturen von Fett und Eiweiß zerstört.

Bei **H-Sahne** (ultrahocherhitzter Schlagsahne), die im Lebensmittelgeschäft in Bechern erhältlich ist, werden die Eiweiße durch Hitze beschädigt, sodass sie sich nicht mehr so gut aufschlagen lässt.

Bindemittel

Aufgeschlagene Schlagsahne gibt auch in der Kühlung nach ca. drei Stunden ungebundenes Wasser ab, verliert dadurch ihren Stand und das lockere Gefüge. Deshalb wird in Schlagsahne für Sahnetorten und Sahnedesserts Bindemittel gegeben. Die Bindemittel binden das freie Wasser der aufgeschlagenen Schlagsahne, sodass sie die Stabilität und Lockerung behält.

Die Bindemittel müssen geschmacks- und geruchsneutral sein und das Wasser bei Kälte binden. Dafür eignen sich Blattgelatine und pulverförmige Sahnestandmittel (modifizierte Stärke).

Blattgelatine und Sahnestandmittel

Sahnestandmittel (Sahnesteif)

Das pulverförmige Sahnestandmittel besteht aus bereits verkleisterter Stärke. In der Industrie wird heißes Wasser von der Stärke verkleistert, d. h. gebunden ➡ Seite 471, und dann pulverisiert. Die pulverförmige, verkleisterte Stärke, die auch als modifizierte Stärke bezeichnet wird, kann in kaltem Zustand Wasser binden, z. B. in der Schlagsahne.

Sahnestandmittel wird in die fertig aufgeschlagene Sahne gerührt.

Gelatine

Gelatine ist ein besonders quellfähiges Eiweiß, das Kollagen ➡ Seite 79. Es wird aus Knochen und Häuten von Tieren gewonnen und ist geschmack- und geruchlos. Für Schlagsahne wird es als Blattgelatine verwendet. Pulverförmige Fertigfonds (Convenience-Produkte) für Sahne enthalten meistens pulverförmige Gelatine. Gelatine quillt das kalte Wasser der aufgeschlagenen Sahne, wodurch das gequollene Wasser gebunden ist.

Verarbeitung der Blattgelatine

- Auf einen Liter Schlagsahne werden drei bis vier Blätter Gelatine gerechnet. Ein Blatt wiegt ca. 2 g. Bei zu viel Gelatine wird die Schlagsahne unangenehm zäh.
- Blattgelatine mindestens fünf Minuten in kaltem Wasser einweichen, bis sie geschmeidig ist.
- Die geschmeidige Gelatine aus dem Wasser nehmen, ausdrücken und in einem Gefäß auf ca. 50 °C erwärmen, bis sie flüssig ist. Zu stark erwärmte Gelatine wird zähfließend und zieht in der Schlagsahne dann unangenehme Fäden. Das Gleiche passiert, wenn Gelatine zu kühl, unter 30 °C, verarbeitet wird.

Die flüssige Gelatine wird mit einem Schaber voll Schlagsahne angerührt und dann vorsichtig unter die restliche Schlagsahne gerührt. Durch das Anrühren mit etwas Sahne wird eine Klumpenbildung verhindert und Gelatinefäden werden vermieden.

Blattgelatine, flüssig und eingeweicht

Schlagsahne ohne Bindemittel

In Schlagsahne, die nach dem Aufschlagen innerhalb kurzer Zeit gegessen wird, gibt man kein Bindemittel, z. B. in Schlagsahne im Sahneautomaten des Cafés, die direkt vor dem Servieren auf Erdbeertorten, Eisbecher, Kaffeegetränke oder heiße Schokoladen gegeben wird.

LF 2.3

Süßen der Schlagsahne

Etwas Zucker rundet den Geschmack der Schlagsahne ab. Sie sollte jedoch nicht zu stark gesüßt werden.

> **!**
> Für einen Liter flüssige Schlagsahne rechnet man 30 bis 50 g Zucker.

In den Sahnebläser und Sahneautomaten wird Flüssigzucker (zwei Teile Zucker in einem Teil Wasser aufgelöst) zugegeben, da Puderzucker die Luftschlitze verstopfen würde.

Beim Aufschlagen in der Rührmaschine wird in die fast aufgeschlagene Sahne der Zucker, am besten in Form von Puderzucker, gerührt.

Schlagsahne auf süßen Erzeugnissen im Laden oder Café wird üblicherweise nicht gesüßt, z. B. für Obsttorten, Meringen, Baiserschalen, Eisbecher sowie für Kaffee-, Kakao- und Schokoladengetränke.

Geschmackgebende Stoffe

Für Sahnetorten und auch für Sahnedesserts wird in die aufgeschlagene Sahne ein Geschmacksstoff eingerührt, der der Sahne den Namen gibt, z. B.:
- Aromapasten wie Vanille-, Nuss-, Mokka-, Schokoladen-, Eierlikör-, Fruchtpaste
- flüssige Kuvertüre, ca. 45 °C
- Fruchtmark wie Erdbeer- oder Himbeermark
- Spirituosen wie Kirschwasser, Rum, Weinbrand, Eierlikör

Fertigstellen der Schlagsahne

- Die erwärmte, flüssige Gelatine und die geschmackgebenden Stoffe, z. B. Kirschwasser, Schokoladenkuvertüre oder Aromapasten, werden in einen Kessel gegeben und mit einem kleinen Teil der aufgeschlagenen Sahne mit dem Handrührbesen verrührt. Durch das Glattrühren wird eine Klumpenbildung verhindert und Gelatinefäden werden vermieden.

- Anschließend wird die restliche Schlagsahne vorsichtig unter die glatte angerührte Sahne gehoben, bis die Zutaten vermischt sind und die Sahne streifenfrei ist.

Sahnetorten und Sahnecremetorten

> **Bestimmungen der Leitsätze**
> - **Sahnetorten**
>   Die Sahnefüllungen und Sahnegarnierungen der Sahnetorten bestehen zu mindestens 60 % aus Schlagsahne.
> - **Sahnecremetorten**
>   Die Sahnefüllungen und Sahnegarnierungen der Sahnecremetorten enthalten mindestens 20 bis 60 % Schlagsahne.

Sahnecremetorten enthalten weniger Schlagsahne als Sahnetorten, aber einen hohen Anteil an geschmacksbestimmenden Zutaten. In der Praxis werden Sahnecremetorten auch als Sahnetorten bezeichnet.

Die geschmacksbestimmende Zutat in der Schlagsahne benennt die Sahnecremetorte.
Beispiele:
- Käsesahnetorte: Quark
- Joghurtsahnetorte, z. B. Himbeerjoghurtsahnetorte: Naturjoghurt und Himbeeren
- Fruchtsahnetorte, z. B. Heidelbeersahnetorte: Heidelbeermark (pürierte Heidelbeeren)
- Weinsahnetorte: Weißwein

Herstellen von Sahnecremes

Sahnecremes besitzen durch Milch, Wein oder Fruchtsaft sowie durch Quark, Joghurt oder Früchten einen hohen Wasseranteil. Dieser hohe Flüssigkeitsanteil wird mit Gelatine gebunden.

Einen Fond abziehen

Beim Herstellen der Sahnecremes wird als erstes ein Fond abgezogen. Dabei wird die Flüssigkeit, z. B. Milch, Weißwein oder Fruchtsaft, mit Eigelb und Zucker unter ständigem Rühren auf 85 °C erhitzt.

Abziehen der Zutaten zu einem Fond

LF 2.3

Beim Abziehen eines Fonds quillt das Eiweiß des Eigelbs die Flüssigkeit, die somit etwas gebunden wird. Das Eiweiß gerinnt nicht, weil Zucker den Gerinnungspunkt von ca. 70 °C auf ca. 90 °C erhöht.

Den Fond nicht über 85 °C erhitzen, da sonst das Eiweiß gerinnt und dabei das gebundene Wasser wieder abgibt; die Bindung des Fonds geht verloren. Außerdem wird der Fond beim Überhitzen grießig.

Zur Rose Abziehen

Das Abziehen des Fonds wird in der Fachsprache „zur Rose abziehen" genannt. Der Begriff stammt von der früheren Herstellungsweise. Beim Abziehen des Fonds rührte man mit einem Holzlöffel, bis die Bindung der Eier abgeschlossen war. Die Temperatur von ca. 85 °C und somit die Bindung der Eier wurde getestet, indem man auf den hölzernen Kochlöffel blies. Die gebundene Masse lief wellenförmig auf dem Kochlöffel auseinander, wobei sich mit viel Fantasie eine erblühende Rose erkennen ließ. Aus hygienischen Gründen wird diese Methode nicht mehr angewandt. Ein Thermometer bietet eine sichere Temperaturmessung.

Bindemittel

Blattgelatine wird in kaltem Wasser eingeweicht. Die geschmeidige Gelatine wird in den heißen Fond gerührt, die sich sofort auflöst.

Einrühren der Gelatine in den Fond

Geschmackgebende Zutaten

Nach der Zugabe von Gelatine wird Quark, Joghurt oder Fruchtmark in den Fond gerührt. Diesen dann auf 20 bis 25 °C abkühlen lassen.

Quark in den Fond einrühren

Schlagsahne

Zum Schluss wird die aufgeschlagene Sahne unter den abgekühlten Fond gerührt.

Schlagsahne unter den Fond heben

Einsetzen von Sahnecremetorten und Sahnecremedesserts

Die Sahnecreme wird in Tortenringe oder Dessertrahmen, die mit Tortenböden oder Kapseln ausgelegt sind eingefüllt, d. h. eingesetzt.

Sahnecreme, z. B. Käsesahne-, Joghurtsahne-, Weinsahne-, Fruchtsahnecreme, haben direkt nach der Herstellung eine sehr weiche Konsistenz und lassen sich nicht wie Schlagsahne auf Tortenböden oder Kapseln streichen. Deshalb wird die Sahnecreme in Tortenringe oder Dessertrahmen eingesetzt und einige Stunden bzw. über Nacht kühl gestellt. In dieser Zeit bindet die Gelatine das freie Wasser der Sahnecreme. Danach ist die Sahnecreme schnittfähig.

Einfüllen der Sahnecreme in einen Tortenring

LF 2.3

Eingesetzte Sahnecremetorte

Tiefgefrieren eingesetzter Sahnecremetorten

Weil Sahnecremes eine kompakte Beschaffenheit haben und nicht so locker sind wie Schlagsahne, eignen sich eingesetzte Sahnecremetorten und Sahnecremedesserts gut zum Tiefgefrieren. In Tortenringen und Dessertrahmen eingesetzt, wird die Sahnecreme mit Trennpapier abgedeckt, damit sie nicht austrocknet, und anschließend tiefgefroren. Nach Bedarf werden die Torten aufgetaut und mit frisch aufgeschlagener Sahne eingestrichen und ausgarniert.

Herstellen einer Käsesahnetorte

Rezeptbeispiel: Käsesahnecreme	
Dieses Rezept ist für eine Käsesahnetorte.	
150 g Milch 200 g Zucker 80 g Eigelb (4 Stück) 1 Prise Salz (ca. 2 g)	Milch, Zucker, Eigelb und Salz unter ständigem Rühren auf ca. 85 °C erhitzen – ergibt einen **Fond**.
10 g Gelatine (5 Blätter) 500 g Quark	• Eingeweichte Gelatine in den heißen Fond geben und rühren, bis sie sich aufgelöst hat. • Dann den Quark unterrühren. • Den Fond auf 20 bis 25 °C abkühlen lassen.
600 g Schlagsahne	Die aufgeschlagene Sahne unter den abgekühlten Fond heben.
1540 g Käsesahne-creme	

Einsetzen einer Käsesahnetorte

• Mürbeteigboden, 2 bis 3 mm dick, mit Aprikosenkonfitüre dünn bestreichen.
• Einen Wiener Boden zweimal durchschneiden, damit drei gleich dicke Scheiben entstehen.
• Einen der geschnittenen Wiener Böden auf den Mürbeteigboden auflegen und einen Tortenring umstellen.
• Manchmal werden Früchte auf den Wiener Boden gleichmäßig ausgelegt, z. B. Pfirsiche, Mandarinen, Weintrauben.
• Die Käsesahnecreme in den Tortenring einfüllen und oben glatt streichen.
• Die Käsesahnetorte mindestens vier Stunden in der Kühlung anziehen lassen, am besten über Nacht.

Fertigstellen einer Käsesahnetorte

• Den Tortenring von der Käsesahnetorte abnehmen.
• Einen weiteren der geschnittenen Wiener Böden in 16 Stücke einteilen und schneiden.
• Die Käsesahnetorte mit frischer Sahne einstreichen und den geschnittenen Wiener Boden auflegen.
• Die Käsesahnetorte mit Dekorpuder (süßem Schnee) bestauben.

Käsesahnetorte

Bei den anderen Sahnecremetorten ist die Rezeptur der Käsesahnecreme fast gleich. Statt Quark und Milch werden die namengebenden Zutaten wie Naturjoghurt, Weißwein, Fruchtmark oder Fruchtsaft zugegeben.

Fehler bei Schlagsahne und Sahneerzeugnissen

Fehler	Ursachen
Schlagsahne ist nach dem Aufschlagen zu weich, hat ein kleines Volumen und ist etwas gelblich.	Die Schlagsahne war beim Aufschlagen zu warm.
Die Schlagsahne ist nach dem Aufschlagen nicht stabil und hat ein kleines Volumen.	• Die Schlagsahne wurde zu kurz aufgeschlagen (aufgeblasen). • Der Sahnebläser bzw. der Kessel ist vor dem Aufschlagen nicht vorgekühlt worden. • Die Schlagsahne wurde in einem zu warmen Raum aufgeschlagen und verarbeitet.
Schlagsahne fühlt sich beim Essen etwas zäh an.	In die Schlagsahne wurde zu viel Bindemittel wie Gelatine ohne Sahnestandmittel gegeben.

LF
2.3

Fehler	Ursachen
Es ziehen sich dünne, zähe Fäden durch die Schlagsahne.	Die Blattgelatine war beim Einrühren in die Schlagsahne zu kühl oder zu warm.
Die Schlagsahne schmeckt unangenehm süß.	Es wurde zu viel Zucker in die Schlagsahne gerührt.
Die Schokoladensahne ist mit vielen kleinen schwarzen Punkten durchzogen.	Die Schokoladenkuvertüre war beim Einrühren in die Schlagsahne zu kühl, sodass sie sofort fest geworden ist.

Ganache

Ganache (sprich: Ganasch) ist eine feine Füllcreme, die zu den Sahnecremes gehört.

Bestimmungen der Leitsätze
- Ganache ist eine Sahnecreme aus zwei Teilen dunkler Schokoladenkuvertüre und einem Teil Schlagsahne.
- Als geschmacksgebende Stoffe werden z. B. Mokka, Vanille, Spirituosen wie Rum, Weinbrand, Kirschwasser oder Liköre verwendet.

Rezeptbeispiel: Ganache	
500 g Schlagsahne 100 g Glukosesirup 1000 g Schokoladenkuvertüre 100 g Weinbrand (oder andere Geschmacksstoffe)	• Schlagsahne mit Glukosesirup kochen. • Klein gehackte Schokoladenkuvertüre mit Weinbrand mischen und in die kochende Schlagsahne rühren, bis sich die Kuvertüre aufgelöst hat.
1700 g Ganache	

Die Ganache abkühlen lassen und dann zum Füllen verwenden. Beim Abkühlen die Ganache einige Male umrühren, damit sich keine Haut bildet.
Vor dem Verarbeiten kann die Ganache mit dem Mixstab (Pürierstab) kurz zu einer glatten, homogenen Creme gerührt werden. Somit wird ein Schaumigschlagen verhindert.

Sahnetrüffelmasse

Ganache mit den in den Leitsätzen vorgeschriebenen zwei Teilen Schokoladenkuvertüre in einem Teil Schlagsahne ist für die meisten Füllungen zu fest. Sahnetrüffelmasse ist eine ganacheähnliche Füllcreme, die sich wie folgt von Ganache unterscheidet:
- Sahnetrüffelmasse enthält weniger Kuvertüre, was eine weiche Füllung ergibt.
- Für Sahnetrüffelmasse dürfen auch Milchschokoladenkuvertüre und weiße Schokolade verwendet werden.

Verwendung von Sahnetrüffelmasse
Als Füllung für
- Trüffelpralinen,
- Teegebäcke aus Mürbeteig,
- Trüffeltorten,
- Waffeln.

Trüffeltorte

LF
2.3

Aufgaben
1. Nennen Sie die gesetzliche Bestimmung für Schlagsahne.
2. Nennen Sie die drei Geräte zum Aufschlagen von Schlagsahne und geben Sie an, wo sie hauptsächlich eingesetzt werden. Begründen Sie auch den Einsatz.
3. Welche Merkmale hat zu kurz und zu lange aufgeschlagene Schlagsahne?
4. Was besagt das Litergewicht bei aufgeschlagener Sahne?
5. Erklären Sie die Vorgänge beim Aufschlagen bzw. Aufblasen der Schlagsahne.
6. Nennen Sie die ideale Temperatur beim Aufschlagen der Sahne.
→

⑦ Was ist beim Aufschlagen von Schlagsahne in Bezug auf den Sahnebläser bzw. den Kessel zum Aufschlagen zu beachten und welche Raumbedingungen sollten sein?

⑧ Wie verhält sich tiefgefrorene Schlagsahne sowie H-Sahne beim Aufschlagen?

⑨ Erklären Sie, warum Bindemittel in die aufgeschlagene Sahne für Sahnetorten und Sahnedesserts gegeben werden.

⑩ Nennen Sie die Bindemittel, die sich für Schlagsahne eignen, und erklären Sie die Bindemittel.

⑪ Beschreiben Sie die Verarbeitung der Blattgelatine und die Zugabe in die Schlagsahne.

⑫ Unter welchen Bedingungen erübrigt sich die Zugabe von Bindemittel in Schlagsahne? Geben Sie Erzeugnisse mit Schlagsahne ohne Bindemittel an.

⑬ Wie viel Gramm Zucker werden für 1 l flüssige Schlagsahne berechnet?

⑭ Erklären Sie die Fertigstellung der aufgeschlagenen Schlagsahne mit Gelatine und geschmackgebenden Zutaten.

⑮ Erläutern Sie das fachgerechte Einrühren von Schokoladenkuvertüre in die Schlagsahne für Schokoladensahne.

⑯ Nennen Sie die Bestimmungen der Leitsätze für
• Sahnetorten,
• Sahnecremetorten.

⑰ Geben Sie einige Sahnecremetorten an.

⑱ Erklären Sie die Fachbegriffe
• „einen Fond abziehen" und
• „zur Rose abziehen".

⑲ Beschreiben Sie die Herstellung der Sahnecremes.

⑳ Erläutern Sie das Einsetzen der Sahnecremetorten.

㉑ Beschreiben Sie das
• Herstellen,
• Einsetzen und
• Fertigstellen einer Käsesahnetorte.

㉒ Geben Sie die Ursachen folgender Fehler bei Schlagsahnetorten und Sahnedesserts an:
• Schlagsahne ist nach dem Aufschlagen zu weich, hat ein kleines Volumen und ist etwas gelblich.
• Die Schlagsahne ist nach dem Aufschlagen nicht stabil und hat ein kleines Volumen.
• Schlagsahne fühlt sich beim Essen etwas zäh an.
• Es ziehen sich dünne, zähe Fäden durch die Schlagsahne.
• Die Schlagsahne schmeckt unangenehm süß.
• Die Schokoladensahne ist mit vielen kleinen schwarzen Punkten durchzogen.

㉓ Nennen Sie die Bestimmungen der Leitsätze für Ganache.

㉔ Beschreiben Sie die Herstellung von Ganache.

㉕ Erläutern Sie eine Sahnetrüffelmasse und geben Sie die Unterschiede zu Ganache an.

㉖ Nennen Sie Verwendungsmöglichkeiten einer Sahnetrüffelmasse.

㉗ Damit Sie für die verschiedenen Sahneerzeugnisse die richtige Aufschlagmöglichkeit auswählen können, sollen Sie zusammen mit einer neuen Mitarbeiterin jeweils 1 l Sahne mit der Rührmaschine, dem Sahneautomaten und dem Sahnebläser aufschlagen. Anschließend halten Sie folgende Unterschiede fest: Konsistenz und Volumen sowie die beste Aufschlagmethode für Ihren Betrieb.

LF 2.3

Rechenaufgaben

❶ Aus 1 l Schlagsahne (1000 g) erhält man beim unterschiedlichen Aufschlagen folgende Volumen:
• Rührmaschine: 2,3 l
• Sahneautomat: 2,8 l
• Sahnebläser: 3,1 l
Berechnen Sie das Litergewicht der Sahne von jedem Aufschlaggerät.

❷ Sahnecreme enthält nach den Leitsätzen 20 bis 60 % Schlagsahne.
1 Käsesahnetorte wird mit folgendem Rezept hergestellt:

150 g	Milch	10 g	Gelatine
200 g	Zucker	500 g	Quark
80 g	Eigelb	600 g	aufgeschlagene Sahne

a) Die Käsesahnecreme für 8 Käsesahnetorten wiegt 12,360 kg. Wie viel g Käsesahnecreme befindet sich in einer Käsesahnetorte?

b) Die Käsesahnecreme enthält 32 % Quark. Ermitteln Sie den Quarkanteil in einer Käsesahnetorte.

c) In einer Käsesahnetorte werden 600 g Schlagsahne verarbeitet. Wie viel % Schlagsahne enthält die Käsesahnecreme? Erfüllt sie die Bestimmungen der Leitsätze?

❸ Für eine Sahnetorte werden 850 g flüssige Sahne aufgeschlagen, die in aufgeschlagenem Zustand ein Volumen von 3125 cm³ besitzt. Wie hoch ist die Volumenausbeute?

27.4 Stärke als Bindemittel, gekochte Cremes

Stärke als Bindemittel

Stärke gewinnt man aus
- Mehl vom Getreide (Mehl besteht bis zu 70 % aus Stärke),
- Kartoffeln.

Stärke wird wegen ihrer glatten, pulverförmigen Beschaffenheit auch als Stärkepuder bezeichnet. Unter dem Mikroskop sieht man sie jedoch körnerförmig. **Weizenstärke** ist ein bedeutendes Bindemittel. Sie wird in der Praxis als **„Weizenpuder"** bezeichnet.

> **!**
> Stärke kann bis zum Zehnfachen des Eigengewichts an Wasser binden.
> Den Vorgang, bei dem die Stärke das Wasser bindet, nennt man **Verkleisterung**. Die Stärke verkleistert (bindet) das Wasser vollständig bei 90 °C. Deshalb wird die Flüssigkeit gekocht (100 °C), damit das gesamte Wasser auch sicher gebunden ist.

Stärke bei ansteigender Wassertemperatur

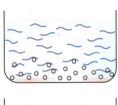
In kaltem Wasser bei ca. 20 °C:

Die Stärke ist unlöslich und setzt sich am Boden ab.

In warmem Wasser bei ca. 40 °C:

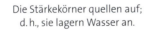
Die Stärkekörner quellen auf; d. h., sie lagern Wasser an.

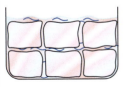
In heißem Wasser bei ca. 60 °C:

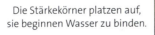
Die Stärkekörner platzen auf, sie beginnen Wasser zu binden.

In sehr heißem Wasser kurz vor dem Kochen bei ca. 90 °C:

Die Stärke hat nun das Wasser vollständig gebunden.

Stärkebindung bei ansteigender Wassertemperatur

Beispiele für die Verkleisterung der Stärke
- Kochen von Vanillecreme
- Binden von Fruchtsaft, z. B. bei gebundenen Sauerkirschen
- Andicken von Soßen
- Beim Backen verkleistert die Stärke des Mehls das Wasser der Teige und Massen, sodass eine elastische und schnittfähige Gebäckkrume entsteht.

Vanillecreme

Entquellung der verkleisterten Stärke

Die verkleisterte Stärke gibt das gebundene Wasser nach einiger Zeit langsam wieder ab, da das gequollene (gebundene) Wasser nach dem Abkühlen nicht festgehalten werden kann.
Diese Entquellung der Stärke bezeichnet man als **„Retrogradation"** (lateinisch: Rückbildung).

Beispiel:
Gibt man Vanillecreme in eine Schüssel, befindet sich am anderen Tag etwas Wasser bei der Vanillecreme. Beschleunigt wird die Entquellung der Stärke beim Aufbewahren im Kühlschrank bzw. Kühlraum, da die Stärke bei Kälte nicht mehr gut quellfähig ist.

Retrogradation der Backwaren

Durch die Entquellung der Stärke werden Backwaren bei zunehmender Aufbewahrungszeit alt, d. h. trocken. Weil die Retrogradation durch Kälte beschleunigt wird, sollten Backwaren, z. B. Kuchen oder Brot, nicht in die Kühlung gegeben werden ➡ Seite 177.

Backwaren mit Vanillecreme als Füllung sollten wegen der Stärkeentquellung (Retrogradation) am Tag der Herstellung verzehrt werden, weil sonst die Backwaren durch das abgegebene Wasser der Stärke weich werden.

LF 2.3

Modifizierte Stärke

Modifizierte Stärke ist ein Convenience-Produkt. In der Industrie wird Stärke in heißem Wasser verkleistert. Die verkleisterte Stärke wird getrocknet und pulverisiert und als modifizierte Stärke oder Quellstärke bezeichnet.

> **!** Modifizierte Stärke quillt in kaltem Wasser auf und kann somit kaltes Wasser binden.

Kaltcremepulver

Kaltcremepulver besteht hauptsächlich aus modifizierter Stärke mit Zucker, Vollmilchpulver und Vanillearoma. 350 g Kaltcremepulver in 1 l kaltes Wasser gerührt, ergibt Vanillecreme.

Saftbinder

Saftbinder besteht hauptsächlich aus modifizierter Stärke, die mit Zucker in kalten Fruchtsaft gerührt wird. In den gebundenen Fruchtsaft werden die Früchte eingerührt. Bei gebundenen Sauerkirschen wird der Sauerkirschsaft der Dosenfrüchte mit Saftbinder gebunden und dann die Sauerkirschen eingerührt.

Mit Saftbinder gebundene Sauerkirschen

Vorteile

- Der Fruchtsaft für gebundene Früchte wird besonders schnell und einfach gebunden.
- Die gebundenen Früchte sind sofort nach dem Anrühren stabil und somit gut zu verarbeiten.

Nachteile

Vanillecreme und der gebundene Saft der Dosenfrüchte schmecken nicht so gut wie Milch und Fruchtsaft, der mit Stärke beim Kochen gebunden wird. Auch die Entquellung erfolgt schneller.

Gekochte Cremes

Gekochte Cremes haben einen hohen Anteil an Flüssigkeit, der beim Kochen durch Stärke gebunden (verkleistert) wird.

Gekochte Cremes	Flüssigkeit, die durch Stärke gebunden wird
• Vanillecreme • Weincreme • Fruchtcreme	• Milch • Wein • Fruchtsaft

Vanillecreme

Vanillecreme ist eine Milchcreme, bei der die Milch gekocht und so durch Stärke gebunden wird (siehe Stärke; → Seite 471).

Rezeptbeispiel: Vanillecreme	
900 g Milch 200 g Zucker	• Milch und Zucker aufkochen.
100 g Milch 80 g Eigelb (4 Stück) 90 g Cremepulver 1 Prise Salz (ca. 2 g) Vanillearoma	• Eigelb, Cremepulver, Salz, Vanillearoma mit kalter Milch anrühren. • Das Angerührte in die kochende Milch einrühren und die Vanillecreme unter ständigem Rühren nochmals kräftig aufkochen, damit die Milch vollständig gebunden wird.
1370 g Vanillecreme	

> **!** Cremepulver ist Stärke mit Vanillearoma.
> Statt Cremepulver kann auch Weizenpuder (Weizenstärke) verwendet werden. Damit die Vanillecreme deutlich nach Vanille schmeckt, wird ausreichend Vanillearoma zugegeben.

Vanillecreme nach dem Kochen

Abgekühlte Vanillecreme

Eischnee in die Vanillecreme rühren

Beim Abkühlen zieht die Vanillecreme an, d.h., sie wird fest. Wird die Vanillecreme weiterverarbeitet, z.B. als Füllung oder für deutsche Buttercreme, wird die Vanillecreme glatt gerührt.

Puddings

Vanillecreme wird auch als Vanillepudding bezeichnet. Bei Puddings aller Geschmacksrichtungen wird Milch gekocht und dabei durch Puddingpulver gebunden.

Puddingpulver ist Stärke mit einem Geschmacksstoff, der dem Pudding den Namen gibt, z.B. natürliches Vanillearoma für Vanillepudding, Kakaopulver für Schokoladenpudding, Erdbeeraroma für Erdbeerpudding.

Leichte Vanillecreme

Leichte Vanillecreme ist eine Vanillecreme, der nach dem Kochen Eischnee untergerührt wird. Dadurch wird die Vanillecreme besonders locker und bekömmlich und eignet sich deshalb hervorragend als Füllung für Cremeschnitten und Bienenstich.

Rezeptbeispiel: leichte Vanillecreme	
1000 g Milch 120 g Eigelb (6 Stück) 90 g Cremepulver Vanillearoma	• Vanillecreme kochen.
180 g Eiklar (6 Stück) 200 g Zucker 1 Prise Salz (ca. 2 g)	• Eiklar, Zucker und Salz zu Eischnee schlagen. • Den Eischnee unter die fertige, noch kochende Vanillecreme heben.
1590 g leichte Vanillecreme	

Vanillesoße

Vanillesoße ist Vanillecreme, die mit wenig Weizenstärke leicht gebunden wird und deshalb noch fließfähig ist. 1 l Milch für Vanillecreme wird mit 90 g Cremepulver (Weizenstärke) gebunden und 1 l Milch für Vanillesoße mit 30 g. Vanillesoße wird in warmem Zustand z.B. zu Apfelstrudel und Rohrnudeln gegeben. In kaltem Zustand wird Vanillesoße als Eissoße zu Speiseeis verwendet.

Apfelstrudel mit Vanillesoße

Weincreme

Rezeptbeispiel: Weincreme als Füllung für Herrentorte	
1000 g Weißwein 300 g Zucker 120 g Eigelb (6 Stück) 100 g Weizenpuder Saft von 1 Zitrone	Alle Zutaten unter ständigem Rühren kräftig aufkochen.
1520 g Weincreme	

LF 2.3

Fruchtcremes

Bei Fruchtcremes wird Fruchtsaft oder Saft der Dosenfrüchte durch Stärke gebunden. In den gebundenen Fruchtsaft werden dann Früchte eingerührt, z. B. bei gebundenen Sauerkirschen (→ Seite 327), sowie bei Süßspeisen die Früchte der roten Grütze und andere Fruchtcremes.

Gebundene Sauerkirschen

Verwendung der gekochten Cremes

Creme	Verwendung
Vanille-creme	als Füllung für: • Plundergebäcke • Blätterteiggebäcke • Bienenstich • Eclairs (Liebesknochen) • Berliner (Vanillekrapfen)
Weincreme	• als Füllung für Herrentorten • als Süßspeise zur Nachspeise
Fruchtcreme	• gebundene Sauerkirschen als Füllung • Fruchtcremetorten, z. B. Orangenfruchtcremetorten • rote Grütze (Süßspeise)

Eclair (Liebesknochen) mit Vanillecreme

Qualitätsmerkmale der gekochten Cremes bei der Kundenberatung

• Gekochte Cremes enthalten in der Rezeptur kein Fett. Deshalb sind sie auch in größeren Mengen gut bekömmlich.
• Aufgrund des hohen Flüssigkeitsanteils, bedingt durch Milch, Fruchtsaft bzw. Wein, sind gekochte Cremes erfrischend.
• Leichte Vanillecreme ist durch den Eischnee eine besonders lockere und bekömmliche Vanillecreme. Deshalb kann sie als Füllung dick eingestrichen werden, z. B. im Bienenstich.

Fehler bei gekochten Cremes

Fehler	Ursachen
Gekochte Cremes sind zu weich und somit schlecht als Füllung zu verarbeiten.	• Die Cremes wurden bei der Herstellung nicht gekocht, zu wenig stark erhitzt. • Zu wenig Cremepulver bzw. Weizenpuder verwendet.
Gekochte Cremes sind zu kompakt und etwas zäh.	• Es wurde zu viel Cremepulver bzw. Weizenpuder verwendet.

Aufgaben

1. Woraus wird Stärke als Bindemittel gewonnen?
2. Erklären Sie die Reaktionen der Weizenstärke im Wasser bei folgenden Wassertemperaturen:
   • in kaltem Wasser, bei ca. 20 °C
   • in warmem Wasser, bei ca. 40 °C
   • in heißem Wasser, bei ca. 60 °C
   • in heißem Wasser kurz vor dem Kochen, bei ca. 90 °C
3. Erklären Sie den Begriff „Verkleistern der Stärke" und geben Sie die Wassertemperatur bei der Verkleisterung der Weizenstärke an.
4. Wie viel Wasser kann die Stärke bei der Verkleisterung binden?
5. Nennen Sie Beispiele der Verkleisterung der Stärke in der Konditorei.
6. Erläutern Sie den Begriff „Retrogradation der Stärke".
7. Erklären Sie modifizierte Stärke.

→

LF 2.3

8 Welche Eigenschaft hat modifizierte Stärke?

9 Beschreiben Sie Kaltcremepulver und Saftbinder sowie deren Herstellung.

10 Welche Vor- und Nachteile haben Kaltcremepulver und Saftbinder?

11 Nennen Sie gekochte Cremes.

12 Nennen Sie die Zutaten und beschreiben Sie die Herstellung einer Vanillecreme.

13 Erläutern Sie Cremepulver.

14 Erklären Sie leichte Vanillecreme und beschreiben Sie deren Herstellung.

15 Beschreiben Sie Vanillesoße und deren Unterschied zur Vanillecreme. Geben Sie auch Verwendungsmöglichkeiten an.

16 Erklären Sie Puddings und Puddingpulver.

17 Nennen Sie die Zutaten von Weincreme und beschreiben Sie die Herstellung.

18 Erklären Sie Fruchtcremes.

19 Nennen Sie die Verwendung von
- Vanillecreme,
- Weincreme,
- Fruchtcreme.

20 Welche Ursachen haben folgende Fehler der gekochten Cremes?
- Gekochte Cremes sind zu weich und somit als Füllung schlecht zu verarbeiten.
- Gekochte Cremes sind zu kompakt.

21 Nennen Sie die Qualitätsmerkmale der gekochten Cremes.

22 In Ihrer Konditorei steht die Qualität an erster Stelle. Deshalb sollen Sie Vanillecreme kochen. Stellen Sie Vanillecreme mit Kaltcremepulver her. Vergleichen Sie anschließend die beiden Vanillecremes geschmacklich und beurteilen Sie die Weiterverarbeitungen.

Rechenaufgabe

Sie sollen 275 Plundergebäcke mit Vanillecreme als Füllung herstellen. Für 1 Plundergebäck benötigen Sie 35 g Vanillecreme. Die Vanillecreme wird mit folgendem Grundrezept hergestellt: 1000 g Milch, 200 g Zucker, 90 g Cremepulver und 80 g Eigelb. Erstellen das Arbeitsrezept für die benötigte Vanillecreme. Runden Sie die Schlüsselzahl auf 1 Stelle nach dem Komma auf.

27.5 Süßspeisen

Im Konditorei-Café und in der Patisserie (Hotelkonditorei) werden verschiedene Süßspeisen unterschiedlich hergerichtet und als Desserts oder als Nachspeise serviert.

Schüsselcremes

Sahnecremes oder gekochte Cremes werden in Stielgläser oder Dessertschalen (gläserne Schüsseln) gefüllt und nach dem Festwerden in diesen feinen Gefäßen serviert. Häufig werden die Schüsselcremes obenauf mit etwas Schlagsahne und Früchten garniert.

Sturzcremes

Sahnecremes oder gekochte Cremes, beliebiger Geschmacksrichtungen, werden in kleine, nicht zu hohe Formen gefüllt und nach dem Anziehen (Festwerden) aus den Formen auf Dessertteller gestürzt. Daher kommt der Name Sturzcreme.

Sturzcreme und Schüsselcreme

LF 2.3

Charlotten

Charlotte (→ Seite 514) ist ein hohes, zylinderförmiges Dessert von ca. 14 cm Durchmesser und 8 bis 10 cm Höhe. Charlotten werden aus Sahnecreme oder Bayerischer Creme mit einem Gebäckrand hergestellt, z.B. mit Kapseln aus Biskuit- oder Wiener Masse, Löffelbiskuits oder dünnen Rouladenscheiben mit Konfitüre.

Am bekanntesten ist die „Charlotte à la russe" mit Schokolade oder einer beliebigen Frucht. Typisch bei Charlotte à la russe sind die Löffelbiskuits am Rand.

Charlotte à la russe

Bayerische Creme

Die Bayerische Creme ist eine Sahnecreme aus
- Schlagsahne,
- Milchcreme (Vanillecreme),
- Geschmacksstoff, z.B. Fruchtmark, Schokoladenkuvertüre oder Spirituose.

Als Bindemittel wird Gelatine verwendet, weil sie das Wasser der Milch und der Sahne bindet. Stärke bindet Wasser nur bei Hitze und ist somit zum Binden von Sahne ungeeignet.

Vor dem Servieren wird die gekühlte Bayerische Creme als Sturz- oder Schüsselcreme mit Schlagsahne und Früchten garniert.

Wegen des hohen Anteils an Milchcreme gehört Bayerische Creme zu den gut bekömmlichen Desserts und Nachspeisen.

Bayerische Creme

Rezeptbeispiel: Bayerische Creme	
500 g Milch 100 g Eigelb (5 Stück) 120 g Zucker 1 Prise Salz (ca. 2 g) Vanillearoma	Die Zutaten unter ständigem Rühren auf ca. 85 °C erhitzen – zur Rose abziehen.
12 g Gelatine (6 Blätter)	Die eingeweichte Gelatine in die heiße Milchcreme rühren. Sie löst sich sofort auf.
Eine beliebige geschmackliche Zutat, z. B.: • 150 g Schokoladenkuvertüre, flüssig • 80 g Orangenlikör • 30 g Kaffee- oder Espressopulver • 300 g Fruchtmark, z. B. Erdbeeren	• Eine geschmackliche Zutat einrühren. • Die Milchcreme auf 20 bis 25 °C abkühlen lassen.
500 g Schlagsahne ---- **1232 g Bayerische Creme** (Gewicht ohne Geschmacksstoff)	• Die Sahne aufschlagen und unter die abgekühlte Milchcreme heben. • Die Bayerische Creme sofort in Gläser oder Formen füllen und kühl stellen.

Mousse (französisch: Schaum)

Mousse (sprich: Mus) ist nach den Leitsätzen ein aufgeschlagenes, schaumiges, süßes Dessert.

Mousse ist eine Sahnecreme aus
- aufgeschlagener Sahne,
- schaumiger Eiermasse aus Eiern und Zucker,
- Schokolade oder Fruchtmark.

Mousse au Chocolat

LF
2.3

Mousse nach der Herstellung im Kühlschrank oder Kühlraum mindestens drei Stunden anziehen lassen. Erst dann kann Mousse zum Servieren garniert werden. Mousse muss wegen der unerhitzten Eier am Tag der Herstellung verzehrt werden.

Die klassische Mousse ist Mousse au Chocolat.

Rezeptbeispiel: Mousse au Chocolat (Schokoladenmousse)	
100 g Vollei (2 Stück) 40 g Eigelb (2 Stück) 50 g Zucker	Eier, Eigelb und Zucker schaumig schlagen.
4 g Gelatine (2 Blätter) 200 g Schokoladenkuvertüre (dunkel) 30 g Cognac	• Die eingeweichte Gelatine auf ca. 50 °C erwärmen, bis sie dünnflüssig ist. • Die Kuvertüre auf ca. 50 °C erwärmen. • Flüssige Gelatine, flüssige Schokoladenkuvertüre und Cognac in die schaumige Eiermasse rühren.
400 g Schlagsahne **824 g Mousse**	• Die aufgeschlagene Sahne unter die Masse heben. • Die Mousse mindestens 3 Stunden vor dem Servieren kühlen.

Mousse mit Früchten

Mousse kann mit allen Früchten hergestellt werden und ergibt somit eine geschmackliche und, beim Anrichten auf Tellern, eine farbliche Vielfalt. In folgendem Rezeptbeispiel kann jede beliebige Frucht verwendet werden. Die verwendete Frucht gibt der Mousse den Namen.

Himbeermousse

Rezeptbeispiel: Himbeermousse	
200 g Vollei (4 Stück) 80 g Eigelb (4 Stück) 300 g Zucker	Eier, Eigelb und Zucker schaumig schlagen.
20 g Gelatine, (10 Blätter) 500 g Himbeermark, passiert ca. 20 g Zitronensaft (Saft 1 Zitrone) 50 g Grand Marnier (oder andere Spirituose)	• Gelatine einweichen und erwärmen, bis sie flüssig ist. • Himbeeren mit einem Mixstab pürieren und durch ein Sieb passieren. • Flüssige Gelatine und Grand Marnier in das Himbeermark rühren.
750 g Schlagsahne **1920 g Himbeermousse**	In das Himbeermark zuerst die Eiermasse und dann die aufgeschlagene Sahne unterheben.

Passieren von Früchten

Früchte mit Samen oder Kernen, z. B. Himbeeren, Johannisbeeren, Kiwis, werden nach dem Pürieren passiert. Die mit dem Mixstab zu Fruchtmark pürierten Früchte werden durch ein feines Sieb gedrückt. Dabei werden die beim Essen störenden Samen und Kerne entfernt, sodass feines Fruchtmark entsteht.

Um z. B. 500 g passiertes Himbeermark zu erhalten, benötigt man ca. 600 g pürierte Himbeeren.

Herrichten und Servieren von Mousse

Mousse kann im Café verschieden serviert werden:
• Mit einem Löffel auf einem Teller portioniert und mit Frucht- oder Schokoladensoße garniert.
• In kleine Formen gefüllt, nach dem Kühlen als Sturzcreme auf Dessertteller gestürzt und mit Schlagsahne und Früchten ausgarniert.
• In schöne Stielgläser gefüllt und als Schüsselcreme mit Schlagsahne und Früchten garniert.

LF 2.3

Mousses dekorativ serviert

Gelees

Gelees sind erfrischende, gekochte Cremes aus beliebigen Früchten oder Fruchtsäften mit Wein oder Sekt.

Bei hellen Früchten eignen sich Weißwein oder Roséwein sowie weißer Sekt. Rote Früchte werden bevorzugt mit Rotwein bzw. rotem Sekt verarbeitet.

Gelees werden in Stilgläser als Schüsselcremes gefüllt und nach dem Anziehen mit Schlagsahne, Früchten und Eisgebäcken aus Hippenmasse ausgarniert.

Himbeer-Weingelees

Weingelees

Weincreme und Fruchtcreme

Wein- und Fruchtcremes sind gekochte Cremes aus Wein bzw. Fruchtsaft, die als Schüssel- oder Sturzcreme nach dem Erkalten und vor dem Servieren mit Schlagsahne und Früchten garniert werden.

Rezeptbeispiele:	
Weincreme	**Fruchtcreme**
650 g Weißwein, trocken	750 g Fruchtsaft, z. B. Orangensaft, Johannisbeer- saft
350 g Ananassaft (von Dosenfrüchten) oder: 1000 g Weiß- wein	250 g Weißwein oder 1000 g Frucht- saft
300 g Zucker	150 g Zucker
120 g Eigelb (6 Stück)	120 g Eigelb (6 Stück)
90 g Weizenstärke	90 g Weizenstärke
30 g Zitronensaft (Saft von 1 Zitrone)	30 g Zitronensaft (Saft von 1 Zitrone)
1540 g Weincreme	**1390 g Fruchtcreme**

Alle Zutaten unter ständigem Rühren kräftig kochen.

LF 2.3

Rezeptbeispiel: Himbeer-Weingelee	
500 g Himbeeren 150 g Zucker 250 g Rotwein evtl. 30 g Himbeergeist	• Himbeeren, Zucker und Rotwein kochen. • Die Flüssigkeit mit einem Mixstab (Pürierstab) glatt rühren und dann durch ein Sieb passieren.
8 g Gelatine (4 Blätter)	• Eingeweichte Gelatine in die heiße Flüssigkeit einrühren. • Evtl. Himbeergeist einrühren. • Den Himbeerwein auf ca. 10 °C abkühlen lassen.
100 g Himbeeren	Die Himbeeren in Gläser verteilen.
1038 g Himbeerwein	

- Den abgekühlten Himbeerwein über die Himbeeren bis ca. 1 cm unterhalb der Glasränder einfüllen.
- Die Gläser mit dem Himbeerwein in den Kühlschrank oder Kühlraum stellen, bis er zu einem Gelee anzieht.
- Vor dem Servieren jede Portion mit einer Sahnerosette, einer Himbeere darauf und evtl. einem Hippengebäck ausgarnieren.

Fruchtcreme als Sturzcreme und Weincreme als Schüsselcreme

Rote Grütze

Rote Grütze ist eine Fruchtcreme mit einem hohen Anteil an roten Früchten.

Rezeptbeispiel: Rote Grütze	
250 g Fruchtsaft oder halb Wasser, halb Weißwein	• Fruchtsaft (oder Wasser und Weißwein), Zucker und Weizenstärke unter ständigem Rühren kochen und dadurch abbinden.
200 g Zucker	
50 g Weizenstärke	
300 g rote Johannisbeeren	
300 g Kirschen, halbieren	• Früchte und evtl. Grand Marnier einrühren. Es können auch tiefgefrorene Früchte verwendet werden.
300 g Himbeeren	
300 g Erdbeeren, stückeln	
evtl. 20 g Grand Marnier oder andere Spirituose	
1700 g Rote Grütze	

Rote Grütze

Aufgaben

1. Erklären Sie die Fachbegriffe
   - Schüsselcreme,
   - Sturzcreme,
   - Charlotte.
2. Erklären Sie, wie Süßspeisen zum Servieren zubereitet werden.
3. Erläutern Sie, woraus Bayerische Creme hergestellt wird.
4. Beschreiben Sie die Herstellung von Bayerischer Creme.
5. Benennen Sie die Zutaten, aus denen Mousse hergestellt wird.
6. Beschreiben Sie die Herstellung von Mousse au Chocolat.
7. Schildern Sie die Möglichkeiten, wie Mousse im Café hergerichtet und serviert werden kann.
8. Beschreiben Sie die Herstellung von Weingelee bis zum Servieren.
9. Benennen Sie die Zutaten, aus denen Wein- und Fruchtcreme hergestellt werden.
10. Beschreiben Sie die Herstellung von Wein- und Fruchtcreme.
11. Nennen Sie die Zutaten von roter Grütze und beschreiben Sie die Herstellung.
12. Benennen Sie die möglichen Zutaten, aus denen Weingelee hergestellt wird.
13. In Ihrer Konditorei stellen Sie die Bayerische Creme und Mousse mit demselben Geschmacksstoff, z. B. Schokoladenkuvertüre oder Fruchtmark her. Vergleichen Sie die Süßspeisen aus Sahnecreme geschmacklich und in der Konsistenz.

LF 2.3

Rechenaufgaben

1. Bei der Herstellung von Mousse au Chocolat werden Eier und Schlagsahne aufgeschlagen. Deshalb erhält man aus 850 g Rezeptgewicht 3125 cm³ Volumen. Wie groß ist die Volumenausbeute?
2. Erdbeermousse hat ein Rezeptgewicht von 1 350 g. Durch das Aufschlagen der Schlagsahne und der Eiermasse hat der Mousse ein Volumen von 4,860 l. Berechnen Sie die Volumenausbeute.
3. Mousse au Chocolat wird wie folgt hergestellt: 300 g Vollei, 120 g Eigelb, 152 g Zucker, 8 g Gelatine, 600 g Kuvertüre und 60 g Cognac. Der Schlagsahneanteil in der Mousse au Chocolat beträgt 44 %.
   a) Wie viel kg wiegt die Mousse au Chocolat?
   b) Berechnen Sie, wie viel g Schlagsahne die Mousse au Chocolat enthält.
   c) Von dieser Mousse au Chocolat sollen 18 Portionen zubereitet werden. Wie viel g entspricht einer Portion?

27.6 Süße Soßen (Saucen)

Süße Soßen (französisch: Saucen) verfeinern den Geschmack und verschönern das Aussehen der Konditoreierzeugnisse.

Vanillesoße

Vanillesoße ist nur leicht gebundene Vanillecreme, die noch fließfähig ist. Sie wird mit demselben Rezept wie Vanillecreme hergestellt, jedoch wird die Milch mit weniger Stärke gebunden (→ Seite 472).

Schokoladensoße (Schokosoße)

Schokoladensoße ist Vanillesoße mit Kakaopulver.

Rezeptbeispiel: Vanillesoße und Schokoladensoße	
1 000 g Milch	Alle Zutaten unter
200 g Zucker	ständigem Rühren
80 g Eigelb (4 Stück)	aufkochen.
30 g Cremepulver	
Vanillearoma	
1310 g Vanillesoße	

Für Schokoladensoße zusätzlich 40 g Kakaopulver zu den Zutaten.

Schokoladensoße

Abgekühlte Vanille- und Schokoladensoße kann glatt gerührt und im Mikrowellengerät wieder erwärmt werden.

Fruchtsoßen

Fruchtsoßen bestehen aus Fruchtmark, das mit Zucker und Zitronensaft geschmacklich abgerundet wird. In jede Fruchtsoße kann auch etwas Spirituose, die geschmacklich passt, zugegeben werden.

Voraussetzungen für die Herstellung von Fruchtsoßen

- Nur reife Früchte verwenden, da nur sie die gewünschte Süße und den vollen Geschmack besitzen.
  Es können auch tiefgefrorene Früchte verwendet werden. Den besten Geschmack haben saisonal erhältliche Früchte, auch tiefgefroren.
- Etwas Zucker verfeinert den Fruchtgeschmack.
- Etwas Zitronensaft verstärkt den Fruchtgeschmack und wirkt erfrischend.

Fruchtmark

Früchte werden durch Mixen zu einem feinen Fruchtbrei püriert. Befinden sich darin störende Teile wie Samenkörnchen, Kerne oder Schalen, z. B. bei Himbeeren, Johannisbeeren und Kiwis, wird das Fruchtmark durch ein Sieb passiert, damit es glatt ist.

Pürieren (Mixen) von Fruchtmark

Rezeptbeispiele verschiedener Soßen

Rezeptbeispiel: Erdbeersoße	
1 000 g Erdbeeren	• Frische Erdbeeren,
150 g Zucker	Zucker und Zitronen-
etwas Zitronensaft	saft mit einem
	Mixstab (Pürierstab)
evtl. etwas Cointreau	fein pürieren.
oder Grand Marnier	• Die Erdbeersoße kann
(Likör mit Geschmack	mit Cointreau oder
von Bitterorangen)	Grand Marnier
	abgeschmeckt werden.

Erdbeersoße

LF 2.3

Rezeptbeispiel: Himbeersoße

1000 g Himbeeren 125 g Zucker etwas Zitronensaft evtl. etwas Himbeer- geist	• Frische Himbeeren, auch tiefgefroren, mit dem Mixstab pürieren und durch ein Sieb passieren • Himbeermark, Zucker und Zitronensaft mit einem Mixstab zu einer feinen Soße mixen. • Himbeersoße kann mit Himbeergeist verfeinert werden.

Rezeptbeispiel: Johannisbeersoße

1000 g rote Johannisbeeren 300 g Zucker evtl. 50 g Cassis-Likör (aus schwarzen Johannisbeeren)	• Frische rote Johannisbeeren, auch tiefgefroren, mit einem Mixstab pürieren und durch ein Sieb passieren. • Johannisbeermark und Zucker mit einem Mixstab zu einer homogenen Soße mixen. • Johannisbeersoße kann mit Cassis-Likör abgeschmeckt werden.

Rezeptbeispiel: Aprikosen- oder Pfirsichsoße

900 g Aprikosen oder Pfirsiche 150 g Wasser 200 g Zucker etwas Zitronensaft	• Wasser, Zucker und Zitronensaft kochen. • Die geschälten und entsteinten Aprikosen oder Pfirsiche in der heißen Flüssigkeit ziehen lassen, bis sie weich sind. • Nach dem Erkalten der Aprikosen oder Pfirsiche Zucker, Wasser und etwas Zitronensaft zugeben. • Die Zutaten mit einem Mixstab zu einer feinen, glatten Soße pürieren.

Rezeptbeispiel: Kiwisoße

1000 g Kiwi ca. 50 g Zucker etwas Zitronensaft evtl. etwas Weinbrand	• Reife Kiwis halbieren, Fruchtfleisch auslöffeln und mit einem Mixstab pürieren. • Das Kiwimark durch ein Sieb passieren, damit die Kerne entfernt werden. • Das Kiwimark, Zucker und Zitronensaft mit einem Mixstab zu einer feinen Kiwisoße mixen. • Kiwisoße kann auch mit etwas Weinbrand abgeschmeckt werden.

• Apfelstrudel
• Pfannkuchen
• Palatschinken (kleine gefüllte Pfannkuchen)
• Crêpes (besonders dünne gefüllte Pfannkuchen)
• Eisbecher
• Schokoladen- soße über die Schlagsahne von Eiskaffee und Eis- schokolade

Süße Soßen wirken dekorativ

Aufgaben

1. Nennen Sie zwei süße Soßen, die mit Stärke gebunden werden. Benennen Sie deren Zutaten und beschreiben Sie die Herstellung.
2. Geben Sie die Voraussetzungen zur Herstellung von Fruchtsoßen an.
3. Wie wird Fruchtmark hergestellt und wie können daraus Samenkerne oder Fruchtkerne entfernt werden?
4. Nennen Sie verschiedene Fruchtsoßen.
5. Beschreiben Sie die Herstellung von Fruchtsoßen, z. B. einer Erdbeer-, Himbeer- und Aprikosensoße.
6. Als Nachspeise in Ihrem Café portionieren Sie auf einem Teller Speiseeis mit Mousse. Richten Sie daneben einen Spiegel mit verschiedenen Soßen an, in dem Sie die Farben der Soßen kunstvoll verlaufen lassen.

LF 2.3

Verwendung von süßen Soßen

Warme und kalte Soßen verfeinern die Konditoreierzeugnisse. Sie werden verwendet zum Übergießen und Dekorieren von:

• Sturzcremes oder oval geformtes Mousse auf Teller portioniert und als Süße-Soßen-Dekor

Berufliche Handlung

Zur Qualitätsverbesserung der Torten und Desserts möchte Ihre Konditorei für Cremes und Sahnecremes auf Convenience-Produkte verzichten und diese auf herkömmliche Weise herstellen. Auch das Angebot an Süßspeisen soll im Café verbessert werden. Der optimale Geschmack der süßen Soßen soll durch die natürliche Art der Herstellung erzielt werden.

Konfitüren, Gelees, Marmeladen

1. Geben Sie den Mindestfruchtgehalt der verschiedenen Konfitüren und Gelees sowie der Marmeladen nach der Konfitürenverordnung an.
2. Stellen Sie fest, woraus Konfitüren, Gelees und Marmeladen hergestellt werden.
3. Beschreiben Sie die Herstellung von Konfitüren, Gelees und Marmeladen.
4. Erklären Sie die Begriffe
   - Fruchtaufstrich,
   - Fruchtmark.

Buttercremes, Käsecremes

5. Benennen Sie die drei Buttercremearten und unterscheiden Sie diese in Bezug auf die Zutaten.
6. Beschreiben Sie die Herstellung der drei Buttercremearten und geben Sie jeweils die Vorteile der Buttercremes an.
7. Unterscheiden Sie Buttercreme und Fettcreme nach den Bestimmungen der Leitsätze.
8. Warum eignet sich deutsche Buttercreme ideal als Füllcreme für Torten und Desserts und warum wird französische Creme bevorzugt zum Einstreichen und Garnieren von Torten und Desserts verwendet?
9. Nennen Sie die Zutaten einer Käsebuttercreme und beschreiben Sie die Herstellung.
10. Erklären Sie, aus welchen Zutaten Käsecreme besteht und wie sie hergestellt wird.

Schlagsahne und Sahnecremes

11. Sie schlagen die Sahne für eine Sahnetorte im Sahnebläser auf.
    - Beachten Sie dabei die Sahnetemperatur beim Aufschlagen.
    - Benennen Sie die Mengen an Zucker und Gelatine für ein Liter Schlagsahne.
    - Erklären Sie, wie Zucker, Gelatine und Geschmacksstoffe in die Schlagsahne gegeben werden.
12. Unterscheiden Sie Sahnetorten und Sahnecremetorten.

13. Beschreiben Sie die Herstellung von Sahnecremes am Beispiel einer Käsesahnecreme und erklären Sie die Begriffe „einen Fond abziehen" bzw. „zur Rose abziehen".
14. Erklären Sie das Einsetzen und das Fertigstellen einer Käsesahnetorte.
15. Sie stellen Ganache als feine Füllcreme her. Geben Sie die Bestimmungen der Leitsätze für Ganache an und beschreiben Sie die Herstellung dieser.

Gekochte Cremes

16. Nennen Sie drei gekochte Cremes, die mit verschiedenen Flüssigkeiten hergestellt werden.
17. Erstellen Sie ein Grundrezept für Vanillecreme und beschreiben Sie die Herstellung.
    Unterscheiden Sie Vanillecreme von Vanillesoße.
18. Beschreiben Sie die Herstellung von leichter Vanillecreme, die Sie zum Füllen von Gebäcken verwenden.

Süßspeisen und süße Soßen

19. Unterscheiden Sie Schüsselcremes, Sturzcremes und Charlotten.
20. Benennen Sie die Zutaten der Bayerischen Creme und beschreiben Sie die Herstellung. Geben Sie auch mögliche Geschmackstoffe an.
21. Geben Sie die Zutaten für Mousse au Chocolat an und beschreiben Sie die Herstellung.
22. Erklären Sie folgende Süßspeisen, indem Sie die Zutaten benennen und die Herstellung beschreiben:
    - Gelees, z. B. Himbeer-Weingelee
    - Weincreme
    - Fruchtcreme
    - Rote Grütze
23. Erstellen Sie ein Rezept für Vanillesoße und Schokoladensoße und beschreiben Sie deren Herstellung.
24. Geben Sie die Zutaten für folgende Fruchtsoßen an und beschreiben Sie, wie sie hergestellt werden:
    - Erdbeersoße
    - Himbeersoße
    - Johannisbeersoße
    - Aprikosensoße
    - Kiwisoße

LF 2.3

28 Dekortechniken

Situation

Schön ausgarnierte Torten, Desserts und Petits Fours, vor allem zu Festtagen, sind das besonders Kunstvolle der Konditorei. Dafür sollen Sie verschiedene Spritzglasuren und Schmuckauflagen herstellen.

- Wie wird Schokoladenspritzglasur und Eiweißspritzglasur hergestellt?
- Welche Füllmassen eignen sich zum Einlassen (Ausfüllen) von Garnierungen für Schmuckauflagen?
- Wie sollte mit einer Spritztüte garniert werden?
- Wie werden Ornamente und Figuren als Schmuckauflagen hergestellt?

28.1 Spritzglasuren und Füllmassen zum Garnieren

Zum Garnieren eignen sich
- Schokoladenspritzglasur, auch Spritzschokolade genannt, und
- Eiweißspritzglasur.

Die Spritzglasur wird in eine Spritztüte, auch Garniertüte genannt, gefüllt ➜ Seite 488. Beim Garnieren wird die Spritzglasur in „dünnem Faden" aus der kleinen runden Öffnung der Spritztüte gedrückt. Damit der Faden beim Garnieren nicht reißt, muss die Spritzglasur glatt und klumpenfrei sowie zähflüssig und elastisch sein.

Schokoladenspritzglasur (Spritzschokolade)

Für Schokoladenspritzglasur wird Kuvertüre aufgelöst und mit Läuterzucker oder Kondensmilch angerührt. Im Handel ist auch Garniermasse erhältlich, die sofort nach dem Auflösen garnierfertig ist.

Rezeptbeispiele der Schokoladenspritzglasur	
mit Läuterzucker	**mit Kondensmilch**
1 000 g Zucker, 750 g Wasser und 50 g Glukosesirup zu Läuterzucker kochen und abkühlen lassen. Die Zuckerlösung hat eine Konzentration von ca. 28 °Bé ➜ Seite 501.	100 g Schokoladenkuvertüre 20 g Glukosesirup ca. 40 g Kondensmilch (10 % Fettgehalt)
100 g Schokoladenkuvertüre auf 40 bis 50 °C erwärmen und mit ca. 40 ml Läuterzucker nach und nach glattrühren.	• Schokoladenkuvertüre auflösen und auf ca. 50 °C erwärmen. • Den Glukosesirup unterrühren. • Dann die Kondensmilch nach und nach einrühren.

LF 2.4

Herstellen einer Schokoladenspritzglasur

- Die Schokoladenkuvertüre z. B. in einer kleinen Schüssel oder Tasse im Wasserbad oder im Mikrowellengerät auf 40 bis 50 °C erwärmen und auflösen.
- Mit einem Löffel tropfenweise Läuterzucker bzw. Kondensmilch in die aufgelöste Schokoladenkuvertüre rühren.
- Die Kuvertüre verdickt sich zunächst beim Rühren und wird grießig, da die Emulsion vorübergehend verloren geht. Nach dem Verdicken wieder ein paar Tropfen Läuterzucker bzw. Kondensmilch zugeben und intensiv verrühren.
- Unter ständigem Rühren so lange tropfenweise Läuterzucker bzw. Kondensmilch zugeben und verrühren, bis eine glatte Schokoladenspritzglasur entsteht.
- Die Schokoladenspritzglasur nun sofort zum Garnieren verwenden.
- Die Schokoladenspritzglasur im Gefäß zwischen den Garnierarbeiten warm halten, damit sie fließfähig bleibt.

Grießige Schokoladenspritzglasur

Glatt gerührte Schokoladenspritzglasur

Beschaffenheit der Schokoladenspritzglasur

Die Schokoladenspritzglasur muss glatt, geschmeidig und zähfließend sein, sodass beim Garnieren der Faden leicht aus der Spritztüte läuft und nicht abreißt.
Wegen der geschmeidigen und glatten Beschaffenheit kann Schokoladenspritzglasur besonders fein und dünn garniert werden.

Schokoladenspritzglasur für Ornamente und Figuren

Dafür wird temperierte Schokoladenkuvertüre (32 °C) mit Alkohol oder Wasser angerührt. Sie wird etwas dickflüssiger angerührt, damit der Faden beim Garnieren stehen bleibt und nicht breit läuft.

100 g temperierte Schokoladenkuvertüre wird mit ca. 30 g Alkohol bzw. Wasser zu Spritzschokolade angerührt.
Durch den Alkohol bzw. das Wasser wird Schokoladenspritzglasur nach dem Garnieren fester und stabiler und kann somit als Schmuckauflage auf Festtagstorten gelegt werden.

Garnieren von Ornamenten und Figuren

Gezeichnete Ornamente oder Figuren als Vorlagen unter ein durchsichtiges Pergaminpapier oder ein beschichtetes Backpapier legen. Die Ornamente bzw. Figuren mit Schokoladenspritzglasur entsprechend der Vorlage auf das Papier garnieren.
Nach dem Erkalten sind sie fest und können so vom Papier gezogen und auf Torten bzw. Desserts aufgelegt werden.

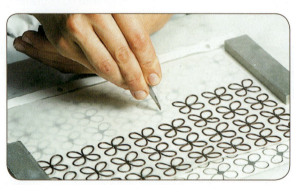

Garnieren von Ornamenten auf einer Vorlage

Abgekühlte Ornamente werden beim Abnehmen vom Papier über die Tischkante gezogen

Lagerung der angerührten Schokoladenspritzglasur

Übrig gebliebene Schokoladenspritzglasur lässt man im Gefäß erkalten und bewahrt sie darin auf. Sie kann für Wochen auf Vorrat hergestellt werden, wenn sie in verschließbaren Behältern kühl gelagert wird.
Durch Erwärmen im Wasserbad oder im Mikrowellengerät wird Schokoladenspritzglasur wieder spritzfähig und ist sofort garnierbereit.

Eiweißspritzglasur

> Eiweißspritzglasur ist eine Spritzglasur aus 1 Teil Eiklar und ca. 5,5 Teilen Puderzucker, z. B. 100 g Eiklar und 550 g Puderzucker.

Herstellen einer Eiweißspritzglasur

- Eiklar in ein Gefäß geben z. B. in eine kleine Schüssel oder eine Tasse. Die Spritzglasur in einer kleinen Schüssel mit einem kleinen Handrührgerät anrühren. Kleine Mengen können mit einem Löffel in einer Tasse angerührt werden.
- Gesiebten Puderzucker nach und nach in das Eiklar rühren. Kleine Puderzuckermenge lösen sich sofort im Eiklar auf.
- Einige Tropfen Säure (Fruchtsäure oder Zitronensaft) zugeben, damit die Eiweißspritzglasur geschmeidiger wird und somit beim Garnieren nicht reißt.
- Wenn die Eiweißspritzglasur die gewünschte Festigkeit hat, wird sie kräftig gerührt, bis sie glatt und geschmeidig ist und so beim Garnieren nicht reißt.
- Die Eiweißspritzglasur kann sofort nach dem Anrühren zum Garnieren verwendet werden.

Zutaten einer Eiweißspritz-glasur

Geschmeidig angerührte Eiweißspritzglasur

Einfärben von Eiweißspritzglasur

Eiweißspritzglasur lässt sich zur farblichen Gestaltung mit Lebensmittelfarben einfärben. Dabei aber nur dezent (unaufdringlich) einfärben, da überfärbte Spritzglasur unnatürlich aussieht.

Eiweißspritzglasur feucht abdecken

Eiweißspritzglasur trocknet an der Oberfläche sehr schnell aus. Deshalb muss nach dem Einfüllen in das Spritztütchen die restliche Eiweißspritzglasur im Gefäß mit einem feuchten Tuch abgedeckt werden. Angetrocknete Eiweißspritzglasur weist kleine Klümpchen auf, die die kleine Öffnung der Spritztüte verstopfen und somit das Garnieren behindern.

Verwendung von Eiweißspritzglasur

- Garnierungen mit der weißen Eiweißspritzglasur ergeben einen besonders schönen Farbkontrast auf dunklen Festtagstorten, Desserts und Petits Fours.
- Lebkuchenfiguren und Weihnachtsbaumbehang aus Braunen Lebkuchen erhalten mit Garnierungen aus Eiweißspritzglasur ein besonders schönes Aussehen. Lebkuchenherzen werden mit Texten und Sprüchen garniert.
- Die Augen von Marzipanfiguren werden dick mit Eiweißspritzglasur garniert, bevor mit Schokoladenspritzglasur die Pupillen darauf gespritzt werden. Dadurch bekommen die Marzipanfiguren die übertrieben großen Augen und das lustige Aussehen.

Fehler der Spritzglasuren

Fehler	Ursachen
Der Faden der Schokoladenspritzglasur reißt beim Garnieren.	• Sie ist zu fest. • Sie ist zu kühl.
Der Faden der Schokoladenspritzglasur läuft beim Garnieren breit.	• Sie ist zu weich. • Sie ist wärmer als 40 °C und deshalb zu flüssig.
Die Eiweißspritzglasur läuft beim Garnieren breit.	Sie ist zu weich und muss mit zusätzlichem Puderzucker fester gerührt werden.
Eiweißspritzglasur reißt beim Garnieren.	Sie ist zu fest und muss mit etwas Eiklar zur richtigen Festigkeit gerührt werden.

Mit Eiweißspritzglasur ausgarnierte Lebkuchenherzen

LF 2.4

Füllmasse zum Einlassen (Ausfüllen) von Garnierungen

> **!**
>
> **Einlasstechnik**
>
> Mit der Einlasstechnik werden Flächen in den Garnierungen ausgefüllt, wobei die Spritzglasur als Umrandung dient. Die Füllmasse wird in ein Spritztütchen gefüllt und in die Garnierung gespritzt. Sie muss dabei weich sein, damit sie bis zu den Umrandungen der Garnierungen fließen kann.

Füllmassen für die Einlasstechnik

- Konfitüre, besonders Aprikosenkonfitüre,
- Kuvertüre,
- Fondant.

Die Füllmassen werden nach dem Erkalten fest und haben einen schönen Glanz.

Herrichten von Konfitüre zum Einlassen

- Glatt gerührte Aprikosenkonfitüre mit Lebensmittelfarbe einfärben.
- Die eingefärbte Konfitüre unter ständigem Rühren kurz aufkochen.
- Die Konfitüre in eine Spritztüte einfüllen. Wenn die Temperatur der Spritztüte beim Anfassen erträglich ist, beginnt man mit dem Einlassen.

Durch das Erhitzen wird der Zucker der Konfitüre nach dem Abkühlen fest und glänzt.

Herrichten von Schokoladenkuvertüre zum Einlassen

Schokoladenkuvertüre, Milchschokoladenkuvertüre und weiße Schokolade auf 30 bis 32 °C temperieren und einlassen.

LF 2.4

> **Herrichten von Fondant zum Einlassen**
>
> Den Fondant mit folgenden Zutaten bei geringer Wärme und unter ständigem Rühren temperieren:
>
> 150 g Fondant
> 30 g Glukosesirup
> 3 Tropften Zitronen- oder Fruchtsäure

- Es sollte nur die festere Form des Fondants verwendet werden und nicht der bereits verdünnte glasierfähige, weiche Fondant.
- Den Fondant mit Glukosesirup und Zitronensäure auf 37 °C temperieren (erwärmen). Dadurch trocknet er

schnell nach dem Einlassen und glänzt. Fondant kristallisiert nach einigen Tagen auf dem Dekor aus, bekommt weiße Flecken und verliert den Glanz. Glukosesirup und Zitronensäure verzögern das Absterben.

- Der erwärmte Fondant kann mit Lebensmittelfarbe und Kakaopulver bzw. Kuvertüre eingefärbt werden. Das Einfärben sollte vor dem Verdünnen des Fondants geschehen.
- Durch Zugabe von Wasser wird die Festigkeit bestimmt. Zum Einlassen wird ein dickbreiiger Fondant benötigt, der beim Einlassen gleichmäßig verläuft und eine glatte Oberfläche ergibt.

Garnierung mit eingelassenem Fondant und eingelassener Kuvertüre

Fondantfehler

- Zu dicker Fondant verläuft zu langsam, es entstehen unschöne Unebenheiten an der Oberfläche des Dekors.
- Ist der Fondant zu dünn, sickert er beim Trocknen muldenförmig ein, sodass die erwünschte, leicht erhöhte Fülle fehlt.
- Zu kühler Fondant benötigt mehr Wasser beim Verdünnen, sodass er nicht mehr ausreichend trocken wird.
- Zu warmer Fondant stirbt ab und hat ein stumpfes Aussehen ohne jeglichen Glanz.

Mit Füllmasse eingelassene Garnierungen

Garnierungen	Füllmasse zum Einlassen
die Zwischenräume der zwei Linien bei der Garnierblockschrift mit doppelten Linien ➜ Seite 490.	eingefärbte Aprikosenkonfitüre

Garnierungen	Füllmasse zum Einlassen
• direkt auf die Torten garnierte Motive, z. B. stilistische Blüten und Blumen	eingefärbte Aprikosenkonfitüre
Ornamente und Figuren aus Schokoladenspritzglasur	auf 30 bis 32 °C temperierte Schokoladenkuvertüre, Milchschokoladenkuvertüre und weiße Schokolade
Ornamente aus Brandmasse ➡ Seite 494	weiche, fließfähige Eierhippenmasse
Motive mit Schokoladen- oder Eiweißspritzglasur direkt auf Torten garniert	auf 37 °C temperierter, dickbreiiger Fondant, der eingefärbt werden kann

Garnierschrift mit rot eingefärbter Aprikosenkonfitüre eingelassen

Aufgaben

1. Nennen Sie die Spritzglasuren, die zum Garnieren verwendet werden.
2. Erklären und begründen Sie, wie Schokoladenspritzglasur beschaffen sein soll.
3. Beschreiben Sie, womit Schokoladenspritzglasur angerührt werden kann und wie Schokoladenspritzglasur hergestellt wird.
4. Erklären Sie Schokoladenspritzglasur für Ornamente und Figuren in Bezug auf
   - Temperatur der Kuvertüre beim Anrühren,
   - Flüssigkeit zum Anrühren,
   - Festigkeit der garnierten Ornamente und Figuren.
5. Beschreiben Sie das Garnieren von Ornamenten und Figuren sowie das Abnehmen vom Papier.
6. Wie wird Schokoladenkuvertüre nach dem Garnieren bis zur Wiederverwendung gelagert?
7. Beschreiben Sie das Herstellen von Eiweißspritzglasur.
8. Wie wird Eiweißspritzglasur vor dem Austrocknen an der Oberfläche geschützt?
9. Geben Sie Beispiele an, wofür Eiweißspritzglasur in der Konditorei verwendet wird.
10. Nennen Sie die Ursachen folgender Fehler der Spritzglasuren:
    - Der Faden der Schokoladenspritzglasur reißt beim Garnieren.
    - Der Faden der Schokoladenspritzglasur läuft beim Garnieren breit.
    - Die Eiweißspritzglasur läuft beim Garnieren breit.
    - Eiweißspritzglasur reißt beim Garnieren.
11. Was versteht man unter „Einlasstechnik"?
12. Nennen Sie die drei Füllmassen, die sich zum Einlassen eignen.
13. Erklären Sie, wie folgende Füllmassen zum Einlassen hergerichtet werden:
    - Konfitüre
    - Fondant
14. Nennen Sie die Ursachen folgender Fondantfehler bei der Einlasstechnik:
    - Unebenheiten des Fondants an der Oberfläche.
    - Der Fondant sickert beim Trocknen muldenförmig ein, die erwünschte, leicht erhöhte Fülle fehlt.
    - Der Fondant trocknet nicht.
    - Der Fondant ist stumpf und glanzlos.
15. Vergleichen Sie mit Kolleginnen und Kollegen die Garnierfähigkeit der Garniermassen vom Handel mit selbst angerührter Schokoladenspritzglasur. Beziehen Sie in Ihren Vergleich auch die Wirtschaftlichkeit der beiden Varianten ein.

LF 2.4

28.2 Garnieren

Spritztüte (Garniertüte)

Papier

Für die Spritztüte Wasser abweisendes Pergaminpapier oder beschichtetes Backpapier verwenden. Das Papier für die Spritztüte darf nicht durchweichen.

Papiergröße

Ein rechteckiges Papier von ca. 21 × 15 cm (A5) diagonal mit einem glatten Messer oder einer Palette durchschneiden, sodass zwei ungleichseitige Dreiecke entstehen.

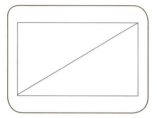

Spritztütchen drehen

An der langen Seite des Dreiecks befindet sich der Daumen der linken Hand, der zur rechts liegenden Spitze zeigt. Linkshänder sollten eventuell seitenverkehrt arbeiten.

Mit Daumen und Zeigefinger der rechten Hand die obere kurze Spitze des Dreiecks nehmen und das Papier zu einer Tüte so eindrehen, dass am linken Daumen die Spitze entsteht. Mit den Fingern der linken Hand vorsichtig die Spitze festhalten, wobei die rechte Hand die Tüte fertig dreht.

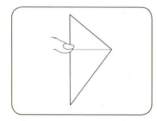

Mit dem Daumen der rechten Hand in der Tüte und dem Zeigefinger außerhalb der Tüte lässt sich durch Hin- und Herschieben die Öffnung der Tüte beliebig vergrößern. So wird die gewünschte Öffnung eingestellt.

Hat die Tüte eine kleine Öffnung, wie sie für den Garnierfaden benötigt wird, wird das überstehende Ende in die Tüte eingeschlagen, damit sie stabil wird.

Füllen der Spritztüte

Die Spritztüte mit einem Teelöffel nur halb voll mit Garniermasse füllen und verschließen.

Wird zu viel Garniermasse eingefüllt, läuft diese beim Verschließen oder Garnieren oben aus der Spritztüte heraus, was ein sauberes Garnieren unmöglich macht.

Verschließen der Spritztüte

Die Spritztüte auf der gegenüberliegenden Seite der „Naht" verschließen und zusammenfalten. Zuerst die Tüte gerade verschließen und falten, dann einmal links und rechts einschlagen und das überstehende Papier der Spritztüte straff zur Füllung hin zusammenrollen.

Die Naht liegt beim verschlossenen Spritztütchen in der Mitte und ist straff gespannt, sonst vergrößert sich unten die Tütchenöffnung, sodass sich die Fadenstärke verändert.

Gefüllte und verschlossene Garniertüte

Wenn das Spritztütchen spitz ist und keine Öffnung aufweist, kann die Spitze mit einer scharfen Schere zur gewünscht großen Öffnung abgeschnitten werden.

Nur mit exakten Spritztütchen garnieren

Nur die optimale Fadenstärke ergibt eine feine Garnierung. Wenn aus dem Spritztütchen keine Garniermasse herauskommt oder der Faden zu dünn ist, ist das Abschneiden der Tütenspitze mit einer Schere keine Lösung, weil die Öffnung dabei eingedrückt wird und der Faden beim Garnieren oval herauskommt und sich dreht.

Der Faden muss gerade aus der Öffnung der Spritztüte kommen und darf sich nicht kringeln.

Ist die Öffnung der Spritztüte nicht ideal oder kringelt sich der Faden beim Garnieren, wird eine neue Spritztüte hergestellt. Die Spitze des unbrauchbaren Spritztütchens wird vorne abgerissen und die Spritzglasur in das neue Tütchen eingedrückt.

Garnieren

Garnieren heißt schmücken und verzieren. Der Begriff „Verzieren" wird gewöhnlich in der Konditorei nicht angewandt, sondern nur im Hauswirtschaftsbereich.

Buchstaben, Zahlen und Wörter sowie Figuren können so garniert werden, wie sie mit einem Stift geschrieben bzw. gezeichnet werden können. Deshalb ist das Fachzeichnen für Konditoren eine wichtige Voraussetzung zum Garnieren.

Nur mit einer kleinen Spritztüte hat der Konditor das nötige Gefühl zum feinen Garnieren.
Beim Garnieren wird aus der kleinen, runden Öffnung der Spritztüte der so genannte „Faden" gedrückt. Dieser feine, dünne Faden wird beim Garnieren geführt und gelegt.

Der Garniervorgang

- Die Tütenspitze fast an das zu garnierende Erzeugnis anlegen und ca. drei Zentimeter hochheben.
  Beim Berühren der Garnierfläche könnte die Öffnung der Spritztüte beschädigt werden.
- Nachdem der Anfang des Fadens auf der zu garnierenden Fläche haften bleibt, wird er gleichmäßig, langsam hochgezogen und kann so locker in die gewünschte Richtung geführt und gelegt werden.
- Dabei drückt der Konditor mit dem Daumen hinten auf die Spritztüte, damit die Spritzglasur gleichmäßig aus der Öffnung fließt und beim Garnieren nicht reißt.

- Ist der Garniervorgang beendet, setzt man rechtzeitig mit dem Daumendruck aus und legt den Faden nach unten ab.

Körperhaltung beim Garnieren

Der Oberkörper und die Führungshand müssen beim Garnieren entspannt sein. Damit der Körper nicht verkrampft, sollte möglichst in aufrechter Haltung, leicht nach vorne geneigt garniert werden.

Das zu garnierende Objekt steht gerade unter Körper und Kopf. Der führende Arm befindet sich locker neben dem Körper. Die andere Hand stützt nur die Tüte bzw. die führende Hand, um ruhiger garnieren zu können. Sie sollte nicht ans Handgelenk fassen, weil die Bewegungen dadurch eingeschränkt würden.

Um genau garnieren zu können, sollten die Augen möglichst nah am Objekt sein. Arbeitstische sind für diese Tätigkeit häufig zu niedrig, sodass der Rücken zu sehr gekrümmt ist. Dadurch entstehen starke Rückenschmerzen und der Körper ermüdet schnell. Durch ständige Fehlhaltungen kommt es nach Jahren zu schmerzhaften Schäden an den Bandscheiben und der Wirbelsäule.

Richtige Handhaltung und aufrechter Oberkörper

Damit bei entspannter Körperhaltung mit aufrechtem, leicht nach vorne geneigtem Oberkörper garniert werden kann, sollte das zu garnierende Erzeugnis auf die richtige Höhe gestellt werden, z. B. auf eine Schüssel oder einen Tortenring.

Das Garnieren im Sitzen ist nur bei ausreichender Bewegungsfreiheit zu empfehlen.

Fehler beim Garnieren

- Zu langes Drücken auf die Tüte: Der Faden wird länger als gewünscht, sodass eine unschöne Verdickung entsteht.
- Zu frühes Beenden des Drucks: Der Faden wird dünn gedehnt oder zu kurz.

LF 2.4

Nur mit dem richtigen Abstand zwischen Spritztüte und Garnierfläche legt sich der Faden in die geführte, gewünschte Richtung. Bei zu weit unten gehaltener Spritztüte entstehen ungleichmäßige, zittrige Garnierungen.

Garnieren mit hochgezogenem Faden

Kringelt sich zu Beginn des Garnierens der Faden, wird mit dem Finger oder mit einem Tuch (auf keinen Fall mit dem Mund) die herausgetretene Garniermasse vorsichtig abgestreift, ohne dabei die Tütenöffnung zu beschädigen. So wird ein unschöner Garnierbeginn verhindert.

Das fachgerechte Garnieren erfordert ähnlich dem Musizieren viel Übung. Günstig ist hierfür eine abwaschbare Garnierunterlage, z. B. eine Tortenscheibe oder ein laminiertes Blatt mit vorgezeichneten Garniervorlagen.

LF 2.4

Garnierschriften

Durch das Beschriften von Festtagstorten wird der Anlass der Feier dargestellt oder der Name der beschenkten Person genannt. So erhält die Torte einen persönlichen Bezug, z. B. „Liebe Tanja, alles Gute zum 18. Geburtstag".

!

Grundsätzlich darf beim Garnieren der Faden der Spritzglasur nicht direkt an einer bereits bestehenden Linie beginnen oder enden, da sonst unschöne Verdickungen entstehen. Berühren sich zwei Linien, werden Querstriche über die Linien gelegt oder Schlaufen gebildet.

Nachfolgende Schriften sind festgelegte Garnierschriften der Konditorei, die jedoch von jedem Konditor nach Belieben und Vorliebe abgeändert werden können.

Viele Konditorinnen und Konditoren bevorzugen eine eigene Garnierschrift, die ihnen am besten gefällt. Auch die Größen und Breiten der Buchstaben werden manchmal individuell verändert. Durch die so entstehenden unterschiedlichen Schriftarten bilden sich abwechslungsreiche Garnierschriften, die jedoch alle leicht lesbar sein sollen.

Garnierblockschrift

> A A B C D E F F G H
> J K L M M N O P Q R
> S T U V W W X Y Z
> 1 2 3 4 5 6 7 8 9 0

Alphabet der Garnierblockschrift

Die Garnierblockschrift ist eine Druckschrift, die nur Großbuchstaben enthält, die auf einer Grundlinie geschrieben werden und alle gleich hoch sind. Lediglich die Breite der Buchstaben ist unterschiedlich. Diese schnörkellose Garnierschrift ist gut lesbar, es fehlt jedoch der Schwung.

Damit ein einheitliches Schriftbild entsteht, werden grundsätzlich Querstriche und Schlaufen an die Buchstaben bei einem Drittel Höhe von unten garniert.

Garnierblockschrift mit doppelten Linien

> A A B C D E F F
> G H I J K L M M N
> O P Q R S T U V W
> W X Y Z

Alphabet der Garnierblockschrift mit doppelten Linien

> **!** Die Buchstaben dieser Garnierschrift haben auf der linken Seite eine doppelte Linie. Diese zweite Linie wird bei den senkrechten Buchstaben außen und bei den runden und halbrunden Buchstaben innen gespritzt.

Der Zwischenraum dieser Doppellinien wird mit Konfitüre in der Einlasstechnik ausgefüllt.

> **!** Erst nach dem Einlassen der meist rot eingefärbten Konfitüre werden die Querstriche der Buchstaben darüber garniert, z. B. beim A, E, F, H.

Garnierschrift mit eingelassenen doppelten Linien

Fadenschrift – Schreibschrift

A B C D E F G H I
J K L M N O P Qu
R S T U V W X Y Z
a b c d e f g h i j
k l m n o p q r s ß
t u v w x y z

Alphabet der Fadenschrift

> **!** Diese Schriftart wird in einem Zug mit Groß- und Kleinbuchstaben durchgarniert.

Garnierung mit Fadenschrift

Marzipanunterlagen für Garnierschriften

Meistens werden Schriften auf dünn ausgerollte Marzipanunterlagen geschrieben. Marzipan ist schnell auf die gewünschte Stärke ausgerollt, es lässt sich leicht schneiden bzw. ausstechen und bei Bedarf biegen. Außerdem schmeckt es gut und passt zu allen Torten.

Wird direkt auf Torten garniert, können Schreib- und Garnierfehler kaum oder nur schlecht korrigiert werden. Vor allem die Platzeinteilung ist bei Schriften auf Marzipan leicht vorzunehmen. Ebenso kann mit dem Marzipan der garnierte Text problemlos auf Torten gelegt werden.

Formen der Marzipanunterlagen:
- Schriftbänder
- Schriftringe
- Schriftbögen

Marzipan wird für die zu beschriftenden Unterlagen ca. 2 mm dick ausgerollt.
Vor dem Beschriften der Marzipanunterlage sollte diese mit Kakaobutter eingesprüht werden, damit sie einen leichten Glanz bekommt und nicht so schnell austrocknet. Durch die Versiegelung der Marzipanunterlage mit der Kakaobutter können evtl. misslungene Fäden der Spritzglasur nach dem Festwerden mit einem Messer entfernt werden.

Schriftbänder

Dies sind längliche Marzipanstreifen, die meistens 1,5 bis 2,5 cm breit geschnitten werden. Die Breite des Marzipanstreifens ist nur etwas breiter als die Höhe der Schrift. Die Enden werden entweder schräg oder schwalbenschwänzlich geschnitten. Das Schriftband und die Enden können auch kunstvoll gebogen und gelegt werden.

LF 2.4

Beispiele:

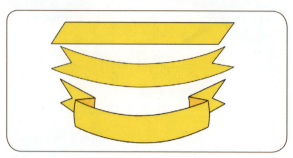

Beispiele für Schriftbandformen

Schriftring

Der Schriftring ist ein Schriftband in Kreisform. Das ausgerollte Marzipan wird mit zwei Ausstechern von unterschiedlichem Durchmesser zu einem Ring ausgestochen. Der beschriftete Schriftring wird zentriert in die Mitte der Torte gelegt.

Die Garnierblockschrift mit ihren großen Buchstaben bietet sich zum Garnieren des Schriftrings an, weil sie nach jedem Buchstaben abgesetzt werden kann.

Torte mit Schriftring

Randgarnierungen

Festtagstorten werden häufig am Rand mit einer schwungvollen, fortlaufenden Garnierung umrahmt. Diese Randgarnierungen vervollkommnen den festlichen Eindruck der Torte. Sie erfordern jedoch viel Übung und Konzentration beim Garnieren.

Randgarnierung

Festtagstorte mit Randgarnierung

Stückgarnierungen

Jedes Stück Petit Four, Dessert und Torte wird einzeln ausgarniert. In der Konditorei kennt man eine Vielzahl schöner Garnierungen für alle diese Erzeugnisse.

Petits Fours- und Dessertgarnierungen

Mit Fondant überzogene Petits Fours und Desserts (Punschdesserts bzw. Wiener Desserts) werden mit filigranen Garnierungen aus Schokoladenspritzglasur geschmückt. Sie bieten dem Auge einen optischen Genuss auf diesen süßen Erzeugnissen.

Desserts mit Stückgarnierungen

Tortenstückgarnierungen

Tortenstückgarnierungen

Wie der Name besagt, wird jedes Stück der Torte mit Spritzschokolade ausgarniert und somit verschönert. Stückgarnierungen sind schlanke Garnierungen für schmale Tortenstücke, die den Petits Fours- und Dessertgarnierungen gleich sind. Besonders gut eignen sich überzogene Torten, z. B. die mit Fondant überzogene Punschtorte.

Schmuckauflagen (Auflegedekors)

Besonders festliche Torten und Desserts sowie Eisbomben und Eisbecher werden mit verschiedenen Schmuckauflagen verschönert. Es sind Ornamente und Figuren, die entsprechend der Bedeutung des Worts „Ornament" als Dekor, Ausschmückung und Verzierung dienen.

> **!**
>
> Ornamente und Figuren werden nicht direkt, also flach auf Torten, Desserts, Eisbomben u. a. gelegt, sondern sie sollen sich als eigenständiges Element abheben.
>
> Ornamente und garnierte Figuren werden auf Creme- oder Sahnegarnierungen gelegt oder gesteckt. Dadurch entsteht ein dreidimensionaler Eindruck, der eine schwebende Wirkung erzielt.

Ornamente und Figuren aus Schokoladenkuvertüre

Ornamente und Figuren sind Schmuckauflagen, die mithilfe einer Garniervorlage mit Spritzschokolade garniert und häufig innen mit temperierter Schokoladenkuvertüre in den drei Schokoladenfarben eingelassen werden.

Garnieren von Ornamenten und Figuren
- Eine Garniervorlage, auf der viele gleiche Ornamente oder Figuren auf ein Blatt Papier gedruckt sind, wird zur rationellen Herstellung mehrerer gleicher Schmuckauflagen benötigt.
- Die Garniervorlage unter ein durchsichtiges Pergaminpapier oder Backpapier legen. Auf diese durchscheinende Unterlage mit nicht zu dünner Spritzschokolade garnieren. Folien oder laminierte Garniervorlagen eignen sich nicht, da sich beim Abnehmen der Ornamente die Folie statisch auflädt und dadurch viele Ornamente brechen.
- Nicht eingelassene Ornamente sind nach dem Festwerden der Spritzschokolade fertig und können vom Papier abgenommen werden.

Einlassen der Ornamente und Figuren
- Bei eingelassenen Ornamenten und Figuren dienen die Garnierungen als Umrandungen. Nach dem Anziehen der Spritzglasur werden die freien Flächen innen mit temperierter Schokoladenkuvertüre eingelassen (ausgefüllt). Die Schokoladenkuvertüre muss gut fließfähig sein, damit sie sich uhrglasförmig nach oben wölbt.
- Mit den Kuvertürefarben Schwarz, Braun und Weiß lassen sich schöne Farbkontraste zwischen Umrandungen und Innenflächen bilden. Durch Mischen der Kuvertüre verschiedener Farben entstehen marmorierte eingelassene Flächen.

Ornamente aus Schokoladenkuvertüre und eingelassene Garnierung in der Tortenmitte

Abnehmen der Ornamente und Figuren
Erst nach dem vollständigen Anziehen der Schokoladenkuvertüre werden die Ornamente und Figuren mit einer Palette vorsichtig vom Papier bzw. der Folie gelöst und als Schmuckelement aufgelegt.

Das Festwerden der Schokoladenkuvertüre erfolgt in einem kühlen Raum von ca. 20 °C.
Die Schmuckauflagen können auch kurz in die Kühlung gegeben werden, damit sie sich sicher lösen.

LF 2.4

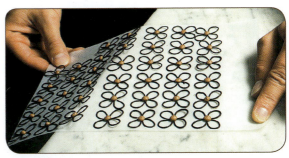

Kuvertüreornamente werden beim Abnehmen über die Tischkante gezogen

Lagerung der Ornamente und Figuren

Schmuckauflagen aus Schokoladenkuvertüre können bei kühler (bis 20 °C) und trockener Lagerung für längere Zeit auf Vorrat hergestellt werden. Werden sie in einem luftdichten Gefäß aufbewahrt, verlängert dies die Lagerfähigkeit. Eine rationelle Herstellung in größeren Mengen ist somit möglich.

Die Lagerung sollte nicht im Kühlschrank oder Kühlraum erfolgen, da die Luftfeuchtigkeit dort zu hoch ist. Die Kuvertüreteile bekommen dabei unschöne graue Flecken.

Ornamente aus Brand- und Hippenmasse

Dies sind gebackene Schmuckelemente, die mit Brandmasse garniert und häufig innen mit Hippenmasse ausgefüllt werden. Sie werden ebenso wie Ornamente und Figuren aus Schokoladenkuvertüre als Schmuckauflagen auf besonders festliche Torten, Speiseeiszubereitungen u. a. gelegt.

Brandmassenornamente mit Hippenmasse eingelassen

Rezeptbeispiel: Brandmasse

120 g	Milch	• Für Schokomasse zusätzlich 10 g gesiebtes Kakaopulver und 20 g Wasser unterrühren.
30 g	Erdnussfett	
	1 Prise Salz (ca. 2 g)	
70 g	Weizenmehl, Type 405 oder 550	• Die Brandmasse vor dem Garnieren durch ein Sieb passieren.
100 g	Vollei (2 Stück)	
320 g	**Brandmasse**	

Rezeptbeispiel: Eierhippenmasse

100 g	Vollei (2 Stück)	Für Schokomasse zusätzlich 5 g gesiebtes Kakaopulver und 10 g Wasser unterrühren.
100 g	Puderzucker	
100 g	Weizenmehl, Type 405 oder 550	
300 g	**Hippenmasse**	

Herstellung:

- Die gezeichneten Motive unter eine gewachste hitzebeständige Glasplatte oder unter eine backfeste Silikonmatte (Silikonfolie) legen. Wird Backpapier verwendet, die Enden des Papiers am Blech befestigen, damit sie sich beim Backen nicht hochbiegen und ein gleichmäßiges Backen und Bräunen verhindern.
- Mit einer mit Brandmasse gefüllten Spritztüte die Linien der Vorlage garnieren. Der gespritzte Faden der Brandmasse ist dicker als der Faden der Schokoladenspritzglasur.
- Die Innenflächen mit weicher Hippenmasse (Eierhippenmasse) ausfüllen.

Ornamente auf eine Glasplatte mit Vorlage garnieren

Backen: 180 °C, bei offenem Zug

Die Ornamente werden auf einer Glasplatte gebacken und in heißem, noch biegsamem Zustand mit einer dünnen Palette von der Unterlage gelöst. Abgekühlte Ornamente sind hart und zerbrechen leicht.

Die heißen Ornamente von der Glasplatte lösen

Die auf Silikonmatte (Silikonfolie) oder Backpapier gebackenen Ornamente werden erst nach dem vollständigen Auskühlen mit einem Spachtel gelöst.

LF 2.4

Lagerung der Ornamente

Bei trockener und kühler Lagerung, am besten in luftdichten Behältern, sind die gebackenen Ornamente mehrere Tage lagerfähig. Bei erhöhter Luftfeuchtigkeit werden sie weich und zäh. In Folie verpackt, können sie auch tiefgefroren werden.

Da die Herstellung sehr zeitaufwendig ist, sollten die Ornamente in größeren Mengen auf Vorrat hergestellt werden.

Für eine bessere Wirtschaftlichkeit können für die Brandmasse die schnell und einfach herzustellenden Convenience-Produkte verwendet werden, da bei Garnierungen kein geschmacklicher Nachteil entsteht.

Dekormotive und Aufsätze

Motive auf Torten garnieren

Mit Schokoladen- oder Eiweißspritzglasur werden dem Anlass entsprechend Motive auf Festtagstorten garniert. Mit der Einlasstechnik werden die garnierten Motive mit eingefärbter Aprikosenkonfitüre oder mit Fondant eingelassen (ausgefüllt), damit sie ein lebhaftes, natürliches Aussehen bekommen.

Der Fantasie sind bei den Motiven keine Grenzen gesetzt, sie sollen jedoch einfach erkennbar sein, z. B.
- zur Taufe: ein Storch, der ein Baby in einem Tuch im Schnabel hält,
- zum Autokauf oder zur bestandenen Führerscheinprüfung: ein Auto,
- zum Geburtstag: stilisierte Blüten oder Blumen in vereinfachter, schnörkelloser Form.

Festtagstorte mit garniertem Motiv

Die natürliche Form ist schwierig zu garnieren und wird beim Stilisieren durch wenige Linien vereinfacht. Beim Garnieren sollte selten abgesetzt werden, damit stilisierte Motive aus einem Faden zügig und gleichmäßig garniert werden. Mit wenigen Linien werden dabei die größtmögliche Wirkung und Aussagekraft erzielt.

Motive direkt auf Torten zu garnieren erfordert viel Erfahrung und Gefühl beim Umgang mit der Spritztüte, weil Fehler nicht mehr zu korrigieren sind. Die künstlerische und handwerkliche Fähigkeit der Konditoren wird damit jedoch in jedem festlichen Kreis bewundert.

Aufsätze

Die Krönung der Garnierkunst bilden filigran garnierte Aufsätze auf meist mehrstöckigen Festtagstorten. Sie sind ein auffallender Blickfang auf den Torten und gestalten diese besonders festlich. Für den Betrieb sind sie ein Werbestück und vervollständigen die handwerkliche Kunst der Konditorinnen und Konditoren.

Torte mit Kuvertüreaufsatz und Kuvertüreornamenten

Herstellung:
- Gezeichnete oder gedruckte Gitter und Figuren als Vorlage unter eine Folie oder ein transparentes Backpapier legen.
- Mit Spritzkuvertüre oder Eiweißspritzglasur zuerst die dünnsten Teile des Gittergeflechts garnieren, danach die dickeren Teile der Umrandung und zum Schluss die dicksten Teile am unteren Ende des Aufsatzes.
- Einen Sockel zur besseren Stabilisierung anfertigen. Temperierte Kuvertüre dafür mit einer Palette 2 bis 3 mm dick auf ein Papier streichen. Kurz bevor die Kuvertüre anzieht, mit einem Ausstecher einen entsprechend großen Kreis ausstechen.
- Das Garnierte für den Aufsatz und den Sockel in einem kühlen Raum oder kurz in der Kühlung fest werden lassen. Danach vorsichtig vom Papier bzw. der Folie entfernen.
- Auf den Kuvertüresockel Linien mit Spritzkuvertüre spritzen und die Einzelteile des Aufsatzes darauf stellen.

LF 2.4

Damit der Aufsatz stabiler wird, die Einzelteile beim Zusammensetzen mit Spritzkuvertüre befestigen.
• Zur Verschönerung können am Sockel noch Rosen mit Blättern angebracht werden.

Bilder auf Torten

Der Computer ist auch in der Praxis der Konditorei ein immer häufiger genutztes Hilfsmittel. Ein persönliches Bild auf einer Torte bietet einen ganz besonderen Bezug zum festlichen Anlass. Ein Foto oder Bild, das der Kunde mitbringt oder aus dem Bilderkatalog der Konditorei wählt, wird hierfür gescannt und mit Lebensmittelfarben auf eine essbare Unterlage gedruckt.

Der Konditor benötigt dafür
• einen Computer,
• einen Scanner,
• einen Drucker mit Lebensmittelfarben.

Es sollte ein eigener Drucker mit Lebensmittelfarben zur Verfügung stehen, damit auf keinen Fall gesundheitsschädliche Farbreste der gewöhnlichen Druckerpatronen auf die Unterlage gedruckt werden. Die Patronen mit Lebensmittelfarben können umweltschonend nachgefüllt werden.

Herstellung:
• Ein Foto oder Bild scannen.
• Die Größe des Bildes am Bildschirm anpassen.
• Zu dem Bild kann ein Text geschrieben werden.

• Mit der entsprechenden Software können die Bilder und der Text kunstvoll oder lustig gestaltet und verändert werden, z. B.:
– Dem Bild wird ein Rahmen zugeordnet oder es erhält einen fließenden Rand.
– Personen, Gesichter u. a. werden verzogen dargestellt, z. B. schlanker oder breiter.
– Der Text kann kunstvoll geschrieben gestaltet werden, z. B. gewellter Schriftzug, perspektivische Schrift, Schrift mit Schatten.
• Eine essbare, bedruckbare Unterlage, z. B. aus Fondant, Oblate, weiße Schokolade, die wie ein dickes Blatt aussieht, am Blatteinzug des Druckers einlegen.
• Das Bild drucken und nach dem Drucken etwas antrocknen lassen, damit die Farben nicht verwischen.
• Damit das Bild auf der feuchten Torte nicht aufweicht, wird es auf eine dünn ausgerollte Unterlage aus Marzipan gelegt. Im Handel wird dafür auch weiße ausrollfähige Zuckermasse angeboten.
• Das Bild mit der Unterlage auf der Torte platzieren.

Torte mit Bild

LF 2.4

Aufgaben

❶ Stellen Sie eine Spritztüte mit einer kleinen Öffnung her, füllen Sie diese mit Spritzschokolade und verschließen Sie die Spritztüte.
❷ Erklären Sie den fachgerechten Garniervorgang.
❸ Beschreiben Sie die ergonomische Körperhaltung beim Garnieren.
❹ Nennen Sie bekannte Garnierschriften.
❺ Beschreiben Sie die Technik beim Garnieren des Schriftbogens und Schriftrings.
❻ Was versteht man unter
• Randgarnierungen,   • Stückgarnierungen?
❼ Welche Ursache hat eine ungleichmäßige, zittrige Garnierung?
❽ Warum darf der Faden der Spritzglasur nicht an einem bestehenden Faden beginnen und enden?

❾ Beschreiben Sie die Arbeitsschritte beim Herstellen von Ornamenten und Figuren:
• Garnieren   • Einlassen
• Abnehmen vom Papier
❿ Erklären Sie die Herstellung von Ornamenten aus Brand- und Hippenmasse.
⓫ Wie werden Ornamente und Figuren auf Torten und Desserts gelegt?
⓬ Wie wird ein Kuvertüreaufsatz hergestellt?
⓭ Ihre Konditorei möchte einen Katalog mit Festtagstorten zu besonderen Anlässen zusammenstellen. Dafür sollen Sie jeweils zwei Garnierungen für folgende Torten entwerfen:
• Geburtstagstorten   • Hochzeitstorten
• Torten zur Taufe

29

Torten, Desserts und Petits Fours

Situation

Ihre Konditorei möchte im Herbst eine Aktion starten: „Torten und Kunst – ein Genuss". Bei der Planung stellen Sie mit Ihren Kolleginnen und Kollegen verschiedene Torten mit unterschiedlichen Füllungen her, die je nach Tortengeschmack ausgarniert werden.

- Was versteht man unter Anschnitttorten, Festtagstorten, Desserts, Petits Fours und Käsefours?
- Wie werden Torten hergestellt?
- Welche Buttercremetorten und -desserts werden in der Konditorei angeboten und wie setzen sie sich zusammen?
- Wie werden Sahnetorten und Sahnecremetorten sowie Sahnedesserts hergestellt?
- Welche klassischen Torten mit verschiedenen Füllungen gehören in der Konditorei zum Angebot und wie ist deren Aufbau?
- Wie werden Käsetorten und Obsttorten hergestellt?

29.1 Tortenformen, Desserts und Petits Fours

Tortenformen

Entsprechend ihrem Äußeren werden Torten nach ihrer Form und Verwendung unterschieden.

Anschnitttorten

- runde Torten
- Kuppeltorten (gewölbte Torten)
- Ringtorte: Frankfurter Kranz
- konische Torten (nach oben kleiner werdend)

LF
2.4

Kuppeltorte

Frankfurter Kranz

Konische Torte

Anschnitttorten

Runde Anschnitttorte

Verkauf von Anschnitttorten

Anschnitttorte

Tortendurchmesser: 26 oder 28 cm
Stückzahl: hohe Torten, 6 bis 7 cm Höhe: 16 Stück;
flache Torten, ca. 4 cm Höhe: 12 oder 14 Stück
Garnierung: jedes Stück gleich
Verkauf: stückweise abgeschnitten im Laden und Café

Verkauf von ganzen Torten

Runde Kleintorten

Runde Kleintorten haben einen Durchmesser von 14 bis 20 cm.

Festtagstorten

Festtagstorten sind besonders attraktiv ausgarnierte Torten zu bestimmten Anlässen, z. B. Geburtstag, Taufe, Hochzeit, Muttertag.

*Formtorte:
Vierblättriges Kleeblatt*

Formtorte Gesicht

Formtorte Spielkarte

*Herzförmige
Formtorte*

Rechteckige Formtorte

Formtorten

Geburtstagstorte

Kleintorte zum Kindergeburtstag

Bildtorte

Dreistöckige Hochzeitstorte

*Etagentorte
zur Hochzeit*

Zweistöckige Geburtstagstorte

Festtagstorten

Formen der Festtagstorten:
- runde Torten
- runde Kleintorten
- Formtorten, z. B. Herz-, Wappen-, Blütenform
- Etagen- oder Aufsatztorten sind mehrere Torten übereinander, wobei sich der Durchmesser der Torten nach oben verringert.
  - Auf einem Tortenständer werden mehrere Torten etagenweise übereinandergestellt.
  - Zwei bis drei Torten können direkt aufeinandergesetzt werden.

Ihr festliches und besonderes Aussehen erhalten diese Torten durch
- die Aufschrift auf einer Marzipanunterlage, die den Anlass bekannt gibt, z. B. „Zum Muttertag", „Zur Taufe",
- die Randgarnierung, die als Torteneinrahmung dient, modellierte Marzipanartikel wie Rosen mit Stielen und Blättern oder Marzipanfiguren zum Kindergeburtstag.

Desserts

Der französische Begriff „Dessert" bedeutet eigentlich Nachtisch. In der Konditorei werden jedoch tortenähnliche Erzeugnisse, die eine andere Form als Torten haben, als Desserts bezeichnet, da sie in früherer Zeit als besonders feine Nachspeise gereicht wurden.
Die Gebäcke werden aus verschiedenen Massen mit unterschiedlichen Füllungen zubereitet.

Dessertbeispiele:
- Creme- und Sahneschnitten
- Rouladen gefüllt mit Creme, Sahne oder Konfitüre
- Obsttörtchen und Obstschnitten
- Gebäckstücke mit Creme oder Sahne gefüllt, z. B. Windbeutel, Eclairs, Mohrenköpfe, Sahneomeletts, Sahnerollen (Schillerlocken), Schlotfeger

Die Schnitten und Rouladen werden statt mit Tortenböden mit Kapseln hergestellt. Die Füllung ist wie bei den Torten aus Buttercreme, Schlagsahne und Konfitüre.

Petits Fours

Petits Fours sind kleine Desserts, die ca. $3 \times 3 \times 3$ cm groß sind. Es sind feine süße Köstlichkeiten, die meistens zu besonderen Festen bestellt werden. Die schön ausgarnierten Petits Fours dienen auf wertvollen Silbertabletts oder auf Spiegeln als Blickfang für die festliche Kaffeetafel.

Petits Fours

Herstellung von Petits Fours
- Kapseln mit Buttercreme, Konfitüre, Nugatcreme oder mit einer mit Läuterzucker streichfähig gemachten Marzipanrohmasse füllen.
- Die Oberfläche der zusammengesetzten Kapseln dünn mit Marzipan abdecken.
- Die Kapseln gut durchkühlen lassen.
- Die gekühlten und somit stabilen Kapseln schneiden oder ausstechen, z. B. zu Rechtecken, Quadraten, Dreiecken, Rauten, Trapezen, Blüten, Kreisen und Halbmonden.
- Die geschnittenen bzw. ausgestochenen Stücke in Aprikotur tauchen und wenn diese fest ist, die Stücke in Fondant tauchen zum Überziehen.
  Der Fondant kann zur farblichen Abwechslung leicht mit Lebensmittelfarbe oder mit Kuvertüre zu Schokoladenfondant eingefärbt werden.
- Jedes Stück der Petits Fours mit Schokoladenspritzglasur ausgarnieren. Die Garnierungen können zum schönen Farbkontrast noch mit kleinen Stücken von Belegkirschen und Angelika (kandierte Früchte) belegt werden.

LF 2.4

Obst-Sahnedesserts

Verschiedene Cremedesserts

Cremedessertschnitten

Käsefours

Käsefours sind pikante, schön ausgarnierte kleine Speisen (Happen). Auf Tabletts sind sie in ihrer abwechslungsreichen, kunstvollen Darstellung auf jedem kalten Büfett ein Blickfang. Sie passen auch zu Stehempfängen oder Partys.

Herstellung von Käsefours

- Gebäcke: Vollkornbrot, Knäckebrot, Kräcker, kleine Gebäcke aus Brandmasse, Mürbeteig, Blätterteig
- Füllung: Die Gebäcke werden gefüllt mit Käsecreme oder mit Käsebuttercreme
- Garnierung, verschiedenfarbig belegt:
  - Gemüse, z. B. Cocktailtomaten, kleine Maiskolben, Radieschen, kleine Essiggurken, Paprika rot und gelb, Oliven schwarz und grün
  - Obst, z. B. Stücke von Erdbeeren, Weintrauben, Kirschen, Mandarinen, Kiwis, Physalis,
  - Kaviar
  - Salami, kelchförmig eingerollt
  - Küchenkräuter, z. B. Petersilie, Schnittlauch, Dill, Melisse

Käsebuttercreme ist deutsche Buttercreme ohne Zucker, mit Käse (➞ S. 460).
Käsecreme ist ohne Butter und deshalb wesentlich bekömmlicher (➞ S. 461).

Käsefours

Schwäne aus Brandmasse und Käsecreme

Aufgaben

1. Beschreiben Sie Anschnitttorten:
   - Tortenformen
   - Tortendurchmesser
   - Stückzahl von hohen Torten und flachen Torten
   - Garnierung der Anschnitttorten
2. Erklären Sie Festtagstorten:
   - Tortenformen
   - Besonderheiten der Festtagstorten
3. Erläutern Sie, was man in der Konditorei unter Desserts versteht.
4. Geben Sie Beispiele für Desserts in der Konditorei an.
5. Erklären Sie Petits Fours.
6. Beschreiben Sie die Herstellung von Petits Fours.
7. Erläutern Sie Käsefours.
8. Benennen Sie die möglichen Zutaten, aus denen Käsefours hergestellt werden:
   - Gebäck   • Füllung   • Garnierung
9. Anlässlich des Firmenjubiläums Ihrer Konditorei lädt Ihr Betrieb zu einem Sektempfang ein. Beim Sektempfang sollen Käsefours gereicht werden. Stellen Sie verschiedene Käsefours mit unterschiedlichen Backwaren und Garnierungen her.

Rechenaufgaben

1. Der Konditoreibetrieb verlangt bei einer Bestellung für 80 Desserts 112,00 €. Die Materialkosten betragen 21,00 €. Die Betriebskosten sind mit 280 % und die Mehrwertsteuer mit 7 % zu berücksichtigen. Wie hoch wurden Gewinn und Risiko in € und % berechnet?

2. Ein Petit Four kostet im Laden 1,60 €.
   a) Wie viel kostet ein Stück im Café bei 18 % Caféaufschlag und 19 % Mehrwertsteuer?
   b) Bei einer Bestellung von 50 Petits Fours wird 8 % Rabatt auf den Ladenpreis gewährt. Wie viel kosten 50 Petits Fours?

29.2 Herstellen von Torten

Torten setzen sich aus Tortenböden und Füllungen zusammen. Die Torten werden am Rand und auf der Oberfläche eingestrichen und entsprechend ausgarniert.

Fachgerecht hergestellte Cremetorten

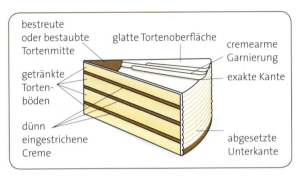

Aufbau einer Cremetorte

Tortenböden

- Biskuitböden
- Wiener Böden: helle Wiener Böden, Schokoladenböden, Nussböden, Mandelböden
- einzeln gebackene Wiener Böden
- Sacherböden = schokoladenhaltige Wiener Böden
- Kapseln (auf Backbleche gestrichene Biskuit- oder Wiener Masse)
- getrocknete Baiserböden

Die in Ringen gebackenen Tortenböden können in der Kühlung einige Tage gelagert werden. Die Tortenringe werden erst beim Gebrauch der Tortenböden abgeschnitten.

Mit einem glatten Messer ohne Säge bzw. Wellenschliff den Boden eng am Ring herausschneiden, damit der Rand glatt und unbeschädigt bleibt.

Schneiden der Tortenböden

Tortenböden werden mit einem langen Sägemesser waagerecht in gleich dicke Scheiben geschnitten. Ein Tortenboden wird für Cremetorten und für Torten, die mit Konfitüre gefüllt werden, gewöhnlich dreimal durchgeschnitten, für Sahnetorten zweimal. Zu dicke Böden sind in Cremetorten und in mit Konfitüre gefüllten Torten zu trocken.

Mit einem Schneidegerät lassen sich ganz gleichmäßige dicke Scheiben schneiden. Mit den scharfen Saiten (Drähten), deren Abstand am Rahmen des Geräts beliebig verschoben werden kann, zieht man durch den Tortenboden, der so durchgeschnitten wird.

> **!** Die obere dünne braune Haut der Tortenböden sollte vor dem Schneiden abgeschnitten werden. Diese dunkle Schicht stört optisch im hellen Tortenanschnitt.

Ganzer und geschnittener Tortenboden

Tränken der Tortenböden

Da Buttercreme und Fettcreme sowie die dünn eingestrichene Konfitüre in Torten keine Feuchtigkeit abgeben, werden die einzelnen Tortenbodenscheiben mit Läuterzucker getränkt. Auch die Tortenböden für Sahnetorten können leicht getränkt werden.

Rezeptbeispiel: Tränke für Tortenböden – Rumtränke	
1000 g Wasser (1 l) ca. 750 g Zucker (Zuckermenge nach Belieben)	kochen = **Läuterzucker**
100 bis 200 g Rum (36 % vol) oder andere Spirituose, z. B. Weinbrand	Nach dem Abkühlen des Läuterzuckers den Rum oder andere Spirituose einrühren.

Zutaten einer Rumtränke

LF 2.4

In die Tortentränke, z. B. Rumtränke, nicht zu viel Alkohol geben, da sonst der Eigengeschmack der Torte überdeckt wird. Der Geschmack soll lediglich verfeinert werden. Der Alkohol darf nicht dominieren.

> **!**
> Bei Torten, die ohne Alkohol gewünscht werden, z. B. Torten für Kinder, wird kein Alkohol in den Läuterzucker gegeben. Als alkoholfreie Tortentränke kann auch Fruchtsaft verwendet werden.

Wird die Tortentränke in einen Behälter gegeben und abgedeckt, ist sie mehrere Tage lagerfähig und kann im Voraus hergestellt werden.

> **!**
> Die einzelnen Tortenböden ausreichend tränken, damit die Böden in den Torten immer frisch wirken und nicht trocken werden.
> • Zu wenig Tortentränke führt zu trockenen Torten.
> • Mit zu viel Tortentränke werden die Tortenböden zu nass, sodass der Tortenboden nicht mehr wahrgenommen wird.

Tortenboden tränken

Einstreichen von Cremetorten

Einstreichen (Füllen) der Tortenböden

Jeden Tortenboden vor dem Einstreichen mit Creme tränken.

Einen Schaber Creme auf den Tortenboden geben und diese dünn und gleichmäßig verstreichen und die Torte somit füllen. Das Verstreichen und Füllen wird als Einstreichen der Torten bezeichnet.

Das Einstreichen erfolgt mit einer Palette, die länger ist als der Durchmesser der Torte.

Französische Buttercreme enthält einen hohen Butteranteil und sollte deshalb dünn eingestrichen werden. Deutsche Buttercreme mit einem hohen Anteil an Vanillecreme ist bekömmlicher und kann somit dicker eingestrichen werden.

Einstreichen (Füllen) von Tortenböden

Einstreichen der Torten an der Oberfläche und am Rand

Einstreichen der Tortenoberfläche und des Tortenrands

Abziehen des Tortenrands mit einem Schaber

Abziehen der Tortenoberfläche

LF 2.4

Nachdem die Tortenböden fertig eingestrichen und übereinandergesetzt sind, wird die Torte außen eingestrichen.
- Zuerst die Oberfläche der Torte mit Creme einstreichen,
  sodass ein leichter Überhang an der Kante entsteht.
- Den seitlichen Rand einstreichen und die Palette dabei
  senkrecht halten. Es steht nun etwas Creme nach oben
  über den Rand der Torte.
- Mit einem glatten oder gezackten Schaber den
  Tortenrand abziehen. Den Schaber dabei im spitzen
  Winkel an den Tortenrand halten und in einem Zug
  um die halbe Torte ziehen. Die Torte drehen und die
  andere Hälfte abziehen.
- Mit einer Palette die Tortenoberfläche „abziehen", d. h.
  glatt streichen. Dabei mit einer sauberen Palette von
  außen nach innen streichen, damit exakte Kanten und
  eine glatte Tortenoberfläche entstehen.
  Jetzt dürfen keine Teile des Tortenbodens mehr
  sichtbar sein.

Ausgarnieren einer Cremetorte

Fertigstellen der Anschnitttorten

Absetzen der Torten

Häufig werden Cremetorten an der Unterkante der Torten
mit Dekormaterial einige Millimeter hoch abgesetzt, um
einen exakten Abschluss zu erzielen. Das Dekormaterial
muss zum Geschmack der Buttercreme passen, z. B. Schokoladenstreusel, gehobelte, geröstete Mandeln, Krokantstreusel.

*Fachgerechte Cremetorte: cremearme Garnierung, keine
Cremegarnierung im Mittelkreis, abgesetzte Unterkante*

Dekormaterial

Dekormaterial für den Mittelkreis und zum Absetzen der
Unterkante:
- Schokoladenspäne, Schokoladenstreusel, Kakaopulver
- gehobelte, geröstete Mandeln, grob gehackte Nüsse,
  Krokantstreusel, gehackte Pistazien

Dekormaterial auf der Garnierung:
- Kuvertüreornamente, Mokkabohnen
- geschälte Haselnüsse, Walnüsse, ganze Pistazien
- Belegkirschen
- gelierte Fruchtstücke, z. B. Ananas, Mandarinen
  Frischobst als Dekor muss vor dem Auflegen auf die
  Torten mit Tortenguss geliert werden, damit die
  Früchte nicht austrocknen und unansehnlich werden.

Ausgarnieren der Torten

- Die eingestrichene Torte mit einem Torteneinteiler
  meist in 16 Stück einteilen.
- Der Mittelkreis der Torte bleibt ohne Cremegarnierung,
  damit die Tortenstücke genau abgeschnitten werden
  können. Häufig wird die Mitte mithilfe eines Aus-
  stechers und einer Schablone darauf dünn mit Dekormaterial bestreut, z. B. mit gehobelten, gerösteten
  Mandeln, Krokantstreusel, gehackten Pistazien,
  Schokoladenspänen oder Kakaopulver.
- Mit dem Dressierbeutel und einer kleinen 5-mm-Loch-
  tülle vom Mittelkreis aus garnieren. Die Garnierung
  sollte cremearm sein, damit sie nicht zu sättigend wirkt.
  Sie sollte auch neben der Stückeinteilung erfolgen,
  damit diese zum genauen Abschneiden sichtbar bleibt.
- Vielfach wird am Rand auf jedes Stück der Garnierung
  ein Dekormaterial gelegt.
- Die fertige Cremetorte auf eine Tortenplatte schieben.
  Ganze bestellte Torten auf eine Pappscheibe mit
  Spitzenpapier geben.

Das Dekormaterial wird der Geschmacksrichtung der
Torte angepasst, z. B. auf eine Mokkatorte Schokoladenspäne streuen und eine Mokkabohne auf jedes Stück
legen. Auf eine Nusstorte passen keine Schokoladenspäne zu den ganzen, geschälten Haselnüssen auf
jedem Stück, sondern gehobelte Mandeln.

LF
2.4

Eindecken und Einschlagen von Torten

Mit Schokoladenkuvertüre und Fettglasur sowie mit Fondant überzogene Torten werden häufig mit Marzipan eingedeckt oder eingeschlagen. Dafür wird Marzipan mit der Ausrollmaschine dünn ausgerollt.

Eindecken

Beim Eindecken mit Marzipan wird nur die Oberfläche der Torte, ohne Rand bedeckt. Das dünn ausgerollte Marzipan mit einem Tortenring mit gleichem Durchmesser wie die Torte ausstechen und exakt auf die Oberfläche auflegen.

Mit Marzipan eingedeckte Punschtorte

Einschlagen

Beim Einschlagen wird die ganze Torte an der Oberfläche und am Rand mit dünn ausgerolltem Marzipan eingeschlagen.

Marzipanfalten sollten möglichst vermieden werden. Das unten überstehende Marzipan an der Unterkante der Torte mit einem Messer abschneiden.

Einschlagen einer Torte mit Marzipan

Die Vorteile des Eindeckens und Einschlagens mit Marzipan sind:
- Die Tortenoberfläche wird dadurch besonders schön glatt.
- Schokoladenkuvertüre, Fettglasur oder Fondant können nicht in die Torte sickern.
- Die dünne Schicht der Schokoladenkuvertüre bzw. des Fondants glänzt auf der festen, trockenen Marzipanunterlage. Marzipan bildet eine Trennschicht, sodass die Feuchtigkeit des Torteninneren den Überzug nicht beeinträchtigt.

Überziehen von Torten

Die eingestrichene Cremetorte lässt man in der Kühlung etwas absteifen, damit die Creme außen fest wird, oder man überschlägt die Torte mit einer dünnen Marzipandecke. Zum Überziehen die Torten auf einem Ablaufgitter mit Schokoladenkuvertüre oder Fettglasur sowie mit Fondant übergießen und auf der Oberfläche mit einer Palette in wenigen Zügen glatt streichen, sodass der Überzug beim Ablaufen den Rand der Torte bedeckt.

Überziehen einer Torte mit Schokoladenkuvertüre

Herstellen von Sahnetorten

Sahnetorten werden wie Cremetorten hergestellt. Die lockere Schlagsahne wird jedoch dicker eingestrichen und garniert als die fetthaltige Creme.
- Die Tortenböden werden gewöhnlich zweimal durchgeschnitten; das ergibt drei Scheiben Tortenböden.
- Die Tortenböden werden dick mit Sahne eingestrichen.
- Die Tortenstücke werden mit einem dicken Punkt oder einer Rosette ausgarniert.
- Sahnetorten werden an der Unterkante der Torten nicht abgesetzt.

Tortenboden dick mit Schlagsahne einstreichen

Tortenrand mit einem gezackten Schaber abziehen (riefen)

Sahnetorten mit dicken Punkten oder Rosetten aus Schlagsahne ausgarnieren

Dekor auf Sahnetorte, je nach Geschmacksrichtung

Aufgaben

1. Beschreiben Sie, was eine fachgerecht hergestellte Cremetorte enthält und wie sie aussieht.
2. Nennen Sie die verschiedenen Tortenböden für die Tortenherstellung.
3. Erklären Sie, wie Tortenböden auseinandergeschnitten werden.
4. Erstellen Sie ein Rezeptbeispiel einer Tränke für Tortenböden, z. B. Rumtränke, und geben Sie die Herstellung an.
5. Wie wird eine alkoholfreie Tortentränke hergestellt?
6. Beschreiben Sie die Herstellung einer Cremetorte:
   - das Einstreichen
   - das Ausgarnieren einer Anschnitttorte
7. Nennen Sie mögliches Dekormaterial für Cremetorten.
8. Wie muss das Dekormaterial mit der Cremetorte abgestimmt sein?
9. Erklären Sie das Eindecken und Einschlagen von Torten.
10. Beschreiben Sie das Überziehen einer Torte mit Schokoladenkuvertüre, Fettglasur oder Fondant.
11. Beschreiben Sie das Herstellen und Ausgarnieren der Sahnetorten.
12. Ihre Konditorei will folgende besondere Torten anbieten:

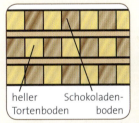

heller Tortenboden   Schokoladenboden

Schachbretttorte

Streifentorte

Überlegen Sie, wie die Schachbretttorte und Streifentorte hergestellt werden.

Rechenaufgabe

Es soll Läuterzucker für eine Tortenbodentränke im Verhältnis 4 Teile Wasser und 3 Teile Zucker hergestellt werden. Dafür werden 2,340 kg Zucker verwendet.

a) Wie viel g Wasser wird verwendet und wie viel wiegt der gesamte Läuterzucker?

b) Für eine Rumtränke wird dem Läuterzucker 11 % Rum zugegeben (runden Sie auf ganze Gramm ab). Berechnen Sie den Rumanteil in g und wie viel kg die gesamte Rumtränke wiegt.

LF 2.4

29.3 Cremetorten und Cremedesserts

Bei den Cremetorten sollen die Tortenböden mit dem Geschmack der Creme harmonieren. Die Garnierung ist beliebig und erfolgt nach der Kreativität der Konditorei. Häufig ist der Geschmack der Creme ausschlaggebend für den Namen der Torte.

Beispiele für die Zusammensetzung von Cremetorten:

- **Nusscremetorten:**
  Nussböden, Nusscreme, Oberfläche mit Milchschokoladenkuvertüre oder Nussfettglasur überzogen, geschälte Haselnüsse, bzw. bei Walnusstorten Walnüsse auf jedes Stück legen
- **Schokoladencremetorten:**
  Schokoladenböden, Schokoladencreme, Schokoladenspäne
- **Mokkacremetorten:**
  Helle und Schokoladenböden gemischt, Mokkacreme, Mokkabohnen
- **Eierlikörcremetorten:**
  Helle und Schokoladenböden gemischt oder Nussböden, Eierlikörcreme, Eierlikör überspritzen und/oder gehobelte, geröstete Mandeln
- **Mandarinencremetorten:**
  Helle Tortenböden, Mandarinencreme, gelierte Mandarinenstücke

Nussbuttercremetorte mit deutscher Buttercreme, die etwas dicker eingestrichen wird

Eierlikörcremetorte

Prinzregententorte

Zu den klassischen Cremetorten zählt die Prinzregententorte. Ein Münchner Hofkonditor stellte diese Torte für einen bayerischen Prinzregenten her, der eine Vorliebe für schokoladenhaltige Backwerke hatte. Ursprünglich wurde die Torte zu Ehren des Prinzregenten mit sieben einzeln gebackenen Böden hergestellt, die die sieben Regierungsbezirke Bayerns symbolisieren sollten.

Prinzregententorte wird

- hergestellt aus einzeln gebackenen Wiener Böden (→ Seite 412);
  die Anzahl der Böden kann beliebig nach der Höhe der Torte bestimmt werden.
- gefüllt mit Schokoladencreme.
- überzogen mit Schokoladenkuvertüre oder Fettglasur.

Prinzregententorte

Frankfurter Kranz

Frankfurter Kranz besteht aus:
- kranzförmigem Tortenboden aus Sand-, Wiener- oder Biskuitmasse
- gefüllt und eingestrichen mit Buttercreme beliebiger Geschmacksrichtung
- außen eingestreut mit Mandel- oder Nusskrokantstreusel (→ Seite 528)
- einem Tupfen Creme auf jedem Stück und mit einer Belegkirsche als Farbtupfer.

Frankfurter Kranz

LF 2.4

Cremedesserts

Der Aufbau der Cremedesserts ist denen der Cremetorten ähnlich. Sie sehen jedoch anders aus als Torten, z. B. Cremerouladen oder Cremeschnitten.

Cremedesserts

Bei Schnitten werden Kapseln in ca. 10 cm breite Streifen geschnitten, mit Creme gefüllt und übereinandergesetzt. Nach dem Ausgarnieren werden sie zu Schnitten geschnitten.

Cremedesserts als Schnitten

Diese Schnitten können auch zu dreieckigen Desserts zusammengesetzt werden. Dabei werden die Streifen der rechteckigen Schnitten diagonal durchgeschnitten und die zwei Hälften zu Dreiecken zusammengestellt.

Dreieckige Cremedesserts als Schnitten

Lagerung und Abschneiden der Cremetorten und Cremedesserts

Cremetorten und Cremedesserts werden in der Kühltheke bei ca. 12 °C gelagert.

Einen glatten Schnitt bekommen sie beim Anschneiden
- direkt aus der Kühlung,
- mit einem Sägemesser,
- das in heißem Wasser erwärmt wurde und feucht ist.

Anschneiden einer Torte

Verzehr von Cremetorten und Cremedesserts

Werden Cremetorten und Cremedesserts unmittelbar aus der Kühltheke genommen und gegessen, ist die Creme zu kalt und somit zu fest. Die Cremeerzeugnisse haben dann außerdem zu wenig Geschmack. Die Butter bzw. Margarine in der Creme ist zu fest und bei Kälte kommt der aromatische Geschmack der Creme nicht zur Geltung.

Cremetorten und Cremedesserts sollen vor dem Verzehr aus der Kühlung genommen werden, damit sie sich bei Raumtemperatur etwas erwärmen. In temperiertem Zustand bei 18 bis 20 °C bekommt die Creme einen zarten Schmelz und es entwickelt sich der volle Geschmack, weil die Aromastoffe erst bei Wärme frei werden.

Cremetorten sind kurzzeitig bei nicht zu warmer Raumtemperatur unempfindlich. Sie können z. B. bei Festlichkeiten einige Zeit ohne Kühlung auf dem Festtagstisch stehen.

LF 2.4

Nährwert der Cremetorten und Cremedesserts

Im Vergleich zu den Sahnetorten und Sahnedesserts besitzen die Cremeerzeugnisse keinen höheren Fettgehalt.

Für eine Sahnetorte wird ca. 1 l Schlagsahne benötigt.	Für eine Cremetorte wird ca. 700 g deutsche Buttercreme benötigt, z. B. 300 g Butter und 400 g Vanillecreme.
1 l Schlagsahne besteht aus 30 % Milchfett ≙ 300 g Milchfett	Butter enthält 82 % Milchfett. 300 g Butter ≙ 246 g Milchfett; Vanillecreme ist besonders fettarm.

Verkaufsargumente

Qualitätsmerkmale für die Kundenberatung

- Cremetorten und Cremedesserts sind besonders geschmackvolle Erzeugnisse mit lockeren, getränkten Tortenböden bzw. Kapseln und feiner Creme, bei der der namengebende Geschmacksstoff dominiert, z. B. Schokolade, Nuss, Eierlikör.
- Die Creme hat temperiert einen feinen Geschmack mit zartem Schmelz. Die Buttercreme enthält zusätzlich noch den angenehmen Buttergeschmack.
- Cremetorten und Cremedesserts sind keine fettig schmeckenden Erzeugnisse, da die feine, zarte Creme nur dünn eingestrichen wird.

Frischhaltung

Cremetorten und Cremedesserts werden in der Kühlung aufbewahrt und sind mindestens vier Tage lagerfähig. Sie sind frisch, so lange die Tortenböden weich sind.

Besondere Eignung

- Cremetorten und Cremedesserts sind besonders geschmackvolle Erzeugnisse zum Kaffee und Tee. Sie passen zu jeder festlichen Kaffeetafel.
- Cremetorten eignen sich als schön ausgarnierte Festtagstorten, die auf der Festtagstafel temperaturunempfindlich sind.

Aufgaben

1. Beschreiben Sie den Aufbau verschiedener Cremetorten in Bezug auf Tortenböden, Creme und Dekor zur Garnierung, z. B.:
   - Nusscremetorte
   - Schokoladencremetorte
   - Mokkacremetorte
   - Eierlikörtorte
   - Mandarinencremetorte
   - Frankfurter Kranz
   - weitere in Ihrer Konditorei hergestellte Cremetorten
2. Erklären Sie, was man unter Cremedesserts versteht.
3. Beschreiben Sie die Herstellung von Schnitten als Cremedesserts.
4. Wo werden Cremetorten und Cremedesserts gelagert und wie werden sie angeschnitten?
5. Erklären Sie, in welchem Zustand Cremetorten und Cremedesserts am besten schmecken. Begründen Sie die Aussagen.
6. Erklären Sie die Qualitätsmerkmale von Cremetorten und Cremedesserts bei der Kundenberatung.
7. Geben Sie Auskunft über die Frischhaltung der Cremetorten und Cremedesserts.
8. Wofür eignen Sie Cremetorten und Cremedesserts besonders gut?
9. In Ihrer Konditorei ist der Absatz von Cremetorten zurückgegangen, weil viele Kunden meinen, dass diese Torten zu energiereich seien. Deshalb sollen Sie eine Werbeaktion planen, in der die Qualitätsmerkmale der Cremetorten und Cremedesserts herausgestellt werden. Beschreiben Sie auch den Aufbau verschiedener Cremetorten, die bei der Aktion angeboten werden können. Lassen Sie den Kunden mundgerechte Stücke von Torten direkt aus der Kühlung und temperierte Cremetortenstücke probieren. Stellen Sie anschließend gemeinsam die Unterschiede in Konsistenz und Geschmack fest.

LF
2.4

Rechenaufgaben

1. Ein ganzer Frankfurter Kranz kostet im Café 30,40 €. Wie viel kostet ein Stück Frankfurter Kranz im Laden, der in 16 Stück eingeteilt ist, wenn die Mehrwertsteuer im Café 19 % und der Caféaufschlag 23 % betragen?

2. Ein Streifen Cremedesserts als Schnitten enthält 28 Stück, die im Laden 42,00 € kosten. Wie viel kostet ein Stück im Café, bei 21,5 % Caféaufschlag?

29.4 Sahnetorten

Die Sahnetorten werden meistens nach der Geschmacksrichtung der Sahne benannt. Tortenböden, Füllung und Dekor sollten zur Geschmacksrichtung passen.
Im Folgenden wird die übliche Herstellung bekannter Sahnetorten beschrieben.

Schwarzwälder Kirschsahnetorte

Bestimmungen der Leitsätze
- Schokoladenböden und/oder helle Wiener Böden oder Biskuitböden.
- Die Torte wird mit Schlagsahne oder Buttercreme eingestrichen.
- Gefüllt wird die Torte mit Kirschen, auch gebundene Kirschen.
- Das zugegebene Kirschwasser muss geschmacklich deutlich wahrnehmbar sein.
- Die Torte wird mit Schokoladenspänen garniert.

Herstellung

- Gebundene Sauerkirschen auf den unteren Tortenboden geben und Kirschwassersahne darauf streichen.
- Die Torte mit Kirschwassersahne einstreichen.
- Auf jedes Stück der Torte eine Sahnerosette dressieren und eine entsteinte Süßkirsche auflegen.
- Die Mitte der Schwarzwälder Kirschsahnetorte mit Schokoladenspänen bestreuen.

Gebundene Sauerkirschen und Kirschwassersahne auf dem unteren Tortenboden

Schwarzwälder Kirschsahnetorte

Schokoladensahnetorte

- Einen Schokoladenboden zweimal auseinanderschneiden, sodass drei Tortenbodenscheiben entstehen.
- Schokoladensahne auf den Tortenboden füllen und die Torte einstreichen.
- Auf jedes Stück eine Sahnerosette oder einen Sahnetupfen garnieren und die Mitte mit Schokoladenspänen bestreuen. Die Schokospäne leicht mit Puderzucker bestauben.

Schokoladensahnetorte

Herstellung einer Schokoladensahne

Die Schokoladenkuvertüre auf ca. 45 °C erwärmen und mit der flüssigen Gelatine sowie mit etwas Schlagsahne anrühren. Anschließend wird die restliche Sahne untergerührt. Wird die Schokoladenkuvertüre in die gesamte Schlagsahne gerührt, verliert die Sahne an Volumen.

Etwas Schlagsahne in die Kuvertüre und Gelatine rühren

Ist die Schokoladenkuvertüre zu kühl, zieht sie beim Einrühren in die kalte Schlagsahne sofort an und es entstehen kleine Kuvertüreklümpchen, die in der Sahne wie schwarze Punkte aussehen.
Ist die Schokoladenkuvertüre zu warm, verringert sich das Volumen der Schlagsahne.

Kuvertüreklümpchen in der Schlagsahne

LF 2.4

Holländer Kirschsahnetorte

Es werden drei Blätterteigböden benötigt.
Den oberen Blätterteigboden an der glatten Unterseite aprikotieren und mit rötlich eingefärbtem Fondant glasieren.

- Auf den unteren Blätterteigboden gebundene Sauerkirschen geben und darauf Kirschwassersahne oder Vanillesahne streichen (Sahne mit Kirschwasser oder Vanille abgeschmeckt).
- Den mittleren Blätterteigboden ebenfalls mit Kirschwasser- bzw. Vanillesahne bestreichen.
- Den glasierten Blätterteigboden oben auf legen.
- Auf jedes Stück der Torte eine Sahnerosette oder Sahnepunkte dressieren. Darauf können jeweils entsteinte Süßkirschen gelegt werden.

Holländer Kirschsahneschnitten werden wie die Torte hergestellt, statt Böden werden Blätterteigstreifen eingestrichen.

Holländer Kirschsahnetorte und Kirschsahneschnitte

Flockensahnetorte

Für eine Flockensahnetorte werden drei Böden aus Brandmasse benötigt.
Für den oberen Brandmasseboden wird die Brandmasse nach dem Aufstreichen auf ein Backblech mit Streusel bestreut und gebacken.

- Den unteren und mittleren Brandmasseboden mit Preiselbeeren bestreichen. Es werden Preiselbeeren, die etwas Zucker enthalten und mit Pektinen gebunden sind, verwendet. Diese sind so im Handel erhältlich.

Flockensahnetorte

- Die Torte mit Rumsahne einstreichen.
- Den Brandmasseboden mit Streusel oben auf legen und mit Dekorpuder (süßem Schnee) bestauben.

Erdbeersahnetorte

Für eine Erdbeersahnetorte wird ein heller Wiener Boden und/oder ein Schokoladenboden verwendet, z. B. unten und oben ein Schokoladenboden und in der Mitte ein heller Wiener Boden.

- Die Tortenböden mit Erdbeersahne einstreichen.
- Auf jedes Stück eine Sahnerosette oder einen Sahnepunkt garnieren und eine Erdbeere darauf legen.
- In die Tortenmitte gehobelte, geröstete Mandeln oder gehackte Pistazien aufstreuen.

Erdbeersahnetorte

Eierlikörsahnetorte

Als Tortenboden kann entweder ein heller Wiener Boden, ein Schokoladen- oder ein Nussboden verwendet werden.

- Den Tortenboden mit Eierlikörsahne einstreichen.
- Die Tortenoberfläche dünn mit Eierlikör bestreichen oder Eierlikör auf die mit Sahnerosetten ausgarnierte Sahnetorte überspritzen.

Eierlikörsahnetorte

LF 2.4

Sahnecremetorten

Alle Sahnecremetorten sind im Aufbau wegen der hohen Sahnecremeschicht in den Torten ähnlich.

Himbeer-Joghurt-Sahnecremetorte

Rezeptbeispiel: Himbeer-Joghurt-Sahnecreme	
Dieses Rezept ergibt eine Himbeer-Joghurt-Sahnetorte.	
300 g Naturjoghurt 80 g Zucker 60 g Eigelb (3 Stück)	Naturjoghurt, Zucker und Eigelb unter ständigem Rühren auf ca. 85 °C zu einem Fond abziehen (zur Rose abziehen).
8 g Gelatine (4 Blätter) 250 g Himbeeren, passiert	• Eingeweichte Gelatine in den heißen Fond einrühren, bis sie sich aufgelöst hat. • Dann die passierten Himbeeren unterrühren. • Den Fond auf ca. 20 °C abkühlen lassen.
600 g Schlagsahne **1298 g Himbeer-Joghurt-Sahnecreme**	Die aufgeschlagene Sahne unter den abgekühlten Fond heben.

Für die Sahnecreme werden 250 g passierte Himbeeren benötigt. Dafür werden ca. 300 g Himbeeren mit dem Mixstab püriert und dann durch ein Sieb passiert. Es bleibt 250 g passiertes Himbeermark übrig.

Zutaten für die Fertigstellung der Torte:
• 300 g Himbeeren für die Torte obenauf
• 200 g Schlagsahne zum Einstreichen des Rands
• 500 g Geleeguss zum Bedecken der Himbeeren

Einsetzen der Himbeer-Joghurt-Sahnecreme
• Eine Scheibe hellen Wiener Boden mit einem Tortenring umstellen.
• Die Hälfte der Himbeer-Joghurt-Sahnecreme einfüllen und verstreichen.
• Darauf nochmals eine Scheibe hellen Wiener Boden auflegen.
• Die restliche Himbeer-Joghurt-Sahnecreme einfüllen und glatt streichen.

Die eingesetzte Torte mindestens vier Stunden anziehen lassen, am besten über Nacht.
Eingesetzte Torten können tiefgefroren und so auf Vorrat hergestellt werden.

Fertigstellen der Himbeer-Joghurt-Sahnecremetorte
• Einen dünnen Mürbeteigboden mit Aprikosenkonfitüre bestreichen und die eingesetzte Torte darauf setzen.
• Himbeeren auf die Tortenoberfläche legen.
• Die Himbeeren mit Geleeguss bedecken und anziehen lassen.
• Die Torte aus dem Ring schneiden und den Rand mit Schlagsahne einstreichen.

Die Himbeer-Joghurt-Sahnecreme kann auch in kleinen Ringen eingesetzt und so für Sahnetörtchen als Desserts fertig gestellt werden.

Himbeer-Joghurt-Sahnecremetorte

Käsesahnetorte

Die Herstellung ist auf ➡ Seite 468 beschrieben.

Als Tortenboden werden zwei Scheiben eines Wiener Bodens verwendet.
• Ein dünner Mürbeteigboden ist die Unterlage für die Torte.
• Darauf befindet sich eine Scheibe heller Wiener Boden, auf den Früchte gelegt werden können.
• Der Mittelteil der Torte bildet die Käsesahnecreme.
• Obenauf befindet sich eine Scheibe Wiener Boden, der mit Dekorpuder (süßem Schnee) bestaubt ist.

Käsesahnetorte

LF 2.4

Weinsahnetorte

Rezeptbeispiel: Weinsahnecreme	
Dieses Rezept ergibt eine Weinsahnetorte.	
300 g Weißwein, trocken 120 g Zucker 100 g Eigelb (5 Stück) 30 g Zitronensaft (Saft einer Zitrone)	Weißwein, Zucker, Eigelb und Zitronensaft unter ständigem Rühren auf ca. 85 °C zu einem Fond abziehen (zur Rose abziehen).
10 g Gelatine (5 Blätter)	• Eingeweichte Gelatine in den heißen Fond einrühren, bis sie sich aufgelöst hat. • Den Fond auf ca. 20 °C abkühlen lassen.
600 g Schlagsahne **1160 g Weinsahnecreme**	Die aufgeschlagene Sahne unter den abgekühlten Fond heben.

Herstellung einer Weinsahnetorte

- Die eingesetzte, gebundene Weinsahnetorte aus dem Ring schneiden.
- Einen dünnen Mürbeteigboden mit Aprikosenkonfitüre bestreichen und die eingesetzte Torte darauf setzen.
- Die Torte mit Schlagsahne einstreichen und auf jedes Stück eine Sahnerosette oder einen Sahnepunkt aufdressieren.
- Auf jede Sahnerosetten eine Weintraube oder eine Pistazie legen und die Mitte der Torte mit gehobelten, gerösteten Mandeln bestreuen.

Weinsahnetorte

Sahnedesserts

Sahnedesserts sind Gebäckstücke, die mit Sahne gefüllt sind, z. B. Sahnerouladen, Windbeutel, Sahneomeletts, Sahnerollen (Schillerlocken), Schlotfeger, Savarins.

Sahnedesserts

Sahneschnitten und Obstsahneschnitten sind rechteckige oder quadratische Sahnedesserts, die vom Aufbau den Sahnetorten ähnlich sind.

Beispiel eines Aufbaus von Himbeersahnedesserts (Himbeersahneschnitten):

- Dünner Mürbeteigboden als Unterlage.
- Eine Kapsel auf dem Mürbeteig.
- Sahnecreme als Hauptteil.
- Manchmal befindet sich eine weitere Kapsel in der Mitte der Sahnecreme.
- Himbeeren auf der Oberfläche mit Geleeguss abgedeckt.

Himbeersahnedessert   *Zitronensahneroulade*

Sahnerouladen: Eine Kapsel wird mit Schlagsahne einer Geschmacksrichtung gefüllt und zur Roulade gerollt. Manchmal wird die Sahne mit Früchten belegt.

Tiramisudesserts

Tiramisu ist ein aus Italien stammendes Dessert. Es besteht aus in Kaffee getränkte Löffelbiskuits und Sahnecreme mit Mascarpone. Bestaubt ist es mit Kakaopulver.

Tiramisudessert

> **!**
>
> Mascarpone ist ein cremiger, fetthaltiger Frischkäse aus Italien mit 80 % Fett i. Tr.
> Bei der Herstellung von Mascarpone gerinnt Rahm (Fett) der Kuhmilch mit Zitronensäure oder Weinsäure, daher stammt der besondere Geschmack.

Getränkte Löffelbiskuits auf der Tiramisusahnecreme

Rezeptbeispiel: Tiramisusahnecreme

Dieses Rezept entspricht einem Rahmenblech von 60 × 20 × 5 cm.

200 g	Eigelb (ca. 10 Stück)	• Eigelb und Zucker schaumig schlagen.
100 g	Zucker	• Eiklar, Zucker und Salz zu Eischnee aufschlagen.
240 g	Eiklar (ca. 8 Stück)	
100 g	Zucker 1 Prise Salz (ca. 2 g)	In den Mascarpone melieren: • zuerst das schaumige Eigelb
500 g	Schlagsahne	• dann die aufgeschlagene Sahne
2000 g	Mascarpone	• zum Schluss den Eischnee
3140 g	**Tiramisusahnecreme**	

Tiramisudesserts mit Kakaopulver bestaubt

Löffelbiskuits: ca. 750 g

Kaffeetränke: 200 g kalten Espresso mit 150 g Amaretto verrühren

Wegen der Salmonellengefahr für Tiramisudesserts unbedingt ganz frische Eier oder pasteurisierte Eier aus dem Tetrapack verwenden, weil die Eier bei der Verarbeitung nicht erhitzt werden.

Herstellen von Tiramisudesserts

• Die Löffelbiskuits leicht in Kaffeetränke tauchen und den Rahmen wie einen Boden damit auslegen.
• Die Hälfte der Tiramisumasse einfüllen und verstreichen.
• Darauf wieder in Kaffee getränkte Löffelbiskuits flächendeckend auslegen.
• Die restliche Tiramisumasse einfüllen und glatt streichen.
• Die Tiramisudesserts im Kühlschrank/Kühlraum gut durchkühlen lassen.
• Die durchgekühlten Tiramisudesserts mit Kakaopulver bestauben und in Stücke schneiden.

Charlotten

Charlotten sind hohe Desserts, ähnlich kleinen, hohen Torten, die aus Sahnecreme oder Bayerischer Creme hergestellt sind und einen Gebäckrand enthalten.

• Für Charlotten werden Ringe von ca. 14 cm Durchmesser und 8 bis 10 cm Höhe benötigt.
• Die Ringe werden am Rand mit Gebäcken ausgelegt, z. B. mit Kapseln aus Biskuit-, Wiener Masse; Löffelbiskuits; dünne, mit Konfitüre gefüllte Rouladenscheiben oder Baumkuchenstreifen.
• Dann werden die Ringe mit Sahnecreme oder Bayerische Creme beliebiger Geschmacksrichtung gefüllt und kalt gestellt.
• Nach dem Anziehen werden die Ringe entfernt und die Charlotten mit Schlagsahne, Früchten und Ornamenten ausgarniert.

Am bekanntesten ist die **„Charlotte à la russe"**, die am Rand Löffelbiskuits enthält. Je nach Geschmacksrichtung erhält sie ihren vollständigen Namen, z. B. „Charlotte russe au Chocolat" oder „Charlotte russe à la Orange".

LF 2.4

Charlotte russe à la Orange

Herstellung

- Jeweils eine Scheibe hellen Wiener Boden in die Ringe von 14 cm Durchmesser und 8 cm Höhe einlegen und den Rand mit Pergamentpapier auslegen.
- Die Orangensahnecreme in die Ringe füllen und oben glatt streichen.
- Die eingesetzten Charlotten im Kühlschrank oder Kühlraum mindestens drei Stunden anziehen lassen.
- Die Ringe und das Pergamentpapier von den eingesetzten Charlotten abnehmen.
- Den Rand mit Schlagsahne dünn einstreichen und Löffelbiskuits nebeneinander andrücken.
- Die Oberfläche mit Früchten ausgarnieren und diese mit Geleeguss abglänzen.

Charlotte russe à la Orange

Rezeptbeispiel: Orangensahnecreme

Dieses Rezept ergibt ca. 8 Charlotten.

250 g	Weißwein	
150 g	Orangen (Saft von ca. 5 Orangen)	
80 g	Eigelb (ca. 4 Stück)	
70 g	Zucker Vanillearoma	
40 g	Grand Marnier (Bitterorangenlikör)	
10 g	Gelatine (5 Blätter)	
250 g	Schlagsahne	
850 g	**Orangensahnecreme**	

- Weißwein, Orangensaft, Eigelb, Zucker und Vanillearoma unter ständigem Rühren auf ca. 85 °C zu einem Fond abziehen.
- Eingeweichte Gelatine in den heißen Fond einrühren, bis sie sich aufgelöst hat.
- Grand Marnier einrühren.
- Den Fond auf ca. 20 °C abkühlen lassen.
- Die aufgeschlagene Sahne unter den abgekühlten Fond heben.

Verkaufsargumente

Qualitätsmerkmale bei der Kundenberatung

- Sahnetorten und Sahnedesserts enthalten einen hohen Anteil an lockerer und erfrischender Schlagsahne, die trotz des hohen Fettgehalts gut bekömmlich ist.
- Die Schlagsahne ist geschmacklich besonders abwechslungsreich, weil sie mit den verschiedensten Geschmacksstoffen in Sahnetorten und Sahnedesserts angeboten wird.

Frischhaltung

- Sahnetorten und Sahnedesserts schmecken am Tag der Herstellung am besten. Schlagsahne ist sehr locker und fällt spätestens am Tag darauf etwas zusammen und verliert an Volumen. Sie wirkt dann etwas fettig und ist nicht mehr so bekömmlich.
- Sahnetorten und Sahnedesserts mit Sahnecreme sind kompakter als Schlagsahne und deshalb ca. zwei Tage frisch.
- Sahnetorten und Sahnedesserts müssen in der Kühltheke oder im Kühlschrank/Kühlraum aufbewahrt werden. Bei hoher Luftfeuchtigkeit von 85 bis 95 % wird eine Hautbildung an der Oberfläche der Schlagsahne verhindert.

Tiefgefrieren eingesetzter Sahnecremetorten

Wegen der kompakten Beschaffenheit eignen sich die im Ring eingesetzten Sahnecremetorten gut zum Tiefgefrieren. So werden sie in Konditoreien rationell auf Vorrat hergestellt. Die Oberfläche wird mit luftundurchlässigem Backpapier abgedeckt, damit sie nicht austrocknet.

Bei Bedarf werden die Sahnecremetorten aufgetaut, aus den Ringen geschnitten und, wie bei Sahnetorten üblich, mit Schlagsahne eingestrichen und ausgarniert.

Sahnetorten eignen sich nicht zum Tiefgefrieren, da die besonders lockere Schlagsahne beim Frosten einfällt und somit an Volumen verliert.

Sahnecremetorten sind kompakter und nicht so locker wie Sahnetorten und können deshalb ohne Qualitätsverlust tiefgefroren werden.

Besondere Eignung

- Sahnetorten und Sahnedesserts sind stets beliebt zur Kaffeetafel.
- Mit ihrer geschmacklichen Vielfalt werden sie bevorzugt zu Feierlichkeiten angeboten, z. B. Hochzeit, Taufe, Geburtstag.
- Die lockeren, erfrischenden Sahnedesserts eignen sich auch als Nachspeise, da sie gut bekömmlich sind.

LF 2.4

LF 2.4

Aufgaben

1. Beschreiben Sie das Herstellen einer Schokoladensahne und die Herstellung einer Schokoladensahnetorte.
2. Nennen Sie die Bestimmungen der Leitsätze für Schwarzwälder Kirschsahnetorten.
3. Erklären Sie die Herstellung einer Schwarzwälder Kirschsahnetorte.
4. Beschreiben Sie die Herstellung und Zusammensetzung folgender Sahnetorten:
   • Holländer Kirschsahnetorte
   • Flockensahnetorte
   • Erdbeersahnetorte
   • Eierlikörsahnetorte
5. Nennen Sie die Bestimmungen der Leitsätze für
   • Sahnetorten,
   • Sahnecremetorten.
6. Erklären Sie den Aufbau folgender Sahnecremetorten:
   • Käsesahnetorte
   • Himbeer-Joghurt-Sahnetorte
   • Weinsahnetorte
7. Geben Sie den hauptsächlichen Unterschied der Sahnecremetorten in der Rezeptur gegenüber Sahnetorten an.
8. Benennen Sie Beispiele für Sahnedesserts.
9. Woraus setzen sich Tiramisudesserts hauptsächlich zusammen?
10. Erläutern Sie Mascarpone und geben Sie an, wo er herkommen muss.
11. Beschreiben Sie die Herstellung von Tiramisudesserts.
12. Beschreiben Sie allgemein die Herstellung von Charlotten und konkret am Beispiel von Charlotte russe à la Orange.
13. Erklären Sie die Qualitätsmerkmale der Sahnetorten und Sahnedesserts bei der Kundenberatung.
14. Geben Sie die Frischhaltung der Sahnetorten und Sahnedesserts aus Schlagsahne und Sahnecreme an.
15. Wofür eignen sich Sahneerzeugnisse besonders gut?
16. Stellen Sie eine Erdbeersahnetorte aus 1 l Schlagsahne mit 300 g Erdbeermark her und eine Erdbeersahnecremetorte aus 600 g Schlagsahne, 300 g Erdbeermark und einem Fond aus 300 g Milch, 150 g Zucker und 80 g Eigelb (4 Stück). Vergleichen Sie die Sahnetorten in Bezug auf
    • Geschmack,
    • Lockerung und
    • Frischhaltung.

29.5 Klassische (traditionelle) Torten mit verschiedenen Füllungen

Torten mit Konfitüre gefüllt

Sachertorte

Die berühmteste Schokoladentorte der Welt hat ihren Ursprung im kaiserlichen Wien. Franz Sacher hat sie 1832 schon als 16-jähriger junger Koch beim Fürst Metternich gebacken und sie so, wie sie heute noch beliebt ist, zusammengestellt. Sein Sohn war Besitzer des Hotels Sacher in Wien, der führte die Tradition der original Sachertorte fort. „Bevorzugen Sie die Sachertorte mit Schlag?", so fragt die Bedienung in Wiener Cafés. Dort wird die Sachertorte auch mit Schlagsahne (Schlagobers) gegessen.

> **Bestimmungen der Leitsätze**
>
> Die Sachertorte wird mit einem Sacherboden aus schokoladenhaltiger Sachermasse hergestellt.
> • Sachermasse ist eine eierreiche Wiener Masse mit hohem Schokoladenanteil. Der Fettanteil der Masse darf nur Butter sein.
> • Gefüllt ist Sachertorte mit Aprikosenkonfitüre extra (mindestens 45 % Fruchtanteil).
> • Überzogen wird die Sachertorte nur mit Schokoladenkuvertüre oder Schokoladenfondant. Fettglasur ist nicht erlaubt.

Wegen des geringen Fettanteils gehört die Sachermasse zur Wiener Masse, bei der auf 100 Teile Mehl und Weizenpuder mindestens 6 % Fett enthalten sind. Sandmasse besitzt mindestens 20 % Fett vom gesamten Massengewicht.

Aufbau und Herstellung einer Sachertorte

• Tortenboden: Sacherboden
• Füllung: Aprikosenkonfitüre extra (österreichisch: Marillenmarmelade), die mindestens 45 % Aprikosen enthält.
• Glasur: Die Sachertorte außen aprikotieren.
• Die Aprikotur dient als Trennschicht über der Torte:
  – Der Überzug kann nicht in den Tortenboden dringen.
  – Der Überzug glänzt, weil der Tortenboden dem Überzug kein Wasser entziehen kann.
  – Das Austrocknen der Torte wird etwas verzögert.
• Überzug: Schokoladenkuvertüre oder Schokoladenfondant
• Garnierung: Mit Schokoladenspritzglasur auf jedes Stück der Torte das Wort „Sacher" in Schreibschrift garnieren.

Sachertorte

Schokoladenfondant ist temperierter Fondant, in den flüssige Schokoladenkuvertüre eingerührt wird, bis dieser eine dunkle Schokoladenfarbe hat und der Schokoladengeschmack im Fondant deutlich wahrnehmbar ist.

Punschtorte und Punschdesserts

Der Name Punsch wurde vom Getränk abgeleitet, das aus erhitztem Rotwein, Zitronen- und Orangensaft und Gewürzen mit vor allem Rum besteht. Weil für die Füllung der Punschtorten und Punschdesserts Rum in Aprikosenkonfitüre gerührt und Rumtränke zum Tränken der Tortenböden verwendet wird, wurde der Name abgeleitet. Der Begriff Punsch bedeutet, dass die Erzeugnisse mit Rum hergestellt werden.

Herstellung

• Einen Wiener Boden dreimal auseinander geschnitten, ergibt vier Tortenbodenscheiben.
  Für Punschdesserts werden Kapseln verwendet.
• Den Wiener Boden bzw. die Kapsel gut mit Rumtränke tränken (→ Seite 501).
• Aprikosenkonfitüre kräftig mit Rum zu einer Punschfüllung glatt rühren und dünn einstreichen.
• Die Torte und Desserts außen aprikotieren.
• Die Oberfläche dünn mit Marzipan eindecken.
• Die zusammengesetzten Kapseln für Desserts rechteckig oder trapezförmig schneiden.

Punschtorte

• Die Torte und Desserts mit Fondant überziehen.
• Jedes Tortenstück und jedes Dessert mit Schokoladenspritzglasur garnieren und mit einem Stück einer Belegkirsche belegen.

Punschdessert

Herrentorte

Weil früher Alkohol nur für Männer bestimmt war, wurde diese Torte in feinen Kreisen als Herrentorte bezeichnet.
• Tortenböden: einzeln gebackene Wiener Böden
• Füllung: Weincreme (→ Seite 473)
• Einschlagen: Die ganze Torte mit dünn ausgerolltem Marzipan einschlagen.
• Überzug: Schokoladenkuvertüre; Fettglasur ist nicht erlaubt.
• Dekor: Auf jedes Stück der Torte ein kleines rundes Marzipanplättchen legen, auf das ein „H" garniert wird.

Herrentorte

Mailänder Torte

Tortenboden: heller Wiener Boden
Füllung: Aprikosenkonfitüre oder Marzipanrohmasse, die mit Aprikosenkonfitüre streichfähig gemacht wird.
Tortenoberfläche: Aus Makronenmasse ein Gitter auf ein Backblech dressieren und mit offener Flamme abflämmen. Das Makronengitter auf die Torte legen.
Tortenrand: Mit gehobelten und gerösteten Mandeln bestreuen.

Mailänder Torte

29.6 Gebackene Torten und Obsttorten, Obstdesserts

Linzer Torten und Linzer Schnitten

Linzer Torten und Linzer Schnitten werden aus spritzfähigem Nuss- oder Mandelmürbeteig (Linzer Mürbeteig) hergestellt und mit Johannisbeerkonfitüre gefüllt (→ Seite 456).

Linzer Torte

Käsetorte

Die Käsetorte, gebietsweise auch Käsekuchen genannt, ist eine gebackene Torte mit hohem Anteil an Quark (Frischkäse) sowie Milch und Eiern.

Rezeptbeispiel: Käsemasse für eine Käsetorte	
Dieses Rezept ergibt eine Käsetorte.	
1000 g Magerquark 120 g Eigelb (6 Stück) 100 g Zucker 450 g Milch 120 g Weizenpuder 150 g Butter, flüssig Zitronenaroma	Alle Zutaten in der Rührmaschine zu einer glatten Käsemasse schlagen.
180 g Eiklar (6 Stück) 150 g Zucker 1 Prise Salz (ca. 2 g)	Eischnee aufschlagen und in die glatte Käsemasse melieren. In die Käsemasse können noch Sultaninen gemischt werden.
2 270 g Käsemasse	

Aufgaben

1. Geben Sie die Bestimmungen der Leitsätze für Sachermasse der Sacherböden und für Sachertorte an.
2. Beschreiben Sie den Aufbau und die Herstellung einer Sachertorte.
3. Beschreiben Sie die Herstellung folgender Torten:
   - Punschtorte und Punschdesserts
   - Herrentorte
   - Mailänder Torte
4. Probieren Sie in Ihrer Konditorei folgende Torten: Sachertorte, Punschtorte, Weintorte, Mailänder Torte. Stellen Sie den Geschmack der einzelnen Torten fest, so wie Sie die Torten beim Kundengespräch erklären. Geben Sie auch die Frischhaltung der Torten an.

Rechenaufgaben

1. Eine Konditorei verkauft im Café täglich 3 Sachertorten, die jeweils in 16 Stücke eingeteilt sind. Die 3 Sachertorten werden mit folgendem Rezept hergestellt:

420 g Butter	2,10 €/kg
900 g Vollei (18 Stück)	0,14 €/Stück
540 g Zucker	0,95 €/kg
450 g Kuvertüre	5,20 €/kg
300 g Mandeln	5,40 €/kg
360 g Weizenmehl	0,45 €/kg
Salz, Aromen	0,20 €/insgesamt

   Wie viel kostet ein Stück Sachertorte im Café bei folgenden Kalkulationsgrundlagen:

Betriebskosten:	240 %
Gewinn/Risiko:	34 %
Caféaufschlag:	23 %
Mehrwertsteuer:	19 %

2. Eine Sachertorte, die in 16 Stück eingeteilt ist, kostet im Laden 27,20 €. Der Gast bestellt im Café ein Stück Sachertorte mit Schlagsahne, die mit 0,40 € berechnet wird. Berechnen Sie den Preis von einem Stück Sachertorte mit Sahne, den der Gast zu bezahlen hat, wenn der Caféaufschlag 21 % beträgt. Die Mehrwertsteuer im Café beträgt 19 %, im Laden 7 %.

LF 2.4

Herstellung einer Käsetorte

- Einen Mürbeteig 3 bis 4 mm dick ausrollen, mit einem Tortenring ausstechen, stippen und vorbacken, bis der Rand leicht bräunlich wird.
- Den vorgebackenen Mürbeteigboden mit einem Tortenring oder einem speziell isolierten Käsetortenring umstellen.
- Den vorgebackenen Mürbeteigboden innen mit einem dünnen Mürbeteigstrang zum Ring hin abdichten.
- Die Käsemasse in den Ring einfüllen und mit einem gezackten Schaber über die Oberfläche streichen (riefen), damit dekorative Rillen entstehen.

Mürbeteigboden am Tortenring mit Mürbeteigstreifen abgedichtet

Käsekuchenmasse in den Tortenring gefüllt

Backen

- Bei 210 °C anbacken.
  Bei offenem Zug backen, damit die Oberfläche der Käsetorte beim Backen nicht reißt.
- Nach ca. 15 Minuten mit einem Messer am Rand des Rings entlangschneiden, damit die Käsemasse nicht anklebt und somit hochziehen kann.
- Nach dem Einschneiden den Käsekuchen ca. fünf Minuten absetzen lassen.

Käsekuchenmasse nach 15 Minuten Backzeit einschneiden und absetzen lassen

- Nun die Backhitze auf 170 °C reduzieren und weitere 55 Minuten lang ausbacken. Die Zeit, in der die Käsetorte außerhalb des Ofens absitzt, zählt nicht zur Backzeit.

Wenn die Käsetorte während des Backens über den Ring hochgezogen ist, wird sie aus dem Backofen genommen und lässt sie „absetzen", d. h. wieder etwas sinken, weil die Lockerungsgase einfallen. Anschließend wird sie wieder in den Ofen geschoben.

Die Käsetorte in dieser Weise mit zweimaliger Unterbrechung backen. Dabei wird die Käsemasse kompakt. Hohlräume, vor allem am oberen Rand der Käsetorte, die zum Austrocknen beim Backen führen, werden vermieden.

Erst wenn die Käsetorte etwas abgekühlt und somit stabil ist, schneidet man den Ring ab und entfernt ihn.

Gebackene Käsetorte

Käsetorte

LF 2.4

Quarktorte mit Früchten

Diese Torte besteht aus einer Quarkmasse und einer beliebigen Frucht, die den Namen der Quarktorte bestimmt, z. B. Kirschquarktorte. Regional wird die Quarktorte auch als Quarkkuchen bezeichnet, weil auch diese Torte gebacken wird.

- Einen Mürbeteig 3 mm dick ausrollen, einen niedrigen Tortenring von ca. 4 cm Höhe auf ein Backblech legen und den Tortenring am Boden und am Rand mit dem Mürbeteig auslegen.
- Eine dünne Scheibe Wiener Boden einlegen.
- Darauf ca. 300 g gebundene Sauerkirschen (➡ Seite 327) verstreichen.
- Die Quarkfüllung einfüllen, glatt streichen und gehobelte Mandeln oder Streusel aufstreuen.

Rezeptbeispiel: Quarkmasse	
500 g Milch 100 g Zucker 110 g Cremepulver oder Weizen- puder 50 g Butter 700 g Magerquark 100 g Vollei (2 Stück) 1 Prise Salz (ca. 2 g) Zitronen- und Vanillearoma	• Milch, Zucker Creme- pulver und Butter unter ständigem Rühren zu einer Creme abbinden (kochen). Die Stärke verkleistert (bindet) das Wasser. • Quark, Eier, Salz und Aromen in die gekochte Creme rühren.
1560 g Quarkmasse	

Backen: 200 °C
Backzeit: ca. 40 Minuten

Kirschquarktorte

Obsttorten und Obstdesserts

Obsttorten

Obsttorten werden gebietsweise als Obstkuchen bezeichnet. Sie werden mit gemischten Früchten belegt.
Bei der Verwendung einer einzigen Obstsorte wird die Obsttorte nach der Frucht benannt, z. B. Erdbeertorte, Himbeertorte, Johannisbeertorte, aber auch Waldbeerentorte mit verschiedenen Waldbeeren wie Himbeeren, Brombeeren, Preiselbeeren, Heidelbeeren.

Herstellung einer Obsttorte

- Mürbeteig 2 bis 3 mm dünn ausrollen, mit einem Tortenring Mürbeteigböden ausstechen, stippen und backen.
- Einen Mürbeteigboden mit Aprikosenkonfitüre dünn bestreichen. Der Mürbeteigboden verhindert das Durchweichen der Obsttorte.
- Einen halben Wiener Boden bzw. Biskuitboden, höchstens 3 cm hoch, einmal durchschneiden und einen Tortenboden davon auf den Mürbeteig legen.
- Einen Tortenring um den Tortenboden stellen.
- Den Tortenboden mit Vanillecreme bestreichen und den zweiten Tortenboden auflegen.
- Die Oberfläche des Tortenbodens mit Vanillecreme bestreichen. Statt Vanillecreme kann auch Johannisbeer- oder Aprikosenkonfitüre aufgestrichen werden.
- Gemischte Früchte oder Obst einer Sorte auflegen, bis der Tortenboden gut bedeckt ist.
- Einen Geleeguss kochen und sofort mit einem Pinsel auf die Früchte streichen, bis sie völlig bedeckt sind und somit nicht austrocknen. Nach dem Anziehen des Geleegusses den Tortenring abnehmen.
- Den Rand der Obsttorte mit Vanillecreme oder Konfitüre dünn einstreichen und mit gehobelten, gerösteten Mandeln bestreuen.

LF
2.4

Aufbau einer Obsttorte

Obstschnitten

Obstschnitten werden wie Obsttorten hergestellt, mit dem Unterschied, dass der Aufbau in einem Rahmenblech erfolgt.

- Einen dünnen Mürbeteigboden im Rahmenblech backen.
- Den abgekühlten Mürbeteigboden mit Konfitüre bestreichen.
- Eine Kapsel aus Biskuit- oder Wiener Masse auf den Mürbeteigboden legen.
- Die Kapsel mit Vanillecreme oder Konfitüre bestreichen.
- Eine weitere Kapsel auflegen und wiederum mit Vanillecreme oder Konfitüre bestreichen.
- Die Früchte flächendeckend auflegen.
- Die Früchte mit Geleeguss abdecken.

Mürbeteigboden im Rahmen mit Konfitüre bestrichen

Kapsel mit Vanillecreme bestreichen

Obstschnitten

Obsttorteletts

Obsttorteletts sind kleine Obsttörtchen, bei denen der Mürbeteig in kleinen runden Förmchen gebacken wird. Sie werden genauso wie die Obsttorten hergestellt.

Obsttorteletts

Herrichten der Früchte zum Belegen

- Frische Früchte waschen oder schälen. Das Obst zum Belegen herrichten, z. B. bei Erdbeeren den grünen Blütenansatz entfernen, Kirschen entsteinen, Bananen und Kiwis in Stücke schneiden.
- Dosenfrüchte in einem Sieb gut abtropfen lassen.

Frischobst der Saison sowie tiefgefrorene Früchte schmecken besser und sind vitaminreicher als Dosenfrüchte.

Tiefgefrorene Früchte in gefrorenem Zustand auflegen

Belegen der Früchte

- Bei Obsttorten mit gemischten Früchten das Obst farblich abwechslungsreich auflegen, sodass ein schöner Farbkontrast und eine geschmackliche Abwechslung entsteht.
- Bei gemischten Obsttorten größere, standhafte Früchte am Rand herum legen, damit beim Schneiden der Obsttorten die Früchte nicht herunterfallen.
- Die Früchte dicht und flächendeckend auflegen. Nicht zu wenig Obst auflegen.

*Belegte
Obsttorte
mit gemischten
Früchten*

Tiefgefrorene Beerenfrüchte in gefrorenem Zustand auf den Tortenboden legen.

Gelieren der Früchte

Den heißen Geleeguss mit einem Pinsel zuerst dünn über die Früchte streichen, damit er schnell anzieht. Auf den leicht fest gewordenen Guss eine weitere Schicht Geleeguss auftragen, sodass alle Früchte gut bedeckt sind und nicht austrocknen können.

Geleeguss kann mit Lebensmittelfarbe leicht eingefärbt werden, um die Fruchtfarbe hervorzuheben. Manchmal werden Erdbeer- und Himbeertorten mit rötlich eingefärbtem Geleeguss geliert. Dies muss beim Verkauf deklariert (gekennzeichnet) werden, z. B. Geleeguss mit Farbstoff.

Fertigstellen der Obsttorten

Nach dem Gelieren die Obsttorten am Rand mit Vanillecreme oder Konfitüre einstreichen und mit gehobelten, gerösteten Mandeln bestreuen.
Die fertigen Obsttorten mit einem Torteneinteiler in Stücke teilen.

*Obsttorte am
Rand mit
gehobelten
Mandeln
bestreuen*

Geleeguss

Früchte auf Obsttorten und Obstschnitten werden mit Geleeguss abgedeckt. Auch Früchte auf Plunder- und Blätterteiggebäcken sowie Fruchtstücke als Dekor auf den Tortenstücken, z. B. Ananasstückchen, Mandarinenspalten, Kiwischeiben, werden geliert.

Vorteile von Geleeguss auf Früchten:
- Die Früchte glänzen.
- Die Früchte behalten ihr frisches Aussehen.
  Ohne Geleeguss würden die Früchte durch die Luft austrocknen und unansehnlich werden.

> Geleeguss ist Wasser mit etwas Zucker, das mit Geleepulver gebunden wird.
> Geleepulver ist ein Gemisch aus verschiedenen Bindemitteln mit starker Quellfähigkeit.

Bindemittel sind Quellstoffe, die im Wasser aufquellen und so das Wasser binden.

Bindemittel im Geleepulver für Geleeguss	
Agar-Agar, Carrageen	aus Rotalgen (Meeresalgen)
Alginate	aus Grün- und Braunalgen
Johannisbrotkernmehl	ein Mehl aus den Samenkernen des Johannisbrotbaums
Guarkernmehl	getrocknete Samen der Guarpflanze

Herstellen und Verarbeiten von Geleeguss

- Wasser oder Fruchtsaft der Dosenfrüchte kochen.
- Geleepulver mit Zucker mischen und in die kochende Flüssigkeit einrühren und nochmals kräftig aufkochen lassen.
- Den Geleeguss in heißem Zustand auf die Früchte auftragen.
- Der Geleeguss kühlt schnell ab und ist dann auf Obsttorten und Obstschnitten sofort schnittfest.

LF 2.4

*Gelee auf
Erdbeeren*

Der übrig gebliebene Geleeguss wird nach dem Erkalten fest. Die Bindemittel werden beim erneuten Erhitzen wieder flüssig, sodass er wieder zum Gelieren verwendet werden kann.

Verkaufsargumente

Qualitätsmerkmale für die Kundenberatung
- Die Käsetorte ist eine kompakte, aber cremige Torte, die wegen des hohen Quarkanteils sehr erfrischend wirkt. Die fettarmen Käsetorten sind gut bekömmlich.
- Obsttorten und Obstschnitten sind gut bekömmliche, fruchtige Torten bzw. Desserts, die sehr erfrischend sind. Dazu passt Schlagsahne gut.

Frischhaltung
- Käsetorten sind in der Kühlung bis zu vier Tage lagerfähig. Dann geht die Bindung der gebackenen Käsekuchenmasse verloren.

- Obsttorten, Obstschnitten und Obsttorteletts sollen am Tag der Herstellung verkauft werden. Wegen der feuchten Früchte sind sie höchstens zwei Tage in der Kühlung lagerfähig. Das Obst weicht dann den Tortenboden durch und die Früchte werden unansehnlich.

Besondere Eignung
- Obsttorten, Obstschnitten und Käsetorten passen immer zu Kaffee und Tee.
- Die saftigen, erfrischenden Obsttorten und Obstschnitten sind vor allem in der warmen Jahreszeit beliebt.
- Auch Kinder bevorzugen die leichten Obsterzeugnisse.

Aufgaben

1. Erklären Sie Linzer Torten und Linzer Schnitten.
2. Nennen Sie die drei Hauptzutaten einer Käsetorte.
3. Beschreiben Sie die Herstellung einer Käsetorte.
4. Erläutern Sie das Backen einer Käsetorte.
5. Erklären Sie, wie Quarktorten mit Früchten hergestellt werden.
6. Nennen Sie verschiedene Obsttorten und Obstschnitten, die nach ihrem Obstbelag benannt werden.
7. Beschreiben Sie die Herstellung einer Obsttorte.
8. Wie werden Obstschnitten hergestellt?
9. Erklären Sie Obsttorteletts.
10. Wie werden frische Früchte und Dosenfrüchte zum Belegen hergerichtet?
11. In welchem Zustand werden tiefgefrorene Beerenfrüchte auf die Obsttorten gelegt?
12. Beschreiben Sie das richtige Belegen der Früchte bei Obsttorten.
13. Erklären Sie, wie Obsttorten und Obstdesserts geliert werden.
14. Warum werden die Früchte auf Obsttorten und Obstschnitten mit Geleeguss abgedeckt?
15. Wie werden Obsttorten nach dem Gelieren fertig gestellt?
16. Erklären Sie Geleeguss.
17. Nennen Sie Bindemittel im Geleepulver für Geleeguss und geben Sie ihre Herkunft an.
18. Beschreiben Sie die Herstellung und Verarbeitung von Geleeguss.
19. Was kann in Geleeguss gegeben werden, um den Fruchtgehalt von Erdbeer- oder Himbeertorten hervorzuheben und was muss dabei beim Verkauf beachtet werden?
20. Nennen Sie die Qualitätsmerkmale bei der Kundenberatung für
    - Käsetorten,
    - Obsttorten und Obstdesserts.
21. Geben Sie Auskunft über die Frischhaltung von
    - Käsetorten,
    - Obsttorten und Obstdesserts.
22. Wofür eignen sich Käsetorten und Obsttorten sowie Obstdesserts besonders gut?
23. Im Sommer möchte Ihre Konditorei erfrischende Obsttorten, Obstschnitten und Obsttorteletts anbieten. Denken Sie sich dekorative Möglichkeiten zum Belegen verschiedener Obstsorten aus, damit die Früchte auf den Torten und Desserts einen schönen Farbkontrast ergeben.

LF 2.4

Rechenaufgaben

1. Ein Stück Käsetorte kostet im Laden 1,70 € und im Café 2,20 €. Wie hoch ist der Caféaufschlag in %, unter Berücksichtigung der gesetzlichen Mehrwertsteuersätze im Café und im Laden?
2. Geleepulver setzt sich zusammen aus Agar-Agar, Carrageen und Alginaten, die im Verhältnis 2 : 5 : 3 gemischt sind. Wie viel g von jedem Bindemittel befinden sich in 5 kg Geleepulver?

Berufliche Handlung

Ihre Konditorei erstellt eine Homepage, um die Waren im Internet präsentieren zu können. Eine Spezialität Ihres Betriebs ist die Vielfalt an Torten, die Sie in vier Rubriken darstellen sollen:

- Die Begriffserklärungen mit Beispielen von Anschnitttorten und Festtagstorten sowie Desserts und Petits Fours.
- Die Darstellung der einzelnen Arbeitsschritte bei der Herstellung von Torten.

- Beschreibungen des großen Sortiments an
  - Cremetorten und Cremedesserts,
  - Sahnetorten und Sahnecremetorten sowie Sahnedesserts,
  - Torten mit anderen Füllungen wie Cremes und Sahne,
  - gebackene Torten,
  - Obsttorten und Obstdesserts.

Torten, Desserts und Petits Fours

1. Stellen Sie die verschiedenen Formen von Anschnitttorten dar.
2. Geben Sie Beispiele verschiedener Arten und Formen von Festtagstorten an.
3. Erklären Sie Desserts im Gegensatz zu Torten.
4. Erläutern Sie Petits Fours und wie sie aufgebaut sind.
5. Nennen Sie Gebäcke und Garnierungsmöglichkeiten für Käsefours.
6. Beschreiben Sie die Arbeitsschritte beim Herstellen von Buttercremetorten:
   - mögliche Tortenböden
   - Tränke für Tortenböden
   - Einstreichen von Tortenböden
   - Ausgarnieren von Anschnitttorten
   - Dekormaterial für Anschnitttorten
   - Überziehen von Torten
7. Erklären Sie die Herstellung von Sahnetorten im Gegensatz zu den Cremetorten.

Cremetorten und Cremedesserts

8. Erklären Sie den Aufbau folgender Cremetorten: Prinzregententorte, Eierlikörcremetorte, Mokkacremetorte, Frankfurter Kranz.
9. Beschreiben Sie die Herstellung von Cremedesserts.
10. Festtagstorten „Zur Hochzeit" und „Zum 18. Geburtstag" sollen Sie ausgarnieren. Beschreiben Sie dafür folgende Arbeitsschritte:
    - Herstellung von Schriftbändern, das Garnieren mit Schokoladenspritzglasur mit Fadenschrift und Garnierblockschrift mit doppelten Linien, die mit Konfitüre eingelassen werden.
    - Garnieren eines Hochzeitspaares und Ornamente mit Schokoladenspritzglasur, die mit Kuvertüre eingelassen werden.

Sahnetorten, Sahnecremetorten und Sahnedesserts

11. Geben Sie die Bestimmungen der Leitsätze für Schwarzwälder Kirschsahnetorte an und beschreiben Sie deren Herstellung.
12. Gestalten Sie eine Seite der Homepage mit den Abbildungen folgender Sahnetorten. Beschreiben Sie bei jedem Bild den Aufbau der Torte.
    - Schokoladensahnetorte
    - Holländer Kirschsahnetorte
    - Flockensahnetorte
    - Erdbeersahnetorte
    - Eierlikörsahnetorte
13. Geben Sie die Zutaten und die Herstellung der Sahnecremes für Himbeer-Joghurt-Sahnetorte und Weinsahnetorte an. Beschreiben Sie auch das Fertigstellen dieser Sahnetorten.
14. Nennen Sie die Zutaten von Tiramisusahnecreme und beschreiben Sie den Aufbau der Tiramisudesserts.
15. Erklären Sie bei den Sahnedesserts auch die Charlotten und benennen Sie die Zutaten am Beispiel einer „Charlotte russe à la Orange".

Weitere bekannte Torten

16. Erklären Sie den Aufbau einer Sachertorte und formulieren Sie die Bestimmungen der Leitsätze für Sachertorte.
17. Erläutern Sie, wie folgende Torten aufgebaut sind:
    - Punschtorte
    - Herrentorte
    - Mailänder Torte
18. Benennen Sie verschiedene Obsttorten und beschreiben Sie die Herstellung von Obsttorten.
19. Erklären Sie Geleeguss:
    - Bindemittel im Geleepulver für Geleeguss
    - Herstellung von Geleeguss
    - Vorteile von Geleeguss auf den Früchten

LF 2.4

30

Verarbeiten von Zucker

Situation

„Kunstvolles aus Zucker", so ist das Motto der Frühlingsaktion vor Ostern in Ihrer Konditorei. In der Aktionszeit soll ein Film auf einem großen Bildschirm im Laden über das Kochen des Zuckers mit den einzelnen Zuckerstufen gezeigt werden. Auf einem Demonstrationstisch zeigen Sie den Besuchern der Aktion das Herstellen von Krokant, der dann zu Krokanteiern verarbeitet wird. Die künstlerischen Fähigkeiten der Konditoren demonstrieren Sie beim Zuckergießen, Zuckerziehen und Zuckerblasen zu österlichen Schaustücken.

- Bei welchen Temperaturen entstehen die einzelnen Zuckerstufen beim Zuckerkochen?
- Wie funktioniert eine Zuckerwaage, z. B. beim Herstellen von Dickzuckerfrüchten?
- Wie wird Krokant hergestellt und welche Krokantarten werden in der Konditorei hergestellt?
- Wie wird Zucker für Zuckerschaustücke gekocht?
- Wie unterscheiden sich Zuckergießen, Zuckerziehen und Zuckerblasen?

30.1 Zuckerkochen

Zuckerstufen

Beim Erhitzen einer Zuckerlösung entstehen durch die steigende Temperatur die verschiedenen Zuckerstufen. Je höher die Temperatur steigt, desto dichter wird die Zuckerlösung. Dabei verdampft das Wasser bei gleichzeitiger Erhöhung des Zuckergehalts. Dann verfärbt sich der Zucker.

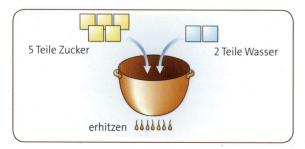

5 Teile Zucker   2 Teile Wasser

erhitzen

Die Zuckerlösung besteht aus 5 Teilen Zucker und 2 Teilen Wasser.

Zuckerthermometer

Die genaue Temperatur beim Kochen einer Zuckerlösung wird mit einem elektronischen Thermometer gemessen. Manchmal wird noch ein Zuckerthermometer mit Grad Celsius verwendet.

Die Grade der älteren Zuckerthermometer werden statt in Celsius in Reaumur (R) angegeben. Das Verhältnis von Celsius zu Reaumur ist 5:4, 100 °C ≙ 80 °R.

Zuckerstufen	Temperatur des Zuckers	Proben	Verwendung
Läuterzucker	102 °C	sprudelnde Zuckerlösung	• als Tränke für Tortenböden • zum Süßen von Sahne im Sahnebläser und Sahneautomat
schwacher Faden	105 °C	Faden-probe	• als Fadenzuckerglasur für Lebkuchen, z. B. Elisenlebkuchen, Baseler Leckerli (→ Seite 356)
starker Faden	107 bis 109 °C		
schwacher Flug	113 °C	Ketten-flug	• für gebrannte Mandeln • für die italienische Baisermasse • für die Herstellung von Fondant (→ Seite 322)
starker Flug (Kettenflug)	116 bis 118 °C		
Ballen	125 °C	Zucker kristallisiert	• für weiche Bonbons
Bruch	135 °C	der kristallisierte Zucker wird brüchig	• für kristallinen Felsenzucker
Geschmolzener Zucker	ab 145 °C	flüssig, farblos und durchsichtig	Geschmolzener Zucker für Schaustücke aus Zucker.
Schwacher Karamell		gelblich und durchsichtig	Karamell • als Geschmacksstoff für Speiseeis, Cremes und Schlagsahne
Karamell	bis 180 °C	braun und glänzend	• zum Überziehen von Mandeln und Nüssen für Pralinen und als Tortendekor • für Krokant
Zuckercouleur	200 °C	dunkelbraun bis schwarz	• zum Färben von Lebensmitteln, z. B. Cola, Bonbons, Spirituosen, Bratensoße

Sensorische Messung der Zuckerstufen

Da beim Kochen einer Zuckerlösung Wasser verdampft, dadurch der Zuckeranteil steigt und so die Zähflüssigkeit (Viskosität) der Lösung zunimmt, können manche Zuckerstufen durch Handproben erkannt werden. Die Ergebnisse sind jedoch nicht so genau wie die mit dem Thermometer gemessenen Zuckertemperaturen.

• **Fadenprobe**
Für eine Fadenzuckerglasur zum Glasieren von Lebkuchen wird ein starker Faden mit einer Zuckertemperatur von 107 bis 109 °C benötigt.

Um den Fadenzucker zu testen, wird der Rührlöffel in die Zuckerlösung getaucht. Nach dem Herausziehen tupft man mit dem Zeigefinger auf den gekochten Zucker des Rührlöffels. Beim Fadenzucker zieht sich der Zucker zwischen Daumen und Zeigefinger wie ein Faden.

• **Flugprobe**
Die Viskosität (zähfließend und klebrig) der Zuckerlösung wird beim weiteren Erhitzen immer stärker. Um den „Flug" des Zuckers zu testen, wird eine Drahtöse in die Zuckerlösung getaucht. Die Öse ist mit einem dünnen Zuckerhäutchen durchzogen. Beim Hineinblasen hält das Zuckerhäutchen die Luft zu kleinen Blasen fest, die dann beim Wegfliegen wie eine Kette aneinander kleben, ähnlich zusammenhängender Seifenblasen.
Als Öse kann eine kreisförmige Pralinengabel verwendet werden oder eine aus dünnem Draht gebogene Öse.

Optische Erkennung der Zuckerstufen

• Beim Weitererhitzen des Flugzuckers verdampft das Wasser ganz, der Zucker kristallisiert, „ballt" sich dabei zur Zuckerstufe **Ballen** zusammen.
• Der zusammengeballte Zucker „bricht" dann etwas auseinander, weil er trocken wird. Es entsteht der **Bruch**.

- Beim weiteren Erhitzen des Bruchs wird der Zucker wieder flüssig. Der flüssige Zucker ist klar und durchsichtig. Man spricht vom **geschmolzenen Zucker**.
- Bei zunehmender Hitze färbt sich der geschmolzene Zucker schnell gelblich, zum **schwachen Karamell**.
- **Karamell** entsteht bei einer deutlichen Braunfärbung des Zuckers.
- Wird Karamell weiter erhitzt, verbrennt der Zucker zu **Zuckercouleur**, er wird dunkelbraun und dann schwarz.

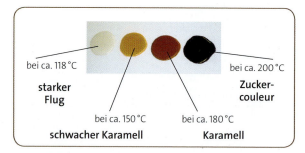

bei ca. 118 °C — **starker Flug**

bei ca. 150 °C — **schwacher Karamell**

bei ca. 180 °C — **Karamell**

bei ca. 200 °C — **Zuckercouleur**

Zuckerwaage

> ❗ Der Zuckergehalt einer Zuckerlösung wird mit der Zuckerwaage festgestellt. Die Grade von 0° bis 50° auf der Skala der Zuckerwaage werden in Baumé, abgekürzt Bé, angegeben.

Die Zuckerwaage sieht wie ein Thermometer aus und ist ein Glasröhrchen (Spindel) mit Bleikügelchen am unteren verdickten Ende, damit es in einer Flüssigkeit senkrecht stehen kann. Sie ist ein Messgerät mit der die Konzentration bzw. Dichte des Zuckers in einer Zuckerlösung gemessen wird.

In reinem Wasser steht die Zuckerwaage auf 0 °Bé. Mit steigendem Zuckergehalt im Wasser nimmt die Dichte bzw. die Konzentration der Zuckerlösung zu, sodass die Zuckerwaage weniger tief eintaucht und nach oben steigt.

1 cm³ Wasser wiegt 1 g
1 cm³ Zucker wiegt 1,61 g

Je mehr Zucker im Wasser gelöst ist, desto höher sind die Baumégrade.
In einem Liter Wasser

- ca.   660 g Zucker = 17 °Bé
- ca. 1 000 g Zucker = 22 °Bé
- ca. 1 800 g Zucker = 28 °Bé
- ca. 2 000 g Zucker = 30 °Bé
- ca. 2 200 g Zucker = 32 °Bé
- ca. 2 600 g Zucker = 34 °Bé

Läuterzucker darf höchstens 32 Bé betragen, da sonst der Zucker in der Lösung kristallisiert. Läuterzucker zum Tränken von Tortenböden hat 15 bis 22 °Bé.

Das Auskristallisieren einer Zuckerlösung kann verhindert werden, wenn 15 bis 25 % der Zuckermenge Glukosesirup zugegeben werden, z. B. beim Kochen von schwachem Karamell zur Herstellung von Bonbonzucker in der Süßwarenindustrie.

Dickzuckerfrüchte

Dickzuckerfrüchte werden auch kandierte Früchte genannt.
Bei der Herstellung werden Früchte ca. sechs Tage lang täglich in eine stärkere Zuckerlösungen gelegt. Dabei reichern sich die Früchte durch und durch mit Zucker an.

Dickzuckerfrüchte werden auf ➡ Seite 148 beschrieben.

Zuckerwaage in einer Zuckerlösung

Belegkirschen (Dickzuckerfrüchte)

LF 3.1

Aufgaben

1 Nennen Sie die Zutaten und deren Mengenverhältnis für eine Zuckerlösung zum Zuckerkochen für die Zuckerstufen.

2 Geben Sie die Zuckerstufen und deren Verwendung bei folgenden Temperaturen beim Zuckerkochen an:

- 102 °C
- 105 °C
- 107 bis 109 °C
- 113 °C
- 116 bis 118 °C
- 125 °C
- 135 °C
- ab 145 °C
- bis 180 °C
- 200 °C

3 Womit wird die Temperatur beim Zuckerkochen gemessen?

4 Erklären Sie, wie folgende Proben beim Zuckerkochen durchgeführt werden:
- Fadenprobe
- Probe für die Zuckerstufe „Flug"

5 Beschreiben Sie die Veränderung der Zuckerlösung beim Kochen zum „Ballen" und „Bruch".

6 Womit wird der Zuckergehalt einer Zuckerlösung gemessen und wie wird die Dichte bzw. Konzentration der Zuckerlösung angegeben?

7 Erklären Sie das Prinzip der Zuckerwaage in reinem Wasser und in einer Zuckerlösung.

8 Beschreiben Sie die Herstellung von Dickzuckerfrüchten.

9 Erhitzen Sie eine Zuckerlösung im Verhältnis von 5 Teilen Zucker und 2 Teilen Wasser. Geben Sie nach dem Erreichen jeweils vom Flugzucker, hellen Karamell und Karamell sowie Zuckercouleur etwas auf einen Tisch. Testen Sie die Festigkeit und den Geschmack der vier gekochten Zucker.

30.2 Krokant

> **!**
> Krokant besteht aus karamellisiertem Zucker und gerösteten Mandeln oder Nüssen, die gehobelt oder gehackt in den karamellisierten Zucker gerührt werden.

Mandeln in den karamellisierten Zucker einrühren

Rezeptbeispiel: Krokant	
1000 g	Puderzucker
60 g	Glukosesirup
500 g	Mandeln oder Nüsse, geröstet und gehobelt oder gehackt
1560 g	**Krokant**

Verarbeitung von Krokant

Den heißen Krokant auf einen mit Pflanzenöl gefetteten glatten Arbeitstisch geben. Mit einem eingeölten Rollholz den Krokant ausrollen, wobei die Dicke von der späteren Verwendung abhängt.

Herstellen von Krokant

- Im Kupferkessel zuerst einen kleinen Teil des Puderzuckers unter ständigem Rühren mit einem Rührlöffel auflösen.
- In den flüssigen Zucker den restlichen Puderzucker nach und nach zugeben, damit er sich schnell auflöst, ohne dunkel zu werden.
- Glukosesirup zugeben und den Zucker hellbraun karamellisieren.
- In den hellbraunen Karamell die Mandeln oder Nüsse unterrühren, bis sie vollständig vom Zucker umhüllt sind.

Ausgerollter und ausgestochener Krokant

LF 3.1

Harter, knuspriger Krokant

Solange der Krokant warm ist, ist er geschmeidig und lässt sich leicht ausrollen sowie ausstechen. Das Öl verhindert das Ankleben des im warmen Zustand klebrigen Krokants. Nach dem Abkühlen wird der Krokant sehr hart. Deshalb wird er als **Hartkrokant** bezeichnet.

Soll der hart gewordene, ausgerollte Krokant noch weiter ausgestochen werden, wird er auf einem geölten Blech im Backofen erwärmt, bis er wieder geschmeidig ist.

Krokantstreusel

Wird ausgerollter abgekühlter Krokant, der sehr hart ist, zu kleinen Stückchen gestoßen, entsteht Krokantstreusel. Das Stoßen des Krokants erfolgt am einfachsten, indem der Krokant mit einem Tortenring umgeben und mit einem Gewichtsstein zerdrückt wird. Auch mit einem Rollholz kann Krokant gestoßen werden.

Krokantstreusel

Frankfurter Kranz mit Krokantstreusel

Verwendung von Krokantstreusel
• Als Dekor auf Torten, Desserts und Eisbecher
• Als äußere Schicht für Frankfurter Kranz (➡ Seite 506)
• Als Geschmackgeber mit Biss für Marzipan-Krokantpralinen, Krokanteis und Krokantbuttercreme

Hartkrokant als Dekorteile

Dünn ausgerollt, wird Hartkrokant in bestimmte Formen geschnitten oder mit Ausstechern ausgestochen. Die Krokantteile werden überwiegend als Dekorteile auf Festtagstorten gelegt.

Ausgestochene Krokanthalbmonde und Krokantschale unter den Marzipanrosen

Krokanteier

Für Krokanteier wird warmer, geschmeidiger Hartkrokant dünn ausgerollt und in Eiformen gelegt. Nach dem Erkalten löst sich die Form leicht ab. Krokanteier werden mit Eiweißspritzglasur und Schokoladenspritzglasur schön ausgarniert und häufig mit Pralinen gefüllt. Sie sind ein attraktives Ostergeschenk.

Krokantei

Krokantarten

Entsprechend der Zutaten werden verschiedene Krokantarten unterschieden.

Hartkrokant
Er wird aus karamellisiertem Zucker und Mandeln oder Nüssen hergestellt (→ Seite 527).

Weichkrokant
In den karamellisierten Zucker werden Schlagsahne und Butter eingerührt, dann die Mandeln/Nüsse zugegeben. Weichkrokant ist nach dem Abkühlen von weicher, zähgeschmeidiger Beschaffenheit.

Butterkrokant
In den karamellisierten Zucker wird Butter eingerührt und anschließend werden die Mandeln oder Nüsse zugegeben. Durch die Butterzugabe ist der Krokant geschmeidig.

Früchtekrokant
Mit den Mandeln bzw. Nüssen werden gehackte Dickzuckerfrüchte in den karamellisierten Zucker gerührt. Der Krokant enthält zusätzlich den Geschmack der Dickzuckerfrüchte (→ Seite 148) und die abwechslungsreichen Farben der Früchte verschönern das Aussehen.

Blätterkrokant
Blätterkrokant, vorwiegend für Pralinen, besteht abwechselnd aus dünnen Schichten Hartkrokant und Nugatmasse. Blätterkrokantpralinen besitzen deshalb eine feine, dünn-splittrige Beschaffenheit.
- Den Hartkrokant dünn ausrollen und darauf Nugatmasse dünn aufstreichen.
- Mithilfe zweier Spachtel den Krokant mit der Nugatmasse von den Seiten zur Mitte übereinander legen, wieder ausrollen und übereinander legen usw. Dabei entstehen viele dünne Schichten von Krokant und Nugatmasse übereinander, ähnlich dem Blätterteig.

Qualitätsmerkmale von Krokant

- Die Mandeln bzw. Nüsse der Krokanterzeugnisse haben einen süßlichen Karamellgeschmack.
- Hartkrokant ist hart und knusprig im Biss.
- Weichkrokant und Butterkrokant sind wegen der Zugabe von Schlagsahne bzw. Butter geschmeidige Krokantarten für Pralinen und Bonbons.
- Blätterkrokant mit den vielen hauchdünnen Schichten von zart-splittrigem Hartkrokant und weicher Nugatmasse ist vor allem für Pralinen geeignet.

Lagerung der Krokanterzeugnisse

Krokant muss grundsätzlich trocken, in luftdichten Behältern aufbewahrt werden. So ist er lange lagerfähig. Unverpackt zieht der hohe Zuckeranteil die Luftfeuchtigkeit an und der Krokant wird klebrig und zäh.
- Krokantstreusel auf Vorrat hergestellt, wird deshalb in luftdichte Behälter gegeben.
- Krokantpralinen werden in einer Pralinenvitrine mit geringer Luftfeuchtigkeit aufbewahrt. Sie sind zum Teil mit Schokoladenkuvertüre überzogen und so vor Luftfeuchtigkeit geschützt.

Aufgaben

1. Aus welchen Zutaten wird Krokant hergestellt?
2. Beschreiben Sie die Herstellung von Krokant.
3. Erläutern Sie die Verarbeitung von Krokant nach der Krokantherstellung.
4. Beschreiben Sie die Herstellung von Krokantstreusel.
5. Wozu wird Krokantstreusel in der Konditorei verwendet?
6. Erklären Sie folgende Krokantarten:
   - Hartkrokant
   - Früchtekrokant
   - Weichkrokant
   - Blätterkrokant
   - Butterkrokant
7. Geben Sie die Qualitätsmerkmale der Krokantarten an.
8. Erklären Sie, wie Krokanterzeugnisse gelagert werden und wie sich unverpackter Krokant verändert.
9. Benennen und erläutern Sie Schaustücke aus Krokant.
10. Vergleichen Sie die Qualität von selbst hergestelltem Krokantstreusel mit Krokantstreusel als Convenience-Produkt. Vergleichen Sie auch die Wirtschaftlichkeit der Herstellungskosten mit den Kosten des Convenience-Produkts.

LF 3.1

Rechenaufgabe

Bei der Herstellung von Hartkrokant werden 1,400 kg Puderzucker und 88 g Glukosesirup karamellisiert. Der Krokant soll 32 % gehobelte Mandeln enthalten. Berechnen Sie, wie viel g Mandeln in den karamellisierten Zucker gerührt werden und wie viel kg der Krokant wiegt. Runden Sie auf ganze Gramm.

30.3 Zuckerkochen für Schaustücke

Zuckerschaustück

Schaustücke aus Zucker sind rein handwerkliche Erzeugnisse, für deren Herstellung wenige Arbeitsgeräte und keine Maschinen benötigt werden. Es sind die einzigen Arbeiten der Konditorei, die noch an die kreativen Kunstwerke der alten prunkvollen, barocken Hofkonditorei erinnern, bei denen damals nicht die Sättigung, sondern die Eleganz und das Erstaunen der Gäste ausschlaggebend waren. Schaustücke aus Zucker sind jedoch nach wie vor der Mittelpunkt und Blickfang bei besonderen Anlässen und Festlichkeiten.

Voraussetzungen zum Arbeiten mit Zucker sind:
- Begabung zum kreativen Gestalten
- ausgeprägter Sinn für Formen und Farbe
- Sinn für Ästhetik (Schönheit)
- künstlerische Geschicklichkeit

So kann die Konditorin/der Konditor die persönliche künstlerische Leistungsfähigkeit herausstellen und viel Lob für die gelungenen Werke ernten.

Wegen der zeitaufwendigen Herstellungsweise rücken die Zuckerarbeiten in der heutigen Konditorei immer mehr in den Hintergrund und somit auch die Erfahrung und Geschicklichkeit, die diese Arbeiten erfordern.

Rohstoffe zum Zuckerkochen

- Zucker
- Glukosesirup
  Eine Zugabe von 20 % der Zuckermenge verhindert das Auskristallisieren des Zuckers im Schaustück.
- Säure
  Gut geeignet ist Weinsteinsäure. Durch die Säure wird der Zucker zum Ziehen und Blasen ausreichend elastisch und geschmeidig. Säure verhindert auch das Auskristallisieren des Zuckers im Schaustück.
  Bei zu viel Säure verliert das Schaustück wegen mangelnder Aushärtung des Zuckers die Standfestigkeit und kann sogar zusammenfallen.
  Für gegossene Zuckerstücke ist Säure nicht erforderlich.
- pulverisierte Lebensmittelfarbe
  Zum Einfärben des kochenden Zuckers.

Arbeitsgeräte zum Zuckerkochen
- Gasherd
- Kupferkasserole (Kupfergefäß mit handlichem Griff)
- Handrührbesen
- Sieb zum Entfernen von Unreinheiten im Zucker
- Pinsel
- Schüssel aus Edelstahl für kaltes Wasser
- Elektronisches Thermometer oder Zuckerthermometer
- Pipettenflasche zum tropfenweise Zugeben von Säure

Zuckerthermometer und Zuckerwaage

Das Zuckerkochen

Rezeptbeispiel: Zutaten zum Zuckerkochen
1000 g Zucker
500 g Wasser
200 g Glukosesirup
30 g Weinsteinsäure (30 Tropfen)

- **Zuckerlösung kochen**
  Zucker mit Wasser verrühren und auf dem Gasherd bei kleiner Flamme unter ständigem Rühren kochen. Dabei muss sich der Zucker vollkommen lösen. Die Flamme darf nicht seitlich am Topf hochziehen, da dann der Zucker am Topfrand kristallisiert.

• Abwaschen der Zuckerkristalle

Während des gesamten Kochprozesses immer wieder in kurzen Abständen die sich am Topfrand bildenden Zuckerspritzer mit einem nassen Pinsel sorgfältig herunterwaschen, damit sie nicht karamellisieren und den Zuckersirup verunreinigen.

• Abschöpfen der schäumenden Unreinheiten

Kurz vor dem Kochen beginnt die Zuckerlösung zu schäumen, da sich die Unreinheiten vom Zucker trennen und sich oben absetzen. Diese werden mit einem Sieb mehrmals abgeschöpft und entfernt.

Wenn der Zucker kocht, ist das Abschöpfen beendet, da sich die Unreinheiten wieder unterkochen.

Abschöpfen der Unreinheiten

• Glukosesirup zugeben

Nach dem Kochen den Glukosesirup zugeben.

• Die Zuckerlösung flott weiterkochen

Die Zuckerlösung rasch fertig kochen, damit sie nicht gelblich wird. Die Zuckerkristalle am Topfrand weiterhin mit dem Pinsel herunterwaschen.

• Zucker einfärben

Soll der Zucker farbig sein, wird er bei ca. 130 °C mit pulverisierter Lebensmittelfarbe dezent eingefärbt.

Soll der Zucker undurchsichtig sein, wird noch Milchweißfarbe oder Schlämmkreide zugegeben.

• Säure zugeben

Den Zucker auf 137 °C erhitzen und mit einer Pipettenflasche Weinsteinsäure zugeben. Auf 1000 g Zucker kommen 25 bis 30 Tropfen Säure.

Herrichten der Säure:

50 g Weinsteinsäure in 50 g kochendes Wasser einrühren, bis sich die Kristalle vollständig aufgelöst haben.

Die fertige Säurelösung in eine Pipettenflasche füllen, damit man die Säure tropfenweise zugeben kann.

Einfärben des kochenden Zuckers

• Zucker fertig kochen

Den Zucker nach der Säurezugabe auf 150 °C fertig kochen und die Kasserole von der Flamme nehmen.

Die Kasserole sofort nach dem Kochen kurz in eine Schüssel mit kaltem Wasser stellen, um den Zucker abzuschrecken und ein Nachkochen zu verhindern.

Fehler beim Zuckerkochen

Fehler	Ursachen
Der gekochte Zucker hat einen gelblichen Farbton.	Die zu hohe Flamme ist beim Kochen seitlich am Topf hochgezogen, sodass die Zuckerspritzer karamellisiert sind.
Der Zucker klebt an der Marmorplatte.	• Der Marmor wurde zu wenig geölt. • Dem Zucker wurde zu viel Säure zugegeben.
• Der Zucker ist ohne Glanz und hat ein stumpfes, mattes Aussehen. • Der Zucker zeigt kleine Kristalle.	• Die schäumenden Unreinheiten des Zuckers wurden nicht sauber abgeschöpft. • Die Zuckerkristalle wurden nicht sorgfältig am Topfrand herunter gewaschen.

Arbeitstechniken für die Weiterverarbeitung von gekochtem Zucker:

• Zuckergießen,
• Zuckerziehen,
• Zuckerblasen.

LF 3.1

Zuckergießen

Die einfachste und schnellste Art Schaustücke aus Zucker herzustellen, ist das Zuckergießen.

Herstellen von Formen zum Zuckergießen

- Das Motiv auf einen Pappkarton zeichnen und zu einer Schablone ausschneiden.
  Motive können Bilder sein, z.B. aus Fachzeitschriften und Kinderbüchern, aus dem Internet. Häufige Beispiele:
  Ostern: Osterhase, Osterei, Ente, Küken
  Weihnachten: Weihnachtsbaum, Engel, Nikolaus
  Hochzeit: zwei zusammenhängende Herzen, zwei Tauben
  Kindergeburtstag: beliebige Tiere
- Mit der Schablone die Form zum Gießen herstellen.
- Am besten geeignet ist eine Gummi- oder Silikonmatte, die 3 bis 4 mm dick ist. Die Schablone aus Karton mit doppelseitigem Klebeband aufkleben und mit einem scharfen Schneidmesser am Rand der Schablone die Matte zurechtschneiden.
- Auf einen glatten Tisch ein Silikonpapier (Backtrennpapier) geben und darauf die ausgeschnittene Matte legen. Gut geeignet ist ein Marmortisch, aber auch ein Metalltisch, auf dem der Zucker schnell abkühlt. Auf dem beschichteten Papier, das keine Wellen werfen darf, klebt das gegossene Zuckerschaustück nicht an und kann problemlos abgenommen werden.

Zucker zu Schaustücken gießen

Zuckergießen mit Silikonformen

- Den gekochten Zucker etwas stehen lassen, bis er keine Blasen mehr wirft und dann in die ausgeschnittene Gummi- bzw. Silikonmatte gießen. Den Zucker beim Gießen mit ruhiger Hand in die Form einlaufen

lassen, sodass er von selbst in die Ecken läuft. Den Topf beim Eingießen nicht hin und her bewegen.
- Das Zuckerschaustück in der Form erstarren lassen. Die Gummi- bzw. Silikonmatte abnehmen, wenn der Zucker noch leicht warm ist.
- Die gefärbten Zuckerstücke mit Lebensmittellack besprühen, damit der Zucker nicht auskristallisiert.
- Die lackierten Schaustücke können noch mit Eiweißspritzglasur ausgarniert werden.

Färben

- Wird ein einfarbiges Zuckerstück gewünscht, wird der gekochte Zucker vor dem Eingießen eingefärbt.
- Wird ein Schaustück mit farblosem, durchsichtigem Zucker gegossen, kann es nach dem Abnehmen der Gummi- bzw. Silikonmatte in leicht warmem Zustand mit dem Airbrushgerät besprüht und eingefärbt werden. Für Details, z.B. ein Gesicht, kann flüssige Lebensmittelfarbe mit einem dünnen Pinsel aufgemalt werden.

Zusammensetzen eines Zuckerschaustücks

- Es können mehrere kleine Zuckerteile auf eine größere Grundform mit etwas flüssigem, klarem Zucker zusammengeklebt werden. Die Klebestellen bleiben unsichtbar.
- Das Schaustück senkrecht auf eine aus Zucker gegossene Grundplatte ankleben.

Gegossene Zuckerherzen

Zuckergießen mit Silikonformen

Eine einfache und schnelle Art Figuren aus Zucker herzustellen, ist das Zuckergießen in Silikonformen. Es können Reliefs und ganze Figuren gegossen werden. Zweiteilige Formen werden mit Gummis zusammengehalten.

Zuckergießen mit Silikonformen

Den gekochten Zucker in die Silikonformen gießen und den Zucker darin erstarren lassen. Nach dem Festwerden kann das biegbare Silikon vom Zuckerschaustück abgenommen werden.

Zuckerschaustück in Silikonformen gegossen

Zuckerziehen

Mit Gummihandschuhen wird der 70 bis 80 °C warme und deshalb geschmeidige Zucker zu Blumen, Schleifen, Körben u. a. gezogen.

Gezogene Zuckerblüte

In einem Wärmekasten wird der Zucker während des Zuckerziehens mit einer Infrarotlampe warm und somit geschmeidig gehalten.

Zuckerblasen

Voluminöse Zuckerschaustücke mit Körper, z. B. Vasen oder Figuren, werden geblasen. Mit einer Hand wird mit einem Gummiblasebalg, mit Blasröhrchen, Luft in den warmen geschmeidigen Zucker geblasen. Die andere Hand modelliert den Hohlkörper. Diese Arbeit erfordert außer Geduld große Geschicklichkeit und Feingefühl.

Geblasenes Zuckerschaustück

Spinnzucker

Fertig gekochten, 150 °C heißen Zucker über eine Halbkugelform, z. B. eine Tasse, spinnen. Mithilfe von mehreren Drähten, z. B. einem abgeschnittenen Handrührbesen, den flüssigen, nicht gefärbten Zucker in rhythmischen Bewegungen hin und her schleudern. Die auf dem Tisch überstehenden Zuckerfäden mit einer Schere abschneiden. Den fertigen Spinnzucker von der Form abnehmen und als Dekor verwenden, z. B. als Tortenaufsatz oder über einer Eisbombe.

Spinnzucker oben auf der Festtagstorte als Dekor

LF
3.1

Fertigzucker für Schaustücke

Der Handel bietet Zucker für Schaustücke meist in Chipform an. Bei Verwendung dieses Fertigzuckers entfällt das Zuckerkochen und das Temperaturmessen des Zuckers. Die Zuckerchips werden lediglich im Mikrowellengerät aufgelöst und können sofort verarbeitet werden.

Dieser Fertigzucker besteht aus dem Zuckeraustauschstoff **Isomalt**.

Die fertigen Schaustücke nehmen bei der Lagerung durch die Luftfeuchtigkeit keinen Schaden, weil Isomalt im Gegensatz zum Zucker nicht wasseranziehend ist.

Fertigzucker für Schaustücke

Aufgaben

1. Nennen Sie die Rohstoffe zum Zuckerkochen.
2. Beschreiben Sie die Arbeitsschritte des Zuckerkochens.
3. Welche Ursachen haben folgende Fehler des Zuckers nach dem Zuckerkochen?
   - Der Zucker hat einen gelblichen Farbton.
   - Der Zucker klebt an der Marmorplatte.
   - Der Zucker ist ohne Glanz oder zeigt kleine Zuckerkristalle.
4. Woraus besteht der Fertigzucker zum Kochen für Schaustücke?
5. Welche Vorteile hat der Fertigzucker für Schaustücke?
6. Nennen Sie die drei Verarbeitungsmöglichkeiten von gekochtem Zucker und geben Sie Schaustücke an, die dabei gefertigt werden.
7. Welche Arbeitsgeräte werden benötigt zum
   - Zuckerziehen,
   - Zuckerblasen?
8. Erklären Sie das
   - Zuckergießen,
   - Zuckerziehen,
   - Zuckerblasen.
9. Beschreiben Sie das Herstellen von Dekor aus Spinnzucker.
10. Sie zeichnen ein Motiv für eine Schablone, ein Herz oder einen Osterhasen. Schneiden Sie mithilfe der Schablone eine Silikonform zum Zuckergießen aus. Gießen Sie mit der Form zwei Zuckerschaustücke: ein Schaustück mit selbst gekochtem Zucker und eines mit Fertigzucker. Vergleichen Sie die optische Qualität der Zuckerschaustücke und beurteilen Sie die Wirtschaftlichkeit.

Rechenaufgaben

1. Rechnen Sie folgende Gradzahlen in °C bzw. °R um und nennen Sie die entsprechende Zuckerstufe.
   - 81,6 °R
   - 108 °C
   - 116 °R
   - 180 °C
2. Eine Zuckerlösung von 28 Bé besteht aus 2 l Wasser und 3 600 g Zucker. Berechnen Sie den Zuckergehalt der Lösung in %.
3. Der Zuckergehalt einer Zuckerlösung beträgt 68,75 %. Wie viel kg Zucker besitzt die Lösung in 2,5 l Wasser?
4. Eine Zuckerlösung aus Zucker und Wasser im Verhältnis 5 : 2 hergestellt, wiegt 5,250 kg. Nach dem Kochen zum starken Flug wiegt die Zuckerlösung noch 4,350 kg.
   a) Wie viel kg Zucker und wie viel l Wasser enthielt die Zuckerlösung ursprünglich?
   b) Berechnen Sie den Gewichtsverlust der Zuckerlösung in der Zuckerstufe beim Flug in %.
5. Beim Zuckerkochen einer Zuckerlösung verdunstet Wasser. Eine Zuckerlösung wird vor dem Kochen aus 1200 g Zucker und 0,48 l Wasser angerührt. Nach dem Zuckerkochen wiegt die Zuckerlösung 15 % weniger.
   a) Wie viel kg wiegt die Zuckerlösung nach dem Kochen?
   b) Wie viel % des ursprünglichen Wasseranteils sind verdunstet?

Berufliche Handlung

Sie sollen bei einer Fortbildung das Zuckerkochen mit den einzelnen Zuckergraden demonstrieren. Beim Kochen messen Sie die Zuckertemperatur mit einem Digitalthermometer und zeigen die Handproben sowie die optischen Erkennungsmerkmale der Zuckerstufen.

Anschließend zeigen Sie das Zuckerkochen für Zuckerschaustücke und gießen zwei Herzen als Schaustück und Blickfang eines dekorierten Tisches zur Hochzeit.

Außerdem stellen Sie Krokant her und verschönern die Hochzeitstorte mit ausgestochenem Hartkrokant.

Zuckerstufen

1. Benennen Sie die Zuckerstufe, für die der gekochte Zucker wie folgt verwendet wird. Geben Sie bei den jeweiligen Zuckerstufen auch die Gradzahlen in Celsius an, bei denen der Zucker gekocht wird.
   - Tränke für Tortenböden
   - Glasur für Elisenlebkuchen und Baseler Leckerli
   - gekochter Zucker für die italienische Baisermasse und zur Fondantherstellung
   - geschmolzener, klarer Zucker für Zuckerschaustücke
   - karamellisierter Zucker zum Überziehen von Mandeln und Nüssen
   - Zucker zum Dunkelfärben von Lebensmitteln

2. Erklären Sie, wie sich der Zucker beim Kochen ab 145 bis 180 °C verändert und benennen Sie den Fachausdruck des Zuckers dieser Stufe.

3. Sie kochen den Zucker auf 200 °C, dabei steigt stechender Rauch auf. Nennen Sie die Zuckerstufe und geben die Farbe dieses Zuckers an.

4. Sie stellen zum Glasieren von Lebkuchen Fadenzuckerglasur her. Benennen Sie die benötigte Zuckerstufe und geben Sie an, wie diese mittels der Handprobe erkannt wird.

5. Erläutern Sie, wie der Flugzucker beim Zuckerkochen getestet wird.

6. Sie erklären den Teilnehmern der Fortbildung die Aufgabe einer Zuckerwaage und wie diese funktioniert.

7. Beschreiben Sie die Herstellung von kandierten Früchten am Beispiel von Belegkirschen.

Krokant

8. Erstellen Sie ein Rezept für Hartkrokant und beschreiben Sie die Herstellung.

9. Nennen Sie die zusätzlichen Zutaten von Krokant für
   - Weichkrokant,
   - Butterkrokant,
   - Früchtekrokant.

10. Beschreiben Sie die Herstellung von Blätterkrokant und geben Sie an, wofür Blätterkrokant hauptsächlich hergestellt wird.

11. Zum Fertigstellen von Frankfurter Kranz benötigen Sie Krokant. Erläutern Sie, wie dieser Krokant für die Ringtorte bearbeitet wird und wie er benannt wird.

12. Zeigen Sie Hartkrokant, der einige Tage unverpackt gelagert wurde. Erklären und begründen Sie die Veränderungen.

Zuckerkochen für Zuckerschaustücke

13. Richten Sie die Zutaten und Arbeitsgeräte zum Zuckerkochen für Schaustücke her und benennen Sie diese.

14. Erstellen Sie ein Rezept für eine Zuckerlösung zum Zuckerkochen.

15. Beschreiben Sie die einzelnen Arbeitsschritte des Zuckerkochens.

16. Sie demonstrieren das Zuckergießen für Zuckerschaustücke.
    - Erklären Sie die Herstellung der Formen zum Zuckergießen.
    - Beschreiben Sie die einzelnen Arbeitsschritte beim Zuckergießen und Fertigstellen von Zuckerschaustücken.

17. Erklären Sie das
    - Zuckerziehen,
    - Zuckerblasen.

18. Beschreiben Sie die Herstellung von Spinnzucker als Dekorteil, z. B. für Festtagstorten.

31 Arbeiten mit Marzipan

Situation

„Die Konditorei – eine Sinfonie der Sinne." Unter diesem Motto startet Ihre Konditoren-innung eine Werbeveranstaltung für den Beruf in der Konditorei. An einem Stand sollen Sie Marzipan herstellen und das Modellieren von Marzipanrosen und lustigen Marzipan-figuren demonstrieren. Nach dem Schminken der Marzipanerzeugnisse werden diese verpackt und als Preis für die Verlosung ausgestellt.

- Woraus besteht Marzipanrohmasse?
- Wie wird Marzipan hergestellt und was versteht man unter Edelmarzipan von hoher Qualität aus der Konditorei?
- Was ist Lübecker Marzipan und Königsberger Marzipan?
- Welche Hilfsmittel werden zum Modellieren und zum Kneifen von Marzipan verwendet?
- Welche Techniken werden beim Modellieren beachtet?
- Wie wird Marzipan gefärbt und geschminkt?

Marzipan- und Persipanrohmasse

Zu Zeiten der Hanse, als die Kaufleute mit Schiffen Beson-derheiten aus dem Mittelmeerraum in die norddeutschen Hafenstädte brachten, waren vor allem in Lübeck die Mandeln sehr begehrt. Dort stellte man aus geriebenen Mandeln und Zucker einen „Teig" her und bezeichnete die daraus geformten Stücke als „Marzipan". Der Name wur-de von „Marci panis" abgeleitet, was Markusbrot bedeu-tet, da das teure, wertvolle Marzipan nur am gefeierten Markustag zu bekommen war. Vor allem die Konditoren in Lübeck verfeinerten das Marzipan, das heute noch ein Markenzeichen von Lübeck ist.

Marzipanrohmasse

Marzipanrohmasse	
⅔ Mandeln	⅓ Zucker

Marzipanrohmasse und ihre Bestandteile

> **Bestimmungen der Leitsätze**
> Marzipanrohmasse besteht aus ca. zwei Dritteln Man-deln und einem Drittel Zucker (höchstens 35 % Zucker).

Herstellen von Marzipanrohmasse in der Industrie

- Geschälte Mandeln in Walzen fein zerkleinern und mit Zucker vermischen.
- Das Mandel-Zucker-Gemisch bei 85 °C bis 90 °C bis zu 30 Minuten abrösten. Die Rohmasse erhält dadurch eine gute Bindung.

Güteklassen

M0 (Marzipanrohmasse-null) ist beste Qualität, mit feinem Mandelaroma.

Für diese Marzipanrohmasse werden nur süße Mandeln verwendet. In der Konditorei wird überwiegend M0 verwendet.

MI (Marzipanrohmasse-eins) ist geringere Qualität, mit etwas herberem Mandelaroma durch Bittermandeln.

Nach den Leitsätzen dürfen die süßen Mandeln bis zu 12 % bittere Mandeln, auf das Gesamtgewicht der Mandeln bezogen, enthalten. Die Güteklasse MI wird meist als Zugabe in Teigen, Massen und Füllungen verwendet.

Verwendung von Marzipanrohmasse

Als Hauptrohstoff für	Als Zugabe in Teigen und Massen zur Verbesserung der Gebäckqualität

• Marzipan
• Marzipanfüllung
  = Franchipanfüllung
  → Seite 326
• Mandelmakronen-
  gebäck
• Marzipanpralinen
	• Mandelmürbeteig-
	  gebäcke
	• Spritzgebäcke
	• Nuss- und Mandel-
	  kuchen
	• Elisen- und Nuss-
	  lebkuchen
	• Marzipanstollen
	• Baumkuchen

Erzeugnisse aus Marzipanrohmasse

Persipanrohmasse

Bestimmungen der Leitsätze

Persipanrohmasse besteht aus ca. zwei Dritteln entbitterten bitteren Mandeln, Aprikosen- und/oder Pfirsichkernen und einem Drittel Zucker (höchstens 35 %). Sie enthält zudem noch 0,5 % Stärke, bezogen auf die gesamte Persipanrohmasse.

Das Innere der Aprikosenkerne für Persipanrohmasse

Persipanrohmasse	
⅔ entbitterte bittere Mandeln, Aprikosen- und/oder Pfirsichkerne	⅓ Zucker

0,5 % Stärke, berechnet auf ⟶
die gesamte Persipanrohmasse

Stärke ist in Persipanrohmasse als Hilfe für die Lebensmittelkontrolle enthalten. Jod färbt Stärke blau. So kann Persipanrohmasse einfach getestet und von Marzipanrohmasse unterschieden werden.

Persipanrohmasse wird wie Marzipanrohmasse hergestellt.

Geschmack der Persipanrohmasse

Bittere Mandeln und Aprikosen- sowie Pfirsichkerne enthalten bittere Stoffe (Amygdalin), aus denen im Körper giftige Blausäure gebildet wird. Diese Bitterstoffe werden bei der Herstellung der Persipanrohmasse entfernt, Persipanrohmasse schmeckt ähnlich wie Marzipanrohmasse. Sie ist jedoch leicht herbbitter im Gegensatz zur Marzipanrohmasse und hat nicht deren feinen Mandelgeschmack.

Verwendung von Persipanrohmasse

Die preisgünstige Persipanrohmasse hat eine geringere Qualität und wird als Ersatz für Marzipanrohmasse verwendet für:

- Füllungen wie Nussfüllung
- Persipanstollen und Persipanmakronen

LF 3.2

Deklaration

Bei Fertigpackungen wird die Zugabe von Persipanrohmasse in der Zutatenliste angegeben.

Unverpackte Stollen und Makronen mit Persipanrohmasse müssen als Persipanstollen und Persipanmakronen deklariert werden, damit eine Verwechslung mit Marzipanrohmasse ausgeschlossen ist und so die Verbraucher nicht irregeführt werden.
Diese geringeren Qualitäten werden gewöhnlich in der Konditorei nicht hergestellt.

Lagerung von Marzipan- und Persipanrohmasse

Bei der Lagerung muss vor allem auf den hohen Fettgehalt der Mandeln in der Marzipanrohmasse geachtet werden.
- kühl, ideal sind 15 bis 18 °C
  Nicht im Kühlschrank/Kühlraum lagern, weil dort wegen der hohen Feuchtigkeit Schimmelgefahr besteht.
- in Folie eingewickelt, damit die Oberfläche nicht austrocknet
- frei von Fremdgerüchen

Luftdicht verpackt, ist Marzipanrohmasse lange Zeit lagerfähig, weil der Wassergehalt gering ist und dieser vom Zucker gebunden wird.

Abnahme der Marzipanrohmasse vom Block

Marzipanrohmasse abschneiden

Marzipanrohmasse trocknet schnell aus. Deshalb wird sie zur Verarbeitung vom Block mit einem Messer abgeschnitten, um eine glatte Oberfläche zu erhalten.

Die Marzipanrohmasse nach dem Abschneiden wieder in Folie einschlagen. Die Oberfläche würde sonst schnell austrocknen. Die borkige Schicht würde sich nicht mehr auflösen.

Marzipanrohmasse in Folie

Marzipan

Bestimmungen der Leitsätze
Marzipan wird aus Marzipanrohmasse und höchstens der gleichen Gewichtsmenge Zucker hergestellt. Der Zucker kann durch bis zu 3,5 % Glukosesirup oder 5 % Sorbit, bezogen auf das Gesamtgewicht des Marzipans, ersetzt werden.

Marzipan	
auf 1 Teil Marzipanrohmasse	höchstens bis zu 1 Teil Puderzucker

bis zu 3,5 % Glukosesirup oder 5 % Sorbit, auf das gesamte Marzipangewicht berechnet

Beispiel:
- 1000 g Marzipanrohmasse } = 2000 g Marzipan
- höchstens 1000 g Puderzucker }
- höchstens 70 g Glukosesirup (3,5 % vom gesamten Marzipangewicht) und
  930 g Puderzucker statt 1000 g, weil das Glukosegewicht von der Puderzuckermenge abgezogen wird

Marzipanrohmasse, Puderzucker, Glukosesirup

Glukosesirup bzw. Sorbit werden dem Marzipan zur besseren Frischhaltung zugegeben, damit es nicht so schnell austrocknet. Sie verhindern das Auskristallisieren des Zuckers, der dann hart werden würde. Ebenso binden sie die Feuchtigkeit des Marzipans, sodass es längere Zeit feucht und geschmeidig bleibt.

Im Handwerksbetrieb wird überwiegend Glukosesirup und in Industriebetrieben Sorbit verwendet.

Anwirken von Marzipan

Marzipanrohmasse, gesiebter Puderzucker und Glukosesirup werden zusammengemischt, nicht geknetet. Diese schonende Marzipanherstellung wird als „Anwirken" bezeichnet.

Kleine Mengen werden auf einem Arbeitstisch mit der Hand angewirkt. Das Anwirken größerer Zutatenmengen erfolgt bei schonenden Knetbewegungen im Langsamgang in der Knetmaschine, ideal im Hubkneter.

> **!**
> Sofort nach dem Anwirken wird Marzipan in Folie eingeschlagen oder in einem luftdichten Behälter aufbewahrt, damit es nicht austrocknet.

In der Knetmaschine angewirktes Marzipan

Auswirkungen bei zu starkem Kneten

Bei zu starken und schnellen Knetbewegungen während der Marzipanherstellung wird der hohe Fettgehalt der Mandeln durch die Reibungswärme ölig. Die Bindung der Zutaten im Marzipan ist dadurch beeinträchtigt. Das erschwert die Verarbeitung und das Modellieren. Ebenso tritt das Öl nach außen, sodass das Marzipan ölig glänzend aussieht und schnell gärig wird.

Marzipanqualität

Je geringer der Puderzuckeranteil in der Marzipanrohmasse ist, desto höher ist die Qualität des Marzipans, weil der Mandelgeschmack intensiver und das Marzipan weicher ist.
Je mehr Puderzucker enthalten ist, umso süßer und trockener ist Marzipan.

„Edelmarzipan" und „Gütemarzipan" sind Begriffe, die manchmal als Qualitätsbezeichnungen angegeben werden. Sie besagen, dass 10 bis 30 % Puderzucker, bezogen auf die Marzipanrohmasse, im Marzipan enthalten sind. Es sind Richtlinien des Konditorenbunds oder der Landesverbände, sie haben aber keine rechtliche Bedeutung nach dem Lebensmittelrecht.

Verwendung von Marzipan

- zum Modellieren von Figuren, Rosen und anderen Formen
- dünn ausgerollt zum Eindecken und Einschlagen von Torten, Desserts und Petits Fours
- als Schriftbänder und Schriftringe zum Garnieren von Texten

Mit Marzipan eingeschlagenes Dessert

Lübecker Marzipan

Dies sind Marzipanerzeugnisse aus hochwertigem Marzipan mit geringem Puderzuckeranteil.
„Lübecker Marzipan" ist eine geschützte Herkunftsbezeichnung, d. h., diese Marzipanerzeugnisse müssen aus Lübeck stammen.

Königsberger Marzipan

Königsberger Marzipan sind hochwertige Marzipanerzeugnisse mit einem geringen Anteil an Puderzucker.
Königsberger Marzipan ist eine Gattungsbezeichnung und besagt, dass die Oberfläche der Marzipanerzeugnisse abgeflämmt ist. Es ist also keine Herkunftsbezeichnung und kann daher überall hergestellt werden.

Abflämmen bedeutet, dass die Oberfläche der modellierten und gestanzten Marzipanerzeugnisse mittels eines Bunsenbrenners oder im Ofen bei hoher Oberhitze gebräunt wird. Das Innere des Marzipans bleibt weich.

LF 3.2

Königsberger Marzipan, gestanzt und modelliert

Arbeiten mit Marzipan

Hygiene

- Arbeitstische und Arbeitsgeräte grundsätzlich sehr sauber halten.
- Die Hände vor dem Arbeiten mit Marzipan gründlich reinigen.
- Auch während des Modellierens öfter die Hände waschen, wenn sie klebrig werden.

Marzipan modellieren

Modellieren heißt „Formen" des Marzipans zu verschiedenen Figuren und Formen.

Das Motiv der Marzipanfiguren und Marzipanformen muss deutlich erkennbar sein, sollte jedoch originell und lustig aussehen.

Beispiele für modellierte Marzipanerzeugnisse	
Rosen	mit Stielen und Blättern
Marzipantiere	Elefanten, Katzen, Enten, Frösche
Saisonartikel	Osterhasen, Nikoläuse, Engel, Karnevalsköpfe
Glücksbringer	Schweinchen, Pilze, Würfel, Hufeisen
Marzipanfrüchte und Marzipangemüse	Birnen, Äpfel, Erdbeeren, Pflaumen, Bananen, Rettiche, Karotten, Spargel
Marzipankartoffeln	kleine Marzipankugeln mit Kakaopulver an der Oberfläche

Rezeptbeispiel für gut modellierbares Marzipan	
1000 g	Marzipanrohmasse
500 g	Puderzucker
50 g	Glukosesirup
1550 g	**Marzipan**

Dieses Marzipan hat die ideale Festigkeit zum Modellieren. Wird weniger Puderzucker in das Marzipan gegeben, ist es beim Bearbeiten zu weich und zu klebrig. Ein höherer Puderzuckeranteil verringert die Marzipanqualität und das Marzipan trocknet zu schnell aus.

Hilfsmittel zum Modellieren

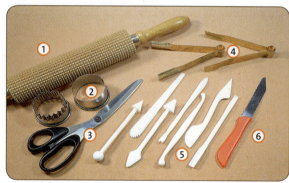

1 Riefholz   3 Schere   5 Modellierstäbchen
2 Ausstecher   4 Marzipankneifer   6 kleines scharfes Messer

Ergonomisches Modellieren

Da das Modellieren von Marzipan längere Zeit beansprucht, sollten Ermüdungen und Rückenschmerzen durch langes Stehen in gebückter Haltung vorgebeugt werden.

Längeres Modellieren im Sitzen mit aufrechtem Oberkörper ausüben. Gut bewährt hat sich das Sitzen auf einer

Modellierte Marzipanfiguren

Modellieren mit Stehhilfe

Stehhilfe, wobei die Beine und Füße entlastet werden und sich gleichzeitig der aufrechte Oberkörper zur besseren Übersicht über dem Arbeitstisch befindet.

Modelliertechnik

Die Grundform aller Marzipanteile beim Modellieren ist eine Kugel, die zwischen beiden Handflächen gleichmäßig gerollt wird. Dadurch erhalten die Marzipanteile eine glatte Oberfläche. Außerdem können von der Kugel ausgehend alle Formen abgeleitet und geformt werden.

Marzipan zum Modellieren abwiegen

Die Marzipanerzeugnisse sollen aus wirtschaftlichen Gründen nicht zu groß sein. Gleiche Marzipanerzeugnisse sollen dasselbe Gewicht haben.

Möglichkeiten für das Einteilen sind:
- Die Marzipanteile abwiegen.
- Marzipan mit der Ausrollmaschine oder zwischen zwei Stäben ausrollen und
  - mit einem Ausstecher die Teile ausstechen oder
  - das Marzipan mit dem Lineal abmessen und in gleich große Stücke schneiden.
- Das Marzipan zu Strängen rollen, diese mit dem Lineal einteilen und in gleich große Stücke schneiden.

Modellierte, gleich große Marzipanschweinchen

Marzipanfiguren modellieren

Marzipanfiguren sollen lustig wirken und die charakteristischen Eigenschaften sofort erkennbar sein.

Kopf

Der Kopf sollte die richtige Größe haben und ist der auffälligste Teil der Figuren. Die Proportionen der Marzipanfiguren zwischen Körper und Kopf sind häufig zwei Drittel zu einem Drittel.

Augen

Die Augen sollen übertrieben groß und somit ausdrucksstark sein.

- Mit dem Modellierstäbchen große Augenhöhlen tief, etwas nach unten, eindrücken.
- Übertrieben große, vorstehende Augen aus Eiweißspritzglasur wirken voller Leben. Die Eiweißspritzglasur nicht ganz bis zum oberen Rand der Augenhöhle einspritzen, damit ein kleiner Augenschatten entsteht.
- Auffallend große schwarze Punkte aus Schokoladenspritzglasur als Pupillen auf den weißen Augen bestimmen die Blickrichtung. Besonders witzig sind schielende Pupillen.
- Zu weit auseinander gezogene Augen wirken leblos.
- Schlafende, träumende und sich wohl fühlende Figuren halten die Augen geschlossen. Mit dem gebogenen Modellierstäbchen wird dafür die Augenpartie in den Kopf eingedrückt.

Ohren

- Spitze Ohren werden direkt aus dem Marzipankopf seitlich nach oben gezogen.
- Große und breite Ohren auf Augenhöhe ansetzen und mit einem Modellierstäbchen seitlich am Kopf andrücken.

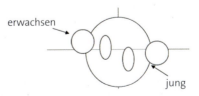

- Durch die Höhe der Augen und auch der Ohren am Kopf kann das „Alter" der Marzipanfigur beeinflusst werden. Die Augen- und Ohrenpartie nach unten gesetzt, lässt die Figur jünger aussehen, z. B. Babys, Kleinkinder, junge Tiere. Verschiebt man die Augen und Ohren nach oben, können Erwachsene dargestellt werden.

erwachsen

jung

Nase

Die Nase zwischen die Augen oder leicht darunter platzieren.

Für große Nasen wird eine kleine Marzipankugel in den Kopf gesteckt.

Eine kleine Nase kann mit einer Schokoladenspritzglasur aufgespritzt werden.

LF 3.2

Mund

Nach oben gezogene Mundwinkel, ergeben einen heiteren Gesichtsausdruck; Mundwinkel nach unten wirken traurig.

Haare und Bart

- Haare und Bart werden mit Schokoladenspritzglasur auf den Kopf garniert oder
- Marzipan wird durch eine Knoblauchpresse bzw. ein Sieb gedrückt und am Kopf angeklebt.

Das Zusammensetzen von Körper mit Füßen bzw. Pfoten, Armen und Kopf sowie das Anbringen von Hut, Schürze u. a. erfolgt mittels Eiweiß- oder Schokoladenspritzglasur. Mit Läuterzucker ist ein leichtes Ankleben möglich.

Modellierbeispiel: Hasen

Grundformen

Verschiedene Körperformen

Kopf und Ohren

Modellierte Marzipanhasen

Rosen modellieren

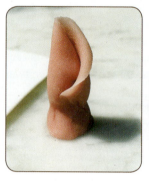

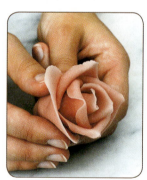

- Zuerst eine schmale, kegelförmige Rosenknospe modellieren, um die die Blätter gelegt werden.
- Aus Marzipan einen Strang formen und gleich große Stücke für die Blätter abschneiden. Idealerweise fünf Blätter für eine Rose verwenden (für kleine Rosen vier Blätter).
- Die Marzipanstücke für die Blätter zu Kugeln formen und mit einem geschmeidigen Schaber auf eine Seite hin hauchdünn auseinanderstreichen.
- Das erste Blütenblatt eng um die innere Blütenknospe rollen, sodass nur noch das Blatt sichtbar ist.
- Die weiteren Blütenblätter jeweils gegenüber einem anderen anlegen und unten andrücken. Jedes Blütenblatt ca. 2 mm höher ansetzen. Den oberen dünnen Blattrand leicht nach außen biegen, um eine offene Rosenblüte zu erhalten.
- Die fertige Rose unterhalb des Blattansatzes mit einer Schere oder einem Messer abschneiden.

Silikonformen für Marzipanfiguren

Am schnellsten und einfachsten ist die Herstellung von Marzipanfiguren in biegsamen Silikonformen. Der Nachteil ist, dass alle Figuren fabrikmäßig gleich aussehen. Die Kunden erkennen, dass hier die kunstvolle handwerkliche Konditorarbeit fehlt.

Bei dieser Herstellungsart der Figuren wird Marzipan abgewogen, zu einer glatten Kugel gerollt, in die Silikonformen gedrückt und das oben aus der Form überstehende Marzipan abgeschnitten. Die fertige Marzipanfigur wird nun aus der Form gedrückt.

Marzipanfiguren aus Silikonformen

Kneifen von Marzipan

Dünne Marzipanstränge werden mit einem Marzipankneifer profiliert. Sie eignen sich z. B. zum Einrahmen von Tortenoberflächen oder als schöner Abschluss für Tortenunterkanten.

Durch das Eindrücken mit den kleinen Zacken eines Marzipankneifers erhalten die Marzipanstränge ein kunstvolles Muster. Marzipankneifer gibt es in gerader und abgerundeter Form.

Marzipankneifer mit gekniffenen Marzipansträngen

Färben von Marzipan

Gefärbte Marzipanerzeugnisse wirken lebhafter und ansprechender. Die Marzipanfarben sind in den verschiedensten Farbtönen in flüssiger oder pulvriger Form und in Spraydosen im Handel erhältlich.

Durchfärben von Marzipan

Mit flüssigen Lebensmittelfarben oder Kakaopulver wird Marzipan durch und durch eingefärbt und dann modelliert.

Marzipan mit Lebensmittelfarbe einfärben

Schminken von Marzipan

Schminken mit dem Airbrushgerät

Beim Schminken werden die modellierten Marzipanerzeugnisse an der Oberfläche mit flüssiger Lebensmittelfarbe hauchdünn übersprüht. Diese trocknet schnell. Das Sprühen erfolgt mit Druckluft aus dem Airbrushgerät mit einer Airbrush-Spritzpistole.

LF 3.2

So können die Marzipanerzeugnisse leicht und zart, aber auch intensiver, gefärbt werden.

Es können auch verschiedene Lebensmittelfarben nacheinander gesprüht werden, sodass ein Farbverlauf auf den Marzipanerzeugnissen entsteht. Das Schminken stets mit der hellsten Farbe beginnen, diese antrocknen lassen und dann mit der nächsten Farbe weiterschminken.

Geschminkte Marzipanerzeugnisse wirken lebhafter als Figuren aus durchgefärbtem Marzipan, da verschiedene Farbnuancen gesprüht werden können. Sie sehen auch nicht so überfärbt aus.

Schminken von Marzipan mit einem Airbrushgerät

Schminken mit einem Pinsel

Nach dem Schminken mit dem Airbrushgerät können Streifen und Punkte auf Marzipanerzeugnisse mit einem Pinsel aufgetragen werden, z. B. bei Früchten und Gemüse. Außerdem können Wangen auf Gesichter gemalt werden. Dies ergibt einen besonders natürlichen Effekt.

> Allgemein gilt beim Färben und Schminken von Marzipan:
> Grundsätzlich dezent (unaufdringlich) färben bzw. schminken. Überfärbte Marzipanerzeugnisse wirken unnatürlich und künstlich.

Geschminkte Marzipanfrüchte

Marzipanerzeugnisse zum Verkauf fertigstellen

- Die Marzipanerzeugnisse nach dem Modellieren und Schminken mit Kakaobutter oder Lebensmittellack aus Sprühdosen dünn besprühen. Dadurch erhält das Marzipan eine matt glänzende Oberfläche und wird etwas vor dem Austrocknen geschützt.
- Marzipan trocknet durch die Luft schnell aus. Deshalb werden die Marzipanerzeugnisse luftdicht in Folientütchen verpackt oder eingeschweißt.

In Folie verpackte Marzipanfiguren

Königsberger Marzipan

Königsberger Marzipan wird zu unterschiedlichen Formen modelliert und als Marzipankonfekt gestanzt und gefüllt, z. B. mit Nougatmasse.

Abflämmen der Marzipanstücke

Die modellierten und gestanzten Marzipanstückchen eng nebeneinander setzen und
- die Oberfläche mit einem Bunsenbrenner hellbraun abflämmen oder
- im Ofen bei hoher Oberhitze, ca. 240 °C, ohne Unterhitze abflämmen.

Abglänzen

Sofort nach dem Abflämmen die Königsberger Marzipanstücke mit Gummiarabikum oder einer heißen Glanzstreiche dünn bestreichen, damit sie leicht glänzen.

Glanzstreiche

Vier Blätter Gelatine in 200 g Wasser einweichen und die geschmeidige Gelatine mit dem Wasser und 250 g Glukosesirup aufkochen und sofort bestreichen.

Modelliertes Königsberger Marzipan
- Dünne Marzipanstränge rollen und diese in Stücke schneiden.
- Die Stücke zu verschiedenen Formen legen, alle mit gleicher Höhe.
- Die modellierten Marzipanstücke abflämmen und sofort abglänzen.

Modelliertes Königsberger Marzipan

Gestanztes und gefülltes Königsberger Marzipan
- Marzipan 1 cm dick ausrollen.
- Die Marzipanoberfläche 3 bis 4 Stunden antrocknen lassen.
- Das Stanzgerät mit Alkohol befeuchten und Stückchen ausstechen (stanzen).
- Die gestanzten Marzipanstückchen antrocknen lassen und die Oberfläche abflämmen.
- Die Stücke sofort nach dem Abflämmen abglänzen.
- Den Innenraum der gestanzten Marzipanstücke füllen, z. B. mit Nugatmasse oder Fondant mit einem Geschmacksstoff wie Schokolade, Mokka, beliebige Spirituose.

Königsberger Marzipan, gestanzt und gefüllt

Aufgaben

1. Nennen Sie die Zutaten und ihre Mengenverhältnisse für
   - Marzipanrohmasse,
   - Persipanrohmasse.
2. Nennen Sie die zwei Güteklassen von Marzipanrohmasse, die im Handel erhältlich sind, und geben Sie die Unterschiede an.
3. Nennen Sie Beispiele für die Verwendung von Marzipanrohmasse in der Konditorei
   - als Hauptrohstoff,
   - als Zutat für Teige und Massen zur Qualitätsverbesserung.

LF 3.2

4 Beschreiben Sie den Geschmack der Persipanrohmasse im Gegensatz zur Marzipanrohmasse.

5 Wofür kann Persipanrohmasse verwendet werden und wie kann für Kunden eine Verwechslung mit Marzipanrohmasse vermieden werden?

6 Geben sie die richtige Lagerung von Marzipan- und Persipanrohmasse an.

7 Beschreiben Sie die Abnahme von Marzipanrohmasse vom Block für die Verarbeitung.

8 Nennen Sie die Zusammensetzung von Marzipan nach den Bestimmungen der Leitsätze.

9 Erklären Sie, warum Glukosesirup oder Sorbit in Marzipan gegeben wird.

10 Beschreiben Sie das Herstellen von Marzipan und geben Sie an, wie Marzipan dann gelagert wird.

11 Was geschieht, wenn Marzipan zu stark geknetet wird?

12 Erklären Sie, wie die Qualität von Marzipan durch die Zutaten verbessert werden kann.

13 Wofür wird Marzipan in der Konditorei verwendet?

14 Erklären Sie
   • Lübecker Marzipan,   • Königsberger Marzipan.

15 Nennen Sie die hygienischen Voraussetzungen zum Modellieren von Marzipan.

16 Nennen Sie Beispiele von modellierten Marzipanerzeugnissen.

17 Welche Hilfsmittel werden zum Modellieren von Marzipan benötigt?

18 Beschreiben Sie, wie man durch ergonomisches Arbeiten beim Modellieren von Marzipan Ermüdungen und Rückenschmerzen vorbeugen kann.

19 Wie ist die Grundform aller Marzipanteile zum Modellieren? Begründen Sie den Vorteil dieser Form.

20 Erklären Sie das Kneifen von Marzipan und die Verwendungsmöglichkeiten.

21 Erklären Sie das Schminken von Marzipanerzeugnissen.

22 Wie werden Marzipanerzeugnisse zum Verkauf fertiggestellt, damit sie schön aussehen und das Austrocknen verhindert wird?

23 Beschreiben Sie die Herstellung von
   • modelliertem und
   • gestanztem Königsberger Marzipan.
   Erklären Sie auch das Abflämmen und Abglänzen von Königsberger Marzipan.

24 Mit welchen Füllungen wird gestanztes Königsberger Marzipan gefüllt?

25 Nennen Sie die Qualitätsmerkmale bei der Kundenberatung von
   • Marzipanrohmasse,   • Marzipanqualitäten.

26 Wie werden Marzipanerzeugnisse frisch gehalten?

27 Wofür eignen sich Marzipanerzeugnisse besonders gut?

28 Eine Kindergeburtstagstorte soll mit verschiedenen Marzipanfiguren dekoriert werden. Modellieren Sie hierfür verschiedene Tiere und schminken Sie diese.

Rechenaufgaben

LF 3.2

1 Die Personalkosten in einer Konditorei betragen 154,00 € in der Stunde. Ein Meister, zwei Gesellen und ein Auszubildender sind im Betrieb beschäftigt.
   a) Wie hoch ist der Stundenkostensatz der einzelnen Beschäftigten, wenn die Kosten im Verhältnis von 2 : 1,5 : 0,5 stehen?
   b) Ein Geselle stellt Marzipanrosen für eine Hochzeitstorte in 50 Minuten her. Berechnen Sie die Personalkosten für die Marzipanrosen.

2 16,800 kg Marzipan wird mit 30 % Puderzucker, auf die Marzipanrohmasse berechnet, und 3,5 % Glukosesirup, auf das Gesamtgewicht des Marzipans berechnet, hergestellt. Berechnen Sie das Gewicht der einzelnen Zutaten in diesem Marzipan.

3 Es werden 6,600 kg Marzipan aus Marzipanrohmasse und Puderzucker im Verhältnis 10 : 6,5 hergestellt. Der Glukosesirupanteil beträgt 3 % des gesamten Marzipangewichts, der vom Puderzuckeranteil abgezogen wird.
   Die Rohstoffe kauft die Konditorei wie folgt ein:
   Marzipanrohmasse   5,10 €/kg
   Puderzucker   0,95 €/kg
   Glukosesirup   1,70 €/kg
   a) Wie viel kg von jedem Rohstoff werden verarbeitet?
   b) Wie hoch ist der Materialpreis für das Marzipan?
   c) Eine Marzipanfigur wiegt 60 g. Wie viele Marzipanfiguren erhält man aus dem Marzipan?
   d) Berechnen Sie den Verkaufspreis einer Marzipanfigur, wenn 290 % Betriebskosten, 32 % Gewinn und Risiko und 7 % Mehrwertsteuer berücksichtigt werden.

Berufliche Handlung

Bei einer Werbeaktion Ihrer Konditorei sollen Sie beim Schulfest in einer Grundschule den Schülern und Besuchern die Herstellung von Marzipan zeigen. Erklären Sie anhand von Informationstafeln die Produkte Marzipanrohmasse und Marzipan. Anschließend informieren Sie über das Modellieren und demonstrieren es anhand von lustigen Marzipanfiguren, Marzipanfrüchten und Marzipanrosen. Dann schminken Sie diese.

Marzipanrohmasse

1. Schreiben Sie auf eine Informationstafel die Zutaten von Marzipanrohmasse und geben Sie das Mengenverhältnis der Zutaten an.
2. Vervollständigen Sie die Informationstafel, indem Sie die Verwendungsmöglichkeiten von Marzipanrohmasse in der Konditorei angeben.
3. Demonstrieren Sie mit sehr fein gemahlenen Mandeln die Herstellung von Marzipanrohmasse und erklären Sie die Vorgänge.
4. Nennen und erklären Sie die zwei Güteklassen von Marzipanrohmasse.
5. Beschreiben Sie auf einer weiteren Informationstafel die Zusammensetzung von Persipanrohmasse und erklären Sie dabei, warum in der Konditorei nur Marzipanrohmasse verwendet wird.
6. Erläutern Sie die Deklarationspflicht bei der Verwendung von Persipanrohmasse, damit sie nicht mit Marzipanrohmasse verwechselt wird.
7. Beim Herrichten der Zutaten für die Marzipanherstellung erklären Sie, wie die Marzipanrohmasse vom Block abgenommen und wie die Marzipanrohmasse anschließend gelagert wird.

Marzipan

8. Sie zeigen den Schülern und Besuchern die Zutaten bei der Herstellung von Marzipan. Geben Sie dabei die Bestimmungen der Leitsätze an.
9. Erläutern Sie, woraus Glukosesirup besteht und warum er in das Marzipan gegeben wird.
10. Bei der Herstellung erklären Sie das Anwirken von Marzipan und erläutern die Auswirkungen bei zu starkem Kneten.
11. Stellen Sie die Marzipanqualitäten fest, indem Sie kleine Marzipanstückchen mit niedrigem, mittlerem und hohem Puderzuckergehalt zum Probieren geben. Beschreiben Sie die Unterschiede.

12. Beschreiben Sie die Verwendung von Marzipan in der Konditorei anhand von Bildern der Erzeugnisse auf einer Schautafel.
13. Erklären Sie den Begriff Lübecker Marzipan.
14. Demonstrieren und erklären Sie die Herstellung von Königsberger Marzipan und erläutern Sie, was diese regionale Bezeichnung aussagt.

Marzipan modellieren

15. Erstellen Sie eine Schautafel mit Abbildungen von modellierten Marzipanerzeugnissen, z. B. Blumen und Blüten, Tiere, Saisonartikel, Glücksbringer, Früchte und Gemüse.
16. Zeigen und benennen Sie die Hilfsmittel zum Modellieren von Marzipan.
17. Demonstrieren und erklären Sie die hygienischen Bedingungen beim Modellieren von Marzipan.
18. Beschreiben Sie die Modelliertechniken für ausdrucksstarke Marzipanfiguren in Bezug auf Kopf, Augen, Ohren, Nase, Mund, Haare und Bart und zeigen Sie Möglichkeiten.
19. Erläutern und zeigen Sie das Kneifen von Marzipan.
20. Benennen Sie die Geräte zum Schminken von modellierten Marzipanerzeugnissen und erklären Sie das Schminken.
21. Beschreiben Sie die Technik des Schminkens, wenn verschiedene Farben auf ein Marzipanerzeugnis gesprüht werden, um einen Farbverlauf zu erzielen.
22. Nennen Sie den allgemeinen Grundsatz beim Färben und Schminken von Marzipanerzeugnissen.
23. Erklären sie, warum modellierte und geschminkte Marzipanerzeugnisse mit Kakaobutter oder Lebensmittellack besprüht werden.
24. Erläutern Sie, wie Marzipanerzeugnisse zum Verkauf fertiggestellt werden, um das Austrocknen zu verhindern.
25. Wie lange wird Marzipan als frisch bezeichnet?

LF 3.2

32 Kakaoerzeugnisse

Situation

Viele Backwaren, Torten, Desserts sowie Speiseeis und Getränke in der Konditorei und im Café enthalten die verschiedensten Kakaoerzeugnisse , wobei einige schon im Namen das Wort Schokolade beinhalten. In der Berufsschule sollen Sie deshalb im Fachunterricht ein Referat über die verschiedenen Kakaoerzeugnisse und deren Eigenschaften sowie Verwendungsmöglichkeiten halten.

- Was ist Kakaopulver und Kakaobutter und wie werden diese Kakaoerzeugnisse hergestellt?
- Woraus bestehen Schokolade und Schokoladenkuvertüre und wie unterscheiden sie sich?
- Wie unterscheidet sich Fettglasur von der Schokoladenkuvertüre?
- Warum und wie wird Schokoladenkuvertüre temperiert?

Kakaobaum, Kakaofrucht, Kakaobohnen

Kakaofrüchte am Kakaobaum

Der Kakaobaum trägt das ganze Jahr über Blüten sowie reife und unreife Früchte. Die länglichen Früchte reifen direkt am Stamm. Die 15 bis 25 cm langen Kakaofrüchte sind zuerst grün und färben sich dann gelb und rotbraun. Die längliche Kakaofrucht enthält bis zu 50 mandelförmige Samenkerne, die Kakaobohnen.

Samenkerne im Fruchtfleisch der Kakaofrucht

Die Samenkerne werden aus dem Fruchtfleisch der Kakaofrucht entfernt und zu verarbeitungsfähigen Kakaobohnen aufbereitet.

Aufbereitung der Kakaobohnen

Aufbereitung der Kakaobohnen	Veränderungen der Kakaobohnen
Fermentation Die Kakaobohnen werden bei ca. 50 °C fermentiert, d. h., Enzyme bauen Nährstoffe zu geschmackvollen Stoffen ab.	• Erste Aromastoffe entstehen. • Die hellen Kakaobohnen färben sich braun.
Trocknen der Kakaobohnen	Die getrockneten Kakaobohnen sind haltbar und können in andere Länder transportiert und dort geröstet werden.
Rösten der Kakaobohnen Das Rösten der Kakaobohnen erfolgt bei 120 bis 130 °C.	Bildung • des vollständigen Kakaoaromas und • der kakaobraunen Farbe.

32.1 Kakaomasse, Kakaopulver, Kakaobutter

Kakaomasse

Die gerösteten zerkleinerten Kakaobohnen werden mehrmals durch erwärmte Walzen gegeben. Dabei schmilzt das Fett der Kakaobohnen, es entsteht die glatte, zähflüssige, schwarze Kakaomasse.

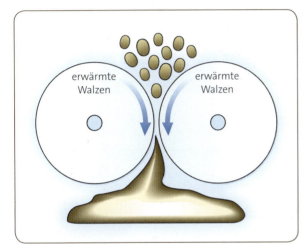

Herstellung der Kakaomasse

Die Kakaomasse ist eine schwarze, herb-bitter schmeckende Masse, die alle Bestandteile der Kakaobohne enthält.

Kakaomasse

Die Kakaomasse ist ein energiereiches Lebensmittel mit einem hohen Anteil an wertvollem Fett, der Kakaobutter. Die leicht anregende Wirkung von Theobromin sowie der Gehalt an organischen Säuren, Gerbstoffen und Aromen machen Kakaoerzeugnisse zu Genussmitteln.

Inhaltsstoffe der Kakaomasse	Bedeutungen für die Ernährung
54% **Kakaobutter** (Fett der Kakaobohne) 12% Eiweiß 7% Stärke	sehr energiereich
9% Ballaststoffe 5% Wasser 3% Mineralstoffe Vitamine	gesunde Nährstoffe
6% Gerbstoffe	bitterer Geschmack und sie wirken stopfend
2% Säuren 0,6% Aromen	appetitanregend
1,2% Theobromin 0,2% Koffein	regen das Nervensystem leicht an

Gewinnung von Kakaopulver und Kakaobutter

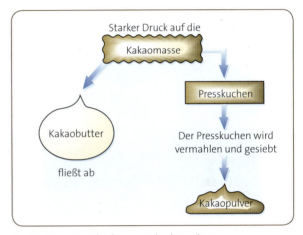

Gewinnung von Kakaobutter und Kakaopulver

Die stark erwärmte Kakaomasse wird unter hohem Druck gepresst, wobei sich die Kakaobutter durch die Wärme des Drucks verflüssigt und der größte Teil davon abfließt.

Verflüssigte Kakaobutter fließt ab

Übrig bleibt der gepresste, fettarme, so genannte „Presskuchen". Dieser Kakao wird vermahlen und dann zu Kakaopulver gesiebt.

Presskuchen

LF 3.3

Kakaopulver, auch Kakao genannt

Kakaopulver

Je nachdem wie stark die Kakaomasse ausgepresst wird, enthält das Kakaopulver mehr oder weniger Kakaobutter.

Arten von Kakaopulver und deren Bezeichnungen	
Kakaopulver (Kakao)	mindestens 20 % Kakaobutter
• fettarmes Kakaopulver (Kakao) oder • stark entöltes Kakaopulver (Kakao)	weniger als 20 % Kakaobutter, der Kakaobutteranteil muss in Prozent gekennzeichnet werden
Schokoladenpulver	Mischung von Kakaopulver und Zuckerarten; mindestens 32 % Kakaopulver
• Trinkschokoladenpulver • gezuckerter Kakao oder • gezuckertes Kakaopulver	Mischung von Kakaopulver und Zuckerarten; mindestens 25 % Kakaopulver

Bei Schokoladen- und Trinkschokoladenpulver wird dem Kakaopulver ein hoher Anteil Zucker zugegeben. Der Kakao und auch der Kakaobutteranteil müssen bei diesen zwei Erzeugnissen in Prozent auf der Verpackung gekennzeichnet werden.

Verwendung von Kakaopulver
• Marmorkuchen
• Schokoladentortenboden
• Schokoladenspritzgebäck
• Schwarz-Weiß-Gebäck
• Schokoladeneis
• zum Bestauben von Torten und Desserts als Dekor

Schokoladenspritzgebäcke

Schokoladenböden

Kakaobutter

Die Kakaobutter wird durch Auspressen der Kakaomasse gewonnen.

Kakaobutter in fester und flüssiger Form

Aussehen und Eigenschaften der Kakaobutter
• Kakaobutter hat eine hellgelbe Farbe.
• Der Schmelzpunkt liegt bei ca. 34 °C, weil Kakaobutter aus ca. 40 % ungesättigten Fettsäuren besteht. Deshalb spürt man beim Essen den zarten Schmelz im Mund.
• Der Geschmack ist besonders mild-aromatisch.

Verwendung der Kakaobutter
• Zum Abglänzen und Frischhalten der modellierten Marzipanerzeugnisse; Kakaobutter aus der Spraydose wird auf die Marzipanartikel gesprüht.
• Zum Verdünnen der Kuvertüre, wenn sie besonders dünn überzogen werden soll. Flüssige Kakaobutter wird in die Schokoladenkuvertüre eingerührt.

LF
3.3

Aufgaben

1. Erklären Sie die Kakaofrucht.
2. Beschreiben Sie die Aufbereitung der Kakaobohnen für die Kakaoerzeugnisse und wie sich die Kakaobohnen dabei verändern.
3. Erklären Sie die Herstellung der Kakaomasse aus den gerösteten Kakaobohnen.
4. Nennen Sie die Bestandteile der Kakaobohne bzw. der Kakaomasse passend zu den entsprechenden Prozentangaben, aus denen die Kakaomasse besteht:
   - sehr energiereich: 54 %
   - wirken stopfend: 6 %
   - unentbehrlich für den Körper: 3 %
   - regt das Nervensystem an: 1,2 %
5. Beschreiben Sie die Gewinnung von Kakaobutter und Kakaopulver.
6. Nennen Sie die Arten von Kakaopulver und unterscheiden Sie diese.
7. Wofür wird Kakaopulver in der Konditorei verwendet?
8. Nennen Sie die Eigenschaften von Kakaobutter in Bezug auf
   - Farbe,
   - Schmelzpunkt,
   - Geschmack.
9. Wofür wird Kakaobutter in der Konditorei verwendet?
10. Sie sollen die Tiramisudesserts mit Kakao bestauben. Sie überlegen, ob sich Kakaopulver, Schokoladenpulver oder Trinkschokoladenpulver am besten eignet und begründen Ihre Entscheidung.

32.2 Schokolade, Schokoladenkuvertüre, kakaohaltige Fettglasur

Schokolade und Schokoladenkuvertüre

Bestandteile der Schokolade und Schokoladenkuvertüre
- Kakaomasse: Kakao und Kakaobutter
- Zucker
- Erlaubt sind bis 5 % andere pflanzliche Fette, die nicht von der Kakaofrucht stammen, bezogen auf das Gewicht der Schokolade.

Wird die Schokolade bzw. Schokoladenkuvertüre mit bis zu 5 % mit anderen Fetten ergänzt, muss dies deutlich lesbar deklariert (gekennzeichnet) werden: „enthält neben Kakaobutter auch andere pflanzliche Fette".

Gesetzliche Bestimmungen
§ Kakaoverordnung
- Schokolade enthält mindestens 18 % Kakaobutter.
- Schokoladenkuvertüre muss mindestens 31 % Kakaobutter enthalten.

Statt Schokoladenkuvertüre und Milchschokoladenkuvertüre spricht man in der Praxis kurz von Kuvertüre und Milchkuvertüre.

Unterschied: Schokolade und Schokoladenkuvertüre
- Schokolade und Schokoladenkuvertüre bestehen aus den gleichen Bestandteilen.
- In der Schokoladenkuvertüre ist jedoch mehr Kakaobutter enthalten.

Schokoladenkuvertüre mit dem hohen Kakaobutteranteil ist fließfähiger als Schokolade und deshalb besonders zum Überziehen von Konditoreierzeugnissen geeignet. Daher wird Schokoladenkuvertüre in den Leitsätzen als Schokoladenüberzugsmasse bezeichnet.

Das Wort „Kuvertüre" kommt aus dem Französischen und bedeutet so viel wie „Umschlag" oder „Überzug" (wie Kuvert). Dies weist auf die Verwendung zum Überziehen von Waren hin.

Arten der Schokoladen und Schokoladenkuvertüren

Schokolade und Schokoladenkuvertüre
Sie sind wegen des hohen Kakaoanteils schwarz in der Farbe und schmecken zartbitter.

Milchschokolade und Milchschokoladenkuvertüre
Sie enthalten zusätzlich noch Milchpulver. Deshalb besitzen sie im Gegensatz zur Schokolade und Schokoladenkuvertüre einen geringeren Kakaoanteil und einen höheren Kakaobutteranteil sowie Milchfett vom Milchpulver. Sie besitzen eine braune Farbe und einen milden Schokoladengeschmack.

LF 3.3

Weiße Schokolade

Weiße Schokolade besteht aus Kakaobutter, Milchpulver und einem höheren Zuckeranteil.

Weiße Schokolade hat eine weiße Farbe, weil sie keinen Kakao enthält. Sie schmeckt süß und hat den milden Geschmack der Kakaobutter und der Milchbestandteile.

Kuvertüre, Milchkuvertüre, weiße Schokolade

Geschmack der Schokoladen und Kuvertüren

- Je höher der Kakaoanteil, desto herber ist der Schokoladengeschmack.
- Kakaobutter gibt der Schokolade einen feinen, mild-aromatischen Geschmack.
- Je mehr Zucker oder Milchpulver, umso milder schmeckt die Schokolade, weil der bittere Kakaogeschmack etwas übertönt wird.

Bestimmungen der Leitsätze

Enthalten Konditoreierzeugnisse im Namen das Wort „Schokolade" oder die Abkürzung „Schoko", müssen diese Waren Kakaoerzeugnisse enthalten. Diese Kakaoerzeugnisse müssen im fertigen Erzeugnis geschmacklich deutlich wahrnehmbar sein. Beispiele: Schokoladenspritzgebäck, Schokoladentortenboden, Schokoladenbuttercreme, Schokoeis

Verwendung von Schokoladenkuvertüre

Schokoladenkuvertüre ist von hochwertiger Qualität und kann deshalb uneingeschränkt für alle Konditoreierzeugnisse verwendet werden.

Nach den Bestimmungen der Leitsätze gibt es besonders hochwertige Erzeugnisse, die nur mit Schokoladenkuvertüre überzogen werden dürfen, bei denen Fettglasur nicht erlaubt ist:

- Sachertorte, Herrentorte
- Mandelmakronengebäck, Nussmakronen

- Florentiner, Nussknacker
- Printen und Spitzkuchen (Braune Lebkuchen)
- Elisen- und Nusslebkuchen
- Pralinen
- Baumkuchen

Mandelhörnchen mit Kuvertüre überzogen

Zahlenkombinationen auf der Kuvertüreverpackung

Die Zahlen auf der Verpackung der Kuvertüre geben Auskunft über Zusammensetzung, Geschmack und Qualität der Schokoladenkuvertüre.

$$70/30 \quad \text{bitter}$$
$$60/40 \quad \text{halbbitter}$$
$$50/50 \quad \text{mild, geringe Qualität}$$

Kakaobestandteile
= Kakaomasse
und Kakaobutter

Zucker

In der Konditorei wird überwiegend 60/40-Kuvertüre verarbeitet.

Zahlenkombinationen, die die Bestandteile der Schokoladenkuvertüre genauer bestimmen:

$$70/30/40$$
$$60/40/38$$

Kakaobestandteile
= Kakaomasse
und Kakaobutter

Zucker

Kakaobutteranteil in der gesamten Kuvertüre

Beispiel: 1000 g Schokoladenkuvertüre 60/40/38:
Zahl 60 : 60 % Kakaobestandteile = 600 g, 220 g Kakao und 380 g Kakaobutter
Zahl 40 : 40 % Zucker = 400 g
Zahl 38 : 38 % Kakaobutter = 380 g

Kakaohaltige Fettglasur

Bestandteile der Fettglasur
- Kakao (ohne Kakaobutter)
- kakaofremde Fette wie Erdnuss-, Kokos-, Palmkernfett
- Zucker

Fettglasur ist ein preisgünstiger Ersatz für Schokoladenkuvertüre mit Kakao, jedoch ohne Kakaobutter. Die hochwertige Kakaobutter wird entnommen und durch preisgünstige, kakaofremde Pflanzenfette ersetzt. Fettglasur ist wie der Name besagt, eine fetthaltige Überzugsglasur.

> **!**
>
> Fettglasur ist im Vergleich zur Schokoladenkuvertüre von geringerer Qualität. Ihr fehlt der typische Schokoladengeschmack, der durch die Kakaobutter bestimmt wird.

Verarbeitung von Fettglasur

- Fettglasur wird in einem Temperiergerät, Wasserbad oder im Mikrowellengerät auf ca. 40 °C erwärmt und somit aufgelöst.
- Die flüssige Fettglasur wird gut durchgerührt und zum Überziehen verwendet.

Fettglasur hat den Vorteil, dass sie nur durch Wärme flüssig gemacht und nicht temperiert werden muss.
Sie zieht auf den Gebäcken schnell an und glänzt immer schön.
Dies hat folgenden Grund:
Die pflanzlichen Fette haben im Gegensatz zur Kakaobutter einen großen Schmelzbereich und bleiben deshalb mit Kakao und Zucker in der Fettglasur gleichmäßig vermischt.

Manchmal wird Fettglasur in der Konditorei halb mit Schokoladenkuvertüre gemischt, um einen besseren Schokoladengeschmack zu erhalten. Die Mischung braucht nicht temperiert zu werden. Diese etwas hochwertigere Überzugsglasur bleibt aber von der Bezeichnung her eine Fettglasur.

Konsistenz der Fettglasur

Mürbeteiggebäcke, mit Fettglasur überzogen

Abgekühlte Fettglasur auf den Waren ist von weicher Konsistenz, Schokoladenkuvertüre ist hart. Fettglasur kann deshalb auf Torten und Desserts leicht durchgeschnitten werden und ist weich im Biss.

Verwendung von Fettglasur

Fettglasur darf zum Überziehen für die meisten Konditoreiwaren verwendet werden, wie z. B. für Nussecken, Marmorkuchen, Mürbeteiggebäcke.

> **Gesetzliche Bestimmungen nach der Kakaoverordnung**
>
> Fettglasur darf für bestimmte Feine Backwaren von besonders hoher Qualität nicht verwendet werden. Sie darf auch nicht verwendet werden, wenn die Verbraucher aufgrund der Verkehrsbezeichnung (Name der Ware) erwarten, dass die Waren Schokolade enthalten.

Deklarationspflicht

Um Verwechslungen mit Schokoladenkuvertüre auf Konditoreierzeugnissen auszuschließen, muss jede Ware, die mit Fettglasur überzogen ist, deklariert (gekennzeichnet) werden.

- Bei unverpackten Gebäcken im Laden erfolgt die Deklaration auf den Preisschildern oder einem zusätzlichen Schild unverwechselbar neben den Waren.
- Bei Backwaren in Fertigpackungen ist die Fettglasur auf der Zutatenliste zu nennen.

LF
3.3

Ein Gesamtschild im Laden zur Kennzeichnung aller Waren, die mit Fettglasur überzogen sind, reicht nicht aus, z. B. „Unsere Backwaren werden mit kakaohaltiger Fettglasur überzogen."

Auch die Bezeichnung „Schokoladenüberzug" ist bei Backwaren mit Fettglasur nicht zulässig.

Vor- und Nachteile von Fettglasur gegenüber Schokoladenkuvertüre

Vorteile	Nachteile
• preiswerter • braucht beim Verarbeiten nur erwärmt und nicht temperiert zu werden • glänzt immer auf Backwaren und wird nicht grau • ist weicher und kann auf den Torten und Desserts leicht durchgeschnitten werden	• der typische Schokoladengeschmack fehlt • überzogene Gebäcke müssen deklariert werden • darf nicht für bestimmte Qualitätswaren verwendet werden • Waren mit Fettglasur dürfen folgende Bezeichnungen nicht führen: – „feinst" – „extra fein" – „beste"

Lagerung aller Kakaoerzeugnisse

Kakaoerzeugnisse sind wegen des niedrigen Wassergehalts gut lagerfähig.
Optimale Lagerbedingungen:
- kühl, ideal sind 15 bis 18 °C
- trocken, bei normaler Luftfeuchtigkeit im Lagerraum
- frei von Fremdgerüchen

Aufgaben

1. Nennen Sie die Bestandteile der Schokolade und Schokoladenkuvertüre.
2. Erklären Sie den Unterschied zwischen Schokolade und Schokoladenkuvertüre.
3. Warum wird in der Konditorei nur Schokoladenkuvertüre und nicht Schokolade verwendet?
4. Beschreiben Sie folgende Schokoladenarten bezüglich
   – der Bestandteile,
   – des Geschmacks und
   – der Farbe:
   • Schokolade, Schokoladenkuvertüre
   • Milchschokolade, Milchschokoladenkuvertüre
   • weiße Schokolade
5. Für welche Konditoreierzeugnisse darf nach der Kakaoverordnung nur Schokoladenkuvertüre verwendet werden? Fettglasur ist nicht erlaubt.

6. Erklären Sie die Bestimmungen der Leitsätze, wenn im Namen der Konditoreierzeugnisse das Wort Schokolade oder die Abkürzung Schoko enthalten ist.
7. Erläutern Sie folgende Zahlenkombinationen auf der Verpackung der Kuvertüre:
   • 70/30
   • 60/40/38
8. Nennen Sie die Bestandteile der Fettglasur und unterscheiden Sie Fettglasur von Schokoladenkuvertüre.
9. Beschreiben Sie, wie Fettglasur verarbeitet wird.
10. Nennen Sie die Konsistenz der abgekühlten Fettglasur auf überzogenen Backwaren und Torten.
11. Erläutern Sie die Deklarationspflicht bei mit Fettglasur überzogenen Waren:
    • bei losen, unverpackten Waren im Laden
    • bei Waren in Fertigpackungen
12. Fettglasur hat gegenüber der Schokoladenkuvertüre Vor- und Nachteile. Nennen Sie die
    • Vorteile,
    • Nachteile.
13. Beschreiben Sie, wie alle Kakaoerzeugnisse fachgerecht gelagert werden.
14. Zur Weihnachtszeit stellt Ihre Konditorei Teegebäcke aus Buttermürbeteig her. Überziehen Sie einen Teil mit Schokoladenkuvertüre und einen Teil mit Fettglasur. Beurteilen Sie beide Gebäcke in Ihrem Betrieb. Bitten Sie auch Kunden, ihr Urteil abzugeben.

Rechenaufgabe

Ein Konditor löst Kuvertüre mit der Bezeichnung 70/30/38 im Temperiergerät auf. Die Kuvertüre enthält 70 % Kakaobestandteile und 30 % Zucker. Die gesamte Kuvertüre enthält 38 % Kakaobutter. Die Kakaobestandteile dieser Kuvertüre betragen 4 200 g.
a) Wie viel kg Kuvertüre wurden aufgelöst?
b) Zum Überziehen soll die ganze Kuvertüre mit 12 % Kakaobutter verdünnt werden. Wie viel g Kakaobutter gibt der Konditor zum Verdünnen in die Kuvertüre?
c) Berechnen Sie den gesamten Kakaobuttergehalt der Kuvertüre in kg nach dem Verdünnen.

LF 3.3

32.3 Temperieren (Vorkristallisieren) von Kuvertüre

Schokoladenkuvertüre muss vor der Verarbeitung temperiert werden. So erhält die Kuvertüre zum Überziehen die richtige Konsistenz (Fließfähigkeit) und bekommt nach dem Anziehen einen schönen Glanz auf den Erzeugnissen.

Zu warme Schokoladenkuvertüre bei z. B. 45 °C:

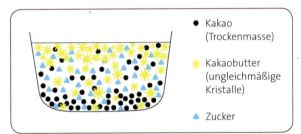

- ● Kakao (Trockenmasse)
- ✳ Kakaobutter (ungleichmäßige Kristalle)
- ▲ Zucker

Die Kakaobutter in der Kuvertüre besteht aus verschiedenen Fettsäuren mit unterschiedlichen Kristallgrößen. In zu warmem Zustand der Schokoladenkuvertüre hat die Kakaobutter große unregelmäßige Kristalle. Diese binden sich nicht mit dem Kakao in der Kuvertüre.

Die Auswirkungen:
- Die schwereren, festen Kakaoteile setzen sich unten ab.
- Die leichtere, flüssige Kakaobutter drängt an die Oberfläche. Nach dem Festwerden sieht diese Kuvertüre grau aus oder hat graue Streifen.

Die schlechte Bindung der Kakaobutter mit dem Kakao ist daran zu erkennen, dass die Kuvertüre auf den Waren sehr langsam anzieht und auch nach dem Erkalten nicht ausreichend fest wird.

Temperierte bzw. vorkristallisierte Schokoladenkuvertüre:

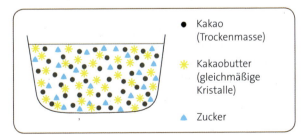

- ● Kakao (Trockenmasse)
- ✳ Kakaobutter (gleichmäßige Kristalle)
- ▲ Zucker

Beim Temperieren wird Kuvertüre auf 30 bis 32 °C gebracht. Dabei werden die großen unregelmäßigen Kristalle der Kakaobutter zu kleinen gleichmäßig großen Kristallen. Diese verschmelzen mit dem Kakao und dem Zucker

zu einer homogenen Schokoladeneinheit, die beim Erstarren hart wird.

Weil beim Temperieren der Kuvertüre die Kakaobutter zu gleichmäßigen Kristallen verändert wird, wird der Vorgang auch als **„Vorkristallisieren"** der Kuvertüre bezeichnet.

Das Festwerden von flüssiger Kuvertüre beim Abkühlen wird in der Fachsprache als **„Anziehen"** oder **„Erstarren"** bezeichnet.

> **Merkmale richtig temperierter Schokoladenkuvertüre auf überzogenen Erzeugnissen:**
> - Sie zieht bereits nach ca. drei Minuten an.
> - Sie besitzt einen schönen seidigen Glanz.
> - Sie ist nach dem Anziehen hart im Bruch.

Verarbeitungstemperaturen
- Schokoladenkuvertüre: 32 °C
- Milchschokoladenkuvertüre: 31 °C
- weiße Schokolade: 30 °C

Bei diesen Temperaturen hat Kuvertüre die ideale Fließfähigkeit. Bei zu kühler Temperatur ist die Kuvertüre zu dick.

Ideale Verarbeitungstemperatur

LF 3.3

Wann ist Kuvertüre verarbeitungsfähig?

> **!**
>
> Verarbeitungsfähige Schokoladenkuvertüre muss
> - auf 32 °C temperiert und
> - dann gut durchgerührt sein.

Nach dem Temperieren muss die Kuvertüre gut durchgerührt werden, damit sich die Zutaten intensiv vermischen. Beim Durchrühren darf die Kuvertüre nicht schaumig geschlagen werden, d. h., es darf keine Luft eingeschlagen werden.

Das Durchrühren erfolgt mit einem Rührlöffel oder am schnellsten mit einem Mixstab (Pürierstab).

Auflösen der Kuvertüre zum Temperieren

Die Kuvertüre wird vor dem Temperieren erwärmt, um sie aufzulösen, d. h. zu verflüssigen.
Möglichkeiten sind für
größere Kuvertüremengen:
• Temperiergerät
• Temperiermaschine mit Rührwerk
kleinere Kuvertüremengen:
• Wasserbad
• Mikrowellengerät

Kleine Kuvertüremengen können im Mikrowellengerät aufgelöst werden. Bei nicht zu starker Wärmeleistung wird die Kuvertüre in Intervallen von 30 bis 60 Sekunden erwärmt. Die Kuvertüre nach kurzer Zeit aus dem Mikrowellengerät nehmen und gut durchrühren. Ist die Kuvertüre zu lange im Mikrowellengerät oder wird sie bei zu hoher Wärmeleistung aufgelöst, besteht die Gefahr des Verbrennens von Innen.

Grundsätzliches beim Arbeiten mit Kuvertüre

• Beim Temperieren darf die Kuvertüre, z. B. in einer Schüssel oder in einem Kessel nicht direkt auf einem Gasherd oder auf einer Elektroherdplatte erwärmt werden, weil die Kuvertüre durch die zu hohe Wärme sofort klumpig wird und schnell anbrennt.
• In die flüssige Kuvertüre darf kein Wasser gelangen, z. B. beim Auflösen im Wasserbad durch Wasserdampf, da sie sonst sofort stockt, d. h. fest wird.
• Kuvertüre darf nicht über 50 °C erwärmt werden, da sie sonst ihren zarten Schmelz verliert.
  Vor allem in Milchkuvertüre und weißer Schokolade gerinnen die Milcheiweiße zu Klümpchen, die sich nicht mehr auflösen.

Möglichkeiten des Temperierens

Temperiergerät

Grob gehackte Kuvertüre oder Kuvertüreplättchen in den Kuvertürebehälter einfüllen, den Thermostat auf 32 °C einstellen und die Kuvertüre über Nacht auflösen. In dieser langen Zeit bilden sich gleichmäßig kleine Kakaobutterkristalle in der Kuvertüre.
Die Kuvertüre am nächsten Tag gut durchrühren. Danach ist sie verarbeitungsfähig.

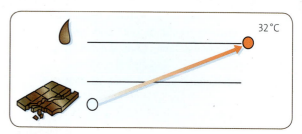

Temperieren im Temperiergerät

Temperiermaschine

Durch Einstellen des Thermostats an der Temperiermaschine auf 32 °C bleibt die aufgelöste Kuvertüretemperatur immer genau konstant. Durch ein Rührwerk bleiben die Bestandteile der Kuvertüre ständig intensiv vermischt. Die Kuvertüre in der Temperiermaschine ist deshalb stets gebrauchsfertig.

Tablieren von Kuvertüre

Kleinere Kuvertüremengen, bei der die Kuvertüre im Wasserbad oder im Mikrowellengerät für die sofortige Verwendung aufgelöst wurde, werden durch Tablieren oder Impfen temperiert.

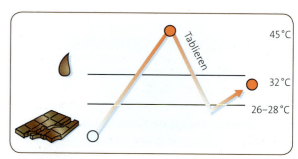

Tablieren der Kuvertüre

• Kuvertüre auf ca. 45 °C erwärmen.
• Ca. die Hälfte der warmen Kuvertüre auf einen kalten Metall- oder Marmortisch geben und tablieren, bis sie beim Abkühlen verdickt, aber noch etwas geschmeidig ist.
  Beim Tablieren wird die flüssige Kuvertüre im Wechsel mit einer Palette auseinandergestrichen und mit einem Spachtel wieder zusammengeschabt.
• Die gestockte (verdickte) Kuvertüre in die restliche warme Kuvertüre einrühren, sodass die Kuvertüre auf 26 bis 28 °C herunterkühlt.

- Die Kuvertüre im Wasserbad, Mikrowellengerät oder Temperiergerät auf die Verarbeitungstemperatur von 32 °C temperieren.
- Nach gründlichem Verrühren ist die Kuvertüre verarbeitungsfähig.

Impfen von Kuvertüre

- Kuvertüre auf ca. 45 °C erwärmen.
- Fein geraspelte Kuvertüre in die warme Kuvertüre geben und auf 26 bis 28 °C herunterkühlen. Dabei die Kuvertüre gut durchrühren, bis sich die Kuvertürestückchen aufgelöst haben, am schnellsten mit einem Mixstab (Pürierstab).
- Die Kuvertüre im Wasserbad, Mikrowellengerät oder Temperiergerät auf die Verarbeitungstemperatur von 32 °C temperieren.
- Nach gründlichem Verrühren ist die Kuvertüre verarbeitungsfähig.

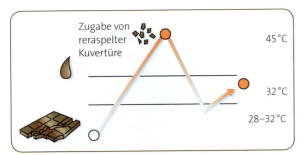

Zugabe von reraspelter Kuvertüre — 45 °C — 32 °C — 28–32 °C

Einrühren geraspelter Kuvertüre

Temperieren der Kuvertüre beim Tablieren und Impfen

Beachten Sie grundsätzlich:

- Der Schmelzpunkt der Kakaobutter liegt bei ca. 34 °C. Deshalb muss die Kuvertüre auf ca. 45 °C erwärmt werden, damit die Kristalle der Kakaobutter besonders flüssig sind.
- Die Kuvertüre dann auf ca. 27 °C abkühlen. Dabei verfestigt sich die Kakaobutter zu gleichmäßig großen Kristallen.
- Beim anschließenden Erwärmen der Kuvertüre auf 32 °C bleiben die Kakaobutterkristalle gleich groß und verbinden sich innig mit dem Kakao und dem Zucker.

Niemals von 45 °C auf 32 °C abkühlen, weil die Kakaobutterkristalle ungleichmäßig groß werden und sich deshalb nicht mit dem Kakao und dem Zucker in der Kuvertüre verbinden können.

Die Kuvertüre beim Tablieren und Impfen nicht unter 26 °C herunterkühlen, weil sonst sehr stabile Kakaobutterkristalle entstehen und die Kuvertüre auch nach dem Erwärmen auf 32 °C zu dickflüssig bleibt. Kuvertüre, die unter 26 °C abkühlt, muss erneut wieder auf ca. 45 °C erwärmt und temperiert werden.

Wird die abgekühlte Kuvertüre von ca. 27 °C auf weniger als 32 °C temperiert, wird der Schmelzpunkt der Kakaobutter nicht erreicht. Die Kakaobutterkristalle sind zu fest, liegen so neben dem Kakao und dem Zucker und lassen sich nicht richtig vermischen.

Kuvertüreprobe vor der Verarbeitung

Auch wenn die Kuvertüre genau temperiert und ausreichend durchgerührt wurde, sollte vor dem Verarbeiten eine Probe durchgeführt werden, um Kuvertürefehler zu vermeiden.

- Die Probe erfolgt z. B. durch Eintauchen einer Messerspitze oder eines Schabers in die Kuvertüre.
- Nach dem Anziehen der Kuvertüre wird der Probeüberzug beurteilt. Glänzt die Kuvertüre, kann sie verarbeitet werden. Ist das Ergebnis nicht zufriedenstellend, muss erneut temperiert werden.

Kuvertüreproben – glänzend, streifig, grau

Beurteilung der Kuvertüre beim Überziehen

Richtig temperierte Kuvertüre	Zu kühl temperierte Kuvertüre	Zu warm temperierte Kuvertüre
gut fließfähig	zu dickflüssig	sehr dünnflüssig
zieht schnell an	wird sofort fest	wird lange nicht fest
glänzt	mattes, glanzloses Aussehen, evtl. mit Grauschimmer	glanzlos und mit grauen Streifen durchzogen

LF 3.3

Bei richtig temperierter und gut durchgerührter Kuvertüre sind die Bestandteile der Kuvertüre gut ineinander verbunden. Deshalb zieht die Kuvertüre schnell an, ist dann hart und bricht in glatten, langen Sprüngen.

Bei zu warmer oder nach dem Temperieren nicht ausreichend verrührter Kuvertüre ist die Kakaobutter schlecht mit dem Kakao und Zucker gebunden. Die Kuvertüre wird nach dem Überziehen lange nicht fest und ist dann grau. Sie ist nicht so hart und bricht in mehreren kleinen, unregelmäßigen Sprüngen.

Glänzende Schokoladen-kuvertüre mit hartem, glattem Bruch

Graue Schokoladenkuvertüre mit unregelmäßigem Bruch

Arbeitsraum
Kuvertürearbeiten in einem kühlen Raum durchführen, ideal sind ca. 20 °C.

Temperatur der zu überziehenden Erzeugnisse

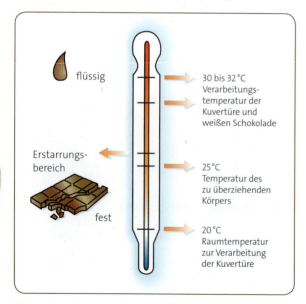

flüssig

30 bis 32 °C
Verarbeitungs-
temperatur der
Kuvertüre und
weißen Schokolade

Erstarrungs-
bereich

25 °C
Temperatur des
zu überziehenden
Körpers

fest

20 °C
Raumtemperatur
zur Verarbeitung
der Kuvertüre

Temperaturen beim Verarbeiten von Kuvertüre

Die ideale Temperatur der zu überziehenden Waren ist 22 bis 25 °C.
- Sind die zu überziehenden Gebäcke zu warm, erwärmt sich die Kuvertüre, die dann grau wird. Deswegen werden Backwaren erst nach dem Auskühlen überzogen.
- Die zu überziehenden Waren dürfen auch nicht zu kalt sein, z. B. nicht direkt aus dem Kühlschrank kommen. Auf der kalten Oberfläche würde die Schokoladenkuvertüre zu schnell fest werden und außen nur langsam abkühlen. Diesen Erzeugnissen fehlt der Glanz.

Abkühlen der überzogenen Erzeugnisse
Nach dem Überziehen sollten die Erzeugnisse am besten bei 15 bis 18 °C abkühlen und bei gleich bleibender Temperatur gelagert werden.
Kuvertüre nicht zu schnell abkühlen, z. B. im Froster, da der Glanz dann verloren geht.

Fettreif
Graue Kuvertüre oder Kuvertüre mit grauen Streifen ist der häufigste Kuvertürefehler auf den Erzeugnissen.
- Übersteigt die Temperatur der Kuvertüre 32 °C, wird die Kakaobutter aufgrund ihres niedrigen Schmelzpunkts flüssig und bindet sich nur noch schlecht mit dem Kakao. Die leichter gewordene Kakaobutter steigt nach oben und die schweren Kakaoteile sinken nach unten.
- Auch wenn die temperierte Kuvertüre vor der Verarbeitung zu wenig umgerührt wird, verbinden sich Kakaobutter und Kakao nicht ausreichend, sodass die Kakaobutter nach oben steigt.

Folgen aufsteigender Kakaobutter in der Kuvertüre sind:
- Die Kuvertüre wird wegen der oben liegenden Kakaobutter mit den unregelmäßigen Kristallen, die schlecht zusammenhaften, lange Zeit nicht fest.
- Nach dem Anziehen sieht die Kuvertüre durch die nach oben gestiegene gelbliche Kakaobutter grau aus oder sie ist mit grauen Streifen durchzogen.

Graue Kuvertüre auf Pralinen

LF
3.3

Kuvertürefehler	Ursachen
Fettreif = Die Kuvertüre der überzogenen Erzeugnisse ist grau oder hat graue Streifen.	• Kuvertüre wurde zu warm temperiert. • Kuvertüre wurde falsch temperiert, d. h., warme Kuvertüre nicht abgekühlt und dann auf 32 °C temperiert. • Kuvertüre wurde vor der Verarbeitung nicht ausreichend durchgerührt. • Das zu überziehende Gebäck war nicht ausgekühlt. • Das überzogene Erzeugnis wurde zu warm gelagert.
Zuckerreif = Die Kuvertüre der überzogenen Erzeugnisse hat eine raue Oberfläche ohne Glanz.	Die Kuvertüre auf den überzogenen Waren wurde feucht, z. B. in zu feuchter Kühlung. Durch die Feuchtigkeit wird der gelöste Zucker in der Kuvertüre körnig, er kristallisiert aus.
Es befinden sich Fingerabdrücke auf der Kuvertüre der Waren.	• Kuvertüre wurde mit feuchten Fingern angefasst oder • Kuvertüre wurde zu lange mit den Fingern gehalten. Die Säure der Haut ergibt Flecken.
Auf den Waren ist die Kuvertüre zu dick und hat ein mattes, glanzloses Aussehen, manchmal mit Grauschimmer.	Die Kuvertüre war beim Verarbeiten zu kühl temperiert.

Graue Kuvertüre auf Erzeugnissen schmeckt wie glänzende Kuvertüre, weil sich die Anteile der Bestandteile nicht verändert haben. Graue Kuvertüre ist aber nicht verkaufsfähig, da sie alt und verdorben aussieht.

Praline mit Fettreif (links) und Praline mit Zuckerreif (rechts)

Einteilen des Kuvertüreüberzugs auf Torten und Desserts

Beim Einteilen der mit Kuvertüre überzogenen Torten wird der Torteneinteiler erwärmt. Die dünne Kuvertüreschicht schmilzt beim Eindrücken und wird somit durch-

Durchtrennen der Kuvertüre

trennt. Die nicht durchtrennten Bereiche der Torten werden zudem noch mit einer erwärmten Palette durchgehend eingeteilt. Die Kuvertüre auf überzogenen Desserts muss mit einem warmen Messer durchtrennt werden. Aufgrund der festen Beschaffenheit der Kuvertüre würde die dünne Kuvertüreschicht beim Schneiden abspringen (abbrechen).

Aufgaben

1. Erklären Sie, warum bei der Verarbeitung von zu warmer Kuvertüre Fehler entstehen.
2. Beschreiben den Vorgang in der Kuvertüre beim Temperieren.
3. Was versteht man unter Anziehen oder Erstarren der Kuvertüre?
4. Nennen Sie die Merkmale richtig temperierter Kuvertüre auf überzogenen Erzeugnissen.
5. Auf welche Verarbeitungstemperatur sollen folgende Überzugsmassen temperiert werden?
   - Schokoladenkuvertüre
   - Milchschokoladenkuvertüre
   - weiße Schokolade
6. Erläutern Sie, welche Voraussetzungen verarbeitungsfähige Kuvertüre erfüllen muss.
7. Nennen Sie Möglichkeiten zum Auflösen der Kuvertüre in der Konditorei:
   - größere Kuvertüremengen
   - kleinere Kuvertüremengen →

LF 3.3

⑧ Erklären Sie das Auflösen der Kuvertüre im Mikrowellengerät.

⑨ Erläutern Sie, was geschieht, wenn
- Kuvertüre in einem Gefäß direkt auf einem Gas- oder Elektroherd aufgelöst wird.
- Wasser in aufgelöste Kuvertüre gelangt.
- Kuvertüre auf über 50 °C beim Auflösen erwärmt wird.

⑩ Beschreiben Sie das Temperieren der Kuvertüre
- in einem Temperiergerät,
- in einer Temperiermaschine mit Rührwerk.

⑪ Erklären Sie folgende Temperierverfahren:
- Tablieren der Kuvertüre
- Impfen der Kuvertüre

⑫ Beschreiben Sie allgemein, wie Kuvertüre temperiert wird.
Wie reagiert ein Konditor, wenn die Kuvertüre beim Temperieren eine Temperatur unter 26 °C erreicht? Begründen Sie.

⑬ Wie wird vor der Verarbeitung der Kuvertüre festgestellt, ob sie einwandfrei temperiert und durchgerührt ist?

⑭ Nennen Sie die Temperaturen bei der Verarbeitung der Kuvertüre:
- im Arbeitsraum
- der zu überziehenden Waren
- beim Abkühlen der überzogenen Waren

⑮ Beschreiben Sie die Kuvertüre in Bezug auf
- Konsistenz (Fließfähigkeit),
- Erstarrungszeit beim Abkühlen und
- Aussehen auf den Erzeugnissen, wenn sie unterschiedlich temperiert ist:
- richtig temperierte Kuvertüre
- zu kühl temperierte Kuvertüre
- zu warm temperierte Kuvertüre

⑯ Erklären Sie die zwei Möglichkeiten, wie ein Fettreif auf abgekühlter Kuvertüre auf den Waren entstehen kann. Begründen Sie, warum ein Fettreif bei diesen Fehlern entsteht.

⑰ Beschreiben Sie die Ursachen folgender Kuvertüre-fehler:
- Fettreif
- Zuckerreif
- Fingerabdrücke auf der Kuvertüre
- Ware ist zu dick mit Kuvertüre überzogen

⑱ Erklären Sie das Einteilen von Torten und Desserts, die mit Kuvertüre überzogen sind, damit die dünne, harte Kuvertüre beim Schneiden nicht abspringt.

⑲ Eine Kundin fragt, warum die Kuvertüre, die sie zu Hause verarbeitet, nicht so schön glänzt wie die auf den Erzeugnissen der Konditorei. Sie geben der Kundin eine fachgerechte Antwort.

Rechenaufgaben

❶ In einem Karton Kakaomasse befinden sich 16 Blöcke mit je 2 500 g. Die Kakaomasse besteht aus 54 % Kakaobutter, 6 % Gerbstoffen und 1,2 % Theobromin.
a) Wie viel kg Kakaobutter, Gerbstoffe und Theobromin befinden sich in der Kakaomasse in diesem Karton?
b) Diese Kakaomasse enthält 6,400 kg Kohlenhydrate, 4,800 kg Eiweiß und 1200 g Mineralstoffe. Berechnen Sie den prozentualen Anteil dieser drei Bestandteile in der Kakaomasse.

❷ Ein Konditor löst Schokoladenkuvertüre mit der Bezeichnung 70/30/38 im Temperiergerät auf. Die Kakaobestandteile dieser Kuvertüre betragen 4 200 g.
a) Wie viel kg Kuvertüre hat der Konditor aufgelöst?
b) Zum Überziehen soll die Kuvertüre mit 12 % Kakaobutter verdünnt werden. Wie viel g Kakaobutter gibt der Konditor zum Verdünnen in die Kuvertüre?
c) Berechnen Sie den gesamten Kakaobuttergehalt der Kuvertüre in kg nach dem Verdünnen.

❸ Schokoladenkuvertüre enthält 60 % Kakaobestandteile und 38 % Kakaobutter in der Gesamtkuvertüre. Der Kakaobutteranteil beträgt 9,500 kg. Berechnen Sie die Kuvertüremenge und den Anteil an Kakao sowie an Zucker in kg.

❹ Ein Konditor hat Kuvertüre zu kühl temperiert. Beim Überziehen von Gebäcken mit der zu dicken Kuvertüre wurden 4,340 kg Kuvertüre verbraucht. Dies sind 8,5 % mehr als beim Überziehen mit richtig temperierter Kuvertüre. Wie viel g Kuvertüre wird bei richtig temperierter Kuvertüre benötigt und wie viel g Kuvertüre wurde bei der zu kühl temperierten Kuvertüre mehr verbraucht?

LF 3.3

32.4 Gießen von Schokoladenhohlkörpern

Figuren aus Schokolade sind ein beliebtes Geschenk aus der Konditorei, z.B. zu Weihnachten, Ostern und zum Muttertag. Die Hohlkörper aus Schokolade werden dekorativ in Folie verpackt und mit einer Schleife verschönert.

Als Geschenk verpackte Schokoladenhohlfigur

Formen zum Gießen der Hohlfiguren

Zum Gießen der Schokoladenhohlfiguren werden überwiegend Formen aus Plexiglas verwendet. Das sind Kunststoffformen aus Polycarbonat. Von dem glatten Material löst sich die Kuvertüre besonders leicht. Außerdem sind die Formen transparent (durchsichtig), damit zu sehen ist, ob die Kuvertüre angezogen hat und die Formen abzunehmen sind.

Formen für Schokoladenhohlfiguren

Saubermachen der Formen

Werden Formen längere Zeit nicht benutzt, müssen sie gereinigt werden:

- Die Formen mit einem weichen Spültuch in warmem Wasser mit Spülmittel waschen und mit klarem Wasser nachspülen, um die Spülmittelreste zu entfernen.
- Die Formen sofort mit einem weichen Tuch abtrocknen, damit sich keine Wasserflecken bilden können. Wasserflecken enthalten Kalk, der sich auf der Oberfläche der Schokoladenhohlkörper absetzen würde. Einen schönen Glanz bekommen die Hohlfiguren, wenn die Formen noch mit Watte poliert werden.
- Mit den Fingern nicht in die Innenseite der Formen fassen, da so fettige Stellen entstehen, die auf der Kuvertüre stumpfe Flecken ergeben. Außerdem ließe sich die Kuvertüre an diesen Stellen nicht mehr von den Formen lösen und die Hohlfiguren würden brechen.

Beim ständigen Gebrauch der Formen sind diese an den Innenseiten einwandfrei sauber und werden ohne Reinigung wieder verwendet.

Kuvertüre temperieren

Nur einwandfrei temperierte Kuvertüre löst sich nach dem Anziehen aus den Formen und hat den gewünschten Glanz.

Bei zu warm oder falsch temperierter Kuvertüre

- glänzen die Schokoladenhohlfiguren nicht und haben manchmal sogar unansehnliche graue Streifen oder
- die Schokoladenhohlfiguren kleben an der Form und brechen beim Herausnehmen.

Bei zu kühl temperierter Schokoladenkuvertüre ist die Kuvertürewand vor allem bei kleinen Formen zu dick und die Kuvertüre ist stumpf und glanzlos.

Temperatur der Formen beim Gießen

Die Formen sollen Raumtemperatur von 20 bis 23 °C aufweisen. Bei kälteren Formen würde die Kuvertüre beim Gießen zu stark abgekühlt werden. Bei zu kalten Formen können die Innenseiten vor dem Gießen mit einem Heißluftföhn leicht vorgewärmt werden.

Schokoladenhohlfiguren mehrfarbig gestalten

Schokoladenkuvertüre, Milchschokoladenkuvertüre und weiße Schokolade ergeben wegen des Farbkontrasts mit den drei Farben lebhafte Schokoladenhohlfiguren.

Bestimmte Stellen in den Hohlfiguren hervorheben

Die Formen werden mit Kuvertüre an bestimmten Stellen mit einem dünnen Pinsel bestrichen oder mit einer Spritztüte ausgespritzt.

LF 3.3

Kuvertüre in den Formen für mehrfarbige Schokoladenhohlfiguren

Beispiele:
- Für Augen mit dunkler Kuvertüre Punkte als Pupillen in die Form spritzen und nach dem Antrocknen darauf die Augen mit weißer Kuvertüre ausfüllen. Die ganze Form mit Kuvertüre oder Milchkuvertüre ausfüllen.

Bei einem Nikolaus
- Kopfbedeckung, Sack, Stock und Stiefel mit Milchkuvertüre,
- Bart, Gürtel, Handschuhe und Manteltaschen mit weißer Schokolade,
- die ganze Form mit dunkler Kuvertüre ausgießen.

Mehrfarbiger Nikolaus

Hohlfiguren mit marmorierten Stellen
- Einen Finger in eine Kuvertüre oder weiße Schokolade tauchen und diese dann in der Form dünn verstreichen. Evtl. eine weitere Kuvertüre mit einer anderen Farbe darauf oder daneben verstreichen. Zum Schluss die Form ausgießen. Oder:
- Mit einem Rührlöffel zuerst dunkle Kuvertüre, dann Milchkuvertüre und zum Schluss weiße Schokolade streifenweise in die Form einlaufen lassen. Die Kuvertüren mit einem Finger leicht verstreichen und anziehen lassen. Die Form mit beliebiger Kuvertüre ausgießen.

Hohlfiguren mit Streifen
Kuvertüre mit einer Spritztüte streifenweise in die Form spritzen, evtl. noch eine weitere Kuvertüre mit anderer Farbe einspritzen und anziehen lassen. Die Form mit Kuvertüre einer anderen Farbe ausgießen.

Marmorierte Schokoladeneier und Schokoladeneier mit Streifen

Gießen der Schokoladenhohlfiguren
- Die zwei Hälften der Formen zusammensetzen. Dabei die Formenhälften am Rand mit Klammern zusammenheften; oder die Form enthält am Rand Magnetpunkte, die aneinander haften.
- Kuvertüre mit einer Schöpfkelle in die Form füllen, bis sie voll ist.

Kuvertüre in die Form füllen

- Mit einem Rundholz außen auf die Form klopfen oder die Form auf den Arbeitstisch klopfen. So kann die Kuvertüre auch in die engen Stellen der Form gelangen und Luftblasen am Formenrand können aus der Kuvertüre entweichen.
- Die Form umdrehen und so die Kuvertüre in den Kuvertürebehälter auslaufen lassen.
- Zum Abtropfen der Kuvertüre die Form auf ein Ablaufgitter stellen.
- Kurz vor dem Anziehen der Kuvertüre, wenn sie noch geschmeidig ist, die überstehende Kuvertüre am Formenrand mit z. B. einer Palette abschaben. Ist die Kuvertüre schon fest, brechen beim Abschneiden Kuvertürestücke aus der Form.

Auslaufen der Kuvertüre aus der Form

Abtropfen der Kuvertüre auf einem Ablaufgitter

- Bei kleineren Formen genügt ein einmaliges Ausgießen. Größere Formen werden zwei- oder dreimal ausgegossen, damit die Kuvertürefigur dicker und somit stabiler wird. Dabei lässt man die erste Kuvertüreschicht etwas anziehen und gießt die Formen dann ein zweites Mal aus.

Anziehen der Kuvertüre in den Formen

Sobald die Kuvertüre beginnt fest zu werden, werden die Formen in die Kühlung gestellt, ideal sind 7 bis 15 °C. Beim Anziehen der Kuvertüre zieht sie sich etwas zusammen. Das Abkühlen sollte deshalb auf keinen Fall unter 5 °C erfolgen, weil sonst die Kuvertüre sich zu schnell zusammenzieht und die Schokoladenhohlkörper Risse bekommen.

Beim Abkühlen der Kuvertüre in den Formen sollte eine Luftzirkulation möglich sein, damit die Wärme der Kuvertüre aus den Formen entweichen kann. Die Formen deshalb hinlegen und nicht die offene Seite auf ein Blech stellen.

Böden für die Hohlfiguren

Kuvertüre mit einer Palette auf ein Papier streichen. Die ausgegossenen Formen, bei denen die Kuvertüre bereits angezogen hat, auf die aufgestrichene Kuvertüre stellen. Nach dem Anziehen des Kuvertürebodens die Formen von den Schokoladenhohlfiguren entfernen.

Abnehmen der Formen

Weil sich die Kuvertüre beim Festwerden leicht zusammenzieht, gelangt etwas Luft zwischen Form und Kuvertüre, sodass sich die Schokoladenhohlfigur von der Form löst. Diesen Zeitpunkt erkennt man daran, dass sich der Kuvertüreglanz an der durchsichtigen Form entfernt hat und die Schokoladenhohlfigur durchgehend matt erscheint.

Die zwei Hälften der Formen können nun leicht von der Schokoladenhohlfigur abgenommen werden.

Abnehmen der Formen

Zusammensetzen von zwei halben Schokoladenformen

Sollen zwei halbe Schokoladenformen, z. B. Eier- und Herzschalen, zu einer ganzen Form zusammengesetzt werden, wird der Rand einer Halbform kurz auf ein warmes Blech gedrückt. Beim Zusammensetzen klebt die andere Schalenhälfte am erwärmten Rand fest.

Größere, halbe Schokoladenhohlkörper werden häufig mit Pralinen gefüllt.

Schokoladenei mit Pralinen gefüllt

Aufbewahrung der Schokoladenhohlfiguren

Die meistens in Folie als Geschenk verpackten Schokoladenhohlfiguren werden kühl aufbewahrt, ideal sind 15 bis 18 °C. So sind sie längere Zeit lagerfähig.

LF
3.3

Aufgaben

1. Aus welchem Material bestehen die Formen zum Gießen von Schokoladenhohlfiguren?
2. Beschreiben Sie, wie die Formen zum Gießen von Schokoladenhohlkörpern sauber gemacht werden.
3. Erklären Sie, was passiert, wenn nicht einwandfrei temperierte Kuvertüre zum Gießen der Schokoladenhohlfiguren verwendet wird.
4. Welche Temperatur sollen die Formen beim Gießen der Schokoladenhohlkörper aufweisen?
5. Beschreiben Sie, wie Schokoladenhohlkörper mehrfarbig gestaltet werden können:
   - Einzelne Stellen der Hohlfiguren hervorheben
   - Hohlfiguren mit marmorierten Stellen
   - Hohlfiguren mit Streifen
6. Beschreiben Sie die einzelnen Arbeitsschritte beim Gießen von Schokoladenhohlfiguren.
7. Erklären Sie, warum Schokoladenhohlfiguren zum Anziehen auf Bleche gelegt und nicht die offenen Seite auf Bleche gestellt werden.
8. Erläutern Sie, wie die Böden an die Schokoladenhohlfiguren angebracht werden.
9. Wie erkennt man, wann die Formen von den Schokoladenhohlfiguren genommen werden können?
10. Beschreiben Sie, wie zwei halbe Schokoladenformen zusammengesetzt werden, z. B. bei Schokoladeneiern.
11. Wie werden Schokoladenhohlfiguren am besten aufbewahrt?
12. Gießen Sie eine Schokoladenhohlfigur mit zu warm temperierter Kuvertüre und beobachten Sie die Schokoladenhohlfiguren nach dem Entnehmen aus den Formen.

32.5 Nugatmassen

Neben der eingedeutschten Schreibweise für Nugat ist auch die ursprüngliche französische Schreibweise Nougat richtig.

Zutaten der Nugatmassen

- Mandeln und/oder Nüsse,
- Zucker,
  höchstens 50 %,
  auf die gesamte Nugatmasse berechnet
- Kakaoerzeugnisse:
  - Kakaomasse
  - Kakaobutter
  - Kakaopulver
  - Schokolade

Zutaten der Nugatmassen

- Füllung für Teegebäcke aus Mürbeteigen
- Füllung für Waffeln
- Füllung für Crêpes und Palatschinken
- Füllung für gestanztes Königsberger Marzipan
- Nugatpralinen

Helle und dunkle Nugatmasse

Gestanztes Königsberger Marzipan, mit Nugatmasse gefüllt

Sorten der Nugatmassen

Mandelnugatmasse: nur Mandeln
Nussnugatmasse: nur Nüsse
Mandel-Nuss-Nugatmasse: halb Mandeln, halb Nüsse

Verwendung von Nugatmassen

- Nugatbuttercreme (Nugatcreme)
- Nugatsahne
- Nugateis

LF 3.3

Nusspaste (gesüßtes Nussmark)

Nusspaste ist eine Nugatmasse aus Nüssen und Zucker ohne Kakaoerzeugnisse. Sie enthält höchstens 50 % Zucker. Trotz der fehlenden Kakaoerzeugnisse zählt sie nach den Bestimmungen der Leitsätze zu den Nugatmassen.

Verwendung von Nusspaste

Nusspaste wird als Geschmacksstoff für

- Nussbuttercreme (Nusscreme),
- Nusssahne und
- Nusseis verwendet.

Nusspaste

Nugat (Nougat)

Nugat ist Nugatmasse mit zusätzlichem Zucker. Der Nugatmasse dürfen höchstens 50 % Zucker, berechnet auf die Nugatmasse, zugegeben werden.

Nugat	
1 Teil Nugatmasse	höchstens ½ Teil Zucker

Ein Teil des Zuckers kann durch Sahne- oder Milchpulver ersetzt werden, so entstehen

- Sahnenugat,
- Milchnugat.

Nugatcreme

Unterschied zwischen Nugatcreme und Nugatmassen:

- Nugatcreme enthält einen geringen Anteil an Haselnüssen oder Mandel, mindestens 10 %.
- Sie besitzt einen hohen Zuckeranteil, höchstens 67 %.
- Sie enthält pflanzliche Speisefette oder Speiseöle. So ist sie weich und streichfähig.

Lagerung von Nugatmassen, Nugat und Nugatcreme

- kühl, ideal sind 15 bis 18 °C;
  Wenn sie nicht in Eimer oder Gläser luftdicht verschlossen sind, nicht im Kühlschrank/Kühlraum lagern, weil dort wegen der hohen Luftfeuchtigkeit Schimmelgefahr besteht.
- frei von Fremdgerüchen (die fettreichen Nugatmassen nehmen sofort Fremdgerüche an)
- in Plastik- oder Alufolie einschlagen (verhindert das Austrocknen der Oberfläche)

Bei fachgerechter Lagerung sind Nugatmassen, Nugat und Nugatcreme längere Zeit lagerfähig.

Aufgaben

1. Geben Sie die Zutaten der Nugatmassen an.
2. Nennen Sie die drei Nugatmassen nach den enthaltenen Ölsamen (Schalenfrüchten).
3. Beschreiben Sie, woraus Nusspaste besteht.
4. Wofür wird Nugatmasse und Nusspaste in der Konditorei verwendet?
5. Erklären Sie, woraus Nugat besteht.
6. Beschreiben Sie, aus welchen Zutaten Nugatcreme hergestellt wird.
7. Beschreiben Sie die Lagerung von Nugatmassen, Nugat und Nugatcreme.
8. Probieren Sie helle und dunkle Nugatmasse. Beurteilen Sie den unterschiedlichen Geschmack und geben Sie an, mit welchen Schalenfrüchten und Kakaoerzeugnissen die Nugatmassen hergestellt wurden.

Rechenaufgaben

1. Nugat wird hergestellt aus 7,500 kg Nussnugatmasse und 3 300 g Zucker.
   a) Bei der Herstellung von Nugat dürfen der Nugatmasse höchstens 50 % Zucker, von der Nugatmasse berechnet, zugegeben werden. Ermitteln Sie, ob die Bestimmungen der Leitsätze erfüllt sind, indem Sie den zugegebenen Zuckeranteil in % von der Nugatmasse berechnen.
   b) Wie viel kg und % Zucker enthält der Nugat, wenn die Nussnugatmasse aus 42 % Zucker besteht?
   c) Die Nugatmasse setzt sich zusammen aus 4,9 Teilen Haselnüsse, 4,2 Teilen Zucker und 0,9 Teilen Schokolade. Berechnen Sie den Anteil der Haselnüsse, des Zuckers und der Schokolade in der Nussnugatmasse in kg.
2. Es sollen 32,500 kg Nugatcreme hergestellt werden. Nach den Leitsätzen muss Nugatcreme aus mindestens 10 % Nüssen bestehen und darf höchstens 67 % Zucker enthalten. Der Rest sind pflanzliche Fette. Berechnen Sie, wie viel kg Nüsse, Zucker und pflanzliche Fette verwendet werden, damit die Bestimmungen der Leitsätze genau erfüllt sind.
3. Die Süßwarenindustrie stellt 145 kg Mandel-Nuss-Nugatmasse her. Die Nugatmasse enthält je 5 % Kakaobutter und Kakaopulver. Mandeln und Haselnüsse werden je zur Hälfte zugegeben. Berechnen Sie die Anteile der Zutaten in kg.

LF 3.3

33

Pralinen

Situation

Ihr Konditoreibetrieb möchte Pralinen als Spezialität Ihres Betriebs vermarkten. Im Laden wurde deshalb eine moderne Pralinenvitrine eingebaut, in der Sie hochwertige Pralinen verkaufsfördernd ausstellen sollen. Mit Ihren Kolleginnen und Kollegen sollen Sie eine Liste beliebter Pralinen zusammenstellen. Für die Pralinen erstellen Sie Rezepturen mit den Beschreibungen der Herstellung.

- Welche Pralinensorten werden nach den Grundzutaten eingeteilt?
- Welche bekannten Pralinen werden diesen Pralinensorten zugeteilt?
- Woraus besteht Ganache und wie wird sie für Pralinen hergestellt?
- Wie werden Pralinen in der Pralinenvitrine ansprechend ausgestellt?

Berühmtheit erlangte der französische Marschall Choiseu du Plessis-Praslin, der vom Sonnenkönig Ludwig XIV. als Beobachter nach Regensburg geschickt wurde. Dort stellte ihm sein deutscher Koch besondere, kleine Süßigkeiten her. Er überzog die bis dahin bekannten überzuckerten Mandeln und Nüsse mit der gerade in Frankreich in Mode gekommenen Schokolade. Er nannte diese kleine Süßigkeit zu Ehren des Marschalls „Praline", was er von dessen Namen Plessis-Praslin ableitete.

> ### § Gesetzliche Bestimmungen nach der Kakaoverordnung
>
> Unter dem Begriff „Pralinen" versteht man bissengroße Erzeugnisse, bei denen der Schokoladenanteil mindestens 25 % beträgt.

Wird bei „bissengroßen Erzeugnissen" der vorgeschriebene Anteil von 25 % Schokolade nicht erreicht, werden sie als **„Konfekt"** bezeichnet.

Pralinensorten

Die Einteilung der vielen verschiedenen Pralinen erfolgt nach den vorrangig enthaltenen Grundzutaten, die neben der Schokolade enthalten sind.

Nugat-, Krokant-, Trüffel-, Früchtepralinen (Mandelsplitterpralinen)

Pralinensorten	Grundzutaten und weitere geschmackgebende Zutaten
Marzipanpralinen	Grundzutat: Marzipanrohmasse; mögliche geschmackgebende Zutaten: • Spirituosen, z. B. Weinbrand, Rum, Kirschwasser, Liköre • Nüsse, Mandeln, Pistazien, Krokant
Nugatpralinen	Grundzutat: Nugatmasse; mögliche Zutaten: Schokolade, Nüsse, Mandeln, Pistazien
Krokantpralinen	Grundzutat: Krokant, der aus karamellisiertem Zucker mit Mandeln oder Nüssen besteht. • Krokantpralinen enthalten neben Krokant meistens Marzipan oder Nugatmasse. • Weichkrokantpralinen: Krokant mit Schlagsahne und/ oder Butter • Butterkrokantpralinen: Krokant mit Butter • Blätterkrokantpralinen: Krokant und Nugatmasse in dünnen Schichten
Trüffelpralinen	Grundzutat: Trüffelmasse oder Ganache Herstellung: Schokoladenkuvertüre in Schlagsahne auflösen und mit geschmackgebenden Zutaten verfeinern, z. B. Weinbrand, Rum, Kirschwasser, Likör, Mokka, Vanille.
Früchtepralinen (früher Rohkostpralinen)	Grundzutat: Früchte • Mandelsplitter • ganze Mandeln und Nüsse • Dickzuckerfrüchte, z. B. Ananas, Aprikosen, Ingwer • Trockenfrüchte, z. B. Feigen, Datteln, Sultaninen
Likörpralinen 	Grundzutat: Spirituosen oder Liköre Die Pralinen sind außen mit Schokoladenkuvertüre umgeben. • Gefüllt sind die Pralinen mit einer Spirituose oder einem Likör, z. B. Cognac bei den Cognacbohnen. • In Weinbrand-Kirschpralinen befindet sich im Weinbrand eine Kirsche.

Rezeptbeispiele für rationell herzustellende Pralinen

Marzipanpralinen

Rezeptbeispiel: Pistazienmarzipan		
1000 g	Marzipanrohmasse	Alle Zutaten zu Pistazienmarzipan anwirken.
250 g	Pistazien, fein gerieben	
120 g	Rum, 60 % vol (oder eine andere Spirituose)	
1370 g	**Pistazienmarzipan**	

Herstellungsbeispiel

• Pistazienmarzipan zwischen zwei Stäben 12 mm dick ausrollen.
• Die Oberfläche dünn mit Kuvertüre bestreichen, anziehen lassen und die Kuvertüreseite nach unten drehen.
• Quadrate von 23 mm Seitenlänge schneiden oder Rechtecke von 30 × 20 mm.
• Die Stücke mit Schokoladenkuvertüre überziehen und mit je einer halben Pistazie belegen.

Pistazien-Marzipanpralinen

Nugatpralinen

Rezeptbeispiel: Schichtnugatmasse für Pralinen		
1000 g	Nussnugat- masse, dunkel	• Dunkle Nugatmasse mit temperierter Schokoladenkuvertüre mischen.
200 g	dunkle Schokoladen- kuvertüre	
1000 g	Mandelnugat- masse, hell	• Helle Nugatmasse mit weicher Kakaobutter mischen.
100 g	Kakaobutter	
2300 g	**Masse für Nugatpralinen**	

LF 3.3

Bekannte Nugatpralinen sind die Schichtnugatpralinen mit dem schönen Farbkontrast der Nugatschichten. Nussnugatmasse ist dunkler und kräftiger im Geschmack als die hellere Mandelnugatmasse mit dem feinen Mandelgeschmack.

Herstellung von Schichtnugatpralinen

* Dunkle Nugatmasse zwischen zwei Schienen 2 mm dick ausrollen, kühl stellen und dabei anziehen lassen.
* Helle Nugatmasse auf die dunkle Nugatmasse ebenfalls 2 mm dick aufstreichen und anziehen lassen.
* Nochmals eine dunkle und eine helle Nugatmasse aufstreichen, bis vier dunkle und drei helle Schichten übereinander liegen.
* Mit dem Pralinenschneidegerät 15 × 30 mm große Stücke schneiden.
  Die seitliche Schnittfläche, auf der die einzelnen Nugatschichten zu sehen sind, ergibt die Oberfläche der Pralinen.
* Die Pralinen mit dunkler Schokoladenkuvertüre am Boden und an den Seiten überziehen, sodass die Nugatschichten oben sichtbar sind.

Schichtnugatpralinen

Krokantpralinen

Hartkrokant besteht aus karamellisiertem Zucker, in dem Mandeln bzw. Nüsse eingerührt werden. Wegen der hartknusprigen Beschaffenheit wird er für Pralinen häufig in ausgerollten Schichten auf Marzipan oder Nugat gesetzt.

Rezeptbeispiel: Mandelkrokant (Hartkrokant)	
500 g Zucker 50 g Glukosesirup 250 g Mandeln, gehobelt, geröstet **800 g Krokant**	• Zucker hellbraun karamellisieren und dann Glukosesirup unterrühren. • Mandeln in den karamellisierten Zucker einrühren.

Den heißen Krokant auf einer geölten Arbeitsplatte 3 oder 4 mm dick ausrollen und mit einem Ausstecher ausstechen.

Beispiele von Krokantpralinen

Krokantpralinen

* Ausgerollten Krokant mit einem Ausstecher beliebiger Form ausstechen.
* Den abgekühlten Krokant an der Unterseite und am Rand mit Schokoladenkuvertüre überziehen, sodass an der Oberfläche der Krokant sichtbar ist.

Krokanttaler

* Ausgerollten Krokant mit einem runden Ausstecher ausstechen.
* Den abgekühlten Krokant auf einer Seite mit Schokoladenkuvertüre und auf der anderen Seite mit Milchschokoladenkuvertüre überziehen.
* Mit einer Pralinengabel mit drei Zinken oben die Kuvertüre abziehen.

Krokantmarzipan-Pralinen

* 500 g Krokant zu Krokantstreusel stoßen.
* 1 000 g Marzipanrohmasse mit 200 g Rum und dem Krokantstreusel vermischen.
* Den Marzipan-Krokant zu Strängen rollen, Stücke abschneiden, Kugeln formen und kühl stellen, damit sie absteifen.
* Die Kugeln in Milchschokoladenkuvertüre tauchen und dann in gehobelte, geröstete Mandeln rollen.

Krokantmarzipan-Kugeln in Milchkuvertüre tauchen und in gehobelte Mandeln rollen

Krokantmarzipan-Pralinen

Rezeptbeispiel: Weichkrokant

400 g	Marzipanroh-
	masse
120 g	Schlagsahne
500 g	Zucker
50 g	Glukosesirup
100 g	Butter
300 g	gehobelte
	Mandeln, leicht
	geröstet

1470 g	**Weichkrokant**

- Marzipanrohmasse mit der Schlagsahne weich arbeiten.
- Zucker auf kleiner Flamme karamellisieren.
- Glukosesirup und Butter in den karamellisierten Zucker einrühren und die Marzipanrohmasse unterrühren.
- Zum Schluss die gehobelten Mandeln einrühren.

- Den Weichkrokant auf einem eingeölten Arbeitstisch zwischen zwei Schienen mit einem eingeölten Rollholz 10 mm dick ausrollen.
- Nach dem Auskühlen die Weichkaramellplatte mit dunkler Schokoladenkuvertüre bestreichen und mit der Kuvertüreseite nach unten umdrehen.
- Nach dem Festwerden der Schokoladenkuvertüre den Weichkrokant in 25 × 17-mm-Stücke (oder 20 × 20 mm) schneiden.
- Die Stücke bis zur Oberkante der Pralinen (Boden und Ränder) in Schokoladenkuvertüre tauchen, sodass an der Oberfläche der Krokant sichtbar ist.

Begriff – Trüffelpralinen

Trüffel ist eine Pilzart, die unter der Erde wächst und in der Gastronomie eine besondere Spezialität darstellt. Diese Trüffelknolle, mit ihrem raffinierten Geschmack, wird in der Küche als Zugabe für exklusive Suppen, Nudelgerichte und Soßen verwendet.

Anfang des 20. Jahrhunderts kam ein französischer Confiseur auf die Idee, eine solche Delikatesse aus Schokolade nachzuahmen. So entstand das „Truffes au chocolat". Es war eine zartschmelzende Creme aus frischer Sahne und Zartbitterschokolade, die zu einer Kugel geformt, in Kuvertüre getaucht und über ein Gitter gerollt wurde, sodass eine Trüffelimitation entstand.

Die Trüffelpralinen mit vielen verschiedenen geschmacklichen Variationen gehören zum Standard des Pralinensortiments in der Konditorei.

Trüffelpralinen

Trüffelpralinen werden auch als **„Ganachepralinen"** bezeichnet, weil die Pralinen mit Ganache gefüllt sind.

Bestimmungen der Leitsätze

Ganache besteht aus einem Teil Schlagsahne und zwei Teilen Kuvertüre mit einer geschmackgebenden Zutat, wie z. B. einer Spirituose bzw. einem Likör oder Mokka bzw. Vanille.

Die geschmackgebende Zutat ist in den Trüffelpralinen deutlich wahrnehmbar, z. B. Weinbrand, Rum, Calvados, Himbeergeist, Kirschwasser, Williams Christbirne, Grappa, Grand Marnier, Amaretto, Cointreau, Champagner u. a. Die Trüffelpralinen werden nach dem Geschmacksstoff benannt, z. B. Cognac-Trüffelpralinen.

Wird Ganache in Schokoladenhohlkörper gefüllt, ergibt sie eine etwas festere Füllung in den Pralinen. Deshalb wird in diesen Trüffelpralinen häufig der Kuvertüreanteil verringert, um eine weiche, cremige Füllmasse zu erhalten. Da nach den Leitsätzen für Ganache dann zu wenig Kuvertüre enthalten ist, kann man sie als **„Trüffelmasse"** oder **„Ganachecreme"** bezeichnen.

Damit die Trüffelmasse in den Pralinen bei der Lagerung längere Zeit weich bleibt, kann ca. 10 % Butter, gemessen an der Gesamttrüffelmasse, zugegeben werden. Durch die Butter behalten die Pralinen nur längere Zeit die weiche Konsistenz, sie wird nicht wegen des Geschmacks zugegeben.

Herstellen von Ganache oder Trüffelmasse
- Schlagsahne und Glukosesirup kochen.
- Klein gehackte Kuvertüre oder Kuvertürechips in die kochende Schlagsahne rühren, bis sich die Kuvertüre aufgelöst hat.
- In die auf ca. 40 °C abgekühlte Masse einen Geschmacksstoff einrühren. Evtl. noch würfelförmige Butter unterrühren.
- Die Masse auf ca. 27 °C abkühlen und dann in Schokoladenhohlkörper füllen.

Einfüllen einer Trüffelmasse in Schokoladenhohlkörper

LF 3.3

Champagner-Trüffelpralinen

Rezeptbeispiel: Champagner-Trüffelmassen	
500 g Schlagsahne 100 g Glukosesirup 900 g Milchkuvertüre 150 g Champagner- konzentrat, 60 % vol **1650 g Champagner- Trüffelmasse**	• Schlagsahne mit Glukosesirup kochen. • Klein gehackte Kuvertüre in der gekochten Schlagsahne verrühren. • In die auf ca. 40 °C abgekühlte Masse das Champagnerkonzentrat einrühren.

Beispiel einer handwerklichen Herstellung

• Die Champagner-Trüffelmasse auf ca. 27 °C abkühlen.
• Die Trüffelmasse in Einmaldressierbeutel füllen und in Schokoladenhohlkugeln einfüllen.
• Die gefüllten Pralinenkugeln kühl stellen, bis die Trüffelmasse angezogen hat. Anschließend die offenen Stellen der Schokoladenkugeln mit Kuvertüre verschließen.
• Die Pralinenkugeln in temperierte Kuvertüre tauchen und überziehen.
• Kurz vor dem Anziehen der Kuvertüre die Pralinen auf ein kariertes Ablaufgitter legen und die Kugeln auf dem Gitter rollen, bis die Kuvertüre grobe Spitzen zieht.

Rollen der Pralinenkugeln auf einem Gitter

Trüffelpralinen

Eierlikör-Trüffelpralinen

Rezeptbeispiel: Eierlikör-Trüffelmasse	
500 g Schlagsahne 50 g Glukosesirup 950 g weiße Schokolade 200 g Eierlikör **1700 g Eierlikör- Trüffelmasse**	• Schlagsahne mit Glukosesirup kochen. • Klein gehackte, weiße Schokolade in der gekochten Schlagsahne verrühren. • In die auf ca. 40 °C abgekühlte Masse den Eierlikör einrühren.

Die Trüffelpralinen können rationell hergestellt werden, wenn die Trüffelmasse in runde oder ovale Schokoladenhohlkörper gefüllt wird. Die Schokoladenhohlkörper werden von der Schokoladenindustrie bezogen.

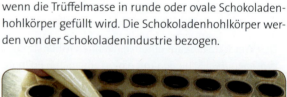

Eierlikör-Trüffelmasse in Schokoladenhohlkörper füllen

Herstellungsbeispiel

• Die Trüffelmasse auf ca. 27 °C abkühlen.
• Die Eierlikör-Trüffelmasse in Einmaldressierbeutel füllen und in ovale oder runde Schokoladenhohlkörper einfüllen.
• Die Pralinen kühl stellen, bis die Trüffelmasse angezogen hat.
• Die Oberfläche der Trüffelmasse mit Kuvertüre abdecken, damit die Sahnetrüffelmasse in den Pralinen nicht austrocknet. Dabei wird Kuvertüre dünn auf die Pralinen gestrichen.

Die Trüffelmasse der Pralinen mit Kuvertüre abdecken

Eierlikör-Trüffelpralinen

Cognac-Trüffelpralinen

Rezeptbeispiel: Cognac-Trüffelmasse	

500 g Schlagsahne
50 g Glukosesirup
150 g Butter
900 g dunkle
     Kuvertüre
150 g Cognac
	• Schlagsahne mit
	  Glukosesirup kochen.
	• Klein gehackte
	  Kuvertüre in der
	  gekochten Schlag-
	  sahne verrühren.

**1650 g Cognac-
     Trüffelmasse**
	• Würfelförmig geschnit-
	  tene Butter in der
	  Masse verrühren, bis
	  sie sich aufgelöst hat.

Es können auch 450 g
dunkle Kuvertüre und
450 g Milchkuvertüre
gemischt werden.
	• In die auf ca. 40 °C
	  abgekühlte Masse den
	  Cognac einrühren.

Herstellungsbeispiel

• Dunkle Kuvertüre dünn auf Backpapier (Pergament-papier) streichen.
• Kurz vor dem Festwerden der Kuvertüre mit einem runden Ausstecher von ca. 25 mm Durchmesser kleine Kuvertüreplättchen ausstechen, am schnellsten mit einer Ausstechwalze.

Entstehung der Cognac-Trüffelpralinen, aufdressiert, überzogen, überspritzt

• Die Cognac-Trüffelmasse abkühlen lassen, bis sie spritzfähig ist.
• Mit einem Einmaldressierbeutel mit Sterntülle die Trüffelmasse rosettenförmig auf die Kuvertüre-plättchen aufdressieren.
• Die abgekühlten Pralinen mit Kuvertüre überziehen.

Früchtepralinen

Für diese Pralinen werden Früchte wie gestiftelte Mandeln mit Kuvertüre gemischt sowie Trockenfrüchte und Dickzuckerfrüchte mit Kuvertüre überzogen.

Dattel-Marzipan-pralinen

Kandierte Ananaspralinen

• Trapezförmige Ananasstückchen als Dickzuckerfrüchte verwenden, die auch von der Industrie bezogen werden können.
Es sind Ananasscheiben, die in acht Teile geschnitten und in Zuckerlösungen zu Dickzuckerananas herge-stellt werden.
• Die Ananasstückchen mit der Breitseite zu zwei Drittel in Milchkuvertüre oder weiße Schokolade tauchen, kühl stellen und die Kuvertüre erstarren lassen.
• Anschließend ein Drittel der Ananasstückchen, über die Milchkuvertüre/weiße Schokolade, in dunkle Kuvertüre tauchen.

Kandierte Ananaspralinen sind somit farblich in drei Teile eingeteilt: Beim oberen, schmalen Teil sieht man die gelbe Ananas, im Mittelteil befindet sich die Milchkuvertüre/weiße Schokolade und unten die dunkle Kuvertüre.

Kandierte Ananaspralinen

LF 3.3

Mandelsplitterpralinen

Rezeptbeispiel: Mandelsplitterpralinen	
1000 g Mandeln, gestiftelt 1000 g dunkle Kuvertüre oder weiße Schokolade	• Die gestiftelten Mandeln bei ca. 200 °C leicht rösten und auskühlen lassen. • Kuvertüre bzw. weiße Schokolade temperieren.
2000 g Mandelsplitterpralinen	

Handwerkliche Herstellung

- Die gestiftelten Mandeln bei Raumtemperatur von 22 bis 25 °C verarbeiten. Bei zu kühlen Mandeln verlieren beim Mischen mit Kuvertüre die Kakaobutterkristalle ihre gleichmäße Größe und die Mandelsplitterpralinen werden grau ➡ Seite 555 ff.
- Einen Teil der Mandeln mit der gleichen Menge Kuvertüre in ein nicht zu kaltes Gefäß geben und umrühren, bis die Mandeln völlig mit Kuvertüre umhüllt sind.
  Immer nur kleinere Mengen mischen, damit die Kuvertüre nicht während der Arbeit erstarrt.
- Mit einem kleinen Löffel Mandelsplitterhäufchen auf ein Backpapier (Pergamentpapier) legen.

Herstellung von Mandelsplitterpralinen

Likörpralinen

Likörpralinen enthalten nicht wie früher nur Liköre, sondern werden auch mit hochprozentigen Spirituosen gefüllt. Deshalb werden diese Pralinen nach der enthaltenen Spirituose benannt, z.B. Cognacpralinen, Eierlikörpralinen.

Himbeergeistpralinen

Zur rationellen Herstellung wird eine Spirituosenfüllung mithilfe eines Fülltrichters in Schokoladenhohlkugeln gefüllt.

Rezeptbeispiel: Himbeergeistpralinen	
1000 ml Himbeergeist 700 g Fondant	• Fondant mit Himbeergeist verrühren. • Die Himbeergeistfüllung mit einem Gießtrichter in Schokoladenhohlkugeln bis 1 mm unter dem Rand füllen. • Die Öffnung der Hohlkugeln mit Kuvertüre schließen. • Die Pralinen mit Kuvertüre überziehen und mit einer anders farbigen Kuvertüre überspritzen, damit ein schöner Farbkontrast entsteht.
1700 g Himbeergeistfüllung	
Statt Himbeergeist kann auch Williams Christbirne, Kirschwasser, Weinbrand, Grand Márnier u.a. verwendet werden. Die verwendete Spirituose gibt der Praline den Namen.	

Mandelsplitterpralinen

Himbeergeistpralinen

Weinbrand-Kirschpralinen

Herstellung

- Schattenmorellen (Sauerkirschen) mit Stiel ca. zwei Monate in Weinbrand oder Cognac (französischer Weinbrand) einlegen. Danach aus dem Alkohol nehmen und abtropfen lassen.
  Der Fachhandel bietet auch fertig eingelegte Kirschen an.
- Kirschen vorsichtig am Stielansatz nehmen und die Kirschen in 75 °C heißen Fondant bis zu ¾ eintauchen. Den Fondant abkühlen lassen.
- Sofort danach in dunkle Kuvertüre tauchen, auf Papier absetzen und anziehen lassen.
- Zum Schluss ein zweites Mal in Kuvertüre tauchen, sodass der Stielansatz ca. 1 cm mit Kuvertüre überzogen ist.

Nach einigen Tagen hat sich der Fondant im Inneren der Praline aufgelöst und ergibt in Verbindung mit dem Alkohol eine süßliche, alkoholhaltige Flüssigkeit.

Weinbrand-Kirschpralinen

Lagerung von Pralinen

- kühl, ideal sind 15 bis 18 °C
- trocken, bei geringer Luftfeuchtigkeit
- frei von Fremdgerüchen

In einer speziellen Pralinenvitrine haben die Pralinen bei der Lagerung die idealen Bedingungen.

Pralinen im Verkauf

Jede Sorte der Pralinen auf einem kleinen Tablett aufrichten und in die Pralinenvitrine stellen. Helle und dunkle Pralinen auf den Tabletts im Wechsel nebeneinander stellen, damit jede Sorte übersichtlich zur Geltung kommt und durch die farbliche Abwechslung ansprechend wirken.

Bei Festlichkeiten erhalten die Pralinen, auf Silbertabletts oder Spiegelplatten präsentiert, ein besonders wertvolles Aussehen.

Beim Verkauf werden die Pralinen grundsätzlich mit einer Pralinenzange angefasst und in die Pralinentütchen zum Verpacken gegeben.

Beim Aufrichten der Pralinen auf Tabletts werden weiße Baumwollhandschuhe angezogen, um Fingerabdrücke auf der Kuvertüre zu vermeiden.

Pralinen in der Pralinenvitrine

Verkaufsargumente

Qualitätsmerkmale

- Pralinen sind hochwertige Erzeugnisse, die nur mit besten Zutaten und mit hohem Schokoladenanteil hergestellt werden.
- In der Konditorei werden grundsätzlich nur frische Pralinen angeboten.

Dies sind die Vorteile gegenüber preisgünstigeren Industriepralinen.

Frischhaltung

Frische Pralinen schmecken am besten. Je nach Pralinensorte sind sie einige Tage frisch.

- Bei kühler Lagerung und trockener Luftfeuchtigkeit in der Pralinenvitrine im Laden sind Pralinen am besten lagerfähig.
- Auch bei kühler Lagerung und luftdicht verpackt in Pralinentütchen oder Folie, verlängert sich die Frischhaltung.

Auswirkungen von zu langer Lagerung der Pralinen:

- Geschmacksstoffe gehen verloren.
- Pralinen werden trocken.

LF 3.3

Besondere Eignung
- Pralinen sind jederzeit eine willkommene Geschenk-idee, z. B. als kleine Aufmerksamkeit, als Begrüßungs-geschenk, zum Geburtstag und Valentinstag.
- Pralinen eignen sich als kleine süße Köstlichkeiten zwischendurch beim angenehmen Beisammensein und bei Partys.
- Kindern nur Pralinen ohne Alkohol anbieten.

Aufgaben

1. Welche Voraussetzungen erfüllen „Pralinen" nach den gesetzlichen Bestimmungen der Kakaoverordnung?
2. Was versteht man unter Konfekt?
3. Nennen Sie die sechs Pralinensorten nach den hauptsächlich enthaltenen Zutaten.
4. Erklären Sie die Herstellung von Schichtnugat-pralinen.
5. Beschreiben Sie die Herstellung von Mandel-splitterpralinen.
6. Nennen Sie die Bestimmungen der Leitsätze für Ganache.
7. Geben Sie mögliche geschmackgebende Zutaten für Ganache oder Trüffelmasse an.
8. Beschreiben Sie die Herstellung von Ganache bzw. einer Trüffelmasse für Pralinen beliebiger Geschmacksrichtung.
9. Wie werden Pralinen fachgerecht gelagert?
10. Erklären Sie die Qualitätsmerkmale von Pralinen aus der Konditorei, die sich von preisgünstigen Pralinen unterscheiden.
11. Geben Sie Auskunft über die Frischhaltung von Pralinen und wie sie am besten gelagert werden.
12. Wofür eignen sich Pralinen besonders gut?
13. Testen Sie mit Ihren Kolleginnen und Kollegen frische Pralinen Ihrer Konditorei und preiswerte Pralinen der Industrie. Notieren Sie die Unter-schiede.

Rechenaufgaben

1. Cognac-Trüffelpralinen werden aus Schlagsahne, Kuvertüre und Cognac im Verhältnis von 1 : 1,8 : 0,3 hergestellt.
   Berechnen Sie den Anteil der einzelnen Zutaten in 5,270 kg Trüffelmasse.
2. Eine Pralinenmischung enthält Krokant-, Trüffel-, Nugat- und Mandelsplitterpralinen im Verhältnis 0,7 : 2,3 : 1,2 : 2,8.
   a) Wie viel g der jeweiligen Pralinen sind in dieser Mischung, wenn 210 g Krokantpralinen enthal-ten sind?
   b) Berechnen Sie das Gewicht der Pralinenmi-schung in kg.
3. Vier Sorten Pralinen werden gemischt:
   750 g zu 9,00 € je 250 g
   1200 g zu 3,80 € je 100 g
   1 1/8 kg zu 4,20 € je 125 g
   4/5 kg zu 8,60 € je 200 g
   Wie viel kosten 125 g der Pralinenmischung?
4. Für eine Pralinenmischung werden vier Sorten gemischt, die je 100 g 3,80 €, 4,70 €, 4,20 € und 4,50 € kosten.
   a) Berechnen Sie das Verhältnis auf Einer gerundet bei einem Mischungspreis von 4,30 €/100 g.
   b) Von der vierten Pralinensorte sind 600 g in der Mischung enthalten. Wie viel g werden von den übrigen Sorten benötigt?
   c) Wie viel g werden von jeder Sorte benötigt, wenn eine Pralinenmischung 2 ½ kg wiegen soll?
5. Blätterkrokantpralinen wurden wie folgt kalkuliert:
   Materialkosten: 21,50 €
   Betriebskosten: 83,85 €
   Gewinn/Risiko: 32,65 €
   Mehrwertsteuer: 22,08 €
   a) Berechnen Sie den Rohaufschlag inklusive Mehrwertsteuer in % (Bruttoaufschlag).
   b) Wie hoch ist der Rohstoffaufschlag ohne Mehrwertsteuer in % (Nettoaufschlag)?
   c) Berechnen Sie mit den ermittelten Rohauf-schlägen den Bruttopreis von Butterkrokantp-ralinen mit einem Materialpreis von 18,50 €.

LF 3.3

Berufliche Handlung

Eine neue Auszubildende wurde Ihnen in Ihrer Konditorei zur Herstellung von Pralinen zugeteilt. Gemeinsam stellen Sie Pralinen mit den Grundzutaten Marzipanrohmasse, Nugatmasse, Krokant, Mandelsplitter und Trüffelmasse her. Zum Überziehen der Pralinen zeigen und erklären Sie der Auszubildenden das Temperieren der Kuvertüre. Vor dem Verarbeiten der Kuvertüre nehmen Sie Proben und erklären die Ursachen von Kuvertürefehlern durch falsches Temperieren. Auch das Gießen von Schokoladenhohlfiguren gehört zu den Aufgaben Ihrer Abteilung, weshalb Sie auch dieses Verfahren erläutern.

Kakaoerzeugnisse

1. Erklären Sie die Gewinnung von Kakaopulver und Kakaobutter.
2. Erläutern Sie das Aussehen, die Eigenschaften und die Verwendung von Kakaobutter in der Konditorei.
3. Nennen Sie die Bestandteile der Schokolade und Schokoladenkuvertüre und geben Sie deren Unterschied an.
4. Unterscheiden Sie Kuvertüre, Milchkuvertüre und weiße Schokolade in Bezug auf Inhaltsstoffe, Geschmack und Farbe.
5. Erklären Sie, warum Fettglasur ein preisgünstiger Ersatz für Kuvertüre ist und nicht für besondere Qualitätswaren der Konditorei verwendet werden darf.
6. Beschreiben Sie die Verarbeitung der Fettglasur zum Überziehen von Backwaren und stellen Sie die Vorteile der Fettglasur gegenüber der Kuvertüre heraus.

Temperieren von Kuvertüre

7. Auf wie viel °C werden Kuvertüren temperiert:
   - Schokoladenkuvertüre
   - Milchschokoladenkuvertüre
   - weiße Schokolade
8. Erklären Sie, warum Kuvertüre zur Verarbeitung temperiert werden muss.
9. Wie erreicht man, dass sich die Bestandteile der Kuvertüre nach dem Temperieren zu einer homogenen Einheit vermischen und erst dann die Kuvertüre verarbeitet werden kann?
10. Nennen und beschreiben Sie die Möglichkeiten des Temperierens der Kuvertüre.
11. Erklären Sie, was Sie beim Temperieren der Kuvertüre beim Tablieren und beim Impfen grundsätzlich beachten.
12. Vor dem Verarbeiten der Kuvertüre nehmen Sie eine Probe, indem Sie eine Palettenspitze in die Kuvertüre tauchen. Wie erkennen Sie
    - richtig temperierte Kuvertüre,
    - falsch temperierte Kuvertüre – zu warm oder nicht umgerührt.
13. Beim Überziehen der Pralinen erklären Sie
    - die ideale Raumtemperatur, die während der Pralinenherstellung herrschen soll.
    - die Temperatur, die die Pralinen selbst beim Überziehen haben sollen.
14. Nennen Sie die möglichen Ursachen folgender Kuvertürefehler:
    - Die Kuvertüre ist auf den Pralinen grau oder hat graue Streifen.
    - Es befinden sich Fingerabdrücke auf der Kuvertüre.
    - Die Kuvertüre auf den überzogenen Waren ist zu dick und hat ein mattes Aussehen oder gar einen Grauschimmer.
15. Beschreiben Sie das Gießen von Schokoladenhohlkörpern:
    - Temperatur der Formen
    - Gießen der Schokoladenhohlfiguren
    - Abkühlen zum Anziehen der Schokoladenhohlfiguren nach dem Gießen
    - Böden für die Schokoladenhohlfiguren
    - Erkennungsmerkmal, dass die Formen von Schokoladenhohlfiguren entnommen werden können

Pralinen

16. Aus welchen Bestandteilen bestehen Nugatmassen, die für Nugatpralinen verwendet werden?
17. Nennen Sie die Bestimmungen der Leitsätze für Ganache.
18. Beschreiben Sie die Herstellung von Ganache oder Trüffelmasse für Weinbrand-Trüffelpralinen.
19. Beschreiben Sie die Herstellung von Mandelsplitterpralinen.
20. Geben Sie die Frischhaltung der Pralinen an und erklären Sie, wie die Pralinen gelagert werden sollen, damit sie möglichst lange frisch bleiben.

LF 3.3

34

Speiseeis

Situation

Die Konditoren Ihres Betriebs nahmen an einer Fortbildung über Speiseeis teil. Die verschiedenen Speiseeissorten wurden mit den Mindestanforderungen, die in den Leitsätzen festgelegt sind, vorgestellt und Sie konnten die Eissorten probieren. Für das starke Eisgeschäft im Frühling erstellen Sie mit Ihren Kolleginnen und Kollegen Eisrezepte, die den Verbraucherwünschen entsprechen. Für das Café erstellen Sie eine neue Eiskarte mit Eisspezialitäten aus Sahneeis und mit verschiedenen Eisbechern.

- Welche Speiseeissorten gibt es und wie sind die Qualitätsbestimmungen der Leitsätze und die Bestimmungen für die Deklaration?
- Wie und mit welchen Zutaten wird Speiseeis hergestellt?
- Welche hygienischen Bestimmungen müssen beim Umgang mit Speiseeis beachtet werden?
- Wie wird Speiseeis verkauft?
- Welche bekannten Eisspezialitäten gibt es?
- Wie wird ein Fisbecher hergerichtet?

Ein findiger Zuckerbäcker aus Sizilien erzeugte im Jahre 1530 künstliche Kälte mit Salpeter. Speiseeis konnte nun mit geringem technischen Aufwand hergestellt werden. Bald waren italienische Gelatieri (Eishersteller) an den prunkvollen europäischen Fürstenhöfen tätig. Ihr guter Ruf der gehobenen Speiseeisherstellung ist bis heute geblieben.

Revolutioniert wurde die Eisherstellung durch die Erfindung der Kältemaschine 1851. Man konnte nun Speiseeis in größeren Mengen produzieren, was zum großen Durchbruch der Speiseeisherstellung führte.

Mit der Veröffentlichung der ersten deutschen Speiseeisverordnung 1933 wird der Begriff Speiseeis zu einer amtlichen Bezeichnung.

Speiseeis

Bestimmungen der Leitsätze

Was wird als Speiseeis bezeichnet?

Speiseeis ist eine Zubereitung verschiedener Zutaten, die

- in einem Gefrierprozess hergestellt,
- in gefrorenem Zustand in den Verkauf gebracht und
- in gefrorenem Zustand verzehrt wird.

34.1 Speiseeissorten

Bestimmungen der Leitsätze
- Speiseeis darf im Verkauf einfach als „Eis" bezeichnet werden, mit Ausnahme von Wassereis.
- Speiseeissorten mit den folgenden **Verkehrsbezeichnungen** müssen die beschriebenen Mindestanforderungen erfüllen.
  Die Prozentzahlen beziehen sich auf das Gewicht des gesamten Speiseeises.

1. **Cremeeis** enthält mindestens 50 % Vollmilch. Auf 1 l Milch müssen mindestens 270 g Vollei oder 90 g Eigelb zugegeben werden. Wasser wird nicht zugegeben.

2. **Milcheis** enthält mindestens 70 % Vollmilch. Statt Milch können auch Joghurt, Sauermilch, Buttermilch oder Kefir verwendet werden, z. B. bei Joghurteis.

3. **Fruchteis** enthält mindestens 20 % Früchte. Bei Fruchteis aus Zitrusfrüchten und anderen sauren Früchten mit einem Zitronensäuregehalt von mindestens 2,5 % beträgt der Fruchtanteil mindestens 10 %, z. B. bei Zitronen, Orangen, Maracujas, schwarzen Johannisbeeren.

4. **Frucht-Sorbet**, oder nur **Sorbet** genannt, enthält mindestens 25 % Früchte. Milch und Milchbestandteile dürfen in diesem Speiseeis nicht verwendet werden. Bei Frucht-Sorbets aus Zitrusfrüchten und anderen sauren Früchten mit einem Zitronensäuregehalt von mindestens 2,5 %, beträgt der Fruchtanteil mindestens 15 %, z. B. bei Zitronen, Orangen, Maracujas, schwarzen Johannisbeeren.

5. **Sahneeis**, auch **Rahmeis** genannt, und **Fürst-Pückler-Eis** enthält mindestens 18 % Milchfett aus der bei der Herstellung verwendeten Sahne (Rahm).

6. **Eiscreme** enthält mindestens 10 % Milchfett.

7. **Fruchteiscreme** enthält mindestens 8 % Milchfett und einen deutlich wahrnehmbaren Fruchtgeschmack.

8. **Wassereis** erfüllt nicht die Anforderungen der anderen Speiseeissorten und ist somit geringwertiges Eis.

Speiseeissorten in der Konditorei

Milcheis und Cremeeis sowie Fruchteis und Frucht-Sorbet sind die Eissorten der Konditorei. Sahneeis wird für Eistorten, Eisbomben und Eisdesserts im Konditorei-Café hergestellt. Überwiegend wird Milcheis in Konditoreien hergestellt, das die Verbraucher dem fetthaltigeren Cremeeis vorziehen.

Für Fruchteis darf Milch verarbeitet werden, in Frucht-Sorbet dürfen keine Milcherzeugnisse enthalten sein. Frucht-Sorbet ist für Menschen mit Laktoseintoleranz (Milchzuckerunverträglichkeit) geeignet.

Eiscreme und **Fruchteiscreme** sind Speiseeissorten, die von der Eisindustrie hergestellt werden.

Wassereis ist geringwertiges Speiseeis und findet im Fachbetrieb der Konditorei keine Verwendung.

Speiseeissorten in der Eistheke

Bestimmungen für die Deklaration (Kennzeichnung)

Bestimmungen der Leitsätze
- Speiseeis kann nach der Geschmacksrichtung benannt werden, z. B. Vanilleeis, Schokoladeneis, Nusseis; ausgenommen Wassereis.
- Bei Fruchteis, Frucht-Sorbet und Fruchteiscreme können die Früchte namengebend sein, z. B. Erdbeereis, Himbeer-Sorbet.
- Wird bei Milcheis statt Milch überwiegend Joghurt, Sauermilch oder Kefir verwendet, mit mindestens 3,5 % Milchfett wie Vollmilch, können die Milcherzeugnisse namengebend sein, z. B. Joghurteis, Sauermilch-Zitronen-Eis.
- Vanilleeis muss mit natürlicher Vanille hergestellt werden, da es im Namen das Gewürz bzw. Aroma enthält.
- Mit Vanillin (künstliches Aroma) hergestelltes Eis darf nicht als Vanilleeis bezeichnet werden. Es muss mit dem Zusatz „Eis mit Vanillegeschmack" deklariert werden.

LF 3.4

Gesetzliche Bestimmungen der Deklaration von Speiseeis

- Eis darf lose nur zum Verkauf angeboten werden, wenn die Speiseeissorte auf einem Schild oder einem Aushang neben dem Eisverkauf deutlich lesbar angegeben ist.
- Ist das Eis zum Verzehr im Café bestimmt, z. B. im Eisbecher, steht die Verkehrsbezeichnung zusätzlich auf der Speisekarte bzw. Eiskarte.

Softeis

Softeis ist keine eigenständige Speiseeissorte. Es bezeichnet nur die lockere und weiche Beschaffenheit dieses Speiseeises (soft = weich).

Softeis

Herstellung von Softeis

- Milcheispulver vom Handel (Convenience-Produkt) wird mit Wasser oder Milch angerührt und in die Softeismaschine gegossen.
- In der Softeismaschine wird der Eismix bei geringer Kälte von −4 bis −7 °C gekühlt und mit Luft aufgeschäumt, bei einer Volumenzunahme bis zu 80 %.

Aufgaben

1. Was versteht man nach den Bestimmungen der Leitsätze unter dem Begriff „Speiseeis"?
2. Nennen Sie die acht Speiseeissorten und deren Mindestanforderungen, die nach den Bestimmungen der Leitsätze festgelegt sind.
3. Erklären Sie, zu welcher Eissorte Joghurteis und Sauermilcheis gehören und wann dürfen sie als Joghurteis und Sauermilcheis bezeichnet werden?
4. Was schreiben die Leitsätze für Vanilleeis vor und welche Bestimmungen bestehen für dieses Eis mit Vanillin?
5. Nennen Sie den Unterschied von Fruchteis und Frucht-Sorbet außer dem Mindestfruchtgehalt und erklären Sie bei welcher Lebensmittelunverträglichkeit Frucht-Sorbet geeignet ist.
6. Beschreiben Sie, die gesetzlichen Bestimmungen für die Kennzeichnung beim Verkauf von Speiseeis im Laden und im Café.
7. Erklären Sie die Herstellung und Beschaffenheit von Softeis.
8. Überlegen Sie, welche Speiseeissorten in der Konditorei hergestellt und welche Speiseeissorten von der Eisindustrie angeboten werden. Nennen und bewerten Sie diese.

Rechenaufgaben

1. Nach den Leitsätzen enthält Cremeeis mindestens 50 % Milch. Auf 1 l Milch müssen mindestens 90 g Eigelb zugegeben werden.
   a) Für 5 l Cremeeis benötigt ein Konditor 4 000 g Eismix (die Zutaten des Eises) mit 3 650 ml Volumen. Ermitteln Sie die Volumenausbeute in g und % (runden).
   b) Berechnen Sie die vorgeschriebenen Mindestanteile an Milch und Eigelb für 4 kg Eismix.

2. 11,820 kg Cremeeis wird mit 7 050 g Milch und 960 g Eigelb hergestellt. Wie viel % Milch und wie viel % Eigelb sind enthalten? Ermitteln Sie, ob die Bestimmungen der Leitsätze erfüllt sind.

3. Milcheis enthält mindestens 70 % Vollmilch. 4 kg Eismix für Milcheis wird mit Magermilchpulver, das 0,3 % Milchfett enthält, hergestellt. Wie viel g Butter muss zugegeben werden, um den vorgeschriebenen Milchfettanteil zu erreichen?

LF 3.4

34.2 Zutaten im Speiseeis

Der Eismix

Der Eismix enthält alle Zutaten für ein Speiseeis. Die Zutaten werden abgewogen, zu einem flüssigen Eismix verrührt, der in der Eismaschine zu Speiseeis gefroren wird.

> **!**
>
> Der Eismix sollte aus ca. 65 % Wasser und 35 % trockenen Bestandteilen bestehen. Bei Fruchteis kann der Wasseranteil bis 67 % betragen.

Wasserhaltige Zutaten im Eis	Trockene Zutaten im Eis
• Milch und Sahne • Wasser, nur im Fruchteis • Fruchtmark (pürierte Früchte) und Fruchtsaft	• Zucker • Dextrose (Traubenzucker) oder Glukosesirup • Magermilchpulver • Eisbindemittel

Trockene Bestandteile

Zu den trockenen Bestandteilen gehören
• die trockenen Zutaten im Eis und
• die trockenen Inhaltsstoffe in den wasserhaltigen Zutaten, z. B.: Vollmilch enthält 13 % trockene Bestandteile wie Milchfett, -eiweiß, -zucker und Mineralstoffe. Schlagsahne enthält 30 % Milchfett und ca. 8 % Milcheiweiß, -zucker und Mineralstoffe. Fruchtmark enthält als trockene Bestandteile je nach Obstsorte 14 bis 16 % Fruchtzucker, Ballast-, Mineral- und Aromastoffe.

Bedeutung der trockenen Bestandteile im Eis

Die trockenen Bestandteile binden einen Teil des Wassers im Eismix. Es sind Quellstoffe, die beim Gefrieren in der Eismaschine Luft festhalten, sodass cremiges Eis mit zartem Schmelz entsteht und das Eisvolumen erhöht wird.

Bedeutung von Wasser im Eis

• Das Wasser löst die trockenen Zutaten im Eismix.
• Im Eismix muss ausreichend nicht gebundenes Wasser vorhanden sein, weil nur freies Wasser in der Eismaschine zu Kristallen gefroren werden kann. Das durch die trockenen Bestandteile gebundene Wasser kann nicht mehr so fest ausfrieren.

Je mehr Wasser im Eismix vorhanden ist, desto härter wird das Eis. Bei zu wenig Wasser, bleibt das Eis zu weich.

Technologische Bedeutung der Zutaten

Milch und Sahne

Das Milchfett der Milch und Sahne
• ist ein guter Geschmacksträger.
• gibt dem Eis eine cremige Beschaffenheit.
• ergibt ein lockeres Eis und erhöht das Eisvolumen, weil Fett die Luftaufnahme beim Gefrieren in der Eismaschine unterstützt.
4 bis 8 % Fett im Milcheis und Cremeeis ergibt beste Eisqualität.

Für Fruchteis wird keine Sahne und keine oder nur wenig Milch verwendet. Zu viel Milch würde den Fruchtgeschmack negativ beeinflussen. Außerdem würde das Eiweiß Kasein der Milch durch die Fruchtsäure gerinnen. Das Wasser im Fruchteis kann bis zur Hälfte durch Milch ersetzt werden. Dadurch wird das Eis etwas cremiger und nicht so hart.

Fruchtmark und Zitronensaft

Für Fruchteis wird Fruchtmark verwendet, dafür werden Früchte mit einem Mixstab zu einem Fruchtbrei püriert. In jeden Eismix für Fruchteis wird Zitronensaft gegeben, der den Fruchtgeschmack verstärkt und dem Eis eine erfrischende Wirkung gibt. Zitroneneis wird mit Zitronensaft hergestellt.

Zucker

Der Zucker süßt und bindet den größten Anteil des Wassers im Eis. Es ist der hauptsächliche Anteil der trockenen Bestandteile.
Ideal ist ein Gesamtzuckergehalt im Eis, inklusive Dextrose bzw. Glukosesirup, von 15 bis 18 %, bei Fruchteis bis 24 %.

Bei zu niedrigem Zuckeranteil wird zu wenig Wasser gebunden, sodass durch den hohen Anteil an freiem Wasser das Eis zu hart wird.
Bei zu hohem Zuckeranteil wird zu viel Wasser gebunden, sodass zu wenig freies Wasser zum Gefrieren übrig bleibt, das Eis bleibt zu weich. Außerdem macht ein zu hoher Zuckergehalt das Eis zu süß.

Dextrose (Traubenzucker) oder Glukosesirup

Der Anteil des Zuckers im Eismix kann bis höchstens 25 % durch Dextrose oder Glukosesirup ersetzt werden. Dextrose hat ca. 30 % und Glukosesirup ca. 50 % weniger Süßkraft als Zucker. Durch die Zugabe von Dextrose oder Glukosesirup schmeckt deshalb das Eis nicht so süß. Diese Zuckerarten binden jedoch genauso das Wasser wie Zucker.

LF 3.4

Dextrose (Traubenzucker), Glukosesirup

Dextrose **senkt** den **Gefrierpunkt** des Eismixes. Deshalb sollte nicht zu viel davon verwendet werden, sonst friert das Eis nicht ausreichend und bleibt zu weich.

Dextrose und Glukosesirup entsteht durch Kochen von Maisstärke, die dabei zu Traubenzucker abgebaut wird. Nach dem Trocknen entsteht pulverförmige Dextrose. Glukosesirup ist ein zäher Sirup aus 80 % Traubenzucker und 20 % Wasser.

Magermilchpulver

Magermilchpulver enthält ca. 46 % Milcheiweiß. Milcheiweiß ist ein starker Quellstoff, der Wasser bindet und beim Gefrieren Luft aufnehmen kann. Somit wird das Eis lockerer sowie cremig und erhält ein größeres Volumen. Speiseeis sollte ca. 3 % Magermilchpulver enthalten.

Es kann auch Vollmilchpulver verwendet werden, aber das enthält wesentlich weniger Milcheiweiß, jedoch ca. 26 % Fett.

Eisbindemittel

Eisbindemittel sind Bindemittel, die im Eismix quellen und dabei Wasser binden.

Bindemittel, die sich für Speiseeis eignen:

- Johannisbrotkernmehl
- Guarkernmehl
- Tragant
- Pektine
- Carrageen
- Agar-Agar
- Gelatine

Die im Handel angebotenen Eisbindemittel sind eine Mischung mehrerer Bindemittel mit Quellstoffen. Eisbindemittel enthalten meistens Johannisbrotkernmehl und Guarkernmehl mit Dextrose und Magermilchpulver. Die

Mischungen von Eisbindemitteln erleichtern das Abwiegen. Es können beispielsweise 50 g der Mischung leichter gewogen werden als 2 bis 3 g reine Bindemittel.

Speziell für Fruchteis und Frucht-Sorbet wird ein Eisbindemittel mit wenig Magermilchpulver verwendet. Bei zu viel Magermilchpulver kann der hohe Eiweißgehalt durch die Fruchtsäuren gerinnen, was den Geschmack und die cremige Beschaffenheit des Eises negativ beeinflusst.

Im gesamten Eismix sollen ca. 3 % Eisbindemittel (Mischung) enthalten sein. Zu viel Eisbindemittel ergibt leicht zähes Speiseeis.

Eier

- Das Eiweiß der Eier ist ein Quellstoff, der Wasser bindet.
- Das Lezithin im Eigelb emulgiert Fett und Wasser.

Durch diese Inhaltsstoffe der Eier wird das Eis cremiger und lockerer.

Bei hoher Eierzugabe wird das Eis durch das Eigelb, das 32 % Fett enthält, besonders fettreich.

Bei Milcheis wird deshalb

Eisbindemittel, Magermilchpulver, Eier und Alkohol

meistens auf Eier verzichtet, weil viele Verbraucher leichtes, nicht zu fettiges Eis wünschen. Außerdem wird die Salmonellengefahr durch den Verzicht auf Eier ausgeschaltet.

Cremeeis schreibt einen hohen Mindestanteil an Eiern vor. Um der Salmonellengefahr vorzubeugen, werden frische Eier oder pasteurisierte Eier aus dem Tetrapack verwendet. Außerdem wird der Eismix für Cremeeis pasteurisiert.

Fruchteis wird ohne Eier hergestellt, weil kein Fett durch Sahne und Milch enthalten ist und so die emulgierende Wirkung von Lezithin nicht benötigt wird.

Alkohol

Alkohol kann für bestimmte Eissorten zur Geschmacksverbesserung zugegeben werden. Es sollte jedoch nur eine geringe Menge hochprozentiger Alkohol verwendet werden, weil Alkohol den Gefrierpunkt senkt, das Eis somit nicht richtig fest gefriert und etwas zu weich bleibt. Deshalb wird der Alkohol erst in das fast fertig gefrorene Eis in die Eismaschine gegeben.

Rezeptbeispiele von Speiseeis und deren Zusammensetzung

Grundrezept für Milcheis		Anteil im Eismix	Wasseranteil	Trockene Bestandteile
1000 g	Milch	65,1 %	870 g	130 g
200 g	Schlagsahne	13 %	130 g	70 g
200 g	Zucker	13 %		200 g
40 g	Dextrose	2,6 %		40 g
50 g	Magermilchpulver	3,3 %		50 g
45 g	Eisbindemittel	3 %		45 g
1535 g	Eismix		1000 g	535 g
	100 %	100 %	65 %	35 %

Durch die geschmackgebenden Zutaten, die in das Grundrezept für Milcheis gegeben werden, erhöht sich der Anteil der trockenen Bestandteile etwas. Geschmackgebende Zutaten sind z.B. Kakaopulver für Schokoladeneis oder Eierlikör-, Nuss-, Cappuccinopaste u.a.

Cremeeis enthält im Gegensatz zum Milcheis in der Rezeptur zusätzlich 140 g Eigelb (7 Stück) auf 1 l Milch. Durch den hohen Eigelbanteil besitzt Cremeeis etwas mehr trockene Bestandteile als Milcheis.

Grundrezept für Fruchteis – Erdbeereis		Anteil im Eismix	Wasseranteil	Trockene Bestandteile
700 g	Wasser	38,3 %	700 g	
300 g	Milch		261 g	39 g
500 g	Zucker	19,1 %		500 g
80 g	Dextrose	3,1 %		80 g
45 g	Magermilchpulver	1,7 %		45 g
90 g	Eisbindemittel	3,4 %		90 g
850 g	Erdbeermark	32,5 %	725 g	125 g
50 g	Zitronensaft	1,9 %	44 g	6 g
2615 g	Eismix		1730 g	885 g
	100 %	100 %	66 %	34 %

Die meisten Obstsorten besitzen ca. 85 % Wasser. Bei wasserärmerem Obst, wie z.B. Bananen und Aprikosen, beträgt der Wasseranteil ca. 75 %. Deshalb wird bei diesem Fruchteis der Wasseranteil erhöht.

Fehler entstehen bei falschem Verhältnis von Wasser zu trockenen Bestandteilen im Eis.

Speiseeisfehler	Ursachen
Das Speiseeis bleibt nach dem Gefrieren zu weich.	**Zu hoher Anteil trockener Bestandteile = zu wenig Wasser im Eismix** • Bei zu vielen trockenen Bestandteilen wird im Eismix zu viel Wasser gebunden. • Es steht zu wenig freies Wasser zum Gefrieren zur Verfügung, sodass das Speiseeis zu weich bleibt.
Das Speiseeis ist bei richtiger Gefrierzeit nach dem Gefrieren zu hart.	• Zu geringer Anteil trockener Bestandteile = zu viel Wasser im Eismix • Ist der Anteil an trockenen Bestandteilen zu gering, wird im Eismix zu wenig Wasser gebunden. • Es bleibt zu viel freies Wasser übrig, das in der Eismaschine gefriert und so zu hartes Speiseeis entsteht.

Aufgaben

1 Erklären Sie den Begriff „Eismix".
2 Wie viel % Wasser und wie viel % trockene Bestandteile sollen im Eismix enthalten sein?
3 Nennen Sie die wasserhaltigen und die trockenen Zutaten für Speiseeis.
4 Erklären Sie die Bedeutung
   • von Wasser im Eis,
   • der trockenen Zutaten im Eis.
5 Welche Bedeutung hat eine gewisse Menge Fett aus Milch und Schlagsahne für das Speiseeis?
6 Beschreiben Sie die Bedeutung von Zucker im Eis.
7 Erläutern Sie, warum Dextrose oder Glukosesirup in den Eismix gegeben wird.
8 Erklären Sie die Wirkung von Magermilchpulver im Eismix.
9 Nennen Sie die Bestandteile der Mischung, aus der Eisbindemittel bestehen.

LF 3.4

10 Warum soll in Speiseeis nicht zu viel hochprozentiger Alkohol gegeben werden und warum wird der Alkohol erst dem fast fertig gefrorenen Eis in der Eismaschine beigemischt?

11 Erklären Sie, welche Speiseeisfehler bei folgenden Ursachen entstehen:
- zu hoher Anteil trockener Bestandteile
- zu geringer Anteil trockener Bestandteile

12 Stellen Sie Vanilleeis als Milcheis und als Cremeeis her. Beurteilen Sie die Eissorten und stellen Sie jeweils die Vor- und Nachteile heraus.

Rechenaufgaben

1 Milcheis hat eine Volumenausbeute von 145.
   a) Wie viel g Eismix werden für eine 5 l fassende Speiseeisschale, die eben gefüllt wird, benötigt?
   b) Berechnen Sie die Anteile der verwendeten Hauptrohstoffe im Eismix in g:
      Milch: 66 %, Schlagsahne: 13 %,
      Zucker und Dextrose: 15 %,
      Magermilchpulver und Eisbindemittel: 6 %.

2 Wie viel l Quarkeis erhält man aus 4 100 g Eismix, wenn beim Gefrieren 27 % Volumenausbeute entsteht?

34.3 Herstellung von Speiseeis

Warme Eisherstellung

Alle Zutaten werden mit einem Mixstab zu einem glatten Eismix verrührt. In einem Pasteurisiergerät wird der Eismix durch Erhitzen pasteurisiert, damit die Mikroorganismen absterben. Nur die widerstandsfähigen Sporen der Mikroorgansimen überleben. Sofort nach dem Pasteurisieren wird der Eismix besonders schnell auf +4 °C abgekühlt. Da die Sporen der Mikroorganismen bei Wärme wieder aktiv werden und sich vor allem bei 20 bis 50 °C stark vermehren, muss dieser Temperaturbereich möglichst schnell unterschritten werden. Bei kalter Temperatur von ca. 4 °C sind die Mikroorganismen kaum vermehrungsfähig.

Cremeeis wird wegen des hohen Eieranteils grundsätzlich warm hergestellt. Aber auch Milcheis warm hergestellt, ergibt eine besonders gute Eisqualität.

Im Pasteurisiergerät laufen alle folglich beschriebenen Vorgänge automatisch ab. Es wird die Temperatur und Zeit zum Pasteurisieren programmiert und das Abkühlen erfolgt durch starke Kältemaschinen im Gerät.

Pasteurisieren

Die trockenen Bestandteile mit der Milch und Sahne verrühren. Den Eismix in einem Pasteurisiergerät pasteurisieren, wobei ein Rührwerk den Eismix ständig verrührt.

- **Langzeiterhitzung beim Pasteurisieren**
  Der Eismix wird auf 65 °C erhitzt und diese Temperatur wird dann 30 Minuten lang gehalten. Bei dieser Methode verändern sich die Eiweiße nicht, weil diese erst bei ca. 70 °C gerinnen.

- **Kurzzeiterhitzung beim Pasteurisieren**
  Der Eismix wird auf 85 °C erhitzt. Nur 4 Sekunden muss diese Temperatur gehalten werden.

Abkühlen

Sofort nach dem Pasteurisieren schaltet das Pasteurisiergerät auf den Kühlvorgang um. Der Eismix wird schnell auf +4 °C abgekühlt, da sich bei dieser kalten Temperatur die Mikroorganismen unwesentlich vermehren.

Reifen

Den abgekühlten Eismix mindestens sechs Stunden zum Reifen stehen lassen. Er kann höchstens bis zu 72 Stunden stehen gelassen werden und ist in dieser Zeit immer verarbeitungsfähig. Die trockenen Bestandteile haben genügend Zeit zum Quellen und binden dabei ausreichend Wasser. Dadurch entsteht ein homogener, etwas dickflüssiger Eismix. Nach der Reifezeit erfolgt die Eisherstellung in der Eismaschine.

Kalte Eisherstellung

Bei der kalten Eisherstellung werden die trockenen Bestandteile mit kaltem Wasser bzw. kalter Milch zu einem Eismix verrührt.
Die kalte Eisherstellung ergibt wegen der kurzen Quellzeit des Eismixes weniger Eisvolumen als bei warmer Herstellung.

Fruchteis wird grundsätzlich kalt hergestellt. Beim Erhitzen des Eismixes würden Geschmacksstoffe der Früchte verloren gehen und die Früchte würden blass werden.

LF 3.4

Milcheis kann kalt und warm hergestellt werden. Bei der kalten Herstellung von Milcheis entfällt das Pasteurisieren des Eismixes. Deshalb wird keimfreie H-Milch und H-Sahne verwendet und wegen der Salmonellengefahr werden keine Eier zugegeben.

Eismix kalt herstellen

- Die trockenen Bestandteile wie Zucker, Dextrose, Magermilchpulver und Eisbindemittel werden vermischt und mit ca. 20 % des Wassers bzw. der Milch angerührt, damit sich keine Klumpen bilden.
- In die glatte, angerührte Masse die restliche Flüssigkeit und den Geschmacksstoff einrühren. Die Zutaten mit einem Mixstab (Pürierstab) ca. zwei Minuten zu einem glatten Eismix verrühren. Dabei lösen sich die trockenen Bestandteile im Wasser bzw. in der Milch, sodass ein homogener Eismix entsteht.
- Den Eismix im Kühlschrank bzw. Kühlraum 10 bis 20 Minuten reifen lassen, bis er dickflüssiger ist.
- Nach der Quellzeit wird der Eismix in der Eismaschine zu Speiseeis gefroren.

Gefriervorgang in der Eismaschine

Die Eismaschine besteht aus

- einer Gefriertrommel aus Edelstahl, die an der Außenwand stark gekühlt wird und
- einem Rührwerk mit Spateln.

Bei der Eisherstellung rotiert die Gefriertrommel und das Rührwerk dreht sich. Der Eismix wird also durch Kälte mittels Bewegung zu Eis gefroren.

Gefriertrommel der Eismaschine

Eismaschine

Gefrieren von Speiseeis

Der flüssige Eismix wird durch das Rührwerk an die rotierende, stark gefrierende Trommelwand befördert, wo eine dünne Schicht anfriert. Die Spateln schaben den leicht gefrorenen Eismix wieder ab und vermischen es mit dem übrigen Eismix. Dabei wird Luft in das Eis eingeschlagen. Durch die ständige Bewegung des Eismixes und dem schnellen Gefrieren an der Trommelwand bilden sich kleine Eiskristalle, was den zarten, sämigen Schmelz von Speiseeis ergibt.

Beim Gefrieren ohne Bewegung würde der Eismix langsam von außen nach innen gefrieren. Dabei würden große Eiskristalle entstehen, die das Eis hart machen und beim Verzehr unangenehm wirken.

Luftaufnahme beim Gefrieren

Durch das schnelle Rühren des Eismixes während des Gefrierens, wird Luft in das Eis eingeschlagen, die als kleine Luftbläschen festgehalten werden. Das Eis wird somit locker und bekommt ein größeres Volumen. Durch den Lufteinschlag beim Gefrieren entsteht ein cremiges Eis mit zartem Schmelz auf der Zunge. Außerdem wird durch die Luftbläschen das Eis beim Verzehr als etwas wärmer empfunden.

Durch die Luftaufnahme erhöht sich das Volumen des Eises in den Eismaschinen der Konditorei um 30 bis 50 %. 1 kg flüssiger Eismix ergibt ca. 1,300 l bis 1,500 l fertiges Speiseeis.

Die Zutaten werden für einen Eismix abgewogen. Deshalb wird beim flüssigen Eismix das Gewicht in g oder kg angegeben. Da sich das Volumen in der Eismaschine durch die Luftaufnahme erhöht, wird die Menge des fertigen Eises in ml oder l angegeben.

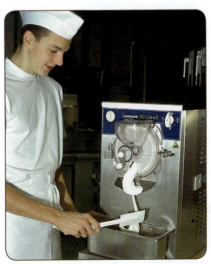

Entnahme von Speiseeis aus der Eismaschine

Speiseeisfehler

Speiseeisfehler	Ursachen
Das Eis wird beim Gefrieren in der Eismaschine nicht ausreichend fest. Es bleibt zu weich.	• Das Eis enthält zu viele trockene Bestandteile; sodass zu wenig Wasser zum Gefrieren zur Verfügung steht. • Das Eis wurde in der Eismaschine zu kurz gefroren. • Der Eismix enthält zu viel Zucker oder zu viel Alkohol.
Das Eis ist zu hart und zu kalt.	• Das Eis enthält zu wenig trockene Bestandteile. Es bleibt zu viel freies Wasser, das hart gefriert. • Das Eis wurde in der Eismaschine zu lange gefroren.
Das Eis schmeckt zu süß.	• Der Zuckeranteil im Eismix ist zu hoch. • Es wurde keine oder zu wenig Dextrose bzw. Glukosesirup verwendet, die bzw. der einen Teil des Zuckers ersetzt.
Milcheis und Cremeeis ist zu fest. Es fehlt die cremige und lockere Beschaffenheit.	Der Eismix enthält zu wenig Sahne und/oder Magermilchpulver. Das Fett der Sahne und die Eiweiße des Magermilchpulvers halten die Luftbläschen beim Gefrieren des Eises fest.
Das Eis ist leicht zäh.	Das Eis enthält zu viele Eisbindemittel.
Die Oberfläche des Eises in der Eisschale ist über Nacht ausgetrocknet.	Das Eis wurde nicht mit Pergamentpapier oder Folie abgedeckt.
Es befinden sich große Eiskristalle auf der Oberfläche des Eises in der Eisschale.	Schwankende Temperatur in der Eistheke über −10 °C. Das Wasser des Eisportionierers wurde beim Herausnehmen aus der Portionierspüle nicht abgeklopft und tröpfelte so auf das Speiseeis.

Zu weiches Speiseeis

Fertig gefrorenes Speiseeis

Das Speiseeis ist fertig gefroren, wenn es fest und cremig ausgefroren ist. Die optimale Gefrierzeit wird an der Eismaschine eingestellt.

Zu lange gefrorenes Eis ist zu hart und zu kalt, es fehlt der cremige Schmelz.

Zu kurz gefrorenes Eis ist zu weich und tropft schnell nach dem Portionieren.

Das fertig gefrorene Speiseeis wird aus der Eismaschine in gekühlte Edelstahlschalen gefüllt. Diese müssen im Froster oder in der Eistheke vorgekühlt werden, damit das Eis nicht an der Schalenwand zu schmelzen beginnt und so unangenehm große Eiskristalle entstehen.

Milcheis

Milcheis ist ein cremiges Speiseeis, das wegen des geringen Fettgehalts gut bekömmlich ist. Deshalb bevorzugen die meisten Verbraucher das Milcheis gegenüber dem geschmacksintensiven, aber üppigen Cremeeis. In der Konditorei wird also überwiegend Milcheis hergestellt.

Milcheis

Hochwertiges Milcheis wird mit der warmen Eisherstellung im Pasteurisiergerät erzielt. Es ist aber auch die kalte Herstellung möglich, bei der keimfreie H-Milch und H-Sahne verwendet wird.

In den Eistheken befinden sich üblicherweise Edelstahlschalen mit 5 l Volumen. Zum Füllen werden knapp 4 kg Eismix benötigt, das ca. 5,500 l Eisvolumen ergibt. Zur schöneren Präsentation kann so das Eis über den Rand der Eisbehälter gefüllt und nach oben dekoriert werden → Seite 590.

Rezeptbeispiel: Grundeismix für Milcheis	
Basisrezept mit 1 l Milch	**Rezept für eine Eisschale der Eistheke von 5 l Eisvolumen**
1000 g Milch	2500 g Milch
200 g Schlagsahne	500 g Schlagsahne
200 g Zucker	500 g Zucker
40 g Dextrose	100 g Dextrose
50 g Magermilch-pulver	130 g Magermilch-pulver
45 g Eisbindemittel	120 g Eisbindemittel
1535 g Eismix	**3850 g Eismix**

Beispiele an geschmackgebenden Zutaten für das Basisrezept mit 1 l Milch

Vanilleeis:	40 g Vanillepaste oder 1 Vanilleschote
Schokoladeneis:	70 g Kakaopulver
	Kuvertüre eignet sich nicht so gut, da sie Zucker enthält. Auch der hohe Kakaobutteranteil ist nicht notwendig.
Haselnusseis:	80 g Haselnusspaste
Walnusseis:	80 g Walnusspaste
Eierliköreis:	60 g Eierlikörpaste
Mokka- oder Cappuccinoeis:	50 g wasserlöslicher Kaffee oder 50 g Mokka- oder Cappuccinopaste
Stracciatellaeis:	150 g Schokolade
	Die flüssige Schokolade wird dem gefrorenen Eis kurz vor der Entnahme aus der Eismaschine zugegeben, die sofort zu kleinen Schokoladenplättchen gefriert.

Milcheis mit Milcherzeugnissen

Milcheis mit Milcherzeugnissen wie Joghurt, Quark, Buttermilch, Sauermilch und Kefir ist wegen seiner erfrischenden Wirkung besonders beliebt. All diese Sorten können mit Fruchtmark oder Zitronensaft hergestellt werden, z.B. Zitronen-Buttermilch-Eis oder Joghurt-Kirsch-Eis. Fruchtmark kann auch marmoriert in das Eis gegeben werden, wobei die kräftige Farbe des Fruchtmarks im weißen Eis einen schönen Farbkontrast ergibt.

Geschmackgebende Zutaten für Milcheis: Aromapasten, Kakaopulver, Vanilleschoten

Milcheis bei kalter Eisherstellung

Joghurteis, Sauermilcheis, Buttermilcheis und Quarkeis werden mit der kalten Herstellungsmethode hergestellt. Beim Erhitzen während des Pasteurisierens würden die Eiweiße dieser Milcherzeugnisse gerinnen. Dies würde kleine Klümpchen im Eis ergeben.

Marmoriertes Eis

Marmoriertes Eis gibt es hauptsächlich bei Joghurteis, Sauermilcheis, Buttermilcheis und Quarkeis. Das Fruchtmark in das fertig gefrorene Eis langsam einlaufen lassen, sodass es sich nur leicht vermischt und somit farblich marmorierte Streifen im weißen Eis sichtbar sind.

Marmoriertes Joghurteis

LF 3.4

Rezeptbeispiel: Joghurteis

1000 g	Naturjoghurt, 3,5 % Fett
300 g	Milch
150 g	Schlagsahne
300 g	Zucker
60 g	Dextrose
50 g	Magermilchpulver
60 g	Eisbindemittel
40 g	Zitronensaft
1960 g	**Eismix**

- Zucker, Dextrose, Magermilchpulver und Eisbindemittel vermischen.
- Milch und Schlagsahne in die trockenen Bestandteile geben und glatt rühren.
- Den Joghurt mit dem Zitronensaft zugeben und mit einem Mixstab ca. 2 Minuten zu einem homogenen Eismix verrühren.
- Den Eismix ca. 10 Minuten in der Kühlung reifen lassen und dann in die Eismaschine geben und zu Eis gefrieren.

Joghurteis mit Fruchtmark

200 g Fruchtmark (pürierte Früchte), z. B. Heidelbeer-, Kirsch-, Blutorangenmark; Kirschmark mit Amarena-likör

Das doppelte Rezept ergibt das Eis für eine Eisschale von 5 l Volumen.

Rezeptbeispiel: Buttermilcheis für eine Eisschale von 5 l Volumen

1300 g	Milch
200 g	Schlagsahne
1500 g	Buttermilch
650 g	Zucker
120 g	Dextrose
100 g	Magermilchpulver
120 g	Eisbindemittel
50 g	Zitronensaft
4040 g	**Eismix**

- Zucker, Dextrose, Magermilchpulver und Eisbindemittel vermischen.
- Milch, Schlagsahne, Buttermilch und Zitronensaft mit den trockenen Zutaten klumpenfrei verrühren.
- Den Eismix mit einem Mixstab ca. 2 Minuten glatt verrühren.
- Den Eismix ca. 10 Minuten reifen lassen und dann in die Eismaschine geben und zu Eis gefrieren.

Eissorten mit besonderen geschmackgebenden Zutaten

Zu den besonderen Eissorten zählt z. B. Piña Colada mit Kokosnussmilch und Ananas.

Rezeptbeispiel: Quarkeis für eine Eisschale von 5 l Volumen

1000 g	Milch
2000 g	Speisequark
650 g	Zucker
120 g	Dextrose oder Glukosesirup
100 g	Magermilchpulver
120 g	Eisbindemittel
80 g	Zitronensaft
4070 g	**Eismix**

- Zucker, Dextrose, Magermilchpulver und Eisbindemittel vermischen.
- Die Milch mit den trockenen Zutaten klumpenfrei verrühren.
- Den Quark und Zitronensaft zugeben und mit dem Mixstab ca. 2 Minuten zu einem glatten Eismix verrühren.
- Den Eismix ca. 10 Minuten reifen lassen und dann in die Eismaschine geben und zu Eis gefrieren.

Rezeptbeispiel: Piña Colada

1000 g	Milch
100 g	Schlagsahne
270 g	Zucker
45 g	Dextrose
60 g	Magermilchpulver
50 g	Eisbindemittel
200 g	Kokosnussmilch
100 g	Ananas (Dosenfrüchte)
10 g	weißer Rum
1825 g	**Eismix**

- Milch, Schlagsahne, Kokosnussmilch und Ananasstückchen mit dem Mixstab pürieren.
- Alle Zutaten zusammen mit einem Mixstab zu einem glatten Eismix verrühren und im Pasteurisiergerät erhitzen und abkühlen. Auch eine kalte Herstellung ist möglich.
- Den abgekühlten Eismix mindestens 6 Stunden lang im Kühlschrank bzw. Kühlraum reifen lassen.
- Den Eismix nach der Reifezeit in die Eismaschine geben und zu Eis gefrieren.

LF 3.4

Für Buttermilcheis und Quarkeis mit Früchten lässt man in das fertige Eis der jeweiligen Rezeptur 400 g Fruchtmark einlaufen, sodass marmoriertes Eis entsteht.

Cremeeis

Cremeeis ist das klassische Speiseeis der Konditorei, mit hohem Eigelbanteil. Es ist ein gehaltvolles Eis mit besonders intensivem Geschmack. Deshalb wird es häufig in der Patisserie als Nachspeise gereicht. Im Konditoreiverkauf ist meistens das fettarme, cremige Milcheis üblich.

Cremeeis wird wegen des enthaltenen Eieranteils grundsätzlich warm hergestellt.

Rezeptbeispiel: Grundeismix für Cremeeis	
Basisrezept mit 1 l Milch	**Rezept für 5 l Eisvolumen**
1000 g Milch	2350 g Milch
150 g Schlagsahne	350 g Schlagsahne
140 g Eigelb (7 Stück)	320 g Eigelb (16 Stück)
250 g Zucker	580 g Zucker
40 g Dextrose oder Glukosesirup	120 g Dextrose oder Glukosesirup
50 g Magermilchpulver	120 g Magermilchpulver
45 g Eisbindemittel	100 g Eisbindemittel
1685 g Eismix	**3940 g Eismix**

Die Mengen der Geschmacksstoffe für die verschiedenen Eissorten sind wie beim Milcheis (→ Seite 585).

Fruchteis und Frucht-Sorbet

Für Fruchteis und Frucht-Sorbet wird als Flüssigkeit Wasser verwendet. Bei Fruchteis kann jedoch das Wasser bis zur Hälfte durch Milch ersetzt werden, damit es durch den geringen Anteil an Milchfett und Milcheiweiß eine

Fruchteis

etwas cremigere, nicht zu harte Konsistenz erhält. Zu viel Milch oder gar Sahne nehmen dem Fruchteis durch den Fettgehalt die fruchtige und erfrischende Wirkung.

Der Anteil von Magermilchpulver sollte beim Fruchteis gering sein, ca. 1,5 % vom Gesamtgewicht des Eismixes. Der hohe Eiweißgehalt des Magermilchpulvers kann durch die Fruchtsäure gerinnen und so können sich kleine Klümpchen im Eis bilden.

Mit einem Fruchtanteil von 30 bis 35 % erzielt man die beste Fruchteisqualität. Der Mindestfruchtanteil von Fruchteis beträgt 20 %, von Frucht-Sorbet 25 %.

In den Eismix für Fruchteis grundsätzlich Zitronensaft zugeben. Die Zitronensäure gibt einen leicht säuerlichen, erfrischenden Geschmack und hebt den Fruchtgeschmack deutlich hervor. Auch das Braunwerden (Oxidieren) von Früchten wird durch die Säure verhindert, z. B. bei Bananen und Ananas.

> **!**
>
> Für Frucht-Sorbet dürfen nach den Bestimmungen der Leitsätze keine Milch und andere Milcherzeugnisse verarbeitet werden. Dieses Eis kann deshalb Menschen mit Laktoseintoleranz empfohlen werden.

Das durch den hohen Wasseranteil beim Verzehr gefühlt kältere Eis und der fruchtige Geschmack geben dem Fruchteis eine besonders erfrischende Wirkung. Deshalb wird dieses Eis bevorzugt an warmen Tagen gewünscht.

Herstellung

Fruchteis und Frucht-Sorbet werden grundsätzlich mit der kalten Methode hergestellt. Die Früchte würden beim Erhitzen Geschmacksverluste erleiden und die natürliche Fruchtfarbe würde verblassen. Außerdem erübrigt sich das Pasteurisieren, da Wasser nach der Trinkwasserverordnung frei von Krankheitserregern ist und für Fruchteis keine salmonellengefährdenden Eier verwendet werden.

Rezeptbeispiel: Erdbeereis	
700 g Wasser	• Zucker, Dextrose, Magermilchpulver und Eisbindemittel vermischen.
300 g Milch	
500 g Zucker	
80 g Dextrose	
45 g Magermilchpulver	• Wasser, Milch, Erdbeermark und Zitronensaft mit den trockenen Zutaten klumpenfrei verrühren.
90 g Eisbindemittel für Fruchteis	
850 g Erdbeermark	• Den Eismix mit einem Mixstab ca. 2 Minuten glatt rühren.
50 g Zitronensaft	
2615 g Eismix	• Den Eismix ca. 10 Minuten reifen lassen und dann in die Eismaschine geben und zu Eis gefrieren.
Statt Milch können insgesamt 1000 g Wasser verwendet werden.	

Bei den meisten Fruchteissorten ist die Rezeptur gleich dem Erdbeereis, jedoch mit Zugabe des Fruchtmarks der im Eis benannten Frucht, z. B. Himbeereis, Kirscheis, Heidelbeereis, Waldbeereis, Kiwieis.

LF 3.4

Rezeptbeispiel: Zitroneneis

1000 g	Wasser
400 g	Zucker
50 g	Dextrose
40 g	Magermilch-pulver
50 g	Eisbindemittel für Fruchteis
300 g	Zitronensaft
1840 g	**Eismix**

- Zucker, Dextrose, Magermilchpulver und Eisbindemittel vermischen.
- Wasser und Zitronensaft mit den trockenen Zutaten klumpenfrei verrühren.
- Den Eismix mit einem Mixstab ca. 2 Minuten glatt rühren.
- Den Eismix ca. 10 Minuten reifen lassen und dann in die Eismaschine geben und zu Eis gefrieren.

Früchte für das Fruchteis

Der optimale Fruchtgeschmack kann nur erzielt werden mit
- frischen und reifen Früchten oder
- tiefgefrorenen Früchten.

Frische Früchte vor der Verarbeitung stets sorgfältig waschen und reinigen, um gesundheitsschädliche Mikroorganismen zu vermeiden.

Frische und reife Früchte

Verarbeitung tiefgefrorener Früchte

Tiefgefrorene Früchte am Tag zuvor aus dem Froster nehmen und mit ca. 10 % des Zuckers von der Rezeptur des Eismixes mischen. Die gezuckerten Früchte in einen Behälter geben, abdecken und im Kühlschrank bzw. Kühlraum bis zum folgenden Tag auftauen lassen. Diese Auftaumethode fördert den Geschmack und verschönert die Farbe der Früchte.

Schnelles Auftauen im Ofen oder Mikrowellengerät schadet dem Geschmack der Früchte.

LF 3.4

Aufgaben

1. Erklären Sie die Vorgänge im Pasteurisiergerät bei der warmen Eisherstellung.
2. Beschreiben Sie das Pasteurisieren von Eis
   - bei der Kurzzeiterhitzung,
   - bei der Langzeiterhitzung.
3. Erläutern Sie, welche Bedeutung das Reifen eines Eismixes vor der Eisherstellung in der Eismaschine hat.
4. Erklären Sie die kalte Eisherstellung und geben Sie an, welche Milch und welche Schlagsahne für Milcheis verwendet wird.
5. Beschreiben Sie das Gefrieren von Speiseeis in der Eismaschine.
6. Wie entsteht lockeres Eis, bei dem sich das Eisvolumen erhöht?
7. Mit welcher Maßeinheit werden der Eismix und das Eisvolumen angegeben?
8. Geben Sie die möglichen Ursachen folgender Speiseeisfehler an:
   - Das Eis wird beim Gefrieren in der Eismaschine nicht ausreichend fest. Es bleibt zu weich.
   - Das Eis ist zu hart und zu kalt.
   - Das Eis schmeckt zu süß.
   - Milcheis und Cremeeis ist zu fest. Es fehlt die cremige und lockere Beschaffenheit.
   - Das Eis ist leicht zäh.
   - Die Oberfläche des Eises in der Eisschale ist über Nacht ausgetrocknet.
   - Es befinden sich große Eiskristalle auf der Oberfläche des Eises in der Eisschale.
9. Erstellen Sie ein Basisrezept für Milcheis und geben Sie einige geschmacksgebende Zutaten an.
10. Erklären Sie, wie marmoriertes Eis hergestellt wird, z. B. Joghurt-Kirscheis.
11. Erstellen Sie ein Rezept für Fruchteis, z. B. Erdbeereis und beschreiben Sie die Herstellung.
12. Welche Früchte erzielen den optimalen Fruchtgeschmack im Fruchteis?
13. Wie sollten tiefgefrorene Früchte behandelt werden, bevor sie in den Eismix gegeben werden?
14. Stellen Sie Fruchteis mit frischen Früchten, mit tiefgefrorenen Früchten und mit Dosenfrüchten her. Beurteilen Sie das Eis mit den unterschiedlichen Früchten.

34.4 Verkauf von Speiseeis

Verkauf von Speiseeis

Größe des Eisportionierers

Verschieden große Eisportionierer

Die Größe des Eisportionierers bestimmt die Größe der Eiskugel. Sie ist abhängig vom Verkaufspreis. Übliche Größen sind ⅟₂₀ bis ⅟₅₀, bezogen auf 1000 ml Speiseeis.

Beispiel des Portionierens mit einem ⅟₂₄-Eisportionierer: Wird ⅟₂₄-Portionierer mit Speiseeis gefüllt und glatt abgestreift, lassen sich 24 Kugeln aus einem Liter Speiseeis portionieren. Da in der Praxis großzügig portioniert wird, erhält man jedoch nur 18 bis 20 Eiskugeln. Das Abstreifen des Eisportionierers wird von den Kunden als kleinlich angesehen und ist somit verkaufshemmend.

> Psychologisch richtig ist es, kleinere Portionierer übervoll mit Speiseeis zu füllen, da die Kunden optisch große Eiskugeln bevorzugen. Daher ist es besser, kleinere Eisportionierer als größere zu wählen.

Portionieren von Eis beim Verkauf

- Den Eisportionierer vor dem Portionieren in das Wasser in der Portionierspüle tauchen, da nur aus einem feuchten Eisportionierer sich das Eis beim Herausnehmen leicht löst und dies eine glatte Kugel ergibt.
- Den Eisportionierer nach dem Herausnehmen aus dem Wasser auf dem Abtropfgitter an der Portionierspüle abklopfen, damit keine Wassertropfen auf die Oberfläche des Speiseeises beim Entnehmen gelangen, die dann zu unangenehmen, großen Eiskristallen gefrieren. Schwämme oder Tücher zum Abtropfen sind unhygienisch.
- Den Eisportionierer großzügig mit Speiseeis füllen und auf die Eistüte setzen oder in den Eisbecher legen.

Speiseeis in der Eistheke

Temperatur in der Eistheke

Speiseeis wird in der Eistheke bei −14 bis −16 °C aufbewahrt. Bei dieser Temperatur lässt sich das Eis der Konditorei wie Milcheis und Cremeeis sowie Fruchteis und Frucht-Sorbet am besten portionieren. Konditoreneis ist bei −18 °C zu hart zum Portionieren und Essen.
Industrieeis wird bei −18 °C gelagert und portioniert.

Lagerung von Speiseeis

Übriggebliebenes Eis sollte nach Ladenschluss mit Alufolie abgedeckt und im Froster bei −18 °C gelagert werden.

Eissorten in der Eistheke

Die beliebtesten Speiseeissorten dürfen in der Eistheke nicht fehlen: Vanille, Schokolade, Erdbeere, Haselnuss, Stracciatella, Cappuccino, Joghurt und Zitrone.
Eine gewisse Auswahl muss den Kunden in der Eistheke angeboten werden. Es sollten die Eissorten aber nicht zu „Lagerwaren" werden, da sie nach mehreren Tagen an Qualität verlieren. Wie viele Eissorten in der Eistheke angeboten werden, hängt vom Absatz des Speiseeises ab.

Eistheke und Deklaration von Eis

- Der Eisverkauf im Laden der Konditorei soll für vorbeigehende Passanten gut sichtbar sein und die attraktiv ausgestellten Eissorten sollen als Blickfang zum Eiskauf animieren.
- Die Eistheke soll im Verkauf der Konditorei einen zentralen, gut einsehbaren Standort haben und für die Kunden beim Straßenverkauf leicht erreichbar sein.
- Der Preis, z. B. für eine Kugel Eis, muss gut sichtbar angebracht sein. Die Eissorten können zur Kundeninformation angegeben werden.
- Einheitliche Schilder mit den Eisnamen sollten deutlich lesbar bei den Eissorten stehen. Dies erleichtert den Kunden das Eiskaufen.

LF
3.4

Präsentation von Speiseeis in der Eistheke

- In der Eistheke stehen die Eisschalen leicht schräg geneigt, damit die Kunden eine schöne Draufsicht auf das Eisangebot haben.
- Die Eissorten sollten in der Eistheke einen lebhaften Farbkontrast bilden. Zwischen den hellen Eissorten sollten dunkle oder rote Eissorten stehen.
- Die Oberfläche des Eises in den frisch gefüllten Eisschalen ansprechend dekorieren, z. B.:
  - mit einer großen Tülle Tupfen spritzen
  - Vertiefungen in die Eisoberfläche mit einem Löffel oder Schaber einkerben

  Einfallslos sehen vollgefüllte Eisschalen mit glatt abgestrichenem Eis aus.
- Möglichst gefüllte Eisschalen in die Eistheke stellen. Weniger als bis zur Hälfte gefüllt, wirken sie verkaufshemmend.
- Bei den Eisschalen, aus denen schon Eis entnommen wurde, wirken verschmierte Ränder unansehnlich und unsauber. Deshalb immer wieder den Rand mit einem Schaber abschaben und die Eisoberfläche wieder dekorativ herrichten, z. B. mit einem gezackten Schaber wellenförmig abziehen oder mit einem Löffel Vertiefungen einkerben.

Präsentation von Speiseeissorten in der Eistheke

Frischhaltung und Lagerfähigkeit von Speiseeis

Speiseeis ist so lange haltbar, so lange es nicht aufgetaut ist. Am besten schmeckt es aber nach der Eisherstellung. Empfehlenswert ist, das Eis nicht länger als vier Tage in der Eistheke zu belassen.

Nach Ladenschluss sollte das Eis im Behälter mit Pergamentpapier abgedeckt werden. Zu lange gelagertes Eis wird härter und verliert etwas den zarten Schmelz.

Die Gefriertemperatur bei der Aufbewahrung von Speiseeis sollte immer gleich sein. Bei schwankenden Temperaturen, wärmer als −10 °C, entstehen größere Eiskristalle, die den Genuss stark beeinträchtigen.

Qualitätsmerkmale von hochwertigem Speiseeis

- Gutes Milch- und Cremeeis sowie Fruchteis ist fest gefrorenes Eis mit cremiger Konsistenz. Es schmilzt beim Verzehr sofort auf der Zunge.
- Eis ist nicht zu hart und nicht zu weich gefroren und es befinden sich keine harten, großen Eiskristalle im Eis.
- Eis schmeckt süßlich mit einem intensiven Geschmack der Geschmackszutat, nach der das Eis benannt ist, z. B. Vanilleeis, Schokoladeneis, Erdbeereis.

Hochwertiges Speiseeis

Besondere Eignung

- Bei nicht so warmem Wetter werden eher die gefühlt wärmeren Eissorten aus Milcheis oder Cremeeis bevorzugt, z. B. Vanille, Schokolade, Nuss, Stracciatella.
- Bei warmem Wetter ist das erfrischende Fruchteis und das Eis mit säuerlichen Milcherzeugnissen beliebt, z. B. Zitroneneis, Erdbeereis, Joghurteis, Buttermilcheis.

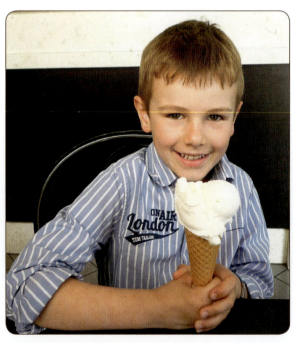

Erfrischendes Zitroneneis

34.5 Hygiene beim Umgang mit Speiseeis

Speiseeis ist ein idealer Nährboden für Mikroorganismen, da es viele Nährstoffe und einen hohen Wassergehalt besitzt. Deshalb ist hygienisches Arbeiten bei der Herstellung und Reifung des Eismixes besonders wichtig. Es dürfen keine Mikroorganismen durch Unsauberkeit in den Eismix gelangen und der Eismix muss im Kühlschrank bzw. Kühlraum reifen, damit sich die vorhandenen Mikroorganismen nicht entscheidend vermehren können. Eis mit einer erhöhten Anzahl an Mikroorganismen ist gesundheitsschädlich. Die Mikroorganismen wirken im Körper sofort beim Verzehr von Eis.

> **!**
>
> Verdorbenes und somit gesundheitsschädliches Speiseeis ist besonders gefährlich, weil es weder äußerlich noch am Geschmack erkennbar ist. Krankheiten treten schnell auf, z. B. Schwäche, Übelkeit, Erbrechen. Es können schwere Krankheiten entstehen, z. B. Salmonellose.

Hygiene bei den Maschinen und Arbeitsgeräten

- Das Pasteurisiergerät und die Eismaschine müssen vor der Eisherstellung mit einem speziellen Mittel desinfiziert und dann mit klarem Wasser nachgespült werden.
- Nur leicht zu reinigende Geräte aus Kunststoff oder Edelstahl verwenden. Sie sollen nur für die Eiszubereitung verwendet werden.
- Nur mit ganz sauber gereinigten Geräten arbeiten, z. B. Literbecher, Schüssel, Handrührbesen, Mixstab und Schaber.
- Grundsätzlich müssen die Arbeitstische sauber sein sowie auch der Kühlschrank bzw. Kühlraum.
- Nur saubere Spül- und Geschirrtücher, die nach jedem Gebrauch gereinigt werden, verwenden. Unsaubere Tücher verbreiten gesundheitsschädliche Keime auf den Maschinen, Geräten und Arbeitstischen, die sich dann im Eismix stark vermehren.

Hygienisch hergerichteter Eisbecher

Aufgaben

1. Nennen Sie die Größen der Eisportionierer und geben Sie an, wie viel Eiskugeln man z. B. bei einem $1/40$-Eisportionierer aus einem Liter Speiseeis erhält.
2. Beschreiben Sie das psychologisch richtige Portionieren von Speiseeis beim Verkauf.
3. Beschreiben Sie, wo der Eisportionierer an der Eistheke abgelegt und wie eine Eiskugel portioniert wird.
4. Bei welcher Temperatur in einer Eistheke lassen sich Milch- und Cremeeis sowie Fruchteis am besten portionieren? Bei welcher Temperatur wird Industrieeis gelagert?
5. Wie muss Eis im Verkauf übersichtlich zur Information der Kunden gekennzeichnet werden?
6. Erklären Sie, wie die einzelnen Eissorten in der Eistheke verkaufsfördernd präsentiert werden sollen.
7. Nennen Sie die Qualitätsmerkmale von hochwertigem Speiseeis.
8. Beschreiben Sie, wie lange Speiseeis frisch bleibt und wie es gelagert werden soll.
9. Beobachten Sie, welche Eissorten bei besonders warmem Wetter und welche bei kühleren Temperaturen von den Kunden bevorzugt werden. Versuchen Sie anschließend Ihre Beobachtungen zu erklären.

Rechenaufgabe

Beim Gefrieren von 3 850 g Eismix für Milcheis vergrößert sich das Volumen um 34 %.
a) Wie viel l Volumen erhält man nach dem Gefrieren des Milcheises?
b) Beim Verkauf von diesem Eis entstehen 2,5 % Verlust durch Eis, das an den Eisschalen und am Eisportionierer hängen bleibt. Berechnen Sie, wie viel Kugeln Speiseeis verkauft werden können, wenn eine Kugel Eis 35 ml Volumen enthält.
c) Wie viel € nimmt die Konditorei beim Verkauf von diesem Eis ein, wenn eine Kugel Eis 0,90 € kostet.

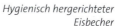

LF 3.4

Hygiene beim Personal

- Nur gesunde Personen dürfen Speiseeis herstellen und verkaufen. Sie dürfen keine Erkrankungen wie Schnupfen und Husten sowie keine offenen Verletzungen an den Händen und Armen haben.
- Die Berufskleidung mit Kopfbedeckung muss während der gesamten Arbeitszeit sauber sein. Straßenkleidung ist verboten.
- Grundsätzlich nur mit sauberen Händen arbeiten. Vor dem Arbeiten mit Eis und nach jeder Arbeitsunterbrechung die Hände mit Flüssigseife waschen und mit Einweghandtüchern abtrocknen.

Hygiene beim Verkauf von Speiseeis

- Das Speiseeis nur in saubere Edelstahlschalen füllen.
- Speiseeis beim Herausnehmen aus der Eismaschine und beim Füllen der Eisbehälter nicht mit den Fingern berühren, sondern mit einem sauberen Schaber arbeiten.
- Das Wasser in der Portionierspüle für die Eisportionierer muss immer sauber sein und deshalb ständig erneuert werden. Ideal ist eine Portionierdusche, bei der auf Druck des Eisportionierers frisches Wasser eingespritzt wird und verbrauchtes Wasser abläuft. Dies ist gegenüber einem Wasserbehälter mit ständig zu- und ablaufendem Wasser wassersparender.
- Ein Zusatz von Desinfektionsmittel in das Wasser der Portionierspüle ist nicht zulässig.
- Zum Reinigen und Trockenwischen nur saubere Spül- und Geschirrtücher verwenden.

Hygiene beim Verkauf von Speiseeis

Zutaten, die den Verderb durch Mikroorganismen vorbeugen

- Wegen der Salmonellengefahr frische Eier oder pasteurisierte Eier verwenden.
- H-Milch und H-Sahne verwenden, da sie keimfrei sind, vor allem bei der kalten Herstellung.

- Frischobst vor der Verarbeitung gründlich waschen.
- Obst darf nicht angefault sein, da sonst Fäulniserreger enthalten sind.

Hygienisch einwandfreies und unbehandeltes Obst auf dem Eisbecher

Aufgetautes Eis

Eis darf bei der Lagerung nicht auftauen. Als aufgetaut gilt Speiseeis, wenn es die Temperatur von −4 °C überschritten hat. Dies ist jedoch gesetzlich nicht definiert.

> **!**
> Speiseeis, das bereits aufgetaut war, muss weggeschüttet werden. Es darf nicht wieder gefroren und verkauft werden, da sich gesundheitsschädigende Mikroorganismen beim Auftauen im Eis besonders stark vermehren.

Aufgaben

1. Warum ist Speiseeis ein guter Nährboden für gesundheitsschädliche Mikroorganismen?
2. Erklären Sie, warum durch Mikroorganismen verdorbenes Eis gesundheitsschädlich ist.
3. Beschreiben Sie Hygienemaßnahmen beim Umgang mit Speiseeis in Bezug auf
   - Maschinen und Arbeitsgeräte,
   - Personal,
   - Verkauf von Eis.
4. Wie kann man bereits bei Milch und Schlagsahne sowie bei Obst den Verderb von Speiseeis durch Mikroorganismen vorbeugen?
5. Erklären Sie, was mit Speiseeis geschieht, das aufgetaut ist.
6. Diskutieren Sie mit Ihren Kolleginnen und Kollegen, ob in Ihrer Konditorei die Hygienemaßnahmen beim Umgang mit Speiseeis genau eingehalten werden, und die Lebensmittelkontrolleure daher keine Beanstandungen haben würden.

34.6 Eisspezialitäten

Eisspezialitäten sind Eistorten, Eisbomben und Eisdesserts. Sie werden häufig aus Sahneeis hergestellt.

Sahneeis bzw. Rahmeis

Wie der Name besagt, besteht Sahneeis aus Schlagsahne, in die ein Geschmacksstoff gerührt und zu Eis gefroren wird. Da Schlagsahne auch als Rahm bezeichnet wird, kann dieses Eis nach den Bestimmungen der Leitsätze auch als Rahmeis bezeichnet werden.

Herstellung von Sahneeis aus Schlagsahne und Parfait

Schlagsahne	Parfait (sprich: Parfä)
1. **Schlagsahne** aufschlagen. 2. **Etwas Zucker** (ca. 80 g auf 1 l Schlagsahne) zur Geschmacksabrundung und 3. eine **geschmackgebende Zutat** einrühren, die der Schlagsahne den Namen gibt: • flüssige Schokoladenkuvertüre für Schokoladensahne • Fruchtmark und/oder Fruchtpaste (Erdbeeren, Himbeeren, Kirschen) • Aromapaste (Nuss, Mokka, Eierlikör, Vanille) • Spirituose (Kirschwasser, Weinbrand, Rum, Grand Marnier) Es ist Schlagsahne, wie sie auch für Sahnetorten verarbeitet wird.	1. **Vollei und/oder Eigelb mit Zucker** warm und dann kalt aufschlagen (wie Wiener Masse). 2. Eine **geschmackgebende Zutat** in die aufgeschlagene Eiermasse einrühren (wie bei der Schlagsahne). 3. **Schlagsahne** aufschlagen und in die Eiermasse melieren (unterheben).

4. Die Schlagsahne bzw. das Parfait in Formen einsetzen (füllen):
   • in Tortenringe für Eistorten
   • in halbkugelförmige Bombenformen für Eisbomben
   • in längliche Dessertformen oder runde Törtchenformen für Eisdesserts
5. Das eingesetzte Sahneeis bzw. Parfait im Froster zu Sahneeis gefrieren.

Sahneeis wird im Tiefkühlschrank bzw. Tiefkühlraum gefroren, nicht wie die anderen Speiseeissorten, die in der Eismaschine unter Bewegung gefroren werden.

Sahneeis ist
• Schlagsahne mit einer geschmackgebenden Zutat oder
• Parfait aus Schlagsahne, mit Zucker aufgeschlagenen Eiern und einer geschmackgebenden Zutat.

In der Praxis wird das Sahneeis für Eistorten, Eisbomben und Eisdesserts überwiegend mit dem voller schmeckenden Parfait statt mit der Schlagsahne hergestellt.

Rezeptbeispiel: Parfait für 1 Eistorte

100 g Vollei (2 Stück) 80 g Eigelb (4 Stück) 150 g Zucker 700 g Schlagsahne **1030 g Parfait**	• Eier, Eigelb und Zucker aufschlagen. • Geschmackgebende Zutat in die aufgeschlagene Eiermasse einrühren. • Die aufgeschlagene Sahne unterheben.

Beispiele geschmackgebender Zutaten:
• ca. 40 g Aromapaste, z. B. Nuss, Vanille, Schokolade, Mokka bzw. Cappuccino, Eierlikör
• 400 g Fruchtmark, z. B. Erdbeer, Himbeer
• ca. 50 g Spirituose, z. B. Kirschwasser, Rum, Weinbrand, Grand Marnier

Bei Schlagsahne statt Parfait werden keine Eier und Eigelbe, sondern nur Schlagsahne, Zucker und ein Geschmacksstoff verwendet.

Einsetzen von Eistorten

• Einen Tortenring auf ein Pergamentpapier legen.
• Schlagsahne oder Parfait in den Tortenring füllen, die Oberfläche glatt streichen und Pergamentpapier auflegen.
• Die eingesetzte Torte in den Froster stellen und tiefgefrieren, mindestens vier Stunden.

Eistorte einsetzen

LF 3.4

Fertigstellen von Eistorten

- Einen getrockneten Baiserboden mit Schokoladenkuvertüre bestreichen oder eine Scheibe eines Tortenbodens mit aufgeschlagener Sahne bestreichen.
- Den Tortenring von der eingesetzten, tiefgefrorenen Eistorte nehmen und auf den Baiserboden bzw. Tortenboden setzen.
- Die Eistorte wie eine Sahnetorte außen einstreichen und ausgarnieren.

Baiserboden mit Schokoladenkuvertüre bestrichen

Eistorte ausgarniert

Fürst-Pückler-Eistorte

Hermann Fürst von Pückler (1785–1871) galt als Feinschmecker. Sein Konditormeister hat ihm zu Ehren die Fürst-Pückler-Eistorte kreiert.

Die Fürst-Pückler-Eistorte ist die klassische Eistorte aus Sahneeis. Diese Eistorte enthält Schlagsahne oder Parfaits in farblich und geschmacklich drei verschiedenen Schichten. Der farbliche Aufbau ist in den Leitsätzen festgeschrieben, woraus sich die Geschmacksrichtungen ergeben.

- **untere Schicht braun:** Schokoladensahneeis
- **mittlere Schicht weiß:** Sahneeis mit, z. B. Vanille, Ananas oder einem Likör bzw. einer anderen Spirituose
- **obere Schicht rot:** Erdbeersahneeis, auch Himbeer- und Kirschsahneeis sind möglich

---

Rezeptbeispiel: Fürst-Pückler-Eistorte

150 g	Vollei (2 Stück)
120 g	Eigelb (6 Stück)
200 g	Zucker
1000 g	Schlagsahne
1470 g	**Parfait**

- Eier, Eigelb und Zucker aufschlagen.
- Die aufgeschlagene Sahne unter die Eiermasse heben.
- Das Parfait in drei Schüsseln wie folgt aufteilen.

Schokoladenparfait:

570 g	Parfait
150 g	Schokoladenkuvertüre

- Schokoladenkuvertüre auf ca. 45 °C auflösen.
- Die warme Kuvertüre in das Parfait einrühren.
- Das Schokoladenparfait in einen Tortenring einfüllen und glatt streichen.
- Das Schokoladenparfait im Froster gut anfrieren lassen, bis die Oberfläche stabil ist.

Vanilleparfait:

500 g	Parfait
ca. 30 g	Vanillepaste oder eine Spirituose, wie z. B. Rum, Kirschwasser, Amaretto (Mandellikör),

Beliebigen Geschmacksstoff verwenden – das Parfait muss weiß bleiben.

- Kirschwasser oder einen anderen Geschmacksstoff in das Parfait rühren.
- Das Kirschwasserparfait auf das Schokoladenparfait geben, glatt verstreichen und im Froster anfrieren lassen.

Erdbeerparfait:

400 g	Parfait
200 g	Erdbeermark
30 g	Erdbeerpaste

- Das Parfait in das Erdbeermark und die Erdbeerpaste einrühren.
- Das Erdbeerparfait auf dem Kirschwasserparfait glatt verstreichen.
- Das Erdbeerparfait mit Pergamentpapier abdecken und tiefgefrieren.

Eingesetzte Fürst-Pückler-Eistorte

Fürst-Pückler-Eistorte mit Baiserboden als Unterlage

Fertigstellung einer Fürst-Pückler-Eistorte

- Den Tortenring von der tiefgefrorenen Eistorte nehmen.
- Einen getrockneten Baiserboden mit Schokoladenkuvertüre bestreichen und die Eistorte mit dem Schokoladenparfait unten auf den Baiserboden setzen.
- Die Eistorte mit ca. 300 g Schlagsahne wie eine Sahnetorte einstreichen und beliebig ausgarnieren.

Die Eistorten können entweder nach dem Einstreichen und Ausgarnieren mit frischer Schlagsahne sofort angeschnitten und serviert werden oder sie werden tiefgefroren und bei Gebrauch angeschnitten und serviert.

Eisbomben

Eisbomben sind halbkugelförmige Eisspezialitäten, die mit Schlagsahne und verschiedenen Dekormittel ausgarniert werden.

Die Eisbomben enthalten einen „Mantel", der außen aus einer oder zwei Schichten Milch- bzw. Cremeeis oder Fruchteis besteht. Der Kern, das Innere der Eisbomben, besteht aus Sahneeis. Die Eisbomben werden in verschieden große Metallformen von ¼ bis 2 l gefüllt (eingesetzt) und tiefgefroren.

Eisbombe

Einsetzen von Eisbomben

- Eine gekühlte Bombenform aus dem Froster verwenden.
- Als Mantel eine ca. 15-mm-Schicht Milch- oder Fruchteis in die gekühlte Eisbombenform streichen. In größeren Bombenformen kann eine zweite Schicht Speiseeis in einer anderen Geschmacks- und Farbrichtung eingestrichen werden.
- Das Innere der Eisbombe mit Schlagsahne oder Parfait füllen und die Oberfläche glatt streichen.
- Die Eisbombe mit Pergamentpapier abdecken und im Froster tiefgefrieren.

Eisbombenformen

Fertigstellen der Eisbomben

- Die tiefgefrorene Eisbombe aus der Form stürzen. Dabei die Bombenform kurz in heißes Wasser halten, damit die äußere Schicht etwas antaut und sich dadurch beim Stürzen das Eis leicht aus der Form löst.
- Häufig werden Eisbomben auf dünne Tortenböden oder getrocknete Baiserböden gesetzt.
- Die Eisbomben mit Schlagsahne sowie Dekormittel ausgarnieren, z. B. Ornamente aus Spritzschokolade oder Brand- bzw. Hippenmasse, Eisgebäcke aus Hippenmasse, Kuvertürespäne.
- Eisbomben werden je nach Größe in vier oder acht Stücke geschnitten und auf Desserttellern serviert.

Ausgarnierte Eisbombe

LF
3.4

Cassataeis

Cassataeis ist eine aus Sizilien (Italien) stammende Eisbombe.

Cassataeis

Typisch für Cassataeis ist:
- Ein Mantel aus Vanilleeis und/oder Schokoladeneis.
- Der Kern besteht aus Parfait mit kleingeschnittenen Dickzuckerfrüchten, z. B. Belegkirschen, Ananas, Zitronat und Orangeat, sowie mit grob gehackten Mandeln, Pistazien und Krokant.

Rezeptbeispiel: Cassata-Parfait

150 g	Vollei (3 Stück)	Eier, Eigelb und Zucker aufschlagen.
120 g	Eigelb (6 Stück)	
200 g	Zucker	
1000 g	Schlagsahne	Aufgeschlagene Sahne in die Eiermasse melieren.
150 g	Dickzuckerfrüchte, gemischt, z. B. Belegkirschen, Ananas, Aprikosen, Zitronat, Orangeat	Alle Früchte grob hacken, mit dem Alkohol mischen und unter das Parfait heben.
25 g	Pistazien	
50 g	Mandeln, geröstet	
50 g	Krokantstreusel	
60 g	Kirschwasser	
1805 g	Cassata-Parfait	

Herstellen von Cassataeis
- Gekühlte Eisbombenform aus dem Froster nehmen.
- Eine Schicht Vanilleeis mit einem großen Löffel ca. 15 mm dick als äußeren Mantel in die Eisbombenform einstreichen und im Froster anfrieren lassen.
- Schokoladeneis als zweite Schicht ca. 15 mm dick auf das Vanilleeis streichen.

- Die Eisbombenform mit dem früchtehaltigen Parfait leicht gehäuft füllen, mit Pergamentpapier abdecken und im Froster tiefgefrieren.
- Nach dem Abnehmen der Bombenformen das Cassataeis, wie andere Eisbomben, außen mit Schlagsahne und Dekormittel ausgarnieren.

Eisdesserts

Eisdesserts sind Eisspezialitäten wie Eistorten und Eisbomben, jedoch in anderen Formen. Eingesetzt werden Eisdesserts z. B. in Ring- und Gugelhupfformen (Napfkuchenformen), rechteckige Kastenformen und halbrunde Rehrückenformen.

Für Eisrouladen werden Kapseln mit Milch- oder Fruchteis bzw. Parfait bestrichen und zusammengerollt. Die Rouladen in Backpapier wickeln und tiefgefrieren.

Die tiefgefrorenen Eisdesserts werden wie Eistorten und Eisbomben mit Schlagsahne und Dekormittel ausgarniert.

Eisdessert

Schneiden und Servieren von Eistorten, Eisbomben und Eisdesserts

Stücke abschneiden
Von den Eistorten, Eisbomben und Eisdesserts Stücke mit einem glatten, angewärmten Messer schneiden und auf einen Dessertteller legen.

Servieren und Verzehr
Diese Eisspezialitäten, vor allem aus Sahneeis, ca. fünf Minuten leicht anschmelzen lassen und dann servieren. Das Eis ist nicht mehr so hart und hat einen zarten Schmelz. Auch der Geschmack des etwas weicheren Sahneeises kommt besser zur Geltung. Außerdem kann der Löffel ohne Mühe in das Eis gleiten.

Der Verkauf von Sahneeis im Laden zum Mitnehmen kann nur bei kurzen Wegen in einer gut gekühlten Kühlbox erfolgen.

Eisdessert angeschnitten

> **!**
>
> Sahneeis wird in der Patisserie auch als „Halbeis"
> oder „Demi-glace" bezeichnet, weil das gefrorene
> Sahneeis vor dem Servieren etwas angetaut wird
> und somit „das Eis halb gefroren" ist.

Eisdesserts auf einem Teller schön garniert

Omelette surprise

Omelett surprise ist eine Eisspezialität, bei der die Überraschung das Speiseeis im Inneren des Omelettes ist, das sich unter der äußeren gebräunten Soufflémasse befindet.

Herstellung

- In einer Bomben- oder Ziegelform (rechteckige Kastenform) Milch- bzw. Cremeeis und Fruchteis im Wechsel schichtweise übereinander einstreichen und kurz im Froster anfrieren lassen. Es sollen Eissorten verschiedener Farben sein, um einen schönen Farbkontrast zu erzielen.
- Das Eis aus der Form nehmen und außen mit einer Kapsel aus Biskuit- oder Wiener Masse einschlagen.

Omelette surprise (Überraschungsomelett)

- Die Kapsel ca. 1 cm dick mit Soufflémasse einstreichen und dann mit Loch- oder Sterntülle ausgarnieren.
- Die Soufflémasse mit offener Flamme (Bunsenbrenner) abflämmen, bis die gesamte Oberfläche leicht gebräunt ist.

Rezeptbeispiel: Soufflémasse	
200 g Eigelb 100 g Zucker	Zutaten schaumig schlagen.
300 g Eiklar 200 g Zucker	Zutaten zu Eischnee aufschlagen.
800 g Soufflémasse	Den Eischnee in die Eigelbmasse melieren.

Omelette surprise wird erst kurz vor der Bestellung zubereitet und dann sofort serviert.

schichtweise
Creme- und Fruchteis

eingeschlagen in
Biskuitroulade

abgeflämmte
Baiser- oder
Soufflémasse

Aufbau von Omelette surprise

**LF
3.4**

Besondere Eignung der Eisspezialitäten

Eisspezialitäten wie Eistorten, Eisbomben und Eisdesserts sind besonders an warmen Tagen ein erfrischendes Dessert im Café.
Sie eignen sich auch als schmackhafte Nachspeise.

Aufgaben

1. Beschreiben Sie die Herstellung von
   - Schlagsahne und
   - Parfait

   für Sahneeis. Unterscheiden Sie diese.
2. Erklären Sie das Herstellen von Eistorten:
   - das Einsetzen von Schlagsahne bzw. Parfait
   - das Fertigstellen der gefrorenen Eistorten
3. Beschreiben Sie den Aufbau einer Fürst-Pückler-Eistorte von unten nach oben.
4. Nennen Sie die Eissorten, mit denen Eisbomben häufig hergestellt werden.
5. Erläutern Sie das Einsetzen und Fertigstellen von Eisbomben.
6. Beschreiben Sie Cassataeis als Eisbombe.
7. Nennen Sie Formen, in denen Eisdesserts eingesetzt werden und beschreiben Sie, aus welchen Eissorten Eisdesserts hergestellt werden.
8. Beschreiben Sie, wie von Eistorten, Eisbomben und Eisdesserts Stücke geschnitten und wie diese serviert und am besten verzehrt werden.
9. Erklären Sie die Herstellung von Omelette surprise und beschreiben Sie die Soufflémasse.
10. Wozu eignen sich Eistorten, Eisbomben und Eisdesserts besonders gut?
11. Stellen Sie ein Eisdessert oder eine Eisbombe mit Milcheis und Fruchteis sowie mit Sahneeis her. Beurteilen Sie den Geschmack und die Konsistenz der Eissorten.

Rechenaufgaben

1. Zur Herstellung von 6 Eisbomben benötigt ein Konditor 75 Minuten. Der Stundenkostensatz beträgt 32,40 €. Der Materialpreis beträgt 22,80 €. Es wird mit 31% Gewinn und Risiko, einem Caféaufschlag von 23% und mit 19% Mehrwertsteuer gerechnet.

   Berechnen Sie den Cafépreis für ein Stück der Eisbombe, wenn jede Eisbombe in 8 Stücke eingeteilt wird.
2. Eine Eistorte wiegt 2 800 g. Darin sind 580 g Kohlenhydrate und 210 g Eiweiße enthalten.
   a) Berechnen Sie den Gehalt an kJ dieser Nährstoffe.
   b) Die Eistorte besteht zu 32% aus Fett. Ermitteln Sie den Fettanteil der Eistorte in g und berechnen Sie den Kilojoulegehalt des Fettanteils.
   c) Wie hoch ist der Energiegehalt eines Eistortenstücks in kJ und kcal, wenn die Torte in 16 Stücke eingeteilt wird?

34.7 Herrichten von Eisbechern

Die Namen der Eisbecher bestimmen die Zusammensetzung der Zutaten, z. B. Früchtebecher, Schokoladenbecher, Bananensplit. Die Gäste im Café oder Terrassen-Café können so nach ihren persönlichen Geschmacksrichtungen wählen. Wie der Eisbecher aussieht und in welchem Glas oder welcher Schale er zusammengestellt wird, sehen die Gäste in einer bebilderten Eiskarte. Die Gäste erwarten jedoch, dass die fertigen Eisbecher mit den Abbildungen in der Eiskarte übereinstimmen.

Zutaten für Eisbecher
- Milcheis oder Cremeeis und Fruchteis
- Früchte, möglichst Frischobst
- süße Soßen (➡ Seite 480)
- Liköre, z. B. Eierlikör, Amarettolikör, aber auch alkoholhaltigere Spirituosen wie Kirschwasser
- leicht gesüßte Schlagsahne
- Eisgebäcke (➡ Seite 443), z. B. Hippenrollen, Waffeln

Eiskarte mit Abbildungen der Eisbecher

Die Zutaten können beliebig zusammengesetzt werden. Sie sollen jedoch der Bezeichnung der Eisbecher entsprechen, z. B. Erdbeereisbecher mit Erdbeereis, Erdbeeren und Erdbeersoße.

Süße Soßen – Eissoßen

Süße Soßen (Saucen), sind

• Fruchtsoßen aus Fruchtmark und Zucker, z. B. Erdbeersoße oder

• Vanille- und Schokoladensoße.

Süße Soßen werden bei der Eisherstellung auch Eissoßen genannt. Sie können auf Vorrat hergestellt werden, da sie in der Kühlung mehrere Tage lagerfähig sind.
Süße Soßen sind auf ➡ Seite 480 beschrieben.

Erdbeersoße mit einem Mixstab püriert

Toppings

Toppings sind süße Soßen in Plastiktropfflaschen, die verarbeitungsfertig im Handel erhältlich sind. Es sind Eissoßen mit hohem Zuckeranteil, die somit lange haltbar sind. Viele Konditoreien verwenden aus Zeitgründen Toppings in den verschiedensten Geschmacksrichtungen.

Gläser und Schalen für Eisbecher

Für die verschiedenen Eisbecher sollten die Gläser unterschiedliche Formen haben - hohe und breite Gläser sowie flache Schalen. Schöne Gläser werten die Eisbecher auf.

Vor dem Herrichten der Eisbecher werden die Gläser und Schalen im Gefrierschrank gekühlt. An warmen Gläsern und Schalen würde das Eis beim Einfüllen leicht antauen und unangenehme große Eiskristalle verursachen.

Herrichten von Eisbechern

Beim Herrichten der verschiedenen Eisbecher, ist bei der Zusammensetzung der Zutaten und der optischen Gestaltung Fantasie und Kreativität gefragt. Jeder fertige Eisbecher soll ansprechend und appetitlich aussehen.

• Ein gekühltes Glas für den Eisbecher aus dem Gefrierschrank nehmen.

• In hohe Gläser süße Soße bzw. Topping oder farbigen Likör einspritzen, sodass die Flüssigkeit an der Innenwand des Glases dünn herabfließen. Zwei farblich unterschiedliche Flüssigkeiten ergeben einen schönen Kontrast.

• Einen Sahnetupfen, ca. 40 g, in das Glas spritzen, um den Eisbecher optimal zu vergrößern (zu erhöhen).

• Die Eissorten mit dem Portionierer möglichst in der Mitte des Eisbechers hochstapeln, damit der fertige Eisbecher optisch hoch und groß erscheint.

• Meistens werden vier Kugeln Eis in einen Eisbecher gegeben, wobei Vanilleeis, als das beliebteste Eis, in keinem Eisbecher fehlen darf.

• Süße Soße bzw. Topping und/oder Likör über die Eiskugeln gießen.

• Auf das Eis Früchte geben. Nur frische Früchte verwenden.
Größere Früchte, z. B. Melonenstreifen, frische Ananas- oder Orangenscheiben, können auf den Glasrand gesteckt werden, damit der Eisbecher größer erscheint.

• Eine Schlagsahnehaube als Rosette oder Punkte obenauf spritzen.

• Die Schlagsahnehaube dekorieren, z. B. süße Soße bzw. Topping oder Likör überspritzen oder Früchte, Schokoladenspäne, Krokantstreusel bzw. gehackte Pistazien darübergeben.

• Hippenrollen oder andere Eisgebäcke zum Schluss in die Schlagsahne stecken.

Appetitanregend ist es, wenn die Gäste die Zubereitung der Eisbecher beobachten können.

Servieren von Eisbechern

Eisbecher werden auf einem Tablett mit einem langstieligen Löffel serviert.

LF 3.4

Servieren von Eisbechern

Klassische Eisbecher

Klassische Eisbecher, d. h. traditionell beliebte Eisbecher, liegen immer im Trend.

Gemischtes Eis mit und ohne Schlagsahne
- Eiskugeln verschiedener Geschmacksrichtungen, üblich sind Vanilleeis, Schokoladeneis, Erdbeereis
- Eisgebäck
- mit oder ohne Schlagsahne

Gemischtes Eis, mit und ohne Sahne

Bananensplit
In einer flachen, ovalen, schiffchenähnlichen Schale anrichten:
- drei Kugeln Eis – Möglichkeiten der Zusammenstellung:
  - drei Kugeln Vanilleeis
  - zwei Kugeln Vanilleeis und dazwischen eine Kugel Bananen- oder Schokoladeneis
  - eine Kugel Vanilleeis, eine Kugel Schokoladeneis und eine Kugel Bananeneis
- eine der Länge nach halbierte Banane seitlich vom Speiseeis anlegen oder in Scheiben geschnittene Bananen seitlich anordnen
- Schlagsahnerosetten oder Schlagsahnepunkte aufspritzen
- Schokoladensoße
- Eisgebäck

Bananensplit

Erdbeerbecher
- In ein gekühltes Glas Erdbeersoße einfließen lassen und einen Punkt Schlagsahne einspritzen.
- Einige halbierte Erdbeeren einlegen.
- Zwei Kugeln Erdbeereis und zwei Kugeln Vanilleeis portionieren.
- Schlagsahnehaube aufdressieren.
- Erdbeersoße überspritzen.
- Halbierte Erdbeeren auflegen.
- Hippenrollen oder anderes Eisgebäck auf die Sahne stecken.

Erdbeereisbecher

Eisbecher, die nach einer bestimmten Frucht bezeichnet werden, z. B. **Kiwibecher**, werden ähnlich dem Erdbeerbecher hergestellt, jedoch mit Kiwieis, Kiwisoße und halbierten Kiwischeiben.

Schwarzwälder Kirschbecher
- In ein gekühltes Glas Schokoladensoße und Vanillesoße einfließen lassen und einen Punkt Schlagsahne einspritzen.
- Zwei Kugeln Vanilleeis und zwei Kugeln Schokoladeneis portionieren.
- Sauerkirschen einlegen.
- Kirschwasser übergießen.
- Schlagsahnehaube aufdressieren.
- Schokoladensoße überspritzen.
- Kirschen auflegen und Schokoladenspäne aufstreuen.
- Hippenrolle oder anderes Eisgebäck in die Schlagsahne stecken.

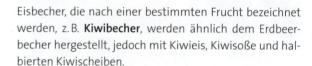
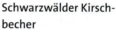

Schwarzwaldbecher

Der Schokoladenbecher wird ähnlich dem Schwarzwälder Kirschbecher hergestellt, jedoch ohne Kirschen und Kirschwasser, aber mit viel Schokoladensoße.

Vanilleeis mit heißen Himbeeren

Kindereisbecher

Vanilleeis mit heißen Himbeeren

- Vanilleeis, drei oder vier Kugeln
- heiße Himbeeren
- evtl. ein Schuss Himbeergeist
- Schlagsahne
- Eisgebäck
  Himbeeren im Mikrowellengerät erhitzen und zum portionierten Vanilleeis in das Glas geben.

Kindereisbecher

Die Becher für Kinder sollen flach und breit sein und lustig ausgarniert werden.

Weitere bekannte Eisbecher

- Früchtebecher: enthält neben Vanilleeis verschiedene Eisfruchtsorten mit vielen verschiedenen Früchten
- Amarettobecher: enthält Joghurt-Amarettoeis, Amarettolikör (Mandellikör aus Italien) und Schokoladen- oder Karamellsoße
- Amarenabecher: enthält Kirscheis, Amarenakirschen und Amarenasirup
  Amarenakirschen sind dunkle zuckerhaltige Kirschen mit dem Geschmack von Bittermandeln, Vanille und Amaretto.
  Kirschen werden mit Zucker, Bittermandel- und Vanillearoma und Amaretto gekocht. So befinden sich die Amarenakirschen im Amarenasirup.
- Mokkabecher: mit Mokkaeis und Mokkalikör

Aufgaben

1 Nennen Sie Eissoßen und erklären Sie Toppings.
2 Wie werden die Gläser und Schalen für Eisbecher vor dem Herstellen der Eisbecher vorbehandelt?
3 Beschreiben Sie allgemein das Herstellen von Eisbechern:
  - optische Gestaltung der Innenseite hoher Gläser
  - optische Vergrößerung des Inhalts der Eisbecher vor dem Füllen
  - Hauptbestandteil der Eisbecher
  - geschmackliche und optische Ergänzungen
  - Abschluss des Volumens der Eisbecher
  - optischer, aber auch geschmacklicher Dekor obenauf
  - geschmacklicher Abschluss

4 Wie werden Eisbecher serviert?
5 Erklären Sie die Zusammensetzung folgender klassischer Eisbecher:
  - gemischter Eisbecher
  - Erdbeerbecher
  - Vanilleeis mit heißen Himbeeren
  - Schwarzwälder Kirschbecher
  - Bananensplit
6 Verwenden Sie bei der Zubereitung von Eisbechern selbst hergestellte Eissoßen und Toppings in Plastikflaschen von der Industrie. Beurteilen Sie die verschiedenen Eissoßen hinsichtlich des Geschmacks und der Wirtschaftlichkeit für Ihren Konditoreibetrieb.

Rechenaufgaben

1 Die Zutaten eines Eisbechers enthalten 72 g Fett, 64 g Kohlenhydrate und 11 g Eiweiß.
  Berechnen Sie den Nährwert des Eisbechers, wenn der Energiegehalt von 1 g Kohlenhydrate und 1 g Eiweiß jeweils 17 kJ und 1 g Fett 37 kJ beträgt.

2 Der Cafépreis von Vanilleeis mit heißen Himbeeren beträgt 5,20 €. Für Gewinn und Risiko werden 0,95 € veranschlagt und die Betriebskosten werden mit 280 % verrechnet.
  Berechnen Sie die Materialkosten in € bei einem Mehrwertsteuersatz von 19 %.

LF 3.4

Berufliche Handlung

Die Marketingstrategie Ihrer Konditorei ist, das Eisgeschäft zu verstärken. Deshalb sollen Sie mit dem Leiter Ihrer Konditorei für die Neueröffnung des renovierten Cafés mit schöner Terrasse Rezepte für Eissorten verschiedener Geschmacksrichtungen erstellen, so wie sie die meisten Verbraucher wünschen. Sie sollen auch beliebte Eisbecher zusammenstellen sowie Eisspezialitäten herstellen, die in einer neuen Eiskarte abgebildet dargestellt werden.
Zusätzlich sollen Sie eine neue Kollegin in die Arbeit mit Speiseeis einweisen.

Speiseeissorten und die Inhaltsstoffe von Speiseeis

① Notieren Sie die Eissorten, die sich in der Konditorei für den Verkauf in der Eistheke eignen, und geben Sie die Eissorte für Eisspezialitäten an.

② Bei Cremeeis haben Sie sich für die warme Herstellung im Pasteurisiergerät entschieden. Begründen Sie dies.

③ Welche Spirituose verwenden Sie für Malagaeis, Tiramisueis und Amaretteis? Wann geben Sie die Spirituosen dem Eis bei der Herstellung zu?

Herstellung und Verkauf von Speiseeis

④ Milcheis und Cremeeis wollen Sie warm herstellen. Dafür sollen Sie das Pasteurisiergerät mit folgenden Vorgängen programmieren:
- Temperatur und Zeit beim Pasteurisieren
- Temperatur, auf die der Eismix nach dem Pasteurisieren abgekühlt wird
- Reifezeit des Eismixes

⑤ Beschreiben Sie in einem Rezeptbuch die Arbeitsschritte der kalten Eisherstellung für Fruchteis.

⑥ Mit welcher Maßeinheit wird der flüssige Eismix gemessen und wie wird das fertig gefrorene Speiseeis angegeben?

⑦ Erklären Sie einer Kollegin, wie Eis marmoriert wird, z.B. Joghurt-Kirscheis.

⑧ Sie sollen eine Kollegin in den Verkauf von Speiseeis aus der Eistheke einführen. Sie diskutieren über die ideale Größe des Eisportionierers. Dann erklären Sie den richtigen Umgang mit einem Eisportionierer beim Portionieren der Eiskugeln. Erläutern Sie auch die richtige Menge einer Eiskugel, damit die Kunden zufrieden sind.

⑨ Erklären Sie der Kollegin auch, welche Temperatur in der Eistheke für Milch-, Creme- und Fruchteis eingestellt werden soll.

⑩ Nach Ladenschluss zeigen Sie der Kollegin, wie die einzelnen Eissorten in den Eisschalen über Nacht gelagert werden sollen.

⑪ Bei einer betriebsinternen Fortbildung sollen Sie Ihren Kolleginnen und Kollegen den hygienischen Umgang mit Speiseeis erklären. Sie besprechen dabei
- die Hygiene der Maschinen und Arbeitsgeräte bei der Eisherstellung,
- die Hygiene der Personen, die mit Eis arbeiten,
- die Hygiene beim Verkauf von Eis,
- die Verarbeitung von hygienisch einwandfreien Zutaten.

Eisspezialitäten

⑫ Beschreiben Sie, wie Parfait mit folgendem Rezept hergestellt wird und wie das Parfait für eine Eistorte eingesetzt wird:
100 g Vollei, 80 g Eigelb, 150 g Zucker, 700 g Schlagsahne und 40 g Nusspaste

⑬ Wie stellen Sie mit dieser tiefgefrorenen Eistorte und einem Baiserboden eine Nusseistorte her?

⑭ Erklären Sie, wie die ausgarnierte Nusseistorte geschnitten und den Gästen im Café serviert wird.

⑮ Erklären Sie der Kollegin den farblich und geschmacklichen Aufbau einer Fürst-Pückler-Eistorte von unten nach oben.

⑯ Für das Café sind Eisbomben bestellt. Stellen Sie Eisbomben beliebiger Geschmacksrichtungen mit einem Mantel aus einer Schicht Milcheis und einer Schicht Fruchteis sowie mit dem Kern aus Parfait her. Beschreiben Sie auch das Fertigstellen der tiefgefrorenen Eisbomben bis zum Servieren.

⑰ Erläutern Sie Cassataeis.

⑱ Beschreiben Sie, wie Omelette surprise hergestellt wird. Erklären Sie die Herstellung einer Soufflémasse für Omelette surprise.

⑲ Zeigen Sie der Kollegin das Herrichten von Eisbechern z.B. eines Erdbeerbechers.

⑳ Stellen Sie folgende Eisbecher her:
- Bananensplit
- Vanilleeis mit heißen Himbeeren

35

Spezialgebäcke

Situation

Themen bei der Meisterprüfung für Konditoren sind „gesunde Ernährung mit Vollkornbackwaren" und „diätetische Backwaren". Sie helfen einem Kollegen bei der Erarbeitung dieser Lerninhalte in Theorie und Praxis.

- Woraus besteht Vollkornmehl?
- Was geschieht beim Quellen von Vollkornmehlen und wie wird eine ausreichende Quellung der Teige erzielt?
- Welchen Gesundheitswert haben Vollkorngebäcke?
- Was versteht man unter diätetischen Backwaren?
- Was ist Functional Food?

Die Kunden wünschen genussvolle und abwechslungsreiche Konditoreierzeugnisse. Viele Kunden möchten jedoch Genuss ohne Reue. Deshalb sollten leichte, kalorienarme Konditoreiwaren und kleine Gerichte angeboten werden, auch um den Kunden dabei zu unterstützen, das ideale Körpergewicht zu erhalten oder zu erreichen.

Vollkorngebäcke

Menschen, die sich gesund ernähren oder Übergewicht vermeiden wollen, wünschen Vollkornbackwaren. Die Schalen der Getreidekörner bestehen aus Ballaststoffen und sie enthalten viele Mineralstoffe und Vitamine. Bio-Backwaren mit Getreide aus kontrolliert ökologischem Anbau erhöhen den Gesundheitswert der Vollkornerzeugnisse zusätzlich. Auch regional erzeugte Backwaren liegen im Trend.

Alle Teige und Massen, die mit Mehl hergestellt werden, können auch mit Vollkornmehl zubereitet werden. Die Herstellung folgender Rezeptbeispiele mit Weizenvollkornmehl erfolgt deshalb wie in den entsprechenden Kapiteln der Teige und Massen.

Unterschiede: Vollkorngebäcke – Gebäcke aus Weizenmehl

Die Qualität der Vollkornbackwaren ist ebenso hoch wie die der Gebäcke, die mit Weizenmehl hergestellt werden. Vollkorngebäcke unterscheiden sich durch

- etwas dunklere Gebäckkrume wegen der Schalenteile und
- längerer Frischhaltung, weil die Schalenteile viel Wasser quellen und binden.

Feine Backwaren aus Vollkorn

Vermahlen der Getreidekörner

Für Feine Backwaren eignen sich Weizen- und Dinkelvollkorn, die zu feinem Vollkornmehl gemahlen werden. Das Vollkornmehl enthält alle Bestandteile der Getreidekörner mit Mehl, Schalenteilen und Keimlingen.

In einer Getreidemühle werden die Getreidekörner für Feine Backwaren zu feinem Vollkornmehl mit winzig kleinen Schalenteilen vermahlen. Das Getreide wird möglichst vor der Verarbeitung frisch vermahlen. Die im Vollkornmehl frei liegenden ungesättigten Fettsäuren der Keimlinge werden nach einiger Zeit ranzig und bei der Lagerung würden wichtige Vitamine verloren gehen.

Weizengetreidekörner und Weizenvollkornmehl

Quellung von Vollkornmehlen

Die Schalenteile des Vollkornmehls, die überwiegend aus Ballaststoffen bestehen, quellen und binden bei der Teigherstellung viel Wasser. Deshalb benötigen Vollkornhefeteige 150 bis 200 g mehr Wasser auf 1 kg Vollkornmehl wie andere Hefeteige auf 1 kg Weizenmehl.

Fertig gekneteter Weizenvollkornteig

Damit die Ballaststoffe ausreichend Zeit zum Quellen des Wassers haben, sind folgende Punkte bei der Teigherstellung zu beachten:

- Vollkornteige mit Vorteig herstellen.
- Vollkornteige benötigen bei der Teigherstellung eine lange Mischzeit von mindestens sechs Minuten im Langsamgang.
- Bei Vollkornteigen ist eine Teigruhe von ca. 30 Minuten erforderlich.

Wird für die Rezepte Honig statt Zucker verwendet, muss etwas mehr Vollkornmehl zugegeben werden, da Honig ca. 20 % Wasser enthält.

Vollkornhefeteig

Rezeptbeispiel: Mittelschwerer Vollkornhefeteig für Hefezöpfe	
Gesamtweizenvollkornmehl: 1 000 g	
Vorteig:	500 g Weizenvollkornmehl
	500 g Milch
	60 g Hefe
1060 g Vorteig	
	Teigausbeute: 200 g
	Teigtemperatur: 26 °C
	Stehzeit: ca. 50 Minuten
Vollkornhefeteig: **(Hauptteig)**	1060 g Vorteig
	500 g Weizenvollkornmehl
	100 g Milch
	120 g Zucker
	200 g Butter
	100 g Vollei (2 Stück)
	10 g Salz
	Zitronen- und Vanillearoma
	200 g Sultaninen
2 290 g Teiggewicht	

Knetzeit: 6 Minuten Langsamgang,
6 Minuten Schnellgang
Teigruhe: ca. 30 Minuten

Vollkornhefezopf

LF
3.5

Die Verarbeitung zu Hefezöpfen erfolgt wie beim mittelschweren Hefeteig auf ➡ Seite 271 beschrieben.

Dieser Vollkornteig ohne Sultaninen kann auch für Blechkuchen verwendet werden, z. B. für Butterkuchen, Apfelkuchen, Bienenstich.

Vollkornmürbeteig

Rezeptbeispiel: ausrollfähiger Vollkornmürbeteig

400 g Zucker oder 350 g Honig
650 g Butter
1000 g Weizenvollkornmehl
250 g Vollei (4 Stück)
5 g Salz
Zitronen- und Vanillearoma

2305 g Vollkornmürbeteig

Bei der Verwendung von Honig werden 10 g Backpulver zugegeben, weil durch das Wasser im Honig beim Teigkneten eine leichte Kleberbildung entsteht, die zu einer festen Teigbindung führt.

Herstellung

Die Herstellung des Vollkornmürbeteigs erfolgt, wie beim 1-2-3-Mürbeteig auf ➡ Seite 335 beschrieben. Nach der Herstellung ist der Vollkornmürbeteig erst nach ausreichender Kühlung ausrollfähig. Er muss mindestens drei Stunden, am besten über Nacht, in der Kühlung lagern. Dabei quellen die Bestandteile des Vollkornmehls auf, sodass der Vollkornmürbeteig kompakt und somit ausrollfähig wird.

Vollkornmürbeteiggebäcke

Vollkornspritzmürbeteig

Vollkornspritzgebäcke werden wie Spritzgebäcke mit Weizenmehl hergestellt (➡ Seite 345).

Rezeptbeispiel: Vollkornspritzmürbeteig

400 g Weizenvollkornmehl
5 g Backpulver
100 g geriebene Haselnüsse
350 g Butter
150 g Honig
50 g Vollei (1 Stück)
3 g Salz
Zitronen- und Vanillearoma

1058 g Teiggewicht

Aus ausrollfähigem Vollkornmürbeteig und aus Vollkornspritzmürbeteig werden hauptsächlich Teegebäcke hergestellt. Damit die kleinen Backwaren etwas frischer und nicht zu trocken schmecken, werden sie häufig mit Konfitüre gefüllt.

Vollkornmassen

Rezeptbeispiel: Vollkornsandmasse für Vollkornkuchen

1000 g Butter
1000 g Zucker oder Honig
1000 g Vollei (20 Stück)
1000 g Weizenvollkornmehl
30 g Backpulver
1 Prise Salz (2 g)
Zitronen- und Vanillearoma

4030 g Masse

Blechkuchen aus Vollkornsandmasse

LF 3.5

Dieses Rezept ist für einen Tortenring mit 26 oder 28 cm Durchmesser und 6 cm Höhe.

350 g Vollei (7 Stück)
300 g Honig oder 270 g Zucker
1 Prise Salz (2 g)
Zitronen- und Vanillearoma
230 g Weizenvollkornmehl
80 g Weizenpuder
100 g Butter

1060 g Masse

Die Herstellung erfolgt wie bei Wiener Masse auf ➜ Seite 411 beschrieben.

Diese Tortenböden können für sämtliche Torten und Obsttorten verwendet werden.

Vollkorntortenböden

Verkaufsargumente

Gesundheitswert der Vollkorngebäcke
- Vollkorngebäcke sind sehr ballaststoffreich und enthalten viele Mineralstoffe und Vitamine, vor allem B-Vitamine.
- Wegen des hohen Ballaststoffanteils sind diese Backwaren verdauungsfördernd und beugen Verstopfung vor. Die Ballaststoffe setzen die Darmwände in Bewegung, sodass die Nährstoffe durch die Darmzotten besser in das Blut übergehen können.
- Die Ballaststoffe der Vollkorngebäcke geben dem Körper ein schnelles und langanhaltendes Sättigungsgefühl. Dadurch isst man weniger. ➜

- Vollkorngebäcke sind vor allem auch für Diabetiker geeignet. Durch den hohen Anteil an Ballaststoffen werden die Nährstoffe der Vollkorngebäcke bei der Verdauung langsam abgebaut und gehen so nach und nach in die Blutbahnen über. So wird bei Zuckerkranken Über- und Unterzucker vorgebeugt.

Frischhaltung
Die Getreideschalen des Vollkornmehls binden im Teig einen relativ hohen Wasseranteil. Deshalb halten Vollkorngebäcke länger frisch, als die Gebäcke aus Weizenmehl.

Besondere Eignung
Vollkornbackwaren sind allgemein für die gesunde Ernährung empfehlenswert.

Diätetische Backwaren

Diätetische Backwaren sind Gebäcke, die für Menschen mit unterschiedlichen Krankheiten verträgliche Lebensmittel und Inhaltsstoffe enthalten.

Kranke Menschen müssen wegen angeborenen oder auftretenden Krankheiten Diät halten, z. B.
- Diabetiker (Zuckerkranke) mit Störung des Zuckerstoffwechsels ➜ Seite 192,
- Zöliakiekranke mit einer Unverträglichkeit von Klebereiweiß (Gluten) ➜ Seite 195.

Glutenfreier Hefeteig

Für Zöliakiekranke werden Teige und Massen mit glutenfreiem Mehl hergestellt, das im Fachhandel erhältlich ist. Es ist Mehl aus Mais, Reis oder Buchweizen, das kein Klebereiweiß enthält.

1000 g glutenfreies Mehl
400 g Milch
60 g Hefe
30 g Backpulver
100 g Vollei (2 Stück)
200 g Butter
10 g Salz
Zitronen- und Vanillearoma

1950 g glutenfreier Hefeteig

Die Herstellung eines glutenfreien Hefeteigs erfolgt wie ein Hefeteig mit Weizenmehl. Das Backpulver unterstützt die Lockerung der Hefe, weil die Lockerungsgase wegen des fehlenden Klebers schlecht festgehalten werden können.

Der glutenfreie Hefeteig eignet sich vor allem für flachere Hefeteiggebäcke, bei denen die geringere Lockerung durch den fehlenden Kleber ausreicht. Geeignete Gebäcke sind z. B. Nuss- und Mohnzöpfe sowie Nuss- und Mohnschnecken und Blechkuchen wie Streusel-, Butter-, Apfel-, Pflaumen-, Quark- und Mohnkuchen.

Bei Hefeteiggebäcken mit Streusel muss der Streusel ebenfalls mit glutenfreiem Mehl hergestellt werden.

Rezeptbeispiel: glutenfreier Streusel

750 g glutenfreies Mehl
500 g Butter
500 g Zucker
1 Prise Salz
Zitronen- und Vanillearoma

1750 g glutenfreier Streusel

Werden die glutenfreien Hefeteige mit Vanillecreme und Quarkfüllung gefüllt, müssen diese mit Maisstärke statt mit Weizenstärke gebunden werden, weil auch glutenhaltige Reste für Zöliakiekranke schädlich sind.

Beim Ausrollen und Aufarbeiten des Hefeteigs muss mit glutenfreiem Mehl gestaubt werden, da sogar kleinste Mengen an Weizenmehlstaub für Zöliakiekranke unverträglich sind. Auch die Arbeitsgeräte müssen glutenfrei sein.

Diätetische Ernährung

Weitere Krankheiten, die eine diätetische Ernährung benötigen, z. B.
- kalorienreduzierte Ernährung bei starkem Übergewicht,
- geringe Aufnahme tierischer Fette bei erhöhtem Cholesteringehalt im Blut,
- Meidung von Milch und Milcherzeugnissen bei Laktoseintoleranz (Milchzuckerunverträglichkeit)
  → Seite 194,
- Reduzierung von Obst und Obstsäften sowie zuckerhaltigen Lebensmittel bei Fruktoseintoleranz (Fruchtzuckerunverträglichkeit)
  → Seite 195.

Menschen mit Allergien reagieren mit verschiedenen Symptomen/Krankheiten wie z. B. Schnupfen, tränende Augen und Hautausschlägen. Die Allergieauslöser sind bestimmte Lebensmittel, die nicht vertragen werden, z. B. Milch, Eier oder Nüsse. Bei Fertigpackungen können sich die Kunden auf der Zutatenliste über die Zusammensetzung der Lebensmittel in den Konditoreierzeugnissen informieren. Bei unverpackten Waren sollen die allergenen Lebensmittel auf einem Schild angegeben werden. Fachverkäuferinnen beraten die Kunden, bieten verträgliche Waren an und empfehlen.

Waren mit den Auszeichnungen „light" oder „kalorienreduziert" besitzen 30 % weniger Joule bzw. Kalorien gegenüber den gewöhnlichen Waren. Solche Erzeugnisse findet man nur selten in der Konditorei.

Bei all den unterschiedlichen Krankheiten und den verschiedensten Allergien ist es für Konditoreien schwierig, auf die unterschiedlichen Ernährungseinschränkungen der Menschen einzugehen, weil die Nachfrage nach den speziellen Backwaren meistens zu gering ist. Für größere Betriebe mit weitem Kundengebiet ist dies die Chance, mit einigen speziellen Konditoreierzeugnissen neue Kunden zu gewinnen. Für die wenigen Kunden, die auf diätetische Backwaren angewiesen sind, beziehen Konditoreien bestimmte Erzeugnisse vom Großhandel.

Functional Food

Functional Food sind Lebensmittel, die neben der Sättigung und der Nährstoffzufuhr einen zusätzlichen Nutzen versprechen und so einen Beitrag zur gesunden Ernährung leisten sollen.

Zum Functional Food gehören natürliche Lebensmittel, die mit bestimmten gesunden Ergänzungsstoffen angereichert wurden, z. B. mit Mineralstoffen, Vitaminen, sekundären Pflanzenstoffen, bestimmten Milchsäurebakterien oder ungesättigten Fettsäuren.

Werbewirksame, gesundheitsbezogene Aussagen über funktionelle Lebensmittel dürfen nur getroffen werden, wenn diese von der Europäischen Behörde für Lebensmittelsicherheit (EFSA) geprüft und zugelassen worden sind. Zugelassene Ergänzungsstoffe für funktionelle Lebensmittel, die mit Gesundheitsbezug beworben werden dürfen, sind in der Health-Claim-Verordnung der EU aufgeführt.

LF 3.5

In der Konditorei wird Functional Food hauptsächlich im Café angeboten, z. B.:

- Probiotische Lebensmittel wie Joghurt, Quarkzubereitungen, Müsli mit speziellen Milchsäurebakterien, die die Darmflora positiv beeinflussen sollen.
- Prebiotische Lebensmittel wie Müsliriegel, Backwaren und Süßwaren, die mit wasserlöslichen, unverdaulichen Ballaststoffen (→ Seite 90) angereichert werden und ebenfalls die Darmflora positiv beeinflussen sollen.
- ACE-Getränke, überwiegend eine Mischung aus Orangen- und Karottensaft, die mit Vitaminen angereichert sind und die Abwehrkräfte steigern sollen.
- Brot mit Omega-3-Fettsäuren, die vor Herz- und Kreislauferkrankungen schützen sollen.

- Müsliriegel, die mit Vitaminen und Mineralstoffen angereichert sind, die den Körper optimal mit Nährstoffen versorgen sollen.

Immer wieder werden neue Functional-Food-Erzeugnisse auf den Markt gebracht, um einen Kaufreiz zu schaffen.

Der Markt Functional Food war bisher für die Verbraucher sehr unübersichtlich und wenig transparent. Um diesem entgegenzuwirken hat die EU die Health-Claim-Verordnung festgelegt. Die Verbraucher können sich nun sicher sein, dass die beschriebenen positiven Effekte auf die Gesundheit wissenschaftlich überprüft und bestätigt worden sind.

Omega-3-Brot

Functional Food

Aufgaben

1. Unterscheiden Sie Vollkorngebäcke gegenüber Backwaren mit Weizenmehl in Bezug auf Aussehen und Frischhaltung.
2. Nennen Sie die Bestandteile der Getreidekörner, die im Vollkornmehl enthalten sind.
3. Beschreiben Sie die drei Abschnitte bei der Herstellung von Vollkornteigen, damit die Schalen der Getreidekörner ausreichend Zeit zum Quellen und Binden des Teigwassers haben.
4. Erstellen Sie ein Rezept aus 1 kg Gesamtweizenvollkornmehl mit Vorteig. Nennen Sie die Knetzeit und die Zeit der Teigruhe.
5. Geben Sie Auskunft über die Milchmenge bei Vollkornhefeteigen gegenüber Hefeteigen mit Weizenmehl.

6. Erklären den Gesundheitswert der Vollkorngebäcke.
7. Warum sollten Diabetiker Vollkornerzeugnisse essen?
8. Erläutern Sie die Frischhaltung der Vollkornbackwaren und begründen Sie die Aussage.
9. Nennen Sie Krankheiten, bei denen man sich diätetisch ernähren muss.
10. Was besagen die Bezeichnungen „light" und „kalorienreduziert"?
11. Erklären Sie den Begriff „Functional Food".
12. Nennen Sie Beispiele für Functional Food.
13. Diskutieren Sie, ob diätetische Waren in der Konditorei angeboten werden sollen und ob Kunden diätetische Waren in der Konditorei wünschen und erwarten.

LF 3.5

Berufliche Handlung

Ihre Konditorei veranstaltet gemeinsam mit einer Krankenkasse eine Aktion „Gesunde Ernährung". Auf einer Informationstafel sollen Sie die gesundheitliche Wirkung von Vollkornerzeugnissen beschreiben. Zum Erstellen der Rezepturen für Vollkorngebäcke nehmen Sie als Grundlage die Rezeptbeispiele der Feinen Backwaren. Bei dieser Gesundheitsaktion wirbt Ihre Konditorei auch für Waren, die für Menschen mit angeborenen Krankheiten wie Zöliakie und Lebensmittelunverträglichkeiten geeignet sind.

❶ Für die Gestaltung der Informationstafel stellen Sie die hohen Anteile der Nährstoffe in Vollkornbackwaren heraus, die sich vor allem durch die Schalen der Getreidekörner ergeben.

❷ Den Besuchern zeigen Sie das Vermahlen von Getreide zu Vollkornmehl und Vollkornschrot und erklären die Unterschiede dieser Mahlerzeugnisse.

❸ Beim Vermahlen erklären Sie, warum Vollkornmehl möglichst frisch vor der Verarbeitung vermahlt werden soll.

❹ Mit Vollkornweizenmehl und Weizenmehl sollen Sie jeweils einen Teig herstellen. Sie demonstrieren dabei die unterschiedlichen Wassermengen, die von den Mahlerzeugnissen aufgenommen werden und erklären dies.

❺ Durch die unterschiedlich aufgenommene Wassermenge der Mahlerzeugnisse erklären Sie die Frischhaltung der Backwaren.

❻ Damit sich die Besucher von der Qualität der Vollkornbackwaren überzeugen können, stellen Sie Hefezöpfe, Teegebäcke aus Mürbeteig, Sandkuchen und Wiener Böden aus Weizenvollkornmehl her.

❼ Beurteilen Sie die Vollkorngebäcke im Vergleich zu Backwaren aus Weizenmehl in Bezug auf Aussehen, Geschmack und Frischhaltung.

❽ Auf einem Plakat sollen Sie folgende Krankheiten kurz erklären:
  · Diabetes mellitus
  · Zöliakie
  · Laktoseintoleranz
  · Fruktoseintoleranz

❾ Erklären Sie den Begriff Functional Food anhand verschiedener Beispiele.

❿ Erklären Sie den Besuchern der Aktion die Begriffe probiotische und prebiotische Lebensmittel.

⓫ Recherchieren Sie, was genau es mit der Health-Claim-Verordnung auf sich hat und welche Ernährungsstoffe zugelassen sind.

Rechenaufgaben

⓬ Die Zutaten für ausrollfähigen Vollkornmürbeteig enthalten Energie liefernde Nährstoffe, die in % angegeben sind.

Rezept	Fett %	Eiweiß %	verwertbare Kohlenhydrate %
300 g Zucker			100
600 g Butter	81	1	
1000 g Weizenvollkornmehl	2	11	60
100 g Vollei	12	12	1
60 g Eigelb	32	16	1

a) Berechnen Sie die Anteile der Nährstoffe der einzelnen Zutaten in g.

b) Ermitteln Sie den Nährwert der Nährstoffe der einzelnen Zutaten in kJ, wenn 1 g Kohlenhydrate und 1 g Eiweiß jeweils 17 kJ und 1 g Fett 37 kJ besitzen.

c) Rechnen Sie die kJ-Werte in kcal um, wenn 1 kJ 0,24 kcal betragen.

d) Wie viel kJ besitzen 100 g von diesem Vollkornmürbeteiggebäck?

⓭ 500 g Vollkornsandkuchen enthält 264 g Kohlenhydrate, 46 g Eiweiß und 34 g Fett. Berechnen Sie den Energiegehalt von 350 g Vollkornsandkuchen in kJ.

⓮ Hefeteig mit 7,500 kg Weizenmehl wird mit 3,000 kg Milch hergestellt. Bei der Verwendung von Weizenvollkorn werden 37,5 % mehr Milch benötigt.

a) Berechnen Sie, wie viel g Milch für einen Hefeteig, der mit 1000 g Weizenmehl hergestellt wird, benötigt werden.

b) Wie viel g Milch werden für einen Vollkornhefeteig mit 1000 g Weizenvollkornmehl verarbeitet?

c) Ermitteln Sie, wie viel g Milch ein Vollkornhefeteig aus 1 kg Weizenvollkornmehl mehr benötigt, als ein Hefeteig aus 1 kg Weizenmehl.

LF 3.5

36

Aktionen im Konditoreibetrieb

Situation

Damit Ihre Konditorei bei den Kunden und anderen Verbrauchern in Erinnerung bleibt, startet Ihr Betrieb in gewissen Abständen Werbeaktionen. Dabei erstellen Sie mit Ihren Kolleginnen und Kollegen einen Ablaufplan der Aktion auf, indem die einzelnen Punkte der Planung aufgeführt sind. Auch die Durchführung und die Grundsätze der Auswertung und Bewertung werden dargestellt.

* Welche Anlässe gibt es für Aktionen in der Konditorei?
* Welche Punkte müssen bei der Orientierung und Information sowie bei der Planung einer Aktion berücksichtigt werden, damit die Durchführung ein Erfolg wird?
* Wie wird die Aktion nach der Durchführung ausgewertet und bewertet?

Vorteile der Aktionen für die Konditoreibetriebe

* Durch eine Aktion wird die Konditorei bei vielen Menschen bekannt oder wieder in Erinnerung gerufen.
* Es werden neue Kunden gewonnen.
* Gelegenheitskunden werden zu Stammkunden.
* Stammkunden werden noch enger an den Betrieb gebunden.
* Bei einer Aktion können neue oder spezielle Waren vorgestellt und bekannt gemacht werden.
* Durch eine leistungsstarke Aktion kann sich die Konditorei von der Konkurrenz abheben.
* Das Image des Konditoreibetriebs und der Mitarbeiter wird erhöht.

Anlässe zur Durchführung von Aktionen

Die Anlässe für Aktionen muss jeder Konditoreibetrieb entsprechend den Bedürfnissen des Betriebs und der Verbraucher finden. Beispiele für Anlässe sind:
* Geschäftseröffnung, Wiedereröffnung nach einer Renovierung, Eröffnung einer Filiale

* Firmenjubiläum
* festliche Feiertage, z. B. Weihnachten, Ostern, Muttertag
* saisonale Festtage, z. B. Silvester, Karneval, Valentinstag, Schulanfang
* örtliche Feste, z. B. Stadt- bzw. Ortsfest, Fest eines örtlichen Vereins
* große Sportereignisse, z. B. Welt- und Europameisterschaft einer Sportart, Olympiade
* regionale oder internationale Spezialitäten
* Einführung eines neuen Erzeugnisses
* Gesundheit und Fitness mit Konditoreierzeugnissen
* gemeinnützige Aktionen, z. B.: Der Erlös des Verkaufs bei der Aktion wird dem Kindergaren oder der Jugend im Sportverein u. a. gespendet.

Ideenfindung im Team

Die Betriebsleitung sollte zusammen mit den Mitarbeitern Anregungen und Ideen für die Aktionswoche sammeln. Jeder Mitarbeiter hat eigene Ideen und Erfahrungen, was Kunden wünschen. Dabei ist es wichtig, die Mitarbeiter früh einzubeziehen, damit sich das ganze Team mit der Aktion identifiziert.

Planen von Aktionen

Vor jeder Aktion muss ein Ablaufplan erstellt werden:

Ablaufplan einer Aktion

Planen
- Thema und Leitspruch (Motto) der Aktion finden
- Zielgruppe ermitteln
- Zeitraum und Dauer der Aktion bestimmen
- Waren für die Aktion zusammenstellen
- Materialbedarf ermitteln
- Möglichkeiten für die Dekoration suchen
- Werbemöglichkeiten festlegen
- Aktionen und kostenlose Zugaben für Kunden einplanen
- Kalkulation der Waren und der Werbemittel durchführen
- Personaleinsatz und Personalschulung bestimmen

Durchführen

Auswerten und Bewerten

Thema und Motto der Aktion

Zuerst muss das Thema für die Aktion, das sich aus den Beispielen der Anlässe ergibt, gefunden werden. Steht das Thema fest, wird ein origineller Leitspruch formuliert, der das Motto der Aktion bestimmt. Der Leitspruch soll das Gefühl der Verbraucher ansprechen und Interesse wecken.

Beispiel

Thema der Aktion: „Erdbeeren in Erzeugnissen der Konditorei und im Café"
Leitspruch (Motto) der Aktion:

> *„Frische Erdbeeren – eine Köstlichkeit"*

Weitere Beispiele der Leitsprüche:

- Erdbeeren – erfrischend und leicht
- Erdbeeren in aller Munde
- Erdbeeren – Genuss pur
- **Erdbeeren in der Konditorei**
- Erdbeeren – fruchtige Leckereien
- Mit Erdbeeren sportlich fit!
- Erdbeeren – rot und erfrischend wie die Liebe

Frische Erdbeeren

Zielgruppe

Es muss herausgefunden werden, welche Kundengruppen von diesem Thema besonders angesprochen werden, z. B. Kinder, Jugendliche, Erwachsene, Qualitätsbewusste, Gesundheitsbewusste. Entsprechende Waren können für die Aktion geplant werden. Auch der Dekor und die Werbung sind darauf abzustimmen.
Eine Aktion mit Erdbeeren in Konditoreierzeugnissen spricht fast alle Verbraucher an.

Zeitraum und Dauer der Aktion

Aufgrund der Erdbeerernte im Juni eignet sich dieser Monat am besten. In dieser Zeit besitzen Erdbeeren den vollen Geschmack und schmecken besonders gut. Es kann auch mit heimischen Erdbeeren aus der Region geworben werden, um den Umwelt- und Gesundheitswert besonders herauszustellen.

Da die Erdbeerernte über einen längeren Zeitraum stattfindet, kann eine ganze Aktionswoche oder ein langes Wochenende geplant werden, z. B. von Samstag bis Samstag oder von Donnerstag bis Sonntag.

Bei der genauen Festlegung der Termine sollen Feiertage und Schulferienzeiten berücksichtigt werden.

Waren für die Aktion zusammenstellen

Es sollten möglichst viele Erzeugnisse mit Erdbeeren im Laden und im Café angeboten werden, z. B.:
- Erdbeertorten
- Erdbeertorteletts
- Plundertaschen mit Vanillecreme und Erdbeeren obenauf
- Erdbeersahnetorten und Erdbeer-Charlotten
- Erdbeersahneschnitten
- Erdbeereis

LF 3.6

Erdbeereisbecher

Erdbeerkonfitüre

- Baiserschalen mit Erdbeereis, Schlagsahne und Erdbeeren
- Erdbeereisbecher
- Erdbeereistorten, Erdbeereisbomben und Erdbeereis-desserts
- Süßspeisen: Erdbeermousse, Bayerische Creme mit Erdbeeren, Erdbeer-Weingelee
- Crêpes mit Erdbeersoße
- Pfannkuchen mit Erdbeeren gefüllt
- Obstsalate mit hohem Erdbeeranteil und Erdbeersoße
- Erdbeerkonfitüre

Erdbeergelee

Erdbeersoße pürieren (mixen)

Erdbeergetränke im Café:
- Erdbeermilch
- Erdbeer-Milchshake
- Erdbeer-Weinsorbet oder Erdbeer-Sekt-sorbet
- Erdbeertee
- Erdbeerlikör

Erdbeermilch

Materialbedarf

- **Rezepturen**
  Nachdem das Warensortiment für die Aktion zusammengestellt ist, werden Rezepte erstellt und die Herstellungsweisen festgelegt.
- **Warenmengen**
  Als nächstes werden die benötigten Mengen der Rohstoffe für die einzelnen Tage und für die Aktion insgesamt ermittelt. Es müssen ausreichend, aber aus wirtschaftlichen Gründen nicht zu viele Rohstoffe bestellt werden.
- **Verpackungsmaterial**
  Um die Aktionswaren verkaufsfördernd zu verpacken, werden die Arten der Verpackungen festgelegt. Die Menge der Verpackungsmaterialien wird anhand der benötigten Warenmenge ermittelt.

Lieferantenauswahl und Warenbestellung

Bevor die Warenbestellung erfolgen kann, sind Lieferanten zu finden. Es können dann die Qualität der Waren und die Preise verglichen werden.
Die Lieferanten müssen in der Lage sein, frische Erdbeeren täglich zu liefern.

Aus umweltschonenden Gründen sollten die Erdbeeren aus der Region kommen. Heimische Erdbeeren können in der Werbung hervorgehoben werden.

Dekoration

Je auffälliger eine Aktion gestaltet wird, desto größer wird der Erfolg sein. Die Dekoration soll auf die Aktion aufmerksam machen. Der Konditoreibetrieb, der Laden und das Café sollte entsprechend dem Motto dekoriert werden. Auch das Verkaufspersonal und die Bedienungen können entsprechend gekleidet sein, z. B. rote Arbeitsschürzen oder Schürzen mit Erdbeermotiven.

Die Auswahl des Dekorationsmaterials muss unter Berücksichtigung des Budgets erfolgen.

Erdbeergirlande

LF
3.6

Personalplanung und Personalschulung

Im Team der Beschäftigten werden die notwendigen Arbeitsschritte und Aufgaben besprochen und die Verantwortungen verteilt sowie die einzelnen Arbeiten den Mitarbeitern übertragen. Zur besseren Übersicht werden Ablaufpläne und Checklisten entwickelt.

Werbung

Flyer für eine Erdbeerwoche

Durch Werbung können möglichst viele Verbraucher angesprochen werden. Die Werbemaßnahmen müssen jedoch rechtzeitig vor der Aktion erfolgen.

Werbemittel im Betrieb, z. B.:
- Straßenaufsteller vor dem Betrieb aufstellen.
- Werbeplakate im Laden und Café anbringen.
- Flyer im Laden und Café auslegen.
- Verpackungsmaterial mit aufgedruckten Erdbeeren und einem Hinweis auf die Aktion.
- Spezielle Speise- und Getränkekarten entsprechend der Aktion erstellen.

Öffentliche Werbung (Public Relation), z. B.:
- Internetseite mit Informationen zur Aktion gestalten.
- Anzeigen in der lokalen Presse sowie im lokalen Rundfunk und Fernsehen aufgeben.
- Aufkleber auf Lieferwagen anbringen.

Speisekarte mit Erdbeererzeugnissen

Kleine kostenlose Geschenke
Von den Kunden, besonders von Kindern, werden kleine Geschenke während der Aktion gerne angenommen, z. B.:
- Erdbeerlollis
- Erdbeerfruchtgummis
- Erdbeeren aus Marzipan modelliert
- Luftballons in Erdbeerform

Gewinnspiele für Kunden
Gewinnspiele mit kleinen Gewinnen, auch mit einem größeren Hauptgewinn, ziehen die Kunden förmlich an, z. B.
- ein Kreuzworträtsel,
- eine Glücksdrehscheibe in Erdbeerform,
- ein überreichtes Los beim Bezahlen der gekauften Waren.

Bei der Auswahl der Werbemaßnahmen müssen die Kosten durchdacht und die Zeiten für die Fertigstellung der Werbemittel berücksichtigt werden.

Demonstration der Warenherstellung
Besonderes Interesse bei den Besuchern der Aktion findet die Herstellung verschiedener Waren vor den Augen der Kunden. Dabei werden auch Fragen der Kunden beantwortet.

Bei der Erdbeeraktion eignet sich die Demonstration der Herstellung von z. B.
- Erdbeertorten und Erdbeersahnetorten bzw. -schnitten,
- Erdbeermousse und Bayerische Creme mit Erdbeeren,
- Erdbeereisbecher,
- Erdbeersoße zum Füllen von Crêpes und Pfannkuchen.

LF 3.6

Kalkulation

Die Preise der Waren müssen kalkuliert werden, damit die Aktion auch wirtschaftlich ein Erfolg wird. Es sollte auch das Nachfolgegeschäft berücksichtigt werden, das man sich nach der Aktion erhofft.

Für die Kalkulation der Warenpreise müssen folgende Punkte feststehen:
- Preise der Rohstoffe
- Kosten, die bei der Aktion anfallen, z. B. zusätzliche Personalkosten, Dekorationsmaterial, Gewinnspiele, kostenlose Zugaben beim Einkauf, Werbung.

Wenn mehrere Erzeugnisse bei der Aktion mit dem gleichen Preis ausgezeichnet werden können, erleichtert dies die Preisangabe bei der Werbung und gibt den Kunden sowie dem Verkaufspersonal eine einfache Übersicht.

Kooperationspartner

In die Aktion können Kooperationspartner einbezogen werden, um einen noch größeren Personenkreis anzusprechen und um die Kosten der Aktion aufteilen zu können. Als Kooperationspartner für die Erdbeeraktion bietet sich vor allem der Erdbeerlieferant an, aber auch Lieferanten anderer Lebensmittel.

Durchführen von Aktionen

Die Aktion wird entsprechend der Planung vorbereitet und durchgeführt.

Auswerten und Bewerten von Aktionen

Wenn viele neue Kunden gekommen sind, spricht dies für eine passende Auswahl der Waren und Werbemittel. Der Erfolg einer Aktion lässt sich konkret am Umsatz messen.

> **!** Die Auswertung der Aktion sollte gemeinsam mit allen Mitarbeitern erfolgen. Positives wie Negatives sollte notiert und besprochen werden. So können die Erfahrungen und Ergebnisse der Aktion in Zukunft auf andere Aktionen übertragen werden.

Anhand des Verkaufs bestimmter Gebäcke, Speisen bzw. Getränke lassen sich Vorlieben erkennen. Auch die Rückmeldungen der Kunden haben eine große Aussagekraft. Die Mitarbeiter berichten über die positiven und negativen Eindrücke während der Aktionstage.

Die Betriebsleitung gibt zum Schluss allen Mitarbeitern ein **Feedback zur Aktion**.
- Welche Erzeugnisse wurden gut und welche nicht so gut angenommen?
- Waren die Kunden zufrieden? Gab es Lob und Kritik der Kunden?
- Gab es Reklamationen?
- Wurden neue Kunden dazu gewonnen?
- Welche Kundengruppen hat die Aktion besonders angesprochen?
- Wurde der geplante Umsatz erreicht?
- Ist ein Nachfolgegeschäft zu erwarten?
- War die Zeit und Dauer der Aktion richtig geplant?
- War ausreichend Fachpersonal vorhanden? War die Arbeitsbelastung für das Personal vertretbar?
- Welche Werbemittel waren besonders erfolgreich?
- War die Werbung ausreichend?

Abschließend wird festgestellt, ob ähnliche Aktionen sinnvoll sind und was bei einer neuen Aktion verbessert werden kann.

Auf jeden Fall werden die Leistungen der Beschäftigten gewürdigt. Dies verspricht erneute Motivation für weitere Aktionen.

Erdbeertorte

Erdbeersahnetorte

Aktionsbeispiel

Thema: Festtagstorten

Motto (Leitspruch), z. B.:
* Festtagstorten verschönern Ihre Feier!
* Festtagstorten - Ein Blickfang bei Ihrem Fest!
* Festtagstorten - Sie gestalten und wählen selbst!

Zielgruppe
Hauptsächlich sind Erwachsene, bei denen eine Feierlichkeit ansteht, an Festtagstorten interessiert. Auch Firmen und Vereine bestellen für Jubiläen und Ehrungen von Beschäftigten bzw. Mitgliedern besondere Torten mit Beschriftung.

Günstiger Zeitplan für diese Aktion
Ideale Jahreszeiten: Frühling, Herbst
Mögliche Dauer der Aktion: eine Woche, z. B. von Samstag bis Samstag

Anlässe für den Kauf von Festtagstorten
* Hochzeit
* Verlobung
* Geburtstag
* Muttertag
* Valentinstag
* Kommunion, Konfirmation
* bestandene Prüfung
* berufliche Beförderung
* Schulanfang
* Firmenjubiläum, Vereinsjubiläum

Maske als Festtagstorte

Arten der Festtagstorten
Den Kunden sollten verschiedene Arten der Festtagstorten gezeigt werden, z. B.:
* runde Torte entsprechend garniert
* Kleintorte mit beliebigem Durchmesser
* zwei- und dreistöckige Torte übereinander
* drei bis fünfstöckige Etagentorte auf einem Ständer
* Formtorte in beliebiger Form, z. B. Herzform, Wappenform, Rechteckform
* Torte mit Bild

Füllungen und Geschmacksrichtungen der Festtagstorten
Den Kunden werden Creme-, Sahne-, Sacher- und Obsttorten als Festtagstorten angeboten.
Cremetorten können als zwei- oder dreistöckige Festtagstorten übereinandergesetzt werden. Sie eignen sich wie alle Torten auf einem Ständer für eine Etagentorte.
Sahnetorten sind temperaturempfindlich und müssen bei Feierlichkeiten aus der Kühlung genommen, sofort angeschnitten und gegessen werden. Die anderen Torten können einige Zeit ohne Kühlung als Blickfang auf einer Festtafel stehen.

Dekor und Garnierungen für Festtagstorten
Üblicher Dekor und häufige Garnierungen für Festtagstorten sind:
* Rosen und Figuren aus Marzipan
* Schriftbänder aus Marzipan mit Schokoladenspritzglasur beschriftet
* Ornamente aus Kuvertüre oder Hippenmasse
* persönliche Bilder der Kunden auf essbare Unterlagen drucken

Festtagstorte

LF 3.6

Empfehlen –
die Kunden wählen aus

Die Kunden wählen die Art und Geschmacksrichtung der Festtagstorte selbst. Bei mehrstöckigen Festtagstorten können die Kunden verschiedene Geschmacksrichtungen der einzelnen Torten bestimmen.

Damit sich die Kunden leichter entscheiden können und die richtige Wahl treffen, sollen Ihnen verschiedene Festtagstorten mit unterschiedlichem Dekor gezeigt werden, z.B.

- in einem Katalog oder Album anhand von Bildern,
- auf einem Bildschirm im Laden
- auf einem Notebook im Laden oder Café, nach Einlegen einer CD mit den Festtagstorten
- Attrappen von Festtagstorten im Laden, die auch als Dekoration dienen.

Demonstrationen von Dekormaterial

Besonderes Interesse findet bei den Besuchern die Demonstration der Dekor- und Garnierarbeiten für die Festtagstorten, z.B. Marzipanrosen modellieren, Garnieren von Kuvertüreornamenten, Beschriften von Schriftbändern mit Schokoladenspritzglasur.

Dekoration

Die Dekoration soll auf die Aktion hinweisen, z.B. Werbeplakate, Bilder von bekannten Festveranstaltungen, Attrappen von Festtagstorten, Bilder von Festtagstorten.

Kooperationspartner

Bei der Aktion der Festtagstorten könnte z.B. ein Blumengeschäft mit Floristen als Partner einbezogen werden, um die Attraktivität der Aktion zu erhöhen. Der Floristikbetrieb wird auch an den Kosten der Aktion beteiligt.

Aufgaben

1. Beschreiben Sie die Vorteile von Aktionen für den Konditoreibetrieb.
2. Nennen Sie Anlässe für Aktionen einer Konditorei.
3. Beschreiben Sie den Ablaufplan einer Aktion, indem Sie die einzelnen Schritte angeben.
4. Erklären Sie, wie die Aktionen sinnvoll ausgewertet und bewertet werden, damit für weitere Aktionen Fehler vermieden werden und das Positive übernommen werden kann.
5. Planen Sie eine Aktionswoche im Café zum Thema „Fit in den Sommer".
6. Ihre Konditorei eröffnet eine neue Filiale. Planen Sie eine Aktion zur Geschäftseröffnung.
7. „Äpfel bereichern unsere Gebäcke". Mit diesem Motto sollen Sie eine Aktion in der Konditorei planen.
8. Überlegen Sie sich für jeden Monat des Jahres eine passende Aktion und stellen Sie diese unter ein Motto.

Rechenaufgaben

1. Eine Konditorei hat pro Monat einen durchschnittlichen Umsatz von 28 900,00 €. Durch die Aktionswoche steigerte sich der Umsatz um 6%. Für die Werbung wurden im Vorfeld 1 734,00 € ausgegeben. Berechnen Sie die Werbungskosten in %.
2. Der Einheitspreis für einige verschiedene Erdbeererzeugnisse der Aktion im Café beträgt je 2,90 €. Dabei werden mit 145% Gemeinkosten, 13% Caféaufschlag und der gesetzlichen Mehrwertsteuer kalkuliert. Berechnen Sie den Materialpreis dieser Waren.
3. Der Obsthändler bietet Erdbeeren für 4,28 €/kg bfn (brutto für netto) an. Eine 500-g-Schale, Erdbeeren und Schale zusammen, kostet 2,16 €. Die leere Schale wiegt 50 g. Berechnen Sie den tatsächlichen Preis für 1 kg Erdbeeren.
4. Für das Schaubacken stellen die Konditoren 18,200 kg Hefeteig her. Daraus sollen 390 Berliner gebacken werden.
   a) Berechnen Sie das Teiggewicht eines Teiglings und das Pressengewicht (Ballengewicht) für 30 Teiglinge.
   b) Berechnen Sie das Gewicht eines Berliners, wenn der Gärverlust 3% und der Backverlust 11,5% beträgt.
   c) Sie erklären den Kunden, dass Berliner fettarme Gebäcke sind. Wie viel g und wie viel% Fett enthält ein Berliner?
   In 18,200 kg Hefeteig für 390 Berliner befinden sich 1,156 kg Butter. Beim Backen nimmt ein Berliner 7,5% Fett an der dünnen Kruste auf.

Berufliche Handlung

Ihre Konditorei möchte eine Aktion veranstalten, bei der Siedegebäcke im Mittelpunkt stehen. Es soll eine Werbeaktion sein, mit der der Absatz von Siedegebäck gesteigert wird und der Betrieb mit den Qualitätserzeugnissen an Image gewinnt. Sie werden beauftragt, die Aktion zu planen, durchzuführen und auszuwerten.

1 Sie orientieren sich, zu welcher Zeit die Aktion mit Siedegebäcken am erfolgreichsten ist. Begründen Sie die Entscheidung

2 Überlegen Sie, wie lange die Aktion dauern soll. Legen Sie den Zeitraum fest.

3 Machen Sie Vorschläge für ein Motto, unter dem die Aktion starten soll.

4 Schreiben Sie auf eine Informationstafel die Siedegebäcke, die während der Aktion angeboten werden.

5 Erstellen Sie Rezepte der Siedegebäcke für
a) einen Hefeteig mit Vorteig,
b) eine Brandmasse,
c) einen Teig mit Backpulver.
Benennen Sie die Siedegebäcke, die aus den Teigen und der Masse hergestellt werden.

6 Beschreiben Sie auf einem Werbeplakat die Qualitätsmerkmale von Berlinern.

7 Berliner werden mit verschiedenen Füllungen gefüllt.
a) Erstellen Sie ein Rezept und beschreiben Sie die Herstellung von Vanillecreme, die in Berliner gefüllt werden.
b)Nennen Sie mögliche Konfitüren zum Füllen der Berliner.
c) Erklären Sie Eierlikör- und Schokoladenberliner.

8 Beschreiben Sie, wie die Siedegebäcke fachgerecht auf Thekenbleche zum Ausstellen im Laden gelegt werden.
a) Berliner
b) Ausgezogene

9 Welche Verpackungsmaterialien eignen sich beim Verkauf der Siedegebäcke?

10 Können die Besucher bei der Aktion die Herstellung der Siedegebäcke beobachten, steigert dies das Interesse. Erklären Sie, welche Möglichkeiten dafür bestehen.

11 Überlegen Sie, wie der Verkaufsraum für die Aktion dekoriert werden kann.

12 Wie kann das Outfit der Fachverkäuferinnen dem Motto der Aktion angepasst werden?

13 Gezielte Werbung fördert den Erfolg der Aktion. Nennen Sie die Werbemöglichkeiten
a) im Betrieb,
b) durch Public Relation.

14 Erstellen Sie einen Flyer für die Siedegebäckaktion.

15 Gestalten Sie auf einem Plakatkarton ein auffälliges Werbeplakat für diese Aktion.

16 Erörtern Sie, welche Gewinnspiele die Aktion beleben und die Kunden zum Kauf anregen können.

17 Überlegen Sie, ob die Konditorei für diese Aktion einen Kooperationspartner mit einbeziehen kann.

Rechenaufgaben

18 Für die Aktion bestellt die Konditorei bei einer Fettfirma 6 Kartons Erdnussfett als Siedefett. In einem Karton sind 8 Stangen Erdnussfett mit je 2,500 kg, 1 kg Erdnussfett kostet 2,90 €. Die Fettfirma gibt für die Aktion 18 % Rabatt. Wie viel muss für das Erdnussfett bezahlt werden?

19 Die Konditorei berechnet die Werbekosten der Aktion für Dekorationsmaterial, Plakate und Flyer. 5/8 der Gesamtkosten entfallen auf das Dekorationsmaterial, 5,3 % auf Plakate und die Kosten für die Flyer betragen 76,80 €. Berechnen Sie die Gesamtkosten in € sowie die Kosten für das Dekorationsmaterial und für die Plakate.

20 Die Konditorei machte bei der Aktion am Freitag 4 137,00 € Umsatz. Das sind 18,2 % mehr als im Durchschnitt an anderen Freitagen. Der Umsatz an gewöhnlichen Samstagen beträgt im Durchschnitt 3 850,00 €. Am Aktionssamstag stieg der Umsatz um 760,00 €.
a) Wie hoch ist der Umsatz an gewöhnlichen Freitagen im Durchschnitt?
b) Berechnen Sie den Umsatz am Samstag der Aktion in € und ermitteln Sie, wie viel % Umsatz mehr gemacht wurde.
c) Um wie viel € und wie viel % war der Umsatz insgesamt am Freitag und Samstag bei der Aktion höher als an gewöhnlichen Freitagen und Samstagen?

LF 3.6

Rezeptverzeichnis

Sachwortverzeichnis

Bildquellenverzeichnis

A
Aigner GmbH, Gunskirchen b. Wels: S. 36/2
Alois Krä GmbH, Straubing: S. 583/2
Archiv Gerstenberg, Wietze: S. 12/5

B
Backaldrin, Alois Augendopler GmbH, Wien: S. 359/1
Bäckerei von Allwörden GmbH, Mölln: S. 197
Barry Callebaut Belgium nv, Lebbeke-Wieze, Belgien: S. 549/2
Bayerische Bäckerfachschule Lochham, Gräfelfing: S. 516/4
beckers bester GmbH, Lütgenrode: S. 608/2
Berufsgenossenschaft Nahrungsmittel und Gastgewerbe (BGN), Mannheim: S. 34/1, 2
BIB-Ulmer Spatz, Bingen/Rhein (BakeMark Deutschland GmbH): S. 604/3
Bundesanstalt für Getreide-, Kartoffel- und Fettforschung, Detmold: S. 103/2
Bundesanstalt für Landwirt-

schaft und Ernährung, Bonn: S. 31/2

C
Café Schöner, Bonn: S. 222
Café Schwarz, Stuttgart: S. 203/3
Carstens Lübecker Marzipan & Carstens GmbH & Co. KG, Lübeck: S. 233/2
CMA-Fotoservice, Bonn: S. 99/2; 112/3; 119/1; 231/1; 369/1; 588; 611; 612/2
Conditorei-Confiserie Roth, Gronau: S. 614/2
Conditorei-Museum, Kitzingen: S. 8/1, 3, 4; 9/1, 2; 10/1

D
Das Cafehaus LANGES e. K., Hamburg: S. 30/4
Detia Degesch GmbH, Lautenbach: S. 63/1–7; 64/1–3
Deutsche Gesellschaft für Ernährung e. V., Bonn: S. 189/1
Deutsche Zöliakie-Gesellschaft e. V., Stuttgart: S. 195/1, 2
Deutscher Brauer Bund e. V., Bonn: S. 392/2–5

Deutscher Konditorenbund (BIV), Mönchengladbach (www.konditoren.de): S. 10/3; 25
Diabetes Zentrum, Mergentheim: S. 71/2
DIN Deutsches Institut für Normung e. V., Berlin: S. 35/5; 36/3; 41/2
Döhler GmbH, Darmstadt: S. 163/1; 443/4; 516/1
dpa Picture-Alliance GmbH, Frankfurt/Main: S. 385/1

E
Edmund Schröder Maschinenfabrik GmbH & Co KG, Bad Staffelstein: S. 20/2
Eipro Vermarktung GmbH & Co. KG, Lohne: S. 139
Elger-Miehe: Die neue Schule der Nahrungszubereitung (HT 4391) : S. 375/1, 2
Europäische Kommission, Brüssel, Belgien: S. 31/3

F
Fotohaus Rudolf Scholz, Werbe- und Industriefotografie,

Deggendorf: S. 97/2; 123/3; 125/1; 141/3–5; 142/2; 161; 174/1, 2; 228/2; 229/1; 253; 254/1–3; 354/1; 355/1, 3; 375/3; 378/3; 390/1; 426/3; 519/2; 559/1, 2; 562/4; 564/2; 566/2; 567/2; 595/2
Fotolia Deutschland, Berlin, © www.fotolia.de: S. 13/3 (contrastwerkstatt); 37 (Volker Witt); 131/10 (Schlierner); 142/3–6 (margo555); 144/1 (vasi_100), 2 (johny87), 3 (Aleksandr Ugorenkov); 296/3 (Luiz); 376/3 (Viktor)
Fritsch GmbH & Co. KG, Markt Einersheim: S. 20/3

G
G3 Werbefotos, Roman Graggo, Regensburg: S. 75/4
GmF GmbH, Bonn: S. 96/3
Gold-Ei Erzeugerverbund GmbH, Dietzenbach-Steinberg: S. 608/3

H
Hahn, Konrad, München: S. 7/1; 8/2; 12/6; 13/2; 15; 21/2; 22/1–4, 6; 23/1–3, 5–7, 9, 10; 24; 26; 50/1; 78/5; 79/1–3; 93/1; 96/1; 102/1;

130/1; 134/2; 135/1–3; 144/7; 145/2–5; 148/1; 157/1–3; 162/1; 168/1; 179/1; 198; 200/1; 205/1, 3–5; 206/2; 219/1; 223/1; 233/3; 255/1; 258/3; 259/3; 276/2; 281; 288; 293/4; 296/2, 4; 298/5; 300/2; 316/2, 3; 317/3; 323/2; 328/3; 330/2; 334/1; 337/5; 338/3; 340/1–3; 341/2–4; 342/2; 343/1; 350/2; 353/2; 354/2; 355/2; 357; 360/1, 5; 373; 387; 409/2, 3; 412/2; 413/1; 424/1; 427; 428/4; 430/1–4; 432/1; 433/1, 3, 4; 436/2; 438/2; 440/1–3, 5; 443/5, 6; 444/1; 446/1, 2; 458; 465/2; 469; 473/3; 476/1, 3; 480/1–3; 483; 484/1–4; 485/1, 2; 486; 487; 488/3–8; 489; 490/1; 491/1, 3; 492/2–6; 493/1, 2; 494/1–3; 495/1, 2; 497/1, 3, 5; 498/9; 499/1–3; 500/1, 2; 502/3–5; 503/1, 2; 504/3, 4; 505/6; 506/1; 510/1, 2; 512/4; 514; 516/3; 521/3; 524/1, 3; 526/2; 528/4, 5; 531/1, 2; 532/2; 533/4, 5; 539/1–3; 540/2, 3; 541; 542/8–14; 545/1, 2; 550/4; 557/2; 558/1, 2, 4; 561/1; 563/4; 564/3; 568/1; 572/1; 573/1, 2; 583/1, 3; 595/4; 597/3; 603/1; 612/4
HB-Technik GmbH, Schwanenstadt: S. 100/2
Homann Lebensmittelwerke GmbH & Co. KG, Dissen: S. 304/5; 430/5; 461

I

Info-Zentrum Schokolade, Leverkusen: S. 549/4
IREKS GmbH, Kulmbach: S. 86/2, 342/1
iStockphoto, Berlin: S. 144/4 (eli_asenova), 5 (Roman Samokhin), 6 (LianeM); 181/1 (Catherine Yeulet); 395/1, 2 (Chiyacat); 548/2 (Helena Lovincic), 3 (Tina Fields)

K

K&S Aktiengesellschaft, Kassel: S. 128/1
KESSKO, KESSLER & COMP GMBH & CO KG, 53187 Bonn: S. 537/1; 542/1–7; 544/2
Kopyform GmbH, Beindersheim: S. 496; 498/10
Kunstmühle Simon Kraus GmbH, Dachau: S. 608/5

L

Lebkuchen-Schmidt GmbH & Co. KG, Nürnberg: S. 7/2
Loderbauer, Josef, Deggendorf: S. 10/2; 11/1, 2; 12/1–4,7; 13/1; 14; 16/1; 18/1; 19/2; 20/1, 4, 5; 21/3–5; 22/5; 23/4, 8; 29/1, 2; 31/1, 4; 32; 33/1; 43/5; 45; 49/2; 51; 52/1, 2; 54/2, 3; 57; 60/1, 3; 61; 66/6;

67/1; 70/2; 71/1; 73; 75/2; 77; 78/2–4, 6; 79/4, 5; 80/1, 2; 83/2; 88/1; 89; 90/1; 91; 92/2; 93/2; 97/1; 102/2; 106; 108/1; 109/2, 3; 110/1–3; 111/1; 112/1; 113/1–5; 115/1, 2; 116; 117/1, 2; 119/4; 120/1, 2; 121; 122/2–4; 123/1, 2; 124/1, 2; 125/2, 3; 126/1; 127/1, 2; 129; 131/1–9; 132/1, 2; 133/1, 2; 134/1, 3–4; 137; 138/1–6; 141/1, 2; 142/1, 7; 143/1–3; 144/8; 145/1; 146/2–4; 147/1–3; 148/2; 149/2; 151/1, 2; 152; 153/1, 2; 154/1, 2; 155; 156/1–3; 159; 162/3; 163/2, 3; 165; 166; 171; 172/1–3; 173/1–3; 176/2; 177/1, 3; 178; 179/2; 185/3; 187/1; 189/2; 193; 194/2; 195/3; 196; 199/1, 2; 201/1, 2; 202/1, 2; 203/1, 2; 204/1–4; 205/2; 206/3–5; 207/1, 2; 208/1, 2; 209/2; 211/2; 213/1, 2; 214/1–4; 215/1–3; 216/1–5; 217/1, 2; 218; 219/2; 220/1, 2; 223/2; 224; 225/1–3; 226/1–3; 227/1–4; 228/1, 3–4; 229/2; 230/1; 231/2, 3; 232; 233/1; 235/2; 237/1, 2; 238/1–3; 239; 240/1, 2; 241/1, 2; 242/1–3; 244/2; 246/2; 249/1, 3; 252/2; 255/3; 256/1, 3; 257/3, 5; 259/1, 2; 260/2, 3; 261; 262/1–3; 263/1; 264/1, 5; 265/1–4; 267/1; 268/2, 4; 270/1–4; 271/1, 2; 272; 275/1–3; 276/1, 3; 277/1, 3; 278/1, 2; 279/1, 2; 280/1–3; 284; 285/1, 2; 286/1–7; 287/1–3; 291/1–3; 292; 293/1–3; 294; 295/1, 2; 296/1; 297; 298/1–4; 300/1, 3; 302/1, 2; 303/2; 304/1–4; 305/1, 2, 5–8; 306; 308; 309; 311/1–3; 312/1–5; 313; 314/1, 2; 315/2; 316/1, 4, 5; 317/1, 2, 4, 5; 318/1, 2, 4; 319/1, 2; 321/1–3; 322/1, 2; 323/1; 324/1–3; 325; 326; 327/1–3; 328/1, 2; 329/1, 2; 330/1, 3; 331; 332/1, 2; 334/2; 335/1–3; 336/1–3; 337/1–4; 338/1, 2, 4, 5; 341/1; 343/2; 345; 346; 347; 348/1–5; 349; 350/3; 351/1–3; 352/1, 2; 353/1; 356/1, 2; 359/2; 360/2–4; 363; 364/2, 3; 365/1–3; 366; 367/1, 2; 368/1–4; 369/2; 370; 371/1, 2; 372; 374/1–4; 376/1, 4; 378/1, 2, 4; 379; 380; 381/1; 382/1, 2; 383/1, 2; 384/1–3, 5; 385/2; 386/2, 3; 388; 389/1–4; 393; 395/3; 397/3; 401/2; 403/1, 2; 406; 407/1, 2; 408/2–5; 409/1; 411; 412/1; 413/2, 3; 414/1–3; 415; 417; 418/1, 2; 419/1, 2; 420/1, 2; 421/1, 2; 422; 424/2; 425/1, 2; 426/1, 2; 428/1–3, 5, 6; 429/1–3; 431; 433/2, 5; 435; 436/1, 3, 4; 437/1–4; 438/1, 3, 4; 439/1, 2; 440/4; 442; 443/1–3; 444/2; 447/1–3; 449/1; 452/1; 453/2; 456; 457/1, 2; 463/1–3; 464/2; 465/1; 466; 467/1–5; 468; 471/2; 472/1; 473/1, 2; 474/1, 2; 475; 476/2; 477/1, 2; 478/1–3; 479; 481; 485/3; 497/2, 4; 498/1–8,11–13; 499/4; 501/2, 3; 502/1, 2; 504/1, 2; 505/1–4; 506/2–4; 507/1–4;

509/1–5; 510/3, 4; 511/1, 2; 512/1–3, 5; 513/1, 2; 516/2; 517; 518/1–5; 519/1; 520/1–5; 521/1, 2; 526/1, 3; 527/1, 2; 528/1–3; 530/1, 2; 532/1; 533/1, 2; 534; 536/1, 2; 537/2; 538/1–3; 540/1; 543/1–3; 544/1, 3; 548/1; 549/5; 550/1–3; 552/1, 2; 553/1, 2; 555/3; 561/2; 562/1–3; 563/1–3; 565; 566/1; 568/2, 3; 569; 570/1–4; 571/1–4; 572/2, 3; 576/1, 2; 577; 578/2; 580/1, 2; 584/1, 2; 585/1, 2; 587; 589/1, 2; 590/1–3; 591; 592/1, 2; 593; 594/1–3; 595/1, 3; 596/2; 597/2; 598; 599/1, 2; 600/1–4; 601/1, 2; 604/1, 2; 612/1, 3, 5; 613/1, 2; 614/1; 615/1, 2
Louis Steitz Secura GmbH + Co. KG, Kirchheimbolanden: S. 38/2
M IIIi, Städtische Meisterschule für Konditoren, München: S. 533/3

M

Martin Braun Backmittel und Essenzen KG, Hannover: S. 421/3; 516/5
mauritius images GmbH, Mittenwald: S. 128/2
MeisterMarken GmbH (BakeMark Deutschland GmbH), Bremen: S. 162/2; 278/3; 290; 305/3; 418/3; 603/2; 605/2; 606
Melitta Systemservice, Minden: S. 384/4
MIDOR AG, Meilen, Schweiz: S. 605/1
Ministerium für Ernährung, Landwirtschaft, Forsten und Fischerei, Kiel: S. 236/1
MIWE Michael Wenz GmbH, Arnstein: S. 168/2; 450/1, 2

N

Niedermayer OHG, Bäckerei-Konditorei, Ramsau: S. 608/1

O

OKAPIA KG Michael Grzimek & Co, Frankfurt am Main: S. 69; 188/2
Ostfriesische Tee Gesellschaft Laurens Spethmann GmbH & Co. KG, Seevetal: S. 386/1

P

Privatmolkerei Bauer GmbH & Co. KG, Wasserburg am Inn: S. 608/4

S

Schnitzer OHG, St. Georgen: S. 100/1
Schott-Zwiesel-Glaswerke AG, Zwiesel: S. 398/1; 401/1

Seeberger KG, Ulm: S. 140
Shutterstock Images LLC, New York, USA: S. 49/1 (Voronin76); 103/1 (mexrix)
Stadtbäckerei Nidda, Rank GmbH: S. 200/2
Stadtbibliothek im Bildungscampus Nürnberg: S. 350/1
Studio für Fotodesign, Andreas Meschke, Berlin: S. 398/2

T

Techniker Krankenkasse, Hamburg: S. 38/3

U

UN Economic Commission for Europe, Genf, Schweiz (www.unece.org): S. 39/1, 2
Unilever Bestfoods GmbH, Hamburg: S. 364/1

V

Verlag Handwerk und Technik GmbH, Hamburg: S. 41/1

W

Winkler GmbH & Co. KG, Villingen-Schwenningen: S. 449/2
Wirtschafts- und Ordnungsamt Altona, Hamburg: S. 236/3
www.deko.de: S. 612/6
www.kokk.no: S. 117/3